Bachs Orchestermusik

Entstehung · Klangwelt · Interpretation

Siegbert Rampe
Dominik Sackmann

Bachs Orchestermusik

Entstehung · Klangwelt · Interpretation

Ein Handbuch

Unter Mitarbeit von
Ruth Funke, Gerald Hambitzer, Bruce Haynes, Günther Hoppe,
Guido Klemisch, Kai Köpp, Ludger Lohmann, Lucia Mense, Ardal Powell,
Ulrich Prinz, Wolfgang Schult, Monika Schwamberger und Michael Zapf

Bärenreiter

Kassel · Basel · London · New York · Prag

Die Deutsche Bibliothek – CIP-Einheitsaufnahme
Ein Titeldatensatz für diese Publikation ist bei
Der Deutschen Bibliothek erhältlich

© 2000 Bärenreiter-Verlag Karl Vötterle GmbH & Co. KG, Kassel
Umschlaggestaltung: Jörg Richter, Bad Emstal-Sand
Satz: Frowein & Team GmbH, Köln und Filiale Marienheide
Notensatz: Consequentia-Musikverlag München · Lothar Haass
Printed in Germany
ISBN 3-7618-1345-7

INHALT

Abkürzungen 10
Einleitung
    Ein Arbeitsgespräch zwischen Siegbert Rampe und Dominik Sackmann 11
Hinweise zum Gebrauch des Buches 22
»Concertisten«, »Ripienisten«, »Orchestre« und »Cammer-Music« (*Siegbert Rampe*) 23
    Stadtpfeifer und Kunstgeiger 23
    Studenten 25
    Amateurmusiker 26
    Proben 26
    Von der Hofkapelle zum Collegium musicum 27
    Orchester und Orchestermusik 28
    Einfache oder mehrfache Besetzung? 29
Die Hofkapelle in Weimar (*Siegbert Rampe*) 31
    Die Hofkapelle von 1683 bis 1707 31
    Die Hofkapelle von 1708 bis 1717 33
Die Hofkapelle in Köthen (*Günther Hoppe*) 39
    Die Hofkapelle Fürst Leopolds vor Bachs Amtszeit (ca. 1707–1717) 40
    Die Hofkapelle Fürst Leopolds während Bachs Amtszeit (1717–1723) 41
Das Collegium musicum in Leipzig (*Siegbert Rampe*) 47
    Das Collegium musicum vor Bach (ca. 1704–1729) 47
    Das Collegium musicum unter Bach (1729–ca. 1745) 48

I
WERKE
(*Siegbert Rampe und Dominik Sackmann*)

Die Orchesterwerke in Bachs Biographie 56
    Orchesterwerke in Weimar 57
    Orchesterwerke in Köthen 58
    Orchesterwerke in Leipzig 59
    Verlorene Orchesterwerke? 60
Bach und das italienische Concerto 65
    Bachs Begegnung mit Vivaldis Musik? 66
    Transkriptionen italienischer Concerti für Clavier bzw. Orgel 67
    Die Verbreitung italienischer Concerti in Mitteldeutschland 68
    Bach und Vivaldi? 72
    Die Anfänge des italienischen Concerto 73
    Die Entwicklung des italienischen Concerto um 1700 75
    Vivaldis Concerti op. 3 und 4 77

Bachs Konzerte: Die Entstehungsgeschichte ihrer Quellen 80
   Herstellung und Abhängigkeit von Quellen 82
   Die Überlieferung der Originalquellen 83
   Die Abschriften Christian Friedrich Penzels 85
   Die Entstehungsgeschichte der »Brandenburgischen Konzerte« 88
   Die Entstehungsgeschichte der Violinkonzerte 102
   Die Entstehungsgeschichte der Konzerte für ein Cembalo und des »Tripelkonzerts« ... 111
   Die Entstehungsgeschichte der Konzerte für 2–4 Cembali 152

Bachs Konzerte: Die Entstehungsgeschichte ihrer Musik 177
   Exkurs I: Die Kantaten BWV 196, 143, 208 und die Sinfonia BWV 1046a ... 185
   Exkurs II: Ritornell und Episode in Bachs Kantaten 189
   Ritornell und Episode in Bachs Konzerten 201
   Die Struktur der Mittelsätze 233
   Datierung 241

Bach und die »Französische Ouvertüre« 250
   Der französische Stil als internationaler Modegeschmack 250
   Bachs erste Begegnung mit französischer Musik 251
   Französische Orchestermusik im deutschen Raum 252
   Frühe Orchestersuiten deutscher Komponisten 254

Bachs Orchestersuiten: Die Entstehungsgeschichte ihrer Quellen 256

Bachs Orchestersuiten: Die Entstehungsgeschichte ihrer Musik 266
   Neue Wege zur Datierung 266
   Kompositionstechnische Merkmale 271
   Tanztypen 274
   Datierung 275

II
INSTRUMENTE

Blasinstrumente und ihre Spielpraxis 278
   Blockflöte (*Guido Klemisch*) 278
   Echoflöte (*Michael Zapf*) 279
   Traversflöte (*Michael Zapf und Ardal Powell*) 280
   Oboe (*Bruce Haynes*) 282
   Oboe d'amore (*Bruce Haynes*) 284
   Fagott (*Ulrich Prinz*) 286
   Trompete (*Ulrich Prinz*) 287
   Pauken (*Ulrich Prinz*) 289
   Horn (*Ruth Funke*) 290

Streichinstrumente und ihre Spielpraxis (*Kai Köpp*) 292
   Violine 292
   Streichbögen 295
   Violino piccolo 297
   Viola 298
   Viola d'amore 299
   Violoncello 300
   Viola da gamba (*Monika Schwamberger und Siegbert Rampe*) 302
   Violone-Instrumente (*Siegbert Rampe*) 304

Tasteninstrumente und ihre Spielpraxis (*Siegbert Rampe*) · 307
    Cembalo · 307
    Hammerclavier · 310

Stimmtonhöhe (*Bruce Haynes*) · 311
    Die Auswirkungen der Stimmtonhöhen auf die Instrumente des Orchesters · · · · · · · · · 312
    Europäische Stimmtonhöhen der Bach-Zeit · 313
    Kammer- und Chorton in Weimar · 314
    Kammerton in Köthen · 315
    Kammer- und Chorton in Leipzig · 316

Temperatur (*Gerald Hambitzer*) · 318
    Temperatursysteme im Umkreis Bachs · 318
    Die Diskussion um Bachs Temperatur · 321
    Bachs Temperatur · 322

III
AUFFÜHRUNGSPRAXIS

Takt und Tempo (*Siegbert Rampe*) · 324
    Taktbezeichnungen · 325
    Tempokriterien · 328
    Tempobezeichnungen (*Wolfgang Schult*) · 336
    Tanzcharaktere · 339

Akzentuierung (*Ludger Lohmann*) · 342
    Grammatikalischer Akzent · 342
    Pathetischer Akzent · 344
    Logikalischer Akzent · 345

Artikulation (*Ludger Lohmann*) · 345
    Bläserartikulation · 346
    Streicherartikulation · 347
    Grundartikulation · 348
    Artikulationsregeln · 350

Phrasierung (*Ludger Lohmann*) · 352

Dynamik (*Siegbert Rampe*) · 354
    Dynamikbezeichnungen (*Lucia Mense*) · 355
    Ausführung von Dynamik · 356

Improvisation (*Dominik Sackmann*) · 365
    Willkürliche Veränderungen · 367
    Kadenzen · 369

Ornamentik (*Dominik Sackmann*) · 371
    Wesentliche Manieren · 371
    Triller · 375
    Mordente · 377
    Doppelschläge · 377
    Vorschläge · 377
    Schleifer · 379

Rhythmische Veränderungen (*Dominik Sackmann*) ... 379
    Lombardische Rhythmen ... 379
    Überpunktierung ... 380
Vibrato und Glissando (*Siegbert Rampe*) ... 382
Generalbaßpraxis (*Siegbert Rampe*) ... 385
    Continuo-Besetzung ... 394

IV
INTERPRETATION
(Siegbert Rampe und Dominik Sackmann)

Allgemeine Hinweise zur Artikulation ... 403
Allgemeine Hinweise zur Aufstellung des Ensembles ... 404
Allgemeine Hinweise zur Schlußgestaltung der Sätze ... 406
Interpretationen der »Brandenburgischen Konzerte« ... 407
Sechs »Brandenburgische Konzerte«
    Concerto 1 F-Dur BWV 1046 · Sinfonia F-Dur BWV 1046a ... 409
    Concerto 2 F-Dur BWV 1047 · BWV 1047[a] ... 412
    Concerto 3 G-Dur BWV 1048 ... 414
    Concerto 4 G-Dur BWV 1049 · Concerto F-Dur BWV 1057 ... 415
    Concerto 5 D-Dur BWV 1050 · Concerto D-Dur BWV 1050a ... 418
    Concerto 6 B-Dur BWV 1051 ... 420
Concerto a-Moll BWV 1044
    »Tripelkonzert« für Cembalo, Traversflöte und Violine ... 422
Zur Interpretation der Cembalokonzerte und ihrer Vorlagen ... 424
Concerto d-Moll BWV 1052 · BWV 1052a
    Cembalokonzert d-Moll BWV 1052 ... 425
    Cembalokonzert d-Moll BWV 1052a – Bearbeitung von C. P. E. Bach ... 426
    Rekonstruktion für Violine d-Moll BWV 1052 ... 427
Concerto E-Dur BWV 1053 · D-Dur BWV 1053[a]
    Cembalokonzert E-Dur BWV 1053 ... 428
    Rekonstruktion für Oboe d'amore D-Dur BWV 1053[a] ... 429
Concerto E-Dur BWV 1042 · D-Dur BWV 1054
    Violinkonzert E-Dur BWV 1042 ... 430
    Cembalokonzert D-Dur BWV 1054 ... 432
Concerto A-Dur BWV 1055 · BWV 1055[a]
    Cembalokonzert A-Dur BWV 1055 ... 432
    Rekonstruktion für Oboe d'amore oder Viola d'amore A-Dur BWV 1055[a] ... 434
Concerto f-Moll BWV 1056 · g-Moll BWV 1056[a]
    Cembalokonzert f-Moll BWV 1056 ... 435
    Rekonstruktion für Violine / für Oboe g-Moll BWV 1056[a] ... 436
Concerto a-Moll BWV 1041 · g-Moll BWV 1058
    Violinkonzert a-Moll BWV 1041 ... 437
    Cembalokonzert g-Moll BWV 1058 ... 439

Concerto d-Moll BWV 1059
    Fragment für Cembalo 440
Concerto c-Moll BWV 1060 · BWV 1060[a]
    Konzert für 2 Cembali c-Moll BWV 1060 440
    Rekonstruktion für Oboe und Violine c-Moll BWV 1060[a] 441
Concerto C-Dur BWV 1061a · BWV 1061
    Fassung für 2 Cembali BWV 1061a 442
    Fassung für 2 Cembali und Streicher BWV 1061 444
Concerto d-Moll BWV 1043 · c-Moll BWV 1062
    Konzert für 2 Violinen d-Moll BWV 1043 445
    Konzert für 2 Cembali c-Moll BWV 1062 446
Concerto d-Moll BWV 1063 · BWV 1063[a]
    Konzert für 3 Cembali d-Moll BWV 1063 447
    Rekonstruktion für 3 Violinen d-Moll BWV 1063[a] 449
Concerto C-Dur BWV 1064 · BWV 1064[a]
    Konzert für 3 Cembali C-Dur BWV 1064 449
    Rekonstruktion für 3 Violinen D-Dur BWV 1064[a] 451
Concerto a-Moll BWV 1065
    Konzert für 4 Cembali a-Moll nach Antonio Vivaldi 452

Zur Interpretation der Orchestersuiten 453
Ouverture 1 C-Dur BWV 1066 454
Ouverture 2 h-Moll BWV 1067 · a-Moll BWV 1067[a] 456
Ouverture 3 D-Dur BWV 1068 · D-Dur BWV 1068[a] 458
Ouverture 4 D-Dur BWV 1069 · D-Dur BWV 1069[a] 460

Anmerkungen 462

Nachwort 471

Bibliographie 472
    Musikalien 473
    Allgemeine Literatur · Quellen 475
    Allgemeine Sekundärliteratur 478
    Sekundärliteratur Teil I 483
    Sekundärliteratur Teil II 487
    Sekundärliteratur Teil III 490
    Sekundärliteratur Teil IV 491

Personenregister 492

Werkregister 499

Die Mitarbeiter dieses Buches 505

ABKÜRZUNGEN

Am. B.	Amalienbibliothek, ehemals Bibliothek der Prinzessin Anna Amalia von Preußen, Berlin; heute als Dauerleihgabe in der SBB
Bach	Johann Sebastian Bach (1685–1750)
Bach, C. P. E.	Carl Philipp Emanuel Bach (1714–1788)
Bd., Bde.	Band, Bände
BG	Bach-Gesamtausgabe, hrsg. von der Bach-Gesellschaft zu Leipzig, 46 Jahrgänge. Leipzig, 1851–1899 (»Alte Bach-Ausgabe«)
BJ	*Bach-Jahrbuch*
BWV	*Bach-Werke-Verzeichnis · 2. Ausgabe (BWV^2)*, hrsg. von Wolfgang Schmieder. Wiesbaden etc., 1990; sofern nicht anders vermerkt, zitiert nach der kleinen Ausgabe (BWV^{2a}), hrsg. von Alfred Dürr und Yoshitake Kobayashi unter Mitarbeit von Kirsten Beißwenger. Leipzig etc., 1998
Dok. I–III	*Bach-Dokumente I–III*, hrsg. vom Bach-Archiv Leipzig unter Leitung von Werner Neumann und Hans-Joachim Schulze. Kassel etc. und Leipzig, 1963, 1969 und 1972
Faks.	Faksimile
Kassel etc.	Bärenreiter-Verlag, Kassel, Basel, London, New York und Prag
KB	Kritischer Bericht
MGG^2	*Die Musik in Geschichte und Gegenwart · 2., völlig neu bearbeitete Ausgabe*, hrsg. von Ludwig Finscher. 21 Bde. Kassel etc., 1994–
NBA	*Johann Sebastian Bach. Neue Ausgabe sämtlicher Werke*, hrsg. vom Johann-Sebastian-Bach-Institut Göttingen und vom Bach-Archiv Leipzig. Kassel etc. und Leipzig, 1954– (»Neue Bach-Ausgabe«)
NBA-TA	J. S. Bach: *Sämtliche Orchesterwerke · Urtext der Neuen Bach-Ausgabe* (2 Bde.). Kassel etc., 1999
Neuausg.	Neuausgabe
NGroveD	*The New Grove Dictionary of Music and Musicians*, hrsg. von Stanley Sadie. London etc., 1980
P	Partitur
PA	Praktische Ausgabe(n)
Repr.	Reprint (typographisch unveränderter Nachdruck)
SBB	Staatsbibliothek zu Berlin – Preußischer Kulturbesitz
Sp.	Spalte
St	Stimme(n)
T.	Takt
Tp	Taschenpartitur
32' 16' 8' 4' 2'	Zweiunddreißigfuß, Sechzehnfuß, Achtfuß, Vierfuß, Zweifuß: Bezeichnung der Tonhöhe eines Instruments (eines Registers)

Einleitung – Ein Arbeitsgespräch

Dominik Sackmann: Neben der Vokal- und Tastenmusik bilden die Orchesterwerke den Schwerpunkt unter Bachs erhaltenen Kompositionen. Unmittelbar mit dem Namen Bach verbindet man – eher noch als irgendeine Kantate – beispielsweise eines der Violinkonzerte oder den Beginn des dritten »Brandenburgischen Konzerts« BWV 1048. Seit der ersten Gesamtaufnahme der »Brandenburgischen Konzerte« und Ouvertüren, die Adolf Busch mit seinem Kammerorchester 1935/36 produzierte,[1] erschien eine Fülle von Einspielungen dieser Musik, aber auch der Violin- und Cembalokonzerte. Dabei blickt man etwas ratlos auf die Vielfalt der Interpretationsansätze: Mit jeder Aufnahme wird sozusagen ein »neuer Bach« kreiert.

Siegbert Rampe: Die unterschiedlichen Interpretationen sind ein Spiegel der jeweils herrschenden Mode, der gesellschaftlichen Situation, des regionalen Geschmacks, des individuellen Temperaments oder auch der politischen Ideologie. Den Hintergrund hierfür bilden einerseits das mit Einsetzen der Tonträgerherstellung unverzichtbare Marketing, um Aufnahmen verkaufen zu können, andererseits das sich im Verlauf des 20. Jahrhunderts wandelnde Verständnis von musikalischer Interpretation.

Sackmann: Der Hörer ist stets aufs neue erstaunt, wieviel Bachs Musik »aushält« und daß sie dennoch irgendwie unverwechselbar bleibt.

Rampe: Einige Kollegen, vor allem jene durch die Historische Aufführungspraxis verunsicherten Spieler moderner Instrumente, gehen zunehmend sogar so weit, auf Aufführungen Bachscher Musik gänzlich zu verzichten. In meinen Augen ist dies jedoch eine kulturelle Verarmung – als ob man die Bilder von Rembrandt oder Raffael aus den Ausstellungsräumen der Museen verbannen würde: Künftige Generationen könnten sie dann nur durch Fotos kennenlernen.

Sackmann: Ein Vergleich, der noch in anderer Weise auf Musik anzuwenden ist: Jüngere Publikums- und Musikergenerationen lernen Musik vielfach fast nur durch CDs kennen, wobei ihnen das Live-Erlebnis, die oft gänzlich andersartige Wahrnehmung von Werken und Interpreten unter realen Konzertbedingungen entgeht. Gerade dabei stellt sich die Frage: Was ist eigentlich eine »überzeugende und glaubwürdige Interpretation«?

Rampe: Jedenfalls weder eine »richtige« noch eine »falsche«, denn solche Termini, wie sie der Bach-Interpret Walter Gieseking noch 1941 gebrauchte,[2] erscheinen mir im Zusammenhang mit musikalischer Interpretation unangemessen. Interpretation hat mit Vermittlung, mit Ausdruck und Gestaltung und mit dem Wissensstand zu tun, der dem »Vermittlungsauftrag« zugrunde liegt.

Sackmann: Aber die Vermittlung von Wissen im Konzert bleibt doch ein wissenschaftlicher, »unsinnlich-spröder« und »missionarisch-belehrender« Interpretationsansatz. Denn jede Interpretation eines Kunstwerkes birgt ja ein gewisses Maß an momentanen Mißverständnissen.

Rampe: Ich meine nicht Wissensvermittlung im Konzert: Hier sollte es tatsächlich nur um Ausdruck, Geist und Phantasie, um eine emotionale und klangliche Bereicherung gehen. Der

Einleitung – ein Arbeitsgespräch

Wissensstand ist vielmehr entscheidend, *bevor* die Interpretation hörbar wird, um Mißverständnisse des Hörers zu vermeiden.

Der renommierte Bach-Interpret Karl Straube beispielsweise – Organist, Leipziger Thomaskantor und Freund Max Regers –, in dessen Interpretationen und insbesondere in der Auseinandersetzung mit diesen fast alle Bach-Interpretationen des 20. Jahrhunderts wurzeln, ging zunächst von einem spätromantischen Interpretationsideal aus und änderte seine Vorstellungen und Aufführungen von jener Musik erst allmählich in dem Maß, in dem er mehr über deren Bedingungen sowie musikgeschichtliches Umfeld und über Instrumente des 17. und 18. Jahrhunderts erfuhr. Straubes Bach-Interpretation blieb während seines langen Lebens im Fluß, selbst wenn er im Moment der Aufführung offenbar jeden überzeugend glauben zu machen vermochte, so müsse es und könne es nicht anders sein.

Sackmann: Die letzten Jahrzehnte offenbaren häufig, daß Solisten bzw. Ensembles an einem bestimmten Klang oder Interpretationsstil festhalten.

Rampe: Bei vielen Aufnahmen hat man das Gefühl, es handle sich mehr um den Nachweis eines einmal gefundenen Stils – also um einen Personal- oder Gruppenstil – als um eine echte Auseinandersetzung mit Bachs Werken. Das betrifft sämtliche Ebenen von einer Deutung des Gehalts jener Kompositionen bis hin zu Fragen der Instrumente, der Artikulation, des Klangs, der Besetzungsstärke, der Dynamik usw. Bevor solche Aspekte jedoch nicht anhand von Dokumenten der Bach-Zeit zu klären oder wenigstens zu umreißen sind, ist es schwierig, konkrete Interpretationsentscheidungen zu treffen. Unser Wissensstand hierüber ändert sich laufend, so daß auch eine musikalische Interpretation niemals endgültig sein kann.

Sackmann: Macht da die eigene Aufnahme etwa der »Brandenburgischen Konzerte« mit *Stravaganza*[3] eine Ausnahme?

Rampe: Nein, keinesfalls, obwohl wir uns darum bemüht haben, geeignete Fragen zu stellen und interpretatorische Probleme zu lösen, bevor wir Konzerte gaben und die Aufnahme begannen. Wir fanden damals unsere Antworten und versuchten, diese in Klang umzusetzen. Dennoch würde ich heute manches anders machen, etwa die *Fiauti d'Echo* im »Brandenburgischen Konzert 4« BWV 1049 mit Echoflöten und die *Viole da Gamba* im »Brandenburgischen Konzert 6« BWV 1051 mit Altgamben besetzen, von denen ich seinerzeit eben noch nichts wußte. Andere Entscheidungen hingegen wurden durch die nachträgliche Beschäftigung mit den Werken sogar bekräftigt. Ich wünsche mir, als Interpret in Bewegung zu bleiben. Eine endgültige Wahrheit aber kann es schon angesichts des sich kontinuierlich wandelnden Wissensstands nicht geben.

Sackmann: Dabei bleibt ein gerütteltes Maß an Zweifeln zurück.

Rampe: Zweifel stehen am Anfang der Reflektion, sie sind unvermeidlich und notwendig. Wenn sich Zweifel jedoch verselbständigen – dies ist oft der Fall –, erscheint im Rahmen einer Interpretation alles bezweifelbar und nichts bewiesen. Dagegen lassen sich mit einigem Nachdenken und Nachforschen viele Fragen beantworten und zahlreiche Aspekte eindeutig klären. Häufig offenbaren bestehende Zweifel ja nur, daß einfach zu wenig Zeit und Energie bei der Suche nach positiven Resultaten investiert wurden. Daher glaube ich, daß dieses Buch auch zeigen kann, daß der »thinking performer«, so Leonard Bernstein, sein Denken nicht einstellt, nachdem eine Aufnahme beendet ist, sondern die praktische Arbeit gerade den Anstoß dazu liefert, sich weiter mit den betreffenden Werken zu beschäftigen.

Sackmann: Gibt es für den Praktiker Grenzen des Wünschenswerten das Wissen um historische, stilistische und aufführungspraktische Hintergründe betreffend?

Rampe: Ja und nein! Als Interpret möchte ich sämtliche verfügbaren Informationen über die und zu den jeweiligen Werken kennen, was für einen konzertierenden Musiker schwierig genug ist. Doch zugleich habe ich die Verpflichtung, die vom Komponisten gewünschte Wirkung in die Gegenwart zu übersetzen und heute verständlich zu machen – ungefähr so, wie man einen Bibeltext in moderne Sprache übertragen oder zumindest erläutern muß. Um ein anderes Beispiel zu geben: Selbst wenn wir wissen, welche Instrumente zu Bachs Zeit in Mitteldeutschland gespielt wurden, sind die Musikerinnen und Musiker eines Orchesters doch mehr oder weniger an ihre eigenen Instrumente gewöhnt – was auch für auf Musiker der Bach-Zeit zutraf –, und diese entsprechen nicht immer dem mitteldeutschen Instrumentarium jener Epochen. Eigentlich müßte man jedoch für jedes Repertoire die Instrumente wechseln, um die möglichen Klangwirkungen der betreffenden Stile zu erzielen: für das italienische, das französische, das süddeutsch-österreichische usw., für das 16., 17. und 18. Jahrhundert. Wir sind in diesem Punkt heute nicht weniger pragmatisch als die Musiker der Barockepoche und wohl aller Zeiten. Doch wissen sollte man um die tatsächlichen Verhältnisse jener Perioden schon.

Sackmann: Betrifft diese Abstraktion auch den Umgang mit Textquellen zur Aufführungspraxis? Es fällt doch auf, daß, gleichgültig für welches Repertoire des 18. Jahrhunderts, im Grunde stets dieselben Traktate herangezogen werden: von Johann Mattheson, Johann Joachim Quantz und C. P. E. Bach oder gar noch spätere Schriften wie jene von Friedrich Wilhelm Marpurg oder Daniel Gottlob Türk.

Rampe: Noch vor wenigen Jahren postulierten vor allem deutsche Vertreter der sogenannten Historischen Aufführungspraxis, daß für die Interpretation von Bachs Musik, abgesehen von wenigen Kommentaren des Komponisten, keinerlei authentische Hinweise existierten.[4] Amerikanische Musiker waren hier phantasievoller: Sie akzeptierten bereitwillig die Ergebnisse der Bach-Forschung bezüglich der Notenhandschriften, was beispielsweise zu einfacher Orchester- und Chorbesetzung oder dazu führte, daß man auf die Mitwirkung eines Violone verzichtete, wenn die betreffende Stimme im überlieferten Originalstimmensatz aus Bachs Bibliothek fehlte ...

Sackmann: Andererseits findet man in der jüngeren Sekundärliteratur häufig die Aussage, daß Ideale etwa von Quantz (1752) und C. P. E. Bach (1753) nicht unmittelbar auf die Interpretation der Werke von Johann Sebastian Bach zu übertragen seien, weil jene einer jüngeren Generation angehörten. Dabei vergißt man oft, daß Quantz seine Ausbildung als Stadtpfeifer (1708–1715) im sächsischen Merseburg nur wenige Jahre nach Bachs Organistenlehre (1695–1700) im thüringischen Ohrdruf erhielt und daß C. P. E. Bachs einziger Lehrer kein anderer als sein Vater selbst war. Wenn es um elementare Aspekte wie Artikulationssilben oder Fingersätze geht, ist kaum anzunehmen, daß Quantz und C. P. E. Bach einen neuen »Berliner Stil« aus der Zeit nach 1740 repräsentierten. Neuerungen sind wohl eher im Bereich von Verzierungen oder der Tempowahl zu suchen.

Rampe: Kaum jemand zog jedoch deutschsprachige Traktate aus Bachs früher Lebenszeit heran, etwa die Schriften von Johann Samuel Beyer (1703), von Martin Heinrich Fuhrmann (1706), von Johann Gottfried Walther (1708) oder spätere Anweisungen aus Bachs Schülerkreis. Beyer stand wie Walther und Bach der Nürnberger Organistentradition nahe; er war Schüler des Weißenfelser Hofkapellmeisters Johann Philipp Krieger und wohl auch dessen Bruders Johann Krieger. Johann Krieger wiederum war in Nürnberg Studienkollege von Johann Pachelbel gewesen, Bach seit 1725, spätestens jedoch seit 1729 gewissermaßen Nachfolger Johann Philipp Kriegers als externer Hofkapellmeister in Weißenfels. Beyer wurde 1699 Stadtkantor in Freiberg/Sachsen; seine Nachfolge trat dort 1744 der vermutliche Bach-Schüler Johann Friedrich Doles an. Fuhrmann war

Einleitung – ein Arbeitsgespräch

ein »Enkelschüler« Dietrich Buxtehudes – ebenso wie Bach, der in Lüneburg bei dem mutmaßlichen Buxtehude-Schüler Georg Böhm Unterricht hatte. Walther, Bachs Cousin zweiten Grades, absolvierte seine Kompositionslehre bei dem Pachelbel-Schüler Johann Heinrich Buttstett in Erfurt; Buttstett indessen war »Mitschüler« von Bachs älterem Bruder Johann Christoph, der nach seiner Erfurter Organistenlehre bei Pachelbel auch Bach selbst ausgebildet hatte. D.h. Bach, Beyer, Fuhrmann und Walther wurzelten in ein und denselben musikalischen Traditionen und Kulturkreisen, selbst wenn sich ihre Musik qualitativ und stilistisch teilweise beträchtlich unterscheidet.

Genau solche Zusammenhänge meinte ich vorhin: Nicht die direkte Umsetzung sollte die Gedanken leiten; vielmehr sollte man als Interpret bemüht sein, so viele Informationen wie möglich zu sammeln, um jene Aspekte hörbar zu machen, die sich realisieren und vermitteln lassen.

Sackmann: Das sagt natürlich jeder Interpret sogenannter Alter Musik, jeder Leiter eines Ensembles für Musik des 17. und 18. Jahrhunderts.

Rampe: Jeder sagt es, doch habe ich kaum je gehört, daß jemand meinte, er habe die Musik zu verstehen versucht. Gewöhnlich heißt es doch: »Wir präsentieren den Originalklang« – in seinen ungezählten Varianten. Mir geht es nicht um Historische Aufführungspraxis. Sie ist wichtig, aber hat ihren Selbstzweck inzwischen hinreichend erfüllt. Im Zentrum steht vielmehr die Frage: Was meinte eigentlich der Komponist? Verstehe ich ihn richtig? Solche Aspekte lassen sich mit Historischer Aufführungspraxis nicht beantworten, sondern nur besser nachvollziehen. Kein Komponist interessierte sich jemals für Historische Aufführungspraxis. Erst wenn ich verstanden habe, was der Komponist wollte, sind seine Intentionen auch in Klang umzusetzen. Um auf Bach zurückzukommen: Niemand erklärte beispielsweise, was er mit der Allabreve-*Notation* (₵) in den meisten seiner Konzertsätze meinte. Denn in den einschlägigen Traktaten aus dem zweiten Drittel des 18. Jahrhunderts findet sich hierfür keine Antwort. Diese Frage läßt sich aber durchaus anhand von Quellen aus der Umgebung des Komponisten beantworten.

Sackmann: Es sind wohl einfach auch zu viele aufführungspraktische Fragen offen oder in die schwer zugängliche Sekundärliteratur verbannt.

Rampe: Ja, vor allem im Hinblick auf die Musik der Bach-Zeit, weniger auf jene der zweiten Hälfte des 18. Jahrhunderts. Schon deshalb ist eine auf Bachs Orchestermusik zugeschnittene Zusammenstellung wirklich einschlägiger Interpretationshinweise wünschenswert.

Sackmann: Dabei bleibt jedoch der orchestrale Aspekt hervorzuheben, da ja viele Traktate der Bach-Zeit eher tastenspezifisch sind.

Rampe: Selbst unter den nicht für Tasteninstrumente bestimmten Lehrwerken sollte man versuchen, unausgesprochene Ideologien und Trends – aus dem 18. wie 20. Jahrhundert – zu erkennen und auszuscheiden.

Es ist ganz wichtig, bei der Darstellung klar zu trennen: Welche Informationen über Bachs Musik liegen vor – welche Schlüsse lassen sich daraus ziehen, sind möglich oder eben zwingend? Welche Informationen stammen von Bach selbst, auf welches Werk sind sie zu beziehen? Welche stammen von seinen Zeitgenossen, welche erst aus den Epochen nach Bach? Ohne solche Differenzierung suggeriert man dem Leser vermeintliche Wahrheiten und Patentrezepte, die es nicht gibt.

Sackmann: Zu solchen Aspekten gehört etwa das von Frederick Neumann postulierte »Parallelenverbot« bei der Ausführung von Verzierungen.

Rampe: Dazu gehören insbesondere auch Fragen der Ensemblegröße, gleichgültig ob man zu den Thesen von Joshua Rifkin oder zu den pragmatischen Entscheidungen von Ton Koopman tendiert.

Einleitung – ein Arbeitsgespräch

Sackmann: Aufführungspraxis – in einem solch umfassenden Sinn – ist ja nicht von musikhistorischen und quellenmäßigen Erkenntnissen zu trennen. Auf der einen Seite stehen die philologisch optimierten Editionen, auf der anderen eher Fragen, welche die Musiksoziologie berühren: In welchen Räumen wurde bei welcher Gelegenheit in welcher Besetzungsstärke welche Musik gespielt? Wie waren Herkunft und Hintergrund jener Musiker beschaffen, Proben und andere Vorbereitungen inbegriffen.

Rampe: Diese Fragen spiegeln ziemlich genau die gegenwärtige, historisch gewachsene Situation der Bach-Forschung: Die Publikation der *Neuen Bach-Ausgabe* förderte, vor allem im Rahmen von deren vorbereitenden Grundlagenstudien, ganz wesentliche Erkenntnisse zutage. Auf dem Gebiet der Schrift- und Quellenkunde sind wir heute sehr gut informiert, hinsichtlich aufführungspraktischer und stilistischer Aspekte weniger gut, betreffend gattungsspezifische, kompositionstechnische und analytische Fragen – also über die Musik selbst – schlecht. Hier gilt es nach- und aufzuholen, was die Quellenforschung der letzten Jahrzehnte leistete. Erst wenn sämtliche Erkenntnisebenen miteinander verknüpft und in einen größeren Zusammenhang gestellt werden, zeichnet sich ein einigermaßen nachvollziehbares Bild von den tatsächlichen historischen Verhältnissen und schließlich von den Intentionen des Komponisten ab.

Sackmann: Dabei ist stets von den Quellen auszugehen, die sozusagen die physische Grundlage bilden. Dies gilt im Fall der Ouvertüren und Konzerte selbst dann, wenn die eigentlichen Originaldokumente verschollen sind. Denn in den erhaltenen, von Bach revidierten Noten finden sich wesentlich mehr vorangegangene Schichten, als man zunächst denken würde. So wird die Vermutung, daß die meisten Konzerte für ein Cembalo und Streicher in gegenüber den Originalvorlagen transponierten Versionen überliefert sind, aufgrund entsprechender Transponierfehler in erstaunlich konstanter Anzahl pro Einzelsatz zur Gewißheit. Ebenso kann für die Ouvertüren anhand marginal erscheinender Korrekturen nachgewiesen werden, daß gewisse Instrumentengruppen – Bläser und Pauken –, die scheinbar untrennbar zur Gestalt der jeweiligen Werke gehören, erst im Verlauf eines vielschichtigen Revisionsprozesses hinzutraten. Von grundlegenden Umgestaltungen der Instrumentation ganz zu schweigen ...

Rampe: Die Grundlage für solche Kriterien, die zur Rekonstruktion der mutmaßlichen Originalgestalt und deren Datierung notwendig sind, bilden die Publikationen der Bach-Forschung aus den letzten 50 Jahren, in erster Linie die Kritischen Berichte der *Neuen Bach-Ausgabe*. Am Anfang steht prinzipiell die Frage: Wer hat was wann (ab-)geschrieben? Bei ihrer Beantwortung wird man unweigerlich mit der Masse der inzwischen verfügbaren Forschungsergebnisse konfrontiert, die in den 50er Jahren ihren Ausgang in den schriftkundlichen Untersuchungen Georg von Dadelsens nahmen und bald darauf Alfred Dürr zu der Erkenntnis führten, daß die damalige Chronologie von Bachs Kantaten völlig überholt war. Der philologische Bereich der Schriftkunde wurde vor allem von Yoshitake Kobayashi wesentlich erweitert. Ohne solche, oftmals unscheinbaren Einzelresultate dieser und zahlreicher weiterer Forscher ist heute über Bachs Musik keine Aussage mehr möglich.

Sackmann: Um die Ergebnisse der Quellenforschung und der Betrachtung der Musik selbst schließlich in ein historisches Gesamtbild zu integrieren, bedarf es allerdings auch biographischer Mosaiksteine. Wenn der Eindruck entsteht, daß die insgesamt doch spärlichen Lebenszeugnisse des Komponisten nicht ausreichen, ist man froh über jedes Dokument zu Personen und Vorgängen aus seinem näheren und weiteren Umfeld, sogar aus der Epoche der darauffolgenden Generationen.

Einleitung – ein Arbeitsgespräch

Hierfür bieten die von Werner Neumann und vor allem von Hans-Joachim Schulze zusammengetragenen *Bach-Dokumente* eine Fülle an Material, das in all seinen Facetten wohl kaum je auszuwerten sein wird.

Rampe: Die Arbeitsteilung innerhalb der Forschung ist einerseits manchmal eine Behinderung auf dem Weg zu schlüssigen Ergebnissen. Andererseits hat die Spezialisierung den Vorteil einer wirklich fundierten Basisarbeit. Dennoch sollte uns das hohe Niveau von deren Erkenntnissen nicht davon abhalten, den Versuch zu wagen, so viele Elemente als möglich zu einem Gesamtbild zusammenzusetzen. Musiker ebenso wie Musikliebhaber, deren Hauptbeschäftigung nicht die Lektüre von Kritischen Berichten oder der *Bach-Jahrbücher* sein kann, benötigen von Zeit zu Zeit solche Gesamtentwürfe als Grundlage zum »Genießen und vernünftig Bewundern«, wie es der Bach-Biograph Johann Nicolaus Forkel nannte. Auch die monumentale zweibändige Monographie Philipp Spittas (1873 und 1880) war ein solcher Ansatz. Mich erstaunt nach allen Quellenfunden und Forschungsergebnissen stets aufs Neue, daß Spittas Publikation durch die moderne Wissenschaft oft bis in kleinste historische und vor allem musikalische Details eher bestätigt als widerlegt wird.

Sackmann: »Gesamtentwurf« ist ein geeignetes Stichwort, um kurz auf unsere Arbeitsmethode einzugehen. Denn schon solche Entwürfe wie diejenigen Forkels und Spittas stellen ja den Versuch dar, einerseits so umfassend als möglich das bisher Erforschte darzulegen, andererseits aber auch aus der Gesamtschau zu neuen Erkenntnissen zu kommen. Während Einzeluntersuchungen sich oft mit der Erhellung weniger Fakten begnügen, besteht unser Anliegen darin, die vorliegenden Beobachtungen zusammenzufassen und weiterzudenken. Um Beiträge für künftige Diskussionen um Bachs Orchestermusik zu liefern, erschien es erforderlich, Sachverhalte zu postulieren, die sich zwingend daraus ergeben, daß sämtliche Gegenargumente nur eine geringe Wahrscheinlichkeit beanspruchen können. Offene Fragen sollen so weit beantwortet werden, daß wenige Entweder-Oder- bzw. Sowohl-Als auch-Lösungen bestehen bleiben. Man mag diesen Ansatz als unwissenschaftlich zurückweisen – im Sinn eines komplexen Entwurfs und Diskussionsbeitrags, den es zu bestätigen oder widerlegen gilt, erscheint er uns unverzichtbar. Diese Haltung wirkt sich in sämtlichen Kapiteln des Buches aus und betrifft sowohl allgemein historische, quellenkundliche und biographische wie analytische, chronologische, organologische und aufführungspraktische Aspekte.

Rampe: Dabei sollte man allerdings nicht vergessen, daß Forschungsergebnisse, die in der klanglichen Wiedergabe unmittelbar zum Ausdruck kommen, in der Praxis häufig zu medienwirksamen Sensationen aufgebauscht und als neue Wahrheiten verkündet werden. Deshalb waren wir bemüht, jeweils klar zu unterscheiden, ob es sich um verläßliche Tatsachen oder nur allgemein akzeptierte Meinungen, um begründete Vermutungen oder um Hypothesen handelt. Gerade die Vermischung oder gar Verwechslung dieser beiden Kategorien führte in der Vergangenheit wiederholt zu fragwürdigen und letztlich kurzlebigen Resultaten.

Sackmann: Führt, um auf die praktische Arbeit zurückzukommen, vermehrtes Wissen nicht zwangsläufig zu Aporie, zum Sich-nicht-entscheiden-Können angesichts der Fülle von offenen Fragen oder möglichen Lösungen?

Rampe: Es könnte auch das Gegenteil der Fall sein: Stürzt man sich nicht vorschnell auf bestimmte Thesen, Stil- und Geschmacksrichtungen und betrachtet man Erkenntnisse nicht von vornherein als Wahrheiten, sondern als ihrerseits beschränkt und durchaus kritisierbar, dann kann das Wissen um Einzelheiten eine konkrete Hilfe sein, den Horizont erweitern und damit die Freiheit des Interpreten vergrößern: Lernt er die wirklichen Grenzen seines Interpretationsspielraums kennen, erfährt er zugleich, wie groß seine persönlichen Entfaltungsmöglichkeiten sind.

Einleitung – ein Arbeitsgespräch

Sackmann: Gerade ein Werkkomplex wie die »Brandenburgischen Konzerte« wirft ja weitreichende Fragen auf: zur Deutung, zur inneren Zusammengehörigkeit usw.

Rampe: Als ich 1995 unsere Aufnahme der »Brandenburgischen Konzerte« abschloß, waren Hypothesen zu einer soziologisch-mythologischen Interpretation der Werke von Reinhard Goebel,[5] Philip Pickett[6] und Karl Böhmer[7] im Umlauf. Hierzu erschien mir im Booklet unserer Aufnahme eine Stellungnahme notwendig, wobei ich zugleich einige Gedanken zur Entstehung und Konzeption dieser Sammlung einfließen ließ.

Sackmann: Standen hinter solchen Überlegungen nicht zunächst Fragen der Chronologie?

Rampe: Gewiß. Diese sechs so unterschiedlichen Werke entsprechen ja einem auf Kontrasten beruhenden Plan des Komponisten, vergleichbar den Gegensätzen zwischen den drei letzten Sinfonien Wolfgang Amadeus Mozarts oder den drei letzten Klaviersonaten Franz Schuberts. Folglich müßte herauszufinden sein, von welchem Werk an Bach begann, die Kontraste in Beziehung zu den übrigen Konzerten zu setzen und diese zu einem Komplex zu vereinigen. Solche Überlegungen kommen einer »Denksportaufgabe« gleich, die ganz von selbst zur Entstehung von Bachs Konzerten führte: Als einmal klar war, daß das »Brandenburgische Konzert 6« BWV 1051 aus formalen und kompositionstechnischen Gründen als eines der letzten dieser Sammlung entstand – Michael Marissen (1991) hatte es sogar als das späteste bezeichnet –, war ein wichtiger Orientierungspunkt erreicht. Als sich jedoch aus der Analyse sämtlicher als Violin- und Cembalokonzerte erhaltenen Kompositionen Bachs ergab, daß das »Brandenburgische Konzert 6« offenbar auch eines der letzten unter allen überlieferten Orchesterkonzerten ist, wurde die weitere Arbeit sehr spannend. Denn dieses Werk war ja laut Widmungsrede der autographen Partitur spätestens im März 1721 abgeschlossen – alle anderen Konzerte Bachs mußten also früher entstanden sein, in jedem Fall deutlich vor Antritt des Leipziger Thomaskantorats 1723! Gleiches gilt auch für die Orchestersuiten.

Wahrscheinlich ist es normal, sich als Interpret zunächst Inhalt und Darstellung von Musik zuzuwenden, bevor man auf scheinbar zweitrangige Aspekte wie die Kompositionstechnik eingeht. Wenn ich jedoch die bei den Vorarbeiten zum vorliegenden Buch aus solchen Überlegungen entstandene Chronologie sämtlicher Orchesterwerke betrachte, muß ich sagen: Die weitere Beschäftigung mit den »Brandenburgischen Konzerten« über unsere Aufnahme hinaus hat sich gelohnt.

Sackmann: Die Frage nach der Datierung von Bachs Konzerten wurde in den letzten Jahren wiederholt aufgeworfen; denn das bislang einzige gesicherte Datum betrifft, wie gesagt, die Fertigstellung der »Brandenburgischen Konzerte« (1721). Seit 1994 entspann sich vor allem zwischen Martin Geck (1994 und 1997) und Christoph Wolff (1997) eine hitzige Debatte, die geradezu einer »Glaubenssache« gleichkam, wie sie für die ansonsten eher besonnene Bach-Forschung ungewöhnlich ist. Christoph Wolff hatte bereits 1985 versucht, angesichts der überwiegend späten Quellen der Konzerte (zumeist aus Bachs Leipziger Periode oder später) auch deren Entstehung großenteils in die Zeit nach 1729 zu datieren, während Martin Geck den »restaurativen Vorstoß« machte, Bachs Köthener Jahre (1717–1723) als Zeitraum für die Konzeption der Urfassungen anzusetzen. Damit schloß er an die Auffassung an, die schon C. P. E. Bach im Nekrolog auf seinen Vater (1754) und Philipp Spitta im ersten Band seiner Bach-Biographie (1873) vertreten hatten.

Rampe: Dieser Gelehrtenstreit hängt erneut mit der Geschichte der Bach-Forschung seit dem Zweiten Weltkrieg zusammen: Mitunter entstehen große Differenzen – je nachdem ob man die erhaltenen Quellen zum Ziel der Beschäftigung mit einem Werk setzt oder ob man in ihnen nur

Einleitung – ein Arbeitsgespräch

einen Ausgangspunkt sieht, um dann die Musik selbst zu befragen, auch auf die Gefahr hin, daß dabei ein gewisser Abstand zu quellenmäßigen Befunden entstehen kann. Die Grundfrage ist letztlich, welcher Gedankenweg zu den plausibleren Ergebnissen führt, d.h. zum Verständnis der Arbeitsmethode und Intentionen Bachs.

Sackmann: Das bedeutet, daß die enger an der vorhandenen kompositorischen Substanz orientierte Untersuchung gewagtere Thesen hervorbrachte als die spekulative, von Stil und Gattungsentwicklung ausgehende.

Rampe: Das muß nicht in jedem Fall zutreffen, aber hinsichtlich von Bachs Konzerten führen der einseitig quellenkundliche Weg ebenso wie eine rein stilistische Beurteilung offensichtlich in eine Sackgasse.

Sackmann: Daran schließt sich die Frage an, wieviele von Bachs konzertanten Kompositionen überhaupt erhalten blieben – oder anders gesagt: wieviele verlorengingen.

Rampe: Hier läßt sich keine zuverlässige Auskunft geben. Bachs älteste Konzertkomposition im italienischen Stil entstand spätestens 1707, das letzte erhaltene Ensemblekonzert datiert, wie gesagt, von spätestens 1721. Dazwischen liegen fast 15 Jahre, aus denen durchaus nicht alle Werke erhalten sein müssen, ganz abgesehen davon, daß Bach ja auch nach 1723 in Leipzig Konzerte neukomponiert haben könnte, die jedoch – mit Ausnahme des »Italienischen Konzerts« BWV 971 für Cembalo – nicht erhalten zu sein scheinen. In der Konzertchronologie im ersten Teil des vorliegenden Buchs weisen wir auf mehrere Zeiträume hin, in denen offensichtlich eine Änderung von Bachs Kompositionstechnik eintrat. Zugleich könnten Konzerte entstanden sein, die später verlorengingen, ohne daß solche Verluste aus der Entwicklung von Bachs kompositorischer Arbeit ersichtlich wären. Ferner kennen wir einige Konzerte, die in Verzeichnissen des 18. und 19. Jahrhunderts Bach zugeschrieben werden, ihren Tonarten und Besetzungen nach jedoch nicht mit erhaltenen Werken in Einklang gebracht werden können (⟶ S. 64). Wahrscheinlich sind solche Verluste nicht beträchtlich. In jedem Fall aber vermitteln die erhaltenen Konzerte und Ouvertüren ein einigermaßen plausibles Gesamtbild, um zu erkennen, wie Bach diese Gattungen verstand und wie sich seine kompositorische Arbeit innerhalb dieser Gattungen über etwa anderthalb Jahrzehnte hin allmählich veränderte.

Sackmann: Ist Bachs jeweilige Lebenssituation unmittelbar für die Entstehung seiner Konzerte verantwortlich?

Rampe: Ohne diese alte, seit Philipp Spitta (1873) währende Debatte fortzusetzen, läßt sich meiner Meinung nach behaupten: Bachs erhaltene Konzerte aus der Zeit bis 1721 sind keine »absolute Musik«: Nicht ein »Musenkuß« bestimmte den Entstehungszeitpunkt einer Komposition, sondern Bach griff erst dann zur Feder, wenn ein äußerer Anlaß bestand – offenbar als Weimarer Konzertmeister und Köthener Kapellmeister. Vielleicht gehörte Bach unter den Komponisten der Barockzeit eher zu jenen, für die Quantität und dauerhafter Fleiß nicht an oberster Stelle der Prioritätenliste standen. Wenn jedoch Bachs älteste Konzertkomposition – die *Sonata* BWV 967 für Clavier – spätestens 1707 abgeschlossen war, muß der Komponist schon damals Concerti, die aus ihrem Ursprungsland Italien stammten, gekannt haben.

Sackmann: Um so wichtiger war es für die vorliegende Untersuchung, einen detaillierten Überblick über die Konzerte jener italienischen Autoren zu gewinnen. Damit ist auch die Frage verbunden, ob Komponisten wie Arcangelo Corelli, Giuseppe Torelli, Tomaso Albinoni und Antonio Vivaldi aktiv die Entwicklung der Gattung *Concerto* bestimmten oder ob – wie Michael Talbot

(1971) annahm – die italienischen und niederländischen Konzerte vom Beginn des 18. Jahrhunderts auf Material basieren, das – in Adornoschem Sinn – eine Eigendynamik, eine zwangsläufige Tendenz zu seiner »klassischen« Ausformung im Werk Vivaldis einschließt.

Rampe: Bach und seine deutschsprachigen Kollegen kannten wahrscheinlich viel mehr Musik selbst entfernter Regionen, als wir bislang vermuteten. Sollte man von einem leidenschaftlichen Musiker etwas anderes annehmen?

Sackmann: Tatsächlich existierten damals ja die unterschiedlichsten Handels- und Reisewege, ein dichtes Kommunikationsnetz unter Einschluß persönlicher Beziehungen, das von Spanien und Süditalien bis nach Schweden und von Paris und Amsterdam bis nach Prag und ins Baltikum reichte. Mitteldeutschland und vor allem Thüringen befand sich gleichsam im Zentrum dieser Verbindungslinien. Auf derartigem Weg können Bach und sein Bruder Johann Christoph, der ihn ausbildete, schon um 1700 in den Besitz von Musik gelangt sein, die in Paris, Amsterdam oder eben Venedig gedruckt worden war.

Rampe: Solche politisch-musikalischen Beziehungen und das hochentwickelte frühneuzeitliche Handels- und Kommunikationssystem im Detail darzustellen, wäre der Endpunkt einer umfangreichen Untersuchung, für die im vorliegenden Buch kein Raum besteht. Doch sollte man sich gerade mit Blick auf Bach einmal vergegenwärtigen, was im Rahmen der Frühgeschichte des italienischen Konzerts bereits geleistet worden war, bevor Bach und Vivaldi wohl annähernd gleichzeitig begannen, eigene Konzertsätze zu komponieren.

Sackmann: In der Tat ist es erstaunlich, daß eine so grundlegende Untersuchung wie Franz Gieglings Dissertation über Giuseppe Torelli, 1949 im Bärenreiter-Verlag publiziert, von der Musikwissenschaft seither nur am Rande, von der Bach-Forschung fast gar nicht zur Kenntnis genommen wurde. Schon damals hatte Giegling angedeutet, welche entscheidende Rolle Torellis und Albinonis Kompositionen für die Entwicklung von Bachs Konzerten gespielt haben dürften. Hätte man diesen Ansatz seinerzeit weiterverfolgt, wäre rasch klar geworden, daß Vivaldi für Bach kaum mehr als ein renommierter Kollege gewesen sein kann, keineswegs jedoch das prägende Vorbild, als das er seit zwei Jahrhunderten gilt.

Rampe: Wenn Bach die seit Ende des 17. Jahrhunderts gedruckten italienischen Werke kannte – die Opera von Corelli (op. 3 und 5), Torelli (op. 6 und 8) und Albinoni (op. 1, 2 und 5) –, geschah diese Begegnung wohl in der Abfolge von deren Erscheinungsdaten, vermutlich mit einer Verzögerung von einigen Monaten.

Sackmann: Demnach hätte die Entwicklung des italienischen Konzerts auch zu einer hypothetischen Chronologie von Bachs Konzertschaffen geführt.

Rampe: Um eine solche Hypothese vertreten zu können, ist es notwendig, sie aus unterschiedlicher Perspektive zu überprüfen, wie wir dies versuchten: Du hast die kompositionstechnische und formale Entwicklung italienischer Concerti vom Ende des 17. bis weit ins erste Drittel des 18. Jahrhunderts verfolgt, geklärt, wie Bach diese Werke kennenlernen konnte, und die bisher als selbstverständliche Prämisse vorausgesetzte Vorbild-Rolle Vivaldis eingeschränkt. Ich hingegen war zunächst bemüht, Entwicklungslinien innerhalb von Bachs Konzerten aufzuzeigen, also eine Reihenfolge unter ihnen festzulegen. Weiterhin analysierte ich sämtliche Chöre und Arien von Bachs Weimarer, Köthener und frühen Leipziger Kantaten, um auch hier kompositionstechnische Entwicklungen sichtbar zu machen. Dank der quellenkundlichen Resultate der jüngeren Bach-Forschung sind wir ja heute in der Lage, die Uraufführung fast aller Bach-Kantaten auf den Tag

Einleitung – ein Arbeitsgespräch

genau zu bestimmen, so daß sich ihre kompositionstechnischen Veränderungen zeitlich einordnen lassen. Wenn es gelänge, so meine Arbeitshypothese, solche Entwicklungen auch in Bachs Konzerten nachzuweisen, wäre hier ebenfalls eine chronologische Einteilung möglich.

Sackmann: Ist ein solcher Vergleich, der auf dem bereits von Johann Adolph Scheibe (1739) geschilderten Analogieprinzip von Arien- und Konzertform beruht, nicht problematisch? Es wäre doch denkbar, daß eine schöpferische Persönlichkeit wie Bach gleichzeitig an gegensätzlichen kompositorischen Entwicklungen arbeitete.

Rampe: Rein theoretisch ist dies vorstellbar – jedoch unter der Voraussetzung, daß er eine bestehende, von ihm bereits beherrschte Technik in unterschiedliche Richtungen veränderte oder verfremdete.

Geht man allerdings davon aus, daß die heute bekannte Konzertform mit ihrem Wechsel von Ritornell und Episode noch um 1715, wie Du gezeigt hast, selbst in Italien im Werden begriffen, also nach wie vor im Fluß war, ist kaum anzunehmen, daß Bach, der diese Entwicklung ja großenteils mitvollzog, gleich mehrere Arbeitsschritte übersprungen hat. Der erste Satz des »Brandenburgischen Konzerts 6« kehrt den Charakter von Ritornell und Episode, wie wir sie aus Vivaldis späteren Konzerten kennen, um, verfremdet also ein bestehendes Prinzip. Bevor er ihn abstrahierte, muß Bach diesen Bauplan erst einmal gekannt und beherrscht haben. Daraus ergibt sich die Frage: Welche der erhaltenen Konzerte Bachs entsprechen überhaupt einem solchen Prinzip?

Sackmann: Aber diese Frage birgt doch eine weitere Schwierigkeit: Eine Chronologie allein auf der Basis von kompositionstechnischen, also rein analytischen Kriterien führt zu reiner Spekulation! Das Grundproblem besteht ja in der Annahme, daß im Verlauf einer kompositorischen Beschäftigung so etwas wie »Fortschritt« erreicht wird. Hätte Bach jedoch den Fortschrittsgedanken abgelehnt, wäre diese Chronologie unhaltbar.

Rampe: Er hat ihn in seinen Kantaten nicht abgelehnt, sondern kompositorisch realisiert, wobei Fortschritt nicht eine konsequente Fortschreitung von Woche zu Woche, sondern eine Tendenz über Jahre und sogar Jahrzehnte hinweg bedeutet. Daher war es mir so wichtig, Bachs Kantaten zum Vergleich heranzuziehen, denn parallel zur Entwicklung der Arien- bzw. Konzertform finden sich dort – gleichsam als Randerscheinungen – Veränderungen weiterer kompositionstechnischer Mittel: beispielsweise von ritornellverarbeitenden Teilen oder von Ripieno-Begleitmodellen in Soloabschnitten. Erscheinen mehrere solcher Merkmale auch in einem *Concerto*-Satz Bachs, liegt es nahe, dessen Entstehung in zeitlicher Nähe zu den betreffenden Kantaten anzusetzen. Dabei ist natürlich zu überprüfen, ob die ermittelte Datierung mit der Quellenlage eines Konzerts vereinbart werden kann. Bei meinen Untersuchungen ergaben sich jedoch in keinem einzigen Fall Widersprüche.

Sackmann: D.h. Deine Methode ähnelt derjenigen der Quellenkundler innerhalb der Bach-Forschung, die feststellten, daß sich mehrere Merkmale von Bachs Handschrift innerhalb von Jahren parallel, teilweise auch unabhängig voneinander änderten. Betrachtet man allerdings nur einzelne solcher Merkmale, ist eine zeitliche Einordnung problematisch.

Rampe: Genau, man muß stets den gesamten kompositorischen Kontext und auch die Veränderung der Gattung *Concerto* an sich im Auge behalten. Um diese Zusammenhänge verstehen und auch den erwähnten Fortschrittsgedanken überprüfen zu können, unternahm ich zu Beginn meiner Analysen einen Selbstversuch, der natürlich nur bedingt beweiskräftig ist: Über Monate hinweg improvisierte ich jedesmal, wenn ich Gelegenheit hatte, in einem Gottesdienst Orgel zu spielen, an Stelle des Vorspiels einen Konzertsatz – sozusagen unter »Live-Bedingungen«. Ich begann mit einem Modell in der Art von Albinonis *Concerti* op. 2 (1700) und versuchte mit der Zeit, mich in Richtung einer Form wie der des ersten Satzes aus Bachs a-Moll-Violinkonzert BWV 1041 zu bewegen. Dabei machte ich drei wesentliche Erfahrungen: a) Fehler und kompositionstechnisch schwierige Situationen ließen sich von Mal zu Mal besser meistern, die Suche nach Lösungen fiel immer leichter. b) Daß man einmal erworbene kompositorische Fähigkeiten und Resultate einfach aufgeben würde, kann nur vermuten, wer nie komponierte. In der Praxis ist man froh um jede gelunge Lösung und versucht, sie weiterzuverwenden, zu entwickeln, zu verändern. c) Rein handwerklich ist der erste Satz von Bachs a-Moll-Violinkonzert einer Konzertform aus Albinonis Opus 2 deutlich überlegen. Deshalb ist kaum anzunehmen, daß Bach im Anschluß an dieses Violinkonzert ein Konzert schrieb, dessen kompositionstechnisches Niveau deutlich geringer ausfiel. Ich bin davon überzeugt, daß Fortschritt ohne unbedingte Linearität kein methodischer Ausgangspunkt ist, der zu historiographischem Unsinn führen muß; offensichtlich machte Bach – ebenfalls als Praktiker – Erfahrungen, die den geschilderten ähnelten ...

Sackmann: ... wobei es zu bedenken gilt, daß nicht alle Zwischenstadien von Bachs Auseinandersetzung mit *Concerto* und *Ouverture* erhalten sein müssen, sondern womöglich nur Beispiele für Stationen einer in Stufen fortgehenden Entwicklung überliefert sind.

Rampe: Vielleicht nicht einmal dies. Möglicherweise setzte sich Bach lange Zeit gedanklich oder eben improvisatorisch mit einer Gattung oder einem Werk auseinander, bevor er die ersten Noten zu Papier brachte.

Sackmann: Das wiederum wäre ein »restaurativer Vorstoß«, die Verknüpfung von Amt und Auftrag in der Bach-Biographik: Bach komponierte nicht aus Lernwillen, sondern weil er in den allermeisten Fällen eine konkrete Aufgabe zu erfüllen und für bestimmte Musiker zu schreiben hatte.

Hinweise zum Gebrauch des Buches

Wie die meisten Bücher ist auch das vorliegende in herkömmlicher Weise von vorne nach hinten lesbar. Ebensogut kann der Leser aber auch einzelne Teile, Kapitel und Abschnitte oder Besprechungen von Kompositionen auswählen. Die diversen Kapitel in Teil I bauen allerdings inhaltlich aufeinander auf.

Literatur wird gewöhnlich in Kurzform zitiert – z.B.: Spitta (1873, S. 123) –, deren Siglen werden in der *Bibliographie* am Ende des Bandes aufgeschlüsselt. Einzelnachweise erfolgen nach Möglichkeit anhand neuerer Sekundärliteratur und beschränken sich auf ein Minimum. Anmerkungen sind am Ende des Bandes aufgeführt.

Die Teile I, III und IV setzen beim Leser die Arbeit mit dem Notentext voraus. Hier sei vor allem auf die im Rahmen der *Neuen Bach-Ausgabe* (NBA) im Bärenreiter-Verlag erschienenen Orchesterwerke verwiesen. Ebenso liegen diese als Studienpartituren und Taschenbuch-Gesamtedition (TP 2001) vor; sofern nicht bereits geschehen, werden im Laufe der Zeit sämtliche Werke in praktischen Ausgaben mit Stimmensätzen erscheinen. Nähere Angaben hierzu finden sich zu Beginn der Werkbesprechungen und in der *Bibliographie*. Gelegentlich wird auch auf die »Alte Bach-Ausgabe«, die Gesamtausgabe der Bach-Gesellschaft (BG) im Verlag Breitkopf & Härtel, verwiesen. Hierüber und über diverse Einzelausgaben anderer Verlage, die im vorliegenden Buch Berücksichtigung fanden, unterrichten ebenfalls die *Anmerkungen* und die *Bibliographie*.

Die in den Buchteilen I (*Werke*) und IV (*Interpretation*) nachgewiesenen neuen Rekonstruktionen Bachscher Konzerte und Orchestersuiten werden in praktischen Ausgaben der Autoren im Bärenreiter-Verlag erscheinen (siehe die Hinweise in Teil IV).[1]

Auf Empfehlungen oder gar Besprechungen von Aufnahmen Bachscher Orchesterwerke wurde verzichtet. Gelegentlich erfolgen jedoch Hinweise auf Details von Einspielungen und vor allem auf deren Booklet-Begleittexte.

Ein *Nachwort* am Ende des Bandes verweist auf die Herkunft von Quellen und Fotographien und schließt mit dem Dank an jene Persönlichkeiten, die uns bei der Arbeit an dieser Publikation unterstützten.

Köln, im März 2000
Siegbert Rampe

Basel, im März 2000
Dominik Sackmann

»Concertisten«, »Ripienisten«, »Orchestre« und »Cammer-Music«

Als Bach im April 1723 das Leipziger Thomaskantorat antrat, konnte er für kirchenmusikalische Aufführungen in der Thomas- und Nicolaikirche von seinem Vorgänger Johann Kuhnau ein Orchester übernehmen, das dieser bis zur Maximalbesetzung von Trompeten bzw. Hörnern und Pauken, Oboen bzw. Flöten, Fagott, Streichern und Continuo erweitert hatte. Für die Streichergruppe forderte Kuhnau je vier Violinen 1 und 2, zwei Bratschen und Continuo, bestehend aus Violoncelli, Violonen, Colochonen (eine Baßlauten-Art) samt Orgel und wohl auch Cembalo (Schering 1926, S. 101f.). Diese Formation rekrutierte sich, so Kuhnaus Witwe 1725, aus »denen Stadtpfeiffern und Schülern [der Thomas- und Nicolaischulen]« (Dok. I, Nr. 12 B).

Im »Entwurff einer wohlbestallten Kirchen Music« vom 23. August 1730 (Dok. I, Nr. 22) skizzierte Bach seine eigenen Besetzungsvorstellungen für dieses Kirchenorchester von »zusammen 20 Instrumentisten« (ohne Tasteninstrumentalisten), die sich von Kuhnaus Formation vor allem durch eine abweichende Stimmenverteilung unterscheiden:

»Die Instrumental Music bestehet aus folgenden Stimmen, als:

2 auch wohl 3 zur	—	Violino 1.
2 biß 3 zur	—	Violino 2.
2 zur	—	Viola. 1
2 zur	—	Viola. 2
2 zum	—	Violoncello.
1 zum	—	Violon.
2 auch wohl nach Beschaffenheit 3 zu denen		Hautbois [Oboen].
1 auch 2 zum	—	Basson [Fagott].
3 zu denen	—	Trompetten
1 zu denen	—	Paucken.

[...] NB. füget sichs, daß das KirchenStück auch mit Flöten, (sie seynd nun à bec [Blockflöten] oder Traversieri), componiret ist (wie denn sehr offt zur Abwechselung geschiehet) sind wenigstens auch 2 [weitere] Persohnen darzu nöthig.«

Dabei konnte Bach normalerweise mit insgesamt acht Ratsmusikern rechnen:

»4. StadtPfeifer«	Johann Gottfried Reiche »zur 1[.] Trompette«
	Johann Cornelius Gentzmer zur »2[.] Trompette«
	Johann Caspar Gleditsch zur »1[.] Hautbois«
	Christian Rother zur »1[.] Violine« (wohl Konzertmeister)
und »3 KunstGeiger sowie ein [Kunstgeiger-] Geselle«	Johann Gottfried Kornagel zur »2[.] Hautbois«
	Heinrich Christian Beyer zur »2[.] Violine«
	»Der Geselle – Basson«[1]

Stadtpfeifer und Kunstgeiger

Wer waren diese Stadtpfeifer und Kunstgeiger? Bis ins 19. Jahrhundert hinein war die Musikerausbildung kein Studium, sondern eine Lehre bei einem Meister. Der Musikerberuf galt seinerzeit

Stadtpfeifer und Kunstgeiger

wie Instrumentenbau und Malerei als Handwerk, unterschied sich vom gewöhnlichen Handwerk allerdings durch die Bezeichnung »*Kunst*«. Ausbildung und Berufsausübung unterlagen den Regeln der Handwerkszünfte und -innungen. Die deutschen Musikerzünfte firmierten im städtischen Bereich als »Kunst-Geiger« und – diesen hierarchisch übergeordnet – als »Stadtpfeifer«. Beide Berufsgruppen standen im »Öffentlichen Dienst«, wurden also vom Rat einer Stadt fest angestellt. Sie waren traditionell Turmbläser und hatten zugleich Veranstaltungen des Rates, Aufführungen in den Hauptkirchen, Hochzeiten und Trauerfeierlichkeiten musikalisch zu gestalten, und sie verfügten über das Recht zur Lehre – zur Ausbildung von Musikern. Diese Ausbildung begann bei Tasteninstrumentalisten im Alter zwischen 11 und 17 Jahren und dauerte zwischen zwei und vier Jahre (Rampe 1999); Johann Joachim Quantz' Ausbildung zum Stadtpfeifer in Merseburg (1708–1715), etwa 20 Kilometer von Leipzig entfernt, umfaßte siebeneinhalb Jahre (Schleuning 1984, S. 54). Häufig war ein ebenfalls vom Stadtrat bestallter Kantor oder Musikdirektor unmittelbarer Vorgesetzter der Musikerinnungen, so auch Bach in seiner Eigenschaft als Leipziger *Director musices* seit 1723 (Schering 1941, S. 151).

Kunstgeiger und Stadtpeifer hatten fast alle damaligen Blas- und Streichinstrumente zu beherrschen, wobei den Stadtpfeifern primär Blech- und Holzblasinstrumente vorbehalten blieben. Um 1700 lernte Georg Philipp Telemann »ausser Clavier, Violine und [Block-] Flöte« auch Oboe, Traversflöte, Chalumeau,[2] »Gambe etc.«, »Contrebaß und die Quint-Posaune« (Mattheson 1740, S. 357). Bach hingegen spezialisierte sich wahrscheinlich von vornherein auf Streich- und Tasteninstrumente. Noch im Jahre 1745 verlangte er jedoch von einem Bewerber um die zweite Kunstgeiger-Stelle der Stadt Leipzig, sich »auf jedem Instrumente, so von denen Stadt-Pfeiffern pfleget gebrauchet zu werden, als Violine, Hautbois, Flute Travers. [,] Trompette, Waldhorn und übrigen BassInstrumenten« (wohl Fagott, Violoncello und Violone) hören zu lassen (Dok. I, Nr. 80). Für das Probespiel um eine Stadtpfeifer-Stelle in der benachbarten Stadt Zeitz komponierte Bachs Leipziger Kollege Johann Gottlieb Görner, Musikdirektor der Universitätskirche und Thomasorganist, 1743 eine *Sonata alternativa* in Gestalt einer Suite mit Continuobegleitung, deren Sätze von den Kandidaten abwechselnd jeweils auf folgenden Instrumenten vorzutragen waren: »Clarino« (Trompete in hoher Lage), Posaune in Altlage, »Cornettino« ([hoher] Quart-Zink), Violine, Oboe und »Corno« (Zimpel 1985, S. 68ff.). Vorausgesetzt, aber nicht geprüft wurde auch hier das Spiel auf Flöten- und Baßinstrumenten.

Eine Spezialisierung der städtischen Musiker war, wenn überhaupt, erst im Anschluß an die Ausbildung möglich (so bei Reiche als Trompeter und bei Gleditsch als Oboist). Hierauf bezieht sich die berühmte kritische Anspielung in Bachs »Entwurff« von 1730:

Es »ist zu consideriren [bedenken], daß Sie [die Stadtpfeifer und Kunstgeiger] theils emeriti [Senioren], theils auch in keinem solchen | exercitio [in solcher Übung] sind, wie es wohl seyn solte. [...] Es ist ohne dem etwas Wunderliches, da man von denen teütschen Musicis prætendiret [erwartet], Sie sollen capable [fähig] seyn, allerhand Arthen von Music, sie komme nun aus Italien oder Franckreich, Engeland oder Pohlen, [und] so fort ex tempore [vom Blatt] zu musiciren, wie es etwa die jenigen Virtuosen, vor die es gesetzet ist, und welche es lange vorhero studiret ja fast auswendig können, überdem auch [...] in schweren Solde stehen, deren Müh und Fleiß mithin reichlich belohnet wird, [...] Mit einem exempel diesen Satz zu erweisen, darff man nur nach Dreßden gehen, und sehen, wie daselbst von Königlicher Majestät die Musici salariret werden [...] auch überdem iede Persohn nur ein eintziges Instrument zu excoliren [auszuführen] hat, es muß was trefliches und excellentes zu hören seyn« (Dok. I, Nr. 22).

Bachs Kritik richtete sich also weniger an Spieler, die höchsten Ansprüchen nicht genügten, als an das zeitgenössische System von Musikern im »öffentlichen Dienst«: Hofmusiker wie die Mitglieder seiner ehemaligen Köthener Kapelle und des Dresdener Hoforchesters waren sehr wohl in der Lage, sich auf ein oder zwei Instrumente zu konzentrieren und auf diesen virtuose Fähigkeiten zu entwickeln. Betrachtet man indessen die Instrumentalpartien von Bachs Leipziger Kantaten und vergleicht sie mit jenen von Weimarer oder Köthener Vokalwerken, so lassen ihre spieltechnischen Anforderungen nicht auf geringe Fähigkeiten der Leipziger Musiker schließen. Dies gilt erst recht, wenn man bedenkt, daß Bach von insgesamt 20 Instrumentalpartien mindestens 12 mit Schülern und Studenten (Dok. I, Nr. 12) zu besetzen hatte. Wahrscheinlich besaß Bachs Kirchenorchester eine mittelmäßige bis gute Qualität; ein Spezialensemble aber war es nicht.

Studenten

Wer damals eine Karriere als Hofmusiker (»Cammer Musicus«) oder gar Solist ansteuerte, hatte sich in jedem Fall zu spezialisieren – am besten, indem er bei einem renommierten Hofmusiker oder Solisten (»Virtuosen«) Unterricht nahm. Johann Joachim Quantz beispielsweise spezialisierte sich frühzeitig auf der Violine und wurde mit 17 Jahren Tuttist am Berenburger Hof, darauf konzentrierte er sich auf die Oboe und erhielt mit 21 Jahren eine Anstellung als Oboist in der vom Dresdner Hof unterhaltenen »Polnischen Capelle«. Schließlich setzte er seine Ausbildung bei dem ersten Flötisten der Dresdner Hofkapelle Pierre Gabriel Buffardin fort und wurde kurz darauf dessen Flötenkollege. Die Chancen auf eine Stelle bei Hof stiegen erst recht, wenn man sich – wie Bachs Söhne Wilhelm Friedemann und Carl Philipp Emanuel – im Anschluß an die Lehre wenigstens für einige Semester an einer Universität immatrikulierte und eine Art »Studium generale« betrieb: In diesem Fall konnte man, vor allem an kleineren Residenzen, als Kapellmitglied auch zu Kanzlei-, Sekretärs- und Verwaltungsdiensten herangezogen werden.

Das Studium war kostspielig und wurde wohl nur von ambitionierten Musikern oder solchen aus vermögendem Haus aufgenommen. Viele Studenten finanzierten ihr Studium durch das Erteilen von Privatunterricht oder durch Gelegenheitsarbeiten. Darüber hinaus beteiligten sie sich an musikalischen Aufführungen oder schlossen sich, wie vor 1705 der Leipziger Jurastudent Telemann, zu sog. »Collegia musica« zusammen. Solche Collegia musica existierten auch in anderen mitteldeutschen Universitätsstädten wie Halle/Saale, Wittenberg und Frankfurt/Oder; aufgrund seiner renommierten philosophischen Fakultät war Leipzig jedoch geradezu eine Hochburg herausragender Solisten und Komponisten mit abgeschlossener Musikerausbildung: Hier studierten außer Telemann beispielsweise Johann David Heinichen, Christoph Graupner, Gottfried Heinrich Stölzel und Johann Friedrich Fasch. Auch Johann Georg Pisendel, der Schüler Giuseppe Torellis, Tomaso Albinonis und Antonio Vivaldis und spätere Konzertmeister der Dresdner Hofkapelle, begab sich nach Abschluß seiner Ausbildung im Jahre 1709 mit Blick auf ein Studium nach Leipzig (Dok. III, Nr. 735). Die »Studenten«, aus denen sich die Leipziger Collegia musica zusammensetzten, waren also überwiegend herausragende, vermutlich hochmotivierte angehende Berufsmusiker, so daß Lorenz Christoph Mizler von Kolof 1736 über die Mitglieder des ehemals von Telemann, inzwischen aber von Bach geleiteten Collegium musicum schreiben konnte: Es »sind immer gute Musici unter ihnen, so daß öffters, wie bekandt, nach der Zeit berühmte Virtuosen aus ihnen erwachsen« (Dok. II, Nr. 387). Für Bach ersetzte sein Leipziger Collegium musicum höchstwahrscheinlich jenes Spezialensemble, das er seit dem Weggang von Köthen entbehrte.

Amateurmusiker

Natürlich gab es damals auch Amateurmusiker. Sie hießen seinerzeit »Liebhaber« (»denen Liebhabern zur Gemüths-Ergetzung«, wie Bach schreibt); in der zweiten Hälfte des 18. Jahrhunderts nannte man sie »Dilettanten«. Sie stammten fast ausnahmslos aus den wohlhabenden Bevölkerungsschichten (Aristokraten, Kaufleute, vermögende Handwerker, Akademiker), denn nur diese vermochten sich überhaupt kostspielige Musikinstrumente und Instrumentalunterricht zu leisten. Da private Musikausbildung nicht Bestandteil der allgemeinen bürgerlichen Erziehung war, wurde sie in der Regel nur von ambitionierten Interessenten wahrgenommen. Sie betrieben das Musizieren als standesgemäßes »Hobby« und erreichten oft die spieltechnischen Fähigkeiten von Berufsmusikern, hatten jedoch kaum je deren Anforderungen an professionelle Funktionalität zu erfüllen, weil sie ihre Leidenschaft nicht erwerbsmäßig praktizierten (Rampe 1999). Daher waren viele Dilettanten durchaus ernstzunehmende Musikpartner, gleichgültig ob sie wie Johann Ernst Prinz von Sachsen-Weimar und Leopold Fürst von Anhalt-Köthen dem regierenden Adel angehörten oder ein Universitätsstudium absolvierten.

Eine dritte Musikergruppe mit professionellen spieltechnischen Voraussetzungen rekrutierte sich bei Hof aus den Reihen der Pagen (Lakaien) – Dienstpersonal mit komplexer Ausbildung in »feiner Lebensart«. Hierzu zählte beispielsweise neben dem Tanzen und Fechten auch eine musikalische Erziehung. Pagen konnten ebenfalls angehende Berufsmusiker sein – so der 12jährige Johann Mattheson in Hamburg und der 18jährige Bach am Weimarer Hof (1703). Aus den Inventaren der Köthener »Musikalien Cammer« von 1768, 1773 und ca. 1780 (Bunge 1905) geht hervor, daß an Pagen noch in jener Zeit Violinen und Violoncelli ausgehändigt wurden. Demnach ist mit ihrer Mitwirkung im Ripieno einer Hofkapelle stets zu rechnen, selbst dann, wenn die offiziellen Listen der Orchestermitglieder hierüber keinerlei Auskunft geben.

Proben

Die fortgeschrittene Musikausbildung zielte bis in das 19. Jahrhundert hinein darauf, Orchester- und Kammermusikpartien ungeprobt, also vom Blatt fehlerfrei vortragen zu können. Ähnliches wird noch heute von Musikern in Opernorchestern, von Generalbaßspielern, Korrepetitoren und Organisten verlangt. Der Spieler sollte die Noten gründlich durchsehen und aus den Takt-, Tempo- und Affektbezeichnungen auf den ersten Blick das Grundtempo, den Charakter und detaillierten Vortrag ermitteln können (Mattheson 1713). 1730 heißt es in einem Leipziger Gedicht über diese Praxis: »Wer sich will auf das Freyen legen, / Der hält, wie wir zu weilen pflegen, / Ein musicalisch Collegium. / Wenn wir uns an das Pult verfügen / Und sehen eine Stimme liegen / So kehren wir sie fleißig rum, / Wir sehen nach, ob schwer zu spielen« (Neumann 1963/64, S. 25). Die hierfür erforderlichen Konventionen zwischen Komponist und Vortragenden waren Teil der Ausbildung bzw. Spezifikum einer feststehenden Formation und gerieten erst im 19. Jahrhundert weitgehend in Vergessenheit.

In avancierten Orchestern, beispielsweise Ensembles bedeutender Höfe, reichte es freilich nicht, in angemessenem Affekt und Tempo, wohlartikuliert, fehlerfrei und intonationssicher vom Blatt spielen zu können. So berichtet Quantz über seine Ankunft im Jahre 1716 in Dresden: »Hier wurde ich bald gewahr, daß das bloße Treffen der Noten, so wie sie der Componist hingeschrieben hat, noch lange nicht der größte Vorzug eines Tonkünstlers sey« (Schleuning 1984, S. 56). Die Dresdner Hofkapelle bereitete Aufführungen gründlich vor, wobei der Konzertmeister Pisendel nicht allein die Probenarbeit leitete, sondern die Stimmenmaterialien und ihre musikalische Gestaltung im voraus genau und oft detaillierter als Bach bezeichnete.[3] Auch die Weimarer und Köthener Hofkapellen probten wöchentlich ein oder mehrere Male, und zwar ganzjährig;[4] über die Köthener Hofkapelle heißt es 1722, »daß auch die berühmtesten Virtuosen ihre Sachen vorher zusammen probieren und exerzieren, dessen wir ein klar Exempel an hiesiger Fürstl. Capelle, so alle Woche ihr Exercitium musicum hält, haben« (Dok. II, Nr. 91). Geprobt wurde unter Leitung des Vizekapellmeisters bzw. Konzertmeisters (Weimar) oder Kapellmeisters (Köthen), in Weimar bis 1714 im Anwesen des Kapellmeisters Johann Samuel Drese und seither – unter Bach – in der Schloßkirche, in Köthen kamen die Musiker in Bachs Wohnung zusammen (Dok. II, Nr. 91). Über die Qualität der Eisenacher Hofkapelle um 1710 meinte Telemann, »daß sie das parisische [Pariser], so sehr berühmte Opern-Orchester, welches ich nur erst vor kurtzen [1737/38] gehöret, übertroffen habe« (Mattheson 1740, S. 361). Ähnliches galt wohl auch für die vergleichbar strukturierte Weimarer Hofkapelle und erst recht für das Köthener Orchester mit seinen ehemals Berliner Hofmusikern.

Von der Hofkapelle zum Collegium musicum

Der Amtswechsel von Köthen nach Leipzig (1723), vom Kapellmeister zum Kantor mußte im Hinblick auf Bachs Sozialstatus und seine musikalische Entwicklung in Wirklichkeit einen Abstieg bedeuten, denn in Leipzig war mit einem Orchester von dem Niveau der Köthener Hofkapelle zunächst nicht zu rechnen. Dieser Abstieg aber wurde geradezu zur Voraussetzung für den Gewinn eines beträchtlichen Stückes an persönlicher und künstlerischer Autonomie – selbst gegenüber einem wohlwollenden, musikbegeisterten Fürsten wie Leopold von Anhalt-Köthen: Ein *Director musices* war als städtischer Angestellter nur schwer kündbar; über seine Dienstverpflichtung hinaus vermochte er sich weiteren künstlerischen Ambitionen zu widmen, eigene Werke jeder Art zu publizieren und externe Hofämter als Kapellmeister oder Komponist (»von Haus aus«) zu übernehmen. Ein festangestellter Hofkapellmeister hingegen hatte sich vor allem nach den Vorstellungen und Wünschen der Feudalherrschaft zu richten und die Verbreitung seiner Werke auf den engen höfischen Rahmen zu beschränken – wenigstens innerhalb einer gewissen zeitlichen Frist (so zur Bach-Zeit in Eisenach und Weimar[5]). Vor allem jedoch konnten ein Hofkapellmeister und sogar eine vollständige Hofkapelle jederzeit in bestehenden Positionen festgesetzt, degradiert oder von einem Tag zum nächsten entlassen werden. Dies mußte Bach angesichts seiner Weimarer Arretierung im Jahre 1717 nur allzu bewußt sein. Sein Köthener Orchester bestand ja gerade aus führenden Mitgliedern jener Berliner Hofkapelle, die 1713 beim Regierungswechsel in Preußen aufgelöst worden war. In der Autobiographie von 1740 schreibt Telemann über seinen Werdegang vom Kapellmeister am Eisenacher Hof zum *Director musices* in Frankfurt am Main:

»Ich weiß nicht, was mich bewog, einen so auserlesenen Hof, als der eisenachische war, zu verlassen; das aber weiß ich, damahls gehört zu haben: Wer Zeit Lebens fest sitzen wolle, müsse sich in einer Republick [damals: freie Reichsstadt, Stadtstaat mit bürgerlicher Hoheit] niederlassen. Also folgte ich 1712. dem nach Franckfurt am Mayn [...] erhaltenen Berufe, ohne daß ich einen Menschen daselbst kannte. Jedoch die angenehme Freiheit im Leben ersetzte hier den Verlust, den ich dort an einem gnädigen Herrn und an braven Virtuosen [guten Solisten] erlitten hatte« (Mattheson 1740, S. 363).

Telemann war der erste deutschsprachige Komponist, der den sozialen Abstieg vom Kapellmeister in ein bedeutendes städtisches Amt als künstlerisches Fortkommen geradezu anstrebte. Er selbst könnte auch dem Darmstädter Hofkapellmeister Christoph Graupner ebenso wie Bach geraten haben, sich 1722 für das Bewerbungsverfahren um die Stelle des Leipziger *Director musices* zur Verfügung zu stellen (Siegele 1984, S. 21ff.). Die gleichen Motive und gewiß auch die herausragende viermanualige Orgel von Arp Schnitger (1689–1693) bewogen Bach vermutlich schon 1720, kaum in Köthen etabliert, sich für das Organistenamt an der St. Jacobikirche der »Republick« Hamburg zu interessieren, das ihm zwar weniger Machtbefugnisse, aber eine noch weiterreichende Autonomie versprochen haben dürfte.

Diese Beobachtungen tragen zur Erklärung bei, weshalb Bach erst von 1725 an als Leipziger Thomaskantor eine Publikationstätigkeit – nicht mit Editionen von Vokal-, sondern von Tastenmusik – aufnahm (Rampe 1999). Und sie machen zugleich verständlich, weshalb seine künstlerischen Interessen letztlich auf einen weiteren musikalischen Ausgleich zielten: auf die Arbeit mit einem herausragenden Orchester. Wohl deshalb zögerte er 1729 nicht, die Leitung des ehemals Telemannschen Collegium musicum kraft seines Amtes bei erster Gelegenheit vom Kantorat an der Neukirche abzukoppeln und auf sich selbst zu übertragen. Nach den enthusiastischen Urteilen Telemanns (1718/1980, S. 15), Stölzels (Mattheson 1740, S. 344) und Mizlers (Dok. II, Nr. 387) über die Qualität dieser Formation zu schließen, stand Bach hier ein Ensemble zur Verfügung, das es mit einer Hofkapelle durchaus aufnehmen konnte.

Orchester und Orchestermusik

Wenn heute vom Orchester der Barockepoche die Rede ist, denkt man gemeinhin an ein Kammerensemble oder Kammerorchester. In seinem »Entwurff« von 1730 nennt Bach das Kirchenorchester »Instrumental Music«, je nach Bedarf geteilt in »Concertisten und Ripienisten« – so die zeitgenössischen Bezeichnungen für Solisten (bzw. Stimmführer) und Tuttisten, die eine Partie verstärkten. Robert L. Marshall (1989) machte deutlich, daß der Terminus *Orchester* in seiner späteren Bedeutung zur Bach-Zeit zunächst nicht existierte. Entweder verstand man darunter – im ursprünglichen Sinn des altgriechischen Wortstamms – das Zentrum einer (Theater-) Bühne bzw. den Orchestergraben eines Opernhauses (Walther 1732), eine großbesetzte vokale und/oder instrumentale Aufführung (Mattheson 1713) oder allenfalls den Auftritt eines feststehenden Instrumentalensembles, etwa einer Hofkapelle (Telemann 1718/1980, S. 18). Offenbar verwendete auch Bach das Wort »Orchestre« in diesem Sinn, in den erhaltenen Schriftdokumenten jedoch nur ein einziges Mal (Dok. I, Nr. 27). Außer »Instrumental Music« gebrauchte man für ein Instrumentalensemble seinerzeit Begriffe wie »Capelle« im Rahmen höfischer und »Collegium musicum« bzw. »Concentus«, »Conventus« oder »Convivium musicum« vor allem innerhalb bürgerlicher Musikpraxis, aber auch – wie Bach 1730 (Dok. I, Nr. 23) – »Concert [...] Instrumentaliter«. Johann Heinrich Zedler erklärt den Terminus »Mvsicvm Collegivm« im 22. Band seines *Grossen Universal-Lexicon aller Wissenschafften und Künste* (1739): »ist eine Versammlung gewisser Musick-Verständigen, welche zu ihrer eigenen Übung, sowol in der Vocal- als Instrumental-Musik, unter Aufsicht eines gewissen Directors, zu gewissen Tagen und an gewissen Orten zusammen kommen, und musicalische Stücke aufführen. Dergleichen Collegia trifft man an verschiedenen Orten an. Zu Leipzig ist vor allen andern das Bachische Collegium Musicum berühmt«.

In Bachs Zeit war demnach nicht von Orchesterwerken, sondern von »Instrumental Music« im weiteren Wortsinn die Rede; sie konnte diverse Besetzungsmöglichkeiten umfassen. Instrumentale Ensemblemusik, gleichgültig welcher Besetzungsstärke, schloß Tafel- und Ballmusik ebenso wie Kammermusik ein, die ihren Ausgang von Aufführungen in den Privaträumlichkeiten aristokratischer Haushalte nahm. Musikalien indessen gliederte man nicht wie heute nach Gattungen (Orchester-, Kammer-, Claviermusik etc.), sondern nach Stilen. Obwohl Mattheson schon 1739 die seit dem 17. Jahrhundert bestehende Stilordnung aufzubrechen versuchte, bedienen sich noch die einschlägigen Traktate um 1750 (etwa von Scheibe 1745, Quantz 1752, C. P. E. Bach 1753) der traditionellen Einteilung von Kompositionen in den Kirchen-, Opern- und Kammerstil (Dammann ²1984, S. 112ff.). Zum Opernstil gehörten ursprünglich Orchestersuiten bzw. Ouvertüren, zum Kammerstil Konzerte und Sonaten. Bemerkenswert ist dabei, daß ein und dasselbe Werk je nach Zusammenhang und Funktion einen Stilwandel vollziehen konnte – ein Verfahren, das seinerzeit als keineswegs unproblematisch empfunden und etwa von Johann Adolph Scheibe (ca. 1730, S. 81ff., und 1745, S. 599–656) noch bis in die 40er Jahre hinein diskutiert wurde: Aus einem Bachschen Konzertsatz konnte – trotz ursprünglicher Zugehörigkeit zum Kammerstil – eine Einleitung (Sinfonia) oder gar Arie einer Kirchenkantate, aus einer der Oper entlehnten Ouvertüre ein Kantaten-Chor und aus einer Balletteinlage der Oper eine Orchestersuite im Kammerstil werden. Diese Beispiele zeigen, daß die seit Johann David Heinichens Traktat von 1728 geforderte »Vermischung« der Stile nicht nur einen internationalen Geschmack (»aus Italien oder Franckreich, Engeland oder Pohlen«, wie Bach in seinem »Entwurff« schreibt), sondern auch die funktionalen Stilordnungen betraf.

Eine wesentliche Konsequenz dieser Ordnungen besteht darin, daß eine grundsätzliche Unterscheidung zwischen Orchester- und Kammerensemble, zwischen mehrfacher und einfacher Besetzung nicht üblich war. Besetzungsverhältnisse richteten sich vielmehr nach der Funktion einer Aufführung: Fest- oder Gedenkmusiken verlangten traditionell einen großbesetzten Klangapparat – insbesondere dann, wenn sie in großen Kirchen bzw. Sälen oder, wie häufig, im Freien aufgeführt wurden.

Einfache oder mehrfache Besetzung?

Diese Prämisse fand in der seit Anfang der 1980er Jahre geführten Diskussion um einfache oder mehrfache Besetzung Bachscher Ensemblewerke kaum Berücksichtigung. Zwar ging es dabei zunächst um die Frage, ob Bach für seine Leipziger Kirchenmusik im Regelfall mit einem Chor von ein bis zwei Sängern pro Stimmlage zu rechnen hatte (Rifkin 1982, 1983 und 1985) oder ob für die sonntäglichen Kantatenaufführungen die im »Entwurff« von 1730 genannte Größenordnung von »wenigstens 3«, »noch beßer [...] 4« Sänger für jede Partie zur Verfügung stand (Marshall

Einfache oder mehrfache Besetzung?

1983). Doch bald weitete sich der Gelehrtenstreit auch auf Bachs Orchester aus: Umfaßte dessen Idealbesetzung 20 bis 25 Musiker mit je vier bis sechs Violinen 1 und 2 (Schulze 1975, 1981 III, 1989 und 1991), oder waren solche Gesamtzahlen auf seltene Ausnahmen limitiert, während die alltägliche Situation nicht mehr als ein oder zwei Streicher pro Stimme ermöglichte (Rifkin 1991 und 1995)?

Geklärt ist damit freilich nicht, ob solche Minimalbesetzungen tatsächlich den Vorstellungen des Komponisten entsprachen. Unlängst wies Andrew Parrot (1997), wie Alfred Dürr schon 1985, darauf hin, daß für beide gegenteiligen Auffassungen Quellenbelege existieren und die »Wahrheit« gleichsam in der Mitte liegen dürfte. Die erhaltenen Dokumente verknüpfen die Besetzungsfrage eng mit den Verhältnissen individueller Aufführungen: Je nach Aufführungsanlaß, Raumgröße, Verfügbarkeit und Finanzrahmen konnte die Anzahl der Instrumentalisten eines Ensembles sehr wohl um mehrere Hundert Prozent differieren. Große Streicherbesetzungen mit 24 bis 40 Spielern als Standard oder für spezielle Veranstaltungen sind bereits für die Orchester Jean-Baptiste Lullys, Dietrich Buxtehudes und Arcangelo Corellis nachzuweisen (Zaslaw 1988). Zur Amtszeit Bachs dürfte die Weimarer Hofkapelle gut 28, die Köthener gut 20 Instrumentalisten aufgeboten haben (⟶ S. 42); 1719 umfaßte die Dresdner Hofkapelle 38 Musiker (Sänger und Trompeter nicht mitgerechnet), die Leipziger Konzertgesellschaft, die im Kulturleben der Stadt gleichsam Bachs Collegium musicum ersetzte, seit 1746 25 Musiker (ebenfalls ohne Sänger und Trompeter). Bachs Kollegen Telemann und Stölzel schwärmten von Orchesteraufführungen mit 40 oder 50 Mitwirkenden (Mattheson 1740, S. 118 und 365). Solche Größenordnungen stimmen allerdings mit den als »Bach-Orchester« bekannten Formationen der 30er bis 70er Jahre des 20. Jahrhunderts überein oder gehen sogar wesentlich über sie hinaus.

Große Besetzungszahlen für entsprechende Anlässe wurden also schon zur Bach-Zeit europaweit angestrebt, selbst wenn sie sich nicht stets und überall realisieren ließen. Dies gilt – gleichsam als Prämisse für die folgenden Kapitel – auch für Hofkapellen jener Zeit, deren einzelne Mitglieder durchaus wegen Krankheit oder einer Fortbildungsreise bzw. einem Gastspiel verhindert sein konnten.

Selbst das Argument, einfach überlieferte Stimmenmaterialien jener Epoche deuteten grundsätzlich auf kleine Ensembles hin (Rifkin), ist so nicht haltbar; denn schon Telemann (1725) und Johann Gottfried Walther berichten, daß in den Hamburger Kirchenorchestern und in der Weimarer Hofkapelle mehr (!) als zwei Geiger aus einer einzigen Stimme spielten.[6] Deshalb mögen die im »Entwurff« von 1730 geforderten 20 bis 22 Orchestermitglieder (plus Cembalo/Orgel und vielleicht Laute) tatsächlich Bachs »normale« Idealvorstellungen repräsentiert haben. Daß ein derartiges Ensemble im Bedarfsfall zu reduzieren oder auch zu erweitern war, liegt auf der Hand. Schuf der Komponist für eine Aufführung unter freiem Himmel eine vielstimmige weltliche Kantate oder eine Ouvertüre mit Trompeten und Oboen, so hätte sich eine einfache Streicherbesetzung mit der Funktion als Festmusik kaum vereinbaren lassen. Hätte er allerdings für seine Cembalokonzerte mit ihren oft obligaten Partien innerhalb von Ritornellen je fünf oder sechs Violinen vorgesehen, wäre das konzertierende Instrument vielfach kaum wahrzunehmen gewesen.

Daß ein Ensemble aber in Bläser- und Streicherstimmen musikalisch überzeugend mit einem oder mehreren Spielern besetzt werden kann (Quantz 1752, S. 185) – dadurch unterscheidet sich eine Orchesterkomposition von einem kammermusikalischen Werk.

Siegbert Rampe

Die Hofkapelle in Weimar

Die Geschichte der über Bachs Weimarer Amtszeit (1708–1717) hinaus bestehenden Hofkapelle beginnt im Jahr 1683. Nach dem Tod Herzog Johann Ernsts V. von Sachsen-Weimar übernahmen seine Söhne Wilhelm Ernst und Johann Ernst die Regierung und richteten die 1662 aufgelöste Hofkapelle neu ein, indem sie den vorhandenen Musikerbestand von acht Kapellknaben samt Hofkantor und dem Hoforganisten Johann Effler bis 1702 auf 22 Musiker erweiterten (Lidke 1953, S. 14ff.).

Die Doppelherrschaft beider Brüder führte aufgrund ungeklärter Machtbefugnisse zu regelmäßigen Kompetenzstreitigkeiten, die sich auf das gesamte Hofleben auswirkten (Glöckner 1988). Der Hofstaat war zwar auf die benachbarten Wohnsitze der Herzöge, die Wilhelmsburg und das Rote Schloß, aufgeteilt, wies jedoch zahlreiche personelle Überschneidungen auf (Mentz 1936, S. 54ff.). Dies betraf in besonderer Weise die Hofkapelle, da beide Regenten musikalische Interessen verfolgten, wenn auch der jüngere von ihnen die Initiative zum erneuten Ausbau des Musiklebens ergriff. Johann Ernsts Rolle ging später auf seinen Sohn über.

Die Hofkapelle von 1683 bis 1707

Noch im Herbst 1683 wurde der Jenaer Hoforganist Johann Samuel Drese Hofkapellmeister. Zu den schon vor 1683 festangestellten Musikern, die den Grundbestand der Weimarer Kapelle bildeten, kamen zunächst fünf weitere Mitglieder: der Stadtkantor, zwei Sänger (Alt und Tenor) und zwei »Violinisten«. Im Jahr 1690 wurde Valentin Balzer zum neuen Weimarer Stadtpfeifer ernannt; er wirkte fortan mit seinen mindestens drei bis vier Gesellen in der Hofkapelle mit. Seit 1690 oder 1693 war der renommierte Gambist August Kühnel »Instrumental-Director« der Kapelle, bevor er 1695 als Hofkapellmeister nach Kassel ging (Lidke 1953, S. 22 und 33). Sein Nachfolger, nun im Rang eines »Vice-Capell-Meisters«, wurde Georg Christoph Strattner, ehemals Kapellmeister in Frankfurt am Main. Strattner hatte die Aufgabe, nicht nur den gesundheitlich angeschlagenen Hofkapellmeister zu vertreten und die »gesamte Capelle [zu] dirigiren«, sondern auch in »Dresens Hause die gewöhnlichen Probierstunden [zu] halten, wie nicht weniger zum Dritten, allezeit den Vierdten Sontag in unser[er] Fürstl. Schloßkirchen ein Stück von seiner eigenen Composition, unter seiner Direktion auf[zu]führen, auch iederzeit, Er mag dirigiren oder nicht, den Tenor [zu] singen« (Lidke 1953, S. 30).

Eine wichtige Berufung gelang dem Weimarer Hof 1699 mit der Anstellung Johann Paul von Westhoffs, dem damals bedeutendsten Geiger und Violinkomponisten im deutschen Sprachraum neben Heinrich Ignaz Franz Biber in Salzburg und Johann Jacob Walther in Mainz. Westhoff war von 1674 bis 1697 Mitglied der Dresdner Hofkapelle gewesen, hielt sich 1681/82 in Italien sowie am Hof Louis' XIV. in Paris auf und war 1698 Professor für die Sprachen Italienisch, Französisch und Spanisch an der Universität Halle/Saale geworden. In Weimar wirkte er bis zu seinem Tod als Kammersekretär, Sprachlehrer, »Cammer Musicus« und »Violinist«. In der Rangordnung der Hofkapelle folgte Westhoff dem Vizekapellmeister (Lidke 1953, S. 49); daher ist anzunehmen, daß er diese als Konzertmeister anführte sowie an ihrem Ausbau und ihrer spieltechnischen Entwicklung

Die Hofkapelle in Weimar von 1683 bis 1707

maßgeblich beteiligt war. Das Inventar des Weimarer Hofs von ca. 1735 schreibt Westhoffs Besitz zwei Violinen von Jacob Stainer zu. Vermutlich hatte er auch Anteil an der Anschaffung der Cremoneser und Stainer-Violinen der Hofkapelle (Heyde 1986, S. 37f.). Westhoff ist heute vor allem durch seine Suiten für Violine solo (1683 und 1696) bekannt.

1702 umfaßte die Kapelle neben dem Kapellmeister Drese, dem Vizekapellmeister Strattner und dem Geiger Westhoff vier Sänger, zwei Trompeter, drei weitere Geiger und einen Fagottisten als »Cammer Musici«, die den »Hof-Musici« – einem Tenor, fünf Trompetern samt Paukisten, dem Organisten Effler und zwei nicht näher bezeichneten »Capellisten« (Tuttisten) – übergeordnet waren (Lidke 1953, S. 49f.). Ein Teil der Trompeter wirkte nachweislich als Violinisten mit; gleiches kann, wie in den Weißenfelser, Arnstädter und Eisenacher Hofkapellen jener Zeit,[1] auch von den Sängern vermutet werden. Einige Kapellmitglieder versahen zudem Sekretärsdienste; in Arnstadt spielten umgekehrt Kammerdiener Oboe, was für Weimar durch die Person Gregor Christoph Eylensteins dokumentiert ist, der seit 1706 als Lakai und »Hautboist« des Mitregenten Johann Ernst angestellt war.[2] Ferner tauchen auf den Gehaltslisten Johann Ernsts noch fünf (weitere) Trompeter (wohl Feldtrompeter) und ein Paukist auf.

Diese personellen Verhältnisse dürfte Bach vorgefunden haben, als er – von Lüneburg kommend bzw. wahrscheinlich direkt im Anschluß an seine fehlgeschlagene Bewerbung um die Organistenstelle an der Jacobikirche in Sangerhausen – von Anfang bis Sommer 1703 als »Laquey« in die Dienste Johann Ernsts trat. Im nachhinein bezeichnete Bach selbst seine Stellung als »Hoff-Musicus«; 1703 wurde er in Arnstadt mit dem Titel »Fürstlich Sächsischer HoffOrganiste in Weimar« eingeführt, der den Tatsachen so nicht entsprochen haben kann (Küster 1996, S. 119). Konrad Küster nimmt an, daß Bach in jenen Monaten Effler vertrat, während Johann Nicolaus Forkel (1802, S. 22) mitteilt, er sei »für die Violine angestellt« gewesen. Vermutlich ist beides zutreffend, wobei Bach als Page über seine Kammerdienste hinaus vor allem im Violin-Ripieno der Hofkapelle unter Westhoff mitzuwirken gehabt haben dürfte.

Wesentliche personelle Änderungen des Orchesters ergaben sich durch den Tod Strattners (1704) und Westhoffs (1705). Westhoffs Platz blieb zunächst unbesetzt. In die Position Strattners rückte jedoch noch im Jahre 1704 Dreses Sohn Johann Wilhelm, der bereits 1696 – an unterster Stelle der Hierarchie – als »Notist« (Notenschreiber) in die Hofkapelle eingetreten war und konsequent auf die Nachfolge seines Vaters vorbereitet wurde; diese erhielt im Jahre 1717 nicht Bach, sondern der junge Drese. Vor dem 23. Januar 1703 hatte dieser auf Kosten des regierenden Herzogs einen achtmonatigen Studienaufenthalt in Venedig absolviert. Es ist schwer vorstellbar, daß er bei dieser Gelegenheit nicht auch die neuesten italienischen Orchesterwerke kennenlernte und womöglich sogar nach Weimar mitbrachte, darunter die *Sinfonie e Concerti a 5* op. 2 (1700), die der Venezianer Tomaso Albinoni soeben in seiner Heimatstadt publiziert hatte.

Eine weitere Veränderung betraf das Weimarer Musikleben durch die Berufung von Bachs Cousin zweiten Grades Johann Gottfried Walther als Organist an die Stadtkirche St. Peter und Paul im Jahre 1707. Walthers Mitwirkung in der Hofkapelle – zur Verstärkung des Violin-Ripieno – ist allerdings nur für die Jahre 1726–1728 belegbar (Walther 1987, S. 85).

Ebenfalls 1707 starb der mitregierende Herzog Johann Ernst. Dessen Nachfolger wurde mit Vollendung des 21. Lebensjahrs (1709) sein Sohn Ernst August. Er scheint die außerordentlichen musikalischen Interessen seines Vaters geerbt zu haben; laut Jacob Adlung (1758, S. 89) spielte er »eine gute Violine«, auch wirkte er in der Hofkapelle mit (Walther 1987, S. 72) und verwahrte um 1735 nicht weniger als zehn Geigen in seinen Privaträumlichkeiten – darunter mehrere Jacob

Stainer zugeschriebene Instrumente, eine »Cremoneser« als Geschenk des Preußenkönigs Friedrich Wilhelm I. und eine weitere »Cremoneser« (wohl von Antonio Stradivari) aus dem Nachlaß des 1728 verstorbenen Dresdner Konzertmeisters Jean-Baptiste Woulmyer (Heyde 1986, S. 37; siehe S. 105 und 293). Ernst Augusts Vorliebe galt jedoch der Trompete, auf der er bis 1734 eine Lehre nach allen Regeln der Musiker-»Kunst« abschloß (Altenburg 1795, S. 33). Dieser seinerzeit beispiellose Vorgang demonstriert nicht allein die Emanzipation eines Feudalherrn, der in das ausschließlich Bürgerlichen und zudem noch niederen Ständen vorbehaltene professionelle Musikertum drängte, sondern zeigt, daß Ernst August in der Lage gewesen sein muß, selbst anspruchsvolle Partien zu bewältigen.

Eine musikalische Hochbegabung war der jüngere Halbbruder Ernst Augusts, Johann Ernst Prinz von Sachsen-Weimar, der »unvergleichlich Violin« spielte (Dok. II, Nachträge 58a) und zeitweise ebenfalls in der Hofkapelle mitgewirkt haben könnte. Er hatte (als Lehrling?) seit 1707 bei dem »Laquais« seines Vaters, dem erwähnten ehemaligen Stadtpfeifer und Oboisten Gregor Christoph Eylenstein, Violine gelernt (Walther 1732, S. 234) und besaß zwei Stainer zugeschriebene Geigen von 1663 und 1671 (Heyde 1986, S. 37). Von Februar 1711 bis Juli 1713 absolvierte Prinz Johann Ernst eine Kavalierstour samt Studium an der Universität Utrecht, wobei ihn sein Musiklehrer Eylenstein als »Reise-Cammerdiener und Cammer-Musicus« begleitete. Seit 1708 nahm der Prinz Clavier- und Theorieunterricht bei Johann Gottfried Walther, der für ihn das handschriftliche Lehrbuch *Praecepta der Musicalischen Composition* anfertigte (Walther 1708). Von Juli 1713 bis März 1714 war Johann Ernst ferner Kompositionsschüler Walthers (Walther 1987, S. 70f.) und wohl auch Bachs, anschließend Georg Philipp Telemanns. Telemann widmete dem Prinzen seine *Six Sonates à Violon seul* (1715) und gab 1718 postum dessen sechs Violinkonzerte op. 1 heraus, die in jener Zeit entstanden waren (⟶ S. 66).

Die Hofkapelle von 1708 bis 1717

Im Juli 1708 wurde Bach »HoffOrganist« in Weimar und – im Unterschied zu seinem Vorgänger, dem »Hofmusicus« Effler – zugleich »Cammer Musicus«. Neben dem Orgeldienst in der Schloßkirche umfaßten seine Aufgaben das Continuo- und vermutlich auch Solospiel auf dem Cembalo. Der Weimarer Hof verfügte damals über mindestens zwei Cembali unbekannter Herkunft und Disposition (Dok. II, Nr. 49).

Die Besetzungsliste der Hofkapelle um 1708 stimmt im wesentlichen mit jener aus dem Jahre 1702 überein; lediglich zwei neue Sänger kamen hinzu, so daß deren Gesamtzahl nun sieben betrug. Nach wie vor wirkten außerdem der Stadtpfeifer Balzer und seine Gesellen mit (Lidke 1953, S. 58).

Detaillierte Informationen über die Aufgaben der Hofkapelle gehen aus Weimarer Quellen nicht hervor. Sie dürften allerdings weitgehend mit den Pflichten der Weißenfelser Hofkapelle übereingestimmt haben (Fuchs 1990, S. 49f., und 1994, S. 116ff.), bestehend in

- musikalischer Gestaltung der Hauptgottesdienste in der Schloßkirche,
- musikalischer Gestaltung repräsentativer Veranstaltungen des Hofs,
- musikalischer »Tafel Aufwartung« (Tafelmusik),
- Aufführungen innerhalb der »Cammer« durch »Cammer-Musici« (also in kleiner Besetzung).

Die Hofkapelle in Weimar von 1708 bis 1717

Im Dienstvertrag war gewöhnlich explizit vereinbart, daß »die Exercitia Musica [das Üben] fleißig getrieben werden« sollen, man möge sich ferner in »der Zierligkeit im Geigen und Musicieren [...] wohl« üben (Schiffner 1988, S. 42). Separat honoriert wurden die Musiker in der Regel, wenn sie den Feudalherrn auf einer Reise begleiteten. Wie oft genau insbesondere die »Tafel Aufwartung« und das Spiel in der »Cammer« anfielen, kann bisher nicht geklärt werden. Laut erhaltener Kontrakte war damit »jederzeit« zu rechnen. Die Kapelle am badischen Hof in Rastatt hatte 1737 jeweils sonntags eine »Völlige« »Music bey Hoff« und donnerstags »eine Cammer Music« zu spielen; hinzu kamen Aufführungen mit »Trompeten und Pauckhen« an den Geburtstagen der regierenden Fürsten und ihrer Gattinnen sowie »nur mit Trompeten« an den Geburtstagen der »fürstl. Kinder« (Walter 1990, S. 122). Dieser Aufführungsturnus ist auch für Weimar belegt (Glöckner 1985, S. 161f.).

Traditionelle Verbindungen nach Weißenfels ergaben sich durch die Unterhaltung einer Opernbühne am Weimarer Hof in den Jahren 1696–1698, an der das Ensemble der Weißenfelser Hofoper wiederholt zu Gast war (Koch 1984, S. 55). Umgekehrt führte Bach im Februar 1713 seine »Jagdkantate« BWV 208 am Weißenfelser Hof auf; auch im Februar 1716 gastierten hier »zwey Cammer Musici von Weymar«. »Cammer Musici« am Weimarer Hof waren damals außer Bach der Geiger Johann Andreas Ehrbach und der Cellist Gregor Christoph Eylenstein (siehe unten). Bach selbst unterhielt enge Verbindungen zum Weißenfelser Pagen-Hofmeister und »Cammer Musicus« Adam Immanuel Weldig (Ranft 1994, S. 102f.). Musikalische Beziehungen zum Hof von Anhalt-Köthen werden anhand »Zweyer schwarzer Cremoneser« Violinen im Weimarer Inventar von ca. 1735 offenkundig, die man über den Köthener Konzertmeister Joseph Spieß erworben hatte (Heyde 1986, S. 37).

Vielleicht um seine Stellung bei Hof zu verbessern oder den zwischen den Herzögen Wilhelm Ernst und Ernst August noch verschärften Familienstreitigkeiten zu entgehen (Glöckner 1988), bewarb sich Bach im Herbst 1713 erfolgreich um die Nachfolge Friedrich Wilhelm Zachows als Organist der Liebfrauenkirche in Halle/Saale. Ohne diese Stelle zu übernehmen, wurde er am 2. März 1714 zum Weimarer »Concert-Meister mit angezeigtem Rang nach dem Vice-Capellmeister Dreßen« ernannt und Vater und Sohn Drese nach und nach finanziell gleichgestellt (Dok. II, Nr. 66). Das Verzeichnis der Hofkapelle vom April 1714 führt Bach unmittelbar nach den beiden Kapellmeistern als »Concert-Meister« an, im Verzeichnis vom Dezember 1716 erscheint er als »Concertmeister und Hoforganist« (Dok. II, Nr. 69 und 80). Seit 1714 ist in der Kapelle ein vierter »Violinist« nachweisbar, seit dem Tod Prinz Johann Ernsts 1715 auch der erwähnte Gregor Christoph Eylenstein, nunmehr als Kammerdiener und »Cammer-Musicus« Wilhelm Ernsts sowie »Violoncellist« der Hofkapelle (Walther 1732, S. 234). Ende 1716 bestand die Hofkapelle aus mindestens 28 (bzw. 27) aktiven Mitgliedern (Dok. II, Nr. 80):

Johann Samuel Drese (gestorben am 1. Dezember 1716)	»Capellmeister«
Johann Wilhelm Drese	»Vice Capellmeister« (Gesang, Instrument)
Johann Sebastian Bach	»Concertmeister und Hoforganist«
Christoph Alt	Vize-»HofCantor u. Bassist« (Gesang; auch Instrument?)
Johann Döbernitz	»Tenorist u. HofCantor« (Gesang, auch Instrument?)
Georg Theodor Reineccius	Kantor der Stadtkirche (Gesang, auch Instrument?)
Johann Christian Gerrmann	»Discantiste« (Gesang, auch Instrument?)
Johann Philipp Weichardt	»Discantiste« (Gesang, auch Instrument?)

Christian Gerhard Bernhardi	»Altiste« (Gesang, auch Instrument?)
Andreas Aiblinger	»Secret[är]: u. Tenoriste« (Gesang, auch Instrument?)
Gottfried Ephraim Thiele	»Secret[är]: Pagen Hofmeister und Bassiste« (Gesang, auch Instrument?)
Johann Christoph Heininger	»Cammerfourier u. Trompeter« (auch Streichinstrument?)
Johann Christian Biedermann	»SchloßVoigt u. Trompeter« (auch Streichinstrument?)
Johann Martin Fichtel	»Trompeter« (und »Violinist«: Lidke 1953, S. 50)
Johann Wendelin Eichenberg	»Trompeter« (auch Streichinstrument?)
Johann Georg Beumelburg	»Trompeter« (auch Streichinstrument?)
Conrad Landgraf	»Trompeter« (auch Streichinstrument?)
Andreas Nicol	»Paucker«
Bernhard George Ulrich	»Fagottiste«
Johann Andreas Ehrbach	»Cammer Musicus« (»Violinist«, Brunneninspektor und Kunstkämmerer: Lidke 1953, S. 64)
Andreas Christoph Ecke	»Musicus u. Violinist«
Johann Georg Hoffmann	»Violinist u. Musicus« (wohnhaft in Jena)
August Gottfried Denstedt	»Secret[är]: u. Musicus auch Violinist«
Gregor Christoph Eylenstein	»Cammer-Musicus«, »Violoncellist« (Walther 1732, S. 234)
Valentin Balzer und 3–4 Gesellen	Stadtpfeifer (Holzblas- und Streichinstrumente)

Zusätzlich wirkten in der Kapelle wenigstens zeitweise die Sänger Gottfried Blühnitz (Alt) und Philipp Samuel Alt (Baß) sowie eine gewisse Zahl von Kammerdienern und Pagen mit, die sich bislang nicht verifizieren läßt; die deutlich kleinere Hofhaltung von Anhalt-Köthen beispielsweise verfügte um 1720 über drei Pagen (Hoppe 1988, S. 147). Somit war ein Werk wie Bachs Weimarer Weihnachtskantate *Christen, ätzet diesen Tag* BWV 63 (25. Dezember 1714) für Sopran, Alt, Tenor, Baß, 4 Trompeten, Pauken, 3 Oboen, Fagott, 2 Violinen, Viola und Continuo (inkl. Violone?), insgesamt also mindestens 19 Sänger und Spieler (plus Dirigent), ohne weiteres mit hauseigenen Kräften realisierbar. Tatsächlich wäre sogar eine mehrfache Besetzung wenigstens der Violin-Ripienopartien möglich gewesen. Um 1715/16 zählten zum Instrumentarium der Hofkapelle außer Orgel und Cembalo Violinen, Violen, mindestens ein Violoncello, Gamben, ein Violone, Blockflöten und »Fleutes à travers« sowie je ein Fagott, Serpent und eine Harfe (Jauernig 1950 I, S. 70).

Mit der Ernennung zum Konzertmeister hatte Bach seit dem 2. März 1714 »Monatlich neüe Stücke uf[zu]führen, und zu solchen proben die Capell Musici uf sein Verlangen zu erscheinen schuldig v. [und] gehalten seyn sollen« (Dok. II, Nr. 66). »Das probiren der Musicalischen Stücke« wurde – so ein Erlaß vom 23. März 1714 – nicht mehr »im Hause oder eigenem Logiament« (bislang des Kapellmeisters), sondern »jedesmahl uf der Kirchen-Capelle« durchgeführt. Mit der »Kirchen-Capelle« war nicht die Weimarer Schloßkirche an sich, vielmehr eine rechteckige Öffnung in deren Decke (siehe die Abbildung auf der folgenden Seite im Zustand vor dem Umbau von 1714) mit an vier Seiten umlaufender Empore gemeint (Schrammek 1988, S. 102 und 110). Dort befanden sich neben der Hauptorgel samt Balganlage auch das Kirchen-Cembalo, ein Schrank für »Musicalische Instrumente«, ein Tisch (zum Auflegen und Spielen des Notenmaterials?) sowie 14 Lehnstühle (Jauernig 1950 I, S. 70), die uns eine Vorstellung von der durchschnittlichen Anzahl an Musikern bieten dürften, die damals sitzend spielten bzw. probten (Sänger und Trompeter gehörten vermutlich nicht dazu).

Die Hofkapelle in Weimar von 1708 bis 1717

Einen bemerkenswerten Eindruck von der Besetzungsvielfalt einer mitteldeutschen Hofkapelle der Bach-Zeit liefert uns ein Aktenfund aus dem Archiv des Rudolstädter Hofs, keine 40 Kilometer von Weimar entfernt. Die Rudolstädter Hofkapelle umfaßte im Jahre 1735 insgesamt 14 Instrumentalmusiker – Sänger und Hoftrompeter nicht gerechnet –, die folgende Instrumente spielten (Omonsky 1997, S. 70f.):

- »bey der ersten Violin: [»Concert-Meister« Graff,] Weidner / Seyfart / Mercke und Billeb,
- bey der anderen Violin: Meyer / Eschrich und Steiner.
- bey der Viola: Koch und Degen,
- bey dem Bass: Fischer, mit dem Cembalo / Key, mit dem Violoncello / Bodinus, mit dem Violon / Starck, u. Beyer mit dem Basson [Fagott]«.

Schloßkirche Weimar (»Weg zur Himmelsburg« genannt) mit »Kirchen-Capelle« in der Deckenöffnung. Zustand vor Abschluß der Umbauarbeiten an der »Capelle« im September 1714

Guache von Christian Richter, Weimar, ca. 1660

(Staatliche Kunstsammlungen Weimar)

Im Jahre 1735 erhielt der auch für die Komposition von Kirchenmusik zuständige Konzertmeister Johann Graff vom Hofmarschall eine »Instruction wornach [er] sich [...] wegen der fürstl. Tafel-Music, zu achten« hatte. In der »Instruction« heißt es:

- »2. Bey einer Partie, wo zwey Oboen darbey, so bleibet es wie vorstehet [Besetzung wie oben angegeben], außer daß Starck [Basson] und Koch [Viola 1] zu denen Oboen gehen,
- 3. Wenn Starck [Basson] ein Concert [auf der Oboe?] bläset, so gehet Koch wiederum zur Viola
- 4. Wenn Meyer [Violine 2/1] ein Concert bläset [!], so hat Billeb [Violine 1/5] oder Merck [Violine 1/4], zur andern [2.] Violin zu treten, welche beyde alterniren können
- 5. Wenn Steiner [Violine 2/3] ein Concert spielet, verhält sich solches eben wie vorstehet,
- 6. Wenn ein Stück mit 2. Trompeten, wo Mercke [Violine 1/4] u. Meyer [Violine 2/1] blasen [!], vorkömmet, so tritt Billeb [Violine 1/5] zur zweyten Violin.
- 7. Ist ein Stück vorhanden, wobey 2. Flauts a bec [Blockflöten] u. 2 Oboen sind, so ist der Concert-Meister, u. Mercke [Violine 1/4], bey den Flauten, Starck [Basson] und Koch [Viola 1] aber bey den Oboen.
- 8. Wenn etwas singendes vorkömmet, so ist sich nach denen Instrumenten, welche accompagniren, nicht weniger
- 9. Bey einem Quator [Quartett] und Trio [Triosonate] gleichfalls nach denen Instrumenten zu richten.
- 10. Ein Solo aber kömmt dem zu, der es praestiren [bestehen] kann, die ihme aber hierbey zu assistiren, solche der Concert-Meister zu choisiren [zu bestimmen] hat«.

Außerdem soll, »wenn der ConcertMeister abwesend ist, [...] an dessen Stelle Steiner [Violine 2/3!], und zur andern [2.] Violin Billeb [Violine 1/5]« hinzutreten. Demnach wurden Bläserpartien von Fagottisten ebenso wie von Streichern ausgeführt; solistische Aufgaben verteilte man nicht anhand der bestehenden hierarchischen Kapellordnung, sondern nach musikalischer Leistung. Vergleichbare Erlasse und Praktiken dürften auch in Weimar und Köthen üblich gewesen sein.

Die Komposition »Monatlich[er] neuer Stücke« wird seit Johann Nicolaus Forkels Monographie (1802) allein auf die Produktion von Bachs Weimarer Kantaten bezogen, die seit Palmsonntag (25. März) 1714 in kontinuierlicher Folge einsetzt, während aus früheren Jahren nur vereinzelt Vokalwerke bekannt sind.[3] Einen Anhaltspunkt hierfür bietet der Dienstvertrag des ehemaligen Vizekapellmeisters Strattner aus dem Jahre 1695, der »allezeit den Vierdten Sontag in unser[er] Fürstl. Schloßkirchen ein Stück von seiner eigenen Composition, unter seiner Direktion auf[zu]führen« hatte. Hier besteht ein deutlicher Bezug zu den sonntäglichen Hauptgottesdiensten, der jedoch in Bachs Dienstanweisung fehlt; auch war Strattner Sänger, Bach aber Konzertmeister. Daher hätte er ohne weiteres entweder ein vokal-instrumentales Werk oder eine Komposition für Instrumentalensemble liefern können. Der von C. P. E. Bach und Johann Friedrich Agricola formulierte Nekrolog (1754) läßt ebenfalls einen gewissen Spielraum für eine solche Interpretation: »Die mit dieser Stelle [des Concertmeisters] verbundenen Verrichtungen aber, bestunden damals hauptsächlich [!] darinn, daß er Kirchenstücke componiren, und sie auffführen mußte« (Dok. III, Nr. 666). Daß Bach es durchgesetzt hatte, die Probenarbeit der Hofkapelle ganz in die Hand zu nehmen, zeigt deren Verlegung aus dem Haus der Dreses. Seit März 1714 fanden die Proben generell in der »Kirchen-Capelle«, also am Arbeitsplatz des Hoforganisten, statt, »wornach sich auch der Capell-Mstr[.] zurichten haben solle« (Dok. II, Nr. 66).

Die Hofkapelle in Weimar von 1708 bis 1717

Offen ließ die Bach-Forschung bislang, welche aufführungspraktische Funktion Bachs »Concert-Meister«-Amt eigentlich beinhaltete. Der Vizekapellmeister Strattner (und wohl auch die beiden Dreses) hatte ausdrücklich die »gesamte Capelle [zu] dirigiren« (Lidke 1953, S. 30) – entweder vom Cembalo aus oder mit der Notenrolle in der Hand (⟶ S. 329); in Bachs Dienstanweisung ist hiervon freilich nicht die Rede. Auch liegt bislang kein Hinweis vor, aus dem hervorgeht, daß die Bezeichnung »Concert-Meister« damals lediglich als Titel oder hierarchische Position ohne die noch heute gültige Funktion verstanden wurde: als leitender Orchestermusiker, Anführer der Streichergruppe (bzw. des gesamten Instrumentalensembles; ⟶ S. 294) und Violinsolist. Bachs Augsburger Organistenlehrling Philipp David Kräuter berichtete am 30. April 1712 über seinen Lehrer: »er ist ein vortrefflicher, dabey auch sehr getreuer Mann sowohl in der Composition und Clavier, als auch in andern [wohl Streich-] Instrumenten, gibt mir [auf diesen] den [jeden] Tag gewiß 6 Stund zur Information [Unterricht]« (Dok. II, Nachträge 53b). Wohl Ende 1774 schrieb C. P. E. Bach über seinen Vater an Forkel:

»Das reine stimmen seiner [Tasten-] Instrumente so wohl, als des ganzen Orchestres war sein vornehmstes Augenmerck. [...] Die Rangirung eines Orchestres verstand er ganz vollkommen. [...] Als der größte Kenner u. Beurtheiler der Harmonie spielte er am liebsten die Bratsche mit angepaßter Stärcke u. Schwäche. In seiner Jugend bis zum ziemlich herannahenden Alter spielte er die Violine rein u. durchdringend u. hielt dadurch das Orchester in einer größeren Ordnung, als er mit dem Flügel hätte ausrichten können. Er verstand die Möglichkeiten aller Geigeninstrumente vollkommen« (Dok. III, Nr. 801).

Georg Philipp Telemann, der 1708 in der Kapelle am Hof von Sachsen-Eisenach ebenfalls Konzertmeister mit Kompositionsauftrag geworden war, während der Violin- und Hackbrett-Virtuose Pantaleon Hebenstreit die Funktion des Kapellmeisters ausübte, teilt mit, daß er diesem »als Concertmeister, vorgesetzt ward; mithin bey der Tafel und in der Kammer die Violine, und das übrige, zu spielen hatte; da jener [Hebenstreit] den Nahmen eines Directoris führte, in der letzten [»Capelle«] aber auch [im Ripieno] mitgeigte [...] Hiebey entsinne ich mich der Stärke besagten Hrn. Hebenstreits auf der Violine, die ihn gewiß des ersten Ranges unter allen andern Meistern würdig machte: daß, wenn wir ein Concert mit einander zu spielen hatten, ich mich etliche Tage vorher, mit der Geige in der Hand, mit aufgestriefftem Hemde am lincken Arm, und mit stärckenden Beschmierungen der Nerven einsperrte, und bey mir selbst in die Lehre ging, damit ich gegen seine Gewalt mich in etwas empören könnte« (Mattheson 1740, S. 361f.).

Aller Wahrscheinlichkeit nach führte also auch der Konzertmeister Bach die Hofkapelle von der ersten Violine aus an und leitete deren Proben – zumindest bei eigenen Kompositionen, womöglich aber auch bei fremder Musik wie italienischen Violinkonzerten. Soweit wir wissen, verfügte die Weimarer Kapelle seit dem Tod Westhoffs (1705) über keine vergleichbare musikalische Kapazität im Amt des Konzertmeisters. Nach Bachs Weggang aus Weimar Ende 1717 indessen wurde seine Konzertmeister-Position im März 1718 mit Christian Ludwig Crone als »Premier-Violinist« und nach dessen Tod seit 1726 durch den Violinvirtuosen Johann Pfeiffer besetzt – nunmehr wieder als »Concert-Meister« mit Kompositionsauftrag (Lidke 1953, S. 106f.). Sollte Pfeiffer ebenfalls ausschließlich Kantaten komponiert haben?

In der Köthener Hofkapelle wird Bach als Kapellmeister nach der Praxis jener Zeit entweder am Cembalo oder im Ripieno (Violine, Viola) mitgespielt oder – bei großbesetzten Aufführungen – mit der Notenrolle in der Hand dirigiert haben.

Siegbert Rampe

Die Hofkapelle in Köthen

Eine etablierte Musikergruppe am Köthener Hof wird erstmals bei den Huldigungsfeiern zum Regierungsantritt des Fürsten Emanuel Leberecht von Anhalt-Köthen am 22. Mai 1692 aktenkundig. Der Historiker Johann Christoff Beckmann (1710, S. 464) berichtet hierüber: »S[eine]. D[ur]chl[aucht]. ritten [vom Rathaus ...] wieder auf das Schloß / und liessen sich die Hautbois nebst denen Paucken auf dem ersten / die Trompeter aber auf dem andern Schloß-Platz hören [...] und ward [an der Tafel] der gantze Actus in guter Zufriedenheit und Einigkeit geendiget«.

Schon für das Jahr 1691 existieren Zeugnisse musikalisch umrahmter Hoffeste; ihre Gestaltung lehnte sich an den »Carnaval von hannover« an, indem »Englische Dence gedanzet« wurden (Ehrhardt 1935, S. 42–74). Den Hintergrund hierfür bildete zweifellos die Bekanntschaft des Köthener Erbprinzen mit »den beiden Printzen von Hannover«, die 1689 ihren Anfang nahm, als die drei – zusammen mit dem sächsischen Kurprinzen – bei Ausbruch eines der Réunionskriege Louis' XIV. in Fontainebleau gemeinsam auf den Ausreisepaß warteten.

Wie in Hannover stellten die Trompeter auch in Köthen die stärkste Gruppe unter den Musikern – und wie an anderen kleinen Höfen wurden sie häufig zu Fourierdiensten herangezogen. Den Köthener Trompetern Paul Christian Lichtemann, Johann Siegfried Meyer, Emanuel Lange und einem gewissen Perkoli traten der Stadt- und Hofmusiker Johann Georg Bahn und der Stadt-»Pfeifer« Arnold Schumann zur Seite; die »Hoboisten« und Pauker sind bis auf Schumann unbekannt (Hoppe 1986, S. 22).

Auch Emanuel Leberecht selbst, der von 1691 bis 1704 regierte, war musikalisch aktiv. Seiner nachmaligen Ehefrau zufolge, der zur Reichsgräfin von Nienburg und im September 1692 schließlich zur Fürstin erhobenen Gisela Agnes von Rath, soll er einmal »eine schöne Musik« aufgeführt haben (Ehrhardt 1935, S. 73). Kein anderer als Georg Philipp Telemann reihte ihn unter die kleine Schar musikfördernder und -ausübender deutscher Regenten ein (Hoppe 1997, S. 65). Emanuel Leberechts Interessen richteten sich auch auf Instrumentenkäufe, unter denen im Februar 1694 als erstes Streichinstrument eine »Violigamme« (Viola da gamba) erscheint (Hoppe 1986, S. 22).

Trotz mehrerer politischer und kriegerischer Auseinandersetzungen erlebte diese älteste Köthener Hofmusik einen beachtlichen Aufschwung. Dieser begann mit dem Engagement des französischen Tanzmeisters Paschal Bence im Juli 1700; im Frühjahr 1702 wurden die drei Violinisten Wilhelm Andreas Harborth aus Zerbst, Johann Hermann Schäffer aus Braunschweig und Johann Heinrich Becker aus Dippoldiswalde sowie zwei Ripienisten angestellt. Einige von ihnen, darunter Bence und Becker, hatten schon längere Zeit in Köthen geweilt. Zusammen mit dem Trompeter Lichtemann umfaßte dieser »Concentus« mindestens sieben Musiker und wurde offenbar von Christoph Krull geleitet, der auch als Musiklehrer des 1694 geborenen Erbprinzen Leopold diente.

Unter den Auftritten dieser Formation ragen zwei Veranstaltungen heraus, für die wahrscheinlich Telemann Auftragskompositionen lieferte: die »herrliche« Trauermusik zur Beisetzung des anhalt-köthnischen Kanzlers Johann Timaeus im Mai 1702 sowie die Begräbnismusik für den im Mai 1704 verstorbenen Fürsten, die »mit Musicalischen Instrumenten und mit Singen gemachet« war.[1] Belegt sind diverse Gastspiele reisender Musiker. Sie kamen aus Weißenfels, Meißen, Gotha und Leipzig – Orte eines im Bann Italiens stehenden frühen mitteldeutschen Operngeschehens (Basso 1997, S. 52).

Die Hofkapelle Fürst Leopolds vor Bachs Amtszeit (ca. 1707–1717)

Der Tod des Fürsten Emanuel Leberecht brachte die Hofmusik zunächst zum Erliegen. Sein ältester Sohn Leopold, von 1715 bis 1728 regierender Fürst, bemühte sich jedoch noch während seiner Zeit als Erbprinz um eine Neubelebung. 1707 wurden Johann Freytag, Wilhelm Andreas Harborth und Johann Jacob Müller aus Rudolstadt dank der Fürsprache des Erbprinzen zu Hofmusikern ernannt. Erstmals keimte ein Konkurrenzkampf zwischen der Köthener Stadtpfeiferei und der Hofmusik, wie er auch aus anderen Residenzstädten bekannt ist.

Während seiner Ausbildung an der Berliner Ritterakademie von November 1707 bis Sommer 1710 konnte Erbprinz Leopold »sowohl die italienische Oper, das französische Sing-Ballett als auch das frühere deutsche Singspiel« erleben, wobei »Personen des Hochadels« mitwirkten.[2] Zu den Komponisten gehörten Attilio Ariosti, Giovanni und Antonio Maria Bononcini sowie Agostino Steffani. Von 1706 an prägte Georges du Rocher mit seiner französischen Komödiantentruppe das Berliner Musikleben. Leopolds Tanzmeister an der Ritterakademie war der flämische Musiker Jean-Baptiste Woulmyer (Volumier), der zugleich Geiger in der Berliner Hofkapelle war und 1709 Konzertmeister der Dresdner Hofkapelle wurde. Auch lernte der Köthener Erbprinz Reinhard Augustin Stricker kennen, der von 1702 bis 1712 als Tenor, Geiger und zuletzt zweiter Kapellmeister ebenfalls Mitglied der Berliner Hofkapelle war.

Von 1710 bis 1713 begab sich Leopold auf Kavalierstour in die Niederlande, nach England, Österreich und Italien. In Den Haag besuchte er häufig Opernaufführungen der *Comédie française*, während des »Carnavale« 1712 in Venedig die Opernhäuser *S. Samuele*, *S. Cassiano* und *S. Giovanni Crisostomo*, wo er begeistert Werke von Antonio Lotti, Carlo Francesco Pollarolo und Tomaso Albinoni hörte.[3] Nur im venezianischen *Teatro S. Angelo* bestellte man keine Loge; Antonio Vivaldi wurde erst später Leiter dieses Hauses. In Rom war der Erbprinz in den Palazzi des Kardinals Ottoboni und des Prinzen Ruspoli zu Gast, wo er Antonio Caldara hörte. Überdies traf Leopold in Rom erneut mit dem späteren Dresdner Hofkapellmeister Johann David Heinichen zusammen, den er möglicherweise schon 1710 kennengelernt hatte (Hoppe 1998, S. 11f.), und machte den notleidenden Komponisten zu seinem Musiklehrer. Heinichen begleitete Leopold zu einem zweiten Venedig-Aufenthalt und wurde dort am *Teatro S. Angelo* tätig. Unterwegs genoß Leopold die Musik am Hof des florentinischen Großprinzen Cosimo III. sowie des Herzogs von Savoyen in Turin, wo man »alle Tage bei Hofe« sowie im Lusthaus *La Veneti* weilte. Auf der gesamten Kavalierstour tätigte Leopold zahlreiche Noteneinkäufe; ausdrücklich erwähnt werden Werke von Jean-Baptiste Lully und Francesco Mancini. Auch spielte und übte er regelmäßig Violine und Cembalo. Am Ende der Reise folgte ein Besuch der Dresdner Oper und der musikalischen Gärten der Familien Apel und Bose in Leipzig.

Nach dem Tod des Preußenkönigs Friedrich I. im Februar 1713 löste sein Nachfolger Friedrich Wilhelm I. die Berliner Hofkapelle unverzüglich auf. Leopold von Anhalt-Köthen, der während seiner Berliner Zeit ranghöchster Zögling der Ritterakademie gewesen war und und aus jenen Jahren das Berliner Hofleben noch gut kannte, holte zwischen November 1713 und Juni 1714 mehrere der nunmehr arbeitslosen Musiker nach Köthen: den Konzertmeister Joseph Spieß, den Geiger Martin Friedrich Marcus, den Oboisten Johann Ludwig Rose und den Fagottisten Johann Christoph Torlé. Kapellmeister wurde Reinhard Augustin Stricker, der als Komponist durch italienische Kantaten und Serenaden hervorgetreten war.[4] Die eine Hälfte der erforderlichen Gehaltszahlungen beglich der Erbprinz aus seiner Privatschatulle, für die andere kam die ihm damals noch nicht zu Gebote stehende Hofkammer auf.

Der Neuaufbau der Köthener Hofmusik unter Stricker erwies sich in Wirklichkeit als strukturelle Umgestaltung im Hinblick auf die Vorherrschaft der Violine nach italienischem Modell. Als diese Phase im Frühjahr 1716 mit dem Engagement des Violinisten (und Gambisten) Christian Ferdinand Abel aus Hannover und des Cellisten Christian Bernhard Lienigke aus Zörbig bzw. Merseburg abgeschlossen war, standen insgesamt sechs Geiger unter Vertrag. Die neue personelle Erweiterung bedurfte weiterer Protagonisten in Hofämtern. So kam 1715 Gottlob von Nostiz als Hofmeister nach Köthen – zuletzt in gleicher Funktion in der Residenz der sachsen-merseburgischen Prinzessin im nahen Zörbig tätig und nachmals eine der zentralen Bezugspersonen für Leopolds Hofkapelle. Nostiz unterstützte Christoph Jobst von Zanthier, der die musikalische Ausbildung Leopolds beaufsichtigt hatte. Das einzige bislang bekannte Klangdokument jener Phase der Köthener Hofmusik liegt in sechs italienischen Kammerkantaten von 1715 vor, die Stricker dem Thronfolger zu dessen Regierungsantritt widmete. Deren intime Kleinform und bukolische Thematik dürfte für das damalige kulturelle Leben am Hof repräsentativ gewesen sein (Hoppe 1997, S. 68).

Durch das Scheitern einer geplanten Reise nach Italien – Stricker hatte bereits einen Vorschuß erhalten, die Reise wahrscheinlich aber nicht angetreten – geriet die Position des Hofkapellmeisters ins Wanken. Die Verpflichtung Bachs als Hofkapellmeister im Sommer 1717 – also noch während Stricker im Amt war und Bach seinerseits in Weimarer Diensten stand – läßt ein besonders starkes Interesse Leopolds an dem Konzertmeister und Hoforganisten aus Weimar sowie am Weggang Strickers erkennen. Die Wurzeln hierfür könnten in den von Bach erwarteten Fähigkeiten gelegen haben, innerhalb unterschiedlicher Stile Vielfalt und Qualität zu verbürgen. Umgekehrt wurzelte Bachs Interesse an Köthen zweifellos in der ihm hier erstmals angebotenen musikalischen Spitzenposition, in der musikalischen Passion des fürstlichen Arbeitgebers, in der außerordentlichen Qualität der vorhandenen Hofkapelle sowie in der bereits ausgedehnten Musikalien- und Instrumentensammlung.

Die Hofkapelle Fürst Leopolds während Bachs Amtszeit (1717–1723)

Nach Abschluß des Kontrakts mit dem Hof von Anhalt-Köthen im August 1717 und nach Ende seiner Weimarer Haftstrafe – »wegen seiner Halßstarrigen Bezeügung v. [und] zu erzwingenden dimission« (Dok. II, Nr. 84) – konnte Bach seiner bereits nach Köthen übersiedelten Familie erst Anfang Dezember jenen Jahres folgen. Mit den Verhältnissen an seinem neuen Wirkungsort war er damals sicherlich nur teilweise vertraut, etwa durch Mittelspersonen wie die Gemahlin des Weimarer Herzogs Ernst August, Eleonora Wilhelmina; sie war Leopolds Schwester.

Die Erweiterung der Hofkapelle setzte sich auch nach dem Wechsel im Amt des Kapellmeisters fort. Im Sommer 1718 wurden der Geiger Johann Valentin Fischer und der Geiger und Sänger Carl Friedrich Vetter aus Leipzig engagiert. Als Notenschreiber ersetzte Bachs Neffe Johann Bernhard Bach aus Ohrdruf den Bruder des Köthener Jacobskantors, Johann Bernhard Göbel. Für Johann Bernhard Bach trat bereits im Juli 1719 der Kammerdiener und ehemalige Organist der Köthener St. Agnuskirche, Emanuel Leberecht Gottschalck, ein. Aufgrund der nunmehr 19 fest-

Die Hofkapelle Fürst Leopolds während Bachs Amtszeit (1717–1723)

angestellten Instrumentalisten und der bis 1723 belegten 27 Musikinstrumente bei Hof – darunter das Mietke-Cembalo (⟶ S. 308) sowie neun Instrumente allein in der fürstlichen Wohnung (Hoppe 1998, S. 24 und 30) – erschien eine erneute Ausweitung der Hofkapelle zunächst nicht erforderlich. Schon im Dezember 1719 bzw. September 1720 jedoch gingen die »Hoff-Musici« Johann Valentin Fischer und Carl Friedrich Vetter aus Köthen weg; im August 1719 starb der Geiger Wilhelm Andreas Harborth, im Dezember 1719 der Paukist Anton Unger und im August 1720 der auch kompositorisch tätige Flötist Johann Heinrich Freytag. Es mag sein, daß Bachs Bewerbung um die Organistenstelle der Hamburger St. Jacobikirche im November 1720 (⟶ S. 28) mit der Reduzierung des Köthener Personalbestands in Zusammenhang steht und Leopold dazu bewegen sollte, die musikalische Situation zu verbessern. Im Jahr 1719 gehörten der Hofkapelle außer dem Kapellmeister noch folgende Musiker an:

»CammerMusici«

Joseph Spieß	Konzertmeister (Violine)
Christian Ferdinand Abel	Violine, Gambe
Martin Friedrich Marcus	Violine
Christian Bernhard Lienigke	Violoncello
Emanuel Gottlieb Heinrich Freytag	Violine
Johann Heinrich Freytag (gestorben 1720)	Block- und Traversflöte
Johann Ludwig Rose	Oboe, Fechtmeister
Johann Christoph Torlé	Fagott

»Hoff-Musici«

Johann Freytag	Violine
Wilhelm Andreas Harborth (gestorben 1719)	Violine
Carl Friedrich Vetter (bis September 1720)	Gesang, Violine
Johann Valentin Fischer (bis Dezember 1719)	Violine

Trompeter und Paukist

Johann Ludwig Schreiber	Trompete
Johann Christoph Krahl(e)	Trompete, Fourier
Anton Unger (gestorben 1719)	Pauken

(1721 durch den kursächsisch-polnischen Feld-Heer-Pauker Johann Vollandt ersetzt)

Stadtpfeifer

Johann Gottlieb Würdig	Violine
Adam Ludwig Weber	Violine
Johann Jacob Müller	Violine

Notist

Johann Bernhard Göbel	(auch Instrument?)
Johann Bernhard Bach	(auch Instrument?)

(1719 durch Emanuel Leberecht Gottschalck ersetzt)

Diese Aufstellung enthält nur die für jeden Musiker tatsächlich dokumentierten Instrumente. Es ist jedoch anzunehmen, daß – wie etwa in den zeitgenössischen Hofkapellen von Weimar und Rudolstadt (⟶ S. 36f.) – mehrere Spieler außer den genannten noch weitere Instrumente beherrschten. Dies gilt insbesondere für die drei Stadtpfeifer und ihre zeitweilig offenbar beträchtliche Anzahl von Gesellen (siehe unten), die sich zweifellos auch auf Blasinstrumenten hören ließen.

Die Hofkapelle Fürst Leopolds während Bachs Amtszeit (1717–1723)

Die Zahl der festbesoldeten Sänger läßt sich nicht über die gesamte Amtszeit Bachs belegen. In den Jahren zwischen dem Weggang des »Vocalbassisten« Johann Christoph Froböse (im Januar 1717) und dem Engagement Carl Friedrich Vetters (im Sommer 1718) bzw. der beiden »Singe-Jungfern« (im Herbst 1720) – Töchter des Pagen-Hofmeisters Jean Baptiste de Monjou – und der Hofsängerin Anna Magdalena Wilcke, die im Dezember 1721 Bachs zweite Ehefrau geworden war, kam Gastspielen auswärtiger Vokalisten eine besondere Bedeutung zu. Das mit der vielleicht größten vornehmen Zuhörerschaft ausgestattete Fest zum fürstlichen Geburtstag im Dezember 1718 und Jahreswechsel 1718/19 führte beispielsweise den nachmals berühmten »Vocalbassisten« Johann Gottfried Riemschneider nach Köthen. Solche Gastspiele fanden in manchen Jahren nur saisonweise statt. Ursache hierfür dürften die schwankende Gesundheit Leopolds, dessen je fast drei Monate dauernde Badereisen nach Karlsbad (1717, 1718 und 1720) und die Fertigstellung des Jagdhauses Diebzig bei Köthen (1722) gewesen sein, in dem der Fürst einen Teil der Zeit zwischen Ostern 1722 und Ostern 1723 verbrachte (Hoppe 1998, S. 25). Während Bachs Amtszeit sind folgende Gastspiele von Musikern nachweisbar; sie geben zugleich Aufschluß über die musikalischen Beziehungen des Hofs (bekannt sind nur die Daten der Honorarzahlungen; der Aufenthalt in Köthen kann bis zu mehrere Wochen vor diesen Terminen umfaßt haben):[5]

12. Juli 1717	»Musicus« Nicolaus Jungk
20. Oktober 1718	ein ungenannter »Discantist« aus Rudolstadt
16. Dezember 1718	»Discantist« (Emanuel?) Preese aus Halle, »ConcertMeister« Johann Georg Lienigke aus Merseburg (höchstwahrscheinlich Bruder des Köthener Cellisten Lienigke), der Geiger Johann Gottfried Vogler aus Leipzig (⟶ S. 47) und der »einige Wochen hier geweßene Bassiste Riemschneider«
20. Februar 1719	(sowie 27. Februar und 3. März) »Comoediant« Johann Ferdinand Becker
21. März 1719	der italienische Kastrat Ginacini
8. April 1719	ein ungenannter Vokalist aus Wittenberg[6]
24. Juli 1719	ein ungenannter Sänger aus Weißenfels
31. Juli 1719	ein »frembder« Musiker, »so auf dem Bandoloischen Instrument [Pantalon] gespielet«
17. August 1719	ein ungenannter »Lautenist« aus Düsseldorf: entweder Johann Jacob Weiß oder sein Sohn Johann Sigismund, der Bruder von Silvius Leopold Weiß (Hoppe 1998, S. 40)
24. August 1719	ein ungenannter »Discantist«
25. Oktober 1719	ein ungenannter »Musicus«, aus der Schatulle bezahlt
16. September 1720	erste Gastspiele der »Jungfern Töchter« Monjou (vor deren Festanstellung)
28. Januar 1721	der Adlige Niccolo Pisani (Pisano) aus Venedig »vor Carmen zu Neujahr«
6. September 1721	zwei ungenannte Waldhornisten (am 10. Mai 1724 und 18. August 1725 werden die Waldhornisten Hans Leopold und Wentzel Franz Seydler aus Sachsen-Barby erwähnt)
19. September 1721	zwei ungenannte »Berliner Musici«
2. Dezember 1721	kurfürstlich-sächsische Hofkomödie zum Auftritt
28. Januar 1722	nicht näher bezeichnetes karnevalistisches Spektakel im illuminierten Großen Saal (mit »masquerade«)
6. Juni 1722	zwei ungenannte Waldhornisten
11. Juli 1722	ein Trompeter aus Merseburg
18. August 1722	David Wahl aus Leipzig nebst Söhnen zu musikalischer »Aufwartung«
24. August 1722	Niccolo Pisani (Pisano) aus Venedig
23. November 1722	Johann Ferdinand Becker für zehn »Comoedien auff dem Saale«
10. Dezember 1722	Aufspielen der Stadtpfeifer (Johann Gottlob Würdig mit »zwölf Gesellen«) zum Tanz
21. Dezember 1722	Herr Wahl aus Leipzig
10. April 1723	ein »anhero recommendierter trompeter«

Die Hofkapelle Fürst Leopolds während Bachs Amtszeit (1717–1723)

Überdies könnte Bach mit Musikern gearbeitet haben, die zwar in Köthen erreichbar, jedoch nicht festangestellt waren und von ihrer Reisetätigkeit lebten. Über solche Kräfte, deren Anzahl nicht unerheblich war, bieten die Kammerrechnungen des Hofs allein keinen lückenlosen Überblick. Dies gilt schon für die Frühzeit von Leopolds Hofkapelle. So stand im Jahr 1709 neben den 1707 berufenen »Hoff-Musici« der bisher unentdeckt gebliebene »Hoff-Musicante« Johann Andreas Herrmann. Aber auch der nur zwischen 1702 und 1704 als Hofmusiker nachgewiesene Johann Heinrich Becker erscheint noch 1710 und sogar 1712 in kirchlichen Dokumenten. Um 1720 existierte ein Köthener »Einwohner und Musicante« namens Leberecht Gottlob Ritter. Die nachmals namhafte Musikerfamilie Freytag weilte schon vor ihrer Festanstellung bei Hof in Köthen; Johann Freytag ist seit 1695 als »Lacquai« bezeugt. Der »Trompetter« Georg Schreiber, der zum Hofstaat von Leopolds Bruder August Ludwig gehörte, war vermutlich ein Bruder des Köthener Trompeters Johann Ludwig Schreiber. Sie alle sowie der Kantorensohn Johann Friedrich Bodinus aus Wernigerode, der Kantorensohn Ascanius Sprüßel aus Aschersleben, der Kapelldirektor, Pagen-, Hof- und Küchenmeister Martin Wilhelm Sumburg aus dem sachsen-merseburgischen Witwensitz Zörbig und der Musikergeselle Johann Kehling[7] sind nur infolge von Patenschaften nachzuweisen. Der offenbar ebenfalls musikalisch tätige Otto Friedrich Rether ist sogar allein aufgrund eines nichtigen Streits mit dem Organisten der Köthener Agnuskirche, Christian Ernst Rolle, im Jahre 1718 erwähnt: Rether hatte eine Seite aus Rolles Orgelbuch herausgerissen; leider erwähnt die Akte nur Kompositionen von Joseph Spieß und Rether, die der Band enthielt.[8]

An den Einsatz im Rahmen der Köthener Hofmusik läßt sich auch bei den Kammerdienern Johann Christoph Alberti und Emanuel Leberecht Gottschalck denken – dieser als Notenschreiber ohnehin Kapellmitglied, jener wiederum Sohn eines Organisten. Anzunehmen ist ferner, daß der Kapellmeister bei Bedarf den Pagen-Hofmeister de Monjou sowie bis zu drei Pagen für Ripieno-Aufgaben hinzuziehen konnte; letztere entstammten anhaltinischen oder anderen mitteldeutschen Adelsfamilien und hatten eine musikalische Ausbildung absolviert (⟶ S. 26). Das Amt des Pagen-Hofmeisters nahm de Monjou von 1720 bis 1722 wahr, in der gleichen Zeit wurden seine beiden Töchter als die erwähnten »Singe-Jungfern« besoldet. Die Pagenerziehung teilte er sich mit dem Oboisten Johann Ludwig Rose, der auch als Fechtlehrer auftrat.

Musikalische Beziehungen bestanden außer zu der kleinen Hofmusik im nahen Zörbig mit Sicherheit zu jener im sachsen-weißenfelsischen Witwensitz Barby nahe des Saale-Elbe-Winkels gegenüber Zerbst. Dort trat beispielsweise Rose am 19. August 1721 als Gastsolist auf.[9]

Musikbegeisterte Adlige im Umfeld des Köthener Hofs, wie etwa der Kammerjunker Heinrich Rudolf von Binduff, sind ebenfalls als Akteure innerhalb der Hofkapelle denkbar. Gleiches gilt für Ernst August Herzog von Sachsen-Weimar, der dem Köthener Hof während Bachs Amtszeit nicht weniger als drei Visiten abstattete. Sogar die von Bach 1730 so bezeichnete »amusa« (Dok. I, Nr. 23), die »Berenburgische Princeßin« und Gemahlin Fürst Leopolds, Friederica Henriette, dürfte im Lichte neuester Quellenfunde musikalische Aktivitäten entwickelt haben; denn in ihrem Nachlaß fanden sich 1729 immerhin fünf Titel musikalischer Werke (Hoppe 1998, S. 35f.). Vermutlich wollte Bach mit seiner Kritik an Friederica Henriette die begrenzten musikalischen Fähigkeiten dieser jungen Fürstin zum Ausdruck bringen.

Die Ausstattung mit Musikalien scheint überwiegend aus der Zeit von Leopolds Kavalierstour zu stammen, wurde jedoch im März 1719 nochmals beträchtlich erhöht. Für diese Anschaffungen wurden annähernd 103 Taler in Amsterdam, 10 in Venedig (Abschriften von Opernmusik), 48 in

Die Hofkapelle Fürst Leopolds während Bachs Amtszeit (1717–1723)

Schloß Köthen / Anhalt
Guache von Friedrich Träger, Köthen 1828
(Ausschnitt mit wesentlichen Gebäudeteilen der Bach-Zeit)

Die Abbildung zeigt den Innenhof, der zur Zeit Bachs noch ein Lusthaus (Vordergrund), ein Brunnenhaus (Hofmitte) und das Pagenhaus aufnahm (jenseits des rechten Bildrands, später durch den sog. »Ferdinandsbau« ersetzt). Die fürstliche Wohnung befand sich im Torhaus (Hintergrund) sowie im »Johanngeorgsbau«/»Ludwigsbau« (linker Bildrand, jeweils im ersten Stock). Darüber lag im zweiten Stock der *Große Saal* (heute: Spiegelsaal), der zu Zeremonien, darunter das »Lever«, und zu Hoffesten diente.
In der fürstlichen Wohnung wie auch im Großen Saal standen in den 1720er Jahren zwei Cembali, weshalb an beiden Orten musikalische Aufführungen stattgefunden haben werden.

(Bach-Gedenkstätte in Schloß Köthen – Historisches Museum für Mittelanhalt)

Wien und zuletzt 30 wohl in Berlin ausgegeben.[10] In diesem Bestand, für knapp 200 Taler erworben, überwog noch 1729 italienische und französische Musik (Hoppe 1998, S. 21f.).

Die ebenfalls erheblichen Buchbindekosten »vor Musicalia« können solchen bereits gekauften Werken, wohl eher aber Kompositionen des Hofkapellmeisters Bach gegolten haben, die in Köthen entstanden oder hier revidiert bzw. an die Aufführungssituation angepaßt wurden. Der Buchbinder Andreas Günther faßte sie in Stimmhefte. Von 1719 bis 1721 waren die Kosten hierfür besonders hoch. Sie betrugen, in beiden Kammerjahren zusammengerechnet, 26 Taler und 4 Groschen. Vor dem 16. Dezember 1718 finden sich keine Ausgaben für Buchbindearbeiten. Sie sind also mit Bachs Tätigkeit in Zusammenhang zu bringen. Ab Johannis (24. Juni) 1721 bis zu Bachs

Die Hofkapelle Fürst Leopolds während Bachs Amtszeit (1717–1723)

Weggang im April 1723 betrugen sie allerdings nur noch 9 Taler. Alles in allem entsprechen die 32 Buchbinderechnungen gut 426 Stimmheften oder – bei acht Stimmen pro Werk – ungefähr 53 Orchesterkompositionen während Bachs Köthener Amtszeit. Dabei bleibt offen, ob nur Musikalien für bzw. mit Orchester zum Buchbinder gegeben wurden. Auch sind die wahren Gründe für den Rückgang unbekannt.[11]

An jährlich wiederkehrenden musikalischen Höhepunkten sind der fürstliche Geburtstag (10. Dezember, im Jahre 1721 am folgenden Tag Eheschließung mit der zweiten Frau Friederica Henriette von Bernburg) und Neujahr seit langem bekannt. Weithin vergessen wurden bisher die Geburts-, Tauf- und Hochzeitstage nächstverwandter und -verschwägerter fürstlicher Personen, die ebenfalls Raum für musikalische Gestaltung geboten haben werden. Zugleich Anlässe von Besuchen anderer Höfe, forderten sie die Hofkapelle zu weiteren Aktivitäten auf, so die Geburtstage am 24. Januar (Friederica Henriette), 7. März (Leopolds Schwester Eleonora Wilhelmina), 20. Mai (Emanuel Leberecht sowie dessen Hochzeitstag mit Gisela Agnes am 22. Mai), 9. Juni (Leopolds Bruder August Ludwig) und 9. Oktober (Gisela Agnes).

Im Hinblick auf die musikalische Situation im Köthen der Bach-Zeit gilt es zu bedenken, daß der Stadtpfeifer Johann Gottlieb Würdig – von Bach mit guten Gründen aus der Hofkapelle gedrängt[12] – im November 1722 zwölf »Gesellen« aufzubieten und in Zusammenarbeit mit dem neuen Tanzmeister Johann David Kelterbrunnen den Geburtstag Leopolds zu umrahmen vermochte. Nunmehr wurde das Musikleben durch die im Jahr 1707 noch kaum merkliche Konkurrenzsituation zwischen zwei Collegia musica geprägt. Zu Würdigs »Gesellen« zählten gewiß mehrere der oben erwähnten Musiker ohne Festanstellung, die am sozialen Rand des Köthener Bürgertums lebten – ähnlich wie die Schmelzer und Drahtzieher der Gold- und Silberwirkwarenmanufaktur. Diese sind in den Quellen als weitgehend in sich geschlossener Kreis auszumachen, dessen Angehörige untereinander bei Trauungen und Taufen dominierten. Köthener Bürger und Honoratioren, auch Inhaber von Hofämtern nutzten die Dienste von Musikern. Schon im Jahre 1707 waren den Hofmusikern aus solchem Anlaß Auftritte in den Gasthäusern *Schwarzer Bär* und *Pulverhof* genehmigt worden. Zu einer »geistlichen Verwandtschaft«, Gevatter- oder Patenschaft wurden sie nicht oft bestellt oder gingen diese nur zögernd ein, so als erster Martin Friedrich Marcus im Haus eines Tischlers.

Bachs Beziehung zu Köthen brach mit der Übernahme des Leipziger Thomaskantorats keineswegs ab, denn er führte weiterhin seinen Köthener Titel und wurde externer Hofkapellmeister (»von Haus aus«). Sein Amt als Hofkapellmeister mit Präsenzpflicht wurde zu Leopolds Lebzeiten nicht wiederbesetzt. Sicher belegt sind vier Gastspiele Bachs in Köthen, drei davon gemeinsam mit Anna Magdalena (Honorierungen im Juli 1724, Dezember 1725 und Januar 1728 sowie im März 1729 zur Aufführung der Trauermusik für Fürst Leopold). Das kostbar eingebundene Widmungsexemplar des Erstdrucks der *Partita 1* B-Dur BWV 825 aus der *Clavier Übung* I, im September 1726 persönlich überreicht oder nach Köthen übersandt, nahm in der privaten Umgebung des Fürsten offenbar einen Ehrenplatz ein (Hoppe 1998, S. 21). Die Gesamtsumme der an Bach gezahlten Honorare überstieg mit 368 Talern das bis 1723 ausbezahlte halbe Jahresgehalt, selbst wenn der Thomaskantor seine Gage gelegentlich mit anderen Mitwirkenden (vor allem bei der Trauermusik 1729) zu teilen hatte. Demnach dürften mit dieser Summe noch weitere Aufenthalte in Köthen abgegolten worden sein.

Günther Hoppe

Das Collegium musicum in Leipzig

Collegia musica als studentische Musikerensembles im Schatten der Leipziger Universität lassen sich bis in die erste Hälfte des 17. Jahrhunderts zurückverfolgen (Schering 1926, S. 334ff.). Zu ihren Leitern zählten um 1657 Adam Krieger, um 1667 Johann Theile und seit 1682 bis mindestens 1691 Johann Kuhnau. Sie waren sämtlich ausgebildete Musiker, die in Leipzig ein juristisches oder theologisches Studium absolvierten (⟶ S. 25). Einzig der um 1672 tätige Thomaskantor Sebastian Knüpfer und der von 1673 bis 1682 belegbare Leipziger Stadtpfeifer Johann Christoph Pezel fungierten als nicht-akademische »Directores«. Die Musiker traten, so Kuhnau 1700, ein- bis zweimal wöchentlich zusammen (Schering 1926, S. 334).

Das Collegium musicum vor Bach (ca. 1704–1729)

Daher konnte Georg Philipp Telemann – seit Herbst 1701 Leipziger Jurastudent, seit 1702 Leiter der dortigen Oper und seit Herbst 1704 Kantor und Organist der Neukirche – an eine jahrzehntelange Tradition anknüpfen, als er wohl erst um 1704 (Glöckner 1997, S. 294) ein Collegium musicum neu formierte, das fortan seinen Namen trug. Schon im Juni 1705 verließ Telemann Leipzig, so daß er die Leitung dieses Ensembles nur kurze Zeit innehatte. Gleichwohl erinnerte er sich noch in seiner Autobiographie von 1718 begeistert:

»Dieses Collegium, ob es zwar aus lauter Studiosis bestehet / deren öffters biß 40. beysammen sind / ist nichts desto minder mit vielem Vergnügen anzuhören / und wird nicht leicht / derer mehrentheils darinnen befindlichen guten Sänger zu geschweigen / ein Instrument zu finden seyn / welches man nicht darbey antrifft. Es hat etliche mahl die Gnade gehabt / S[ein]e. Königliche-Pohlnische Majestät [August den Starken (während eines Besuchs in Leipzig)] / und andere grosse Fürsten zu divertiren [unterhalten]. Sonst versiehet es die Music in der neuen Kirche« (Telemann 1718/1980, S. 15).

Nach Telemanns Fortzug ging die Leitung für fast 25 Jahre an seine Nachfolger im Kantorat der Neukirche über; dies war zunächst der Jurastudent Melchior Hoffmann, der heute vor allem durch seine lange Zeit fälschlicherweise Bach zugeschriebene Kantate *Meine Seele rühmt und preist* (BWV 189) bekannt ist. Hoffmann machte das Collegium musicum zu einer renommierten Institution im öffentlichen Musikleben der Stadt: »Unter ihm stand das öffentliche Conzert zu Leipzig in ganz besonderem Flore« (Gerber 1790, Sp. 656). Im Jahre 1710 wurde er für mehrere Monate von dem späteren Konzertmeister der Dresdner Hofkapelle, Johann Georg Pisendel, vertreten; dieser war im Vorjahr – nach Beendigung seiner Violinausbildung u.a. bei Giuseppe Torelli am Ansbacher Hof – über Weimar, wo er mit Bach und wohl auch mit Telemann zusammentraf (⟶ S. 72), nach Leipzig gekommen und soll im Rahmen einer Veranstaltung des Collegium musicum sein Debut gegeben haben (Hiller 1784, S. 184ff.).

Hoffmann hatte 1714 die Organistenstelle der Hallenser Liebfrauenkirche angetreten, für die zunächst Bach gewählt worden war (⟶ S. 34). Nächster Neukirchenorganist und Leiter des Collegium musicum wurde im Januar 1716 Johann Gottfried Vogler aus Dresden, der den Angaben Telemanns (1718/1980, S. 15) und Christoph Graupners (1726) zufolge ein »starck[er]« Violinvirtuose war und »auch ein gut Musicalisches judicium [Urteilsvermögen]« hatte (Glöckner 1990, S. 81). Als »Konzertmeister Vogler aus Leipzig« gastierte er im Dezember 1718 in der Köthener Hofkapelle unter Bach und offenbar nochmals im Februar 1725, wobei er auch »Musicalien« lieferte (⟶ S. 43). Noch bevor Vogler sein Neukirchenamt 1720 niederlegte, übergab er die Leitung des Telemannschen Collegium musicum an den Studenten Georg Balthasar Schott und übernahm das zweite Leipziger Collegium musicum, das der Student und spätere Zerbster Kapellmeister Johann Friedrich Fasch 1708 gegründet hatte. Unter Schott, der 1720 auch Neukirchenorganist geworden war, sind die wöchentlichen Veranstaltungen des Collegium musicum erstmals im berühmten »Caffeé-Hauß« von Gottfried Zimmermann belegt (Glöckner 1990, S. 80).

In den ersten Jahrzehnten prägten das Telemannsche Collegium musicum vor allem solche Musiker, für die das Ensemble als eine Art »Sprungbrett« zu ihrer weiteren Laufbahn diente: Der Leipziger Chronist Christoph Ernst Sicul berichtete im Jahre 1716 von »vielen Virtuosen[, die] nicht nur zu Cantoraten und Organisten-Diensten, sondern auch an große Höfe, als Dreßden, Darmstadt, Eisenach, Weissenfels, Merseburg, Zeitz e[t]c. befördert worden sind« (Glöckner 1997, S. 294). Telemann (1718/1980, S. 15) und Gottfried Heinrich Stölzel (Mattheson 1740, S. 117f.), der von 1707 bis 1710 selbst mitwirkte, nennen eine Anzahl bekannter Namen, darunter: Pisendel; Johann Michael Böhm, der spätere erste Traversflötist und Oboist der Darmstädter Hofkapelle; Christian Ludwig Crone, Bachs Nachfolger als Weimarer Konzertmeister (⟶ S. 38); Johann Martin Blockwitz (von 1717 bis 1733 als Flötist Mitglied der Dresdner Hofkapelle). Hinzu kommen Fasch und der nachmalige Dresdner Hofkapellmeister Johann David Heinichen, aber wohl auch der spätere Darmstädter Hofkapellmeister Graupner und sein Konzertmeister und Nachfolger Johann Samuel Endler (Cobb Biermann 1997, S. 341). Zu hören war sowohl instrumentale als auch weltliche Vokal-Musik, die Telemanns, Siculs und Stölzels Berichten zufolge mit bis zu 40, 50 oder sogar 60 Mitwirkenden aufgeführt wurde, die Gesangsstimmen offenbar einfach besetzt. Den Aussagen über ihre Qualität nach ist es kaum vorstellbar, daß die Veranstaltungen nicht schon damals durch eine ausreichende, einer Hofkapelle entsprechende Probenarbeit vorbereitet wurden (⟶ S. 26).

Das Collegium musicum unter Bach (1729–ca. 1745)

Für Bach, der seit Frühjahr 1723 nur noch bei seinen Besuchen in Köthen als externer Kapellmeister (bis 1728) mit einem herausragenden Orchester arbeiten konnte, bestanden somit gute Gründe, sich für die Leitung des »Telemannschen Collegium musicum« zu interessieren und auf solche Weise sein Amt als *Director musices* in Richtung eines städtischen »Generalmusikdirektors« auszubauen, was seinem Vorgänger Kuhnau trotz mehrerer Versuche nicht gelungen war (Glöckner 1990, S. 39, 77f. und 82f.). Erste Hinweise auf eine mögliche Zusammenarbeit liefern die weltlichen Kantaten BWV Anh. I 20 (9. August 1723), 205 (3. August 1725), 249b (25. August 1726), 207 (11. Dezember 1726), 193a (3. August 1727) und 198 (17. Oktober 1727). Schon 1724 will Bachs Schüler Heinrich Nicolaus Gerber »manche vortrefliche Kirchenmusik und manches Conzert unter Bachs Direktion mit angehört« haben (Gerber 1790, Sp. 575).

Die erste Gelegenheit zur Übernahme des Collegium musicum bot sich nach dem Rücktritt des langjährigen Amtsinhabers Georg Balthasar Schott, der am 17. März 1729 seinen Dienst an der

Das Collegium musicum unter Bach (1729–ca. 1745)

Neukirche kündigte, nachdem er *Director musices* in Gotha geworden war. Bereits am 20. März ließ Bach – offensichtlich nicht ganz selbstlos – einen ehemaligen Schüler wissen:
»P. S. Das neueste ist, daß der liebe Gott auch nunmehro vor den ehrlichen H[errn]. Schotten gesorget, u. Ihme das Gothaische Cantorat bescheret hat; derowegen Er kommende Woche valediciren [sein Amt niederlegen], da ich sein Collegium zu übernehmen willens« (Dok. I, Nr. 20).

Für das Neukirchenkantorat empfahl Bach Carl Gotthelf Gerlach, der bis mindestens 1723 die Thomasschule besucht hatte und seit 1727 an der Universität Jura studierte. In Bachs Umgebung tauchte er mehrfach auf, so als einer der Schreiber des Stimmensatzes zur *Ouverture* BWV 1066 von 1724/25, als Mitwirkender (wohl Altist oder Violinist) bei der Kirchenmusik der Leipziger Hauptkirchen (1728) und als »Altiste« bei einer von Bach geleiteten Aufführung im Februar 1729 am Weißenfelser Hof (Glöckner 1990, S. 89). Vermutlich hatte Bach als Gegenleistung für die Unterstützung von Gerlachs Bewerbung dessen Verzicht auf die Leitung des Collegium musicum erwartet, vielleicht stellte er ihm auch eine langfristige Zusammenarbeit in Aussicht. Gerlach, der offenbar ein guter Konzertmeister war, scheint jedenfalls im nunmehr Bachschen Collegium musicum mitgewirkt zu haben; in den Jahren 1737/38 vertrat er den Thomaskantor als Leiter, und spätestens 1745 wurde er dessen Nachfolger (Neumann 1963/64, S. 10).

Möglicherweise gab Bach sein Debut mit dem Ensemble am 22. April 1729, dem Freitag nach Ostern. Die Auftritte des Collegium musicum fanden freitags, in der kalten Jahreszeit zwischen 20 und 22 Uhr, im Sommer zwischen 16 und 18 oder auch 19 Uhr statt. Während der drei Leipziger Messen (zu Neujahr, Jubilate/Frühjahr und Michaelis/Herbst) wurden wöchentlich sogar zwei Veranstaltungen angeboten, nämlich dienstags und freitags zu den angegebenen Zeiten. Diese Termi-

Gottfried Zimmermanns »Coffee-Haus« (Nr. 2 der Abbildung) in der Leipziger Catharinenstraße/ Ecke Böttchergasse (rechts daneben).

Im ersten Stockwerk befanden sich die vermutlich zwei ineinander übergehenden Säle, in denen die Aufführungen von Bachs Collegium musicum stattfanden.

Kupferstich (nach 1727)

(Stadtgeschichtliches Museum Leipzig)

Das Collegium musicum unter Bach (1729–ca. 1745)

ne waren mit dem zweiten Leipziger Collegium musicum abgestimmt, das der Universitäts-Musikdirektor, Nicolaikirchen- und spätere Thomaskirchenorganist Johann Gottlieb Görner jeweils donnerstags oder aber montags und donnerstags leitete und das seinen Namen trug (Dok. II, Nr. 387). Somit hatte das Leipziger Publikum zwei- bis viermal pro Woche Gelegenheit zu öffentlicher Abendunterhaltung – ein Angebot, das seit Schließung der städtischen Oper (1720) besondere Bedeutung erlangt haben dürfte. Noch im Jahr 1800 weiß man von den damals »wöchentlichen Concerten, denen man durch den Reiz der Neuheit nicht selten noch mehr Interesse zu geben suchte. [...] Bejahrtere Männer erinnern sich noch, den würdigen Sebastian Bach mit eigner Lebhaftigkeit hier dirigiren gesehen zu haben« (Schulze 1985, S. 25).

Bachs Collegium musicum trat seit 1723 regelmäßig im Caféhaus von Gottfried Zimmermann auf: im Winterhalbjahr in dessen »Coffé-Haus« an der Catharinenstraße im Leipziger Stadtzentrum, im Sommer (wohl von Juni bis September/Anfang Oktober) im Café-»Garten, vor dem Grimmischen Thore« – dem Leipziger Stadttor Richtung Grimma. Obwohl das bis kurz vor dem Zweiten Weltkrieg als Restaurant bestehende Zimmermannsche Caféhaus auf dem erhaltenen Kupferstich von außen ziemlich schmal erscheint, besaß es im ersten Stock, wo die Veranstaltun-

Enoch Richters »Coffee-Garten« (im Hintergrund Pleiße und Thomaskirche).

Idealisierte Abbildung auf dem Titelblatt der Liedersammlung *Singende Muse an der Pleiße* (Leipzig, 1736) von Sperontes (alias Johann Sigismund Scholze).

(Privatbesitz)

gen stattfanden, zwei hintereinanderliegende, langgestreckte Säle mit einer Gesamtfläche von etwa 135 m^2, einer davon mit zwei Kaminen (Neumann 1963/64, S. 23). Eine Beschreibung von Zimmermanns Garten ist nicht bekannt, wohl aber eine stilisierte Abbildung des Cafégartens von Enoch Richter auf dem Titelblatt von Sperontes' *Singender Muse an der Pleiße* (1736). Dieser Garten erstreckte sich über mehrere mit Stein belegte und durch steinerne Geländer eingefaßte bzw. voneinander getrennte Terrassen samt Cafétischen über dem Pleiße-Fluß. Vermutlich befand sich hier auch ein Haus mit einer überdachten Terrasse. Richter stand ebenfalls mit Bach in Verbindung, erwarb er doch nach dem Tod des Konkurrenten Zimmermann (1741) dessen Caféhaus-Unternehmen und wurde damit Veranstalter der Konzerte von Bachs Collegium musicum.

Das Collegium musicum unter Bach (1729–ca. 1745)

Die aus Paris stammende Caféhaus-Mode ist im deutschen Sprachraum seit 1671, in Leipzig seit 1694 nachweisbar (Schulze 1985, S. 8ff.). Caféhäuser rangierten damals im Niveau zwischen Café- oder Billard-Lokal und gehobenem Restaurant für das wohlhabende Bürgertum und waren zugleich Treffpunkt für Kulturinteressierte wie für die Intelligenz. In Johann Christian Crells Stadtführer *Das in ganz Europa bekannte [...] sehenswürdige Leipzig* von 1725 heißt es:

»Die Belustigung so wohl derer Einheimischen als Frembden Hohen und Niedern Standes, Männ- und Weiblichen Geschlechts vermehren die in der Stadt befindlichen 8. privilegirten öffentlichen Caffée-Häuser, die so wohl wegen ihrer schönen Gelegenheit, Aussicht und guten Accomodement [Bequemlichkeit], als auch sonst wegen derer sich täglich darinnen ereignenden grossen Assemblée [Versammlungen] berühmt, sintemahln alle dahin kommende Personen, theils in Lesung allerhand Gazetten [Zeitungen] und Historischer Bücher, theils als in einer Academie de Jeux [der Spiele] in sinnreichen und zuläßigen Schach-Bret-Damen und Billeard-Spiel sehr angenehmes Divertissement finden« (Schulze 1985, S. 20).

Andere Spiele als Schach, Dame und Billard (»Würffel-Karten und [...] Glücks-Spiele«) waren laut Erlaß des Leipziger Stadtrats von 1716 ausdrücklich verboten (Schulze 1985, S. 18f.), so daß die oft geäußerte Vermutung, Caféhäuser seien mitunter geradezu »Lasterhöhlen« gewesen, zumindest für die Leipziger Unternehmen aus Bachs Amtszeit nicht gelten kann. In den meisten Dokumenten wird hervorgehoben, daß zum Odium der Lokale neben Café insbesondere der Genuß von Schnupftabak und Tabakspfeifen gehörte. Daß die Besucher auch Musikinstrumente spielten, wie es das Titelblatt von Sperontes' Edition (1736) nahelegt, ist zwar nicht auszuschließen, jedoch nicht sehr wahrscheinlich. Zumindest der Cafétier Richter (vermutlich aber auch seine Leipziger Konkurrenten) versorgte das Publikum auf andere Weise mit Musik, indem er wohl im Gebäude seines Cafégartens in der zweiten Hälfte der 30er Jahre ein großes zweimanualiges Cembalo (mit fünf Registern) einschließlich eines separaten Pedalinstruments (mit ebenfalls fünf Registern) aufstellte, das der Leipziger Clavier- und Orgelbauer Zacharias Hildebrandt, ein enger Freund Bachs, gefertigt hatte (⟶ S. 308). Die ausgesprochen experimentell anmutende Disposition des Instruments läßt sogar an Bachs Mitwirkung bei der Planung denken (Rampe 1998, S. 151ff.). Für reine Continuo-Aufgaben schaffte Richter im Jahre 1745 ein einmanualiges Cembalo von Hildebrandt an (⟶ S. 308). Höchstwahrscheinlich besaßen auch andere Caféhäuser eigene Instrumente. Von Zimmermann ist überliefert, daß er schon 1721 über zwei Violinen, eine Viola, zwei Fagotte und zwei Violoni verfügte, die vom Collegium musicum genutzt wurden (Schering 1941, S. 135).

Die Auftritte des Collegium musicum waren vom eigentlichen Caféhausbetrieb offenbar unabhängige Sonderveranstaltungen zu besonderen Uhrzeiten, die bei großer Besetzung, wichtigem Anlaß oder Änderung der Aufführungsmodalitäten sogar in der Leipziger Presse angekündigt wurden und dann »Concert«, »solenne Music«, »solenne Serenade«, »Abend-Music« oder »Nacht Musique« hießen (Neumann 1963/64, S. 13ff.). Ein gelegentlich wiederkehrendes Spektakel bestand in abendlicher »Illumination« mit »Wachs Fackeln« sowohl im Caféhaus als auch im Cafégarten. Es ist schwer vorstellbar, daß Bach für solche Aufführungen eigens weltliche Kantaten und wohl auch andere Werke komponierte und eine ausreichende Zahl von Mitwirkenden sichern konnte, ohne daß regelmäßig Honorare flossen. Geht man von Veranstaltungen solcher Art in anderen Städten und Regionen aus, so wird das Publikum Eintritt bezahlt und der Cafétier als Konzertunternehmer seinen Künstlern einen Geldbetrag garantiert haben (Schleuning 1984, S. 29ff.). Für Zimmermann oder Richter waren die Konzerte Werbemaßnahmen, die die Attraktivität ihrer Lokalitäten erhöhten, und sie verdienten zudem am Verzehr vor, zwischen und nach den Konzerten.

Das Collegium musicum unter Bach (1729–ca. 1745)

Eine Vorstellung von der Größe des Publikums zumindest bei repräsentativen Veranstaltungen läßt sich gewinnen, wenn man die Anzahl der Textdrucke untersucht, die Bach für großbesetzte Kantaten im Druckhaus von Bernhard Christoph Breitkopf auf eigene Kosten herstellen und dann (vielleicht als Eintrittsbillets) verkaufen ließ: Die Auflagenhöhe schwankte in den Jahren 1733–1735 bei Konzerten im Caféhaus ebenso wie im Cafégarten zwischen 150 und 200 Exemplaren (*Bach Compendium IV*, S. 1487ff.).[1] Diesen Zahlen könnten ungefähr 200 bis 250 Anwesende insgesamt entsprochen haben, die durchaus Platz in den Räumlichkeiten von Zimmermanns Caféhaus gefunden hätten, sofern sie nicht an Tischen saßen, aßen und tranken. Tatsächlich sind neben zeitgenössischen Konzertveranstaltungen mit Speisen, Getränken und Tabakkonsum (Schulze 1985, S. 42) auch solche zu belegen, wo »man [...] eine fliege hätte fliegen hören [können] so still hielt sich jedermann« (Schleuning 1984, S. 31ff.). D.h., das Verhalten von Bachs Zuhörern muß dem eines modernen Publikums nicht unähnlich gewesen sein.

Ein jährlich wiederkehrender Aufführungstermin war der 3. August, der Namenstag Augusts des Starken bzw. seines seit 1733 regierenden Sohnes August III., der im Collegium musicum gewöhnlich mit einer »solennen Music, unter Trompeten und Paucken« begangen wurde; für das Konzert am 3. August 1732, wahrscheinlich im Cafégarten, entstanden (ausnahmsweise?) einmal 312 Textdrucke. Bachs Namenstagskantate von 1735 – *Auf, schmetternde Töne der muntern Trompeten* BWV 207a (mit 150 Textdrucken) – ist erhalten; sie dauert etwa 30 Minuten, während die gesamte Veranstaltung in Zimmermanns Garten »bey einer Illumination« etwa zwei Stunden beanspruchte (Dok. II, Nr. 368). Demnach wird das Programm noch weitere Werke enthalten haben, etwa eine Ouvertüre zu Beginn, wie dies Johann Adolph Scheibe beschreibt (1745, S. 667). Zu Bachs Zeiten wurden im Collegium musicum offenbar auch folgende Werke aufgeführt: um 1729/30 die Ouvertüren G-Dur und g-Moll von Johann Bernhard Bach (Glöckner 1981, S. 48), um 1731 die Kantate *Armida abbandonata* HWV 105 von Georg Friedrich Händel, um 1734 die Kantaten *Dal primo foco* und *Ecco, ecco* von Nicola Antonio Porpora sowie ebenfalls um 1734 das *Concerto* f-Moll op. 1,8 von Pietro Antonio Locatelli, dessen Streicherapparat mindestens 12 Spieler vorsieht.[2] Bedenkt man, daß Bach viele Jahre lang wöchentlich ein bis zwei Konzertprogramme zu gestalten hatte, so wird klar, welche Mengen an eigenen und fremden Kompositionen benötigt wurden, um dem Publikum regelmäßige Wiederholungen zu ersparen. Ihre gesamte Spieldauer rechnete Konrad Küster (1999, S. 899) unlängst auf mindestens 80 Stunden pro Jahr hoch. Dabei liegt auf der Hand, daß großbesetzte Werke – schon aufgrund ihres Vorbereitungsaufwands und ihrer Kosten – Sonderveranstaltungen vorbehalten blieben (die in der Presse annonciert wurden); die »normalen« Wochenkonzerte hingegen könnten auch kleine oder kleinste Besetzungen präsentiert haben.

Wer genau unter Bachs Leitung im Collegium musicum mitwirkte, ist kaum zu ermitteln. Nur einzelne, nicht näher bekannte Mitglieder lassen sich benennen (vgl. Dok. III, Nr. 644, 685, 690, 761); auch gelang es Hans-Joachim Schulze (1984 II), einige Studenten zu identifizieren, die bei Bachs Kirchenaufführungen der Jahre 1728–1731 tätig waren und sich möglicherweise am Collegium musicum beteiligt hatten, etwa Carl Gotthelf Gerlach. Die einzige Quelle, die uns einen gewissen Eindruck von einer wohl »normalen« Besetzungsgröße und der Aufstellungspraxis jener Zeit verschafft, ist die *Tabvla Musicorvm der löbl: großen Concert-Gesellschaft 1746.47.48* in Johann Salomon Riemers Leipziger Stadtchronik. Die von den Leipziger Kaufleuten finanzierte Konzertgesellschaft wurde 1746 als drittes Leipziger Collegium musicum – neben dem ehemals

Das Collegium musicum unter Bach (1729–ca. 1745)

Bachschen und jenem von Görner – in Richters Caféhaus gegründet (Neumann 1963/64, S. 23). Die *Tabvla Musicorvm* zeigt ein aus drei Sängern (zwei Diskantisten und ein Altist) sowie 25 Instrumentalisten bestehendes Ensemble folgender Besetzung: fünf 1. Violinen, vier 2. Violinen, drei Bratschen, zwei Violoncelli, zwei Violoni, zwei Hörner, je zwei Traversflöten und Oboen (wobei einer der Spieler beide Instrumente ausführte), zwei Fagotte, aber nur ein einziges Cembalo. Die meisten der Sänger und Bläser waren in der Lage, auch Streichinstrumente zu spielen. Unter

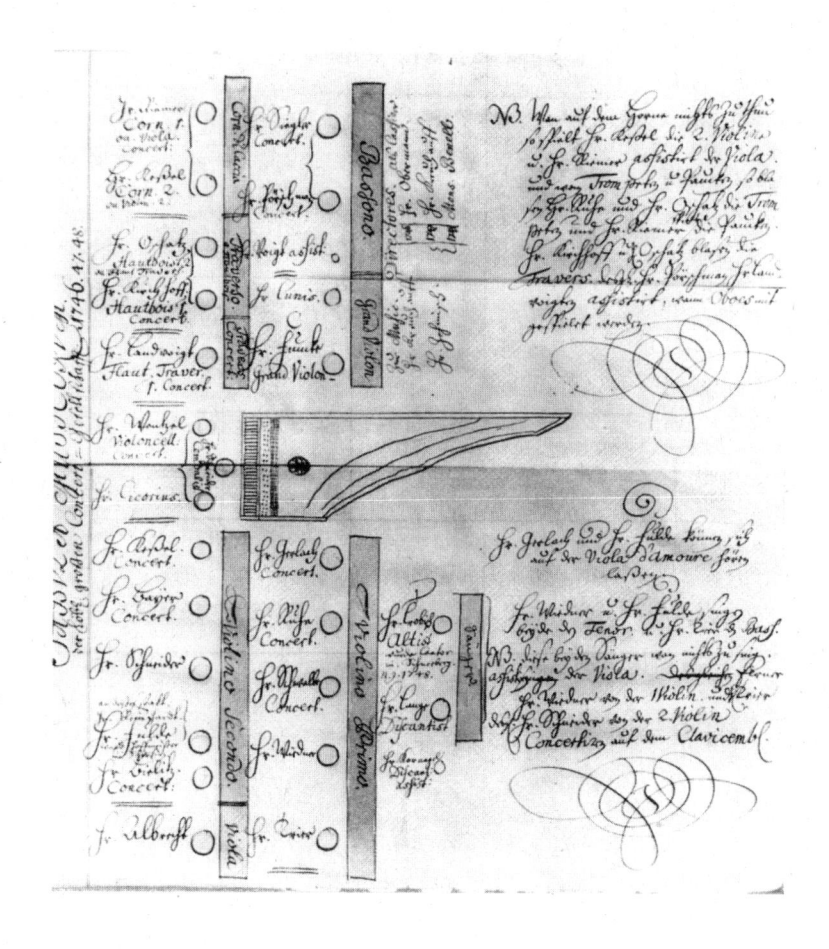

Tabvla Musicorvm der löbl: großen Concert-Gesellschaft 1746.47.48 in Enoch Richters »Coffee-Haus«
Sitzplan aus Johann Salomon Riemers Leipziger Stadtchronik.
Riemer war selbst Notenkopist der *Concert-Gesellschaft* und wohl auch ihr erster Hornist und Paukist.
Der Konzertmeister Carl Gotthelf Gerlach befand sich – aus Sicht des Cembalisten – in der ersten Pultreihe direkt neben dem Cembalo. Vor der Pultreihe der 1. Violine waren die drei Sänger, hinter der 1. Violine die 2. Violine und Viola plaziert. Die beiden Cellisten hinter dem Cembalisten spielten zusammen mit diesem aus einer einzigen Continuostimme, während Fagottisten und Violonespieler eigene Pulte (erste Reihe links vom Cembalisten) hatten.
Das Publikum dürfte sich am rechten Rand unserer Abbildung, vielleicht auch oben und unten befunden haben.

(Stadtarchiv Leipzig)

Das Collegium musicum unter Bach (1729–ca. 1745)

den Mitwirkenden treffen wir auf einige Musiker, die wiederum in Bachs Umgebung nachweisbar sind, darunter der erste Stadtpfeifer Ulrich Heinrich Ruhe in der 1. Violine neben dem Konzertmeister, der Kunstgeiger Johann Christian Oschatz sowie der Stadtpfeifer Johann Friedrich Kirchhoff mit Oboe bzw. Traversflöte, einer der Blasinstrumentenbauer Pörschmann am 2. Fagott und an der Traversflöte, der Bach-Schüler und Nicolaikirchenorganist Johann Schneider am Cembalo und in der 2. Violine, die ehemaligen Thomasschüler Philipp Christian Siegler am 1. Fagott und Johann Wilhelm Cunis am 1. Violone, der mit Bach bekannte Leipziger Theologiestudent Johann Gottfried Fulde als 2. Geiger, Viola d'amore-Solist und Tenor sowie ein gewisser Kornagel als »Discant: assist[ent]:« (Sänger), wohl der Kunstgeiger Johann Gottfried Kornagel oder ein Verwandter (Sohn?) von ihm. Ebenfalls Traversflöte spielte vermutlich der Student und spätere Leipziger Notar Johann August Landvoigt, erstes Horn offenbar der Chronist Riemer selbst. Konzertmeister sowie Solist auf der Viola d'amore war Gerlach, der in gleicher Funktion auch für Bach hätte tätig sein können. Dies würde plausibel erklären, daß sich Bach mit wenigen Ausnahmen von Frühjahr 1737 bis Herbst 1739 von der Leitung seines Ensembles zurückzuziehen in der Lage war und diese Gerlach überließ. Er löste Bach spätestens 1745 vollends ab; zwischen 1743 und 1746 ist eine Wiederaufführung der *Ouverture* 2 BWV 1067 – womöglich in diesem Rahmen und unter Bachs Leitung – dokumentierbar (Glöckner 1997, S. 300f.).

Die Beteiligung der Stadtpfeifer war zumindest für die zahlreich überlieferten Aufführungen »unter Trompeten und Paucken Schall« unverzichtbar, weil in Leipzig nur sie über die kaiserlichen Mandate zum Spiel auf solchen Instrumenten verfügten (⟶ S. 287 und 291). Die *Tabvla* von 1746 berichtet über deren Mitwirkung: »Wan auf dem Horn nichts zu thun so spielt H[er]r. Reßel [Horn 2] die 2. Violin u. Hr. Riemer [Horn 1] assistirt der Viola. und wan Trompeten u[.] Paucken so blasen Hr. Ruhe und Hr. Oschatz die Trompeten und Hr. Riemer spielt die Paucken. Hr. Kirchhoff u[.] Hr. Oschatz blasen die Travers[i]. desgl[eichen]. Hr. Pörschman. Hr. Landvoigten assistirt, wann Oboes mit geffiehrt werden«. Bemerkenswert ist, daß Ruhe in der Konzertgesellschaft als 1. Geiger den Platz des zweiten Konzertmeisters besetzte; denn als Nachfolger Johann Gottfried Reiches (gestorben 1734) war er auch Trompeter und, den Bachschen Partien nach zu schließen, auf diesem Instrument wenigstens so herausragend wie dieser. Beachtung verdient ebenfalls, daß der damalige Kunstgeiger Oschatz sowohl zweite Oboe und Traversflöte als auch Trompete spielte.

Große (Streicher-) Besetzungen dürften in Bachs Collegium musicum bei Veranstaltungen im Freien schon aus akustischen Gründen geradezu eine Notwendigkeit gewesen sein, während die Raumkapazitäten im Caféhaus wohl engere Grenzen hatten. Für die Aufführung der Kantate *Entfernet euch, ihr heitern Sterne* BWV Anh. I 9 zum Geburtstag Augusts des Starken am 12. Mai 1727 auf dem Leipziger Marktplatz ist eine Besetzungsstärke von 40 Musikern überliefert, die ganz in die Nähe jener Zahlen rückt, die Telemann, Stölzel und Sicul mitteilen. Bei solchen Veranstaltungen dürfte Bach mit der Notenrolle in der Hand dirigiert haben, während er im kleinbesetzten Ensemble wahrscheinlich Violine (auch als Konzertmeister), Viola oder Cembalo spielte (⟶ S. 38).

Siegbert Rampe

I

WERKE

von Siegbert Rampe und Dominik Sackmann

Die Orchesterwerke in Bachs Biographie

Gemessen an den Hunderten von Konzerten und Orchestersuiten, die Georg Philipp Telemann komponierte, und im Vergleich mit den über hundert Concerti sowie fast ebenso vielen Ouvertüren, die beispielsweise von Johann Friedrich Fasch überliefert sind, nimmt sich die Zahl der erhaltenen Orchesterwerke Bachs gering aus. Rechnet man allein die vollständigen Werke mit voneinander verschiedener Substanz, ohne deren diverse Fassungen zu berücksichtigen, so sind es 19 Konzerte und 4 Orchestersuiten. Darunter befindet sich eine Transkription nach fremder Vorlage (BWV 1065). Hinzu kommen ein Konzertfragment (BWV 1059) und Reste von mindestens zwei Ouvertüren (BWV 119/1 und 97/1; ⟶ S. 270).

Dieser Gesamtbestand nährte schon im 19. Jahrhundert den Verdacht, daß von Bachs Orchestermusik nur Bruchstücke die Jahrhunderte überdauerten. Jedenfalls ist auf den ersten Blick befremdlich, daß Bach als Weimarer Konzertmeister und vor allem als Köthener Hofkapellmeister so wenige Orchesterwerke komponiert haben soll. Allerdings scheint ein Blick auf die weit über 250 mehrteiligen Vokalwerke aus seiner Leipziger Zeit – eine definitive Anzahl läßt sich bis heute nicht ermitteln – den geringen Umfang des Orchesterwerkes eher zu bestätigen als ihn in Frage zu stellen: Von Telemann sind rund 1500 entsprechende Vokalkompositionen, darunter allein etwa 50 Passionen, bekannt. Demnach steht Bachs Vokalmusik in einem durchaus vergleichbaren quantitativen Verhältnis zu seiner Orchesterliteratur. Verluste mögen hier und dort eingetreten sein. Daß aber ein Großteil von Bachs Orchesterwerk verlorenging, muß nicht befürchtet werden.

Allem Anschein nach gründete Bachs Verständnis als Komponist nicht auf der Vorstellung, stets aktuelle, d.h. neue und zeitgemäße Beiträge leisten zu müssen. Sein Interesse galt vielmehr der exemplarischen Ausarbeitung eines Werkes, dessen Revision und Wiederverwendung. Auch trifft man in Bachs Biographie wiederholt auf Perioden, in denen er – den überlieferten Quellen nach – wenig oder gar nichts komponierte (Wolff 1988).

Schließlich legen die gut 27 Jahre seines Leipziger Thomaskantorats nahe, daß wir aus Bachs Weimarer und Köthener Perioden eine ähnliche Menge an Orchesterkompositionen nicht erwarten können: Das Amt des Konzertmeisters am Weimarer Hof übte er nur dreieinhalb Jahre von März 1714 bis höchstens zum Spätherbst 1717 aus, das des Köthener Kapellmeisters fünfeinhalb Jahre von Ende 1717 bis Frühjahr 1723. In Weimar und Köthen hatte er Ensemblemusik zu schaffen. Die Kantaten jener Zeit überarbeitete er in Leipzig und führte sie erneut auf. Gleiches wäre von seinem Orchesterrepertoire zu vermuten. Zwar hätten die mindestens 15 Jahre, in denen Bach sein Leipziger Collegium musicum leitete, Gelegenheit zu wesentlich mehr Neukompositionen geboten als die Weimarer und Köthener Phasen zusammen. Tatsächlich aber erscheint ein solcher Vergleich im Licht von Bachs Biographie fraglich; denn in Weimar und Köthen bestand ein Kompositionsauftrag kraft seines Amtes – das Leipziger Konzertpublikum hingegen wollte unterhalten werden, und dazu konnten auch ältere Werke dienen.

Orchesterwerke in Weimar

Vom 2. März 1714 an hatte Bach als Weimarer Konzertmeister »Monatlich neüe Stücke« zu liefern (⟶ S. 35); führte er alle vier Wochen eine Kantate auf, richteten der Vizekapellmeister Johann Wilhelm Drese oder dessen Vater, der Kapellmeister Johann Samuel Drese, an den übrigen drei bis vier Sonntagen die Kirchenmusik aus. Hinzu kommen Kompositionsaufträge an Bach für diverse höfische Veranstaltungen und für den Trauergottesdienst zum Gedenken an Prinz Johann Ernst im April 1716 (Glöckner 1985). Hätte Bach zwischen März 1714 und seiner Inhaftierung im November 1717 monatlich eine Kantate komponiert, betrüge deren Gesamtzahl 43. Tatsächlich sind jedoch nur etwa 21 bekannt bzw. ganz oder teilweise erhalten (⟶ S. 190ff.). Gewiß lassen sich Texte möglicherweise verlorener Kantaten den bestehenden Überlieferungslücken zuordnen (Hofmann 1993), während regelmäßige Wiederaufführungen bereits vorhandener Vokalkompositionen in dem knappen Zeitraum von etwa dreieinhalb Jahren schon deshalb schwer vorstellbar sind, weil Bach ja gerade dazu verpflichtet war, »Monatlich neüe Stücke« zu schaffen. Das eigentlich Merkwürdige an Bachs Weimarer Kantatenkalender aber besteht nicht allein im Fehlen von mehr als der Hälfte der angenommenen Werke, sondern in den länger als vierwöchigen Pausen zwischen den Kantaten. Die Lücken erstrecken sich durchgehend von Juli bis November 1714 und von April bis August 1716. Zwischen diesen Terminen bleiben Kantaten nur in den Einzelmonaten Januar und Mai 1715 sowie Februar 1716 aus (⟶ S. 191ff.). Hinzu kommt, daß für das gesamte Jahr 1717 kein einziges Werk existiert, möglicherweise komponierte Bach in seinem letzten Amtsjahr überhaupt keine Kantaten mehr (Dürr 1977, S. 68). Nach Lage der Dinge erscheint ausgeschlossen, daß Bach die Ablieferung einer Kantate versäumen konnte, ohne gravierende Konsequenzen, etwa eine Gehaltskürzung, in Kauf zu nehmen. Im Gegenteil: Er erhielt von Dezember 1716 bis Herbst 1717 eine beträchtliche, vierteljährlich erneuerte Besoldungszulage (Dok. II, Nr. 81).

Wenn Bach in Abstimmung mit den Dreses die sonntägliche Kirchenmusik gestaltete, hätte er den Kapellmeister und insbesondere den Vizekapellmeister ebensogut bei der Produktion von Tafel-, Kammer- und Ballmusik unterstützen können. Denn genau genommen gibt es keine Ursache und nicht einmal eine Vertragsgrundlage dafür, die Komposition »Monatlich neüer Stücke« auf geistliche Vokalmusik zu beschränken (⟶ S. 37). Hätte Bach jedoch an Stelle von Kantaten zwischen 1714 und 1716 und erst recht im Jahr 1717 instrumentale Ensemblekompositionen geliefert, während sich Johann Wilhelm Drese auf geistliche Werke konzentrierte, machte dieser Vorgang drei bislang ungeklärte Sachverhalte nachvollziehbar:

♦ das Fehlen von etwa 22 Kantaten und die großen Lücken im Weimarer Kantatenkalender. Bach und Drese dürften ihre Kompositionsarbeiten von Periode zu Periode neu festgelegt haben;
♦ die Existenz gleich dreier Kantaten im Dezember 1716 für aufeinanderfolgende Sonntage vom 2. bis 4. Advent (BWV 70a, 186a und 147a). Bach mag den Kollegen Drese nach dem Tod von dessen Vater am 1. Dezember 1716 zunächst entlastet haben (BWV 70a entstand zum unmittelbar folgenden Sonntag, den 6. Dezember), bevor er ihm spätestens von Weihnachten 1716 an die Kantatenproduktion gänzlich überließ (das Autograph der letzten Weimarer Kantate BWV 147a bricht nach dem Eingangschor ab; ⟶ S. 196). Eine Bestätigung findet diese Vermutung in den erwähnten, bereits im Dezember 1716 einsetzenden Gehaltszulagen;

♦ Bachs zunehmend engen Kontakt zu Herzog Ernst August und damit seine verstärkte Parteinahme innerhalb der Auseinandersetzung der Weimarer Herzöge. Kantaten waren für die von beiden genutzte Schloßkirche bestimmt, Kammer- und Tafelmusik indes fand offenbar vorrangig im Roten Schloß Ernst Augusts statt (Glöckner 1988, S. 138f.). Die Besoldungszulagen des Konzertmeisters von Dezember 1716 bis Herbst 1717 stammten denn auch aus der Privatschatulle dieses nicht-regierenden Herzogs (Dok. II, Nr. 81).

Hätte Bach über seine regelmäßigen Kantatenkompositionen hinaus wiederholt instrumentale Ensemblemusik in größerer Besetzung, beispielsweise Konzerte und Ouvertüren, geschaffen, wären Sonderleistungen der Hofkasse zu erwarten gewesen, falls er als Konzertmeister tatsächlich allein zur Komposition von Kantaten verpflichtet war. Solche Sonderleistungen erfolgten nicht. Demnach stellt sich erneut ernstlich die Frage, ob wir neben verlorenen Weimarer Kantaten oder gar an Stelle dieser nicht nach verschollenen Orchester- und Kammermusikwerken zu suchen haben. Hierauf wird später zurückzukommen sein (⟶ S. 241).

Orchesterwerke in Köthen

In Köthen hingegen hatte der Kapellmeister Bach nicht nur die Aufgabe, die Hofmusik mit eigenen und fremden Werken zu gestalten. Er verfügte jetzt außerdem über ausreichend Zeit zur Neukomposition und Einrichtung von Musik, fielen doch monatliche oder gar wöchentliche Kantatenaufführungen fort. Da der calvinistische Hof offensichtlich nur wenig Kirchenmusik veranstaltete (Glöckner 1986, S. 92), ergaben sich, soweit bekannt, pro Jahr mindestens zwei wiederkehrende Anlässe für die Komposition weltlicher Kantaten (von Bach Serenaden genannt): das Neujahrsfest und der 10. Dezember, der Geburtstag Fürst Leopolds von Anhalt-Köthen. Bei Licht betrachtet, konnte freilich ein einziger Fürstengeburtstag einem Hofkapellmeister eine Vielzahl an Verpflichtungen aufbürden. Das Musikprogramm, das zum Geburtstag des Meininger Herzogs Carl Friedrich im Jahre 1740 überliefert ist (Mühlfeld 1910, S. 91f.), dürfte, vielleicht vom Gottesdienst abgesehen, in ähnlicher Weise auch auf Köthen übertragbar sein. Es lautet:

- ♦ »Montag früh 4 Uhr Intrada mit Trompeten und Pauken,
- ♦ Montag früh 7 Uhr von der ganzen Kapelle die gewöhnliche [!] Morgenmusik
- ♦ Montag $1/2$ 10 Uhr Gottesdienst: bei dem Te Deum Trompeten und Pauken, 3 Kanonensalven
- ♦ bei der Tafelmusik ist unanständiges Stimmen zu unterlassen,
- ♦ zu Anfang ist eine Overture zu spielen,
- ♦ der [gedruckte oder geschriebene] Text der Kantate ist Serenissimo [ihrer Durchlaucht] zu übergeben,
- ♦ nach der Kantate lassen sich Pauken und Trompeten wieder hören,
- ♦ bei der Abendtafel starke Instrumentalmusik mit Trompeten und Pauken,
- ♦ die Musik zum nachfolgenden Ball ist stark zu besetzen.«

Demnach war ein Kapellmeister am Geburtstag seines Fürsten von frühmorgens bis spät in die Nacht nicht nur mit der Organisation und Ausführung des Musikprogramms beschäftigt, vielmehr dürfte er, schon aus repräsentativen Gründen, einen Teil der Werke, wenn auch nicht unbedingt die Intrada, selbst geschaffen haben. Neben dem Neujahrsfest und dem Geburtstag des Fürsten Leopold wird in Köthen auch jener seiner Mutter, Gisela Agnes von Rath, musikalisch gestaltet worden sein, wobei in diesem Fall Trompeten und Pauken vermutlich fehlten (siehe S. 34). Außer der wöchentlichen Kammer- und/oder Hofmusik hätten weitere Kompositionsanlässe ähnlichen Umfangs bei privaten oder offiziellen Besuchen bestanden. Schließlich mögen zusätzliche private Feierlichkeiten des Fürstenhofs samt Ballveranstaltungen und die beiden Karlsbad-Aufenthalte des Fürsten in den Jahren 1718 und 1720 jeweils ein ausgedehntes Musikprogramm erfordert haben (⟶ S. 99ff.). Aus solchen Überlegungen und der oben angeführten Instruktion von 1740 wird deutlich, in welchem Bereich wir die meisten der möglicherweise verlorenen Kompositionen Bachs zu suchen haben: in Ouvertüren bzw. Ballettsuiten und »stark« besetzten Konzerten, vielleicht mit Trompeten und Pauken. Nicht zu vergessen ist allerdings, daß der Köthener Hof über eine beachtliche Notenbibliothek verfügt haben muß. Offenbar im Hinblick auf den Ausbau seiner Hofmusik tätigte der damalige Prinz Leopold während seiner Kavalierstour durch die Niederlande, England, Frankreich und Italien in den Jahren 1710–1713 Notenkäufe für einen Betrag, der mit 161 Talern den Wert des im März 1719 angeschafften zweimanualigen Mietke-Cembalos (Preis: 138 Reichstaler inkl. Transport/Reise) übertraf (⟶ S. 89); darunter befanden sich zahlreiche französische und italienische Werke (Hoppe 1996, S. 10f.). Bedenkt man, daß Telemann im Jahre 1735 für sechs in Stimmheften gedruckte Orchestersuiten in vierstimmiger Streicherbesetzung 2,5 Reichstaler verlangte (Telemann 1972, S. 203), wird deutlich, daß der von Leopold ausgegebene Betrag zwischen 60 und 80 Publikationen oder Abschriften größerbesetzter Kompositionen einschloß. Mit anderen Worten: Die Köthener Musikalienkammer war mit »modernen« Titeln reichlich ausgestattet, so daß Bach die musikalische »Grundversorgung« kaum selbst zu gewährleisten hatte. Zudem hätte er nun selbst durch den Konzertmeister Joseph Spieß entlastet werden können, der Bach in dessen Abwesenheit als Leiter der Kapelle vertrat und auch als Komponist tätig war (⟶ S. 44). Solange der Inhalt von Bachs Anstellungsvertrag unbekannt ist, läßt sich über den Umfang seiner Kompositionstätigkeit nur spekulieren. Dennoch vermögen besagte Feststellungen und der weitgehende Verzicht auf neue Kirchenmusik zu erklären, weshalb der Komponist in der Lage war, sich unabhängig von höfischen Verpflichtungen spätestens seit 1720 der Zusammenstellung von kammermusikalischen und Tastenwerken – von den sechs Violinsoli bis hin zu den »Französischen Suiten« für Clavier – zu widmen, die über den eigentlichen Bedarf der Hofmusik hinausgingen und mehr seine privaten bzw. pädagogischen Interessen spiegeln (Rampe 1999, S. 752ff.).

Orchesterwerke in Leipzig

Hatte sich Bach in Weimar und Köthen einen Fundus an eigener und fremder Orchester- und Kammermusik geschaffen, so liegt es auf der Hand, daß er diese Kompositionen im Rahmen des Leipziger Collegium musicum seit 1729 (und in Einzelfällen womöglich schon früher) erneut zur Aufführung brachte. Solche Überlegungen schließen Neukompositionen keineswegs aus. Dennoch widerspräche es der aus dem Bereich seiner Tasten-, Kammer- und Vokalmusik bekannten Arbeitsökonomie, Vorräte, die ja kraft seines Amtes bereits in Köthen bestanden haben müssen, ungenutzt zu lassen. Einen Hinweis in diese Richtung liefern die erhaltenen Violin- und Cembalokonzerte sowie Bachs Orchestersuiten, die ihren Leipziger Quellen nach offenbar fast sämtlich auf bereits früher vorhandene Werke zurückgehen. Gewiß ist dies kein Beleg für Weimarer oder Köthener Kompositionen; doch offenbarte sich zwischen dem Amt des Weimarer Konzertmeisters bzw. Köthener Kapellmeisters und des Leipziger Orchesterleiters ein wesentlicher Unterschied: Anders als ein aristokratischer Potentat hatte das bürgerliche Publikum einer kommerziellen Konzertreihe kein Recht darauf und wohl auch kein vorrangiges Interesse daran, monatlich oder gar wöchentlich »neue Stücke« des Komponisten zu fordern. Zur Unterhaltung der Konzertbesucher mögen neu erschienene, modische Kompositionen aus fremder Feder, extravagante Besetzungen, etwa mit ein oder mehreren Cembali, pointierte Einlagen wie die »Kaffeekantate« BWV 211 oder Vorträge überragender Solisten oft besser geeignet gewesen sein als neukomponierte Konzerte und Ouvertüren zur Ergänzung des vorliegenden Bestands. Suchen wir Bachs aktuelle Beiträge zu den Konzertprogrammen des Collegium musicum, dann vor allem in Kompositionen für spezifische Anlässe – etwa in weltlichen Kantaten oder Instrumentalwerken für bestimmte Solisten. Großbesetzte Freiluftmusiken mit Vokal- und Instrumentalstimmen, die zur Glorifizierung von Leipziger Honoratioren oder von Angehörigen der Dresdner Kurfürstenfamilie geeignet waren, dürften sich kaum in seinem Repertoire befunden haben.

Dagegen ließen sich Weimarer und Köthener Orchesterwerke dem Leipziger Publikum bedenkenlos präsentieren, ohne als Wiederholungen erkannt zu werden. Daß Bach fast alle erhaltenen Orchesterwerke einer oder mehreren Revisionen bzw. Umarbeitungen unterzog, ist ein nicht zu ignorierendes Argument für die Vermutung, daß nicht allzu viele dieser Kompositionen verlorengegangen sein dürften (Rifkin 1997, S. 67ff.). Wie wir später sehen werden (⟶ S. 144 und 146), scheint bei der Zusammenstellung des *Concerto* f-Moll BWV 1056 und bei der Einrichtung des vierten »Brandenburgischen Konzerts« BWV 1049 zum Cembalokonzert BWV 1057 kaum noch eine Auswahl geeigneter Solokonzerte bestanden zu haben. Ausgehend davon, daß das Collegium musicum in Bachs erster Direktionsphase (1729–1737) jene Originalkompositionen aufgeführt haben wird, die Bach dann ab 1738 in Transkription für Cembalo zu Gehör brachte, ergibt sich ein weiterer Anlaß für solche Bearbeitungen.

Neukomponierte Konzerte und Ouvertüren wiederum, die Bach für sein Collegium musicum geschaffen haben könnte, dürften im Hinblick auf ihre Melodik, Ornamentik und Harmonik jenen galanten Stil repräsentiert haben, der seine Vokalwerke und Tastenmusik der 1730er Jahre auszeichnet (Rampe 1999, S. 777).

Verlorene Orchesterwerke?

Sieht man vom ungewissen Verbleib zahlreicher Orchesterkompositionen im Anschluß an die Teilung von Bachs Erbe im Herbst 1750 ab (⟶ S. 83f.), so scheinen zunächst insgesamt drei dokumentarische Hinweise auf die Existenz von erheblich mehr Konzerten und Ouvertüren zu bestehen:

- Rechnungen des Weimarer Hofarchivs über Papierlieferungen an den Konzertmeister Bach,
- Zahlungen des Köthener Hofs für Buchbindearbeiten von Musikalien,
- »Verschiedene Concerte für 1. 2. 3. und 4. Clavicymbale« und »eine Menge anderer Instrumentalsachen, von allerley Art, und für allerley Instrumente«, die C. P. E. Bach und Johann Friedrich Agricola im Nekrolog von 1754 nur summarisch erwähnten (Dok. III, Nr. 666).

Hinzu kommen Einzelhinweise, hinter denen sich verschollene Konzerte Bachs verbergen könnten.

Am 5. Oktober 1714 und 16. Mai 1716 bezahlte der Weimarer Hof je »1. Rieß Doppelpapier vor Herrn ConcertMstr Bachen« (Dok. II, Nr. 71). Doppelpapier war besonders starkes Papier ungefähr von doppeltem Gewicht herkömmlichen Büttens und wurde zum Notenschreiben bevorzugt, weil sich Fehler gut rasieren ließen (⟶ S. 82). Papiermengen bemaß man in Ries, ein Ries umfaßte 480 Bogen Schreibpapier (Kahnt und Knorr 1986, S. 253). Der Bogen enthielt vier Seiten, so daß Bach insgesamt 3840 Seiten zur Verfügung standen. Rechnet man für die Kompositionspartitur einer Kantate durchschnittlich 30 Seiten, zu denen im Mittel mindestens 4 Vokalstimmen, 3 Bläserstimmen, 5 Streicherstimmen und eine Continuopartie, also 13 Stimmen von durchschnittlich 3,5 Seiten hinzukamen, so verbrauchten allein die erhaltenen Weimarer Kantaten zwischen Oktober 1714 und Ende 1716 nach vorsichtiger Schätzung rund 1600 Seiten, also ungefähr die Hälfte des Kontingents. Hinzu kommt eine nicht exakt zu bestimmende Anzahl verlorener Vokalwerke und/oder unbekannter Orchesterkompositionen Bachs aus jener Zeit. Bach wird das Papier auch für Tasten- und Kammermusik verwendet haben. Ferner dürften er und seine Kopisten Partituren gedruckter Stimmensätze, etwa der jüngst erschienenen italienischen Werke, oder Stimmen zu handgeschriebenen Partituren mit fremden Kompositionen angefertigt haben. Mit anderen Worten: Die genannte Mengenangabe gestattet keine zuverlässigen Rückschlüsse auf einen konkreten Bestand verlorener Orchesterwerke des Komponisten.

Nicht anders verhält es sich mit den Kosten, die dem Köthener Buchbinder Andreas Günther für das Binden von Musikalien erstattet wurden (⟶ S. 45). Diese Ausgaben hatte Friedrich Smend (1951, S. 18 und 151) den Kammerrechnungen des Hofes für das Haushaltsjahr 1719/20 entnommen und aus deren Beträgen insgesamt »mindestens fünfzig Ensemblewerke« errechnet, von denen seiner Ansicht nach »Bachs eigene Werke den Hauptteil darstellten«. Seine Angaben wurden von der Bach-Forschung nicht nur übernommen, sondern sogar hochgerechnet, wobei – noch bis in jüngste Zeit hinein – von bis zu 350 Kompositionen während Bachs Köthener Amtszeit die Rede war. In Wirklichkeit jedoch gehen Smends Zahlen auf einen Fehler bei der Übertragung aus der Originalquelle durch seinen damaligen Informanten zurück, worauf Günther Hoppe schon 1985 (S. 148 und 153) hingewiesen hatte: Die Bindekosten von Juli bis Oktober 1719 betrugen nicht 24 Taler, sondern 14 Taler und 5 Groschen. Legt man Smends Umrechnungsschlüssel zugrunde, reduziert sich die Anzahl an Musikalien für dieses Jahr von 41 auf 24! Die Differenz zwischen den Hochrechnungen und den historischen Fakten ist tatsächlich noch größer; denn die Binderechnungen reichen über die gesamte Amtszeit Bachs von Dezember 1718 bis Januar 1723 (Angaben in Talern und Groschen; ⟶ S. 46):

♦ 1718. 11. Dezember: 1,– (12 Stimmen); Ausgaben insgesamt entsprechend 12 Stimmen.
♦ 1719. 25. März: –,13 (6,5 St), 6. Mai: –,08 (4 St), 3. Juni: –,20 (10 St), 8. Juli: –,16 (8 St), 11. August: –,16 (8 St), 4. September: 2,12 (30 St), 11. September: –,12 (6 St), 16. September: –,08 (4 St), 14. Oktober: 4,– (48 St); Ausgaben insgesamt entsprechend 124,5 Stimmen.
♦ 1720. 15. Januar: –,10 (5 St), 16. März: 1,18 (21 St), 25. März: 1,– (12 St), 22. April: –,18 (9 St), 25. Mai: 1,15 (19,5 St), 3. August: –,22 (11 St), 5. August: –,09 (4,5 St), 7. Dezember: 1,– (12 St), 9. Dezember: 1,– (12 St); Ausgaben insgesamt entsprechend 106 Stimmen.
♦ 1721. 2. Januar: 4,– (48 St), 8. Februar: 1,– (12 St), 10. Mai: 1,12 (18 St), 14. Juni: 1,04 (14 St), 6. September: 1,08 (16 St), 6. Oktober: 1,06 (15 St), 22. Dezember: –,18 (9 St); Ausgaben insgesamt entsprechend 132 Stimmen.
♦ 1722. 6. Januar: –,16 (8 St), 20. Juni: –,19 (9,5 St), 27. Juli: –,12 (6 St), 22. August: –,09 (4,5 St), 19. September: –,12 (6 St); Ausgaben insgesamt entsprechend 34 Stimmen.
♦ 1723. 30. Januar: 1,12 (18 St); Ausgaben insgesamt entsprechend 18 Stimmen.

Verlorene Orchesterwerke?

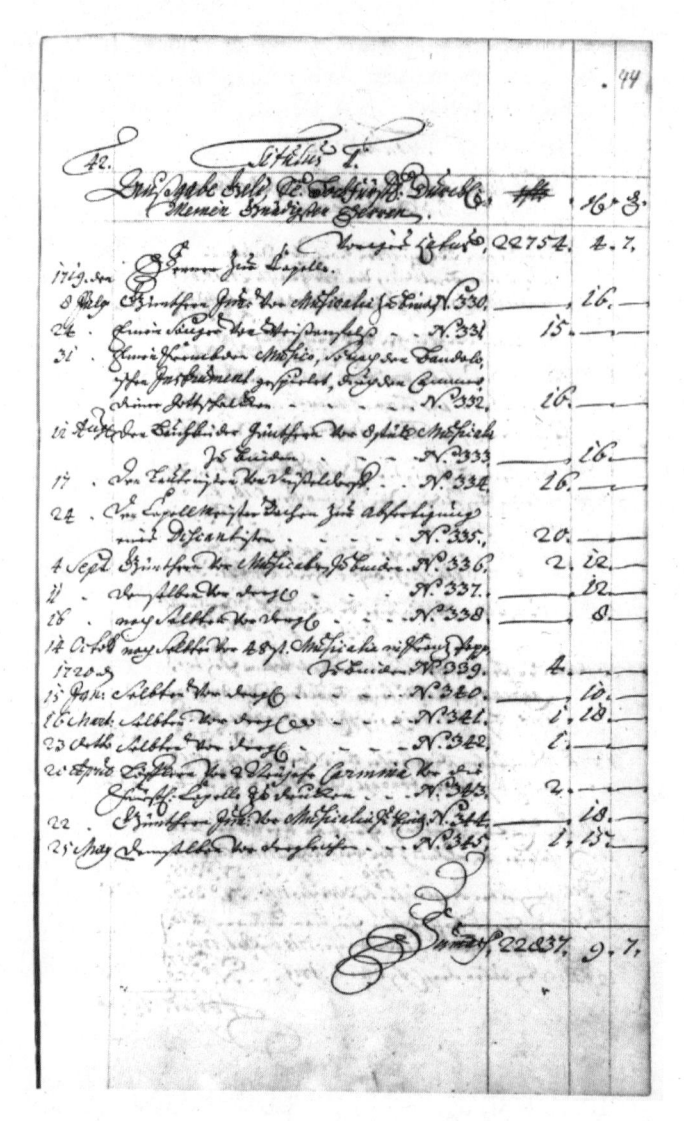

Köthen – Kammerrechnungen des fürstlichen Haushalts im Kammerjahr 1719/20, fol. 44r

(Landesarchiv Oranienbaum, Sachsen-Anhalt)

In der 1. Zeile der Ausgaben »Zur Capelle« befindet sich die Eintragung vom 8. Juli 1719 über Buchbindekosten für Musikalien in Höhe von 16 Groschen. Statt dessen hatte Friedrich Smend (1951) versehentlich 16 Taler übertragen – entsprechend dem 24fachen des tatsächlichen Betrags. Durch diesen Irrtum galten seither zahlreiche Köthener Werke Bachs als verschollen.

Anhand mehrerer Spezifizierungen (12. Juli 1719: –,16 »vor 8 Stückgen Musical«, 14. Oktober 1719: 4,– »48 Stck. in Frantzos[isch]. Pappier zu binden«) hatte Smend überzeugend festgestellt, daß es sich dabei nicht um Partituren, sondern um Stimmenhefte handelte, deren Bindung jeweils 2 Groschen kostete. Auf der Basis dieser Kalkulation und der geradzahligen Beträge wurden in der Übersicht auf S. 61 die Stimmenzahlen (St) in Klammern nachgestellt. Lediglich bei wenigen Eintragungen, etwa für den 25. Mai 1720 (19,5 Stimmen) ist anzunehmen, daß in der Zahlung eine Partitur oder besonders umfangreiche Stimmen oder eine zusätzliche Stimme geringen Umfangs eingeschlossen war. Die angeführten Stimmenzahlen lassen sich freilich nicht ohne weiteres in einzelne Werke gliedern: So könnten 4 Stimmen ebensogut eine Triosonate mit separaten Partien für Violoncello und Continuo/Cembalo als auch eine vierstimmige Streicherkomposition mit nur einer einzigen Stimme für Baß/Continuo enthalten haben. 8 Stimmen mögen beispielsweise für zwei Sänger, zwei Bläser, drei Streicher und Continuo angefertigt worden sein – eine Besetzung, wie sie die Köthener Kantaten BWV 184a und 173a spiegeln. 9 Stimmen wiederum entsprechen jenen des zweiten »Brandenburgischen Konzerts«. Darüber hinaus sind noch unzählige weitere Kombinationen denkbar, auch ist damit zu rechnen, daß nicht sämtliche Stimmen einer Komposition gebunden wurden: Vokal-, Continuo- oder Violonepartien etwa hätten nur einen einzigen Papierbogen umfassen können und wären daher nicht unbedingt vom Buchbinder zu bearbeiten gewesen. Daher verbieten sich ernstzunehmende Spekulationen über konkrete Besetzungen. Mit Gewißheit läßt sich lediglich sagen, daß der Betrag für 124,5 Stimmen im Kalenderjahr 1719 31 vierstimmige oder mindestens 15 achtstimmige Werke hätte einschließen können. Für keines der Jahre ist zu ermitteln, in welchem Umfang Bachsche Werke enthalten waren. Eine größere Serie von Musik des Komponisten könnte beispielsweise im Jahr 1721 gebunden worden sein – insbesondere um die Jahreswende 1720/21, als Herzog Ernst August von Sachsen-Weimar in Köthen weilte. Gerade für das erwähnte Kalenderjahr 1719 aber liegt eine andere Deutung näher: Am 22. April 1719 hatte der Kammerdiener, Notenschreiber und offenbar Notenwart des Hofs Emanuel Leberecht Gottschalck »vor erkaufte Musikalien laut gnädigsten Befehl 30 Taler« erhalten (Ross 1986, S. 67). Sie waren entweder von ihm selbst oder, was wahrscheinlicher ist, im März des Jahres von Bach in Berlin erworben worden (⟶ S. 269). Darunter hätten sich neue italienische Kompositionen wie Tomaso Albinonis *Concerti* op. 7 von 1715 (8 Stimmbücher) sowie Antonio Vivaldis *Concerti* op. 4 von 1716 (6 Stimmbücher) und op. 6 von 1719 (8 Stimmbücher) befinden können, die vom Verleger ungebunden ausgeliefert wurden. Selbst wenn offensichtlich ist, daß sich die Bindekosten jeweils in den Monaten um den Fürstengeburtstag bzw. um Neujahr häufen, sind solche Daten mit Vorsicht zu behandeln: So bezahlte der Hof dem Buchdrucker Antonius Löffler Textdrucke für die Neujahrskantaten zum 1. Januar 1719 (BWV 134a und ein weiteres Werk) erst am 20. April dieses Jahres (Hoppe 1986, S. 15f.). Als einzige zuverlässige Information läßt sich solchen Archivunterlagen entnehmen, daß Bach seit dem Jahr 1718, in dem die Bindearbeiten einsetzen, aus praktischen Gründen darauf drang, die Mitglieder seiner Kapelle aus gebundenen Stimmen spielen zu lassen. Wurden diese auf Kosten des Hofs angefertigt, so werden sie sich in fürstlichem Besitz befunden haben und zusammen mit dem persönlichen Eigentum Leopolds nach dessen Tod 1728 untergegangen sein.

Im Nekrolog von 1754 präsentierten C. P. E. Bach und Johann Friedrich Agricola die »ungedruckten Werke des seligen Bachs« in 16 Einzelpositionen, von denen die ersten vier Vokalkompositionen und die Nummern 5 bis 12 Tastenmusik enthalten, die nach Gattungen geordnet sind. Daran schließen sich »Sechs Sonaten für die Violine, ohne Baß« und »Sechs dergleichen für den Violoncell« sowie als Nummern 15 und 16 »Verschiedene Concerte für 1. 2. 3. und 4. Clavicymbale« und »Endlich eine Menge anderer Instrumentalsachen, von allerley Art, und für allerley Instrumente« an (Dok. III, Nr. 666). Zur letzten Gruppe gehörten also die Kammermusik für mehrere Instrumente sowie die Orchesterwerke mit Ausnahme der separat angeführten Cembalokonzerte. Aus dieser Aufstellung mag zu erschließen sein, daß die »Menge anderer Instrumentalsachen« eine »schiere Materialfülle auf dem Gebiet der Kammermusik und Orchesterwerke« enthielt und aus »der Perspektive der Verfasser des Nekrologs eben keine Kompositionen von der Art [waren], daß sie [...] näher aufgeschlüsselt zu werden verdienten, um ihren Stellenwert anzuzeigen und ihre Bedeutung für das Schaffen des Komponisten zu unterstreichen« (Wolff 1997 I, S. 17). Mit Sicherheit jedoch offenbaren die Angaben von 1754, daß Bachs instrumentale Ensemblemusik –

Verlorene Orchesterwerke?

anders als die »Brandenburgischen Konzerte«, die Violinsoli, die Suiten für Violoncello und selbst die Cembalokonzerte – nicht in repräsentativen Sammlungen vorlagen, die sich gesondert hervorheben ließen. In gewissem Sinn mag dies sogar für die in mehreren Fassungen überlieferten Sonaten für Cembalo und Violine gegolten haben. Demnach war den Autoren des Nekrologs ein Konvolut bekannt, das sich hauptsächlich oder gar ausschließlich aus Einzelmanuskripten zusammensetzte. Ob deren Anzahl bedeutend höher lag als der überlieferte Werkbestand von mindestens 48 Titeln, die Cembalokonzerte nur in ihren ursprünglichen Fassungen eingerechnet, läßt sich nicht ermitteln. Schon diese Summe kann ohne weiteres als eine »Menge anderer Instrumentalsachen« bewertet werden – um so mehr, wenn einige davon in diversen Versionen existierten. Somit sind auch dieser Quelle keine Informationen zu entnehmen, die zwingend auf den Verlust von Orchesterkompositionen in größerem Umfang hindeuten.

Hinzu kommen Erwähnungen zweier wahrscheinlich zu Recht Bach zugeschriebener Konzerte in Verzeichnissen des Ulmer *Collegium musicum extraordinarium,* die in den Jahren 1725/26 von dessen Leiter Johannes Kleinknecht angefertigt wurden (Häfner 1974). Dort ist von einem *Concerto Grosso* ohne nähere Bezeichnung und von einem *Conc*[erto]. *a viol*[ino] *Pr*[incipale]: *3. VV* [Violini]. A[lto]. *viol*[oncell]*º* . . *Obl*[igato]: *et B.* die Rede. Dabei mag es sich um ein »Brandenburgisches Konzert« und um eines von Bachs erhaltenen Violinkonzerten mit separater Violoncello-Stimme gehandelt haben, sollte die Besetzungsangabe *3. VV* in Wirklichkeit zwei Violinen meinen.

Auf die Frage, ob die Sinfonien der Kantaten BWV 42 und 249 Reste originaler Konzertkompositionen überliefern, wird später eingegangen werden (⟶ S. 200 und 241).

Schließlich bestehen einzelne dokumentarische Hinweise, die konkrete Konzerte betreffen, jedoch allesamt Zweifel wecken. Außer einem noch zu diskutierenden Beispiel aus dem Katalog Johann Gottlob Schusters (⟶ S. 107, Anmerkung 12) sowie der ebenfalls dieser Bach-Sammlung entstammenden Ouvertüre g-Moll BWV 1070 (⟶ S. 255) und mehreren ausgesprochen fraglichen Fällen (Schulze 1984, S. 27) handelt es sich um folgende Kompositionen:

- *Concerto* A-Dur BWV Anh. II 155 für Cembalo, Streicher und Continuo (SBB – St 472)
- *Concerto* G-Dur für Cembalo, Streicher und Continuo (Katalog des Kittel-Nachlasses, 1809)[1]
- *Concerto* c-Moll für Cembalo, Streicher und Continuo (Katalog des Kittel-Nachlasses, 1809)[1]
- *Concerto* F-Dur für 2 Cembali und Streicher (Katalog des Forkel-Nachlasses, 1819)[2]

Auffallenderweise sind diese Konzerte durchweg für Cembalo bestimmt – eine Gattung, die sich in Bachs Schülerkreis großer Beliebtheit erfreute. Das *Concerto* BWV Anh. II 155 gehört aus stilistischen Gründen denn auch zweifellos dieser Komponistengeneration an. Über die drei übrigen Werke lassen sich hingegen keine klaren Aussagen machen, da sie nur ihrem Titel nach bekannt sind. Möglicherweise handelt es sich bei den Zuschreibungen der Konzerte G-Dur und c-Moll aus dem Nachlaß des Bach-Schülers Johann Christian Kittel um Verwechslungen wie im Fall des B-Dur-Doppelkonzerts für Oboe und Violine BWV Anh. I 22 (⟶ S. 163). Jedenfalls erscheint schwer vorstellbar, aber nicht ganz ausgeschlossen, daß Bach über die Arbeiten an der autographen Partitur der Cembalokonzerte BWV 1052–1059 hinaus noch weitere Werke dieser Besetzung ausführte. Das F-Dur-Konzert für 2 Claviere wiederum könnte eine nachträglich mit Streicherripieno versehene Fassung von Wilhelm Friedemann Bachs Doppelkonzert Falck 10 in derselben Tonart darstellen, das Bach um 1742 eigenhändig abgeschrieben hatte (Beißwenger 1992, S. 270).

Bach und das italienische Concerto

Die Bach-Forschung konzertrierte sich im Hinblick auf die Konzertform seit den 50er Jahren des 20. Jahrhunderts in erster Linie auf Bachs kompositorische Übernahme des italienischen Instrumentalstils in eigene Werke, wie er in den Concerti Antonio Vivaldis gleichsam »kodifiziert« erscheint. Dieser Sicht liegt die bis heute allgemein verbreitete Meinung zugrunde, in Vivaldis Werken seien die wesentlichen Aspekte der Gattung »Concerto« in geradezu idealer Gestalt zu beobachten. Zwar wurden in den zahlreichen Publikationen zu Bachs Konzertschaffen auch andere italienische Komponisten genannt – weniger jedoch angesichts ihrer Leistungen und damit hinsichtlich ihres potentiellen Einflusses auf Bach als vielmehr aufgrund der Tatsache, daß Bach entweder Fugenthemen von ihnen aufgriff (Tomaso Albinoni, Giovanni Legrenzi, Arcangelo Corelli) oder Konzerte aus ihrer Feder bearbeitete (Vivaldi, Giuseppe Torelli, Alessandro und Benedetto Marcello). Dennoch zog man stets Vivaldi als Beleg für Bachs Auseinandersetzung mit der italienischen Musik heran. Einerseits hatte er dessen Concerti in großer Zahl transkribiert, andererseits wird Vivaldis Name schon in Johann Nicolaus Forkels Bach-Biographie erwähnt. Diese eher fragwürdige Passage bestimmte die meisten Denkansätze seit dem 19. Jahrhundert:

»Bach blieb aber nicht lange auf diesem Wege [des Komponierens]. Er fing bald an zu fühlen, daß es mit dem ewigen Laufen und Springen nicht ausgerichtet sei, daß Ordnung, Zusammenhang und Verhältnis in die Gedanken gebracht werden müsse, und daß man zur Erreichung solcher Zwecke irgend eine Art von Anleitung bedürfe. Als eine solche Anleitung dienten ihm die damals neu herausgekommenen Violinkonzerte von Vivaldi. Er hörte sie so häufig als vortreffliche Musikstücke rühmen, daß er dadurch auf den glücklichen Einfall kam, sie sämtlich für sein Clavier einzurichten. Er studierte die Führung der Gedanken, das Verhältnis derselben untereinander, die Abwechslungen der Modulation und mancherlei andere Dinge mehr. Die Umänderung der für die Violine eingerichteten, dem Clavier aber nicht angemessenen Gedanken und Passagen, lehrte ihn auch musikalisch denken, so daß er nach vollbrachter Arbeit seine Gedanken nicht mehr von den Fingern zu erwarten brauchte, sondern sie schon aus eigener Fantasie nehmen konnte« (Forkel 1802, S. 49f.).

Forkels Geschichtskonstruktion wird seit fast 30 Jahren weitgehend akzeptiert. Ausgangspunkt war eine Hypothese Hans-Joachim Schulzes, die im folgenden zu prüfen sein wird. Dabei werden auch alternative Erklärungsmöglichkeiten diskutiert. Vor allem aber ist zu fragen, auf welche Weise und in welchem Ausmaß sich Vivaldis Einfluß auf die kompositorische Entwicklung von Bachs Konzertschaffen auswirkte. Ein weiter gefaßter Überblick über Entstehung und Entwicklung der Gattung »Concerto« wird zeigen,

- daß Bach neben den Concerti Vivaldis auch solche anderer Komponisten rezipierte,
- daß selbst die Bedeutung von Vivaldis ältester Konzertpublikation (op. 3, 1711) nur vor dem Hintergrund jener Entwicklung eingeschätzt werden kann, die die gesamte Gattung nahm, und
- daß auch die Errungenschaften von Bachs eigenen Konzerten lediglich dann zu verstehen sind, wenn man eine Vielzahl von Aspekten des Konzerts im italienischen Stil, der damaligen Modegattung schlechthin, berücksichtigt.

Bachs Begegnung mit Vivaldis Musik?

Seit einem Vierteljahrhundert gilt als ausgemacht, daß Bachs erster Kontakt mit Concerti im Stil Antonio Vivaldis vom Sommer 1713 datiert. Am 8. Juli 1713 kehrte der Stiefneffe des regierenden Herzogs Wilhelm Ernst von Sachsen-Weimar, der 1696 geborene Prinz Johann Ernst, von seiner zweijährigen Bildungs- und Studienreise nach Weimar zurück, die ihn in die Niederlande geführt hatte. Von dort soll er sowohl handschriftliche als auch gedruckte Musikalien nach Thüringen mitgebracht haben (Schulze 1972; 1984, S. 156ff.). Im Zentrum von Johann Ernsts – und in der Folge auch Bachs – Interesse hätten damals jene zwölf Concerti gestanden, die im Jahre 1711 im Amsterdamer Verlagshaus von Estienne Roger unter dem Titel *L'Estro armonico* als Vivaldis Opus 3 erschienen. Diese Hypothese beruht auf drei Hinweisen:

♦ In seiner Schrift *Das beschützte Orchestre* (1717, S. 129) erwähnt Johann Mattheson die Intavolierungskunst des blinden Organisten Jan Jacob de Graaf in Amsterdam, »welcher alle die neuesten Italiänischen Concerten, Sonaten &c. mit 3. à 4. Stimmen auswendig wuste / und mit ungemeiner Sauberkeit auf seiner wunderschönen Orgel in meiner Gegenwart heraus brachte«.[1]
♦ Am 10. April 1713 ersuchte Bachs Schüler Philipp David Kräuter beim evangelischen Scholarchat seiner Heimatstadt Augsburg um Verlängerung und fortgesetzte Bezahlung seines Weimarer Studienaufenthaltes und ging dabei ausdrücklich von der Erwartung aus, der Prinz werde bald nach Weimar zurückkommen, so daß man »manche schöne Italienische und Frantzösische Music hören« könne (Krautwurst 1990, S. 40f.). Dieser indirekte Hinweis auf die Holland-Reise Johann Ernsts wird durch Johann Gottfried Walthers Autobiographie in Matthesons *Grundlage einer Ehren-Pforte* (1740) bestätigt; allerdings fehlen dort präzise Daten.
♦ In den Particulier-Kammerrechnungen des Weimarer Hofs stiegen zwischen Sommer 1713 und Sommer 1714 die Ausgaben für das Abschreiben und Binden von Musikalien, für den Bau von Notenpulten und für Reparaturen von Instrumenten an. Leider sind – mit einer einzigen Ausnahme – keine Quantifizierungen überliefert; allein sie würden erlauben, das Ausmaß der Ankäufe und der dadurch anfallenden Arbeiten einigermaßen abzuschätzen. Auch wirft die Erwähnung von »Musicalia von Halle« in den Weimarer Rechnungen Fragen auf, führte der herkömmliche Transportweg aus den Niederlanden nach Weimar doch über Magdeburg und nicht über Halle an der Saale. Zu Wasser über Altona elbaufwärts nach Magdeburg war in Weimar schon im Sommer 1712 ein »Korb voll englischen Zinns« als Vorablieferung des Prinzen aus Holland eingetroffen (Schulze 1984, S. 158).

Die Rückkehr des Prinzen hatte anscheinend zur Konsequenz, daß sich fortan drei Weimarer Musiker intensiv mit italienischer Musik beschäftigten: Bach und der Stadtorganist Johann Gottfried Walther, sein Cousin zweiten Grades, fertigten Transkriptionen italienischer Concerti für Orgel bzw. Cembalo solo an, und Johann Ernst selbst nahm nochmals Kompositionsunterricht bei Walther. In diesem Rahmen komponierte der Prinz sechs Concerti, die Georg Philipp Telemann 1718 nach dessen Tod edierte. Denn der erkrankte Johann Ernst verließ Weimar bereits am 4. Juli 1714 und begab sich zur Kur nach Bad Schwalbach, wo er am 1. August 1715 verstarb. Unklar ist, ob jene Werke, die er schon am 4. Dezember 1713 an den Kurfürsten Johann Wilhelm von der Pfalz in Düsseldorf gesandt hatte, mit den «6. Concerten durch Kupferstich in folio publiciert« identisch sind (Schulze 1984, S. 157). Festzuhalten bleibt jedoch, daß die überlieferten Konzerte aus der Feder des Prinzen »typisch« Vivaldische Merkmale – wie etwa eine proportionale Gliederung der Ritornelle, eine deutliche motivische Abgrenzung von Ritornellen und Episoden wie auch eine einigermaßen ausgeglichene Tonartenproportionierung – durchweg vermissen lassen.

Transkriptionen italienischer Concerti für Clavier bzw. Orgel

Bach und Walther bearbeiteten ihrerseits Konzerte italienischer Komponisten sowie Werke des Weimarer Prinzen. Dabei bieten die Vorlagen zu Bachs Transkriptionen einen »Querschnitt der damals verfügbaren besten Konzerte«, während Walther sich eher mit Concerti weniger bedeutender Komponisten beschäftigte (Schulze 1984, S. 173). Anhand der Quellenlage läßt sich allerdings nicht belegen, daß diese als Arbeiten im Auftrag des Prinzen in jenem knappen Jahr zwischen dessen Rückkehr aus Holland und seiner Abreise nach Bad Schwalbach entstanden (Schulze 1984, S. 161f.). Während Walthers Arrangements nicht genau zu datieren sind, kann das einzige noch erhaltene Autograph von Bach, das Orgelkonzert d-Moll BWV 596, aufgrund schriftkundlicher Erwägungen schon 1714, aber auch erst 1717 entstanden sein.[2] Zudem wird die Entstehung von Bachs Orgelbearbeitungen in den Jahren 1713 und 1714 durch die erst am 15. September 1714 endgültig abgeschlossene Renovierung der Weimarer Schloßkirchenorgel in Frage gestellt. Angesichts der Anforderungen, die Bachs Bearbeitungen mit ihren ungewöhnlich differenzierten Register- und Manualangaben an das Instrument stellen, ist nicht daran zu denken, Werke wie die Konzerte a-Moll BWV 593, C-Dur BWV 594 und d-Moll BWV 596 auf einer teilrenovierten Orgel auszuführen. Die frühesten Abschriften aller nicht-autograph überlieferten Konzertbearbeitungen stammen aus späterer Zeit, die ersten Eintragungen in der im Umkreis von Johann Peter Kellner angefertigten Sammelhandschrift P 804 aus den Jahren »vor 1726« (Stinson 1984, S. 33). Die von Bachs Cousin zweiten Grades Johann Bernhard Bach geschriebene Hauptquelle entstand »in einem zeitlich eng begrenzten Arbeitsgang« (NBA V/11, KB, S. 28). Sie läßt sich jedoch nicht genauer als »in den Zeitraum zwischen 1715 und 1730 datieren« (Schulze 1984, S. 58).

Fast sämtliche Concerti, die Bachs Bearbeitungen zugrunde liegen, scheinen schon 1713 zugänglich gewesen zu sein. Dies ergibt sich aus der Datierung ihrer ältesten Quellen. Für eine Entstehung der Bearbeitungen erst nach dem Tod des Prinzen spricht hingegen die Quellenlage des Oboenkonzerts von Alessandro Marcello, das Bach für Cembalo arrangierte (BWV 974): Eine mögliche Vorlage – in derselben Tonart – ist vor 1716 nicht nachweisbar (Schulze 1984, S.168f.).

Auch die Tatsache, daß der inzwischen in Mode gekommene Konzerttypus Vivaldis in Johann Gottfried Walthers selbstkomponiertem Orgelkonzert von 1741 keine Spuren hinterließ, führt zu der Annahme, daß die drei Weimarer Komponisten im Sommer 1713 noch keineswegs bemerkt hatten, was in Vivaldis *L'Estro armonico* neu war – oder daß sie zu jenem Zeitpunkt in Wirklichkeit gar keinen Zugang zu diesen in Amsterdam erschienenen Konzerten hatten.

Sollten Bachs Konzerttranskriptionen jedoch nicht zu Lebzeiten Johann Ernsts von Sachsen-Weimar zu Papier gebracht worden sein, so wäre auch ihre Funktion als konzertante, orchesterlose »Unterhaltungs- oder Einschlafmusik« in Frage gestellt. Damit rückt der außerordentlich hohe spieltechnische Schwierigkeitsgrad dieser Werke ins Blickfeld, der sie letztlich als Kompositionen für virtuose Vorträge ausweist (NBA IV/8, KB, S. 15). Als deren Interpret käme in erster Linie Bach selbst in Frage. Zu solistischen Auftritten hatte Bach allerdings nicht nur in Weimar, sondern auch in Köthen Gelegenheit.

Denkbar wäre darüber hinaus, daß Bachs Konzertbearbeitungen nach italienischen und deutschen Vorlagen über einen weiteren Zeitraum hinweg und nicht nur innerhalb eines einzigen Jahres entstanden. Schon allein der Sachverhalt, daß von einem der Konzerte zwei Bearbeitungsfassungen (BWV 972 und BWV 972a) und von einem weiteren sowie einem Einzelsatz sogar je eine Bearbeitung für Orgel (BWV 592 bzw. 595) und Cembalo (BWV 592a bzw. 984) erhalten blieben, legt die Vermutung nahe, daß sich Bach mit ein und denselben Vorlagen in unterschiedlichen Lebensabschnitten beschäftigte. Im Gegenteil: Das Vorhandensein von zwei Fassungen einzelner Konzerttranskriptionen, in teilweise stark voneinander abweichender Gestalt, macht einen eher größeren als geringeren zeitlichen Abstand zwischen diesen wahrscheinlich. Die Einbeziehung von Konzerten aus der Feder Johann Ernsts als Vorlagen für Bachs Arrangements aber ließe sich ohne weiteres durch die offiziellen Gedächtnisfeierlichkeiten für den verstorbenen Prinzen erklären, die in Weimar erst im Frühjahr 1716 stattfanden (NBA IV/8, KB, S. 14; Glöckner 1985). Der Hoforganist Bach könnte zu diesem Zweck auf dessen Kompositionen zurückgegriffen haben.

Die Verbreitung italienischer Concerti in Mitteldeutschland

Bei genauerem Hinsehen ergeben sich demnach Fragen zu Hans-Joachim Schulzes einst bahnbrechender These. Sie betreffen vor allem die Charakterisierung von Bachs und Walthers Konzerttranskriptionen als »Auftragswerke« und deren Datierung auf den Zeitraum zwischen des Prinzen Rückkehr aus den Niederlanden im Juli 1713 und seiner Abreise im darauffolgenden Sommer. Gleichwohl ist nicht auszuschließen, daß damals tatsächlich neue italienische Musik in Bachs Gesichtsfeld gelangte. Auch könnte seine erste Begegnung mit Concerti Antonio Vivaldis in jener Zeit erfolgt sein, was anhand der Quellen allein nicht zu beweisen ist (Karl Heller im Kritischen Bericht der NBA V/11, S. 19).

Daneben sind jedoch alternative Überlieferungswege denkbar, auf denen italienische Musikalien in Bachs Hände gelangten. Denn während Bachs Begegnung mit Vivaldis Musik womöglich nicht in dem bisher angenommenen Ausmaß unmittelbare kompositorische Konsequenzen hatte, bleibt die Wahrscheinlichkeit bestehen, daß er schon vor Juli 1713 Werke anderer italienischer Komponisten kennenlernte (Zehnder 1991; Sackmann 2000). Diese Kompositionen können ebenfalls über Amsterdamer Drucke nach Mitteldeutschland gelangt sein. Denkbar ist ferner, daß sie als Abschriften oder italienische Publikationen auf direktem Weg nach Norden übermittelt wurden. Entsprechende Routen mögen bereits bestanden haben, bevor der Vertrieb über das Amsterdamer Verlagshaus Estienne Rogers für den mitteleuropäischen Raum zentrale Bedeutung erlangte.

Enge Verbindungen müssen damals zwischen Mitteldeutschland und der Freien Reichsstadt Nürnberg existiert haben. Sie gehörte zu den bedeutendsten Umschlagplätzen von Gütern aus dem Raum südlich der Alpen. Gerade die früh einsetzende Übernahme von perfidia-ähnlichen Passagen in Bachs Orgelwerken könnte darauf hindeuten, daß solche Stileigentümlichkeit über Johann Pachelbel und dessen thüringische Schüler zu seiner Kenntnis gelangt waren. Pachelbel wirkte von 1681 bis 1690 als Organist der Erfurter Predigerkirche und seit 1695 in gleicher Position an der St. Sebaldus-Kirche in Nürnberg. Besagte Perfidiae sind allein unter den Kompositionen Giuseppe Torellis erhalten (Giegling 1949, S. 27), der seit 1698 Konzertmeister am Ansbacher Hof war. Dort könnte sie Pachelbel, aus dem nahen Nürnberg kommend, gehört haben. Jedenfalls sind drei von Pachelbels »Perfidien-Toccaten« für Orgel in zwei Sammelmanuskripten, der sog. »Möllerschen Handschrift« und dem »Andreas-Bach-Buch«, überliefert, die sein ehemaliger Erfurter Schüler Johann Christoph Bach zusammen mit dessen Bruder Johann Sebastian Bach und weiteren Schreibern zwischen etwa 1704 und 1714 anlegte. Auf gleichem Weg könnten auch andere italienische Stilmittel um jene Zeit von Torellis einstigem Wirkungsort Ansbach nach Arnstadt oder Weimar gelangt sein. Immerhin ist ein Besuch des Torelli-Schülers und späteren Dresdner Konzertmeisters Johann Georg Pisendel im Jahre 1709 bei Bach in Weimar belegt. Bei dieser Gelegenheit scheint die Gattung »Concerto« im Zentrum des Interesses beider Musiker gestanden zu haben, wobei denkbar ist, daß zumindest der in Ansbach ausgebildete Pisendel nicht nur über die Werke seines Lehrers, sondern auch über Concerti anderer italienischer Komponisten wie Tomaso Albinoni oder die Gebrüder Alessandro und Benedetto Marcello informiert war (Dubowy 1995, S. 55). Aus jener Zeit stammt eine Continuo-Stimme zu Albinonis *Concerto* op. 2,4 (1700), die von Bach eigenhändig – offenbar nach dem Erstdruck – abgeschrieben wurde (Heller 1991, S. 179; Beißwenger 1992, S. 262). Pisendel, der im Januar 1712 in den Dienst des sächsischen Kurfürsten trat, reiste 1714 nach Paris und 1716 nach Italien, um die dortigen musikalischen Verhältnisse kennenzulernen. Erst im September 1717 kehrte er nach Dresden zurück. Obwohl hierüber kein Dokument Auskunft gibt, wäre denkbar, daß sich beide Komponisten anläßlich von Bachs Aufenthalt vermutlich im Herbst 1717 in Dresden – kurz nach Pisendels Rückkehr aus Venedig, Florenz und Rom – wieder trafen. Spätestens bei dieser Gelegenheit kam Bach mit Vivaldis neuartigem Konzerttypus in Berührung (Dirksen 1992, S. 178f.).

Kurz zuvor war auch Johann David Heinichen von seiner sechs Jahre dauernden Reise durch Italien zurückgekehrt. Am 1. Januar 1717 wurde er Kapellmeister am Dresdner Hof. In den Jahren 1712/13 hatte er Prinz Leopold von Anhalt-Köthen, der sich damals im Rahmen seiner Kavalierstour in Rom befand, Kompositionsunterricht erteilt (Fürstenau II, S. 102). Solche Kontakte zu deutschen Landsleuten lassen es denkbar erscheinen, daß sich Heinichen noch während seines Aufenthalts in Italien um die Verbreitung neuer Instrumentalmusik nördlich der Alpen kümmerte. Spätestens aber nach seiner Ankunft in Mitteldeutschland und dem Beginn seiner Tätigkeit in Dresden wird auch er zu Bachs Gesprächspartnern gehört haben. Darauf deutet zudem die Tatsache hin, daß der Leipziger Thomaskantor sogleich nach dessen Erscheinen den Vertrieb von Heinichens Lehrwerk *Der General-Bass in der Composition* (1728) mitorganisierte (Dok. II, Nr. 260). Es ist sogar vorstellbar, daß persönliche Kontakte zwischen Bach und Heinichen schon seit dessen Aufenthalt zwischen 1706 und 1709 in Weißenfels bestanden (Lidke 1953, S. 37; Koch, S. 55). Immerhin waren die Beziehungen zwischen den Hofkapellen von Weimar und Weißenfels eng und dauerhaft (⟶ S. 34).

Noch weitaus naheliegender als solche Verbindungen sind direkte auswärtige Kontakte Weimarer Musiker. Bachs nächster Vorgesetzter und Konkurrent, Johann Wilhelm Drese, der seit Frühjahr 1714 seinen Vater Johann Samuel Drese als Kapellmeister vertrat, war schon 1702 von den Weimarer Herzögen zum Studium nach Italien gesandt worden (Lidke 1953, S. 50). Zumindest die frühesten Concerti von Torelli und Albinoni sowie Trio- und Violinsonaten Arcangelo Corellis kann Drese junior aus dem Süden mitgebracht haben. Die zweifellos vor 1707[3] in die »Möllersche Handschrift« eingetragenen Triosonaten op. 1,1 bzw. 1,2 von Albinoni könnten also auf verschiedenen Wegen zu Bachs Kenntnis gelangt sein – dies um so mehr, als angenommen werden muß, daß Johann Christoph Bach, dem Schreiber der betreffenden Sammlung, nicht ein Exemplar der ersten oder zweiten Druckauflage (Venedig, 1700, bzw. Amsterdam, 1704) zur Abschrift vorlag, sondern wohl eine von Johann Sebastian Bach selbst revidierte handschriftliche Kopie (Hill 1987, S. 278).

Während man hinsichtlich der Werke Torellis, Albinonis und Vivaldis auf bloße Vermutungen angewiesen ist, eröffnet eine Untersuchung der nordalpinen Rezeption von Corellis Violinsonaten und Concerti etwas genauere Einsichten in die möglichen Übermittlungswege, auf denen diese Kompositionen wie auch jene seiner Zeitgenossen nach Weimar gelangt sein mögen. Aufgrund von Beobachtungen zu Bachs choralgebundenem Orgelschaffen läßt sich mit einiger Sicherheit postulieren, daß seine Begegnung mit Corellis Sonaten op. 5 um 1712, jedenfalls vor Wiederkehr des Weimarer Prinzen aus den Niederlanden, erfolgte (Sackmann 2000).

Da sich Bachs Interesse weniger auf die Erstausgabe von 1700 als auf die im Jahre 1710 in Amsterdam publizierte Auflage der Violinsonaten richtete, zu der Corelli eigene »Agréments« (Verzierungen) beigesteuert hatte, gilt es, einen weiteren Übertragungsweg von niederländischen Druckerzeugnissen in den mitteldeutschen Raum aufzuspüren. In der Entstehungs- und Widmungsgeschichte von Corellis Violinsonaten op. 5 und seiner *Concerti grossi* op. 6 spielte der Düsseldorfer Hof des Kurfürsten Johann Wilhelm von der Pfalz-Neuburg eine zentrale Rolle. Dank seiner direkten Verwandtschaft mit dem Kaiserhof in Wien und persönlicher Kontakte zum brandenburgisch-preußischen Königshaus nahm Johann Wilhelm in der Schlußphase des Spanischen Erbfolgekriegs innerhalb des antifranzösischen Bündnissystems, aber auch angesichts der eigenen Bedrohung durch den expansionswilligen Louis XIV. eine herausragende Stellung ein. Seine *Concerti* op. 6 widmete Corelli dem pfälzischen Kurfürsten; über den Düsseldorfer Hof kam möglicherweise auch die Zueignung der Violinsonaten op. 5 an die nachmalige Preußenkönigin Sophie Charlotte zustande.

Das pfalz-neuburgische Herrscherhaus hatte intensive, vor allem auch musikalische Kontakte nach Italien ebenso wie in die Niederlande (Reuter 1973, S. 487ff.). Anzunehmen ist, daß Johann Ernst von Sachsen-Weimar während seiner Kavalierstour nach Utrecht mindestens einmal den Hof Johann Wilhelms besuchte, worauf die frühzeitige Übersendung eigener Kompositionen nach Düsseldorf hinweist (⟶ S. 66). Darüber hinaus wirkte am damaligen pfälzischen Regierungssitz der Hofkaplan Joseph Paris Feckler als Cembalist und Gesangslehrer, der zudem »eine sich auf alle musikalischen Gebiete erstreckende Vermittlertätigkeit« ausübte (Zobeley 1928, S. 150f.). Aus seinem ausgedehnten Briefwechsel mit den Grafen Schönborn in Würzburg geht hervor, daß sich Fecklers Bemühungen als Vermittler von Musikern und Instrumenten aus Italien – insbesondere aus Venedig, Florenz und Rom – bis hin zu den Höfen in Dresden und Hannover erstreckten. Die Familie Schönborn ließ »sich viele Drucke durch ihn besorgen«; denn Feckler besaß auch zu den Verlagshäusern in Venedig und Amsterdam gute Verbindungen: »Feckler versandte die ihm durch den Amsterdamer Musikalienverlag Roger und Le Cène überschickten Verlagskataloge weiter, auf Grund deren dann bei ihm Bestellungen erfolgten« (Zobeley 1928, S. 150ff.). Dieses zentrale Vertriebssystem trägt zur Erklärung bei, weshalb Estienne Rogers Drucke so rasch und reichlich Absatz im gesamten deutschen Raum fanden.[4] Möglicherweise hatte Feckler gerade an der Verbreitung von Corellis Werken ein besonderes Interesse, weilte er doch am Hof des Widmungsträgers von Corellis *Concerti grossi* op. 6. Fecklers Vertriebssystem erstreckte sich allerdings auf sämtliche Druckerzeugnisse aus Rogers Verlagssortiment. Angesichts seines geistlichen Amtes als Assistent des »Apostolischen Vikars der Gebiete Kurpfalz, Braunschweig-Hannover und Brandenburg-Preußen«, der offenbar auch für die katholischen Interessen in den sächsischen Gebieten zuständig war, mag Feckler Musikalien sogar persönlich nach Weimar gebracht haben (Sackmann 2000).

Wahrscheinlich gehen zwei Beschäftigungen Bachs mit Kompositionen aus Düsseldorf auf Kontakte aus den Jahren um 1710 zurück: »Um 1715/17« kopierte er eine Kurzmesse (BWV Anh. 24) von Johann Christoph Pez, die dieser am 29. November 1706 von Stuttgart nach Düsseldorf gesandt hatte (Einstein 1907/08, S. 412f.). Zudem lernte Bach wohl schon in den Weimarer Jahren die wahrscheinlich vor 1710 komponierte *Missa* des Düsseldorfer Hofkapellmeisters Johann Hugo von Wilderer kennen. Sie diente ihm später als Vorlage des *Kyrie* seiner h-Moll-Messe BWV 232 (Schulze 1984, S. 160).

Außer Feckler hielt sich das Amsterdamer Verlagshaus Roger noch andere auswärtige Korrespondenten, welche den Verkauf von Editionen organisierten. Auch von Louis Bourgeat könnten italienische Concerti und Sonaten nach Weimar vermittelt worden sein, zumal er von seinem Geschäftssitz Mainz aus über beste Beziehungen in den mitteldeutschen Raum verfügte: Erfurt, gut 20 Kilometer von Weimar entfernt, gehörte damals zum Mainzer Fürsterzbistum, was wiederum die rasche Verbreitung von Bourgeats Ausgaben der Werke Johann Jacob Frobergers in Mitteldeutschland verständlich macht. Das Bestehen derart gut eingerichteter Vertriebssysteme aber mag erklären, weshalb Bachs Bruder Johann Christoph schon um 1705 Albinonis Triosonaten op. 1 vorlagen, die doch erst im Jahre 1704 bei Roger erschienen waren (Lesure 1969, S. 57).

Wohl erstmals in der Geschichte der Instrumentalmusik spielten geradezu massenhaft verbreitete Drucke eine entscheidende Rolle bei der geographischen Übertragung einer italienischen Gattung in den Raum nördlich der Alpen. Vor allem gedruckte Noten scheinen tatsächlich sehr rasch für die Rezeption des jeweiligen Opus mit Concerti verantwortlich gewesen zu sein. Dennoch beweist beispielsweise die enorme Beliebtheit von Vivaldis *Concerto* RV 208 (*Grosso Mogul*) in Mittel- und Norddeutschland (Ryom 1966/67), daß auch die Verbreitung handschriftlicher Partituren oder Stimmensätze von großer Bedeutung war. Abgesehen von Vivaldis Konzerten ist die Rezeption italienischer Werke im deutschen Sprachraum aufgrund handschriftlicher Vorlagen bisher freilich noch kaum erforscht.

Betrachtet man die möglichen Berührungspunkte zwischen der Musik italienischer Komponisten und dem vielseitig interessierten Organisten Bach, so läßt sich – zusammenfassend – vermuten, daß bis ca. 1710 die Vermittlung stilistischer Kenntnisse wohl über den süddeutschen Raum und hier vor allem über Nürnberg, danach hingegen der Import von Musikalien aus den Niederlanden im Vordergrund standen.

Ein weiterer Aspekt betrifft das Verhältnis von Bach und Georg Philipp Telemann und ihre Auseinandersetzung mit dem italienischen Concerto. Auch Telemann hatte in der Anfangszeit seiner Beschäftigung mit dem Konzert die gesamte Entwicklung bis zu jener Zeit im Blick (Hirschmann 1986, S. 30). Während er einerseits auf Elemente aus der französischen Stilsphäre zurückgriff (⟶ S. 254), nahm er andererseits – womöglich zur gleichen Zeit wie Bach – Vivaldische Stilmittel in seine Kompositionen auf (Hirschmann 1986, S. 239–245). Obwohl die Chronologie seiner Konzerte nach wie vor als ungesichert gelten muß, scheint sich Telemanns Aufmerksamkeit insbesondere während seiner Eisenacher Zeit (1708–1712) auf diese Gattung gerichtet zu haben. In seiner Autobiographie von 1718 kommentierte er sein Konzertschaffen noch, in der späteren Lebensbeschreibung von 1740 hingegen scheint Telemann das Interesse am Concerto bereits verloren zu haben. Wolfgang Hirschmann (1986, S. 247) nannte als zeitlichen Rahmen für die erhaltenen Konzerte des Komponisten die Jahre 1708 bis ca. 1720 und wies auf erstaunliche »Parallelen zum Konzertschaffen Bachs« hin. Bestätigt wird der zu vermutende Gedankenaustausch beider Musiker über Fragen des Konzerts in den Anfängen des genannten Zeitraums durch eine um 1709 von Bach selbst angefertigte Stimmenabschrift des *Concerto* G-Dur TWV 52:G2 für 2 Soloviolinen, Streicher und Continuo von Telemann. Diesen Stimmensatz erhielt möglicherweise schon damals Johann Georg Pisendel als Geschenk, durch den er später in die Musikbibliothek des Dresdner Hofs gelangte (Schulze 1983, S. 73ff.).

Bach und Vivaldi?

Trotz der offenbar beträchtlichen Präsenz einer Vielzahl von Concerti italienischer Komponisten im mitteldeutschen Raum zu Beginn des 18. Jahrhunderts richtete sich der Blick der Forschung hauptsächlich auf den Einfluß von Antonio Vivaldis Opus 3 auf Bachs »musikalisches Denken«. Noch bis in jüngste Zeit hinein wurden die eingangs zitierte Bemerkung des Bach-Biographen Johann Nicolaus Forkel und Hans-Joachim Schulzes »Auftrags-These« lediglich durch den Hinweis relativiert, Bach habe selbstverständlich nicht, wie von Forkel behauptet, »sämtliche« Konzerte Vivaldis bearbeitet. Letztlich aber führte man Bachs Praxis der Konzerttranskription auf seine Begegnung mit Vivaldi und keinem anderen der genannten Komponisten zurück,[5] um daraus den Schluß zu ziehen, dessen Vorbild sei von derart grundlegender Bedeutung für Bachs Komponieren, ja für sein »musikalisches Denken« gewesen, daß er sämtliche Gattungen betraf – zunächst mit Ausnahme des Konzerts.[6] Dieser erstaunlichen Konstruktion liegen zwei weitere, stillschweigend akzeptierte Hypothesen zur Datierung von Bachs Werken zugrunde: a) Bachs Bekanntschaft mit italienischen Concerti fand in Weimar statt (1708–1717), wo er sich auf Musik für Tasteninstrumente, vor allem für Orgel, später auch auf Kantaten konzentrierte. b) Bachs eigenes Konzertschaffen setzte erst danach ein, nämlich in seiner Zeit als Hofkapellmeister in Köthen (1717–1723).[7] Beide Annahmen werden im folgenden noch zu diskutieren sein.

Den Einfluß von Vivaldis Kompositionen auf das Konzertschaffen Bachs belegte die Forschung mit folgenden Punkten:

♦ in der formalen Anlage einer Konzertkomposition, bestehend aus drei Sätzen mit der Folge »schnell–langsam–schnell« und
♦ in der Ritornellform als Grundlage zur Gestaltung der Außensätze. Ritornelle sind mehrtaktige Rahmenteile eines Satzes; das Ritornell wird zu dessen Beginn vorgestellt und kehrt im Verlauf des Satzes teilweise oder als ganzes wieder (italienisch *ritorno* – »Wiederkehr«). Während die Ritornelle zu Beginn und am Ende der Sätze in der Grundtonart stehen, findet im Satzinneren ein fortschreitendes Aufsuchen anderer Tonarten statt. Als Gegengewicht zu den Ritornellen treten in vielfältigem, aber dennoch regelmäßigem Wechsel solistische Zwischenteile auf (Breig 1997, S. 131f.). Diese Zwischenteile heißen Episoden, im 17. und 18. Jahrhundert nannte man sie *Soli*.

Bachs eigene Beiträge zur Entwicklung der Konzertform bestanden demnach

♦ in der Vorliebe für vollends identische Rahmenritornelle zu Beginn und am Ende eines Konzertsatzes und

- im Gebrauch von Rekapitulationen, also wörtlichen oder transponierten Wiederholungen einmal eingeführter Passagen vor allem episodischen Charakters (Breig 1997, S. 132).

Schließlich wurde auf die engen motivischen Bezüge zwischen Ritornellen und Episoden in Bachs Konzerten hingewiesen (Hoffmann-Erbrecht 1975, S. 282).

Wirft man jedoch einen genaueren Blick auf die Geschichte des italienischen Konzerts, so ergeben sich drei wesentliche Konsequenzen:

- Vivaldis *L'Estro armonico* op. 3 (1711) wurde von der bisherigen Forschung aus dem Blickwinkel einer Konzertanlage betrachtet, wie sie der Komponist in Wirklichkeit erst in den *Concerti* op. 8 (1725) zu einer »klassischen« Ausprägung entwickelt hatte. Diese ausgewogene, später erarbeitete Form, die sich aus klar gegliederten, wiederkehrenden, aber nicht-modulierenden Tutti-Abschnitten (Ritornellen) und themenfreien, modulierenden Solopassagen (Episoden) zusammensetzt, ist in den *Concerti* op. 3 noch nicht voll ausgebildet, sondern nur in ersten Ansätzen festzustellen. Deutlich wird hingegen, daß sich diese Konzerte bruchlos in die bisherige Geschichte des italienischen Concerto einfügen, selbst wenn sie hier und dort bereits zukunftsträchtige Kompositionsmerkmale offenbaren (Fertonani 1998, S. 69).
- Der nunmehr als geringer einzuschätzende Abstand zwischen Vivaldis *Concerti* op. 3 und denjenigen seiner Vorgänger macht es unwahrscheinlich, daß sich Bach ausschließlich an den Konzerten des venezianischen »Prete Rosso« orientierte – und in diesen Werken ausgerechnet an nur vereinzelt auftretenden Neuerungen, die um 1711 noch keine klare Tendenz erkennen ließen. Kaum vorstellbar ist indessen, daß Vivaldis Opus 3 für Bach den entscheidenden Anstoß gab, überhaupt Konzerte zu komponieren.
- Um die Anfänge von Bachs Konzertschaffen, seine allmähliche Übernahme Vivaldischer Stilmerkmale und seine eigenen Errungenschaften – über Vivaldis Konzertkonzeption hinaus – differenziert einordnen zu können, ist es notwendig, zunächst einmal einen Blick auf die Frühgeschichte des italienischen Concerto zu werfen.

Die Anfänge des italienischen Concerto

Als sich Bach mit italienischen Concerti zu beschäftigen begann, war diese Gattung noch jung. Zwar lassen sich schon in abschriftlich erhaltenen Werken aus der Zeit seit etwa 1680 Entwicklungen beobachten, die in die Richtung der obenbeschriebenen »klassischen« Ausprägung weisen, aber jene frühen, nur handschriftlich überlieferten Experimente blieben wohl Vivaldi wie Bach unzugänglich. Dies änderte sich erst in den Jahren um 1700, als durch das Mittel der Drucklegung solche Errungenschaften ihren Herkunftsort verließen und offensichtlich bald zu aktuellem Gemeingut wurden. Eine Überprüfung der chronologischen Entwicklung rascher Konzertsätze – der *Concerti Allegri* (Talbot 1971) – bis um 1710 legt im übrigen den Verdacht nahe, daß Herkunftsorte von Kompositionen eine weitaus geringere Rolle spielten als die Erscheinungsdaten von Sammeldrucken, ja daß dabei sogar ein wechselseitiger Austausch zwischen Italien und dem nordalpinen Raum erfolgte.

Für jene frühen Konzertexperimente, die sich über das letzte Drittel des 17. Jahrhunderts erstreckten, ist nicht klar auszumachen, wann welche Entwicklung von wem eingeleitet wurde und was sich dadurch über das Verhältnis einzelner bestehender und neuer Musizierformen aussagen läßt (Giegling 1949, S. 19 und 36). Die gegenseitigen Berührungspunkte und Entfernungen zwischen *Canzona, Sonata a tre, Concerto grosso* und Solokonzert sind kaum eindeutig zu ermitteln, ja es ist nicht einmal geklärt, ob das Wesentliche des *Concerto* primär im Formalen oder auf der Ebene der Besetzung, also im Tutti-Solo-Kontrast, zu suchen ist. Jedenfalls erweist sich die Behauptung als unsinnig, Bach habe, dank seiner organistischen Erfahrung, die homophone Konzertform Vivaldis mit den Mitteln polyphoner Kompositionstechnik sozusagen »geadelt«; denn eine der Wurzeln des Concerto bestand gerade in der (polyphonen) Ensemblekanzone des späten 16. Jahrhunderts. Eine komplexere Sicht der tatsächlichen Vorgänge führt vielmehr zu der Vermutung, daß das grundlegende Bauprinzip eines geschlossenen Ritornells, bestehend aus motivisch prägnantem Vordersatz und kadenzierendem Nachsatz, letztlich wohl auf das komplementäre Zusammenwirken von Thema und anschließendem, festem Kontrapunkt in einer (permutations-) fugenartigen Satzeröffnung zurückgeht.

Aus diesen Beobachtungen wird deutlich, daß eine Untersuchung von Bachs Beschäftigung mit dem italienischen Concerto nicht nur die Betrachtung von Vivaldis Konzerten, sondern eine wirklich umfassende Kenntnis über die Entwicklung der gesamten Gattung voraussetzt. Selbstverständlich stehen dabei jene Werke im Vordergrund, die aufgrund ihrer Datierung und ihrer weitreichenden Verbreitung durch den Druck als direkte Muster für Bachs Komponieren gedient haben können. Zuvor gilt es jedoch, die unterschiedlichen Komponenten dieser Musizierform zu benennen. Erst ein Blick auf die Schwierigkeiten einer terminologischen Abgrenzung innerhalb ihrer Frühgeschichte ermöglicht anschließend eine einigermaßen fundierte, wenn auch knappe Darstellung der Entwicklung zwischen 1698 und 1711 – also genau in jenem Zeitraum, in dem sich Bachs stilistischer Horizont zu weiten begann.

Im italienischen Concerto konvergieren verschiedene Strömungen, die das gesamte 17. Jahrhundert durchziehen. Ihre Anfänge sind mit der zunehmenden Emanzipation von instrumentaler gegenüber vokaler Musik und somit mit dem Anwachsen instrumentaler Besetzungen gemäß ihrer repräsentativen Funktion in Akademien und Festgottesdiensten verbunden. Zugleich vollzog sich ein Wandel vom kompakten Klang der Ad-hoc-Ensembles aus der Zeit der Renaissance hin zu einem differenzierten Klangbild, das vom Gegensatz zwischen wenigen hellen Streicher-Oberstimmen und dem die Harmonie tragenden Baß (Continuo) geprägt ist (Zaslaw 1993, S. 10). Zunächst stand die Triosonate für zwei gleichberechtigte Oberstimmen und Continuo im Zentrum des Interesses. Parallel zur stärkeren Gewichtung solistischer Einlagen verlagerte sich die Aufmerksamkeit dann auch im Bereich der Sonate auf Werke mit einer einzigen Oberstimme und Continuo (Giegling 1949, S. 36). Größere Instrumentalbesetzungen und – dem Vorbild der Oper folgend – steigende Ansprüche an solistische Virtuosität lieferten die klangliche Voraussetzung für die Herausbildung des Concerto (Giegling 1949, S. 24f.).

Auf der Ebene der Form rascher Sätze ist einerseits eine Tendenz zu tonartlicher Vielfalt bei gleichzeitiger Wahrung hörbarer Geschlossenheit die Grundlage für die Entwicklung hin zum Ritornellprinzip. Andererseits wurden rein solistische Passagen eingefügt, welche mit ihrer formalen Sprengkraft ein geeignetes Gegengewicht zu den integrativen Bestrebungen der Ritornellanlage liefern sollten. Der entscheidende Schritt auf diesem Weg war Giuseppe Torellis »Erfindung« der sogenannten *Perfidia*; sie hatte freilich schon Corellis Triosonaten op. 1,9 (1681) und op. 3,12 (1689) konzertante Wirkung verliehen (Giegling 1949, S. 27f.). Die Perfidia ist als rasches Alternieren einer prägnanten Spielfigur zwischen zwei Solovioline über einem gleichbleibenden Baß (Orgelpunkt) definiert (Giegling 1974, S. 48f.). Die Bedeutung perfidesker Bildungen reicht in einer auf ein einziges Soloinstrument verkürzten Form durchaus noch bis zu Vivaldis *Concerti* op. 4 (*La Stravaganza,* 1716), obwohl sich damals charakteristischere Formen der Episode, d.h. sowohl selbständigere als auch vermehrt thematisch integrierte Soloabschnitte, längst durchgesetzt hatten.

Die Entwicklung des italienischen Concerto um 1700

Die vielfältigen, aus der Entwicklung der Instrumentalgattungen um 1700 hervorgegangenen wechselseitigen Beziehungen musikalischer Phänomene verbieten es, anhand von unterschiedlichen Werktiteln auf klare formale oder historische Differenzierungen zu schließen. Zwischen *Sinfonia* und *Concerto* läßt sich höchstens dort eine deutliche Abgrenzung vornehmen, wo sich eine gewisse Anzahl von Werken mit verschiedener Anlage unmittelbar gegenüberstehen, etwa in Albinonis *Sinfonie e Concerti* op. 2 (1700). Zwischen *Concerto* und *Concerto grosso* ist schon deshalb nicht klar zu unterscheiden, weil in Torellis *Concerti* op. 8 (gedruckt 1709) sowohl die Konzerte für zwei Violinen wie auch jene für eine einzige Sologeige als *Concerto grosso* bezeichnet sind. Selbst die Gleichsetzung von *Concerti grossi* mit Konzerten für mehr als ein Soloinstrument (»Gruppenkonzerte«) in Abgrenzung zum Solokonzert erscheint mit den erhaltenen Quellen unvereinbar: Noch Vivaldis *Concerti* op. 4 sehen drei gleichberechtigte solistische Violinen (Finale des *Concerto* 7 RV 185) oder eine einleitende Perfidia für zwei Solovioline ohne Generalbaß (*Concerto 11* RV 204) vor. Die historische Gliederung in Concerto und Triosonate wird schließlich dadurch hinfällig, daß zum einen Corellis Triosonaten op. 1 (1681) konzertante Perfidiae enthalten und andererseits Konzertritornelle bis 1709 als imitatorische Triosonatensätze angelegt sind.

Schließlich liefern nicht einmal Satzzahl und -folge hinlänglich verläßliche Anhaltspunkte für eine Einordnung – etwa »schnell–langsam–schnell« gegenüber der *Canzona* mit ihrer reichhaltigen Zusammenstellung kurzer Abschnitte in unterschiedlichen Bewegungsarten. Gerade der Hinweis auf ältere Formen instrumentalen Musizierens deutet an, wie weit der Blick bei der Erforschung geographisch und zeitlich zunächst begrenzt erscheinender Vorgänge zu reichen hat. Selbst das wechselvolle Verhältnis zwischen konzertanter Instrumental- und vokaler Solomusik, die in Oper und Kantate längst integriert waren, kann nicht ohne weiteres in den Hintergrund gedrängt werden (Solie 1977).

Die allzu scharfe Gliederung in einzelne Gattungen von Instrumentalmusik – ausgehend von originalen Werktiteln – dürfte dem frühen 20. Jahrhundert entstammen und scheint ihren Ursprung bei Arnold Schering (1905) zu finden. Hingegen wird sich Bach, entsprechend der zeitgenössischen Entwicklung, konkret mit Einzelphänomenen auseinandergesetzt und das Concerto als sich stetig verändernde Konstellation verschiedener Elemente betrachtet haben. Dieser Vorgang vermag auch zu erklären, weshalb sich Bach wohl fast ein ganzes Jahrzehnt lang mit den jeweils neuesten Errungenschaften im Bereich von Konzert und Sonate beschäftigte, ehe er offenbar relativ spät auch unverkennbar Vivaldische Techniken in sein kompositorisches Denken einbezog (⟶ S. 207).

Die italienischen Neuerungen lassen sich in chronologischer Reihenfolge folgendermaßen zusammenfassen: Die Kompositionen von Arcangelo Corelli, Giuseppe Torelli und Tomaso Albino-

Die Entwicklung des italienischen Concerto um 1700

ni bestimmten die Entwicklung des Concerto bis um 1700. Der Italienreisende Georg Muffat lieferte bereits 1682 Hinweise für Aufführungen großbesetzter Instrumentalwerke, die er in Rom unter Leitung Corellis erlebt hatte (Kolneder 1970, S. 10ff.). In der Vorrede zu seiner *Auserlesenen Instrumental-Music* (1701) präzisierte Muffat seine Erinnerungen: »Dann durch scharffes Beobachten dieser opposition oder Gegenhaltung der langsamb- und geschwindigkeit, der Stärke, und Stille; der Völle des großen Chors, und der Zärtlichkeit des Terzetl [Trios = Concertinos], gleich wird das Gehör in ein absonderliche Verwunderung verzuckt« (Kolneder 1970, S. 102ff. und 122ff.). Formal glichen diese Konzerte vermutlich Corellis eigenen Triosonaten op. 1–4; denn es ist davon auszugehen, daß sie nicht mit den erhaltenen *Concerti grossi* op. 6 (gedruckt 1713) identisch waren (Talbot 1971, S. 16). Schon im dritten Satz von Corellis *Concerto* op. 6,1 begegnen erstmals eine klare Abgrenzung von Phrasen mit eröffnender Wirkung und solche mit weiterführender oder beschließender Funktion (Talbot 1971, S. 9f.).

Dasselbe Prinzip liegt den *Concerti musicali* op. 6 (1698) von Torelli zugrunde. Hinzu kommt dort das Streben nach tonartlicher Vielfalt auf zwei unterschiedlichen Ebenen: Die eröffnenden Kopfmotive erscheinen auf verschiedenen Tonstufen und werden von stets neuen Passagen beantwortet. Diese dienen lediglich der Bestätigung einer Tonart, während die großformalen tonalen Veränderungen durch tonartliche Rückung zwischen zwei aufeinanderfolgenden Kopfmotiven zustandekommen. Gänzlich neu sind in Torellis *Concerti* op. 6 auch die ausdrücklichen Anweisungen (etwa in *Concerto* 10 und 12), bestimmte Passagen nur von einer Solovioline statt dem betreffenden Stimmchor spielen zu lassen.

Während in den Konzertsätzen von Torellis Opus 6 eine benachbarte Tonart öfter auftreten kann, beschränkt sich Tomaso Albinoni in seinen durchweg dreisätzigen *Concerti* aus Opus 2 (1700) darauf, fremde Tonarten nur ein einziges Mal anzusteuern. Gerade die tonartbestätigenden Passagen läßt Albinoni häufig von einer solistischen Violine in raschen 16tel-Läufen begleiten. Dadurch erscheinen diese bewegteren Abschnitte nicht etwa solistisch (im Sinne einer Reduktion der Stimmenzahl), sondern bieten meist einen klangvolleren, mehrstimmigeren Satz als die eigentlichen thematischen Vordersätze. Bei der Rückkehr zur Ausgangstonart wird der Satzbeginn (inkl. seiner ersten Fortspinnung) wörtlich wiederholt, um einen gewissen Grad an Geschlossenheit zu gewährleisten. Weiterhin ist hervorzuheben, daß formal bedeutsame Modulationen (wie schon in Torellis *Concerti* op. 6) im Rahmen der Versetzung und Veränderung des Kopfmotivs und nicht in den jeweils neugestalteten »solistischen« Abschnitten stattfinden. Die raschen harmonischen und rhythmischen Bewegungen dienen auch hier primär der Bestätigung der bereits erreichten Zwischentonart. Da solche Satzanfänge gewöhnlich nicht in der Grundtonart kadenzieren, sah sich Albinoni veranlaßt, einen »Anhang« anzufügen, der den Satz in der Ausgangstonart beendet. Albinonis Satzverläufe wirken häufig etwas zusammenhanglos, weil die tonartlichen Neuansätze durch gleichzeitige Pausen in sämtlichen Stimmen allzu deutlich voneinander getrennt sind.

Im Jahre 1704 erschienen in Amsterdam die *Concerti* op. 7 des in den Niederlanden ansässigen Henrico Albicastro (Darbellay 1976, S. 448). Die spieltechnischen Anforderungen ihrer solistischen Violinpartien übertreffen jene von Torelli und Albinoni bei weitem. Auch die Harmonik ist abwechslungsreicher und dichter als bei den Concerti der eigentlichen italienischen Komponisten jener Zeit. Die erhöhte Klangfülle dieser Sätze resultiert nicht zuletzt aus der fast durchweg obligaten Führung der Viola. Wenngleich Albicastros Concerti rein äußerlich durch ihre Viersätzigkeit bzw. die kleingliedrige Aufeinanderfolge von Abschnitten unterschiedlicher Bewegungsarten konservativer erscheinen, so begegnet in ihnen doch ein Zug, der sich für die weitere Entwicklung des Konzerts als folgenreich erwies: Nicht nur die das Kopfmotiv zitierenden Passagen kehren im Verlauf eines Satzes wieder, sondern auch die folgenden, das Ritornell beschließenden Takte. Häufig besteht ein enges Verhältnis zwischen ritornelleröffnenden und -beschließenden Motiven, an dem selbst die dazwischen eingefügten, das Kopfmotiv fortspinnenden Takte teilhaben können. Formal wichtige Modulationen sind nicht nur an die Verwendung des Kopfmotivs geknüpft. Vielmehr zieht Albicastro auch fortspinnende und epiloghafte Bestandteile des Ritornells zur modulatorischen Variierung heran. Seine ausgedehnten Ritornelle treten sowohl vollständig als auch in Teilen auf, sie können sogar von Dur nach Moll – und umgekehrt – versetzt werden.

Daß Albicastros *Concerti* op. 7 auf seine italienischen Zeitgenossen keinen Einfluß ausgeübt hätten, ist kaum vorstellbar (Talbot 1971, S. 168); denn schon Albinonis *Concerti* op. 5 (1707) machen ebenfalls Gebrauch von reicher gestalteten Ritornellen, in deren Verlauf von Segment zu Segment ein Ausgleich zwischen neuen Ereignissen und der Wiederholung bzw. Variierung bereits erklungener Motive gesucht wird. Auch das Mittel des Stimmtauschs, das in Albicastros raschen, äußerlich als Fugen erscheinenden Konzertsätzen die Regel ist, dringt nun in Albinonis Vokabular ein (siehe beispielsweise das *Concerto* op. 5,1, erster Satz, T. 18). Im Gegensatz zu jenen seiner *Concerti* op. 2 sind die Episoden in Albinonis Opus 5 abwechslungsreicher gestaltet, gelegentlich greift der Komponist darin sogar auf früher erklungenes melodisches Material zurück (etwa im dritten Satz des *Concerto* op. 5,2).

Während in Albicastros *Concerti* op. 7 oft schon klar zwischen mehrgliedrigen Ritornellen, verbindenden Partien und Episoden unterschieden wird, spitzte Torelli in den zwölf *Concerti grossi* op. 8 den Kontrast zwischen *solo* bzw. *soli* und *tutti* deutlich zu. Jetzt können durchaus auch solistische Partien als Eröffnung der nun ebenfalls schärfer akzentuierten Ritornelle dienen (vgl. etwa den Beginn des *Concerto* op. 8,2). Torelli bereicherte seine Ritornelle indes nicht durch Aneinanderreihung einzelner Teile von verschiedener Funktion, sondern vor allem durch polyphone Satzgestaltung, wobei die fugatoartige Anlage mit Dux und Comes dem weiteren Satzverlauf gleich zwei Tonarten erschloß. Die doppelte Verwendung von Ritornellmaterial erhöhte die wörtliche Wiederholbarkeit seiner Elemente in unterschiedlichem formalem Zusammenhang. Im zweiten Teil seiner Sammlung, den Konzerten op. 8,6–12 für eine einzige Solovioline, kompensierte Torelli einen stärker ausgeprägten virtuosen Anspruch innerhalb der solistischen Abschnitte durch überwiegend polyphone Kompositionstechnik in den Tutti-Passagen. Der Vielfalt an figurativen Gestaltungsmöglichkeiten in den Fortspinnungsteilen von Albinonis Konzertsätzen steht in Torellis Opus 8 die erhöhte Integration solistischer Passagen in das eigentliche Ritornellgeschehen gegenüber.

Vivaldis Concerti op. 3 und 4

Noch in manchen Konzerten aus Vivaldis *L'Estro armonico* op. 3 (1711) spielt die Unterscheidung von Ritornellen und Episoden keine formbestimmende Rolle. Eher schon galt Vivaldis Augenmerk einem vielfältigen Wechsel von Abschnitten des *Ripieno* (italienisch »voll« – alle Stimmen) und geringeren, wenn nicht gar solistischen Besetzungen. In sich geschlossene, klar gegliederte, übersichtliche Orchester-Ritornelle, in denen gleich zu Beginn das ganze Tutti-Material eines Satzes exponiert wird, sucht man in Vivaldis Opus 3 allerdings vergeblich. Auch nach Abschluß des eigentlichen Anfangsritornells trägt das Tutti im Verlauf des Satzes mindestens einmal motivisch gänzlich unabhängige Einwürfe oder längere Passagen bei (siehe beispielsweise den ersten Satz von Opus 3,1, den zweiten von Opus 3,7 und den dritten von Opus 3,8). Solche singulären Tutti-Teile im Satzinnern sind nicht einmal tonartlich geschlossen, sondern gleiten von einer erreichten Nebentonart zu einer weiteren. Selbst der Begriff des Ritornells ist hier noch nicht wörtlich zu nehmen; denn häufig kehren geläufige Motive in mehr oder weniger stark abgewandelter Gestalt als ritornellverarbeitende Teile wieder (⟶ S. 182).

Gerade die Vielfalt klanglicher und motivischer Abwechslungsmöglichkeiten führt dazu, daß die Rahmenritornelle nur in zwei (langsamen) Sätzen wirklich identisch sind (Opus 3,8, zweiter Satz; Opus 3,11, vierter Satz). Dagegen wird in der Regel das Schlußritornell beträchtlich angereichert (siehe beispielsweise Opus 3,8, Finale, Opus 3,6, erster Satz, Opus 3,11, Finale). Zur Bekräftigung des Abschlusses fügt Vivaldi dem Zitat des Anfangsritornells damals noch einen Anhang bei. Wie »durchlässig« das Verhältnis von Ritornell und Episode in Vivaldis Opus 3 noch immer ausfällt, beweist die Tatsache, daß einige Anfangsritornelle nicht in der Grundtonart schließen (beispielsweise Opus 3,5, Finale, Opus 3,3, erster Satz), zumindest jedoch eine abschließende Kadenz vermissen lassen (Opus 3,10, erster Satz). In manchen Fällen wird der Abschluß in die Grundtonart allerdings später nachgeholt, entweder nach dem Ende der ersten Episode oder nach einer verkürzten Wiederholung des Eingangstutti. Hinsichtlich der tonalen Gestaltung einzelner Sätze läßt sich gegenüber früheren italienischen Concerti ein weitgehendes Fortfallen phrasenweiser Rückungen (beispielsweise II.–III.–II.–I. Stufe) feststellen; an ihre Stelle treten Sequenzen in Quintschritten (Quintfallsequenzen).

Die innere Chronologie dieser 12 Concerti ist bislang leider unbekannt (Fertonani 1998, S. 267), so daß allein die Analyse Hinweise auf eine mögliche zeitliche Schichtung zu erbringen vermag. Daraus geht klar hervor, daß Vivaldi bei der Zusammenstellung der Sammlung *L'Estro armonico* auf einzelne Werke unterschiedlichen Alters zurückgegriffen haben dürfte. Durchweg zeigen beide raschen Sätze eines Konzerts dieselben stilistischen Elemente, manchmal teilen sie diese sogar mit den langsamen Sätzen, die in Opus 3 teils nur Überleitungen (Concerti 4, 7 und 11), teils aber schon voll ausgeformte Sätze darstellen (Concerti 1, 6 und 8). Diese Beobachtungen lassen sich ohne weiteres mit dem vermutlichen biographischen Hintergrund der Sammlung vereinbaren: Am 24. Februar 1709 verlor Vivaldi seine Anstellung als Dozent des venezianischen Konservatoriums *Ospedale della Pièta* und konnte erst am 27. September 1711 wieder dorthin zurückkehren (Heller 1987, S. 14f.). In diesen gut zweieinhalb Jahren verfügte der Komponist über keine feste Einnahmequelle, weshalb er sich um den Kontakt zu dem Amsterdamer Verleger Estienne Roger bemüht haben dürfte, um einen lukrativeren internationalen Vertrieb seiner bislang nur in Venedig erschienenen Werke zu erreichen. Bereits in den Jahren 1703 oder 1705 waren die Triosonaten op. 1, 1709 auch 12 Violinsonaten herausgekommen. Letztere präsentierte Roger um 1711 nunmehr als Opus 2 zusammen mit den neuen *Concerti* op. 3.

Erstmals in den *Concerti* 6 und 8 begegnen Unisono-Abschnitte des gesamten Orchesters – und dies gleich in mehr als einem einzigen Satz. Die ersten beiden Episoden in den Kopfsätzen ebenfalls dieser Konzerte beginnen jeweils identisch. Dasselbe gilt auch für den ersten Satz des *Concerto* op. 3,7. Im Kopfsatz aus Opus 3,12 stellt der Beginn der letzten Episode eine variierte Version der ersten dar. Einzigartig ist das Auftreten eines *cantabile* zu spielenden, liedhaften Themas gleichsam als Insel inmitten einer Episode (T. 85–114) des Finales von Opus 3,8 (Fertonani 1998, S. 178f.). Das *Concerto* op. 3,6 weist als einziges eine weitere Eigentümlichkeit auf: Sämtliche Episoden des Kopfsatzes, deren Motive jeweils auf dem vorangegangenen Ritornell basieren, werden – so unterschiedlich die Solostimme auch geführt ist – von ein und denselben rhythmisch prägnanten Figuren im Continuo begleitet. Überhaupt läßt sich beim Vergleich der einzelnen Concerti aus Opus 3 beobachten, daß die Episoden an Länge, Profil und gestalterischer Vielfalt beständig zunehmen. Dabei variierte Vivaldi die Besetzung der Begleitstimmen zwischen Basso continuo, reinem Streicherripieno oder Akkorden des Tutti.

Es ist wohl kein Zufall, daß Bach gerade das *Concerto* op. 3,8 für Orgel bearbeitete. Die Wahl dieses Werkes legt die Vermutung nahe, daß er dessen Modernität ebenso erkannte, wie er die traditionsgebundene Faktur der meisten übrigen Konzerte aus *L'Estro armonico* in Betracht zog. Blickt man einmal aus der Perspektive von Vivaldis Concerti auf Bachs Bearbeitungen, so zeigt sich, daß dieser vornehmlich die weniger modernen Werke als Vorlagen berücksichtigte: Neben dem *Concerto* op. 3,8 (BWV 593) übertrug er das teils an Arcangelo Corelli, teils an Giuseppe Torelli orientierte Doppelkonzert op. 3,11 für Orgel, während er neben dem progressiveren Konzert op. 3,12 (BWV 976) zwei Solokonzerte stilistisch eher traditioneller Prägung für Cembalo bearbeitete – die Concerti op. 3,3 und op. 3,9 (BWV 978 und 972).

Den Solokonzerten galt die weitere Entwicklung in *La Stravaganza* op. 4 (1716), dessen Erscheinen zwar schon im Vorwort von *L'Estro armonico* angekündigt wird, sich aber um etwa fünf Jahre verzögerte. Obwohl diese 12 Konzerte wahrscheinlich kaum deutlich später als jene des Opus 3 entstanden (Fertonani 1998, S. 292), unterscheiden sie sich doch in wesentlichen Merkmalen von diesen. In Opus 4 verdrängen ausgearbeitete, cantable Binnensätze kurze akkordische Überleitungen, wie sie noch in den *Concerti 2, 4, 7* und *11* von Opus 3 auftraten.

Vivaldi verfolgte in den raschen Sätzen von Opus 4 offensichtlich die Tendenz, an Stelle von Anhängen zum Schlußritornell auf das Kopfmotiv des betreffenden Satzes zurückzugreifen. Dasselbe läßt sich auch an den Übergängen vom Anfangstutti zur ersten Episode beobachten. Die Episoden sind nun derart auf Vielfalt ausgerichtet, daß sie motivisch soweit als möglich unabhängig voneinander gestaltet werden und – ausgenommen den Kopfsatz des *Concerto 1* – auf die Übernahme motivischen Materials aus dem Ritornell verzichten. Auch gemeinsame Begleitmuster mehrerer Episoden sucht man vergeblich. Noch unterschiedlicher als in Opus 3 fallen die tonartlichen Verläufe der Sätze aus. Häufig ragen die IV. und VI. Stufen heraus. Episoden zwischen einzelnen Teilen eines zusammengehörigen Anfangsritornells treten in Opus 4 deutlich zurück. Dagegen begegnen unterbrochene Schlußritornelle in ungefähr der Hälfte aller Ecksätze. Die neue Errungenschaft der Unisono-Ritornelle scheint Vivaldi nicht weiter gepflegt zu haben.

Die folgenden Konzertdrucke op. 6 (1719) und op. 7 (1720) bieten eine zunehmende Vereinfachung der Ritornelle, jedoch eine reichere, motivisch prägnantere und vor allem spieltechnisch anspruchsvollere Episodengestaltung.

BACHS KONZERTE:
DIE ENTSTEHUNGSGESCHICHTE IHRER QUELLEN

Von dem Bach-Biographen Philipp Spitta (1873) stammt die bis heute verbreitete Hypothese, fast alle Orchester- und Kammermusikwerke des Komponisten seien während dessen Amtszeit als Köthener Hofkapellmeister (1717–1723) entstanden. Hiervon ausgenommen hatte Spitta nur die Konzerte BWV 1052–1059 für Cembalo und Orchester, deren autographes Kompositionsmanuskript er mit bemerkenswertem Scharfsinn schon damals als Leipziger Quelle erkannte. Inzwischen wissen wir, daß die Partitur um 1738 geschrieben wurde (Kobayashi 1988, S. 459).

Spittas Konzertchronologie blieb bis in die 70er Jahre des 20. Jahrhunderts hinein praktisch unwidersprochen. Diskutiert wurde lediglich die Reihenfolge der Entstehung von Bachs »Köthener Konzerten« (Besseler 1955) und die Frage, ob einige der Werke bereits in Weimar zu Papier gelangt sein könnten (Geck 1970). Erst als es der Bach-Forschung in zunehmendem Maß gelang, die erhaltenen Quellenmaterialien in Form von Partiturmanuskripten und Stimmensätzen aufzuarbeiten, zeigte sich in den 70er und 80er Jahren, daß von den ältesten erhaltenen Quellen zu Bachs Konzerten nur eine einzige Köthener Ursprungs ist: das berühmte Reinschrift-Autograph der sechs »Brandenburgischen Konzerte« BWV 1046–1051 mit seiner Widmungsrede vom 24. März 1721. Hinzu kommt eine autographe Stimmenabschrift des *Concerto* D-Dur BWV 1050 aus der Zeit zwischen 1719 und 1721. Die ältesten Quellen der übrigen Orchesterwerke Bachs wurden entweder in Leipzig (1723–1750) oder gar erst nach seinem Tod angefertigt (Schulze 1981; Wolff 1985 und 1997).

So ernüchternd diese Erkenntnis einerseits ausfiel, provozierte sie andererseits doch die Schlußfolgerung, die meisten Orchesterwerke Bachs mögen erst in dessen Leipziger Zeit komponiert worden sein (Wolff 1985). Diskutabel erschienen nur wenige Ausnahmen, etwa das Violinkonzert d-Moll BWV 1052 oder das *Concerto* A-Dur BWV 1055 in einer frühen, für Oboe d'amore beanspruchten Fassung (Schulze 1981).

Vor einigen Jahren entbrannte eine heftige Auseinandersetzung um »Köthen oder Leipzig?« als Entstehungsorte diverser Konzertkompositionen. Martin Geck (1994) warf Christoph Wolff vor, er habe den größten Teil von Bachs Orchestermusik als Leipziger Werke bezeichnet und nicht ausreichend in Erwägung gezogen, daß Leipziger Quellen durchaus solche Kompositionen überliefern könnten, die bereits vor 1723 bestanden hätten. Wolff (1997) entgegnete, daß sich eine plausible Chronologie auf Quellen, also gesicherte Fakten, zu stützen habe, ohne der Beliebigkeit von Spekulationen ausgesetzt zu sein. Die erhaltenen Leipziger Quellen böten solche zuverlässigen Informationen; abgesehen von den »Brandenburgischen Konzerten« ergäben sich für eine frühere Datierung keine konkreten Anhaltspunkte.

Dieser bis heute unentschiedene Gelehrtenstreit offenbart zwei grundlegende Schwierigkeiten, die der Gewinnung neuer Erkenntnisse im Weg stehen: Einerseits hatte die Bach-Forschung seit den 50er Jahren alljährlich mit bahnbrechenden Ergebnissen zur Untersuchung von Handschriften Bachscher Musik aufgewartet. Fast alle Werke des Komponisten sind in handgeschriebenen Primärquellen (Autographe oder deren Kopien) überliefert, die sich durch Schriftvergleich mit datierten Manuskripten und ihren Papiersorten nicht nur chronologisch ein-, sondern auch bestimmten Schreibern zuordnen ließen, ein unendlich mühsames und zeitraubendes Unterfangen. Sein

Resultat besteht jedoch in gesicherten Daten und Schriftmerkmalen. Allmählich erstand ein ganzes Kompendium, das der Nachwelt Einblick in einen Ausschnitt von Bachs Alltag bietet: Man identifizierte Bachs zweite Gattin Anna Magdalena ebenso wie seine Söhne, Schüler und zahlreiche Alumnen der Leipziger Thomasschule als unermüdliche Helfer bei der Herstellung von Notenmaterial. Denn damals war jede Note, die aufgeführt werden sollte, von Hand auf- und abzuschreiben. Gewöhnlich fertigte Bach selbst nur ein Kompositionsautograph, günstigenfalls auch eine Reinschrift davon an. Das Stimmenschreiben für Sänger und Orchestermusiker aber überließ er – schon aus Gründen zeitlicher Ökonomie – seinen Mitarbeitern; in der Regel legte er nur an den Hauptstimmen selbst Hand an, nahm Ergänzungen vor, redigierte und notierte seine meist komplizierten, mitunter sogar umständlichen Generalbaßbezifferungen. Geradezu verblüffend fielen die Ergebnisse der Handschriftenuntersuchung für Bachs Kantaten aus: Angesichts ihrer vom Komponisten festgelegten Integration in den liturgischen Kalender (Kantate für den ersten Ostertag oder für den dritten Sonntag nach Trinitatis etc.) war es möglich, fast alle diese Werke nicht nur jenem Jahr zuzuordnen, auf das die jeweilige Veränderung von Bachs Handschrift und die Besetzung seines Mitarbeiterteams hinwies. Vielmehr ließ sich termingenau der Anlaß der Uraufführung, also der betreffende Sonntag bzw. kirchliche Feiertag bestimmen (z.B. der 22. April 1725). Fortan verstärkte sich der Eindruck, Bachs Schaffen wäre anhand der Perikopenordnung rekonstruierbar und mit Daten und Fakten zu füllen. Verständlicherweise blieb diese Methode bei Instrumentalmusik weitgehend wirkungslos, da diese keinem festen Terminplan entspricht. Aus den erhaltenen Handschriften ließen sich allein Zeiträume, bestenfalls Jahre ihrer Entstehung ableiten – immer im Vergleich mit der Vokalmusik. Zudem ist seit Philipp Spittas Biographie (1873 und 1880) bekannt, daß Bach Weimarer Kompositionen aus der Zeit von 1714 bis 1716 für Leipziger Kirchenmusikaufführungen wiederverwendete. Demnach können auch die durch Bearbeitung erst um 1738 gewonnenen Konzerte für ein Cembalo früher entstanden sein. Genau hier liegt der wunde Punkt, den Martin Gecks Kritik von 1994 traf: Was für eine einzige Werkgruppe gilt, könnte andere einschließen!

Andererseits leuchtet jedem sofort ein, daß sowohl Martin Gecks als auch Christoph Wolffs Argumentation einen Kern an Wahrheit enthalten muß: Gewiß hat Wolff recht, daß die Herstellung originaler Stimmensätze zu Bachs Orchestermusik – analog zu jenen der von Woche zu Woche neugeschaffenen Kantaten – denjenigen Zeitpunkt markieren *kann,* an dem ihre Anfertigung überhaupt erst notwendig wurde, also dann, wenn die Komposition der betreffenden Werke abgeschlossen war. Aber auch Geck ist zuzustimmen, der annimmt, jener Zeitpunkt könne ebensogut der Fertigstellung einer revidierten Fassung gelten. Schließlich mögen Neustimmen ältere ersetzt haben. Von Gründen für solche Verluste wird bei den einzelnen Werken die Rede sein.

An dieser Stelle stehen die Autoren des vorliegenden Buches vor der Wahl, fortan abwechselnd Christoph Wolff und Martin Geck zu zitieren, wie es in den letzten Jahren allgemein üblich wurde, oder aber einen eigenen Blick auf die erhaltenen Quellen zu wagen und nach neuen Gesichtspunkten Ausschau zu halten, um zu versuchen, die bestehenden Schwierigkeiten hinsichtlich der Datierung von Bachs Orchestermusik zu lösen. Denn es liegt auf der Hand, daß wir ein Werk anders beurteilen (müssen), je nachdem, ob wir es aus der Perspektive von Bachs mittlerer Lebenszeit in Köthen oder aus jener seiner Leipziger Jahre betrachten. Als Konsequenz unserer Entscheidung für die zweite Möglichkeit drohte freilich ein Arbeitsaufwand, der dem aufwendigen Prozeß der Handschriftenforschung ähnelt und seinen Anfang darin zu nehmen hatte, die erhaltenen Primärquellen erneut eines Blickes zu würdigen.

Herstellung und Abhängigkeit von Quellen

Handschriften bieten außer in graphologische Merkmale und die Sorte bzw. das Alter des verwendeten Papiers auch Einblick in Vorlagen, von denen sie abhängig sind. Im allgemeinen gilt dies nicht für Drucke, da man dort solche Spuren der Abhängigkeit meist rückstandslos zu tilgen vermag.

Besteht eine Vorlage nur im Kopf des Komponisten, wird ihre Aufzeichnung die typischen Eigenschaften einer Konzeptschrift aufweisen und von oft grundlegenden Korrekturen durchsetzt sein, ist doch kaum ein Musiker von vornherein in der Lage, »fehlerfrei« zu komponieren. Um zu entscheiden, ob ein Manuskript nur seine flüchtige, also unter Zeitdruck entstandene Herstellung oder vielmehr den Charakter einer ersten Niederschrift offenbart, ist es notwendig, den Inhalt seiner Korrekturen zu verstehen.

Selbst eine ins Reine geschriebene Kopie einer Konzeptschrift wird nicht immer frei von Übertragungsfehlern sein, sogar wenn sie der Komponist persönlich anfertigte. Oft ist die Vorlage schlecht lesbar oder enthält mehrere Schichten von Korrekturen, die auch beim Abschreiben Fehler hervorrufen können; sie werden nachträglich verbessert. Solche Verbesserungen führte man zur Bach-Zeit aus, indem entweder die betreffende Stelle mit Tinte unkenntlich gemacht und ersetzt, die Schrift auf dem relativ dicken, handgeschöpften Papier mit einem scharfen Messer ausgekratzt (»Rasur«) oder – in besonders gravierenden Fällen – ganze Takte mit Papier überklebt wurden.

Eine weitere, häufig von Bach selbst praktizierte Korrekturmethode bestand darin, Verbesserungen über oder unter den falschen Noten in Tabulaturschrift zu vermerken. Gut erkennbar ist diese Technik beispielsweise im Autograph der »Brandenburgischen Konzerte« (vgl. im Faksimile auf der Vorderseite des Blattes N 2/*Concerto* 3 BWV 1048 die Stimmen von Violoncello 1 und 3 sowie Violine 1). Die Tabulaturschrift besteht aus Tonbuchstaben in deutscher Schrift und war im 16. und 17. Jahrhundert die übliche Notationsform für Tastenmusik. Sie kam erst nach 1700 aus der Mode, von Bachs Schülern wurde sie nicht mehr praktiziert. Bach selbst hatte die Tabulaturschrift von seinem älteren Bruder Johann Christoph erlernt, der wiederum bei dem Nürnberger Organisten Johann Pachelbel studiert hatte. Deshalb beherrschte Bach eine in Nürnberg übliche Variante der Tabulaturschrift (Belotti [2]1997, S. 46), so daß sich seine Korrekturen oft sogar in fremdschriftlichen Kopien sofort zu erkennen geben.

Verbesserungen in Quellen müssen nicht nur auf Leseprobleme oder Unachtsamkeiten zurückgehen, sondern lassen mitunter einen bestimmten Denkprozeß erahnen. Wenn sich ein Kopist, Bach eingeschlossen, häufig um ein bestimmtes Intervall verschrieb, liegt es nahe zu vermuten, daß er beim Abschreiben um diese oder eine ähnliche Stufe zu transponieren hatte. Demnach stand die Vorlage in einer abweichenden Tonart oder enthielt womöglich sogar eine andere Fassung.

Lassen sich den Korrekturen regelrechte Revisionen entnehmen, deren Lesarten besser oder zumindest musikalisch schlüssig erscheinen, ist an die Durchführung mehrerer Arbeitsgänge und vielleicht sogar an eine Werkentstehung in unterschiedlichen Stationen zu denken.

Über die meisten dieser Quellenbefunde bieten die akribischen Kritischen Berichte der NBA relativ genau Auskunft (was freilich ein Studium der Originalquellen nicht immer ersetzen kann). Die eigentliche Schwierigkeit besteht jedoch darin, solche Informationen plausibel zu deuten: Natürlich genügt es nicht, den Umfang der Fehler zu zählen; oft sagt eine einzige Verbesserung mehr aus als eine Fülle gravierender Versehen.

Die Überlieferung der Originalquellen

Eine Komposition wurde mindestens einmal als Partitur aufgezeichnet. Diese diente auch zum Revidieren und vor allem als Vorlage für Stimmenabschriften, bei Ensemblemusik allerdings eher selten oder gar nicht zum Spielen oder Dirigieren. Wahrscheinlich bestritten selbst Generalbaßspieler im 17. und zum Teil noch im 18. Jahrhundert Aufführungen in der Regel nach Stimmen; oft wurde sogar aus einer Violin- oder bezifferten Continuostimme dirigiert (Schmid 1994). Es ist durchaus möglich, daß einige der insbesondere für Bachs Leipziger Vokalmusik zusätzlich zu transponierten Orgelpartien überlieferten *Continuo*- oder *Cembalo*-Stimmen (Dreyfus 1987, S. 32ff.) in Wirklichkeit zum Dirigieren bestimmt waren, was nicht ausschließt, daß der Komponist hieraus auch Rezitative und Arien begleitete. Daß Bach, vorausgesetzt er spielte selbst die Solopartien, nicht einmal seine Cembalokonzerte aus der Partitur aufführte, belegt die Existenz originaler Solostimmen für die Concerti BWV 1050, 1055 und 1057.

Gewöhnlich dürfte in Bachs Privatbibliothek eine Orchesterkomposition als Partitur und Stimmensatz vorgelegen haben. Zu Recht machte Joshua Rifkin (1991 und 1997 I, S. 172f.) darauf aufmerksam, daß keinerlei Hinweise darauf bestehen, Bach habe für Orchestermusik – ausgenommen den Continuo – mehr als eine einzige Stimme pro Instrumentalpartie angefertigt. Natürlich widerlegt dieser Befund die Möglichkeit nicht, daß im einen oder anderen Fall auch einmal sog. Dubletten erforderlich wurden (siehe unten). Schließen kann man daraus nur, daß Bach anscheinend mit maximal drei Streichinstrumentalisten pro Stimme auskam (⟶ S. 30).

Ließ Bach einen Stimmensatz herstellen – ein Vorgang, mit dem ein einzelner Schreiber je nach Werk mindestens zwei Tage beschäftigt war –, wird er aktuellen Bedarf gehabt haben: Offenbar machte erst das Fehlen jeglichen Aufführungsmaterials eine vollständige Neuproduktion erforderlich.

Wie Konrad Küster (1997, S. 37) errechnete, waren Bachs Orchesterwerke im 18. Jahrhundert und noch um 1800 hauptsächlich als Stimmenabschriften und nicht als Partituren verbreitet; sie wurden demnach tatsächlich aufgeführt.

Zwar konnte die Bach-Forschung nachweisen, daß der Komponist Orchesterwerke Tomaso Albinonis, seines Sohns C. P. E. sowie seines Vetters Johann Bernhard Bach, Pietro Antonio Locatellis, Agostino Steffanis, Georg Philipp Telemanns und Antonio Vivaldis besaß; zu vermuten sind auch Kompositionen Wilhelm Friedemann Bachs, Johann David Heinichens, der Brüder Marcello, Johann Ernsts von Sachsen-Weimar, Gottfried Heinrich Stölzels, Giuseppe Torellis und anderer (Beißwenger 1992, S. 226ff.). Dennoch ist es nicht möglich, sich eine realistische Vorstellung vom Inhalt seines Notenschranks zu machen. Dies betrifft vor allem auch den Anteil eigener Orchestermusik. Anhand der Gesamtzahl der von Bach in seinen Kompositionen (als Bearbeitungen oder innerhalb von Kantaten) wiederverwendeten Werke argumentiert Christoph Wolff (1997, S. 18ff.), daß über die 18 erhaltenen Originalkonzerte in ihren Erstfassungen und die vier Orchestersuiten hinaus nicht wesentlich mehr Literatur dieser Gattungen bestanden haben dürfte. Demnach wären nur relativ wenige Werke verlorengegangen – eine Auffassung, die es im vorliegenden Buch zu hinterfragen gilt (⟶ S. 60 und 146).

Nach Bachs Tod am 28. Juli 1750 wurden seine Musikalien noch vor der amtlichen Bestandsaufnahme des Nachlasses im Herbst jenes Jahres (Dok. II, Nr. 627–628) unter seinen Kindern und der Witwe aufgeteilt. Lediglich für die geistliche Vokalmusik läßt sich in groben Zügen rekonstruieren, welche der Nachkommen die vorhandenen Werke im einzelnen erhielten (Wollny 1997

Die Überlieferung der Originalquellen

II, S. 29ff.). Den ältesten Söhnen Wilhelm Friedemann und C. P. E. Bach fiel ein Löwenanteil zu, wobei Wilhelm Friedemann als amtierender Organist und Kantor in Halle an der Saale vermutlich noch bevorzugt wurde. Umgekehrt hätte der preußische Hofcembalist C. P. E. Bach die Oratorien und Passionen seines Vaters erben können; den Erbteil des erst 15jährigen Bruders Johann Christian, den er zur Fortsetzung von dessen Organistenausbildung in seine Berliner Wohnung aufnahm, dürfte er ebenfalls verwaltet und später teilweise übernommen haben. Aber auch Johann Christoph Friedrich Bach, seit 1750 Kammermusiker am Bückeburger Hof, hätte für instrumentale Ensembleliteratur Verwendung haben können. Ein weiteres Kontingent an Orchestermusik ist im Naumburger Haushalt von Bachs Schwiegersohn und ehemaligem Schüler Johann Christoph Altnickol bzw. dessen Frau Elisabeth Juliana Friederica zu vermuten; sie hatten zudem den dementen Bach-Sohn Gottfried Heinrich in Pflege genommen, der ebenfalls geerbt haben mag.

Belegt ist jedoch allein, welche Kompositionen sich vor dem Tod Altnickols (1759) und C. P. E. Bachs (1788) in deren Besitz befanden. Sie müssen nicht (alle) durch die Erbteilung von 1750 vermittelt worden, sondern können durch Besitzerwechsel innerhalb der Bach-Familie, also durch Ankauf, Schenkung oder Tausch, nach Naumburg bzw. Berlin oder Hamburg gelangt sein (Kobayashi 1992, S. 70ff.). Gerade im Fall C. P. E. Bachs erscheint bemerkenswert, daß fast alle seiner Originalquellen ihm entweder bereits während seiner Studienzeit in Frankfurt an der Oder (1734–1738) gehörten oder erst seit etwa 1775 von ihm erworben wurden (Wollny 1996 I).

Altnickol verfügte an seinem Lebensende über eigenhändige Abschriften der Konzerte BWV 1050a und 1060, deren Hauptquellen nur durch ihn überliefert sind, sowie des Cembalokonzerts BWV 1054. Daß ihm auch ein Original oder eine Kopie des »Tripelkonzerts« BWV 1044 vorlag, ist denkbar (siehe unten). C. P. E. Bach besaß Originalstimmen der Concerti BWV 1041, 1043, 1050, 1052a, 1055 und 1061 sowie der Orchestersuiten BWV 1066–1068. Mit Sicherheit verfügte er in autographer Partitur nur über das *Concerto* BWV 1062; vom Partiturautograph des Konzerts BWV 1060 ließ er im Jahre 1787 eine Kopie herstellen (die Vorlage ist heute jedoch unbekannt). Möglicherweise gehörte ihm oder Wilhelm Friedemann auch das Kompositionsautograph der Cembalokonzerte BWV 1052–1059. Schließlich ist zu vermuten, daß C. P. E. Bach schon in seiner Berliner Zeit (bis 1768) im Besitz der Originalquellen (oder von Abschriften) zu den Konzerten BWV 1042, 1044, 1063, 1064 und 1065 war, deren heute erhaltene Primärquellen aus Berlin, aber nicht aus dem Nachlaß des Bach-Sohns stammen; Bachs Originale sind nicht überliefert.

Trotz der Tatsache, daß C. P. E. Bach von insgesamt 28 Werken mindestens 11, vermutlich sogar über 15 vorlagen, fällt auf, daß ihm offenbar nur eine einzige autographe Partitur zur Hand war und daß er noch rund ein Jahr vor seinem Tod ein zweites Partiturautograph kopieren ließ. Unterstellt man, daß bei Bachs Tod (1750) sämtliche Kompositionen jeweils in Partitur und Stimmen existierten, ist zunächst zu fragen, wohin die autographen Partituren gelangten. Gewöhnlich wurden Partitur und Stimmen getrennt weitergegeben, so daß zwei verschiedene Besitzer von ein und demselben Werk Gebrauch machen konnten. Für nahezu alle Kantaten Bachs ist eine solche Aufteilung zwischen Wilhelm Friedemann, C. P. E., Johann Christoph Friedrich und Johann Christian Bach sowie Anna Magdalena Bach nachweisbar (Dürr 1976, S. 10ff.). Dies mag auch für die Orchesterwerke zugetroffen haben.

So gesehen erscheint allerdings fraglich, ob zu Bachs Orchesterwerken, für die nur wenige Partituren erhalten sind, tatsächlich keine Dubletten vorhanden waren: Da Dubletten von Kantaten-Stimmen in der Regel zusammen mit den Partituren weitergegeben wurden, müßten sie zusammen mit diesen verlorengegangen sein! D.h., in vielen Fällen lassen sich keine verläßlichen Aussagen darüber machen, ob Zweitstimmen einer Partie jemals hergestellt wurden. Diese Frage ist deshalb von Bedeutung, weil Dubletten einen eindeutigen Hinweis auf eine relativ große Ripienobesetzung liefern.

Ausgerechnet C. P. E. Bach scheint bei der Erbteilung von 1750 nur mit wenigen Originalmaterialien bedacht worden zu sein, weshalb Bachs instrumentale Ensembleliteratur primär im Besitz von Johann Christoph Friedrich und Wilhelm Friedemann Bach zu suchen wäre. Als Leiter eines Collegium musicum im Umkreis der Hallenser Universität dürfte sich auch der zuletztgenannte Bach-Sohn für Orchesterkompositionen interessiert haben. Obwohl die weitverbreitete Legende, Wilhelm Friedemann Bach hätte Teile des väterlichen Erbes im Laufe seines Lebens »verschleudert«, dokumentarisch kaum zu stützen ist (Wollny 1997 II, S. 35ff.), fällt doch auf, daß den Originalstimmen in C. P. E. Bachs Notenbibliothek nur in einem einzigen Fall (BWV 1055) eine autographe Partitur zuzuordnen ist. Für diverse Abschriften aus seinem Berliner und Hamburger Umfeld sowie aus der Naumburger Umgebung Altnickols sind heute überhaupt keine Originalquellen mehr nachweisbar. Damit liegt auf der Hand, daß solche Vorlagen und vor allem Partituren wohl vornehmlich aus den Beständen Wilhelm Friedemann und Johann Christoph Friedrich Bachs, sei es durch Verkauf oder Erbschaft, in Hände gerieten, die Musikalien keinen Wert (mehr) beimaßen.

Freilich gibt es auch hierfür keine eindeutigen Belege, weshalb letztlich bis heute unklar bleiben muß, auf welchem Weg die fehlenden Partituren und – in etwas geringerem Maß – auch Originalstimmen verlorengingen.

Die Abschriften Christian Friedrich Penzels

Um so merkwürdiger erscheint in diesem Kontext die Existenz von Partiturabschriften, teilweise auch Stimmenkopien zu sieben Orchesterwerken Bachs, die Christian Friedrich Penzel zwischen 1753 und etwa 1760 zum größten Teil nach Originalhandschriften anfertigte. Erklärungsbedürftig ist dieser Sachverhalt nicht nur, weil Penzel der Bach-Familie nicht angehörte und sein Kontakt zum Komponisten selbst nur von kurzer Dauer gewesen sein kann, sondern weil er, 1737 geboren, im Jahre 1753 gerade 16 Jahre alt war.

Betrachten wir zunächst Penzels Abschriften im einzelnen: Erhalten sind die »Brandenburgischen Konzerte 1–3«, das erste in einer Frühfassung (*Sinfonia* BWV 1046a), das dritte mit frühen Lesarten. In beiden Fällen stammen die Kopien offenbar von Stimmensätzen ab, deren Notentext vor die autographe Partitur (Köthen, 1721) zurückreicht, zugleich aber Revisionen enthielt, die Bach 1726 bzw. 1729 in Leipzig ausführte, als er die Kopfsätze dieser Konzerte für die Kantaten BWV 52 bzw. 174 überarbeitete (Marissen 1997, S. 79f. und 82f.). Daher erscheint undenkbar, daß Penzels Vorlage eine andere Quelle als das Originalmaterial war, in das der Komponist später Korrekturen nachgetragen hatte. Als weitere Information ergibt sich, daß Bach die »Brandenburgischen Konzerte« 1 und 3 schon bis 1721 aufgeführt und hierfür Stimmen hergestellt hatte. Auch Penzels Abschrift des zweiten »Brandenburgischen Konzerts« könnte auf Originalstimmen zurückgehen, spiegelt allerdings keine frühen Lesarten (Marissen 1997, S. 80).

Zweifellos nach Bachs Originalstimmen wurden Penzels Kopien zum Cembalokonzert BWV 1055 angefertigt (NBA VII/4, KB). Sie datieren wie seine Abschriften von drei »Brandenburgischen Konzerten« aus der Zeit um 1755.

Die Abschriften Christian Friedrich Penzels

Nach Bachs Originalpartitur und einer zugehörigen Teilpartitur scheint ebenfalls Penzels Abschrift der *Ouverture* 4 BWV 1069 erstellt worden zu sein (⟶ S. 265). In jedem Fall aber muß Penzel die Ouvertüren 2 und 3 BWV 1067 und 1068 von Bachs Partiturautographen abgeschrieben haben, da sie die gleichen Schreibfehler wie die erhaltenen Originalstimmen aufweisen und darüber hinaus noch Revisionen unterschiedlicher Schichten, die in diesen fehlen (⟶ S. 259ff.). Auch die zuletzt genannten Handschriften Penzels stammen etwa aus dem Jahr 1755, seine nach dem Stimmensatz von 1755 erstellte Partitur der *Ouverture* BWV 1067 ungefähr von 1760.

Damit ist erwiesen, daß Penzel um 1755 Zugang zu mehreren Originalquellen Bachs gehabt haben muß.[1] Die Forschung ließ bisher jedoch offen, wie und wo er diese Vorlagen einsehen konnte. Spätestens 1749 wurde der 12jährige Penzel Alumne der Leipziger Thomasschule (Lehmann 1987, S. 70) und, nach eigener Aussage, zugleich Schüler von Bach sowie 1752 erster Thomaner-Chorpräfekt. Bach schenkte ihm ein zwischen 1709 und 1712 selbst geschriebenes Manuskript mit Werken Charles Dieuparts und Nicolas de Grignys. 1756 verließ Penzel die Thomasschule, um bis etwa 1760 an der Leipziger Universität Theologie zu studieren und anschließend – bis 1762 – als Hofmeister in der Stadt zu wirken (Kobayashi 1973, S. 111f.). Nach kurzem Zwischenaufenthalt in seiner vogtländischen Heimat Oelsnitz wurde er 1765 Kantor am Merseburger Dom.

Nach Lage der Dinge könnte Penzel Bachs Originale auf dreifachem Weg eingesehen haben:

♦ durch die in Leipzig lebende Witwe Bachs oder die Thomasschule; sie erhielt von Anna Magdalena Bach noch im Jahre 1750 Originalmaterialien zu Bachs Choralkantaten (Glöckner 1994). Gegen diese Überlegung spricht, daß weder Anna Magdalena noch die Thomasschule unmittelbaren Bedarf für Orchestermusik gehabt haben dürften. Daß Bachs Witwe bei der Erbteilung überhaupt instrumentale Ensemblemusik erhielt, die doch von den als Hofcembalisten tätigen Söhnen C. P. E. und Johann Christoph Friedrich Bach, von Wilhelm Friedemann und Johann Christian Bach sowie Johann Christoph Altnickol bei ihrer Berufsausübung verwendet werden konnte, ist eher unwahrscheinlich. Schließlich belegt ein als singuläres Orchesterwerk überliefertes Stimmensatzfragment von Bachs *Ouverture* 4 BWV 1069 aus dem Besitz der Thomasschule, daß Penzels Abschriften desselben Werkes von dieser Quelle unabhängig sind (⟶ S. 265).

♦ durch Altnickol in Naumburg, der um 1750/51 auch seinem Schüler Johann Gottfried Müthel eine Quelle für Bachs »Tripelkonzert« BWV 1044 zugänglich gemacht haben könnte (⟶ S. 148f.). Yoshitake Kobayashi (1992, S. 69f.) vermutet, daß Altnickol, seine Gattin oder deren Bruder Gottfried Heinrich bei der Erbteilung Bachs Originalmaterialien zu den Bach-Kantaten BWV 3, 14, 41, 58, 62, 91–92, 111, 119–125, 127, 133 und 191 erhielten. Diese besaß spätestens seit 1759 Penzel, der sie von der Witwe des im gleichen Jahr verstorbenen Altnickol erworben haben mag. Besagte Hypothese wird durch die Tatsache geschwächt, daß in Altnickols Besitz bislang keinerlei Bach-Autographe sicher nachzuweisen sind; selbst die Konzerte BWV 1050a, 1054 und 1060 hatte er persönlich abzuschreiben. Weshalb hätte jedoch auch Penzel Abschriften in Partitur und Stimmen angefertigt, wenn er im Jahre 1759 Originale erwerben konnte?

♦ durch Wilhelm Friedemann Bach, der von 1746 bis 1764 Organist der Liebfrauenkirche in Halle und *Director musices* der drei dortigen Hauptkirchen war. Die obengenannten Choralkantaten Bachs hätte laut einer Mitteilung Johann Nicolaus Forkels (1803) eigentlich Wilhelm Friedemann besitzen müssen. Spätestens 1759 hielt sie aber Penzel in Händen, der sie seinem Neffen Johann Gottlob Schuster in Oelsnitz vermachte (Kobayashi 1992, S. 69f.). Um so erstaunlicher erscheint ein Brief, den Schuster am 29. Juni 1801 an den Leipziger Verlag Hoffmeister und Kühnel

Die Abschriften von Christian Friedrich Penzel

schrieb; dieser hatte sich erfolglos für Schusters Bach-Quellen interessiert. Dort heißt es u.a.: »Mein [im gleichen Jahr] verstorbener Vetter [...] Penzel war [...] einer von J. Seb. Bachs fleißigsten Schülern [...] und daher auch einer seiner vorzüglichsten Lieblinge, dem er manches von seinen Stücken gegeben hat [...]. Diese Stücke nun, die er von seinem Lehrer dem seel. Sebast. Bach zum Abschreiben bekommen, hat er sehr sauber und ganz correct abgeschrieben, so daß Penzels Copien freylich viel besser zu lesen sind, als Bachs Originale, die bisweilen (besonders die Partituren zu seinen Kirchenstücken) sehr unleserlich sind. Wenn Bach ein Stück componirt hatte, so mußte gemeiniglich mein Vetter, der mit seiner Hand[schrift] unter aller Thomanern am vertrautesten war, zu ihm kommen, die Partitur copiren, und der seel. Bach gab ihm dann seine eigene Partitur als ein Gratial [Präsent] für seine Mühe, daher kommt es, daß sich so viele Originale unter dem Nachlasse meines verstorbenen Vetters befanden, die er dann für sich selbst noch einmal copirte, um sich ganz in den Geist seines Lehrers hinein zu studiren« (Lehmann 1988 II, S. 465f.).

Dieser Brief trug erst recht zur Legende der »fragwürdigen« Rolle bei, die man Penzels Bach-Überlieferung zuschrieb;[2] nicht einmal die Entstehung einer einzigen der spätestens 1759 in seinem Besitz befindlichen Kantaten-Quellen kann Penzel (geboren 1737) erlebt haben. Daß sein Neffe Schuster diese Geschichte allerdings frei erfunden hätte, erscheint wenig plausibel. Verständlich wird Schusters Bericht, wenn man unterstellt, daß er – aus mangelnder Erinnerung heraus oder der Publizität halber – unter dem Namen »Bach« zwei verschiedene Personen vereinigte: Johann Sebastian und Wilhelm Friedemann Bach. Penzel könnte nach dem Tod seines Lehrers Johann Sebastian Bach (1750) spätestens seit 1753 Theorieunterricht oder Lektionen auf Tasteninstrumenten bei Wilhelm Friedemann im nahen Halle genommen haben. Eine temporäre, aber nicht wöchentliche Ausbildung – Penzel war ja noch bis 1756 Mitglied der Thomasschule – würde zugleich erklären, weshalb seine Bach-Abschriften auf einen engen Zeitrahmen begrenzt sind und daß er von Stimmensätzen, offenbar zu Studienzwecken, noch im nachhinein Partituren anfertigte. Bestätigt werden solche Vermutungen durch eine verschollene Abschrift von Bachs Inventionen BWV 772–786 (zusammen mit den Sinfonien?), die von Penzel am 16. Oktober 1753 datiert wurde (Lehmann 1988 I, S. 77). Mit diesem Werk begann der Komponist traditionell seinen Unterricht im Rahmen einer professionellen Musikerausbildung (Rampe 1999 I, S. 724). Später war Penzel weithin berühmt als Autor einer Motette für achtstimmigen Chor (NBA V/1, KB, S. 42). Sollte Penzel das Komponieren solcher Musik als Thomanerpräfekt erlernt haben? Jedenfalls bedingte seine Kantorentätigkeit am schon damals renommierten Merseburger Dom eine berufliche Qualifikation, die über den Besuch der Thomasschule und ein Theologiestudium hinausreichte. Seine musikalischen Kenntnisse hätte er zwar durch das Abschreiben und Studieren von Werken seines ehemaligen Lehrers Bach verbessern können. Dennoch blieb ein formeller Lehrabschluß unvermeidlich. Wilhelm Friedemann mag für eigene Aufführungen der Kantaten seines Vaters durch Penzel tatsächlich Kopien oder Stimmensätze zu den Originalmanuskripten veranlaßt und ihm als Gegenleistung die Vorlagen ausgehändigt haben (Lehmann 1988, S. 72). Diese Haltung paßt zu den akribischen Revisionsgängen, durch die Wilhelm Friedemann in Halle Leipziger Aufführungsmaterialien Bachs zu verbessern suchte, ohne sie zu bearbeiten (Wollny 1995). Auch läßt Penzels Abschrift der früher fälschlicherweise Johann Sebastian Bach, seit 1967 jedoch – mit nachvollziehbaren Gründen – Wilhelm Friedemann zugeschriebenen *Ouverture* g-Moll BWV 1070 erahnen, welche Persönlichkeit er vorrangig unter der Bezeichnung »di Bach« verstand (Penzels Abschriften von Werken Johann Sebastian Bachs sind ausdrücklich durch dessen vollständigen Namen ausgewiesen).

Die Entstehungsgeschichte der »Brandenburgischen Konzerte«

Schließlich aber zeigt eine weitere Beobachtung, daß Penzel offensichtlich in der Tat Zugang zu Bachscher Orchestermusik im Besitz Wilhelm Friedemanns hatte: Seine Abschrift des *Concerto* BWV 1055 wurde, wie gesagt, nach dem Originalstimmensatz hergestellt. Als erster nachweisbarer Besitzer seit der Erbteilung von 1750 hielt Johann Nicolaus Forkel diese Materialien in Händen, bevor er sie, noch vor 1788, an C. P. E. Bach weitergab (NBA VII/4, KB). Wie die Forschung in den letzten Jahrzehnten ermittelte, kann Forkel diese Quelle von kaum einem anderen als Wilhelm Friedemann erhalten haben. In jedem Fall aber kopierte Penzel die Stimmen, noch bevor sie in Forkels Eigentum übergingen (NBA VII/4, KB).

Aller Wahrscheinlichkeit nach überliefern uns Penzels Abschriften also verlorene Originalversionen von Bachs Orchestermusik, die 1750 Wilhelm Friedemann vermacht worden waren. Daß Penzel innerhalb einer einzigen Kopie mehrfach unterschiedliche Revisionsschichten seiner Vorlagen übertrug, bestätigt diese Schlußfolgerung nur. Vermutlich waren einige von Bachs Handschriften entsprechend dem erhaltenen Autograph der Cembalokonzerte BWV 1052–1059 mit einer Fülle von Veränderungen überzogen, die der jugendliche Schreiber nicht immer mit philologischer Genauigkeit auseinanderzuhalten vermochte.

Um der Entstehungsgeschichte von Bachs Orchestermusik einen Schritt näher zu kommen, ist zunächst eine Prüfung jeder Primärquelle erforderlich. Primärquellen umfassen, wie gesagt, originale Materialien ebenso wie Abschriften, die von solchen abstammen. Zu klären sind Schreiber und Alter einer Quelle sowie die Abhängigkeiten der Primärquellen untereinander. Hierüber geben im allgemeinen die Kritischen Berichte der NBA Auskunft; hinzu kommen neuere Forschungsergebnisse.

Die Entstehungsgeschichte der »Brandenburgischen Konzerte«

Zweifellos in Köthen aufgezeichnet wurden, wie gesagt, diejenigen Fassungen der »Brandenburgischen Konzerte 1–6«, die Bach Christian Ludwig Markgraf »von Brandenburg« als reinschriftliches Autograph mit Widmung vom 24. März 1721 überreichte:

Concerto 1 F-Dur	BWV 1046	autographe Partiturreinschrift mit wenigen Korrekturen	bis 24. März 1721
Concerto 2 F-Dur	BWV 1047	autographe Partiturreinschrift	bis 24. März 1721
Concerto 3 G-Dur	BWV 1048	autographe Partiturreinschrift mit Korrekturen	bis 24. März 1721
Concerto 4 G-Dur	BWV 1049	autographe Partiturreinschrift mit wenigen Korrekturen	bis 24. März 1721
Concerto 5 D-Dur	BWV 1050	autographe Partiturreinschrift mit vielen Korrekturen	bis 24. März 1721
Concerto 6 B-Dur	BWV 1051	autographe Partiturreinschrift mit wenigen Korrekturen	bis 24. März 1721

Eine wirkliche Reinschrift – also eine Kopie ohne substantielle Korrekturen – setzt voraus, daß dem Komponisten zumindest Skizzen bzw. Konzepte oder ein Kompositionsmanuskript, wenn nicht gar eine bereits vorhandene Reinschrift als Vorlagen dienten. Enthält die Reinschrift musikalisch gewichtige Korrekturen, beweisen diese Änderungen Revisionen der Vorlage, die während oder im Anschluß an die Abschrift ausgeführt wurden. In obenstehender Übersicht wird schon auf den ersten Blick deutlich, daß Bach für jedes Konzert eine handschriftliche Partiturvorlage benützte und diese für die Concerti 1 und 3–6 noch mehr oder weniger stark veränderte. D.h. jedes der »Brandenburgischen Konzerte« könnte bereits deutlich vor 1721 entstanden sein.

Die Entstehungsgeschichte der »Brandenburgischen Konzerte«

An die Entstehung und Existenz dieser Sammelhandschrift knüpfen sich zahlreiche Fragen, deren wichtigste natürlich den Anlaß für die Widmung an den Markgrafen »von Brandenburg« betrifft. Bachs eigenhändiges Titelblatt zum Partiturautograph von 1721 lautet:

Six Concerts Avec plusieurs Instruments.	»Sechs Konzerte mit mehreren [Solo-] Instrumenten.
Dediées A Son Altesse Royalle Monseigneur	Seiner Königlichen Hoheit Herrn CHRISTIAN LUDWIG,
CRETIEN LOUIS. *Marggraf de Brandenbourg &c:&c:&c:*	Markgraf von Brandenburg etc.etc.etc. gewidmet
par Son tres-humble & tres obeissant Serviteur	von Seinem untertänigsten und gehorsamsten Diener
Jean Sebastien Bach, Maitre de Chapelle de S. A. S.	Johann Sebastian Bach, Kapellmeister Seiner Durchl.
Prince regnant d'Anhalt-Coethen.	Hoheit, des Fürsten von Anhalt-Köthen.«

Auf der Rückseite der Titelblatts – gegenüber der ersten Partiturseite zum »Brandenburgischen Konzert 1« – folgt eine von Bach selbst aufgezeichnete Widmungsrede an Christian Ludwig, unterschrieben *Cœthen. d. 24. Mar* [März] *1721*. Die Übersetzung des durchweg in französischer Sprache verfaßten Textes wird übereinstimmend dem Pagen-Hofmeister des Köthener Schlosses, Jean Baptiste de Monjou, zugeschrieben. Die Rede beginnt mit dem vieldiskutierten Satz: *Comme j'eus il y a une couple d'années, le bonheur de me faire entendre à Votre Alteße Royalle* – »Es war vor einem Paar von Jahren, als ich Gelegenheit hatte, mich vor Eurer Königlichen Hoheit hören zu lassen«; Bach entspreche hiermit dem damaligen Auftrag des Markgrafen, diesem einige Werke zu übersenden (vollständige Wiedergabe des Textes im Kritischen Bericht der NBA VII/2, S. 11f.). An Bachs Darstellung knüpft sich eine Reihe von Fragen, die seit Philipp Spittas Bach-Biographie (1873, S. 736f.) unterschiedlich beantwortet werden: a) Meint die gleich zu Beginn, also an herausgehobener Position des Textes, plazierte, im Französischen aber ungebräuchliche Formulierung tatsächlich »ein Paar von Jahren«, d.h. zwei Jahre, oder »ein paar« und somit mehrere Jahre? b) Wann spielte Bach Christian Ludwig vor? c) Weshalb reagierte er auf die Bitte um Übersendung von Musikalien so spät?

Die beiden ersten Fragen hängen zusammen. Gewiß ist, daß Bach am 1. März 1719 von der Köthener Hofkasse 130 Taler inkl. »Reyse Kosten« erhielt, um »das zu Berlin gefertigte Clavessin« in der Werkstatt des Cembalobauers Michael Mietke abzuholen. Bachs persönliche Anwesenheit in »Cölln« (heute Berlin-Neukölln), wo sich Mietkes Werkstatt befand (Krickeberg 1985, S. 49f.), war notwendig, um das neue Instrument zu prüfen und abzunehmen. Ein weiterer Berlin-Besuch des Komponisten ist für jene Zeit nicht belegbar, weshalb das Zusammentreffen mit Christian Ludwig auf den Monat genau tatsächlich »vor einem Paar von Jahren« Anfang März 1719 stattgefunden haben könnte. Indes mag Bach das Instrument im Vorjahr ebenfalls selbst in Auftrag gegeben und dessen Details mit Mietke besprochen haben, was Heinrich Besseler (1956, S. 25) voraussetzte; allerdings hätte die Bestellung auch auf dem Korrespondenzweg erfolgen können, selbst wenn Bach beispielsweise für die von ihm betreuten Orgelbauten stets präzise Vereinbarungen mit den jeweiligen Erbauern traf. Auffällig ist jedoch, daß die Wahl auf eine Berliner Werkstatt und nicht auf einen Thüringer oder sächsischen Clavierbauer fiel, den Bach vermutlich besser gekannt hätte. Die Auftragsvergabe an den ehemaligen Berliner Hof-»Instrumentenmacher« Mietke verweist auf die engen Beziehungen Fürst Leopolds von Anhalt-Köthen und der führenden Mitglieder seiner Hofkapelle nach Berlin (⟶ S. 40) und läßt mehr auf eine »politische« als genuin »musikalische« Entscheidung schließen. In diesem Fall hätte Bach das Instrument nicht in Abstimmung mit Mietke planen müssen – oder vielleicht doch, da er Mietkes Arbeiten nicht kannte? Ohne neue Dokumentenfunde dürfte sich nicht klären lassen, ob Bach schon vor 1719 nach Berlin gereist war.

Die Entstehungsgeschichte der »Brandenburgischen Konzerte«

Die späte Reaktion auf die Aufforderung des Markgrafen nahm Hans-Joachim Schulze zum Anlaß, Bachs Widmungspartitur von 1721 als »eine verkappte Bewerbung nach Berlin« zu interpretieren (Einführung zur Faksimileausgabe der Originalstimmen zum fünften »Brandenburgischen Konzert«, S. 7f.). Eine Parallele zur jahrelangen Verzögerung sah er in Bachs Schreiben vom 28. Oktober 1730 an dessen Jugendfreund Georg Erdmann in Danzig (Dok. I, Nr. 23). Hier trug sich Bach mit dem Gedanken, Leipzig zu verlassen, und erkundigte sich nach einer Neuanstellung dort – nachdem er »fast 4 Jahre« lang nichts mehr von sich hatte hören lassen. Gegen Bachs Bewerbung als Hofkapellmeister des Markgrafen »von Brandenburg« spricht, daß ein solches Amt nicht nachweisbar ist. Bekannt sind allein sechs »Kammer Musici«, die von dem Gambisten und Clavierspieler Cyriak Emmerling angeführt wurden. Schulzes Hypothese »einer verkappten Bewerbung« trat Günther Hoppe (1998, S. 16f.) entgegen, der anhand jüngerer Aktenfunde darlegte, daß Fürst Leopolds Hofmeister Christoph Jobst von Zanthier im Herbst 1720 in diplomatischer Mission in Berlin weilte und dort auch ein kostbares Geschenk, einen vom Köthener Hof in Auftrag gegebenen »Christallenen Cronen Leuchter«, überreichte. Vor dem 12. April 1721 war Zanthier erneut in Berlin. Dieses Mal hätte er durchaus Bachs Widmungspartitur im Gepäck mitführen können. D.h. die Zusammenstellung der »Brandenburgischen Konzerte« mag als Präsent Fürst Leopolds veranlaßt worden sein. Gleichwohl ist offensichtlich, daß sich Bach bei der Anfertigung des Manuskripts in hohem Maß persönlich engagierte. Andernfalls wäre es nicht notwendig gewesen, die Werke nochmals zu überarbeiten und die gesamte Partitur – ausgenommen einige kurze Passagen[3] – persönlich anzufertigen. Eine bloße Kopie hätte ebensogut der damalige Notenschreiber des Köthener Hofs, Emanuel Leberecht Gottschalck (⟶ S. 42), herstellen können. Daher erscheint plausibel, daß er sich von seinem persönlichen Einsatz und der Anspielung auf Christian Ludwigs Interesse an seiner Musik eine Ernennung als externer Hofkapellmeister (»von Haus aus«) versprach. Eine derartige Tätigkeit hätte nicht die persönliche Anwesenheit in Berlin bedingt, sondern lukrative Kompositionsaufträge eingebracht, gegen die Fürst Leopold angesichts seiner engen Beziehungen nach Berlin kaum etwas hätte einwenden können. Das »Sammeln« solcher Titel war damals keineswegs selten. Georg Philipp Telemann beispielsweise wirkte, neben seinem Hauptberuf als städtischer Musikdirektor in Frankfurt am Main und später in Hamburg, seit 1717 als externer Hofkapellmeister in Eisenach, seit 1726 gleichzeitig auch in Bayreuth. Als Leipziger Thomaskantor war Bach selbst bis 1729 Köthener Kapellmeister von Haus aus sowie in den Jahren 1729–1746 am Hof in Weißenfels und seit 1736 Hofkomponist in Dresden (Ranft 1984, S. 103f.). Wahrscheinlich diente sogar die Widmung des *Musicalischen Opfers* BWV 1079 (1747) an Friedrich II. von Preußen letztlich dem Werben um die Verleihung eines Kapellmeistertitels (Sackmann und Rampe 1997, S. 81f.).

Gewiß hätte der Erfolg einer solchen Maßnahme Bachs Köthener Stellung gestärkt. Gleiches gilt für die von ihm offensichtlich selbst zurückgezogene Bewerbung um die Organistenstelle an der Hamburger St. Jacobikirche im Herbst 1720 (Kremer 1993, S. 218f.). Das Interesse des Komponisten an einem Arbeitsplatzwechsel läßt sich der Originalpartitur der »Brandenburgischen Konzerte« also nicht entnehmen. Vielmehr dürfte er die günstige Gelegenheit im Frühjahr 1721 genutzt haben, sich in Berlin buchstäblich auf diplomatischem Weg in Erinnerung zu bringen.

Markgraf Christian Ludwig von Brandenburg-Schwedt war ein jüngerer Halbbruder des im Jahre 1713 verstorbenen Königs Friedrich I. von Preußen, also ein Onkel des damals regierenden »Soldatenkönigs« Friedrich Wilhelm I. von Preußen. Christian Ludwig stammte aus der zweiten

Ehe des Großen Kurfürsten Friedrich Wilhelm und war dessen jüngstes Kind. Nach dem Tod Friedrich Wilhelms (1688) erhielt der Hohenzollern-Prinz Christian Ludwig ebenso wie seine drei älteren Brüder aus zweiter Ehe von seiner Mutter, Kurfürstin Dorothea von Holstein-Sonderburg-Glücksburg (verwitwete Herzogin von Braunschweig-Lüneburg), den Titel »Markgraf von Schwedt« (Mast, 1988, S. 81f.). Die Schwedter Ländereien am Rande der Uckermark hatte Dorothea im Jahre 1670 erworben, mit weiterem Landbesitz in Polen (Hinterpommern) vereint und zur Markgrafschaft erhoben. Das Prädikat »Markgraf von Schwedt« schloß jedoch keine Landeshoheit ein; diese lag beim neuen Kurfürsten Friedrich III., der 1701 König Friedrich I. wurde (Beuys 1979, S. 402f.; Köbler [5]1995, S. 576).

Genau genommen müßten die »Brandenburgischen Konzerte« also »Schwedter Konzerte« heißen; denn »von Brandenburg« bezeichnete nur die Familienabstammung, »Markgraf von Schwedt« jedoch Christian Ludwigs ersten Titel. Hinzu kamen »Domprobst von Magdeburg und Halberstadt sowie Herr von Malchow und Heinersdorf«. Dieser Fülle von Anreden scheint sich Bach im einzelnen nicht bewußt gewesen zu sein, als er kurz und bündig schrieb: »Marggraf de Brandenbourg &c:&c:&c:«. Seit Philipp Spittas Bach-Biographie (1873, S. 744) heißen die Werke freilich »brandenburgische Conzerte«, was sachlich nicht korrekt ist. Tatsächlich existierte ein »Markgraf von Brandenburg« als historische Person nicht.

Da er von den Regierungsgeschäften weitgehend entbunden blieb und zudem mit hohen Einkünften ausgestattet war (Besseler 1956, S. 21f.), hatte Christian Ludwig – ebenso wie seine Schwägerin, Königin Sophie Charlotte – hinreichend Gelegenheit, seine freie Zeit als musikalischer Dilettant zu gestalten (⟶ S. 26). Aus seinem Besitz oder dem seines Halbbruders, König Friedrich I., stammt ein heute in Schloß Charlottenburg (Berlin) befindliches zweimanualiges Cembalo von Michael Mietke (Krickeberg und Rase 1987, S. 294f.). Bei seinem Tod im Jahre 1734 beschäftigte der Markgraf die erwähnten sechs »Kammer Musici« namens Cyriak Emmerling, Kotowsky, Hagen, (Samuel?) Kühltau, Emis und Ellinger (Besseler 1956, S. 23). Angesichts der damaligen Verhältnisse in Weimar (28 Kapellmitglieder, darunter 5 Kammermusiker) und Köthen (18 Kapellmitglieder, darunter 9 Kammermusiker) dürften Christian Ludwigs »Kammer Musici« mindestens die gleiche Anzahl an Hofmusikern entsprochen haben. Seinem Nachlaß von 1734 nach war er jedenfalls in der Lage, großbesetzte Vokalmusik, darunter Opern und Oratorien von Jean-Baptiste Lully, Alessandro Scarlatti, Francesco Gasparini, Georg Philipp Telemann, Johann David Heinichen und Georg Friedrich Händel, aufführen zu lassen. An Instrumentalwerken finden sich u.a. 12 Concerti von Tomaso Albinoni, 24 Concerti von Antonio Vivaldi, sechs »Concerte und Sinfonien« von Giuseppe Antonio Brescianello, 12 Concerti von Giuseppe Valentini und je sechs »Concerte und Ouverturen« von Francesco Venturini. Hinzu kamen »53 starcke [großbesetzte] Ouverturen von verschiedenen Meistern«, »77 Concerte von diversen Meistern und für verschiedene Instrumente« und noch einmal »100 Concerte von diversen Meistern vor verschiedene Instrumente« (Besseler 1956, S. 33ff.). Unter den beiden zuletzt genannten Musikaliengruppen befand sich offenbar auch Bachs Partiturautograph von 1721. Angesichts dieser Menge an Literatur insbesondere großer Besetzungen ist nicht zu bezweifeln, daß der Markgraf in der Lage war, sämtliche von Bachs »Brandenburgischen Konzerten« aufführen zu lassen und dabei womöglich selbst mitzuwirken.

Christian Ludwig lebte abwechselnd auf seinem Gut Malchow bei Berlin (heute: Berlin-Malchow) und in seiner Wohnung im Berliner Stadtschloß. Diese Tatsache entbehrt nicht einer gewis-

Die Entstehungsgeschichte des »Brandenburgischen Konzerts 1«

sen Pikanterie; denn hier hatte der inzwischen regierende König Friedrich Wilhelm I. im Jahre 1713 die renommierte Berliner Hofkapelle aufgelöst, deren führende Mitglieder von Fürst Leopold nach Köthen geholt worden waren (⟶ S. 40). Somit unterhielt nunmehr Christian Ludwig die einzige noch bestehende Kapelle am Berliner Hof.

Nach seinem Tod muß Bachs Partitur an einen von fünf Erben innerhalb der Nebenlinien Schwedt und Sonnenburg des Hauses Brandenburg übergegangen sein (Besseler 1956, S. 27). Nach 1752 dürfte sie auf noch ungeklärtem Weg der ehemalige Bach-Schüler Johann Philipp Kirnberger erhalten haben, dessen Namenszug, geschrieben von unbekannter Hand, auf der Titelseite steht. Durch ihn gelangte das Manuskript in die Bibliothek seiner Schülerin Anna Amalia von Preußen (Am. B. 78) und gehört seit 1914 als Dauerleihgabe der SBB an. Daß die Handschrift überhaupt erhalten blieb und nicht, wie offenbar die übrigen Musikalien des Markgrafen, verlorenging, erscheint als ein kaum verständlicher Glücksfall.

Zu den Werken im einzelnen:

♦ **BWV 1046:** Wie bereits angedeutet (⟶ S. 85), existiert für dieses Konzert eine Variante mit früheren Lesarten des Notentextes, die allein durch Christian Friedrich Penzel (1760) unter dem Titel *Sinfonia* (BWV 1046a) überliefert ist und im Anhang der NBA (VII/2, S. 225) separat ediert wurde. Sie weicht vom »Brandenburgischen Konzert 1« BWV 1046 nicht nur durch zahlreiche Details in allen Stimmen, sondern auch durch Anzahl und Bezeichnung der Sätze ab:

Sinfonia F-Dur BWV 1046a	*Concerto 1ᵐᵒ* F-Dur BWV 1046
(ohne Bezeichnung C)	(ohne Bezeichnung ₵)
Adagio, sempre piano	*Adagio*
	Allegro
Menuet	*Menuet*
Trio a 2 Hautbois et Basson	*Trio á 2 Hautbois è Baßono*
Menuet repet[atur]	*Menuet repetat[ur]*
	Poloineße. Tutti Violini è Viole mà piano
	Menuet ab initio
Trio pour les Cores de chasse	*Trio à 2 Corni & 3 Hautbois in unisono*
Menuet repet[atur]	*Menuet sub Signo ⊕ ab initio et claudatur*

Diese Übersicht zeigt, daß in der *Sinfonia* BWV 1046a die späteren Sätze *Allegro* sowie *Poloineße* und demnach auch zwei Wiederholungen des *Menuet* aus dem Konzert BWV 1046 noch fehlen. Daß die *Sinfonia* gleichsam eine frühere Version des »Brandenburgischen Konzerts« darstellt, belegen über die Satzfolge hinaus die hier weiterentwickelten Lesarten (siehe zu den Einzelheiten: NBA VII/2, KB, S. 154ff.). Ferner kam in der Konzertfassung die Partie des *Violino Piccolo* hinzu, die sich von jener der ersten Violine gerade durch zwei kurze Soli in T. 54f. und 56f. unterscheidet und als spätere, nicht von vornherein in die kompositorische Struktur einbezogene Ergänzung entpuppt (in der *Sinfonia* wurden diese Stellen noch von der Violine 1 ausgeführt).

Schon Ulrich Siegele (1975, S. 146ff.) wies darauf hin, daß der Notentext der *Sinfonia* nicht als unmittelbare Vorlage für die Partitur von 1721 gedient haben kann. Vielmehr gehen Penzels Abschrift und das Partiturautograph zwar auf eine gemeinsame Quelle zurück, enthalten jedoch voneinander unabhängige Revisionen. Diese Quelle war offenbar das Kompositionsautograph bzw. der zugehörige Stimmensatz, in denen mehrere Korrekturschichten nebeneinander bestanden. Bach verwendete seine erste Niederschrift im Jahre 1726 wieder, als er nach ihr die *Sinfonia* zur Kantate BWV 52 *Falsche Welt, dir trau ich nicht* anfertigte. In diesem Zusammenhang ist bemerkenswert, daß die Kompositionsschrift noch keine Partie für den *Violino Piccolo* enthalten haben kann, da Bach 1721 in dessen um eine Großterz tiefer notierter Stimme wiederholt Transpositionsfehler zu korrigieren hatte, also frei transponierte.

Hingegen präsentiert Penzels vermeintliche »Frühfassung«, wie Michael Marissen (1997, S. 78) zeigte, auch solche Revisionen, die erst 1726 (oder später) hinzukamen. Bach hatte sie folglich in seinen eigenen Stimmensatz nachgetragen, nach dem Penzels Abschrift entstand – offensichtlich weil er die Komposition damals erneut aufführte. Will man die *Sinfonia* als frühe Version des Werkes darstellen, wären diese Änderungen rückgängig zu machen (zu den Einzelheiten siehe Marissen 1997, S. 78). Die Existenz einer früheren Fassung schließt freilich nicht aus, daß die nachkomponierten Sätze *Allegro* und *Poloineße* sowie die neue Version des *Trio* II mit Oboen statt Violinen bereits vor 1721 bestanden haben könnten und in die vorhandenen Noten eingelegt wurden. Datieren lassen sie sich einstweilen nicht.

Nicht ohne weiteres zu ignorieren ist die Hypothese, die *Sinfonia* BWV 1046a in ihrer ursprünglichen Gestalt wäre als Vorspiel zu Bachs »Jagdkantate« BWV 208 konzipiert und deshalb nicht als »Concerto« bezeichnet worden (Krey 1962). Wäre die *Sinfonia* BWV 1046a tatsächlich für die Uraufführung der »Jagdkantate« um den 23. Februar 1713 bestimmt gewesen, ergäbe sich eine erstaunlich frühe Datierung des Werkes; denn das Partiturautograph der Kantate dürfte nach neueren Forschungen bereits bis Ende 1712 fertiggestellt gewesen sein (Kobayashi 1995, S. 304). Eine denkbare, aber nicht unumstrittene Verbindung von *Sinfonia* und Kantate soll später beleuchtet werden (⟶ S. 187f.).

♦ **BWV 1047:** Christian Friedrich Penzels Partitur- und Stimmenkopien des zweiten Konzerts (ca. 1755) erlangten in Musikkreisen einige Popularität, seit Thurston Dart (1971) in diesen Quellen die »Urfassung« des Werkes vermutete und seine Erkenntnisse zur Grundlage einer Tonträgeraufnahme machte.[4] Der Titel von Penzels Partitur entspricht im wesentlichen dem Kopftitel von Bachs Partiturreinschrift (1721), während wiederum Penzels Bezeichnungen auf der als Umschlag dienenden Continuo-Stimme und seiner Stimme für das Blechblasinstrument ähnlich lauten:

Bach (Partitur): *Concerto 2$\underline{do}$ à 1 Tromba 1 Fiauto. 1 Hautbois. 1 Violino, concertati, è 2 Violini 1 Viola e Violone* [...]
Penzel (Partitur): *Concerto a Flauto, Tromba, Hautb. et Viol. Conc. di I. S. Bach*
Penzel (Stimmen): *Concerto a Violino Conc. Flauto Conc. Hautbois Conc. Tromba ô Corno Conc. Violino 1. Rip.* [...]
Penzel (Solostimme): *Tromba, ô vero Corne da Caccia*

In der Alternativbesetzung *Tromba, ô vero Corne da Caccia* sah Dart einen Hinweis auf eine ursprüngliche Fassung für Horn, die erst später durch die Trompetenpartie ersetzt worden wäre, so daß Penzels Stimmen beide Versionen spiegelten. Problematisch an dieser Hypothese erscheint, daß Penzels Abschriften mit der autographen Trompetenstimme von 1721 notengetreu übereinstimmen. Auch für die übrigen Partien des Konzerts präsentiert Penzel, wie Michael Marissen (1997, S. 78ff.) neuerdings noch einmal demonstrierte, den Notentext von Bachs Partitur ohne signifikante Änderungen. Da die Besetzung mit Horn in Penzels Stimmen erst an zweiter Stelle erscheint, steht zu vermuten, daß es sich hier um eine nachträgliche Lösung handelt, um das Werk mit seiner extrem virtuosen Trompetenpartie auch für Aufführungen unter »alltäglichen« Bedingungen zu erschließen. Zwar stellt selbst eine (um eine Oktave tiefer klingende) Wiedergabe auf dem Naturhorn erhebliche Ansprüche an den Spieler, doch fällt sie immer noch leichter als die

Die Entstehungsgeschichte des »Brandenburgischen Konzerts 3«

Ausführung auf der hohen F- oder E-Trompete der Bach-Zeit (siehe S. 316). Für eine »Urfassung« gibt es keinerlei Anhaltspunkte; es ist allerdings nicht völlig auszuschließen, daß der Hinweis auf eine Alternativbesetzung mit Horn im nachhinein von Bach oder einem anderen Redakteur der Vorlage (Wilhelm Friedemann Bach?) eingefügt wurde. Andernfalls fiele es nicht leicht zu erklären, aus welchem Erfahrungsschatz ein etwa 18jähriger eine derart pragmatische und durchaus idiomatische Lösung hätte beziehen sollen.

Auch die von Laurence Dreyfus (1987, S. 149) geäußerte Vermutung, die Baßstimme des Werkes wäre ursprünglich nur für einen 8'-Violone samt Cembalo bestimmt gewesen, läßt sich dokumentarisch nicht stützen (Marissen 1997, S. 79).

Nachdenklich stimmt indes Klaus Hofmanns Ansicht (1997), das zweite »Brandenburgische Konzert« sei in Wirklichkeit zunächst ein Kammerkonzert für Trompete, Blockflöte, Oboe, Violine und Continuo gewesen;[5] diese Besetzung sei in der Partitur von 1721 als Concertino erhalten geblieben und um einen Streichersatz als Ripieno erweitert worden. Seine These untermauert er mit der Argumentation, das Concertino bilde einen selbständigen, in sich geschlossenen und vom Ripieno unabhängigen Satz, das musikalische Gewicht der Ripienopartien im Finale falle weit hinter die Substanz des Concertino zurück und die Funktion des Ripieno im Kopfsatz beschränke sich vor allem auf die Verstärkung innerhalb der Ritornelle. Selbst dort, wo das Ripieno unabhängige Begleitpartien ausführe, seien diese oftmals als Fragmentierungen der Concertino-Stimmen, mit diesen im Unisono oder gelegentlich gar in Oktaven geführt (zu den Einzelheiten siehe Hofmann 1997, S. 187f.). Überhaupt lasse das Ripieno einen eher lockeren Umgang mit den Regeln des strengen Satzes erkennen. Diese Beobachtungen sind durchweg zutreffend, in der Tat kann das Werk ohne wesentlichen Substanzverlust in »Kammerbesetzung« ausgeführt werden. Fraglich bleibt allein, ob diese Schlußfolgerung zwingend ist. Denn Bachs Technik des Ripienosatzes, die weitgehende Colla parte-Führung mit dem Concertino, die Fragmentierung des motivischen Episodenmaterials und die Oktavverstärkung könnte auch als Stilmittel zu verstehen sein: Dieselben Kriterien erfüllen die *Tutti*-Partien in Albinonis *Concerti* op. 2 (1700) und 5 (1707) und in Torellis *Concerti* op. 8 (1709). Vor allem Albinonis Ripienosatz ist vom Mittel der Fragmentierung und von häufig wiederkehrenden Oktavklängen umfassend geprägt (vgl. beispielsweise den ersten Satz des *Concerto* D-Dur op. 5,3). Hinzu kommt, daß sich weder aus dem Partiturautograph von 1721 noch aus Penzels Abschriften konkrete Hinweise auf eine nachträgliche Ergänzung der Ripienostimmen ergeben. Hätte das Werk tatsächlich in Kammermusikfassung bestanden, hätte Bach schon 1721 eine Bearbeitung »con ripieno« vorgelegen. Sichere Anhaltspunkte zur Entscheidung über die Existenz einer Frühfassung sind allein von einer Analyse der Kompositionstechnik und der Datierung des Konzerts zu erwarten; denn in einer frühen Schaffensperiode könnte Bach ohne weiteres Modelle Albinonis und Torellis nachgeahmt haben. Hierauf wird im nächsten Kapitel zurückzukommen sein.

♦ **BWV 1048:** Die ebenfalls 1971 von Thurston Dart geäußerte Vermutung, das dritte »Brandenburgische Konzert« hätte zunächst nur eine einzige Baß-Stimme enthalten und wäre erst im Zuge der Arbeiten bis März 1721 auf eine Besetzung von *tre Violoncelli, col Baßo per il Cembalo* (Kopftitel im Partiturautograph) erweitert worden, erweist sich durch Michael Marissens Studie (1997, S. 80ff.) ebenfalls als fragwürdig. Dart war offenbar vom Kritischen Bericht der NBA (VII/2, S. 72ff.) ausgegangen, in dem es über Christian Friedrich Penzels Stimmenkopie des Werkes (ca. 1755) heißt, »Violoncello I, II, III und Violone [seien] trotz ihrer stellenweise erheblichen Unterschiede in der Notierung fast durchweg einander gleichgesetzt worden«. Anhand einer neuerlichen Überprüfung dieser Abschrift stellte Marissen klar, daß es der Herausgeber Heinrich Besseler 1956 schlicht versäumt hatte mitzuteilen, daß Penzels Stimme *Cembalo ô Violoncello 3* durch kleingeschriebene Zusätze tatsächlich aber die meisten Stellen des Kopfsatzes vermerkt, an denen die drei Violoncelli getrennt geführt werden. Ähnlich verhält es sich mit der von Penzel aufgrund seiner vorhandenen Stimmen nachträglich angefertigten Partitur, von ihm selbst mit »1755« datiert (zu den Einzelheiten siehe Marissen 1997, S. 80ff.). Offenbar hatte der Schreiber zu spät erkannt, daß die drei Partien nicht durchweg im Unisono verlaufen und entsprechende Korrekturen in der tiefsten Stimme nachgetragen, um weitgehende Revisionen der übrigen zu vermeiden.

Allerdings macht Marissen darauf aufmerksam, daß die Cellopartien in den Takten 9f., 16f., 31 und 54f. von Penzels dritter Stimme ebenso wie in der *Sinfonia* zur Kantate BWV 174 *Ich liebe den Höchsten von ganzem Gemüte* (1729) tatsächlich unisono geführt sind. Die *Sinfonia* präsentiert den ersten Satz des »Brandenburgischen Konzerts« in einer Instrumentierung, die über die je drei Violinen, Violen und Violoncelli sowie *Violone e Cembalo* der Fassung von 1721 hinaus 2 Hörner, 2 Oboen, *Taille* und *Baßon* vorsieht. Daraus ergibt sich, daß Penzels Stimmen ebenso wie die *Sinfonia* offensichtlich nach voneinander abhängigen Originalmaterialien entstanden – Penzels Abschrift nach einem Stimmensatz, Bachs teilautographe Kantatenpartitur nach einer Kompositionspartitur. Die Trennung der Cellostimmen in den genannten Takten dürfte erst im Zuge der Partiturreinschrift von 1721 vorgenommen worden sein. Dort finden sich Spuren hiervon in Gestalt korrigierter Lesarten (T. 9 und 12). Diese Befunde stehen keineswegs im Widerspruch zu dem schon auf den ersten Blick erkennbaren Sachverhalt, daß Bachs Cellopartien im Kern und vermutlich bereits bei der ersten Niederschrift des Satzes aus einer einzigen Baßstimme abgeleitet wurden. Freilich entschied sich Bach nur im Finale für ihren ununterbrochenen Unisono-Verlauf.

Schließlich zeigte Marissen (1997, S. 83f.), daß die Violone-Partie zum »Brandenburgischen Konzert 3« ebenso wie zur Kantaten-*Sinfonia* – analog zum Kopftitel von 1721 – höchstwahrscheinlich erst im Zuge dieser beiden Werkfassungen hinzutrat. D.h., die beiden Handschriften zugrundeliegende Kompositionspartitur wird mit nur neun Streichinstrumenten (plus Cembalo – und Violone? – als Verstärkung der dritten Cellostimme) gerechnet haben. Demnach könnte die Entstehung auch des dritten »Brandenburgischen Konzerts« auf die Zeit vor 1721 zurückreichen.

Erheblich gravierender erscheint ein Indiz, das Ulrich Siegele bereits 1957 (1975, S. 153) für eine Komposition des Werkes noch in Bachs Weimarer Zeit ins Feld geführt hatte: In der teilautographen Partitur der Kantaten-*Sinfonia* BWV 174/1 notierten die Schreiber wiederholt statt eines ♮ ein ♭ und bedienten sich somit einer noch aus dem 17. Jahrhundert stammenden Form der Akzidentiensetzung, die Bach nachweislich bis 1715 praktizierte, um erst in jener Zeit vollends zu moderner Konvention überzugehen (NBA I/14, KB, S. 106f.). Die letzte Originalhandschrift mit ♭-Auflösungszeichen datiert nach neueren Forschungen vom Februar 1715 (NBA I/35, KB, S. 40; Hofmann 1993, S. 27). Dieser Befund besagt, daß die Fassung von 1729 nach einer entsprechend beschaffenen Vorlage von spätestens 1715 angefertigt wurde. Nach gängiger Lehrmeinung wäre dies praktisch ausgeschlossen; »denn der erste Satz des dritten Konzerts ist einer der kompliziertesten und höchstentwickelten seiner Art« (Schulze 1981, S. 18), d.h. im Stil Antonio Vivaldis. Bach hätte also bereits um 1714/15 eine ausgereifte Komposition in italienischer Konzertform geschaffen, die er, wie es bisher hieß, erst 1713 durch das Opus 3 Vivaldis kennenlernte. Hans-Joachim Schulze (1981, S. 19) interpretiert das »Notationsversehen« von 1729, indem er annimmt, daß die *Sinfonia* nicht von Bachs Kompositionspartitur, sondern von einem Stimmensatz abgeschrieben wurde, für den der seit 1719 aktive Notenschreiber des Köthener Hofs, Emanuel Lebe-

Die Entstehungsgeschichte der »Brandenburgischen Konzerte 4 und 5«

recht Gottschalck, verantwortlich zeichnete. Er hatte – offenbar für Bachs Bewerbung um die Organistenstelle an der Hamburger St. Jacobikirche (1720) – einen Stimmensatz zur Kantate BWV 21 *Ich hatte viel Bekümmernis* hergestellt, der ähnlich plazierte Akzidentien enthält. Dieser Deutung widersprach neuerdings Michael Marissen (1997, S. 83) und gab zu bedenken, daß Gottschalck für die Hamburger Aufführung (im Kammerton) Bachs Weimarer-Kantatenfassung von c-Moll (Chorton) nach d-Moll zu transponieren hatte. Dabei wäre es ein leichtes gewesen, das ♭ zur Bezeichnung der VII. Stufe in c-Moll aus Versehen auch nach d-Moll zu übernehmen. Deshalb steht eine Weimarer Erstfassung des dritten »Brandenburgischen Konzerts« erneut zur Diskussion – nun aber unter den Vorzeichen, daß sich Bach um 1714 noch nicht mit Vivaldis modernerem Stil der *Concerti* op. 4 (1716) auseinandergesetzt haben kann.

♦ **BWV 1049:** Die nur wenigen Korrekturen im Autograph von 1721 lassen erahnen, daß Bach nach seiner Kompositionspartitur kopierte, die entweder Satzfehler enthielt oder in mehreren Schichten revidiert und daher schwer lesbar war. Die Korrekturen von 1721 betreffen fast ausnahmslos die Ripienopartien und in einem einzigen Fall die eigentliche Hauptstimme des Werkes, den *Violino Prencipale*. Konkrete Anzeichen für eine Frühfassung mit abweichendem Notentext sind nicht zu entdecken, auch liegt keine Abschrift Penzels oder eine andere Kopie vor, deren Lesarten vor die Partitur von 1721 zurückreichen könnten.[6] Im Gegenteil deutet ein gewichtiges Indiz sogar darauf hin, daß das »Brandenburgische Konzert 4« mit Verhältnissen rechnet, wie sie um 1720 offensichtlich in Köthen und wohl auch in Berlin herrschten: Mit der Besetzung zweier *Fiauti d'Echo,* eines doppelröhrigen Blockflötentypus, dürfte Bach auf Reiseerfahrungen anspielen, die der damalige Prinz Leopold von Anhalt-Köthen im Jahre 1711 in London gemacht hatte (Rampe und Zapf 1998, S. 20). Offenbar konnte der Komponist von der Existenz solcher Flöten in Berlin ausgehen, oder sollte die Bezeichnung dieser Partien auf ein Instrument hinweisen, das allein in Köthen verfügbar war? Jedenfalls ließen sich die Partien auch auf konventionellen Altblockflöten wiedergeben; für die um 1738 in Leipzig entstandene Fassung des Werkes als Cembalokonzert BWV 1057 ersetzte Bach die *Fiauti d'Echo* sogar durch solche Blockflöten, vermutlich weil jene nun nicht mehr vorhanden waren.

Somit besteht kein Anlaß, die Komposition des vierten »Brandenburgischen Konzerts« deutlich vor 1721 zu datieren.

♦ **BWV 1050:** Vom fünften der »Brandenburgischen Konzerte« existieren drei verschiedene authentische Versionen, von denen zwei in zeitlicher Nähe zu Papier gelangt sein dürften und daher größere Übereinstimmungen zeigen (Dürr 1975). Es handelt sich um einen autographen Stimmensatz aus der Zeit um 1720, nach dem das Partiturautograph von 1721 erstellt wurde, sowie einen Stimmensatz, den zwischen 1744 und 1759 zum überwiegenden Teil Johann Christoph Altnickol, zum kleineren drei anonyme Schreiber anfertigten. Wie Alfred Dürr (1975) bewies, überliefert die zuletzt genannte Handschrift als singuläre Primärquelle zweifellos eine Frühfassung des Konzerts (BWV 1050a) und wurde deshalb in der NBA (VII/2, S. 243) separat ediert.

    Altnickol (BWV 1050a): *CONCERTO â Cembalo Concertato Traverso Concertato Violino Concertato Violino riepieno* [!] *Viola e Violone*

    Bach (BWV 1050, Stimmen, ca. 1720): *Concerto â Cembalo Certato. Flauto Traversiere. Violino Obligato, Violino in Ripieno, Viola e Violone* – zwischen *Viola* und *e Violone* ergänzt: *Violoncello*

    Bach (BWV 1050, Partitur, 1721): *Concerto 5to. â une Traversiere, une Violino principale, une Violino è una Viola in ripieno, Violoncello, Violone è Cembalo concertato*

Die Entstehungsgeschichte des »Brandenburgischen Konzerts 5«

Der von Johann Christoph Friedrich Bach geschriebene Umschlag der Originalstimmen zu BWV 1050 enthält von dessen Hand auch ein offenbar als »JCF Bach« zu lesendes Monogramm; wahrscheinlich gingen diese Stimmen nach Bachs Tod 1750 in den Besitz des Sohnes über.[7] Die Frühfassung BWV 1050a unterscheidet sich von den Originalstimmen zu BWV 1050 neben zahllosen Details durch eine gesteigerte Diminuierung der Cembalopartie, durch Verlängerung der sog. Cembalokadenz am Ende des ersten Satzes von 18 auf 65 Takte und die Ergänzung einer *Violoncello*-Stimme. Sie war in BWV 1050a offensichtlich noch nicht vorgesehen und kam erst im Stimmensatz von BWV 1050 hinzu. Das Violoncello übernimmt nun weitgehend die an den Cembalobaß gekoppelte Continuo-Funktion der Violonepartie des ersten Satzes von BWV 1050a, die neue *Violone*-Stimme beschränkt sich auf eine Ripieno-Rolle. In die Originalstimmen wurde die mit der Partitur von 1721 nahezu identische »Kadenz« von 65 Takten fast korrekturlos eingetragen; Bach hatte sie wahrscheinlich auf einem separaten Blatt erweitert, das er in die Kompositionspartitur einlegte. Letztere kann durchaus mit der Vorlage von Altnickols Kopie identisch gewesen sein. Die Partiturreinschrift von 1721 schließlich präsentiert gegenüber den nicht lange zuvor entstandenen Stimmen nur wenige Revisionen (Dürr 1975).

Damit ist klar, daß die spätere Version BWV 1050 um 1720 anzusetzen ist. Wann jedoch wurde die Frühfassung BWV 1050a komponiert? Da es sich beim fünften »Brandenburgischen Konzert« um eine der exponiertesten Konzertkompositionen Bachs handelt und auch die Überlieferung der Quellen unter allen derartigen Werken die günstigste ist, liegt bis heute eine beispiellose Fülle an Interpretationen und Deutungsversuchen vor. Im folgenden seien die wichtigsten Thesen der letzten Jahrzehnte zusammengefaßt:

In offensichtlicher Unkenntnis der Frühfassung hatte Heinrich Besseler im Kritischen Bericht der NBA (VII/2, S. 7 und 17f.) eine Verbindung zwischen der Entstehung des Werkes und der Anschaffung eines zweimanualigen Cembalos von Michael Mietke aus Berlin für den Köthener Hof im März 1719 hergestellt. Hans-Joachim Schulze machte jedoch deutlich, daß keine der drei Primärquellen eine Ausführung auf zwei Manualen vorsieht (Einführung zur Faksimile-Edition des Originalstimmensatzes, S. 5f.). In der Tat finden sich in den Ecksätzen nur wenige Stellen, an denen Manualwechsel überhaupt sinnvoll und möglich wären. Schulzes Argumentation findet noch eine weitere Entsprechung: Sowohl die Frühfassung als auch die Originalstimme rechnen mit einem Tastenumfang von C bis c'''. In der Partitur von 1721 wird dieser Ambitus jedoch in T. 92 bis H' erweitert – ein Schritt, der sich aus Gründen kompositorischer Logik (als Zielton einer 12taktigen Sequenzlinie) schon bei erster Niederschrift des Werkes geboten hätte (Dürr 1975, S. 67). Damals scheint die entsprechende Taste jedoch nicht vorhanden gewesen zu sein. Inzwischen wurden zahlreiche Mietke-Cembali in der Literatur und auch vier erhaltene Instrumente bekannt.[8] Jedes dieser Cembali führt im Baß bis mindestens G', jedoch im Diskant niemals über c''' hinaus. Ein aus dem Besitz König Friedrichs I. von Preußen oder des Markgrafen Christian Ludwig stammendes (erhaltenes) Mietke-Cembalo mit zwei Manualen verfügte im Originalzustand über den Tastenumfang F'G'–c''' (⟶ S. 309). Demnach wird auch das Köthener Mietke-Cembalo mehr als vier Oktaven umfaßt haben, weshalb zu ihm offensichtlich weder die Frühfassung noch der Originalstimmensatz des »Brandenburgischen Konzerts 5« in Beziehung stehen.

Aus den genannten Überlegungen heraus hatten Alfred Dürr (1975, S. 67) und Hans-Joachim Schulze (1981, S. 16) für eine Komposition der Frühfassung vor 1719 plädiert. Pieter Dirksen (1992) brachte diese mit Bachs Besuch am Dresdner Hof im Jahre 1717 in Verbindung. Anlaß war

Die Entstehungsgeschichte des »Brandenburgischen Konzerts 5«

anscheinend eine Einladung des Konzertmeisters Jean-Baptiste Woulmyer zum Wettstreit mit dem französischen Tastenvirtuosen Louis Marchand. Wie Dirksen zeigte, orientieren sich beide Ecksätze des Werkes nicht nur formal, sondern bis in kompositorische Einzelheiten und Details der Motivik hinein an Vorbildern Antonio Vivaldis. Hier wäre anzufügen, daß Bachs formales Modell in diesem Fall tatsächlich einmal den moderneren Konzerten Vivaldis (op. 4, 1716) angenähert ist, was Dirksens Datierung stützt. Schon in der Frühfassung des fünften »Brandenburgischen Konzerts« übernimmt das Cembalo jene Virtuosenrolle, die in Vivaldis Konzerten von der Solovioline geprägt wird. Ein weiterer Höhepunkt und gleichsam der Schlußstein von Dirksens Indizienkette besteht im Thema einer abschriftlich überlieferten Orgelfuge Marchands, das Bach im Mittelsatz des Konzerts zitiert. Diese Übereinstimmung hatte bereits André Pirro (1907) erkannt:

L. Marchand: *Fugue* c-Moll für Orgel, T. 1–6 (Bibliothèque Municipale, Versailles)

Concerto D-Dur BWV 1050a: *Adagio*, T. 1f., *Violino concertato*

Aus seinen Beobachtungen schloß Dirksen, das *Concerto* BWV 1050a dürfte – am Ende der Weimarer Zeit – während des Aufenthalts in Dresden zu Papier gebracht worden sein, um in augenfälliger Symbolik die virtuose Überlegenheit des Cembalo spielenden Komponisten und seine Beherrschung des italienischen Stils nach aktueller Façon zu demonstrieren. Das Marchand-Zitat wäre dann als Referenz an den französischen Konkurrenten zu verstehen. Am Dresdner Hof hätte Bach, so Dirksen, das Werk noch im Jahre 1717 zusammen mit dem Soloflötisten der Hofkapelle, Pierre-Gabriel Buffardin, und mit dem Konzertmeister Woulmyer zur Uraufführung gebracht.

Problematisch an Dirksens Hypothese erscheint die Grundannahme, daß Bach über die Anforderungen des Wettstreits und die Eindrücke seines womöglich ersten, zeitlich nicht näher zu bestimmenden Aufenthalts im Ambiente des Dresdner Hofs in wenigen Tagen eine minutiös ausgearbeitete, beispiellose Komposition zu Papier zu bringen und in Stimmen auszufertigen hatte (Dirksen 1998). Hätte er schon die Gelegenheit gehabt, mit den führenden Musikern des damals renommiertesten Orchesters zusammenzuspielen, wäre eine reduzierte Besetzung unnötig und eine Demonstration seiner virtuosen Fähigkeiten auf Kosten der schlichten Partien für die Dresdner Solisten Buffardin und Woulmyer unangemessen gewesen. Eine Dresdner Aufführung hätte kaum eine Reduktion der Besetzung verlangt, vor allem aber hätte die Mitwirkung solch renommierter Virtuosen wie Buffardin und Woulmyer eine derart offensichtliche Vereinfachung der Flöten- und Violinpartien mit ihren durchweg geringen griff- und blastechnischen Anforderungen ausgeschlossen. Auch die Zurücksetzung der Flöte gegenüber der Solovioline wäre weder erforderlich noch angebracht gewesen, erwähnt Johann Joachim Quantz doch ausdrücklich, die Stärke seines ehemaligen Kollegen Buffardin habe in »geschwinden Sachen« bestanden (Marpurg 1755, S. 209). Dirksen erklärt die geringen Ansprüche der Flötenpartie mit dem Verweis auf mangelnde Erfahrung bei der Komposition für dieses Instrument. Doch hätte Bach tatsächlich nicht rasch erfassen sollen, welches Laufwerk dem Franzosen zuzutrauen war, wenn er in Dresden mit Buffardin in Kontakt stand? Die reduzierte Besetzung deutet Dirksen als Vorsichtsmaßnahme des Komponisten, um das nunmehr als Soloinstrument erklingende Cembalo nicht zu übertönen. In einem solchen Fall dürfte Bach allerdings weniger die Besetzung verringert als die Einsätze des Ripieno auf Situationen beschränkt haben, in denen das Tasteninstrument primär Continuo spielt oder begleitet. Genau dies trifft auf alle Versionen des Werkes zu. Zudem hätte Bach aus seiner Erfahrung als Generalbaßspieler bewußt sein müssen, wie durchsetzungsfähig ein Cembalo sogar bei mehrfacher Streicherbesetzung ist. Dessen eingedenk teilte er die Partie des *Violino in ripieno* im Finale der Partitur von 1721 in *Solo* und Tutti (⟶ S. 419). Der Verzicht auf eine zweite Ripienovioline war demnach nicht klanglich bedingt.

Für eine Dresdner Aufführung unverständlich erschiene zudem die Beschränkung der Cembalo-Stimme auf einen Tastenumfang von vier Oktaven. Aus erhaltenen Dokumenten und Instrumenten geht hervor, daß am Dresdner Hof zu jener Zeit bereits Cembali mit viereinhalb und sogar fünf Oktaven in Gebrauch waren.[9]

Das Marchand-Zitat spricht im übrigen eher gegen als für eine Entstehung des Konzerts in Dresden. Werner Breig (1998) versuchte unlängst, die widersprüchlichen Dokumente über dieses Ereignis miteinander in Einklang zu bringen, und kam zu dem Ergebnis, daß Bach Dresden kaum »als Sieger« verlassen haben kann. Vielmehr dürfte er »zum Werkzeug einer Intrige gegen Marchand«, den Favoriten des Hofs, geworden sein, die von Mitgliedern der Hofkapelle inszeniert worden war. Jedenfalls gelangte der Wettstreit erst zu einem späteren Zeitpunkt in Bachs Leben an die breite Öffentlichkeit. Unter solchen Vorzeichen erscheint Bachs Anspielung mit der repräsentativen Wirkung einer Uraufführung in Dresden unvereinbar. Dies gilt erst recht für den Kontext, in dem Marchands Fugenthema auftritt – als Grundlage von Bachs einzigem langsamem Konzertsatz in Concerto-Form, der zudem in der Technik von Albinonis Konzertsätzen aus Opus 5 eröffnet wird: als Fugato in Engführung (⟶ S. 272). Der politische Charakter einer derartigen Verunglimpfung des ehemaligen Organisten der Versailler Chapelle Royale dürfte bei Hof in Dresden kaum begrüßt worden sein.

Eine plausiblere Lösung des Datierungsproblems ermöglicht ein Hinweis von Hans-Joachim Schulze (1981, S. 16). Demnach könnte das *Concerto* BWV 1050a im Hinblick auf den ersten Kuraufenthalt Fürst Leopolds von Anhalt-Köthen vom 9. Mai bis Juli 1718 in Karlsbad entstanden sein (Rampe und Zapf 1997/98 I, S. 33ff.; Rampe 1998 II). Als musikalische Reisebegleiter verpflichtete Leopold sechs Mitglieder seiner Hofkapelle: außer dem Kapellmeister Bach den Oboisten Johann Ludwig Rose, den Fagottisten Johann Christoph Torlé, die Geiger Christian Ferdinand Abel und Martin Friedrich Marcus sowie den Cellisten Christian Bernhard Lienigke (Bunge 1905, S. 23). Diesen sechs Musikern kann die innerhalb von Bachs Œuvre beispiellose Ripienobesetzung von drei Streichinstrumenten mit nur einem einzigen *Violino in Ripieno* zugewiesen werden. Der Fagottist Torlé könnte Viola, der Cellist Lienigke Violone und der Oboist Rose Traversflöte gespielt haben. Wie ein Blick auf die Verhältnisse an den Höfen von Rudolstadt, Weimar und Merseburg sowie auf die Ratsmusiken in Weimar, Köthen und Leipzig zeigt, waren Hofmusiker und Stadtpfeifer zur Beherrschung von Flöten- ebenso wie Rohrblatt-, Streich- und häufig sogar Blechblasinstrumenten verpflichtet (⟶ S. 35f., 42 und 54). Selbst bei Hof war ein Wechsel von der einen zur anderen Instrumentengattung innerhalb einer einzigen Aufführung übliche Praxis (⟶ S. 37). Durch die Bestimmung als »Karlsbader Kammermusik« erklärt sich auch die

Die Entstehungsgeschichte des »Brandenburgischen Konzerts 6«

ungewöhnlich anspruchslose und in ihrem Duktus an die Cantabilität einer Oboenpartie angenäherte Flötenstimme: Die rangniedrigeren Kapellmitglieder Rose und Abel hätten als Solisten im Schatten des neuen, nun auch als Virtuose auftretenden Kapellmeisters gestanden.

Die Ausführung der *Violone*-Stimme durch einen Musiker, der in den Gehaltslisten des Köthener Hofs als Cellist geführt wurde, läßt sich leicht erklären: Bach limitierte den in der Frühfassung BWV 1050a zunächst bis Cis reichenden Tonumfang des Instruments in der Partitur von 1721 auf D, hatte also einen fünf- bis sechssaitigen Violone mit Stimmung auf D' vor Augen. Eine entsprechende, noch bei Anfertigung des Partiturautographs ausgeführte Korrektur ist dort in T. 124 gut erkennbar. Bei Licht betrachtet, verweist der Tonumfang Cis–e' der Frühfassung allerdings nicht auf ein von Laurence Dreyfus (1987, S. 148ff.) vermutetes Gambeninstrument in G', dessen tiefste Saite durchweg ungenutzt geblieben wäre, sondern auf einen viersaitigen Violone in C', eine Oktave tiefer als ein Violoncello gestimmt. Dieser Typus wurde damals, so Johann Philipp Eisel (1738), insbesondere von Cellisten gespielt (⟶ S. 305). Bachs Originalstimmensatz von ca. 1720 mit dem aus BWV 1050a übernommenen Tonumfang zeigt, daß er mit besagter Praxis auch in Köthen rechnete. Ebensogut wäre jedoch denkbar, daß der Terminus *Violone* in der Frühfassung nicht ein Gambeninstrument, sondern ein großes Continuocello in 8'-Lage meinte (⟶ S. 304 und 306).

Schließlich aber hätte es für Bach kaum ein publizitätswirksameres Podium geben können, um an den Wettstreit mit Marchand zu erinnern und seine Beherrschung des neuen italienischen Konzertstils unter Beweis zu stellen, als den böhmischen Badeort an der Schnittstelle zwischen kursächsischen, habsburgischen und preußischen Hegemonialbereichen. Denn in Karlsbad traf sich seit 1711 die europäische Aristokratie, machte Urlaub und gestaltete dabei Politik; im Sommer 1718 etwa waren mehrere Vertreter des sächsischen Hochadels in Karlsbad anwesend (Wolff 2000, S. 534). Daher nimmt es nicht wunder, daß Fürst Leopold für seine Reise Sonderzahlungen an Köthener Bedienstete leistete, »welche das Fürstliche ClaviCymbel ins CarlsBad tragen gehollfen« (Dok. II, Nr. 86). Hätte Leopold nicht gewichtige Klangbeiträge seines Kapellmeisters erwartet, wäre ein solcher Transport über Hunderte von Kilometern überflüssig gewesen. Dieses Instrument dürfte das ältere, vom Ende des 17. Jahrhunderts stammende Cembalo des Hofs – vor Anschaffung des Mietke-Cembalos und eines »reise Clavessin« im Jahre 1719 – gewesen sein und war bei der Bestandsaufnahme der Köthener Musikinstrumente (1729) nach Leopolds Tod bereits nicht mehr vorhanden (Hoppe 1998, S. 26). Für den zweiten Karlsbad-Aufenthalt des Fürsten von Mai bis Juli 1720 stand nun besagtes Reisecembalo zur Verfügung, wobei anscheinend nur Bach den Fürsten begleitete (Hoppe 1998, S. 16). Daher wäre es reine Spekulation, den Originalstimmensatz von ca. 1720 mit seiner erweiterten »Kadenz« und nachgetragenen Cellopartie, aber noch ungeteilten *Violino in Ripieno*-Stimme mit dieser erneuten Badekur in Verbindung zu bringen.

♦ **BWV 1051:** Ebenso »merkwürdig« wie die Quellenlage des vierten erscheint auch die des »sechsten Brandenburgischen Konzerts« BWV 1051. Hinweise auf eine vor 1721 zurückreichende Frühfassung bestehen nicht, nunmehr ist das Partiturautograph sogar fast frei von signifikanten Korrekturen.[10] Malcolm Boyd (1993, S. 92 und 94) beobachtete jedoch, daß Bach den Mittelsatz *Adagio ma non tanto* im Autograph zunächst um rund ein Drittel kürzer disponiert hatte und den erforderlichen Raum zur Verlängerung gewann, indem er den Beginn des Finales um gut eine Seite verschob (von der Vorderseite auf die Rückseite des Blattes r2).

Die Entstehungsgeschichte des »Brandenburgischen Konzerts 6«

Um diesen Befund nachvollziehen zu können, muß man sich Bachs Arbeitstechnik bei der Anfertigung dieses und vieler anderer Partiturautographe vor Augen führen: Vor Aufzeichnung der Noten begann er damit, leere Papierbögen mit Notenlinien zu füllen. Hierzu verwendete er, wie damals üblich, eine in Tinte getauchte fünfzackige Metallgabel, »Rastrum«, »Rastellum« oder »Rastral« genannt (gedrucktes Notenpapier war um 1720 noch nicht erhältlich). Sodann disponierte er auf den vorhandenen Seiten für jeden Satz ein »Layout« und trug mit einem Lineal die Taktstriche ein, wobei je nach Taktart und anhand der schnellsten vorkommenden Notenwerten von Satz zu Satz unterschiedliche Zwischenräume erforderlich wurden. Erst jetzt begann die eigentliche Niederschrift. Zunächst war die Vorderseite von Blatt r2 in die breiteren Taktzwischenräume des letzten Satzes eingeteilt worden. Als Bach erkannte, daß er für den Mittelsatz mehr Raum als vorgesehen benötigte, unterteilte er diese Seite in kleinere Zwischenräume, rasierte anschließend die überflüssigen Taktstriche vom Papier und zog die Notenlinien von Hand nach.

Hieraus zog Ares Rolf (1997, S. 228ff.) die Schlußfolgerungen, daß Bach ursprünglich einen anderen Mittelsatz vorgesehen hatte und diesen noch während der Arbeiten an der Partitur von 1721 durch den vorhandenen austauschte oder daß er sich beim Kopieren entschloß, das *Adagio ma non tanto* wahrscheinlich von etwa T. 40 an um gut ein Drittel zu verlängern. Wahrscheinlicher aber ist, daß Bach Vorder- und Rückseite des Einzelblatts verwechselt hatte: Die bereits in Taktstriche für das Finale eingeteilte Rückseite nutzte er zur Fortsetzung des *Adagio*, bemerkte seinen Irrtum erst nach Beginn der Beschriftung und versah diese Seite zum einzigen Mal mit einer »Unterpaginierung« (»r2.«; das vorangehende Blatt lautet »r«), um Vorder- und Rückseite neu zu definieren.[10a] Diese Vermutung wird durch den – im Vergleich zu den umliegenden Blättern – schmaleren linken und breiteren rechten Rand der Seite r2 sowie durch die Plazierung der beiden Schlußtakte des Mittelsatzes auf der (heutigen) Rückseite bestätigt: Bach hatte offensichtlich zunächst geplant, das *Adagio* auf der Vorderseite zu beenden.

Kein anderes »Brandenburgisches Konzert« wurde von der Forschung derart unterschiedlich datiert wie das sechste. Aufgrund seines »archaischen Charakters« hatte Heinrich Besseler (NBA VII/2, KB, S. 19ff.) für die frühe Köthener (um 1718), Martin Geck für die Weimarer Zeit (um 1713) plädiert. Der altertümliche Stil beruht freilich vor allem auf der Zusammenstellung eines »broken consorts« verschiedener Streichinstrumente tiefer Lage, für die Hans-Werner Boresch (1993, S. 128f.) und Ares Rolf (1998) zahlreiche Beispiele aus dem 17. Jahrhundert und aus Bachs frühen Kantaten anführen. Daß aus der Zeit seit Anfang 1715 kein Werk des Komponisten bekannt ist, in dem zwei oder mehr Bratschen verlangt werden, deutete Boresch als Indiz, »daß das B-dur-Konzert bereits vor der Köthener Zeit entstanden ist«. In denkbar größtem Gegensatz zu diesen Vermutungen steht Michael Marissens Feststellung (1991), daß die Komposition als letzte der Sammlung von 1721 entstand. Marissen zeigte, wie Bach das Prinzip des italienischen Konzerts hier gleichsam umkehrt, indem er die Charaktereigenschaften von Ritornell und Episode im ersten Satz vertauscht. Zugleich aber offenbart das sechste Konzert schon auf den ersten Blick eine Konzertform mit kontrastierender Gegenüberstellung von Ritornell und Episode – bzw. im vorliegenden ersten Satz von Ritornell in Episoden- und Episode in Ritornellgestalt. Wie die strukturellen Untersuchungen Pieter Dirksens (1992) am fünften sind auch Marissens analytische Erkenntnisse für das sechste Konzert von objektiver Beweiskraft, weil sie den kompositorischen Prozeß beleuchten und von einzelnen Details, Änderungen der Instrumentierung, Mißständen der Überlieferung sowie subjektiven Eindrücken unabhängig bleiben. Hierauf wird später zurückzukommen sein (⟶ S. 179ff.).

Daß Bach noch in einem weiteren Fall bei der Beschäftigung mit einer Gattung tatsächlich deren Abstraktion und schließlich sogar weitgehende Auflösung ansteuerte, zeigt die Entwicklung seiner Claviersuiten und deren chronologische Abfolge von den »Englischen Suiten« (begonnen vermutlich um 1715) bis hin zu den Partiten der *Clavier Übung* I (abgeschlossen 1730). Dort reicht die kompositorische Konzeption – in nachweisbarer chronologischer Ordnung der einzelnen Werkgruppen – von der Stilkopie hin zur Verwandlung von Tanzsätzen zu Charakterstücken. In diesem Fall waren es freilich nicht italienische, sondern französische Vorbilder, von denen sich Bach Anregungen holte. Solche Muster bestimmten wesentliche Stufen seiner kompositorischen Entwicklung innerhalb der Gattung (Rampe 1999 II).

Die Entstehungsgeschichte der Violinkonzerte

Nur zwei von Bachs Violinkonzerten sind in ihrer ursprünglichen Fassung für Geige überliefert: die Concerti a-Moll BWV 1041 und E-Dur BWV 1042. Ebenfalls in einer Version für Violinen liegt das Doppelkonzert d-Moll BWV 1043 vor.

Aufgrund ihrer Quellenlage und spieltechnischen Idiomatik kann freilich kein Zweifel darüber bestehen, daß auch die Cembalokonzerte d-Moll BWV 1052 und f-Moll BWV 1056 auf verschollene Werke für Violine und Orchester (in d-Moll und g-Moll) zurückgehen. Ferner existiert ein weiteres Doppelkonzert unter Beteiligung der Solovioline: Das *Concerto* c-Moll BWV 1060 für 2 Cembali stellt die Bearbeitung eines Werkes für Oboe und Violine dar. Schließlich lassen sich sogar die Konzerte für 3 Cembali d-Moll BWV 1063 und C-Dur BWV 1064 auf Tripelkonzerte für 3 Violinen zurückführen. Für BWV 1064 ist dies gesichert, für BWV 1063 sehr wahrscheinlich (NBA VII/7, KB, S. 141).

Somit komponierte Bach mindestens sechs Konzerte für 1–3 Violinen. Rechnet man zu diesen und zum Doppelkonzert BWV 1060 noch das »Tripelkonzert« BWV 1044 und die »Brandenburgischen Konzerte 3–5« mit solistischer Violine sowie das erste Konzert dieser Sammlung (mit *Violino Piccolo*) hinzu, so ergibt sich eine Gesamtzahl von 13 Konzerten für oder mit Solovioline.

Diese Menge erstaunt nur wenig, wenn man bedenkt, daß Bach seinen Beruf nicht allein als Cembalist und Organist, sondern auch als Geiger ausübte. Ausgehend vom Vater Johann Ambrosius, einem Hofmusiker und Stadtpfeifer, von dem er vermutlich seinen ersten Musikunterricht erhielt, kann angenommen werden, daß Bach mit dem Spiel von Streichinstrumenten – außer Violine auch Viola und wahrscheinlich Violoncello (Rampe 1999 I, S. 723) – bereits begann, bevor er Tasteninstrumente erlernte. Denkbar wäre sogar, daß er von dem Cousin seines Vaters, dem Eisenacher Hof- und Stadtorganisten Johann Christoph Bach, der offenbar ein außerordentlich virtuoser Geiger war, Violinstunden erhielt. Vermutlich wurde Bach im Rahmen der Organistenlehre, die er nach dem Tod der Eltern in den Jahren zwischen etwa 1695 und 1700 bei seinem älteren Bruder Johann Christoph in Ohrdruf absolvierte, längere Zeit auf Streichinstrumenten ausgebildet. Jedenfalls wissen wir, daß er seine eigenen Orgelschüler auch auf der Violine und auf dem Violoncello unterrichtete (Rampe 1999 I, S. 718–723). Außer Frage steht, daß Bach die schon damals angesehene Weimarer Hofkapelle in den Jahren 1714–1717 als Konzertmeister anführte und daher ebenso Organist wie erster Geiger des Hofes war (⟶ S. 38). Deshalb ist naheliegend, daß er das zeitgenössische Repertoire italienischer Violinmusik, angefangen von Arcangelo Corellis Sonaten op. 5 (1700) und Giuseppe Torellis Konzerten op. 8,7–12 (1709) bis hin zu Antonio Vivaldis *Concerti* op. 4 (*La Stravaganza,* 1716), sowohl studierte als auch selbst auf der Violine vorzutragen hatte. In jene Zeit fällt von Bachs Violinwerken, soweit bisher bekannt, nur die *Fuga* g-Moll BWV 1026, deren Primärquelle, eine Abschrift Johann Gottfried Walthers, zwischen 1714 und 1717 entstand (Beißwenger 1992 II, S. 27). Um so mehr würde es erstaunen, hätte er in diesen Jahren nicht noch weitere Instrumentalmusik für solistische Violine komponiert. Der Überlieferung durch C. P. E. Bach verdanken wir die Information, daß sein Vater »bis zum ziemlich herannahenden Alter [...] die Violine rein und durchdringend« spielte und »dadurch das Orchester in einer größerern Ordnung [hielt], als er mit dem Flügel hätte ausrichten können« (Dok. III, Nr. 801). Wahrscheinlich trat Bach als Leiter seines Leipziger Collegium musicum von 1729 an auch häufig als Konzertmeister und Violinsolist auf. Darauf läßt der Zusatz »durchdringend« schließen. Die um 1730/31 in Leipzig angefertigten autographen Solostimmen zu den Violinkonzerten a-Moll BWV 1041 und d-Moll BWV 1043 (siehe unten) dürften von ihm sehr wohl selbst ausgeführt worden sein. Dies kann auch für das nicht-autograph erhaltene E-Dur-Konzert BWV 1042 angenommen werden. Ob Bach allerdings in der Lage war, die Solopartie des verschollenen *Concerto* d-Moll (BWV 1052) für Violine vorzutragen, sei dahingestellt.

Aus Bachs Berufstätigkeit als Tastenspieler und Geiger ergeben sich zwei Konsequenzen, die derart selbstverständlich erscheinen, daß sie kaum je Erwähnung finden oder berücksichtigt werden: Ebenso wie seine Tastenwerke eine Fülle von charakteristischen Streicherfiguren enthalten, weshalb ihre angemessene Ausführung Grundkenntnisse der Bogentechnik bedingt, war die Übertragung von polyphoner Musik und Fugen in die Violinsoli BWV 1001–1006 (1720) für einen mehrstimmig denkenden Organisten geradezu zwangsläufig. Schon die Zuweisung der eigentlich der Violine vorbehaltenen Virtuosenrolle an das Cembalo im fünften »Brandenburgischen Konzert« läßt sich als Folgeerscheinung von Bachs Doppelfunktion erklären. Zugleich lag es nahe, seine Violinkonzerte nach und nach für Cembalo einzurichten, als er im »ziemlich herannahenden Alter« das regelmäßige Violinspiel aufgab (⟶ S. 118). Bemerkenswert ist, daß Bach sich dabei stets bemühte, typische Violintechniken wie Bariolage-Figuration oder Arpeggien in klanglich unverwechselbarer, aber spieltechnisch adäquater Weise auf dem Tasteninstrument wiederzugeben. Auch diese Beobachtung bestätigt die Vermutung, daß Bach – ebenso wie Wolfgang Amadé Mozart – seine Violinkonzerte zunächst für sich selbst schrieb.

Besondere Bedeutung kommt in diesem Zusammenhang der musikalischen Erziehung von Bachs ältestem Sohn Wilhelm Friedemann zu. Nachdem er diesem wahrscheinlich persönlich die Grundlagen des Violinspiels vermittelt hatte, schickte er den 16jährigen für ein Dreivierteljahr – zwischen Juli 1726 und April 1727 – zur Fortsetzung seiner Geigenausbildung zu dem neuen Konzertmeister des Merseburger Hofs, Johann Gottlieb Graun. Zuvor hatte bereits Bachs Köthener und Leipziger Orgellehrling Johann Schneider bei Graun Violinunterricht genommen (Dok. II, Nr. 324). Schneider war seit 1746 als zweiter Geiger und Cembalist Mitglied der Großen Konzertgesellschaft in Leipzig (⟶ S. 54) und in den Jahren davor wohl in Bachs Collegium musicum tätig. Daher wird auch Wilhelm Friedemann Bach in dieser Formation Violine gespielt haben, möglicherweise sogar als Solist zusammen mit seinem Vater, bevor er 1733 Organist der Dresdner Sophienkirche wurde.

Johann Gottlieb Graun hatte bei dem Dresdner Konzertmeister Johann Georg Pisendel und – unmittelbar vor Beginn seiner Merseburger Tätigkeit – zwischen 1723 und 1725 bei Giuseppe Tartini in Prag studiert. 1732 wurde er Kammermusiker des Kronprinzen und späteren Königs

Die Entstehungsgeschichte der Violinkonzerte

Friedrich II. von Preußen (Friedrich der Große); die Entscheidung war damals für ihn und nicht für den renommierten italienischen Violinvirtuosen Pietro Antonio Locatelli gefallen. Von 1740 an war Graun für mehr als 30 Jahre Konzertmeister der Berliner Hofkapelle und damit zugleich Kollege C. P. E. Bachs. Mit dessen Vater stand er noch bis mindestens 1749 in Kontakt (Dok. II, Nr. 582, 586, 589–590). Er galt früh, auch in Bachs Schülerkreis, als außerordentliche musikalische Persönlichkeit sowie als »starker Violinspieler, und feuriger Instrumentalcomponist« und war berühmt für seinen ausdrucksvollen, gesanglichen Vortrag langsamer Sätze (Hiller 1784, S. 43 und 76). Seine Mitwirkung als Gast im Leipziger Collegium musicum, wenigstens für die Zeit um 1730, ist wahrscheinlich.

Dies gilt natürlich ebenso für den als musikalische Autorität und als Instrumentalist bedeutendsten deutschen Geiger jener Zeit, Johann Georg Pisendel, obwohl dessen Beziehung zu Bach über einen Besuch im Jahre 1709 in Weimar (⟶ S. 69) und über Bachs Dresdner Aufenthalte seit 1717 hinaus nicht greifbar ist. Fraglich bleibt, ob Pisendels Vorgänger als Konzertmeister der Dresdner Hofkapelle, Jean-Baptiste Woulmyer, je unter Bachs Leitung spielte. Woulmyer war seit 1692 Konzertmeister der Berliner Hofkapelle, bevor er 1709 in gleicher Position nach Dresden wechselte. Seine Bekanntschaft mit Bach ist durch die anscheinend von Woulmyer ausgesprochene Einladung zum Dresdner Wettstreit mit Louis Marchand im Jahre 1717 wahrscheinlich (Hiller 1784, S. 16). Vermutlich verfügte Woulmyer über Kontakte zum Weimarer Hof (⟶ S. 33), sein Name erscheint jedoch nicht unter jenen Solisten, die während Bachs Köthener Zeit im dortigen Schloß gastierten (⟶ S. 43). Er starb 1728, noch bevor Bach die Leitung des Leipziger Collegium musicum übernahm.

Aller Wahrscheinlichkeit nach teilte sich Bach die Konzertmeisterfunktion im Collegium musicum mit Christian Gotthelf Gerlach, der den Komponisten als Leiter dieser Formation von Frühjahr 1737 bis Herbst 1739 vertrat und um 1745 ablöste sowie seit 1746 auch Konzertmeister der Großen Konzertgesellschaft in Leipzig war. Somit kann Gerlach ebenfalls als potentieller Solist Bachscher Violinpartien gelten. Über seine Ausbildung als Geiger ist nichts bekannt. Aufschlußreich erscheint jedoch, daß während seiner Tätigkeit als Konzertmeister der Konzertgesellschaft der Anführer der Leipziger Stadtpfeifer neben ihm saß (⟶ S. 54). Von 1716 bis vermutlich 1723 war Gerlach Mitglied der Leipziger Thomasschule, seit 1727 Jurastudent. Bis zum Jahr 1728 wirkte er bei Bachs Leipziger Kantatenaufführungen mit, 1729 trat er während eines Gastspiels am Weißenfelser Hof unter Leitung des Thomaskantors als »Altiste« (Sänger) auf. Im gleichen Jahr wurde Gerlach, wohl auf Bachs Betreiben hin, Kantor und Organist der Leipziger Neukirche und behielt dieses Amt bis zu seinem Tod 1761 (Glöckner 1990, S. 88ff.).

Zumindest in den Jahren 1727/28 hatte auch der »Cammer Musicus« und wohl Konzertmeister der Braunschweiger Hofkapelle in Wolfenbüttel, Georg Heinrich Ludwig Schwanenberger, engen Kontakt zu Bach, nahm bei diesem offenbar Generalbaßunterricht, war am Vertrieb der *Clavier Übung* I beteiligt und stand bei der Nottaufe von Bachs Tochter Regina Johanna am 10. Oktober 1728 als »Vice Pathe« zur Verfügung. Zusammen mit Schwanenberger fertigte Anna Magdalena Bach um 1728 in Leipzig eine Abschrift der Violinsoli BWV 1001–1006 an, die für diesen bestimmt war und daher von ihm offensichtlich gespielt wurde (Schulze 1984, S. 96ff.).

Über die Geiger der Weimarer Hofkapelle in den Jahren 1708–1717 liegen kaum Informationen vor. Der neben Bach wohl führende Violinspieler war der »Cammer Musicus« Johann Andreas Ehrbach. Gastspiele auswärtiger Musiker, wie sie für Köthen belegt sind, lassen sich für den Wei-

Die Entstehungsgeschichte der Violinkonzerte

marer Hof mangels erhaltener Dokumente nicht nachweisen. Auch die Frage, ob Bach hier oder später in Leipzig jemals einen der führenden italienischen Violinvirtuosen – beispielsweise Francesco Maria Veracini, Giuseppe Tartini oder Pietro Antonio Locatelli – kennenlernte, muß offenbleiben.

Hingegen sind wir über die Köthener Verhältnisse zwischen 1717 und 1723 relativ genau unterrichtet. Der Konzertmeister der Hofkapelle, Joseph Spieß, gehörte als Nachfolger Woulmyers von 1709 bis zu deren Auflösung im Jahre 1713 in gleicher Position der Berliner Hofkapelle an. Während Bachs Reisen von Köthen aus und nach dessen Weggang nach Leipzig wurde die Hofkapelle von Spieß allein geleitet. Spieß, aber auch der ebenfalls aus Berlin nach Köthen gekommene Martin Friedrich Marcus – möglicherweise Stimmführer der zweiten Violine –, scheinen ganz hervorragende Geiger gewesen zu sein. Eine gewichtige Rolle als Violinist spielte ebenfalls der heute vor allem als Gambist bekannte Christian Ferdinand Abel (⟶ S. 42).

Je nach Blickwinkel merkwürdig oder aber bezeichnend erscheint, daß während Bachs Amtszeit am Köthener Hof zwar wiederholt der in Venedig wohnhafte neapolitanische Opernkomponist Nicola Pisano sowie ein Kastrat namens Ginacini, aber kein italienischer Violinvirtuose auftraten (⟶ S. 43). Allem Anschein nach bestand entweder kein Bedarf oder aber kein Interesse für italienische Geiger. Solisten auf der Violine scheinen überhaupt nur ein einziges Mal in Gestalt der »ConcertMeister« Johann Georg Lienigke und Johann Gottfried Vogler verpflichtet worden zu sein – anläßlich des Besuchs des württembergischen Herzogs Friedrich Ludwig im Dezember 1719 (Hoppe 1998, S. 15). Friedrich Ludwig war einer der bedeutendsten musikalischen Dilettanten und Mäzene seiner Zeit; seine beachtliche Musikaliensammlung wird heute großenteils in Rostock aufbewahrt (Landmann 1997). Das Engagement gleich zweier Violinsolisten legt Aufführungen von Konzerten für drei oder mehr Violinen zusammen mit den führenden Köthener Geigern nahe (Butler 1997, S. 244). Lienigke war wahrscheinlich ein Bruder des Köthener Cellisten Christian Bernhard Lienigke; er hatte bei Johann Theile in Berlin studiert, war von 1714 bis 1718 Konzertmeister des Weißenfelser Hofs (Fuchs 1990, Anhang S. 31) und, wie aus den Köthener Hofakten hervorgeht, von 1718 bis 1721 in gleicher Position in Merseburg, also ein Vorgänger Johann Gottlieb Grauns. Ein hochbegabter Geiger scheint Johann Gottfried Vogler gewesen zu sein, dem der Darmstädter Kapellmeister Christoph Graupner im Jahre 1729 bescheinigte, er sei »auf seinem Instrument starck [und habe] auch ein gut Musicalische judicium [Urteilsvermögen]« (Glöckner 1990, S. 81). Auch Vogler wirkte damals als Kantor und Organist der Leipziger Neukirche (1716–1720) und war somit einer der Vorgänger Christian Gotthelf Gerlachs. Nach 1720 ging er als Kammermusiker an den Würzburger Hof, im Jahre 1725 nach Darmstadt.

Die Frage, für welches Klangideal die Solopartien von Bachs Violinkonzerten bestimmt waren, hängt wesentlich von deren Entstehungszeit ab. Im Instrumentarium der Weimarer Hofkapelle überwogen offensichtlich schon zu Bachs Zeit italienische Streichinstrumente, darunter von Antonio Stradivari (⟶ S. 293), in Köthen hingegen deutsche, vor allem solche von Jacob Stainer. Der Köthener Konzertmeister Spieß schaffte im Jahre 1719 für die Hofkapelle zwei Violinen von Stainer (vermutlich von 1673 und 1675) an, der Weimarer Hofkapelle vermittelte Spieß jedoch »Zwey schwarze Cremoneser« Geigen (Hoppe 1998, S. 22; Heyde 1986, S. 37). Bach selbst besaß 1750 eine Violine, die von Stainer oder nach seinem Vorbild erbaut worden war (⟶ S. 294). Allerdings ist bezeichnend, daß er in seiner Leipziger Zeit offenbar das spätere Violinmodell Stradivaris bevorzugte; mit 12 Stradivari-Instrumenten war auf Veranlassung Woulmyers im Jahre

Die Entstehungsgeschichte des Violinkonzerts a-Moll

1715 auch die Dresdner Hofkapelle ausgestattet worden (siehe S. 294). Anhaltspunkte für eine Entscheidung zwischen beiden Violinmodellen scheint allein die rekonstruierbare Solopartie des d-Moll-Violinkonzerts (BWV 1052) zu liefern, deren dominanter Gestus unter Einbeziehung gebrochener Dreiklänge durch alle Register und Doppelgriffe bis in höchste Lagen (von g bis a''') für ein Instrument des späteren Stradivari-Typus mit einem kraftvollen, in allen Lagen ausgeglichenen Ton zu sprechen scheint.

Ausgehend von den Quellen werden im folgenden die Concerti a-Moll BWV 1041, E-Dur BWV 1042 und d-Moll BWV 1043 diskutiert. Die Konzerte BWV 1052, 1056, 1063 und 1064, deren Originalversionen verlorengingen, folgen später unter den Cembalokonzerten.

Die Quellenlage der Konzerte BWV 1041 und 1043 weist insofern Ähnlichkeiten auf, als die erhaltenen Primärquellen, zwei Stimmensätze, aus Originalstimmen bestehen oder solche einschließen:

Concerto a-Moll BWV 1041	Originalstimmen, geschrieben von J. S. Bach, C. P. E. Bach, J. L. Krebs und zwei anonymen Kopisten	ca. 1730
Concerto d-Moll BWV 1043	drei Originalstimmen von J. S. Bach, C. P. E. Bach und einem anonymen Kopisten, vier weitere Stimmen von einem zweiten anonymen Kopisten	ca. 1730/31, 1734–1738

Betrachten wir beide Werke näher:

♦ **BWV 1041:** Die Fertigstellung des Originalstimmensatzes steht offenbar in Beziehung zu Bachs Übernahme des Leipziger Collegium musicum im Frühjahr 1729. Er enthält sechs Stimmen (*Violino Concertino, Violino 1, Violino 2, Viola, Continuo* und *Continuo,* beide unbeziffert), nach denen das Werk ohne weiteres aufführbar war. Daß über diese Stimmen hinaus einmal sog. Dubletten, also Zweitstimmen für Ripienostreicher, bestanden, wie dies im Kritischen Bericht der NBA (VII/3, S. 15) vermutet wird, ist eine Hypothese, der mit Recht schon Joshua Rifkin (1991 und 1997, S. 172f.) widersprach. Zwar kann ihre frühere Existenz nicht mit Sicherheit ausgeschlossen werden, doch ist sie angesichts des vollständigen Fehlens – im Unterschied zu den Kantaten – eher unwahrscheinlich.

Der vorliegende Stimmensatz befand sich im Nachlaß von C. P. E. Bach, der ihn bereits 1750 erhalten haben könnte. Weitere Primärquellen sind unbekannt, so daß man zunächst annehmen könnte, das a-Moll-Konzert sei um 1730 entstanden und als Stimmensatz ausgefertigt worden (Wolff 1985). Bei näherem Hinsehen ergeben sich jedoch einige Fragen:

Martin Geck wies 1994 (S. 19) und 1997[11] darauf hin, daß in der von anonymer Kopistenhand stammenden, jedoch von Bach korrigierten Stimme der Violine 2 nachträglich verbesserte Transponierfehler auftreten, die zeigten, daß »zumindest Teile der Vorlage in g-Moll standen«. Diese Informationen sind dem Kritischen Bericht der NBA (VII/3, S. 17) entnommen. Transponierfehlern begegnet man innerhalb besagter Stimme freilich nur in den ersten beiden Sätzen. Der letzte Satz wurde in dieser Partie sowie in den Stimmen von *Violino 1* und *Continuo* (2) von Bach selbst eingetragen, der auch die Stimmen für die Solovioline und Viola persönlich ausführte. Dietrich Kilian schließt aus diesem Sachverhalt, die Vorlage zu den Originalstimmen sei »keine einheitliche Größe gewesen«. Gegen eine »Frühfassung« als Violinkonzert g-Moll sprächen im ersten Satz die Takte 126–128 in der Solovioline und T. 131 in der Violine 1, deren Stimmverlauf bis fis geführt, also die G-Saite unterschritten hätte. Gleiches gilt auch für T. 32 des *Andante*. Tatsächlich jedoch hätten die Takte 126–131 (erste Note) ursprünglich eine Oktave höher erklingen können; denn auch die Parallelstelle in T. 88–98 rechnet mit Oktavversetzung, dort allerdings von Sequenzglied zu Sequenzglied. Entsprechend hätten die Takte 131–132 in der Violine 1 ebenfalls überwiegend oktaviert sein können (sie reichen in der a-Moll-Fassung auffälligerweise unter die Partien von Violine 2 und Viola). Solche Überlegungen bleiben jedoch reine Spekulation. Denn bei genauerem Hinsehen zeigt ein zweifelsfreier Beleg, daß der Satz von Anfang an in a-Moll stand: In den Takten 127–133 erscheint eine chromatische Modulation über einer Baßlinie, die von a bis C, also von der höchsten zur tiefsten Saite des Cellos absteigt. Hätte er in T. 133 nicht bereits C erreicht, hätte Bach die Linie weiterführen können; dagegen mußte er sie in der g-Moll-Transkription für Cembalo BWV 1058 unvorteilhafter Weise im drittletzten Takt unterbrechen. Ebenso schwierig fällt es, die zusammenhängende Phrase der Solostimme im *Andante* nach B-Dur zu versetzen. Wie gesagt, betreffen die Transponierfehler allein die ersten beiden Sätze in der Stimme für die Violine 2, der letzte Satz und sämtliche anderen Stimmen sind weitgehend frei von solchen Versehen. Das Finale erscheint in g-Moll denn vollends unvorstellbar, ist doch die Passage in T. 105–116 auf die Verwendung der leeren E-Saite der Violine ausgerichtet und in tieferer Version weitgehend unpraktikabel. Gegen die vormalige Existenz einer Violinkonzert-Partitur in g-Moll läßt sich wieder die autographe Bearbeitung für Cembalo BWV 1058 anführen, deren Vorlage angesichts erneuter Transponierfehler zweifellos in a-Moll stand (NBA VII/4, KB).[12] Diese Vorlage aber war keine andere als der vorliegende Originalstimmensatz (NBA VII/3, KB, S. 13)! Hätte Bach um 1738 eine Violinkonzert-Fassung in g-Moll zur Verfügung gehabt, hätte diese bei Anfertigung des Cembalokonzerts seine Arbeit wesentlich erleichtert. Wie also lassen sich solche Widersprüche deuten? Hierfür bietet sich folgende Lösung an: Bach verfuhr in diesem Fall wie mit einigen der Vorlagen zu den um 1738 angefertigten Cembalokonzerten. Er transponierte die beiden ersten Sätze eines ursprünglich in a-Moll komponierten (Violin-) Konzerts nach g-Moll, um sie als Kantatenvorspiel bzw. -arie mit obligater Orgel wiederzuverwenden. Schon damals nahm er Revisionen am Ripienosatz vor, die es erforderlich machten, die vermutete Kantatenpartitur als Vorlage für die Stimme der zweiten Violine von ca. 1730 heranzuziehen. Zur gleichen Zeit revidierte er noch einmal die Partien von Solovioline und Viola, vor allem aber das als Kantatensatz unberücksichtigt gebliebene Finale und trug diese Neufassungen direkt in die Stimmen ein. Daher wäre es notwendig geworden, den gesamten Originalstimmensatz auch der Cembalobearbeitung von ca. 1738 zugrunde zu legen. Diese Überlegung beruht ebenfalls auf reiner Spekulation und ist durch keine Dokumente zu stützen; unter den verlorengegangenen Kantaten Bachs läßt sich nicht einmal ein mögliches Beispiel ausfindig machen, das unsere Violinkonzertsätze hätte aufnehmen können. Dennoch hat die Hypothese den Vorzug, daß sie Ähnlichkeiten zu Bachs Praxis bei Niederschrift der Cembalokonzerte BWV 1052, 1053 und 1056 aufweist.

Unter solchen Umständen erscheint es wenig wahrscheinlich, daß Bach das Violinkonzert als ganzes erst um 1730 zu Papier brachte, um kurz darauf nochmals grundlegende Revisionen in die Stimmen einzutragen. Vielmehr mag das Konzert für 2 Violinen in Weimar oder Köthen entstanden sein, zumal denkbar ist, daß Bach um 1730 schon deshalb neue Stimmen benötigte, weil die ursprünglichen in Thüringen oder Anhalt verblieben waren. Durch die Praxis eines seiner ehemaligen Dienstherren, Herzog Ernst Augusts von Sachsen-Weimar, ist belegt, daß ein Hofmusiker nach Austritt aus der Kapelle die für diese geschaffenen Werke – wenigstens in einfacher Ausfüh-

Die Entstehungsgeschichte des Doppelkonzerts d-Moll für 2 Violinen

rung, also als Partitur oder Stimmensatz – zurückzulassen hatte (Lidke 1953, S. 109). Klarheit über die Datierung läßt sich allerdings nur durch eine kompositionstechnische Untersuchung des Werkes gewinnen.

♦ **BWV 1043:** Als Primärquelle zum Doppelkonzert für 2 Violinen liegt ein heterogener Stimmensatz vor. Er besteht zum einen aus drei Originalstimmen *Violino 1. Concertino, Violino 2 Concertino* und *Continuo* (unbeziffert), die um 1730/31 von Bach (Solovioline) sowie C. P. E. Bach und einem anonymen Schreiber (Continuo) angefertigt wurden (Glöckner 1981, S. 71) und vermutlich ebenfalls im Zusammenhang mit Aufführungen des Leipziger Collegium musicum stehen. Diese Stimmen sind heute durch »Neustimmen« (NBA VII/3, KB, S. 32) für *Violino 2 Concertino, Violino Primo, Violino Secondo* und *Viola* ergänzt. Wie Peter Wollny (1996, S. 7ff.) ermittelte, wurden sie – ebenso wie die Neustimmen zur *Ouverture* 3 BWV 1068 (⟶ S. 261) – von einem vermutlich als Berufskopist tätigen Schreiber hergestellt, der zwischen 1734 und 1738 für C. P. E. Bach während dessen Studienaufenthalt in Frankfurt an der Oder arbeitete. Als Vorlage diente ihm wie auch im Fall anderer Werke Bachs (Wollny 1996 I) wohl ein Originalstimmensatz, den der Vater seinem Sohn nach Frankfurt übersandt hatte. Ganz offensichtlich aber wurde die Neustimme *Violino 2 Concertino* nach der gleichnamigen Originalstimme von Bachs Hand kopiert (NBA VII/3, KB, S. 36). Ein winziges Detail zeigt, daß Bach seine Vorlagen aus Frankfurt zurückerhielt: Den Mittelsatz *Largo* hatte er auf den Originalstimmen nachträglich durch die Bezeichnung *ma non tanto* ergänzt. Sie findet sich in keiner einzigen der Frankfurter Stimmen! Auch läßt sich beweisen, daß C. P. E. Bach das Werk in Frankfurt nie aufführte; denn die von ihm veranlaßten Neustimmen enthalten teilweise erhebliche Auslassungen, die der Bach-Sohn erst um 1760 in Berlin in freier Ergänzung beseitigte (NBA VII/3, KB, S. 36ff.). Aus diesen Beobachtungen erklärt sich schließlich die Existenz einer Zweitstimme für die 2. Solovioline, die selbstverständlich nicht als Dublette zu verstehen ist: C. P. E. Bach bereitete in Berlin eine Wiedergabe des Werkes vor, verfügte also über einen vollständigen Stimmensatz, kannte aber die autographe Partitur oder die Originalstimmen nicht. Diese – zumindest jedoch die drei erhaltenen, an deren Herstellung er selbst beteiligt gewesen war – kann er erst später entgegengenommen und mit seinen Stimmenkopien zusammengeführt haben. Vielleicht waren damals schon die Originalstimmen ebenso wie sein eigenes Aufführungsmaterial unvollständig. Hieraus ergibt sich, daß auch C. P. E. Bach keine Dubletten benötigte, die für eine große Ripienobesetzung erforderlich gewesen wären.

Aufgrund der Originalstimmen von 1730/31 datiert Christoph Wolff (1985) das vorliegende Konzert in die gleiche Zeit, während Martin Geck[13] argumentiert, die Herstellung von Notenmaterial schließe eine deutlich frühere Entstehung des Werkes nicht aus. Keinerlei Aufschluß hierüber bietet die Bearbeitung c-Moll BWV 1062 für 2 Cembali, deren autographe Kompositionspartitur im Jahre 1736, ihren Transponierfehlern zufolge, von einer Vorlage in d-Moll abgeschrieben wurde (NBA VII/5, KB, S. 63f.). Somit bleibt zunächst unklar, ob Bach das Doppelkonzert für 2 Violinen um 1730/31 oder wesentlich früher komponierte.

Daß das Werk in seiner überlieferten Gestalt keine Originalkomposition darstellt, läßt ein Blick auf den Orchestersatz erahnen: Anders als etwa im a-Moll-Violinkonzert dient das Ripieno in allen drei Sätzen ausschließlich zur Verstärkung des Concertino. Dessen Soli werden im *Vivace* und *Largo ma non tanto* von Akkorden in Art einer Generalbaßaussetzung begleitet, die in originalen Ripienopartien von Bachs Konzerten und Kantaten keine Parallele findet und kompositionstechnisch den Orchesterstimmen im zweiten »Brandenburgischen Konzert« (⟶ S. 94) und selbst dem

Die Entstehungsgeschichte des Doppelkonzerts d-Moll für 2 Violinen

nachträglich hinzugefügten Streichersatz des *Concerto* C-Dur BWV 1064 für 3 Cembali unterlegen ist (⟶ S. 168). Lediglich in den Takten 30f., 34f., 69f. und 73f. des *Vivace* liefert das Ripieno einen eigenständigen Beitrag in Gestalt kurzer Unisono-Einwürfe des Themenkopfs über Quintfallsequenzen. Sie berühren die Struktur der Solopartien jedoch nicht; ja, der Einwurf in T. 70 kann erst nachträglich hinzugekommen sein, da Bach den auf der Violine unspielbaren Ton f zu Beginn (!) des Themenzitats in den betreffenden Ripieno-Stimmen kurzerhand fortfallen ließ. Noch aussagekräftiger ist ein Blick auf die als Fugenexpositionen gestalteten Ritornellteile des ersten Satzes. Violine 1 und 2 erhalten im ersten Ritornell gemeinsam in Solo und Ripieno je zwei Themeneinsätze, der Baß einen. Im zweiten und dritten Ritornell (T. 46ff. und 54ff.) finden sich Einsätze für Violine 1 bzw. Continuo, das vierte und letzte Ritornell besteht sogar nur aus einem einzigen Themeneinsatz der ersten Violine und endet nach 4 Takten (gegenüber 21 Takten des ersten Ritornells). Nicht nur ist die Existenz von gerade vier Ritornellen bei einem Satzumfang von nicht mehr als 88 Takten für ein Bachsches Solokonzert ohne Beispiel; erst recht erscheint undenkbar, daß Bach um 1730 eine Ensemblefuge komponierte, ohne die Viola je in das thematische Geschehen einzubeziehen! Im Gegenteil übernimmt die Bratsche entweder die Funktion einer harmonischen Füllstimme (man beachte die vergleichsweise plumpe Stimmführung zu Beginn des *Vivace*) oder spielt in Parallelen zu den Violinen bzw. zum Baß. Nur insgesamt zweimal im gesamten Satz vermag sie für jeweils einen halben Takt aus dem Schatten der übrigen Partien zu treten, indem sie in T. 2, 3, 15 und 19 knappe, unthematische Gegenstimmen beisteuert, die nirgendwo wiederkehren und ohne weiteres im nachhinein hinzugesetzt worden sein könnten.

Die Situation im *Allegro*-Finale unterscheidet sich von der beschriebenen insofern, als das Ripieno nicht einmal an der Ausführung der Ritornelle beteiligt ist, sondern die vom Concertino vorgetragene Werksubstanz mit knappen, selbst in T. 4 entbehrlichen Einwürfen kommentiert oder in Parallelen verdoppelt (T. 15ff.). Auch hierfür findet sich in den originalen Orchesterstimmen von Bachs Konzerten kein Gegenstück. Eigenständige Beiträge liefert das Ripieno nur in meist unisono erklingenden Einwürfen während der Doppelgriffpassagen der Solovioline in T. 41–48 und 125–132 und in der thematischen Durchführung als ritornellverarbeitender Teil in T. 80ff. und 119ff. Freilich beruhen auch diese Stellen in Wirklichkeit auf einem dreistimmigen Satz: Denn die Doppelgriffe hätten problemlos von jeweils nur einer Violine (die zweite Solovioline trägt im Konzert allein Füllstimmen bei), die Einwürfe von der anderen gespielt werden können. Daß dies ursprünglich der Fall war, ergibt sich aus dem Themenbeginn im Schlußritornell (Auftakt zu T. 132), der nun in die erste Ripienovioline fällt, ohne von dieser fortgesetzt zu werden. Auch die ritornellverarbeitenden Teile scheinen zunächst für zwei Violinen nebst Continuo erdacht worden zu sein, indem die 16tel-Passagen abwechselnd von beiden Solopartien ausgeführt wurden. Der frühere Stimmverlauf findet sich in dem um eine kleine Terz zu hoch gesetzten Ritornellbeginn in T. 86 mit Auftakt (siehe auch die veränderte Parallelstelle in T. 123 mit Auftakt); entsprechend werden die Übergänge in T. 82 und 84 und 121 konzipiert gewesen sein. D.h. die Takte 80f. und 119f. in der zweiten sowie 82f. und 121f. in der ersten Solovioline dürften ebenfalls spätere Zutaten darstellen.

Die Änderungen zum heute bekannten Doppelkonzert gestatten nur eine einzige Schlußfolgerung: Die Komposition war zunächst als Triosonate »auf Concerten-Art« (Scheibe 1745, S. 675) für 2 Violinen und Continuo entstanden. Tatsächlich repräsentiert das Werk in der Wiedergabe mit diesen drei Stimmen einen in sich vollkommen geschlossenen Satz von erlesener Stimmführung.

Die Entstehungsgeschichte des Violinkonzerts E-Dur

Dies gilt sogar für die Fugenexposition des *Vivace*. So gesehen scheint die Herstellung der Originalstimmen durch die Umarbeitung zum Konzert veranlaßt worden zu sein, was erforderlich machte, daß Bach die Partien der Soloviolinen persönlich anfertigte. Belege für diese Vermutung ergeben sich aus einer kompositionstechnischen Untersuchung der dreistimmigen Werksubstanz (⟶ S. 220). Hinsichtlich der Datierung der Triosonate erscheint eine Entstehung in Weimar oder Köthen naheliegend. Jedenfalls sind keine Gründe bekannt, die Bach bewogen haben sollten, ein derart konzertantes Kammermusikwerk für eine Leipziger Aufführung vor 1729 zu schaffen, um es nur kurze Zeit später zu einem Doppelkonzert mit Orchester umzugestalten.

♦ **BWV 1042:** Unerfreulich ist die Quellensituation von Bachs E-Dur-Violinkonzert, weil aus der Lebenszeit des Komponisten und seiner direkten Umgebung keine einzige Quelle mehr existiert. Damit entfällt zugleich die Möglichkeit, direkt an Originalhandschriften eingehende Untersuchungen vorzunehmen. Zur einzigen Primärquelle wird eine bis 1760 von dem Berliner Musiker Johann Friedrich Hering und einem anonymen Kopisten geschriebene Partitur; nach ihr fertigte Hering einen Stimmensatz an, den er mit »1760« datierte. Bei dem anonymen Kopisten der Partitur handelt es sich vielleicht um Friedrich August Klügling (Wollny 1996 II, S. 98f., 102 und 106); er nahm allein geringfügige Nachträge vor.

Hering unterhielt Verbindungen zu C. P. E. Bach und arbeitete für diesen offenbar zeitweise als Kopist, später war er Musiklehrer des Berliner Bach-Sammlers Otto Karl Friedrich Graf von Voß (Bötticher 1993, S. 107). Somit liegt es nahe anzunehmen, daß Hering seine Vorlage von dem zweitältesten Bach-Sohn bezog. Vergleicht man allerdings Herings Arbeiten mit seinen Partitur- und Stimmkopien von Bachs Doppelkonzert BWV 1043, letztere tragen ebenfalls das Datum »1760«, so besteht kein Anlaß, die Qualität und Zuverlässigkeit seiner Abschriften des E-Dur-Violinkonzerts grundsätzlich in Frage zu stellen. Die Stimmen zu BWV 1043 wurden übrigens von C. P. E. Bach persönlich redigiert und gehen auf dessen obenerwähnten Stimmensatz, bestehend aus drei Originalstimmen und vier Neustimmen, zurück (⟶ S. 108).

Die Quellenlage von BWV 1042 gestattet keinerlei Rückschlüsse auf die Entstehungszeit des Werkes; dennoch wurde letztere von Christoph Wolff (1985 und 1993) »vor 1730« angesetzt, weil das E-Dur-Violinkonzert weniger »reif« wirke als das Schwesterwerk in a-Moll und deshalb früher komponiert sei. Die Tragfähigkeit dieser Argumentation wird später noch zu überprüfen sein. Festzustellen ist jedoch schon jetzt, daß die im Doppelkonzert beobachteten Instrumentierungs- und Fragmentierungstechniken nun fehlen.

Aus der erhaltenen Kompositionspartitur (ca. 1738) von Bachs Bearbeitung D-Dur BWV 1054 für Cembalo ergeben sich keine Informationen über die Werkgeschichte des Violinkonzerts. Sicher ist nur, daß diese Partitur nach einer Fassung in E-Dur – offensichtlich nach den verlorengegangenen Originalhandschriften – angefertigt wurde (NBA VII/4, KB).

Die Entstehungsgeschichte der Konzerte für ein Cembalo und des »Tripelkonzerts«

Sämtliche Konzerte für ein Cembalo BWV 1052–1058 sowie das Fragment BWV 1059 für die gleiche Besetzung sind Bearbeitungen von Konzerten, die Bach für verschiedene Melodieinstrumente komponiert hatte. Die autographe Kompositionspartitur aller sieben Konzerte samt Fragment für Cembalo (P 234 in der SBB) blieb als zusammenhängender Band erhalten. Sie gehörte wohl seit Beginn des 19. Jahrhunderts zu den Beständen der Berliner Singakademie und ging im Jahre 1855 beim Verkauf von deren Bach-Handschriften an die damalige Königliche Bibliothek Berlin (heute: SBB). Ob das Manuskript in den Besitz der Singakademie über Wilhelm Friedemann oder C. P. E. Bach oder gar über einen dritten Vorbesitzer gelangte, ist bisher unbekannt.

Die gesamte Kompositionspartitur wurde um 1738, offenbar zusammenhängend, niedergeschrieben (Kobayashi 1988, S. 459). Die Handschrift umfaßt zwei Teile: a) die Konzerte BWV 1052–1057, b) das Konzert BWV 1058 und das Fragment BWV 1059. Dieser Sachverhalt ergibt sich aus einem Wechsel der Papierlagen im Anschluß an BWV 1057 und aus Notationsmerkmalen, wie sie für Bachs Partiturautographe vor allem von großbesetzten Werken charakteristisch, für Handschriften anderer deutschsprachiger Komponisten zeittypisch sind: An den Beginn von BWV 1052 setzte Bach *J. J.* (»Jesu juva« – Jesus, hilf), an das Ende von BWV 1057 *Fine. SDG* (»Fine. Soli Deo Gloria« – Ende. Gott allein zur Ehre); BWV 1058 wird dann wieder mit *J. J.* eingeleitet. Daher könnte man – wie oft vermutet – glauben, daß Bach eine Sammlung mit zweimal sechs Cembalokonzerten geplant hatte, jedoch nur den ersten Teil vollständig ausführte.

Überzeugend legte indes Werner Breig dar, daß die obenbeschriebene Reihenfolge offenbar erst beim Binden der Papierlagen (womöglich nach Bachs Tod) entstand. Wie im Doppelkonzert c-Moll BWV 1062 (1736) für zwei Cembali übertrug Bach auch in BWV 1052 und BWV 1058 zunächst den vollständigen Ripienosatz der Vorlage, bevor er mit der Bearbeitung der Solostimme begann. Den gleichen Arbeitsprozeß brach er in BWV 1059 nach knapp neun Takten ab. Dagegen ging Bach in den Konzerten BWV 1053–1057 durchweg so vor, daß er portionenweise nur die Ripienostimmen von Violine 1 und 2 sowie Viola niederschrieb und den Continuo erst zusammen mit der Cembalostimme ausarbeitete. Dieses Verfahren war notwendig geworden, nachdem sich bei Anfertigung von BWV 1052 zahlreiche nachträgliche Veränderungen der Baßstimme aufgedrängt hatten (Breig 1988, S. 34ff.). Daß Bach aber für BWV 1058 wieder auf seine frühere Bearbeitungstechnik zurückgekommen sein soll, ist unwahrscheinlich. Offensichtlich entstand also der zweite Teil der Handschrift als erster; d.h. das g-Moll-Konzert BWV 1058 ist Bachs ältestes Konzert für ein Cembalo, Streicher und Continuo. Diesen »Versuch« setzte er nach den ersten neun Takten des folgenden Fragments BWV 1059 nicht fort, sondern begann mit einer neuen Serie, die jetzt tatsächlich fertiggestellt wurde (NBA VII/4, KB). Demnach gelangten die sieben Werke und das Fragment des Autographs P 234 von ca. 1738 entsprechend der folgenden Übersicht zu Papier (die Titel auf der nächsten Seite geben die originalen Werküberschriften wieder).

Noch ein weiteres Indiz offenbart, daß das Konzert BWV 1058 und das Fragment BWV 1059 sozusagen Bachs anfänglicher Experimentierphase der Transkription von Werken für Melodieinstrumente für Cembalo entstammen: Zunächst heißt das Soloinstrument *Cembalo obligato* und *Cembalo solo* und stimmt in dieser Bezeichnung mit der autographen Kompositionspartitur des Doppelkonzerts BWV 1062 von 1736 überein (*due Cembali obligato* [!]), in BWV 1052 folgt dann der neue Terminus *Cembalo concertato,* der bis zum Schluß der Partitur als Abkürzung *Cembalo certato* beibehalten wird (NBA VII/4, KB; Wendt 1990).

Die Entstehungsgeschichte der Konzerte für ein Cembalo

Concerto g-Moll BWV 1058:	*J. J. Concerto à Cembalo obligato, due Violini, Viola e Cont. di Bach*
Concerto d-Moll BWV 1059 (Fragment):	*Concerto. a Cembalo solo. una Oboe. due Violini, Viola e Cont.*
Concerto d-Moll BWV 1052:	*J. J. Concerto a Cembalo concertato, due Violini, Viola e Cont.*
Concerto E-Dur BWV 1053:	*Concerto a Cembalo certato, due Violini, Viola e Cont. di J. S. Bach*
Concerto D-Dur BWV 1054:	*Concerto à Cembalo certato, due Violini, Viola e Cont.*
Concerto A-Dur BWV 1055:	*Concerto à Cembalo certato, due Violini, Viola e Cont.*
Concerto f-Moll BWV 1056:	*Concerto à Cembalo certato, due Violini, Viola e Cont.*
Concerto F-Dur BWV 1057:	*Concerto à Cembalo certato, due Fiauti a bec, due Violini, Viola e Cont.*

Nur drei von Bachs Konzertvorlagen für Melodieinstrumente sind erhalten: die Violinkonzerte a-Moll BWV 1041 und E-Dur BWV 1042 sowie das »Brandenburgische Konzert 4« BWV 1049, das der Komponist, wie seine Cembalotranskription zeigt, trotz der Anlage für drei Soloinstrumente (2 Blockflöten und Violine) ebenfalls als Solokonzert verstand. Für die Cembalokonzerte BWV 1052 und den ersten Satz von BWV 1056 steht eine ursprüngliche Konzeption für Violine angesichts idiomatischer Spielfiguren unter Verwendung leerer Saiten außer Frage. Die ältesten Spuren der Cembalokonzerte BWV 1053 und 1059 (Fragment) führen hingegen in Bachs Leipziger Kantatenwerk: Der erste und zweite Satz von BWV 1053 ist als einleitende *Sinfonia* und als *Aria* (Nr. 5) der Kantate BWV 169 *Gott soll allein mein Herze haben* (1726), der dritte als *Sinfonia* der Kantate BWV 49 *Ich geh und suche mit Verlangen* (1726) und der erste Satz des Fragments BWV 1059 als *Concerto* (Vorspiel) der Kantate BWV 35 *Geist und Seele wird verwirret* (1726) überliefert. Diese Kantatensätze gehen ihrerseits auf ältere konzertante Werke zurück und stellen zweifellos deren Transkriptionen dar, sind jedoch allesamt für obligate Orgel und Orchester bestimmt und geben deshalb über die originalen Soloinstrumente kaum Auskunft. Für BWV 1053 stehen inzwischen sowohl Oboe als auch Oboe d'amore und sogar Viola zur Diskussion, für BWV 1059 die Oboe (⟶ S. 130 und 123). Das Cembalokonzert BWV 1055 schließlich läßt sich nicht einmal in einer Kantatenfassung nachweisen. Dennoch gilt auch diese Komposition als Umarbeitung eines älteren Konzerts, für dessen Solopartie sowohl Oboe d'amore als auch Viola vorgeschlagen wurden (⟶ S. 135).

Die nachstehende Übersicht gibt nochmals über Bachs Cembalokonzerte und ihre möglichen Vorlagen Auskunft:

Concerto g-Moll BWV 1058 für Cembalo	⟶	*Concerto* a-Moll BWV 1041 für Violine
Concerto d-Moll BWV 1059 für Cembalo	⟶	[*Concerto* d-Moll für Oboe?]
Concerto d-Moll BWV 1052 für Cembalo	⟶	*Concerto* d-Moll (BWV 1052) für Violine
Concerto E-Dur BWV 1053 für Cembalo	⟶	[*Concerto* D-/Es-/F-Dur für Oboe d'amore/Viola/Oboe?]
Concerto D-Dur BWV 1054 für Cembalo	⟶	*Concerto* E-Dur BWV 1042 für Violine
Concerto A-Dur BWV 1055 für Cembalo	⟶	[*Concerto* A-Dur für Oboe d'amore/Viola?]
Concerto f-Moll BWV 1056 für Cembalo	⟶	*Concerto* g-Moll (BWV 1056) für Violine/Oboe
Concerto F-Dur BWV 1057 für Cembalo	⟶	»Brandenburgisches Konzert 4« BWV 1049 für Violine

Das Cembalokonzert BWV 1052 besitzt ebenfalls Vorläufer in Gestalt von Kantatensätzen: Seine beiden ersten Sätze dienen als Vorspiel und Eingangschor der Kantate BWV 146 *Wir müssen durch viel Trübsal* (1726?), der dritte als Vorspiel der Kantate BWV 188 *Ich habe meine Zuversicht* (1728?) – jeweils mit Orgel in der Solorolle. Der Mittelsatz des f-Moll-Cembalokonzerts BWV 1056 findet sich als *Sinfonia* der Kantate BWV 156 *Ich steh mit einem Fuß im Grabe* (1729?) wieder, nunmehr allerdings für Oboe, Streicher und Continuo:

Concerto g-Moll BWV 1058	⟶	nicht als Kantatensatz überliefert; siehe jedoch S. 107
Concerto d-Moll BWV 1059	⟶	BWV 35/1 (1726)
Concerto d-Moll BWV 1052	⟶	Satz 1–2: BWV 146/1–2 (1726?); Satz 3: BWV 188/1 (1728?)
Concerto E-Dur BWV 1053	⟶	Satz 1–2: BWV 169/1 und 5 (1726); Satz 3: BWV 49/1 (1726)
Concerto D-Dur BWV 1054	⟶	nicht als Kantatensatz überliefert
Concerto A-Dur BWV 1055	⟶	nicht als Kantatensatz überliefert
Concerto f-Moll BWV 1056	⟶	Satz 2: BWV 156/1 (1729?)
Concerto F-Dur BWV 1057	⟶	nicht als Kantatensatz überliefert

Diese Kantatensätze entstanden in der zweiten Hälfte der 1720er Jahre. Daher werden die Vorlagen vor allem vor Antritt des Leipziger Thomaskantorats im Jahre 1723, also in Köthen oder gar Weimar, komponiert worden sein. Denn es ist nicht anzunehmen, daß Bach in den ersten Leipziger Jahren neben vielfach wöchentlichen Kantatenkompositionen, der Arbeit am *Magnificat* Es-Dur BWV 243a (1723), der »Johannes-Passion« BWV 245 (1724 und 1725) und »Matthäus-Passion« BWV 244 (1727 oder 1728/29), an den »Französischen Suiten« BWV 812–817 (1722–1725) sowie an den Sonaten für Cembalo und Violine BWV 1014–1019 (bis mindestens 1725) und neben der Edition seiner Cembalopartiten BWV 825–830 in Einzelheften (1726–1730) als *Clavier Übung* I noch Konzerte in größerer Anzahl komponierte. Bemerkenswert ist jedoch, daß den Transkriptionen der Cembalokonzerte BWV 1059, 1052 und 1053 erste Bearbeitungsexperimente für Tasteninstrument vorausgegangen waren. Als Organist griff Bach also zu einem ihm vertrauten Klangmedium.

Dennoch kann er nicht als »Erfinder« von Instrumentalwerken für konzertierende Orgel (ohne obligates Pedal) und Orchester gelten. Wahrscheinlich ist diese Klangkombination vielmehr italienischen Ursprungs. Schon 1707 hatte in Rom Georg Friedrich Händel in sein Oratorium *Il Trionfo del Tempo e del Disinganno* HWV 46a eine *Sonata* für Orgel, Oboen, Streicher und Continuo integriert; hier tritt die Orgel als dominierendes Soloinstrument den konzertanten Oboen sowie Solovioline und Solovioloncello gegenüber. Von Antonio Vivaldi sind nicht weniger als fünf Concerti für Violine, konzertierende Orgel und Orchester (RV 541, 542, 584, 766, 767) – eines davon sogar in einer Abschrift der Dresdner Hofbibliothek – sowie je ein *Concerto* für Violine, Oboe und konzertierende Orgel (RV 554) und für Violine, Violoncello und konzertierende Orgel (RV 554a) erhalten. Von ihm stammt auch ein *Concerto Il Proteo o il mondo al rovescio* (RV 572), das neben je zwei Traversflöten und Oboen sowie Violine und Violoncello ein *Cembalo solo* besetzt. Leider sind die genannten Concerti Vivaldis bisher nicht datierbar, weshalb nur angenommen werden kann, einige davon wären schon vor 1726 komponiert worden. Sicher ist nur, daß die *Sonata* RV 779 mit obligater Orgel wie jene von Händel aus dem Jahr 1707 stammt. Von dem um 1737 verstorbenen ehemaligen Weißenfelser und Merseburger Konzertmeister Johann Georg Lienigke, der im Jahre 1719 von Bach für Köthen engagiert wurde (⟶ S. 43), existiert ein Konzert für Cembalo, Violine, Streicher und Continuo (vgl. das »Brandenburgische Konzert 5«). Zwar enthalten auch Bachs frühere Kantaten BWV 71 *Gott ist mein König* (Mühlhausen, 1708) und BWV 161 *Komm, du süße Todesstunde* (Weimar, 1715 oder 1716) Partien für obligate Orgel. Bei Licht betrachtet, handelt es sich im ersten Fall (*Air* Nr. 2) allerdings nur um knappe dialoghafte Einwürfe der rechten Hand innerhalb einer Continuo-Arie, die an Bachs spezifische Generalbaßpraxis erinnern (⟶ S. 390), in Kantate BWV 161 (*Aria* Nr. 1) spielt die rechte Hand des Organisten eine Choralmelodie in charakteristischer Cantus-firmus-Registrierung (*Sesquialtera ad Organo*). Entsprechende Registrierungen sah der Komponist auch für die Leipziger Wiederaufführung der Weimarer Kantate BWV 172 *Erschallet ihr Lieder* (1714) von 1724 und für die Kantate BWV 128 *Auf Christi Himmelfahrt allein* von 1725 vor.

Deshalb scheinen die Kantaten BWV 146, deren Datierung auf Mai 1726 freilich ungewiß ist, und BWV 35 (September 1726) die ersten Beispiele für Bachs Experimente mit der Transkription solistischer Melodiestimmen für Orgel darzustellen. Bis zum November 1726 wiederholte er dieses Verfahren in noch zwei weiteren Kantaten (BWV 169 und 49, siehe oben), in zwei andere Kantaten vom Juli und Oktober 1726 (BWV 170 und 47) nahm er neukomponierte Arien mit obligater Orgelpartie auf. Als Solist dieser Werke wurde oftmals der etwa 16jährige Sohn Wilhelm Friedemann vermutet, der später als Hallenser Kantor bei Aufführungen von Kantaten seines Vaters nicht wenige Arien für solistische Holzblas- oder Streichinstrumente mit obligater Orgel besetzte (Wollny 1995). Wie jedoch Laurence Dreyfus (1986, S. 174ff.) nachwies, kann Wilhelm Friedemann die Uraufführungen der Kantaten von 1726 nicht übernommen haben, weil er sich zu jener Zeit zur Ausbildung auf der Violine bei Johann Gottlieb Graun in Merseburg aufhielt. Hingegen spricht alles dafür, daß Bach selbst als Solist auftrat. Vermutlich dirigierte er größerbesetzte Kantatenaufführungen. Möglicherweise spielte er in diesem Rahmen auch Violine oder Cembalo. Von den Hauptorgeln jeweils an der Westwand in der Thomas- und Nicolaikirche aus (siehe die Abbildungen bei Schering 1936, Tafel IVff.) kann Bach indes seine Aufführungen allenfalls gelegentlich geleitet haben, drehte er in diesem Fall doch den Mitwirkenden den Rücken zu und verlor dadurch weitgehend die Kontrolle über das Zusammenspiel. Genau diese Überlegung verweist indes auf Bachs eigene Solistenrolle an der Orgel: Während er für herkömmliche Kantaten transponierte Orgelstimmen herstellen ließ – die Orgel war im Chorton, also einen Ganzton höher als die übrigen Instrumente gestimmt –, notierte er nun mit Ausnahme der Kantate BWV 170 sämtliche Solopartien der Sinfonien und Arien mit obligater Orgel von vornherein transponiert in seine Kompositionspartitur (Dreyfus 1986, S. 175f.). Da Bach, wie seine Zeitgenossen, vermutlich nach einer Violin- oder Continuostimme taktierte oder aber das Ensemble vom Cembalo aus leitete (⟶ S. 329), leuchtet ein, daß er – vor dem Spielschrank der Hauptorgel sitzend – mit Hilfe der Partitur den Überblick über das Werk zu behalten wünschte.

Bachs Kantatenkompositionen mit obligater Orgel reichen bis mindestens 1735 oder 1737 (Dreyfus 1986, S. 175). Angesichts der dort gesammelten Erfahrung ist es wahrscheinlich, daß er auch die Konzerte für ein Cembalo zunächst für sich selbst transkribierte. Weder seine Söhne Wilhelm Friedemann und C. P. E. Bach noch seine als Clavierspieler überdurchschnittlich talentierten Schüler Johann Ludwig Krebs und Christoph Nichelmann befanden sich um 1738/39 noch in Leipzig. Sie alle wären als Konzertpartner der offenbar sämtlich früher entstandenen Konzerte für 2, 3 und 4 Cembali in Frage gekommen. Als Solisten sind nun der nicht unbegabte Neffe Johann Ernst Bach (von 1737 bis 1741 Bachs Schüler) und der von Georg von Dadelsen (1988, S. 239) vorgeschlagene Bach-Sohn Gottfried Heinrich vorstellbar. Bachs anscheinend nicht allzu hohe Meinung vom Tastenspiel seines Neffen (Otterbach 1985, S. 77) bringt diesen aus der Diskussion. Der in der Pubertät dement gewordene, um 1738 etwa 14jährige Gottfried Heinrich Bach war nach Aussagen seines Vaters und seines Bruders Carl Philipp Emanuel ein exzellenter Clavierspieler und »ein großes Genie« (Dadelsen 1988, S. 239). Abgesehen davon, daß der Beginn seiner Demenz unbekannt bleibt, spricht gegen ihn und sämtliche übrigen Bach-Schüler die Niederschrift von nicht weniger als sieben vollständigen Cembalokonzerten in kurzer Zeit. Für die Präsentation einzelner Schüler hätten eines oder wenige Werke genügt, wie dies die Konzerte für 2 bis 4 Cembali suggerieren. Zumindest aber hätte Bach seine Konzerte für ein Cembalo über einen längeren Zeitraum verteilt komponieren können. Dasselbe Argument schwächt auch die von Hans-Joachim Schulze (1981, S. 12f.) geäußerte Hypothese, Bach selbst habe sich mit seinen Cembalokonzerten im Mai 1738 in Dresden vorgestellt, hatte er doch von Frühjahr 1737 bis Herbst 1739 die Leitung des Leipziger Collegium musicum niedergelegt. Wirklich nachvollziehbar aber wird die gewiß mehrere Wochen umfassende Niederschrift der Partitur von ca. 1738, wenn man annimmt, Bach hätte die zweieinhalbjährige Pause bis Sommer 1739 nicht nur zur Fertigstellung des dritten Teils seiner *Clavier Übung* (1739), sondern auch zur Erschließung neuen Repertoires genutzt (siehe beispielsweise die *Ouverture* 2 BWV 1067). Dabei mag er durchaus eigene solistische Ambitionen in den Vordergrund gerückt haben.

Daß Bach diese Werke tatsächlich selbst spielte, läßt zudem fast jede Seite des Kritischen Berichts der NBA (VII/4) erahnen: Dort sind ungezählte Korrekturen in der autographen Partitur verzeichnet, die oft in diversen Schichten über einen längeren Zeitraum hinweg durchgeführt, also nach der ersten Niederschrift ergänzt wurden. Manche dieser Änderungen betreffen eine regelrechte »Neuorchestrierung« einzelner Takte, indem diverse Töne im Ripienosatz oktaviert, Stimmführungen verlegt oder Melodien ornamentiert wurden. Vieles davon muß Bachs eigener Hörerfahrung im Zusammenklang von Cembalo und Ripienostimmen entsprungen sein. Dies gilt erst recht für die Weiterentwicklung der Cembalostimme, die über zusätzliche Verzierungen hinaus vor allem in der Hinzufügung von Spielfiguren besteht. Was liegt näher als zu vermuten, daß Bach diese zuerst in der Praxis erprobte und dann niederschrieb? Jedenfalls handelt es sich bei den meisten seiner Änderungen um Maßnahmen, die man von einem zeitgenössischen Interpreten erwarten würde, der seine Partitur von Aufführung zu Aufführung neu einrichtet. Sollte Bach – innerhalb seiner Kompositionspartitur – solche Mühe allein für Schüler aufgewendet haben?

Den erhaltenen Quellen nach zu schließen, ist das *Concerto* BWV 1065 für vier Cembali Bachs ältestes Cembalokonzert. Zu ihm sind drei höchstwahrscheinlich originale Stimmen aus der Zeit um 1729 überliefert (NBA VII/6, KB, S. 78). Das »Brandenburgische Konzert 5« kann trotz seiner dem vierten »Brandenburgischen Konzert« ähnlichen Anlage nur mit gewisser Einschränkung als Cembalokonzert gelten. In beiden Konzerten wird ein aus drei Soloinstrumenten bestehendes Concertino von einem einzigen Solisten angeführt – im vierten Konzert von der Violine, im fünften vom Cembalo. Selbst die oftmals zu hörende Aussage, das fünfte »Brandenburgische Konzert« sei das älteste Orchesterkonzert mit konzertierendem Tasteninstrument überhaupt, dürfte womöglich nicht mit den obenerwähnten italienischen Quellen in Einklang zu bringen sein. Ganz offensichtlich aber handelt es sich um eines der ersten Konzerte, die dem Clavier eine Virtuosenrolle zubilligt, die damals der Violine vorbehalten war. An deren dominierende Position knüpften Bachs Cembalokonzerte von ca. 1738 an. Das Tasteninstrument emanzipiert sich nun von der obligaten Partie einzelner Sätze – wie in Händels *Concerto grosso* op. 3,6 (ca. 1722) und in Bachs Kantaten seit 1726 – zum eigentlichen Solisten, dessen Funktion jener solistischer Melodieinstrumente gleichgestellt wird. Diesen Wandel spiegeln die genannten Termini vom *Cembalo obligato* in Bachs Konzerten BWV 1062 und 1058 über das *Cembalo solo* im Fragment BWV 1059 hin zum *Cembalo concertato* vom Konzert BWV 1052 an. Nicht auszuschließen ist, daß die Anregung für einen solchen Schritt von Händels Konzerten für Orgel oder Cembalo und Orchester aus-

Die Vorgeschichte der Konzerte für ein Cembalo

ging, die seit Anfang 1735 als Intermezzi in Opern- und Oratorienaufführungen erklangen und erstmals 1738 als Opus 4 erschienen (Breig 1979, S. 45). Bach könnte von dem Ereignis der letzten Londoner Spielzeiten gehört oder gar die Erstausgabe in Händen gehalten haben. Ohne weiteres ist denkbar, daß auch seine Clavierkonzerte im Rahmen der Aufführungen seines Collegium musicum als Einlagen zwischen traditionellen Orchesterwerken oder weltlichen Kantaten erklangen. Ja, es erscheint sogar möglich, daß er – gemäß Händels Beispiel – bei der Anfertigung einer zusammengehörigen Serie von sechs Konzerten anfänglich an eine Drucklegung dachte.

Folgt man einer Überlegung Hans-Joachim Schulzes (1979, S. 32), so mag Bachs Beschäftigung mit Cembalokonzerten im Hinblick auf Veranstaltungen des Leipziger Collegium musicum allerdings mehr einer günstigen Gelegenheit als planvoller Absicht entsprungen sein, was nicht allzu sehr verwundert. Schulze vermutete, an der Anfertigung der offenbar originalen Solostimmen des Konzerts für 4 Cembali könnte Bachs ehemaliger Weimarer Schüler und damaliger Amtsnachfolger Johann Caspar Vogler beteiligt gewesen sein (Schulze 1981, S. 13). Diese Stimmen wurden um 1729 offenbar in Leipzig geschrieben. Vogler war im Dezember 1729 zu Besuch bei Bach und stellte sich – letztlich vergeblich – für die Organistenstelle der Leipziger Nicolaikirche vor. Die Position erhielt Bachs Köthener und Leipziger Schüler Johann Schneider. Daher besteht die Möglichkeit, daß das Zusammentreffen von Vogler, Schneider, Bach und vielleicht dessem Sohn Wilhelm Friedemann dazu veranlaßte, Vivaldis Konzert h-Moll op. 3,10 zum *Concerto* a-Moll BWV 1065 zu bearbeiten. Schon die einfache Transkriptionstechnik des Werkes deutet an, daß der Bearbeiter damals noch wenig Erfahrung mit der Einrichtung von Clavierkonzerten hatte (⟶ S. 176). Aber auch die konzepthafte, flüchtige Schrift der drei erhaltenen Stimmen spricht für Voglers Beteiligung an einem solchen Ereignis.

Den überlieferten Quellen nach war das C-Dur-Konzert BWV 1061a für 2 Cembali bis 1733 abgeschlossen. Dieses Werk, das *Concerto* BWV 1062 von 1736 und das offenbar zuvor entstandene Konzert BWV 1060 (⟶ S. 159), beide ebenfalls für 2 Cembali, führen zu der Annahme, daß Bachs erste Clavierkonzerte dazu dienten, gemeinsam mit Kollegen und Schülern aufzutreten. Sie findet in der Mitteilung Friedrich Conrad Griepenkerls von 1845 eine Entsprechung, der angab, das *Concerto* d-Moll BWV 1063 für drei Cembali verdanke seine Entstehung »wahrscheinlich dem Umstande, dass der Vater seinen beiden ältesten Söhnen, W. Friedemann und C. Ph. Emanuel Bach, Gelegenheit verschaffen wollte, sich in allen Arten des [öffentlichen] Vortrags auszubilden« (NBA VII/6, KB, S. 26).

Außer der Datierung der Originalhandschriften der Konzerte BWV 1061 (1732/33), BWV 1062 (1736) und BWV 1052–1059 (ca. 1738) war es insbesondere die Dresdner Wirkungszeit Wilhelm Friedemanns als Organist und in Kreisen des Hofes, die Hans-Joachim Schulzes These (1981, S. 11ff.) stützte, Bach könnte besagte Werke für Veranstaltungen in der kursächsischen Hauptstadt geschrieben haben – für eigene Auftritte und solche zusammen mit seinem ältesten Sohn. Aufenthalte Bachs in Dresden sind für den November 1725, September 1731, November und Dezember 1736 und für Mai 1738[14] belegt. Tatsächlich mag er diese Termine auch zur Wiedergabe eigener Konzerte genutzt haben, allerdings kaum in Gestalt repräsentativer Aufführungen und schon gar nicht bei Hof. Ausgenommen die Cembalokonzerte BWV 1054 und 1057 entspricht keine einzige dieser Kompositionen dem späten Konzertmodell Antonio Vivaldis, geschweige denn dem galanten Stil, wie er damals in Dresden Mode war und inzwischen auch von Bach in Leipzig praktiziert wurde (Dürr 1988; Glöckner 1988). Anschauliche Beispiele für galante Clavierkonzerte bieten das »Italienische Konzert« F-Dur BWV 971 aus dem zweiten Teil der *Clavier Übung* (1735) oder Wilhelm Friedemann Bachs Concerti D-Dur Falck 41 und F-Dur Falck 44, beide aus der Zeit zwischen 1733 und 1746. Hätte sich Bach also mit stilistisch veralteten Werken präsentieren sollen? Wohl eher dürfte er sich wie im Falle von *Kyrie* und *Gloria* der h-Moll-Messe BWV 232 (1733) zur Neukomposition entschieden haben. Im heimischen Leipzig aber stand die Wiederaufführung sogar von Weimarer Kantaten auf der Tagesordnung; ein besonders krasser Fall ist eine Wiedergabe der »Jagdkantate« BWV 208 von 1712/13 im Jahre 1740 oder 1742 durch das Leipziger Collegium musicum (*Bach-Compendium* IV, S. 1502).

Auffallend erscheint schließlich, daß Leipzig – und nicht Dresden – geradezu zur »Keimzelle« des Clavierkonzerts um 1750 wurde, zeichnen sich doch sämtliche als Cembalisten und Komponisten hervorgetretene Bach-Schüler der 30er und 40er Jahre des 18. Jahrhunderts mit Beiträgen zu dieser Gattung aus: Wilhelm Friedemann Bach, Johann Ludwig Krebs, C. P. E. Bach, Christoph Nichelmann, Johann Gottlieb Goldberg, Johann Gottfried Müthel, Johann Christoph Friedrich Bach und Johann Christian Bach. Clavierkonzerte anderer Komponisten jener Zeit sind hingegen seltene Ausnahmen. Ist es nicht wahrscheinlich, daß die Werke von Bachs Schülern auf einer Clavierkonzert-Tradition gründen, die in den Veranstaltungen des Leipziger Collegium musicum gewachsen war?

Zwei Beispiele legen nahe, daß sich diese Tradition schon bald nach der vermutlichen Uraufführung des *Concerto* BWV 1065 für 4 Cembali im Bereich des Solokonzerts fortsetzte: Noch vor seinem Studienaufenthalt in Frankfurt an der Oder komponierte C. P. E. Bach in den Jahren 1733 und 1734 im Leipziger Elternhaus je ein Konzert für Cembalo und Streicher (a-Moll Wq 1/H 403 und Es-Dur Wq 2/H 404). Beide Werke existieren nur in ihren revidierten Fassungen von 1744 bzw. 1743, ihre Originalversionen gingen verloren, so daß wir uns über sie kein klares Bild verschaffen können. Für die Neufassung des ersten Konzerts fertigte der Bach-Sohn zusammen mit seinem Vater um 1746/47 einen Stimmensatz an (Beißwenger 1992, S. 229). Um 1734 in Leipzig, vielleicht jedoch schon vor Entstehung seines a-Moll-Konzerts schrieb C. P. E. Bach einen Stimmensatz zu einer Bearbeitung für Cembalo und Streicher BWV 1052a des d-Moll-Violinkonzerts seines Vaters (Glöckner 1981, S. 55f.; Breig 1988, S. 33). Nach Lage der Dinge besteht kein Zweifel, daß C. P. E. Bach diese Transkription, wohl auf Veranlassung Bachs (Breig 1976, S. 7 und 31), damals selbst vornahm und vielleicht sogar direkt in die Stimmen eintrug (die Cembalo-Stimme wurde von ihm zwischen 1734 und 1738 nochmals neu geschrieben). Für eine repräsentative Aufführung dieser Konzerte in den Jahren 1733 und 1734 kommt kaum ein anderer Ort als die Veranstaltungsreihe des Leipziger Collegium musicum in Frage. Jedenfalls belegt die Existenz eines Stimmensatzes für die Bearbeitung BWV 1052a, daß es sich hier um keine Bearbeitung handelt, die zu bloßen Studienzwecken angefertigt wurde.

Zugleich entsteht der Verdacht, daß Bach seinen Sohn zu Experimenten mit Solokonzerten für Cembalo motivierte oder dessen erste Versuche mit eigenen Konzerten fördernd begleitete, die – den überlieferten Quellen nach – die ältesten Clavierkonzerte überhaupt darstellen. Die vermutliche Anregung Bachs wird durch die anscheinend fast notengetreue Transkription der Solostimme zu der verschollenen Violinkonzert-Vorlage von BWV 1052a gestützt (Breig 1976). C. P. E. Bach dürfte hier tatsächlich kaum mehr als einzelne Akkorde ergänzt haben, seine Bearbeitung entspricht weitgehend der Technik in Bachs obengenannten Kantatensinfonien und im *Concerto* BWV 1065. Bachs persönliche Mitwirkung an BWV 1052a ist jedoch deshalb unwahrscheinlich, weil

Die Vorgeschichte der Konzerte für ein Cembalo

seinem Sohn bei Anpassung der Violinstimme an den Tonumfang des Cembalos zahlreiche Ungeschicklichkeiten unterliefen, die Bach in seiner eigenen Transkription BWV 1052 wiederum mit Souveränität umging (Breig 1976). Demnach dürfte Bach die klanglichen Möglichkeiten und Grenzen der Verbindung von Cembalo und Streichern und die Problematik der unterschiedlichen Registerlagen von Melodieinstrumenten und Clavier schon damals erkannt und unter Aufführungsbedingungen studiert haben.

Es ist vermutlich kein Zufall, daß sowohl C. P. E. Bach als auch später sein Vater (BWV 1058 und 1052) zunächst mit der Transkription von Violinkonzerten begannen und nicht mit solchen Werken, deren Vorgänger wir heute als Bläserkonzerte betrachten (beispielsweise BWV 1053). Beide Musiker waren auf der Violine ausgebildet, selbst wenn Bach diesem Instrument gewiß näher stand als sein Sohn. Auf solche Weise fiel es ihnen leichter, idiomatische Streicherfiguren und ihren Klang auf das Tasteninstrument zu »übersetzen« (NBA VII/7, KB, S. 15ff.). Für C. P. E. Bach mag das Cembalo sogar das einzige Klangmittel gewesen sein, um sich innerhalb des Collegium musicum solistisch zu betätigen. Für seinen Vater hingegen dürfte gelten, was C. P. E. Bach um 1774 dem Biographen Johann Nicolaus Forkel mitteilte: »In seiner Jugend bis zum ziemlich herannahenden Alter spielte er die Violine rein und durchdringend und hielt dadurch das Orchester in einer größerern Ordnung, als er mit dem Flügel hätte ausrichten können« (Dok. III, Nr. 801). Um 1738 war Bach etwa 53 Jahre alt und scheint damals nicht mehr regelmäßig Geige geübt zu haben. »Das könnte dann ein Grund mehr gewesen« sein, um jene Zeit – und nicht bereits 1729 oder 1733 – »die Violinkonzerte in Cembalokonzerte zu verwandeln, in Konzerte für das Instrument, auf dem er nach wie vor der unumstrittene Meister war« (Dadelsen 1988, S. 238).

Hans-Joachim Schulze (1981, S. 13) vertritt die Meinung, daß »die Konzerte für drei und vier Cembali« mit »Blick auf den risikoreichen Transport von mehreren Cembali etwa aus der Thomasschule in das Zimmermannische Kaffeehaus und wieder zurück [...] ausschließlich in den Bereich der Bachschen Hausmusik gehören«. Dem Bericht eines Zeitgenossen (Dok. III, Nr. 703) ist zu entnehmen, daß Bach in seinen letzten Lebensjahren, wohl nach Aufgabe des Collegium musicum, »öfters Concerte« zu Hause unter Beteiligung von Wilhelm Friedemann, C. P. E., Johann Christoph Friedrich und Johann Christian Bach sowie von Johann Christoph Altnickol gab. Daß er aber zu Zeiten der ein- bis zweimal pro Woche anfallenden Veranstaltungen des Collegium musicum (1729–1737, 1738–ca. 1745) neben kirchenmusikalischen Aufführungen auch noch Hauskonzerte geleitet und hierfür Cembalokonzerte komponiert hätte, ist sehr unwahrscheinlich. Der Transport von Cembali war damals, das wissen wir aus einer Vielzahl von Dokumenten, ebenso alltäglich wie heute. Überdies besaß der Leipziger Cafétier Enoch Richter, der nach dem Tod Gottfried Zimmermanns (1741) auch Bachs Konzerte veranstaltete, mindestens zwei Cembali (Rampe 1998, S. 151ff.). Gleiches dürfte auf Zimmermann zugetroffen haben, der dem Collegium musicum sogar seine Streichinstrumente zur Verfügung stellte (Glöckner 1997, S. 298). Für Richters Instrumente werden Bachs Konzerte keinesfalls bestimmt gewesen sein: Eines von dessen Cembali umfaßte fünf Register, darunter ein 16'-Chor, auf zwei Manualen mit einem Tonumfang von fünf Oktaven (F'–f'''), das andere drei Register (8'8' 4') und einen Ambitus ungefähr von G' oder A' bis d''' auf einer einzigen Klaviatur (⟶ S. 308). Mit diesem Maximalumfang rechnen auch Bachs Konzerte, doch wurde das zuletzt genannte Instrument erst im Jahre 1745 angeschafft – zu spät, um Bachs Klangbild bei der Einrichtung der Cembalokonzerte bestimmt zu haben.

Die Entstehungsgeschichte des Cembalokonzerts g-Moll

♦ **BWV 1058:** Ein Merkmal des g-Moll-Konzerts besteht darin, daß das Werk anhand der Solopartie fast ohne wesentlichen Substanzverlust vollständig darstellbar ist (Danckwardt 1985, S. 22). D.h., Bach übertrug nicht allein die Solostimme des Violinkonzerts a-Moll, nach dessen Originalstimmensatz von ca. 1730 die Kompositionspartitur von ca. 1738 offenbar angefertigt wurde (⟶ S. 107), sondern – in der Art eines frühen Clavierauszugs – auch die wesentlichen Partien des Ripienosatzes. Die ursprüngliche Violinstimme wird nun überwiegend notengetreu von der rechten Hand des Cembalisten ausgeführt, die Continuostimme von der linken. Um das Prinzip klanglicher und musikalischer Autonomie der Cembalopartie zu wahren, füllt deren Baß entweder die Pausen der originalen Continuo-Stimme oder ergänzt zu dieser eine kontrapunktisch oder parallel zum Solo geführte zweite Baßpartie. Dieselbe Bearbeitungsmethode spiegeln das *Concerto* BWV 1065 für 4 Cembali, die Konzerte BWV 1063 und 1064 für 3 Cembali und die Concerti BWV 1060 und 1062 für 2 Cembali. Bemerkenswert ist, daß dieses Prinzip auch das *Concerto* BWV 1061 für 2 Cembali einschließt, waren hier die Solostimmen (BWV 1061a) doch zweifellos fertiggestellt, bevor der erhaltene Ripienosatz hinzukam (⟶ S. 154). Alle genannten Konzerte lassen sich musikalisch einigermaßen geschlossen ohne Ripienosatz aufführen.

Erst in den Cembalokonzerten BWV 1052–1057 ändert sich diese Konstante, indem nun selbst die rechte Hand – sogar während Ritornellteilen – eine Gegenstimme oder eine Begleitung des Ripieno entwickeln kann; sie wurden entweder aus der Vorlage für ein Melodieinstrument oder aus der solistischen Generalbaßpraxis jener Zeit gewonnen (⟶ S. 387ff.). Erste Ansätze in diese Richtung läßt bereits die Cembalopartie des g-Moll-Konzerts BWV 1058 erkennen (vgl. beispielsweise Satz 1, T. 51–55 und 102–105) und beweist damit, daß sie – entgegen der naheliegenden Annahme – weder vor dem Ripienosatz noch unabhängig von diesem entstanden sein kann.

Das Cembalokonzert wurde gegenüber dem Violinkonzert a-Moll um einen Ganzton tiefer transponiert (NBA VII/4, KB), geht also nicht – wie in jüngerer Zeit vermutet – auf eine Vorlage in g-Moll zurück. Nach gängiger Meinung war die Transposition erforderlich geworden, um die Violinstimme dem auf d''' begrenzten Tonumfang von Bachs Tasteninstrument anzupassen. Diese Intention kann freilich nicht die einzige und vermutlich nicht einmal die entscheidende Ursache für die Änderung der Tonart gewesen sein: Die Solopartie des a-Moll-Violinkonzerts erreicht sechsmal den Spitzenton e''', der sich jeweils ohne Schwierigkeit durch Oktavierung der betreffenden Passagen hätte umgehen lassen, ebenso wie Bach im *Andante* (T. 15) und *Allegro assai* (T. 80) die originalen Töne g''' und f''' zu vermeiden wußte. Der Leitgedanke für die Transposition dürfte vielmehr darin bestanden haben, eine Tonart zu finden, die sämtliche Klangbereiche eines gut vieroktavigen Cembalos ökonomisch nutzt und dennoch keine grundlegende Änderung der Ripienopartien erfordert (⟶ S. 132). Schon eine um einen Halb- oder Ganzton tiefere Wiedergabe erzeugt auf nahezu jedem Cembalo der Bach-Zeit einen sonoreren, volleren Klang, der nicht nur die meist einstimmige Partie der rechten Hand, sondern auch die Balance zwischen Solo und Ripieno begünstigt (vgl. hierzu die beiden Versionen der »Französischen Ouvertüre« c-Moll BWV 831a und h-Moll BWV 831 [*Clavier Übung* II, 1735]).

Die Baßstimme der Cembalopartie weicht in auffälliger Weise den Tönen der Kontraoktave aus; die Einbeziehung wenigstens von B' und G', den Fundamentalnoten der Grundtonarten g-Moll und B-Dur (*Andante*), wäre zweifellos wünschenswert gewesen. Da Bach spätestens seit 1717 ein Cembalo mit Tonumfang bis A', spätestens seit 1726 bis G' besaß (Dürr 1978 I, S. 78ff.), besteht kein Grund zur Annahme, er hätte das vorliegende Werk für ein eigenes oder ein auswärti-

Die Entstehungsgeschichte des Cembalokonzert-Fragments d-Moll

ges repräsentatives Instrument – etwa am Dresdner Hof – eingerichtet. Hingegen ist wahrscheinlich, daß er damals in Gottfried Zimmermanns Leipziger Caféhaus noch mit einem gut vieroktavigen älteren und womöglich sogar einmanualigen Cembalo zu rechnen hatte. Diesen Eindruck bestätigen auch die Konzerte BWV 1060–1062 für zwei Cembali und das *Concerto* BWV 1064 für drei Cembali, nicht jedoch die Concerti BWV 1063 und 1065 für drei und vier Cembali (⟶ S. 168) und die Cembalokonzerte BWV 1052–1057.

Einzige Primärquelle des g-Moll-Konzerts ist das Partiturautograph von ca. 1738. Originalstimmen existieren nicht, weshalb sich keinerlei Aussagen über Aufführungen unter Bachs Leitung machen lassen.

♦ **BWV 1059:** Das Fragment BWV 1059 umfaßt im Partiturautograph von ca. 1738 nur knapp neun Takte des vorgesehenen Kopfsatzes und ist anhand seiner überlieferten Quelle nicht als Cembalokonzert aufführbar. Im Autograph wurde das erste Ritornell in den Systemen von *Hautb./Viol. 1, Viol. 2, Viola, Cont.* und *Cemb.* (linke Hand) vollständig eingetragen, wobei das System für die rechte Hand des Cembalisten leer blieb. Am Ende des Ritornells brechen in der Mitte von T. 9 die Stimmen von *Hautb./Viol. 1* und *Viol. 2,* am Taktende jene von *Viola, Cont.* und *Cemb.* (linke Hand) ab. Diese Stelle befindet sich unmittelbar vor einem Akkoladenwechsel, darunter folgen auf derselben Partiturseite sechs weitere, bereits rastrierte Notensysteme, die die nächste Akkolade hätten aufnehmen können (siehe die Abbildung auf S. 122). Daraus ergibt sich, daß der folgende Teil des Satzes und wohl zwei anschließende Sätze nicht verlorengingen, sondern von Bach erst gar nicht niedergeschrieben wurden.

Der Satzanfang stimmt im wesentlichen mit jenem des *Concerto* (Vorspiels) von Kantate BWV 35 *Geist und Seele wird verwirret* für obligate Orgel, 2 Oboen, Taille, Streicher und Continuo vom 8. September 1726 überein. Das Vorspiel – ebenso wie die *Sinfonia* (*Presto*) zum zweiten Teil der Kantate (nach der Predigt) – liegt in der autographen Partitur von 1726 in weitgehend korrekturloser Reinschrift vor und zeigt, daß Bach nach einer älteren Vorlage arbeitete (NBA VII/4, KB). Bekannt sind drei Kantaten (BWV 146, 169 und 207), in die der Komponist zwei Sätze jeweils ein und desselben Instrumentalkonzerts aufnahm. Deshalb vermutete schon Philipp Spitta (1880, S. 279f.), daß *Concerto* und *Sinfonia* von Kantate BWV 35 Kopfsatz und Finale jener Konzertvorlage darstellen, die auch der abgebrochenen Bearbeitung BWV 1059 zugrunde lag. Seiner Meinung schlossen sich auch Ulrich Siegele (1975, S. 143f.), Wilfried Fischer (NBA VII/7, KB, S. 138ff.), Joshua Rifkin (1978) und andere an. Die ursprüngliche Zusammengehörigkeit beider Sätze ist tatsächlich möglich, aber nicht über jeden Zweifel erhaben, was im folgenden deutlich wird. Hingegen wies schon Siegele Spittas Verdacht zurück, die *Aria* Nr. 2 derselben Kantate (für Alt, obligate Orgel, wohl Oboe, Streicher und Continuo) sei aus dem Mittelsatz der fraglichen Konzertkomposition gewonnen worden und stelle gleichsam ein Gegenstück zur *Aria* Nr. 5 der Kantate BWV 169 von 1726 dar (⟶ S. 129).[15] Gegen Spittas Annahme sprechen vier schwerwiegende Argumente: a) Das Ritornell der Arie tritt dort dreimal vollständig auf, wofür in Bachs langsamen Konzertsätzen keinerlei Parallele besteht. Auch die Integration der vom Ripieno unabhängigen Orgelpartie in die Ritornellthematik ist in Bachs Konzert-Mittelsätzen beispiellos (Siegele 1975, S. 145). b) Der Orgeldiskant überschreitet den Umfang c'–d''' von *Concerto* und *Sinfonia* der Kantate und reicht bis zum Ton G. c) Die Arie ist im Partiturautograph als Konzeptschrift enthalten. d) Kein einziger langsamer Mittelsatz von Bachs erhaltenen Konzerten und Sonaten in Moll-Tonarten steht ebenfalls in Moll. Die Grundtonart der Arie aber ist a-Moll, so daß ihre Zugehörigkeit zu der verschollenen Konzertvorlage ausgeschlossen werden kann.

Die Entstehungsgeschichte des Cembalokonzert-Fragments d-Moll

Ulrich Siegele (1975, S. 144) und Werner Breig (NBA VII/4, KB) gehen davon aus, daß dem *Concerto* BWV 35/1 und dem Fragment BWV 1059 ein und dieselbe Konzertvorlage zugrunde liegt. Bei Niederschrift in die autographe Partitur von ca. 1738 wurde das in der Kantate enthaltene Eingangsritornell von Bach jedoch tiefgreifend verändert: Hier besteht die Fortspinnung von T. 4 bis 6 aus auf- und absteigenden Dreiklängen der hohen Streicher in Tonrepetitionen. Bach löst sie im Fragment in eine aufsteigende Skalenfigur und in ein fallendes synkopiertes Dreiklangsmotiv in *Hautb./Viol. 1* auf; beide werden auch während des Epilogs beibehalten, der ursprünglich laut Kantate aus aufsteigenden Dreiklängen bestand. Erst im letzten Takt des Epilogs (T. 9) stimmen Kantate und Konzertfragment wieder überein. Durch die Änderung in der Oberstimme des Ripieno wurde auch eine behutsame Angleichung der Partien von Violine 2 und Viola erforderlich, die nun in Terzen bzw. in Gegenbewegung zum Continuo geführt sind. Auf diese Weise entsteht zugleich eine Akzentverschiebung im Verhältnis der Formteile des Ritornells. Der Epilog verknüpft im Fragment nicht mehr motivische Elemente des Vordersatzes mit solchen der Fortspinnung, sondern entwickelt sich nun durch deren weitere Fortspinnung (Breig 1979, S. 32ff.). Werner Breig sieht in dieser Veränderung Bachs »tiefgreifende Kritik« an einer älteren Komposition, deren Datierung er noch vor jener der »ältesten der Brandenburgischen Konzerte« ansetzt. Seiner Ansicht nach hätte die Übertragung des neuen Ritornellmodels auf die übrigen Formteile des Satzes »schwer lösbare Probleme« aufgeworfen. Dieser Einwand erscheint weniger stichhaltig und verliert angesichts einer durchaus überzeugenden (unveröffentlichten) »Rekonstruktion« des gesamten Satzes nach dem Vorbild des Fragments BWV 1059 durch Bruce Haynes sogar an Gewicht. Gravierend ist freilich Breigs Argument, daß nunmehr auch für »die Solopartien, die in ihrer Bewegtheit über Sechzehntel nicht hinausgehen«, entsprechende Konsequenzen hätten gezogen werden müssen, »um ein angemessenes Verhältnis« zwischen Ritornellen und Episoden zu erzielen (Breig 1979, S. 35f.). Vielleicht zu recht sieht er hierin die Ursache für den Abbruch von Bachs Revision und damit seiner Transkription zum Cembalokonzert BWV 1059.

Fraglich bleibt allerdings, ob Bach tatsächlich Selbstkritik an einer im Spätsommer 1726 noch »unbeanstandeten« Komposition übte. Entsprechende Präzedenzfälle, die zur völligen Neugestaltung der Ritornellthematik und einer veränderten Gewichtung ihrer Formglieder führten, sind in Bachs Œuvre unbekannt. Womöglich war der Anlaß zu seiner Revision von wesentlich pragmatischerer Natur: Das System für die rechte Hand des Cembalisten blieb im autographen Fragment leer. Bach hatte sich also noch nicht auf die Diskantpartie während des Ritornells festgelegt, die analog zu den Kopfsätzen sämtlicher Cembalokonzerte in Colla-parte-Führung mit der Stimme von *Hautb./Viol. 1* hätte bestehen müssen. Die ursprüngliche Fassung des Ritornells vorausgesetzt, hätte der Cembalist – anders als der Continuo spielende Organist im Kantaten-Vorspiel – auch die Tonrepetitionen der Fortspinnung in 16tel-Bewegung ausgeführt. Sie liegen auf Tasteninstrumenten ausgesprochen unbequem und wären im Verlauf des ganzen Satzes nur mit großer Mühe derart präzise vorzutragen gewesen, daß sie stets mit dem Ripieno übereinstimmen. Entsprechendes gilt für die Baßpartie des Cembalos im Ritornell zum ersten Satz des fünften »Brandenburgischen Konzerts«, doch ist hier die relativ unauffällige Continuolage und nicht die Melodiestimme betroffen. Auch an eine Darstellung in Gestalt von Oktavtremoli wie im Kopfsatz des Cembalokonzerts BWV 1054 (T. 4–6 etc.) war nicht zu denken, ohne die enge Lage des Ripienosatzes zu verändern. Offenbar war sich Bach dieser Situation von vornherein bewußt und skizzierte die neue Melodiestimme für BWV 1059 – seiner Gewohnheit nach (Dürr 1988 I, S. 286f.) – auf separatem Blatt.

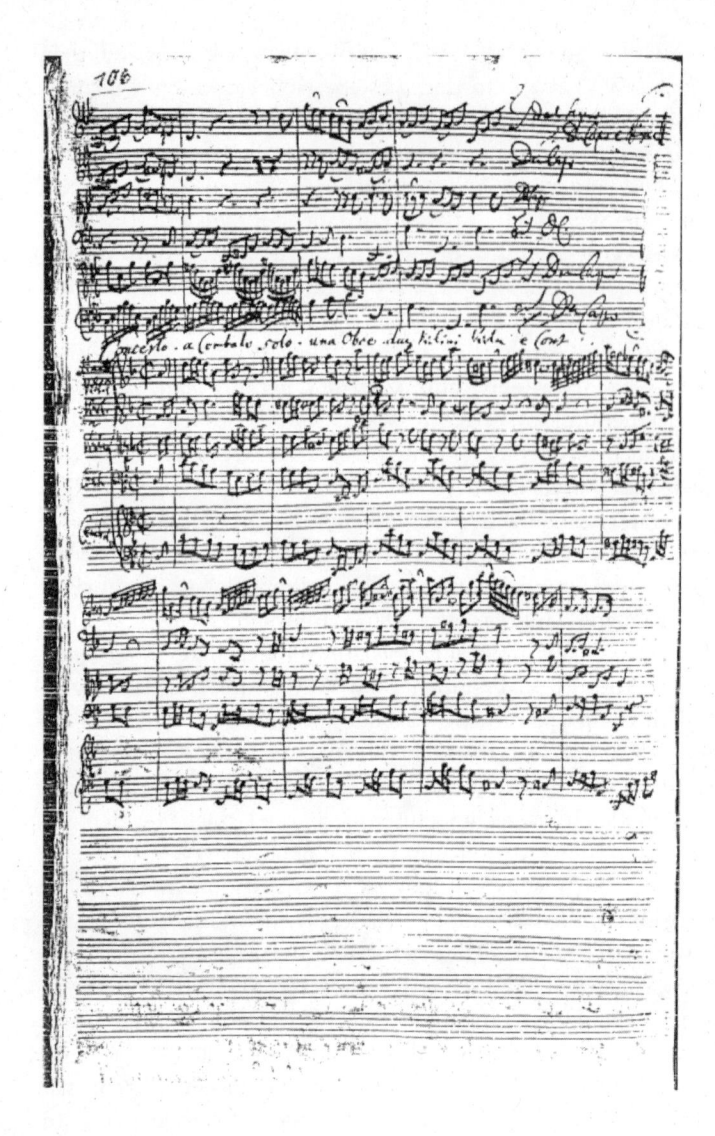

Rekonstruktionsversuche des Cembalokonzert-Fragments d-Moll

Concerto. a Cembalo solo.
una Oboe. due Violini, Viola e Cont.

Konzertfragment d-Moll BWV 1059

Seite 106 der autographen
Kompositionspartitur,
Leipzig, ca. 1738
(SBB – P 234)

Die erste Akkolade enthält den
Schluß des *Allegro assai* aus dem
Cembalokonzert g-Moll BWV 1058,
in der zweiten Akkolade beginnt das
Fragment BWV 1059. Die letzten
sechs Notensysteme blieben leer.
Am Ende der zweiten Akkolade ist
Bachs Ergänzung auf handschriftlich
verlängerten Notenlinien erkennbar.

Tatsächlich erweist sich die Eintragung in der autographen Konzertpartitur als nahezu korrekturlose Reinschrift, was angesichts des Umfangs von Bachs Änderungen schwer vorstellbar ist. Ganz sicher aber entnahm er seine Neubildungen keiner Zwischenquelle, sondern fertigte sie nach der ursprünglichen Fassung des Satzes an. Dies zeigt die – wohl der Vorlage entnommene – Aufteilung des neuntaktigen Ritornells auf zwei vollständige Akkoladen, die Bach nur deshalb einzuhalten vermochte, weil er die Notenlinien nach der Mitte von T. 5 noch für die Dauer eines einzigen Viertelwerts verlängerte. Der zusätzliche Raum war durch die Revisionen mit der Ergänzung von 32stel-Figuren notwendig geworden, also aus der Vorlage nicht ersichtlich (siehe die Abbildung oben).

Rekonstruktionsversuche des Cembalokonzert-Fragments d-Moll

Anders als in den übrigen Konzerten dieser Partitur blieb die rechte Hand für die *Cembalo solo*-Stimme leer – offenbar weil sie die eigentlichen Schwierigkeiten verursacht hatte und nach Lösung des Problems als letzte eingetragen worden wäre. Bemerkenswert ist denn auch, wie günstig diese 32stel-Tiraden auf dem Cembalo liegen, besser als auf der Violine. Vermutlich nahm Bach wahr, daß selbst seine Neugestaltung komplexe Zusammenspielprobleme zwischen *Hautb./Viol. 1* und *Cembalo solo* hervorgerufen hätte, so daß er nicht einmal mehr die Cembalostimme vervollständigte. Erst recht hätte seine Änderung natürlich die von Werner Breig beobachtete Umformung des gesamten Satzes bedingt, so daß der erforderliche Arbeitsaufwand eine Fortsetzung der Transkription verhinderte. So mag es gewesen sein. Ob darüber hinaus noch andere, womöglich erheblich profanere Gründe für den Abbruch der Bearbeitung bestanden, bleibt ungewiß.

Obwohl sich dieses Werk der Musikpraxis zu entziehen scheint, wurden seit Jahrzehnten zahlreiche Rekonstruktionsversuche unternommen mit dem Ziel, brauchbares Aufführungsmaterial zu gewinnen. Die damit verbundenen Fragen sollen im folgenden diskutiert werden:

Der erste von zwei Ausgangspunkten für eine Rekonstruktion betrifft die Besetzung und Stimmenverteilung, die Bach bei der Arbeit am Fragment vorschwebten: War das Werk für Cembalo mit Streicherripieno bestimmt, dessen höchste Stimme von einer einzigen Oboe verstärkt wurde, oder hatte der Komponist an ein Doppelkonzert für Cembalo, Oboe und Orchester gedacht? Ein solches Werk ist von seinem Schüler Johann Ludwig Krebs erhalten,[16] Bachs Kopftitel im Autograph von ca. 1738 könnte dieselbe Besetzung nahelegen: *Concerto. a Cembalo solo. una Oboe. due Violini, Viola e Cont.* Die bisher kontrovers diskutierte Frage läßt sich tatsächlich nahezu mit Sicherheit beantworten. Zunächst offenbart das *Concerto* aus Kantate BWV 35, daß die Vorlage nur für eine einzige konzertierende Melodiestimme bestimmt war. Eine Fortsetzung des Fragments BWV 1059 hätte also die Neukomposition einer zweiten Solopartie verlangt – ein Vorgang, für den es in Bachs Instrumentalwerken, soweit bekannt, keine Parallele gibt. Zudem wurden Oboe und Violine 1 im Autograph innerhalb eines einzigen Notensystems (*Hautb./Viol. 1*) zusammengefaßt. Gewiß hätte Bach mit Beginn der ersten Episode in der vierten Akkolade der abgebildeten Seite die Stimme der Oboe von jener der Violine 1 trennen können. Doch war der hierfür notwendige Raum von Anfang an nicht vorgesehen. Bach hatte seine Akkoladen nur für je sechs Notensysteme kalkuliert, von denen die letzten sechs frei blieben. Deshalb hätte das Solo der Oboe allenfalls auf der nächsten (nicht vorhandenen) Seite eintreten können; freilich wäre eine solche Notation für Bach zumindest sehr ungewöhnlich. Vermutlich sollte die Verstärkung durch eine einzige Oboe dazu dienen, der neugestalteten Melodiestimme im Ripieno mit ihren diffizilen Rhythmen ein deutlicheres Profil zu verleihen. In Bachs übrigen Cembalokonzerten war eine solche Maßnahme überflüssig. Ein schönes Beispiel für einen Konzertsatz mit obligatem Tasteninstrument und der Unterstützung des Streicherripienos durch eine einzige Oboe (d'amore) bietet die *Sinfonia* zu Kantate BWV 49 (1726), besser bekannt als Finale des E-Dur-Cembalokonzerts (⟶ S. 129).

Der zweite Ausgangspunkt liegt in der Frage nach dem Soloinstrument der Konzertvorlage zum ersten Satz der Kantate BWV 35 bzw. zum Fragment BWV 1059. Angesichts des Tonumfangs im Orgeldiskant von c' bis d''' hatten sich Ulrich Siegele (1975, S. 144), Wilfried Fischer (NBA VII/7, KB, S. 138), Alfred Dürr (1971, S. 420), Joshua Rifkin (1978) und Werner Breig (1979, S. 29f.) auf eine Oboe festgelegt. In der Tat entspricht dieser Tonumfang nicht nur der Oboe jener Zeit, auch erscheinen Seufzerwendungen wie in den Takten 43f. des Kantatenvorspiels durchaus idiomatisch für dieses Instrument. Besagter Auffassung steht allerdings die Haltung Bruce

Rekonstruktionsversuche des Cembalokonzert-Fragments d-Moll

Haynes' (1992, S. 38) entgegen, der meint, »manche Passagen« entsprächen »der Oboentechnik, andere wieder nicht; manche Soli in Satz 1 wirken auf der Oboe ungeschickt«. Könnte man aus dieser Aussage den Eindruck gewinnen, Bach hätte einen »frühen« Kompositionsversuch für das Holzblasinstrument unternommen, so verstärkt ein Blick in die Partitur von Kantate BWV 35 vorhandene Zweifel erst recht: Fast alle Phrasen umfassen mindestens sechs, aber auch 12 und sogar 19 Takte, wobei sich innerhalb der bis zu zehntaktigen 16tel-Ketten im ₵-Tempo keine wirklich plausible Gelegenheit zum Atmen ergibt. Dieser Befund spricht dafür, daß die Komposition entweder für einen Spieler mit der Fähigkeit zur Permanentatmung bestimmt war – wofür sichere Belege aus Bachs Epoche fehlen – oder daß die Solostimme von einem Streichinstrument ausgeführt wurde. Eine ursprüngliche Anlage als Clavierkonzert ist mit der obenbeschriebenen Umgestaltung der Tonrepetitionen im Ritornell nicht vereinbar. Aber auch die Besetzung mit einer Violine oder mit einem Instrument der Gambenfamilie erschiene fragwürdig, weil sich Bach in derartigen Fällen offenbar niemals auf einen Tonumfang von gut zwei Oktaven beschränkte. Selbst Viola oder Violoncello scheiden aus, ergäben sich durch Verlegung der Solopartie in die Unteroktave innerhalb der weiteren Ritornellteile des Satzes doch wiederholt Stimmführungsfehler und Verständnisprobleme: Hier trägt die Solostimme mehrfach die Melodie vor, »begleitet« von Kontrapunktik des Ripieno. In oktavierter Fassung wäre die themenführende Stimme kaum noch wahrnehmbar. Der autographen Partitur von Kantate BWV 35 sind keine konkreten Anhaltspunkte für eine wesentliche Umarbeitung der Solopartie zu entnehmen. Eine solche scheint Bach angesichts der angeführten Beobachtungen freilich zu unterstellen zu sein. Weshalb sonst blieben die Ergebnisse der unterschiedlichen Überlegungen so widersprüchlich? Daher ist die ursprüngliche Besetzung der Solostimme gegenwärtig nicht zu ermitteln.

Fraglich erscheint aber auch die Zusammengehörigkeit von *Concerto* und *Sinfonia* der Kantate BWV 35. Zwar stimmt der Tonumfang c'–d''' des *Presto*-Satzes *Sinfonia* mit jenem des *Concerto* überein. Auch besitzt die *Sinfonia* unbestritten Finale-Charakter. Doch gehört der Satz, wie bereits Werner Breig (1979, S. 34f.) konstatierte, sowohl in formaler als auch in kompositionstechnischer Hinsicht einer frühen Phase von Konzert und Sonate italienischer Herkunft an, die in Bachs Orchesterwerk keinerlei Entsprechung findet und auch mit der *Concerto*-Einleitung der Kantate unvereinbar ist. Ähnliche zweiteilige Formen mit Wiederholungen in einer durch 3 teilbaren Taktart, mit durchgehender Motorik, aber ohne klare Themen-, Ritornell- und Episodenbildung, findet man als Schlußsätze in Tomaso Albinonis *Concerti* op. 2 (1700) und in Arcangelo Corellis Violinsonaten op. 5 (1700), jedoch weder in Albinonis Opus 5 (1707) noch in Giuseppe Torellis Opus 8 (1709). Selbst das vergleichbare *Presto*-Finale aus Alessandro Marcellos Oboenkonzert d-Moll, das in Bachs Clavierbearbeitung vorliegt (BWV 974), zeigt bereits eine Gliederung in Ritornell und Episode. So gesehen, wäre sogar denkbar, daß Bachs *Sinfonia* die Bearbeitung eines Sonatensatzes für Soloinstrument und Continuo darstellt. Diese Befunde schließen eine nachträgliche Vereinigung mit dem Kantatenvorspiel als Rahmensätze eines Solokonzerts zwar nicht völlig aus, machen sie jedoch unwahrscheinlich. In jedem Fall aber kann die *Sinfonia* nur unter Prämisse der Permanentatmung für Oboe bestimmt gewesen sein. Ebensogut kommt ein Werk für Violine solo in Frage, dessen tiefste, unter c' führende und durch Sprünge erreichte Töne Bach mit Rücksicht auf die bequemere Spielbarkeit im *Presto*-Tempo auf der Orgel erleichterte. Somit demonstrieren auch diese Überlegungen, daß die Rekonstruktion der ursprünglichen Gestalt des gesuchten Solokonzerts ausgesprochen hypothetisch bleibt.

Rekonstruktionsversuche des Cembalokonzert-Fragments d-Moll

Dies gilt erst recht für die Suche nach einem »geeigneten« Mittelsatz. Joshua Rifkin (1978) wies nach, daß sowohl der Mittelsatz (As-Dur) des Cembalokonzerts BWV 1056 als auch die diesem entsprechende *Sinfonia* (F-Dur) der Kantate BWV 156 *Ich steh mit einem Fuß im Grabe* (1729?) auf ein gemeinsames Urbild in F-Dur für Oboe und Streicher zurückgehen, das wiederum der Mittelsatz eines d-Moll-Oboenkonzerts gewesen sein könnte. Das Urbild seinerseits ist dem ersten Satz *Andante* des G-Dur-Konzerts TWV 51:G2 für *Hautbois vel Traversiere* von Georg Philipp Telemann nachempfunden, das wahrscheinlich aus der Zeit zwischen 1712 und 1716 stammt (Payne 1998). Als Ecksätze für Bachs Oboenkonzert vermutet Rifkin, ausgehend von der bisher angenommenen Besetzung mit Solo-Oboe, die Vorlagen für *Concerto* und *Sinfonia* der Kantate BWV 35, hätte Bachs Arbeitsökonomie doch kaum zwei Oboenkonzerte in ein und derselben Tonart zugelassen (Rifkin 1979, S. 146f.). Da die ursprüngliche Besetzung dieser »Ecksätze« jedoch keinesfalls eindeutig zu bestimmen ist, erscheint auch deren »Ergänzung« durch das Vorbild von BWV 156/1 und BWV 1056/2 als reine Hypothese. Immerhin fällt auf, daß die Phrasengestaltung des in Frage stehenden »Mittelsatzes« nun ausgesprochen »bläserfreundlich« ausfällt und keineswegs von der Technik der Permanentatmung abhängt.[17]

Die Überprüfung der Quellenlage führt zu dem ernüchternden Ergebnis, daß eine wirklich plausible Rekonstruktion weder der Instrumentalvorlage zu Kantate BWV 35 noch des vermutlichen Cembalokonzerts BWV 1059 möglich ist. Dieser Schlußfolgerung steht freilich der Wunsch nach Erschließung der Werke für die Konzertpraxis gegenüber. Was also kann man tun? Vertretbar erscheint allein eine freie Bearbeitung der überlieferten Kantatensätze, die nicht den Anspruch auf Rekonstruktion der verlorenen »Urfassung« erhebt. Eine freie Bearbeitung, als solche gekennzeichnet unter Verzicht auf eine BWV-Nummer, kann keineswegs als »illegitim« gelten und entspricht durchaus dem Geist der Bach-Zeit. In Frage kämen vornehmlich folgende Besetzungen:

Cembalo, Streicher und Continuo, wobei die Stimme der Violine 1 durch eine Oboe verstärkt wird. Eine solche Cembaloeinrichtung der Instrumentalsätze von Kantate BWV 35 hatte erstmals Gustav Leonhardt (1972) auf Tonträger vorgelegt,[18] allerdings hat er davon Abstand genommen, den Kopfsatz nach dem Muster des Fragments BWV 1059 umzugestalten, so daß er in dessen Ritornellen Generalbaß spielte. Eine Neubearbeitung des ersten Satzes wäre, wie oben gezeigt, aus Gründen kompositorischer Logik wünschenswert. Leonhardt ersetzte den fehlenden Mittelsatz durch eine kadenzierende Improvisation. Ebensogut könnte natürlich der von Joshua Rifkin (1978) vorgeschlagene Mittelsatz des Cembalokonzerts f-Moll BWV 1056 erklingen. Dabei ist eine Transposition von As-Dur in die Originaltonart F-Dur erforderlich; die letzten beiden Takte der As-Dur-Fassung (T. 19/20) sollten Bachs Urbild entsprechend derart umgeformt werden, daß sie nicht zur Dominante der Grundtonart (in F-Dur also C-Dur), sondern zur Dominante der Tonikaparallele (A-Dur) modulieren. Entsprechende Änderungen wurden von Rifkin (1978) beschrieben und von Arnold Mehl (siehe Anmerkung 17) ausgeführt.

Violine, Streicher und Continuo, sofern man auf die Verwendung der Töne g–h verzichten möchte. Die Violinstimme für die Ecksätze kann direkt aus dem Orgeldiskant von Kantate BWV 35 gewonnen werden, der Ripienosatz aus deren Streicherpartien. Als Mittelsatz empfiehlt sich wiederum eine Transposition nach F-Dur des von Rifkin vorgeschlagenen *Largo* BWV 1056/2 in As-Dur, indem der Cembalodiskant von der Solovioline ausgeführt und die Modulation am Schluß des Satzes entsprechend ihrer originalen Gestalt verändert wird (siehe hierzu den vorangegangenen Abschnitt).

Die Entstehungsgeschichte des Konzerts d-Moll für Cembalo bzw. Violine

Oboe, Streicher und Continuo gemäß der von Arnold Mehl 1983 veröffentlichten »Rekonstruktion« (siehe Anmerkung 17). Voraussetzung ist ein Solist, der Permanentatmung beherrscht und dem es gelingt, eine der virtuosesten Oboenpartien der Literatur zu bewältigen.

Cembalo, Oboe, Streicher und Continuo gemäß der Empfehlung von Bruce Haynes (1992, S. 38f.). Die Solostimme der Instrumentalsätze von Kantate BWV 35 wäre auf Cembalo und Oboe aufzuteilen, wobei die Neukomposition entsprechender Gegenstimmen unvermeidlich ist. Eine Umgestaltung des gesamten Einleitungssatzes nach dem Muster von BWV 1059 liegt nahe. Als Mittelsatz für diese fiktive Lösung bietet Haynes das *Alla Siciliana* F-Dur des *Concerto* d-Moll BWV 1063 für 3 Cembali an, indem die Oboe die vom Ripieno gestalteten Teile mitspielt und das Cembalo – ohne Begleitung von Cembalo 2 und 3 – deren variierte Wiederholungen.

Schließlich aber wäre auch eine separate Wiedergabe der einzelnen Kantatensätze in einer der erwähnten Besetzungen, beispielsweise unter dem Titel »Sinfonia«, denkbar.

♦ **BWV 1052:** Das Abbrechen des Fragments BWV 1059, das der Niederschrift des Cembalokonzerts BWV 1052 offenbar unmittelbar vorausging, zeigt, daß Bach nicht – wie bisher angenommen – zwei Werke in der Grundtonart d-Moll in seine Sammlung einbeziehen wollte, sondern daß diese Tonart nun für die Bearbeitung des Violinkonzerts d-Moll frei wurde. Umgekehrt könnte man schließen, daß der Komponist zu Beginn des ersten Teils seines Partiturautographs von ca. 1738 (enthaltend BWV 1058 und 1059) noch gar nicht daran dachte, das Konzert BWV 1052 zu integrieren. Vielleicht ergab sich der Gedanke hieran nicht, weil C. P. E. Bach schon bis 1734 eine Cembalobearbeitung (BWV 1052a) der Komposition ausführte (⟶ S. 117). In jedem Fall aber hatte Bach bei Beginn der Arbeiten am Fragment BWV 1059 keine definitive Vorstellung von der Gesamtkonzeption seines Manuskripts.

Daß zwischen dem Abbruch des Fragments BWV 1059 und dem Beginn der Niederschrift des Konzerts BWV 1052 über die Etablierung der Solorolle des Cembalos hinaus (⟶ S. 115) noch eine weitere Veränderung eingetreten sein dürfte, offenbart ein Blick auf den Tonumfang des Soloinstruments in den zusammenhängend aufgezeichneten Konzerten BWV 1052–1057. Das *Concerto* BWV 1058 richtete Bach für ein womöglich einmanualiges Cembalo mit dem Klaviaturumfang C oder CD bis d''' ein; in den Konzerten BWV 1052–1057 aber ist der geforderte Ambitus einheitlich G'–d''' (BWV 1052–1054, 1056) bzw. A'–d''' (BWV 1055 und 1057). Ein zweimanualiges Instrument erscheint gelegentlich wünschenswert (etwa zur Unterscheidung der Continuo- und Soloabschnitte in den Mittelsätzen), wird allerdings nur im ersten Satz und im *Andante* des Konzerts BWV 1057 ausdrücklich gefordert – und dies auch nur in der autographen Originalstimme, in der Partitur fehlen entsprechende Dynamikangaben. Offensichtlich fügte Bach die Bezeichnungen *forte* und *piano* für die Manualwechsel also erst in die separaten Solostimmen ein; solche Stimmen sind freilich nur für die Konzerte BWV 1055 und 1057 erhalten.

Die Änderung der Bezeichnung *Cembalo obligato* (BWV 1058) bzw. *Cembalo solo* (BWV 1059) in *Cembalo concertato* bzw. *certato* (BWV 1052–1057) fiel mit einem Wechsel des Soloinstruments zusammen, das nun größer disponiert war. Wie erklärt sich dieser Wechsel? Am einfachsten erscheint die Interpretation, daß Bach das *Concerto* BWV 1058 für ein fremdes Instrument, beispielsweise in Gottfried Zimmermanns Caféhaus (⟶ S. 168), einrichtete. Die Konzerte BWV 1052–1057 wären dann für ein eigenes Cembalo des Komponisten bestimmt gewesen; spätestens seit 1726 besaß er ein Instrument mit dem Tonumfang G'–d''' (Dürr 1978 I, S. 79). Freilich könnte auch Zimmermann um 1738 ein neues Cembalo erhalten haben; von seinem Kollegen Enoch

Die Entstehungsgeschichte des Konzerts d-Moll für Cembalo bzw. Violine

Richter, dem späteren Veranstalter der Aufführungen des Collegium musicum, ist belegt, daß er in den 30er und 40er Jahren des 18. Jahrhunderts zwei Cembali anschaffte (⟶ S. 51). Wie gesagt, dies sind nur zwei mögliche Erklärungen für die Umdisposition zwischen den Concerti BWV 1058 und 1052.

Schon in der zweiten Hälfte der 1720er Jahre hatte Bach alle drei Sätze des späteren Cembalokonzerts BWV 1052 unter Wahrung ihrer Originaltonarten zu Kantatensätzen umgeformt.

Concerto d-Moll BWV 1052		Kantate
1. Satz: (ohne Bezeichnung)	⟶	BWV 146 *Wir müssen durch viel Trübsal* (1726 oder ca. 1728) (Sinfonia Nr. 1) für Orgel, 2 Oboen, Taille, Streicher und B.c.
2. Satz: *Adagio*	⟶	BWV 146 *Wir müssen durch viel Trübsal* (1726 oder ca. 1728) (Chor Nr. 2) für Orgel, Streicher und B.c. + vier neue Vokalstimmen
3. Satz: *Allegro*	⟶	BWV 188 *Ich habe meine Zuversicht* (17. Oktober 1728 oder später) (Sinfonia Nr. 1) für Orgel, 2 Oboen, Taille, Streicher und B.c.

Singulär in Bachs Œuvre ist die Neugestaltung des *Adagio*-Mittelsatzes zum Eingangschor (Nr. 2) der Kantate BWV 146, indem der Komponist unter Beibehaltung von Ripieno und Solostimme einen vierstimmigen Chorsatz ergänzte.

Sowohl die Kantatensätze als auch die um 1733/34 offensichtlich von C. P. E. Bach selbst angefertigte Bearbeitung für Cembalo und Streicher BWV 1052a als auch Bachs eigene Cembalo-Transkription BWV 1052 von ca. 1738 gehen auf ein verschollenes Violinkonzert d-Moll zurück (Breig 1976, S. 7ff.). Daß es sich dabei tatsächlich um ein Werk für Solovioline handelte, hatte bereits Wilhelm Rust im Vorwort der BG (1869) vermutet und anhand violintypischer Bariolage-Effekte im ersten (T. 62–81 und 146–161) und letzten Satz (T. 86ff. und 96ff.) belegt. Sowohl die Solofiguration als auch der Tonumfang g–a''' sind mit der entsprechenden Idiomatik vereinbar, weshalb die ursprüngliche Konzeption als Violinkonzert bis heute unangefochten blieb. Schon in den Jahren 1873 und 1917 veröffentlichten Ferdinand David und Robert Reitz Rekonstruktionen für Violine, Streicher und Continuo, 1970 kam Wilfried Fischers Rekonstruktion innerhalb der NBA hinzu (NBA VII/7, KB, S. 42f.). Der von Fischer vorgelegte Notentext fand in der Konzertpraxis keine solche Akzeptanz wie Bachs Violinkonzerte a-Moll und E-Dur. Dies beruht nicht allein auf dem wesentlich höheren spieltechnischen Schwierigkeitsgrad des d-Moll-Violinkonzerts, sondern auch auf diversen, ungeigerisch erscheinenden Passagen, die in Wirklichkeit offensichtlich auf die Umbildungen für Tasteninstrument in den Kantatensätzen, in C. P. E. Bachs Transkription und in Bachs Cembalokonzert von ca. 1738 zurückzuführen sind. Deshalb schlug Werner Breig (1976, S. 9–22) eine Vielzahl von Korrekturen zum Notentext von Fischers Rekonstruktion vor. Seine alternativen Lesarten gewann Breig vor allem aus der Orgelstimme der Kantaten, die Bachs ursprüngliche Violinpartie am Genauesten spiegeln dürfte: Um wesentliche Änderungen der Violinstimme, ihre teilweise Oktavierung oder gar Transposition zu vermeiden, ließ der Komponist die Partie von der rechten Hand des Organisten eine Oktave tiefer, aber in Registrierung auf 4'-Basis greifen, so daß die Oktavlage des Violinkonzerts unangetastet blieb. Bachs d-Moll-Violinkonzert ist eines der brillantesten und spieltechnisch anspruchsvollsten Werke des gesamten Konzertrepertoires für Violine. Daher lohnt es sich, Breigs Hinweise auf höchstwahrscheinlich originale, idiomatischere Lesarten in den Notentext der NBA zu übertragen (zu Einzelheiten siehe S. 428).

Die Entstehungsgeschichte des Konzerts d-Moll für Cembalo bzw. Violine

Solche Herausforderungen, die die Soloviolinpartien von Bachs übrigen Konzertkompositionen weit übertreffen, hatten schon im 19. Jahrhundert Zweifel an der Authentizität des Werkes geweckt. »Für mich ist es vollkommene Nichtmusik. Mir ist es völlig grauenhaft«, so Hans von Bülow 1856, »Alle Musik [...], die nur zu meinem Kopfe, nicht zu Herz und Kopf gemeinsam spricht, läßt mich – kalt« (siehe Breig 1976, S. 23). Diese Zweifel konnte Ralph Leavis (1979) zerstreuen, indem er anhand formaler Widersprüche in den Ecksätzen (siehe unten) für eine frühe Entstehung des Werkes plädierte. Aufgrund der komplexen Harmonik und des hohen Niveaus motivischer Verarbeitung sah er keine Veranlassung, Bachs Autorschaft in Frage zu stellen. Bach habe neben Violinpartien herkömmlicher Schwierigkeit – etwa in den Violinkonzerten a-Moll und E-Dur – auch virtuose Kompositionen geschrieben. Als Beispiele dienen das von ihm selbst zwischen 1743 und 1746 aufgezeichnete Fragment einer Kantaten-*Sinfonia* D-Dur BWV 1045 für Solovioline, 3 Trompeten, Pauken, 2 Oboen, Streicher und Continuo, dessen Authentizität allerdings zu Recht umstritten ist, sowie die sechs *Soli* für Violine BWV 1001–1006 (1720). Das Violinkonzert d-Moll läßt sich bisher nicht datieren, so daß nicht geklärt werden kann, für welchen Interpreten das Werk entstand. Vermutlich trug es Bach auf der Violine nicht selbst vor. Allerdings finden sich Violinkonzerte mit ähnlichen spieltechnischen Ansprüchen zu seiner Zeit bereits im Œuvre Antonio Vivaldis (Siegele 1975, S. 110f.), Pietro Antonio Locatellis und Giuseppe Tartinis (White 1992, S. 8ff.). Daher wäre durchaus vorstellbar, daß Bach die Komposition für einen italienischen oder in italienischer Violintechnik ausgebildeten Virtuosen schuf.

Die Zweifel an der Authentizität des d-Moll-Violinkonzerts wurden inzwischen weitgehend fallengelassen. Allerdings machte Werner Breig (1976, S. 25ff.) geltend, daß insbesondere im Finale, gelegentlich aber auch im Eingangssatz vielfach ein nur dreistimmiger Satz, verteilt auf zwei Violinen (plus Solovioline), Viola und Continuo, vorherrscht, der meist durch Unisono-Führung der Violinen erreicht wird. Dieses, für Bachs datierbare Werke mit Orchester ungewöhnliche Phänomen führte er auf eine ursprünglich dreistimmige Anlage des Ripieno zurück. D.h. dem rekonstruierbaren Violinkonzert wäre eine noch frühere Fassung vorausgegangen. Wie bereits mehrfach erwähnt, entspricht besagte Technik weiten Passagen von Tomaso Albinonis *Concerti* op. 5 (1707); dort treten mitunter nicht nur zwei, sondern sogar drei Violinstimmen und zwei Baßstimmen im Unisono auf, so daß sich ein drei- bis vierstimmiger Satz auf bis zu sechs Partien verteilt: drei Violinen, zwei Violen, Violoncello und Continuo (siehe beispielsweise den ersten Satz des *Concerto Quarto* G-Dur). Bach selbst greift Albinonis »Instrumentierung« im ersten Satz des »Brandenburgischen Konzerts 3« G-Dur auf. Folglich dürften Breigs Beobachtungen weniger auf eine »Frühfassung« als vielmehr auf die Herkunft von Bachs Stilmittel verweisen. Ob dies auch für die formale Zwitterstellung der Ecksätze zutrifft, die in ihrer perfidiahaften Gestaltung der Episoden, nicht aber innerhalb der Ritornelle Bezüge zu Vivaldi erkennen lassen, wird später zu prüfen sein (⟶ S. 206).

Vermutlich erleichterten die enormen spieltechnischen Anforderungen des Werkes, die nur von herausragenden Geigern bewältigt worden sein mögen, C. P. E. Bachs Entscheidung zur Transkription für Cembalo (BWV 1052a). Sie wurde bereits von der BG veröffentlicht und 1999 in den Anhang der NBA (VII/4) aufgenommen. Aber auch Bach selbst mag bestrebt gewesen sein, die Komposition in Gestalt des Cembalokonzerts BWV 1052 der Praxis zugänglich zu machen. Die neuerliche Bearbeitung ist von der Version seines Sohnes, ebenso wie von den Kantatensätzen unabhängig. Dabei konnte Bach mittels ausgedehnter Tiefoktavierung der Solostimme und Abweichung von deren Stimmführung die Originaltonart unverändert belassen. Hinzu kamen zahlreiche Diminutionen und Ornamente, letztere vor allem im Mittelsatz, sowie eine tastengerechte Auflösung der Bariolage- und Arpeggio-Figuration der Violine (zu den Einzelheiten siehe NBA VII/7, KB, S. 43ff., und Breig 1976, S. 9ff.). Ein Vergleich von Kantatensätzen, C. P. E. Bachs Transkription und dem Partiturautograph von ca. 1738 zeigt, daß auch die Stimmführung des Ripienosatzes und hier insbesondere von Viola und Continuo neugefaßt wurde. Laut C. P. E. Bachs Bearbeitung scheinen Violoncello und Violone/Continuocembalo – entsprechend den »Brandenburgischen Konzerten« – ursprünglich getrennt geführt worden zu sein. Auch dieses Indiz deutet auf eine eher frühe Entstehung des Werkes hin. Solche Lesarten sind im Notentext zur Rekonstruktion innerhalb der NBA (VII/7) ebenfalls kaum berücksichtigt, stützt sich Wilfried Fischer doch primär auf den Ripienosatz der Kantatenfassungen und des Autographs von BWV 1052. Ganz wesentlich veränderte Bach um 1738 den Schluß der letzten Episode des Finales (T. 250ff.), in BWV 1052a *Cadenza all'arbitrio* genannt, indem er den Solopart durch virtuose Arpeggien mit einem *Adagio*-Anhang anreicherte und von T. 264 an einen Ripienosatz ergänzte, dessen pulsierende Baßrhythmen eine agogisch freie Ausführung, wie sie im Vorspiel zu Kantate BWV 188 möglich und in C. P. E. Bachs Bearbeitung geradezu geboten erschien, kategorisch unterband.

Primärquelle für den Ripienosatz des Cembalokonzerts BWV 1052 ist das Autograph. Im verschollenen Originalstimmensatz entwickelte Bach die Cembalopartie weiter, weshalb sich der Notentext im Hauptteil der NBA (VII/4, S. 3) auf zwei Abschriften aus der Mitte des 18. Jahrhunderts stützt, die von den Originalstimmen abstammen. Sie wurden von Bachs ehemaligem Schüler Johann Friedrich Agricola im ersten und von zwei Schreibern im anderen Fall, darunter Johann Peter Kellner in Thüringen, angefertigt. Die letzte Revisionsschicht der Cembalostimme in Bachs autographer Partitur ist im Haupttext der NBA (VII/4, S. 55) separat wiedergegeben.

♦ **BWV 1053:** Die Vorlage des E-Dur-Cembalokonzerts ist eines von Bachs verschollenen Konzerten, dessen ursprüngliches Soloinstrument sich bislang nicht sicher ermitteln läßt. Dennoch kann das Werk keine Originalkomposition für Tasteninstrument darstellen, wie dies Philipp Spitta (1880, S. 279) vermutete. Denn schon die Integration der drei Sätze in die Kantaten BWV 169 und BWV 49 beruht auf Transkription; der obligater Orgelpart läßt weder im Hinblick auf seine Spielfiguren noch auf seinen Tonumfang noch auf seine Satztechnik auf eine frühere Version für Tasteninstrument schließen. Wie oben erwähnt, wurde das Konzert bereits im Jahre 1726 zu folgenden Kantatensätzen umgearbeitet:

Concerto E-Dur BWV 1053		Kantate
1. Satz: (ohne Bezeichnung)	→	BWV 169 *Gott soll allein mein Herze haben* (20. Oktober 1726) *Sinfonia* D-Dur (Nr. 1) für Orgel, 2 Oboen, Taille, Streicher und B.c.
2. Satz: *Siciliano*	→	BWV 169 *Gott soll allein mein Herze haben* (20. Oktober 1726) *Aria* (Nr. 5) h-Moll für Orgel, Streicher und B.c. + neue Altstimme
3. Satz: *Allegro*	→	BWV 49 *Ich geh und suche mit Verlangen* (3. November 1726) *Sinfonia* (Nr. 1) E-Dur für Orgel, Oboe d'amore, Streicher und B.c.

Als erster wies Ulrich Siegele 1957 (1975, S. 137ff.) nach, daß sowohl die Kantatensätze als auch das Cembalokonzert auf eine gemeinsame verschollene Vorlage zurückgehen. Einerseits liegen die Ripienopartien in allen drei Partiturautographen in Reinschrift vor, andererseits präsentieren die Solostimmen in den Kantaten und im Konzert Koloraturen und Ornamente, die unabhängig von-

Das Cembalokonzert E-Dur und seine Frühfassung

einander aus einer schlichteren Fassung hergeleitet wurden. Daß Bach solche Figurationen erst »dekoloriert« haben soll, um sie anschließend im Cembalokonzert erneut zu variieren, ist undenkbar. Als gemeinsame Vorlage betrachtete Siegele entweder ein Konzert F-Dur für Traversflöte und Orchester oder ein Konzert Es-Dur für Oboe und Orchester. Die Ursache für die Transposition nach D-Dur und E-Dur sah er im Tastenumfang CD–c''' von Bachs Leipziger Orgeln; in F-Dur hätte die Solostimme bis e''', in Es-Dur bis d''' gereicht. Die Versetzung von Es-Dur nach E-Dur für die *Sinfonia* der Kantate BWV 49 erklärte sich wiederum durch die bereits erwähnte Differenz zwischen Chor- und Kammerton. Die Orgel war einen Ganzton höher gestimmt als die übrigen Instrumente und erhielt deshalb grundsätzlich eine um einen Ton tiefer notierte Stimme. Bei einem Es-Dur-Werk hätte sie also eine konzertante Partie in der unvorteilhaften Tonart Des-Dur zu spielen gehabt. Ein F-Dur-Konzert für Oboe scheidet aus, weil der Spitzenton e''' auf der barocken Oboe kaum greifbar ist und in Bachs Œuvre nirgendwo verlangt wird (Haynes 1992, S. 30ff.). Siegele gab schließlich der Es-Dur-Variante den Vorzug, da »die Verbindung der Oboe mit Es-dur geläufiger [...] als diejenige der Querflöte mit F-dur« sei (1975, S. 143).

Im Kritischen Bericht der NBA (VII/7, S. 132ff.) teilte Wilfried Fischer Siegeles Ansicht und untermauerte sie durch drei weitere Beobachtungen: Zum einen hätte eine Originalfassung in F-Dur die drei tiefsten Töne der Violinen und des Violoncellos nie berührt, was für Bach nicht vorstellbar ist. Auch fehlen in den erhaltenen Versionen jegliche Hinweise auf eine nachträgliche Verlegung dieser Stimmen nach unten. Andererseits läge die Baßpartie in F-Dur überwiegend sehr hoch. Zum dritten machte Fischer in der Orgelpartie (D-Dur) des Partiturautographs von BWV 49 (E-Dur) Korrekturen aus, die zeigten, daß die Vorlage einen Halbton höher, also in Es-Dur stand. Dennoch sah er sich damals zu einer Rekonstruktion für Oboe nicht in der Lage, weil zu »viele Fragen offen bleiben«. 1997 (S. 254) hingegen legte Fischer dar, das Werk sei ursprünglich ein Bratschenkonzert in Es-Dur gewesen, dessen Solostimme für die Orgel- bzw. Cembalofassung um einen Halbton nach unten bzw. nach oben versetzt und dann oktaviert wurde. Die frühere Solopartie erklang also ungefähr eine Oktave tiefer. Wie Werner Breig im Kritischen Bericht der NBA (VII/4) konstatiert, wäre diese Transkriptionstechnik innerhalb von Bachs Konzerten ohne jede Parallele. Über das Kriterium des günstigen Tonumfangs hinaus bestehen jedoch keinerlei zwingende Gründe für eine Fassung mit Viola, die inzwischen von Fischer in Rekonstruktion veröffentlicht wurde.[19] Ja, im Vergleich mit den Viola-Partien des sechsten »Brandenburgischen Konzerts« B-Dur erscheint Fischers Solopartie spieltechnisch eher schlicht.

Erstaunlich ist, daß bei den bisherigen Diskussionen und den vorliegenden Rekonstruktionen in F-Dur und Es-Dur für Oboe[20] und in Es-Dur für Viola zwei Aspekte gänzlich unberücksichtigt blieben: a) klangliche Erwägungen und b) die Tonart der Vorlage zum Cembalokonzert. Erst Bruce Haynes (1992, S. 32) legte dar, daß Es-Dur in der ersten Hälfte des 18. Jahrhunderts nicht nur eine ungewöhnliche Tonart für ein Oboenkonzert war, sondern auch für die in Frage stehende Solopartie auf einem barocken Instrument außerordentlich unangenehm erscheine. In F-Dur wiederum erklänge eine Oboe der Bach-Zeit spitz und schrill. Als Lösung dieser Problematik schlug Haynes ein Konzert D-Dur für Oboe d'amore vor, das auf diesem Instrument völlig idiomatisch wirke. Schon 1983 hatte Arnold Mehl eine solche Rekonstruktion mit überzeugenden »Rückbildungen« von Bachs Orgelstimmen vorgelegt, ohne diese Fassung wissenschaftlich zu begründen.[21]

In der Tat spricht auch der Streichersatz des Werkes gegen eine Es-Dur-Version. Nicht nur daß die Baßstimme niemals C, den tiefsten Ton des Violoncellos und immerhin die Tonikaparallele bzw. sogar die Grundtonart des Mittelsatzes, erreichte. Auch erscheint schon der Beginn des ersten Satzes in Es-Dur weder grifftechnisch günstig noch klanglich befriedigend. Bach eröffnet die Kantaten-*Sinfonia* mit einem zweitaktigen Ritornell-Vordersatz der unbegleiteten Violine 1, die im wesentlichen gebrochene Dreiklänge spielt. Ein solcher, in Bachs Œuvre beispielloser Effekt zielt auf klangliche Brillanz, die auf Streichinstrumenten wiederum durch günstige Lagen und Einbeziehung leerer Saiten befördert wird. Daß der Geiger Bach hier gegen sein »Zweitinstrument« komponierte und dessen Schwierigkeiten bereits zu Beginn solistisch präsentierte, erscheint gänzlich unvorstellbar. In E-Dur vermochte Bach immerhin eine einzige leere Violinsaite einzubeziehen, doch ergänzte er an dieser Stelle noch während der Arbeiten an der Kompositionspartitur eine rhythmisch und kontrapunktisch strukturierte Begleitung der drei Unterstimmen. Offenbar erschien ihm ein solistischer Einsatz der Violine 1 zu heikel. In F-Dur werden teilweise sogar zwei leere Saiten verwendbar, doch scheidet diese Tonart angesichts der obengenannten Gründe aus. Durchweg zwei leere Saiten werden auch in der D-Dur-Version von Kantate BWV 169 verlangt, für die sich Bruce Haynes im Hinblick auf die Oboe d'amore ausgesprochen hatte.

Inzwischen führten die Herausgeber der Kantaten BWV 169 und 49 in der NBA (I/24, KB, S. 76; I/25, KB, S. 93f.) aus, daß die Korrekturen in beiden Partiturautographen keine plausible Indizien für Transponierfehler liefern. Um so mehr wäre zu fragen, ob dies auch auf das Kompositionsautograph des Cembalokonzerts BWV 1053 zutrifft. Tatsächlich teilt Werner Breig im Kritischen Bericht der NBA (VII/4) nicht weniger als 13 Stellen in den ersten beiden Sätzen mit, die zunächst um einen Ganzton zu tief notiert wurden.[22] Hinzu kommen drei zusammenhängende Töne in T. 13 des *Siciliano* (Violine 1), die zuerst einen Ton zu hoch standen – ein bezeichnender Fehler, den jeder kennt, der einmal selbst transponierte und dabei versehentlich zu hoch statt »hoch genug« dachte (⟶ S. 258). Die Gesamtzahl an Fehlern stimmt ziemlich genau mit der von Breig im Kritischen Bericht angeführten Liste von Transponierversehen in der autographen Partitur zu den Cembalokonzerten g-Moll BWV 1058 und D-Dur BWV 1054 überein, die nach Vorlagen in a-Moll und E-Dur eingerichtet wurden. Zudem leuchtet ein, daß die Transponierfehler in der Partitur des E-Dur-Konzerts überwiegend die Stimmen von Violine 1 und 2 betreffen. Wie Breig (1988, S. 37ff.) zeigte, begann Bach in diesem Konzert eine neue Transkriptionsmethode, indem er portionenweise zunächst die Partien von Violinen und Viola übertrug, dann die rechte Hand der Cembalostimme ergänzte und schließlich den Baß hinzufügte. Somit verringerte sich die Fehlerquote im Partiturbild gleichsam von oben nach unten.

Nicht sehr überraschen kann jedoch, daß das Finale des vorliegenden Konzerts keinerlei konkrete Anzeichen für Transponierfehler bietet: Weshalb hätte sich Bach der Mühe des Transponierens unterziehen sollen, wenn ihm bereits eine (Kantaten-) Partitur in E-Dur zur Verfügung stand? Schon Ulrich Siegele (1975, S. 140f.) hatte nicht ausgeschlossen, daß beide Fassungen des Satzes miteinander in Beziehung stehen. Das *Allegro* des Konzerts könnte durchaus eine Weiterbildung der *Sinfonia* aus BWV 49 darstellen. Gegen eine Erstfassung in D-Dur hatten Siegele und Fischer seinerzeit nur die Änderungen der Stimmen von Violine 2 und Viola in T. 9 des Kopfsatzes gegenüber der entsprechenden Stelle im Cembalokonzert vorgebracht. Die Abweichung in der Kantatenfassung berücksichtigt freilich nicht nur die Tonumfangsgrenze der Violine, sondern stellt auch eine harmonische Bereicherung dar. In Wirklichkeit besteht also kein Grund, in der auf den ersten Blick »logischer« wirkenden E-Dur-Version dieses Taktes die frühere zu sehen.

Somit liegt auf der Hand, daß die Vorlage für beide Kantaten und das Cembalokonzert in D-Dur stand. Arnold Mehl demonstrierte im Kritischen Bericht seiner erwähnten Edition sehr plausibel, daß Bach an je einer Stelle in *Sinfonia* (T. 111) und *Aria* (T. 22) der Kantate BWV 169 den Tonumfang a–h" auf cis'" und fis ausdehnte. In der *Sinfonia* tritt der Ton cis'" durch Oktavierung als Steigerung unmittelbar vor Beginn des Da capo auf, in der *Aria* der Ton fis am Ende eines im Cembalokonzert fehlenden Einschubs von acht Takten. Dieser Einschub war erforderlich geworden, nachdem Bach dem früheren *Siciliano*-Satz eine Altstimme unterlegt hatte, deren zweite Strophe nun durch ein zusätzliches Ritornell vorzubereiten war. Beide Änderungen sind also für die »Frühfassung« des Werkes ohne Belang. Der ursprüngliche Maximalumfang a–h" entspricht jenem der Oboe d'amore in Bachs Zeit und stimmt mit keinem anderen Instrument überein.

Bleibt zu fragen, weshalb Bach sein D-Dur-Konzert für die Kantate BWV 49 und das Cembalokonzert nach E-Dur hätte transponieren sollen. Rufen wir uns nochmals die Problematik der Tonumfänge in Erinnerung: Die Oboe d'amore war auf den höchsten Ton h", Bachs Orgel auf c'" und das Instrument seiner Cembalokonzerte auf d'" limitiert. Die Orgel spielte transponierend, wurde also einen Ton tiefer gegriffen:

D-Dur: Oboe d'amore / Orgel (BWV 49/1)	a–h"
C-Dur: Orgel (BWV 169/1)	g–a"
E-Dur: Cembalo (BWV 1053)	h–cis'"

Der erforderliche Tastenumfang der Orgel in Kantate BWV 169 liegt im Diskant um eine kleine Terz unter der vorhandenen Klaviaturgrenze (und Bachs herkömmlichem Tonumfang für dieses Instrument). Tatsächlich ergibt sich nur eine einzige plausible Begründung für die Transposition des Konzertfinales im Hinblick auf die schon nach 14 Tagen erfolgte Uraufführung der Kantate BWV 49: Bach hatte den tiefen Ambitus der Orgel in Kantate BWV 169 als unbefriedigend empfunden und steuerte in BWV 49 nun die Klaviaturgrenze an, indem er den ganzen Satz einen Ton höher notierte. Derselbe Vorgang war erst recht bei Einrichtung der Solostimme für Cembalo erforderlich, das ja nicht transponierend gespielt wurde und dessen höchste Taste mit dem Ton d'" zusammenfiel. Eine solche Überlegung vermag zugleich Bachs Intention bei der Transposition seiner Cembalokonzerte BWV 1054, 1056–1058, 1060 und 1064 zu erklären. Die Einrichtung einer idiomatischen Solostimme zielte nicht allein auf die Umgehung einzelner Spitzentöne, die sich auch durch Oktavierung ganzer Passagen erreichen ließ, sondern auf die vollständige Ausnutzung des vorhandenen Tonvorrats und Klangspektrums.

♦ **BWV 1054:** Die Quellenlage des D-Dur-Konzerts ist unter allen sieben Konzerten für ein Cembalo gewiß die am wenigsten problematische. Zum einen steht fest, daß das Werk eine Bearbeitung des Violinkonzerts E-Dur darstellt. Zum anderen offenbaren die typischen Transponierfehler im Partiturautograph von ca. 1738, daß die Cembalofassung nach einer Vorlage in E-Dur erstellt wurde – offenbar der verschollenen Originalpartitur des bisher nicht datierbaren Violinkonzerts (NBA VII/4, KB).

Einzige Primärquelle der Cembalobearbeitung ist die autographe Kompositionspartitur. Originalstimmen oder Kopien davon sind nicht erhalten. Eine möglicherweise zwischen 1745 und 1749 von Johann Christoph Altnickol angefertigte Abschrift der Solostimme geht unmittelbar auf das Partiturautograph zurück. Offen bleibt, ob diese Kopie ursprünglich einem vollständigen Stimmensatz angehörte oder ob sie separat, beispielsweise zur Einstudierung der Komposition, hergestellt wurde. In diesem Fall wäre denkbar, daß Altnickol das Werk unter Bachs Leitung oder zumindest unter Verwendung von dessen Aufführungsmaterial vortrug.

Das Cembalokonzert A-Dur und seine Frühfassung

Im Rahmen von Bachs Bearbeitungsvorgang blieb der Orchestersatz weitgehend unangetastet, abgesehen von der Verkürzung des Themenkopfs im Eingangssatz und der Auslassung der Solopassagen im Continuo, die nun von der linken Hand des Cembalisten begleitet werden. Hingegen wurde die Solostimme an solchen Stellen umgebildet, wo dies zur Anpassung an Klang und Spieltechnik des Tasteninstruments notwendig erschien: Aus den Tonrepetitionen im Streicherritornell des ersten Satzes entstanden Oktavtremoli des Cembalos, das Zitat des Themenkopfs in der ersten Episode erhielt eine Diminution mittels Durchgangsnoten, Ritornellabschlüsse verband Bach mit den folgenden Episoden durch 32stel-Überleitungen. Die wichtigste Änderung im Mittelsatz betrifft die Vereinfachung der Continuo-Stimme, indem nun – ausgenommen die Rahmenritornelle – der Cembalobaß die quasi-ostinaten Themenmotive vorträgt. Abgesehen von der diminutiven Ausarbeitung der Solostimme und der Übertragung der Episodenbegleitung des Continuo auf die linke Hand des Cembalisten stimmt das Finale im wesentlichen mit der Violinkonzert-Vorlage überein.

Neben der Vermeidung von zwei aufeinanderfolgenden Cembalokonzerten in der Grundtonart E-Dur dürfte der Anlaß für die Transposition nach D-Dur in diesem Fall tatsächlich vorrangig in der Anpassung der bis e''' führenden Violinpartie an den Tonumfang des verfügbaren Cembalos bestanden haben. Die Violinstimme hätte im ersten Satz (T. 48f., 113 und 120f.) und im *Adagio* (T. 35) an vier Stellen über die Klaviaturgrenze d''' hinausgereicht, die für die dramaturgische Konzeption der beiden Sätze entscheidend sind und sich nicht durch Oktavierung umgehen lassen. Eine »Zentrierung« des Tonumfangs durch Transposition im Hinblick auf die Klaviatur des Tasteninstruments wie beispielsweise im *Concerto* E-Dur BWV 1053 wäre angesichts der Originallage der Violin-Stimme kaum erforderlich geworden.

♦ **BWV 1055:** Von Bachs A-Dur-Cembalokonzert sind neben der autographen Kompositionspartitur von ca. 1738 auch ein Originalstimmensatz von ca. 1739 sowie eine um 1742 neugeschriebene *Violone*-Stimme erhalten. Hinzu kommt eine um 1755 von Christian Friedrich Penzel angefertigte Partiturabschrift samt separater Continuo-Stimme.

Der Originalstimmensatz umfaßt neben der Partie des *Cembalo certato* je eine Stimme für *Violino 1, Violino 2, Viola* und *Continuo*. Alle Stimmen wurden von Bach selbst geschrieben, ausgenommen jene des Cembalos, die von einem für den Bach-Biographen Johann Nicolaus Forkel tätigen Kopisten (»Anonymus Forkel 14«) aus der Zeit wohl um 1770–1780 stammt. Die originale, höchstwahrscheinlich autographe *Cembalo*-Stimme stand Penzel freilich noch um 1755 als Vorlage zur Verfügung. Vermutlich war die Originalstimme schadhaft geworden, weshalb Forkel sie nach ca. 1770 ersetzen ließ (NBA VII/4, KB). Die Originalstimme – in Kopie durch Forkels Schreiber bzw. durch Penzel – ist für die NBA Hauptquelle der Cembalopartie, weil Bach den Notentext der Stimme wohl noch um 1739 gegenüber der Kompositionspartitur weiterentwickelte (der am meisten hiervon betroffene Mittelsatz *Larghetto* wurde im Anhang der NBA [S. 190] in der älteren Fassung der Partitur wiedergegeben). Um 1742 trug Bach in die *Continuo*-Stimme *tutti*- und *solo*-Vermerke ein, die die Mitwirkung des Violone im Tutti bezeichnen und primär für den Kopisten der *Violone*-Stimme galten. Eine andere Interpretationsmöglichkeit besteht in der anfänglichen Ausführung der *Continuo*-Stimme entweder durch ein Violoncello oder durch einen Violone; erst das Zusammenspiel beider Instrumente um 1742 bedingte dann die Herstellung einer *Violone*-Stimme (Breig 1992, S. 207). Ebensogut aber sind die *tutti*- und *solo*-Angaben als Hinweise auf die Doppelbesetzung der Cellopartie um 1742 zu verstehen. Außerdem wurde der Continuopart von Bach nun durchgehend beziffert, was auf Mitwirkung eines Akkordinstruments neben dem Solocembalo schließen läßt (die bezifferte *Continuo*-Stimme ist ebenfalls im Anhang der NBA [S. 192] publiziert). Ob Bachs Akkordinstrument ein zweites Cembalo (Rifkin 1995, S. 151) oder eine Laute war (Breig 1992, S. 207), läßt sich kaum entscheiden: So reizvoll eine Kombination der unterschiedlichen Klänge von Cembalo und Laute auch wirkt, die Befürchtung, ein Continuocembalo könne das Soloinstrument überdecken, erscheint nicht gerechtfertigt. Denn der Einsatz der *Continuo*-Stimme beschränkt sich fast ausnahmslos auf die Ritornellteile (die episodischen Abschnitte werden allein vom Solocembalo gestaltet). Nicht ausgeschlossen werden kann ferner die Ausführung der Bezifferung durch Akkordspiel des (ersten) Cellisten – zumal die vergleichsweise einfache Faktur der Baßpartie diese Möglichkeit begünstigt. Gewiß bleibt allein, daß bei der Wiederaufführung um 1742 ein weiteres Continuoinstrument hinzu kam; offensichtlich spielten jetzt ein oder zwei Violoncelli, möglicherweise plus Akkordinstrument, aus der *Continuo*-Stimme, so daß die Anfertigung einer separaten Violonepartie erforderlich wurde. Ob Bach auch für die übrigen Cembalokonzerte mit einem weiteren Akkordinstrument rechnete, wird später zu diskutieren sein (⟶ S. 424).

Die *Violone*-Stimme von ca. 1742 wurde vom Komponisten selbst begonnen und von einem anonymen Kopisten abgeschlossen. Vielleicht im Kontext mit der Entstehung dieser Partie erhielten auch die übrigen Originalstimmen Ergänzungen, beispielsweise der letzte Satz *Allegro* den Zusatz *ma non tanto* (NBA VII/4, KB).

Erst nach Herstellung sämtlicher Stimmen nahm Bach in seiner Partitur noch einzelne Revisionen geringen Ausmaßes vor (Breig 1992, S. 198f.), die im Kritischen Bericht der NBA (VII/4) als »Spätkorrekturen« bezeichnet sind. Da sie jedoch im Aufführungsmaterial fehlen, dürften sie nicht im Zusammenhang mit einer Wiedergabe stehen, sondern Bachs erneute Beschäftigung mit der Komposition anhand der Partitur dokumentieren.

Penzels Partiturabschrift wurde unmittelbar nach den Originalstimmen vorgenommen (NBA VII/4, KB). Seine separat beigefügte *Continuo*-Stimme war notwendig geworden, weil er erst nach Beginn seiner Schreibarbeiten bemerkte, daß Continuo und Cembalobaß, die er auf ein einziges System zusammengezogen hatte, vielfach unabhängig voneinander geführt werden, weshalb er die Baßpartie nachtrug. Die Existenz von Penzels Kopie nur dieses einen Cembalokonzerts macht es wahrscheinlich, daß sich der Originalstimmensatz um 1755 im Besitz Wilhelm Friedemann Bachs in Halle befand (⟶ S. 87). Demnach wird diesem Bach-Sohn das Kompositionsautograph nicht gehört haben.

Bachs autographe Partitur enthält zahlreiche Revisionen, auf die im folgenden eingegangen werden soll. Im Vordergrund steht dabei die Frage, für welches Soloinstrument die ursprüngliche Fassung des Werkes bestimmt war. Da das Autograph in allen drei Sätzen keinerlei Transponierfehler erkennen läßt, offenbart sich A-Dur als unveränderte Originaltonart. Zugleich kann kein Zweifel darüber bestehen, daß die Ripienopartien von einer Vorlage abgeschrieben wurden, weshalb der Verdacht, das Konzert sei eine Neukomposition für Cembalo, unhaltbar ist. Keinen Hinweis auf die ursprüngliche Version liefern übrigens die Originalstimmen und damit auch deren Kopie durch Penzel. Sie lassen sich nicht der Frühfassung zuordnen, sondern wurden eigens für das Cembalokonzert angefertigt. Das zeigen die dort überlieferten Korrekturen aus dem Kompositionsautograph und die Pausen im Continuo während der Episoden. Immerhin scheinen die Korrekturen derart umfangreich ausgefallen zu sein, daß das vermutlich vorhandene Material nicht wiederzuverwenden war.

Schon 1935 hatte Donald Francis Tovey die Oboe d'amore als ursprüngliches Soloinstrument vorgeschlagen – eine Vermutung, die von Ulrich Siegele (1975, S. 130f.) und Wilfried Fischer (NBA VII/7, KB, S. 63ff.) quellenkundlich untermauert wurde und seit Jahrzehnten auch in der Konzertpraxis etabliert ist. Voraussetzung für diese Hypothese war, daß die gebrochenen Dreiklänge der Solostimme während der Ritornelle im Eingangssatz erst im Hinblick auf die Einrichtung für Cembalo hinzukamen (Spiro 1905). »Die Wiederholungen der gebrochenen Akkorde [...] stehen [...] dreimal (T. 10, 24 u. 34) in Korrektur; [...] Wir können also diese Arpeggien bei der Untersuchung des Tonumfangs der konzertanten Oberstimme außer acht lassen« (Siegele 1975, S. 131). Fallen die »Arpeggien« fort und setzt man die Solostimme in den Takten 41f. um eine Oktave tiefer, so ergibt sich ein Tonumfang von a bis h", der, wie bereits gesagt (⎯→ S. 132), auf die Oboe d'amore hinweist und auch in den beiden verbleibenden Sätzen nicht ausgeweitet wird. Ausgehend von der Mitteilung Johann Gottfried Walthers (1732, S. 304), daß die Oboe d'amore »ohngefehr an[no]. 1720 bekannt« wurde, sowie von der Verbreitung dieses Instruments um 1720 in Gotha und um 1722 in Zerbst brachte Hans-Joachim Schulze (1981, S. 14f.) die Entstehung des A-Dur-Konzerts mit Bachs Gastspiel im August 1721 am Hof in Gera in Verbindung (Dok. II, Nr. 107). Auch dort, so Schulze, könnten um 1720 bereits solche Oboen in Gebrauch gewesen sein. Seitdem etablierte sich in der Forschung für die Entstehung des Werkes die Zeit »vor 1722«; die Version für Oboe d'amore wurde als einzige datierbare Frühfassung von Bachs Solokonzerten betrachtet. Inzwischen ist jedoch erwiesen, daß Oboi d'amore bereits im Jahre 1717 am Darmstädter Hof gespielt und spätestens um 1719 in Leipzig gebaut wurden (Haynes 1992, S. 30). Spinnt man Schulzes Gedanken fort, käme als Uraufführungstermin nun nicht nur Bachs Besuch 1721 in Gera, sondern auch sein Aufenthalt am Gothaer Hof in der ersten Jahreshälfte 1717, also von Weimar kommend, in Frage (Ranft 1985). Was freilich für Gera und Gotha gelten könnte, mag auch auf Köthen, die Nachbarstadt von Zerbst, zutreffen, so daß der jeweilige Ort ausreichend Spielraum für rein persönliche Entscheidungen bietet. Als objektives Datierungskriterium erscheinen solche Überlegungen unbrauchbar.

Daß die gebrochenen Dreiklänge im Partiturautograph der Cembalostimme des A-Dur-Konzerts erst um 1738 hinzukamen, wurde von Wilhelm Mohr (1972) und Hans Schoop (1985) in Zweifel gezogen. Vielmehr seien die »Arpeggien«, wenn auch in abweichender Gestalt, von vornherein Teil des Werkes gewesen. Anhand einer detaillierten Untersuchung der Originalquelle zeigte Schoop, daß die Figuren im Eingangsritornell des Kopfsatzes in der Tat deshalb später ergänzt wurden, weil Bach mit der Bearbeitung der Solopartie zunächst bei Eintritt der ersten Episode (T. 17) begann. Im weiteren Verlauf des Autographs ergibt sich weder aus dem Schriftduktus noch aus der Farbe der verwendeten Tinten der zwingende Eindruck eines Nachtrags, der Komponist hätte die Dreiklänge also durchaus seiner Vorlage entnehmen können. Jedenfalls fing er die Solostimme im Eingangsritornell nicht, wie üblich, im Unisono mit der ersten Violine an. Schoops Verdacht erhärtet sich durch zwei Arten von Korrekturen innerhalb der Quelle: a) Die »Arpeggien« wurden bei ihrem ersten Auftreten während des Schreibens in T. 23f., 33f., 49f. und 57f. noch ohne den charakteristischen 16tel-»Auftakt« notiert; er kam erst von T. 65 an hinzu und wurde an den vorangegangenen Stellen sowie auch im Eingangsritornell vor Abschluß des Satzes nachgetragen:

Das Cembalokonzert A-Dur und seine Frühfassung

Concerto A-Dur BWV 1055, 1. Satz (ohne Bezeichnung), T. 23f., *Cembalo certato* (rechte Hand) – vorläufige Fassung

Concerto A-Dur BWV 1055, 1. Satz (ohne Bezeichnung), T. 23f., *Cembalo certato* (rechte Hand) – endgültige Fassung

Die erste Fassung wäre im Zusammenspiel von Cembalo und Streichern nur mit Mühe zu koordinieren gewesen, weshalb sich Bach vermutlich für die »auftaktige« Version entschied, die er bereits zu Beginn des ersten Satzes der *Sonata* h-Moll BWV 1030 für Cembalo und Traversflöte (1736) erprobt hatte. b) Die zweite wesentliche Korrektur ergibt sich ebenfalls aus den vorangegangenen Notenbeispielen: Bach änderte nachträglich den jeweils zweiten Takt mit Dreiklängen in T. 9f., 23f. und 33f., indem er ihn um eine Terz höher notierte und dessen Spitzentöne jenen der gleichzeitig erklingenden Violine 1 anpaßte (Breig 1992, S. 192f.). Zwei derart grundlegende Veränderungen sind für eine während des Bearbeitungsprozesses hinzugefügte Stimme selbst in dem an Revisionen überreichen Partiturautograph der Cembalokonzerte eine Ausnahme. Ebensogut könnte diese Begleitstimme des Solos auch der Vorlage entnommen und für die Ausführung mit Cembalo nachträglich umgearbeitet worden sein. In diesem Fall hätte die ursprüngliche Solostimme die Töne e bis d''' umfaßt, für deren Wiedergabe – vor allem im Hinblick auf die gebrochenen Dreiklänge – nicht die viersaitige Viola (Mohr 1972), sondern einzig und allein die sechssaitige Viola d'amore in Betracht kommt (Schoop 1985). Schoop nahm an, daß Bach die »Arpeggien« – wie vielfach in Streicherliteratur und vor allem innerhalb von Antonio Vivaldis Solokonzerten für Viola d'amore – nur einmal ausschrieb und dann als Akkorde unter Angabe der zu spielenden Töne notierte. Da sich Bach über deren Einrichtung für Cembalo anfangs noch nicht sicher war, begann er die Bearbeitung der Solostimme mit der ersten Episode. Für die Viola d'amore sprechen – ebenso wie für die Oboe d'amore – die zu jener Zeit weitverbreitete Stimmung in A-Dur, vor allem aber die beispielsweise am Dresdner Hof übliche Improvisation von arpeggierten Akkorden. Wenig hilfreich ist in diesem Zusammenhang die Feststellung (NBA VII/4, KB), daß Bach den Cembalobaß seiner Bearbeitung zunächst in C-Dur angefangen haben könnte; denn sowohl für die Oboe d'amore als auch für die Viola d'amore läßt sich eine transponierende Notation nachweisen (Köpp 1999).

Damit liegt auf der Hand, daß die als sicher geglaubte und in der NBA (VII/7) rekonstruierte Frühfassung für Oboe d'amore, erst recht aber deren Datierung auf einer von Friedrich Spiro und Ulrich Siegele aufgestellten Hypothese beruht, die spätere Autoren von ihren Vorgängern übernahmen. Die folgende Diskussion zeigt, daß eine Entscheidung zwischen Oboe d'amore und Viola d'amore schon allein deshalb schwierig ist, weil nicht nur die Namen, sondern auch der zeitgenössische Kompositionsstil für Partien beider Instrumente große Ähnlichkeiten aufweisen.

Schärfster Kritiker der Rekonstruktion für Oboe d'amore innerhalb der NBA (VII/7) war ausgerechnet der Oboist Bruce Haynes (1992, S. 34ff.). Er gab zu bedenken, daß diverse Griffverbindungen auf Instrumenten der Bach-Zeit zwar spielbar, aber nicht idiomatisch sind. Dies betrifft den Anfang des Solos im Finale, das von T. 25 bis zum Beginn von T. 32 ursprünglich eine Oktave tiefer, also in der Lage unter der Streicherbegleitung, erklungen sein könnte. In der Tat erzeugt diese Lösung einen reizvollen Effekt, der zum Cantabile-Charakter des Satzes besser paßt als der auf der barocken Oboe angespannt wirkende Episodenanfang im Cembalokonzert. Allerdings finden sich in Bachs Partiturautograph keine Anzeichen für eine Oktavierung dieser Passage, und auch die notwendige »Rückführung« der Solostimme in die Oberoktave (ab der zweiten Note von T. 32) erscheint, wenn auch nicht ausgeschlossen, keineswegs zwingend. Weiterhin richtet sich Haynes' Kritik gegen die nicht eben fachkundig komponierte Solostimme des *Larghetto*. Der erste größere Satzteil (bis T. 23) liegt vergleichsweise hoch, der zweite relativ tief. Merkwürdig ist im »hohen« Satzteil das zweimal unvorbereitete Erreichen des Tons h", des höchsten Tons der barocken Oboe (gegriffen d'''). Freilich muß Haynes einräumen, daß ungefähr ein Drittel von Bachs Leipziger Partien für Oboe d'amore ebenfalls bis h" führt. Ein besonders eindrucksvoller Parallelfall zum Konzertsatz findet sich in der *Aria* Nr. 9 für Tenor, Oboe d'amore und Continuo des *Dramma per Musica Der Streit zwischen Phoebus und Pan* BWV 201 (1729). Deren erster Teil liegt eher in der Mittellage des Soloinstruments (bis a"), der zweite führt hingegen ungeniert wiederholt bis h" und ein einziges Mal sogar bis cis'" – genau von jener Stelle an, wo es im Text heißt: »Aber, wer die Kunst versteht, wie dein Ton verwundernd geht, wird dabei aus sich verloren.« Demnach könnte auch das Konzert BWV 1055 für einen Solisten komponiert worden sein, dessen Instrument eine mühelose Ansprache im höchsten Register gestattete, was Bach zu Beginn des Mittelsatzes sogleich demonstrierte, während er am Anfang der Ecksätze gerade die tiefsten Töne präsentierte. Dieser Solist mag ein anderer als jener des mutmaßlichen D-Dur-Konzerts für Oboe d'amore (BWV 1053) gewesen sein, das solche Extremlagen nicht verlangt. Gerade im Vergleich zur Arie aus BWV 201 bleibt freilich unverständlich, weshalb Bach den Ton h" im *Larghetto* von BWV 1055 kein einziges Mal als Steigerungsmittel einsetzt und auf ihn im zweiten Teil des Satzes gänzlich verzichtet. D.h. er behandelt den traditionell höchsten Ton der Oboe d'amore im *Larghetto* nicht als Spitzenton, sondern eher beiläufig.

Weniger überzeugend erscheint Hans-Joachim Schulzes Argument (1981, S. 15), solche sich widersprechenden Beobachtungen dokumentierten Bachs mangelnde Erfahrung mit der Oboe d'amore und legten daher eine frühe Entstehung des A-Dur-Konzerts nahe. So gesehen müßte man das Werk ja noch vor den Weimarer Kantaten seit 1714 ansetzen, als der Komponist im Umgang mit Oboeninstrumenten tatsächlich noch ungeübt gewesen sein mag. Denn grundsätzlich ist eine Oboe d'amore nicht anders als eine herkömmliche Oboe zu greifen, da sie ja transponierend erklingt, d.h. in C gespielt wird.

Erst recht ergeben sich für Haynes' Vermutung, der Mittelsatz sei erst bei Einrichtung des Cembalokonzerts hinzugekommen, keinerlei Anhaltspunkte im Kompositionsautograph. Im Gegenteil stand das *Larghetto,* wie oben gezeigt, offenbar schon in der Vorlage in fis-Moll und deutet deshalb auf eine Konzertkomposition in A-Dur hin, wie sie von Bach nur in Gestalt von BWV 1055 überliefert ist. Eine ursprüngliche Konzeption als Arie erweist sich als unwahrscheinlich, wird das Eingangsritornell (T. 1–3) doch nur ein einziges Mal – am Ende des Satzes – vollständig wiederholt, was für die Mittelsätze von Bachs Konzerten typisch (⟶ S. 120), für Arien jedoch völlig ungewöhnlich ist. Daher besteht keinerlei Notwendigkeit für die Realisierung von Haynes' Anregung, das *Larghetto* durch das *Adagio* der *Sinfonia* zu Bachs »Oster-Oratorium« BWV 249

Das Cembalokonzert A-Dur und seine Frühfassung

(1725) auszutauschen, dessen Solostimme (Traversflöte oder Oboe) durch die Transposition von h-Moll nach fis-Moll mit einer Oboe d'amore besetzt werden könnte. Gegen einen solchen Tausch spricht sogar ein gravierender musikalischer Einwand: Der Charakter dieses *Adagio* ähnelt – zum einzigen Mal unter den erhaltenen Konzert-Mittelsätzen Bachs – Tomaso Albinonis *Concerti* op. 5 (1707) und Giuseppe Torellis *Concerti* op. 8 (1709) und reicht stilistisch deutlich vor die Ecksätze des A-Dur-Konzerts BWV 1055 zurück.

Wie gesagt, beruht die Zuweisung an die Oboe d'amore im wesentlichen auf der unbelegten Annahme, daß die gebrochenen Dreiklänge im Eingangssatz erst bei Einrichtung der Cembalostimme um 1738 hinzukamen. Auf den ersten Blick scheint eine Stelle am Übergang zwischen Ritornell und Episode diese Vermutung zu beweisen (Breig 1992, S. 193): In T. 58 notierte Bach einen gebrochenen Fis-Dur-Akkord, um dann in T. 59 um fast zwei Oktaven zum Ton a" zu springen. Dieser gelangte zunächst als Viertelnote zu Papier. Erst im Nachhinein ergänzte der Komponist den Vorschlag h, um den Übergang melodisch und harmonisch nachvollziehbar zu machen:

Concerto A-Dur BWV 1055, 1. Satz (ohne Bezeichnung), T. 58f., *Cembalo certato* (rechte Hand) – vorläufige Fassung

Concerto A-Dur BWV 1055, 1. Satz (ohne Bezeichnung), T. 58f., *Cembalo certato* (rechte Hand) – endgültige Fassung

Daß ein solcher Sprung von Anfang an für eine herkömmliche Melodiestimme erdacht wurde, ist unvorstellbar. Im Kontext von Spieltechnik und Vortragspraxis auf der Viola d'amore erscheint er freilich als starkes Indiz gerade für dieses Instrument. Um eine solche Feststellung beurteilen zu können, ist es notwendig, etwas auszuholen. Die Viola d'amore war ein reines Soloinstrument, das sich von Instrumenten der Violinfamilie vornehmlich durch seine 5–7 Spielsaiten unterschied. Zur Bach-Zeit wurden in Mittel- und Norddeutschland fast ausschließlich Viole d'amore ohne Resonanzsaiten gebaut (Köpp 1999); die klangliche Differenz zu Violine und Viola, deren Registerlagen sie teilte, ergab sich vornehmlich aus dem als »argentin oder silbern / dabey überaus angenehm und lieblich« beschriebenen Ton, der es – wie jener der Oboe d'amore – ermöglichte, »viel languissantes [Schmachtendes] und tendres [Zartes] auszudrücken« (Mattheson 1713, S. 282f.). Dieser Klang beruhte insbesondere auf dem Bezug mit Metallsaiten: »Wegen des lieblichen Lauts der gestrichenen stählernen Saiten auf der Viole d'Amour, hat sie, wie der Oboe d'Amore [...] den lieben Namen bekommen« (Mattheson 1752, S. 9). Allein die höchste Saite bestand aus Gründen der Mensur aus Darm und war deshalb gegenüber den tieferen Saiten weniger brillant und durchsetzungsfähig (⟶ S. 299).

Zeitgenössische Viola d'amore-Partien, so auch jene von Bach (⟶ S. 300), sind überwiegend einstimmig komponiert und vermeiden mit Rücksicht auf die obere Saite aus Darm sehr hohe Lagen (Köpp 1999). Solche einstimmigen Passagen wurden – oft vom Spieler selbst – bei längeren Tönen und an musikalisch geeigneten Stellen, etwa an Satz- oder Episodenanfängen und -schlüssen, durch Akkorde unter Verwendung leerer Saiten ergänzt. Diese Praxis geht aus zahlreicher

Das Cembalokonzert A-Dur und seine Frühfassung

Werken für Viola d'amore hervor, deren ursprüngliche Fassung ein Melodieinstrument vorsah und die in der Übertragung für Viola d'amore durch zusätzliche Akkorde ergänzt wurde (Köpp 1999). Entsprechende Beispiele finden sich vor allem in Abschriften des Dresdner Konzertmeisters Johann Georg Pisendel, eines passionierten Viola d'amore-Spielers (Jappe 1997, S. 156). In einigen seiner Kopien sind die hinzugefügten Akkordtöne in kleineren Noten aufgezeichnet. Im Fall des *Trio* G-Dur für Traversflöte, Viola d'amore und Continuo von Franz Simon Schuchbauer (ca. 1720) blieb neben der *Viola d'amore*-Stimme von der Hand Pisendels auch die einstimmige Vorlage erhalten (Jappe 1997, S. 166):

Schuchbauer: *Trio* G-Dur, *Entre*, T. 1–4, *Flute Traversiere* – (anonyme Abschrift – Sächsische Landesbibliothek Dresden)

Schuchbauer: *Trio* G-Dur, *Entrée*, T. 1–4, *Viola d'amore* – (Abschrift Pisendels – Sächsische Landesbibliothek Dresden)

Typisch für improvisierte Akkorde ist das Einbeziehen leerer Saiten sowie ihre Anwendung zu Beginn bzw. am Ende einer Phrase (Köpp 1999). In gleicher Weise hätten die Episodenanfänge im ersten Satz von Bachs A-Dur-Konzert, aber auch T. 59 ausgeführt werden können:

Concerto A-Dur BWV 1055, 1. Satz (ohne Bezeichnung), T. 58f. – (Fassung von Kai Köpp)

Jedenfalls ist bemerkenswert, daß die Stelle in der zweiten Fassung des Partiturautographs als einzige innerhalb von Bachs Cembalokonzerten nicht so gespielt werden kann, wie sie verstanden werden muß: als Vorschlag h, damals »Anschlag« genannt und mit dem Melodieton a" zu verbinden. Auf dem Cembalo – ohne Hilfe des Klavierpedals – ist dieser Sprung um fast zwei Oktaven nicht legato auszuführen oder von der linken Hand zu übernehmen. Zudem liegt der Sprung, zumal im Anschluß an die vorangegangenen Fis-Dur-Dreiklänge, derart schlecht, daß die Vermutung, Bach habe ihn beim Durchspielen nachgetragen, unglaubwürdig erscheint. Bestanden somit keinerlei melodische oder gar spieltechnische Ursachen für die Ergänzung des Vorschlags, dürfte dem Komponisten daran gelegen haben, die harmonische Situation des verminderten Septakkords zu verdeutlichen. Hierauf hatte er an der Parallelstelle in T. 51 noch verzichtet, wohl aufgrund des entstandenen Sprungs um nur gut eine Oktave. Wirklich nachvollziehbar aber wird die zweite Fassung von T. 59, wenn sich Bach bei nochmaliger Durchsicht der Vorlage der Klangvorstellung eines zusätzlichen Akkords auf der Viola d'amore bewußt wurde. Daß er solche Akkorde

Das Cembalokonzert A-Dur und seine Frühfassung

an Parallelstellen nicht übernahm, erklärt sich durch ihre klanglich wenig reizvolle und satztechnisch eher primitive Wirkung auf dem Tasteninstrument.

Ein gewichtiges Plädoyer für eine ursprüngliche Komposition mit Viola d'amore liefern besagte Akkordbrechungen im ersten Satz. Sie entstammen offenbar nicht der Generalbaßpraxis jener Zeit, da sie über Pausen im Baß erklingen, was allein mit dem Rezitativstil vereinbar wäre. In diesem Punkt unterscheidet sich der Beginn des A-Dur-Konzerts grundlegend von jenem im Finale des Cembalokonzerts E-Dur. Akkorde im Wechsel von Unisonopassagen mit der ersten Violine finden sich hingegen in der Solopartie während der Ritornelle in den Kopfsätzen der beiden von Pisendel abgeschriebenen Konzerte Antonio Vivaldis für Viola d'amore, Streicher und Continuo (D-Dur RV 392 und a-Moll RV 397). Ihre Quellen, heute in der Sächsischen Landesbibliothek Dresden, wurden von Pisendel während seines Italienaufenthalts in den Jahren 1716/17, u.a. bei Vivaldi in Venedig, angefertigt (Jappe 1997, S. 189 und 192). Daß auch Bachs Dreiklangsbrechungen Teil der kompositorischen Struktur des Satzes sein könnten, offenbart die klangliche Leere, die ihr Fortfallen bewirkte – vor allem dann, wenn der Baß, wie Werner Breig (1992, S. 193f.) zeigte, in den Takten 1f. von Bachs Vorlage und vermutlich an den Parallelstellen nur eine Viertelnote statt eines Oktavsprungs ausführte; letzterer wurde erst bei der Arbeit am Partiturautograph des Cembalokonzerts entwickelt. Diese durchlässige Satztechnik zu Beginn eines Konzertsatzes, die eine gewisse Entsprechung im Anfang des Cembalokonzerts f-Moll BWV 1056 findet, integriert besagte »Arpeggien« auf ganz selbstverständliche Weise in die kompositorische Struktur. Hans Schoops Annahme, daß Bach seine gebrochenen Dreiklänge nur ein einziges Mal ausschrieb und fortan als Akkorde notierte, deckt sich mit der Soloepisode der Viola d'amore im Vorspiel der Kantate BWV 152 *Tritt auf die Glaubensbahn* (1714):

Kantate BWV 152 *Tritt auf die Glaubensbahn,* (Sinfonia), T. 107–112, *Viola d'amour*

Unter solcher Voraussetzung leuchtete ein, daß der Komponist die Akkorde in der *Cembalo*-Stimme zunächst aufzulösen hatte und das Dreiklangsmotiv erst im Verlauf der Transkriptionsarbeiten in die für das Tasteninstrument günstige Gestalt mit Auftakt veränderte. Bemerkenswert ist nun, daß auch die ursprüngliche, von Bach im nachhinein dreimal veränderte Position der Dreiklänge für die Viola d'amore spricht. Denn in Originallage lassen sich sämtliche »Arpeggien« unter Verwendung der leeren Saiten bequem ausführen, ohne die Finger umzusetzen oder komplizierte Griffe anzuwenden. Aufgrund der Quart-Quint-Stimmung des Instruments gilt dies gerade auch für verminderte Septakkorde wie in den Takten 34 und 80, die auf jedem Violininstrument eher problematisch ausfielen. Der auf der vorangegangenen Seite demonstrierte mögliche Akkord zum Melodieton in T. 59 ist ohnehin einfach zu greifen, weil hier überhaupt nur zwei Finger aufgesetzt werden müssen (Köpp 1999).

Die in Pisendels erhaltenem Repertoire mit Werken für Viola d'amore – darunter von Vivaldi, Georg Philipp Telemann, Johann David Heinichen, Christian Pezold und Johann Joachim Quantz – am häufigsten geforderte A-Dur-Stimmung setzt für eine sechssaitige Viola d'amore, wie sie in BWV 1055 verlangt würde, folgende leere Saiten voraus: e–a–cis'–e'–a'–e". Generationen von Musikern und Musikwissenschaftlern wunderten sich darüber, daß die erste Episode im Kopfsatz des Werkes von T. 17 bis T. 21 über die Haupttöne cis', e' und a' von a bis e" entsprechend einem A-

Dur-Dreiklang ansteigt. »Eine so frühe Entstehung [bis 1721] könnte manche Eigenart dieses Werkes erklären, so etwa die naive Freude, mit der im ersten Solo des Eingangssatzes zu allererst die – der normalen Oboe nicht erreichbare – tiefe Lage vorgestellt wird« (Schulze 1981, S. 15), wofür allerdings eine A-Dur-Tonleiter, nicht aber ein entsprechender Dreiklang idiomatisch wäre. Untersucht man den für Bachs Episodenthemen ungewöhnlichen Anfang in Gestalt einer Viertelnote mit Überbindung, so zeigt sich, daß dieser Themenkopf im Verlauf des Satzes vierzehnmal auftritt, in acht Fällen davon mit Beginn auf leeren Saiten der Viola d'amore. Ein ähnliches »Kreisen« um die Stütztöne der leeren Saiten läßt sich auch in den Soli des Finales erkennen. Hervorzuheben ist ferner, daß die singuläre Terzenstelle in T. 67f. des Kopfsatzes auf Korrektur steht; die ursprüngliche Lesart ist nicht mehr sicher zu identifizieren (Breig 1992, S. 197). Wie Hans Schoop (1985) beobachtete, deuten allerdings deren sowohl nach oben als auch nach unten gerichtete Notenhälse darauf hin, daß die Stelle schon in erster Fassung zweistimmig war. Hätte Bach die Terzen aus seiner Vorlage übernommen, wäre diese mit Sicherheit nicht für Oboe d'amore bestimmt gewesen. Auf der Viola d'amore indes lassen sich sogar besagte Doppelgriffe gut ausführen. Schließlich aber würde die Idiomatik des Instruments eine weitere und für Bachs Cembalokonzerte ebenfalls untypische Eigenart des Werkes erklären: Ausgenommen die Takte 41f. (siehe oben) reichen die Soloepisoden nie über den Tonumfang a–h" hinaus, die gebrochenen Dreiklänge erstrecken sich jedoch über den gesamten Tonraum zwischen e und d'". D.h., die Soli vermeiden die hohe Lage der e"-Saite – womöglich mit Rücksicht auf deren unterschiedliche Klangfarbe.

Die vorangegangene Diskussion zeigt, daß für keines der beiden in Frage stehenden Instrumente ein definitiver Beweis zu erbringen zu sein scheint. Während jedoch auf der Oboe d'amore manches unverständlich wirkt, sprechen gerade solche Spezifika für die spieltechnischen und klanglichen Wesensmerkmale der Viola d'amore und ihres zeitgenössischen Repertoires, aber auch für die Konzeption von Bachs Konzert. Besondere Bedeutung gebührt dem Umstand, daß für die Cembalofassung offenbar keiner der drei Sätze vom Komponisten transponiert wurde. Der für die Oboe d'amore ermittelte Tonumfang a–h" hätte – nach dem Modell der vorangegangenen Bearbeitungen für Tasteninstrumente – eigentlich eine Versetzung des Werkes um eine kleine Terz nach oben im Hinblick auf die Klaviaturgrenze d'" erfordert. Gewiß wären dabei – ähnlich wie im Konzert BWV 1053 für Oboe d'amore bzw. Cembalo – zahlreiche Änderungen der Ripienopartien notwendig geworden. Sollte Bach aber vor allem deshalb auf die Transposition verzichtet haben, weil sich die originale Solostimme über fast drei Oktaven von e bis d'" erstreckte?

In einem leicht zugänglichen Beitrag zeigte Werner Breig (1993) anhand seiner Untersuchung des Kompositionsautographs, daß der Notentext von Wilfried Fischers Rekonstruktion für Oboe d'amore innerhalb der NBA (VII/7, S. 31) zahlreiche Veränderungen notwendig macht, die in Bachs Vorlage enthalten waren. Sie betreffen vor allem den Verlauf der Ripienopartien und insbesondere die Continuo-Stimme und gelten auch für eine Fassung mit Viola d'amore. Im folgenden können nur einige wesentliche davon herausgegriffen werden: Diverse Figurationen in der Continuo-Begleitung der Episoden, wie sie in der NBA (VII/7) wiedergegeben sind, entstammen der Umbildung zum Cembalobaß und sind nicht original (sie liegen auf Streichinstrumenten denn auch schlecht). Im Eingangsritornell des Mittelsatzes änderte Bach wiederholt die Stimmführung von Violine 2 und Viola und damit zugleich die Harmonik. Im dritten Satz schließlich ergibt sich sowohl aus dem Partiturautograph als auch aus den Originalstimmen, daß der Rhythmus von zwei 32stel-Noten und einer 16tel-Note (oder umgekehrt) sowohl in den Violinen als auch in der Solostimme aus früheren 16tel-Triolen entwickelt wurde (beispielsweise in T. 91ff. und 166). Dies legt die Vermutung nahe, daß im gesamten Satz der ursprünglichen Fassung primär 16tel-Triolen vorgesehen waren, die erst im Hinblick auf die brillante Ansprache des Cembaloklangs zu prägnanteren Rhythmen verändert wurden. Eine triolische Ausführung der meisten dieser Stellen (siehe Breig 1993) erscheint nicht nur dem Klang von Oboe d'amore oder Viola d'amore angemessener, sondern verbindet sich auf beiden Instrumenten auch weitaus besser mit dem Cantabile-Charakter sämtlicher Episoden des *Allegro ma non tanto*. Für eine Ausführung mit Viola d'amore wäre die bislang unveröffentlichte Erstfassung der Dreiklangsfiguren im ersten Satz anhand der autographen Partitur wiederherzustellen.

♦ **BWV 1056:** Wie es scheint, ist das f-Moll-Konzert das einzige unter Bachs Konzerten für ein Cembalo, dessen Partitur um 1738 aus mindestens zwei Werken zusammengestellt wurde. Die Ecksätze einerseits und das *Largo* andererseits, vielleicht aber auch alle drei Sätze entstammen verschiedenen Vorlagen. Parallelfälle zu dieser Bearbeitungstechnik finden sich im »Tripelkonzert« BWV 1044 und vermutlich im *Concerto* d-Moll BWV 1063 für 3 Cembali.

Bachs Partiturautograph von ca. 1738, die wichtigste Quelle für den Notentext des Werkes, enthält in allen drei Sätzen die üblichen, vom Komponisten selbst korrigierten Transponierfehler, die bei der Arbeit nach einer Vorlage in anderer Tonart entstehen. Die Vorlage der Ecksätze stand offensichtlich in g-Moll (NBA VII/4, KB), die des Mittelsatzes jedoch in F-Dur (Rifkin 1978, S. 141). Schon 1869 hatte Wilhelm Rust im Vorwort der BG (17, S. XIV) die Ansicht vertreten, daß das Werk die Bearbeitung eines Violinkonzerts g-Moll darstelle. Eine erste Rekonstruktion für Violine und Klavier publizierte 1897 der Geiger Ferdinand David. Als g-Moll-Konzert für Violine, Streicher und Continuo wurde die Komposition 1970 von Wilfried Fischer innerhalb der NBA (VII/7, S. 59) vorgelegt. Im Kritischen Bericht (S. 86) konstatierte Fischer jedoch, daß sich nur die Ecksätze als Violinkonzert »wiedergewinnen« ließen. Daß der Mittelsatz nicht von vornherein dieser Fassung angehört haben kann, hatte bereits Ulrich Siegele (1975, S. 129) festgestellt. Auch begründete er seine Meinung, streng genommen sei nur der erste Satz, nicht aber das Finale für Violine in Anspruch zu nehmen. Schließlich machte Bruce Haynes (1992, S. 37) geltend, das *Presto*-Finale sei unter sämtlichen für Oboe beanspruchten Konzertsätzen Bachs am besten für dieses Instrument geeignet.

Auf die Originaltonart g-Moll deutet im Kopfsatz außer besagten Transponierfehlern im Autograph von ca. 1738 auch die offensichtliche Veränderung bzw. Oktavierung des Ritornellabschlusses in den Takten 19f. und 115f. hin, um den Ton g in den Violinen zu umgehen. Für die Violine als ursprüngliches Soloinstrument sprechen der in g-Moll erforderliche Tonumfang g–es''' sowie die Bariolage-Passage in T. 47–54 mit leerer G-Saite als Stützton. Diese Partie wäre auf keinem anderen Melodieinstrument der Bach-Zeit plausibel wiederzugeben gewesen.

Hingegen ermittelte Joshua Rifkin (1978, S. 145f.), daß das *Largo* und die *Sinfonia* (*Adagio*) F-Dur für Oboe, Streicher und Continuo der Kantate BWV 156 *Ich steh mit einem Fuß im Grabe* (1729?) auf eine gemeinsame Vorlage in F-Dur zurückgehen, die ihrem Umfang c'–d''' und ihrer Tonart nach der Mittelsatz eines verschollenen Oboenkonzerts gewesen sein könnte. Als dessen Außensätze betrachtete er die beiden Instrumentalvorspiele der Kantate BWV 35 (1726). Deren ursprüngliche Besetzung mit Oboe erscheint, wie wir gesehen haben (⟶ S. 124), freilich mehr als problematisch. Sicher ist, daß unser Mittelsatz vom *Andante* eines G-Dur-Konzerts für Traversflöte oder Oboe, Streicher und Continuo von Georg Philipp Telemann aus der Zeit um 1714

Die Entstehungsgeschichte des Konzerts f-Moll für Cembalo bzw. Violine/Oboe

inspiriert wurde (siehe S. 125). Bachs Komposition könnte also ebenfalls in jenen Jahren oder später entstanden sein. Selbst wenn eine ursprüngliche Konzeption als Konzertsatz plausibel erscheint, ist doch keineswegs ausgeschlossen, daß es sich hier von Anfang an um ein Kantatenvorspiel mit solistischer Oboe handelte – vergleichbar den entsprechenden Sinfonien der Kantaten BWV 12 *Weinen, Klagen, Sorgen, Zagen* (1714) und BWV 21 *Ich hatte viel Bekümmernis* (spätestens von 1714). Um das *Largo* als Mittelsatz eines f-Moll-Konzerts verfügbar zu machen, hatte Bach über die Transposition hinaus die beiden zur Dominante (C-Dur) modulierenden Schlußtakte der F-Dur-Fassung umzugestalten (die Dominante Es-Dur zur Grundtonart As-Dur hätte keine Überleitung zum Finale in f-Moll gestattet), so daß nun auch der As-Dur-Mittelsatz in C-Dur endet, der Dominante von f-Moll. Entsprechende Spuren und Korrekturen für die Takte 19–21 bis hin zur völligen Unlesbarkeit finden sich im Partiturautograph.

Das ursprüngliche Soloinstrument im Finale des Cembalokonzerts zu ermitteln, fällt extrem schwer. Sicher ist auch in diesem Fall nur die frühere Grundtonart g-Moll, deren Transposition nach f-Moll in diesem Satz zu insgesamt elf, im ersten Satz zu 13 Obersekundverschreibungen führte. Werner Breig (1997 III, S. 267) betrachtet die zweifellos vorhandene »stilistische Nähe zwischen den Außensätzen (vgl. etwa die Echowirkungen in den Ritornellen)« als gewichtiges Indiz für die Zusammengehörigkeit von Eingangssatz und Finale. In diesem Fall wäre auch letzteres für Solovioline komponiert worden. Doch richtet sich sein Argument in Wirklichkeit eher gegen eine Verbindung beider Sätze; denn in keinem einzigen der erhaltenen Konzerte Bachs kehrt ein wesentliches Stilmerkmal des ersten Satzes in einem der folgenden Sätze wieder! Diese Feststellung schließt das Doppelkonzert BWV 1060 für 2 Cembali bzw. Oboe und Violine ein, dessen Ritornelle im Kopfsatz ebenfalls von Echowirkungen geprägt sind. Demnach mag das Finale von BWV 1056 vielmehr einer Konzertkomposition entstammen, deren erster Satz gerade keine Echowirkungen enthielt. Echowirkungen und besagte stilistische Nähe könnten jedoch darauf hindeuten, daß das Doppelkonzert BWV 1060 ebenso wie der erste Satz von BWV 1056 einerseits und das Finale andererseits auf verschollene Konzerte zurückgehen, die innerhalb einer einzigen Schaffensperiode entstanden.

Gegen die Violine als Soloinstrument des Finales spricht der Tonumfang (c'–es'''), der entstünde, wenn man die Diskantpartie des Cembalos nach g-Moll transponierte (der in Wilfried Fischers Rekonstruktion gerade ein einziges Mal auftretende Ton a [T. 104] ergibt sich durch den von ihm ergänzten Akkord). Im Finale eines g-Moll-Violinkonzerts wäre, wie schon im ersten Satz, durchaus die Verwendung der leeren G-Saite zu erwarten. Die Takte 165–167 hatte Bach im Partiturautograph zunächst eine Oktave tiefer begonnen. Diese Lage – unterhalb der hohen Ripienostreicher – wäre aus klanglichen Gründen weder für Violine noch für Cembalo wünschenswert und stimmt auch nicht mit der Parallelstelle in T. 73ff. überein, wo die Solostimme deutlich über dem Ripieno liegt. Nimmt man an, Bach wollte die tiefere Oktave ursprünglich von T. 165 bis zum Beginn von T. 183 beibehalten, was Bruce Haynes (1992, S. 37) für eine »Oboen-Fassung« vorschlägt, hätte der originale Tonumfang der Solostimme sogar nur zwei Oktaven (c'–c''') umfaßt. Ein solcher Ambitus ist mit jenem der Soloviolinpartien in den erhaltenen raschen Konzertsätzen Bachs gänzlich unvereinbar und deutet unter den in Frage kommenden Melodieinstrumenten zwingend auf die Oboe hin. Als Argument gegen die Violine läßt sich auch das weitgehende Fehlen charakteristischer Streicherfiguren vorbringen. Eine Parallele findet sich unter den Konzertsätzen für oder mit Solovioline nur noch im ersten Satz des »Brandenburgischen Konzerts 1« BWV 1046. Dort aber wurde die Piccolovioline nachträglich ergänzt.

Die Entstehungsgeschichte des Konzerts f-Moll für Cembalo bzw. Violine/Oboe

Für die Oboe spricht außer dem Tonumfang c'–c''' und den von Bruce Haynes beschriebenen vorteilhaften Griffverbindungen eine atemtechnisch günstige Phrasengestaltung. Im Kontext von Bachs gesicherten Konzertsätzen für Solovioline wäre der zuletzt genannte Befund sogar als Indiz gegen die Besetzung mit einem Streichinstrument zu werten. Die einstimmig auszuführenden »Echo«-Wiederholungen der Oboe in den Takten 100ff. und 204ff. wiederum erhielten eine fast notengetreue Entsprechung im Kopfsatz des Doppelkonzerts BWV 1060. Bei Licht betrachtet deuten also alle wesentlichen Kriterien auf die Oboe als originales Soloinstrument des *Presto*-Finales hin. Gegen dieses Instrument läßt sich tatsächlich nur die Verbindung mit einem Violinkonzertsatz anführen, was freilich ebenso für das *Largo* zu gelten hätte.

Was aber sollte Bach bewogen haben, drei Sätze unterschiedlicher Vorlagen zu vereinen? Werner Breig (1997 III, S. 267) zitiert einen Hinweis von Pieter Dirksen, die sechstaktige Skizze eines Eingangschors B-Dur für vier Singstimmen, *Violino concertato,* Streicher und Continuo zum Kantaten-Fragment BWV Anh. I 2 (1729?) könnte den Beginn des ursprünglichen Mittelsatzes zum verschollenen g-Moll-Violinkonzert überliefern. Der Satz wäre zur Einrichtung für Cembalo unbrauchbar gewesen und hätte durch das *Largo* des ebenfalls verschollenen Oboenkonzerts d-Moll (nach BWV 35 und 156) ausgetauscht werden können. Besagtes *Largo* sei durch den Abbruch der Konzertbearbeitung BWV 1059 »sozusagen „frei"« geworden (⟶ S. 123). Problematisch an dieser Hypothese erscheinen zwei Voraussetzungen: Zum einen läßt sich die Vorlage von BWV 1059 kaum als Oboenkonzert identifizieren (⟶ S. 124), zum anderen ist dem knappen Kantaten-Fragment im $\frac{6}{8}$-Takt nicht zu entnehmen, ob es tatsächlich als »langsamer« Konzertsatz für Violine geeignet war und für die Ausführung auf dem Cembalo nicht in Frage kam. Möglicherweise war Bach auch nur daran interessiert, die Substanz des *Largo* zu wahren und in das vorliegende Konzert einzubeziehen (NBA VII/4, KB). Unverständlich erschiene dennoch, weshalb der vorhandene Mittelsatz eines Violin- und womöglich eines Oboenkonzerts ungenutzt blieb. Hingegen würde eine andere Erklärung die Unterschiede zwischen allen drei Sätzen auf einleuchtende Weise rechtfertigen: Der Kopfsatz BWV 1056/1 ist ebenso wie das *Largo* nicht nur als Konzertsatz, sondern auch als *Sinfonia* einer verschollenen Weimarer Kantate vorstellbar (vgl. beispielsweise die Kantaten BWV 182, 152 oder 31). Bach hätte sich im Fall von BWV 1056 zu einer Art von »Pasticcio« entscheiden und beide Kantatenvorspiele in Verbindung mit dem Finale eines ebenfalls verlorenen Oboenkonzerts g-Moll bzw. dem Vorspiel einer weiteren Kantate als Konzert erschließen können. Auch diese Hypothese ist dokumentarisch nicht zu stützen, doch umgeht sie die Problematik, gleich drei verschollene Konzerte des Komponisten postulieren zu müssen, aus denen jeweils nur ein einziger Satz herangezogen wurde.

Fast ebenso rätselhaft mutet der Anlaß für die Transposition der Ecksätze von g-Moll nach f-Moll an. Geht man davon aus, daß die Takte 165–183 des Finales, wie zunächst im Autograph begonnen, um eine Oktave tiefer erklangen, so findet sich in beiden Ecksätzen, transponiert nach g-Moll, nur ein einziges Mal der über die Klaviaturgrenze d''' hinausreichende Ton es''' (erster Satz T. 107), der in Analogie zur Parallelstelle (T. 105) ohne große Mühe zu vermeiden gewesen wäre. Derselbe Ton wäre zwei weitere Male im *Largo* (T. 9, transponiert nach B-Dur) wiedergekehrt, hätte jedoch auch hier einigermaßen plausibel nach unten oktaviert werden können. Nicht völlig zu überzeugen vermag die Erklärung, daß der nach B-Dur transponierte Mittelsatz die Stimme der Ripieno-Viola in T. 4 bis f'', also über die erste Lage hinaus, geführt hätte (NBA VII/ 7, KB S. 85). Eine vergleichbare Situation in T. 6 (höchster Ton a'') löste Bach gegenüber der Kantaten

Die Entstehungsgeschichte des Konzerts f-Moll für Cembalo bzw. Violine/Oboe

fassung in F-Dur durch Oktavierung nach unten. Selbst die Überlegung, der Komponist habe die Solopartien den Registerlagen des Cembalos angleichen wollen (⟶ S. 132), verliert angesichts der überwiegend tiefgelegenen Episoden der Außensätze an Bedeutung. Zudem ist f-Moll weder für das Tasteninstrument noch für die begleitenden Streicher eine günstige Tonart. Nachvollziehbar wird die von Bach ausgeführte Transposition, wenn man unterstellt, er habe zu Beginn der Transkriptionsarbeiten mit einem ursprünglich für Violine bestimmten Finale gerechnet, dessen Solopartie wiederholt über d''' hinausgereicht hätte. Noch vor Ausführung des letzten Satzes hätte Bach dann aus unbekannten Gründen umdisponiert, wobei die transponierte Fassung der bereits bestehenden Konzertteile nicht mehr rückgängig zu machen war; so fiel in T. 167 des *Presto* der Entschluß, die gesamte Passage bis T. 183 hochzuoktavieren, um wenigstens ein einziges Mal auch im letzten Satz das hohe Klangregister zu nutzen.

Diese Deutung kann ebenfalls nur als Hypothese gelten, allerdings läßt sie sich mit dem »Pasticcio«-Charakter des Werkes sehr wohl in Einklang bringen. Schließlich vermag sie zu erklären, daß dessen zweite Hauptquelle, eine Partiturabschrift Johann Nicolaus Forkels, einerseits auf den verlorenen Originalstimmensatz zurückgeht, andererseits jedoch nicht in f-Moll, sondern in g-Moll aufgezeichnet wurde (NBA VII/4, KB). Wilfried Fischer vermutete, »daß die Transposition auf ein ganz bestimmtes Instrument (Cembalo oder Orgel [!]) zugeschnitten ist, auf dem das Konzert nur in g-Moll spielbar war. Dieses Instrument scheint zwar im Diskant bis e''', im Baß jedoch nur bis zum C gereicht zu haben: In zwei Takten des 2. Satzes (Takt 8 und 14) ist nämlich [...] der Cembalobaß umgebrochen, um einen tieferen Ton als C zu vermeiden« (NBA VII/7, KB, S. 88). Dem entgegnete Werner Breig, »daß durch die Transposition überhaupt nur drei Achtelnoten Kontra-B im 2. Satz spielbar gemacht werden (T. 9, 11, 13). Die Frage bleibt offen, warum statt des Aufwandes der Transposition eines ganzen Konzertes nicht diese Töne ebenso wie die beiden noch tieferen in die höhere Oktave umgelegt wurden. So wird der Grund für die Transposition letztlich wohl nicht zu klären sein« (Breig 1997 III, S. 269). Daß Forkels Abschrift von den Originalstimmen abstammt, weshalb ihm seine Vorlage vermutlich auf gleichem Weg wie jene zum A-Dur-Konzert BWV 1055 zugänglich wurde, geht aus der Weiterentwicklung des Notentextes im Partiturautograph von ca. 1738 hervor, wie sie für die Anfertigung von Bachs Stimmen typisch ist (NBA VII/4, KB). Forkels Kopie zeigt keine Transpositionsfehler, so daß anzunehmen ist, daß schon seine Vorlage in g-Moll stand. Hingegen enthält Forkels Abschrift offensichtliche Mißdeutungen Bachscher Ornamentik; deshalb vermutet Werner Breig eine Zwischenkopie (NBA VII/4, KB). Daß Bach die Versetzung nach g-Moll nicht persönlich ausführte, ist wahrscheinlich, weil die Umarbeitung des Ritornellabschlusses zu Beginn und am Ende des ersten Satzes nicht rückgängig gemacht wurde und besagte Oktavierungen im Cembalobaß des Mittelsatzes wenig konsequent erscheinen. Indessen hätte dem anonymen Schreiber der Zwischenkopie bekannt sein können, daß die Solopartie des Cembalokonzerts (versehentlich?) zu tief angesiedelt ist. Daher entschloß er sich zur Transposition nach g-Moll.

Trotz widersprüchlicher Beobachtungen hinsichtlich der vermutlichen Originalfassungen ist das Werk – ohne Anspruch auf Authentizität – entsprechend der versuchten Rekonstruktion innerhalb der NBA (VII/7) durchaus als Violinkonzert g-Moll darstellbar. Ebensogut aber kann die Solostimme des *Presto* auf der Oboe wiedergegeben werden. Schließlich böte es sich an, das Cembalokonzert in »Forkels« g-Moll-Version aufzuführen.

Die Entstehungsgeschichte des Cembalokonzerts F-Dur

♦ **BWV 1057:** Daß Bach das fünfte Cembalokonzert seiner Sammlung aus drei Sätzen unterschiedlicher Herkunft zusammenstellte, um als abschließende Komposition auf das »Brandenburgische Konzert 4« BWV 1049 zurückzugreifen, gestattet nur eine einzige Schlußfolgerung: Er hatte kein weiteres Violin- oder Bläserkonzert zur Hand, das sich zur Transkription für Cembalo angeboten hätte. Merkwürdig ist nicht die Wahl eines »Brandenburgischen Konzerts« an sich und auch nicht die Tatsache, daß dieses Werk spätestens im Frühjahr 1721 abgeschlossen war (⟶ S. 88). Manche der übrigen Cembalokonzerte mögen, wie wir gesehen haben, durchaus älter sein. Unverständlich bleibt vielmehr, daß Bach um 1738 noch eine Komposition unter Beteiligung von zwei Blockflöten zu Papier brachte und deshalb die Besetzung mit Cembalo, Streichern und Continuo zum einzigen Mal innerhalb der sechs Konzerte BWV 1052–1057 erweiterte. Seine letzte Kantate (BWV 39 *Brich dem Hungrigen dein Brot*) mit Blockflöten komponierte er für den 23. Juni 1726, gefolgt vom Rezitativ *O Schmerz! hier zittert das gequälte Herz* aus der »Matthäus-Passion« BWV 244 (1727?). Bereits in den Wiederaufführungen der Kantaten BWV 103 *Ihr werdet weinen und heulen* (1725) am 14. April 1731 und BWV 96 *Herr Christ, der einig Gottessohn* (1724) in den Jahren 1734 (?) und 1747 besetzte Bach die ursprünglich vorgesehenen Blockflötenpartien mit anderen Instrumenten. Diese Überlegungen werfen zugleich ein bezeichnendes Licht auf die Vermutung, jene sechs Konzerte wären als zusammenhängendes Opus für eine Edition vorbereitet worden (Dadelsen 1988, S. 238f.): Zwei zusätzliche Blockflöten-Stimmen in einem Stimmensatz hätten bereits eine verlagstechnische Schwierigkeit bedeutet. Mit einem Tripelkonzert unter Beteiligung von Blockflöten als Abschluß einer Sammlung aber hätte ein Komponist, der mit den Teilen II (1735) und IV (1741) der *Clavier Übung* Werke im galanten Stil nach Dresdner Façon publizierte und nun mit neuartigen Clavierkonzerten auf sich aufmerksam machen wollte, aller Wahrscheinlichkeit nach wenig Beifall geerntet. Hieraus ergeben sich die Schlußfolgerungen, daß Bach offenbar nicht allzu viele Solokonzerte eigener Produktion in seinem Notenschrank bereithielt und daß das »Opus« von ca. 1738 bei seinem Abschluß nicht zur Publikation bestimmt wurde. Unerklärlich bleibt dennoch, weshalb der Komponist ein siebtes Werk in erweiterter Besetzung arrangierte und nicht das bereits bestehende g-Moll-Cembalokonzert BWV 1058 an das Ende seiner Sammlung setzte. Die Tonart g-Moll, ja sogar der Grundton G waren bisher nicht vertreten (sofern das *Concerto* f-Moll BWV 1056 nicht in g-Moll aufgeführt wurde; siehe oben). Ja, die Fortsetzung der Klangverbindung von Cembalo und Streichern hätte der Handschrift einen geschlossenen Gesamteindruck verliehen.

Diese Beobachtung führt sogleich zu der Frage nach den Gründen für die Transposition des »Brandenburgischen Konzerts« G-Dur nach F-Dur. In der Partie der Solovioline kommen insgesamt nur drei Töne vor, welche die Klaviaturgrenze d''' des Cembalos überschritten hätten. Sie erscheinen jeweils im ersten Satz: zweimal g''' (T. 63 und 407) und einmal e''' (T. 194). Der Ton g''' war auch nach Transposition in die Untersekunde auf Bachs Instrument nicht verfügbar, weshalb der Komponist diese Passage im Eingangs- und Schlußritornell – nun um zwei Oktaven tiefer – in die linke Hand des Cembalisten verlegte. Der Ton e''' in T. 194 hingegen hätte sich ganz unauffällig in c''' ändern lassen. In diesen Spitzentönen ist die Ursache für die Transposition nach F-Dur also nicht zu finden. Wie bereits am Beispiel des Cembalokonzerts E-Dur BWV 1053 ausgeführt, wird die Versetzung um einen Ganzton nur dann erklärbar, wenn man annimmt, daß Bach die häufig hohe Lage der Solovioline in Richtung des Zentrums der Cembaloklaviatur zu rücken beabsichtigte. Da die ursprüngliche Solostimme in F-Dur nur ein einziges Mal die Klaviaturgrenze d''' berührt, nutzte er die Gelegenheit, deren Einrichtung für Tasteninstrument und diverse neu hinzugefügte Partien bis zu diesem höchsten Ton zu führen – beispielsweise in den Takten 217, 226, 241 und 294 des ersten Satzes, in den Takten 56 und 69 des *Andante* und in den Takten 167 und 183f. des *Allegro assai*. Auch in diesem Fall rechtfertigte demnach die Idiomatik des neuen Soloinstruments den zusätzlichen Aufwand der Transposition. Bachs Entscheidung mag dadurch erleichtert worden sein, daß auch die Blockflötenpartien des »Brandenburgischen Konzerts« in F-Dur bequemer auszuführen sind.

Die in den vorangegangenen Konzerten BWV 1058–1059 und 1052–1056 beschriebene Transkriptionspraxis des Komponisten bedurfte im Hinblick auf das vorliegende Werk diverser Änderungen, waren nun doch zwei weitere Soloinstrumente beteiligt:

Aus den *Fiauti d'Echo* des vierten »Brandenburgischen Konzerts« wurden herkömmliche Blockflöten (*Fiauti a bec*). Offenbar hatte Bach – anders als um 1721 in Köthen – jetzt keine Spieler mit Echoflöten mehr zur Verfügung. Entsprechend übertrug er die Trio-Abschnitte im *Andante,* im »Brandenburgischen Konzert« BWV 1049 noch von zwei Echoflöten und der Solovioline vorgetragen, ebenso wie die Überleitungen der ersten Flöte in den Takten 29, 31 und 68f. vollständig auf das Cembalo. Bachs Transkriptionstechnik macht zugleich deutlich, daß eine Besetzung der *Fiauti d'Echo* in BWV 1049 mit Flageoletts in 4'-Lage nicht in seinem Sinn war: Diese bereits 1971 von Thurston Dart vorgeschlagenen Instrumente brachte Michael Talbot (1999, S. 278ff.) erneut ins Spiel. Seiner Ansicht nach bedingten die von der Solovioline in hoher Bassett-Lage begleiteten Trio-Abschnitte eine entsprechend hochoktavierte Wiedergabe der Flötenpartien. In diesem Fall hätte Bach das Verhältnis der Oktavlagen gewiß auch bei Ausführung der Trios durch das Cembalo in BWV 1057 wiederhergestellt, was zweifellos der Satztechnik für ein Tasteninstrument besser entsprochen hätte. Indessen spielt die linke Hand des Cembalisten auch hier in Bassett-Lage, ausgenommen die Takte 7f. und 12f., wo beide Hände ineinander zu greifen gehabt hätten. Durch die Wiederentdeckung der Echoflöte im sächsischen Raum der Bach-Zeit ergibt sich (⎯→ S. 280), daß es sich bei den *Fiauti d'Echo* um Blockflöten mit zwei Röhren unterschiedlicher Lautstärke und nicht um Flageoletts handelte, auf denen die Darstellung des Werkes erhebliche grifftechnische Probleme aufgeworfen hätte.

In den Ritornellen des ersten Satzes wählte der Komponist eine Transkriptionstechnik, die alle übrigen Cembalokonzerte übertrifft. Das Soloinstrument übernimmt nicht nur die Partien von Solovioline und erster Ripienovioline, sondern gelegentlich auch die Begleitfunktion von Violoncello und Viola (beispielsweise in T. 4ff. und 10ff.) sowie die Generalbaßaussetzung des vormaligen Continuocembalos. Die Aussetzung wechselt – spiel- und satztechnisch bedingt – zwischen rechter und linker Hand und offenbart in diesem Satz sowie im Finale zahlreiche Merkmale der von Bach dokumentarisch überlieferten Methoden eines Generalbaßspiels, das einer Obligatpartie angenähert war (⎯→ S. 390). Durch die Einbeziehung von Continuo-Akkorden wurde es weiterhin notwendig, die ursprüngliche Stimme der Solovioline zwischen rechter und linker Hand aufzuteilen (vgl. beispielsweise den ersten Satz, T. 25ff. und 31ff.). Die vom Continuo (Violoncello, Violone, Cembalo) begleiteten Episoden der beiden Flöten fallen allein dem Cembalo zu, das jedoch keine Generalbaßaussetzung, sondern eine vierte, kontrapunktische Stimme im *piano* vorträgt (erster Satz, T. 165ff. und T. 293ff., *Allegro assai,* T. 159ff.). Überhaupt ist das vorliegende Werk Bachs einziges Konzert für ein Cembalo, in dem das Wechselspiel zweier Manuale ausdrücklich gefordert wird. Schließlich war der Komponist gezwungen, die Trio-Abschnitte des Finales (T. 41ff., 183ff.

Die Entstehungsgeschichte des »Tripelkonzerts« a-Moll

und 197ff.) der Idiomatik des Tasteninstruments anzugleichen und den Stimmen der Flöten und der Solovioline noch eine vierte für die linke Hand des Cembalisten hinzuzufügen.

Abgesehen von der Ergänzung von Ornamenten, Durchgangsnoten und Skalenausschnitten blieb die ursprüngliche Partie der Solovioline auf dem Cembalo fast noten- und lagengetreu erhalten. Eine wesentliche Änderung erfuhr allein die Bariolage-Passage in den Takten 106–119 des *Allegro assai*, die Bach durch Eliminierung ursprünglicher Tonrepetitionen derart geschickt adaptierte, daß sie auch auf dem Cembalo erstaunlich gut liegt.

Hauptquelle des Werkes ist die autographe Partitur von ca. 1738, in die der Komponist mit roter Tinte nachträglich eine Aufteilung der Continuo-Stimme zu den Ecksätzen in Violoncello und Violone – entsprechend den separaten Partien im »Brandenburgischen Konzert« – vornahm (NBA VII/4, KB). Darüber hinaus sind Originalstimmen für die drei Soloinstrumente (*Flauto I., Flauto II.* und *Cembalo certato*) aus der Zeit um 1739 überliefert. Die beiden Flöten-Stimmen wurden von jenem unbekannten Schreiber (»Anonymus N 2«) angefertigt, der auch die Stimme der ersten Violine zur *Ouverture* 2 BWV 1067 herstellte (⟶ S. 257f.) und wohl Mitglied der Leipziger Thomasschule oder zumindest Schüler des Komponisten war. Die *Cembalo certato*-Stimme stammt von Bachs Hand und liefert Weiterentwicklungen von Lesarten der autographen Partitur, vor allem im Hinblick auf die Continuoaussetzung (⟶ S. 418), sowie Angaben zur Manualverteilung. Daher wurde der Cembalopartie in der NBA der Notentext dieser Stimme und nicht jener der Partitur zugrunde gelegt. Weitere Originalstimmen oder von den genannten Quellen unabhängige Abschriften sind nicht erhalten geblieben.

♦ **BWV 1044:** Über kein anderes Orchesterwerk Bachs herrschen derart kontroverse Ansichten wie über das »Tripelkonzert«, das hier unter die Cembalokonzerte eingeordnet wurde, weil das Tasteninstrument noch stärker im Vordergrund steht als im fünften »Brandenburgischen Konzert« und die Komposition – im Unterschied zu diesem – keiner Sammelhandschrift zuzurechnen ist. Genau genommen handelt es sich freilich um ein Konzert für Cembalo, Traversflöte, Solovioline und Streicher.

Die erwähnten Meinungsunterschiede reichen von massiven Zweifeln an der Echtheit über »künstlerische Mängel« (Eppstein 1971, S. 37) bis hin zur Überzeugung, das Werk werde »zu Recht als kompositionstechnische Glanzleistung angesehen« (Wollny 1997 I, S. 284). Fraglich erscheint auch die Entstehungszeit, die nach Hans Eppstein in Bachs Köthener Jahre fallen könnte vom Kritischen Bericht der NBA (VII/3) mit der Leitung des Leipziger Collegium musicum (1729–ca. 1745) in Verbindung gebracht und von Peter Wollny sogar in die Zeit von Bachs Berlin-Besuchen (1741 oder 1747) gelegt wird.

Erhalten sind nur zwei Primärquellen, die zudem nicht aus dem Kreis der Bach-Familie stammen. Diese eher ungünstige Überlieferungssituation teilt das Werk mit dem Violinkonzert BWV 1042 und den Konzerten für 3 Cembali BWV 1063 und 1064. Die beiden Hauptquellen zum »Tripelkonzert« wurden anscheinend jeweils um 1750 von den Bach-Schülern Johann Friedrich Agricola und Johann Gottfried Müthel geschrieben bzw. veranlaßt und gehen offenbar auf ein und dieselbe Vorlage, einen (Original-?) Stimmensatz, zurück (NBA VII/3, KB, S. 45f.):

Agricola: *Concerto. del Sr Gio*[vanni]*: Sebast: Bach.* Fragmentarische Partiturabschrift, die nach dem zweiten Satz abgebrochen wurde

Müthel: *CONCERTO. à 7. Cembalo Obligato. Traverso/Violino certati. Violino Primo. Violino Secundo. Viola. et Violon e Violoncello. del Sigr. Joh: Sebast: Bach.* poss[essor = Besitzer]. *JG Müthel.* Stimmenabschrift

Vermutlich hatte Agricola in Berlin keine Gelegenheit, seine Kopie zu vervollständigen; denn außer dem Finale, für das er schon Notenlinien rastriert hatte, fehlen fast die gesamten *Viola-* und *Basso-*Stimmen. Für diese Partien und den letzten Satz wird also die zweite Abschrift zur einzigen Hauptquelle.

Der von Müthel veranlaßte Stimmensatz wirft einige Fragen auf: Sicher ist nur, daß Titelblatt und Stimmenbezeichnungen von seiner Hand stammen. Sie sollen, so Hans-Joachim Schulze, zwischen 1750 und 1753 geschrieben worden sein.[23] Ob möglicherweise Müthel selbst (NBA VII/3, KB, S. 44) oder ein anonymer Schreiber »unter Müthels Aufsicht« (Schulze) den Notentext niederschrieben, ist nicht gewiß. Schulze vermutet, daß Müthel die Kopie während seiner Studienzeit bei Bach in Leipzig (Mai bis Juli 1750), während der Fortsetzung seines Unterrichts bei Johann Christoph Altnickol in Naumburg (1750/51) oder während seines anschließenden Aufenthalts in Berlin in Auftrag gab, wo er in Kontakt mit C. P. E. Bach (und Agricola?) stand. Im Jahre 1753 wurde Müthel Organist in Riga. Unter dieser Voraussetzung ist es denkbar, daß die gemeinsame Quelle beider Abschriften Müthel in Leipzig zur Verfügung stand, bevor sie an C. P. E. Bach in Berlin ging. Dort mag sie Agricola eingesehen haben; natürlich hätte auch Müthel das Werk erst in Berlin kennenlernen können. Erklärungsbedürftig bleibt an dieser Interpretation allerdings, daß die Komposition in C. P. E. Bachs Nachlaßverzeichnis nicht angeführt wird. Er müßte die Quelle also noch vor seinem Tod abgegeben haben (Wollny 1997 I, S. 283).

Feststeht hingegen, daß die Außensätze Bearbeitungen von Bachs *Praeludium et Fuga* a-Moll BWV 894 für Clavier darstellen, dessen älteste erhaltene Quelle kurz nach 1714 entstand (Zietz 1969, S. 208). Im Hinblick auf die Konzertform des Praeludiums und dessen angenommene Beeinflussung durch Antonio Vivaldi datiert Hans-Joachim Schulze das Clavierwerk »nicht vor 1714« (Wollny 1997 I, S. 288). Tatsächlich aber läßt sich besagte Konzertform nicht mit Vivaldi und noch nicht einmal mit Giuseppe Torellis *Concerti* op. 8 (1709) in Verbindung bringen. Insbesondere die modulierenden Ritornelle weisen vielmehr auf Tomaso Albinonis Opus 2 (1700) und Opus 5 (1707) als Vorbilder hin (⟶ S. 181). Das Werk könnte durchaus um oder vor 1710 komponiert worden sein.

Die wesentliche Substanz des Konzertmittelsatzes *Adagio ma non tanto e dolce* C-Dur hingegen stimmt mit jener des *Adagio e dolce* F-Dur aus der »Orgel-Triosonate 3« d-Moll BWV 527 überein, deren Autograph neuerdings um 1730 angesetzt wird. Wie Hans Eppstein (1971, S. 42ff.) ausführte, gehen beide Sätze offensichtlich auf eine gemeinsame, vermutlich für Melodieinstrumente komponierte Trio-Vorlage zurück, der jedoch der Konzertsatz näher steht als die Sonate BWV 527. Ihre Baßstimme scheint mit Rücksicht auf die Pedaltechnik der Orgel verändert worden zu sein. Durch die Verteilung beider Oberstimmen auf die rechte Hand des Cembalisten einerseits und abwechselnd auf Traversflöte und Solovioline andererseits entstanden im originär dreistimmigen Satz Lücken. Bach füllte sie durch gebrochene Dreiklänge der Melodieinstrumente aus, die von der Violine im Pizzicato auszuführen sind.

Das subjektive Gefühl mancher Musiker, das »Tripelkonzert« stamme in Wirklichkeit nicht von Bach selbst, gipfelt in der Ansicht Gustav Leonhardts, die Komposition basiere »zwar auf Kompositionen J. S. Bachs [...], die jedoch von J. G. Müthel [...] für dieses Konzert bearbeitet wurden« (Breig 1979, S. 30). Diese Behauptung ist nicht nur unbelegt, sondern durch die Zuschreibung sowohl Agricolas als auch Müthels ungerechtfertigt. Peter Wollny (1997 I, S. 284) zeigte sogar, daß es nicht einmal Bachs Söhnen Wilhelm Friedemann und C. P. E. gelang, Werke gattungs-

Die Entstehungsgeschichte des »Tripelkonzerts« a-Moll

übergreifend einigermaßen bruchlos umzuformen – also etwa eine Clavierkomposition zu einem Konzertsatz mit Orchester zu bearbeiten. Ein solches Argument beseitigt tatsächlich jegliche Echtheitszweifel.

Hans Eppstein (1971) wiederum sah sich veranlaßt, *Praeludium et Fuga* BWV 894 ihrerseits nur als Solostimme eines verschollenen Cembalokonzerts zu betrachten, das Bach später zum »Tripelkonzert« weiterentwickelt hätte. Dieses Clavierkonzert wäre demnach bis 1714 komponiert worden, während Eppstein für das »Tripelkonzert« eine Köthener Entstehung ins Auge faßte. Den keineswegs zwingenden Gründen Eppsteins widersprach in aller Deutlichkeit Peter Wollny (1997 I, S. 288). Hinzuzufügen wäre noch, daß ausgerechnet die ersten publizierten Solokonzerte überhaupt, nämlich Torellis Violinkonzerte op. 8,7–12 (1709), im *Praeludium* BWV 894/1, keinerlei Spuren hinterließen. Bach hätte also gleichsam in einem einzigen Schritt nicht nur die Gattung des Clavierkonzerts, sondern zugleich auch das Solokonzert »erfunden«, was nicht wahrscheinlich klingt, zumal zunächst nicht Clavier-, sondern Violinkonzerte zahlreiche Nachahmer fanden.

Peter Wollny hingegen versteht das »Tripelkonzert« als »einen Versuch Bachs [...], sich dem Orchesterstil der Berliner Schule anzunähern – wobei seinem zweitältesten Sohn eine Vermittlerrolle zugekommen sein mag«. Als Rahmen für die Datierung schlägt er Bachs Berlin-Besuche in den Jahren 1741 und 1747 vor: »Nähme man ferner an, daß sich Bach mit diesem Werk in einer der zahlreichen privaten musikalischen Gesellschaft[en] hören ließ, so ergäbe sich auch eine schlüssige Hypothese für die Überlieferung der beiden Hauptquellen« in Berlin (1997 I, S. 285 und 289). Seine Hypothese stützt Wollny vor allem auf a) die von ihm vermutete Anfertigung von Müthels Abschrift in Berlin, b) Bachs »Orchesterbehandlung« im Berliner Stil der »1740er und 1750er Jahre«, gekennzeichnet durch Verwendung von Doppelgriffen und Pizzicati der Streicher und von einer differenzierten Dynamik im Bereich zwischen *pp, p, mp, mf* und *f,* c) auf den im Mittelsatz des Werkes geforderten Tastenumfang des Soloinstruments bis f'''.

Wollny geht davon aus, »daß Müthel weder in Leipzig noch in Naumburg einen Kopisten beschäftigte«. Vorausgesetzt, daß der etwa 22jährige Müthel diese Abschrift bereits um 1750 besaß, ist ohnehin erstaunlich, daß er einen Schreiber beauftragte und den Stimmensatz nicht selbst herstellte. Indessen arbeitete ebenso wie Bach auch Altnickol in Leipzig und/oder Naumburg (siehe seine Abschriften von BWV 1050a und BWV 1060) mit diversen, bisher unbekannten Kopisten zusammen. Gleiches könnte ohne weiteres für Müthel gelten.

In der Tat ist das »Tripelkonzert« das einzige von Bachs Orchesterwerken, für dessen Ripienopartien wiederholt Doppel- und Mehrfachgriffe gefordert werden. Vergleicht man jedoch Bachs Doppelgriffe mit den von Wollny angeführten Kompositionen seiner Söhne, so wird auf den ersten Blick deren unterschiedliche Funktion deutlich: Sie sind weder Teil der Melodik noch dienen sie als Abschluß bzw. Steigerung einer Phrase wie bei Wilhelm Friedemann und C. P. E. Bach, sondern übernehmen im ersten Satz (T. 94, 98, 104–106 und 115) ebenso wie im Finale (T. 91–94, 97–99 und 195–198) ausschließlich »Generalbaßfunktion«. D.h. die Akkorde der Ripienostreicher bieten einen Impuls und eine Orientierung für sämtliche Mitwirkenden und den Hörer während sehr rascher oder besonders tief- bzw. hochgelegener Cembalopassagen, die klanglich undeutlich oder wenig präsent ausfallen. Die gleiche Rolle spielen etwa in den Takten 100 und 110f. des ersten Satzes die bis zu achtstimmigen Akkorde des Tasteninstruments. Bachs Doppelgriffe werden also zur Verdeutlichung und Begleitung und nicht als Klangeffekte wie in Werken der nächsten Komponistengeneration eingesetzt. Möglicherweise hatte er sie deutscher Violinmusik entnommen die in der zweiten Hälfte des 17. ebenso wie in der ersten Hälfte des 18. Jahrhunderts vielfach mehrstimmig ausgerichtet ist. Da Pizzicato-Effekte, in die kompositorische Faktur als Echo und Dialog integriert, auch zu den Ecksätzen beispielsweise des Cembalokonzerts f-Moll BWV 1056 gehören, deren Vorlagen deutlich vor 1738 entstanden sein mögen, kann von einer »Orchesterbehandlung« im Berliner Stil also keine Rede sein. Dynamische Abstufungen wie im »Tripelkonzert« sind zwar in den »Brandenburgischen Konzerten« relativ selten, lassen sich jedoch bereits in Weimarer Kantaten des Komponisten nachweisen (⟶ S. 355).

Bemerkenswert erscheint, daß der Tonumfang CD–d''' von BWV 894 im Cembalopart zu den Ecksätzen des Konzerts in einem einzigen Fall (T. 73 des ersten Satzes) bis H' ausgeweitet wird. Das *Adagio ma non tanto e dolce* verlangt hingegen einen Tastenumfang von CD bis f'''. Diese Beobachtung zeigt, daß die Ecksätze einerseits und der Mittelsatz andererseits für mindestens zwei verschiedene Instrumente eingerichtet worden und daher auch zu unterschiedlicher Zeit zu Papier gelangt sein dürften. Schon um 1720 lassen sich in Sondershausen/Thüringen und in Dresden Cembali mit einem Tastenumfang von fünf Oktaven nachweisen (Rampe 1999 I, S. 727f.), die Bach im »Tripelkonzert« noch nicht einmal vollständig beansprucht. Daher kann der unter Bachs Clavierkonzerten außergewöhnliche Tastenumfang nicht als zuverlässiges Indiz für die genaue Entstehungszeit des Werkes gelten. Sicher erscheint nur, daß der Mittelsatz erst nachträglich und im Hinblick auf ein unbekanntes Instrument ausgeführt wurde.

Gegen eine Komposition des Werkes nach Abschluß der Cembalokonzerte BWV 1052–1059 (ca. 1738) sprechen noch weitere Beobachtungen:

Der von Müthel geschriebene Umschlagtitel *CONCERTO. à 7. Cembalo Obligato* mag in Stil und Formulierung weitgehend dem Original entsprechen. Die Bezeichnung *Obligato* freilich fehlt unter Bachs Konzerten für ein oder mehrere Cembali seit dem ersten Werk (BWV 1058) der Serie von ca. 1738. Hierfür lassen sich musikalische Gründe – vor allem die zunehmende Emanzipierung des Cembalos als Soloinstrument – geltend machen, die erst recht im »Tripelkonzert« wirksam geworden wären (⟶ S. 115).

In sämtlichen Konzerten für ein oder mehrere Cembali werden die Ritornelle, abgesehen von wenigen Ausnahmen, grundsätzlich im Unisono, gelegentlich durch Akkorde verstärkt, von den Soloinstrumenten mitgespielt. Im fünften »Brandenburgischen Konzert« hingegen notierte Bach, abweichend von den übrigen Konzerten seiner Sammlung von 1721, eine Generalbaßbezifferung. Dies ist auch beim »Tripelkonzert« der Fall.

Wie von Peter Wollny beschrieben, setzt Bach Traversflöte und Solovioline in den Ecksätzen des Werkes nur selten als Soloinstrumente ein. Gewöhnlich spielen sie die Rolle eines »kleinen« Ripieno, das mit dem »großen« Streicherripieno entweder gekoppelt wird oder diesem gegenübertritt. Die Funktion als Kleinripieno erhalten beide Solo-Melodieinstrumente gelegentlich in den Ecksätzen des »Brandenburgischen Konzerts 5«. In Bachs Cembalokonzerten BWV 1052–1059 ist ein Kleinripieno allerdings nicht vorgesehen.[24] Dort werden Episoden, sofern sich aus den Vorlagen keine Begleitung ergab, in der Regel vom Cembalo allein vorgetragen, was beim »Tripelkonzert« angesichts eines Clavierwerkes als Bearbeitungsgrundlage geradezu zwangsläufig gewesen wäre und auch im fünften »Brandenburgischen Konzert« nur selten der Fall ist.

Die Ergänzung eines Ripienosatzes in den 1730er oder 1740er Jahren ließe die Einbeziehung galanter Stilmittel erwarten, wie dies etwa auf das Streicherripieno im *Concerto* C-Dur BWV 1064 für 3 Cembali zutrifft (Breig 1983, S. 90ff.). Zu suchen wäre also eine einfache, an Sext- und Septakkorden ausgerichtete und von Orgelpunkten geprägte Harmonik und eine von Seufzer-, Vor- und Doppelschlagfiguren bestimmte Melodik – entsprechend dem »Italienischen Konzert« BWV 971 (1735), der *Aria* der »Goldberg-Variationen« BWV 988 (1741), der *Sonata* Es-Dur BWV 1031 (1747?) oder dem *Andante* der Triosonate aus dem *Musicalischen Opfer* BWV 1079 (1747; Sackmann und Rampe 1997, S. 55ff.). Solche Merkmale fehlen jedoch in den Ecksätzen des »Tripelkonzerts«. Das einzige Element, das auf den ersten Blick galant erscheinen mag, besteht in der Triolen-Figuration der Ecksätze, die *Praeludium et Fuga* BWV 894 aus der Zeit vor 1714 entnommen wurden. Ähnliche Rhythmen enthält auch der erste Satz des Cembalokonzerts f-Moll BWV 1056. Um so mehr fällt auf, daß alle genannten Merkmale des galanten Stils aus der Umgebung der Dresdner und Berliner Höfe im *Adagio ma non tanto e dolce* vertreten sind und damit eine Entsprechung zum Tonumfang der Clavierpartie bieten: eine einfache, von Orgelpunkten getragene und von Sext- und Septakkorden durchsetzte Harmonik, Vorhalte, Vor- und Doppelschläge in der Melodik.

Die Episodengestaltung der Ecksätze im Ripieno besteht hauptsächlich aus der Fragmentierung thematischen Ritornellmaterials und aus dessen Engführung. Beide Techniken erscheinen in Albinonis *Concerti* op. 2 und 5 ganz regulär, erstere findet sich auch in den »Brandenburgischen Konzerten 2 und 3«, letztere in den meisten Ensemblesätzen Bachs aus der Zeit zwischen 1707 und 1717. Keine davon tritt jedoch im fünften »Brandenburgischen Konzert« auf. Könnte man die Episodengestaltung im »Tripelkonzert« noch auf die nachträgliche Hinzufügung von Partien für Melodieinstrumente zurückführen, so bestand für die gleichartige Ausformung der Binnenritornelle zu einem späteren Zeitpunkt keinerlei Anlaß.

Die als Ritornell ergänzte (polyphone) Fantasia mit zwei Themen im Finale erinnert an kontrapunktische Werke des späten 17. Jahrhunderts, an frühe Chorfugen Bachs oder an seine Fantasie *duobus subjectis* (mit zwei Themen) BWV 917 (ca. 1704–1707) für Clavier. Gewiß werden die Themen aus dem Ritornell des *Allabreve*-Finales auch in die Episodenbegleitung einbezogen. Eine handwerklich derart schlichte und wenig phantasievolle Ritornellfuge erscheint allerdings mit dem Niveau eines Komponisten, der um 1740 an der *Kunst der Fuge* BWV 1080 und im Jahre 1747 an den Ricercari des *Musicalischen Opfers* arbeitete, unvereinbar.

Diese Befunde zusammengenommen machen es sehr wahrscheinlich, daß die Ecksätze des »Tripelkonzerts« vor Bachs Leipziger Transkriptionen für Cembali und Orchester entstanden. Vieles spricht sogar für eine Komposition noch vor dem »Brandenburgischen Konzert 5«. *Allegro* und *Tempo di Allabreve* dürften später durch den Mittelsatz ergänzt worden sein. Ob diesem ein anderer vorausgegangen war, läßt sich nicht mehr feststellen.

Die Entstehungsgeschichte der Konzerte für 2–4 Cembali

Das Zusammenspiel mehrerer Cembali gilt als ein Spezifikum Bachscher Musik für Tasteninstrumente, indem der Komponist, wie bereits gezeigt (⟶ S. 114), die Gelegenheit zum Auftritt mit seinen begabtesten Schülern zur Schöpfung von Konzerten und somit zur »Erfindung« von konzertanter Literatur für mehr als ein Saitenclavier ergriff. In Wirklichkeit blickte die Komposition von Clavierduetten jedoch schon zu Bachs Zeit auf eine mehr als einhundertjährige Tradition, die wenigstens bis zum »Fitzwilliam Virginal Book« (Manuskript von Francis Tregian, London

Die Entstehungsgeschichte des Konzerts C-Dur für 2 Cembali

ca. 1610–1619) und anderen Kompositionen der englischen Virginalisten-Epoche zurückreichte.[25] Das Clavierduo hatte sich sogar im flämischen und spanischen Instrumentenbau des 17. Jahrhunderts als etablierte Musizierform niedergeschlagen. Saitenclaviere, deren Corpora entweder ein Cembalo und Spinett oder zwei Cembali mit Klaviaturen an gegenüberliegenden Seiten vereinigten, scheinen in jener Zeit einige Verbreitung erlangt zu haben. Um 1705 trifft man in Hamburg gleich auf eine ganze Reihe von Werken *a due Cembali soli,* zu deren bedeutendsten die *Suite a Deux Clavesin* c-Moll HWV 446 von Georg Friedrich Händel (ca. 1703–1706) sowie eine *Suite a due Cembali* g-Moll und eine *Sonata a due Cembali* in derselben Tonart (ca. 1705–1708) von Johann Mattheson gehören.[26] Letztere trägt die Widmung »per il Signore Cyrillo Wich. gran Virtuoso«. Sie ist Matthesons Schüler Cyrill Wich zugeeignet, dem Sohn des englischen Botschafters in Hamburg, und scheint den pädagogischen Charakter, der Duetten und Clavieren für zwei Spieler seit jeher innewohnt, zu bestätigen. Ein Blick auf Matthesons Kompositionen läßt freilich deren außerordentlich virtuosen Stil erkennen und verrät, daß es sich vielmehr um brillante Hausmusik im Duett mit musikalischen Dilettanten gehandelt haben dürfte, die deren hohen spieltechnischen Anforderungen zu genügen hatte (Rampe 1999 II, S. 764ff.). Bemerkenswert erscheint, daß Mattheson, mitunter notengetreu, fast sämtliche Effekte im Zusammenspiel zweier Cembali erprobte, die uns später in Bachs *Concerto. a due Cembali* C-Dur BWV 1061a begegnen. Sie reichen von kurzen und längeren Dialogen und variierten Wiederholungen bis hin zu gemeinsamen Dreiklangsbrechungen in beiden Instrumenten und zur Generalbaßbegleitung des einen während Soli des anderen. Beachtung verdient ebenfalls, daß Händel in mehreren, ausdrücklich für ein zweimanualiges Cembalo komponierten Werken jener Zeit das Duettspiel durch Klaviaturwechsel auf einem einzigen Instrument nachahmte (*Chaconne with 2 Setts of Key's* F-Dur HWV 485, *Sonata for a Harpsichord with Double Keys* G-Dur HWV 579).

Sollten Bach diese Entwicklungen unbekannt geblieben sein, als er, der Quellenlage nach, bis spätestens 1732/33 sein ältestes Konzert für 2 Cembali BWV 1061a fertigstellte? Außer dieser Komposition, deren Streichersatz im nachhinein ergänzt wurde, sind zwei weitere Konzerte für 2 Cembali und Streicher BWV 1060 und 1062, beide in c-Moll, erhalten, die ebenfalls in die 1730er Jahre datiert werden und, wie bereits vermutet, noch vor den Konzerten für ein Cembalo BWV 1052–1059 entstanden sein dürften. Träfe diese chronologische Einordnung zu, hätte sich Bach die in Hamburg beliebte Gattung des Clavierduetts allerdings erst spät zu eigen gemacht.

♦ BWV 1061a/1061: Seit den Editionsarbeiten an der NBA (VII/5) steht endgültig fest, daß das C-Dur-Konzert ursprünglich für 2 Cembali ohne Ripieno komponiert wurde; diese Version trägt die BWV-Nummer 1061a. Die Fassung für 2 Cembali und Streicher BWV 1061 entstand erst zu einem späteren Zeitpunkt. Dadurch bestätigt sich die schon seit geraumer Zeit geäußerte Ansicht, daß die Solopartien des Werkes als einzige unter Bachs Cembalokonzerten von vornherein für Clavier konzipiert sind, also nicht durch Bearbeitung von Kompositionen für Melodieinstrumente gewonnen wurden.

Verständlich wird die Entstehungsgeschichte beider Versionen anhand ihrer Quellenlage: Die älteste Quelle des Werkes überhaupt ist eine Stimmenabschrift, geschrieben spätestens 1732/33 von Anna Magdalena Bach; geringfügige Ergänzungen und Revisionen sowie die Satzbezeichnungen und der Titel *Concerto. a due Cembali. di J. S. Bach* samt *Cembalo 1.* bzw. *Cembalo 2.* auf beiden Stimmen stammen von ihrem Gatten. Da Bach auf den Titelblättern seiner Konzerte stets die vollständige Besetzung anführte und das Werk in noch insgesamt vier Quellen des 18. und frühen 19.

Die Entstehungsgeschichte des Konzerts C-Dur für 2 Cembali

Jahrhunderts ohne Streicherripieno überliefert ist, scheint außer Frage zu stehen, daß die Fassung für 2 Cembali die originale darstellt (NBA VII/5, KB, S. 91ff.), zumal – im Unterschied zu fast allen übrigen Cembalokonzerten (siehe jedoch BWV 1058) – die eigentliche Werksubstanz von den Clavierpartien und nicht vom Ripienosatz repräsentiert wird. Auf diesen Sachverhalt hatte erstmals Johann Nicolaus Forkel hingewiesen, in dessen Besitz sich nicht nur Anna Magdalenas Abschrift von BWV 1061a, sondern auch eine Version mit Ripieno befand: »Es [das Konzert] kann ganz ohne Begleitung der Bogeninstrumente bestehen, und nimmt sich sodann ganz vortrefflich aus. Das letzte Allegro ist eine streng und Prachtvoll gearbeitete Fuge« (1802, S. 104).

Beachtung verdient an Bachs Titelbezeichnungen beider Stimmen, daß der Terminus *Concerto* ursprünglich *Concerte* gelautet hatte und erst nachträglich vom Komponisten korrigiert wurde (NBA VII/5, KB, S. 75f.). In diesem Fall wäre also von *Concerte. a due Cembali* die Rede gewesen, weshalb die Stimmen Anna Magdalenas auch die Solopartien von mindestens einem weiteren Konzert für 2 Cembali hätten einschließen können und vermutlich aus diesem Grund überhaupt begonnen wurden: als Originalstimmen mit den Solopartien der Konzerte für zwei Cembali. Glücklicherweise ist das Kompositionsautograph des *Concerto* BWV 1062 erhalten und auf das Jahr 1736 datierbar. Sollten also nicht ein oder mehrere Konzerte für 2 Cembali verlorengegangen sein, wofür keinerlei zuverlässige Indizien bestehen (⟶ S. 63f.), dürfte sich die Bezeichnung *Concerte* vielmehr auf das schon damals fertiggestellte Konzert BWV 1060 bezogen haben. Diese Auffassung findet durch eine von Johann Christoph Altnickol und einem anonymen Schreiber kopierte Abschrift der verschollenen Originalstimmen von BWV 1060 eine klare Bestätigung. Seinen Titel begann Altnickol zunächst ebenfalls mit der Formulierung *Concertes,* bevor er diese in *Concerto* korrigierte (⟶ S. 161)!

So gesehen läßt sich Bachs Titelgestaltung allerdings nicht entnehmen, daß die Fassung mit Streicherripieno BWV 1061 um 1732/33 noch nicht vorhanden war, wie dies die Herausgeber der NBA (VII/5), Karl Heller und Hans-Joachim Schulze, vermuten. Im Gegenteil hätten Solostimmen zu mehreren Konzerten für 2 Cembali ja gerade auf Werke gleicher Besetzung gezielt – also für 2 Cembali entweder ohne oder mit Ripieno. Da von Bach keine weiteren Konzerte für 2 Cembali ohne Ripieno nachweisbar sind, spricht vieles dafür, daß auch die Version BWV 1061 um 1732/33 abgeschlossen war. Dennoch wurde die Komposition anfangs ohne Streichersatz geschaffen. Diese Feststellung wird nicht nur durch die Faktur sowohl der Solo- als auch der überlieferten Ripienostimmen, sondern insbesondere durch die Tatsache gestützt, daß Bach seinen Titel im nachhinein auf BWV 1061a beziehen konnte, ohne die Ripienobesetzung nachtragen zu müssen!

Leider bietet die Überlieferung von Anna Magdalenas Abschrift keinen Hinweis auf die Geschichte des Werkes. Bevor die beiden Stimmen in die Musikaliensammlung Johann Nicolaus Forkels eingingen, befanden sie sich im Besitz von Carl Christoph Hachmeister, der von 1748 bis zu seinem Tod 1777 Organist der Heilig-Geist-Kirche in Hamburg war (Schulze 1984, S. 26). Der Verdacht liegt nahe, daß die Originalstimmen zum Erbteil C. P. E. Bachs gehörten. Er war seit 1768 als Hamburger *Director musices* gleichsam Hachmeisters Vorgesetzter und hätte diesem die Handschriften verkaufen können, vielleicht weil er eine Kopie des Werkes besaß (die sich allerdings nicht nachweisen läßt; Wollny 1996 I). Ebenso gut ist denkbar, daß C. P. E. Bach oder Johann Stephan Borsch, der Amtsnachfolger Hachmeisters, die Stimmen nach dessen Tod im Jahre 1777 an Forkel weitervermittelten. Jedenfalls kann als wahrscheinlich gelten, daß Wilhelm Friedemann Bach über eine von den Lesarten der Originalstimmen unabhängige Version – offenbar das Partiturautograph – verfügte. Auf dieses dürfte eine von seinem Schüler Friedrich Wilhelm Rust angefertigte Abschrift zurückgehen, die Rust während des Studiums bei Wilhelm Friedemann in Halle (1758–1762) geschrieben haben könnte (NBA VII/5, KB, S. 88).

Merkwürdigerweise überliefert Rusts Partiturabschrift von BWV 1061a unter dem Titel *Concert, a 2 Clavessins* nur den ersten Satz des Werkes. Im Anschluß daran notierte er den Vermerk *Fine,* der damals gewöhnlich das Ende eines Stückes anzeigte. Aus diesem Sachverhalt schließen die Herausgeber der NBA, die Komposition könne anfangs in einer Frühfassung ohne die Sätze 2 und 3 bestanden haben. Tatsächlich mag der erste Satz, entsprechend Johann Matthesons einsätziger *Sonata a due Cembali* (⟶ S. 153), zunächst als selbständiges Werk angelegt worden sein. Oder, so Karl Heller und Hans-Joachim Schulze, die übrigen Sätze waren zum Zeitpunkt von Rusts Niederschrift von seiner Vorlage abgetrennt und blieben ihm unbekannt. Daß die zuletzt genannte Vermutung mit den historischen Ereignissen übereinstimmen dürfte, ergibt sich aus zwei Beobachtungen: a) Rust bezeichnete seine Abschrift als *Concert* – ein Titel, der für Bachs einsätzige Instrumentalwerke nicht belegt ist. b) Die von Rust hergestellte Kopie liefert zwar andere Lesarten als die Abschrift Anna Magdalenas, aber nicht eindeutig frühere. Genau dies wäre jedoch zu erwarten, wenn es sich um eine Frühfassung gehandelt hätte, die Bach später, wie viele seiner Kompositionen, revidierte und ergänzte.

Die Fassung mit Streicherripieno BWV 1061 ist gleich durch mehrere, voneinander unabhängige Abschriften aus Berlin, von Johann Nicolaus Forkel und des Grafen Otto Karl Friedrich von Voß gut belegt. Die älteste davon dürfte kaum vor 1765 entstanden sein. Ein solcher Befund scheint den öfter geäußerten Zweifeln an der Echtheit des Ripienos zu widersprechen: Daß es nicht »von einem geschickten Schüler oder Nachahmer angefertigt worden sein« kann,[27] ergibt sich aus zwei Überlegungen:

1. Der mögliche Arrangeur müßte wie Bach nicht nur ein Interesse an, sondern auch die Fähigkeit zu äußerster kompositionstechnischer Ökonomie besessen haben. Daß solchen Kriterien nicht einmal Bachs Söhne Wilhelm Friedemann und C. P. E., geschweige denn Komponisten wie Kirnberger oder etwa Johann Friedrich Agricola genügten, zeigte unlängst Peter Wollny am Beispiel des »Tripelkonzerts« (⟶ S. 149f.).

2. Der Komponist des Ripienosatzes muß Bachs Generation angehört und die Wandlung der Konzertform in den ersten Jahrzehnten des 18. Jahrhunderts erlebt oder zumindest verstanden haben. Der Bearbeiter war in der Lage, die um 1730 völlig veraltete und um 1750 höchstwahrscheinlich unverständliche Konzertform des ersten Satzes nachzuvollziehen, indem er die Streicher nur jene Formteile colla parte mitspielen ließ, die tatsächlich den Rahmen für die Ritornelle markieren. Daß der Bearbeiter Bach selbst war, legt ein drittes Argument nahe: Der Ripienosatz läßt nirgendwo ein orchestrales Gegengewicht zum Solopart entstehen, wie dies in einem Konzert zu erwarten wäre. Verstärken die Streicher nicht die Rahmenteile der Ritornelle, so spielen sie schlicht Akkorde oder akkordische Einwürfe in jener Art, wie Bach vielfach das Ripieno in den Episoden seiner Konzerte für ein Cembalo BWV 1052–1058 erweiterte (vgl. etwa das E-Dur-Konzert BWV 1053). Die kanonischen Einwürfe während der vierfachen Engführung der Soloinstrumente in den Takten 100–108 weisen schließlich zwingend auf Bachs Autorschaft hin und lassen sich in solcher Gestalt bei keinem Komponisten des 18. Jahrhunderts bis zur mittleren Schaffensperiode Wolfgang Amadé Mozarts beobachten!

Was also spricht dagegen, daß die Fassung BWV 1061 Bachs ältestes Konzert für 2 Cembali und Orchester darstellt und vor 1733 entstand, indem er »eine ältere Komposition für zwei Cem-

Die Entstehungsgeschichte des Konzerts C-Dur für 2 Cembali

bali allein aufgriff und mit einem fakultativen Ripieno versah, um sie von der Aufführungspraxis her den Konzerten BWV 1060 und 1062 anzugleichen« (Breig 1979, S. 40)? Das Werk hätte im Leipziger Collegium musicum mit Orchester und im privaten Hausmusikrahmen sowie im Unterricht mit besonders herausragenden Schülern auf 2 Cembali allein aufgeführt werden können.

Karl Heller und Hans-Joachim Schulze (NBA VII/5, KB, S. 93) schlossen sich der Datierung »zwischen 1727 und 1730« für die »Frühfassung« BWV 1061a an, die schon Philipp Spitta (1880, S. 624) und Carl Herrmann Bitter (1881 III, S. 181) vertreten hatten. Gegen die Annahme einer Leipziger Entstehung von BWV 1061a brachte Alfred Dürr (1978, S. 86) den in beiden Solopartien verlangten Tonumfang CD–c''' vor, der in keinem der Konzerte für 1–4 Cembali wiederkehrt. Christoph Wolff wiederum gab zu bedenken, daß etwa der Ton d''' in einer C-Dur-Komposition »ohnehin kaum notwendig erscheint«.[27] Seine Ansicht kollidiert freilich mit mehreren Passagen, beispielsweise in den Takten 104f. des Kopfsatzes, in denen besagter Ton bewußt umgangen worden sein dürfte. Auch Wolffs Argument, Bach habe sich ein Werk »für Konzertreisen« geschaffen »und sich deswegen an den Umfang der Standard-Klaviatur« gehalten, verliert im Kontext der übrigen Claviermusik des Komponisten an Gewicht: Weshalb sah Bach nicht wenigstens an Kadenzstellen Baßtöne wie H', A' und G' vor, was bei einer Komposition in C-Dur bzw. a-Moll nahegelegen hätte. Sie wären auf vieroktavigen Klaviaturen ebenso wie die entsprechenden Töne in der »Englischen Suiten 1 und 3« BWV 806 und 808 (vor 1723), in der *Inventio* 6 E-Dur BWV 777 (1723), in der *Sinfonia* 6 E-Dur BWV 792 (1723) und in der »Französischen Suite 6« E-Dur BWV 817 (nach 1724) im Bedarfsfall jederzeit zu oktavieren gewesen; ja, Bachs Schülern blieb keine andere Wahl, wenn sie diese Werke auf kleinen Clavichorden und Spinetten jener Zeit ausführten (Rampe 1999 I, S. 725f.). Gewiß wurde auch das *Concerto* BWV 1050a – im Unterschied zum »Tripelkonzert« BWV 1044 – für eine vieroktavige Klaviatur geschrieben, doch scheint Bach hier wie in anderen Fällen (siehe die Cembalokonzerte BWV 1052–1058) auf eine bestimmte Situation gezielt zu haben (⟶ S. 97). Karl Heller (1988, S. 242) vertritt die Auffassung, die fraglicher Cembali der Fassung BWV 1061a seien zweimanualige Instrumente gewesen, was aus dem durch *piano*- und *forte*-Vorzeichnung im Kopfsatz geforderten »Klangfarbenwechsel« hervorgehe. Tatsächlich sind diese Wechsel zwar satztechnisch logisch, kompositorisch aber nicht zwingend, handelt es sich in den Takten 29ff. (etc.) doch nicht um Echos, sondern um variierende Wiederholungen, wie sie auch bei Mattheson auftreten. D.h., Bach mag die Angaben für Manualwechsel durchaus später nachgetragen haben, womöglich um 1732/33. Das einzige Corpus an Clavierwerken, das konsequent mit dem Tastenumfang CD–c''' rechnet, umfaßt die Clavier-Toccaten BWV 910–916, die sich, ebenso wie BWV 1061a, sogar auf Orgelinstrumenten ausführen lassen (Marshall 1988, S. 306ff.). Die Toccaten aber waren, gemäß ihrer Quellenlage (NBA V/9.1, KB), spätestens 1712 oder 1713 abgeschlossen. Diese Feststellung erfordert einen erneuten Blick auf die Struktur des C-Dur-Konzerts.

Vergleicht man das Werk mit den bis ca. 1730 fertiggestellten »Orgel-Triosonaten« BWV 525–530, so bietet nur der Mittelsatz *Adagio ovvero Largo* im Hinblick auf eine voneinander unabhängige, melodisch selbständige Führung der vier Stimmen erstaunliche Analogien. Parallele Stimmverläufe treten in BWV 1061a/2 nur zweimal auf (T. 25–27 und T. 48–53) und werden als Mittel der Steigerung eingesetzt. Nahezu das Gegenteil ist im ersten Satz der Fall: Hier beschränkt sich eine selbständige Führung aller vier Stimmen auf wenige Takte im Ritornell (T. 4–9 und Wiederholungen) sowie auf die Engführung und Kontrapunktierung des Episodenmotivs in den Takten 67–71

114ff. und 152ff. Diese Kontrapunkte kehren jedoch nicht wieder, wie beispielsweise in den Orgel-Triosonaten, sondern wechseln vom einen zum anderen Mal. Natürlich könnte man argumentieren, ein Konzertsatz für vier Hände hätte dem Komponisten mehr Freiheiten gestattet als ein strenger Triosatz. Doch selbst in den durch Bearbeitung gewonnenen Konzerten BWV 1060 und 1062 für 2 Cembali verlaufen die hinzugefügten Solostimmen – meist Partien der linken Hände – soweit als möglich voneinander unabhängig. Dasselbe strebt Bach mit aller Konsequenz auch in der vierfachen Engführung der Takte 100–108 des Kopfsatzes von BWV 1061a an. Ausgerechnet diese Stelle wurde in Anna Magdalenas Abschrift der ersten *Cembalo*-Stimme als einzige von ihrem Gatten eingetragen. Sollte Bach besagte Takte nachträglich ausgearbeitet haben, so daß seine Frau die revidierte Vorlage schlecht lesen konnte und um seine Hilfe bat?

Alle übrigen Teile des ersten Satzes beruhen entweder auf Parallelführung beider Hände jedes Spielers bzw. jeweils von linken und rechten Händen der Solisten oder auf dem Dialog der Instrumente, wie dies auch in Matthesons *Sonata a due Cembali* zu beobachten ist. Eher ungelenk, nämlich als abschließende Figur, erscheint der Kontrapunkt des zweiten Cembalos zum Eröffnungsmotiv des ersten in T. 1. Er wird bei seinem erneuten Auftreten in T. 38 und 96 verändert und könnte durchaus nachträglich hinzugetreten sein (das »begleitende« Cembalo hätte dann ursprünglich Generalbaß gespielt). Derartige Schwächen fehlen nicht allein in Bachs Kammermusik und Leipziger Cembalokonzerten, sondern auch in den »Brandenburgischen Konzerten« und selbst in den ebenfalls als Konzertsätze angelegten *Préludes* der »Englischen Suiten 3–6«, weshalb sie sich kaum durch Freizügigkeiten bei der Komposition für Clavierinstrumente erklären lassen.

Erst recht fällt die Konzertform des ersten Satzes aus dem Rahmen sämtlicher Leipziger Cembalokonzerte. Sie zeigt – im Gegensatz zum keineswegs ähnlichen »Italienischen Konzert« BWV 971 (Heller 1988, S. 242) – nirgendwo Bezüge zu Antonio Vivaldis Concerti und enthält, anders als das »Brandenburgische Konzert 1«, nicht einmal ein melodisch durchgeformtes Ritornell: An ein Eröffnungsmotiv (T. 1) schließt sich eine tonal stabile, perfidienartige Sequenz im Wechsel der Cembali an, die von einem erneuten Motiv im Tutti beschlossen wird (T. 4). Es folgt ein weiteres Motiv mit Sequenzierung; sie mündet in einen Orgelpunkt (T. 8–11) mit Abschluß des Ritornells. Diese bereits um 1720 ungebräuchliche Ritornellarchitektur wird von dem später hinzugetretenen Ripienosatz nachgezeichnet. Er macht zugleich deutlich, daß Bach die Streicher kaum anders hätte einsetzen können; denn von einem Ritornell als melodischem Gebilde wie in sämtlichen übrigen Konzerten des Komponisten kann hier keine Rede sein. Bach hält sich sogar so eng an die stilistischen Vorgaben, daß er die von jeher den Solisten vorbehaltenen perfidiaähnlichen Takte 2f. auch in der Ripienofassung unbegleitet läßt. Der einzige formale Anknüpfungspunkt innerhalb von Bachs Œuvre findet sich in der Ritornellgestaltung der *Toccata* G-Dur BWV 916, die ihrer Hauptquelle nach zwischen etwa 1711 und 1713 zu datieren ist (Hill 1995, S. 165). Auch dort folgt auf ein Eröffnungsmotiv eine tonal stationäre Sequenzierung mit Abschluß des Ritornellteils. Aufgrund ihrer Kompositionstechnik kann die G-Dur-*Toccata* nicht nach 1713 entstanden sein. Aus diesen Beobachtungen geht hervor, daß der Mittelsatz des Konzerts BWV 1061a erst nach einigen Jahren hinzugetreten sein dürfte. Auf beide Sätze wird im nächsten Kapitel zurückzukommen sein.

Zu ebenso erstaunlichen Ergebnissen führt das Finale. Es ist nicht nur der einzige, ausdrücklich als *Fuga* bezeichnete Konzertsatz des Komponisten, auch seine Form stellt innerhalb von Bachs Œuvre einen Einzelfall dar: eine Fuge für zwei gleichberechtigte Tasteninstrumente, die zudem

Die Entstehungsgeschichte des Konzerts C-Dur für 2 Cembali

bemerkenswert häufig solistisch eingesetzt werden. Befremdlich wirkt hier ebenfalls, daß in jenen Takten, in denen beide Cembali zusammenspielen, die kompositorische Struktur auf zwei bis drei Stimmen beschränkt bleibt. An manchen Stellen enthält das eine Cembalo die eigentliche Fugensubstanz, während das andere eine Generalbaßaussetzung ausführt (T. 23f., 41ff., 86ff. und 102ff.). Auch dort, wo Schichtungen von bis zu sechs Stimmen erklingen, zeigt sich, daß der jeweilige Genpart sekundäre Stimmführungen übernimmt, die vor allem der klanglichen Füllung und rhythmischen Belebung dienen (beispielsweise in T. 45ff.). Wie im ersten Satz werden Hauptstimmen häufig durch simultane Terzen und Sexten verdoppelt oder aber Einzelstimmen auf zwei scheinpolyphone Partien verteilt (T. 19ff., 34ff. u.a.). Angesichts der auf einen mehr oder weniger weiträumigen Dialog angelegten Form und des darin bruchlos aufgehenden Tonartenverlaufs wäre die Vermutung naheliegend, der Satz ginge auf eine Fuge für ein einziges Tasteninstrument zurück. Dagegen spricht der Beginn mit zwei komplementären dreistimmigen, sich gegenseitig überlappenden Expositionen (mit der Einsatzfolge Dux–Comes–Dux / Comes–Dux–Comes), bevor eine durch ein Zwischenspiel unterbrochene Exposition beider Instrumente den ersten Teil der Fuge beschließt. Zu denken gibt jedoch, daß nach dem dritten Themeneinsatz selbst in den solistischen Expositionen die Mittelstimme entweder entfällt (T. 12f.) oder eine behelfsmäßige Klangfüllung in langen Noten liefert (T. 13f. und 28ff.); oder aber eine einzige Stimme teilt sich in der Art des *style brisé* auf (T. 15f. und 32).

Bei der Suche nach Spuren dieser Kompositionstechnik in anderen Werken für Tasteninstrumente stößt man auf einzeln überlieferte Fugen Bachs, vor allem jedoch erneut auf die Toccaten BWV 910–916, nun auf ihre fugierten Abschnitte. Die Satztechnik jener frühen Werke hebt sich deutlich von der bei weitem vertrauteren Polyphonie etwa im *Wohltemperirten Clavier* ab. Oft verlaufen in jenen drei- oder vierstimmige Fugen über weite Strecken zweistimmig; eine dritte Stimme entsteht allenfalls durch Verwendung paralleler Terzen (siehe *Toccata* BWV 911, T. 86ff., *Toccata* BWV 912, T. 127ff., und *Toccata* BWV 914, T. 71ff.). Die Fuge der *Toccata* BWV 915 (T 18ff.) beginnt zweistimmig und ist nach weiteren 12 Takten bereits vierstimmig, ohne daß das Anwachsen der Stimmenzahl schrittweise und durch Einführung von Fugenthemen erfolgt.

Ohne auf ihre möglichen, hauptsächlich norddeutschen Vorbilder einzugehen, lassen sich in Bachs Clavier-Toccaten drei Fugentypen unterscheiden: kurze thematische Bestandteile, die durch alle Stimmen »wandern«, kurze Themen, die sogleich mit einem Gegenthema in der Art einer Simultanfuge oder mit einem engführungsartigen Themeneinsatz in einer anderen Stimme verknüpft werden, und »Spielfugen« (Kunze 1969, S. 90), deren Themen sich fast ausschließlich aus Sechzehnteln bzw. Sechzehnteltriolen zusammensetzen. Folgt man der im Kritischen Bericht der NBA (V/9.1) etablierten Chronologie der Toccaten, läßt sich eine Entwicklung innerhalb des dritten Typus erkennen: Das Themenmodell der »Spielfuge« wird zu einer sequenzierenden Motivwiederholung in rascher Bewegung mit einem prägnanten Kopfmotiv abgewandelt und mit einem um den Grundton kreisenden Epilog (Nachsatz) versehen. Daraus entsteht schließlich ein Thema aus insgesamt vier Abschnitten, wie wir es in der Orgelfuge g-Moll BWV 578, im dritten Satz der erwähnten *Toccata* G-Dur BWV 916 und im *Concerto* BWV 1061a antreffen. In der *Fuga* des C Dur-Konzerts folgt auf das Kopfmotiv, das den Tonraum der (authentischen) Oktave c'–c" umfaßt, eine abwärts gerichtete Sequenz in Sechzehnteln, eine zweite in Achteln und ein Epilog wiederum in Sechzehnteln.

Abgesehen von BWV 1061a sind sämtliche genannten Werke im sog. »Andreas-Bach-Buch« überliefert, das im Kern bis 1713 von Bachs älterem Bruder Johann Christoph angelegt wurde. Ir

Die Entstehungsgeschichte des Konzerts c-Moll für 2 Cembali bzw. für Oboe und Violine

der Spätphase der Kompilierung dieser Quelle gelangte die *Fuga* BWV 944 in die Handschrift. Das Fugenthema ähnelt jenem *Concerto* von Giuseppe Torelli, das Bach selbst für Cembalo (BWV 979) bearbeitete (Hill 1995, S. 165). Allerdings sind die wirklich übereinstimmenden Merkmale beider Werke zu gering und zu wenig eindeutig, um von einem Zitat oder gar einer »Fuge nach einem Thema von Torelli« zu sprechen. Die Fuge teilt hingegen mehrere kompositionstechnische Gemeinsamkeiten mit dem Finale von BWV 1061a: Hier werden einfache Sekundabstiege durch Sprünge in die Obersexte (beispielsweise in T. 12) aufgelockert – in der *Fuga* BWV 944 schlägt die themenbegleitende Stimme dreimal denselben Wechselton im Abstand von Oberterz bis Oberquinte nach (T. 9ff. u.a.). Das ausschließlich aus Sechzehnteln bestehende Thema dieser Fuge gleicht dem oben beschriebenen Typus insofern, als im ersten Takt die plagale Oktave e'–e", im zweiten die authentische a'–a" durchschritten wird und in den folgenden drei Takten ein absteigendes Sequenzmodell auftritt, das zu einem Epilog führt, der den Schlußformulierungen der drei erwähnten Fugenmodelle unmittelbar nahesteht.

Noch auffälliger ist die ähnliche Gestaltung der Schlüsse in den Fugen BWV 944 und 1061a/3: In beiden Fällen tritt eine prägnante Themendurchführung auf, im Doppelkonzert als Wiederholung des von Generalbaßakkorden begleiteten, von den linken Händen beider Solisten im Unisono gespielten Themenepilogs, in der Clavierfuge durch ein Themenzitat in der Oberstimme, das zu Beginn um einen Takt verkürzt wurde. Um die Schlußwirkung noch zu verstärken, fügte Bach einen »Anhang« bei, der jenem im Kopfsatz des Konzerts durchaus gleicht. Vor Eintritt seiner thematischen Abschlüsse verharrt der kontrapunktische Satz beider Werke in ausgedehnten perfidesken Einschüben. Im Konzertsatz handelt es sich um einen zweistimmigen Aufstieg von G bis g" über fünf Takte hinweg, in der Fuge BWV 944 um einen Abstieg bis E samt anschließenden Aufstieg der Melodiestimme während zehn Takten bis hin zum höchsten Ton der Klaviatur c"'. Ein ähnlicher – nunmehr einstimmiger – Einschub, bestehend aus einem Abstieg bis Cis und einem Aufstieg bis h", begegnet im Rahmen der Clavier-Toccaten einzig innerhalb der *Toccata* fis-Moll BWV 910 (T. 190–196).

Die älteste Quelle der *Fuga* BWV 944 wurde spätestens 1713/14, die der fis-Moll-*Toccata* sogar früher angefertigt. Als Ergebnis dieser Beobachtungen läßt sich festhalten, daß auch die Ecksätze des *Concerto. a due Cembali* BWV 1061a in jener Weimarer Schaffensperiode des Komponisten enttanden sein werden, was eine Revision und Ergänzung in Köthen oder Leipzig um so wahrscheinlicher macht. Diese Datierung wird im nächsten Kapitel zu erhärten sein.

♦ BWV 1060: Wie im Zusammenhang mit dem *Concerto* C-Dur BWV 1061a erwähnt, offenbart dessen Überlieferungsgeschichte ein gravierendes Indiz für die Vermutung, daß auch das c-Moll-Konzert BWV 1060 bis spätestens 1733 abgeschlossen war. Bach dürfte zunächst geplant haben, beide Werke unter dem Titel *Concerte. a due Cembali. di J. S. Bach* zu vereinigen. Daß diese Annahme den historischen Tatsachen entspricht, jedenfalls aber das Konzert BWV 1060 zwischen ca. 1729 und 1736 entstand, ergibt sich aus folgenden Beobachtungen:

1. Obwohl die ursprünglichen Solopartien des c-Moll-Konzerts nur in Einrichtung für zwei Cembali erhalten sind, zeigt ein Vergleich mit dem *Concerto* a-Moll BWV 1065 für 4 Cembali nach Vivaldis *Concerto* op. 3,10 eine gewisse Weiterentwicklung von Bachs Bearbeitungstechnik in BWV 1060: Hier wie dort war Bach bemüht, für jedes Instrument einen selbständigen, zweistimmigen Satz zu schaffen. Während jedoch im Fall von BWV 1060 beide Partien in sich geschlossen erscheinen, klingen die Cembalostimmen im transkribierten Vivaldi-Konzert vielfach

Die Entstehungsgeschichte des Konzerts c-Moll für 2 Cembali bzw. für Oboe und Violine

unvollständig und leer – selbst dort, wo nur zwei Instrumente zusammenspielen (vgl. beispielsweise die Takte 82ff. im ersten Satz). Man könnte solche Schwächen – im Sinne der späteren Cembalokonzerte – durch Eile bei Ausführung des Arrangements rechtfertigen. Noch mehr zeigen sie freilich eine mangelnde Erfahrung mit der Transkription eines ursprünglich für Melodieinstrumente konzipierten Konzerts. Die drei erhaltenen, offenbar originalen Stimmen von BWV 1065 wurden um 1729 angefertigt (⟶ S. 175). Das c-Moll-Konzert muß also später entstanden sein.

2. Vergleicht man die Solopartien des *Concerto* BWV 1060 wiederum mit jenen der Konzerte für ein Cembalo und Orchester BWV 1052–1058, ergeben sich weitere Aufschlüsse. Sie resultieren letztlich alle aus einer Problematik, die entsteht, wenn bei Einrichtung einer solistischen Melodiestimme für Tasteninstrument dessen ursprüngliche Generalbaßfunktion fortfällt. Im ersten der Konzerte für ein Cembalo von ca. 1738, BWV 1058, versuchte Bach in den Ritornellen der Ecksätze noch so oft als (grifftechnisch) möglich, Akkorde in die Partie der rechten Hand einzubeziehen, die – im Unterschied zum »Tripelkonzert« BWV 1044 und zum fünften »Brandenburgischen Konzert« – im Unisono mit der ersten Violine geführt wird. Dies ist gelegentlich auch im zweiten (vollständigen) Konzert für ein Cembalo BWV 1052 der Fall. Vom *Concerto* BWV 1053 an verzichtete Bach jedoch auf Generalbaßakkorde oder löste sie, wie im zweiten und dritten Satz dieses Konzerts, in gebrochene Dreiklänge auf. Geschlossene Akkorde treten nur noch dort auf, wo sie zur Vervollständigung der Klangsubstanz einer Solopartie unverzichtbar erscheinen. Allein der transparente Orchestersatz des *Concerto* BWV 1057 verlangte nach zusätzlichen Continuoakkorden (erster Satz) oder nach drei- bis vierstimmigem Colla-parte-Spiel in der Schlußfuge. Sowohl BWV 1065 als auch BWV 1060 gehören in dieser Hinsicht dem anhand von BWV 1058 beschriebenen Typus an. D.h. damals scheint es Bach aus klanglichen Gründen noch nicht gewagt zu haben, auf eine Generalbaßaussetzung gänzlich zu verzichten.

3. Diese Überlegungen finden eine Entsprechung in der Gestaltung der Episoden: In den Konzerten BWV 1058 und 1052 für ein Cembalo, BWV 1060 und 1062 für 2 Cembali und BWV 1063 und 1064 für 3 Cembali werden selbst solistische Episoden von der Continuostimme verstärkt. Hingegen läßt der Komponist die Episoden der *Concerti* BWV 1053–1057 vom Cembalo allein vortragen. Die Unterstützung von dessen Partie für die linke Hand durch weitere Baßinstrumente hatte sich letztlich als unnötig erwiesen.

4. Offenbar beide c-Moll-Konzerte wurden für 2 Cembali *obligati* bestimmt. Dies geht aus Johann Christoph Altnickols Kopie der Originalstimmen von BWV 1060 und aus Bachs Kopftitel zum Partiturautograph von BWV 1062 hervor (⟶ S. 165). Soweit bekannt, verwendete der Komponist die Bezeichnung »obligato« innerhalb seiner Cembalokonzerte letztmals im Kompositionsautograph (ca. 1738) von BWV 1058 (⟶ S. 115).

5. Schließlich offenbart ein Vergleich der beiden c-Moll-Konzerte BWV 1060 und 1062 für 2 Cembali die Weiterentwicklung von Bachs Transkriptionstechnik im zuletzt genannten Werk. Schon im Konzert für 4 Cembali strebte der Komponist danach, die vorhandene Baßstimme in polyrhythmischer und letztlich scheinpolyphoner Stimmführung auf die Partien der linken Hände mehrerer Cembalisten aufzuteilen. Dieses Verfahren findet sich auch in den beiden c-Moll-Konzerten für 2 Cembali wieder. Darüber hinaus versuchte Bach in BWV 1065 und noch mehr in BWV 1060, dem einen Instrument eine reale Gegenstimme zuzuweisen, während das andere die vorhandene Baßpartie übernimmt. Im *Concerto* BWV 1062 aber erhalten beide Cembali von der ersten Episode an einen selbständigen, konsequent beibehaltenen Kontrapunkt der linken Hand

Die Entstehungsgeschichte des Konzerts c-Moll für 2 Cembali bzw. für Oboe und Violine

der im Stimmtausch an das jeweils andere Instrument weitergegeben wird. Man vergleiche in dieser Hinsicht einmal den ersten Satz von BWV 1060 (beispielsweise T. 9ff., 37ff.) mit jenem von BWV 1062 (T. 22ff., 63ff.) und das Finale des erstgenannten Konzerts (T. 33ff., 68ff.) mit jenem des zweiten (T. 41ff., 106ff.). Die qualitativ überlegenen Ausführungen von BWV 1062 geben sich eindeutig als Weiterentwicklung bei der Lösung ein und derselben Aufgabenstellung zu erkennen. Das Kompositionsautograph von BWV 1062 datiert von 1736 (⟶ S. 165). Das *Concerto* BWV 1060 muß also früher zu Papier gelangt sein.

Während mit diesen Überlegungen fast alles über die Entwicklung der Solopartien von Bachs Konzerten für mehrere Cembali gesagt ist, wirft die ursprüngliche Besetzung von BWV 1060 bis heute einige Fragen auf: Handelte es sich tatsächlich um ein Konzert für Oboe und Violine – eine erstmals von Woldemar Voigt (1886) und Paul Graf von Waldersee (1887) vertretene Auffassung, die bis vor kurzem einmütig akzeptiert wurde –, oder stellte Bach das Werk für die Cembalobearbeitung aus mehreren Sätzen verschiedener Kompositionen zusammen, die vom Oboenkonzert bis hin zur Triosonate reichen (Rifkin 1997, S. 61ff.)?

Die Beantwortung dieser Fragen ist schon deshalb schwierig, weil sie sich auf keinerlei autographes Quellenmaterial zu stützen vermag, in dem Spuren der originalen Werkgestalt möglicherweise erkennbar gewesen wären. Die erhaltenen Primärquellen bestehen lediglich aus Abschriften. Drei davon gehen offensichtlich unabhängig voneinander auf die Originalstimmen zurück. Es handelt sich um die erwähnte Stimmenabschrift *Concerto es* [!] *C. b. a. 6. Cembalo 1 Cembalo 2 obligati Violino 1 Violino 2 con Violon d. S. J. S. Bach* aus dem Besitz Altnickols, die zwischen 1744 und 1748 von diesem und einem anonymen Schreiber in Leipzig angefertigt wurde. Von Altnickol stammt auch der angeführte Titel, der ursprünglich ebenfalls mit *Concertes* statt *Concerto* begann (siehe BWV 1061a). Die Quelle gehörte später, vermutlich nach Altnickols Tod (1759), dem Bach-Sohn Johann Christoph Friedrich in Bückeburg. Hinzu kommen zwei weitere Stimmenabschriften, die eine wohl in der Mitte des 18. Jahrhunderts an unbekanntem Ort entstanden und nachmals im Besitz des Grafen Otto Karl Friedrich von Voß in Berlin, die andere aus der zweiten Hälfte des 18. Jahrhunderts gehörte der Berliner Musikdilettantin Zippora Wulff, geborene Itzig (der Großmutter Felix Mendelssohn Bartholdys). Zippora Wulff war Schwester und Clavierduo-Partnerin von Sarah Levy, die von C. P. E. und Wilhelm Friedemann Bach Unterricht erhalten hatte.

Merkwürdig ist hingegen, daß C. P. E. Bach noch im Jahre 1787 Gelegenheit besaß, von seinem Hauskopisten Johann Heinrich Michel offenbar das Partiturautograph selbst kopieren zu lassen, obwohl es keine Hinweise dafür gibt, daß dem Bach-Sohn diese Quelle gehörte. Seither verliert sich jede Spur von Bachs Handschrift.

Eine Rekonstruktion für Oboe und Violine in c-Moll hatte Wilfried Fischer 1970 im Rahmen der NBA (VII/7, S. 75) vorgelegt und sich dabei auf die Forschungen von Woldemar Voigt (1886), Paul Graf von Waldersee (1887) und Ulrich Siegele (1957) gestützt. Die originale Besetzung ergibt sich – über den Tonumfang g–d''' und c–d' hinaus – aus der unterschiedlichen Führung der Solostimmen in den Ecksätzen: Die rechte Hand des ersten Cembalisten präsentiert wiederholt charakteristische Violinfigurationen (erster Satz, T. 8ff., 37ff. etc.; Finale, T. 33f., 68ff., 125ff.), während die des zweiten Cembalisten ohne virtuoses Laufwerk auskommt und sich als bläseridiomatisch zu erkennen gibt (man vergleiche einmal die Takte 8ff. des ersten und 68ff. des letzten Satzes). Zwei Passagen in beiden Ecksätzen beweisen, daß deren Originaltonart c-Moll war: In T. 35 des Kopfsatzes wurde die Stimme der Solovioline gegenüber der Parallelstelle in T. 39 verän-

Die Entstehungsgeschichte des Konzerts c-Moll für 2 Cembali bzw. für Oboe und Violine

dert, um den Ton f (der auf dem Cembalo ohne weiteres spielbar gewesen wäre) zu vermeiden (Waldersee 1887). Ferner rechnet die Bariolage-Passage in T. 125 mit der leeren G-Saite der Violine. Beide Stellen müssen also der oder den Vorlagen entnommen worden sein, die in c-Moll stand(en). Obwohl der Nachweis dieser Originaltonart vor weit mehr als 100 Jahren erbracht wurde, sind bis heute mehrere sogenannte Rekonstruktionen des Werkes in d-Moll im Umlauf und auch im Konzertleben verbreitet, die offensichtlich allein auf eine brillantere Wirkung zielen und dazu dienen, den vom Komponisten gewünschten, auf Streichinstrumenten eher »dumpfen« Klangcharakter der Originaltonart zu vermeiden. In Wirklichkeit aber können solche d-Moll-Fassungen nicht anders als freie Bearbeitungen genannt werden.

Ulrich Siegele zeigte, daß Bach die ursprünglichen Solopartien weitgehend notengetreu auf die rechte Hand beider Cembalisten übertrug und nur an wenigen Stellen veränderte. So reicht die frühere Oboenstimme im zweiten Cembalo ein einziges Mal unter c' (erster Satz, T. 56), wogegen an der Parallelstelle (T. 98) noch die Originallage erkennbar ist. Auch die Verstärkung der zweiten Ripienovioline durch das zweite Cembalo, etwa in T. 5f. des Kopfsatzes, rechnet Siegele aufgrund des Vergleichs mit T. 107f. der Bearbeitung zu (1975, S. 131f.). Schließlich sprach er sich dafür aus, den Mittelsatz bei Ausführung mit Oboe und Violine vom Ripieno nicht *pizzicato* spielen zu lassen, da der *pizzicato*-Hinweis im *Largo* des Cembalokonzerts BWV 1056 in der *Sinfonia* der Kantate BWV 156 noch fehlte.

Dagegen stellte Joshua Rifkin (1997, S. 61ff.) die ursprüngliche Anlage als Doppelkonzert für Oboe und Violine grundsätzlich in Frage. Völlig zutreffend beobachtete er, daß die Partie der Ripienovioline 1 in den Ecksätzen zumeist mit jenen der mutmaßlichen Solovioline oder der zweiten Ripienovioline übereinstimmt. Tatsächlich geht der *Violino 1* nur an wenigen Stellen eigene Wege (erster Satz, T. 40, 82ff.; Finale, T. 89ff.): »In beiden Sätzen kann man also Violine 1 einfach weglassen, ohne der kontrapunktischen Substanz im geringsten zu schaden. [...] Offensichtlich hat Bach sie im Zuge der Cembalobearbeitung hinzukomponiert, um thematisch wichtige Stellen zu stützen. Die Urform mit Oboe und Violine wird nur eine Ripienovioline umfaßt haben«, die dann auch die im ersten Cembalo enthaltenen Solopassagen ausführte. »In der Urform von BWV 1060 dürfen wir also weniger ein Konzert für Oboe und Violine sehen als ein Oboenkonzert mit einer besonders bewegten und stark hervortretenden 1. Geige« (Rifkin 1997, S. 62 und 65).

Es ist erstaunlich, wie häufig die Bach-Forschung vermutete, der Komponist habe im Zug einer Neufassung obligate Partien innerhalb seiner Konzerte ergänzt – obwohl dieser Verdacht in keinem einzigen Fall zu belegen ist. Im Gegenteil offenbart gerade die von Bach in seinen Konzerten für ein Cembalo angewandte Transkriptionspraxis, wie sehr er um die Erhaltung der vorhandenen Substanz bemüht war und diese allenfalls melodisch weiterentwickelte. Dies gilt sogar für die Vivaldi-Bearbeitung für 4 Cembali BWV 1065! Das Doppelkonzert BWV 1043, das »Tripelkonzert« BWV 1044 und das Konzert für 2 Cembali BWV 1061 stellen nur auf den ersten Blick Ausnahmen dar; denn dort wurden vorhandene Werke im nachhinein um einen vollständigen Orchestersatz, nicht aber um einzelne Stimmen ergänzt. Dagegen demonstrierte Werner Breig (1988) bis in Details der autographen Kompositionspartitur hinein, wie Bach in den ersten Konzerten für ein Cembalo BWV 1058 und 1052 zunächst Note für Note des Ripienosatzes übertrug, bevor er mit der eigentlichen Bearbeitung – der Solostimme – begann. Sollte er dies in früherer Jahren anders gehandhabt haben, wäre unverständlich, weshalb er seine Bearbeitungspraxis erst vom Cembalokonzert BWV 1053 an änderte.

Die Entstehungsgeschichte des Konzerts c-Moll für 2 Cembali bzw. für Oboe und Violine

Scheinbar ergänzte Stimmen werden stets dort evident, wo man Bachs Konzerte aus dem Blickwinkel kontrapunktischer Musik, wenn nicht gar aus der Perspektive von Fuge und Kanon betrachtet. Bereits im Kontext mit dem zweiten »Brandenburgischen Konzert« und dem Cembalokonzert BWV 1052 wurde erwähnt, daß die weitreichende Unisono-Führung einer Solopartie oder der zweiten Geigenstimme mit jener der ersten Ripienovioline zu den Charakteristika von Tomaso Albinonis *Concerti* op. 5 (1707) und op. 7 (1715) zählt. Albinonis Einfluß offenbart sich im Konzert BWV 1060 vor allem auch in der Fragmentierung der Ritornelle durch das Ripieno, beispielsweise in den Takten 19ff. und 47ff. des ersten Satzes. In den Ecksätzen von Giuseppe Torellis Opus 8 (1709) sind die Ripienovioline niemals von den Solopartien unabhängig. Dasselbe gilt sogar für zahlreiche Konzerte aus Vivaldis Opera 3 (1711) und 4 (1716). Entsprechend verfuhren deutsche Konzertkomponisten der Bach-Zeit: Zieht man Rifkins Argumente heran, so ließe sich die Partie der ersten Ripienovioline etwa in den Ecksätzen von Johann Friedrich Faschs Doppelkonzert D-Dur für Flöte und Oboe oder im Finale seines Doppelkonzerts d-Moll für Oboe und Violine vollständig streichen. Im gesamten Doppelkonzert F-Dur für Oboe und Violine von Gottfried Heinrich Stölzel sind die Partien von Solovioline sowie erster und zweiter Ripienovioline für gerade vier Episoden voneinander unabhängig. Auch hier müßte man somit von späteren Ergänzungen ausgehen, obwohl Fasch und Stölzel keine Bearbeitungen für Tasteninstrumente vornahmen. Die eigentlichen Ursachen für die unselbständige Führung der ersten Ripienovioline von BWV 1060 dürften, wie Ulrich Siegele andeutete, in Bachs Umarbeitung für 2 Cembali zu suchen sein: Offensichtlich um Pausen für die rechte Hand des zweiten Cembalisten zu vermeiden und um keine zusätzliche kontrapunktische Partie ergänzen zu müssen, verstärkte Bach die erste Ripienovioline durch das Tasteninstrument. Besonders deutlich wird dieses Verfahren im ersten Satz (T. 47ff. und 89ff.) und im Finale (T. 103ff.). Daß die Solovioline auch die erste Ripienostimme mitspielte, wo immer dies möglich war, entsprach ohnehin der Praxis der Zeit. Somit kann nur aus Sicht der Cembalisten von einer Unselbständigkeit der Violine 1 die Rede sein. Vielmehr liefern Rifkins Beobachtungen ein starkes Indiz für die Annahme, daß Bach zum Zeitpunkt der Niederschrift von BWV 1060 noch wenig Erfahrung mit der Transkription von Melodiestimmen für Tasteninstrumente besaß.

Noch mehr aber erstaunt, daß Rifkin mit keinem Wort auf die praktischen Konsequenzen seiner Oboenkonzert-Hypothese eingeht. Ein Blick auf die raschen Passagen des ersten Cembalos im Kopfsatz (T. 37ff. etc., Baß!) und im Finale (T. 77ff.) läßt keinen Zweifel an der Behauptung, daß die Stimme anfänglich tatsächlich für Violine bestimmt war. Folglich wären ausgerechnet die virtuosesten Solopartien innerhalb eines Oboenkonzerts der ersten Ripienovioline vorbehalten gewesen! Für Spekulationen solcher Art findet sich weder in Bachs Œuvre noch in Solokonzerten seiner Zeitgenossen eine Parallele. Ganz im Gegenteil liefern besagte Passagen den letzten Beweis für die ursprüngliche Anlage als Doppelkonzert für Oboe und Violine.

Bruce Haynes (1992, S. 24f. und 39) machte darauf aufmerksam, daß die verschollene Originalfassung des Werkes mit einer Abschrift übereinstimmen könnte, die der Leipziger Verlag von Bernhard Christoph Breitkopf in seinem Neujahrskatalog von 1764 unter folgendem Titel anbot: *Bach, G. S. I. Concerto, a Oboe Concert. Violino Conc. 2 Violini, Viola, Basso*. Da Breitkopf im Jahre 1766 jedoch auch ein *I. Conc. del Sigr. BACH. Oboe conc. Viol. princ. 2 Viol. Viola, Basso* in B-Dur (BWV Anh. I 22) anzeigte, dessen Incipit (Dok. III, Nr. 718) stilistisch eindeutig auf ein Konzert aus der Generation von Bachs Söhnen verweist und bereits im Katalog von 1762 unter dem Namen Förter präsentiert wurde, erscheint die Identität der Vorlage von BWV 1060 mit den Angaben von

Die Entstehungsgeschichte des Konzerts c-Moll für 2 Cembali

1764 fraglich. Erst recht zweifelhaft ist Breitkopfs Numerierung, die zum Ausdruck bringt, Bach habe außer dem vorliegenden noch andere Doppelkonzerte für Oboe und Violine komponiert.

Als Folge seiner Oboenkonzert-Hypothese nimmt Joshua Rifkin an, das *Largo ovvero Adagio* sei erst bei Einrichtung für 2 Cembali zu den Ecksätzen hinzugetreten (1997, S. 62ff.), ist hier doch keinerlei Abhängigkeit des *Violino 1* von anderen Stimmen wahrnehmbar. Diese Auffassung gewinnt durch die Tatsache an Plausibilität, daß sich der Tonumfang beider Solostimmen auf c'–d''' beschränkt, während Bach, so Rifkins Argumentation, im Mittelsatz des Doppelkonzerts BWV 1043 den traditionellen Violinumfang von g bis d''' nutzt. Das *Largo ovvero Adagio* könnte einer Triosonate für zwei gleiche Instrumente – zwei Oboen oder zwei Violinen – entnommen und für BWV 1060 um einen Ripienosatz ergänzt worden sein. Erst jedoch ein Vergleich mit den »Brandenburgischen Konzerten 2 und 5« legt nahe, daß Bach in den Mittelsätzen von Konzerten für mehrere Soloinstrumente den Tonumfang der Violine keineswegs prinzipiell ausnutzte: Im *Andante* des zweiten »Brandenburgischen Konzerts« reicht der Ambitus der Solovioline von d bis d''', im *Affetuoso* des fünften »Brandenburgischen Konzerts« gar von cis' bis a''! So kann auch diese Beobachtung nicht als zuverlässiger Beweis für eine Kompilation aus mehreren Originalwerken oder für eine grundlegende Umgestaltung der Vorlage zum Doppelkonzert für 2 Cembali BWV 1060 gelten. Vielmehr wären Kompositionstechnik und Stil des Satzes zu untersuchen.

♦ **BWV 1062:** Das spätere Doppelkonzert c-Moll für 2 Cembali ist eine Einrichtung des *Concerto* d-Moll BWV 1043 für 2 Violinen. Wie zu Beginn des vorangegangenen Abschnitts zum Doppelkonzert BWV 1060 dargelegt, ging Bach in seiner Transkriptionspraxis nun noch einen Schritt weiter, indem er sowohl die Vorlage um einen Ganzton tiefer transponierte als auch bestrebt war, den den rechten Händen beider Spieler zugewiesenen ursprünglichen Solovioliin-Partien eigenständige Baßstimmen gegenüberzustellen. Schon im *Concerto* BWV 1060 hatte der Komponist versucht, die vorhandene Continuopartie in polyrhythmischer und scheinpolyphoner Technik zu teilen, um die linken Hände beider Spieler so oft als möglich unabhängig voneinander zu führen (⟶ S. 160). In den Ecksätzen von BWV 1062 gelang ihm eine kompositionstechnisch überlegenere Lösung, indem nun zu der aus Umspielung der Continuostimme gewonnenen Baßpartie des einen Cembalos im anderen ein selbständiger Kontrapunkt hinzutritt und während der Episoden konsequent, auch im Stimmtausch (doppelter Kontrapunkt), beibehalten wird (vgl. T. 22–29 etc. und 70ff. im ersten Satz sowie T. 21–48 etc. im Finale). Dieser Beobachtung scheint zunächst der Sachverhalt zu widersprechen, daß die Baßstimmen beider Cembali im Mittelsatz weitgehend parallel, d.h. im Unisono oder in Oktaven, geführt werden, während jene im *Largo ovvero Adagio* von BWV 1060 eine wesentlich ausgeprägtere Selbständigkeit erkennen lassen. Bedenkt man indes, daß Bach in BWV 1062 das ursprüngliche Grundtempo (BWV 1043/2: *Largo,* später ergänzt: *ma non tanto*) zu beschleunigen hatte (BWV 1060/2: *Andante e piano*), um die außerordentlich gesanglichen Violinpartien auf Cembali mit ihrer kürzeren Tondauer überhaupt zum Klingen zu bringen, liegt auf der Hand, daß für ornamentale Baßstimmen, gar in Sechzehntelbewegung aus musikalischer Sicht nun kein Raum bestand, ohne den Charakter des Satzes tiefgreifend zu ändern.

Hauptquelle des Werkes ist die autographe Kompositionspartitur, deren Kopftitel lautet: *Concerto à due Clavicembali obligati. 2 Violini Viola e Violoncello di Bach.* Ihrem Wasserzeichen und ihrer Schriftformen nach stammt sie aus dem Jahr 1736 (Kobayashi 1988 I, S. 10). Entsprechend Bachs Partiturautograph der Cembalokonzerte BWV 1052–1059 lassen sich die obenbeschriebenen Transkriptionsschritte auch im Autograph von BWV 1062 verifizieren (siehe den Kritischen Bericht der NBA VII/5, S. 63ff., oder die von Hans-Joachim Schulze herausgegebene Faksimileausgabe). Zum einen finden sich dort die üblichen Transponierfehler, die durch Versetzung von d-Moll nach c-Moll entstanden. Andererseits offenbart die Quelle, daß Bach zunächst den Ripienosatz samt Solostimmen und Continuopartie in den Baß der Cembali übertrug. Erst in einem zweiten Arbeitsgang suchte er, den Cembalobässen, ausgehend von den bereits eingetragenen Continuostimmen, weitgehende Eigenständigkeit zu verleihen und den Partien der rechten Hände besagte Kontrapunkte gegenüberzustellen. Besonders deutlich wird dieses Verfahren in den Takten 22f. und 25 des ersten und in den Takten 25–32 des letzten Satzes. D.h. die verfeinerte Differenzierung der Baßstimmen läßt darauf schließen, daß BWV 1062 später als BWV 1060 entstand, ja sogar dessen folgerichtige Weiterentwicklung darstellt.

Bachs Kompositionspartitur scheint sich im Besitz C. P. E. Bachs befunden zu haben, obwohl dessen Nachlaßverzeichnis über die Handschrift keine Auskunft gibt. Jedenfalls wurde der Umschlag der Quelle von ihm in seiner Hamburger Zeit (1768–1788) beschriftet. Offen bleibt allerdings, ob der Bach-Sohn das Manuskript bereits bei der Erbteilung im Jahre 1750 erhalten hatte. Weithin Berühmtheit erlangte diese Partitur, weil sie auf den jeweils am unteren Seitenrand freigebliebenen Notensystemen zugleich die autographe Partitur von Bachs *Sonata* A-Dur BWV 1032 für Cembalo und Traversflöte enthält, die der Komponist offensichtlich mit dem Cembalokonzert vereinigt hatte, um Papier zu sparen (gespielt wurde wahrscheinlich ohnehin nach Einzelstimmen). Wie Hans-Joachim Schulze nachwies (vgl. die Einführung zu seiner Faksimile-Edition), schnitt Bach selbst nachträglich 39 Takte aus dem ersten Satz der *Sonata* weg – vermutlich, weil er mit dem vorhandenen Ergebnis nicht zufrieden war. Überdies nimmt der letzte Papierbogen der Quelle noch den Beginn der Kompositionsniederschrift wohl einer Kantate für 4 Singstimmen, 3 Trompeten, Pauken, 2 Traversflöten, 2 Oboen, 2 Violinen, Viola und Continuo auf. Offensichtlich hatte Bach den Bogen mit einem abgebrochenen Kompositionsversuch zur Komplettierung des Doppelautographs von BWV 1062/1032 wiederverwendet. Diese Partituranlage tritt zugleich möglichen Spekulationen entgegen, die Handschrift sei – gleichsam als »doppeltes Präsent« – einem unbekannten Adressaten zugedacht gewesen.

Außer der Kompositionspartitur existiert für das *Concerto* BWV 1062 nur noch eine einzige weitere Quelle. Sie überliefert die Lesarten des Autographs (NBA VII/5, KB, S. 70). Es handelt sich um eine Stimmenabschrift von demselben anonymen Berliner Kopisten aus der zweiten Hälfte des 18. Jahrhunderts, der den ehemals im Besitz von Zippora Wulff befindlichen Stimmensatz zu BWV 1060 schrieb (⟶ S. 161). Die Quelle wird also ebenfalls Zippora Wulff oder ihrer Schwester Sarah Levy gehört haben und das Werk von beiden gemeinsam aufgeführt worden sein.

Fragt man nach den Ursachen für die Transposition von d-Moll nach c-Moll, so scheint Bach nicht allein daran gelegen zu haben, die originalen Violin-Stimmen gemäß der klanglichen Vorzüge des Cembalos tiefer zu legen (⟶ S. 132). Vielmehr erreichen die Solopartien im letzten Satz von BWV 1043 wiederholt die Töne es''' und e''' an Stellen, die im doppelten Kontrapunkt geführt sind. Eine oktavierte Ausführung hätte hier zu satztechnischen Schwierigkeiten geführt. Da Bach für die Uraufführung von BWV 1062 offensichtlich nur über zwei Cembali mit dem Tonumfang CD–d''' verfügte, war eine Transposition unvermeidlich. Der Ambitus der Instrumente spricht zugleich gegen eine Einrichtung für die Wiedergabe in der Wohnung des Thomaskantors, wie sie im Kritischen Bericht der NBA (VII/5, S. 70) vermutet wird, und verweist vielmehr auf den Aufführungsort der Concerti BWV 1060 und 1058 – wahrscheinlich das Zimmermannsche Caféhaus (siehe unten).

Die Entstehungsgeschichte der Konzerte C-Dur und d-Moll für 3 Cembali

Die Entstehungsgeschichte der zwei Konzerte für 3 Cembali ist schon deshalb schwer durchschaubar, weil für keines der Werke originale Notenmaterialien aus Bachs Umgebung erhalten blieben. In beiden Fällen werden Urfassungen für 3 Melodieinstrumente, offenbar 3 Violinen, angenommen, worauf im folgenden näher einzugehen ist. Deren Einrichtung für 3 Tasteninstrumente wäre dann »wahrscheinlich dem Umstande« zu verdanken, »dass der Vater seinen beiden ältesten Söhnen, W. Friedemann und C. Ph. Emanuel Bach, Gelegenheit verschaffen wollte, sich in allen Arten des [öffentlichen] Vortrags auszubilden«, wie Friedrich Conrad Griepenkerl im Vorwort der von ihm im Jahre 1845 edierten Erstausgabe des d-Moll-Konzerts BWV 1063 schrieb. Griepenkerls Auffassung schloß sich die Bach-Forschung bis heute einmütig an und nahm sie auch für das C-Dur-Konzert BWV 1064 in Anspruch: »Diese Äußerung wird auf Forkel zurückgehen, der, wie Griepenkerl an gleicher Stelle mitteilt, „noch 1806" – in der Zeit, als Griepenkerl in Göttingen sein Schüler war – das Konzert beim Unterricht benutzt hat. Forkel wiederum dürfte diese Kenntnis über den wahrscheinlichen Entstehungsanlaß von einem der beiden ältesten Söhne Bachs selbst erhalten haben. Daß er sich darüber in seiner Bachbiographie ausschwieg, spricht nicht dagegen; auch andere Mitteilungen, die er über Bach erhielt, hat er dort ungenutzt gelassen« (Rudolf Eller und Karl Heller im Kritischen Bericht der NBA VII/6, S. 26). Dennoch ist merkwürdig, daß Forkel in seiner Biographie von 1802 zwar ausführlich auf die Anlage der beiden Konzerte für 3 Cembali, jedoch mit keinem Wort auf ihre Entstehungsgeschichte eingeht. Da Griepenkerl seine Angaben ausdrücklich unter dem Vorbehalt »wahrscheinlich« formulierte, wird deutlich, daß er in Wirklichkeit eine – durchaus naheliegende – Vermutung spiegelte, die entweder von ihm, Forkel oder einem Dritten stammt. Ginge diese Information auf die Bach-Söhne als mutmaßliche Augenzeugen zurück, wäre der Zusatz »wahrscheinlich« überflüssig gewesen. Daß es sowohl Forkel als auch Griepenkerl mit der Zuverlässigkeit ihrer Angaben sehr genau nahmen, zeigt ein von Karl Heller entdeckter Brief Griepenkerls vom 30. Dezember 1846/7. Januar 1847, der an Ferdinand August Roitzsch gerichtet ist. Griepenkerl und Roitzsch führten damals im Rahmen der Vorbereitung ihrer gemeinsamen Ausgabe von Bachs Orgelwerken im Peters-Verlag eine noch heute aktuelle Fachdiskussion über die Frage, wie präzise historische Überlieferungen über die Entstehung einer Komposition zu behandeln seien: »Forkel aber sagte dergleichen nicht, wenn er es nicht von Friedemann oder Emanuel Bach gehört hatte, und Vermuthungen gab er nicht für Gewißheiten [aus]« (Heller 1978, S. 215).

Demnach könnten beide Werke auch für andere Spieler als den Komponisten und seine ältesten Söhne entstanden sein (⟶ S. 114). Wäre Wilhelm Friedemann Bach an den Uraufführungen beteiligt gewesen, müßten diese, so die vorherrschende Ansicht, bis Juni 1733 stattgefunden haben, als der Sohn als Organist nach Dresden ging. Allerdings verliert eine solche Aussage an Gewicht, wenn man bedenkt, daß sich Wilhelm Friedemann noch in den 40er und 50er Jahren des 18. Jahrhunderts mehrfach zu Konzerten in Leipzig aufgehalten haben soll (Dok. III, Nr. 703). Daher lassen sich aus der möglichen Verteilung der Solostimmen letztlich keine zuverlässigen Rückschlüsse auf die Entstehungsgeschichte der Werke ziehen.

Das entscheidende Kriterium zur chronologischen Einordnung beider Konzerte liefert wie bei den Concerti BWV 1060 und 1062 die Entwicklung von Bachs Bearbeitungstechnik. Auch in den Konzerten für 3 Cembali war der Komponist bemüht, den auf die rechten Hände der Spieler übertragenen Partien der Soloviolinen nach Möglichkeit jeweils eigenständige Baßstimmen hinzuzufügen. Dabei gelang ihm im C-Dur-Konzert BWV 1064 nur in den ersten beiden Episoden und

Die Entstehungsgeschichte der Konzerte C-Dur und d-Moll für 3 Cembali

bei ihrer Wiederholung innerhalb des Kopfsatzes (T. 9f. und 13ff.) eine wirklich selbständige Führung der Cembalobässe. Die weitgehend voneinander unabhängigen Baßstimmen in den Ritornellen des Finales konnte er im wesentlichen den bereits vorhandenen Streicherpartien entnehmen. Nirgendwo jedoch findet sich eine konsequent beibehaltene Kontrapunktik, wie sie die Baßgestaltung der Solopartien im Doppelkonzert BWV 1062 prägt (⟶ S. 160). Daraus ergibt sich die Schlußfolgerung, daß die Bearbeitung der Vorlage von BWV 1064 später zu Papier gelangt sein dürfte als die des wohl bis ca. 1733 abgeschlossenen *Concerto* BWV 1060.

Zwar verlaufen die Bässe der Cembali in den Ecksätzen des d-Moll-Konzerts BWV 1063 nahezu durchgehend eigenständig, sofern sie nicht gerade das jeweilige Ritornellthema im Unisono vortragen. Dennoch kann von konsequenter Kontrapunktik auch in diesem Fall keine Rede sein, weshalb das d-Moll-Konzert später als das Schwesterwerk in C-Dur, aber noch vor dem Doppelkonzert BWV 1062 von 1736 entstanden sein wird. Somit kommt für die Einrichtung beider Konzerte für 3 Cembali die Zeit um Mitte der 1730er Jahre in Frage. Zugleich erübrigt sich die vielfach aus Griepenkerls Mitteilung abgeleitete Annahme, die beträchtlichen Unterschiede zwischen der ersten Solostimme einerseits und der zweiten und dritten Solostimme andererseits betreffend spieltechnische und musikalische Anforderungen im d-Moll-Konzert gingen auf mangelnde Erfahrungen der ältesten Bach-Söhne zurück: Um 1735 war Wilhelm Friedemann Bach längst Inhaber eines herausragenden Organistenamtes, der 20jährige C. P. E. Bach hatte nicht nur die Organistenausbildung bei seinem Vater abgeschlossen, sondern bereits im Herbst 1734 das Elternhaus verlassen.

Dürfte die Uraufführung der Konzerte für ein und 2 Cembali, wie oben dargelegt (⟶ S. 117f.), aller Wahrscheinlichkeit nach innerhalb der Veranstaltungsreihe des Leipziger Collegium musicum stattgefunden haben, so meinte Hans-Joachim Schulze zu BWV 1063–1065: »Im Blick auf den risikoreichen Transport von mehreren Cembali etwa aus der Thomasschule in das Zimmermannische Kaffeehaus und wieder zurück ist im übrigen anzunehmen, daß die Konzerte für drei und vier Cembali ausschließlich in den Bereich der Bachschen Hausmusik gehören« (1981, S. 13). Bedenkt man, daß Bach als Leiter der kommerziellen Konzertreihe in Gottfried Zimmermanns Etablissement wohl zum einzigen Mal in seinem Leben wirklich unternehmerisch zu kalkulieren hatte, wäre es erstaunlich, wenn er die beispiellose Attraktion, die das Zusammenspiel von 3 bis 4 Cembali noch heute bietet, der eigenen Wohnung vorbehalten hätte. Jedenfalls wurden bisher für diese Besetzung keinerlei andere Kompositionen jener Zeit bekannt. Indessen war der Transport von Clavierinstrumenten schon damals keine Seltenheit: Das Cembalo des Köthener Hofs wurde im Jahre 1718 über hunderte von Kilometern nach Karlsbad »getragen« (⟶ S. 100), auch als Leihgaben verließen Cembali das Köthener Schloß (Bunge 1905, S. 39ff.). Von Bach selbst wissen wir, daß er mehrere seiner Clavierinstrumente längere Zeit verlieh (Dok. I, Nr. 45c, 130–132, 134–135). Weshalb hätte er für die Konzerte im Caféhaus nicht ebenfalls auf eigene Cembali zurückgreifen sollen?

Die folgenden Beobachtungen offenbaren, daß Gottfried Zimmermann, wie sein Leipziger Kollege Enoch Richter (⟶ S. 118), aller Wahrscheinlichkeit nach zwei Cembali besaß. Sie verfügten über einen um 1730 für Cembali gänzlich ungewöhnlichen Klaviaturumfang von CD bis d''' ohne Cis, waren vermutlich also ältere Instrumente. Mit diesem Tonumfang rechnen sämtliche Solopartien der Concerti BWV 1060, 1062 und 1058. Das Konzert BWV 1061a (bzw. 1061) beschränkt sich, offenbar zunächst aus Gründen seiner frühen Entstehung (⟶ S. 156ff.), sogar auf

167

Das Konzert C-Dur für 3 Cembali bzw. D-Dur für 3 Violinen

den Ambitus CD–c'''. Die Konzerte für ein Cembalo BWV 1052–1057 hingegen erfordern ein Instrument, dessen Tasten von G' oder A' bis d''' reichten. Genau dieser Umfang begegnet uns in der Partie des ersten Cembalos von BWV 1063 und 1065 sowie in der des dritten Cembalos von BWV 1064 wieder. Dagegen führen die Stimmen des zweiten und dritten Cembalos in BWV 1063, des ersten und zweiten Cembalos in BWV 1064 und des zweiten bis vierten Cembalos in BWV 1065 von CD bis d'''. Zum Kernbestand der Konzerte BWV 1060–1065 zählten demnach jeweils zwei Cembali, wie sie in Zimmermanns Besitz vermutet wurden. Ausweislich der Solopartien von BWV 1061a/1061 und 1063 waren sie mit zwei Klaviaturen ausgestattet. Daß die Concerti BWV 1058, 1060 und 1062 keine zweimanualige Ausführung verlangen, widerspricht diesem Befund nicht, machen die für ein großes Instrument bestimmten Cembalokonzerte BWV 1052–1056 doch ebenfalls nur von einer Klaviatur Gebrauch. Da Bach spätestens seit 1725/26 wenigstens ein einziges Cembalo mit dem Tastenumfang G'–d''' besaß (Dürr 1978 I), hätte er sich im Hausmusikrahmen innerhalb der Konzerte BWV 1060–1062 keineswegs auf den Ambitus CD–c''' einzustellen gehabt. Was liegt also näher als anzunehmen, daß er zur Ergänzung von Zimmermanns Instrumenten für die Konzerte BWV 1063–1065 ein großes Cembalo aus eigenem Besitz beisteuerte und dieses dann auch für die Solokonzerte BWV 1052–1057 den kleineren Clavieren vorzog? Für das *Concerto* BWV 1065 dürfte schließlich noch ein unbekanntes kleines Instrument hinzugekommen sein. Angesichts der aufwendigen organisatorischen Vorbereitung, die eine Aufführung der Concerti für 3 und 4 Cembali noch heute erfordert, liegt auf der Hand, daß sich Bach über diesen Instrumentenbestand und seine Verteilung bereits im klaren sein mußte, bevor er mit der Einrichtung jedes einzelnen seiner Cembalokonzerte überhaupt begann!

Diskussionen über die Echtheit beider Konzerte für 3 Cembali, die in der ersten Hälfte des 20. Jahrhunderts mitunter erbittert geführt wurden, legten Rudolf Eller und Karl Heller mit ihrer im Kritischen Bericht der NBA (VII/6, S. 26ff. und 61ff.) vorgetragenen Argumentation bei. Schon jetzt sei darauf hingewiesen, daß die Urfassungen der Werke aus kompositionstechnischer Sicht wichtige Entwicklungsstufen unter Bachs Konzerten darstellen, was ihre Authentizität vollends bestätigt (⟶ S. 204 und 214f.).

♦ BWV 1064: Als Vorlage des C-Dur-Konzerts gilt seit Arnold Schering (1912) ein Konzert D-Dur für 3 Violinen, Streicher und Continuo. Daß zahlreiche Passagen in den Cembalo-Stimmen, vor allem der Solo-Episoden im Finale, letztlich auf Violinfigurationen zurückgehen, machte Wilfried Fischer im Kritischen Bericht der NBA (VII/7, S. 112ff.) deutlich. Im Jahre 1960 hielt Ulrich Siegele einem ersten, von Rudolf Baumgartner publizierten Rekonstruktionsversuch entgegen, das Konzert habe ursprünglich in G-Dur gestanden und sei – ohne die Ripienostimmen für Violine 1 und 2 sowie Viola – nur für 3 Violinen, Viola da gamba und Continuo konzipiert gewesen.[28] Dieser Auffassung widersprach Fischer und veröffentlichte seine Rekonstruktion D-Dur mit Ripieno 1970 im Rahmen der NBA (VII/7, S. 103). 1983 (S. 83ff.) zeigte jedoch Werner Breig, daß der erste Satz der Komposition als einziger Konzertsatz Bachs zwei Ritornellthemen aufweist, die gleichzeitig – in den Cembali einerseits und im Ripieno andererseits – erklingen. Bemerkenswert ist weiterhin, daß sich der Continuo nicht an der durch die Cembalo-Stimmen vorgegebenen Harmonik ausrichtet, daß das Ripienothema eine beachtliche melodische Lücke von anderthalb Takten (4f.) aufweist und im weiteren Verlauf des Satzes zwar wiederkehrt, aber nicht in dessen kompositionstechnisches Geschehen einbezogen wird. Statt dessen greift das Ripieno die Ritornellthematik der Cembali auf. Durch dieses beispiellose Verfahren erweist sich die Ritornell-

Das Konzert C-Dur für 3 Cembali bzw. D-Dur für 3 Violinen

gestaltung des Ripieno eindeutig als nachträgliche Zutat, wofür auch die vom übrigen Gedankengut abweichende Ausformung im galanten Stil mit Synkopen- und Triolenrhythmik spricht. Dieser Befund erscheint als anschauliches Beispiel dafür, wie lange es dauern kann, bis wissenschaftliche Erkenntnisse zu praktischen Konsequenzen führen. Denn Fischers »Rekonstruktion« von 1970 ist derzeit die einzige greifbare Edition der Fassung für 3 Violinen und bis heute im Konzertleben fest etabliert.

Breig war von der Grundtonart D-Dur ausgegangen, zu der ohne gravierende Umgestaltung der vorhandenen Partien keine Alternative besteht, und nahm an, daß in Bachs Vorlage zum Concertino der 3 Violinen ein Streicherripieno hinzutrat, das dessen Stimmen während der Ritornelle verstärkte. Eine solche Konzeption leuchtet ein und stimmt mit der Anlage zahlreicher italienischer Concerti der Bach-Zeit überein. Gleichwohl macht ein Blick auf die inkonsistente Episodenbegleitung des Ripieno im ersten und letzten Satz Zweifel an dessen ursprünglicher Existenz unvermeidlich: Der Streichersatz führt entweder liegende Akkorde aus oder beschränkt sich auf meist rhythmische Einwürfe jener Gestalt, wie sie in den ergänzten Ripienopartien des *Concerto* BWV 1061 oder in den nachträglich hinzugefügten Trompetenstimmen der Ouvertüren 3 und 4 zutagetreten. Die Ripienopartien im *Adagio* und Finale wiederum hätten ohne jeden Substanzverlust in einer D-Dur-Fassung notengetreu von den 3 Violinen nebst Continuo vorgetragen werden können, sofern die zusätzliche Baßstimme der Cembali im letzten Satz von einem obligaten Violoncello ausgeführt wurden. Eine solche Teilung zwischen Continuo/Violone und Violoncello, wie sie auch in sämtlichen »Brandenburgischen Konzerten« herrscht, hatte Bach zu Beginn des Finales sogar in der Cembalofassung vorgesehen. Auch die Episodenbegleitung im ersten Satz (T. 91–97) ist aus spieltechnischen und klanglichen Gründen kaum anders denn durch ein solistisches Violoncello vorstellbar und zudem anhand einer erhaltenen Quelle mit der Trennung in *Violoncello* und *Basso* belegt (NBA VII/6, KB, S. 70). Erstaunlicherweise läßt sich sogar die Episodenbegleitung im Finale, ausgeführt in liegenden Streicherakkorden, allein von zwei Violinen darstellen, ohne daß Stimmführungsfehler eintreten oder Harmonietöne fehlen. Der Ripienosatz in den Takten 110–126 wurde selbst in der Cembaloversion auf zwei Violinen und Continuo reduziert. Diese Feststellungen machen es sehr wahrscheinlich, daß das Werk – in Abwandlung von Ulrich Siegeles Hypothese – anfangs tatsächlich als Kammerkonzert für 3 Violinen, Violoncello und Continuo bestimmt war. Die Version mit selbständigem Ripienothema im Kopfsatz aber blieb ausschließlich der Bearbeitung für 3 Cembali vorbehalten.

Primärquelle sowohl der Fassung für 3 Cembali wie auch einer Rekonstruktion für 3 Violinen ist eine Partiturabschrift mit dem Titel *Concerto a 3 Cemb: conc: 2 Violini Viola Basso cont:*, die der Bach-Schüler Johann Friedrich Agricola zwischen 1739 und 1741 wohl in der Leipziger Wohnung des Thomaskantors vornahm. Darüber hinaus existieren vier Abschriften des späten 18. und des 19. Jahrhunderts, die die Cembalofassung in D-Dur überliefern. Sie machen allerdings den durch die Transposition nach C-Dur notwendigen Umbruch in den Ripienoviolin-Stimmen von T. 33 des *Adagio* nicht rückgängig, wurden also nach der C-Dur-Fassung transponiert. Deshalb ist wahrscheinlich, daß die D-Dur-Version nicht auf Bach selbst zurückgeht.

Offensichtlich stimmen die Ursachen für die Entstehung der D-Dur-Fassung weitgehend mit jenen von Bachs Transposition der Originalvorlage nach C-Dur überein: Ausgehend von der Cembalobearbeitung hätten die Solovioliten ursprünglich nur an insgesamt vier Stellen den Ton e''' erreicht. Dieser hätte sich ohne größere Schwierigkeiten umgehen lassen. Daher dürfte der Haupt-

Das Konzert d-Moll für 3 Cembali bzw. 3 Violinen

grund für die Transposition darin bestanden haben, die teilweise hochgelegenen Violinpartien dem Klangspektrum kleiner Cembali von gut vier Oktaven anzupassen. Auf fünfoktavigen Instrumenten wiederum liegen die Clavierpartien relativ tief. So gesehen und um der größeren Brillanz willen bot es sich später an, das Werk nach D-Dur zurückzuversetzen. Wie am Beispiel der Cembalokonzerte BWV 1053 und 1056 gezeigt, könnte eine solche Maßnahme sehr wohl die Billigung des Komponisten gefunden haben, selbst wenn sie nicht auf ihn persönlich zurückzuführen ist.

♦ **BWV 1063:** Die einzigen vollständig erhaltenen Hauptquellen sowohl des d-Moll-Konzerts BWV 1063 für 3 Cembali wie auch des *Concerto* a-Moll BWV 1065 für 4 Cembali stammen ebenfalls von dem Bach-Schüler Johann Friedrich Agricola, datieren jedoch aus dessen Berliner Zeit (1741–1774). Er übernahm im Jahre 1751 jenes Amt als Berliner Hofkomponist, für das sich 1747 Bach selbst interessiert haben dürfte (Sackmann und Rampe 1997, S. 80ff.). Möglicherweise hatte wiederum Agricola ein besonderes Interesse für Konzerte mit mehreren Tasteninstrumenten, zumal sich in den 50er und 60er Jahren des Jahrhunderts mit C. P. E. Bach, Christoph Nichelmann, Friedrich Wilhelm Marpurg und Johann Philipp Kirnberger einige professionelle Cembalisten in der Umgebung des Berliner Hofs aufhielten. Agricolas Partiturabschrift trägt den Titel *Concerto a 3 Cembali concert: 2 Violini Viola, e Basso continuo* und könnte auf eine Vorlage aus dem Besitz C. P. E. oder gar Wilhelm Friedemann Bachs, vermutlich die autographe Partitur, zurückgehen. Dagegen stammen mehrere Abschriften des späten 18. und des 19. Jahrhunderts, wohl über Zwischenkopien, von den Originalstimmen ab (NBA VII/6, KB, S. 12ff.). Hervorzuheben ist eine Partiturabschrift von der Hand des dänischen Claviervirtuosen Gottfried Wilhelm Palschau aus der Zeit um 1800, der beide Ecksätze noch im Rahmen seiner Niederschrift einer tiefgreifenden Bearbeitung unterzog. Dagegen fehlt dort der Mittelsatz. Entweder war er in Palschaus Vorlage, die dieser über C. P. E. Bach erhalten haben könnte, nicht vorhanden, oder der Schreiber beabsichtigte, ihn durch einen anderen Satz zu ersetzen. Wohl dank der Verbreitung durch Felix Mendelssohn Bartholdy und seinen Kreis war das d-Moll-Konzert ebenso wie das Konzert für ein Cembalo BWV 1052 in der gleichen Tonart im 19. Jahrhundert eine der bekanntesten Kompositionen Bachs (Heller 1981, S. 130ff.).

Das Werk veranlaßt zu diversen Fragen, die sich auf seine Erstfassung und die Transkriptionstechnik bei der Bearbeitung für 3 Cembali sowie auf die außergewöhnliche Faktur des Mittelsatzes konzentrieren.

Wilfried Fischer sowie Rudolf Eller gemeinsam mit Karl Heller trugen im Kritischen Bericht der NBA (VII/7, S. 141ff., und VII/6, S. 26ff.) zahlreiche Beobachtungen zusammen, die keinen Zweifel daran lassen, daß es sich auch bei dieser Komposition um die Bearbeitung eines Konzerts für Melodieinstrumente handelt. Hinweise auf eine Transposition der Vorlage sind nicht erkennbar. Arnold Schering (1912, S. 130) hatte ein Tripelkonzert für Violine, Traversflöte und Oboe vorgeschlagen. Dagegen spricht der offensichtlich auch den Partien von Cembalo 2 und 3 zugrundeliegende Tonumfang g–d''' und die Tatsache, daß dort, namentlich im Finale, 32stel-Laufwerk verlangt wird, das kaum für Blasinstrumente wie Traversflöte und Oboe bestimmt gewesen sein kann. Erst recht treten, so Fischer, in der Stimme des ersten Cembalos Passagen auf, die auf Violinfigurationen zurückgehen dürften – seien es 32stel-Läufe im Stil des vierten »Brandenburgischen Konzerts« (erster Satz, T. 51ff., 245ff. und 257ff.; letzter Satz, T. 128ff., 193ff. und 211f.) oder die Übertragung von Arpeggien (erster Satz, T. 225ff.) und Bariolage-Stellen (erster Satz, T. 239ff.) auf die klangliche Idiomatik des Tasteninstruments. Gerade letztere sind – entgegen der Angaben

Das Konzert d-Moll für 3 Cembali bzw. 3 Violinen

im Kritischen Bericht der NBA (VII/6, S. 28) – keineswegs »genuine Cembalo-Figuren«. Selbst Skalen über mehrere Oktaven hinweg, in den Takten 230ff., 245ff., 264ff. des ersten Satzes und 200–212 des Finales, hätten entsprechend ihren Sequenzgliedern ursprünglich auf solche Weise gebrochen gewesen sein können, daß sie dem Tonumfang der Violine gerecht werden. Dennoch sah sich Wilfried Fischer 1970 nicht in der Lage, eine Rekonstruktion des Konzerts innerhalb der NBA vorzulegen. Auch Rekonstruktionsversuche anderer Bearbeiter blieben bisher unveröffentlicht.

Rudolf Eller und Karl Heller ziehen im Kritischen Bericht der NBA (VII/6, S. 28) ebenfalls die Möglichkeit einer Urfassung für 3 Violinen, Streicher und Continuo in Betracht, weisen jedoch mit Nachdruck darauf hin, daß diese Komposition sogar für nur 2 Violinen und Orchester bestimmt gewesen sein könnte. Zu dieser Vermutung, die neuerdings von Karl Heller (2000) bekräftigt wurde, sahen sich beide durch die dominante Rolle des ersten Cembalos veranlaßt, dessen Partie die virtuosen Passagen von zwei Violinstimmen vereinigen könnte, sowie durch »eine Reihe von Stellen« im ersten Satz »(u.a. T. 15/16 und 24/25; 51–56; 71–76; 141–146), die in ihrer kompositorischen Struktur paarig angelegt sind, und bei denen jeweils eine der drei Solostimmen wie zugesetzt erscheint«. Demnach hätte Bach die dritte Solostimme erst bei der Umarbeitung zum Cembalokonzert ergänzt.

In der Tat zeichnen sich die angegebenen Takte durch eine auf den ersten Blick merkwürdige Hierarchie der Solopartien aus: Entweder sind die Stimmführungen zweier Instrumente durch Imitation koordiniert, während eine dritte – die des ersten Cembalos – hiervon unabhängig ist (T. 51ff., 71ff. und 141ff.). Oder eine Stimme trägt innerhalb der ersten Episode Teile des Ritornellthemas vor, die von den anderen imitatorisch umspielt werden (T. 15ff. und 23ff.). Das zuletzt genannte Verfahren erweist sich als charakteristisches Mittel früher Ritornellformen Bachs (⟶ S. 182) und wird verständlich, wenn man die erste Episode im Kopfsatz des *Concerto* BWV 1064 in seiner Erstfassung für 3 Violinen heranzieht (T. 9ff.): Auch dort übernimmt eine der Solostimmen das Ritornellthema, das nun jedoch nicht durch ein Motiv in Imitation zweier Partien, sondern durch zwei Kontrapunkte ergänzt wird. Demnach präsentiert BWV 1064 eine weiterentwickelte Technik für ein und dasselbe Verfahren. Die Ripienoverstärkung des Themas in den Takten 15ff. und 23ff. im Kopfsatz von BWV 1063 trat aus klanglichen Gründen wahrscheinlich erst bei Einrichtung für 3 Cembali hinzu, wie dies auch im Doppelkonzert BWV 1060 zu beobachten ist (⟶ S. 163). Selbst für die Strukturen in den Takten 51ff., 71ff. und 141ff. existieren Beispiele im Kopfsatz von BWV 1064 (T. 34ff., 65ff., 100ff. und 125ff.), nur daß Bach in den Takten 34ff. und 65ff. die untergeordneten Stimmen eindeutig als begleitend und nicht melodietragend definiert. Aus diesen und zahlreichen formalen Befunden (⟶ S. 204) ergibt sich unmißverständlich, daß BWV 1063 das noch weniger weit entwickelte, also ältere Schwesterwerk von BWV 1064 darstellt.

Den beschriebenen »paarigen« Strukturen stehen zudem solche gegenüber, die jeweils drei Instrumente in die kompositionstechnische Substanz einbeziehen, so in den Takten 47ff., 123ff., 129ff. und 269ff. des ersten Satzes. Das Finale mit seinen drei Solo-Episoden und seinen sich gegenseitig ablösenden Überleitungen (T. 116ff. und 181ff.) rechnet sogar konsequent mit drei Solisten. Dies gilt insbesondere für die scheinbar »nachgetragene« dritte Solo-Episode (T. 140ff.), die in der Architektur des Satzes eine wichtige Position markiert (⟶ S. 204). Auch die Tatsache, daß den genannten Überleitungen jeweils in verändertem motivischem Zusammenhang eine wei-

Das Konzert d-Moll für 3 Cembali bzw. 3 Violinen

tere des ersten Cembalos vorangeht oder folgt (T. 124 und 177), bestätigt die dreistimmige Faktur nur. Bei Licht betrachtet, kann nicht einmal die stark herausgehobene Position der ersten Solostimme und die am deutlichsten untergeordnete der dritten als Sonderfall gelten; denn sie stimmen mit der Rolle von Cembalo und Traversflöte im fünften »Brandenburgischen Konzert« überein, obschon dieses Werk ein höheres kompositionstechnisches Niveau spiegelt. Ja, in Wirklichkeit demonstriert jedes einzelne der erhaltenen Tripelkonzerte Bachs hierarchisch unterschiedliche Positionen der Soloinstrumente: Im »Tripelkonzert« BWV 1044 dominiert erneut mit großem Abstand das Cembalo, in dem aus zwei selbständigen Dreierkonstellationen zusammengesetzten »Brandenburgischen Konzert 3« treten die erste Violine und Viola und im vierten »Brandenburgischen Konzert« bzw. im *Concerto* BWV 1057 Solovioline bzw. Cembalo hervor. Selbst in der Erstfassung des *Concerto* BWV 1064 ist die Position der ersten Violine jener der beiden übrigen überlegen, wenn auch in geringerem Maß als in den zuvor genannten Werken. Diese konsequente hierarchische Ordnung mag Bach Antonio Vivaldis *Concerti 1, 4, 7* und *10* aus Opus 3 (1711) für 4 Violinen entnommen haben. Auch dort erhält jeweils die erste Violine eine deutliche Vorrangstellung, in engerem Abstand gefolgt von einem weiteren Instrument, das – wie im Fall von op. 3,10 – in der Partitur sogar an dritter Stelle stehen kann: Die letzte Episode wird bei Vivaldi von der dritten Geige, bei Bach vom vierten Cembalo vorgetragen.

Dagegen existiert kein einziges Doppelkonzert des Komponisten mit deutlichen hierarchischen Unterschieden zwischen beiden Solisten, die selbst dann unvermeidlich wären, wenn die zweite Solostimme in BWV 1063 Teile der ersten und dritten übernähme. Zudem fiele an den obengenannten Stellen vielfach die dritte Melodiestimme ersatzlos fort, rekonstruierte man das Werk für 2 Violinen. Schließlich aber ist kein Parallelfall innerhalb von Bachs Konzertschaffen bekannt, in dem der Komponist eine Partie mit obligater melodischer Substanz nachträglich hinzufügte. In der Tat ergänzte Bach lediglich einen in sich geschlossenen Ripienosatz (BWV 1043, 1044, 1061 und 1064), allenfalls eine vollständige »Harmoniemusik« mit Trompeten/Pauken oder Trompeten/Pauken und Oboen (BWV 1069 und 1068). Die zuletzt genannten Argumente werden auch von Heller (2000) geteilt. So gesehen erscheinen Zweifel an der ursprünglichen Konzeption für 3 Violinen hinfällig.

Zu diskutieren wäre freilich, ob das Werk, wie höchstwahrscheinlich BWV 1064, anfangs ohne Ripieno angelegt war. Gegen diese Annahme sprechen die meisten Episodenbegleitungen im Kopfsatz sowie die Fugenexposition im Finale mit ihrer merkwürdigen Einsatzfolge Dux–Comes–Dux–Comes–Dux–Dux. Carl Dahlhaus (1955, S. 53) hatte die beiden unmittelbar aufeinander eintretenden Themeneinsätze in der Viola (T. 15 und 19) mit der vermutlichen Existenz einer zweiten Violastimme erklärt, wie diese in Bachs früheren Weimarer Kantaten häufig begegnen. Seiner Auffassung widerspricht der in sich stimmige, vollständige Ripienosatz, in dem kein Raum für eine fünfte Partie geblieben wäre. Überzeugender ist vielmehr eine Expositionsgestaltung analog zum Finale des fünften »Brandenburgischen Konzerts«, in dem ebenfalls die Einsatzfolge Dux–Comes–Dux–Dux herrscht. Das Concertino der 3 Violinen hätte die Exposition zusammen mit dem Continuo beginnen können, der dritte Themeneinsatz – nun in der Viola – wäre dann von der dritten Violine ausgeführt worden, die von T. 19 an mit der Partie des dritten Cembalos fortfuhr, was im Doppelgriff der Viola in T. 19 angedeutet zu sein scheint. Der Einsatz in T. 19 wiederum wurde – wie in BWV 1064 – von einem obligaten Violoncello ausgeführt, das die Violastimme bis T. 27 fortsetzte. Wie bereits erwähnt, findet sich eine Teilung der Baßpartie in Violoncello und Violone/Continuo in sämtlichen »Brandenburgischen Konzerten«. Zugleich würde dieser Vorgang die Er gänzung einer obligaten Continuo-Stimme im *piano* innerhalb sämtlicher Solo-Episoden des Satzes veranschaulichen. Der Ripieno-Einsatz erfolgte in T. 27 mit dem Thema im Continuo, was schon daraus ersichtlich ist, daß sich die motivische Substanz gegenüber den vorangegangenen Ripienopassagen der Cembalofassung ändert. Ein letzter Themeneinsatz galt der ersten Ripienovioline (T. 37), während die Mittelstimmen – entsprechend mehreren Ritornellfugen Giuseppe Torellis (vgl. beispielsweise das Finale des d-Moll-Konzerts op. 8,4) – vom thematischen Geschehen ausgeschlossen bleiben. Allerdings macht es die »Stimmführung« der Viola in den Takten 27–29 wahrscheinlich, daß sie früher einmal den Baß in Oktaven verdoppelte, wie dies in den Finali von Tomaso Albinonis *Concerti* op. 5, die durchweg als Konzertfugen gestaltet sind, der Fall ist. Diese Deutung liefert nicht allein eine Analogie zu Torellis *Concerti* op. 8, in deren Fugenexpositionen das Ripieno gewöhnlich ebenfalls unthematisch einsetzt (siehe auch das Finale des »Brandenburgischen Konzerts 2«), sondern läßt selbst die »Vorimitationen« der Takte 101ff. und 167ff. nachvollziehbar erscheinen. Zugleich aber zeigt die offenbar mit Rücksicht auf den Cembaloklang vorgenommene »grundierende« Instrumentation der erhaltenen Fassung, wie umfangreich die späteren Ergänzungen des Ripienosatzes ausgefallen sein dürften. Unter dieser Prämisse ist das Werk tatsächlich als Konzert für 3 Violinen und Streicher samt geteiltem Continuo rekonstruierbar, selbst wenn manche Stimmführungen sowie die Solopassagen der ersten Violine nicht mit letzter Sicherheit zu ermitteln sein werden. Gewiß erscheint zugleich, daß es sich bei der Vorlage von BWV 1063 um ein frühes Konzert des Komponisten handelt.

Diese Erkenntnis ändert freilich nichts an der bereits im Kritischen Bericht der NBA (VII/6, S. 28f.; VII/7, S. 142) getroffenen Feststellung, daß der Mittelsatz *Alla Siciliana* keinesfalls auf eine Originalkomposition für 3 Soloinstrumente und Orchester zurückgehen kann. Als Vorlage schlug Wilfried Fischer eine Clavierkomposition vor. Dagegen spricht nicht nur das Fehlen eines Parallelfalls innerhalb von Bachs Œuvre, sondern auch die simple Faktur der Baßstimme in Gestalt von »Klopfbässen« selbst innerhalb der Episoden. Aus dem Rahmen von Bachs Orchesterliteratur fallen außerdem folgende Eigenschaften: a) die Form, bestehend aus einem A- und B-Teil im Tutti samt jeweils anschließender einfacher, nahezu banaler Variierung durch die Soloinstrumente (gefolgt von einer Überleitung mit *Adagio*-Schluß), b) die zweistimmige Faktur, wobei Ober- und Unterstimme jeweils gleich von vier Partien ausgeführt werden, c) die nahezu groteske, ausdrücklich mit *staccato* bezeichnete »nachschlagende« Begleitung der Mittelstimmen (Teil A und B) bzw. von Cembalo 2 und 3 (Teil A' und B'), d) die von Sept- und Sekundakkorden geprägte Harmonik, die im Gegensatz zur primitiven Führung der Baßstimme steht, e) ein Verweilen auf der V. Stufe über sechs Takte hinweg (T. 32–37) mit anschließender Ausweichung (Trugschluß) und Schlußkadenz. Daß die Vorlage von Bach selbst und nicht etwa von einem jüngeren zeitgenössischen Komponisten stammt, legen die zwar manirierte, von Vorschlägen und Ornamenten gespickte, doch außerordentlich kunstvolle Melodik in den Tutti-Teilen und insbesondere der souveräne Modulationsplan nahe.

Dennoch rückt der Satz stilistisch in weite Ferne von den Ecksätzen und läßt sich aufgrund seiner Seufzermelodik, Tonrepetitionen im Baß, der vier- bis achttaktigen Periodik und der ungleichen Behandlung der melodietragenden Soloinstrumente beispielsweise dem Berliner Stil der 1740er Jahre zuweisen, wie er in *Praeludium, Fuga & Allegro* Es-Dur BWV 998 für Clavier oder Laute, in der *Sonata* Es-Dur BWV 1031 für Cembalo und Traversflöte oder im *Andante* der Triosonate aus dem *Musicalischen Opfer* BWV 1079 zum Ausdruck kommt (Sackmann und Rampe

Das Konzert d-Moll für 3 Cembali bzw. 3 Violinen

1997, S. 60ff.). Auf der Suche nach einem Modell für das *Alla Siciliana* wird man bald im Œuvre C. P. E. Bachs fündig: Unter dessen *Freymäurer-Liedern* für Singstimme und Clavier gleichen mehrere der Melodik (fallende Quarte, Vorschlagsornamentik, $^6_8$) und vier- bis achttaktigen Periodik des *Alla Siciliana*. Eines dieser Lieder hätte Bach geradezu als Themenvorlage dienen können (H 764/6). Allerdings ist das Stück kaum vor den 1770er Jahren datierbar, wogegen eine fast identisch beginnende Ode C. P. E. Bachs immerhin bereits 1756 entstanden sein könnte.

Seinen Ausgang nahm dieser Odenstil freilich in Leipzig. Dort erschien im Jahre 1736 die Sammlung *Singende Muse an der Pleiße* von Sperontes, 1737 folgte mit ebenso großem Erfolg Johann Friedrich Gräfes *Sammlung verschiedener und auserlesener Oden* mit Beiträgen auch von Carl Heinrich Graun, C. P. E. Bach, Conrad Friedrich Hurlebusch und de Giovannini. Mit Graun und Hurlebusch war Bach persönlich bekannt, von de Giovannini stammt offensichtlich die *Aria di Giovannini* BWV 518 im Clavierbuch Anna Magdalena Bachs von 1725. Im Jahre 1737 kündigte auch Lorenz Christoph Mizler von Koloff eine Odenpublikation an, deren erster Teil als *Sammlung auserlesener moralischer Oden* für Singstimme und Clavier erschien. Ein zweiter Teil – Gottscheds Frau Luise Adelgunde Victoria Kulmus, einer ehemaligen Schülerin von Johann Ludwig Krebs, gewidmet – kam 1741, ein dritter und letzter 1743 heraus (Nachwort zur Faksimileausgabe, S. 98ff.). Für den ersten Teil seiner Sammlung erntete Mizler schon bald beißenden Spott von Johann Mattheson und Johann Adolph Scheibe (Mattheson 1740, S. 420–426). Sie warfen Mizler vor, seine Melodik sei manieriert und daher unsingbar, seine Formen seien »nach dem geometrischen Maasstabe berechnet« und nicht empfunden, er mißachte den »gemeinen harmonischen Zusammenhange« und sei nicht in der Lage, »die Cadenzen [am Schluß] beeder Theile« einer Ode auf natürliche Weise zu gestalten. In seinem Handexemplar notierte Mattheson: »Man hat von gedruckten Musicalien wohl vom Anfang der Welt nichts schlechteres gesehen, als die Mizlerschen Oden sind« (Mattheson 1740, Anhang, S. 44). Johann Gottfried Walther ließ Mizler wissen, er möge seine Harmonik im Hinblick auf die zahllosen, unvorbereitet eintretenden oder falsch aufgelösten Sept- und Sekundakkorde ändern, damit er nicht »wegen unrichtiger Bezieferung einer Ode, angegriffen werde«. Laut Walther ist Mizlers »Antwort [...] folgender gestalt ausgefallen: „Wegen Bezieferung der letzten Ode aus dem H♯ [H-Dur] in der 1sten Sammlung trage gar keine Sorge. Ich habe sie mit allem Fleis so gesetzt, daß man mich deswegen anfechten soll, bishero aber meinen Endzweck noch nicht erhalten können. Die Bezieferungen sind nicht falsch, wohl aber neü, und wieder die gemeinen Regeln, die nicht allgemein, und nicht allzeit wahr sind"« (Walther 1987, S. 243f.).

Tatsächlich enthalten Mizlers Oden nicht nur jene manierierte Melodiegestaltung und Häufung von Sept- und Sekundakkorden, sondern oftmals eine »nach dem geometrischen Maasstabe berechnete« viertaktige Periodik, »Klopfbässe« in der Art von BWV 1063/2 und einen $^3_8$- oder $^6_8$-Takt:

Mizler: *Entsagung der Eitelkeit* (1741, S. 11), Oberstimme (ohne Text), T. 1–3

Die Enstehungsgeschichte des Konzerts a-Moll für 4 Cembali (nach Vivaldi)

Mizler: *An seine gute Freunde* (1741, S. 23), T. 1–4 (ohne Text)

Die größte Schwäche vieler Oden aber besteht darin, daß es Mizler nicht gelingt, rechtzeitig vor Satzende die V. Stufe anzusteuern. Sie wird in der Sammlung von 1740 häufig erst im letzten Moment, meist als Durchgangsnote, erreicht (siehe beispielsweise S. 12, 17, 20f. und 23f.). In der Sammlung von 1741 hingegen treten solche Fehler nicht mehr auf.

Diese Beobachtungen zeigen, daß die Tutti-Teile von Bachs *Alla Siciliana* im wesentlichen den stilistischen Merkmalen von Mizlers Oden entsprechen. Bach jedoch führt Sept- und Sekundakkorde nicht nur souverän ein und löst sie in gleicher Weise auf; vielmehr widmet er ausgerechnet der V. Stufe und ihren Möglichkeiten der Harmonisierung nicht weniger als sechs Takte, was im zeitgenössischen Kontext kaum anders denn als Anspielung zu verstehen ist. Aus solcher Sicht erscheinen noch weitere Eigenarten als Karikatur: Der Satz heißt nicht *Siciliano,* wodurch er sich als Sonaten- oder Konzerttypus zu erkennen gegeben hätte, sondern *Alla Siciliana* – ein Terminus, der nur eine Grundbewegung markiert (Rampe 1999 II, S. 752). Wie in keinem anderen langsamen Konzertsatz wird die gesangliche und doch unsingbare Melodik von den drei Cembali im Unisono zusammen mit der ersten Violine und in *forte*-Registrierung (!) gleichsam vorgeführt, auch die (ausgesetzten!) Generalbaßakkorde verlaufen strikt in gleicher Lage, und die Klopfbässe werden in den Variationsteilen vom ersten Cembalo ausdrücklich im *staccato* vorgetragen.

Verlegt man diesen musikalischen Spaß in die Leipziger Konzertreihe des Collegium musicum, so ist wahrscheinlich, daß der Komponist den ursprünglich für 3 Violinen konzipierten Mittelsatz aus aktuellem Anlaß um 1740 durch die bis heute erhaltene Parodie austauschte, die sich als launige Einlage an Stelle eines ausdrucksvollen Adagio zu erkennen gibt. Möglicherweise stand Gottfried Wilhelm Palschau (→ S. 448) eine Vorlage zur Verfügung, aus der der Mittelsatz herausgenommen war. Angesichts der oben angeführten Überlegungen (→ S. 167) dürften die Ecksätze – und vielleicht auch der originale Mittelsatz – freilich schon in den 1730er Jahren zum Cembalokonzert umgeformt worden sein, was die situationsgebundene Reaktion des Komponisten nur bestätigt.

◆ **BWV 1065:** Das Konzert a-Moll für 4 Cembali ist als unvollständig erhaltener Stimmensatz von unbekannten Händen sowie als spätere Partiturabschrift Johann Friedrich Agricolas aus dessen Berliner Zeit (ab 1741) erhalten (NBA VIII/6, KB, S. 78ff.). Das Stimmensatzfragment umfaßt lediglich die Solopartien 2–4. Sein Wasserzeichen läßt sich in Bachs Handschriften der Jahre 1727–1731 nachweisen. Der Hauptschreiber ist bislang nicht identifiziert, seine Schriftzüge weisen auf einen erfahrenen Kopisten hin, der allerdings nicht jene Sorgfalt walten ließ, wie sie von einem festen Mitarbeiter Bachs zu erwarten wäre. Dies deutet darauf hin, daß die drei Stimmen unter Zeitdruck nach einer Partiturvorlage angefertigt wurden, vielleicht von einem Schüler, der ausnahmsweise einzuspringen hatte, weil der Auftrag zusätzlich zu laufenden Kopierarbeiten zu bewältigen war. Bach korrigierte die Stimmen nicht selbst, dagegen sind Eintragungen erkennbar, die wohl von Johann Caspar Vogler stammen (Schulze 1984, S. 68). Der ehemalige Bach-Schüler

Die Enstehungsgeschichte des Konzerts a-Moll für 4 Cembali (nach Vivaldi)

befand sich um Weihnachten 1729 in Leipzig, weil er sich um das Organistenamt an der St. Nicolaikirche beworben hatte. Diese Stelle erhielt jedoch der Bach-Schüler Johann Schneider. Möglicherweise traten die beiden Bewerber zusammen mit ihrem ehemaligen Lehrer Bach und dessen Collegium musicum auf (Schulze 1984, S. 68). Fraglich bleibt jedoch, weshalb Bach zur Präsentation seiner Kandidaten nicht ein Konzert für 3 Cembali transkribierte, so daß für BWV 1065 ein vierter Solist, vielleicht Wilhelm Friedemann Bach oder ein anderer Schüler, herangezogen werden mußte. So plausibel der Zusammenhang mit der vakanten Organistenstelle auch erscheint, kann der Entstehungsanlaß des Werkes also nicht mit letzter Sicherheit geklärt werden.

Gehörte das erhaltene Stimmensatzfragment tatsächlich zu den Originalstimmen, so ist kaum anzunehmen, daß es sich im Besitz Voglers befand – es sei denn, er hätte es widerrechtlich an sich genommen (Schulze 1984, S. 68), wofür freilich wenig spricht. Der Sachverhalt allerdings, daß das Konzert nicht autograph überliefert ist und daß nicht eine Bachsche Komposition, sondern Antonio Vivaldis *Concerto* h-Moll op. 3,10 (1711) Gegenstand der Bearbeitung war, legt zunächst den Gedanken nahe, daß die Transkription auf das Konto eines der involvierten Bach-Schüler geht. In Wirklichkeit aber kann niemand anderes als Bach selbst für die Ausführung der Bearbeitung verantwortlich gemacht werden. Das belegen sowohl die Qualität der Revision als auch deren Nähe zum *Concerto* BWV 1060 (man vergleiche in den ersten Sätzen beider Werke einmal die Takte 41–43 [BWV 1060] und 9ff. [BWV 1065]). Dabei fallen in BWV 1065 weniger die Überbrückungen zwischen Ritornellen und Episoden, welche den 16tel-Fluß aufrecht erhalten (T. 8 und vor allem 59 des ersten Satzes), und die durch Beschleunigung des ersten Cembalos deutlicher differenzierten Bewegungsabläufe in der Perfidia des Mittelsatzes (T. 16–36) ins Gewicht. Bemerkenswert ist vielmehr, daß Bach die Originalbesetzung von 4 Soloviolinen, 2 Violen und Continuo (nebst selbständigem Violoncello) im Kern auf die 4 Cembali übertrug, so daß die Transkription – wie andere Konzerte Bachs für mehrere Cembali – sogar von den Soloinstrumenten allein vorgetragen werden könnte. Das neugeschaffene Ripieno trägt indes zur Betonung der Außenstimmen, zu deren rhythmischer Profilierung und damit zu einer Transparenz des Klangbilds bei, wie sie von 4 Cembali allein nicht zu erzeugen waren. Hinzu kommt, daß Bach zusätzlich neue Stimmen erfand und darüber hinaus eine Umverteilung der ursprünglichen Partien vornahm. Ab der Mitte des Kopfsatzes kommt dem Ripieno – zusammen mit den begleitenden Cembali – zunehmend Generalbaßfunktion zu, die, ganztaktig ausgerichtet, die Harmoniewechsel klarer zusammenfaßt und akzentuiert. Die Form des Kopfsatzes erhält ein schärferes Profil durch die beiden letzten, melodisch gänzlich neugestalteten Episoden, deren erste (T. 86–91) eine im Original nicht beabsichtigte virtuose Wirkung erzielt. Die zweite (T. 91–96) offenbart Ansätze zu einem Cantabile-Thema, wie es Vivaldi nicht hier, sondern in der vorletzten Episode des Finales zum *Concerto* a-Moll op. 3,8 erklingen ließ. Möglicherweise richtete sich die Umverteilung des Materials der Vorlage nach den vorhandenen Solistenpersönlichkeiten, weshalb das »Cantabile« nicht vom dritten, sondern vom vierten Cembalisten beansprucht wurde.

Somit liegt auf der Hand, daß die Transkription von einem außerordentlich souveränen Komponisten stammt, der allerdings (noch) nicht über jene Erfahrung bei der Einrichtung der Solostimmen verfügte, die Bachs Konzerte BWV 1062–1064 für 2 bzw. 3 Cembali offenbaren.

Bachs Konzerte:
Die Entstehungsgeschichte ihrer Musik

Aus der Quellenlage von Bachs Konzerten ergeben sich in nur wenigen Fällen Hinweise auf den Zeitpunkt ihrer Komposition und ersten Niederschrift. So bleibt nach wie vor offen, wann die Erstfassungen der meisten, oft ein- oder mehrmals revidierten Werke entstanden. Dieser Aspekt ist deshalb von Bedeutung, weil mit mit ihm unmittelbar das Verständnis und die entwicklungsgeschichtliche Beurteilung, ja sogar die Grundlagen für die Interpretation der Kompositionen verbunden sind. Zwei Beispiele sollen dies erläutern:

Mißt man Bachs Konzertkompositionen am Entwicklungsstand von Antonio Vivaldis Concerti, wie dies seit Johann Nicolaus Forkels Biographie von 1802 und erst recht seit den 50er Jahren des 20. Jahrhunderts üblich ist, erscheinen sämtliche, von Vivaldis Vorlagen abweichenden Merkmale als Bachsche Errungenschaften. Ausgehend von der klaren Einteilung in Ritornelle und Episoden, die Vivaldis *Concerti* op. 4 (1716) spiegeln, muß der erste Satz des »Brandenburgischen Konzerts 3« als »einer der kompliziertesten und höchstentwickelten seiner Art« anmuten (Schulze 1981, S. 18). Erweisen sich ähnlich komplexe Formen aber als Normalfall rascher Konzertsätze Giuseppe Torellis, Tomaso Albinonis und Henrico Albicastros, so zeigt sich, daß die formale Konzeption des dritten »Brandenburgischen Konzerts« in Wirklichkeit eine traditionelle darstellt, die von späteren Vivaldi-Konzerten noch unbeeinflußt ist. Denn die Vermutung, Bach habe bis zur Partiturniederschrift der »Brandenburgischen Konzerte« im März 1721 innerhalb weniger Jahre eine Kehrtwende zu alten Techniken vollzogen, nachdem er in den Konzerten 5 BWV 1050 und 6 BWV 1051 bereits Vivaldis Konzeption adaptiert hatte (⟶ S. 98 und 101), erscheint fragwürdig.

Das wohl berühmteste Beispiel für solche Mißverständnisse findet sich in der sog. »Cembalokadenz« am Ende des ersten Satzes aus dem fünften »Brandenburgischen Konzert«. Generationen von Cembalisten bemühten sich im guten Glauben, es handle sich um eine der frühesten aufgezeichneten Kadenzen der Musikgeschichte, darum, bei der Wiedergabe dieses 65taktigen Satzteils ihrer Phantasie freien Lauf zu lassen. Um so mehr mag die Erkenntnis verwundern, daß es sich bei dem Cembalosolo nicht um eine Kadenz, sondern um die Fortsetzung der letzten Episode handelt. Eine Episode nannte man zu Bachs Zeit »Solo«. Besagte Schlußepisode wird nach dem Vorbild virtuoser Violinkonzerte Vivaldis sowie als Mittel der Steigerung unbegleitet vorgetragen und besteht, wie schon der erste Teil der betreffenden Episode, ausschließlich aus »perfidesken« Strukturen (⟶ S. 74). Offensichtlich hatte Bach eine solche Neuerung im Sinn, als er im Autograph von 1721 an dieser Stelle notierte: *Solo senza stromenti* (Episode ohne Begleitinstrumente). Hätte er an eine Kadenz gedacht, dürfte er dies, wie im Finale des »Tripelkonzerts« BWV 1044 (T. 209: *Cadenza*), aller Wahrscheinlichkeit nach vermerkt haben (⟶ S. 370). Eine als Perfidia geformte Episode aber ist nicht rhapsodisch, sondern im Gegenteil gerade motorisch konzipiert: »Perfidia [...] d[as]. [ist]. eine Affectation immer einerley zu machen, [...] einerley Gang, einerley Melodie, einerley Tact, einerley Noten, u[nd]. s[o]. f[ort]. zu behalten« (Walther 1732, S. 472).

Schon die beiden angeführten Beispiele zeigen, daß ein Verständnis von Bachs Konzerten nicht möglich ist, ohne ihre Entwicklung nachzuvollziehen. Umgekehrt besteht der Rahmen für die Datierung der Werke nicht allein in ihrer Quellenlage, sondern vor allem in der Darstellung ihres Kompositionsprozesses. Die folgenden Analysen erscheinen also nicht um ihrer selbst willen. Vielmehr ist nach dem Ausgangspunkt und den Entwicklungsschritten von Bachs Konzertkompositionen sowie ihrer Formgestaltung zu fragen. Entspricht diese Darstellung den historischen Sachverhalten, müßte sie auch mit der Quellenlage übereinstimmen. Das vorliegende Kapitel wird versuchen, die chronologische Entwicklung von Bachs Konzerten aufzuzeigen.

Die Erkenntnis, daß Bachs Konzerte nur im Kontext ihrer Chronologie verständlich werden können, ist keineswegs neu. Bereits Heinrich Besseler (1955) hatte versucht, eine zeitliche Ordnung der Werke zu ermitteln, wobei er sich primär von satz- und besetzungstechnischen Gesichtspunkten leiten ließ und Philipp Spittas Annahme (1873) als historische Tatsache voraussetzte, daß Bachs Konzerte im wesentlichen während dessen Köthener Schaffensjahren entstanden.

Kurz darauf etablierten Rudolf Eller (1957 I & II und 1961) und Hans-Günther Klein (1970) Vivaldis Vorbild als Modell für Bachsche Kompositionen in Konzertform mit sich abwechselnden Ritornellen und Episoden. Ein gewisses historisches Fundament erhielt diese Ansicht durch Karl Hellers Forschungen zur deutschen Vivaldi-Rezeption der Bach-Zeit (1971) und durch Hans-Joachim Schulzes Hypothese (1972), Johann Ernst von Sachsen-Weimar hätte Bach im Sommer 1713 mit Vivaldis Musik bekannt gemacht. Die Schwierigkeiten von Ellers und Kleins Interpretation bestehen darin, daß sie den venezianischen Geiger fälschlicherweise als Schöpfer des Formprinzips von Ritornell und Episode betrachten und dessen Werke weitgehend unterschiedslos auf eine solche Form reduzieren. Folglich wurden auch Bachs Konzerte als Produkte des (späten) Vivaldi-Typus verstanden – selbst in Fällen, wo Vivaldis Einfluß weder stilistisch noch formal greifbar ist.

Martin Geck (1970) wiederum erkannte die Unabhängigkeit diverser Konzerte Bachs von Vivaldis Modell und datierte jene Werke auf die Jahre um und nach 1713. Ihre Vorbilder vermutete er in mehrstimmigen deutschen Ensemblesonaten der Zeit um 1700, so daß Bachs Entwicklung vom »Gruppenkonzert« mit mehreren solistischen Instrumenten hin zum Solokonzert im Stil Vivaldis verlaufen wäre. So einleuchtend seine These zunächst klingt, läßt sie sich doch kaum nachvollziehen, weil besagte Sonaten gänzlich anderen Kompositionsprinzipien als Bachs Konzerte folgen.

Von Hans-Joachim Schulze stammt der Hinweis: »Zu berücksichtigen ist, was Bach an fremden Werken gekannt haben muß: Spätestens 1713 – wenn nicht früher – war er mit dem Solokonzert vertraut. [...] Eine sehr hypothetische Chronologie müßte [Bachs] Konzerte schon in der Mitte der Weimarer Zeit ansetzen (sie wären dann sämtlich verloren), und zwar ohne Abhängigkeit von den 1713/14 zu datierenden Vivaldi-Übertragungen« (Schulze 1981, S. 20). Verloren wären jene Konzerte Bachs, wenn die erhaltenen sämtlich Vivaldische Strukturen aufwiesen. Da aber ist, wie wir gesehen haben, nicht der Fall.

In einem Diskussionsbeitrag von 1981 meinte Werner Breig: »Besäßen wir für Bachs Instrumentalwerke eine ähnlich präzise Chronologie wie für den Vokalbereich, so ließe sich wohl eine logische Entwicklung nachzeichnen. Manches würde plausibel erscheinen, was jetzt „naiv" aussieht. Analytische Arbeiten könnten hier zu einem brauchbaren Mosaik führen« (Schulze 1981, S. 20).

In der Geschichte der Wissenschaft erstaunlich ist die Tatsache, daß ausgerechnet der älteste Beitrag zur Erklärung von Bachs Konzertformen in der bisherigen Diskussion unberücksichtigt blieb. 1949 beschrieb Franz Giegling (S. 71) einen »Weg von Torelli über Albinoni und Vivaldi zu Bach«, ohne diesen konkret aufzuzeigen, und meinte zu besagten italienischen Komponisten »Sie geben ihre Werke keinem geringeren weiter als J. S. Bach, der seinen Brandenburgischen

Konzerten dieselben Formprinzipien zugrunde legt«. Aufgegriffen wurde Gieglings Anregung lediglich von Jean-Claude Zehnder (1991), der die Herkunft von Stilmerkmalen aus Giuseppe Torellis *Concerti* op. 8 (1709) in Tastenwerken des jungen Bach zu identifizieren versuchte.

Im vorliegenden Kapitel soll Gieglings Behauptung überprüft werden, Bachs Konzerte würden nicht allein durch Kompositionen von Vivaldi, sondern auch durch solche von Torelli und Albinoni verständlich. Zu Beginn dieses Buchteils stand die Suche nach »fremden Werken« im Vordergrund. Hieran soll im folgenden angeknüpft werden, bevor nach geeigneten Methoden zu fragen ist, ein zuverlässiges, hinreichend belegbares »Mosaik« der Entwicklung von Bachs Konzerten zu erstellen. Dabei gilt es, grundsätzlich jeden Konzertsatz als individuelles Werk zu überprüfen, wurde doch bereits im vorangegangenen Kapitel deutlich, daß die einzelnen Sätze der Konzerte BWV 1044, 1046, 1056, 1061a und 1063 unterschiedlichen Schaffensperioden angehören dürften. Beginnen wir mit der Betrachtung der Ecksätze; die Mittelsätze sind einem separaten Abschnitt vorbehalten (⟶ S. 233).

Auf der Suche nach dem ältesten erhaltenen Konzertsatz des Komponisten, gegliedert in Ritornelle und Episoden, wird man weder in Bachs Orchestermusik noch in seinen Vokalkompositionen fündig. Vielmehr fällt der Blick auf ein Clavierstück namens *Sonata ex a c. JSB* BWV 967, das Hermann Keller (1950, S. 47) noch als »Übertragung irgendeines, wahrscheinlich fremden Instrumentalsatzes« gesehen und Hartwig Eichberg 1976 aufgrund seiner »zweifelhaften« Echtheit von der Edition innerhalb der NBA (V/10) ausgeschlossen hatte. Inzwischen gilt das Werk als authentisch und zudem als Arbeit eines nicht unerfahrenen Komponisten (Schulenberg 1993, S. 64f.). Schließlich fand es doch noch Aufnahme in die NBA (V/9.2), wofür insbesondere seine Quellenlage verantwortlich ist; denn die *Sonata* wurde überwiegend von der Hand des älteren Bruders Johann Christoph Bach in die »Möllersche Handschrift« (ca. 1704–1707) eingetragen und findet sich unter Bachs Namen auch in einer Kopie Johann Peter Kellners. Träfe die bisher von der Forschung vertretene Hypothese zu, Bachs Konzertsätze mit ausgedehnten Ritornellen und Episoden seien frühestens seit Sommer 1713 entstanden, müßte das vorliegende Werk ebenfalls nach diesem Zeitpunkt komponiert worden sein. Es befindet sich jedoch inmitten der »Möllerschen Handschrift« und wird deshalb von Hans-Joachim Schulze (1984, S. 46f.) und Robert Hill auf die Zeit um 1705 datiert (1995, S. 164). Keller, Schulenberg und Hill legten dar, daß die Komposition nach dem Prinzip von Ritornell und Episode konzipiert ist. Laut Schulenberg kommt als Vorbild kein venezianisches Werk in Frage, Hill sieht Bachs Modell in Claviersonaten Johann Kuhnaus. Tatsächlich jedoch enthalten Kuhnaus Sonaten nur Sätze mit kurzen, einteiligen Ritornellen (Arbogast 1983, S. 150ff.). Das Ritornell von Bachs *Sonata* aber ist fast 14 Takte lang und umfaßt zwei durch eine Pause deutlich voneinander getrennte, ihrerseits nochmals untergliederte Teile a und b:

a1	a2	b1	b2	b3
T. 1–3	3–5	6–8	8–12	12–14

Bachs Konzerte: Die Entstehungsgeschichte ihrer Musik

Sonata ex a c. JSB a-Moll BWV 967 für Clavier, T. 1–17

Diese Ritornellform stimmt fast vollständig mit dem Ritornell des ersten Satzes *Allegro assai* aus dem *Concerto* F-Dur op. 2,2 überein, das der Venezianer Albinoni im Jahre 1700 publizierte. Auch dort werden beide Teile des nunmehr 11taktigen Ritornells von einer Pause in sämtlichen Stimmen getrennt:

a1	a2	b1	b2	b3
T. 1–2	3–4	5–6	7–9	10–11

Albinoni: *Concerto I.* F-Dur op. 2,2 (1700) für *Violino de Concerto, Violino Primo, Violino Secondo, Alto Viola, Tenore Viola, Violoncello* und *Organo, Allegro assai,* T. 1–11 (Klavierauszug: Siegbert Rampe)

Von Albinoni mag Bach sogar den Titel seines Clavierwerkes übernommen haben; denn die *Sinfonie e Concerti a 5* op. 2 enthalten je sechs *Sonate* und *Concerti* für Orchester. Eine in Bachs Autograph überlieferte *Continuo*-Stimme (BWV Anh. 23) des zweiten Konzerts der Sammlung datiert von ca. 1709/10 (Beißwenger 1992, S. 226). Bach muß Albinonis Concerti in ihrem venezianischen Erstdruck oder als Abschrift davon bereits bis ca. 1705 in Arnstadt kennengelernt haben.[1] Allenfalls wäre denkbar, daß ihm eine Vorlage während seines Aufenthalts am Weimarer Hof im Jahre 1703 zugänglich wurde (⟶ S. 32). In jedem Fall aber fand diese Beschäftigung mit Albinonis Op. 2 noch vor Bachs Auseinandersetzung mit Torellis *Concerti* op. 8 (1709) statt.

Bachs Konzerte: Die Entstehungsgeschichte ihrer Musik

Auch der Aufbau von Albinonis Konzertsatz entspricht weitestgehend jenem von Bachs *Sonata*, selbst die Wiederholung des Schlußsegments aus Teil b2 findet sich als »Echo« (*piano*) im Anhang des ersten Satzes aus Opus 2,2, aber auch in den anderen Konzerten der Publikation. Zum besseren Vergleich folgt eine Übersicht über den ersten Satz *Allegro* von Albinonis *Concerto IV* G-Dur op. 2,8. Dieses Werk ist in einer Bearbeitung von Johann Gottfried Walther erhalten. Walther dürfte seine Einrichtung für die Orgel der Weimarer Stadtkirche bestimmt haben, wo er im Jahre 1707 Organist wurde. In diesem Fall mag er eine Empfehlung seines Cousins zweiten Grades Bach aufgegriffen haben, der seit 1708 Weimarer Hoforganist war und das Werk bereits gekannt zu haben scheint:

Albinoni op. 2,2/1 *Allegro assai*

Ritornell 1	Episode 1	Ritornell 2	Episode 2	Ritornell 3 mit *piano*-Abschluß
T. 1–11	11–18	19–21	21–35	36–47
I	I–V	V	V–VI–V	I

Albinoni op. 2,8/1 *Allegro*

Ritornell 1	Episode 1	Ritornell 2	Episode 2	Ritornell 3	Episode 3	Anhang mit *piano*-Abschluß
T. 1–12	12–29	29–35	35–40	40–46	46–51	51–56
I–V	V–VI	VI–I–V	V–III	III–II–I	I–II–III–VI–I	I

BWV 967

Ritornell 1	Episode 1	Ritornell 2	Episode 2	Ritornell 3	Episode 3	Ritornell 4	Episode 4
T. 1–14	14–36	36–41	41–45	46–47	47–53	53–57	57–66
I	I–V–I	I–V	V–III	III–VI	VI–IV–III–I	I–IV	IV–III–I

Ritornell 5	Anhang mit Halbschluß	*presto*-Abschluß
T. 66–71	71–74	74–77
I	I–V	V–I

Aus der Übersicht geht hervor, daß Bach von Albinoni nicht nur die Gestaltung des Ritornells, die weite Ausdehnung der ersten Episode und besagten Anhang am Schluß des Satzes, sondern auch die Prinzipien des harmonischen Aufbaus übernahm, diese Übernahmen jedoch sogleich veränderte:

♦ Gegenüber Albinonis Modellen wurde Bachs *Sonata* erweitert (in diesem Fall um bis zu je zwei Ritornelle und Episoden).
♦ Die Proportionen hinsichtlich der Ausdehnung von Ritornellen und Episoden sind bei Albinoni ausgeglichener.
♦ Bach greift die harmonischen Grundstufen und tonartlichen Rückungen in den letzten Episoden Albinonis (BWV 967: Episoden 3 und 4), nicht jedoch dessen individuelle Verbindungen der Harmonien auf.
♦ Weisen Albinonis Sätze in Konzertform in den Episoden ihre höchste Satzdichte und größte Stimmenzahl auf, so strebt Bach meist nach geringstimmigen Episoden und vielstimmigen Ritornellen (vorausgesetzt, man füllt diese mit Generalbaßakkorden). Dieser Tutti-Solo-Kontrast gilt zu Unrecht als genuine Erfindung Vivaldis; denn er erhält bereits in Torellis *Concerti* op. 8 (1709) eine unübertroffene Ausprägung. Erstaunlich ist jedoch, daß hier Bach selbst – unabhängig von jedem Vorbild – auf entsprechende Kontraste zielt.

♦ Albinonis Anhang mit Wiederholung des letzten Segments im *piano* wird auch bei Bach zu einem Anhang mit Wiederholung des letzten Segments, die wohl eher im Forte vorzutragen ist, weil sie zu einem Halbschluß auf der V. Stufe führt. Offensichtlich erschien es Bach notwendig, diesen Anhang noch durch einen virtuosen Abschluß zu ergänzen – eine Technik, die sich in den meisten seiner frühen Fugen wiederfindet.

Die bisherigen Beobachtungen betrafen ausschließlich die formale und harmonische Architektur. Noch bemerkenswerter ist jedoch eine Übereinstimmung von Albinoni und Bach im kompositionstechnischen Bereich, die bei Torelli ebenfalls nicht begegnet: Die jeweils erste Episode in allen drei Werken sowie sämtliche Ritornelle, ausgenommen die Wiederholung des Eingangsritornells in Opus 2,2/1, basieren auf Verarbeitung thematischen Materials des ersten Ritornells (sie wurden in der vorangegangenen und werden in den folgenden Übersichten stets im Fettdruck hervorgehoben). Die Episoden 2 und 3 bzw. 4 hingegen führen neue Motive ein, die in späteren Formteilen nicht mehr aufgegriffen werden. Abschnitte eines Konzertsatzes, die Ritornellmaterial verarbeiten, sollen fortan als *ritornellverarbeitende Teile* bezeichnet werden. Zum Wesen ritornellverarbeitender Teile gehört, daß sie formal sowohl als Ritornelle als auch als Episoden auftreten können. In Gestalt dieser Bauelemente verfügt der Komponist über ein Mittel, das Ritornellthema unabhängig von den Formteilen eines Konzertsatzes durchzuführen. Die Analyse eines Konzertsatzes aber wird durch die formale Ambivalenz ritornellverarbeitender Teile kompliziert, weil von Fall zu Fall zu entscheiden ist, ob der betreffende ritornellverarbeitende Teil die formale Funktion eines Ritornells oder diejenige einer Episode erfüllt. Schon jetzt sei vorweggenommen, daß ritornellverarbeitende Teile in sämtlichen Konzertformen Bachs auftreten, die nicht unmittelbar mit dem Vorbild von Vivaldis *Concerti* op. 3 und 4 (1711 und 1716) in Verbindung zu bringen sind, was zugleich bedeutet, daß sie in diesen weitgehend fehlen.

Ritornellverarbeitende Teile unterscheiden sich von der Wiederholung von Ritornellen oder Ritornellausschnitten sowie von Episoden, die Ritornellmaterial einführen, durch folgende Veränderungen der Ritornellsubstanz:

♦ Ritornellsubstanz wird durch harmonische bzw. melodische Abweichungen sowie durch Fortfallen oder Hinzutreten mindestens einer Stimme angetastet.
♦ Ritornellsubstanz wird nicht als vollständiger mehrstimmiger Satz, sondern nur geringstimmig zitiert.
♦ Ritornellsubstanz wird teilweise oder vollständig angeführt und unmittelbar fortgesponnen, sequenziert, kontrapunktiert oder imitiert.
♦ Ritornellsubstanz wird durch Umspielung oder Diminution variiert.

Analog zum ritornellverarbeitenden Teil besteht ein *episodenverarbeitender Teil,* der – gewöhnlich innerhalb von Episoden – motivisches Material, das bereits in einer früheren Episode exponiert wurde, durch Sequenzierung, Imitation, Kontrapunktierung oder Umspielung bzw. Diminution verarbeitet. Auch episodenverarbeitende Teile finden sich bei Bach nur in solchen Werken, die offensichtlich nicht von Konzerten Vivaldis abhängig sind. Dagegen läßt sich auch für diese Kompositionen die Vorbildrolle von Albinonis Opus 2 aufzeigen: Die zweite Episode des *Allegro assai* op. 2,2/1 führt, wie gesagt, neues motivisches Material ein. Tatsächlich jedoch gewann Albinoni das erste Motiv der zweiten Episode aus der Umspielung des Schlußmotivs der ersten Episode und erreichte auf diese Weise eine musikalische Verflechtung der einzelnen Formteile:

Albinoni: *Concerto I*. F-Dur op. 2,2 (1700), *Allegro assai, Violino di Concerto e Violino Primo*, T. 17f. und 21–23

In der Tat ließen sich anhand der *Sonata* BWV 967 und von Albinonis Bauplan, der ganz ähnlich in seinen *Concerti* op. 5 (1707) wiederkehrt, wesentliche Strukturen der meisten von Bachs Konzerten erläutern. So kann nicht überraschen, daß Bachs Grundkonzeption von ca. 1705 – trotz aller stilistischen Unterschiede und der abweichenden Besetzung – in wichtigen Merkmalen auch jener des ersten Satzes aus der *Sinfonia* BWV 1046a bzw. des ersten »Brandenburgischen Konzerts« entspricht. Die Übereinstimmungen beginnen mit der Gliederung des Ritornells (erneut mit deutlichem Abschluß zwischen den Teilen a und b)

a1	a2	b1	b2	b3
T. 1–2	3–6	6–8	8–11	11–13

und setzen sich in der Gesamtarchitektur des Satzes fort:

BWV 1046a/1

Ritornell 1	**Episode 1**	Ritornell 2	Episode 2	**Ritornell 3**	Episode 3	**Ritornell 4**	Episode 4
T. 1–13	13–21	21–24	24–26	27–33	33–43	43–48	48–52
I	**I–V–I**	I–IV	IV–VI	**VI**	VI–I–V	**V–II–III**	III–II

Ritornell 5	Episode 5	Ritornell 6
T. 52–53	53–72	72–84
II	II–I–V–IV–I	I

Mit BWV 967 stimmen überein:

♦ eine leicht erweiterte Ordnung von 5 (BWV 967: 4) Episoden und 6 (BWV 967: 5) Ritornellen; dementsprechend wächst die Anzahl der Takte von 77 (BWV 967) auf 84 (BWV 1046a);
♦ Episode 1 sowie Ritornell 3 und 4 bestehen aus ritornellverarbeitenden Teilen;
♦ die auf Albinonis Opus 2 basierende harmonische Grundstruktur durch Erreichen der V. und Rückkehr zur I. Stufe in Episode 1, durch Erreichen der VI. Stufe in Ritornell 3 und durch Erreichen der III. Stufe in Episode 4. Analog zu Albinonis Concerti fällt in die letzte Episode die komplexeste harmonische Bewegung, auch behält Bach nach wie vor das Prinzip stufenweiser Versetzung (»Rückung«, z.B. II–III–II–I) bei.

Neu ist im ersten Satz der *Sinfonia* BWV 1046a hingegen,

♦ daß die erste Episode nicht nur Ritornellmaterial verarbeitet, sondern den Ritornellbeginn zunächst auf der I., dann auf der V. Stufe zitiert, um ihn jeweils mit neuen Gegenstimmen zu verbinden. Diese Technik stimmt vollständig mit den Kopfsätzen aus Albinonis *Concerti* op. 5 überein, die im Jahre 1707 wiederum nur in Venedig erschienen. Alle diese Indizien sprechen dafür, daß Bach frühestens 1707 Zugang zu diesem venezianischen Erstdruck oder einer Abschrift davon

hatte. Bachs Kollege Johann Gottfried Walther richtete das fünfte Konzert der Sammlung ebenfalls für Orgel ein;
♦ daß die Gestaltung der ersten Episode im Stil von Albinonis Opus 5 sowohl hier als auch bei Bach zu dem irrigen Eindruck führt, der Satzteil enthalte mindestens ein weiteres Ritornell (T. 15ff.). In Wirklichkeit handelt es sich in den Takten 13–21 jedoch um eine einzige Episode als ritornellverarbeitender Teil;
♦ daß Bach in späteren Episoden, wie auch Albinoni in sämtlichen Kopfsätzen aus Opus 5, auf Material oder Teile von früheren Episoden zurückgreift, diese jedoch im Stimmtausch, in abweichender Harmonisierung oder Fortspinnung präsentiert. Episodenverarbeitende Teile in diesem Sinn sind die Episoden 4 und 5;
♦ daß die Ritornelle 2 und 5 in BWV 1046a/1 Teile des Eingangsritornells notengetreu wiederholen, wenn auch im zweiten Fall auf neuer Stufe. In den Kopfsätzen von Albinonis Opus 5 werden Binnenritornelle wiederholt ebenfalls als Ritornellzitate und nicht mehr durchweg als ritornellverarbeitende Teile ausgeführt. Albinoni, vielleicht auch Bach dürften diese Technik freilich den *Concerti* op. 7 von Henrico Albicastro entnommen haben, die 1704 in Amsterdam herauskamen (vgl. beispielsweise die Finali der Concerti C-Dur op. 7,3 und c-Moll op. 7,4);
♦ daß der Satzschluß nicht durch einen Ritornellanhang, sondern durch die vollständige Wiederholung des Eingangsritornells erreicht wird, dem eine knappe Bekräftigung in T. 84 folgt. Diese Art der Schlußgestaltung, einschließlich der kurzen Bekräftigung, tritt in fast sämtlichen Kopfsätzen aus Giuseppe Torellis *Concerti* op. 8 auf, die im Jahre 1709 in Bologna publiziert wurden. Dagegen lassen sowohl Albicastro als auch Albinoni (Opus 2 und 5) der Wiederholung des Schlußritornells noch einen Anhang folgen;
♦ daß Bachs Episoden 1, 3 und 5 die höchste, über mehrere Takte anhaltende Satzdichte innerhalb des gesamten Werkes erreichen. Diese Beobachtung trifft wiederum auf Albinonis *Concerti* op. 2 und 5 zu.

Dagegen läßt sich kein einziges kompositionstechnisches Merkmal aus dem ersten Satz der *Sinfonia* BWV 1046a zwingend mit einem der Konzerte aus Vivaldis Opera 3, 4, 6 und 7 (1711, 1716, 1719 und 1720) in Verbindung bringen. Wenn Bach von Albinoni und Torelli, möglicherweise auch von Albicastro wesentliche kompositorische Elemente übernahm, bleibt zu vermuten, daß er Vivaldis Konzerte zum Zeitpunkt der Entstehung der *Sinfonia* noch nicht kannte. Ausgehend von Torellis Opus 8 (1709) käme als vorläufige Datierung für den ersten Satz der *Sinfonia* somit die Zeit von 1709 an in Frage. Offensichtlich waren Vivaldis Konzerte op. 3 damals noch nicht publiziert.

Bekanntlich sind nicht nur Bachs Konzerte, sondern auch die weitaus meisten seiner Eingangs- und Schlußchöre sowie Arien in Vokalwerken nach dem Prinzip von Ritornellen und Episoden konzipiert. Da sich die Anfänge der italienischen Arie mit Ritornellen und Episoden bzw. der Dacapo-Arie einerseits und der ältesten Instrumentalkonzerte andererseits gegenseitig durchdringen (⟶ S. 75), wäre diese Anlage auch in Bachs ältesten Kantaten zu suchen. Noch im Jahre 1739 teilte Johann Adolph Scheibe mit, der formale Aufbau des Kopfsatzes eines Konzerts sei grundsätzlich nach dem Modell einer Arie mit Ritornellen und Episoden definiert (1745, S. 636). Erstaunlicherweise enthalten Bachs frühe Kantaten BWV 131 *Aus der Tiefe rufe ich, Herr, zu dir* (1707) BWV 106 *Gottes Zeit ist die allerbeste Zeit* (1707?), BWV 4 *Christ lag in Todesbanden* (1707/08?) BWV 71 *Gott ist mein König* (4. Februar 1708) und BWV 150 *Nach dir, Herr, verlanget mich* (1708–

1710?) sowie das Fragment eines Hochzeits-*Quodlibet* BWV 524 (1707) keinerlei Sätze dieser Gestalt. Dagegen entsprechen in zwei weiteren Kantaten, die – obwohl ihre Echtheit umstritten ist – als frühe Werke des Komponisten gelten, je zwei Sätze der Konzertform.

Exkurs I: Die Kantaten BWV 196, 143, 208 und die Sinfonia BWV 1046a

Sätze in Konzertform finden sich in den frühen Kantaten BWV 196 *Der Herr denket an uns* (zum 5. Juni 1708?) und BWV 143 *Lobe den Herrn, meine Seele* (1708–1714?). Es handelt sich um die *Sinfonia* BWV 196/1 und Arie BWV 196/3 sowie um die Arien BWV 143/4 und 5. Ihre Konzertform steht der *Sonata* BWV 967 näher als der *Sinfonia* BWV 1046a und zeigt zugleich Charakteristika, die noch in Leipziger Arien des Komponisten begegnen: Alle vier Sätze besitzen jeweils ein zweiteiliges, deutlich gegliedertes Ritornell mit den Abschnitten a1 + a2 und b1 + b2 (BWV 196/1 und 3, BWV 143/4) bzw. a und b1 + b2 (BWV 143/1). Auch ihre Baupläne weisen große Ähnlichkeiten auf und offenbaren dennoch das Bemühen um individuelle Lösungen: Die jeweils erste Episode der drei Arien ist als ritornellverarbeitender Teil, genauer: als variierte Wiederholung, konzipiert. Daran schließen sich ein kurzes Ritornell und eine zweite Episode an, die den Beginn der ersten Episode aufgreift und das Ritornellmaterial mit einer Gegenstimme des Solos verknüpft. Diese Gestaltung der ersten Episoden, wenn auch ohne ritornellverarbeitende Elemente, stimmt mit der venezianischen Da capo-Arie um 1700 überein und findet sich in Albinonis Opern seit 1694 (Solie 1977, S. 40ff.). Seinem Modell mit einer Kurzepisode und deren Fortspinnung als zweite Episode, beide in der Tonika, sowie einer dritten Episode (B-Teil) in der Dominante, entspricht die Da capo-Arie BWV 196/3 bis in kleine Einzelheiten. Daß die Kantate BWV 196 tatsächlich in zeitlicher Nähe zu BWV 967 entstand, beweist die Anlage ihrer *Sinfonia,* eine Form mit vier Ritornellen und drei Episoden, deren Harmonieschema jenem von Albinonis *Concerto* op. 2,5 vollständig gleicht (siehe oben). Wie bei Albinoni folgt auch der letzten Episode (T. 13ff.) der Kantaten-*Sinfonia* ein *piano*-Anhang. Bach beschließt den Satz darauf jedoch nicht mit einer raschen Passage (BWV 967), sondern – wie in der Da capo-Arie – mit einer vollständigen, unveränderten Wiederholung des Eingangsritornells. Diese Form weicht sowohl von Albinonis als auch Torellis Vorlagen ab und dürfte als Bachs eigene Lösung für die damals offenbar im Vordergrund stehende Problematik der Schlußgestaltung gelten. BWV 196/1 geht in dieser Hinsicht über BWV 967 hinaus, enthält jedoch noch nicht die abschließende Bekräftigung am Ende von BWV 1046a/1.

Bemerkenswert ist, daß Bach die Konzeption der ersten Episoden auch auf die Arien Nr. 4 und 5 der Kantate BWV 143 überträgt, obwohl es sich hier nicht um Da capo-Arien handelt. Schon jetzt sei erwähnt, daß diese Errungenschaften wesentliche Bestandteile von Bachs Arien bis in seine Leipziger Periode hinein bleiben. BWV 143/4 umfaßt drei, BWV 143/5 vier Episoden, wobei die zweite bzw. dritte neues motivisches, vom Ritornell unabhängiges Material exponieren. In BWV 143/4 und 5 sind nach wie vor sämtliche Binnenritornelle als ritornellverarbeitende Teile angelegt. Dennoch enthält die zuletzt genannte Arie eine neue Art der Schlußgestaltung: Das fünfte (vorletzte) Ritornell ist eine unveränderte Wiederholung des Eingangsritornells, gefolgt von einem freien Anhang sowie einer variierten Wiederholung des ersten Ritornells. Obwohl beide Arien gleichsam Mischformen aus Albinonis Da capo-Arie und Konzertsatz darstellen, orientieren sie sich am Harmonieschema aus Opus 2 mit einer deutlichen Tendenz zur III. bzw. VI. Stufe zum letz-

Exkurs I: Die Kantaten BWV 196, 143, 208 und die Sinfonia BWV 1046a

ten Satzteil hin. Die umfassendste harmonische Bewegung fällt nach wie vor in die letzte Episode. Allerdings präsentieren nun auch die jeweils vorletzten Episoden eine große harmonische Vielfalt, die zudem gegenüber BWV 967 wesentlich differenziert wird. Als gemeinsames Merkmal von BWV 196/1 und 3 sowie BWV 143/4 sticht die ausgedehnte Verwendung von 16tel-Triolen hervor (siehe auch *Praeludium et Fuga* BWV 894 auf S. 208).

In Kantate BWV 196 sind keine weiteren Sätze in Konzertform enthalten; wohl aber besitzen Eingangs- und Schlußchor von BWV 143 ein Anfangsritornell, das am Satzende wiederholt wird. In ihrer Anlage fügen sich beide Kantaten nahezu bruchlos in Bachs kompositionstechnische Entwicklung von der *Sonata* BWV 967 zur *Sinfonia* BWV 1046a bzw. zu der »Jagdkantate« BWV 208 von 1712 ein und demonstrieren dennoch die Suche nach eigenen Lösungen gegenüber Albinonis Modellen. Alfred Dürr (1977, S. 302f.) hatte aufgrund der Quellensituation und des Fehlens kompositionstechnischer Merkmale, die zwingend für Bach sprechen, gegenüber der Authentizität der Kantate BWV 143 Vorbehalte geäußert. Aus der Perspektive der Ritornellentwicklung von BWV 967 über BWV 196 bis hin zu BWV 208 erscheinen solche Zweifel allerdings als unnötig. Als geradezu typisch für Bachs frühe und mittlere Ensemblekompositionen kann zudem die Imitation in Engführungstechnik in BWV 196/1, 2 und 5 sowie in BWV 143/1 und 7 gelten (⟶ S. 272). Daraus ergibt sich, daß beide Werke nicht vor 1707 entstanden sein dürften. Bedenkt man, daß in Kantate BWV 71 *Gott ist mein König* (zum 4. Februar 1708) noch keinerlei Sätze in Konzertform enthalten sind, so muß – wie dies schon Dürr (1971, S. 601f.) andeutete – an der von Philipp Spitta (1873) vorgeschlagenen Datierung von BWV 196 zur Trauung des Mühlhauser Pfarrers Johann Lorenz Stauber am 5. Juni 1708 nicht gezweifelt werden. In diesem Fall komponierte Bach die Neujahrskantate BWV 143 zum 1. Januar eines der Jahre zwischen 1709 und 1712, jedenfalls vor der »Jagdkantate« BWV 208. Demnach dürfte die Kantate BWV 150 *Nach dir, Herr, verlanget mich,* in der geschlossene Ritornellformen fehlen, bereits bis Sommer 1708 bestanden haben.

Fast alle Arien in Albinonis frühen Opern aus der Zeit zwischen 1694 und 1710 sind Da capo-Arien. Von ihnen wiederum wurde gut die Hälfte als Continuo-Arien angelegt (Solie 1977, S. 39f.). Von den sieben Arien der »Jagdkantate« BWV 208, deren Autograph von 1712 stammt (Kobayashi 1995, S. 295), erweisen sich drei (Nr. 4, 9 und 14) sowie der Schlußchor (Nr. 15) ebenfalls als Da capo-Formen nach Albinonis Vorbild. Immerhin drei Arien (Nr. 4, 13 und 14) sind auch hier Continuo-Arien! Somit rückt die Kantate, nicht allein im Hinblick auf ihre Architektur, in die Nähe der venezianischen Oper jener Zeit. In vier Arien (Nr. 2, 7, 9 und 12) realisiert Bach die aus Albinonis *Concerti* op. 2 und 5 bekannte Konzertform, wobei er in *Aria* Nr. 7 – wie bereits in BWV 143 – die Gestaltung der ersten Episoden aus der Da capo- auf die Arie in Konzertform anwendet. Zwei Continuo-Arien (Nr. 4 und 13) werden trotz Da capo- bzw. Konzertform noch stark vom Ostinato-Prinzip geprägt und schließen damit an Continuo-»Arien« in Bachs früheren Kantaten an. Eine weitere Arie (Nr. 14) erweist sich als Mischform aus Ritornellen/Episoden und Ostinato. Besondere Beachtung verdient in diesem Zusammenhang, daß sogar drei (Nr. 2, 4 und 8) von vier Arien der Kantate BWV 199 *Mein Herze schwimmt im Blut* (1713, spätestens 1714) ebenfalls in Albinonis Da capo-Form gehalten sind, eine (Nr. 6) folgt der Konzertform.

Die erwähnten Arien Nr. 2, 7, 9 und 12 sowie der Schlußchor der »Jagdkantate« BWV 208 besitzen ein dreiteiliges Ritornell a + b + c; dessen Schlußteil hat jeweils eine gewisse Epilog-Wirkung, d.h. seine Melodik und Harmonik zielen auf den Kadenzabschluß des Ritornells. Dreiteilige Ritornelle in ihrer »klassischen Gestalt« mit *Vordersatz, Fortspinnung* und *Epilog* (Nachsatz) sind

Exkurs I: Die Kantaten BWV 196, 143, 208 und die Sinfonia BWV 1046a

freilich keine »Erfindung« Antonio Vivaldis, sondern treten in Vivaldis Opus 3 gerade zweimal (op. 3,9 und 3,12), in Albinonis Opus 5 (beispielsweise in den Kopfsätzen von *Concerto Secondo* F-Dur, *Concerto Settimo* d-Moll, *Concerto Decimo* A-Dur, *Concerto Undecimo* g-Moll und *Concerto Duodecimo* C-Dur), in Torellis Konzerten op. 8,7–12 aber regelmäßig auf. Bemerkenswert ist, daß nur die erste Episode der Arie BWV 208/2 noch als ritornellverarbeitender Teil konzipiert wurde. Wie in BWV 1046a/1 erscheinen jeweils bis zu zwei Binnenritornelle mit unveränderten Wiederholungen von Teilen des Eingangsritornells; die übrigen wandeln das thematische Ritornellmaterial kaum merklich ab, so daß von ritornellverarbeitenden Teilen nur mit Einschränkung die Rede sein kann. Die Schlußgestaltung der Konzertformen besteht durchweg aus der unveränderten Wiederholung des Eingangsritornells. Anhänge treten nirgendwo auf, wohl aber ein einziges Mal (*Aria* Nr. 2, T. 58) eine Bekräftigung entsprechend dem Schluß des Kopfsatzes aus *Sinfonia* BWV 1046a. Die Anzahl der Ritornelle schwankt zwischen 5 (Nr. 7) und 7 (Nr. 15), die der Episoden zwischen 4 (Nr. 2) und 7 (Nr. 15). Mit BWV 1046a vergleichbar ist auch der Taktumfang zwischen 61 (Nr. 9) und 88 Volltakten (Nr. 15). Auffällig erscheint ferner die Tatsache, daß – abgesehen von Arie Nr. 2 – die besagten umfangreichen Harmoniebewegungen in den letzten Episoden der genannten Kantatensätze wiederkehren.

Daraus ist eine entwicklungsgeschichtliche, also auch zeitliche Nähe zum ersten Satz der *Sinfonia* BWV 1046a zu erschließen. Zugleich aber beweisen die überwiegend subtilen Änderungen der Episoden- und Binnenritornellgestaltung, daß Bachs kompositionstechnische Schritte nun über die Modelle von BWV 967 und 1046a hinausgingen, indem er sich offenbar von seinen italienischen Vorbildern zu lösen begann. Die beschriebenen Veränderungen widerlegen zugleich die Vermutung, daß er bei Komposition seiner Vokalwerke in Konzertform grundsätzlich anders verfuhr als bei Instrumentalkonzerten; lediglich die Episoden verlangten aus gesangstechnischen Gründen und des Textes halber eine Gestaltung, die von den spieltechnischen Gegebenheiten einer Instrumentalbesetzung öfter abweicht. Als Konsequenz dieser Beobachtungen liegt auf der Hand, daß der erste Satz von BWV 1046a (etwas) früher als die »Jagdkantate« BWV 208 und nicht im gleichen Arbeitsgang entstand.

Die *Sinfonia* BWV 1046a gilt seit langem als mutmaßlich älteste Konzertkomposition Bachs. Besagte Ansicht beruht unter anderem auf der Auffassung, BWV 1046a sei als Vorspiel zur Uraufführung der »Jagdkantate« im Februar 1713 in Weißenfels bestimmt gewesen (NBA VII/2, KB, S. 21f.; Krey 1961, S. 339f.; Geck 1970, S. 145f.). Michael Marissen (1992) brachte mehrere Argumente gegen eine Verbindung von *Sinfonia* und Kantate zur Diskussion, die von Klaus Hofmann (1995, S. 42f.) als wenig »triftig« zurückgewiesen wurden. Allerdings machte Marissen darauf aufmerksam, daß der Tonumfang der Hornpartien in *Sinfonia* und Kantate deutliche Unterschiede aufweist und deshalb auf verschiedene Spieler schließen läßt.

Die Datierung des Partiturautographs der zum Geburtstag des neuen Weißenfelser Herzogs Christian komponierten Kantate auf 1712 muß einer Aufführung um den 23. Februar 1713 (Alfred Dürr in NBA I/35, KB, S. 39ff.) keinesfalls widersprechen. Der Anlaß für die Vergabe des Kompositionsauftrags an Bach bestand offensichtlich darin, daß der Weißenfelser Hofkapellmeister Johann Philipp Krieger – ab seinem 65. Lebensjahr – von 1713 bis zu seinem Tod im Jahre 1725 von der Verpflichtung entbunden blieb, die fürstlichen Geburtstage musikalisch zu gestalten. Erstmals im Februar 1713 war er vielmehr als Gast an die Tafel zum »Hochfstl. Geburtstagsmahl« geladen (Fuchs 1990, S. 117), so daß ein Ersatzkomponist erforderlich wurde – ein Vorgang, der

Exkurs I: Die Kantaten BWV 196, 143, 208 und die Sinfonia BWV 1046a

augenscheinlich absehbar und im voraus zu planen war. Bach hätte Musikeinlagen für eine mehrtägige Veranstaltung mit Feierlichkeiten und Jagden zum Geburtstag des jagdbegeisterten Herzogs zu liefern gehabt (NBA I/35, KB, S. 39ff.). Als erster deutscher Hof hatte Weißenfels, früher sogar als Dresden, seit 1706 zwei Musiker ausdrücklich als Hornisten angestellt (⟶ S. 290). Die Hornstimmen zum ersten Satz der *Sinfonia* beginnen mit einem *Halali*-Grüßruf im Kanon, der in der zeitgenössischen Parforce-Jagd als Signal diente (Funke 1995, S. 51f.; Hofmann 1995, S. 33f.). Die Hornstimmen der Kantate reichen nur bis g" und enthalten keinerlei ansatztechnisch problematische Töne. Entsprechend den von Stadtpfeifern in Clarinblastechnik gespielten Leipziger Hornpartien Bachs führen jene der *Sinfonia* jedoch bis c"' und schließen die kritischen Töne f" und fis" ein. Im zweiten Horn tritt sogar der in der Naturtonreihe fehlende Ton h' als Durchgangsnote auf (Funke 1995, S. 67). Genau dieselben Eigenschaften zeichnen die oben erwähnte Kantate BWV 143 aus. Auch dort findet sich bereits im Eingangschor und ebenfalls im zweiten Horn die Durchgangsnote h'. Nicht nur die Verwendung von Pauken in BWV 143, vor allem die schmetternden Tonrepetitionen (Nr. 1) und raschen »Halali«-Fanfaren (Nr. 5, T. 8 etc.) zeigen große Ähnlichkeit zur Blastechnik der Trompete und machen es sehr wahrscheinlich, daß die Hornpartien sowohl in BWV 143 als auch in BWV 1046a von Trompetern, womöglich sogar in Trompetenhaltung, ausgeführt wurden, wie dies zu Beginn des 18. Jahrhunderts durchaus üblich war (⟶ S. 290). Die »Jagdkantate« hingegen dürfte für die Weißenfelser Hornisten bestimmt gewesen sein, die keine Clarinblastechnik beherrschen; zumindest ging Bach bei der Komposition des Werkes von dieser Prämisse aus. So gesehen besteht tatsächlich keine Notwendigkeit, eine gemeinsame Entstehung von BWV 1046a und 208 anzunehmen.

Für das Verständnis der beiden ältesten erhaltenen Konzertsätze Bachs standen zwei unterschiedliche Methoden zur Verfügung: eine Untersuchung von Werken italienischer Vorbilder sowie ein Vergleich mit seinen frühesten Kantaten. Gewiß ist, daß sich Bach in Tastenmusik seit etwa 1705, in Kantaten wohl seit 1708 und in Instrumentalkonzerten spätestens seit 1712 der Konzertform bediente. Ferner kann vermutet werden, daß er noch vor Beginn der Arbeit an *Sinfonia* und »Jagdkantate« weitere Vokalwerke und vielleicht auch Instrumentalkompositionen in dieser Anlage schuf.

Allein mit der Darstellung der kompositionstechnischen Errungenschaften seiner Vorbilder läßt sich die weitere Entwicklung von Bachs Konzertschaffen freilich nur lückenhaft verfolgen, denn als wesentliche Orientierungshilfen stehen lediglich Vivaldis *Concerti* op. 3 (1711), 4 (1716), 6 (1719), 7 (1720) und 8 (1725) sowie Albinonis *Concerti* op. 7 (1715) und 9 (1722) zur Verfügung. Deshalb ist eine Ausweitung unserer Untersuchungsmethode erforderlich. Viel genauer läßt sich Bachs kompositorische Entwicklung anhand der Kantaten jener Zeit nachvollziehen. Dabei erweisen sich jedoch Themenanalogien und melodische Ähnlichkeiten grundsätzlich als zweifelhaft. Schon ein Vergleich zwischen so unterschiedlichen Werken wie BWV 1046a und 208 erbringt nur wenige stilistische Parallelen. Dies gilt um so mehr für Motive aus fremden Kompositionen, die Bach anscheinend zu eigenen Themen anregten. Mögliche Vorlagen könnten rein zufällig ähnlich lauten und besagen letztlich nichts über die Entstehung der Musik. Schließlich gilt es zu bedenken, daß Komponisten der Bach-Zeit Musik nicht in Gattungen, sondern in Stile gliederten (⟶ S. 29). D.h. ein Stilwechsel unter Beibehaltung ein und derselben Form dürfte stilistische, nicht aber grundlegende kompositionstechnische Veränderungen bedingt haben. Im folgenden werden stilistische Kriterien nur dort herangezogen, wo sie zum Verständnis einer Komposition erforderlich erscheinen.

Das eigentliche Kriterium für die entwicklungsgeschichtliche Einordnung von Bachs Instrumentalkonzerten besteht vielmehr darin, seine kompositionstechnischen Methoden offenzulegen. Diese sind von Zufälligkeiten unabhängig und setzen stets ein bewußtes, planvolles Vorgehen seitens des Komponisten voraus. Ein Schema ist für die Ausführung einer Komposition so entscheidend wie die Gliederung eines Textes oder der Plan eines Bauwerks. Wenn Bach bis mindestens 1712 anhand der Ritornellmodelle Albinonis komponierte, bis 1718 (⟶ S. 98) jedoch den Spättypus der Vivaldi-Form beherrschte (Dirksen 1992) und diesen bis 1721 sogar zu abstrahieren vermochte (Marissen 1991), müßte diese Wandlung seiner Kompositionstechnik im Detail nachvollziehbar sein. John E. Solie (1977) wies nach, daß Albinonis Da capo-Arie und Konzertform unabhängig voneinander entwickelt wurden; sie blieben selbst in Albinonis späteren Werken eigenständige Modelle. Daß Bach jedoch bereits in Kantate BWV 143 sowie in der »Jagdkantate« Charakteristika von Da capo-Arie und Konzertform miteinander vermischte, beweist, daß er zwischen den Stilgattungen von Kantate und Concerto keine kompositionstechnische Unterscheidung vornahm. Somit müßten in Bachs Kantaten jene kompositorischen Entwicklungen nachvollziehbar sein, die seine Konzerte kennzeichnen.

Bei den folgenden Untersuchungen werden selbstverständlich auch äußere Einflüsse durch Vorbilder und Zeitgenossen berücksichtigt werden. Um die Entwicklung von Bachs Ritornellformen zu verstehen, ist es erforderlich, zunächst die Kantaten bis in seine Leipziger Schaffensperiode hinein zu beleuchten, deren Uraufführung in den meisten Fällen auf den Tag genau datierbar ist. Mit Hilfe der neugewonnenen Erkenntnisse werden im Anschluß daran die Eck- und Mittelsätze aller erhaltenen Konzerte betrachtet werden. Erst aufgrund der Ergebnisse und im Kontext der jeweiligen Quellenlage lassen sich verläßliche Aussagen über die historische Einordnung und Datierung der Konzerte machen.

Exkurs II: Ritornell und Episode in Bachs Kantaten

Der folgende Abschnitt widmet sich, ausgehend von der »Jagdkantate« BWV 208 (1712), einer Betrachtung sämtlicher Ritornellformen und ihrer Entwicklung in Bachs Kantaten zunächst vom Jahr 1713/14 an bis in seine Leipziger Zeit. Aus dieser Darstellung müßte hervorgehen, ob eine Notwendigkeit besteht, auch Bachs Leipziger Kantaten ab 1724 einer eingehenden Analyse zu unterziehen.

Untersucht werden Ritornellformen in Gestalt instrumentaler Einleitungssätze sowie von Chören und Arien der Kantaten. Unberücksichtigt bleiben Continuo-Arien, bestätigt doch schon ein erster Blick auch auf die späteren Kantaten die Feststellung, daß hier in vielen Fällen eine Mischform von Ritornellen und Episoden einerseits und Ostinatotechniken andererseits vorliegt, weshalb sich eine Gleichsetzung mit reinen Konzert- und Da capo-Formen verbietet.

Die folgende Übersicht liefert eine Zusammenfassung der Analysen sämtlicher Bach-Kantaten zwischen 1713 und 1723. Angeführt werden nur solche Kantatensätze, die tatsächlich Konzert- bzw. Da capo-Formen entsprechen. Die Datierung der Kantaten folgt den schrift- und papierkundlichen Untersuchungen von Alfred Dürr (1976) und Yoshitake Kobayashi (1995). Für die Weimarer Kantaten wurden außerdem die rekonstruierten Datierungen von Klaus Hofmann (1993) sowie von Alfred Dürr und Yoshitake Kobayashi (BWV 2ª) herangezogen.

Exkurs II: Ritornell und Episode in Bachs Kantaten

In die Jahre 1713/14 fallen folgende Kantaten:

BWV 199 *Mein Herze schwimmt im Blut* (zum 27. August 1713 oder 12. August 1714)
BWV 182 *Himmelskönig, sei willkommen* (zum 25. März 1714)
BWV 12   *Weinen, Klagen, Sorgen, Zagen* (zum 22. April 1714)
BWV 172 *Erschallet, ihr Lieder* (zum 20. Mai 1714)
BWV 21   *Ich hatte viel Bekümmernis* (zum 17. Juni 1714)
BWV 61   *Nun komm, der Heiden Heiland* (zum 2. Dezember 1714)
BWV 63   *Christen, ätzet diesen Tag* (zum 25. Dezember 1714)
BWV 152 *Tritt auf die Glaubensbahn* (zum 30. Dezember 1714)

Alle drei Arien der Kantate BWV 199 entsprechen bis in Details hinein dem Vorbild von Albinonis venezianischer Da capo-Arie. Die Ritornelle und Episoden des A-Teils beginnen durchweg auf der I. Stufe, erst der B-Teil führt zur VII. (BWV 199/2), III. (BWV 199/4) oder IV. Stufe (BWV 199/8). Die jeweils zweite Episode besteht aus Wiederholung und Fortspinnung der ersten. Die Ritornelle sind entweder zweiteilig wie in BWV 143 (BWV 199/1: a1–3, b1–2, 199/8: a1–2, b1–2) oder dreiteilig wie in BWV 208 (BWV 199/4: a1–3, b1–3, c). In BWV 199/4 und 8 tritt nach wie vor die erste Episode als ritornellverarbeitender Teil auf; in BWV 199/1 betrifft dies jedoch die Episoden 2–4. Ritornellverarbeitende Teile werden wie in der *Sinfonia* BWV 1046a noch immer durch eine Gegenstimme (im Solo) herbeigeführt, die zum Ritornellmaterial hinzutritt. Die komplexeste harmonische Bewegung fällt ebenfalls in die letzte Episode, in allen drei Arien erscheinen umfangreiche harmonische Rückungen. Die Gesamtzahl der Takte schwankt zwischen 47 und 235. D.h. BWV 199 schließt kompositionstechnisch unmittelbar an die bis 1712 entstandenen Werke an, bietet jedoch auch Weiterentwicklungen. So vereinigt Bach in der Schlußarie die erste Episode und das zu erwartende zweite Ritornell in einem einzigen Formteil. Im Kontext der Kantaten von 1714 zeigen diese Beobachtungen, daß BWV 199 offensichtlich im Vorjahr entstanden ist.

Diese Gestaltung ändert sich in Kantate BWV 182, die je eine Arie (Nr. 4) in Konzert- (a, b1–2, c) und in Da capo-Form (Nr. 5: a1–2, b, c) enthält. In Nr. 5 strebt die Da capo-Form bereits im A-Teil zur III. Stufe (Episode 2–3, Ritornell 3), sämtliche Episoden und Binnenritornelle sind als ritornellverarbeitende Teile mit Gegenstimme konzipiert. Hinzu kommt, daß der B-Teil nicht nur neues motivisches Material, sondern einen Bewegungswechsel (von *Largo* zu *andante*) einführt. In BWV 182/4 hingegen treten die Ritornelle als unveränderte Wiederholungen des Eingangsritornells, die Episoden als ritornellverarbeitende Teile mit Gegenstimme auf. Auch kehren die Bezüge zwischen Formteilen wie in BWV 1046a/1 wieder: Die letzte Episode wiederholt Teile der ersten. Schließlich fällt auf, daß die umfangreichste harmonische Bewegung in BWV 182/5 die letzte, in BWV 182/4 jedoch die zweite Episode betrifft.

In Kantate BWV 12 fehlen erstmals die bisher bestehenden tonartlichen Rückungen. In der Da capo-Arie Nr. 4 (a1–2, b1–2, c) ist die Harmonik in allen drei Episoden ähnlich komplex, in der Arie Nr. 5 (a, b, c) in Konzertform findet sich die umfangreichste Bewegung wiederum in Episode 2. Nur die ersten Episoden beider Arien sowie die Binnenritornelle von BWV 12/5 sind mittels Gegenstimme als ritornellverarbeitende Teile angelegt. Neben der Harmonik erweist sich in BWV 12 gegenüber BWV 182 als neu, daß sich die Anfänge aller Episoden sowie der Ritornelle 2–4 überlappen.

Wie der Schlußchor von BWV 208 tritt auch der Eingangschor (a, b) der Kantate BWV 172 in Da capo-Form auf; gleiches gilt für Arie Nr. 4 (a1–2, b, c), während die dritte Arie (a1–2, b

Exkurs II: Ritornell und Episode in Bachs Kantaten

eine Konzertform darstellt. Noch immer erscheinen nur die ersten Episoden, jedoch fast keine Ritornelle als ritornellverarbeitende Teile. In BWV 172/4 findet sich wiederum eine Folge sich überlappender Episoden und Ritornelle, die umfangreichste harmonische Bewegung bieten die letzte (BWV 172/1 und 4) bzw. die zweite Episode (BWV 172/3), stufenweise Rückungen fehlen völlig. BWV 172/1 und 3 liefern Bezüge zwischen den Episoden durch Wiederholungen einzelner Abschnitte. Neu ist das Einfügen orgelpunktartiger Akkorde der Singstimmen in der zweiten Episode des Eingangschors, die es gestatten, Ritornellmaterial »einzublenden«. Bemerkenswert bleibt zudem die Ausdehnung auf 194 bzw. 155 Takte (BWV 172/1 und 4), während BWV 172/3 nur 31 Takte umfaßt.

Die Arien Nr. 3 (a1–3, b1–2) und Nr. 5 (a, b, c) aus BWV 21 fallen kompositionstechnisch völlig aus dem Rahmen der vorliegenden Kantaten und bestätigen die Vermutung, daß sie der ersten Fassung des Werkes aus der Zeit vor 1714 – so das autographe Datum zur Wiederaufführung der Partitur – entstammen (Wolff 1996). Beide Arien enthalten gehäufte harmonische Rückungen, BWV 21/3 bereits im Eingangsritornell. Die zuletzt genannte Arie besteht ohnedies nur aus einer einzigen Episode als ritornellverarbeitendem Teil und zwei gleichlautenden Rahmenritornellen und zeigt keinerlei Einflüsse von Albinonis Da capo-Arie. Damit liegt auf der Hand, daß sie vor der »Jagdkantate« BWV 208 (1712) und sogar vor der Kantate BWV 143 entstand. BWV 21/5 hingegen dürfte kaum vor 1713 komponiert worden sein: Ihr Bauplan gleicht weitgehend jenem von BWV 182/5 (einschließlich Bewegungswechsel).

Die Da capo-Arie Nr. 3 (a1–2, b1–4) aus Kantate BWV 61 schließt, nach mehrmonatiger Pause, unmittelbar an die Kompositionstechnik von BWV 172 an. Der Satz umfaßt 110 Takte, nur die erste Episode wurde als ritornellverarbeitender Teil ausgeführt, die letzte nimmt die komplexesten Harmonien auf, stufenweise Rückungen fehlen. Ungewöhnlich ist allein, daß das Da capo nicht mit dem Eingangsritornell, sondern mit der ersten Episode beginnt.

Sowohl der Eingangs- (a1–2, b, c1–2) und Schlußchor (a1–2, b, c1–2) als auch die Arie Nr. 3 (a1–2, b, c1–2) von Kantate BWV 63 wurden als Da capo-Form gestaltet, Arie Nr. 5 (a, b1–3, c) hat eine Konzertform. Ritornellverarbeitende Teile fehlen gänzlich oder beschränken sich auf die erste Episode (BWV 63/3 und 5) bzw. das dritte Ritornell (BWV 63/1 und 3). Sie entstehen nun – statt mittels einer Gegenstimme – durch melodische Veränderung oder Imitation von Ritornellmaterial. Die größte harmonische Ausdehnung findet sich in der ersten oder in einer der letzten Episoden, lediglich der Eingangschor enthält eine knappe Rückung. Die letzte Episode von BWV 63/5 nimmt deutlich Bezug auf die erste, die Anzahl der Takte ist durchschnittlich höher als in früheren Kantaten und umfaßt zwischen 69 und 145 Takten.

Auch in Kantate BWV 152 präsentieren nur die erste (Arie Nr. 2: a1–2, b1–2, c) bzw. die ersten beiden Episoden (Arie Nr. 4: a1–2, b1–2) ritornellverarbeitende Teile, entstehend durch eine Gegenstimme oder melodische Veränderung. BWV 152/2 enthält umfangreiche tonartliche Rückungen, harmonisch besonders komplex ist jeweils die zweite Episode. In Ritornell 3 dieser Arie findet sich erstmals neues, vom Eingangsritornell unabhängiges motivisches Material.

Aus dem Jahr 1715 stammen folgende Kantaten:

BWV 18   *Gleichwie der Regen und Schnee vom Himmel fällt* (1713 oder zum 24. Februar 1715)
BWV 54   *Widerstehe doch der Sünde* (1714 oder zum 24. März 1715)
BWV 31   *Der Himmel lacht! Die Erde jubilieret* (zum 21. April 1715)
BWV 165 *O heilges Geist- und Wasserbad* (zum 16. Juni 1715)

Exkurs II: Ritornell und Episode in Bachs Kantaten

BWV 185 *Barmherziges Herze der ewigen Liebe* (zum 14. Juli 1715)
BWV 163 *Nur jedem das Seine* (zum 24. November 1715)
BWV 132 *Bereitet die Wege, bereitet die Bahn* (zum 22. Dezember 1715)

Eines der verbindenden Elemente zwischen den Kantaten von 1714 und 1715 besteht im starken Rückgang bis hin zum vollständigen Fehlen ritornellverarbeitender Teile. Zudem etablieren sich nun Bezüge zwischen mindestens zwei Episoden in fast allen Einzelsätzen. Zudem existieren in keiner der Kantaten von 1715 noch harmonische Rückungen, wie sie in Tomaso Albinonis *Concerti* op. 2 (1700), 5 (1707) und 7 (1715) regelmäßig auftreten, jedoch bereits in Antonio Vivaldis *L'Estro armonico* op. 3 (1711) weitestgehend ausbleiben.

Dem – allerdings unklaren – Schriftbefund der autographen Stimmen nach könnte Kantate BWV 18 bereits im Jahre 1713 entstanden sein (Kobayashi 1995, S. 304). Dagegen spricht die Arie Nr. 4 (a1–2, b1–2, c), die unter den bisher angeführten als modernste zu gelten hat: Auffallend ist nicht allein die ausgewogene Proportionierung des Eingangsritornells, vielmehr erscheint Ritornellmaterial – neben den ritornellverarbeitenden Teilen der Episoden 1 und 3 – nun erstmals in der Episodenbegleitung als unverändertes Zitat im Ripieno. Bezüge in Gestalt notengetreuer Wiederholungen finden sich in den Episoden 1 und 3 sowie 4 und 5, jetzt aber auch in den Ritornellen 2 und 3. Bemerkenswert ist die gleichmäßige Verteilung harmonischer Fortschreitungen über sämtliche fünf Episoden. Zwei dieser Merkmale – Ritornellzitate in Episoden sowie Bezüge zwischen Ritornellen und Episoden – sind bereits in der *Sinfonia* Nr. 1 der Kantate vertreten: Das einleitende, im Unisono vorgetragene Ritornell (a, b, c) kehrt dreimal unverändert wieder. Dazwischen finden sich drei Episoden, deren erste und zweite sowohl neue Motive als auch, als Quasi-Ostinato, das Ritornell oder Teile davon zitieren. Die dritte Episode hingegen ist eine notengetreue Wiederholung der ersten. Auf diese Weise gelingt es Bach, zwei unterschiedliche Kompositionstypen miteinander zu verbinden: die Konzertform Albinonis und die Chaconne. Daher war es im vorliegenden Fall unvermeidlich, jeden Formteil des Werkes auf der I. Stufe zu beginnen. Zugleich wird Bachs neuerliche Intention deutlich, Albinonis Konzertform zu verändern. Aufgrund dieser Merkmale kann das vorliegende Werk nicht vor Ende 1714 komponiert worden sein.

Die Eingangsarie (a, b, c1–2) in Da capo-Form der Kantate BWV 54 gleicht diesem Befund weitestgehend. Wiederum treten nur die beiden ersten Episoden als ritornellverarbeitende Teile mittels Gegenstimme auf, klare Bezüge entstehen zwischen den Episoden 3 und 4. Durch einen Halteton der Solostimme (»Orgelpunkt«) erreicht Bach eine Überlappung von erster Episode und zweitem Ritornell. Wie in BWV 18/4 kennt die Harmonik keine maximale Bewegung. Neu ist allerdings der Eintritt des zweiten Ritornells auf fremder (II.) Stufe innerhalb des A-Teils einer Da capo-Arie, der das schon in BWV 143 offensichtliche Bestreben bestätigt, Konzert- und Da capo-Form miteinander zu vermischen – ebenso wie in BWV 18/1 die Konzertform und Chaconne. Angesichts solcher Spezifika dürfte BWV 54 mit großer Sicherheit ebenfalls nicht vor 1715 komponiert worden sein.

Die *Sinfonia* Nr. 1 (a1–2, b1–2, c) sowie die Arien Nr. 6 (a, b, c) und Nr. 8 (a1–3, b1–3, c) von BWV 31 sind erstmals innerhalb einer Kantate seit BWV 143 allesamt in Konzertform konzipiert. Neu ist außerdem, daß in BWV 31/1 keine einzige, in BWV 31/6 und 8 jeweils nur die erste Episode als ritornellverarbeitender Teil gestaltet wurde. Die Ripienobegleitung der Episoden besteht entweder aus neuem motivischem Material oder aus Zitaten von Ritornellabschnitten. Hingegen erweisen sich fast alle Binnenritornelle als ritornellverarbeitende Teile. Sie ergeben sich außer durch Ergänzung von Gegenstimmen und melodischer Variierung jetzt auch durch neue

Exkurs II: Ritornell und Episode in Bachs Kantaten

Harmonisierung. In BWV 31/1 und 31/8 überlappen sich wiederum Episoden und Ritornelle, was in der *Sinfonia,* wie schon in BWV 172/1 und in BWV 54/1, durch ausgehaltene Akkorde erreicht wird. In allen drei Sätzen finden sich zahlreiche Bezüge zwischen Episoden und Ritornellen, die in der motivisch einheitlichen Gestaltung der Episoden von BWV 31/1 gipfeln. Das auffälligste Merkmal der Kantate besteht jedoch im Unisono-Ritornell der *Sinfonia.* Schon das Ostinato-Thema der *Sinfonia* BWV 18/1 hatte Bach im Unisono aller Ripieno-Stimmen vortragen lassen, was für eine Chaconne mehr als ungewöhnlich ist (Emans 1990, S. 48). Der Anlaß hierfür liegt auf der Hand: Allein in Unisono-Gestalt war das Thema von BWV 18/1 innerhalb eines quasi-ostinaten Satzes in Konzertform als Binnenritornell mit gliedernder Wirkung erkennbar. Darüber hinaus ließ sich das Thema – unter Umgehung ritornellverarbeitender Strukturen – in Episoden zitieren. Somit dürfte die *Sinfonia* BWV 18/1 den Ausgangspunkt für zwei typisch Bachsche Techniken bilden: für Ritornellzitate innerhalb von Episoden, wie sie bereits in der Arie BWV 18/4 wiederkehren, und für das dreiteilige Unisono-Ritornell, das in der *Sinfonia* von Kantate BWV 31 seinen Niederschlag findet.

Auf der Suche nach einem Vorbild für das Unisono-Ritornell stößt man unweigerlich auf Vivaldis *Concerti* op. 3,5 und 3,8, deren Auswirkungen derart gewichtig gewesen zu sein scheinen, daß auch Albinonis *Concerti* op. 7 wiederholt Unisono-Ritornelle einschließen. Damit liegen in den Kantaten BWV 18 und 31 die frühesten eindeutigen Belege für den Einfluß von Vivaldis Konzerten op. 3 vor, der sich womöglich in der Existenz formaler Bezüge seit BWV 182 (März 1714) und im Rückgang harmonischer Rückungen seit BWV 172 (Mai 1714) ankündigte. Dieser Beobachtung entsprechen das Fehlen von Da capo-Formen in BWV 31 sowie die komplexe harmonische Bewegung in der bzw. in den ersten Episoden von BWV 31/1 und 8, die im Gegensatz sowohl zu Albinonis Konzert- als auch Da capo-Sätzen stehen. Als typisch für Vivaldis Konzerte op. 3 kann zudem gelten, daß bereits das vorletzte Ritornell auf der I. Stufe eintritt. Dies ist erstmals in BWV 63/5 sowie in BWV 31/1 und 31/8 der Fall, selbst wenn es sich dabei um ritornellverarbeitende Teile und nicht um notengetreue Wiederholungen handelt.

Eine eindrucksvolle Bestätigung für Bachs allmähliche Auseinandersetzung mit Vivaldis Vorbild liefert eine wohlbekannte Äußerlichkeit, deren Auftreten sich mit der Entwicklung seiner Kompositionstechnik in vollem Umfang deckt: die Besetzung des Streicherapparats. Bachs älteste Kantaten enthalten keine Viola-Stimme (BWV 106 [1707?], BWV 150 [1708?]) oder gleich zwei Partien für dieses Instrument (BWV 131 [1707], BWV 4 [1707/08?]). Die Besetzung mit 1 Violine, 2 Violen und Continuo in BWV 131 (sowie in BWV 182) läßt sich aus der französischen Orchesterpraxis herleiten, deren Streicherbesetzung seit etwa 1660 neben einer einzigen Violine und Continuo drei, um 1700 gelegentlich noch zwei Violen umfaßte. Schon in den 1680er Jahren aber schloß die Streicherbesetzung vor allem an deutschen Höfen neben zwei Violinen in der Regel nur eine Viola-Stimme ein (⟶ S. 253). Diese Besetzung findet sich in Bachs Kantaten BWV 71, 96, 143, 208, 199 und 21 sowie in der *Sinfonia* BWV 1046a aus der Zeit zwischen 1708 und 1713 wieder. Für die Besetzung mit zwei Violinen nebst Continuo sowie zwei Violen, wie sie erstmals in Kantate BWV 4 (1707/08?) und dann regelmäßig in den neukomponierten Kantaten zwischen März und Dezember 1714 (BWV 182, 12, 172 und 61), letztmals aber in den Kantaten BWV 54 und 31 vom Frühjahr 1715 auftritt, bestanden damals nur zwei gedruckte Vorbilder: Albinonis *Concerti* op. 2 (1700) und op. 5 (1707). Die *Concerti* op. 7 (1704) von Henrico Albicastro, op. 6 (1698) und 8 (1709) von Giuseppe Torelli und op. 3 (1711) von Vivaldi hingegen rechnen mit der »klassischen« Ripienobesetzung von zwei Violinen, Viola und Continuo. Sie kehrt unter

Exkurs II: Ritornell und Episode in Bachs Kantaten

Bachs Kantaten erstmals in BWV 63 vom Dezember 1714 wieder und wird von Juni 1715 an (BWV 165) unverändert beibehalten!

Dennoch schließt nach diesen Experimenten die Kantate BWV 165 an das Vorbild Albinonis an: Die Arie Nr. 1 entspricht der Faktur eines Schlußsatzes aus Albinonis *Concerti* op. 2 und vor allem op. 5 mit einer Ritornellgestaltung als Fugenexposition in typischer Engführung (⟶ S. 272), wobei das Thema in den Episoden (Episode 2) und den Binnenritornellen sogar zusammen mit seiner Umkehrung durchgeführt werden kann. Bei genauerem Hinsehen handelt es sich jedoch nicht um einen kompositionstechnischen »Rückschritt«, sondern um ein Experiment auf der Basis jener Errungenschaften, die Bachs Arien zu Beginn des Jahres 1715 kennzeichnen. Hierzu gehören die Vermeidung von Da capo-Formen ebenso wie die Übertragung der Episodengestaltung einer Da capo-Arie auf die Konzertform in Arie Nr. 5 (a1–2, b1–2), die durchgehende Überlappung sämtlicher Episoden und Binnenritornelle in beiden Arien und häufige Bezüge zwischen Episoden bzw. Ritornellen. In BWV 165/1 fehlen jegliche ritornellverarbeitenden Teile, in BWV 165/5 sind fast alle Episoden und Binnenritornelle auf diese Weise gestaltet. Neu ist die durchgehend »solistische« Episodenbegleitung der ersten Violine mit einem Themenzitat und dessen freier Fortspinnung in allen Episoden von Arie Nr. 1, was in ähnlicher Weise auch als Episodenbegleitung in Arie Nr. 5 wiederkehrt. Neu ist ferner, daß in letzterer sämtliche Episoden von der Solostimme allein, begleitet nur vom Continuo, wenn auch nicht vollständig vorgetragen, so doch abgeschlossen werden. Beide Techniken dürften wiederum auf Vivaldis Opus 3 zurückgehen.

Abgesehen von der Gestalt ihres Eingangsritornells (a1–3, b1–2, c1–2) kann die Arie Nr. 3 aus Kantate BWV 185 geradezu als Zusammenfassung wesentlicher Charakteristika der Arien von BWV 165 bezeichnet werden: Einerseits fehlen ritornellverarbeitende Teile, die umfassendste harmonische Bewegung findet sich wieder in der letzten Episode, Episode 1 und Ritornell 2 überlappen sich. Andererseits überträgt Bach den Beginn einer Da capo-Arie auf die Konzertform. Als Episodenbegleitung treten sowohl Ritornellzitate und eine freigeführte solistische Instrumentalstimme als auch ein Orgelpunkt im Solo mit »Einblendung« von Ritornellmaterial im Ripieno auf.

Die beiden Arien von Kantate BWV 163, eine Da capo-Arie (Nr. 1: a1–2, b1–2) und eine Arie in Konzertform (Nr. 3: a1–2, b, c), passen in das bestehende Bild: Außer in der ersten Episode und in den Ritornellen 2 und 3 von BWV 163/1 fehlen ritornellverarbeitende Teile und in BWV 163/3 – wie in BWV 185/3 – auch jegliche Bezüge. In BWV 163/1 sind sie jedoch jeweils zwischen den Episoden 2 und 3 sowie den Ritornellen 2 und 3 klar erkennbar. Ein Kennzeichen beider Arien ist wiederum die Begleitung von Episoden mittels Ritornellzitaten oder einer freigeführten solistischen Instrumentalstimme.

Die Kantate BWV 132 enthält zwei Arien (Nr. 1 und 5) jeweils mit Eingangsritornellen der Gestalt a1–4 und b1–4, die – entsprechend den Ritornellen der unmittelbar vorangegangenen Kantatensätze – Bachs verstärktes Bemühen um ausgewogene Proportionierung und Erweiterung spiegeln. Eine solche Periodik, nicht jedoch die dreiteilige Ritornellgestalt selbst, kann ebenfalls dem Einfluß von Vivaldis Opus 3 zugeschrieben werden. Die Episodenbegleitung beider Arien setzt sich sowohl aus Zitaten als auch freigeführten solistischen Instrumentalstimmen zusammen. Allerdings umfaßt BWV 132/1 keine, in BWV 132/5 hingegen jede Episode ritornellverarbeitende Teile. In BWV 132/1 finden sich wiederum Überlappungen, Bezüge zwischen je zwei Episoden und Ritornellen und die »Einblendung« von Ritornellmaterial über einem Orgelpunkt de Solo. Die letzte Episode wird erneut von Solostimme und Continuo allein beendet.

Exkurs II: Ritornell und Episode in Bachs Kantaten

Folgende Kantaten können auf das Jahr 1716 datiert werden:

BWV 155 *Mein Gott, wie lang, ach lange* (zum 19. Januar 1716)
BWV 80a *Alles, was von Gott geboren* (zum 15. März 1715 oder zum 15. März 1716)
BWV 161 *Komm, du süße Todesstunde* (zum 6. Oktober 1715 oder 27. September 1716)
BWV 162 *Ach! ich sehe, itzt, da ich zur Hochzeit gehe* (zum 3. November 1715 oder 25. Oktober 1716)
BWV 70a *Wachet! betet! betet! wachet!* (zum 6. Dezember 1716, wohl Fragment geblieben)
BWV 186a *Ärgre dich, o Seele, nicht* (zum 13. Dezember 1716, Fragment geblieben?)
BWV 147a *Herz und Mund und Tat und Leben* (zum 20. Dezember 1716, Fragment geblieben)

Wie in der letzten Kantate des Jahres 1715 ist auch in Kantate BWV 155 das Streben nach ausgeglichener Proportionierung der Eingangsritornelle unübersehbar: In der Da capo-Arie Nr. 2 gliedert sich das Ritornell in a1–2 und b1–2, in der Arie Nr. 4 in Konzertform in a1–2, b1–2 und c. In beiden Arien herrschen Ritornellzitate als Episodenbegleitung vor, in BWV 155/4 dienen mehrere Orgelpunkte der Singstimme zur »Einblendung« von Ritornellmaterial; daher überlappen sich die Ritornelle 3 und 4 bzw. die Episoden 3 und 4, die Episoden 1 und 4 beziehen sich aufeinander. In den Episoden 3 und 4 sowie in Ritornell 4 von BWV 155/2 entstehen ritornellverarbeitende Teile durch melodische Veränderung, in Arie Nr. 4 fehlen sie vollständig. Wie in Kantate BWV 31 tritt hier bereits das vorletzte Ritornell auf der I. Stufe ein.

Das *Duetto* Nr. 5 der Kantate BWV 80a faßt gleichsam die wichtigsten kompositionstechnischen Errungenschaften des Jahres 1715 zusammen: Die Ritornellgestaltung (a1–4, b1–4) erweist sich wiederum als absolut symmetrisch, die Konzertform beginnt in der Art einer Da capo-Arie, Bezüge, erstmals als notengetreue Wiederholungen, gelten Episode 1 und 3 sowie Ritornell 2 und 4; ebenfalls zum ersten Mal entsteht in Episode 2 ein ritornellverarbeitender Teil durch gleichzeitige Sequenzierung unterschiedlicher Ritornellbestandteile einerseits in den Solostimmen, andererseits in den beiden Soloinstrumenten. Die nächste längere Episode führt eine Quasi-Umkehrung des Ritornellbeginns in allen Melodiestimmen als Fugenexposition durch (siehe BWV 165/1), in der letzten Episode wandert ein neues Motiv ebenfalls fugatoartig durch die Stimmen. Dennoch wird die Episode ein weiteres Mal von den Solostimmen samt Continuo allein beschlossen. Diese Beobachtungen zeigen, daß BWV 80a/5 nicht bereits 1715, also noch vor Kantate BWV 31, sondern erst zum 15. März 1716 entstanden sein kann.

Die Kantaten BWV 161 und 162 werden entweder in den Herbst 1715 oder 1716 eingeordnet. Sieht man einmal davon ab, daß ihre Aufführung im Jahre 1715 aufgrund der Landestrauer vom 11. August bis zum 9. November nach dem Tod des Prinzen Johann Ernst ausgeschlossen ist (Glöckner 1985), so finden sich in beiden Werken Neuerungen, die allein für eine Entstehung im Herbst 1716 sprechen: a) Episodenbegleitungen in Gestalt liegender Streicherakkorde im Schlußchor BWV 161/5 (T. 71ff.) und in der Arie BWV 162/1, b) das Auftreten von Episoden, die nur vom Continuo begleitet werden (Episode 1 und 6 in BWV 161/3). Beide Techniken kehren in Bachs Köthener Kantaten wieder (siehe unten). Hinzu kommt jedoch, daß in BWV 161/5 der älteste bekannte Schlußchor vorliegt, der konsequent in Konzertform mit fünf Ritornellen und vier Episoden gestaltet wurde. So gesehen ist zwischen den Kantaten BWV 80a und 161 tatsächlich eine zeitliche Lücke in beträchtlichem Umfang anzunehmen, die auch kompositionstechnische Auswirkungen offenbart. Einerseits sind wesentliche Merkmale aus der Zeit um den Jahreswechsel 1715/16 erkennbar: Episoden werden vom Ripieno entweder in freier Stimmführung oder durch Ritornellzitate (mit Orgelpunkten im Solo) begleitetet, in der ersten Episode von BWV 162/1 entsteht

Exkurs II: Ritornell und Episode in Bachs Kantaten

sogar ein Dialog zwischen Solostimme und Violine 1, Episoden werden vielfach solistisch, d.h. ohne Ripieno, abgeschlossen, ritornellverarbeitende Teile sind selten und beschränken sich auf Binnenritornelle sowie in einem einzigen Fall auf eine Episode in der Satzmitte (BWV 161/3). Die harmonische Komplexität unter den Episoden ist fast ausnahmslos ausgewogen. Andererseits trifft man gegenüber den Kantaten BWV 155 und 80a auf Veränderungen, die sich nicht als Fortschritte erweisen, die diesen Namen verdienen: Sämtliche Ritornelle sind zwar wohlproportioniert, ausgenommen BWV 161/1 (a1–2, b1–2, c) de facto aber zweiteilig (BWV 161/3: a1–2, b1– 2, BWV 161/5: a1–2, b1–2, BWV 162/1: a, b). Bezüge – durchweg zwischen Episoden – treten nur vereinzelt auf. Die zuletzt genannten Spezifika lassen sich auch in den Kantaten BWV 70a, 186a und 147a vom Dezember 1716 beobachten und bestätigen somit die Datierung auf das besagte Jahr.

Die Entstehung von gleich drei Kantaten – BWV 70a, 186a und 147a – im Dezember 1716 wird traditionell mit dem Tod des Weimarer Hofkapellmeisters Johann Samuel Drese am 1. Dezember 1716 und mit Bachs Ambitionen auf dessen Nachfolge in Verbindung gebracht (siehe dagegen S. 57f.). Offen bleibt allerdings, ob diese Kantaten tatsächlich in Weimar beendet wurden. Von BWV 70a und 186a kann dies vermutet werden; seine Arbeit an BWV 147a hingegen brach Bach nach dem Eingangschor ab und setzte sie erst in Leipzig fort (Kobayashi 1995, S. 307). Entgegen weitverbreiteter Ansicht (Zehnder 1997, S. 95) entspricht keiner der großbesetzten Eingangschöre dieser Kantaten der Konzertform. Vielmehr beginnt der Komponist jeweils mit einem Anfangsritornell (BWV 70a: a1–2, b, c, d1–2, BWV 186a: a1–2, b1–2, BWV 147a: a1–2, b1–2, c), an das sich mehrere Episoden mit Zitaten von Ritornellmaterial anschließen. Der Wiedereintritt des Ritornells wird spätestens nach dem dritten Mal (BWV 186a/1) aufgegeben. D.h. die Chöre enden jeweils mit »Episoden« und bleiben deshalb von dieser Untersuchung ausgeschlossen. Abgesehen von der Da capo-Arie BWV 161/3 sind die übrigen Kantatensätze vom Herbst 1716 in Konzertform konzipiert, wobei deutliche Analogien erkennbar werden: Sie reichen von der Ritornellgestalt (BWV 70a/3: a1–2, b1–2, c1–2, BWV 70a/4: a1–3, b1–3, BWV 186a/3: a, b, c, BWV 186a/5: a1–3, b1–3) über das spärliche Auftreten von Bezügen (zwischen Episoden) bis zu Episodenbegleitungen mit Ritornellzitaten (und Orgelpunkten im Solo). Ritornellverarbeitende Teile sind selten und betreffen nun in etwa gleichem Umfang Ritornelle wie Episoden. Sie entstehen entweder durch eine Gegenstimme zum Ritornell, durch dessen Sequenzierung, Imitation oder harmonische Veränderung. In der Arie BWV 186a/5 mit einem Umfang von nicht weniger als 212 Takte kehren mehrere, überwiegend nur vom Continuo begleitete Episoden wieder Deren erste Episode hingegen wird nur vom Streicherripieno ohne Continuo gestützt. Neu ist die Tendenz, die umfassendste harmonische Bewegung entweder in die erste (BWV 70a/3 und 4) oder letzte Episode (BWV 186a/5) zu verlegen. Die erste Episode von BWV 70a/4 und die zweite vor BWV 186a/5 enthalten erstmals gleichbleibende Begleitmotive des Ripieno.

Zwischen der Kantate BWV 147a und Bachs ältester überlieferter Köthener Kantate BWV 66a (zum 10. Dezember 1718) liegen zwei Jahre, aus denen keine einzige Kantate erhalten zu sein scheint. Selbst wenn Bach in seinem letzten Weimarer Amtsjahr (1717) keine Kantaten mehr komponiert hätte, wäre doch eine (bislang unbekannte) Neujahrskomposition zum 1. Januar 1718 für den Köthener Hof zu vermuten, wo er in der zweiten Dezember-Hälfte des Jahres 1717 seine Amtsgeschäfte als Kapellmeister aufnahm. Regelmäßig wiederkehrende Anlässe zur Schaffung von (weltlichen) Kantaten oder Serenaden bestanden in Köthen zum Geburtstag des Fürsten Leopold von Anhalt-Köthen am 10. Dezember sowie zum Neujahrsfest.

Exkurs II: Ritornell und Episode in Bachs Kantaten

Aus Bachs Köthener Amtszeit (1717–1723) sind folgende Kantaten überliefert:

BWV 66a   *Der Himmel dacht auf Anhalts Ruhm und Glück* (zum 10. Dezember 1718)
BWV 134a *Die Zeit, die Tag und Jahre macht* (zum 1. Januar 1719)
BWV 173a *Durchlauchtster Leopold* (zum 10. Dezember 1719, 1720, 1721 oder 1722)
BWV 194a unbekannter Titel und Text (1718–1723)
BWV 184a unbekannter Titel und Text (1718–1723 oder: zum 10. Dezember 1720 bzw. 1. Januar 1721 [Wolff 1997 II, S. 20])

Zur ursprünglichen Gestalt der Kantate BWV 66a legte Joshua Rifkin (1997) Überlegungen dar, deren Tragweite im kompositorischen Kontext von Bachs übrigen Köthener Kantaten überprüft werden soll. Deshalb wird BWV 66a hier zunächst zurückgestellt.

Gegenüber den Weimarer Konzert- und Da capo-Formen zeigt die Kantate BWV 134a, deren Uraufführung nur wenige Wochen nach BWV 66a erfolgte, bei aller Kontinuität ein deutlich verändertes Bild. Über die komplexe Ritornellgestaltung (BWV 134a/2: a1–2, b1–2, c1–2, BWV 134a/4: a1–4, b1–4, BWV 134a/8: a1–4, b1–4) hinaus offenbart sich nun ein Ritornellumfang mit einer durch 4 teilbaren Gesamtzahl an Takten (BWV 134a/2: 24, BWV 134a/4: 16, BWV 134a/8: 32 Takte) und einer entsprechend regelmäßigen Periodik, die für fast jedes Ritornellsegment jeweils 4 Takte vorsieht. Neu ist die Wiederkehr sich überlappender Ritornell- (1–5 und 7) bzw. Episodenanfänge (1–4, 6–7) und weniger ritornellverarbeitender Teile ausschließlich in (Binnen-) Ritornellgestalt – nunmehr erstmals als Zitate mit freier Fortspinnung. Stößt man in Bachs Kantaten von 1715/16 nur selten auf Da capo-Formen, so entsprechen in BWV 134a gleich drei Arien diesem Muster. Auch ihr Umfang ist beträchtlich, er reicht von 196 (Nr. 4) über 328 (Nr. 2) bis zu 416 Takte (Nr. 8)! Neu ist auch die Gestaltung der ersten Episoden einer Da capo-Arie in der Art einer Konzertform (BWV 134a/4 und 8). Das zweite oder dritte Ritornell des A-Teils beginnt nun grundsätzlich auf der V., das oder die Ritornelle des B-Teils auf der III. Stufe. Die Komplexität der harmonischen Bewegung erstreckt sich ziemlich gleichmäßig über fast alle Episoden. Episoden werden vielfach solistisch abgeschlossen, von Ritornellzitaten des Ripieno, meist aber im solistischen Dialog von Oboe(n) und Violine 1 begleitet. In BWV 134a/2 erscheinen sogar für die ersten Episoden jeweils neue Begleitmotive des Ripieno und/oder Concertino, die in späteren Episoden wiederkehren. Die Anzahl der Episoden schwankt zwischen 3 (Nr. 4) und 7 (Nr. 2). Bezüge sind selten und betreffen allein Episoden.

Diese Beobachtungen machen es sehr wahrscheinlich, daß Bach zwischen den Kantaten BWV 186a (zum 13. Dezember 1716) und BWV 134a (zum 1. Januar 1719) nicht nur seine formale Konzeption änderte, sondern – das zeigen insbesondere die beträchtlichen räumlichen Ausdehnungen und die geradzahlige, regelmäßige Periodik – auch weitere Erfahrungen mit Konzert- und Da capo-Formen sammelte. Eine solche Feststellung erscheint um so merkwürdiger, als aus der Periode zwischen Dezember 1716 und Dezember 1718 keine Kantaten bekannt sind. Denkbar wäre allein, daß der neue Köthener Hofkapellmeister in den wenigen Wochen nach seiner Amtsübernahme zum Jahreswechsel 1717/18 eine Neujahrskantate lieferte.

Das beschriebene Bild setzt sich in den Arien Nr. 2 und 6 von Kantate BWV 173a fort: Erneut umfassen die Ritornelle 8 (Nr. 2) oder 16 Takte (Nr. 6), die sich aus acht Segmenten (a1–4, b1–4) von jeweils genau einem (Nr. 2) oder zwei Takten (Nr. 6) zusammensetzen. In Arie Nr. 2 lassen sich zwei ritornellverarbeitende Teile (Ritornelle 4 und 5) als Variation von Ritornellmaterial identifizieren, in Nr. 6 fehlen sie gänzlich. Die Harmonik verteilt sich weitgehend gleichmäßig über

Exkurs II: Ritornell und Episode in Bachs Kantaten

sämtliche Episoden. Diese werden von Ritornellzitaten (teilweise während orgelpunktartiger Haltetöne im Solo), in BWV 173a/2 im Dialog von Traversflöte(n) und Violine 1, in freier Stimmführung oder im Falle von BWV 173a/6 erneut von einem über mehrere Episoden beibehaltenen Ripieno-Motiv begleitet. Beide Arien basieren auf der Konzertform.

Begleitmotive, die jeweils in diversen Episoden wiederkehren, finden sich durchgehend in den Arien Nr. 3, 5 und 9 der Kantate BWV 194a. Folgende Befunde sprechen dafür, daß das Werk zugleich die letzte der überlieferten Köthener Kantaten darstellt: Die Ripieno- bzw. Concertinobegleitung während der Episoden schließt jeweils auch Ritornellzitate (samt Orgelpunkten im Solo) sowie ausgehaltene Akkorde ein, Episode 2 von BWV 194a/3 wird von einer Fermate unterbrochen. Dieselbe Arie zeigt Bezüge zwischen sämtlichen, Nr. 9 zwischen fünf von sieben Episoden. In den Arien Nr. 3 und 9 bestehen ebenfalls Bezüge zwischen allen Ritornellen; ausgenommen hiervon ist allein das siebte Ritornell von BWV 194a/3, das neues motivisches Material einführt, ohne auf das Ritornell Bezug zu nehmen. Die Ritornellgestaltung fällt wiederum regelmäßig aus: Sie umfaßt vier (Nr. 3: a1–2, b1–2) bzw. sechs Segmente (Nr. 5 und 9: a1–2, b1–2, c1–2) von 4 x 1 Takt (Nr. 3) bzw. 4 + 4 + 2 + 3 + 3 + 2 (Nr. 5) und 4 + 4 + 4 + 5 + 5 + 8 Takten (Nr. 9). Bemerkenswert ist, daß Nr. 5 und 9 Da capo-Formen darstellen. BWV 194a/3 aber erscheint als Da capo-Gestalt in Konzertform, indem nicht allein die Konzeption der ersten Episoden, sondern auch der harmonische Bauplan der Ritornelle und Episoden des »A-« und »B-Teils« einer Da capo-Arie entsprechen, d.h. die Ritornelle 2–5 treten, wie bei einer Da capo-Arie jener Zeit, nacheinander auf der I., V., II. und I. Stufe ein. Genau in der Satzmitte folgt – einzigartig innerhalb einer Konzertform – als Ritornell 6 eine notengetreue Wiederholung des Eingangsritornells in der Tonika, an die sich zwei Episoden und ein Ritornell, beginnend jeweils auf der VI. Stufe, anschließen. Das Quasi-Da capo wird von einer Wiederholung der ersten Ritornellhälfte in der Tonika eingeleitet und gipfelt in einer weiteren Episode und der Reprise des Eingangsritornells jeweils mit Beginn auf der I. Stufe. Damit repräsentiert der Satz eine Verschmelzung der abstrahierten Da capo-Form Albinonis mit einem Konzertsatz nach Vivaldis Harmonieplan.

Daß Kantate BWV 194a tatsächlich gegen Ende von Bachs Köthener Zeit entstand, belegt schließlich ein Vergleich mit acht Leipziger Kantaten der Jahre 1723/24, die stichprobenartig ausgewählt wurden. Es handelt sich um die beiden Probestücke für das Thomaskantorat BWV 22 *Jesus nahm zu sich die Zwölfe* und BWV 23 *Du wahrer Gott und Davids Sohn* (jeweils zum 7. Februar 1723) sowie um die Kantaten BWV 75 *Die Elenden sollen essen* (zum 30. Mai 1723), BWV 136 *Erforsche mich, Gott, und erfahre mein Herz* (zum 18. Juli 1723), BWV 77 *Du sollt Gott, deinen Herren, lieben* (zum 22. August 1723), BWV 89 *Was soll ich aus dir machen, Ephraim* (zum 24. Oktober 1723), BWV 90 *Es reißet euch ein schrecklich Ende* (zum 14. November 1723) und BWV 96 *Herr Christ, der einige Gottessohn* (zum 8. Oktober 1724). Ergänzend wurden ferner jeweils die Erstfassung des *Magnificat* BWV 243a in Es-Dur (zum 25. Dezember 1723) und der »Johannes-Passion« BWV 245 (zum 7. April 1724) sowie das »Oster-Oratorium« BWV 249 (zum 1. April 1725) herangezogen. Dabei zeigt sich, daß die wesentlichen kompositionstechnischen Merkmale von Kantate BWV 194a auch in Leipziger Vokalwerken erhalten blieben. Hierzu gehören:

♦ eine regelmäßige, geradzahlige Periodik,
♦ häufige Bezüge zwischen und notengetreue Wiederholungen von Episoden und Ritornellen,
♦ Episodenbegleitungen in Gestalt von Ritornellzitaten (mit Orgelpunkten im Solo) und Dialogen zwischen konzertierenden Instrumenten sowie von wiederkehrenden Begleitmotiven,

Exkurs II: Ritornell und Episode in Bachs Kantaten

♦ die Übertragung einer Da capo-Anlage auf die Konzertform (beispielsweise in der Arie BWV 75/3),
♦ Binnenritornelle mit neuem, vom Eingangsritornell unabhängigem motivischem Material und
♦ das Fehlen ritornellverarbeitender Teile oder ihre Beschränkung auf ein bzw. zwei Binnenritornelle.

Auch in der »Matthäus-Passion« BWV 244 (1727, spätestens 1729) sind ritornellverarbeitende Teile kaum mehr vertreten. Zugleich belegen diese Beobachtungen, daß Bachs selbstentwickelte Konzert- und Da capo-Formen noch in seiner Leipziger Periode wesentliche Elemente von Tomaso Albinonis Vorbildern beibehielten. Antonio Vivaldis Einfluß läßt sich allenfalls in sekundären Merkmalen – etwa im Schwinden ritornellverarbeitender Teile, in der motivischen Variabilität von Episode zu Episode oder im Wiedereintritt des vorletzten Ritornells auf der I. Stufe – erkennen.

Um ausreichende Vergleichsmöglichkeiten zu gewinnen, wurden schließlich fünf Werke in Konzertform für solistische Tasteninstrumente untersucht, die ihrer Quellenlage und Stilistik nach als Leipziger Kompositionen gelten: Die Orgelpraeludien h-Moll BWV 544/1 (Autograph von ca. 1729), c-Moll BWV 546/1 (Entstehungszeit ungewiß), e-Moll BWV 548/1 (Teilautograph von ca. 1729) und Es-Dur BWV 552/1 (veröffentlicht 1739) sowie die Ecksätze des »Italienischen Konzerts« F-Dur BWV 971 für Cembalo (publiziert 1735). Auch das Bild dieser Kompositionen fällt erstaunlich einheitlich aus:

♦ Die Anzahl der Ritornelltakte ist gerad- oder nahezu geradzahlig (mit Abschluß im folgenden Takt), die Periodik regelmäßig oder viertaktig (BWV 971/1 und 3, BWV 552/1),
♦ Bezüge zwischen Episoden und Ritornellen sind die Norm,
♦ Episoden besitzen durchweg wiederkehrende Begleitmotive,
♦ die Übertragung einer Da capo-Anlage tritt in der Fuge BWV 548/2 auf,
♦ Binnenritornelle präsentieren in BWV 544/1, 548/1, 552/1 und 971/3 neues motivisches Material, und
♦ ritornellverarbeitende Teile fehlen in BWV 546/1, in BWV 544/1, 548/1, 552/1 und 971/1 und 3 beschränken sie sich auf ein oder zwei Binnenritornelle. Somit können die beschriebenen Charakteristika durchaus als »Standard« von Bachs Leipziger Konzertform gelten.

Erstaunlich ist, daß wir sowohl in den genannten Leipziger Vokal- und Tastenwerken als auch in den drei Köthener Kantaten jeweils erneut stufenweise tonale Versetzungen (Rückungen) antreffen, wie sie in Bachs frühen Kantaten oft erscheinen, in jenen der Jahre 1715/16 jedoch fehlen (⟶ S. 192). Solche Rückungen sind in Köthener Kantaten zwar durchweg vorhanden, finden sich jedoch seltener als in den Leipziger Werken. Sie bestehen, entsprechend den Kantaten vor 1715, aus Tonarten, die im Abstand einer Stufe unmittelbar aufeinander folgen. Weitaus häufiger aber tritt jetzt zur bestehenden Tonart eine verminderte Septime oder ein Quartvorhalt hinzu und leitet zur nächsten Stufe über. Eine andere Möglichkeit beruht auf der Verwandlung einer Tonart zum neapolitanischen Sextakkord der folgenden. Gewiß lieferte eine detaillierte Untersuchung von Bachs harmonischen Fortschreitungstechniken und Modulationen genauere Auskunft über eine entwicklungsgeschichtliche Einordnung auch von solchen Werken, denen keine Konzert- oder Da capo-Form zugrunde liegt. Jedenfalls sind Rückungen nur in Kantaten aus der Zeit vor 1715 und nach 1716 zu beobachten.

Anhand dieser Erkenntnisse fällt die Analyse der Köthener Kantaten BWV 66a und 184a erheblich leichter. Von der Kantate BWV 66a zum 10. Dezember 1718 sind in geistlicher Parodie

Exkurs II: Ritornell und Episode in Bachs Kantaten

(BWV 66 zum 10. April 1724) drei Arien und zwei Rezitative erhalten. Eine weitere Arie und zwei Rezitative scheinen verschollen zu sein. Aus Gründen der Besetzung, Tonart und der engen Übereinstimmung von ursprünglichem Text und Gestaltung der Vokalpartie plädierte Joshua Rifkin (1997, S. 65ff.) überzeugend für die Identität der fehlenden Arie mit der ersten (Nr. 3) aus Kantate BWV 42 *Am Abend aber desselbigen Sabbats* (zum 8. April 1725). Auch dürfte nach Rifkins Ansicht die *Sinfonia* D-Dur BWV 42/1 anfangs die Kantate BWV 66a in der gleichen Tonart eingeleitet haben. Für deren geistliche Version BWV 66 stellte Bach den originalen Schlußchor als Eingangschor voran, so daß ein Instrumentalvorspiel überflüssig wurde. Im Spiegel der Kompositionstechnik von Bachs Köthener Kantaten findet Rifkins Hypothese eine uneingeschränkte Bestätigung. Sowohl in der *Sinfonia* als auch in der Arie BWV 42/3 wird ein durch vier teilbarer Taktumfang des Ritornells (9 bzw. 13 Takte) zwar angestrebt, jedoch durch den Abschluß zu Beginn des Folgetakts knapp verfehlt. Auch die Einteilung der Ritornellsegmente (BWV 42/1: a1–2, b1–2, c1–2, BWV 42/3: a1–4, b1–4) in jeweils anderthalb Takte ist noch nicht durchweg regelmäßig. Beide Sätze sind in Da capo-Form gehalten. Wie in der Arie Nr. 2 der Kantate BWV 134 (zum 1. Januar 1719) überlappen sich die ersten Episoden und Ritornelle der *Sinfonia*. Das zweite und dritte Ritornell beginnen auf der V. Stufe. Die harmonische Bewegung ist in mehreren, aber nicht sämtlichen Episoden stark ausgeprägt. Episodenbegleitungen setzen sich aus Ritornellzitaten, ausgehaltenen Akkorden und Begleitmotiven – wiederholt im Dialog konzertierender Instrumente – zusammen. Bemerkenswert ist, daß der B-Teil der Arie, wie öfter in Weimarer Da capo-Arien, einen Bewegungswechsel und neues motivisches Material ohne Ripienobegleitung einführt. Eindeutig gegen eine Leipziger Entstehung der *Sinfonia* sprechen drei Phänomene, die in mehreren der bis 1721 abgeschlossenen »Brandenburgischen Konzerte« begegnen: der Versuch, die Funktionen von Concertino und Ripieno und entsprechend von Ritornell und Episode miteinander zu vertauschen, die Existenz eines Cantabile-Themas als erste Episode des B-Teils und der Abschluß dieses Teils im *Adagio*. Auf die *Sinfonia* wird später noch zurückzukommen sein.

Fast alle der beschriebenen Merkmale finden sich ebenfalls in den drei bekannten Arien der Kantate BWV 66a, die erneut in Da capo-Form konzipiert wurden. Das Ritornell von Arie Nr. 2 (a1–3, b1–3) ist mit 33 Takten noch nicht ganz geradzahlig bzw. durch 4 teilbar. Diese Intention wird erst in den Arien Nr. 4 (a1–2, b1–3, c1–2) und 8 (a1–2, b1–2) mit 8 bzw. 24 Takten klar erreicht; dies ist auch in Kantate BWV 134a der Fall! Wie in BWV 42/1 und 3 fällt die Periodik der einzelnen Sequenzglieder von BWV 66a/2, 4 und 8 jedoch nicht völlig gleichmäßig aus. Auch die Komplexität der harmonischen Bewegungen erstreckt sich hier noch nicht über sämtliche Episoden, selbst die Art der Episodenbegleitung stimmt grundsätzlich mit BWV 42/1 und 3 überein. Besonders eindrucksvoll ist, daß sogar der B-Teil von BWV 66a/8 einen Bewegungswechsel herbeiführt. Ritornellverarbeitende Teile als Binnenritornelle sind in BWV 42/1 und 3 ebenso wie in BWV 66a/2, 4 und 8 enthalten. Schließlich treten in allen Sätzen gelegentliche Rückungen auf.

Dagegen fehlen sie in Kantate BWV 184a vollständig. Das Ritornell von Arie Nr. 2 umfaßt 32 Takte und besteht aus acht Segmenten (a1–4, b1–4) von jeweils 4 Takten. In Arie Nr. 4 sind es drei Teile (a, b, c) im Umfang von 4 + 4 + 2 Takten. Keine dieser Arien – nunmehr in Da capo- (Nr. 2) und Konzertform (Nr. 4) – enthält ritornellverarbeitende Teile. Episoden werden vom Ripieno oder im Dialog von Soloinstrumenten entweder durch Ritornellzitate – wiederholt während orgelpunktartiger Haltetöne des Vokalsolos – oder in freier Stimmführung, jedoch nicht von wiederkehrenden Motiven begleitet. Neu ist das Auftreten von Binnenritornellen als notengetreue Wiederholungen mit jeweils veränderten Verzierungen. Nach wie vor verteilt sich die harmonische Bewegung weitgehend gleichmäßig über die Episoden. Bezüge gelten in jedem Satz – übereinstimmend mit den Köthener Kantaten BWV 66a und 134a – nur zwei Episoden. Die maximale harmonische Bewegung konzentriert sich in beiden Arien auf jeweils eine einzige Episode! Aus diesen Überlegungen wird deutlich, daß Kantate BWV 184a nicht, wie von Christoph Wolff (1997 II, S. 20) angenommen, erst um den Jahreswechsel 1720/21 komponiert worden sein kann. Vielmehr verrät das Ausbleiben von ritornellverarbeitenden Teilen, Rückungen und Begleitmotiven sowie einer gleichmäßigen Verteilung der harmonischen Aktivität über die Episoden eine deutliche Nähe zu Bachs Weimarer Kantaten. Daher dürfte BWV 184a noch vor BWV 66a entstanden sein. Was liegt näher, als in dem früheren Werk die Neujahrskantate zum 1. Januar 1718 zu erblicken?

Ritornell und Episode in Bachs Konzerten

»Die Concerten haben ihren Ursprung von den Italiänern. Torelli soll die ersten gemacht haben«, schreibt Johann Joachim Quantz (1752, S. 294) und fügt bei seiner Darstellung des italienischen Geschmacks hinzu: »Zweene berühmte lombardische Violinisten [Antonio Vivaldi und Giuseppe Tartini], welche ohngefähr vor etlichen und dreyßig Jahren, nicht gar lange nach einander, angefangen haben bekannt zu werden, haben hierzu insonderheit viel beygetragen. Der erste war lebhaft, reich an Erfindung, und erfüllete fast die halbe Welt mit seinen Concerten. Obwohl Torelli, und nach ihm Corelli hierinne einen Anfang gemachet hatten: so brachte er sie doch, nebst dem Albinoni, in eine bessere Form, und gab davon gute Muster« (S. 309). Bedenkt man, daß Quantz bei Veröffentlichung von Albinonis Opus 2 (1700) erst drei Jahre alt war, so trifft seine Beschreibung die historische Entwicklung des italienischen Konzerts erstaunlich genau, selbst wenn Vivaldis Werke auf ihn – generationsbedingt – nachhaltiger wirkten als jene von Albinoni: »In Pirna bekam ich zu dieser Zeit [1714] die Vivaldischen Violinenconcerte zum erstenmale zu sehen. Sie machten, als eine damals gantz neue Art von musikalischen Stücken, bey mir einen nicht geringen Eindruck. Ich unterließ nicht, mir davon einen ziemlichen Vorrath zu sammeln. Die prächtigen Ritornelle des Vivaldi, haben mir, in den künftigen Zeiten, zu einem guten Muster gedienet«, heißt es in Quantz' Autobiographie (Marpurg 1754/55, S. 198).

Solche Zitate dienten bisher als historischer Beleg dafür, daß für Bach und seine deutschen Komponistenkollegen »Vivaldis Konzertform zur „Leitform"« wurde, die sie in ihrem eigenen Schaffen veränderten und weiterentwickelten: Die »Art und Weise ihrer Umbildung und des schöpferischen Reagierens auf diese Formen sind für die Untersuchung der Stellung Bachs im Umfeld seiner Zeitgenossen relevant« (Ahnsehl 1981, S. 154). Aus der Untersuchung von Bachs Kantaten und zahlreichen Tastenwerken in Konzertform ergibt sich jedoch, daß für ihn – der 12 Jahre älter als Quantz war – tatsächlich Albinonis Concerti zu prägenden Vorbildern wurden, während er Vivaldis Musik zunächst nur selektiv rezipierte. Dies wird erst im Spiegel von Albinonis Modellen verständlich, denen Bachs früheste instrumentale Konzertsätze, die *Sonata* BWV 967 für Clavier (ca. 1705), die *Sinfonia* zur Kantate BWV 196 (wohl 1708) und der erste Satz der *Sinfonia* BWV 1046a (ca. 1712) entsprechen. Gleichwohl zeigte Michael Marissen (1991), daß die Konzeption des spätestens 1721 fertiggestellten »Brandenburgischen Konzerts 6« dem Muster von Vivaldis *Concerti* op. 4 (1716) folgt. Diese Veränderung müßte auch in anderen Werken für und mit Orchester, zumindest aber in den übrigen vier »Brandenburgischen Konzerten 2–5« zu beobachten sein.

Im folgenden werden sämtliche raschen Sätze aus Bachs Orchestermusik untersucht, wobei als Kriterien für ihre Analyse und Einordnung die in den Kantaten nachgewiesenen Entwicklungsschritte dienen. Sie dürften in den Konzerten eine Bestätigung oder Korrektur erfahren. Arbeitsgrundlage der nachstehend zusammengefaßten Befunde war, daß sich die Entwicklung von Bachs Kantaten- und Konzertsätzen in zwei eigenständigen, voneinander unabhängigen Linien vollzog; in diesem Fall wäre eine innere Chronologie der Konzerte erkennbar. Indessen zeigte sich, daß sich Bachs Konzertform tatsächlich abwechselnd in seiner Vokal- und Instrumentalmusik (einschließlich der Tastenwerke) verändert zu haben scheint, weshalb sich beide Bereiche ergänzen. Da einzelne Elemente in Bachs Kantaten zu unterschiedlichen Zeiten auftreten, sind für eine Beurteilung der Konzertsätze mehrere Gesichtspunkte erforderlich.

Von Ausnahmen abgesehen erscheint eine Analyse der kompositionstechnischen Entwicklung von Bachs Konzerten nur im Hinblick auf die Erstfassungen der Werke sinnvoll, dürfte doch allein in ihnen originäre Substanz zu finden sein. An die Untersuchung der schnellen Sätze schließt sich eine Darstellung der Konzert-Mittelsätze an (⟶ S. 232), während ein weiterer Abschnitt die gewonnenen Ergebnisse mit der Quellensituation der betreffenden Werke vergleicht (⟶ S. 240), um zu einer gesicherten Datierung zu gelangen (⟶ S. 246f.).

Bereits im vorangegangenen Kapitel wurde dargelegt, daß das Finale des C-Dur-Konzerts BWV 1061a für 2 Cembali aufgrund seiner Fugentechnik nicht später als 1713/14 entstanden sein dürfte (⟶ S. 158). Diese Behauptung wäre nun am ersten Satz der Komposition zu überprüfen (ritornellverarbeitende Teile werden in den nachstehenden Übersichten erneut im Fettdruck hervorgehoben, das Harmonieschema beschränkt sich auf die wichtigsten Stufen):

BWV 1061a/1

a1 (T. 1) a2 (T. 1–2) a3 (T. 2–3) a4 (T. 3–4) b1 (T. 4–6) b2 (T. 6–7) b3 (T. 8–9) c1 (T. 10) c2 (T. 11) c3 (T. 11–12)

Ritornell 1 T. 1–12 I–V–I	Episode 1 12–28 I–V	**Ritornell 2** **28–43** **V–II–V**	Episode 2 43–61 V–III–VI	**Ritornell 3** **61–64** **VI–II–V**	Episode 3 64–66 V–I	**Ritornell 4** **66–67** **I–V**	Episode 4 67–71 V–III
Ritornell 5 **T. 71–77** **III–VII**	Episode 5 77–82 VII	**Ritornell 6** **83–86** **III**	**Ritornell 7** **87–99** **I–II–V–I–V**	Episode 6 99–108 V–I–VI–II–V	**Ritornell 8** **109–113** **V–II–V**	Episode 7 113–118 V	**Ritornell 9** **118–122** **V**
Ritornell 10 **T. 122–125** **I**	Episode 8 125–132 I	**Ritornell 11** **131–140** **I–V–I**	Episode 9 140–156 I	**Ritornell 12** **156–165** **I–V**	*adagio*-Anhang 165–166 II–V–I		

Die Übersicht offenbart schon auf den ersten Blick eine bemerkenswerte Ähnlichkeit zum Harmonieplan des ersten Satzes der *Sinfonia* BWV 1046a, der seinerseits auf jenen der *Sonata* BWV 967 bzw. auf Albinonis Opus 2 zurückgeht: Die zweite Episode leitet zur VI. Stufe über, in der auch das dritte Ritornell beginnt, die vierte Episode zur III. Stufe, die nunmehr nicht im vierten, sondern im fünften und sechsten Ritornell wiederkehrt. Auch für die Stufenfolge I–V der ersten Episode und für das zweite Ritornell in der V. Stufe finden sich Muster bei Albinoni (⟶ S. 181) Gleichwohl zeigen sich gegenüber BWV 1046a/1 signifikante Abweichungen: Nicht nur ist der Satz mit 166 gegenüber 84 Takten fast doppelt so lang und enthält statt sechs Ritornellen und fünf

Episoden jetzt zwölf bzw. neun; die gleiche Tendenz läßt auch ein Vergleich der Kantaten BWV 208 (1712) und 199 (1713) erkennen. Vielmehr treten bereits das zehnte Ritornell und die beiden folgenden in der I. Stufe ein. Dies gilt ebenso für die letzten beiden Episoden. Besagtes Phänomen wurde für die Kantaten BWV 63 und 31 von Ende 1714 bzw. Frühjahr 1715 als Einfluß von Vivaldis *Concerti* op. 3 (1711) definiert. Andere, für Vivaldi charakteristische Merkmale erscheinen in BWV 1061a jedoch nicht, sieht man einmal von der auf Erweiterung und ausgeglichene Proportionierung zielenden Gestalt des Eingangsritornells ab.

Hingegen treffen wir auf mehrere Techniken Albinonis: Die einzelnen Ritornell-Segmente sowie die Gesamtform selbst werden durch Pausen (T. 86 und 122) gegliedert, die Bach freilich im Ritornell und in T. 122 durch Überleitungen zu überbrücken versucht. Der Satz endet, wie die *Sonata* BWV 967, mit einem unthematischen Anhang, nun im *adagio*. Ebenfalls in Übereinstimmung mit BWV 967 wurden sämtliche Ritornelle bis auf das erste als ritornellverarbeitende Teile gestaltet, wofür unter Bachs Kantaten nur BWV 182/5 vom März 1714 eine Parallele liefert. Die Einheitlichkeit des Episodenmaterials, seine Durchführung in episodenverarbeitenden Teilen und Bezüge zwischen mehreren Episoden wiederum knüpfen unmittelbar an BWV 1046a/1 an. Besonders auffällig ist das Fehlen jeglicher ritornellverarbeitender Teile innerhalb von Episoden, was allein für die »Jagdkantate« BWV 208 (1712) und einige wenige Kantatensätze von 1715 zutrifft. Außer den genannten Gesichtspunkten spricht für eine Einordnung vor Herbst 1714 das weitgehende Fehlen von sich überlappenden Formteilen (bis Frühjahr 1714) sowie von Bezügen zwischen Ritornellen und von Ritornellzitaten in Episoden (bis Herbst 1714). Gegen eine Datierung vor 1713 lassen sich das Auftreten eines neuen Episodenmotivs (Episode 6) in der zweiten Satzhälfte (ab März 1714) und eine Konzentration der umfangreichsten harmonischen Bewegung jeweils auf die beiden ersten *und* auf die letzten Episoden vorbringen (ebenfalls ab März 1714). Die tonartlichen Rückungen in nächstgelegene Stufen werden im folgenden Schaubild unterstrichen:

BWV 1061a/1

Episode 1	I–II–V–III–VI–II–V–I–II–V–I–II–V–III–VI–II–V–I–II–V
Episode 2	V–III–VI–II–III–VI–II–III–VI–IV–II–III–VI–II–III–VI–III–VI–IV–II–III–VI
Episode 3	V–I
Episode 4	V–I–IV–V–III–VI–II–V–I–III
Episode 5	VII–III–VII
Episode 6	V–I–III–VI–II–V
Episode 7	V–II–V
Episode 8	I–IV–V–III–VI–II–V–I–IV–V–VI–V–I
Episode 9	I–IV–V–I–VI–II–V–I–IV–V–I–VI–II–V–I

Ganz sicher aber kann der Satz angesichts seiner zahllosen Rückungen nicht nach 1714 komponiert worden sein. Dies gilt auch für das Finale BWV 1061a/3, dessen Harmonieplan ebenfalls die Grundzüge von Albinonis Modell erkennen läßt, während seine Konzeption als Fuge mit Durchführungen (»Ritornellen«) und Zwischenspielen (»Episoden«) der Konzertform nur angenähert ist.

Einige dieser Beobachtungen treffen für das *Concerto* d-Moll BWV 1063 für 3 Cembali zu, wobei im folgenden von seiner (vermutlichen) Erstfassung für 3 Violinen ausgegangen wird:

Ritornell und Episode im Konzert d-Moll BWV 1063

BWV 1063/1

a (T. 1–5) b1 (T. 5–7) b2 (T. 7–9) c1 (T. 9–12) c2 (T. 12–15)

Ritornell 1	Episode 1	Ritornell 2	Episode 2	Ritornell 3	Episode 3	Ritornell 4	Episode 4
T. 1–15	15–37	37–43	43–58	58–71	71–109	109–129	129–189
I–V–I	I–V–II	III–V	V–I–IV–I	I–V–I	I–V–I–III	III–VII–III	III–I–IV

Ritornell 5	Episode 5	Ritornell 6	Episode 6	Ritornell 7
T. 189–197	197–251	251–259	259–275	275–289
IV–I	I–V–I	I–V	V–I	I–V–I

BWV 1063/3

(Ritornell als Fugenexposition)

Ritornell 1	Episode 1	Ritornell 2	Episode 2	Ritornell 3	Episode 3	Ritornell 4	Episode 4
T. 1–40	41–68	69–72	73–100	101–116	116–131	131–139	139–166
I–V–I	I–V–II	V	V–II–V	I–III–VII	VII–V	V	V–I–V

Ritornell 5	Episode 5	Ritornell 6	Episode 6	Ritornell 7
T. 167–181	181–195	196–199	199–213	213–224
I–IV–III	III–I–V	I	I–V–I	I–V–I

Offensichtlich kehrt der harmonische Bauplan von BWV 1061a/1 sowohl im ersten Satz als auch im Finale des d-Moll-Konzerts in komprimierter Gestalt wieder. In beiden Fällen fehlen jedoch Formteile im Bereich der VI. Stufe, die jetzt durch die VII. ersetzt wird. Nunmehr erreicht Bachs Satzumfang 289 und 224 Takte (in Kantate BWV 199 von 1713 trifft man auf eine Arie mit 235 Takten). Sämtliche Binnenritornelle von BWV 1063/1 wurden als ritornellverarbeitende Teile angelegt. Dies trifft auch auf die erste Episode des Satzes und auf drei Ritornelle des Finales zu und ist in Bachs Kantaten von März bis Juni 1714 zu beobachten. Nach wie vor bestehen in beiden Sätzen zahlreiche tonartliche Rückungen, was auf eine Entstehung vor Ende 1714 hinweist. Albinonische Einflüsse spiegeln sich über die genannten Merkmale hinaus in der hohen Satzdichte der meisten Episoden von BWV 1063/1, in der Konzeption des Finales als Schlußfuge und in den unausgeglichenen Ritornellproportionen dieses Satzes wider.

Darüber hinaus finden sich zahlreiche Bachsche Errungenschaften: Sowohl Episode 3 von BWV 1063/1 als auch Episode 4 von BWV 1063/3 präsentieren neues, von den übrigen Episoden unabhängiges motivisches Material (ab März 1714). Wie in den Kantaten vom Frühjahr 1714 offenbaren mehrere Episoden des ersten Satzes gegenseitige Bezüge; solchen entsprechen im Finale sogar Episoden und Ritornelle und zeigen damit eine Parallele zu den Kantaten um den Jahreswechsel 1714/15 (BWV 61 und 18). Die komplexeste harmonische Bewegung fällt im Kopfsatz, dem Vorbild Albinonis und den Kantaten bis 1714 folgend, in die letzte, im Finale aber in sämtliche Episoden bis auf die letzte (in den Kantaten ab 1715 ist die Verteilung meist gleichmäßig). Neu ist, daß sich die Episoden 5 und 6 sowie Ritornell 6 von BWV 1063/1 und die Ritornelle 3 und 4 samt Episode 3 von BWV 1063/3 überlappen, wobei wiederholt Binnenritornell-Abschlüsse durch Einschub eines episodischen Anhangs hinausgezögert werden. In den Kantaten trifft man auf dieses Phänomen sowohl im Frühjahr 1714 als auch in der ersten Jahreshälfte 1715. Charakteristisch für Bachs Kantaten ab Ende 1714 ist das Zitieren von Ritornellmotiven in sämtlichen Episoden des Kopfsatzes sowie die Ausführung ritornellverarbeitender Teile als Imitation oder, wie wiederholt in den Ecksätzen von BWV 1063, als Kanon. Zwei Kriterien zeigen, daß das Werk tatsäch

Ritornell und Episode im »Brandenburgischen Konzert 3« G-Dur BWV 1048

lich um die Mitte des Jahres 1714 und nicht im Folgejahr komponiert wurde: Die tonartlichen Rückungen fallen, vor allem im Finale, fast ebenso häufig wie in BWV 1061a aus, und nirgendwo tritt eine solistische Instrumentalstimme aus dem Ripieno zur Begleitung des Concertino hervor.

Trotz dieser frühen Einordnung präsentieren beide Sätze mehrere Einflüsse, die eindeutig Vivaldis Opus 3 zuzuschreiben sind und in Bachs Kantaten erst ab Ende 1714 auftreten: Bereits die vorletzten Ritornelle stehen auf der I. Stufe, die einzelnen Episoden führen in der Regel neues oder verändertes Material ein, und BWV 1063/1 enthält ein Unisono-Ritornell (siehe die Kantaten BWV 18 und 31 von 1715). Ferner besitzen beide Konzertsätze Episoden (BWV 1063/1: Episode 5, BWV 1063/3: Episode 6), die – wie in mehreren Violinkonzerten Vivaldis (vgl. RV 208 auf S. 369) – durch Laufwerk des ersten Soloinstruments im Sinne einer Perfidia verlängert, bei Bach allerdings von den übrigen Instrumenten begleitet werden. Die einstimmige Anlage dieser Perfidien verbietet ihre Aufteilung auf alle Solostimmen (⟶ S. 177) und bestätigt damit indirekt die Konzeption für 3 Violinen, die Bach Vivaldis Konzerten für 4 Violinen aus Opus 3 entnommen haben mag. Somit ist anzunehmen, daß Bachs kompositorische Beschäftigung mit Vivaldi bis Mitte 1714 einsetzte, in seinen Kantaten jedoch erst im Dezember 1714 wahrnehmbar wird, da für die Monate von Juli bis einschließlich November keine Vokalmusik erhalten blieb.

Vor diesem Hintergrund dürfte es erstaunlich erscheinen, daß das *Concerto* BWV 1063 seinerseits eng mit dem ersten Satz des dritten »Brandenburgischen Konzerts« G-Dur BWV 1048 verwandt ist. Die erheblichen stilistischen Differenzen zwischen beiden Werken leuchten allerdings ein, wenn man bedenkt, daß Bach in BWV 1063 bemüht war, sich den auf Virtuosität und eine lockere, transparente Satztechnik ausgerichteten Kompositionsstil Vivaldis anzueignen. BWV 1048/1 hingegen zeigt keine Spur von Vivaldis Einfluß, sondern entspricht bis in Details hinein dem Bach seit mindestens 1705 vertrauten Modell Albinonis: Schon die Besetzung mit 6 Melodiestimmen (je 3 Violinen und Violen) und einer geteilten Baßpartie erweist sich als Ausweitung der 5 Melodiepartien (3 Violinen und 2 Violen) samt geteilter Baßstimme in Albinonis *Concerti* op. 5 (1707). Der erste Satz wird noch immer durch einen Anhang ergänzt, das Finale präsentiert sich als zweigeteilte Gigue gemäß der Schlußsätze aus Albinonis Opus 2 (1700), die Bach jedoch auf seine Art, d.h. als Fugato, ausformte.

BWV 1048/1

a1 (T. 1–2) a2 (T. 2–3) b1 (T. 4–5) b2 (T. 5–6) c (T. 7–8)

Ritornell 1	Episode 1	Ritornell 2	Episode 2	Ritornell 3	Episode 3	Ritornell 4	Episode 4
T. 1–8	9–11	12–15	16–19	19–20	20–31	31–46	46–53
I–V–I	I–V	V–II–V	I–V	V–II	II–V–I–IV	IV–I–V–I	I–V–III–VI

Ritornell 5	Episode 5	Ritornell 6 mit Anhang	Episode 6	Ritornell 7	Episode 7	Ritornell 8
T. 54–58	58–69	70–77 (74–77)	78–86	86–90	91–101	102–107
VI–III–VI	VI–II–VII	III	I–V–I	I–V–II	III–VI–II	II–VI–I–V

Episode 8	Ritornell 9	mit Anhang
T. 108–125	126–136	(132–135)
V–I–V	I–V–I	

Das Harmonieschema des Satzes gleicht weitgehend jenem der *Sonata* BWV 967, der *Sinfonia* BWV 1046a und des Kopfsatzes von *Concerto* BWV 1061a. Davon weicht im wesentlichen nur die

Ritornell und Episode im Konzert d-Moll BWV 1052

frühe, unvermittelte Rückführung von der III. zur I. Stufe (Ritornell 6/Episode 6) ab, die sich freilich mit dem ersten Satz von BWV 1061a deckt. Auf diese Weise entsteht der Eindruck einer der Da capo-Form angenäherten Architektur. Die komplexeste harmonische Bewegung fällt entsprechend Bachs Kantaten bis Ende 1714 in die letzte Episode, tonartliche Rückungen sind selten, was ebenfalls eine Entstehung im Verlauf dieses Jahres belegt. Dafür spricht ferner, daß neben der ersten und zweiten Episode nun auch die Episoden 3, 7 und 8 und fast alle Binnenritornelle als ritornellverarbeitende Teile auftreten, die nicht allein auf Einführung von Gegenstimmen, sondern auch auf Imitation basieren. Besonders signifikant ist die Aufspaltung des Ritornellthemas unter den einzelnen »Chören« in der ersten Episode entsprechend jener des Eingangschors von Kantate 172 (Mai 1714); sie fällt im »Brandenburgischen Konzert 3« jedoch kunstvoller aus als in der Kantate und wird sogleich kontrapunktiert. Die Einführung eines neuen Episodenmotivs in Episode 6 sowie Ritornellzitate in dieser Episode und das vollständige Fehlen sich überlappender Formteile lassen an einer Entstehung um die Mitte oder in der zweiten Hälfte des Jahres 1714 keinen Zweifel. Eine Entsprechung findet diese Einordnung im Gesamtumfang von 136 Takten, in zahlreichen Bezügen von Episoden und Ritornellen, im Ausbleiben von Episodenbegleitungen durch solistische Ripieno-Instrumente und in der Proportionierung des Ritornells: Das Verhältnis von dessen Segmenten ist ebenso unausgeglichen, wie ihre ungleichmäßige Periodik gegen das Metrum gerichtet wurde (Breig 1981, S. 29f.). Dieses Phänomen fehlt zwar in BWV 1046a/1, 1061a/1 und 1063, begegnet jedoch in Albinonis Konzerten, so daß hier eher von einer stilistischen Annäherung als von einer kompositionstechnischen Schwäche die Rede sein kann. Besondere Aufmerksamkeit verdient die geschickte Vorbereitung des Albinonischen Anhangs am Ende des »B-Teils« (Ritornell 6) und seine Wiederholung als Einschub im Schlußritornell durch Trennung des Segments c.

In die gleiche Periode wie die Konzerte BWV 1063 und 1048 fällt die Entstehung des *Concerto* d-Moll BWV 1052 in seiner Erstfassung für Violine (Taktzahlen nach der Version für Cembalo)

BWV 1052/1

a1 (T. 1) a2 (T. 2) b1 (T. 2–3) b2 (T. 4–5) c1 (T. 5) c2 (6–7)

Ritornell 1	Episode 1	Ritornell 2	Episode 2	Ritornell 3	Episode 3	Ritornell 4	Episode 4
T. 1–7	7–13	13–22	22–38	39	40–56	56–62	62–104
I–V–I	I	I–V–II–V	V–VII–III	III	III–V–II–V	V–II–V	V–II–IV–VII–IV

Ritornell 5 +	kadenz-	Episode 5	Ritornell 6	Episode 6	Ritornell 7	Episode 7	Ritornell 8
T. 104–113	artige	113–132	133–136	136–171	172–173	174–184	184–190
IV–I–V–I–IV	Überleit.	IV–I–VI	VI	VI–I–II–V	I–V	V–I	I–V–I

BWV 1052/3

a1 (T. 1–2) a2 (T. 2–5) a3 (T. 5–6) b (T. 6–8) c1 (T. 8–11) c2 (T. 11) c3 (T. 11–13)

Ritornell 1	Episode 1	Ritornell 2	Episode 2	Ritornell 3	Episode 3	Ritornell 4	Episode 4
T. 1–13	13–29	29–41	41–55	55–73	73–77	77–79	79–82
I–V–I	I–V	V–II–V	V–VII–III	III–IV–I	VI–I	I	I–V

Ritornell 5	Episode 5	Ritornell 6	Episode 6	Ritornell 7	Episode 7	Ritornell 8	Episode 8
T. 82–84	84–114	114–130	130–159	159–177	177–180	180–182	182–185
V–I	I–V–I–III	III–VII–IV	IV–I–VI	VI–IV	IV	IV	IV–I

Ritornell 9	Episode 9	Ritornell 10	Episode 10	Ritornell 11	Episode 11	Ritornell 12	
T. 185–187	187–212	212–213	213–224	224–229	229–273	273–286	
I–IV	IV–I—VI	VI	VI–IV–V	I	V–I	I–V–I	

Bach und Vivaldi – oder vom »musikalisch denken«

Das harmonische Konzept beider Sätze basiert zwar noch auf Albinonis Schema, geht jedoch mit seiner umfangreichen Erweiterung und vor allem mit der Akzentuierung der IV. Stufe deutlich darüber hinaus. Letzteres wie auch die Ausdehnung des Gesamtumfangs auf 190 bzw. 286 Takte kann durchaus dem Einfluß Vivaldis zugeschrieben werden. Dies gilt ohnehin für das Eintreten der vorletzten Ritornelle auf der I. Stufe, für das Unisono-Ritornell des ersten Satzes und für die perfidienartige Anlage der Episoden 4 bzw. 5 des ersten und letzten Satzes sowie der letzten Episoden beider Sätze, nunmehr jeweils mit einem »quasi-ad-libitum«-Ende. Auch die Ausdünnung der Satztechnik mit Albinonischen Mitteln (⟶ S. 163) läßt sich als Konzession an den transparenten Orchestersatz Vivaldis verstehen. Hingegen erscheint der Einschub einer kadenzartigen Überleitung inmitten des fünften Ritornells aus dem Kopfsatz ohne Parallele und daher als eine Bachsche Errungenschaft (⟶ S. 370).

Beide Sätze entstanden zweifellos später als die Ecksätze der Konzerte BWV 1046a, 1061a, 1063 und 1048. Dies ergibt sich aus der fast gleichmäßigen Verteilung der harmonischen Bewegung innerhalb der einzelnen Episoden, aus dem Auftreten von Ritornellzitaten in den meisten Episoden, aus dem starken Rückgang ritornellverarbeitender Teile sowohl in Episoden als auch in Ritornellen, aus den sich mehrfach geringfügig überlappenden Formteilen des Finales, aus der imitatorischen Durchführung ritornellverarbeitender Teile und aus der Existenz zahlreicher Bezüge zwischen Episoden und Ritornellen. Neu ist nun, daß im letzten Satz die Folge Ritornell 3–Episode 3–Ritornell 4–Episode 4–Ritornell 5 als Ritornell 7–Episode 7–Ritornell 8–Episode 8–Ritornell 9 vollständig wiederholt wird. All diese Merkmale sprechen für eine Entstehung um die Jahreswende 1714/15. Einige wenige tonartliche Rückungen weisen als zeitliche Untergrenze auf die erste Jahreshälfte 1714, der Eintritt solistischer Episodenbegleitungen von Ripieno-Violinen und -Viola in Episode 4 des Kopfsatzes auf die Jahresmitte 1715 hin (in Bachs Kantaten erscheint diese Art der Begleitung erstmals in Kantate BWV 165 vom Juni 1715).

Betrachtet man im Kontext der auf den vorangegangenen Seiten diskutierten Konzertkompositionen Bachs Bemühen, die Periodik der einzelnen Ritornellsegmente in BWV 1052/1 auszugleichen und in BWV 1052/3 sogar symmetrisch zu gestalten, läßt sich erahnen, was er gemeint haben könnte, sollte er Vivaldi eine wichtige Rolle bei der Entwicklung seiner eigenen Kompositionstechnik zugesprochen haben. Vorausgesetzt, der Biograph Johann Nicolaus Forkel hatte den unglücklichen und bis in jüngste Zeit hinein vielfältig, aber sinnentstellend kolportierten Begriff vom »musikalisch denken« (⟶ S. 65) tatsächlich von einem Bach-Sohn vernommen, so erlernte der Komponist von seinem Generationsgenossen weder polyphone Techniken noch eine mehrteilige Ritornellgestaltung und die Profilierung ihrer Motivik noch die Konzertform als solche. Er muß sie um 1714 schon rund ein Jahrzehnt lang beherrscht haben. Wahrscheinlich ist aber, daß Vivaldis *Concerti* op. 3 – die erste italienische Konzertpublikation seit Drucklegung der Werke von Albinoni, Torelli und Corelli – Bach dazu anregten, die Konzeption seiner Konzertsätze zu überdenken und zu erweitern, die Periodik der Ritornellgestaltung zu verbessern und seine harmonischen Prinzipien vollends auf das Fundament von Tonalität und Modulation zu stellen, was eine endgültige Abkehr vom modalen System mit seinen Versetzungen von Stufe zu Stufe bedingte. Offensichtlich ist es kein Zufall, daß Bach in seinen Kantaten von 1715 an sowohl von ritornellverarbeitenden Teilen als auch von tonartlichen Rückungen Abstand nahm; seinen äußeren Niederschlag findet dieser Bruch in der thematischen Trennung von Ritornell und Episode einerseits und in der Unterscheidung von ♭ als Erniedrigungs- und ♮ als Auflösungszeichen ab Frühjahr 1715 (⟶ S. 95).

Ritornell und Episode im »Tripelkonzert« a-Moll BWV 1044

Die Beschäftigung mit der Kompositionstechnik des »Tripelkonzerts« a-Moll BWV 1044 für Cembalo, Traversflöte, Solovioline, Streicher und Continuo erweist sich als außerordentlich kompliziert, weil Bach den Episoden beider Ecksätze das vollständige *Praeludium et Fuga* BWV 894 für Clavier in derselben Tonart zugrunde legte. D.h. die Episoden von BWV 1044/1 und 3 bestehen in Wirklichkeit aus BWV 894/1 und 2. Dessen Werksubstanz blieb nahezu unangetastet und wurde in BWV 1044/1 nur in wenigen Fällen um ein oder zwei Takte erweitert; hinzu kommen Änderungen der originalen Stimmführung sowie eine Umwandlung der Taktart $\frac{12}{16}$ im Finale in ₵. Außerdem komponierte Bach auf der Basis des Ritornells von BWV 894/1 ein Eingangs- bzw. Schlußritornell für BWV 1044/1; für BWV 1044/3 schuf er ebenfalls ein Ritornell, nun in Gestalt einer permutationsartigen Fugenexposition. Die Konzertform des *Praeludium* BWV 894/1 ist eine von Bachs frühesten. Denn einerseits wurde das kurze, nur vier Takte umfassende Ritornell mit einem Beginn auf der I. und einem Ende auf der V. Stufe angelegt, wie es sich in Albinonis Opera 2 und 5 (1700 und 1707) öfter findet. Andererseits enthält das *Praeludium* einen ausgedehnten Anhang. Deshalb und auch aufgrund seiner Harmonik kann BWV 894/1 in zeitlicher Nähe zu Kantate BWV 196 (wohl 1708) datiert werden und als genialer Wurf eines jugendlichen Komponisten gelten. Eine Entsprechung findet diese Datierung in der Entwicklung der Fugentechnik von BWV 894/3 (siehe hierzu BWV 1061a/3 auf S. 159). Die Form des *Praeludium* ist mit einem Solokonzert unvereinbar und widerlegt endgültig den Verdacht Hans Eppsteins (1971), das Werk ginge seinerseits auf eine Fassung mit Orchester zurück (⟶ S. 150). Vielmehr diente die Einfügung von einigermaßen geschlossenen Binnenritornellen in beiden Konzertsätzen gerade der Umwandlung zum Solokonzert. Die Binnenritornelle von BWV 1044/1 entwickelte Bach überwiegend aus Verlängerung und Ergänzung der vorhandenen Binnenritornelle von BWV 894/1, so daß die Architektur des Konzertsatzes im wesentlichen mit jener des *Praeludium* übereinstimmt.

Demnach können zur Beurteilung des »Tripelkonzerts« allein die ergänzten Ritornelle und ihre Harmonik sowie die Begleitung der Episoden herangezogen werden:

BWV 1044/1

a1 (T. 1) a2 (T. 2) a3 (T. 3) a4 (T. 4) b1 (T. 5) b2 (T. 6) c1 (T. 7) c2 (T. 7–8) c3 (T. 8–9)

Ritornell 1	Episode 1	Ritornell 2	Episode 2	Ritornell 3	Episode 3	Ritornell 4	Episode 4
T. 1–9	9–14	14–21	21–35	35–42	41–51	51–53	53–68
I–V–I	I–V	V–I–V	V–I	I–V–I	I–VII–III	III	III–V–II–I

Ritornell 5	Episode 5	Ritornell 6	Episode 6	Ritornell 7	Episode 7	Ritornell 8	Episode 8
T. 68–76	76–78	78–81	81–82	82–83	83–84	84–85	85–89
I–V–I	IV	IV	IV–VII	VII–V	V–I	I–IV	IV–I

Ritornell 9	Episode 9	Ritornell 10	Episode 10	Ritornell 11	Episode 11	Ritornell 12	Episode 12
T. 89–91	91–95	95–97	97–99	99–101	101–106	106	107–110
I–VI	VI–V–I	I	I–V	V–I	V–I–IV–VII	VII–IV	IV–VII

Ritornell 13	Episode 13	Ritornell 14	Episode 14	Ritornell 15			
T. 110–112	112–128	128–130	130–141	141–149			
VII–V–I	I–V–I	I	I–V–I	I–V–I			

BWV 1044/3

(Ritornell als Fugenexposition)

Ritornell 1	Episode 1	Ritornell 2	Episode 2	Ritornell 3	Episode 3	Ritornell 4	Episode 4
T. 1–25	25–37	37–40	40–42	42–45	45–120	120–144	144–208
I–V–I	I–V	V	V–I–V	IV	IV–I–III	III –VII–III	III–I–V

Ritornell und Episode im »Tripelkonzert« a-Moll BWV 1044

Cadenza	Ritornell 5
T. 209–220	221–242
V–I–V	I–V–I

Sämtliche Binnenritornelle des ersten Satzes sind als ritornellverarbeitende Teile – oft in Imitation des Themenmaterials – ausgeführt, wurden auf solche Art jedoch bereits überwiegend in der Vorlage angelegt. Im Finale fehlen jegliche ritornellverarbeitenden Teile. Eine derart gegensätzliche Konzeption ist für Bachs Kantatensätze von 1715 typisch. Auf das gleiche Jahr weisen noch zwei weitere Beobachtungen hin: a) Die im Konzert hinzugefügten Formteile lassen keinerlei tonartliche Rückungen erkennen. b) Die Partien von Traversflöte und Solovioline sind nicht konzertant, sondern dienen in Wirklichkeit der Ausführung unterschiedlicher, nicht wiederkehrenden Begleitmotiven und von Ritornellzitaten in den Episoden. Diese treten gelegentlich in einen Dialog mit dem Cembalo, das – anders als Traversflöte und Solovioline – eine veritable Solorolle übernimmt. Solche Beobachtungen verweisen auf eine Nähe sowohl zum Konzert BWV 1052 wie auch zur Kantate BWV 165 vom Juni 1715. Mit ersterem teilt BWV 1044 als einziges von Bachs Konzerten die extrem virtuose Dominanz der Solopartie, ein deutlicher Bezug zu letzterer besteht insbesondere durch mehrere Ritornellzitate des Finales in Umkehrung.

Auf keinen Fall können die beiden Ecksätze nach 1717 oder gar in Leipzig entstanden sein: Die Fugentechnik des Finales erweist sich trotz der Existenz zweier Subjekte als ausgesprochen simpel. Dies betrifft nicht allein die schlichte Gestalt der beiden Subjekte, sondern insbesondere die Einsatzfolge: Die erste Exposition bietet das erste Thema in der Viola, das zweite in der ersten Ripienovioline, die zweite das erste Thema in Traversflöte/Solovioline, das zweite im Continuo. Die dritte Exposition beginnt mit dem ersten Thema erneut in der Ripienovioline 1 und mit dem zweiten in Traversflöte/Solovioline, während die letzte das erste Thema im Continuo, das zweite als Umkehrung in Traversflöte/Solovioline zitiert. Diese Einsatzfolge stimmt mit dem Schlußritornell überein. Ausgenommen die sechste Exposition (T. 42ff.), wo das erste Thema wiederum in Traversflöte/Solovioline, das zweite in der ersten Ripienovioline erscheint, enthalten sämtliche weiteren Expositionen (T. 37ff., 120ff., 124ff. und 137ff.) ausschließlich Themeneinsätze in Traversflöte/Solovioline und Continuo. Eine derart monotone Gestaltung kehrt in keiner der Konzertfugen aus den »Brandenburgischen Konzerten 2, 4 und 5« sowie der Concerti BWV 1041 und 1064 oder gar in einer Leipziger Chorfuge wieder, weist jedoch Parallelen zum Finale von BWV 1063/3 auf. Auch aus Bachs Transkriptionstechnik ergibt sich keine Ursache für diese Einsatzfolge.

Selbst wenn man davon ausgeht, Bach wäre bestrebt gewesen, in den Episoden die Originalsubstanz zu wahren, und nicht annimmt, er habe aus rein arbeitsökonomischen Gründen so wenig wie möglich ergänzt, wäre das Festhalten an der bereits um 1715 konservativ erscheinenden Architektur des *Praeludium* ohne signifikante Umformung zu einem deutlich späteren Zeitpunkt völlig unverständlich. Denn die Faktur der Vorlage hätte sich durchaus in einen veränderten Bauplan integrieren lassen.

Zudem kann die zwar gut acht Takte umfassende, aber unausgeglichene Gliederung des Eingangsritornells von BWV 1044/1 mit keinem von Bachs Konzerten ab 1718 in Verbindung gebracht werden. Dies gilt erst recht für die unregelmäßige Proportionierung der Formteile.

Schließlich fehlen in späteren Werken wie dem »Brandenburgischen Konzert 5« und vor allem in den Leipziger Cembalokonzerten nicht allein eine vergleichbare Vorherrschaft der Solostimme, sondern auch ein »Kleinripieno«, dessen Funktion in den Episoden mit wenigen Ausnahmen allein auf die Ausführung von Begleitmotiven reduziert wird.

Bachs Konzerte seit 1718

Als frühester Zeitpunkt für die Entstehung der Ecksätze kommt somit das Jahr 1715 in Frage, als spätester die Jahreswende 1717/18 (siehe unten).

Die verbleibenden Konzerte BWV 1041–1043, 1047, 1049–1051, 1053, 1055, 1056, 1060 und 1064 sowie der Konzertsatz BWV 1046/3 und die Kantaten-Sinfonie BWV 35/1, die auf die gleiche Vorlage wie das Konzertsatz-Fragment BWV 1059 zurückgeht, lassen sich hingegen sämtlich nicht vor Bachs Köthener Zeit (1717–1723) ansetzen. Dies ergibt sich aus im wesentlichen vier Gemeinsamkeiten:

♦ Wie die erhaltenen fünf Köthener Kantaten streben die genannten raschen Konzertsätze in unterschiedlichem Maß nach einer Ritornellperiodik entweder in Einheiten von 1 und 1,5 oder von 2 und 4 Takten bei weitgehend gleichmäßig oder symmetrisch proportionierten Ritornellen von mindestens 6 oder 8 Segmenten entsprechend a1–2, b1–2, c1–2 oder a1–4, b1–4. Proportionierungen wie a1–3, b1–3 und je einmal a1–2, b1–2, c1–2 (BWV 70a/1) und a1–4, b1–4 (BWV 80a/5) finden sich zwar auch in den Weimarer Kantaten von 1716. Dort läßt sich aber keine Entwicklung innerhalb der Sätze eines einzigen Werkes von ein- oder anderthalb zu zwei- oder gar viertaktigen Ritornellsegmenten und erst recht keine reguläre Gliederung in Formteile von geradzahligem Taktumfang entsprechend den Köthener Kantaten beobachten. Eine regelmäßige, geradzahlige Ordnung ist kein Stilmittel, sondern die Folge einer systematischeren Organisation musikalischer Gedanken beim Komponieren. Sie wurde denn auch in Konzertformen von Kantatensätzen und Tastenmusik beibehalten, die zweifelsfrei aus Bachs Leipziger Zeit stammen (⟶ S. 198f.).

♦ Sämtliche verbleibenden raschen Konzertsätze enthalten tonartliche Rückungen, wobei entweder einfache Dreiklänge oder Dreiklänge als Septakkorde bzw. mit Quartvorhalten im Abstand einer Stufe nacheinander eintreten. Rückungen in Gestalt gewöhnlicher Dreiklangsfolgen fehlen in Bachs Kantaten der Jahre 1715 und 1716. Dort werden Sequenzen in der Regel mittels Versetzung um eine Quinte oder Quarte ausgeführt. Das harmonische Konzept stufenweiser Versetzungen, oft im Verbund mit der Ergänzung von Dissonanzen, kehrt indes erstmals in der Kantate BWV 66a (zum 10. Dezember 1718) in einigen Fällen, häufig in den Kantaten BWV 134a (zum 1. Januar 1719) und BWV 173a sowie 194a (beide nach 1718) wieder, die Bach alle in Köthen schrieb: Es setzt sich in seinen Leipziger Kompositionen fort. In der im vorigen Abschnitt auf die Jahreswende 1717/18 datierten Köthener Kantate 184a fehlen solche harmonischen Verbindungen. Demnach griff Bach Rückungen in der Art, wie er sie aus Werken Torellis und Albinonis kannte (während sie in Vivaldis Konzerten ausbleiben), und in einer erweiterten Variante offensichtlich nicht mehr in Weimar, sondern erst im Lauf des Jahres 1718 in zunehmendem Umfang wieder auf. Entsprechend bediente er sich in allen fünf Köthener Kantaten vornehmlich der Da capo-Form. Sie findet sich in den Weimarer Kantaten zwischen 1712 und 1714 häufig, in jenen der Jahre 1715/16 selten.

♦ Alle Konzertsätze lassen als gemeinsames Merkmal das Bemühen erkennen, die von Bach zwischen ca. 1705 und 1716 verwendeten Konzert- und Da capo-Formen in jeweils unterschiedlicher Weise zu verändern oder zu verfremden. Schon durch diese Intention erhält jedes Werk – trotz ähnlicher Kompositionstechnik und wiederholt sogar identischer Tonart – ein individuelles Profil

♦ Bemerkenswert ist schließlich, daß nahezu sämtliche in Frage stehenden Konzertsätze mindestens einen, oftmals zahlreiche ritornellverarbeitende Teile besitzen. Diese fehlen in den Weimarer Kantaten von 1715 und 1716 meist – ebenso wie in Kantate BWV 184a! Anders als in Wer

Ritornell und Episode im Konzert E-Dur BWV 1042

ken vor 1715 nehmen sie in den Köthener Kantaten BWV 66a, 134a, 173a und 194a, aber auch in den erwähnten Konzertsätzen nur noch Ritornellgestalt an. Ritornellmaterial innerhalb von Episoden erscheint in Kantaten und Konzerten nun als unverändertes Zitat!

Aufgrund dieser Befunde ist zu prüfen, ob die übrigen 26 raschen Konzertsätze in zeitlicher Nähe zu den fünf Köthener Kantaten oder erst in Leipzig entstanden. Dabei lassen sich zwei Gruppen von Werken zusammenfassen: Sie fallen in das Jahr 1718 vor der Uraufführung von Kantate 134a am 1. Dezember 1719 und in die daran anschließende Zeit.

Die früheste der Köthener Kompositionen ist zweifellos das Violinkonzert E-Dur BWV 1042, dessen erster Satz in Da capo-Form konzipiert wurde, während der letzte als einziger Konzertsatz einem Rondeau entspricht (Auftakte werden im folgenden nicht gerechnet):

BWV 1042/1

a1 (T. 1) a2 (T. 2) a3 (T. 3) b1 (T. 3–4) b2 (T. 5–6) b3 (T. 6–8) c1 (T. 9) c2 (T. 9–10) c3 (T. 11)

Ritornell 1	Episode 1	Ritornell 2	Episode 2	Ritornell 3	Episode 3	Ritornell 4	Episode 4	Ritornell 5
T. 1–11	12–14	15–17	17–20	20–21	21–24	25–30	30–33	32–34
I–V–I	I–IV–I–V	I–V	V	V	V–II–V–II	VII–III–VII	V	V
		Ritornell 6	Episode 5	Ritornell 7	Episode 6	Ritornell 8	Episode 7	Ritornell 9
		T. 35	35–38	38–39	39–42	43–48	48–51	50–52
		I	I	I	I–VI–V	III–II–V–I	I–VI–I	I
Episode 8	Ritornell 10	Episode 9	Ritornell 11	Episode 10	**Ritornell 12**	Episode 11	Ritornell 13	
T. 53–69	70–71	72–73	74	75–76	**77–82**	82–94	94–95	
VI–III	VI	II–V	V	I–IV	**IV–I**	I–II–V–VI	VI–II	
	Episode 12	Ritornell 14	Episode 13	Ritornell 15	Episode 14 mit *adagio*	*da capo*		
	T. 95–101	102–106	107–115	116–117	117–122			
	II–V	I–V	VII–III–VII	III	III–VII–III			

BWV 1042/3

Rondeau-Form (Taktzahlen entsprechend der NBA)

a1 (T. 1–2) a2 (T. 3–4) a3 (T. 5–6) a4 (T. 7–8) b1 (T. 9–10) b2 (T. 11–12) b3 (T. 13–14) b4 (T. 15–16)

Refrain 1	Couplet 1	Refrain 2	Couplet 2	Refrain 3	Couplet 3	Refrain 4	Couplet 4 + 5
T. 1–16	17–32	33–48	49–64	65–80	81–96	97–112	113–144
I–V–I	I–V–I–V	I–V–I	VI	I–V–I	I–IV	I–V–I	I–IV–II–VI–I–III

Refrain 5
T. 145–160
I–V–I

Das Ritornell des Eingangssatzes besteht aus Segmenten im Umfang von 11 Takten:

1 + 1 + 0,5 + 1,5 + 1,5 + 2,5 + 0,5 + 1,5 + 1 = 11 Takte

Es zeigt zunächst also eine Tendenz zur Proportionierung in jeweils 1 oder 1,5 Takte wie in den Ritornellen von Kantate BWV 66a, die jedoch nicht konsequent durchgeführt wird. Der Satz kann freilich nicht als Da capo-Form im herkömmlichen Sinn bezeichnet werden; denn sein A-Teil (Ritornell 1–9) besteht lediglich aus drei großen Ritornellteilen und Episode 1 in typischer Da capo-Arien-Gestaltung (⟶ S. 185f.): Auf Ritornell 1 und Episode 1 folgen zwei großformale Blöcke (Ritornell 2–5 und 6–9), deren einzelne Abschnitte sich, abgesehen von ihren Tonarten, fast notengetreu entsprechen. Ihre Ritornelle wiederholen – in der Reihenfolge ihres Auftretens

Ritornell und Episode im »Brandenburgischen Konzert 5« BWV 1050/1050a

– einzelne Segmente des Eingangsritornells, die jeweils in Kurzepisoden vom Solisten fortgesponnen werden. Aufgrund dieser Disposition folgen in den Takten 32–35 zwei Ritornelle unmittelbar aufeinander. Ein beständiger Wechsel längerer Episoden und Ritornelle setzt erst im B- Teil (Episode 8–14) ein, weshalb der Satz bei nur 174 Takten die beispiellose Anzahl von insgesamt 24 Ritornellen und 20 Episoden (inklusive Da capo) enthält!

Die nur drei ritornellverarbeitenden Teile entstehen vor allem durch Ornamentierung von Ritornellmaterial, die Länge der einzelnen Formteile ist sehr ungleich, so daß auch die harmonische Komplexität der Episoden ausgesprochen unterschiedlich ausfällt (im folgenden werden stets nur um eine Zählzeit gerundete Taktlängen angegeben):

R1 (11) + E1 (3) + R2 (2,5) + E2 (3) + R3 (1) + E3 (3,5) + R4 (5,5) + E4 (3) + R5 (2,5) + R6 (1) + E5 (3) + R7 (1) + E6 (3,5) + R8 (5,5) + E7 (2) + R9 (2,5) +
E8 (17) + R10 (2) + E9 (2) + R11 (2) + E10 (2) + R12 (6,5) + E11 (12) + R13 (1) + E12 (7) + R14 (5) + E13 (9) + R15 (2) + E14 (5) = 122 Takte (ohne Da capo)

Alle drei Merkmale kennzeichnen auch Kantate BWV 184a. Wie in sämtlichen Köthener Kantaten werden die Episoden von diversen Motiven des Ripieno einschließlich liegender Akkorde und dialogischer Soli der ersten Violine begleitet. Im Unterschied zu BWV 184a, aber übereinstimmend mit den übrigen Köthener Kantaten setzt Bach sie im E-Dur-Konzert nun »ökonomischer« ein und verwendet einmal eingeführte Motive in späteren Episoden wieder. Weitere Eigenschaften zeigen, daß BWV 1042/1 in dem knappen Jahr zwischen den Kantaten 184a und 66a entstand. Neben einigen Rückungen, zahlreichen Bezügen, Wiederholungen ganzer Formteile und dem Auftreten neuen Episodenmaterials zu Beginn des B-Teils (siehe BWV 66a) finden sich zwei Besonderheiten, die in anderen Konzertsätzen wesentlich klarer und konsequenter strukturiert sind: Episode 8 erweist sich als eine Art »Episoden-Insel«, indem der Solist perfidiaähnliches Laufwerk zur Begleitung des Ripieno ausführt. Dieses wiederum beginnt ab T. 57 ein nicht zu Ende geführtes Cantabile-Thema, wie es Bach in ähnlicher, jedoch abgeschlossener Form im Finale von Vivaldis *Concerto* a-Moll op. 3,8 vorfinden konnte, das er selbst für Orgel bearbeitete (Dirksen 1992). Eine solche Episoden-Insel sowie ein Cantabile-Thema kehren beispielsweise im fünften »Brandenburgischen Konzert« BWV 1050 in deutlich weiterentwickelter Gestalt wieder.

Ebenso irregulär wie die Da capo-Form von BWV 1042/1 erscheint auch die Rondeau-Architektur im Finale des E-Dur-Konzerts: Ebenfalls zwecks Steigerung der inneren Dramaturgie zögert der Komponist den Eintritt des letzten Refrains durch Verdoppelung des vorangehenden Couplets hinaus. Auf ein Vorbild für einen Konzertsatz dieser geradzahligen Form mit einem Refrain von 2 x 8 Takten stößt man weder in italienischen noch deutschen Werken jener Zeit. Vielmehr gehörten derartige Rondeaux zum Repertoire französischer Bühnen- und Instrumentalmusik. Beispiele hierfür finden sich im Cembalobuch Louis Marchands von 1699 (⟶ S. 252) oder in deutscher Claviermusik französischen Stils, etwa von Georg Böhm.

Einen weiteren Schritt auf dem Weg in Richtung der Kantate BWV 66a stellt das »Brandenburgische Konzert 5« BWV 1050 mit seinem Kopfsatz und Finale in dreiteiliger, da-capo-artiger Anlage dar. Der erste Satz unterscheidet sich von der Frühfassung BWV 1050a formal durch das von 18 auf 65 Takte erweiterte letzte Solo des Cembalos (Episode 8/2), der letzte durch die um 4 Takte verlängerte Episode 4. Als Untersuchungsgrundlage dient hier allein BWV 1050a in der Besetzung mit Cembalo, Traversflöte, Solovioline sowie Violine, Viola und Violone »in Ripieno«:

Ritornell und Episode im »Brandenburgischen Konzert 5« D-Dur BWV 1050/1050a

BWV 1050a/1

a1 (T. 1) a2 (T. 2) b1 (T. 3) b2 (T. 4–5) b3 (T. 5–6) c1 (T. 7) c2 (T. 8–9)

Ritornell 1	Episode 1	Ritornell 2	Episode 2	**Ritornell 3**	Episode 3	**Ritornell 4**	Episode 4 mit Perfidia I
T. 1–9	9–19	19–20	20–29	**29–31**	31–40	**40–42**	42–58
I–V–VI–V–I	I–V	V–II	II–VI–I–V	V	V–III–VI	**VI**	VI–IV–I

Ritornell 5	Episode 5/1	Episode 5/2	m. »Episo-	Ritornell 6	Episode 6	Ritornell 7	Episode 7
T. 58–61	61–70	71–101	den-Insel«	101–102	102–121	121–125	125–136
I–IV–V–I	I–V–II–VII	III–V–II–V	(Perfidia II)	V–II	II–V–I	I	I–IV–V

Ritornell 8	Episode 8/1	mit	Episode 8/2 mit	Ritornell 9
T. 137–139	139–154	Perfidia III	154–171 Perfidia IV	172–180
I–V–I	I–V		V	I–V–VI–V–I

BWV 1050a/3

(Da capo-Form mit A-Teil als Fugenexposition samt episodischen Zwischenspielen)

Exposition (Ritornell 1)
T. 1–78
I–V–III–I–VI–I–IV–I

Episode 1 m. *cantabile-*	Ritornell 2	Episode 2 m. *cantabile-*	Ritornell 3	Episode 3 m. *cantabile-*
T. 79–86 Thema I	86–88	89–96 Thema II	96–98	99–128 Thema III
VI	VI–III–VI	VI	VI–III	III–VII–III

Ritornell 4	Episode 4 m. *cantabile-*	Ritornell 5	Episode 5	Ritornell 6
128–147	148–216 Thema IV	216–221	221–226	226–228
III–I–V	V–III–VII–III	III	VI	VI–III–VI

Nunmehr besteht das Eingangsritornell des ersten Satzes tatsächlich aus Segmenten von 1 und 1,5 Takten:

1 + 1 + 1 + 1,5 + 1,5 + 1 + 1 (1,25) = 8 (8,25) Takte

Der Umfang von 8 Takten wird durch das Ritornellende auf der ersten Zählzeit von T. 9 knapp verfehlt. Die siebenteilige Ritornellanlage ist symmetrisch mit b2 im Zentrum (siehe BWV 66a/4), die harmonische Bewegung der Episoden, abgesehen von der ersten, nahezu gleich. Auch strebt Bach jetzt eine Gliederung in geradzahlige Takteinheiten der Formteile an:

BWV 1050a/1: R1 (8) + E1 (10) + R2 (2) + E2 (8) + R3 (2,5) + E3 (8) + R4 (2) + E4 (16) + R5 (2,5) + E5/1 (10) + E5/2 (30) + R6 (2) + E6 (18) + R7 (4,5) + E7 (12) + R8 (2,5) + E8/1 (16) + E8/2 (18) + R9 (8) = 180 Takte

BWV 1050a/2: R1 (78) + E1 (8) + R2 (3) + E2 (8) + R3 (3) + E3 (30) + R4 (20) + E4 (72) + R5 (6) + E5 (5) + R6 (2) = 232 Takte (plus 78 Takte Da capo = 310 Takte)

Sich überlappende Formteile fehlen wie in Kantate 184a. Einige Rückungen werden in beiden Sätzen vor allem durch Versetzung einfacher Grundakkorde erreicht. Entsprechend dem Konzert BWV 1042 und Kantate BWV 66a finden sich insgesamt nur drei ritornellverarbeitende Teile, zwei im ersten, einer im letzten Satz. Ebenfalls existieren in beiden Sätzen Bezüge zwischen Episoden und sogar einige Wiederholungen; sie betreffen sowohl Teile von Episoden (BWV 1050a/1) als auch vollständige Formblöcke unter Einschluß von Ritornellen (BWV 1050a/3, B-Teil). Episoden werden von Motiven des Ripieno begleitet, die jedoch nur gelegentlich wiederkehren, sowie von Ritornell-Zitaten – analog zu BWV 1042/1 auch in Imitation.

Ritornell und Episode im Konzert D-Dur BWV 1064[a]

Der erste Satz entpuppt sich als Konzertform in stilisierter Da capo-Anlage (siehe BWV 194a/3) mit den Ritornellen 2 und 3 in der V. Stufe (so ab BWV 66a); dem »A-Teil« lassen sich die Formteile Ritornell 1–5, dem »B-Teil« Episode 5–6 und dem »wiederholten A-Teil« Ritornell 7–9 zuordnen. Der »B-Teil« beginnt mit einer zweigeteilten Episode, deren zweiter Abschnitt 5/2 eine regelmäßig ausgearbeitete und in sich geschlossene »Episoden-Insel« von 30 Takten enthält. Sowohl die Aufeinanderfolge zweier gleichartiger Formteile als auch die »Episoden-Insel« finden eine Entsprechung im ersten Satz des Konzerts BWV 1042. Episode 5/2 präsentiert – ebenso wie Episode 4 – eine Perfidia des Cembalos. Daher lag es nahe, auch die letzte Episode des Satzes zu teilen und beiden Teilen je eine Perfidia zuzuweisen: Episode 8/1 mit der Integration von Perfidia I aus Episode 4 als Solo con stromenti, Episode 8/2 mit einer neuen Perfidia (siehe Episode 5/2) als *Solo senza stromenti* (autographe Partitur von 1721). Die formale Intention zur Erweiterung des zu Unrecht als »Cembalokadenz« bekannten Abschnitts (⟶ S. 177) auf 65 Takte in der Version BWV 1050 bestand darin, der vorhandenen Perfidia IV Zitate samt Sequenzierung aus sämtlichen perfidia-artigen Cembalopassagen des Satzes voranzustellen, beginnend mit Episode 1 und 5/2, an die sich Laufwerk wie in Episode 4 und 8/1 zur Rückführung in die veränderte Perfidia IV aus BWV 1050a anschließt. Als Vorlage für eine solche zweigeteilte Schlußepisode mit Perfidia kommen etwa Vivaldis Konzert *Grosso Mogul* RV 208 und die Ecksätze von Bachs Concerto BWV 1052 in Frage.

Selbst das Finale von BWV 1050a repräsentiert in Wirklichkeit eine stilisierte Da capo-Form: Der A-Teil erweist sich als Fugenexposition – zunächst im Concertino, daraufhin im Tutti (siehe BWV 1063/3 auf S. 172f.) –, in der die Zwischenspiele 3 (T. 19–29), 5 (T. 42–48), 6 (T. 52–64) und 7 (T. 68–75) mittels Cembalopassagen episodenartig erweitert werden. Erst der B-Teil beginnt mit einem Wechsel von Episoden und Ritornellteilen (Durchführungen des Fugenthemas) und liefert das in der »Episoden-Insel« (5/2) des ersten Satzes noch fehlende, nunmehr in sich geschlossene und ausdrücklich mit *cantabile* bezeichnete Episodenthema nach. Seine vier Auftritte in jeweils unterschiedlichen Partien (Stimmtausch) entsprechen den vier Perfidien des Kopfsatzes, was die innere Zusammengehörigkeit der in Vivaldis *Concerto* op. 3,8 und in Bachs Violinkonzert E-Dur noch miteinander verbundenen »Episoden-Inseln« samt Cantabile-Thema bestätigt. Als einheitliche Formteile erscheinen beide Stilmittel hingegen in der *Sinfonia* BWV 42/1 (wohl als Vorspiel für Kantate 66a komponiert; ⟶ S. 200), im Finale des Doppelkonzerts BWV 1043 und der *Sonata* g-Moll BWV 1029, im zweiten Satz der *Sonata* E-Dur BWV 1016 sowie im *Prelude* der »Englischen Suite 2« BWV 807.

Im Kopfsatz des *Concerto* BWV 1064 stoßen wir ebenfalls auf eine stilisierte Da capo-Gestalt in Konzertform, im Finale auf eine konzertante Fuge. Beide Sätze enthalten insgesamt wieder viele Perfidien. Das Werk wird in seiner mutmaßlichen Frühfassung D-Dur für 3 Violinen, Violoncello und Continuo (BWV 1064[a]) untersucht, über deren Besetzung sich anhand kompositionstechnischer Eigentümlichkeiten weitere Aussagen machen lassen:

BWV 1064[a]/1

a1 (T. 1–2) a2 (T. 3–4) b1 (T. 4–5) b2 (T. 6) c1 (T. 7) c2 (T. 8–9)

Ritornell 1	Episode 1	Ritornell 2	Episode 2	**Ritornell 3**	Episode 3	Ritornell 4	Episode 4 mit Perfidia
T. 1–9	9–11	11–13	13–17	**18–21**	21–29	30–31	31–39
I–V–I	I	I–V	V–II	**II–V**	V–I–II–V	I	I–II–V–I

Ritornell und Episode im Konzert D-Dur BWV 1064[a]

Ritornell 5	Episode 5	Ritornell 6	Episode 6	**Ritornell 7**	Episode 7	Ritornell 8	Episode 8
T. 40–43	43–53	53–56	57–74	**75–77**	78–87	88–91	91–111
I–V–I	VI–VII–III	III–V–II–V	V–I–IV–I	**I–IV**	IV–V–VII	VII–III	III–I–III–I

Ritornell 9	Episode 9	Ritornell 10
T. 111–114	115–132	133–141
I	V–I–V	I–V–I

BWV 1064[a]/3

(Ritornell als Fugenexposition)

Ritornell 1	Episode 1	Ritornell 2	Episode 2	Ritornell 3	Episode 3 mit Perfidia I	Ritornell 4
T. 1–42	42–49	49–59	59–80	80–89	89–100	100–101
I–V–I	I–III	VI	VI–III	III	III–I–II	V

Episode 4 mit Perfidia II	Ritornell 5	Episode 5 mit		Ritornell 6	Anhang
T. 102–126	126–141	141–175	Perfidia III	175–188	188–192
V–I–V	V	V–IV–V		I–V–I	I

Die Gliederung des Eingangsritornells zum Kopfsatz in Segmente von 1 und 1,5 Takten erweist sich als Variante der Ritornelldisposition von BWV 1050a/1, wobei die symmetrische Anlage (a1–2, b1–3, c1–2) jedoch zugunsten geradzahliger Segmentgruppen aufgegeben wird:

1,5 + 1,5 + 1,5 + 1 + 1 + 1 (1,25) = 7,5 (7,75) Takte

Die zuletzt genannte Ordnung findet sich durchweg in den Köthener Kantaten BWV 134a, 173a und 194a. Erneut gliedert Bach beide Konzertsätze in überwiegend geradzahlige Formteile, deren Proportionierung in BWV 1050a jedoch einheitlicher ausfällt:

BWV 1064[a]/1: R1 (8) + E1 (2) + R2 (2) + E2 (5) + R3 (4) + E3 (9) + R4 (1,5) + E4 (8,5) + R5 (3) + E5 (10) + R6 (4) + E6 (18) + R7 (3) + E7 (10) + R8 (3,5) + E8 (21) + R9 (3,5) + E9 (18) + R10 (8) = 141 Takte

BWV 1064[a]/3: R1 (42) + E1 (8) + R2 (10) + E2 (22) + R3 (10) + E3 (11) + R4 (2) + E4 (24) + R5 (16) + E5 (34) + R6 (14) + Anhang (5) = 192 Takte

Tatsächlich ist kaum zu entscheiden, welches der beiden Konzerte früher entstand; denn die kompositionstechnischen Übereinstimmungen sind, trotz signifikanter Unterschiede, beträchtlich: Auch im ersten Satz von BWV 1064[a] ist die harmonische Bewegung aller Episoden bis auf die erste nahezu gleich, die Ritornelle 2 und 3 führen zur V. Stufe, während der »B-Teil« (Episode 5–6) neues thematisches Material exponiert und in Episode 4 eine Perfidia, nunmehr der ersten Violine, eingefügt wird. Mehrere Bezüge und Wiederholungen von Episoden und Ritornellen, das Fehlen von Überlappungen, die Beschränkung auf zwei ritornellverarbeitende Teile und einige tonartliche Rückungen runden das Bild ab. Neu ist das Wiederaufgreifen eines Unisono-Ritornells (siehe BWV 1063/1 und 1052/1) und die Ausformung der Ritornelle 6 und 9 als episodenverarbeitende Teile mit Material der vorangegangenen Episoden. Im Unterschied zu seinen übrigen Konzerten mit Unisono-Ritornellen führt Bach Binnenritornelle (mit Ausnahme der ritornellverarbeitenden Teile von Ritornell 3 und 7) und sogar die episodenverarbeitenden Ritornelle 6 und 9 in Einklängen, wodurch der Satz – ähnlich Albinonis *Concerti* op. 2 und 5 – innerhalb der Episoden seine höchste Dichte erfährt. Ritornellzitate werden ausschließlich von den Solostimmen (der Fassung mit 3 Cembali) oder vom Baß vorgetragen, die auch die wiederkehrenden Begleitmotive zu den Episoden beisteuern. Diese, die Ritornelle des Mittelsatzes, die Fugenexpositionen des Finales und die Begleitung von dessen Episoden 3–5 lassen sich ohne Verlust einer Stimme noten-

Ritornell und Episode in der Sinfonia d-Moll BWV 35/1 (Konzertfragment BWV 1059)

getreu von 2–3 Soloviolinen samt geteiltem Baß ausführen. Dagegen können die Ripieno-Einwürfe und -Akkorde der Cembalobearbeitung nicht als Begleitmotive jener Art bezeichnet werden, wie sie für Bachs Konzerte seit 1718 charakteristisch sind. Damit ist offensichtlich, daß das Werk, wie vermutet (⟶ S. 169), von Anfang an für drei Soloviolinen ohne Ripieno komponiert wurde. Diese Kammerbesetzung mag Bach später bei der Transkription für 3 Cembali zur Ergänzung eines kompletten Ripienosatzes bewogen haben – ebenso wie die ursprüngliche Ausführung der Ritornelle im Unisono die Unterscheidung von den Episoden des Satzes erleichterte.

Das Finale BWV 1064[a]/3 knüpft erneut an den Schlußsatz von BWV 1050a an: Die Fugenexposition dient nun als Eingangsritornell (siehe BWV 1063/3), wobei zwei Zwischenspiele (T. 10–14 und 23–28) deutlichen Episodencharakter aufweisen. Die gemeinsame Episode (1) der 3 Soloviolinen wird zu Beginn von Episode 3 wiederholt. Darüber hinaus erhält jeder Solist in umgekehrter Reihenfolge (Violine 3, 2, 1) eine begleitete Episode oder einen Teil davon mit eigener Perfidia. Eine Anspielung auf Albinonis Konzertsätze mit abschließendem Anhang stellt die Wiederaufnahme der Triolenfigur aus der gemeinsamen Episode 1 am Ende des Satzes dar.

Die folgende Analyse zeigt deutlich, daß die Sinfonie d-Moll BWV 35/1 mit dem Notentext des Urbildes, das auch dem Konzertfragment BWV 1059 als Vorlage diente, kaum wesentlich später als die Konzerte BWV 1050a und 1064[a] und noch vor Kantate BWV 66a komponiert wurde (nachstehende Angaben beziehen sich allein auf die Substanz des Kantatensatzes):

BWV 35/1

a1 (T. 1) a2 (T. 2) b1 (T. 3–4) b2 (T. 4–6) c1 (T. 6–8) c2 (T. 8–9)

Ritornell 1	Episode 1	Ritornell 2	Episode 2	**Ritornell 3**	Episode 3	**Ritornell 4**	Episode 4	**Ritornell 5**
T. 1–9	9–11	12–13	14–21	22–25	26–33	33–36	36–39	39–47
I–V–I	I–V	I–V–I	I–VII–III	**III–I–III**	III–VII–V	**V–II**	II–V	**V–II–V**

Episode 5	Ritornell 6	Episode 6	**Ritornell 7**	Episode 7 mit Perfidia I	**Ritornell 8**	Episode 8	**Ritornell 9**
T. 47–49	49	50–60	60–68	68–80	80–85	80–90	88–92
V–II	II–V	V–VII–IV	**IV–VI**	VI–III–VI	**VI–I–IV**	VI–IV–V–I	**I–IV–III**

Episode 9 mit Perfidia II	**Ritornell 10**	Episode 10	**Ritornell 11**	Episode 11 mit Perfidia III	Ritornell 12
T. 92–98	98–105	105–109	110–116	116–123	123–131
II–V–I	**I–V–I**	I–V	**I–V–VI**	VI–V–I	I–V–I

Auch in diesem Satz ist die Konstruktion des Eingangsritornells bemerkenswert, das jetzt aus sechs Teilen in Segmenten von 1, 1,5 und 2 Takten besteht und wieder in Takt 9 endet. Die Formteile besitzen einen fast durchweg geradzahligen Umfang:

Ritornell: 1 + 1 + 1,5 + 2 + 2 + 1,5 = 9 Takte

R1 (8,5) + E1 (2) + R2 (2) + E2 (8) + R3 (4) + E3 (8) + R4 (4) + E4 (2,5) + R5 (8,5) + E5 (2) + R6 (1) + E6 (10) + R7 (8,5) + E7 (12) + R8 (6) + E8 (10) + R9 (4) + E9 (6) + R10 (8) + E10 (4) + R11 (6,5) + E11 (7) + R12 (8,5) = 131 Takte

Mit dem *Concerto* BWV 1064[a] stimmt die harmonische Komplexität aller Episoden überein, ausgenommen die erste Episode und jene mit integrierten Perfidien. Tonartliche Rückungen sind nur – entsprechend den Köthener Kantaten ab 1719 – sehr häufig. Episoden werden vom Ripieno zwar mit wiederkehrenden Begleitmotiven einschließlich ausgehaltener Akkorde und oft von Ritornellzitaten begleitet; wenigstens ebenso oft wie im Konzert BWV 1050a erscheinen jedoch Soli mit Continuo. Gemäß BWV 1064[a]/1 beginnt die erste Episode in der Art einer Da capo-Arie

Ritornell und Episode im Konzert D-Dur BWV 1053[a]

Schließlich teilt der Satz auch mit dem E-Dur-Violinkonzert eine Besonderheit: ein Überleitungsmotiv des Ripieno am Übergang von Ritornell 1 zu Episode 1, das im Verlauf des Satzes wiederholt wird. Ein solches Überleitungsmotiv findet sich auch vor Eintritt oder nach Beginn von Binnenritornellen in BWV 1050a/1. Wie in den Konzertsätzen BWV 1042/1, 1050a/1 und 3 werden mehrere Blöcke von Formteilen wiederholt, und wie die Konzerte BWV 1050a und 1064[a] enthält die Sinfonie drei Perfidien in Episodengestalt, deren Laufwerk nunmehr zu 16teln über liegenden Streicherakkorden vereinfacht ist. Dem naheliegenden Verdacht, diese Modifikation liefere einen Hinweis auf die Besetzung der Solostimme mit einem Holzblasinstrument, steht jedoch die bereits erwähnte Feststellung entgegen, daß eine Bläserperfidia Permanentatmung voraussetzt, wofür aus Bachs Zeit keine Belege existieren (⟶ S. 124). Beachtung verdient die Aufspaltung der Segmente von Ritornell 9, die jeweils vom Solo fortgesponnen werden (siehe BWV 1042/1 sowie unten BWV 1053/1 und 1041/1). Neu ist das Auftreten von gleich acht Binnenritornellen als ritornellverarbeitenden Teilen (so in den Kantaten BWV 134a, 173a und 194a), die vollständige Wiederholung des Eingangsritornells im Verlauf des Satzes als Ritornell 5 (siehe BWV 194a/3) und der gleichzeitige Beginn von Ritornell 8 und Episode 8 in T. 80. Schließlich fällt auf, daß Binnenritornelle wiederholt in Imitation zwischen Solo und Ripieno gestaltet oder mit einer freien Gegenstimme des Solisten verknüpft werden.

Die zuletzt genannten Merkmale kehren im *Concerto* BWV 1053[a] wieder, das in seiner Erstfassung D-Dur für Oboe d'amore zur Diskussion steht. Hier handelt es sich um das einzige Konzert des Komponisten, dessen Ecksätze beide in Da capo-Form gehalten sind. Da die Köthener Kantaten BWV 66a und 134a samt *Sinfonia* BWV 42/1 – im Unterschied zu BWV 184a und 194a – fast ausschließlich Da capo-Formen enthalten, liegt der Verdacht nahe, daß auch die Komposition von BWV 1053[a] in die zeitliche Nähe von deren Uraufführungen am 10. Dezember 1718 und 1. Januar 1719 fällt. Ja, ein Blick auf die Kompositionstechnik des Konzerts offenbart sogar eine gewisse »Mittelstellung« zwischen beiden Kantaten und schließt es zugleich an die vorangegangenen Konzerte an:

BWV 1053[a]/1

a1 (T. 1) a2 (T. 2) b1 (T. 3–4) b2 (T. 4–5) c1 (T. 6–7) c2 (T. 7–8)

Ritornell 1	Episode 1	**Ritornell 2**	Episode 2	**Ritornell 3**	Episode 3	**Ritornell 4**	Episode 4	**Ritornell 5**
T. 1–8	9–16	17–22	23–30	28–35	36–46	47–49	49–53	54–61
I–IV–V–I	I–V–VI–V	I	VI–III–V	V–I–II–V	III–VI–III	I	I–V	I–IV–V–I
[Teil B]	Episode 5	**Ritornell 6**	Episode 6	**Ritornell 7**	Episode 7	**Ritornell 8**	Episode 8	**Ritornell 9**
	62–68	68–75	75–80	80–85	85–92	92–93	94–102	102–104
	VI–II	II–VI–V–II	II–I–IV	IV–VII–IV	VI–III–VI	VI–II	II–III–VI	II–VI
	Episode 9 mit *adagio*	da capo						
	105–112							
	VI–III–VI							

BWV 1053[a]/3

a1 (T. 1–4) a2 (T. 5–8) b1 (T. 9–12) b2 (T. 13–15) c1 (T. 16–17) c2 (T. 18–19)

Ritornell 1	Episode 1	Ritornell 2	Episode 2	**Ritornell 3**	Episode 3	**Ritornell 4**	Episode 4	**Ritornell 5/1**
T. 1–19	19–25	23–26	27–43	43–61	61–79	79–89	90–111	107–125
I–V–I	I–V–I	I	V–II–V	V–II–V	V–II–V	I–V–I	I–V–I–V	I–V–I
	Anhang / Ritornell 5/2							
	125–137							
	I–V–I							

Ritornell und Episode im Konzert A-Dur BWV 1053[a]

Episode 5	Ritornell 6	Episode 6	Ritornell 7	Episode 7	Ritornell 8	Episode 8	Ritornell 9	Episode 9
137–175	175–179	179–183	183–187	187–191	191–195	195–198	198–200	200–203
III–VI–II	II–VI	VI–II	II–V	V–I	I–V	V–I	I–IV	IV–II
	Ritornell 10	Episode 10	Ritornell 11	Episode 11	*da capo*			
	203–207	207–219	219–227	227–258				
	II–V–I	I–V–VII	VII–III	VI–VII–III				

Tatsächlich zeigt der erste Satz eine Ritornellgestaltung gemäß Kantate BWV 66a und den Konzerten BWV 1050a/1 sowie 1064[a]/1 mit Segmenten von 1 und 1,5 Takten, nun freilich mit frühzeitigem Abschluß innerhalb von T. 8; das Ritornell des Finales aber ist, anders als in Kantate BWV 134a, noch nicht vollständig in Einheiten von vier Takten gegliedert:

BWV 1053[a]/1: 1 + 1 + 1,5 + 1,5 + 1,5 + 1 (1,25) = 7,5 (7,75) Takte
BWV 1053[a]/3: 4 + 4 + 4 + 3 + 2 + 1,5 = 18,5 Takte

Eine ähnliche Übergangssituation verrät die Gestaltung der Formteile:

BWV 1053[a]/1: R1 (8) + E1 (8) + R2 (6) + E2 (8) + R3 (8) + E3 (11) + R4 (3) + E4 (4) + R5 (8) + E5 (6) + R6 (8) + E6 (4) + R7 (6) + E7 (7) + R8 (2) + E8 (9) + R9 (2,5) + E9 (8) = 112 Takte (ohne Da capo)

BWV 1053[a]/3: R1 (18) + E1 (4) + R2 (4) + E2 (16) + R3 (18) + E3 (18) + R4 (4) + E4 (18) + R5/1 (18) + R5/2 (12) + E5 (38) + R6 (4) + E6 (4) + R7 (4) + E7 (4) + R8 (4) + E8 (4) + R9 (2) + E9 (4) + R10 (4) + E10 (12) + R11 (8) + E11 (32) = 258 Takte (ohne Da capo)

Wie auch aus den oben angeführten Konzertsätzen hervorgeht, war Bach bei der Ritornelldisposition zunächst um Ordnung in Einheiten von 1 oder 1,5 bzw. 4 Takten bemüht, ohne dieses Prinzip durchzuhalten (in BWV 1053[a]/3 bestand die Lösung in der Ergänzung von Segmenten gleichmäßig abnehmender Taktumfänge zum Ritornellende hin). Gleiches gilt für die formale Gliederung des ersten Satzes, die nach Einheiten in Größen von 4 Takten strebt, was dem Komponisten jedoch erst im Schlußsatz vollständig gelang. Wie Kantate BWV 134a enthalten beide Sätze zahlreiche Rückungen, zu denen im Ritornell von BWV 1053[a]/1 noch die Sextakkordketten aus BWV 1050a/1 treten. Auch die harmonische Bewegung ist entsprechend der Länge der Episoden relativ gleich.

Darüber hinaus offenbaren sich noch weitere Gemeinsamkeiten mit den zuletzt besprochenen Konzertsätzen, bestehend in mehreren sich überlappenden Formteilen (siehe die Überhänge der Taktzahlen im Schaubild) und deren Wiederholung als geschlossene Blöcke, in überwiegend solistischen oder von wiederkehrenden Motiven bzw. Ritornellzitaten begleiteten Episoden (oftmals im Dialog von Solist und Violine 1), in der Existenz von Überleitungsmotiven zwischen Ritornellen und Episoden und deren Veränderung, in der Einführung neuen thematischen Materials zu Beginn des B-Teils, im *Adagio*-Schluß des B-Teils von BWV 1053[a]/1 (siehe BWV 1042/1) und im Eintritt des jeweils dritten Ritornells auf der V. Stufe. Insbesondere an BWV 35/1 erinnern, wie gesagt, die Umspielung von Binnenritornellen durch das Solo und deren imitatorische Ausführung sowie die vollständige Wiederholung des Eingangsritornells als Binnenritornell (jeweils Ritornell 3). Dagegen fehlt in BWV 1053[a] jegliche Perfidia, was auf die Konzeption für Oboe d'amore zurückgeführt werden kann. Beachtung verdient der Anhang am Ende des A-Teils zum Finale in der Art einer *petite reprise* der Ritornellsegmente a2–c2. Völlig neu ist zudem die nahezu symmetrisch angeordnete Tonartenfolge sowohl im A- als auch im B-Teil des ersten Satzes; diese Anlage spricht – in Analogie zur Gliederung der Formteile und zum Gesamtumfang von je 173 bzw. 383 Takten (inklusive Da capo) – für eine nunmehr planvolle Vorbereitung der Kompositionsarbeiten.

Obwohl die Ecksätze des A-Dur-Konzerts BWV 1055[a] in herkömmlicher Konzertform konzipiert wurden, sind sie mit dem vorangegangenen Werk bis in Details hinein verwandt, so daß eine Entstehung beider Kompositionen in enger zeitlicher Nachbarschaft nicht bezweifelt werden kann. Ein wesentlicher Unterschied zwischen den Concerti BWV 1053[a] und 1055[a] besteht vor allem in der deutlich geringeren Ausdehnung des zuletzt genannten Werkes. Der knappe Umfang des Kopfsatzes läßt sich wohl auf äußere Gründe, beispielsweise auf einen dem Komponisten vorgegebenen Zeitrahmen für die Uraufführung zurückführen. Freilich läßt auch ein geändertes Kompositionsprinzip erkennen, daß der Satz ohne musikalische Einbußen nicht wesentlich zu erweitern war: Bis auf Episode 6 basieren sämtliche Episoden auf dem Beginn des in Episode 1 exponierten Materials und spinnen dieses in unterschiedlicher Weise fort. Dementsprechend steht am Anfang der Binnenritornelle meist das erste Segment des Eingangsritornells. Dieses Verfahren, alle Ritornelle und Episoden jeweils aufeinander zu beziehen, wird bereits in BWV 1053/1 angedeutet und kehrt in späteren Konzertsätzen Bachs sowie in Kantate BWV 194a wieder.

BWV 1055[a]/1

a1 (T. 1–2) a2 (T. 3–4) a3 (T. 5–6) a4 (T. 5–8) b1 (T. 9–10) b2 (T. 11–12) b3 (T. 13–14) b4 (T. 15–17)

Ritornell 1	Episode 1	Ritornell 2	Episode 2	Ritornell 3	Episode 3	Ritornell 4	Episode 4	Ritornell 5
T. 1–17	17–23	23–24	25–33	33–41	41–49	49–50	51–57	57–58
I–V–I–V–I	I–V	V	I–II–V	V–II–V	V–I–VI	II	V–VI	VI

Episode 5	Ritornell 6	Episode 6	Ritornell 7	Episode 7	Ritornell 8
T. 59–65	65–66	66–79	79–80	81–89	89–105
II–V–III	III–VII	III–V–II–I	I–V	I–V–I	I–V–I–V–I

BWV 1055[a]/3

a1 (T. 1–4) a2 (T. 5–8) b1 (T. 9–12) b2 (T. 13–16) c1 (T. 17–20) c2 (T. 21–24)

Ritornell 1	Episode 1	Ritornell 2	Episode 2	Ritornell 3	Episode 3	Ritornell 4	Episode 4	Ritornell 5
T. 1–24	25–40	41–44	45–56	57–60	57–73	73–74	74–78	79–82
I–V–I–V–I	I–V	I–II	V–II	V	V–III–II	V–II	II–V	V

Episode 5	Ritornell 6	Episode 6	Ritornell 7	Episode 7	Ritornell 8	Episode 8
T. 83–97	95–98	95–111	111–119	119–129	127–130	127–138
V–I–VI–II–III	III–VI	VI–III–VI	VI–I–II	II–VII	III–VI	III–VI–III

Ritornell 9	Episode 9	Ritornell 10	Episode 10	Ritornell 11
T. 139–146	147–166	167–168	169–176	177–200
I–V	I–V	V	I	I–V–I–V–I

Sowohl die Harmoniepläne von BWV 1053[a] und 1055[a] als auch der relativ ähnliche Umfang und somit zugleich die harmonische Komplexität der einzelnen Episoden zeigen bemerkenswerte Entsprechungen. Insbesondere die Periodik der Ritornelle und die Proportionierung der Formteile lassen keinen Zweifel daran, daß Bach in beiden Konzerten eine vergleichbare Konzeption anstrebte; sie fiel jedoch in BWV 1055[a] erheblich regelmäßiger aus:

BWV 1055[a]/1: 2 + 2 + 1,5 + 2,5 + 2 + 2 + 2 + 2 (2,25) = 16 (16,25) Takte
BWV 1055[a]/3: 4 + 4 + 4 + 4 + 4 + 4 = 24 Takte

Ritornell und Episode in der Triosonate d-Moll BWV 1043[a] (Doppelkonzert BWV 1043)

BWV 1053[a]/1: R1 (16) + E1 (6) + R2 (2) + E2 (8) + R3 (8) + E3 (8) + R4 (2) + E4 (6) + R5 (2) + E5 (6) + R6 (2) + E6 (12) + R7 (2) + E7 (8) + R8 (16) = 105 Takte

BWV 1055[a]/3: R1 (24) + E1 (16) + R2 (4) + E2 (12) + R3 (4) + E3 (16) + R4 (2) + E4 (4) + R5 (4) + E5 (12) + R6 (4) + E6 (16) + R7 (8) + E7 (8) + R8 (4) + E8 (12) + R9 (8) + E9 (20) + R10 (2) + E10 (8) + R11 (24) = 200 Takte

Besteht das Ritornell von BWV 1053[a]/1 aus Segmenten von 1 und 1,5 Takten, so sind es in BWV 1055[a]/1 6 x 2 und je einmal 1,5 und 2,5 Takte. Ähnliches gilt für die Finali: Hier werden aus 3 x 4 und je einmal 3, 2 und 1,5 Takten nun 6 x 4 Takte. Die Formteile der Ecksätze sind in BWV 1053[a] annähernd, in BWV 1055[a] ausnahmslos geradzahlig und im Schlußsatz mit seinen 200 Takten sogar stets durch die Zahl 4 teilbar. Binnenritornelle werden nach wie vor meist als ritornellverarbeitende Teile gestaltet, erneut finden sich mehrere Überlappungen. Eine Perfidia fehlt auch hier, was als Hinweis auf die Besetzung der Solostimme mit Oboe d'amore oder als Indiz dafür verstanden werden kann, daß Bach mit der Spieltechnik der Viola d'amore zu wenig Erfahrung hatte, um eine anspruchsvolle Perfidia zu schreiben. Letzteres scheinen auch die Viola-d'amore-Partien seiner Kantaten BWV 152 (1714) und BWV 36c bzw. 205 (1725) sowie der ersten Fassung der »Johannes-Passion« BWV 245 (1724) zu belegen (⟶ S. 300). Allerdings ist noch eine dritte Interpretation denkbar; denn die gebrochenen Dreiklangsfiguren während der Ritornelle in der Cembalofassung des Kopfsatzes bilden in Wirklichkeit einzelne Perfidien. Wären sie von Anfang an Teil der Komposition gewesen, wofür vieles spricht (⟶ S. 138ff.), ergäben sich aus dieser Besonderheit nicht nur Beweise für die ursprüngliche Ausführung mit Viola d'amore, sondern auch formale Konsequenzen: Ebenso wie Bach in BWV 1053[a]/1 und 1055[a]/3 Binnenritornelle und Episoden mehrfach zusammen eintreten läßt, hätte die Plazierung der eigentlich den Episoden vorbehaltenen Perfidien während Ritornellen den Gegensatz beider Formteile aufgehoben. Dieses Verfahren kehrt auch in anderen Konzertsätzen jener Zeit wieder und bestätigt daher die Konzeption als Solokonzert für Viola d'amore.

Nach wie vor und übereinstimmend mit den Kantaten seit BWV 66a finden sich in BWV 1055[a] wiederkehrende Ripienomotive, Ritornellzitate und Dialoge zwischen Solo und erster Violine, obwohl die Episoden nun überwiegend allein vom Continuo begleitet werden, was sich bereits in BWV 1053[a] abzeichnet und in den Kantaten BWV 134a und 194a eine Entsprechung findet Hinzu kommen Überleitungsmotive im ersten Satz und zahlreiche tonartliche Rückungen. Demnach entstand das *Concerto* BWV 1055[a] ebenfalls um die Jahreswende 1718/19.

Eine Untersuchung der kompositionstechnischen Entwicklung im Doppelkonzert d-Moll BWV 1043 für 2 Violinen stützt in vollem Umfang die im vorigen Kapitel geäußerte Behauptung, daß Werk ginge auf eine Triosonate für die gleichen Soloinstrumente zurück: Einerseits entspricht das Doppelkonzert im Hinblick auf formale und harmonische Merkmale im wesentlichen dem Stand der Kompositionstechnik zwischen dem Urbild der Sinfonie BWV 35/1 (BWV 1059) und dem Konzert BWV 1055[a]. Das Finale enthält sogar zwei »Episoden-Inseln« mit einem Cantabile-Thema (T. 72ff. und 112ff.), die wie im Finale von Vivaldis *Concerto* op. 3,8 erstmals in der vorletzten Episode erklingen. Andererseits finden das Ausbleiben einer Themenexposition durch die Viola und das nur 4 Takte umfassende Schlußritornell im Kopfsatz sowie die fehlende Mitgestaltung der Ritornellsubstanz des Finales durch das Ripieno keinerlei Parallelen in Bachs Werken jener Periode. Noch mehr aber vermißt man in beiden Ecksätzen wiederkehrende Ripienofiguren die tatsächlich als Begleitmotive profiliert sind, und erst recht jede Art von Dialog. Eigenständi

Ritornell und Episode in der Triosonate d-Moll BWV 1043[a] (Doppelkonzert BWV 1043)

ge Beiträge zu den Episoden leistet das Ripieno allein in Ritornellzitaten, die, wie bereits dargelegt, ohne weiteres bei der Ergänzung des Ripienosatzes in diesen integriert worden sein können (⟶ S. 109). Daher wird das Doppelkonzert im folgenden in seiner offensichtlich um 1719 komponierten Gestalt als Triosonate BWV 1043[a] diskutiert, die solcher Widersprüche entbehrt.

BWV 1043[a]/1

(Ritornell als Fugenexposition)

Ritornell 1	Episode 1	Ritornell 2	Episode 2	Ritornell 3	Episode 3	Ritornell 4
T. 1–21	21–45	46–49	49–53	53–58	58–84	84–88
I–V–I	I–III–V–II	V–I–V	V–I	I–V–I–IV	IV–I–IV–I–V	I–V–I

BWV 1043[a]/3

a1 (T. 1–2) a2 (T. 2–4) a3 (T. 5–8) b1 (T. 9–10) b2 (T. 11–12) b3 (T. 12–14)
c1 (T. 15–17) c2 (T. 18–20) c3 (T. 20–21)

Ritornell 1	Episode 1	**Ritornell 2**	Episode 2	Ritornell 3	Episode 3 mit Cantabile-	Ritornell 4
T. 1–21	21–36	**36–48**	48–60	60–72	72–86 Thema	86–96
I–V–I	I–III–VII	**III–VII–V**	V–I–III	III–II–V	V–IV–III–I–IV	IV–I–IV

Episode 4 mit	Cantabile-	**Ritornell 5**	Ritornell 6
T. 96–122	Thema	**123–132**	132–154
IV–I–V–I		**I–IV–V–I**	I–V–I

Das seltene Auftreten ritornellverarbeitender Teile in beiden Sätzen wie auch die Existenz von nur vier Ritornellen im Kopfsatz sind mit der Konzeption als Sonate »auf Concerten-Art« unschwer vereinbar, für einen Konzertsatz jedoch außergewöhnlich. Dies gilt erst recht für die in jener Schaffensperiode beispiellosen ritornellverarbeitenden Teile der Episoden 3 und 4 im Finale, die durch Sequenzierung des Themenkopfs in der ersten Ripienovioline entstehen. Wären sie – im Rahmen der verschollenen Triosonate – ursprünglich abwechselnd von den (Solo-)Violinen ausgeführt worden, handelte es sich nicht um ritornellverarbeitende Teile, sondern um Ritornellzitate, wie sie für Kompositionen Bachs aus jener Zeit typisch sind.

Sowohl die Periodik im Ritornell des Finales als auch die Proportionierung der Formteile beider Sätze offenbaren eine zeitliche Nähe zu den Vorlagen von BWV 35/1 und 1053. Selbst die Gliederung der Fugenexposition im Kopfsatz vermittelt das Bemühen um durch 4 teilbare Themendurchführungen und Zwischenspiele:

BWV 1043[a]/1: 4 + 4 + 1 + 4 + 4 + 4 = 21 Takte
BWV 1043[a]/3: 1,5 + 2 + 4 + 2 + 1,5 + 2,5 + 3 + 2 + 1 (1,3) = 20 (20,3) Takte (inkl. Auftakt)

BWV 1043[a]/1: R1 (21) + E1 (24) + R2 (4) + E2 (4) + R3 (5) + E3 (26) + R4 (4) = 88 Takte

BWV 1043[a]/3: R1 (20) + E1 (16) + R2 (12) + E2 (12) + R3 (12) + E3 (14) + R4 (10) + E4 (27) + R5 (12) + R6 (20) = 154 Takte

Besonders bemerkenswert ist der Eintritt zweier Ritornelle in Folge am Ende des Finales, entsprechend dem Schlußsatz von BWV 1053[a], und das Fehlen einer Perfidia, wie sie von einem Violin- und selbst von einem Doppelkonzert jener Periode (siehe BWV 1060[a]) zwingend zu erwarten, in eine Sonate ohne Ripienobegleitung oder ausgedehnte Episoden eines einzigen Solisten freilich kaum zu integrieren gewesen wäre. Typisch für Werke jener Schaffensperiode ist das Über-

Ritornell und Episode im »Brandenburgischen Konzert 6« B-Dur BWV 1051

leitungsmotiv zur ersten Episode (etc.) im Kopfsatz und die Wiederholung ganzer Episodenabschnitte in den letzten Episoden eines Satzes. Zu beobachten sind einige tonartliche Rückungen, während die harmonische Bewegung der einzelnen Episoden ausgeglichen ausfällt.

Abgesehen von der Ripienobegleitung kehren die meisten dieser Eigenschaften im sechsten »Brandenburgischen Konzert« BWV 1051 für je 2 Violen und Gamben sowie Violoncello und Continuo wieder. Ja, das Finale BWV 1043[a]/3 entspricht in manchen Wesenszügen beiden Ecksätzen des »Brandenburgischen Konzerts«, beginnend mit der kontrapunktischen und sogar kanonischen Führung der beiden Soloinstrumente im Ritornell von BWV 1051/1 bis hin zur Aufeinanderfolge von zwei Ritornellen am Ende von BWV 1051/3 (siehe auch BWV 1053[a]/3).

BWV 1051/1

a1 (T. 1–2)   a2 (T. 3–5)   a3 (T. 5–8)   a4 (T. 8–9)   b1 (T. 10–11)   b2 (T. 12–13)   b3 (T. 14–15)   b4 (T. 16–17)

Ritornell 1	Episode 1	**Ritornell 2**	Episode 2/1	Episode 2/2	Ritornell 3	Episode 3/1	Episode 3/2
T. 1–17	17–24	**25–28**	28–40	40–45	46–52	52–56	56–72
I–IV–V–I	I–III–VII	**V–IV–V–I**	I–V	V–I–III–VI	II–V–VI–II	II–V–VII–III	III–VI–III

Ritornell 4	Episode 4/1	Episode 4/2	**Ritornell 5**	Episode 5/1	Episode 5/2	Ritornell 6
T. 73–80	80–84	84–85	**86–91**	91–95	96–114	114–130
VI–II–III–VI	VI–I	I	**IV–VII–IV**	V–I–II–V	I–V	I–IV–V–I

BWV 1051/3

a1 (T. 1)   a2 (T. 2)   b1 (T. 3–4)   b2 (T. 5–6)   c1 (T. 7)   c2 (T. 8)

Ritornell 1	Episode 1	Ritornell 2	Episode 2	**Ritornell 3**	Episode 3	Ritornell 4	Episode 4	**Ritornell 5**
T. 1–8	9–12	13–14	15–18	**19–22**	23–26	27	28–33	**34–37**
I–V–I	I–V	V	V–II	**VII–V**	III–V	V	V–I	**I**
	Ritornell 6							
	T. 38–45							
	I–V–I							

Episode 5 mit Perfidia	Ritornell 7	Episode 6 mit Perfidia	Ritornell 8	da capo
T. 46–51	52–53	54–63	64–65	
VI–III–VI–III	VI	II–III–VII	III	

Angesichts der Periodik und der Gliederung der Formteile im ersten Satz könnte man zunächst der Ansicht sein, das Werk wäre früher als das A-Dur-Konzert BWV 1055[a] entstanden:

BWV 1051/1: 2 + 2,5 + 3 + 1,5 + 2 + 2 + 2 + 1 (1,25) = 16 (16,25) Takte
BWV 1051/3: 1 + 1 + 2 + 2 + 1 + 1 = 8 Takte

BWV 1051/1: R1 (16) + E1 (8) + R2 (3,5) + E2 (17,5) + R3 (6,5) + E3 (20,5) + R4 (7) + E4 (6) + R5 (6) + E5 (22,5) + R6 (16) = 130 Takte

BWV 1051/3: R1 (8) + E1 (4) + R2 (2) + E2 (4) + R3 (4) + E3 (4) + R4 (1) + E4 (6) + R5 (4) + R6 (8) + E5 (6) + R7 (2) + E6 (10) + R8 (2) = 65 Takte (ohne Da capo)

Auch das Zurücktreten ritornellverarbeitender Teile, wie es für Konzertsätze in der ersten Hälfte des Jahres 1718 typisch ist, und die Existenz zweigeteilter Episoden im Kopfsatz (siehe BWV 1050a/1) weisen in diese Richtung. Dagegen sprechen über die obengenannten Merkmale hinaus die völlig ausgeglichene Harmonik in den Episoden beider Sätze, Episoden von ähnlicher Länge im Finale, dessen perfekte und sogar symmetrische Ritornell-Periodik und geradzahligen Formteile

Ritornell und Episode im ersten Satz des Konzerts g-Moll BWV 1056[a]

vor allem aber die Tatsache, daß die Episoden – analog zu BWV 1053[a]/1, 1055[a]/1 und 1043[a] – im Kopfsatz sowie im A-Teil des Finales einerseits und im B-Teil andererseits auf jeweils ein und demselben Material basieren. Wahrscheinlicher ist vielmehr, daß die genannten Werke in enger zeitlicher Nachbarschaft komponiert wurden, so daß sich Bachs Entwicklung in unterschiedlichen Bereichen überlagerte.

Auf eine Entstehung nach dem *Concerto* BWV 1050a weist noch eine Beobachtung von Michael Marissen (1991) hin: Das Ritornell des Kopfsatzes entbehrt einer klaren Gliederung, während wiederum die erste Episode deutlich drei ritornellartige Teile (T. 17–18, 18–21 und 21–24) besitzt. Daraus hatte Marissen geschlossen, das vorliegende Werk sei das späteste der »Brandenburgischen Konzerte«, weil Bach Vivaldis Konzertform gleichsam umgekehrt habe, indem er die Gestalt von Ritornell und Episode vertauschte (⟶ S. 101). Tatsächlich ist der Bauplan des Satzes zwar Vivaldis Modell angenähert, stimmt jedoch grundsätzlich mit dem von Bach selbstentwickelten Muster unter Einbeziehung Albinonischer Elemente (ritornellverarbeitender Teile, Rückungen etc.) überein. Zudem schlägt sich der vermutete Funktionswandel über besagte Gliederung hinaus nicht in der Kompositionstechnik von Ritornellen und Episoden nieder. Die hörbare Auflösung oder Abstraktion von deren Gegensätzen aber zählt zu den charakteristischen Merkmalen von Bachs Konzertform um 1719 (siehe auch BWV 1064[a]/1, 35/1, 1053[a] und 1055[a]/1). Hierzu gehört auch der Sachverhalt, daß die erste und zweite Episode von BWV 1051/3 als variierte Wiederholungen des Ritornells erscheinen, da ihnen dessen Harmonik zugrunde liegt; tatsächlich allerdings präsentieren sie neue, eigenständige Motive. Auch die Frage, ob das sechste »Brandenburgische Konzert«, wie häufig vermutet, auf eine Triosonate zurückgeht, läßt sich eindeutig beantworten: Im ersten Satz sind ein imitatorischer Dialog mit den Bratschen und wiederkehrende Begleitmotive fest in die Werksubstanz integriert, so daß ihre nachträgliche Ergänzung ausgeschlossen erscheint. Das Fehlen von Ritornellzitaten wie auch von sich überlappenden Formteilen wiederum läßt sich unschwer als Maßnahme zur Stärkung der »verkehrten« Charaktereigenschaften von Ritornell und Episode verstehen.

Im vorigen Kapitel wurden mehrere Argumente für die Behauptung angeführt, daß die Ecksätze des Cembalokonzerts f-Moll BWV 1056 zwei verschiedenen Kompositionen entnommen sind – der erste Satz einem Violin-, das Finale einem Oboenkonzert, beide ursprünglich in g-Moll. Diese äußeren Gründe finden eine innere Entsprechung; denn der Kopfsatz zeigt ein früheres Entwicklungsstadium und enthält zwei ausgedehnte Perfidien. Im letzten Satz hingegen ist eine spieltechnisch vereinfachte Perfidia in T. 183ff. nur angedeutet, offenbar weil das Soloinstrument nicht in der Lage war, eine entsprechende Passage auszuführen. Entschieden gegen die Verbindung beider Sätze innerhalb eines einzigen Konzerts sprechen deren Eingangsritornelle, die auf nahezu identische Konstruktionsprinzipien zurückgehen, indem die a1-Segmente durch variierende Wiederholung gestaltet wurden, verknüpft mit einem solistischen Abschluß. Dieser Effekt begegnet im Kopfsatz des *Concerto* BWV 1060[a] wieder. Solche Übereinstimmungen zwischen zwei Sätzen eines einzigen Werkes treten allerdings weder in Bachs Konzerten noch Kantaten auf.

Der Kopfsatz BWV 1056[a]/1 seinerseits zeigt erstaunliche Ähnlichkeiten zu BWV 1051/1. Sie betreffen die harmonische Gestaltung des Ritornells mit deutlicher Akzentuierung der IV. Stufe (siehe auch BWV 1053[a]/1), die geradzahlig ausgerichtete Periodik unter Einbeziehung ungeradzahliger Segmente (siehe auch BWV 1043[a]/1) und die Gliederung der Formteile. An BWV 1051/1 und 1043[a]/1 erinnert außerdem die Existenz von nur fünf Ritornellen, vier Epi-

Ritornell und Episode im dritten Satz des »Brandenburgischen Konzerts 1« F-Dur BWV 1046

soden und zwei ritornellverarbeitenden Teilen, an BWV 1051/3 die solistische, episodenartige Gestaltung des ritornellverarbeitenden Teils in Ritornell 4:

BWV 1056[a]/1

a1 (T. 1–4) a2 (T. 5–8) a3 (T. 9–10) a4 (T. 11–12) b1 (T. 13–14) b2 (T. 15–16) b3 (T. 17–18) b4 (T. 18–20)

Ritornell 1	Episode 1	**Ritornell 2**	Episode 2 mit Perfidia	Ritornell 3	Episode 3	**Ritornell 4**
T. 1–20	21–34	35–38	38–70	71–78	79–82	83–91
I–IV–V–I	I–III	**III**	III–IV–I–IV	IV–VII–III–VI	VI–IV	V–I

Episode 4 mit Perfidia	Ritornell 5
T. 92–108	109–116
IV–V–I–V	I–IV–V–I

BWV 1056[a]/1: 4 + 4 + 2 + 2 + 2 + 2 + 1,5 + 2,5 = 20 Takte

BWV 1056[a]/1: R1 (20) + E1 (14) + R2 (3,5) + E2 (32,5) + R3 (8) + E3 (4) + R4 (9) + E4 (17) + R5 (8) = 116 Takte

Der Umfang der harmonischen Bewegung ist entsprechend der höchst unterschiedlichen Episodenlänge vergleichbar, hinzu kommen einige tonartliche Rückungen. Die Episodenbegleitung besteht aus wiederkehrenden Motiven, Ritornellzitaten und mehreren solistischen Figuren der Violine 1. Die Tatsache, daß jede Episode neues Material einführt, könnte für eine frühere Entstehung als jene von BWV 1055[a] und 1051 sprechen. Neu gegenüber sämtlichen angeführten Konzertsätzen ist die solistische Fortspinnung im Segment b2 des Ritornells mit einfacher Akkordbegleitung des Ripieno und die Reduktion des Ritornellsatzes auf im wesentlichen zwei Stimmen (Violine 1 und Baß) mit einer transparenten Begleitung durch Violine 2 und Viola, die jedoch keinen Zweifel an ihrer originalen Anlage innerhalb eines Orchestersatzes zulassen.

Der dritte Satz des »Brandenburgischen Konzerts 1« F-Dur BWV 1046 schließt sowohl an der vorangegangenen Konzertsatz BWV 1056[a]/1 als auch an das *Concerto* BWV 1053[a] an. Zu ersterem finden sich Bezüge im Hinblick auf die Periodik und Dauer der Formteile sowie in Gestalt des zweistimmigen b1-Teils im Ritornell mit einfacher Akkordbegleitung; Ähnlichkeiten mit BWV 1053[a] betreffen die stilisierte Da capo-Anlage in Konzertform (»A«: Ritornell 1–4, »B« Episode 4–5 mit *Adagio*-Abschluß, »A'«: Episode 6 bis Ritornell 8) und die stark ausgeprägten Dialoge zwischen Solovioline und solistischen Ripieno-Stimmen (Horn 1, Oboe 1, Violine 1). Auch zum sechsten »Brandenburgischen Konzert« BWV 1051 ergeben sich zwei offensichtliche Parallelen – durch die Baßgestaltung des Ritornells in Gestalt gebrochener Dreiklänge sowie durch die unmittelbare Aufeinanderfolge zweier gleichartiger Formteile, nunmehr von zwei Episoden an Übergang von »B« und »A'«. Mit BWV 1055[a]/1 teilt BWV 1046/3 schließlich den Umstand, daß sämtliche Episoden, ausgenommen Episode 4, mit ein und demselben rhythmischen Motiv beginnen, das wiederum aus dem Anfang des Ritornells gewonnen wurde.

BWV 1046/3

a1 (T. 1–2) a2 (T. 3–4) b1 (T. 5–7) b2 (T. 8–11) c1 (T. 12–14) c2 (T. 15–21)

Ritornell 1	Episode 1	Ritornell 2	Episode 2	**Ritornell 3**	Episode 3	**Ritornell 4**	Episode 4	**Ritornell**
T. 1–17	17–20	21–24	25–34	35–38	38–40	40–53	53–63	64–70
I–V–I–V–I	I–V	I–V	V–II	**V–II**	II–V	V–II–V	V–VII–III	VII–III

Ritornell und Episode im Doppelkonzert c-Moll BWV 1060[a]

Episode 5 mit *Adagio*	Episode 6	Ritornell 6	Episode 7	**Ritornell 7**	Episode 8	Ritornell 8
T. 70–83	83–87	88–91	92–102	102–106	106–108	108–124
III–V–II–IV	I–V	I–V	I–V	**I–V**	V–I	I–V–I–V–I

BWV 1046/3: 2 + 2 + 3 + 4 + 3 + 2 (2,1) = 16 (16,1) Takte

BWV 1046/3: R1 (16) + E1 (4) + R2 (4) + E2 (10) + R3 (4) + E3 (2) + R4 (12) + E4 (11) + R5 (6) + E5 (14) + E6 (4) + R6 (4) + E7 (11) + R7 (4) + E8 (2) + R8 (16) = 124 Takte

Der Satz enthält zahlreiche Rückungen, die harmonische Bewegung der Episoden ist, gemessen an deren unterschiedlicher Länge, vergleichbar. Mit BWV 35/1 und 1053[a] stimmt die Gewinnung ritornellverarbeitender Teile durch eine Gegenstimme des Solos überein. Diverse Überleitungsmotive verbinden Ritornelle und Episoden, die Episoden sind überwiegend solistisch konzipiert, enthalten über besagte Dialoge hinaus aber auch wiederkehrende Begleitfiguren des Ripieno. Bemerkenswert erscheint, daß im »A'«-Teil die Abschnitte von Episode 1 bis 3 sowie das Eingangsritornell notengetreu in ursprünglicher Reihenfolge wiederholt werden.

Dies ist auch im ersten und vor allem im letzten Satz des Doppelkonzerts c-Moll BWV 1060[a] der Fall, das zunächst für Oboe und Solovioline bestimmt war. Dort nehmen die letzten Formteile von Ritornell 6 an Rückgriffe auf vorangegangene Ritornelle und Episoden vor. Im Finale jedoch kehren von Ritornell 5 an in spiegelbildlicher Ordnung ganze Abschnitte von Ritornell und Episode 3, Ritornell und Episode 2 sowie Episode und Ritornell 1 (= Schlußritornell) wieder.

BWV 1060[a]/1

a1 (T. 1–2) a2 (T. 3–4) b (T. 5–6) c1 (T. 7) c2 (T. 8)

Ritornell 1	Episode 1	Ritornell 2	Episode 2	Ritornell 3	Episode 3	**Ritornell 4**	Episode 4	Ritornell 5
T. 1–8	9–12	13–14	15	16–17	18–22	23–26	27–32	33–36
I–VII–VI–V–I	I–V	I–VII	VII	VII–VI	I–IV–VII	**III–VII**	III–I–VII	III–VII–III

Episode 5 mit Perfidia	**Ritornell 6**	Episode 6	Ritornell 7	Episode 7 mit Perfidia	**Ritornell 8**	Ritornell 9
T. 37–46	43–64	65–71	71–74	75–92	89–102	103–110
VI–II–V–III	**V–I–IV**	VII–IV–VII	VII–IV–VII	I–IV–V–VI	**I–IV–V**	wie R 1

BWV 1060[a]/3

a1 (T. 1–2) a2 (T. 3–4) a3 (T. 5–6) a4 (T. 7–8) b1 (T. 9–10) b2 (T. 11–12) b3 (T. 13–14) b4 (T. 15–16)
c1 (T. 17–18) c2 (T. 19–20) c3 (T. 21–22) c4 (T. 23–24)

Ritornell 1	Episode 1	Ritornell 2	Episode 2	**Ritornell 3**	Episode 3 mit Perfidia	Ritornell 4	Episode 4
T. 1–24	25–40	41–44	45–60	61–68	69–84	85–88	89–120
I–V–IV–V–I	I–III–II–V	V–II	V–I–VII	**II–IV**	V–II–I	IV–I	IV–I–III–I

Ritornell 5	Episode 5 mit Perfidia	**Ritornell 6**	Episode 6	Ritornell 7
T. 121–124	T. 125–135	135–138	139–154	155–178
V–II	V–I–V	**I–V**	I–IV–V	I–V–IV–V–I

Die Periodik im ersten Satz gleicht in ihrer nahezu symmetrischen Anlage noch früheren Konzertsätzen, jene im Finale aber teilt sich in gleiche Segmente von je 2 Takten. Ebenso sind die einzelnen Formteile im Kopfsatz fast vollständig, im letzten Satz vollkommen geradzahlig:

BWV 1060[a]/1: 2 + 2 + 2 + 1 + 1 = 8 Takte
BWV 1060[a]/3: 2 + 2 + 2 + 2 + 2 + 2 + 2 + 2 + 2 + 2 + 2 + 2 = 24 Takte

Ritornell und Episode im Konzert a-Moll BWV 1041

BWV 1060[a]/1: R1 (8) + E1 (4) + R2 (2) + E2 (1) + R3 (2) + E3 (5) + R4 (4) + E4 (6) + R5 (4) + E5 (10) + R6 (22) + E6 (6) + R7 (4) + E7 (18) + R8 (14) + R9 (8) = 110 Takte

BWV 1060[a]/3: R1 (24) + E1 (16) + R2 (4) + E2 (16) + R3 (8) + E3 (16) + R4 (4) + E4 (32) + R5 (4) + E5 (10) + R6 (4) + E6 (16) + R7 (24) = 178 Takte

Besonders auffallend ist die Gliederung im Finale in Binnenritornelle von 4 oder 2 x 4 und in Episoden von 16 oder 2 x 16 Takten – ausgenommen Episode 5, die als episodenverarbeitender Teil einer variierten Wiederholung der Perfidia von Episode 3 dient. Beide Sätze enthalten je zwei solcher Perfidien, die der originalen Violinstimme zugedacht sind, jedoch nur drei bzw. zwei ritornellverarbeitende Teile (siehe BWV 1043[a]/3, 1051/3 und 1056[a]/1). Wie in BWV 1053[a]/3, 1043[a]/3 und 1051/3 plaziert Bach am Ende des ersten Satzes zwei unmittelbar aufeinanderfolgende Ritornelle. Der erste Satz präsentiert mehrere Überleitungsmotive zwischen Ritornellen und Episoden, wie sie seit BWV 35/1 den Regelfall darstellen, und einige sich überlappende Formteile (siehe das Schaubild). Bemerkenswert ist im übrigen die schon in den letzten Konzertsätzen zu beobachtende Reduktion der Anzahl von Ritornellen und Episoden, die sich auch in Bachs Köthener Kantaten von BWV 134a an spiegelt.

Die harmonische Bewegung verteilt sich sehr gleichmäßig über die Episoden beider Sätze. Beachtung verdient die stufenweise Versetzung des a1-Segments im Eingangsritornell von BWV 1060[a]/1, die als VII. Stufe die Harmonik des gesamten Satzes prägt. Die variierte Wiederholung in diesem Segment und in a2 samt solistischem Abschluß entspricht der Ritornellgestaltung von BWV 1056[a]/1 und 3. Ein Blick auf die Episodenbegleitung bestätigt den im vorigen Kapitel geäußerten Verdacht, daß Bach in der Bearbeitung für 2 Cembali die Partie der ersten Ripienovioline während der Episoden vielfach durch das erste Cembalo verstärken ließ (diese Doppelungen wurden in der Rekonstruktion von Wilfried Fischer [NBA VII/7] nicht rückgängig gemacht), was Joshua Rifkin (1997) zu der Vermutung veranlaßte, die Stimme der ersten Ripienovioline sei erst nachträglich ergänzt worden. Im Vergleich mit originalen Ripienobegleitungen von Bachs Konzerten wird deutlich, daß die Solovioline ursprünglich während Episodenabschnitten, die von der Oboe gestaltet werden, geschwiegen haben dürfte (so beispielsweise im ersten Satz, T. 19f., 57ff. und im Finale, T. 27f., 31f.). Gleiches gilt an den Parallelstellen im Stimmtausch für die Oboe. Unter dieser Voraussetzung enthalten beide Ecksätze typische, wiederkehrende Begleitmotive des Ripieno samt Ritornellzitaten, teilweise sogar in Imitation (siehe BWV 1051).

Die meisten dieser Beobachtungen treffen wiederum auf das a-Moll-Violinkonzert BWV 1041 zu, werden dort jedoch verschleiert, weil sich sämtliche Formteile beider Ecksätze überlappen. Ausgenommen hiervon ist neben den Eingangs- und Schlußritornellen die Mitte (T. 84/85) des knapp 171taktigen Kopfsatzes, die eine aus den vorangegangenen Konzerten bekannte Phase markiert. Von Episode 3 an reflektiert Bach mittels klarer Bezüge und Teilwiederholungen die Formteile aus der ersten Satzhälfte in der Reihenfolge Episode 1, Ritornell 2, Episode 3, Ritornell 1, Episode 2 und Ritornell 3. Dieses Phänomen tritt in ähnlicher Weise in Arie Nr. 3 der Köthener Kantate BWV 194a auf.

BWV 1041/1

a1 (T. 1–4) a2 (T. 4–8) b1 (T. 8–12) b2 (T. 12–16) c1 (T. 16–20) c2 (T. 20–24)

Ritornell 1	Episode 1	Ritornell 2	Episode 2	Ritornell 3	Episode 3 mit Perfidia	Ritornell 4	Episode 4
T. 1–24	24–43	40–43	43–55	52–84	84–105	102–105	105–126
I–V–III–V	I–V–I	I	I–VII–VI–III	III–IV–V	V–I–IV	IV	IV–V–I

Ritornell 5	Episode 5 mit Perfidia	Ritornell 6
T. 123–126	126–146	143–171
I	I–III–I	I–VII–VI–II–I

BWV 1041/3

(Ritornell als Fugenexposition)

Ritornell 1	Episode 1	Ritornell 2	Episode 2	**Ritornell 3**	Episode 3 mit Perfidia und Fermate
T. 1–25	25–44	43–46	46–60	**60–72**	72–90
I–V–I–III–I	I–V–II–V	V	V–I–III	**III**	III–I–V

Ritornell 4	Episode 4 mit Perfidia	Ritornell 5
T. 91–94	94–117	117–141
I	I–III–V	I–V–I–III–I

In diesem Konzert erreicht Bachs Kompositionstechnik erstmals eine derartige Virtuosität, daß es ihm gelingt, die zugrundeliegende formale Konzeption weitgehend zu verdecken: Durch Übereinanderschieben von Episoden und Ritornellen werden sämtliche Binnenritornelle des Kopfsatzes zu ritornellverarbeitenden Teilen mit Gegenstimme des Solos, wie sie erstmals in BWV 35/1 begegnen. Auch die Fortspinnung einzelner Ritornellteile durch episodenartige Einschübe des Solos in Ritornell 3 und 6 hat Vorläufer in BWV 1042/1, 35/1, 1053[a], 1051/3 und 1056[a]/1. Mittels Fortspinnung des a2-Segments aus dem Eingangsritornell, darunter in Gestalt zweier Perfidien, werden nun – einzigartig in Bachs Konzertsätzen seit 1715 – selbst die Episoden 3–5 zu ritornellverarbeitenden Teilen. Eine Verschiebung im Verhältnis von Ritornell und Episode (siehe auch BWV 1053[a] und 1051) entsteht durch das in Bachs Werk ebenfalls beispiellose Ende des Eingangsritornells auf der V. Stufe, wogegen die erste Episode, gleich einem Ritornell, auf der I. Stufe beginnt und schließt. Neu ist ferner die Gliederung des Finales in drei Teile, ohne daß eine Da capo-Gestaltung erkennbar wäre. Der »Mittelteil« beginnt mit einer verkürzten Wiederholung von Episode 2 und endet im Anschluß an eine perfidiaähnliche Bariolage-Passage in Episode 3 mit einer Fermate. Sie dient nicht der Improvisation einer Kadenz (⟶ S. 407), sondern, entsprechend BWV 1046/3, ausschließlich der Einteilung des Satzes. D.h. auf die Fermate folgt eine veritable Reprise mit Beginn auf der I. Stufe – ein höchst moderner Formtypus in Gestalt einer konzertanten Permutationsfuge. Besondere Aufmerksamkeit beansprucht in diesem Satz die völlig regelmäßige Fugenexposition (vgl. dagegen BWV 1043/1): Auf den Dux in der ersten Violine samt Kontrasubjekt in der Viola folgt ein Comes in der Violine 2 mit Kontrasubjekt in der ersten Violine. Darauf tritt der Dux im Continuo mit Kontrasubjekt in der zweiten Violine ein. Der nächste Comes in der Viola samt Kontrasubjekt im Continuo aber erscheint auf der III. Stufe, die den »Mittelteil« des Satzes bestimmt. Das Eingangsritornell wird am Satzende vollständig und notengetreu wiederholt.

Bachs Periodik und die Dauer einzelner Formteile fallen hier regelmäßiger aus als in jedem bislang untersuchten Konzert. Dies gilt sogar für die Exposition des viertaktigen Fugenthemas im Finale und seiner Zwischenspiele. Ja, es gibt keinen Zweifel, daß Bach die Architektur seiner Konzertform nun bis in Details hinein vollends zu beherrschen wußte:

BWV 1041/1: $4 + 4 + 4 + 4 + 4 + 4 = 24$ Takte
BWV 1041/3: $4 + 4 + 4 + 2 + 4 + 6\,(6,3) = 24\,(24,3)$ Takte

Ritornell und Episode im Konzertsatz g-Moll BWV 1056[a]/3

BWV 1041/1: R1 (24) + E1 (20) + R2 (4) + E2 (12) + R3 (32) + E3 (20) + R4 (4) + E4 (20) + R5 (4) + E5 (20) + R6 (28) = 171 Takte

BWV 1041/3: R1 (24) + E1 (20) + R2 (4) + E2 (14) + R3 (12) + E3 (18) + R4 (4) + E4 (24) + R5 (24) = 141 Takte

Die harmonische Bewegung verteilt sich ausgesprochen gleichmäßig über die einzelnen Episoden, Rückungen erscheinen öfter. Beachtung verdient die erweiterte Harmonik der Eingangsritornelle beider Sätze, die sich in ähnlicher Komplexität erstmals in BWV 1050a/1 und 1053[a]/1 sowie in BWV 1051/1, 1056[a]/1 und 1060[a]/1 und 3 findet. Die Episodenbegleitung durch das Ripieno umfaßt neben wiederkehrenden Motiven, Ritornellzitaten (auch in Imitation) zahlreiche Dialoge, die meist durch die beiden Ripienoviolinen ausgeführt werden.

Der Schlußsatz des *Concerto* BWV 1056, dessen Urfassung offenbar einem Oboenkonzert in g-Moll entstammt (⟶ S. 143), steht ungefähr auf der gleichen Entwicklungsstufe wie das a-Moll-Violinkonzert. Dies betrifft das Eingangsritornell mit seiner latenten Zweistimmigkeit und harmonischen Expressivität, deren Stufen sich in der Gesamtform widerspiegeln, drei Ritornelle mit solistischer Gegenstimme in Imitation, Wiederholungen von früheren Episodenabschnitten in den Episoden 4 und 5 (Reihenfolge der Bezüge: Episode 1, 2 und 3), eine perfidia-artige Passage mit Fermate vor Eintritt des Schlußritornells sowie Ritornellsegmente im Umfang von jeweils 4 Takten und eine geradzahlige, durch 4 teilbare Proportionierung der Formteile:

BWV 1056[a]/3

a1 (T. 1–4) a2 (T. 5–8) b1 (T. 9–12) b2 (T. 13–16) c1 (T. 17–20) c2 (T. 21–24)

Ritornell 1	Episode 1	Ritornell 2	Episode 2	Ritornell 3	Episode 3	**Ritornell 4**	Episode 4
T. 1–24	25–48	49–56	55–64	65–72	73–92	**93–112**	113–149
I–III–VI–V–I	I–VI–III	III–VII	VII–I–III	I–III	I–IV–II	**V–II–V**	V–VII–III–I

Ritornell 5	Episode 5	mit Quasi-	**Ritornell 6**
T. 149–164	165–196	Perfidia und	**197–224**
IV–I–VI	IV–VII–V–I–V	Fermate	I–V–I–III–VI–V–I

BWV 1056[a]/3: 4 + 4 + 4 + 4 + 4 + 4 = 24 Takte

BWV 1056[a]/3: R1 (24) + E1 (24) + R2 (8) + E2 (8) + R3 (8) + E3 (20) + R4 (20) + E4 (36) + R5 (16) + E5 (32) + R6 (28) = 224 Takte

Die harmonische Bewegung der Episoden ist nahezu gleich und schließt mehrere Rückungen ein. Die Episodenbegleitung setzt sich nun aus wiederkehrenden Motiven und solistischen Dialogen der ersten Violine mit dem Soloinstrument zusammen. Besonders signifikant sind zahlreiche Ritornellzitate, die – oft in bekannter Weise – während Haltetönen (»Orgelpunkten«) oder sogar Pausen im Solo erklingen und mitunter den Einsatz von Ritornellen vortäuschen, also eine weitere Möglichkeit zur Abstraktion der Konzertform offenbaren.

Beide Kompositionen – BWV 1041 und 1056[a]/3 – belegen ebenso wie die spätesten Köthener Kantaten BWV 134a (zum 1. Januar 1719), 173a und 194a, daß Bach die Architektur seiner Konzertsätze nunmehr zu kontrollieren verstand und dabei eine geradzahlige Periodik und wohl proportionierte Gliederung erreichte, wie sie um 1740 weitverbreitet war. In Werken fremder Autoren aus der Zeit um 1719 jedoch und selbst in Bachs letzten Köthener Kantaten sucht man Proportionierungen von solcher Konsequenz offenbar vergeblich. Freilich dürfte dem Komponisten bald bewußt geworden sein, daß geradzahlige Formteile und Ritornellsegmente identischen Um-

Ritornell und Episode im »Brandenburgischen Konzert 4« G-Dur BWV 1049

fangs zwar einen Ausgleich zum zunehmenden Verzicht auf polyphone Strukturen zu liefern vermögen, wie sie noch im dritten »Brandenburgischen Konzert« BWV 1048 von 1714 stark ausgeprägt waren. Zugleich aber ruft das völlige Vermeiden unregelmäßiger metrischer Einheiten einen Verlust an musikalischer Spannung hervor, der Bach auf Dauer nicht befriedigt zu haben scheint. Tatsächlich kennzeichnet die beiden verbliebenen Konzertkompositionen, die »Brandenburgischen Konzerte« 4 G-Dur BWV 1049 und 2 F-Dur BWV 1047, neben perfekt proportionierten Satzteilen das offensichtliche Bemühen, Unregelmäßigkeiten durch kontrollierte Reduktion einzelner Einheiten herbeizuführen. In BWV 1049 werden auf solche Weise vornehmlich die Ritornellstrukturen, in BWV 1047 die Dimensionen der Formteile berührt.

Im Eingangsritornell von BWV 1049/1 wechseln sich Segmente von 6 (2 x 3) und 4 bzw. 2 x 4 Takten, in jenem von BWV 1049/3, einer Fugenexposition, Segmente von 4 und 2 Takten ab, deren perfekte Proportionierung durch Ergänzung eines Zwischenspiels von 9 und einer weiteren Themenexposition von 5,5 Takten »beeinträchtigt« wird:

BWV 1049/1: 6 + 6 + 6 + 4 + 6 + 6 + 8 + 4 + 6 + 4 + 6 + 6 + 6 + 8 (8,3) = 82 (82,3) Takte
BWV 1049/3: 4 + 4 + 2 + 4 + 4 + 4 + 4 + 9 + 5,5 = 40,5 Takte

Diesen Einheiten entspricht die symmetrische Periodik von 4 und 6 Segmenten im Kopfsatz und die differenzierte Anlage der Formteile beider Sätze, deren Umfänge entweder von den Zahlen 6, 4 und 2 (BWV 1049/1) oder 4 und 2 (BWV 1049/3) abgeleitet sind:

BWV 1049/1: R1 (82) + E1 (6) + R2 (2) + E2 (12) + R3 (2) + E3 (6) + R4 (2) + E4 (12) + R5 (32) + E5 (28) + R6 (40) + E6 (6) + R7 (2) + E7 (6) + R8 (2) + E8 (12) + R9 (22) + E9 (26) + R10 (34) + R11 (82) = 427 Takte

BWV 1049/3: R1 (40) + E1 (22) + R2 (24) + E2 (40) + R3 (32) + E3 (16) + R4 (4) + E4 (10) + R5 (24) + E5 (10) + R6 (42) = 244 Takte

BWV 1049/1

a1 (T. 1–6) a2 (T. 7–12) a3 (T. 13–18) a4 (T. 19–22)
b1 (T. 23–28) b2 (T. 29–34) b3 (T. 35–42) b4 (T. 43–46) b5 (T. 47–52) b6 (T. 53–56)
c1 (T. 57–62) c2 (T. 63–68) c3 (T. 69–74) c4 (T. 75–83)

Ritornell 1	Episode 1	Ritornell 2	Episode 2	Ritornell 3	Episode 3	Ritornell 4	Episode 4
T. 1–83	83–88	89–91	91–102	103–105	105–110	111–113	113–124
I–V–I–IV–I	I	I	I–II	V	V	V	V–VI

Ritornell 5	Episode 5	Ritornell 6/1	mit	Ritornell 6/2	Episode 6	Ritornell 7	Episode 7
T. 125–157	157–184	185–208	Perfidia	209–235	235–240	241–243	243–248
II–III–VI	VI	II–V–I–IV		IV–I–VII–IV	IV	IV	IV–V

Ritornell 8	Episode 8	Ritornell 9	Episode 9	Ritornell 10	Ritornell 11
T. 249–251	251–262	263–285	285–310	311–344	345–427
I	I–II	V–I–IV–I	I–III	VI–VII–III	I–V–I–IV–I

BWV 1049/3

(Ritornell als Fugenexposition)

Ritornell 1	Episode 1	Ritornell 2	Episode 2 mit Perfidia	Ritornell 3	Episode 3	Ritornell 4	Episode 4
T. 1–41	41–63	63–87	87–127	127–159	159–175	175–183	179–188
I–V–I–V–I	I–V–II	II–V–VI	VI–II–I–VI	VI–III–I–V	V–I–IV	IV	IV–V

Ritornell 5	Episode 5	Ritornell 6
T. 189–197	193–203	203–244
	I–V	V–I–II–I–IV–I

Ritornell und Episode im »Brandenburgischen Konzert 2« F-Dur BWV 1047

Im ersten Satz treffen gleich zweimal zwei Ritornelle aufeinander, in das geteilte Ritornell 6 – im Anschluß an die Perfidia, die nun als Gegenstimme zum Ritornell fungiert und dieses zum ritornellverarbeitenden Teil wandelt – fällt die Satzmitte. Von hier an folgen wie in BWV 1041/1 Bezüge und Wiederholungen der ersten Satzhälfte in folgender Reihenfolge: Episode 1 (der dreistimmige Kanon in Episode 6 repräsentiert eine variierte Wiederholung der ersten Episode!), Ritornell 2, Episode 2 und 5 sowie Ritornell 5 und 1. Im Finale wiederholen sich von Episode 4 an Episode 1 (Teil 1), Ritornell 4, Episode 1 (Teil 2) und Ritornell 2. Im ersten Satz finden sich keine, in letzten jedoch mehrere Überlappungen (siehe Schaubild). Tonartliche Rückungen treten auch in diesem Konzert nicht sehr häufig auf, die harmonische Komplexität der Episoden ist entsprechend dem Umfang unterschiedlich. Der transparente Ripienosatz im Eingangsritornell von BWV 1049/1 (siehe den Konzertsatz BWV 1056[a]/1) bildet ein deutliches Gegengewicht zu dem mit Abstand längsten Ritornell und Konzertsatz Bachs. Die Episoden sind überwiegend solistisch und im Finale sogar teilweise ohne Continuo angelegt, die übliche Episodenbegleitung mit wiederkehrenden Motiven und Dialogen teilt sich der Besetzung gemäß zwischen Blockflöten und Ripienovioline. In beiden Sätzen erhalten die Flöten jeweils nur zwei eigene Episoden und rücken damit die Violine in die Position des dominierenden Soloinstruments.

Nicht weniger eindrucksvoll ist eine Übersicht über die Disposition des zweiten »Brandenburgischen Konzerts« F-Dur BWV 1047, in der, wie gesagt, vor allem die Dimensionierung der Formteile beider Ecksätze Beachtung verdient:

BWV 1047/1

a1 (T. 1–2) a2 (T. 3–4) b1 (T. 5–6) b2 (T. 7–8)

Ritornell 1	Episode 1	Ritornell 2	Episode 2	**Ritornell 3**	Episode 3	**Ritornell 4**	Episode 4
T. 1–8	9–10	11–12	13–14	15–16	17–18	19–20	21–22
I–V–I–V–I	I	I	I	V	V	V	V
Ritornell 5	Episode 5	**Ritornell 6**	Episode 6	**Ritornell 7**	Episode 7	**Ritornell 8**	Episode 8
T. 23–28	29–30	31–32	33–35	36–39	40–47	48–49	50–55
V–II–V	I	VI	II–III	VI–III–VI	VI–II–V–I	V	I–VI–II–VII–III–I
Ritornell 9	Episode 9	**Ritornell 10**	Episode 10	**Ritornell 11**	Episode 11	**Ritornell 12**	Episode 12
T. 56–59	60–67	68–71	72–74	75–76	77–79	80–83	84–93
IV–I–IV	IV–VII–V	V–II	V–I–VI	II	V–VI	II–VI–II	II–III–VI–VII–III
Ritornell 13	Episode 13	**Ritornell 14**	**Ritornell 15**	Episode 14		**Ritornell 15**	
T. 94–95	96–98	99–102	103–106	107–114		115–118	
III	VI–VII	III–VII–III	I–V–I	IV–II–V–III–IV–II		I–V–I–V–I	

Voraussetzung für diese kolossale Anlage war die Gliederung in nur vier Ritornellsegmente à 2 Takte, die sich erneut in der Architektur des Satzes spiegelt:

BWV 1047/1: 2 + 2 + 2 + 2 = 8 Takte

BWV 1047/1: R1 (8) + E1 (2) + R2 (2) + E2 (2) + R3 (2) + E3 (2) + R4 (2) + E4 (2) + R5 (6) + E5 (2) + R6 (2) + E6 (3) + R7 (4) + E7 (8) + R8 (2) + E8 (6) + R9 (4) + E9 (8) + R10 (4) + E10 (3) + R11 (2) + E11 (3) + R12 (4) + E12 (10) + R13 (2) + E13 (3) + R14 (4) + R15 (4) + E14 (8) + R16 (4) = 118 Takte

Bezeichnend ist, daß sich Episode 6 nur über 3 Takte erstreckt; sie wird in Episode 11 und 13 wiederholt. Episode 10 jedoch besteht aus einer Wiederholung von Episode 8, die um einen auf ins

Ritornell und Episode im »Brandenburgischen Konzert 2« F-Dur BWV 1047

gesamt 3 Takte gekürzt wurde! Auf diese Weise erreicht Bach jene musikalische Spannung, die der Konzertsatz BWV 1056[a]/3 noch vermissen ließ. Wohl aus solchen Gründen und im Interesse der Gleichstellung von 4 Soloinstrumenten verzichtete der Komponist auf eine Perfidia für die Violine. Dieser Befund gilt auch für das Finale, das entgegen weitverbreiteter Meinung keinen Konzertsatz, sondern eine nach dem Konzept von Ritornell und Episode gegliederte Fuge darstellt. Das »Eingangsritornell« (T. 1–56) folgt mit seiner Aufteilung in Themenexpositionen (Ex) und Zwischenspiele (Z) den gleichen Prinzipien wie jenes von BWV 1049/3:

BWV 1047/3: Ex1 (6) + Ex2 (6) + Z1 (8) + Ex3 (6) + Ex4 (6) + Z2 (8) + Ex5 (6) + Z3 (10) = 56 Takte

Seine Taktmengen kehren im weiteren Satzverlauf wieder:

Ex6 (6) + Z4 (4) + Ex7 (6) + Ex8 (7) + Z5 (6) + Z6 (12) + Z7 (10) + Ex9 (6) + Ex10 (6) + Ex11 (7) + Z8 (10) + Ex12 (4) = 82 Takte

In diesem Fall erweiterte Bach jedoch zwei Themenexpositionen (8 und 11) durch Sequenzierung auf jeweils 7 Takte, wodurch sich die Proportionierung erneut verschiebt.

Die Architektur erfährt in beiden Sätzen noch eine weitere Steigerung, indem sich in BWV 1047/1 bis hin zu Ritornell 6 die erste Episode in jeweils variierter Gestalt wiederholt. Die Episoden 6–8 präsentieren ebenso wie Episode 12 neues Material, die Episoden 9–11 indes bestehen aus Wiederholungen vorangegangener Episoden. Dementsprechend stellen die Ritornelle 8, 12 und 14–16 Wiederholungen früherer Ritornelle dar. Ähnliches gilt für das Finale: Zwischenspiel 5 ist eine Wiederholung von Zwischenspiel 3, Zwischenspiel 6 führt neues motivisches Material ein. Von Zwischenspiel 7 an folgen durchweg Wiederholungen von Formteilen, ausgenommen die letzte Themenexposition! Dieser Schlußsatz liefert ein weiteres Beispiel für die Umkehrung der Funktionen von Ritornell und Episode. Abgesehen von der letzten erklingt nicht eine einzige Themenexposition im Tutti. Vielmehr bleibt die vollständige Besetzung von Zwischenspiel 3 an sämtlichen Zwischenspielen vorbehalten!

Die bisherige Untersuchung erfolgte auf der Grundlage von Klaus Hofmanns Hypothese (1997), das Werk sei zunächst in Kammermusikfassung für Trompete, Blockflöte, Oboe, Violine und Continuo ohne Ripieno entstanden. Tatsächlich zeigt schon ein flüchtiger Blick in die Partitur, daß wiederkehrende Begleitmotive, Ritornellzitate und dialogische Strukturen während Episoden, wie sie von einem Konzertsatz jener Periode zu erwarten sind, fast ausschließlich in die Substanz des Concertino verlegt wurden. Vom Ripieno werden sie im Unisono, in Terzen, Sexten und Oktaven verdoppelt, ohne daß die begleitenden Streicher jemals wirklich eigenständiges, wiederkehrendes Material beisteuern. Besonders deutlich werden solche Strukturen im Ripienosatz des Finales, dessen Faktur mit einer Bachschen Originalkomposition jener Zeit unvereinbar ist, obwohl er das oben geschilderte Prinzip der Vertauschung von Ritornell und Episode stützt. Bestätigt wird dieser Befund durch die Gestalt des Eingangsritornells zum ersten Satz: Unter Bachs Köthener Konzerten besitzen nur zwei Unisono-Ritornelle – der erste Satz sowohl des »Brandenburgischen Konzerts 2« als auch des *Concerto* BWV 1064[a] für 3 Violinen, Violoncello und Continuo. Beide Werke sind Kammerkonzerte mit Finali in Fugengestalt. Anscheinend diente das Unisono-Ritornell der Kopfsätze in Konzertform dazu, bei der Komposition ohne Ripieno eine deutliche Unterscheidung von Ritornell und Episode zu gewährleisten. Somit steht außer Frage, daß BWV 1047 für eine Kammermusikbesetzung entstand und offenbar erst für die Sammlung der »Brandenburgischen Konzerte« mit Ripieno versehen wurde. Deren Partitur datiert vom 24. März 1721. Das zweite »Brandenburgische Konzert« ist offensichtlich das letzte dieser Gruppe, d.h. sämtliche erhaltenen Konzertkompositionen Bachs müssen bis zu diesem Zeitpunkt fertiggestellt gewesen sein.

Existierte die autographe Partitur von 1721 nicht, wäre man geneigt, die »Brandenburgischen Konzerte 2 und 4« als Leipziger Werke zu bezeichnen, weil eine derart umfassende kompositionstechnische Entwicklung in wenigen Jahren, wie sie ein Vergleich zwischen den Kopfsätzen des ersten und zweiten »Brandenburgischen Konzerts« offenbart, nicht ohne weiteres zu erwarten wäre. Der Umstand aber, daß die Konzerte 2 und 4 im Hinblick auf die Vielschichtigkeit und Komplexität ihrer Kompositionstechnik sowie auf die Beherrschung ihrer Periodik und Architektur zeitgenössische Konzerte, jene von Antonio Vivaldi eingeschlossen, weit übertreffen, wirft ein bezeichnendes Licht auf die in der Fachliteratur bis in allerjüngste Zeit hinein geäußerte Feststellung, die sechs Werke für den Markgrafen in Berlin seien ihres »konservativen Charakters« halber früh, womöglich allesamt in Weimar entstanden. Die Musik selbst kann als Grundlage solcher Schlußfolgerungen nicht gedient haben, ganz abgesehen davon, daß die stets behauptete Nachahmung von Vivaldis Vorbild zu konservativen Kompositionstechniken einen unauflösbaren Widerspruch bildet.

Die Geschichte von Vivaldi und Bach als dem »Erfinder« der Konzertform und seinem Nachahmer ist eine Legende, die die Bach-Forschung nach dem Zweiten Weltkrieg, dank der Vivaldi-Renaissance seit dem zweiten Viertel des 20. Jahrhunderts, fortzuspinnen nicht müde wurde und bis in die Literatur zum Bach-Jahr 2000 hinein verbreitete, ohne je zu überprüfen, ob Vivaldis Vorbildrolle tatsächlich einer objektiven Bewertung standhält. So blieb unerkannt, daß Bach Ritornell und Episode seiner Konzerte und Kantaten schon früh, spätestens um 1705, nach dem Modell Tomaso Albinonis mit zwei- oder dreiteiligen Ritornellen, ritornellverarbeitenden Teilen und Sequenzen in stufenweiser Versetzung ausrichtete. Diesem Modell folgte er im wesentlichen noch um 1720 und darüber hinaus in seinen Leipziger Kantaten sowie im »Italienischen Konzert« BWV 971 für Cembalo. Von Vivaldi hingegen empfing Bach wichtige Anregungen, die er seit etwa 1714 in seine Werke integrierte – ohne jemals dem Muster Vivaldischer Konzertsätze zu entsprechen. Bachs eigentliche Auseinandersetzung mit Vivaldi dürfte um 1716 abgeschlossen gewesen sein. Denn in seinen Köthener Konzerten begegnen nur noch solche peripheren Charakteristika, die der Komponist seiner längst bestehenden Kenntnis der Sammlungen *L'Estro armonico* op. 3 (1711) und *La Stravaganza* op. 4 (1716) entnehmen konnte: Unisono-Ritornelle, solistische Perfidien und Cantabile-Themen als Bestandteile von Episoden. Die enorme Stärkung des solistischen Habitus hingegen – ein weiteres Kennzeichen von Vivaldis Solokonzerten – gab Bach im Anschluß an seine Weimarer Concerti BWV 1052 und 1044 zugunsten einer zunehmenden Integration der Solopartie in das Ripieno auf. Dieses Bestreben wird bereits im »Tripelkonzert« BWV 1044 und erst recht im fünften »Brandenburgischen Konzert« BWV 1050/1050a deutlich, indem dem Cembalo zwei weitere, zwischen Concertino und Ripieno vermittelnde Soloinstrumente gegenübergestellt werden, indem das Orchester durch Soloeinlagen bzw. selbständige Begleitfiguren in einen Dialog mit dem Solo tritt oder indem der Solist, wie schon im E-Dur-Violinkonzert BWV 1042, die Ritornelle des Ripieno unterbricht und fortspinnt. Spätestens von diesem Werk an war Bachs Konzertform so eigenständig und fortgeschritten, daß es des Vergleichs mit dem Vorbild Vivaldis aber auch mit demjenigen Albinonis nicht mehr bedarf. Vielmehr ist Bachs Köthener Konzerten jene Spitzenposition in der zeitgenössischen Entwicklung des *Concerto nach Italiænischen Gusto* einzuräumen, die sie im heutigen Konzertleben längst einnehmen. Diese Erkenntnis – und nicht das Kopieren italienischer Stilvorlagen – mag den Komponisten dazu veranlaßt haben, an den Beginn seiner *Clavier Übung* II (1735) noch ein weiteres, das »Italienische Konzert« BWV 971 zu stellen, das zugleich alle Merkmale des galanten Stils enthält (Rampe 1999, S. 776f.) und von Bachs Kritiker Johann Adolph Scheibe 1739 als »auf die beste Art eingerichtet« und »als ein vollkommenes Muster eines wohleingerichteten einstimmigen Concerts« bezeichnet wurde (Dok. II, Nr. 463). Das Werk sollte unter den erhaltenen Konzerten Bachs das letzte bleiben, Leipziger Originalkompositionen sind unbekannt.

Die Struktur der Mittelsätze

Auch die Mittelsätze von Bachs Konzerten nehmen in der Entwicklungsgeschichte des Instrumentalkonzerts einen wichtigen Platz ein. Erstmals werden hier wesentliche Errungenschaften der aus Italien eingeführten Gattungen *Sonata* und *Concerto* so miteinander verknüpft, daß daraus geschlossene Formen als Gegengewicht zu den raschen Außensätzen entstehen.

In den *Concerti a 4* op. 5 (1692) von Giuseppe Torelli und in den *Concerti a 5* op. 2 (1700) von Tomaso Albinoni sind die mit *Adagio* bezeichneten Abschnitte häufig keine eigenständigen Sätze, sondern haben die Funktion von Anhängen oder Überleitungen mit einem Umfang von zwei bis maximal neun Takten. In den *Concerti* op. 6 (1698) von Torelli tragen die Oberstimmen bereits kurze melodische Wendungen vor, doch auch diese Binnensätze erstrecken sich über kaum mehr als 20 Takte. Binnensätze ähnlicher Dauer begegnen ebenfalls in Albinonis *Concerti* op. 5 (1707) und op. 7 (1715). Ihnen lassen sich drei Grundtypen zuordnen:

- akkordische, gelegentlich *spiccato* auszuführende Modelle,
- das *Adagio tremolo* mit Tonwiederholungen (häufig als Bogenvibrato bezeichnet),
- Sätze mit Melodien, bestehend aus punktierten Figuren.

Auch in den *Largo*-Sätzen von Albinonis Opus 5 treten mitunter solistische oder imitierende, ariose Oberstimmen in der Art der Mittelsätze von Torellis *Concerti* op. 6 auf. Akkordische Sätze, deren Harmonik stark von spannungsgeladenen Vorhalten bestimmt wird, überwiegen jedoch bei weitem.

Die Dauer der Sätze nahm schon in Henrico Albicastros *Concerti* op. 7 (1704) zu. Er bevorzugte akkordische, harmonisch reiche *Grave*-Sätze im $\frac{3}{2}$-Takt mit häufig im Baß auftretenden chromatischen Stimmführungen. Zudem verknüpfte Albicastro die obengenannten Typen; so heißt der Mittelsatz im *Concerto* op. 7,3 *Tremolo Spiccato Adagio,* und im vierten Konzert der Sammlung tritt zur Ripieno-Begleitung des *Adagio tremolo* eine cantable Melodie des *Violino I.* Weiterhin erscheinen Sätze mit der Bezeichnung *Adagio* (Concerti 5, 8 und 9), die in ihrer polyphonen Struktur und angesichts ihrer in Achtel-Tonleitern fortschreitenden Baßstimmen an Arcangelo Corellis Triosonaten op. 1–4 (1681, 1685, 1689 und 1694) erinnern. Neu sind Sätze im $\frac{3}{2}$-Takt mit Siciliano-Rhythmen (*Concerto 6*), ein *Andante* im $\frac{3}{4}$-Takt (*Concerto 10*) sowie zwei *Affettuoso*-Abschnitte im $\frac{3}{4}$- bzw. ₵-Takt (Concerti 7 und 12).

Diesen im wesentlichen für Ensemble konzipierten Sätzen stellte Giuseppe Torelli in seinen 12 *Concerti* op. 8 (1709) vermehrt solistische oder gar konzertante Modelle gegenüber. Gewöhnlich sind sie mit *Adagio* überschrieben, können jedoch auch *Largo* heißen, wenn der Anteil des Solistischen zunimmt, oder *Largo con affetto* (op. 8,4) unter Einbeziehung von Siciliano-Rhythmen. Solche konzertanten Mittelsätze weisen gelegentlich veritable Ritornellformen auf (Concerti 2, 9 und

Die Mittelsätze der Konzerte BWV 1046 und 1052

10), wie sie üblicherweise den Ecksätzen vorbehalten blieben. Noch häufiger findet sich eine dreiteilige Satzanlage, die bis dahin ein einziges Mal in Albinonis *Concerto* op. 5,12 (1707) öffentlich vorgestellt worden war: In einen Rahmen, bestehend aus zwei aufeinander bezogenen *Adagio*- bzw. *Largo*-Abschnitten, wurde ein monothematischer rascher Mittelteil eingefügt, der *Presto, Vivace, Allegro* oder einmal auch *Andante ondeggiando* heißt und oftmals Perpetuum-mobile-Charakter hat.

Diese Rahmenanlage von Mittelsätzen übernahm auch Antonio Vivaldi. In den *Concerti* op. 3 (1711) offenbaren sechs langsame Sätze solche Konstruktionen, deren Außenteile als Ritornelle im wörtlichen Sinn aufeinander bezogen sind (Concerti 8, 11 und 12) oder sogar als Binnenritornelle wiederkehren (Concerti 1, 4 und 9). In den Konzerten op. 3,1 und 4 stehen alle Ritornelle in der Tonika, im Mittelsatz aus Opus 3,9 auf verschiedenen Stufen. Daneben präsentierte Vivaldi selbst in seinen *Concerti* op. 4 (1716) noch immer Mittelsätze der eingangs genannten Grundtypen. Darüber hinaus finden sich in den Konzerten op. 4,11 und 12 auch ostinate Bildungen, das *Largo* aus Opus 4,12 ist eine Passacaglia mit achtmaliger Durchführung eines kaum veränderten Baßmotivs.

Daß Bach in den Mittelsätzen seiner Konzerte ebenfalls auf ostinate Muster nach Vivaldis Vorbild zurückgriff, ist zu bezweifeln. Viel eher kann angenommen werden, daß beide Komponisten ungefähr gleichzeitig die Rahmenritornellanlage im Interesse einer konsequenteren Durchformung der Sätze mit längst bestehenden Ostinatoformen (Passacaglia, Ciacona etc.) verbanden, die sich für nahezu sämtliche Bereiche der Vokal- und Instrumentalmusik seit Beginn des 17. Jahrhunderts nachweisen lassen. Tastenwerke wie die *Ciacona* d-Moll von Johann Pachelbel sowie die *Passacaglia* d-Moll BuxWV 161 und die Chaconnes c-Moll BuxWV 159 und e-Moll BuxWV 160 von Dietrich Buxtehude sind sogar in dem überwiegend von Bachs älterem Bruder und ehemaligem Lehrer Johann Christoph aufgezeichneten »Andreas Bach-Buch« enthalten (⟶ S. 252).

Schon in Bachs ältesten Kantaten findet sich eine vergleichbare Verbindung von Rahmenritornell und Ostinato (⟶ S. 189). In der *Sinfonia* der Kantate BWV 18 *Gleich wie der Regen und Schnee* (zum 24. Februar 1715) erstrecken sich Ritornelle über immerhin 41 von insgesamt 72 Takten und treten auch als Binnenritornelle auf. Überdies dient ihr Unisono-Thema als Ostinatomotiv, das zweimal sogar in verwandte Tonarten transponiert und vielfach – entsprechend dem Ritornell einer Konzertform – in seine einzelnen Bestandteile zerlegt wird. Eine vergleichbare Konzeption realisierte Bach im *Adagio* des Konzerts d-Moll BWV 1052. Dort wurde das eigentliche Ostinato – im Sinn einer notengetreuen, untransponierten Wiederholung – modifiziert. Sein Modulationsplan, die Verteilung sich entsprechender Abschnitte über den gesamten Satz wie auch die solistische Rückführung in das Schlußritornell decken sich weitgehend mit der Anlage italienischer Sonatensätze. Die Eigenarten der Melodiebildung – mit einer besonders abwechslungsreichen und auf die jeweilige harmonische Funktion und Stellung bezogenen Ornamentierung – lassen darauf schließen, daß eine derart expressive Solostimme wie im Mittelsatz des *Concerto* BWV 1052 unmittelbar vor dem Hintergrund von Arcangelo Corellis *Sonate a violino e violone o cimbalo* op. 5 (1700) entstand; die langsamen Sätze der Sonaten 1–6 dieser Sammlung waren in deren dritter Auflage, die 1710 bei Estienne Roger in Amsterdam erschien, mit *Agréments* (willkürlichen Manieren) des Autors versehen worden (Sackmann 2000, S. 135ff.).

Bei der Komposition des Konzerts BWV 1052 konnte Bach auf frühere Erfahrungen im Umgang mit Corellis Melodiestil zurückblicken. Dieser ist erstmals in der Choralbearbeitung *O Mensch, bewein dein Sünde groß* BWV 622 aus dem *Orgel-Büchlein*, in der *Sinfonia* der Kantate BWV 21 *Ich hatte viel Bekümmernis* (1714 oder früher), im *Adagio* der *Sinfonia* F-Dur BWV 1046a (1712) sowie in der *Sinfonia* der Kantate BWV 12 *Weinen, Klagen, Sorgen, Zagen* (1714) greifbar (Sackmann 2000,

Die Mittelsätze der Konzerte BWV 1052, 1042 und 1050/1050a

S. 105ff.). Im *Adagio* BWV 1052/2 erweist sich die an Form und Melodik von Corellis langsamen Sätzen aus Opus 5,1–6 orientierte Gestaltung als primär, die Bildung von »Ostinati« und Rahmenritornellen als zweitrangig. Dennoch bleiben beide Einflüsse in unterschiedlicher Gewichtung für zahlreiche weitere Konzerte Bachs bestimmend. Dabei wird sich zeigen, daß zumindest sämtliche ab ca. 1718 entstandenen langsamen Konzertsätze Rahmenritornelle besitzen. Davon ausgenommen sind die eindeutig später hinzugefügten Mittelsätze der Konzerte BWV 1061 und 1063 sowie die offensichtlich anderen Gattungen entnommenen langsamen Sätze BWV 1044/2, 1056/2 und 1043/2. Spezielle Stilsynthesen stellen die Binnensätze der Concerti BWV 1060 und 1041 dar. In den übrigen Konzerten hingegen scheint sich Bach bewußt von den beiden genannten stilistischen Einflußbereichen entfernt und nach weiteren Lösungen zur Gestaltung seiner Mittelsätze gesucht zu haben. Zu ihnen gehören die Konzertsätze BWV 1049/2, 1047/2 und 1051/2, die in die Sammlung der »Brandenburgischen Konzerte« eingingen. Dort blieb in der Mitte des *Concerto* BWV 1048 auch ein archaisch anmutender, nur aus zwei Akkorden bestehender *Adagio*-Anhang erhalten.

Der Mittelsatz des E-Dur-Violinkonzerts BWV 1042 zeigt eine ähnliche Anlage wie jener des ursprünglich für die gleiche Besetzung bestimmten *Concerto* BWV 1052: Identische Ritornelle bilden den äußeren Rahmen, und einzelne Abschnitte oder gar Takte des Ritornells bilden nahezu die gesamte Baßstimme des Satzes, wobei die Solovioline mit ihrer großräumig phrasierten Melodie zwischen den diversen »Ostinato«-Elementen vermittelt. Berührt werden die III., V. und VI. Stufe. Zudem schiebt sich eine dreiteilige Da capo-Form so über den gesamten Satz, daß im ersten und letzten »A-Teil« je drei, zum Teil stark variierte »Ostinato«-Durchführungen Platz finden. Die dreiteilige Gliederung deckt sich mit dem Vorherrschen von Da capo-Formen in Bachs Köthener Kantaten um 1718/19. Der untergeordnete »B-Teil« beginnt nach einem Halbschluß mit Fermate in T. 23 und endet mit dem Wiedereintritt des »Ostinato«-Basses in T. 38. Ungewöhnlich für eine Da capo-Form erscheint allein, daß T. 23 auf der I., T. 38 dagegen auf der VI. Stufe steht. Hierfür finden sich allerdings zahlreiche Beispiele in Da capo-Arien aus Bachs Weimarer Kantaten bis Ende 1716. Der »B-Teil« ist seinerseits durch ein neues Begleitmotiv in den Mittelstimmen definiert. Der Abschluß des ersten »A-Teils« erfolgte wohl nicht zufällig in T. 22; denn bezogen auf die Gesamtzahl von 57 Takten ergibt sich hier eine Zäsur nach Maßgabe des Goldenen Schnitts. Ihr Pendant fällt jedoch nicht mit dem Wiedereintritt des »A-Teils« zusammen, sondern wird durch den isolierten Ton Cis in T. 35 markiert, der mitten im Satz auf die Tonika anspielt. Diese Beobachtung läßt offensichtlich Bachs Streben nach Proportionierung erkennen, wobei er sich der zeitüblichen mathematischen Berechnungsmethode nach dem Goldenen Schnitt bediente. Somit treffen in BWV 1042/2 verschiedene Formkonzeptionen und Gliederungen auf unterschiedlichen Satzebenen aufeinander. Über diesen hinweg spannen sich die Kantilenen der Solovioline, die nicht auf eine klare Vermeidung von Wiederholungen in der Figuration zielen und daher weniger deutlich als die früheren Mittelsätze nach Corellis Stilmodell formuliert wurden. Im Gegenteil scheinen die mehrmalige Versetzung gleicher Binnenrhythmen und das Festhalten an Seufzerfiguren im Mittelteil Bachs Beschäftigung mit Vivaldis langsamen Konzertsätzen vorauszusetzen.

Das *Adagio* des *Concerto* D-Dur BWV 1050a (*Affettuoso* im fünften »Brandenburgischen Konzert« BWV 1050) ist der früheste datierbare Konzertsatz ohne Beteiligung des in den Ecksätzen berücksichtigten Ripieno. Dabei handelt es sich um eine klar gegliederte Konzertform mit Ritornellen als Fugato-Expositionen auf der I., III. und V. sowie einem ritornellverarbeitenden Teil auf

Die Mittelsätze der Konzerte BWV 1064[a], 1053[a], 1055[a] und 1041

der II. und VI. Stufe (T. 30–34). Dieser ritornellverarbeitende Teil in Ritornellgestalt greift ähnlich wie im ersten Satz des *Concerto* BWV 1064 zunächst episodisches Material auf (⟶ S. 215f.). Die Episoden selbst bleiben jedoch dem Cembalo vorbehalten, das von Traversflöte und Solovioline mit Ritornellzitaten und wiederkehrenden Motiven begleitet wird. Bemerkenswert ist das Auftreten einer Überlappung zwischen Ritornell und Episode 1 gleich zu Beginn und von unterschiedlichen Überleitungsmotiven zwischen Ritornellen und Episoden analog zu Bachs raschen Konzertsätzen seit 1718. Die punktierten Figuren, welche den motivischen Charakter bestimmen, erinnern entfernt an solche in den Adagio-Sätzen Albinonis und Torellis.

Eine entsprechende Verquickung von konzertanter Ostinato- bzw. Ritornellanlage einerseits und kantabler Oberstimmenmelodik mit deutlichen Rückgriffen auf Corellis Ornamentierungspraxis andererseits ist im *Adagio* des *Concerto* BWV 1064 zu beobachten. Hier besteht das Ritornell aus einer einstimmigen Baßmelodie von drei Takten, die mit unterschiedlichen Figurationen der drei Soloviolinen bzw. mit später hinzutretenden, wechselnden Varianten der Oberstimmen kombiniert wird. Der Taktumfang sämtlicher Ritornelle und Episoden stimmt bis auf zwei Ausnahmen mit der Anzahl der Solovioline überein. Die einzige verdoppelte Episode (T. 27–32) wurde derart zweigeteilt, daß ihre Mitte genau mit der Proportion des Goldenen Schnitts (Takt 29,05) zusammenfällt. Eine Entsprechung in raschen Konzertsätzen des Komponisten findet die Plazierung einer Fermate (T. 42) ohne Ausführung einer Kadenz unmittelbar vor Wiedereintritt des letzten Teils bzw. des Schlußritornells (⟶ S. 407).

Die Mittelsätze der Konzerte BWV 1053 und 1055 sind stilisierte Siciliano-Typen im $\frac{12}{8}$-Takt. Beide Sätze besitzen identische Rahmenritornelle. Das *Siciliano* BWV 1053/2 ist symmetrisch gebaut: Die je siebentaktigen Ritornelle bilden die äußere Form für einen Mittelteil von 24 Takten, dessen beide Hälften mit zwei beinahe übereinstimmenden Takten beginnen, wobei sich die zweite Hälfte melodisch stärker als die erste an das Ritornell anlehnt. Die Gestalt des solistischen Mittelteils im *Larghetto* BWV 1055/2 wiederum gleicht derjenigen eines zweiteiligen Sonatensatzes mit wiederholtem Anfangsteil: Nach einer Variante des Anfangsritornells beginnt der Solist in T. 9 mit der Motivik seines ersten Auftritts in T. 3 und moduliert abermals in die Dominante. Ein kurzer Einwurf des Basses markiert den imaginären Doppelstrich am Ende von T. 14. Im Anschluß daran beginnt der »zweite Teil« in A-Dur und leitet über verschiedene Ausweichungen zum Wiedereintritt des Ritornells in fis-Moll (T. 25) zurück. Danach wird die Grundtonart nochmals verlassen, um in T. 35 – unter Beteiligung des Solisten – ein erstes Mal in die Ritornelltakte zurückzukehren und später in das Rahmenritornell zu münden. Der »zweite Teil« wird zwar nicht wiederholt, enthält seinerseits jedoch je einen modulatorischen und einen die Grundtonart berührenden Teil von 10 bzw. 12 Takten.

Äußerlich gleicht das *Andante* des a-Moll-Violinkonzerts BWV 1041 dem Mittelsatz des Schwesterwerks in E-Dur, wobei sich nun aber in regelmäßiger Folge Gruppen von zwei Takten mit und solche ohne »Ostinato«-Verwendung im Baß abwechseln. Stärker als in BWV 1042/2 ist auch die Violinstimme von internen Korrespondenzen geprägt, welche allerdings keine klare Ordnung erkennen lassen. Dagegen wird eine Eigenheit der langsamen Binnensätze von Corellis Sonaten op. 5,1–6 deutlich: Corellis Adagio-Sätze enthalten allesamt nach Erreichen der Grundtonart einen in die Unterquarte absteigenden Baß, welcher den nächsten Satz nicht vorbereitet. So beginnt und schließt das *Andante* BWV 1041/2 in C-Dur, die eigentliche Grundtonart ist aber F-Dur, erscheint der C-Dur-Dreiklang doch vom zweiten Akkord in T. 1 an als Umdeutung zur Dominante von F-Dur, obwohl sich das Anfangs-»Ostinato« zur Oberquinte G-Dur wendet (T. 4). Diese von Anfang an bestehende harmonische Spannung löst sich erst in T. 39 und dann noch einmal inmitten des Schlußritornells (T. 45) durch Kadenzierung nach F-Dur. Die Rückwendung in den beiden letzten Takten erweist sich demnach eher als ein »Anhang à la Corelli« denn als tatsächliche Rückkehr in die Ausgangstonart.

Noch komplexer erscheint die tonartliche Spannung im *Adagio* des Doppelkonzerts BWV 1060. Der Satz beginnt in Es-Dur und schließt in Takt 35 in derselben Tonart, bevor er nach G-Dur ausweicht. Diese Schlußtonart wird allerdings durch die innerhalb des Satzes besonders hervortretende Zäsur in T. 25 vorbereitet, eine Kadenz in g-Moll. Das Hauptthema tritt in unterschiedlichen Harmonisierungen auf: Entweder ist der Melodieton die Quinte des Tonika-Akkords oder die Oktave zum Grundton der Dominante. Insgesamt enthält der Satz fünf paarige Themenformulierungen, wobei sich die äußeren Paare nur aus einer tonikalen, die mittleren drei aus dominantischen und tonikalen Themenversionen zusammensetzen. Somit scheint die großformale Spannung zwischen Es-Dur und G-Dur im Inneren des Satzes durch den Ausgleich zwischen unterschiedlichen Harmonisierungen des Themas ergänzt zu werden. Abweichend von Corellis Anhängen zu langsamen Sätzen beträgt der Abstand zwischen Grund- und Zieltonart jedoch nicht eine Quarte, sondern eine kleine Sexte, wobei kaum von einem Abstieg, sondern von einer fortgesetzten Hochalterierung der Melodietöne auszugehen ist.

Ein Anhang mit einem Abstieg über eine kleine Sexte begegnet auch im *Largo* des Konzerts BWV 1056. Der Mittelsatz des f-Moll-Cembalokonzerts steht in As-Dur und schließt nach einer dreitaktigen Überleitung in C-Dur. Das Hauptcorpus des Satzes ist tonartlich und motivisch ebenso geschlossen wie dasjenige von BWV 1060/2: Eine erste Phrase von sechseinhalb Takten moduliert nach Es-Dur, vier weitere Takte führen nach b-Moll und nochmals vier Takte zurück nach Es-Dur, woran sich eine Reprise des Satzbeginns von wiederum vier Takten anschließt, die in besagten Sextabstieg mündet. Obwohl die Melodiebildung im Detail ganz und gar »corellisierend« ausfällt, sind es doch formale und tonartliche Ähnlichkeiten, welche den Satz in die zeitliche Nähe des *Adagio* aus dem Konzert BWV 1060 rücken.

Freilich haften beiden Sätzen hinsichtlich ihrer ursprünglichen Gestalt bzw. Bestimmung einige Unsicherheiten an: Sie weisen keine Rahmenritornelle auf, was innerhalb von Bachs Konzertsätzen nur im *Adagio* der *Sinfonia* BWV 1046a, im *Adagio ovvero Largo* BWV 1061a/2 und in den »Brandenburgischen Konzerten 2 und 6« Parallelen findet. Der Vergleich mit den Kantatenvorspielen BWV 21/1 und 12/1 zeigt, daß offensichtlich auch der Mittelsatz des *Concerto* BWV 1056 als Sinfonia eines Vokalwerks konzipiert und wohl erst bei Zusammenstellung des Cembalokonzerts um 1738 mit den beiden ebenfalls unterschiedlichen Vorlagen entstammenden Ecksätzen kombiniert wurde (⟶ S. 143f.). Daß dieses *Largo* je als Mittelsatz zur Erstfassung der Konzertvorlage bestand, auf der die Kantaten-Sinfonia BWV 35/1 und das Konzertfragment BWV 1059 basieren (Rifkin 1978), erscheint angesichts der strukturellen Ähnlichkeiten mit BWV 1060/2 ausgesprochen fraglich.

Das *Adagio* des Konzerts BWV 1060 könnte durchaus als Triosonatensatz entstanden sein (Rifkin 1997, S. 62ff.). Nicht nur das Fehlen von Rahmenritornellen, sondern auch die Beschränkung des Ripieno auf eine zumeist monotone, harmonisch sogar entbehrliche Begleitung machen eine ursprüngliche Besetzung ohne Ripieno wahrscheinlich. Für die Annahme, daß es sich dabei nicht um einen Originalsatz für zwei Tasteninstrumente handelt, spricht die letztlich unselbständige Führung der beiden Cembalobässe, die sich entweder die Wiedergabe einer im Grunde gemeinsamen Stimme teilen oder gelegentlich eine der Oberstimmen in Parallelführung verdoppeln. Auf-

Die Mittelsätze der Konzerte BWV 1044, 1063, 1043 und 1061a

grund dieser Beobachtungen drängt sich der Schluß auf, daß das *Adagio* ursprünglich tatsächlich für 2 Violinen oder Violine und Oboe in Gestalt eines Sonatensatzes komponiert und (analog zur Urgestalt des Doppelkonzerts BWV 1043) später in eine Fassung mit Ripieno umgearbeitet wurde.

Zu den später mit Mittelsätzen versehenen Werken gehören auch die verbleibenden Tripelkonzerte a-Moll BWV 1044 und d-Moll 1063. Das *Adagio, ma non tanto, e dolce* BWV 1044/2 basiert auf derselben Vorlage wie der Mittelsatz der Orgeltriosonate BWV 527. Die Wiederholungen der zweiteiligen Form wurden so ausgeschrieben, daß sich Traversflöte und Solovioline im Dialog mit dem Cembalo und in der Ausführung offensichtlich hinzugefügter Begleitfiguren abwechseln. Alle vier Stimmen treten erstmals im abschließenden Anhang von zwei Takten hervor. Die Tonartenverhältnisse der drei Sätze von BWV 1044 untereinander sowie zwischen Hauptcorpus und Anhang des *Adagio* entsprechen genau denjenigen der Konzerte BWV 1056 und 1060.

Daß die *Alla Siciliana* später als die Ecksätze des *Concerto* BWV 1063 entstand, wurde bereits im vorigen Kapitel gezeigt. Tatsächlich weist der Satz im Hinblick auf Stil, Anlage, Form und Harmonik mit den Mittelsätzen sämtlicher übrigen Konzerte keine Gemeinsamkeiten auf und liefert für die Datierung der Ecksätze nicht die geringsten Anhaltspunkte. Allem Anschein nach liegt hier der späteste Konzertsatz Bachs vor.

Ebenso wie die ursprünglich kaum als Tutti-Solo-Dialog ausgeformten Mittelsätze der Concerti BWV 1044, 1056, 1060 und 1063 enthält auch das *Largo ma non tanto* aus dem Doppelkonzert d-Moll BWV 1043 für 2 Violinen keine Rahmenritornelle. Vielmehr könnte der Satz zunächst als Teil einer Triosonate ohne Ripieno konzipiert worden sein. Allerdings scheint seine zugleich komplexe und ökonomische Bauweise eher für eine vergleichsweise späte Entstehung zu sprechen. Dabei handelt es sich auch hier um eine allerdings stark stilisierte zweiteilige Sonatenform mit insgesamt acht unterschiedlichen Bauelementen (zuzüglich ihrer Varianten). Sie treten in anscheinend planloser Reihenfolge nacheinander ein. So unvorhersehbar sich der musikalische Fortgang im einzelnen ausnimmt, so klar ist die vierteilige Architektur des Satzes: Auf eine erste geschlossene Phase in F-Dur (T. 1–15) folgt eine verkürzte zweite, die sich erst zu ihrem Ende hin nach a-Moll wendet (T. 31). Die dritte Einheit moduliert in T. 40 zu Beginn der Schlußphase in die Grundtonart zurück. Während die ersten beiden Teile von zwei unterschiedlichen, tonartlich geschlossenen Bauelementen eröffnet werden, kommt es in den beiden letzten (von T. 31 an) zur Begegnung von diesen. Für die von Bach bewußt großformatig angelegte Proportionierung – als Ausgleich zur »bloßen« Reihung einzelner Bauelemente im »Inneren« – spricht die Tatsache, daß sich der Übergang vom zweiten zum dritten Teil, mithin die »Mitte« des Satzes, beinahe genau im Goldenen Schnitt befindet. Trotz der Gemeinsamkeiten solcher Prinzipien motivischer, tonartlicher und formaler Gestaltung mit den übrigen Konzertsätzen scheint dieser Mittelsatz tatsächlich einer kammermusikalischen Komposition entsprungen zu sein. Damit würde er sich nahtlos mit den Mittelsätzen BWV 1047/2, 1049/2 und 1051/2 verbinden, die offensichtlich zu Bachs spätesten Konzerten gehören, jedoch mit den stilistischen Kriterien der früheren Mittelsätze aus den Konzerten BWV 1046a bis 1041 nicht mehr hinreichend zu erfassen sind.

Sollte der Mittelsatz des *Concerto* BWV 1060 einer etwas älteren Triosonate entstammen, die möglicherweise zwischen 1715 und 1718 in Weimar oder Köthen entstand, worauf das Ausbleiben tonartlicher Rückungen entsprechend Bachs Werken jener Zeit und die unregelmäßige Einsatzfolge im Abstand von 6, 8 und 5 Takten hinweisen, so könnte das *Adagio ovvero Largo* aus dem Konzert C-Dur BWV 1061a für 2 Cembali dessen unmittelbare Weiterentwicklung in zwei Bereichen darstellen. Bei der Komposition für 2 Tasteninstrumente fand Bach Lösungen zur Gestaltung der Baßführung, die deren Selbständigkeit ebenso wie deren Abhängigkeit hervorheben, was beispielsweise in T. 49 sogar zwei Tonarten zusammentreffen läßt. Das Spiel beider Instrumente mit- und gegeneinander hatte freilich formale Konsequenzen. Wie in BWV 1060/2 ließ Bach tonikale Einsätze unter Betonung der Quintlage (T. 1) und deren Beantwortung durch eine dominantische Harmonisierung (T. 2) aufeinandertreffen oder wandelte das Verhältnis der Einsätze, sofern es die Situation erforderte. Auf diese Weise entstand ein vierstimmiger Komplex, der sich kaum unthematischer melodischer Verläufe bedient. Die erste Satzphrase beginnt und schließt in der Tonika, enthält in jedem Cembalo zwei Einsätze und entwickelt darauf zu ihrem kadenzierenden Abschluß hin (T. 12), der so deutlich von den Hauptstufen bestimmt ist, daß Rückungen in diesem Satz nicht mehr zu erwarten sind. In der Tat bestehen die formalen Scharnierstellen aus Quintfallsequenzen und einer Chromatisierung. Auf den ersten geschlossenen Abschnitt folgt, unter Verwendung einer neuen Themenversion, eine Modulation zur Paralleltonart C-Dur. Die Takte 1–19 kehren quintversetzt und im Rollentausch der Instrumente in den Takten 30–48 wieder, der erste Abschnitt bis T. 12 ist bis auf seinen ersten Takt mit dem Schluß-»Ritornell« von T. 52 (Mitte) bis 63 identisch. Dazwischen erfolgt eine Rückmodulation zum zweiten Thementakt (T. 53 Mitte) über eine Quintfallsequenz von viereinhalb Takten. Bach überging den ersten tonikalen Themeneinsatz, indem er ihn nahtlos mit der Rückführung in die Reprise verschmolz. Der Übergang von T. 19 bis zum Themeneintritt in e-Moll (T. 30) vollzieht sich wiederum unter Verwendung zweier Themenpaare, die ausnahmsweise nicht tonartengleich sind, sondern im Sekundabstand zueinander stehen. Der anschließende Fortgang gleicht jenem von T. 1–12. Das Wegfallen eines Taktes ermöglicht freilich neue tonartliche Verhältnisse, so daß der anscheinend verfrühte Eintritt des Themas in der Version von T. 12 nur eine subdominantische Vorbereitung auf die transponierte Wiederholung der Takte 1–12 bietet.

Wenn sich diese dichtgefügte dreiteilige Anlage auf den ersten Blick auch stark vom *Adagio* BWV 1060/2 unterscheidet, so lassen doch das bereits erwähnte Fehlen tonartlicher Rückungen und die gänzlich ungeradzahligen Proportionierungen, insbesondere aber die Verschiebung der letzten Satzphase um einen halben Takt, darauf schließen, daß Bach diesen Satz ebenfalls um 1716, spätestens zu Beginn seiner Köthener Schaffensperiode komponierte. Eine Entstehung entsprechend der Datierung der Ecksätze von BWV 1061a (1713/14) kommt nicht in Frage, da in diesem Fall zahlreiche Rückungen zu erwarten wären.

Rein äußerlich ist das *Andante* des zweiten »Brandenburgischen Konzerts« F-Dur BWV 1047 von einer beinahe unablässig gehenden Baßlinie geprägt, welche an die in Achtel- und Sekundbewegung fortschreitenden Unterstimmen von Corellis Triosonaten op. 1–4 erinnern. In BWV 1047/2 erscheint dieses Muster jedoch doppelt beschleunigt, zunächst durch die Satzbezeichnung (im Unterschied zu Adagio oder Largo) und aufgrund der Verkürzung von Corellis ₵- zum ¾-Takt. Die Baßlinie stellt nur dem Schein nach ein Ostinato dar; denn die Intervallfolgen unterscheiden sich – je nach ihrem Ziel innerhalb des reichen Modulationsgefüges – stark. Immerhin enthält der Satz Kadenzen auf der V., VII., VI. und IV. Stufe. Möglicherweise bilden die beständige Bewegung und die harmonische Komplexität die Grundlage für eine häufig unterbrochene Verteilung kurzatmiger Motive in den drei Melodiestimmen Blockflöte, Oboe und Solovioline, deren Seufzerfiguren geradezu den empfindsamen Stil späterer Epochen vorwegzunehmen scheinen. Die Reprisenbildung ist hier nur auf die Ebene der Tonart beschränkt, kehrt das prägnante, doppelt imitierende Anfangsmotiv doch nach dem erneuten Eintritt der Grundtonart in T. 46 nicht mehr wieder. Was sich hier als herkömmliche, auf der Baßstimme beruhende Satzanlage ausnimmt, er-

Die Mittelsätze der Konzerte BWV 1051 und 1049

weist sich bei genauerem Hinsehen als individuelle Verknüpfung älterer und neuerer Stilschichten zusammen mit einem Dialog der drei Oberstimmen.

Im Gegensatz dazu erscheint das *Adagio ma non tanto* des »Brandenburgischen Konzerts 6« wesentlich dichter gefügt. Hier treten die beiden Bratschen in einen imitatorischen Dialog, der über fast zwei Drittel des Satzes hinweg keinen einzigen Takt ohne Bestandteile des Themas enthält. Zugleich sieht Bach eine stetig fortschreitende Violoncello-Stimme vor, die ihrerseits den eigentlichen Basso continuo nach Art italienischer Streicherkammermusik des 17. Jahrhunderts diminuiert (Schmid 1987, S. 412ff.). Die ersten beiden Drittel umfassen je 20 Takte mit vier paarigen Einsätzen des Themas. Das erste Drittel schließt mit einer Kadenz in der Ausgangstonart Es-Dur, das zweite wendet sich nach f-Moll und schließlich nach As-Dur. Ab T. 40 übernehmen beide Baßstimmen im Unisono zweimal die vier ersten Töne des bislang den Bratschen vorbehaltenen Themas und münden selbst in eine Themendurchführung in g-Moll. Nach einem weiteren Einsatz der Bratschen in derselben Tonart wendet sich die Harmonik unaufhaltsam nach g-Moll. Diese Tonart wird in T. 54 vermieden und erst in T. 59 erreicht. Darauf folgt ein Quart-Abstieg nach D, in dessen Verlauf das Violoncello von den Bratschen die Führung übernimmt. Die tonartlich offene Anlage eines Mittelsatzes, der in Es-Dur beginnt, in g-Moll endet und danach durch eine fallende Quarte ergänzt wird, welche keinerlei überleitende Funktion ausübt, steht in Bachs Konzertschaffen einzig da. Derart wenig geschlossene Tonartenverläufe erinnern vielmehr an Adagio-Abschnitte früherer italienischer Concerti. In der Tat scheint diese Satzanlage mit zwei Unterstimmen und dialogisierenden Oberstimmen in einem langsamen $\frac{3}{2}$-Takt auf das Vorbild des *Largo* aus Giuseppe Torellis *Concerto* op. 8,9 (1709) zurückzugehen. Die retrospektive stilistische Ausrichtung und die unausgeglichene Form legen nahe, daß auch dieser Satz nicht gleichzeitig mit den beiden Ecksätzen entstand, so daß er zu deren Datierung nicht herangezogen werden kann.

Der Mittelsatz des vierten »Brandenburgischen Konzerts« BWV 1049 besteht in einer geschlossenen Form in e-Moll, welche – wie das *Andante* BWV 1047/2 – im $\frac{3}{4}$-Takt und mit »corellisierendem« Anhang angelegt ist. Möglicherweise bestätigt diese Taktart Bachs Bevorzugung ungeradzahliger Metren für Mittelsätze. In BWV 1049/2 wird die herkömmliche Form des Satzes vom Prinzip des Klangfarben- bzw. Dynamikwechsels überlagert, das sich als Konsequenz der Verwendung von 2 *Fiauti d'Echo* aufdrängte. Als Eröffnung dienen zwei jeweils wiederholte Taktpaare und zwei wiederum beantwortete Einzeltakte. Darauf folgt ein Gang im Stil einer *durezze e ligature*-Anlage zur Kadenz in der Tonika (T. 18) zusammen mit einem erneuten Wechselspiel von Takten, die sogleich in gegensätzlicher Besetzung wiederholt werden, woran sich nochmals eine Kadenzierung, jetzt in a-Moll, anschließt. Diese bislang 28 Takte sind als zwei, ihrerseits nochmals zweigegliederte Teile unterschiedlicher Dauer angelegt. Der folgende Mittelteil des Satzes setzt sich durch Passaggi der ersten Echoflöte deutlich ab, besteht jedoch ebenfalls aus einem dialogischen und einem kadenzierenden Abschnitt. Die Wiederkehr des »A-Teils« beginnt nicht mit dessen Anfang, sondern in seiner »Mitte« (entsprechend T. 18). Auf diese Wiederaufnahme folgt in T. 55 eine Reminiszenz an den Schluß des »B-Teils«, bevor die erste »kadenzierende« Phase aus den Takten 13–18 in variierter Gestalt wiederkehrt. Schließlich tritt der durch das zweitaktige Solo der ersten Echoflöte unterbrochene Quartfall ein. Dennoch bleibt e-Moll als Haupttonart bestehen, die in den Takten 59f. durch einen Trugschluß, bezogen auf die Subdominante, und durch den abrupten Übergang zur Dominante bestätigt wird. Ungeachtet seiner traditionell anmutenden Hülle erweist sich das auch formal auf dem Prinzip von Echo und Dialog beruhende *Andante* als eine von Bachs eigenständigsten Lösungen bei der Konzeption konzertanter Mittelsätze.

Datierung

Ein Vergleich der Eck- und Mittelsätze von Bachs Konzerten läßt keinen Zweifel daran, daß seine Konzertproduktion bis 1721 abgeschlossen war. Ob er in seiner Leipziger Amtszeit (1723–1750) noch weitere Konzerte mit Orchester komponierte, ist unbekannt; denn unter den überlieferten Werken lassen sich nur die Umformung der Triosonate d-Moll zum Doppelkonzert BWV 1043 für 2 Violinen sowie die Transkriptionen Weimarer und Köthener Vorlagen in Cembalokonzerte nach Leipzig datieren. Selbst die Urfassungen der allein in Leipziger Quellen erhaltenen *Sonata* g-Moll BWV 1029 für Cembalo und Viola da gamba und der *Sinfonia* zum »Oster-Oratorium« BWV 249 (1725) können nicht als Konzerte bezeichnet werden.[2]

Im Licht der kompositionstechnischen Untersuchung von Bachs Konzerten wird allzu deutlich, daß diesem Werkkomplex allein mit quellenanalytischen Ergebnissen, wie man sie seit Jahrzehnten im Vertrauen auf die unbestrittenen Errungenschaften der Quellenforschung zu interpretieren versucht, nicht beizukommen ist. Gleiches gilt für die Einordnung wie für das Verständnis von Bachs Tasten- und Kammermusik unter Verwendung von Elementen der Konzert- und Da capo-Formen. Schon ein erster Blick auf diese Werke offenbart, daß die meisten davon durchaus geeignet sind, die verbleibenden zeitlichen Lücken in Bachs Weimarer und Köthener Kantaten- und Konzertschaffen zu füllen und deshalb als Pendants zu großbesetzten Vokal- und Instrumentalkompositionen erscheinen.[3] Ebenso dürften sich mit Hilfe der kompositionstechnischen Analyse übrigens auch Aussagen über die Entwicklung der Konzerte und Kantaten von Georg Philipp Telemann, Christoph Graupner, Johann Friedrich Fasch machen lassen, die dem Studium der überlieferten Quellen nur bedingt zu entnehmen sind.

Zugleich rufen die neuen Erkenntnisse über Bachs Konzert- und Kantaten-Œuvre aus Weimar und Köthen eine Binsenweisheit in Erinnerung, die in jüngerer Zeit häufig in Vergessenheit geriet: Schriftlichen Quellen liefern in der Regel nur Informationen über die letzte oder die letzten Fassungen eines Werkes, nicht jedoch über seine Entstehung – es sei denn, es handelt sich um Kompositionsautographe. Datiert man ein Köthener Konzert aufgrund seiner Leipziger Abschrift, wird man allein den Entstehungsprozeß der Kopie beurteilen können. Die eigentliche Entwicklung des Werkes aber ist von seinem kompositorischen Umfeld nicht zu trennen.

Die Entstehung der Erstfassungen von Bachs Konzerten mit Orchester läßt sich anhand ihrer kompositionstechnischen Entwicklung in folgende Perioden gliedern:

- Weimar, ca. 1712–1715: BWV 1046a, 1061a/1 und 3, 1063/1 und 3, 1048, 1052
- Weimar, 1715–1717, oder Köthen, 1717/18: BWV 1044/1 und 3, BWV 1061a/2
- Köthen, 1718: BWV 1042, 1050a, 1064[a], Vorlage von BWV 35/1 bzw. 1059
- Köthen, 1718/19: BWV 1053[a], 1055[a], 1043[a], 1051, 1056[a]/1
- Köthen, 1719/20: BWV 1046/3, 1060[a]/1 und 3, 1041, 1056[a]/3
- Köthen, 1720/21: BWV 1049, 1047

Diese Daten geben ausschließlich den Verlauf der Kompositionsgeschichte im Vergleich mit Bachs Kantaten wieder. Daher ist eine Abweichung um mehrere Monate durchaus vorstellbar. Zwar bietet sich in einigen Fällen eine Datierung auf ein oder zwei Monate genau an. Da jedoch ungewiß bleibt, ob Bach Kantaten und Konzerte stets nacheinander oder im Einzelfall womöglich parallel komponierte, erscheint ein Verzicht auf eine über das betreffende Entstehungsjahr hinausgehende

Die Datierung von Bachs Konzerten

Die Datierung der ältesten Fassungen

Kantate	Uraufführung	Konzert
BWV 143	Weimar, 1709–1712	
		Sinfonia F-Dur BWV 1046a
BWV 208	Weißenfels, 23. Februar 1713	
		Concerto C-Dur BWV 1061a/1 und 3 für 2 Cembali
BWV 172	Weimar, 20. Mai 1714	
		Concerto d-Moll BWV 1063[a]/1 und 3 für 3 Violinen
		Concerto G-Dur BWV 1048 für je 3 Violinen, Violen, Celli
BWV 61	Weimar, 2. Dezember 1714	
		Concerto d-Moll BWV 1052 für Violine
BWV 165	Weimar, 16. Juni 1715	
		»Tripelkonzert« a-Moll BWV 1044/1 und 3
		Concerto C-Dur BWV 1061a/2 für 2 Cembali
BWV 184a	Köthen, spätestens 1. Januar 1718	
		Concerto E-Dur BWV 1042 für Violine
		Concerto D-Dur BWV 1050a für Cembalo, Traversflöte, Violine
		Concerto D-Dur BWV 1064[a] für 3 Violinen (Kammerkonzert)
		Konzertsatz d-Moll (Vorlage von BWV 35/1 und 1059)
BWV 66a und 42/1	Köthen, 10. Dezember 1718	
		Concerto D-Dur BWV 1053[a] für Oboe d'amore
		Concerto A-Dur BWV 1055[a] für Oboe d'amore/Viola d'amore
BWV 134a	Köthen, 1. Januar 1719	
		Triosonate d-Moll BWV 1043[a] für 2 Violinen und Continuo
		Concerto B-Dur BWV 1051 für 2 Violen
		Konzertsatz g-Moll BWV 1056[a]/1 für Violine
		Konzertsatz F-Dur BWV 1046/3 (und *Concerto* BWV 1046)
		Concerto c-Moll BWV 1060[a]/1 und 3 für Oboe und Violine
		Concerto a-Moll BWV 1041 für Violine
		Konzertsatz g-Moll BWV 1056[a]/3 für Oboe
	ca. 1720	*Concerto* D-Dur BWV 1050 für Cembalo, Traversflöte, Violine
BWV 173a	Köthen, ?	*Concerto* G-Dur BWV 1049 für Violine und 2 Echoflöten
BWV 194a	Köthen, ?	*Concerto* F-Dur BWV 1047[a] für Trompete, Blockflöte, Oboe und Violine (Kammerkonzert)
	Köthen, 24. März 1721	»6 Brandenburgische Konzerte«

Die Datierung der jüngsten Fassungen

Konzert	Fertiggestellt
»Brandenburgisches Konzert 1« F-Dur BWV 1046	Köthen, März 1721
»Brandenburgisches Konzert 2« F-Dur BWV 1047 (Fassung mit Ripieno)	Köthen, März 1721
»Brandenburgisches Konzert 3« F-Dur BWV 1048	Köthen, März 1721
»Brandenburgisches Konzert 4« G-Dur BWV 1049	Köthen, März 1721
»Brandenburgisches Konzert 5« D-Dur BWV 1050	Köthen, März 1721
»Brandenburgisches Konzert 6« B-Dur BWV 1051	Köthen, März 1721
Concerto a-Moll BWV 1065 für 4 Cembali	Leipzig, ca. 1729
Concerto a-Moll BWV 1041 für Violine (revidierte Fassung?)	Leipzig, ca. 1730
Concerto c-Moll BWV 1060 für 2 Cembali	Leipzig, ca. 1730–1733
Concerto d-Moll BWV 1043 für 2 Violinen	wohl Leipzig, 1730/31
Concerto C-Dur BWV 1061 für 2 Cembali (Fassung mit Ripieno)	wohl Leipzig, 1732/33
Concerto c-Moll BWV 1062 für 2 Cembali	Leipzig, 1736
Concerto C-Dur BWV 1064 für 3 Cembali	Leipzig, ca. 1735–1738
Concerto d-Moll BWV 1063 für 3 Cembali	Leipzig, ca. 1735–1739
Concerto g-Moll BWV 1058 für Cembalo	Leipzig, ca. 1738
Concerto d-Moll BWV 1059 für Cembalo (Konzertsatz-Fragment)	Leipzig, ca. 1738
Concerto d-Moll BWV 1052 für Cembalo	Leipzig, ca. 1738
Concerto E-Dur BWV 1053 für Cembalo	Leipzig, ca. 1738
Concerto D-Dur BWV 1054 für Cembalo	Leipzig, ca. 1738
Concerto A-Dur BWV 1055 für Cembalo	Leipzig, ca. 1738, 1739 und 1742
Concerto f-Moll BWV 1056 für Cembalo	Leipzig, ca. 1738
Concerto F-Dur BWV 1057 für Cembalo	Leipzig, ca. 1738 und 1739
Concerto E-Dur BWV 1042 für Violine	posthum überliefert (ca. 1760)

Datierung

Präzisierung ratsam. Selbst die Reihenfolge der Konzertkompositionen aus der Zeitspanne zwischen 1718/19 und dem März 1721, in dem das Partiturautograph der »Brandenburgischen Konzerte« abgeschlossen wurde, ist nicht mit letzter Sicherheit festzulegen, sind die Köthener Kantaten BWV 173a und 194a doch nur vage auf den Zeitraum zwischen 1. Januar 1719 (dem Uraufführungstermin von Kantate BWV 134a) und Anfang 1723 zu datieren. So spricht einiges dafür, daß das Kammerkonzert BWV 1064[a] gleichzeitig oder früher als die Erstfassung BWV 1050a des fünften »Brandenburgischen Konzerts« und das *Concerto* BWV 1055[a] als letzte Komposition seiner Gruppe entstand. Dennoch erscheint plausibel, daß die Konzerte und Konzertsätze BWV 1046/3, 1060[a]/1 und 3, 1041 und 1056[a]/3, in denen Bach eine perfekte, geradzahlige Periodik und Proportionierung gelingt, der Werkgruppe von 1718/19 in einem gewissen zeitlichen Abstand folgten. Die gleiche Überlegung betrifft auch die »Brandenburgischen Konzerte 4 und 2« BWV 1049 und 1047 und die Intention des Komponisten, eine absolut regelmäßige Periodik und Proportionierung zu durchbrechen.

Ebenso wie die Weimarer Konzerte aus der Zeit um 1714 (BWV 1061a, 1063, 1048 und 1052) und das »Tripelkonzert« BWV 1044 (um 1716/17) ohne weiteres mit den Lücken in Bachs Kantatenkalender jener Jahre in Verbindung zu bringen sind, fällt auf, daß die laufende Produktion von Bachs Köthener Konzerten zwischen 1718 und 1720 mit den gesicherten Informationen über den Ausbau der Hofkapelle, der musikalischen Hochblüte und repräsentativen gesellschaftlicher Veranstaltungen am anhaltinischen Hof einhergehen (⟶ S. 43ff.). Im Jahre 1722 wurden erstmals die Ausgaben für die Hofkapelle reduziert, und der Gesundheitszustand, wahrscheinlich auch die persönlichen Interessen Fürst Leopolds von Anhalt-Köthen dürften einer Erweiterung musikalischer Aktivitäten im Weg gestanden haben (Hoppe 1988, S. 146f., und 1998, S. 17f.). Für die Aufrechterhaltung regulärer Musikaufführungen aber mag der um 1720/21 vorhandene Bestand an Konzerten ausgereicht haben.

Spätestens nach Übernahme des Leipziger Collegium musicum im Frühjahr 1729 richtete Bach seine Weimarer und Köthener Konzerte für erneute Aufführungen ein. Dabei wird im einen oder anderen Fall eine Ergänzung oder gar Neuanfertigung von Stimmenmaterialien notwendig geworden sein – sei es, daß die alten bei Hof verblieben waren, weil sie möglicherweise sogar auf fürstliche Kosten entstanden, oder daß Revisionen der rund zehn bis zwanzig Jahre alten Werke zu Änderungen in einzelnen Partien zwangen. Unter dieser Voraussetzung leuchtet ein, daß Bach eine Wiederverwendung der Kompositionen in der zweiten Direktionsphase des Collegium musicum von 1739 an vornehmen konnte, indem er sie großenteils in neuem Gewand, als Cembalokonzerte, präsentierte. Hierin dürfte ein weiterer, wenn nicht gar der entscheidende Grund für die Entstehung der Cembalokonzerte zu suchen sein.

Diese Feststellungen sollen im folgenden anhand der im Kapitel *Bachs Konzerte: Die Entstehungsgeschichte ihrer Quellen* beschriebenen Quellensituation und der kompositorischen Entwicklung von Eck- und Mittelsätzen der Konzerte überprüft werden. Wie im vorigen Kapitel gliedern sich die Werke in drei Gruppen:

- ◆ »Brandenburgische Konzerte«
- ◆ Violinkonzerte
- ◆ Cembalokonzerte

Die Reihenfolge innerhalb jeder Gruppe entspricht der Ordnung der BWV-Nummern.

Die Datierung der »Brandenburgischen Konzerte«

»Brandenburgische Konzerte«

Aufgrund der Entstehung des Konzertsatzes BWV 1046/3 um 1719/20 kann angenommen werden, daß Bach in jener Zeit eine Köthener Wiederaufführung der Weimarer *Sinfonia* F-Dur BWV 1046a vorbereitete und das Werk um einen dritten Satz ergänzte. Dieser Satz ist offensichtlich eine Originalkomposition, deren Notentext, wie schon Rudolf Gerber (1951, S. 54ff.) zeigte, für den Eingangschor der Leipziger Kantate BWV 207 *Vereinigte Zwietracht der wechselnden Saiten* (zum 11. Dezember 1726) variiert und vereinfacht wurde. Daher besteht keinerlei Grund, eine gemeinsame Vorlage beider Werke in Gestalt eines Chorsatzes zu vermuten, zumal das zweite *Trio* des »Brandenburgischen Konzerts 1« in der Fassung von 1721 als *Ritornello* (Nr. 5a) ebenfalls in die Kantate BWV 207 aufgenommen wurde. Angesichts der Transponierfehler im Autograph von 1721 (⟶ S. 93) dürfte die Besetzung mit *Violino Piccolo* erst zu dieser Zeit ausgeführt worden sein, wofür auch nachträglich ergänzte, aber autographe Bezeichnungen in der Partitur sprechen (Schulze 1981, S. 17). Demnach war die solistische Violinpartie in BWV 1046/3 um 1719/20 zunächst für eine herkömmliche Violine bestimmt worden und enthielt deutlich weniger Doppelgriffe; sie zielen überwiegend auf die leeren Saiten des *Violino Piccolo*. Michael Marissen (1994, S. 33) machte darauf aufmerksam, daß Georg Philipp Telemann den Violino piccolo mit polnischer Volksmusik in Verbindung bringt. In seiner Autobiographie von 1740 berichtet Telemann über seine Zeit als Kapellmeister am Hof im schlesischen Sorau: Dort »lernete ich so wohl daselbst, als in Krakau, die polnische und hanakische Musik, in ihrer wahren barbarischen Schönheit kennen. Sie bestund, in gemeinen Wirtshäusern, aus einer um den Leib geschnalleten Geige, die eine Terzie höher gestimmt war, als sonst gewöhnlich, und also ein halbes Dutzend andre [gewöhnliche Violinen] überschreien konnte; [...] Man sollte kaum glauben, was dergleichen [...] Geiger für wunderbare Einfälle haben, wenn sie, so oft die Tantzenden ruhen, fantasiren« (Mattheson 1740, S. 360). Die Anspielung auf polnische Musik könnte zugleich einen Hinweis darauf liefern, wann die abschließende Suite mit Tanzsätzen der *Sinfonia* BWV 1046a um die *Poloineße* und wohl auch eine Neufassung des zweiten *Trio* ergänzt wurde: Die im Besitz des Hauses Brandenburg befindliche Markgrafschaft Schwedt schloß seit 1670 Ländereien im polnischen Hinterpommern ein (⟶ S. 91). D.h. Bach scheint die Partie des *Violino Piccolo* und die *Poloineße* erst im Hinblick auf die Partitur von 1721 mit der Widmung an Markgraf Christian Ludwig ergänzt zu haben – gleichsam als dessen musikalische Insignien im ersten Konzert der Sammlung. Somit lassen sich für das gesamte Werk mindestens drei verschiedene Fassungen unterscheiden: 1. die *Sinfonia* BWV 1046a, 2. das Concerto BWV 1046 als Ergänzung der *Sinfonia* um einen dritten Satz *Allegro*, aber ohne Besetzung mit *Violino Piccolo* und 3. das erste »Brandenburgische Konzert« BWV 1046 mit *Poloineße*, umgearbeitetem zweitem *Trio* und *Violino Piccolo*. Möglicherweise fand das neue *Trio* bereits Eingang in die zweite Fassung. Ihre Datierung auf 1719/20 findet im Autograph von 1721 eine gewisse Bestätigung durch einige Revisionen auch in den ersten drei Sätzen des Werkes. Sie wären bei einer erst Anfang 1721 umgearbeiteten Komposition wohl überflüssig gewesen.

Das zweite »Brandenburgische Konzert« F-Dur BWV 1047 entstand als letztes der Sammlung von 1721 und offensichtlich als letztes Orchesterkonzert Bachs überhaupt, zunächst jedoch um 1720 als Kammerkonzert ohne Ripieno – eine Datierung, die in der fortschrittlichen Gestaltung des Mittelsatzes eine Entsprechung findet. Der Ripienosatz samt geteilter Baßstimme kam womöglich erst für die autographe Partitur von 1721 hinzu – vermutlich weil Bach noch ein weiteres Konzert *Avec plusieurs Instruments* benötigte. Freilich ist nicht auszuschließen, daß die Fassung

Die Datierung der »Brandenburgischen Konzerte«

mit Ripieno zunächst für die Köthener Hofmusik bestimmt war. Man könnte sogar soweit gehen zu spekulieren, die Komposition einer der beiden Versionen stünde mit einem der drei Besuche des Herzogs Ernst August von Sachsen-Weimar während Bachs Köthener Amtszeit in Verbindung; der letzte davon fand um den Jahreswechsel 1720/21 statt (⟶ S. 63). Ernst August war ein Liebhaber der Trompete und absolvierte später selbst eine Lehre auf diesem Instrument (⟶ S. 33). Daß zwischen der Entstehung des Kammerkonzerts BWV 1047[a] und der Fassung als zweites »Brandenburgisches Konzert« BWV 1047 nur wenig Zeit verstrich, läßt ein quellenkundliches Indiz erahnen: Das Werk enthält als einziges im Partiturautograph von 1721 praktisch keinerlei Korrekturen. In einer älteren Komposition hätte Bach seiner Gewohnheit nach vermutlich mehrere Revisionen vorgenommen.

Das dritte »Brandenburgische Konzert« G-Dur BWV 1048 dürfte schon bei seiner Entstehung – sehr wahrscheinlich in der zweiten Jahreshälfte 1714 – für 10 Streichinstrumente samt Cembalo konzipiert worden sein, wobei Bach die Teilung der Violoncellopartien bis März 1721 noch erweiterte (⟶ S. 95). Die frühe Datierung erfährt in der simplen Faktur der *Adagio*- Überleitung eine weitere Entsprechung.

Im Partiturautograph des vierten »Brandenburgischen Konzerts« G-Dur BWV 1049 erscheinen wiederum nur wenige Korrekturen, was indirekt für eine Datierung vor BWV 1047 spricht. Die Kompositionstechnik der Ecksätze ebenso wie die avancierte Form des Mittelsatzes schließen jedoch eine Entstehung vor 1719/20 aus. Wie die Satztechnik des Mittelsatzes offenbart, war die Besetzung mit zwei *Fiauti d'Echo* in f' von vornherein Bestandteil des Werkes. Sie wurde in der Bearbeitung als Cembalokonzert F-Dur BWV 1057 (ca. 1738) durch herkömmliche Blockflöten in f' ersetzt, offenbar weil Bach keine Echoflöten mehr zur Verfügung standen.

Die zahlreichen autographen Revisionen in der Partitur des fünften »Brandenburgischen Konzerts« D-Dur BWV 1050 bestätigen dessen frühere Entstehung in Gestalt des *Concerto* BWV 1050a. Allerdings hatte Bach von der überarbeiteten Version des *Concerto* BWV 1050a bereits um 1720 einen Stimmensatz hergestellt, dessen Notentext dem des »Brandenburgischen Konzerts« nahesteht. Die Datierung von BWV 1050a auf 1718 wird durch die Konzertform des Mittelsatzes gestützt (im Anschluß an BWV 1042 und in zeitlicher Nähe zu BWV 1064[a]). Als Anlaß zur Entstehung des *Concerto* BWV 1064[a] für 3 Violinen vermutete Gregory Butler (1997, S. 44) die Einladung der Geigensolisten Johann Georg Lienigke und Johann Gottfried Vogler an den Köthener Hof im Dezember 1718, die die Uraufführung während des Besuchs von Herzog Friedrich Ludwig von Württemberg zusammen mit dem Konzertmeister Joseph Spieß bestritten haben könnten. Ebensogut aber kommt für das Kammerkonzert BWV 1064[a] eine Wiedergabe während des Karlsbad-Aufenthalts im Frühsommer 1718 beispielsweise mit den Geigensolisten Bach sowie Martin Friedrich Marcus und Christian Ferdinand Abel aus Köthen in Frage – zusammen mit dem *Concerto* BWV 1050a (⟶ S. 99). Die drei Fassungen des Werkes lassen sich also wie folgt datieren: *Concerto* BWV 1050a – 1718, *Concerto* BWV 1050 – ca. 1720, fünftes »Brandenburgisches Konzert« BWV 1050 – 1721.

Die Datierung der Ecksätze des »Brandenburgischen Konzerts 6« B-Dur BWV 1051 auf 1718/19 vermag freilich die merkwürdige, archaisch anmutende Faktur des Mittelsatzes nicht zu erklären. Gewiß könnte das *Adagio ma non tanto* einer früheren Komposition, etwa einer Triosonate für 2 Violinen, entstammen. Dennoch bliebe offen, was Bach zu seiner Aufnahme in das Konzert bewog. Die wenigen Korrekturen in der Partitur lassen erahnen, daß zwischen der Entstehung des Werkes und dem Abschluß des Autographs im März 1721 eine gewisse Zeit vergangen war.

Die Datierung der Violin- und Cembalokonzerte

Violinkonzerte

Das a-Moll-Violinkonzert BWV 1041 stellt das späteste der nachweisbaren Violinkonzerte Bachs dar und kann nicht vor 1719 bzw. nach 1720 entstanden sein. Dies geht aus der Kompositionstechnik von Mittel- und Ecksätzen hervor. Die Herstellung des teilautographen Originalstimmensatzes um 1730 dürfte mit einer Aufführung durch das Leipziger Collegium musicum in Beziehung stehen. Ihr mögen Revisionen des Komponisten vorangegangen sein. Vermutlich waren die ursprünglichen Stimmenmaterialien im Besitz des Köthener Hofs verblieben.

Das Violinkonzert E-Dur BWV 1042 hingegen ist offensichtlich die erste von Bachs Köthener Konzertkompositionen. Eine Bestätigung für die Datierung der Ecksätze auf 1718 liefert der Mittelsatz, der sich als formale Weiterentwicklung des *Adagio* aus dem Weimarer Violinkonzert BWV 1052 (1714/15) erweist. Anhand der Quellenlage lassen sich keinerlei Aussagen über die Entstehung von BWV 1042 machen.

Das Doppelkonzert d-Moll BWV 1043 geht auf die um 1718/19 komponierte Köthener Triosonate (BWV 1043[a]) für 2 Violinen und Continuo in der gleichen Tonart zurück, worauf neben der Faktur des Ripienosatzes insbesondere auch jene des Mittelsatzes hinweist. Eine frühere Datierung der Triosonate ist schon im Hinblick auf die komplexe Konstruktion des *Largo (ma non tanto)* unwahrscheinlich. Über den Zeitpunkt der Umformung zum Doppelkonzert für 2 Violinen durch Ergänzung eines Ripienosatzes und offensichtlich nur geringfügige Änderungen der Solopartien lassen sich keine verläßlichen Aussagen machen. Wahrscheinlich ist aber, daß die Anfertigung der erhaltenen Originalstimmen um 1730/31 im Anschluß an die Bearbeitung und zur Aufführung durch das Leipziger Collegium musicum erfolgte. Dennoch erscheint nicht völlig ausgeschlossen, daß Bach die Erweiterung zum Doppelkonzert bereits bis 1723 in Köthen vornahm.

Das ursprünglich für Solovioline geschaffene Konzert BWV 1052 und der Konzertsatz BWV 1056[a]/1, das Doppelkonzert BWV 1060[a] für Oboe und Violine, das »Tripelkonzert« BWV 1044 und die Konzerte BWV 1063[a] und BWV 1064[a] für 3 Violinen werden unter den Cembalokonzerten angeführt.

Cembalokonzerte

Die Urfassung des Konzerts d-Moll BWV 1052 für ein Cembalo ist ein Violinkonzert in der gleichen Tonart, das zwischen Sommer 1714 und Sommer 1715 in Weimar entstand. Diese Datierung findet vor allem in kompositionstechnischen Ähnlichkeiten aller drei Sätze zu den Weimarer Kantaten BWV 63, 18 und 31 vom Dezember 1714 und Frühjahr 1715 eine Entsprechung. Das Partiturautograph mit der Bearbeitung zum Cembalokonzert stammt von etwa 1738 und diente offensichtlich einer Aufführung durch das Leipziger Collegium musicum.

Das *Concerto* E-Dur BWV 1053 für ein Cembalo geht auf das Konzert D-Dur BWV 1053[a] für Oboe d'amore zurück, dessen Entstehung um die Jahreswende 1718/19 möglicherweise ebenfalls mit dem Besuch des Herzogs Friedrich Ludwig von Württemberg zusammenhängt (siehe oben das »Brandenburgische Konzert 5«). Das Leipziger Partiturautograph mit der Transkription zum Cembalokonzert stammt von ca. 1738.

Das Konzert D-Dur BWV 1054 für ein Cembalo (ca. 1738) ist eine Bearbeitung des Köthener Violinkonzerts E-Dur BWV 1042 (1718).

An der Datierung des *Concerto* A-Dur BWV 1055[a] um 1718/19 lassen weder die Ecksätze noch der Mittelsatz einen Zweifel. Trotz der zeitlichen und auch strukturellen Nähe vor allem des

Die Datierung der Cembalokonzerte und ihrer Vorlagen

Larghetto zum Konzert D-Dur BWV 1053[a] für Oboe d'amore herrscht über die ursprüngliche Besetzung der Solostimme von BWV 1055[a] weiterhin Ungewißheit. In Frage kommen sowohl Oboe d'amore als auch Viola d'amore. Allerdings deutet die unterschiedliche Behandlung des Soloinstruments in beiden Konzerten erneut eher auf die Viola d'amore hin, wobei unbekannt bleibt, welcher Interpret dieses Instrument in Köthen spielte. Die autographe Partitur der Bearbeitung zum Konzert für ein Cembalo BWV 1055 in der gleichen Tonart stammt von ca. 1738.

Die kompositionstechnische Untersuchung des *Concerto* f-Moll BWV 1056 für ein Cembalo stützt die im vorigen Kapitel geäußerte Vermutung, daß die drei Sätze des Werkes unterschiedlichen Vorlagen entspringen: Die Ecksätze dürften zu – freilich nicht weit auseinander liegenden – Zeitpunkten um 1718/19 (BWV 1056[a]/1) und um 1719/20 (BWV 1056[a]/3) komponiert worden sein, der Mittelsatz läßt sich im Kontext des Bachschen Konzertschaffens jener Periode nicht als originaler Konzertsatz identifizieren. Der erste Satz geht aus einem Werk für Violine, das Finale aus einem für Oboe hervor, was sich in der kompositorischen Faktur eindeutig spiegelt. Demnach muß angenommen werden, daß der jeweils zweite und dritte Satz verlorengingen, sollte es sich bei den Vorlagen um Konzerte gehandelt haben (siehe auch S. 435). Die Zusammenstellung und Bearbeitung zum Cembalokonzert datiert erneut von ca. 1738.

Das Konzert F-Dur BWV 1057 für ein Cembalo repräsentiert eine Transkription des vierten »Brandenburgischen Konzerts« G-Dur BWV 1049 von 1720/21 und wurde im Zusammenhang mit diesem Werk erwähnt.

Das *Concerto* g-Moll BWV 1058 für Cembalo stimmt weitgehend mit dem Köthener Violinkonzert a-Moll BWV 1041 (1719/20) überein. Die autographe Partitur entstand um 1738 als erste von Bachs Konzerten für ein Cembalo.

Dem Konzert BWV 1058 folgt im Partiturautograph von ca. 1738 das Konzertsatz-Fragment d-Moll BWV 1059 für Cembalo, Oboe, Streicher und Continuo, dem derselbe Konzertsatz wie der Sinfonia 1 d-Moll von Kantate BWV 35 (1726) zugrunde liegt. Dieser Konzertsatz entstand 1718 in Köthen. Vermutlich war er Teil eines Konzerts d-Moll für ein unbekanntes Soloinstrument, so daß dessen zweiter und dritter Satz verloren sein dürften. Die zweite Sinfonia von Kantate BWV 35 kann diesem Konzert aus kompositionstechnischen Gründen kaum angehört haben. Wahrscheinlich stellt sie jedoch ein Fragment eines Weimarer (Violin-?) Konzerts oder eher einer Sonate dar, aus harmonischen Gründen wohl aus der Zeit um 1715.

Die Ecksätze des »Tripelkonzerts« a-Moll BWV 1044 lassen sich auf *Praeludium et Fuga* BWV 894 für Clavier in derselben Tonart (ca. 1708–1710) zurückführen. Deren Bearbeitung zu Konzertsätzen nahm Bach bereits um 1716 in Weimar vor, so daß dieses Werk dem »Brandenburgischen Konzert 5« (Erstfassung von 1718) vorausging und das älteste bekannte Konzert mit einem dominierenden Cembalosolo darstellt. Zugleich enthält BWV 1044 offenbar Bachs früheste Traversflötenpartie. Obwohl dieses Instrument in Bachs Weimarer Kantaten nicht erscheint, besaß der Hof schon um 1715 mehrere Traversflöten (⟶ S. 35). Der Mittelsatz des Konzerts ist späteren Datums und ersetzte vermutlich einen früheren. Das *Adagio ma non tanto e dolce* kann derzeit nicht konkret eingeordnet werden. Seine Vorlage muß jedoch bis zum Abschluß der autographen Partitur von Bachs Orgel-Triosonaten um 1730 existiert haben, da sie auch in die *Sonata 3* BWV 527 aufgenommen wurde.

Das *Concerto* c-Moll BWV 1060[a] entstand um 1719/20 als Doppelkonzert für Oboe und Violine, wobei der Mittelsatz möglicherweise einer Triosonate jener Periode entnommen und mit Ripienopartien versehen wurde. Vieles spricht dafür, daß Bach die Transkription für 2 Cembali in derselben Tonart zwischen 1730 und 1733 niederschrieb.

Die Ecksätze des *Concerto* C-Dur BWV 1061a für 2 Cembali repräsentieren die zweitälteste von Bachs erhaltenen Konzertkompositionen und lassen sich auf die Zeit um 1713/14 datieren. Als zweiter Solist der Uraufführung kommen ebenso Johann Gottfried Walther wie Johann Ernst von Sachsen-Weimar oder ein Schüler Bachs in Frage. Der Mittelsatz dürfte zwischen 1715 und 1718 in Weimar oder Köthen hinzugetreten zu sein, weshalb offen bleibt, ob er einen älteren, vielleicht in der Art von Tomaso Albinonis langsamen Konzertsätzen (⟶ S. 233), ersetzte oder ob das Werk ursprünglich aus nur zwei Sätzen bestand. Die mindestens dritte Fassung der Komposition ist durch die teilautographen Solostimmen von 1732/33 auch dokumentarisch greifbar. Vermutlich entstand damals ebenfalls die Version BWV 1061 mit Ripieno.

Die autographe Kompositionspartitur des *Concerto* c-Moll BWV 1062 für 2 Cembali datiert von 1736. Als Vorlage diente das wohl erst um 1730/31 aus einer Köthener Triosonate (1043[a]) in d-Moll gewonnene Doppelkonzert BWV 1043 für 2 Violinen.

Das Konzert d-Moll BWV 1063 für 3 Cembali reicht bis in Bachs Weimarer Zeit zurück. Die Ecksätze waren für 3 Violinen mit Ripieno (2 Violinen und Viola bzw. 3 Violinen und Continuo) bestimmt und wurden nicht später als 1714 geschrieben, wodurch sich mehrere kontrapunktische Unzulänglichkeiten bei der Komposition für drei Soloinstrumente erklären (⟶ S. 171). Auch in diesem Fall ist anzunehmen, daß sich die Gestalt des ursprünglichen Mittelsatzes an Modelle Tomaso Albinonis anlehnte (siehe oben BWV 1061a). Die Transkription für 3 Cembali in derselben Tonart erhielt einen neuen Mittelsatz *Alla Siciliana*, der offensichtlich auf Lorenz Christoph Mizler von Koloffs erste Odensammlung von 1739 anspielt (⟶ S. 174). Spätestens dieser Zeitpunkt, frühestens jedoch die Mitte der 1730er Jahre kommt auch für die Bearbeitung zum Cembalokonzert in Frage.

Ebenfalls auf ein Werk für 3 Violinen, das jedoch als Kammerkonzert ohne Ripieno in Köthen entstand, geht das Konzert C-Dur BWV 1064 für 3 Cembali zurück. Die solistische Konzeption der Vorlage in D-Dur BWV 1064[a] dürfte Bach zur Ergänzung eines Ripienosatzes im galanten Stil für die Cembalofassung veranlaßt haben, so daß BWV 1064 offenbar seine letzte, teilweise neukomponierte Konzertkomposition darstellt. Das Kammerkonzert für 3 Violinen stammt hingegen von 1718 (zu seiner möglichen Bestimmung siehe oben das »Brandenburgische Konzert 5«).

Das Konzert a-Moll BWV 1065 für 4 Cembali ist eine Bearbeitung von Antonio Vivaldis *Concerto* h-Moll op. 3,10 für 4 Violinen (1711) und gelangte ca. 1729 zu Papier, um vier Claviersolisten die Gelegenheit zum Zusammenspiel zu bieten, begleitet wahrscheinlich vom Leipziger Collegium musicum. Offenbar handelt es sich um Bachs ältestes Konzert für Tasteninstrumente und Orchester (ohne ein zusätzliches Concertino mit Melodieinstrumenten).

Bach und die »Französische Ouvertüre«

Die Beziehung zwischen der »Ouvertüre« oder »Orchestersuite« genannten Gattung und der französischen Orchestermusik des 17. Jahrhunderts ist so eng, daß eine Untersuchung der stilistischen Wurzeln von Bachs Ouvertüren BWV 1066–1069 geradezu zwangsläufig zur Erörterung der Wirkung französischer Musik auf seine Kompositionen führt. Daß Bach von französischer Musik beeinflußt wurde, steht auf den ersten Blick außer Frage. Werktitel wie *Overture nach Französischer Art* BWV 831 oder *Contrapunctus 6 in Stylo Francese* BWV 1080/6 weisen darauf hin, daß die damalige Auseinandersetzung um die Nationalstile, beginnend mit Johann Matthesons Schrift von 1713, für Bachs eigenes Schaffen von grundlegender Bedeutung war. Ebenso ist zu erwarten, daß sich die Eindrücke, die Bach von der französischen Musikkultur gewonnen hatte, in Ouvertüren und Suiten niederschlagen.

Eine genauere Betrachtung führt indes zu der Einsicht, daß französische Stilmittel und Gattungen von Bach weniger direkt als vielmehr aus zweiter Hand, vermittelt durch zeitgenössische deutsche Komponisten und deren Werke, übernommen wurden. Unmittelbare Bezüge fallen in Bachs Musik für Tasteninstrumente deutlicher aus als in seinen Orchesterwerken. Die einzigen greifbaren Zeugnisse für seine Rezeption von Ouvertüren und Tanzsätzen französischer Komponisten bestehen in Abschriften von Clavierwerken und in Clavierbearbeitungen von Orchesterliteratur. Die Komposition von Orchestersuiten aber erweist sich als Vereinigung von Stilmitteln, die im deutschen Sprachraum innerhalb einer aus Frankreich importierten Gattung geprägt wurden.

Der französische Stil als internationaler Modegeschmack

Ohne Zweifel übte das Kulturleben im Frankreich des »Sonnenkönigs« auf die übrigen Länder Europas eine enorme Anziehungskraft aus, die aber auch in eine Art Haßliebe umschlagen konnte. Faszinierend an der von König und Hof verordneten französischen Kultur war deren reglementarische Geschlossenheit. Im Zentrum stand der Herrscher selbst, dessen Vorlieben sowohl über die Inhalte der Repräsentation als auch über deren publikumswirksame Umsetzung bestimmten. Daß beispielsweise der Tanz im höfischen Zeremoniell einen derart hohen Stellenwert einnahm, ging nicht zuletzt auf die persönliche Tanzlust Louis' XIV. zurück. Gunst oder Abscheu des Herrschers bestimmten Personen gegenüber leitete letztlich deren Schicksal. Nur deshalb konnte es dem gebürtigen Florentiner Giambattista Lulli gelingen, zum französischen Nationalkomponisten Jean-Baptiste Lully mit allen erdenklichen Privilegien aufzusteigen. Die Liste kultureller Aktivitäten, die stets im Dienst des Herrscherkultes standen und insbesondere auch jenseits der französischen Grenzen ihre volle Wirkung erzielen sollten, ließe sich beliebig fortsetzen (Burke 1992).

Die Bemühungen Louis' und seiner Minister hatten die enthusiastische Aufnahme und Nachahmung von Prachtentfaltung und Kunstbegeisterung des französischen Hofes durch mehr oder weniger alle Potentaten im Ausland zur Folge – und regierten sie über noch so kleine Ländereien. Daher gehörte es für deutsche Prinzen mit Aussicht auf eine Regentschaft gleichsam zum guten Ton, ihre Bildungsreisen und Kavalierstouren nicht ohne längeren Abstecher nach Paris zu planen.

(Burke 1992, S. 151ff.). Auch ihre Musiker sandten sie dorthin, damit diese sich an den jeweils neuesten Modeströmungen der Hofmusik zu orientieren vermochten. Erst vom zweiten Jahrzehnt des 18. Jahrhunderts an traten als Ziel reisender Musiker wieder italienische Städte in den Vordergrund. Um 1710 vollzog sich auch am Dresdner Hof der Wandel vom französischen zum italienischen Geschmack und führte zur allmählichen Umgestaltung des berühmten Ensembles (Landmann 1989, S. 19f.).

Damit ließ sich auf der Ebene aristokratischer Lebensgestaltung und -entfaltung kompensieren, was im Bereich der Wirtschaft längst an Frankreich verloren war. Denn die Hinwendung mitteleuropäischer und vor allem mitteldeutscher Fürsten zur französischen Kultur, deren Repräsentation nur auf Grundlage hinlänglichen Reichtums gelang, offenbarte die Kehrseite des eigenen ökonomischen Niedergangs. Verursacht wurde diese Entwicklung durch den Dreißigjährigen Krieg (1618–1648) und seine Folgen sowie durch die gesamteuropäische Verlagerung vom einst einträglichen Mittelmeerhandel zur Erschließung neuer Rohstoffe und Märkte in der Neuen Welt, was wiederum den wirtschaftlichen Aufstieg der Atlantik-Anrainer Spanien, England und Frankreich beschleunigte (White Paas 1995, S. 47 und 54f.). Möglicherweise sind in solchen Veränderungen jene Bedingungen zu sehen, die zunächst zu einer Frankreich-Mode und zum Drang nach Luxusartikeln führten – Waren, die aus Frankreich stammten oder zumindest von dort zu importieren waren. Erstaunlicherweise hielt diese Faszination auch dann noch an, als man sich politisch längst gegen den Expansionswillen Louis' XIV. verbündete und zur Wehr setzte. Gerade die Jahre des Spanischen Erbfolgekriegs (1703–1713) bildeten den Höhepunkt antifranzösischer Politik deutscher Kurfürsten.

Bachs erste Begegnung mit französischer Musik

Bachs Interesse an französischer Musik oder an Musik im »pseudofranzösischen Geschmack« richtete sich zunächst auf Literatur für Tasteninstrumente und – wohl erst in etwas späterer Zeit – auf die Orchesterouvertüre bzw. Ouvertürensuite. Jene französische Musik, die Bach rezipierte, erschien damals nicht mehr so aktuell wie die jüngst entstandenen Concerti italienischer Komponisten, welche er in Weimar und Köthen mit eigenem schöpferischem Denken verband. Besagte Werke französischer Clavecinisten und Organisten waren zum Teil schon mehr als ein Jahrzehnt früher komponiert worden, längst gedruckt und damit weit verbreitet.

Bachs früheste Begegnung mit französischer Musik ereignete sich laut Nekrolog von 1754 während seiner Schulzeit in Lüneburg (1700–1702): »Auch hatte er von hier aus Gelegenheit, sich durch öftere Anhörung einer damals berühmten Capelle, welche der Hertzog von Zelle unterhielt, und die mehrentheils aus Frantzosen bestand, im Frantzösischen Geschmacke, welcher, in dasigen Landen, zu der Zeit was ganz Neues war, fest zu setzen« (Dok. III, Nr. 666). Von untergeordneter Bedeutung ist der tatsächliche Ort dieser Erlebnisse: Nach neueren Vermutungen könnten es das Lüneburger Stadtschloß oder die unweit gelegene Sommerresidenz Dannenberg des Herzogs von Celle gewesen sein (Schulze 1981, S. 58). Zweifellos aber ging es bei jener Begegnung mehr um die spezifische Aufführungspraxis französisch geprägter Streicherensembles als um direkte Übernahme von Kompositionsstilen (Williams 1989, S. 45). Womöglich trifft auch die Einschätzung der Bach-Söhne und -Schüler, die den Nekrolog formulierten, nicht uneingeschränkt zu: Etwas

251

»ganz Neues« bezeichnet vielleicht mehr eine Mode als ein historisches Faktum. Denn an der Lüneburger Ritterakademie hatte der junge Zögling Bach auch Fechtunterricht erhalten – bei einem gewissen Thomas de la Selle, der ihn außer in dieser Disziplin sogar im galanten Umgang und im Befolgen höfischer Etikette unterwies.

Die einzigen Anhaltspunkte für Bachs Kenntnis französischer Orchestermusik liefern zwei handschriftliche Quellen, die in seiner Jugendzeit und im direkten geographischen und verwandtschaftlichen Umkreis in Ohrdruf bzw. Arnstadt und Weimar angelegt wurden: Die sog. »Möllersche Handschrift« (Mö) enthält eine Clavierbearbeitung der *Ciaconne* aus Lullys Oper *Phaeton* (Paris, 1683), im »Andreas-Bach-Buch« (ABB) findet sich eine Einrichtung für Clavier der *Sÿphonies.* [!] *de L'Opera d'Alcide. Composees par* M{onsieur}: [Marin] *Marais Ordinaire de la Musique de la Chambre du Roy* (Paris, 1693). Der Schreiber dieser importierten Werke ist kein Geringerer als Bachs älterer Bruder und ehemaliger Lehrmeister Johann Christoph. Er trug auch drei französische Verzierungstabellen bei: eine 16 Erläuterungen umfassende *Explicatio des Maroques Rules for Graces* (Mö), basierend auf dem Druck der *Six Suittes de Clavessin* (1701) von Charles Dieupart, eine *Demonstration des Marques* (Mö) mit 13 Zeichenerklärungen aus den *Pièces de Clavessin* von Nicolas-Antoine Lebègue (Paris, 1677) sowie die nur fünfteilige *Marques et demonstration des agrements* (ABB), deren Herkunft noch ungeklärt ist.

Französische Orchestermusik im deutschen Raum

Kaum erforscht sind bislang die Überlieferungswege, durch die Bach und die Musiker seines Umfelds, in erster Linie sein Bruder Johann Christoph, in Kontakt mit französischer Musik kommen konnten. Einen Fingerzeig dürfte der Hinweis des Weimarer Bach-Schülers Philipp David Kräuter auf »manche [..] Frantzösische Music, welches mir absonderlich in der Componirung der [...] Ouverturen sehr profitabel seyn würde«, liefern (Krautwurst 1990, S. 40). Denn der Verfasser wußte wahrscheinlich, daß Prinz Johann Ernst von Sachsen-Weimar auf seiner Reise nach und von Holland (⟶ S. 66) in Düsseldorf Station machte. Der Düsseldorfer Hof, an dem Agostino Steffani 1709 seine stark französisch orientierte Oper *Tassilone* aufgeführt hatte (Leopold 1988, S. 14f.) mag gerade dank politischer Kontakte nach Westen bei der Verbreitung französischer Musik im deutschsprachigen Raum eine wesentliche Rolle gespielt haben. Außer über Hamburg, Halle und Leipzig wurden Estienne Rogers Amsterdamer Musikalien im Norden Deutschlands auch über einen Vermittler in Düsseldorf vertrieben (⟶ S. 70f.). Rogers Musikaliendrucke scheinen an der Wende zum 18. Jahrhundert geradezu die Funktion von »Trendsettern« ausgeübt zu haben. Was bei ihm erschien, war bald in ganz Mitteleuropa als bekannt vorauszusetzen. Dies galt neben seinen Editionen italienischer Concerti und Sonaten, welche Bach anscheinend vor allem in seinen Arnstädter und Weimarer Jahren studierte, wohl ebenfalls für die *Ouvertures avec tous les Airs* au Rogers Sortiment.

Französische Ensemblemusik war damals längst ein beliebter Importartikel, vor allem an jenen Höfen, die sich zeitweise auch die Aufführung französischer Bühnenwerke leisteten, darunter di protestantischen Residenzen in Ansbach, Braunschweig, Celle, Darmstadt, Dresden und Hannover. Die musikalischen Errungenschaften und Stileigentümlichkeiten französischer Kompositionen, die unter dem »Sonnenkönig« entstanden, hatten inzwischen eine offizielle Bedeutung und ihren festen Platz im Repräsentationsgefüge deutscher Herrscher erlangt. Tanzsätze für Ensemble zu schreiben, ja ganze Suiten solcher tänzerischer Stücke zu komponieren, war um 1700 in Deutschland durchaus keine Neuigkeit mehr. Der Markt bot zahlreiche deutsche Sammlungen von Ensembletänzen, angefangen bei Michael Praetorius' *Terpsichore* (1612) und Johann Hermann Scheins *Banchetto musicale* (1617). Neu aber war die normierte Gestalt französischer Opernorchester nach dem Vorbild des zentralistisch organisierten absolutistischen Staates (Zaslaw 1990, S. 549f.), neu waren gewiß ebenso die Eigenheiten der instrumentalen Einleitungen zu Lullys Bühnenwerken. Daraus entwickelte sich in Mitteleuropa eine ausgesprochene Vorliebe für orchestrale Ouvertürensuiten.

Lullys Ouvertüren sind entweder zwei- oder dreiteilig: Auf eine gravitätische Einleitung folgt ein fugierter oder imitativer rascher Teil, der gegebenenfalls mit einem Rückgriff auf die Motivik oder nur auf den Charakter der Eröffnung schließt. Dieser Ouvertüren-Typus erschien voll ausgebildet zum ersten Mal in Lullys *Ouverture* für die Pariser Aufführung von Francesco Cavallis *Serse* (1660), zu der Lully auch die Bühnentänze beisteuerte. Während Mehrteiligkeit und imitativer Satz des Mittelteils einer Ouvertüre schon bei Jacques Ozanam (1692), Friedrich Erhardt Niedt (1706), Johann Gottfried Walther (1708) und Johann Mattheson (1713) Erwähnung finden, wird die Punktierung als Charakteristikum des Eröffnungsteils erstmals 1740 von Johann Adolph Scheibe (1745, S. 669) genannt.[1]

Die geradezu sprichwörtliche Vorliebe der Franzosen für den Tanz repräsentierte vor allem der König, der bis 1670 selbst im höfischen Ballett mitwirkte (Großpietsch 1994, S. 41f.). Innerhalb Frankreichs kursierten – unter ausdrücklicher Billigung seiner Majestät – bald handschriftliche Kompilationen von bis zu 43 Tänzen, die ursprünglich als obligatorische Instrumentaleinlagen zu einem oder mehreren Bühnenwerken gehörten. Wählte man hieraus eine Anzahl für eine Aufführung aus, so war die Reihenfolge der Tänze nicht von vornherein festgelegt. Bearbeitungen von Lullys Ouvertüren und Bühnentänzen gelangten rasch in Druckausgaben für Cembalo und Laute; in derart veränderter Gestalt wurden sie auch über die Grenzen des Königreichs hinaus bekannt. Außerhalb Frankreichs aber waren orchestrale Instrumentalstücke nur in den von dem privilegierten Pariser Verleger Christophe Ballard verfertigten Partitureditionen der integralen Opern Lullys und André Campras erhältlich und deshalb sehr kostspielig (Großpietsch 1994, S. 42f.).

Die ungebrochene Nachfrage nach Ensemble-Tanzmusik zu decken, wurde das Verdienst der Amsterdamer Verlagshäuser Heus, Pointel und Roger. Der früheste Suitendruck erschien dort 1682 (Schneider 1989, S. 115). Aufgrund des erwähnten Druckprivilegs war die Verbreitung dieser Ausgaben in Frankreich verboten, was ihre Nachfrage in Mittel- und Nordeuropa nur steigerte (Schneider 1989, S. 113). Noch 1737 empfahl Mattheson das Studium solcher Sammeldrucke (Mattheson 1737, S. 23). Der Verkaufserfolg jener Amsterdamer Druckerzeugnisse beruhte nicht zuletzt darauf, daß sie nicht mehr ein fünf-, sondern ein vierstimmiges Ensemble voraussetzten. Sie stellten also bereits eine Bearbeitung im Hinblick auf die aufführungspraktisch progressivere Gepflogenheiten der meisten deutschen Hofkapellen dar. Die Verminderung der Stimmenzahl bedingte gewisse Änderungen von Harmonik und Melodik, vor allem jedoch der Mittelstimmen (Schneider 1989, S. 113–130). Schon zu Beginn des 20. Jahrhunderts vermutete Hugo Riemann, daß die massenhafte Produktion eines Suitentypus, »der eine bestimmte Ordnung der Folgesätze überhaupt nicht kennt und in der Ouvertüre seinen eigentlichen Schwerpunkt hat«, ausschließlich auf Vermittlung durch Amsterdamer Suitendrucke zurückzuführen sei (Großpietsch 1994, S. 43f.). Denn dort firmierten solche »Potpourris« unter der Bezeichnung *Ouverture avec tous les Airs*. Riemanns Annahme ist jedoch durch Johann Caspar Horns *Parergon Musicum* von 1663 zu relativieren, »bestehend in fünff angenehmen Grossen Balletten [...] welche allhier vor wenig Jahren nicht sonder Gratie fürgestellt worden nach der lustigen Frantzösischen manier zu spielen«. Bereits 1670 folgte Georg Bleyers Edition der *Lust-Music,* »nach jetziger Französischer manier gesetzt« (Baselt 1996, S. 12). Der Typus von Lullys Ouvertüre begegnete außerhalb Frankreichs, abgesehen von ähnlichen Werken französischer Komponisten im Ausland (Schneider 1986, S. 182ff.), schon 1679 in den *Sonate da camera* Agostino Steffanis, welche Arrangements von Ouvertüren und Tänzen aus sechs seiner für den Hof in Hannover komponierten Opern enthalten (West 1995, S. 101). Gerade das Opernschaffen von Steffani, dessen Oper *Briseïde* auch als Ballettsuite in der »Möllerschen Handschrift« vertreten ist, veranschaulicht, wie stark das Französische spätestens nach dem Tod Kaiser Leopolds I. (1705) mit der Übermacht der selbst nördlich der Alpen weitverbreiteten venezianischen Oper in Konkurrenz trat (Leopold 1988, S. 13ff.).

Frühe Orchestersuiten deutscher Komponisten

Das wichtigste Muster für die Ouvertüren jener deutschen Komponisten, die keinen direkten Kontakt zur »Zentrale« in Paris pflegten, lieferte 1682 Johann Sigismund Kusser, übrigens gleichzeitig mit dem ersten, *Ouvertures avec tous les Airs* genannten Amsterdamer Sammeldruck. Kusser war, so Johann Gottfried Walther (1732, S. 189), in Paris Schüler von Lully gewesen. Auch die 1693 gedruckten VI. *Ouverturen* von Philipp Heinrich Erlebach tragen genuin französische Züge (Baselt 1996, S. 22ff.). Hier treten erstmals sogar deskriptive Titel wie *La Plainte, Le Sommeil, La Réjouissance* auf. Beide Sammlungen sind allerdings noch für ein fünfstimmig besetztes Ensemble bestimmt (West 1995, S. 102).

So eng sich diese frühen Ouvertürendrucke deutscher Komponisten an französische Vorbilder anlehnen, unterscheiden sie sich doch von jenen in einem Punkt ganz fundamental: In Frankreich war die selbständige Ensemblesuite ausschließlich Domäne von Bearbeitern, im deutschen Sprachgebiet aber von Anfang an eine Angelegenheit der Komponisten. Das gilt selbst für die beiden noch immer fünfstimmigen Suiten-Opera aus dem Jahre 1695: das *Florilegium primum* von Georg Muffat und Johann Caspar Ferdinand Fischers *Journal du Printemps*.

Um 1700 vollzog sich in der deutschen Ouvertürensuite mit dem Auftreten Georg Philipp Telemanns ein markanter Stilwandel. Waren frühere Ouvertüren deutscher Komponisten in Augsburg und Nürnberg gedruckt worden, so verlagerte sich das Zentrum der Verbreitung jetzt weiter nach Norden. In Hannover hatte Telemann in den 1690er Jahren, laut Autobiographie von 1718 (Telemann 1981, S. 97f.), französischer Musik »gelauscht«, aber erst im schlesischen Sorau (1705–1707) veranlaßte ihn die Vorliebe des dortigen Fürsten, wohl ebenfalls anhand von Amsterdamer Suitendrucken genauere Stilstudien zu betreiben und eigene schöpferische Lösungen zu finden. Diese Bemühungen setzten sich später, in seiner Eisenacher (1707–1712) und Frankfurter Zeit (1712–1721), fort. Von den ungezählten Ouvertürensuiten, die Telemann komponiert haben soll, sind immerhin mehr als 130 Werke erhalten (Hoffmann 1969).

Der Schwerpunkt von Telemanns Konzeption der Orchestersuite liegt auf der Ouvertüre im Geist Lullys. Im weiteren Verlauf der Entwicklung nahmen jedoch die sog. *Airs* – Stücke, deren Herkunft nicht auf Tanzsätze zurückzuführen ist – an Bedeutung zu. Lullys Holzbläsertrio, bestehend aus zwei Oboen und Fagott, verlor seine angestammte Funktion als Spezialensemble sowie als Klangfärbung des Streichersatzes und übernahm mehr und mehr solistische Aufgaben. Das

Eindringen noch weiterer Instrumente mit deutlich solistischer Funktion zeigt, daß das Concerto italienischer Herkunft an Einfluß gewann (West 1995, S. 104ff.).

Telemanns zentrale Stellung als der deutschsprachige Ouvertürenkomponist seiner Generation schlechthin wird erst ersichtlich angesichts des großen Einflusses, den er auf Jan Dismas Zelenka in Dresden (West, S. 103f.) und auf die bedeutendsten späteren Suiten-Komponisten ausübte, auf Johann Bernhard Bach in Eisenach (Dok. III, Nr. 666), Christoph Graupner in Darmstadt und Johann Friedrich Fasch (Rifkin 1996). Spätestens seit ihrem ersten nachweisbaren Zusammentreffen in Weimar (1709) pflegten Telemann und Johann Sebastian Bach einen regen Gedankenaustausch. Vermutlich sorgte bei diesen persönlichen Kontakten nicht nur das Concerto für Gesprächsstoff, sondern auch die Ouvertüre, wobei hier offenbar zunächst nur Telemann auf eigene Erfahrung zurückgreifen konnte. Telemanns Einfluß auf Bachs Ouvertürenschaffen ist schon deshalb wahrscheinlich, weil letzterer noch als Thomaskantor stets dem »Telemannischen Geschmack« treu blieb und Neuerungen seiner progressiveren Zeitgenossen Graupner und Fasch anscheinend nicht mehr zur Kenntnis nahm (West 1995, S. 100).

Somit stehen Bachs Orchestersuiten in der Tradition einer durchaus deutschen Gattung. In diese Richtung weist auch ein Überblick über die in beiden erwähnten Handschriften Johann Christoph Bachs gesammelten Werke »französischer« Gattungen. Gegenüber den Clavierbearbeitungen genuin französischer Orchestermusik überwiegt hier die Anzahl an Suiten und Ouvertüren deutschsprachiger Komponisten: Georg Böhm, Johann Anton Coberg, Christian Flor, Gottfried Ernst Pestel, Johann Christoph Pez, Johann Adam Reinken, Christian Ritter, Agostino Steffani, Telemann und schließlich Johann Sebastian Bach selbst.

Offenbar entstanden die größtenteils dort überlieferten, zum Teil in ihrer Echtheit umstrittenen Claviersuiten BWV 820–823 sowie BWV 832–833 mehr unter dem Eindruck von Ensemble- als von Claviersuiten (Rampe 1999, S. 750, sowie Williams 1989, S. 50). Möglicherweise war die Vorbildwirkung einzelner Vorlagen von tatsächlichen französischen Komponisten (etwa von Marin Marais) sogar nur sekundär. Erstaunlich aber bleibt, daß im Gegensatz zum Konzertschaffen aus Bachs Weimarer Zeit, selbst nach Rückkehr von Prinz Johann Ernst aus den Niederlanden, keinerlei Hinweise auf spezielle Kompositionen oder Aufführungen von Orchestersuiten erhalten sind (Rifkin 1996). Daher sollte die Erwähnung dieses Repertoires in Philipp David Kräuters Brief von 1713 nicht überbewertet werden: »kunte also noch manche schöne Italienische und Frantzösische Music hören, welches mir dann absonderlich in Componirung der Concerten und Ouverturen sehr profitabel seyn würde«. Es handelt sich hier ja nicht um einen Tatsachenbericht, sondern lediglich um den Ausdruck persönlicher Erwartungen oder um eine Vermutung (Krautwurst 1990, S. 40). Bis zu jenem Zeitpunkt um 1724, als sich Bach – so der bisherige Forschungsstand – erstmals mit der Komposition einer vollständigen Orchestersuite (BWV 1066) beschäftigte, war die Ouvertüre mit nachfolgenden mehr oder weniger tanzartigen Sätzen längst eine deutsche Gattung geworden. Wohl entstammte die Beliebtheit der Orchestersuite in Deutschland der allgemeinen Frankreich-Begeisterung jener Epoche, doch das eigentlich Französische diente nur noch als kulturelles Kosmetikum und nicht für Stilübernahmen in die Musik selbst. Dies gilt auch für die Verwendung des Ouvertürenidioms innerhalb von Vokalwerken. Friedhelm Krummacher zeigte, wie unterschiedlich sich Bachs Problemlösungen ausnahmen, um die »französische Ouvertüre« auf jeweils andere Weise in vokal-instrumentale Eingangssätze von Kantaten zu integrieren (Krummacher 1996). Dem Ouvertürencharakter kam dabei meist auch eine semantische Bedeutung zu: In der Kantate BWV 61 *Nun komm der Heiden Heiland* (1714) eröffnet der Ouvertürensatz das Kirchenjahr, der Eingangssatz zur Kantate BWV 119 *Preise, Jerusalem, den Herrn* markierte am 30. August 1723 den Beginn einer neuen Amtsperiode des Leipziger Rats, und die Kantate BWV 194 *Höchsterwünschtes Freudenfest* (1723) lud zur Einweihung der soeben von Zacharias Hildebrandt fertiggestellten Orgel in Störmthal (bei Leipzig). Ähnliches ließe sich von Instrumentalwerken sagen, wobei dort ouvertürenartige Sätze entweder die Eröffnung oder die Mitte von Werken akzentuieren: Das *Praeludium* Es-Dur BWV 552 übernimmt sozusagen Introitusfunktion innerhalb einer fiktiven »Orgelmesse« (*Clavier Übung* III, 1739), die *Ouverture* der *Partita 4* BWV 828 beginnt die zweite Hälfte der *Clavier Übung* I (1728), die *Overture nach Französischer Art* BWV 831 diejenige von *Clavier Übung* II (1735) und die *Variatio 16. Ouverture* jene der sogenannten »Goldberg-Variationen« BWV 998 (1741). Selbst der *Contrapunctus 6 in Stylo Francese* steht genau in der Mitte der elf Contrapuncti aus der *Kunst der Fuge* BWV 1080.

BACHS ORCHESTERSUITEN:
DIE ENTSTEHUNGSGESCHICHTE IHRER QUELLEN

Betrachtete Philipp Spitta (1873) Bachs Konzertkompositionen mit Orchester – wie sich nun herausstellt, in den meisten Fällen durchaus zutreffend – als aristokratische »Unterhaltungsmusik« des Köthener Hofkapellmeisters, so galten die Ouvertüren erst recht als Klangbeispiele höfischer Repräsentation nach modernem französischem Geschmack, wenn nicht gar als veritable Ballettliteratur. Erhalten sind vier Orchestersuiten mit einleitender Ouvertüre; eine fünfte in g-Moll (BWV 1070) für Streicher und Continuo, bereits von dem Handschriftensammler Franz Hauser (gestorben 1870) dem Thomaskantor zugeschrieben und in der BG (Band 45/1, S. 199) publiziert, ist aus kompositionstechnischen und stilistischen Gründen sowie ihrer Überlieferung nach zweifellos unecht (NBA VII/1, KB, S. 11): Sie liegt in einer Stimmenabschrift des Bach-Schülers Christian Friedrich Penzel von 1753 unter dem Namen *Bach* (ohne Vornamen) vor. Zu denken wäre hier eher an die Autorschaft eines Bach-Sohnes – etwa Wilhelm Friedemanns, wie vor Hans Grüß vorgeschlagen – oder eines anderen Familienmitglieds aus der Generation nach Johann Sebastian Bach. Jedenfalls scheint Penzel das Werk durch Wilhelm Friedemann Bach erhalten zu haben (⟶ S. 87f.).

Bereits Albert Schweitzer (1908, S. 373) ließ offen, ob Bachs Orchestersuiten wirklich in Köthen oder eher in Leipzig entstanden. Die Ungewißheit über die Datierung der Werke wuchs noch mehr, als die Handschriften-Untersuchungen innerhalb der Bach-Forschung seit den 60er Jahren des 20. Jahrhunderts ergaben, daß die ältesten Originalquellen der Ouvertüren 1–3 BWV 1066-1068 tatsächlich aus Bachs Leipziger Amtszeit stammen; von der Ouvertüre 4 BWV 1069 sind ohnehin nur solche Abschriften erhalten, die keinen direkten Aufschluß über die Entstehungszeit der Komposition vermitteln. Allerdings wurde der Eröffnungssatz des Werkes zum Eingangschor der Kantate BWV 110 *Unser Mund sei voll Lachens* umgearbeitet, deren Uraufführung am ersten Weihnachtstag des Jahres 1725 in Leipzig stattfand. Die Ouvertüre 4 muß damals bereits fertig gestellt gewesen sein.

Diese Quellensituation veranlaßte Christoph Wolff 1985 dazu, Bachs Orchestersuiten als Leipziger Werke zu betrachten und wie folgt zu datieren: BWV 1066 – »vor 1725«, BWV 1068 – »un-

Die Entstehungsgeschichte der Ouvertüre 1 C-Dur

1731«, BWV 1069 – »1729–1741« und BWV 1067 – »1738/39« (Wolff u.a. 1993, S. 181 und 253). Im nachhinein korrigierte er die Entstehung der Orchestersuite BWV 1069 angesichts der Satzübernahme in die Kantate BWV 110 auf »spätestens 1725« (Wolff 1997, S. 30). Dieser Einordnung widersprach Martin Geck (1994, S. 20ff.), indem er eine erste Niederschrift der Ouvertüren 1, 3 und 4 nach wie vor auch in Bachs Köthener Jahren für möglich hielt, zumal für kein einziges der Werke eine autographe oder gar eine Kompositionspartitur überliefert ist, aus der weitere Erkenntnisse zu gewinnen wären. Konrad Küster (1999, S. 932) meinte neuerdings, »zwei der Kompositionen« (BWV 1066 und 1069) seien »höchstwahrscheinlich Köthener Ursprungs«. Letztlich aber stützen sich alle genannten Datierungsversuche auf bloße Vermutungen; geklärt wurde die Entstehungszeit von Bachs Orchestersuiten bislang nicht.

Die ältesten Quellen der Werke sind Stimmenabschriften, deren Anfertigung offenbar mit Aufführungen dieser Musik verbunden war. Sie entstanden sämtlich in Leipzig:

Ouverture 1 C-Dur BWV 1066	Abschrift von den (z.T. ehemaligen) Thomasschülern C. G. Gerlach, J. C. Köpping, »Anonymus Ip« und C. G. Meißner (Schulze 1978)	Winter 1724/25
Ouverture 2 h-Moll BWV 1067	Abschrift J. S. Bachs und von 4 anonymen Kopisten	1738/39
Ouverture 3 D-Dur BWV 1068	Abschrift J. S. Bachs, C. P. E. Bachs, J. L. Krebs' und eines anonymen Kopisten	1730/31, 1734–1738
Ouverture 4 D-Dur BWV 1069	Abschrift eines anonymen Kopisten, ehemals im Besitz der Thomasschule Leipzig	vor 1750

Wie sich im Fall von Bachs Konzertkompositionen zeigte, sagen solche Daten nichts über die eigentliche Entstehung der Werke aus, sondern lassen im Fall der Ouvertüren 1–3 nur Aufführungstermine – womöglich unter Bachs Leitung – erahnen. Ihnen muß die Komposition oder Revision der Suiten vorausgegangen sein. Eine detailliertere Betrachtung der Quellenlage liefert allerdings bemerkenswerte Anhaltspunkte für präzisere Datierungen:

♦ **BWV 1066:** Analog zu dem von Christian Gottlob Meißner auf der Cembalostimme eingetragenen Titel *OUVERTURE à 2 Hautbois. 2 Violini Viola Fagotto. con Cembalo* besteht der Stimmensatz aus sieben Einzelstimmen, mit denen sich durchaus eine vollständige Aufführung des Werkes realisieren ließ – insbesondere dann, wenn das Cembalo sowohl Generalbaß- als auch Kontrabaß-Funktion ausübt (⟶ S. 398). Hätte Bach um 1724/25 die Herstellung eines kompletten Stimmensatzes veranlaßt, würde dies bedeuten, daß die Komposition entweder kurz zuvor abgeschlossen war oder nur in Partitur vorlag, da die Stimmen in Köthen verblieben. Durch die Praxis eines ehemaligen Dienstherrn Bachs, Herzog Ernst August von Sachsen-Weimar, ist belegt, daß ein Hofmusiker nach Austritt aus der Kapelle die für diese geschaffenen Werke – wenigstens in einfacher Ausführung, also als Partitur oder Stimmensatz – zurückzulassen hatte (Lidke 1953, S. 109). Demnach könnte die *Ouverture* 1 sowohl in Köthen als auch in Bachs erstem Leipziger Amtsjahr komponiert worden sein.

Joshua Rifkin (1997, S. 59ff.) zeigte jedoch, daß der Stimmensatz von 1724/25 nicht für Bachs eigenen Bedarf erstellt, sondern sogar nach Stimmen aus dessen Besitz angefertigt wurde. Dies ergibt sich aus der unter erhaltenen Bach-Quellen singulären Papiersorte, daraus, daß Carl Gotthelf Gerlach für Bach keinerlei sonstige Kopieraufgaben erledigt zu haben scheint, und aus der Tatsache, daß die drei übrigen Schreiber im Bachschen Haushalt praktisch nur Stimmdubletten

Die Entstehungsgeschichte der Ouvertüre 2 h-Moll

von Vokalmusik nach bereits vorhandenem Stimmenmaterial ausführten. Sie gehörten also zu den weniger erfahrenen Mitarbeitern des Komponisten, weshalb es unglaubwürdig erscheint, daß gerade sie – in eigener Verantwortung und ohne Korrektur durch Bach – in der Lage gewesen wären, einen weitgehend fehlerfreien Stimmensatz herzustellen und zudem Verzierungen zu ergänzen, die einen spielfreudigen, routinierten Musiker erkennen lassen. Vermutlich waren diese Stimmen für das Collegium musicum von Bachs Leipziger Kollegen Balthasar Schott, vielleicht für Aufführungen Gerlachs (der ja später Bachs Collegium musicum leitete; ⟶ S. 49) oder für einen anderen Anlaß bestimmt. Wenn Bach aber bereits im Winter 1724/25 einen eigenen Stimmensatz der Ouvertüre besaß, muß das Werk früher, wenn auch nicht unbedingt Jahre zuvor entstanden sein.

♦ **BWV 1067:** Von Bach selbst stammen die Stimmen *Traversiere:* und *Viola:*, die übrigen, von vier verschiedenen Kopisten angefertigt, wurden von ihm (ebenfalls um 1738/39) durchkorrigiert und bezeichnet. Auch dieser Stimmensatz ist für eine Aufführung hinreichend, so daß ein weiteres Mal vermutet werden kann, daß die Entstehung des Werkes bei Herstellung der Stimmen nicht lange zurücklag. Hingegen gelangte die autographe *Viola:*-Stimme erst zwischen 1743 und 1746 zu Papier, offenbar um eine frühere zu ersetzen, wohl für eine oder mehrere Wiederaufführungen der Ouvertüre (Kobayashi 1988, S. 459).

Vergleicht man die Stimmen von Bachs Kopisten mit dem obenerwähnten Stimmensatz der Orchestersuite BWV 1066, ergibt sich nun eine ganz erstaunliche Fülle von Schreibfehlern, die meist von Bach selbst verbessert wurden und im Kritischen Bericht der NBA (VII/1) detailliert ausgewiesen sind. Genau besehen handelt es sich dabei um diverse Lesartenunterschiede, vor allem aber um falsche Akzidentien und zahlreiche Noten, die zunächst um einen Ganzton zu tief, gelegentlich auch einen Ton zu hoch notiert wurden. Sie beweisen, daß Bachs Mitarbeiter beim Abschreiben eine Vorlage in a-Moll transponierten und dabei entsprechende Unsicherheiten offenbarten. Da freilich nichts darauf hindeutet, daß sich die vier Kopisten je im Notensystem irrten, könnten sie nach vorhandenen Stimmen und nicht nach einer Partitur gearbeitet haben. Die von Bach angefertigten Stimmen sind frei von solchen Versehen, weshalb der Schluß naheliegt, daß ihm selbst eine Version in h-Moll zur Verfügung stand. Sie lag offenbar bereits um 1738/39 in Gestalt einer Traversflötenstimme, Skizze oder Partitur vor.

Eine a-Moll-Fassung der h-Moll-Suite ist auf der in Bachs Œuvre verlangten Traversflöte seiner Zeit allerdings nicht spielbar, weil sie regelmäßig deren tiefsten Ton d' um einen Ganzton unterschritte; auch ergeben sich aus dem erhaltenen Notentext keinerlei überzeugende Gelegenheiten die Stimmführung der Flötenpartie zur Vermeidung des Tons c' um eine Oktave hochzutransponieren (man vergleiche einmal die Takte 11, 86ff. und 116f. des Einleitungssatzes). Ohnehin bewegt sich die Stimme eher innerhalb der Mittellage einer Traversflöte, in a-Moll läge sie mitunter ungewöhnlich tief. Auch die barocke Oboe, das typische Holzblasinstrument jenes Registers, kommt für eine a-Moll-Version nicht in Frage: Der in T. 115 ganz unvermeidliche Ton cis' (a-Moll-Fassung der *Ouverture*) und die Noten e''' bzw. h und a in der *Polonoise* (T. 5, 7 und 12) sind auf auch diesem Instrument nicht greifbar. Als konzertantes Melodieinstrument jener Epoche erscheint allein die Violine ausgesprochen idiomatisch: Sie verfügte über den notwendigen Ambitus und erreichte im gesamten Werk einen Tonumfang von a bis d''' (Violine 1 »in ripieno«: g–d''') – vorausgesetzt, man macht die Oktavierung im zweiten Teil der *Polonoise* rückgängig und gleicht sie dem Stimmverlauf der Violine 1 an.

Die Entstehungsgeschichte der Ouvertüre 2 h-Moll

So schwer es zunächst auch fällt, die h-Moll-Suite nicht als virtuoses Originalwerk für die Traversflöte zu betrachten, so nachvollziehbar erscheint eine ursprüngliche Streicherfassung; denn für deren Ausführung spricht noch eine ganze Reihe weiterer Indizien:

Allein unsere Hörgewohnheiten können darüber hinwegtäuschen, daß Bach die Figuration der ausgedehnten Soli im Mittelteil des Einleitungssatzes und im *Double* der *Polonoise* kaum je mit Blick auf Atemgelegenheiten des Flötisten erdachte. Atemtechnisch sind diese Sätze eine Herausforderung, grifftechnisch fällt die Komposition jedoch keineswegs sonderlich anspruchsvoll aus (vergleiche dagegen die nicht gerade virtuosen Traverso-Partien der wohl ebenfalls um 1738 niedergeschriebenen *Missa* A-Dur BWV 234). Komponierte Bach indes für einen »Violino concertato«, hätte er tatsächlich keine Rücksichten auf solche Belange nehmen müssen. Selbst die zum »Durchatmen« fast unerläßliche Pause von fast sechs Takten (T. 127–133) im Mittelteil der *Ouverture* hätte von der Solovioline im Unisono mit der Stimme des *Violino 1:* gefüllt werden können.

Die komplexen Sequenzketten in der Flötenstimme erscheinen – nach a-Moll transponiert – in Wirklichkeit als typische Violinfiguren, die auf organische Bogenführung (*Ouverture*: T. 60ff., 94ff.; Bourée *2de*; *Double*; *Battinerie*: T. 12ff.) und leere Saiten der Geige (*Ouverture*: T. 60ff., 124ff., 151ff.; Bourée *2de*, T. 1ff.; *Double,* T. 1ff.; *Battinerie*: T. 12ff.) geradezu ausgerichtet sind. Letzteres gilt auch für die Violine 1 (*Ouverture*: T. 151ff., 186ff.), die Violine 2 (*Ouverture*: T. 189ff.), die Viola (*Rondeaux*: T. 8ff.) und vor allem für die Baß-Streichinstrumente (*Ouverture*: T. 140ff.; *Bourée 1 alternativement,* T. 2ff., 12ff.; *Battinerie*: T. 33ff.). Insbesondere Passagen wie im *Menuet* (T. 16 und 20) und die Continuostimme der *Battinerie,* die in der h-Moll-Version auf Violoncello und Violone klanglich heikel und spieltechnisch äußerst diffizil ausfallen, werden durch die Einbeziehung leerer Saiten, oftmals auf dem Taktschwerpunkt, musikalisch verständlich.

Auffallend ist die insgesamt hohe Lage der Baßstimme, die in h-Moll nie unter den Ton D reicht; die Verwendung von Cis als Kadenzbaß zur Dominante hätte immerhin nahegelegen. Hingegen ist der gesamte Streichersatz, ausgenommen einen wohl nachträglich veränderten Ton,[1] notengetreu in a-Moll wiederzugeben. Um so mehr mag es verwundern, daß sich Bach gezwungen sah, die Flötenstimme in der h-Moll-Fassung der *Polonoise* in die Oberoktave zu legen. Erst recht als nachträgliche Lösung gibt sich jedoch die Einfügung des Tons ais' statt des zu erwartenden cis' in T. 4/1 des *Double* zu erkennen. Die beiden erhaltenen Abschriften des Bach-Schülers Christian Friedrich Penzel (ca. 1755/1760), eine davon offenbar nach einer autographen Partitur des Komponisten angefertigt (NBA VII/1, KB, S. 39), bieten hier ein cis" und lassen somit die ursprüngliche Notation durchscheinen. Vermutlich wurde die melodisch überzeugendere Alternative ais' des Stimmenautographs von 1738/39 erst im Anschluß an die Fertigstellung von Penzels Vorlage gewählt. Auf der Violine wären beide Problemstellen, auch in Transposition nach a-Moll, selbstredend in Originallage bzw. in konsequenter Stimmführung zu realisieren; hier könnte die Wiederholung zum ersten Teil des *Double* sogar erwartungsgemäß mit dem Ton h (nun a) beginnen.

Gemessen an Georg Philipp Telemanns Orchestersuiten für ein Holzblasinstrument und Streicher (⟶ S. 254), die für fast jeden Satz repräsentative Soli enthalten, mutet der solistische Habitus der Flötenpartie innerhalb der h-Moll-Suite eher bescheiden an: Ausgedehnte Soli treten nur im Mittelteil der *Ouverture,* in Bourée *2de,* im *Double* und in der *Battinerie* hervor. Die übrigen Sätze führen die Traversflöte, abgesehen von wenigen Vorhalt- und Triller-Zusätzen, im Unisono mit der Violine 1 – ebenso wie Johann Bernhard Bach den *Violino concertato* in seiner von Bach eigenhändig abgeschriebenen *Ouverture* g-Moll (Beißwenger 1992, S. 234f.). Von einer »Concertouverture«, wie Johann Adolph Scheibe (1745, S. 672) diese Gattung bezeichnete, hätte man zumindest erwarten können, daß dem Solo-Instrument »die lebhafte und natürliche Zergliederung der Hauptaccorde der Harmonie, und die muntern, und als von ungefehr eingeflossenen Modulationen der concertirenden Stimmen« zukommen, »welche den Concertouvertüren eine wahre Schönheit, und ein gehöriges Feuer geben«. Eine Mittelstellung zwischen Tutti- und Solorolle entsprechend der h-Moll-Suite kennen wir aus Bachs Orchesterwerk nur für Violine und Oboe; selbst die musikalisch teilweise noch deutlicher untergeordneten Traversflötenpartien des »Tripelkonzerts« BWV 1044 und des »Brandenburgischen Konzerts 5« BWV 1050 sind von der Tutti-Verstärkung weitgehend entbunden. Umgekehrt nimmt in beiden Konzerten und auch im »Brandenburgischen Konzert 1« BWV 1046 die solistische Violinstimme genau jenen Platz ein, den die Traversflöte in der h-Moll-Suite besetzt. Dies gilt ebenfalls für die ambivalente Funktion der Violine 1 in *Ouvertüre* und *Air* der Orchestersuite 3 BWV 1068, deren Partie im Einleitungssatz übrigens zahlreiche formale und figurative Ähnlichkeiten zur zweiten Orchestersuite aufweist, aber spieltechnisch wesentlich anspruchsvoller ausfällt als die Solostimme der a-Moll-Fassung. Der sich aufdrängende Schluß, auch deren Stimme sei anfangs in jene der Violine 1 integriert gewesen, findet im Notenbild der h-Moll-Suite allerdings keine satztechnische Entsprechung. Vielmehr ist davon auszugehen, daß der Konzertmeister innerhalb der ersten Version wiederholt aus der Ripieno-Gruppe der ersten Violine hervortrat und sich von dieser in Bassettlage begleiten ließ. So gesehen dürfte er auch in den Takten 5–10 und 28–32 der *Battinerie* den *Violino 1:* verstärkt haben, während die offensichtlich aus Gründen der in raschem Tempo wenig prägnanten Ansprache des Instruments geradezu trompetenartig vereinfachte Traversflöten-Stimme hier alles andere als originäres Gedankengut zu liefern scheint.[2]

Daß Bach eine a-Moll-Fassung für Violine nach h-Moll transponierte und für Flöte bearbeitete, leuchtet ein, wenn man bedenkt, daß er innerhalb kürzerer Frist Literatur benötigte, um einen zwar fähigen, wohl aber nicht außerordentlich virtuosen Spieler zu präsentieren und zugleich ein vorhandenes Werk von bemerkenswerter kompositorischer Qualität in neues Licht zu rücken. Diese Praxis des Komponisten kennen wir beispielsweise durch die ebenfalls um 1738 entstandene Einrichtung der Konzerte BWV 1052–1059 für ein Cembalo und Streicher. Der Beginn dieser Umgestaltungen ist schon allein durch die erneute Übernahme der Leitung seines ehemaligen Collegium musicum nach mehr als zweijähriger Pause im Oktober 1739 erklärbar. Möglicherweise arbeitete Bach an einer Partitur der h-Moll-Suite, während er seine Schreiber die Stimmen der Version a-Moll transponieren ließ, die er eigenhändig revidierte und schließlich um eine *Traversiere:*-Partie ergänzte. Dadurch wäre verständlich, daß Christian Friedrich Penzels Abschriften sowohl frühere als auch spätere Lesarten als der Originalstimmensatz und Alternativen für die Ablösung von Flöte und Violine 1 enthalten (NBA VII/1, KB, S. 45f.). Deren Varianten gingen dann nicht mehr oder noch nicht in die Traversflöten-Stimme ein, weil Bachs Partiturrevision – entsprechend jener der Cembalokonzerte – einen mehrschichtigen Prozeß umfaßte, die Stimme jedoch bereits fertiggestellt war. Die eigenhändige Herstellung der *Viola:*-Partie zwischen 1743 und 1746 mag für eine oder einige Wiederaufführungen eine 1739 noch vorhandene ersetzt haben, die verlorengegangen, beschädigt oder von gravierenden Transponierversehen und entsprechenden Korrekturen entstellt war. Die ursprüngliche Fassung der h-Moll-Suite aber lag in jedem Fall vor 1739 vor.

Die Entstehungsgeschichte der Ouvertüre 3 D-Dur

♦ **BWV 1068:** Von den insgesamt zehn in einem einzigen Satz vereinigten Stimmen können nur drei als sog. Originalstimmen Bachscher Aufführungen gelten. Sie wurden von Bach und seinem Schüler Johann Ludwig Krebs (Violine 1 und Continuo) sowie von Krebs und C. P. E. Bach (Violine 2) um 1730/31 in Leipzig geschrieben. Von Krebs' Hand stammen in den beiden erstgenannten Stimmen die Sätze *Ouverture, Air, Gavotte* und *2de* (Gavotte), von Bach *Bourée* und *Gigue*. In die Stimme der Violine 2 trug Krebs nur die Satzbezeichnung, Schlüssel und Vorzeichen auf der ersten Seite ein, das Übrige wurde von C. P. E. Bach ausgeführt. Vermutlich sind alle drei Stimmen von Bach selbst durchkorrigiert, die verbleibenden sieben erstellte ein anonymer Schreiber von bemerkenswerter Genauigkeit, wahrscheinlich ein Berufskopist, der für C. P. E. Bach während dessen Studienzeit von 1734 bis 1738 in Frankfurt an der Oder wiederholt tätig war (Wollny 1996 I, S. 7ff.).

Joshua Rifkin (1997, S. 172ff.) widersprach unlängst der von der NBA (VII/1, KB, S. 58f.) verbreiteten These, es handle sich bei den Leipziger Stimmen nur um Dubletten. Seine Ansicht stützt sich vor allem auf die Beobachtung, daß zu keinem einzigen Orchesterwerk Bachs originale Streicher-Dubletten nachweisbar sind und daß Bach, Krebs und C. P. E. Bach gewöhnlich Hauptstimmen und keine Dubletten anfertigten. Offensichtlich hatte Bach seinem Sohn eine Vorlage nach Frankfurt an der Oder geliefert, die dieser kopieren ließ, was freilich nicht erklärt, weshalb in C. P. E. Bachs Stimmensatz auch Leipziger Stimmen Eingang fanden. Weiterhin legte Rifkin dar, daß sowohl die Trompeten- und Pauken- als auch die Oboen-Stimmen in die eigentliche, von den Streichern samt Continuo gebildete musikalische Substanz des Werkes nicht integriert sind: Trompeten und Pauken ergänzen den Streichersatz durch meist homophone Harmoniestimmen, gelegentlich sogar im Quasi-Unisono mit den Streichinstrumenten; in den beiden *Gavotte*-Sätzen erklingen zudem kurze Einwürfe der ersten Trompete. Die beiden Oboenpartien werden mit jenen der ersten oder von beiden Violinen colla parte geführt, nur im Mittelteil der *Ouverture* (T. 50–56 und 81–87) übernehmen sie eine allerdings klanglich hervortretende Harmonie-, in den Takten 77–80 auch eine Rhythmusfunktion. Eine Fagottstimme oder auch nur die Mitwirkung dieses Instruments sind nicht belegt (aber durchaus vorstellbar). Daraus schloß Rifkin, daß Trompeten, Pauken und Oboen spätere Zusätze darstellen, so daß die Orchestersuite vor 1731 eine reine Streicherkomposition gewesen wäre. Schließlich äußerte er Zweifel darüber, ob diese Bläserstimmen von Bach selbst stammen oder aber nur zu seinen Lebzeiten entstanden (Rifkin 1997, S. 172, und 1999, S. 336ff.).

Rifkins Hypothese ist nicht nur musikalisch überzeugend, sondern anhand des Kritischen Berichts der NBA (VII/1) tatsächlich belegbar:

Innerhalb des erhaltenen Stimmensatzes zeigen ausgerechnet die beiden von Bach selbst beendeten und korrigierten Partien von *Violino. 1* und *Continuo* die meisten Schreibfehler; nur wenige offenbart die von C. P. E. Bach angelegte *Violino. 2*-Stimme, fast keine sind in den übrigen Stimmen des Frankfurter Kopisten erkennbar. Daß Dubletten, von Hauptschreibern hergestellt, zahlreiche Korrekturen enthalten, ist sehr ungewöhnlich, zumal diese nicht nur die Verbesserung einzelner Schreibfehler, sondern meist die Veränderung von Tönen und Notengruppen betreffen, die im Kontext einer Streicherfassung auch in ursprünglicher Gestalt kompositionstechnisch überzeugen (jedoch in den Notentext der NBA keinen Eingang fanden).

Schließlich weicht die erste Violinstimme gegenüber den Frankfurter Oboenstimmen an drei wesentlichen Stellen (*Ouverture*, T. 5 und 18, *Bourée*, T. 12) ab. Da diese melodischen Differenzen mit dem gesamten Bläsersatz kollidieren, kann dieser erst nach Bestehen der ursprünglichen Vio-

Die Entstehungsgeschichte der Ouvertüre 3 D-Dur

linpartie hinzugekommen sein. D.h. Bachs dritte Orchestersuite, die durch ihren zweiten Satz *Air* ebenso wie durch die Insignien ihres festlichen Trompetenklangs seit dem 19. Jahrhundert zu seinen populärsten Werken gehört, war tatsächlich zunächst ein Werk für Streichorchester und Continuo! Auf diese Weise erklärt sich die Besetzung der *Air,* die ohne jegliche Bläser auskommt, weil deren Verwendung offenbar mit dem musikalischen Charakter des Satzes unvereinbar war.

Weitere Einzelheiten über die Entstehungsgeschichte der Komposition lassen sich einer Analyse besagter Korrekturen entnehmen. Im Mittelteil der *Ouverture* wurden, von Bach oder Krebs selbst, zwei wesentliche Änderungen des Notentextes für die erste Violine ausgeführt: Die fünftletzte Note in T. 51 lautete erst e" und wurde dann zu dis" verbessert. Vermutlich enthielt auch das entsprechende Sequenzglied innerhalb dieser Kette (T. 54) anfangs die für Bach charakteristische Sekundfortschreitung als Quartvorhalt, der in eine Terz aufgelöst wird. Die Korrektur in T. 51 war durch den Halteton dis" der ersten Oboe erforderlich, durch den eine Dissonanz mit der ursprünglichen Note e" in der Violine entsteht. Entsprechende Korrekturen an den Parallelstellen in T. 54, 82 und 85 fehlen in Krebs' Stimmenkopie. Daß es sich in T. 51 aber nicht um einen simplen Schreibfehler handelt, beweist eine Partiturabschrift des Werkes von Bachs Schüler Christian Friedrich Penzel, die unabhängig von unserer Quelle um 1755 entstand. Sie wird später noch zu diskutieren sein. Auch Penzel notierte anfangs e" und korrigierte zu dis"!

Der Einsatz in den Takten 50/51 ist die erste Stelle innerhalb von Bachs *Ouverture,* an der die Oboen unabhängig von den Streichern verlaufen; in Gestalt liegender Töne dienen sie weniger der harmonischen Verstärkung als der Klangfärbung (vgl. die expressiven Intervalle der Oboenstimmen in T. 51, 53 und 54f.). Daher verbot sich in T. 51 eine Unisono-Führung der ersten Oboe mit der Violine, vielmehr war die Violinstimme zu korrigieren. Der klangliche Reiz des dissonanten Oboeneinsatzes in T. 50 ist maßgeblich an die versetzt auf fis' eintretenden Trompeten gebunden; ohne diese ausgesprochen koloristische Instrumentierung klänge der Ton e" der ersten Oboe hier falsch.

Dieser Befund besagt dreierlei: a) Vor der Existenz der Bläserstimmen bestand eine Fassung ohne diese, b) Trompeten/Pauken einerseits und Oboen andererseits traten gleichzeitig zur Streicherversion des Werkes hinzu, und c) Bach und Krebs rechneten bei der Anfertigung ihrer Violinstimme um 1731 mit Bläserstimmen, die bereits vorhanden waren. Den gleichen Vorgang läßt auch eine weitere Korrektur der ersten Violinstimme erahnen: Dort lauteten die letzten fünf Noten ursprünglich cis"–e"–cis"–e"–cis", verändert zu d"–cis"–h'–a'–g' (wie in der NBA). Beide Fassungen sind leicht erklärbar: Die erste als jene der ehemaligen Streicherversion, die zweite wurde um 1731 notwendig, weil durch den Saitenwechsel der Violine zwischen den Takten 55 und 56 eine – musikalisch durchaus willkommene – Verzögerung entstand. Nunmehr aber sorgten die hinzugekommenen Trompeten und Pauken mit ihren Achtelmotiven für rhythmischen »Drive«, der das Zusammenspiel aller Instrumente gefährdet hätte, so daß die unvermeidliche Verzögerung durch die stufenweise Fortschreitung der Sechzehntelmotorik zu mildern war.

Besagte Korrekturen setzen einen erfahrenen Orchesterleiter voraus und demonstrieren einmal mehr, wie präzise Bach auf praktische Probleme einging und zugleich nach musikalisch plausibler Lösungen suchte! Der höchstens 18jährige Thomasschüler Krebs wäre hierzu kaum in der Lage gewesen. Zudem wird klar, daß die Bläserstimmen tatsächlich von Bach stammen. Zwar enthalten die Trompetenpartien musikalisch durchaus schwache Takte, beispielsweise zu Beginn beider Gavottes, wo sie lediglich bestehende Streicherstimmen verdoppeln. Ihnen stehen jedoch für Bach geradezu typische Ansätze von Scheinpolyphonie (*Ouverture,* T. 39ff., 50ff., 66ff. u.a.) und rhythmischer wie melodischer Kontrapunktik (Gavotte *2de,* T. 10ff., 16ff., *Bourée*) sowie vor allem ein durchdachtes dramaturgisches Instrumentierungskonzept (*Ouverture,* T. 1–5, 15f., 30ff., 50ff. etc.) entgegen. Welcher Mitarbeiter Bachs hätte dies leisten können?

Wie erklären sich die oben erwähnten Differenzen des Notentextes von Oboen und Violine 1? Ein ganz ähnlicher Fall, nunmehr von Bach selbst in die Violinstimme eingetragen, liefert die Lösung des Rätsels: In T. 12 der *Bourée* lauteten die ersten vier Töne zunächst fis"–g"–a"–fis", was angesichts des Stimmverlaufs der zweiten Takthälfte musikalisch überzeugt, jedoch eine »leere« Quinte auf der zweiten Zählzeit hervorruft. In der Fassung mit Streichern stört diese den harmonischen Satz nicht, verstärkt durch das Unisono von erster Trompete und Oboen aber wurde die gleiche Stelle korrekturbedürftig, so daß Bach jene Töne noch in der Stimme in fis"–g"–fis"–e" änderte. Diese Lesart präsentieren die Frankfurter Bläserstimmen von 1734–1738. Das bedeutet, daß Krebs und Bach nach einer Partitur arbeiteten, die nur die vierstimmige Streicherfassung enthielt. Daß ihre Vorlage eine Stimme und keine Partitur war, ist deshalb unwahrscheinlich (aber nicht sicher), weil sie ja damals gerade eine Stimme anfertigten.

In seine vorhandene Streicherpartitur dürfte Bach die wesentlichen Korrekturen eingetragen haben, die durch die Ergänzung der Bläser anfielen, wobei er manche Änderungen vermutlich zu notieren vergaß oder erst später ausführte. Dies zeigen die Abweichungen gegenüber den Bläserstimmen in T. 5 der *Ouverture* und T. 12 der *Bourée.* Die Stimmführungskorrektur in Takt 5 war nämlich erforderlich geworden, um die zwischen Violine 1 und allen drei Trompetenstimmen entstehende Oktavparallele zu kaschieren; dementsprechend fügte Bach in T. 18 für die Oboen eine 32stel-Tirade ein (die übrigens gleichzeitig mit dem in allen Quellen überlieferten Verlauf der ersten Violinstimme erklingen könnte).

Die Korrekturen in seiner Partitur dürfte Bach – wie in zahlreichen anderen Fällen und auch in den Stimmen von ca. 1731 – in Tabulaturschrift (Tonbuchstaben) ausgeführt haben. Daher waren sie von einem Kopisten, vorausgesetzt er hatte eine engbeschriebene Partitur vor Augen, leichter zu übersehen als Veränderungen in Notenform. Diesen Vorgang legen mehrere Verbesserungen einzelner Töne in der ersten Violin-Stimme (*Ouverture,* T. 31, 60, 92, *Gigue,* T. 60 etc.) und in der Continuopartie (*Ouverture,* T. 64, *Air,* T. 6, *Gigue,* Auftakt) nahe, die ebenfalls nicht durch bloße Schreibfehler zu rechtfertigen sind. Die Trompeten-, Pauken- und Oboenstimmen aber hatte Bach in eine separate Teilpartitur komponiert, die in die Partitur der Streicherfassung eingelegt wurde, was ebenfalls durch Parallelfälle überliefert ist (Rifkin 1999, S. 335). Nur dadurch, daß die Bläserstimmen mit jenen der Streicher nicht in eine einzige Partitur integriert waren, läßt sich erklären, weshalb weder Bach noch Krebs offensichtliche Querstände zwischen Trompete 1 und Oboen einerseits und Violine 1 andererseits sofort erkannten. Die Partie der zweiten Violine scheint von entsprechenden Revisionen kaum betroffen gewesen zu sein, so daß die von C. P. E. Bach geschriebene Stimme keine signifikanten Korrekturen zeigt.

Bezeichnend ist schließlich, daß die Abweichungen zwischen Oboen und Violine 1 in T. 5 der *Ouverture* niemals verbessert wurden. Diese Feststellung spricht dafür, daß C. P. E. Bach das Werk nur in Streicherfassung oder – wie das Doppelkonzert BWV 1043 (⟶ S. 108) – überhaupt nicht aufführte und aus dem Stimmensatz (Rifkin 1997, S. 173), den ihm sein Vater zum Abschreiben nach Frankfurt an der Oder sandte, jene drei Leipziger Stimmen behielt, an deren Entstehung er beteiligt gewesen war. Da Bach 1729 die Leitung seines Leipziger Collegium musicum übernommen hatte und für dessen Aufführungen größere Mengen an Literatur benötigte – wodurch die repräsentative Bearbeitung der dritten Orchestersuite um 1731 nachvollziehbar wird –, ist kaum vorstellbar, daß er das Werk, nachdem er die Stimmen aus Frankfurt zurückerhalten hatte, nicht mehr aufgeführt und dabei den unüberhörbaren Fehler ausgerechnet in der Diskantpartie unkorrigiert gelassen haben soll. Womöglich hatte ihm Carl Philipp Emanuel als Gegenleistung drei der vier Streicherstimmen angesichts ihrer zahlreichen Korrekturen durch seinen Kopisten vor Ort ersetzt, sie zurückgegeben sowie die selbstgeschriebene Stimme der zweiten Violine behalten.

Die beiden um 1755 unabhängig voneinander durch Christian Friedrich Penzel angefertigten Abschriften des Werkes – eine Partitur und ein Stimmensatz – gehen offensichtlich auf jene Vorlage(n) zurück, die schon Bach, Krebs und C. P. E. Bach herangezogen hatten, da sie zusammengenommen (aber nicht jede für sich) neben zahlreichen Schreibfehlern fast alle der beschriebenen Korrekturen enthalten. Ebenso wie der etwa 18jährige Johann Ludwig Krebs um 1731 dürfte der um 1755 gleichaltrige Penzel Schwierigkeiten gehabt haben, die Korrekturen seiner Stammquelle zu entziffern. Diese wiederum bestand zumindest in einer Partitur (NBA VII/1, KB, S. 64f.), vielleicht aber auch in einem zusätzlichen Stimmensatz. Bekannt sind die beiden Handschriften Penzels heute jedoch durch ihre separate, im Anhang der NBA wiedergegebene *Violino Concertato*-Stimme, die sie über den vierstimmigen Streichersatz und die Bläser- und Paukenstimmen hinaus als einzige Quelle überliefern. Diese Partie stimmt mit der von Bach und Krebs geschriebenen der ersten Violine überein. Die Violine 1 führt Penzel während der konzertanten Episoden in der *Ouverture* zusammen mit der zweiten Violine und springt danach in die *Concertato*-Partie zurück. Die jeweiligen Übergänge sind jedoch so ungeschickt ausgeführt, daß sie nicht von Bach stammen können. Auch hätte Bach kaum eine Verdoppelung der zweiten Violine vorgesehen, sondern wohl eine separate Begleitung für die Violine 1 komponiert.

Der Forschung bereitet diese *Concertato*-Stimme seit Jahrzehnten erhebliche Schwierigkeiten, weil einerseits Penzel als ausgesprochen zuverlässiger und seriöser Schreiber gilt, andererseits eine solistische Besetzung der Episoden im Mittelteil der *Ouverture* eine musikalisch wünschenswerte Lösung beinhaltet: Die spieltechnischen Anforderungen fallen derart hoch aus, daß sie sich bei größerer Besetzung der Violingruppe und in entsprechendem Tempo (*viste* ♩) kaum absolut präzise bewältigen lassen. Erklärt man die Solostimme, einem Hinweis von Heinrich Besseler und Hans Grüß im Kritischen Bericht der NBA folgend, allerdings damit, daß Penzel in Bachs Partitur Vermerke für den Wechsel von »Solo«- und »Tutti«-Besetzung vorgefunden hatte, leuchtet die Ausgliederung als separate Stimme durch den Kopisten ein: Für den Violinsolisten hätte sich in der gesamten *Ouverture* keine Wendestelle gefunden, so daß eine Stimme mit angemessenem »Layout« erforderlich wurde, während in der Partie der Violine 1 mindestens zwei Wendegelegenheiten bestanden, weshalb bei Herstellung der Noten weniger Sorgfalt geboten war (siehe auch die *Violone*-Stimme des *Concerto* BWV 1055).

Die Einteilung in »Solo« und »Tutti« hätte Bach aufgrund praktischer Erfahrungen mit einer durch den Bläsersatz erforderlichen größeren Violinbesetzung im Anschluß an die Übersendung seiner Stimmen nach Frankfurt an der Oder vornehmen können; wohl daher fand sie in diesen keine Berücksichtigung. Ursprünglich mag das Werk nur für ein bis drei erste Geiger konzipiert worden sein – ausreichend für eine Version ohne Bläser, die vor 1731 bestanden haben muß.

♦ **BWV 1069**: Die Ansicht, daß auch die Trompeten- und Paukenpartien der Orchestersuite 4 nachträgliche Zusätze darstellen, äußerten bereits 1967 Heinrich Besseler und Hans Grüß im Kritischen Bericht der NBA (VII/1, S. 89ff.). Die letzten Beweise für die Richtigkeit ihrer Hypothese lieferte dieses Mal Joshua Rifkin (1999) selbst, indem er zeigte, daß die Trompeten- und Paukenstimmen tatsächlich erst während Bachs Arbeit am Eingangschor der erwähnten Kantate BWV 110 *Unser Mund sei voll Lachens* entstanden, welcher der Satz *Ouverture* zugrunde liegt. Die Uraufführung der Kantate fand am 25. Dezember 1725 statt, die autographe Kompositionspartitur ist erhalten. Nicht überliefert sind dagegen Quellen zur Orchestersuite aus Bachs privatem Besitz, weshalb eine Handschriftenuntersuchung wenig Aufschluß verspricht. Verfügbar sind ein Stimmensatz-Fragment, ehemals im Besitz der Leipziger Thomasschule, das offenbar noch zu Lebzeiten des Komponisten angefertigt wurde, sowie wieder je eine Partitur und ein Stimmensatz des Bach-Schülers Christian Friedrich Penzel (ca. 1755). Von ihnen ist bisher allein der Stimmensatz zugänglich.

Wie Rifkin dokumentierte, nahm Bach auch in diesem Fall nach Hinzufügen der Trompetenpartien Korrekturen in jenen von Oboen und Violinen zur Vermeidung von Satzfehlern vor, jedoch zunächst nur in der Kantate sowie in den Stimmen oder in der Partitur der Orchestersuite. Diese Feststellung setzt voraus, daß Bach selbst die Trompeten- und Paukenpartien auch zu den Sätzen *Bourée 1 alternativement*, *Gavotte* und *Rejouißance* ergänzte. Gegen seine Urheberschaft sprechen die relativ schlichte Faktur des Trompetensatzes und einige aufgrund der erweiterten Instrumentierung unkorrigiert gebliebene Stimmführungsversehen in Oboen und Violinen (*Rejouißance*, T. 33, 40, 45ff.). Beide Phänomene sind uns bereits durch die dritte Orchestersuite bekannt, deren Bläserpartien zweifellos von Bach stammen. Auch dort blieben mehrere Oktavparallelen unkorrigiert (*Ouverture*, T. 55f., 86 u.a.), und in einem Fall (T. 55f.) vergaß Bach sogar, den an der entsprechenden Stelle (T. 86f.) kaschierten Satzfehler zu verbessern. Diese Versehen freilich betreffen in beiden Orchestersuiten Parallelen zwischen Außen- und Mittelstimmen, die unter konventionellen Konzertbedingungen kaum hörbar sind. Daraus wird man allenfalls schließen können, daß Bach unter einigem Zeitdruck und deshalb mit geringerer Sorgfalt arbeitete, weshalb auch er nicht im Stande war, Fehler zu vermeiden. Immerhin wurden die Trompeten- und Paukenpartien der vierten Orchestersuite, wie Rifkin demonstrierte, ebenfalls in einer separaten Teilpartitur oder sogar nur in Stimmen notiert und nicht in eine Gesamtpartitur integriert. Die eigentliche Partitur umfaßte offensichtlich die bis 1725 entstandene ältere Fassung für 3 Oboen, Fagott, Streicher und Continuo – auch dies eine Übereinstimmung mit der Entstehungsgeschichte der späteren Version von Orchestersuite 3. Solange keine gegenteiligen Beweise vorliegen, wird man also – entgegen Rifkins Zweifeln – den Trompeten- und Paukenstimmen der vierten Orchestersuite die Authentizität nicht absprechen können.

Weitere Hinweise auf eine frühere Fassung dieser Orchestersuite ergeben sich schließlich aus dem Fehlen der Sätze *Menuet 1* und *2* im Stimmensatz-Fragment der Thomasschule; sie sind allein durch den Stimmensatz Penzels überliefert, an dessen Ausführung übrigens auch sein ehemaliger Lehrer, der Oelsnitzer Kantor Johann Georg Nacke, beteiligt war. Möglicherweise waren beide Menuette in der ursprünglichen Fassung des Werkes noch nicht vorhanden, weshalb Bach sie (im Zuge der Revision?) wohl angesichts des gegenüber seinen anderen Orchestersuiten geringeren Gesamtumfangs nachkomponierte und in die bestehende Partitur einlegte. Diese könnte dem Schreiber des Fragments der Thomasschule unbekannt geblieben und nur Penzel zugänglich gewesen sein.

Bachs Orchestersuiten:
Die Entstehungsgeschichte ihrer Musik

Angesichts der vorangegangenen Untersuchungen steht fest, daß sämtliche vier Orchestersuiten in Versionen existierten, die sowohl in Köthen als auch in Leipzig zu Papier gelangt sein könnten. Von einer Leipziger Entstehung kann a priori also keine Rede sein, ebenso wenig von einer Köthener. Gewiß hätte Bach in Köthen allen Grund gehabt, Ouvertüren in einem Stil zu schaffen, den man im Deutschen den »französischen« und bald auch den »Telemannischen Geschmack« nannte (⟶ S. 58f.). Doch auch in Leipzig bestanden Gelegenheiten zur Aufführung von Ouvertüren – lange bevor Bach im Frühjahr 1729 die Leitung jenes Collegium musicum übernahm, das bald unter seinem Namen bekannt war: Bereits 1724 will sein damaliger Schüler Heinrich Nicolaus Gerber »manche vortrefliche Kirchenmusik und manches Conzert unter Bachs Direktion mit angehört« haben (Dok. III, Nr. 950). Vom 9. August 1723 gar datiert eine Leipziger Universitätsveranstaltung, zu der Bach »lateinische Oden componiret« (Dok. II, Nr. 156). Zu Beginn jeder konzertanten Musikaufführung wäre die Darbietung einer Ouvertüre vorstellbar, wie dies aus Johann Adolph Scheibes Ausführungen hervorgeht: »Man hat damit [mit Ouvertüren] alle Opern, Serenaten, und endlich auch alle musikalische Zusammenkünfte angefangen« (1745, S. 668).

Ein Argument gegen eine Leipziger Entstehung der Bläserfassungen der Orchestersuiten 3 und 4 brachte Martin Geck (1994, S. 22) in die Diskussion, indem er bezweifelte, daß Bach im Rahmen seines Collegium musicum tatsächlich Trompeten und Pauken einzusetzen in der Lage war. Ihrer freizügigen Verwendung standen die streng gehandhabten »Trompeter- und Pauker-Mandate« (⟶ S. 287 und 291) entgegen. Demgegenüber ist festzuhalten, daß in der Großen Leipziger Konzertgesellschaft seit 1746 mehrere Stadtpfeifer mitwirkten (⟶ S. 54), denen ja das Trompetespiel vorbehalten war; angesichts von Aufführungen zahlreicher weltlicher Kantaten mit Trompeten und/oder Hörnern, oft als Freiluftmusiken in Gottfried Zimmermanns »Café-Garten« (⟶ S. 51f.), wissen wir sogar, daß sich Bach im Bedarfsfall der Mitwirkung von Leipziger Stadtpfeifern sicher sein konnte. Als Vorspiel zu einer weltlichen Kantate mit Trompeten und Pauken, aber ohne einleitende *Sinfonia*, wären kaum andere Werke geeigneter gewesen als eben die Ouvertüren 3 und 4 in ihrer Fassung mit Blechbläsern. Eine weitere Verwendungsmöglichkeit von Orchestersuiten mit Trompeten hätte sich aus Bachs Amt als externer Hofkapellmeister in Köthen zwischen 1723 und 1729 und am Hof von Sachsen-Weißenfels von 1729 bis 1746 ergeben; Bachsche Aufführungen im Weißenfelser Schloß Neu-Augustsburg während seiner Leipziger Zeit reichen bis 1725 zurück. Gerade die Weißenfelser Hoftrompeter waren für herausragende Leistungen weithin berühmt (Ranft 1994, S. 103f.).

Neue Wege zur Datierung

Will man also Näheres zur Datierung von Bachs Orchestersuiten erfahren, erscheint wie im Falle der Gattung des Concerto ein Studium der Kompositionsgeschichte von Ouvertüren im deutschen Sprachraum unverzichtbar – eine Untersuchung der Entwicklung innerhalb der Rezeption französischer Stilelemente ebenso wie eine Analyse von Bachs Kompositionstechniken.

Neue Wege zur Datierung

Matthew Dirst (1997) wies am Beispiel der in einer früheren und einer revidierten Fassung erhaltenen *Ouverture nach Französischer Art* c-Moll BWV 831a/h-Moll BWV 831 für ein zweimanualiges Cembalo (*Clavier Übung* II, 1735) nach, wie Bach die Ausprägung des französischen Stils verstanden wissen wollte: als Aneignung der in der jeweiligen Periode vorherrschenden Aufführungspraxis. Diese Deutung des französischen Stils innerhalb des deutschen Sprachgebiets gründete sich auf eine langjährige Tradition; sie reicht mindestens bis zu Matthias Weckmanns sog. »Hintze-Manuskript« (Dresden, ca. 1653) zurück, das unter dem Titel *Franzosche Art Instrument Stücklein* überliefert ist (Rampe 1997, S. 76ff., und 1999 II, S. 748ff.). Schon damals beschränkte sich das Wesen französischer Stilübernahmen auf wenige, leicht zu fassende und daher imitierbare Elemente wie Ornamente und markante Rhythmen. Denn kaum ein deutscher Musiker war in der Lage, sich den in Wirklichkeit ausgesprochen komplexen französischen Vortragsstil in all seinen Nuancen während eines hierzu erforderlichen mehrjährigen Studiums in Paris anzueignen. Offenbar dieser Wissenslücke ist es zuzuschreiben, daß manche Persönlichkeiten wie Bachs älterer Bruder Johann Christoph oder Johann Peter Kellner ihre Abschriften von Werken Bachs und anderer mit zahllosen Ornamenten für fast jede zweite Note geradezu überluden, demonstrierte die Rezeption von Insignien französischer Hofkultur doch eine noble und zugleich fortschrittliche Gesinnung (Rampe 1999 I, S. 740). Von Bach selbst sind solche Extrembeispiele nicht bekannt, aber auch er war über das streng reglementierte System französischer Aufführungspraxis offenbar nur schlecht informiert, obwohl er mit dem flämischen Konzertmeister der Dresdner Hofkapelle, Jean-Baptiste Woulmyer (Volumier), in Kontakt stand und 1717 anläßlich seines Wettstreits in der kursächsischen Kapitale den vordem renommiertesten französischen Tastenspieler Louis Marchand persönlich gehört hatte (Breig 1998). Dies offenbart eine Bemerkung Jacob Adlungs (1758) über einen Besuch Bachs in Erfurt (vielleicht auf der Reise nach Kassel 1732): »als ich mit dem Kapellm. Bach bey seinem Hierseyn von dem [Wett-] Streit [mit Marchand] redete, [...] und ihm sagte, daß ich diese [Cembalo-] Sviten [von Marchand] hätte, so spielte er sie mir vor nach seiner [!] Art, das ist, sehr flüchtig [in sehr schnellem Tempo] und künstlich« (Dok. III, Nr. 696).

Nicht einmal Georg Philipp Telemann, der damals gewiß berühmteste Repräsentant französischer Ouvertüren im deutschen Raum, hatte eine Ausbildung im französischen Stil erhalten. Wie Bach war auch er auf das Studium von Kompositionen und gelegentliches Hören von Musikern aus Frankreich angewiesen, obwohl er die französische Sprache beherrschte (Reipsch 1998). Französischen Boden betrat Telemann erst 1737 für einen gut halbjährigen Aufenthalt in Paris. Dennoch blieb er das Vorbild für Bachs Orchestersuiten (——► S. 255), die sämtlich bis zu Telemanns Rückkehr nach Hamburg im Frühsommer 1738 entstanden sein müssen.

Dirst legte 1997 eine Stiluntersuchung von Bachs Ouvertürensätzen und insbesondere von deren Einleitungs- und Schlußteilen in Clavierwerken, in den Orchestersuiten und in Kantaten vor. Besagte Kompositionen lassen sich zwischen Advent 1714 (Eingangschor der Kantate BWV 61) und dem Jahr 1741 (*Variatio 16. Ouverture* der »Goldberg-Variationen« BWV 988) datieren. Er unterschied in diesen Ouvertürenteilen grundsätzlich folgende Figuren:

◆ punktierte Notenpaare zweier Notenwert-Kategorien (♩. ♪ und ♪. ♪ oder ♪. ♪♪),
◆ aufsteigende, seltener fallende 16tel- oder 32stel-Tiraden bzw. Gruppen von vier 16tel- oder acht 32stel-Noten,
◆ Auftaktnoten, die von einem ♪- zu einem ⅄ ♪-Rhythmus verkürzt erscheinen,
◆ Notengruppen von vier oder fünf Tönen im mathematischen Verhältnis 5:3, notiert in zwei Varianten:

Neue Wege zur Datierung

Die drei ersten Merkmale findet man in Bachs Ouvertüren-Kompositionen jeder Periode und ebenso in Werken Jean-Baptiste Lullys und seiner französischen Kollegen sowie Telemanns, Johann Bernhard Bachs, Christoph Graupners und Johann Friedrich Faschs. Die starke Differenzierung von Notenwert-Kategorien und Rhythmen repräsentiert sogar ein wesentliches Merkmal von Ouvertüreneinleitungen, von Allemanden, Couranten und Giguen französischer Komponisten zwischen Jacques Champion de Chambonnières und Bachs Generationsgenossen. Diese Differenzierung bis hin zur Kollision verschiedener Notenwert-Kategorien (beispielsweise ♩. ♪ gegen ♪. ♫) entwickelte sich vermutlich aus dem fünfstimmigen französischen Orchestersatz einerseits, in dem die Außenstimmen (Bläser/Violinen und Continuo) von den drei Mittelstimmen (Violen diverser Größen) abgesetzt werden sollten, und aus der Lauten- und Cembalomusik andererseits, in der das Zusammentreffen unterschiedlich kurzer Notenwerte ein wesentliches Mittel der Klanggestaltung bot (als »Arpeggio« oder »suspension« – also als verzögertes Eintreten eines Tons). Insofern erscheint es erstaunlich, daß die nicht nur in der Aufführungspraxis, sondern selbst in Gesamtausgaben des 20. Jahrhunderts verbreitete Vorstellung, hier wäre eine Angleichung im Sinne der »Überpunktierung« erforderlich, bis vor wenigen Jahren geradezu als sakrosankt galt. Dank der Forschungen Frederick Neumanns seit 1965 und inzwischen auch weiterer Autoren (siehe die Literaturangaben bei Dirst 1997) wissen wir, daß das »Überpunktierungs-Syndrom« seitens der Interpreten auf modernen Mißverständnissen beruht und daß keine einzige Quelle des 17. Jahrhunderts oder der Bach-Zeit, weder in französischer noch deutscher Sprache, dieses »Problem« auch nur thematisiert. Die Differenzierung, Angleichung und gegebenenfalls sogar Überpunktierung solcher Rhythmen war ausschließlich Sache des Komponisten, der seine Intentionen in der Notation festzulegen hatte. Diese ist für den Interpreten verbindlich.

Allein aufgrund besagter Mißverständnisse konnte in der Bach-Forschung jahrzehntelang darüber gerätselt werden, ob Bach mit den vor allem rhythmisch voneinander abweichenden Anfangs- und Schlußteilen der beiden Versionen seiner *Ouverture nach Französischer Art* BWV 831a/831 eine bestehende Aufführungspraxis oder eine Stilentwicklung festhielt. Problematisch wurde die Diskussion zusätzlich dadurch, daß die älteste Quelle der früheren Version in c-Moll, eine gemeinschaftliche Abschrift Anna Magdalena und Johann Sebastian Bachs, auf die Zeit zwischen 1727 und 1731 datierbar ist (NBA V/2, KB), die spätere Fassung in h-Moll aber schon 1735 im Druck erschien, so daß für eine Stilentwicklung nur wenige Jahre verblieben. Wie Matthew Dirst (1997) demonstrierte, sind es genau zwei rhythmische Elemente, die Bachs Revision auszeichnen: a) Er glich kurze Auftakte im Sinne der Überpunktierung an bestehende, noch kürzere Noten an; b) er verkürzte die meisten, jedoch nicht alle Gruppen von vier 16tel-Noten zu Rhythmen im mathematischen Verhältnis 5:3 dem obengenannten vierten Merkmal entsprechend. Solche 5:3-Rhythmen sind bereits in der früheren Fassung mehrfach vertreten, jedoch nicht so häufig wie in der späteren. Weiterhin stellte Dirst fest, daß dieses Rhythmusmodell von der *Ouverture* der D-Dur-*Partita* BWV 828 (1728) für Cembalo an in allen entsprechenden, sicher datierbaren Kompositionen Bachs auftritt, selbst wenn sie nur den Charakter einer Ouvertüre präsentieren wie die Choralbearbeitung *Wir glauben all an einen Gott* BWV 681 (*Clavier Übung* III, 1739) oder der *Contrapunctus 6 in Stylo Francese* aus der *Kunst der Fuge* BWV 1080 (nach 1740). Ein zeitlich benachbarter Parallelfall zur *Ouverture nach Französischer Art* besteht in der *Allemande* der Lautensuite g-Moll BWV 995 (1727–1731), in der Bach genau nach gleichem Muster den Rhythmus der Vorlage, der *Suite 5* c-Moll BWV 1011 für Violoncello solo, veränderte. In früheren Ouvertüren hingegen, beispielsweise in den Eingangschören der Kantaten BWV 61 *Nun komm, der Heiden Heiland* (1714) und BWV 119 *Preise, Jerusalem, den Herrn* (1723), findet man jenes Rhythmusmodell (noch) nicht.

Dirst (S. 39ff.) vermutete in dieser Figur ein Stilmerkmal der Dresdner Hofmusik, so daß seine Verwendung durch Bach dessen Emanzipation von französischen Vorbildern und Hinwendung zur kursächsischen Hauptstadt signalisiere. Geht man seinem Hinweis nach, stellt man freilich fest, daß noch zu Beginn der 1720er Jahre keinerlei Dresdner Kompositionen unter Verwendung dieses Rhythmusmodells bekannt sind. Dies gilt ebenso für Jan Dismas Zelenkas und Johann David Heinichens Werke wie auch für Telemanns, Graupners und Faschs Ouvertüren »pour Dresde« und selbst für die Orchestersuiten, die Francesco Maria Veracini 1716 offenbar für den kursächsischen Kronprinzen, den späteren König August III., schrieb. Bachs älteste datierbare Kompositionen unter Verwendung solcher Rhythmen aber stammen von spätestens 1722 (Rampe 1999 II, S. 762): Die *Fuga 5. â 4* BWV 850/2 zählt zum ersten Teil des *Wohltemperirten Claviers* (Köthen, 1722), die *Gigue* der ersten »Französischen Suite« d-Moll BWV 812 wurde zu Beginn des Clavierbüchleins der Anna Magdalena Bach 1722 »konzeptartig« mit zahlreichen Korrekturen eingetragen (Georg von Dadelsen in NBA V/4, KB, S. 10ff.). In beiden Sätzen bestand Bachs Anliegen offensichtlich darin, einer Fuge französisches Kolorit zu verleihen. Im Falle der *Gigue* handelt es sich zudem um seine älteste Gigue in Gestalt einer Doppelfuge, notiert in dem nur aus deutschen Gigue-Kompositionen bekannten C-Takt. Bachs Plan zielte hier darauf, im Sinne einer »Vereinigung europäischer Musikstile« innerhalb der »Französischen Suiten« am Ende des ersten Werkes der Sammlung französische, deutsche und letztlich auch eigene Kompositionsverfahren zusammenzuführen (Rampe 1999 II, S. 762).

Als Vorbild für dieses französische Stilelement kommt die Dresdner Hofmusik also nicht in Frage. Bei Durchsicht von Bachs Suitenkompositionen ergibt sich entgegen Dirsts Annahme jedoch, daß er über die Entwicklung französischer Vorbilder zwischen Jean-Henry d'Anglebert (1689) und Jean-Philippe Rameau (1724) sehr wohl auf dem Laufenden war und deren Neuerungen zu rezipieren wußte (Rampe 1999 II, S. 749ff.). Lediglich zwischen etwa 1715 und 1721 offenbart sich eine »Informationslücke«: Die »Englischen Suiten« BWV 806–811, um 1722 abgeschlossen, setzen sich mit französischen Vorlagen auseinander, die bis 1706 in Paris erschienen. Die um 1722 begonnenen »Französischen Suiten« BWV 812–817 hingegen rechnen mit der Kenntnis der beiden ersten Bücher von *Pieces de Clavecin* François Couperins (Paris, 1713 und 1716/17), da sie deren wesentliche Neuerungen reflektieren. Daß Bach Couperins Publikationen kannte, geht nicht allein aus der Abschrift von dessen *Les Bergeries* (*Second Livre de pièces de Clavecin, Sixième Ordre*), sondern auch aus Johann Nicolaus Forkels Mitteilungen (1802, S. 102) hervor. Daß Bach diese nur in Paris als Privatdrucke veröffentlichten Editionen aber erst ab ca. 1721 zur Kenntnis nahm, leuchtet ein, wenn man bedenkt, daß sie ihm in Weimar und Köthen unzugänglich blieben und erst während seines Aufenthalts in Berlin (1719), spätestens 1720 in Hamburg bekannt wurden. Für kostspielige Notenkäufe im März oder April 1719 in Berlin existiert ein Köthener Aktenbeleg.[3]

Eine wesentliche Neuerung innerhalb französischer Musik bestand darin, daß die Suiten von Couperins Büchern durchgehend auf Préludes oder andere Vorspiele verzichteten und sämtliche Allemanden mittels punktierter Rhythmen den Charakter von Ouvertüren erhielten, um sich als repräsentative Einleitungssätze auszuweisen. Die zentrale Rolle dieser Sätze spielen Rhythmen mit dem mathematischen Verhältnis 5:3; im Hinblick auf eine tatsächlich sehr kurze Ausführung der 32stel-Noten notierte sie Couperin – ganz »unmathematisch« – als 64stel- oder gar 128stel-Werte:

François Couperin: *La Ténébreuse. Allemande* c-Moll für Cembalo, T. 1 (*Pieces de Clavecin, Troisième Ordre*, Paris, 1713)

Wahrscheinlich handelte es sich bei der konsequenten Verwendung solcher Figuren um ein Stilmerkmal französischer Hofmusik aus der späten Regierungszeit Louis' XIV. (gestorben 1715), deren wichtigste musikalische Persönlichkeit Couperin war. Erste Anzeichen für seinen Stil findet man bereits bei Charles Dieupart (*Six Suittes de Clavessin*, 1701) und in den *Pieces de Clavecin* von Nicolas Siret (Paris, ca. 1710), die François Couperin gewidmet sind. In den Werken früherer französischer Komponistengenerationen hingegen sucht man danach vergeblich.

Wenn Bach, beginnend mit dem *Wohltemperirten Clavier* I und den »Französischen Suiten« von 1722, dieses Rhythmusmodell fortan in eigene Ouvertüren und ouvertürenartige Kompositionen integrierte, wird deutlich, daß keine einzige seiner Orchestersuiten nach ca. 1722 entstanden sein dürfte, machen deren Ouvertüren von diesem Stil doch keinen Gebrauch. Die folgende Tabelle bietet eine Übersicht über sämtliche bekannten Ouvertürensätze des Komponisten aus der Zeit zwischen 1714 und 1741. Die Datierungen entsprechen der bisher bekannten Quellenlage, drei Sonderfälle werden im Fettdruck hervorgehoben:

BWV 61/1	Kantate *Nun komm, der Heiden Heiland*	Dezember 1714	kein 5:3-Rhythmus
BWV 1066	*Ouverture* 1 C-Dur	1724/25	kein 5:3-Rhythmus
BWV 1067	***Ouverture* 2 h-Moll (a-Moll)**	**1738/39**	**zwei 5:3-Rhythmen**
BWV 1068	*Ouverture* 3 D-Dur	1730/31	kein 5:3-Rhythmus
BWV 1069	*Ouverture* 4 D-Dur	bis 1725	kein 5:3-Rhythmus
BWV 194a	Weltliche Kantate unbekannten Texts	1720–1723	wenige 5:3-Rhythmen
BWV 119	Kantate *Preise, Jerusalem, den Herrn*	August 1723	kein 5:3-Rhythmus
BWV 20	Kantate *O Ewigkeit, du Donnerwort*	Juni 1724	häufig 5:3-Rhythmen
BWV 831a	*Ouverture* c-Moll	1727–1731	häufig 5:3-Rhythmen
BWV 828	*Partita* 4 D-Dur, *Ouverture*	1728	regelmäßig 5:3-Rhythmen
BWV 97	**Kantate *In allen meinen Taten***	**1734**	**zweimal 5:3-Rhythmen**
BWV 831	*Ouverture nach Französischer Art* h-Moll	1735	regelmäßig 5:3-Rhythmen
BWV 988	»Goldberg-Variationen«, *Variatio 16. Ouverture*	1741	regelmäßig 5:3-Rhythmus

Sieht man einmal von der Datierung der Quellen ab, so offenbart sich eine durchaus nachvollziehbare Stilentwicklung mit den Ergebnissen, die wir aus dem Verhältnis der *Allemande* aus de Lautensuite BWV 995 (1727–1731) und der *Ouverture nach Französischer Art* BWV 831 (1735) zu ihren Frühfassungen kennen. Aus dem Rahmen fallen lediglich die Eingangschöre der Kantate BWV 119 und 97 von 1723 und 1734. Angesichts quellenkundlicher und kompositionstechni scher Erwägungen vermutete Alfred Dürr (1986 und 1988, S. 287) für beide Chöre Urbilder in Gestalt älterer Orchester-Ouvertüren des Komponisten, für BWV 97 steht sogar eine Weimarer Komposition zur Debatte. Hierauf wird später noch zurückzukommen sein. Schon jetzt ist allerdings anzumerken, daß die beiden 5:3-Rhythmen in der Continuopartie (T. 5 und 7) des Eingangschors BWV 97/1 ohne weiteres erst nachträglich durch Umbildung vorhandener Stimmführungen gewonnen worden sein könnten.

Einen weiteren Sonderfall stellen die beiden 5:3-Rhythmen in den Takten 4 und 8 der *Ouverture* aus der zweiten Orchestersuite dar, die erstaunlicher Weise nicht in die Substanz der Komposition integriert, sondern aus dem Eingangsmotiv entwickelt sind. Daher liegt der Verdacht nahe, daß Bach auch diese singulären Rhythmen erst bei der Umarbeitung zur h-Moll-Suite um 1738/39 nachtrug.

Die bisherigen Beobachtungen könnten ebensogut für eine Köthener wie Weimarer Entstehung sprechen. Will man präzisere Aufschlüsse erhalten, sind zugleich formale und kompositionstechnische Aspekte in Erwägung zu ziehen.

Kompositionstechnische Merkmale

Die Mittelteile der Ouvertürensätze aus den Orchestersuiten 1–3 sind als Konzertfugen nach dem Bauplan einer Concerto-Form ausgerichtet. Eine derartige Gestaltung fehlt in französischen Kompositionen gänzlich und kann deshalb als deutsche Entwicklung gelten mit dem Ziel, Werke im »vermischten Geschmack« zu schaffen. Die Ouvertüre wurde somit zum gemeinsamen Repräsentanten von französischem und italienischem Stil und damit gleichsam eines vermischten »deutschen« Geschmacks: »Ich will [...] gestehen, [...] daß eine glückliche Melange vom Italienischen und Französischen Gout das Ohr am meisten frappiren, und es über allen andern besondern Gout der Welt gewinnen müsse. [...] Indeß haben die Deutschen auch auswärtig den Ruhm, daß, wenn sie sich auff etwas mit Fleiß appliciren [verlegen] wollen, sie es gemeiniglich anderen Nationen zuvor thun lernen« (Heinichen 1728, S. 11f.).

Daß die Verbindung von französischer Einleitung und italienischer Konzertfuge keine Bachsche »Personalform« darstellen dürften, zeigen die *Ouverture* der *Partia* g-Moll von Gottfried Heinrich Stölzel im *Clavier-Büchlein. vor Wilhelm Friedemann Bach* (1720) und Telemanns früheste, konkret datierbare Ouvertüren solcher Art; sie stammen von spätestens 1715 (TWV 55:G5) und von 1723 (TWV 55:C3). Bachs Adventskantate BWV 61 von 1714 hingegen, deren Ouvertürenmittelteil auf einem typisch französischen Thema in Viertel- und Achtelnoten basiert, verzichtet auf eine Konzertfuge. Der Schlußchor der Kantate BWV 21 (entstanden spätestens 1714) wiederum beweist, daß Bach eine Chorfuge schon damals auch im konzertanten italienischen Stil anzulegen verstand.

Noch ein weiteres Spezifikum findet sich im Mittelteil des Eingangschors von Kantate BWV 61: Das Fugenthema ist nicht mehrtaktig formuliert, bestehend aus unterschiedlichen Einzelmotiven, um darauf zum Einsatz des Comes zu führen. Vielmehr setzt sich Bachs Thema aus einem einzigen knappen Motiv und dessen Sequenzierung (hier mit variativer Umspielung) zusammen; der Comes folgt, gleichsam in Engführung, bereits im zweiten Takt. Auch die Mittelteile der Eingangschöre von Kantate 119 und 97 entsprechen diesem Prinzip, wobei hier jeweils nur ein kurzes Motiv ohne Sequenzierung zitiert wird. Identisch sind die Fugenanfänge im ersten Chor der

Kompositionstechnische Merkmale

Kantaten BWV 106 *Gottes Zeit ist die allerbeste Zeit* (ca. 1707), BWV 196 *Der Herr denket an uns* (frühestens 1708), BWV 150 *Nach dir, Herr, verlanget mich* (wohl bis 1708), BWV 143 *Lobe den Herrn, meine Seele* (1709–1712), BWV 172 *Erschallet ihr Lieder* (Mai 1714), BWV 21 *Ich hatte viel Bekümmernis* (spätestens 1714), BWV 63 *Christen ätzet diesen Tag* (Dezember 1714), BWV 12 *Weinen, Klagen, Sorgen, Zagen* (April 1714), BWV 31 *Der Himmel lacht, die Erde jubiliret* (April 1715), BWV 165 *O heiliges Geist- und Wasserbad* (Juni 1715) sowie in der ersten Arie und im ersten Chor der »Jagdkantate« BWV 208 (1712/13) und in der dritten Arie der Kantate BWV 199 *Mein Herze schwimmt im Blut* (1713/14). Einstimmig vorgestellte Fugenthemen mit Überleitung zum Comes enthalten dagegen der Chor *Es ist der alte Bund* aus Kantate BWV 106 (ca. 1707), die Schlußchöre der Kantaten BWV 182 *Himmelskönig, sei willkommen* (März 1714) und BWV 21 (spätestens 1714), das Instrumentalvorspiel der Kantate BWV 152 *Tritt auf die Glaubensbahn* (Dezember 1714) und der Eingangschor der Kantate BWV 147a *Herz und Mund und Tat und Leben* (Dezember 1716). Sämtliche übrigen Weimarer Kantaten stellen ihrem Fugenthema von vornherein ein zweites (»Kontrapunkt«) gegenüber oder kommen ganz ohne Fugen aus.

Erstaunlich ist nun, daß auch der Eingangschor der weltlichen Kantate BWV 66a *Der Himmel dacht auf Anhalts Ruhm* (Dezember 1718) und die erste Arie der Kantate BWV 134a *Die Zeit, die Tag und Jahre macht* (Dezember 1718/Januar 1719) dem gleichen Modell wie die meisten Weimarer Ensemblefugen folgen. Dasselbe gilt für die *Préludes* der »Englischen Suiten« 1–3 BWV 806–808, die laut Quellenlage in die späte Weimarer und Köthener Zeit (ca. 1715–1721) einzuordnen sind. Hingegen wurden die Fugen der »Brandenburgischen Konzerte« 2, 4 und 5 (vor 1721) und auch der Mittelteil des Eingangschors in Ouvertürengestalt der bisher nicht genau datierbaren Köthener Kantate BWV 194a in »herkömmlicher« Weise gestaltet: Sie beginnen einstimmig mit einem mehrteiligen Thema, das zum Einsatz des Comes überleitet. Wie wir im vorigen Abschnitt feststellen konnten, dürfte die Kantate BWV 194a mit ihren 5:3-Rhythmen nicht vor 1720 entstanden sein. D.h. Bachs kurzthemige Ensemblefugen mit Engführungsbeginn – auch die *Préludes* der »Englischen Suiten« imitieren ja Konzertsätze – konzentrieren sich auf die Jahre 1712-1718. Dieser Befund korrespondiert mit der Feststellung, daß Tomaso Albinoni zahlreiche Kopfsätze, gelegentlich auch Finali seiner Konzerte in besagter Imitationstechnik eröffnet. Erste Beispiele hierfür finden wir in seinem Opus 2 (1700), nahezu zum Regelfall wird diese Konzertsatz-Gestaltung in den *Concerti* op. 5 von 1707[4] – jenem Jahr, aus dem Bachs Kantate BWV 106 stammen dürfte.

Demnach wäre auch der Mittelteil der *Ouverture* aus Bachs vierter Orchestersuite BWV 1069 bis etwa 1718 fertiggestellt worden; denn sein Fugenbeginn entspricht bis in Details hinein de Kantate BWV 61 (1714) und der »Englischen Suite 1« BWV 806, seine Form aber nicht einem Concerto. Vielmehr handelt es sich um eine Fuge. Die Frühfassung von BWV 806 (BWV 806a kann kaum nach 1717 zu Papier gelangt sein (Beißwenger 1992), so daß die *Ouverture* BWV 1069 1 wohl eher aus Weimar stammt. Die *Préludes* der »Englischen Suiten« 4–5 und vielleicht auch 6 hingegen sind offenbar in den Jahren 1717–1720 anzusetzen, zumal sie sich in keinem einzigen Fall des besagten 5:3-Rhythmus bedienen. Diese Kriterien lassen sich ohne weiteres auf die Ouver türen der Orchestersuiten 1–3 anwenden.

Auf die Entstehung der *Ouverture* BWV 1069/1 in Weimar und der Ouvertüren aus den Orchestersuiten BWV 1066–1068 in Köthen weist ferner die formale Konstruktion ihrer Mittelteil hin. Selbst wenn man berücksichtigt, daß Konzertfugen letztlich Fugen und keine Konzertsätz

Kompositionstechnische Merkmale

darstellen, fällt auf, daß den Ouvertüren aus BWV 1066–1068 eine klare Gliederung im beständigen Wechsel von Ritornellen (BWV 1066/1: 6 Ritornelle, BWV 1067/1: 7 Ritornelle, BWV 1068/1: 3 Ritornelle) und Episoden (BWV 1066/1: 5 Episoden, BWV 1067/1: 6 Episoden, BWV 1068/1: 2 Episoden) zugrunde liegt. Wie jene der Orchestersuite BWV 1068 weist auch die *Ouverture* BWV 1069/1 nur zwei »Episoden« auf; doch sie führen – anders als dort – kein neues thematisches Material ein, sondern basieren auf der Fortspinnung und Sequenzierung des bestehenden Themenmotivs, sind in Wirklichkeit also Fugen-Zwischenspiele. Sämtliche Fugenabschnitte in BWV 1069/1 integrieren ritornellverarbeitende Teile und setzen sich sogar fast durchweg aus solchen zusammen (—→ S. 182). Hingegen sind in den Ouvertüren BWV 1067/1 und 1068/1 nur wenige Takte ritornellverarbeitend (innerhalb von Ritornellabschnitten), in der *Ouverture* BWV 1066/1 überhaupt keine. Als einzige Ouvertürenfuge präsentiert die der zweiten Orchestersuite ein eigenständiges Begleitmotiv für die Episoden, das zudem konsequent beibehalten wird (—→ S. 210). Werfen wir noch einen Blick auf die Eingangschöre der Kantaten BWV 119 (1723) und 97 (1734), für die Alfred Dürr instrumentale Frühfassungen angenommen hatte. Der Mittelteil von BWV 119/1 schließt zwei unthematische Kurzepisoden von jeweils knapp zweieinhalb Takten ein, die drei Großritornelle stützen sich in hohem Maß auf ritornellverarbeitende Abschnitte (die Vokalpartien als potentiell spätere Ergänzungen bleiben hier und beim folgenden Werk unberücksichtigt). Kaum anders verhält es sich mit dem zweiten Teil von BWV 97/1 (ein dritter Teil ist hier nicht vorgesehen); die beiden Kurzepisoden von gut sieben und drei Takten bestehen nun freilich durchweg aus thematischem Material.

Diese Befunde zusammen genommen machen eine Komposition der Orchestersuiten 1 und 2 parallel zu den letzten Köthener Konzerten, also um 1719/20, sehr wahrscheinlich; die Orchestersuite 3 dürfte im ersten Köthener Jahr 1718, die Orchestersuite 4 am Ende der Weimarer Periode um 1715/16 vorgelegen haben. Diese Zeit kommt auch für die musikalische Substanz der Eingangssätze aus den Kantaten BWV 119 und 97 in Betracht. Damit bestätigt sich Dürrs Vermutung: Offensichtlich handelt es sich um Bearbeitungen früherer Instrumentalouvertüren, wobei offenbleiben muß, ob sie Reste verschollener Orchestersuiten darstellen oder von vornherein als Einleitungen unbekannter weltlicher Vokalwerke dienten. Hierfür existieren zwar keinerlei Parallelfälle aus Bachs Feder, doch ist diese Praxis durch Serenaden Telemanns und die Mitteilung Johann Adolph Scheibes (1745, S. 668) bekannt. Bachs älteste erhaltene weltliche Kantate, die »Jagdkantate« BWV 208, datiert immerhin von 1712. Für die Eingangschöre der Kantaten BWV 194a/194 (1720–1723/November 1723) und BWV 20 (1725) lassen sich keinerlei konkrete Spuren identifizieren, die auf selbständige Instrumentalfassungen hindeuteten. Vielmehr gewinnt man in beiden Fällen den Eindruck, daß es sich um »stilisierte Ouvertüren« handelt, in deren Gestaltung die Mitwirkung eines Vokalensembles von vornherein einbezogen wurde.

Daß die angenommene Datierung mit der tatsächlichen Entstehung der vier Orchestersuiten übereinstimmt, zeigt ein Vergleich ihrer Harmonik mit jener von Bachs Kantaten und Konzerten. Dabei können natürlich nur die ausgedehnten Einleitungssätze der Ouvertüren herangezogen werden; denn die kleinformatigen Tänze orientieren sich vornehmlich am harmonischen Konzept der Kadenz und lassen wenig Spielraum für umfangreiche Sequenzierungen. In der *Ouverture* von Orchestersuite 4 findet sich nicht eine einzige tonartliche Rückung (Versetzung um eine Sekunde), was ihre Entstehung zwischen 1715 und Anfang 1718 bestätigt. Die *Ouverture* von Orchestersuite 3 enthält, entsprechend der Kantate BWV 66a *Der Himmel dacht auf Anhalts Ruhm* (zum 10. Dezember 1718), wenige Rückungen, in den *Ouverture*-Sätzen der Orchestersuiten 1 und 2 hingegen treten zahlreiche Rückungen auf. Sie stimmen darin mit Bachs Konzerten und Kantaten von 1719/20 überein (⟶ S. 210f.).

Die genannte Datierung von Bachs Ouvertürensätzen aus BWV 1066–1069 setzt voraus, daß auch die folgenden Tänze dem gleichen Arbeitsgang entstammen, was grundsätzlich angenommen werden kann, wäre eine Orchestersuite ansonsten unvollständig geblieben. Dennoch ist zu prüfen, ob die Tanzsätze der vier Werke Anzeichen von Verfremdung oder gänzlicher Abstraktion offenbaren, wie dies in den »Französischen Suiten« (nach 1721) und Cembalopartiten (nach ca. 1724) zu beobachten ist (Rampe 1999 II, S. 761ff.).

Tanztypen

Bachs »Englische« und »Französische Suiten« sowie Partiten für Clavier bieten jedem Interessenten einzigartige Studienobjekte, weil sie ihrer Quellenlage nach – ähnlich wie die meisten Leipziger Kantaten der ersten Jahrgänge – in fast unmittelbarer Aufeinanderfolge komponiert wurden. Ihr Vergleich gibt Aufschluß nicht allein darüber, wie Bach die Gattung Suite verstand, sondern auch wie er sie entwickelte. Ähneln manche Sätze der »Englischen Suite 1« BWV 806 noch Vorlagen von Louis Marchand, so werden die Tanztypen in den Partiten der *Clavier Übung* I gelegentlich bis zur Unkenntlichkeit verfremdet und zu Charakterstücken umgeformt. Einige Tänze sind deshalb nicht (mehr) mit ihren Namen bezeichnet, sondern heißen *Tempo di* (beispielsweise *Gavotta*), sollen also nurmehr in der Bewegung des ursprünglichen Tanzmodells gespielt werden (Mattheson 1713, S. 191). Den Anstoß zur Umwandlung von Tanzformen zu Charakterstücken gaben die beiden ersten Clavierbücher François Couperins (1713 und 1716/17), die Bach bis 1722 kennengelernt haben muß. Couperin hatte derartige Experimente als erster veröffentlicht (Rampe 1999 II, S. 761ff.).

Gewiß mag der Komponist Bach zwischen den Gattungen Orchester- und Claviersuite unterschieden haben. Allerdings ist nicht zu erwarten, daß die zunehmende Verfremdung von Tanztypen der Claviermusik an Bachs Orchestersuiten spurlos vorübergegangen sein sollte. Ein erster Blick auf die vier Werke wirkt indes eher ernüchternd: Bach geht nicht über jenen zeitgenössischen Standard hinaus, der uns durch Georg Philipp Telemanns Ouvertüren vertraut ist. Wie hier schließen auch drei von vier Orchestersuiten Bachs je einen der traditionellen Stammtänze Courante, Sarabande und Gigue ein, Ouvertüre 1 eine *Courante*, Ouvertüre 2 eine *Sarabande* und Ouvertüre 3 eine *Gigue* (die Allemande war zu Beginn des 18. Jahrhunderts laut Mattheson [1739, S. 232] primär solistischer Instrumentalmusik vorbehalten). Orchestersuiten bestanden gewöhnlich aus »Galanterien«, so der von Bach selbst überlieferte Terminus, also Typen wie Bourrée, Gavotte, Menuett, Passepied und Polonoise, um die die Suite im letzten Drittel des 17. und zu Beginn des 18. Jahrhunderts erweitert worden war, sowie aus »Airs«. Der französische Begriff »air« stand damals für »pièce« (Stück) und meinte in diesem Kontext frei komponierte Sätze mit Tanzcharakter aber ohne Bindung an einen konkreten Tanzrhythmus. In Frankreich war es üblich, hierfür phantasievolle Titel zu wählen. Telemann und seine deutschen Zeitgenossen griffen diese Anregung schon früh auf. Gemessen an Titeln wie *Tintamare* (TWV 55:D21), *Les Gladiateurs* (TWV 55:Es1) und *L'Espérance de Mississipi* (TWV 55:B11) klingen Bachs Satzbezeichnungen *Battinerie*, *Rejouißance* oder *Rondeaux*, zudem in fehlerhafter Orthographie, eher konventionell. Bemerkenswert erscheint, daß gerade die zuletzt genannten Titel bei Telemann besonders häufig auftreten.

Nur zwei Sätze unter allen vier Orchestersuiten fallen bei genauerem Hinsehen tatsächlich ein wenig aus dem Rahmen. Die berühmte *Air* aus der Ouvertüre 3 kommt jenem Suitensatz-Typus nahe, den Telemann als *Plainte* (»Klage«) bezeichnet und ausgesprochen regelmäßig aufgreift. Bei Bach jedoch handelt es sich nicht allein um ein außerordentlich ausdrucksvolles Lamento, sondern um ein zur zweiteiligen Lied- oder Tanzform verändertes »stilisiertes Adagio« im Sinne von Arcangelo Corellis Violin- oder Triosonaten: Ein quasi-ostinates Baßmodell in meist absteigender Sekundfortschreitung und Achtelbewegung dient als Grundlage zur Entfaltung einer expressiven Melodik, die, wenn auch sparsam dosiert, bei Bach sowohl in der Oberstimme als auch in den mittleren Partien durch empfindsame Ornamentik und Intervallstufen im Stil Corellis angereichert wird (⟶ S. 234). Die Einbeziehung eines solchen Satztypus in die Suite und seine Abwandlung kann nicht anders denn als Verfremdung betrachtet werden. Vermutlich war dieser Schritt von den Eindrücken durch Couperins Œuvre unabhängig, weil Bach dessen Werke damals noch nicht kannte.

Schon eher ließe sich die *Sarabande* der Orchestersuite 2 mit François Couperin in Verbindung bringen. Nicht daß wir von ihm Sarabanden kennen, die wie jene Bachs als veritable zweistimmige Kanons zwischen den Außenstimmen konzipiert sind. Doch die Abstraktion eines Tanztypus bis hin zur Unkenntlichkeit zählt zu jenen Neuerungen, die Couperin 1713 der Öffentlichkeit präsentierte. Wäre Bachs *Sarabande* nicht ausdrücklich als solche bezeichnet, würde schon angesichts ihres ungewöhnlichen Auftakts für jeden Musiker offenbleiben, welcher Tanz hier eigentlich gemeint ist. Zu entscheiden, ob Bach aus eigenem Antrieb oder unter dem Einfluß Couperins experimentierte, erscheint unmöglich, so daß selbst dieses Werk nicht nach 1721 entstanden sein muß.

Datierung

Faßt man die gewonnenen Untersuchungsergebnisse zusammen, ergibt sich,

♦ daß, obwohl nur in Leipziger Quellen überliefert, für sämtliche vier Orchestersuiten Versionen nachweisbar sind, die in früheren Schaffensperioden komponiert wurden,

♦ daß die fehlende Rezeption französischer Stilmerkmale aus dem zweiten Jahrzehnt des 18. Jahrhunderts eine Entstehung aller Orchestersuiten vor 1723 erkennen läßt,

♦ daß kompositionstechnische Analysen im Vergleich mit Konzert- und Kantatensätzen eine Datierung von *Ouverture* 4 vor 1718, von Ouvertüre 3 im Jahr 1718 und von Ouvertüre 1 und 2 vor 1722/23 nahelegen.

Bedenkt man, daß stilistische und kompositorische Entwicklungen innerhalb unterschiedlicher Werkgattungen Bachs nicht in jedem Fall konsequent und gleichzeitig erfolgt sein müssen, so bestätigt sich die vorgenommene Datierung, die auf der folgenden Seite als Tabelle erscheint. Sie führt vor Augen, daß Bach mit drei von vier seiner erhaltenen Orchestersuiten nicht anders verfuhr als mit zahlreichen Weimarer und Köthener Kantaten und mit sämtlichen Weimarer und Köthener Kompositionen, die den Konzerten für 1–3 Cembali zugrunde liegen: Er richtete sie neu ein, um das vorhandene Gedankengut veränderten Bedürfnissen und einer gewandelten Ästhetik anzugleichen.

Die Datierung der Orchestersuiten 1–4 und ihrer Fassungen

Älteste Fassung	Entstanden	Jüngste Fassung	Entstanden
Ouverture D-Dur BWV 1069[a] für 3 Oboen, Fagott, Streicher und Continuo	Weimar, ca. 1716 (Quelle: vor 1750)	*Ouverture* 4 D-Dur BWV 1069 für 3 Trompeten, Pauken, 3 Oboen, Fagott, Streicher und Continuo	Leipzig, 1725 oder später (Quelle: vor 1750)
Ouverture D-Dur BWV 1068[a] für Streicher und Continuo	Köthen, 1718 (Quelle: 1730/31)	*Ouverture* 3 D-Dur BWV 1068 für 3 Trompeten, Pauken, Streicher und Continuo	Leipzig, 1730/31 und 1734–1738 (Quellen: 1730–1738)
Ouverture 1 C-Dur BWV 1066 für 2 Oboen, Fagott, Streicher und Continuo	Köthen, 1719/20 (Quelle: 1724/25)	—	—
Ouverture a-Moll BWV 1067[a] für Violine, Streicher und Continuo	Köthen, vor 1722 (Quelle: 1738/39)	*Ouverture* 2 h-Moll BWV 1067 für Traversflöte, Streicher und Continuo	Leipzig, 1738/39 (Quellen: 1738/39 und 1743–1746)

II
Instrumente

Blasinstrumente und ihre Spielpraxis

Blockflöte

Termini der Bach-Zeit: Laut Walther (1708 & 1732), Mattheson (1713), Majer (1741, mit Grifftabellen), Eisel (1738, mit Grifftabellen) *Flauto, gemeine oder Quartflöte, Flute à bec, Flute douce, Flöte, Alt-Flöte, Alt-Flaute*.
Termini bei Bach: *Flauto, Flaute, Flaut:, Fiauto, Fiaut.* (autographe Partituren, Originalstimmen).
Kurzbeschreibung: Kernspaltflöte, Entwurf (Teilung, Grifflochlage, Labium etc.) proportional durchgestaltet. Grundton des Instruments in Altlage (»Brandenburgisches Konzert 2« BWV 1047, *Concerto* BWV 1057): f'. Stark umgekehrt konische Bohrung, im deutschen Sprachraum wohl erstmals von Johann Christoph Denner und Johann Schell gebaut. Dreiteilig: Kopfstück mit geschnitztem Labium und eingesetztem Block (aus Holz), Mittelstück mit sechs vorderständigen Grifflöchern und einem Daumenloch auf der Rückseite, Fußstück mit Kleinfingerloch.

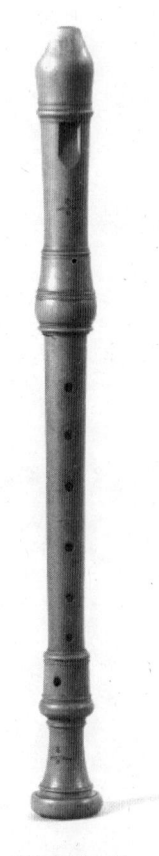

Material: Buchsbaum sowie andere einheimische Hölzer (z.B. Ahorn oder Pflaumenbaum für das Corpus; für den Block oft Fichte), Elfenbein oder Tropenholz (wie Ebenholz), vielfach mit Ringen oder Wülsten aus Elfenbein oder Knochen. Teilweise reiche Schnitzereien (Gahn, Denner, Oberlender), gelegentlich Schildpattummantelung (Heytz) oder Beschläge aus Silber (Kopf- und Fußstück).

Instrumentenmacher in Mitteldeutschland: Erhalten sind Blockflöten von Andreas Bauer(mann) (1636–1717), Johann Heinrich Eichentopf (ca. 1686–1769), Jacob Grundmann (1727–1800), Johann Pörschmann (1680–1757) und Johann Cornelius E. Sattler (ca. 1691–1739) in Leipzig, August Grenser (1720–1807) in Leipzig und Dresden,[1] Johann Christoph Denner (1655–1707), Johann Jacob Denner (1681–1735), Johann Benedikt Gahn (1674–1711), Johann Wilhelm Oberlender I (1681–1763), Johann Schell (1660–1732), Nicolaus Staub (1664–1734) und Johann Georg Zick (1678–1733) in Nürnberg, Johann Heytz (ca. 1672–1737) in Berlin und Johann Wolfgang Kenigsperger (vor 1724–1752) in Roding.

Notierung in der Partitur: Ihrer hohen Lage entsprechend grundsätzlich in den obersten Systemen der Akkolade im G-Schlüssel auf der ersten Linie (so im Partiturautograph des *Concerto* BWV 1057 [ca. 1738]). Im »Brandenburgischen Konzert 2« BWV 1047 (Partiturautograph von 1721) rückt die Trompete entsprechend ihrem Status über den *Fiauto* (⟶ *Trompete* auf S. 287).

Tonumfang bei Bach: maximal f'–a'''. BWV 1047, 1049 und 1057: f'–g'''.

Stimmtonhöhen und Klangeigenschaften: Zahlreiche Blockflöten vor allem im deutschen Sprachraum im (hohen) Chorton nachweisbar. Erhaltene Instrumente im Kammerton dokumentieren stark divergierende Klangideale – sowohl im Hinblick auf ihre geographische Verbreitung als auch auf ihre Entstehungszeit und Stimmtonhöhe: Instrumente englischer und französischer Provenienz weisen aufgrund einer weiten Mensur meist ein dunkles, »singendes« Timbre auf (a' = ca. 390–ca. 407 Hz),[2] Blockflöten deutscher Bauzentren besitzen einen helleren, beweglicheren Klang aufgrund ihrer engeren Mensur (meist a' = ca. 410 Hz). Auf sämtlichen barocken Altblockflöten (weitmensurierte Instrumente eingeschlossen) lassen sich die Töne e''' bis gis''' (fis''' meist schlecht ansprechend und zu hoch) und a''' (oft zu tief) bis c'''' chromatisch, oft sogar noch d'''' problemlos, d.h. ohne Manipulationen am Schalloch erzeugen. Die These, »Instrumente sehr langer Bauart (enge, stark konische Bohrung)« (Thalheimer 1966, S. 144) seien Voraussetzung zur Realisierung »dieser ungewöhnlichen Höhe« (Prinz 1979, S. 116), kann daher als widerlegt gelten. Die Stimmtonhöhe Leipziger Blockflöten jener Zeit lag gewöhnlich bei a' = 410–412 Hz

Altblockflöte in f'
von Johann Heinrich Eichentopf
(ca. 1686–1769),
Leipzig, ca. 1725,
Corpuslänge 49,55 cm

(Germanisches Nationalmuseum Nürnberg)

Instrumente in Köthen und Leipzig: Für die Blockflötenpartien im »Brandenburgischen Konzert 2« BWV 1047 und im »Brandenburgischen Konzert 4« BWV 1049 (⟶ *Echoflöte*) kommen in erster Linie Instrumente von Heytz in Frage – sowohl aufgrund der politischen und musikalischen Beziehungen zwischen Köthen und Berlin als auch ihrer außerordentlichen Qualität wegen. Die Stimmtonhöhe der erhaltenen Blockflöten von Heytz sowie der ihm zugeschriebenen Traversflöte liegt zwischen a' = ca. 400–405 Hz. Auffällig sind deren Übereinstimmungen (Bohrung, Stimmtonhöhe) mit Instrumenten von Pierre Jaillard Bressan (1668–1734) und Jean-Jacques Rippert (um 1700).[3]

In Leipzig ist vornehmlich an Blockflöten der zahlreichen ortsansässigen Instrumentenmacher zu denken. Belegt sind enge persönliche Beziehungen zwischen Johann Heinrich Eichentopf und Bach.

Blockflötisten in Köthen und Leipzig: Die Blockflöte gehörte lange Zeit zu den Pflichtinstrumenten der Stadtpfeifer, obwohl Bach sie in seinem Zeugnis für Carl Friedrich Pfaffe von 1745 nicht (mehr?) erwähnt (Dok. I, Nr. 80). Da es damals in Leipzig offenbar »ständig an Flötisten mangelte« (Prinz 1979, S. 111), halfen die »Studiosi« regelmäßig aus. Als Solisten einer Leipziger Uraufführung des *Concerto* BWV 1057 (ca. 1739) kommen die Stadtpfeifer Ulrich Heinrich Ruhe, Johann Cornelius Gentzmer, Johann Caspar Gleditsch sowie die Kunstgeiger Heinrich Christian Beyer, Johann Friedrich Caroli und Johann Gottfried Kornagel in Frage. Unklar ist, ob die von Bach (Dok. I, Nr. 18 und 57) als Flötisten erwähnten Studenten Christoph Gottlob Wecker (?–1774) und Friedrich Gottlieb Wild (ca. 1706–?) damals noch in Leipzig weilten. Bachs drittältester Sohn Johann Gottfried Bernhard (1715–1739), als Traversflötist und wohl auch als Blockflötist tätig, verließ Leipzig im Jahre 1735; die Mitwirkung des Traversflötisten (und Blockflötisten?) Jacob von Stählin (1709–1785) in Bachs Collegium musicum läßt sich nicht exakt datieren (Schulze 1973, S. 89).

In Köthen dürften der Violinist und Flötist Johann Heinrich Freytag (?–1720) sowie die Stadtpfeifer Johann Gottlob Würdig (?–1728) und Adam Ludwig Weber (?–1737) Blockflöte gespielt haben.

Bach schreibt für die Blockflöte ähnliche Partien wie für andere Blasinstrumente – unter Verwendung geigerisch beeinflußter Motivik, teilweise aber auch von Fanfaren, wie sie für Blechbläser typisch sind (BWV 1047) – und nutzt dabei sehr geschickt ihre hohe Lage (BWV 1047 und 1049/1057); gelegentlich auch Unisono-Führung als Klangfarbe und Tutti-Verstärkung. Die Kombination von Trompete und Blockflöte als miteinander konzertierende Instrumente wird bereits bei Mattheson (1713, S. 265) erwähnt.

Literatur: Heyde (1978); Heyde (1986); Hoppe (1998); Kirnberger & Krickeberg (1987); Klemisch (1992); Nickel (1971); Powell & Lasocki (1995); Prinz (1979); Rampe & Zapf (1997/98); Schering (1941); Steffen (1995); Thalheimer (1966); Waterhouse (1993); Young (1993).

Guido Klemisch

Echoflöte

Termini der Bach-Zeit: Laut Londoner Tageszeitungen (1713–1719) *Echo Flute,* laut Loulié (1696) *Flûte d'Echo.* In Nachschlagewerken wird das Instrument nicht erwähnt, in deutschsprachigen Quellen jener Zeit ist es bislang nicht nachweisbar.

Termini bei Bach: *Fiauti d'Echo* (Titel im Partiturautograph des »Brandenburgischen Konzerts 4« BWV 1049 [1721]). Die beiden Stimmen zu Beginn der ersten Akkolade im Partiturautograph heißen: *Fiauto 1mo* und *Fiauto 2do* (⟶ *Blockflöte*).

Kurzbeschreibung: Die Forschung vermutete in diesem Instrument lange Zeit entweder Block- oder Traversflöten außergewöhnlicher Größe/Stimmlage oder gar Flageolets. Alternativ wurden herkömmliche f'-Blockflöten angenommen, gespielt in räumlicher Entfernung vom Ripieno. Die Echostellen des *Andante* von BWV 1049 galten als rein »figurativ«, man nahm also an, daß *piano-* und *forte-*Bezeichnungen allein zur Markierung von Solo- und Tutti-Abschnitten innerhalb der Flötenstimmen dienten.

Demgegenüber definiert Etienne Loulié (ca. 1655–ca. 1707) als *Flûte d'Echo* eindeutig zwei aneinander gekoppelte Blockflöten traditioneller Bauart, von denen eine laut, die andere leise klingt. Der Klangeffekt solcher Flötenpaare wird bereits 1668 von Samuel Pepys (1633–1703) in London als »Echo« beschrieben. Daß es sich bei diesem Instrument um keine einzelne Block- oder Traversflöte handelte, geht aus zahlreichen Londoner Presseberichten (1713–1719) über Auftritte des französisch-englischen Bläservirtuosen James Paisible (?–1721) hervor, der sich sowohl auf großen als auch kleinen Echoflöten hören ließ.

Traversflöte

Schon bei Pepys (1668) heißt es, die beiden Blockflöten gleicher Tonhöhe, aus denen eine Echoflöte besteht, seien »zusammengebunden«, worunter sowohl eine lose mechanische Verbindung als auch eine feste Arretierung verstanden werden kann. Das Leipziger Musikinstrumenten-Museum besitzt zwei jeweils zusammengehörige Blockflötenpaare, die durch signifikante Unterschiede von Labium, Bohrung und Grifflöchern der Beschreibung Louliés entsprechen; das kleinere von ihnen ist durch eine Brücke aus Messing fest verbunden.

Instrumentenmacher in Mitteldeutschland: Johann Heytz (ca. 1672–1737) in Berlin. Von ihm stammen zwei äußerlich identische Blockflöten in f' (Leipzig Nr. 1128 und 1129) mit deutlichen Unterschieden hinsichtlich ihrer Klangstärke und -farbe. Das kleinere Blockflötenpaar des Leipziger Museums (Nr. 1154) ist anonym, wahrscheinlich sächsisch (2. Hälfte des 18. Jahrhunderts), und wird der Grenser-Schule (Leipzig oder Dresden) zugeschrieben. Das Inventar des Köthener Hofs von 1768 weist zwei offenbar zusammengehörige Blockflötenpaare – »2 Flauti à Bec« und »2 Flauti Piccoli« (Inventar von 1773: »2 flaute douce picol.«) – im »Ledern Futteral« aus, die durchaus aus Bachs Amtszeit stammen können.

Klangcharakteristika und Verwendung bei Bach: Eine der beiden Blockflöten ist lauter und grundtöniger, die andere leiser und obertonreicher. Im »Brandenburgischen Konzert 4« BWV 1049 sind die beiden im »französischen« G-Schlüssel (auf der 1. Linie) notierten Echoflöten in f' wohl nur für den Mittelsatz *Andante* vorgesehen, der offenbar das einzige überlieferte Werk für Echoflöte darstellt. Zusätzlich zu Dynamikbezeichnungen markiert Bach den Wechsel der Blockflöten innerhalb einer *Fiauto d'Echo*-Partie – analog zu seinen zweimanualigen Tastenwerken – durch eine Unterbrechung der Balkensetzung. Bei Umarbeitung der Komposition zum Mittelsatz des Cembalokonzerts BWV 1057 standen Bach diese Instrumente offenbar nicht mehr zur Verfügung, so daß sie durch herkömmliche Blockflöten in f' ersetzt wurden. Da auf ihnen die gewünschten Echowirkungen nicht zu erzielen waren, wurden diese in die *Cembalo*-Stimme (Manualwechsel) verlegt.

Literatur: Bunge (1905); Heyde (1978), S. 43; Lasocki (1992); Marissen (1991); Martin (1994), S. 89; Rampe & Zapf (1997/98), I S. 35 und II S. 19.

Michael Zapf

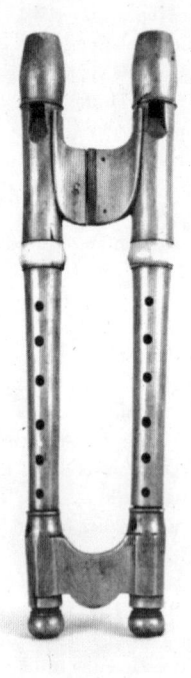

Echoflöte,
der Schule von
August Grenser (1720–1807)
zugeschrieben,
2. Hälfte des 18. Jahrhunderts,
Corpuslänge 30,7 und 30,8 cm

(Musikinstrumenten-Museum
der Universität Leipzig)

Traversflöte

Termini der Bach-Zeit: Laut Walther (1708 & 1732), Mattheson (1713), Majer (1732, mit Grifftabelle) und Eisel (1738) *Flauto traverso, Flûte Allemande, Flûte d'Allemagne, Flûte traversière, Traversiere, Deutsche Flöte, Querflöte.*
Termini bei Bach: *Flute traversiere, Traversiere, Traversa, Travers., Trav:* (autographe Partituren, Originalstimmen).
Kurzbeschreibung: Einklappige, mehrteilige Traversflöte mit Fußton auf D (d') und verkehrt konischer Bohrung sowie Dis/Es-Klappe, vom späten 17. bis zur Mitte des 19. Jahrhunderts in Gebrauch. Bis zum ersten Viertel des 18. Jahrhunderts dreiteilig, später vierteilig mit je einem Zwischenstück für die rechte und linke Hand. Das obere Zwischenstück vierteiliger Traversflöten wurde für viele Instrumente in mehreren Varianten unterschiedlicher Größen (sog. *corps de rechange*) zum Auswechseln bzw. zum Ausgleichen diverser Stimmtonhöhen gefertigt. Fußstücke, die den Grundton d auf c' absenken, sind bereits für dreiteilige Instrumente (u.a. von Johann Jacob Denner) nachweisbar. Um 1726 führte Johann Joachim Quantz zwei getrennte Klappen für Dis und Es ein, was sich zur Bach-Zeit über den Einflußbereich des Dresdner und vor allem Berliner Hofs hinaus jedoch offenbar nicht durchsetzte.
Material: Buchsbaum sowie andere einheimische Hölzer (wie Ahorn), Elfenbein und Tropenholz (wie Ebenholz, Grenadill) mit Elfenbeinringen. Klappe(n) aus Messing oder Silber.

Traversflöte

Instrumentenmacher in Mitteldeutschland: Erhalten sind Instrumente von Gottlob Bauer(mann) (1696–ca. 1736), Gottlieb Crone (1706–1766), Johann Heinrich Eichentopf (ca. 1686–1769), August Grenser (1720–1807), Johann Gottfried Hartwig (ca. 1705–1748), Matthäus Hirschstein (1695–1769), Johann Pörschmann (1680–1757) und Johann Cornelius E. Sattler (ca. 1691–1739) in Leipzig, Johann Jacob Denner (1681–1735), Johann Wilhelm Oberlender I (1681–1763), Johann Wilhelm Oberlender II (1712–1779) und Johann Schell (1660–1732) in Nürnberg, Johann Heytz (ca. 1672–1737) und Johann Joachim Quantz (1697–1773) in Berlin sowie Johann Conrad Heise (1703–1783) in Kassel.

Nur literarisch nachweisbar sind Instrumente der Leipziger Flötenbauer Andreas Bauer(mann) (1636–1717), Gottfried Ebicht (ca. 1681–1736), Johann Caspar Grahl (ca. 1703–1781), Johann Christoph Haupt (ca. 1718–1771), Christian Noack (ca. 1682–1724), Johann Paul Otto (1706–1763), Johann Romanus Pörschmann (1709–?), David Wolff (ca. 1705–1747). Siehe auch *Instrumentenmacher* auf S. 278.

Notierung in der Partitur: Oberstes System (Partiturautograph des »Brandenburgischen Konzerts 5« BWV 1050 [1721]) bzw. oberstes System nach Trompeten oder Hörnern und Pauken (Vokalmusik), jeweils im G-Schlüssel auf der zweiten Linie. Von der früheren Fassung BWV 1050a, vom »Tripelkonzert« BWV 1044 und von der *Ouverture* 2 BWV 1067 sind keine Originalpartituren erhalten.

Tonumfang bei Bach: maximal d'–a'''. BWV 1050/1050a: d'–d''', BWV 1044: d'–e''', BWV 1067: d'–fis'''.

Klangcharakteristika und Verwendung: Anhand erhaltener Instrumente lassen sich stark divergierende Klangideale dokumentieren. Frühe dreiteilige Flöten sind tendenziell mitteltönig und in tiefen Kammertönen (mit a' zwischen 388 und ca. 400 Hz) gestimmt. Bohrung, Grifflöcher und Wandstärken fallen jedoch sehr verschieden aus, was zu einer Klangpalette von dunkel/weich bis hell/brillant führt. Solche Instrumente sind vermutlich mit Bachs Weimarer und Köthener Zeit in Verbindung zu bringen. Die Tonhöhe von Leipziger Flöten, u.a. von Crone, Sattler und J. Pörschmann, liegt hingegen meist im Bereich von a' = ca. 410–418 Hz.

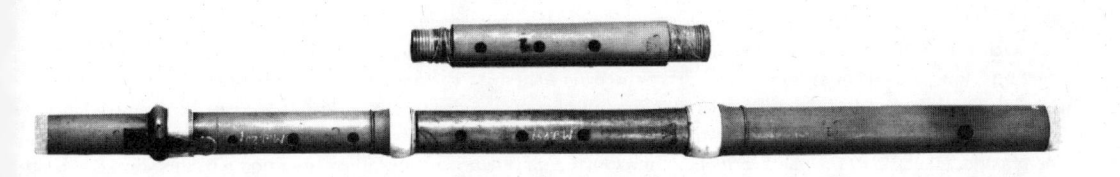

Vierteilige, einklappige Traversflöte in D von Johann Jacob Denner (1681–1735), Nürnberg, ca. 1720, Corpuslänge je nach Mittelstück 58,5 bzw. 64,9 cm   (Germanisches Nationalmuseum Nürnberg)

Barocke Traversflöten bis etwa 1740 besitzen vielfach einen großen Bohrungsdurchmesser, der die tiefe Lage und einen kraftvollen, außerordentlich durchdringenden Ton begünstigt; er vermag sich gegenüber Oboe und Violine sehr wohl durchzusetzen. In späterer Zeit verschiebt sich das Klangideal zu raschen Dynamikwechseln, dominierenden hohen Registern, einer leichteren Ansprache und einem schlankeren, süßeren Ton (so bei Instrumenten der Dresdner Grenser-Werkstatt und – außerhalb des deutschen Sprachraums – bei Godefroid-Adrien-Joseph Rottenburgh II und Thomas Stanesby »junior« [1692–1754]).

In seiner Köthener Zeit hatte Bach Kontakt zu dem bei Hof angestellten Geiger und Flötisten Johann Heinrich Freytag (?–1720) sowie zu dem Köthener Stadtpfeifer Johann Gottlob Würdig (?–1728); das Köthener Inventar von 1725 weist auch Leopold Fürst von Anhalt-Köthen als Besitzer einer »Querflöte« aus. Daneben sind Beziehungen zu den vier Traversflötisten der Dresdner Hofkapelle (von 1717 an) wahrscheinlich: Pierre Gabriel Buffardin (1690–1768), J. J. Quantz, ein gewisser Friese (Quantz' Vorgänger) und Johann Martin Blockwitz (von 1717 bis 1733 Mitglied der Hofkapelle). Gemessen an den erhaltenen Werken von Freytag, Buffardin, Quantz und Blockwitz fällt der Schwierigkeitsgrad der Traversflötenpartie von BWV 1050/1050a außerordentlich gering aus. Selbst die spieltechnischen Ansprüche der *Ouverture* 2 BWV 1067 sind keineswegs derart hoch, daß sie, wie vielfach angenommen, die offenbar außergewöhnliche Virtuosität Buffardins voraussetzten. Immerhin jedoch war Bachs älterer Bruder, der Oboist Johann Jacob Bach (1682–1722), bereits seit 1713 Traversflötenschüler Buffardins.

Oboe

In seiner Leipziger Zeit behielt Bach die Kontakte zu Buffardin, Quantz und vielleicht Blockwitz bei. Dieser Kreis von Flötisten erweiterte sich um die Studenten (Dok. I, Nr. 18 und 57) Christoph Gottlob Wecker (?–1774) und Friedrich Gottlieb Wild (ca. 1706–?), Bachs Sohn Johann Gottfried Bernhard (1715–1739), den Bach-Schüler und -Vertrauten Lorenz Christoph Mizler von Koloff (1711–1778), den Leipziger Stadtpfeifer und Oboisten Johann Caspar Gleditsch (1684–1747) und Jacob von Stählin (1709–1785), der mehrfach zusammen mit Bachs Collegium musicum auftrat (Schulze 1973, S. 89). Im Mai 1747 lernte Bach auch den Flötisten und Quantz-Schüler Friedrich II. König von Preußen (1712–1786) kennen, dem er das *Musicalische Opfer* BWV 1079 widmete. Für Friedrichs Privatsekretär, engsten Vertrauten und Duopartner Michael Gabriel von Fredersdorf (1708–1758) entstand angeblich die Flötensonate E-Dur BWV 1035.
Literatur: Demmler (1961); Hoppe (1998); Marshall (1981); Powell (1995); Powell & Lasocki (1995); Rampe (1993); Rampe & Zapf (1997/98); Sackmann & Rampe (1997); Waterhouse (1993); Young (1993).

Michael Zapf und Ardal Powell

Oboe

Termini der Bach-Zeit: Im deutschen Sprachraum (Walther 1708 & 1732, Mattheson 1713, Majer 1732 etc.) *Hautbois,* gelegentlich auch *Oboe* oder *Obboe.*
Termini bei Bach: *Hautbois* oder *Hautb:* (autographe Partituren, Originalstimmen), ausgenommen *Obboe* und *Hautb:* (Kantate BWV 71). In den Jahren 1713/14 verwendete Bach den Terminus *Oboe,* ebenso in 15 Fällen aus der Zeit zwischen 1718 und 1749.
Kurzbeschreibung: Konisch gebohrtes Holzblasinstrument, bestehend aus einem Doppelrohrblatt und drei Corpusteilen. Die beiden oberen Teile besitzen dieselbe Länge, das untere zwei Drittel von dieser. Die Gesamtlänge betrug ungefähr 58–60 cm. Das Instrument war mit einer großen C-Klappe, angebracht auf der Vorderseite des Corpus, und mit einer seitlich befestigten kleinen Es-Klappe ausgestattet. Die kleine Es-Klappe wurde häufig auf beiden Corpusseiten ausgeführt, um die Bedienung sowohl mit der rechten als auch mit der linken Hand zu gewährleisten.
Material: Doppelrohr aus *Arundo donax* (Riesengras, »Rohrholz« – ebenso wie auf der modernen Oboe mit Klappen). Corpus bei rund 85 % der erhaltenen Instrumente aus (türkischem) Buchsbaum. Andere Corpusmaterialien waren (in abnehmender Häufigkeit) Ebenholz, Elfenbein und Obstbaum (Pflaumenbaum, Birnbaum und Kirschbaum). Die Klappen wurden meist aus Messing, gelegentlich auch aus Silber hergestellt. Die Enden der Corpusteile waren manchmal verstärkt oder mit Wülsten bzw. Beschlägen aus Elfenbein, Silber oder Messing verziert.
Instrumentenmacher in Mitteldeutschland: Holzblasinstrumente und andere Instrumente mit kleinerem Corpus konnten damals aus fast allen Ländern Europas eingeführt werden. Deutsche Spieler von Holzblasinstrumenten verwendeten nachweislich Instrumente auch aus Frankreich, Italien und England. Leipziger Musiker seit etwa 1710 dürften allerdings vornehmlich einheimische Instrumente gespielt haben; denn die Stadt galt zur Bach-Zeit nach Nürnberg als führendes Zentrum des Holzblasinstrumentenbaus im deutschen Sprachraum (zu den Namen der ortsansässigen Werkstattinhaber siehe *Blockflöte* auf S. 278). Die Mitglieder der Köthener Hofkapelle besaßen womöglich Oboen von Johann Heytz (ca. 1672–1737) in Berlin.
Notierung in der Partitur: Unterhalb der Blechbläser und Blockflöte, jedoch oberhalb der Streicher (Partiturautographe der »Brandenburgischen Konzerte 1 und 2« BWV 1046–1047) im G-Schlüssel auf der zweiten Linie. Von Bachs Oboenkonzerten und Orchestersuiten sind keine Originalpartituren erhalten.
Tonumfang bei Bach: c'–d''', gewöhnlich jedoch d'–b''.
Klangcharakteristika und Verwendung bei Bach: Die Oboe wurde in den 1660er Jahren am französischen Hof zur Verwendung in Jean-Baptiste Lullys *Tragédies lyriques* entwickelt und an vielen deutschen Höfen ungefähr zu jener Zeit eingeführt, als Bach geboren wurde. Im Orchester spielte sie die gleiche Rolle wie die Violine, beide Instrumente teilten sich häufig dieselbe Partie. Außerdem übte die Oboe zusammen mit einer weiteren und dem Fagott in kurzen *Trio*-Abschnitten eine Kontrastwirkung zum Tutti-Klang des Orchesters aus (beispielsweise in Orchestersuiten). Oboisten traten auch in reinen Bläserensembles mit 6 bis 12 Spielern auf, die man *Hautboisten* nannte.

Am Anfang seiner Laufbahn (siehe Kantate BWV 131 von 1707) begann Bach damit, die Oboe als Soloinstrument zusammen mit einem Streicherensemble einzusetzen, und verstand es schon damals, sich der Klarheit des Oboenklangs, seiner lyrischen Qualitäten, seines großen Dynamikspektrums und seiner Ausdrucksmöglichkeiten in langsamen Sätzen zu bedienen. Die Oboe eignete sich gut für das Zusammenspiel mit Violinen. Obwohl ihre Spieltechnik weniger flexibel zu handhaben war als jene von Cembalo oder Geige, bot die Oboe einen natürlichen Kontrast im Hinblick auf ihre Klangfarbe, was für die Violine im Zusammenwirken mit einer begleitenden Streichergruppe schwieriger war. Anders als in Soli für Cembalo oder Traversflöte ergaben sich bei Besetzungen mit Oboe und Orchester keinerlei Balanceprobleme.

Ausgenommen Cembalo und Orgel, komponierte Bach für die Oboe offenbar mehr Soli als für jedes andere Instrument. In seinen Vokalwerken finden sich mehr als 216 erhaltene Obligatpartien für Oboe, Oboe d'amore und Oboe da caccia (gefolgt von 92 Obligatpartien für Violine und 29 für Traversflöte). Die Oboe wurde zum wichtigen Klangmittel in den Orchestersuiten und »Brandenburgischen Konzerten« sowie in 20 der 29 Instrumentalsinfonien zu Bachs Kantaten (die meisten davon für größere Orchesterbesetzung).

Instrumentalisten in Weimar: Die Oboe war am Weimarer Hof seit 1701 in Gebrauch. Der oder die Spieler, für die Bach seine Oboensoli komponierte, sind unbekannt. In vielen Fällen könnte es Bernhard George Ulrich gewesen sein, der Oboe und Fagott und gelegentlich auch Violoncello spielte. Oboe und Fagott wechseln sich in Weimarer Kantaten häufig, aber nicht immer ab. Als Oboist ist auch der ehemalige Stadtpfeifer und Kammerdiener des Prinzen Johann Ernst, Gregor Christoph Eylenstein (1682–1749), aktenkundig (⟶ S. 33), der im Sommer 1715 als Cellist Mitglied der Hofkapelle wurde. Der Hof verfügte auch über eine *Hautboisten*-Gruppe, aus der weitere Spieler zu Bachs Aufführungen hinzugetreten sein könnten. Schließlich kommen auch der Weimarer Stadtpfeifer Valentin Balzer und seine drei bis vier Gesellen als Oboisten und Fagottisten in Frage.

Instrumentalisten in Köthen: Zwischen November 1713 und Juni 1714 engagierte Prinz Leopold von Anhalt-Köthen mehrere führende Mitglieder der ehemaligen Berliner Hofkapelle, die der »Soldatenkönig« Friedrich Wilhelm I. unmittelbar nach seinem Amtsantritt 1713 aufgelöst hatte. Unter diesen Mitgliedern befand sich von Anfang an der erste Oboist aus Berlin, Johann Ludwig Rose (1675–1759). Roses Sohn gleichen Namens und offenbar Schüler seines Vaters wirkte im Jahre 1724 zweimal in der Hofkapelle als Oboist mit (Hoppe 1998, S. 49). Ob dies auch während Bachs Amtszeit der Fall war, ist unbekannt. Ein Holzbläser jener Zeit spielte gewöhnlich sowohl Flöten- als auch Oboeninstrumente (einschließlich Fagott); deshalb wäre es ungewöhnlich gewesen, wenn der Flötist der Köthener Hofkapelle, Johann Heinrich Freytag (?–1720), nicht als Oboist einsetzbar war. Mit Sicherheit aber beherrschten die drei Köthener Stadtpfeifer Johann Gottlieb Würdig (?–1728), Adam Ludwig Weber (?–1737) und Johann Jacob Müller das Oboespiel. Somit hätte Bach im Bedarfsfall über mindestens fünf Oboisten verfügen können.

In den Hofinventaren von 1729, 1768 und 1773 werden zwar »2 Hautbois d'Amours« und »Ein alt Basson«, jedoch keine konventionellen Oboen angeführt. Daher dürften die Köthener Oboisten eigene Instrumente gespielt haben.

Instrumentalisten in Leipzig: Oboisten sind in Leipzig seit mindestens 1698 nachweisbar; aus diesem Jahr stammt die Erwähnung von »Französischen Schalmeien«. Bach arbeitete regelmäßig mit zwei Oboisten zusammen, mit dem Stadtpfeifer Johann Caspar Gleditsch (?–1747) und dem Kunstgeiger Johann Gottfried Kornagel. Gleditsch war Bachs erster Oboist, für den er wahrscheinlich mehr Soli schrieb als für jeden anderen Musiker, ausgenommen sich selbst. Die Tatsache, daß Oboen- und Fa-

Oboe
von Jean Jacques Rippert
(tätig vor 1696 bis nach 1716), Paris,
Corpuslänge 59,3 cm;
die akustische Länge (33,16 cm) und
die kleinen Grifflöcher lassen darauf
schließen, daß das Instrument relativ
tief gespielt wurde, wahrscheinlich im
Bereich um $a' = 392$ Hz. Diesen Instrumententypus könnte der Leipziger
Stadtpfeifer Johann Caspar Gleditsch
bei Aufführungen im »tief-Cammerthon« unter Leitung Kuhnaus und
Bachs sowie in der Leipziger Oper
verwendet haben.

(Musikinstrumenten-Museum
der Universität Leipzig)

Oboe d'amore

gottpartien häufig in unterschiedlichen Sätzen ein und derselben Kantate auftreten, läßt darauf schließen, daß Gleditsch auch Fagott spielte. Ebenso wie Bach könnte sich Gleditsch gelegentlich auf Konzertreise außerhalb Leipzigs befunden haben. Möglicherweise war dies für mehrere Monate um den Jahreswechsel 1725/26 und zu Beginn des Jahres 1727 der Fall, wo in Bachs Kantatenaufführungen Oboensoli fehlen oder durch andere Instrumente ersetzt wurden.

Zumindest durch die regelmäßigen Reisen des sächsischen Kurfürsten nach Leipzig dürften die dortigen Oboisten mit jenen des Dresdner Hofs in Kontakt gekommen sein, allen voran mit François La Riche (1662–ca. 1733), Johann Christian Richter (1689–1744) u.a. Diese könnten gelegentlich bei Aufführungen von Bachs Leipziger Collegium musicum mitgewirkt haben. Ein weiterer der führenden deutschen Oboisten jener Zeit war Georg Philipp Telemanns Schwager Johann Michael Böhm (ca. 1685–nach 1753), Konzertmeister (!) der Darmstädter Hofkapelle. Böhm war Adressat zahlreicher Oboensoli Telemanns und hatte von ca. 1705 bis 1711 dessen ehemaligem Leipziger Collegium musicum angehört. In späterer Zeit kehrte er öfter nach Sachsen zurück. Deshalb kommt auch er als Solist des Bachschen Collegium musicum in Frage.
Literatur: Bunge (1905); Cowdery (1989); Denton (1977); Dürr (1987); Haynes (1992); Haynes (i. Vorb.); Heyde (1985); Hoppe (1998); Prinz (1979); Rifkin (1983); Waterhouse (1993); Young (1993).

Bruce Haynes
(Übersetzung: Siegbert Rampe)

Oboe d'amore

Termini der Bach-Zeit: *Hautbois d'amour* (Walther 1732, Christoph Graupner u.a.), *Oboe d'amour* (Georg Österreich, Georg Philipp Telemann), *Hoboe d'amour, Liebes Hoboe* (Telemann), *Hautbois [Anglois]* A# (Johann Kuhnau).
Termini bei Bach: Meist *Hautbois d'Amour* oder *Hautb: d'Amour,* gelegentlich auch *Oboe d'amour, Obboe d'Amour, Oboe 1 d'Amore Solo* und *Hautbois d'Amore* (autographe Partituren, Originalstimmen).
Kurzbeschreibung: Die Bauweise der Oboe d'amore entsprach grundsätzlich der Oboe, allerdings war jene etwa 3 cm länger, besaß eine dickere Wandung und ein birnenförmiges Schallstück. Weder der Bohrungsdurchmesser noch die Größe der Grifflöcher beider Instrumente unterschieden sich wesentlich. Die Oboe d'amore erklang jedoch um drei Halbtöne tiefer als die herkömmliche Oboe, weil die Grifflöcher in Relation zum Windkanal deutlich (etwa 2,5 cm) tiefer plaziert waren. Zudem war das Schallstück, die sog. »Liebesbirne«, außerordentlich kurz, erweiterte den Windkanal im Verhältnis zu den tiefergelegenen Grifflöchern also nicht. Schließlich fehlten in der Schallbirne der Oboe d'amore die beiden Klanglöcher, über die das Fußstück der herkömmlichen Oboe verfügte. Durch diese Bauunterschiede änderten sich die Proportionen des Instruments wesentlich; sie erzeugten eine spezifische akustische Situation, so daß Klang und Spielgefühl einer Oboe d'amore von jenen anderer Oboeninstrumente erheblich abwichen. Eine der Konsequenzen des Fehlens von Klanglöchern im Schallstück bestand darin, daß mit dem Fingersatz 123 456 8 ein Grundton von guter Qualität zu erzeugen war, während derselbe Fingersatz auf der konventionellen Oboe oft einen zu hohen Grundton hervorrief. Diesen Effekt könnte Bach vor Augen gehabt haben, als er die Solopartie der Erstfassung von *Concerto* BWV 1055 demonstrativ mit dem Grundton a begann.
Material: Meist Buchsbaum ohne Beschläge, 2–3 Messingklappen.
Instrumentenmacher in Mitteldeutschland: Von Leipziger Instrumentenbauern der Bach-Zeit blieben mehr Oboi d'amore erhalten als jene von anderen Regionen zusammengenommen. Unter den Leipziger Instrumentenmachern sind Johann Gottfried Bauer(mann) (1666–1721), Johann Heinrich Eichentopf (ca. 1686–1769), Johann Pörschmann (1680–1757) und Johann Cornelius E. Sattler (ca. 1691–1739) hervorzuheben, in Nürnberg wirkten Johann Jacob Denner (1681–1735) und Johann Wilhelm Oberlender I (1681–1763), in Roding Johann Andreas Kenigsperger (?–nach 1753) und an unbekanntem Ort im deutschen Sprachraum W. Kress (erstes Drittel des 18. Jahrhunderts).
Notierung: In den ersten Monaten seiner Leipziger Tätigkeit notierte Bach die Partien für Oboe d'amore in Originalstimmen und autographen Partituren auf fünf verschiedene Arten: je nach Bedarf im G-Schlüssel auf der zweiten und im C-Schlüssel auf der ersten Linie oder wohl im G-Schlüssel auf der zweiten und G-Schlüssel auf der ersten Linie (Dürr 1977, S. 43), in Klangnotation (C-Schlüssel auf der ersten Linie), als Griffnotation im G-Schlüssel auf der zweiten Linie

Oboe d'amore

(um eine kleine Terz nach oben transponiert) und als Griffnotation im G-Schlüssel auf der ersten Linie. Danach ging er zur untransponierten Notation im G-Schlüssel auf der zweiten Linie über. Notierung in der Partitur: siehe *Oboe*.

Tonumfang bei Bach: Gegriffen c'–e''' (klingend a–cis''').

Klangcharakteristika und Verwendung bei Bach: Die Oboe d'amore trat erstmals um 1715 in Erscheinung und wurde offensichtlich in Leipzig erfunden. Der größte Teil an frühen Werken für dieses Instrument stammt von Komponisten, die zu Leipzig in enger Beziehung standen. Der dortige Stadtpfeifer Johann Caspar Gleditsch (?–1747) führte im Jahre 1722 nachweislich ein Solo auf der Oboe d'amore auf. Er könnte Bachs Interesse an diesem Instrument geweckt oder gesteigert haben, als dieser im Folgejahr nach Leipzig kam.

Schon in einem seiner Probestücke für das Leipziger Thomaskantorat zum 7. Februar 1723 (Kantate BWV 23) besetzte Bach zwei Oboi d'amore. Ursprünglich komponierte er das Werk in c-Moll für herkömmliche Oboen, die er erst im letzten Moment mittels Transposition nach h-Moll durch Oboi d'amore ersetzte – vielleicht als Geste gegenüber dem Leipziger Stadtrat und seinen Musikern.

Ungefähr die Hälfte der erhaltenen Oboenpartien Bachs sind für Oboe d'amore bestimmt, er berücksichtigte das Instrument erneut in seiner Antrittsmusik als Thomaskantor am 30. Mai 1723 (Kantate BWV 75) und in mindestens acht weiteren Kantaten aus seinem ersten Amtsjahr. Die Urfassungen von zwei Konzerten – D-Dur BWV 1053 und A-Dur BWV 1055 – lassen sich ebenfalls mit der Oboe d'amore in Verbindung bringen.

Instrumente in Leipzig: Bau und Spiel der Oboe d'amore waren im wesentlichen ein deutsches Phänomen, und ihr Repertoire ist ebenfalls nahezu ausschließlich deutscher Herkunft. Über den zeitgenössischen Namen *Hautbois d'amour* hinaus existieren weder Beziehungen zu Frankreich noch französische Kompositionen für dieses Instrument.

Das vielleicht älteste erhaltene Werk für Oboe d'amore, Christoph Graupners Kantate *Wie wunderbar ist Gottes Güt* (datiert Darmstadt, 1717), wurde für Johann Michael Böhm (ca. 1685–nach 1753) komponiert, der in Leipzig ausgebildet worden war und dorthin auch von Darmstadt aus Beziehungen unterhielt (⟶ S. 284).

Die Geschichte der Oboe d'amore ist anhand der Solo- und Ensemblewerke für das Instrument nachvollziehbar. Zwei Drittel des Repertoires entstanden in den 13 Jahren zwischen 1717 und 1730, nahezu das ganze übrige Drittel zwischen 1730 und 1760 und nicht einmal 2 % nach 1760. Die Hochblüte des Instruments erstreckte sich somit über mehr als ein Dutzend Jahre nach seinem Erscheinen in der Literatur, seine Bedeutung war nach gut 40 Jahren geschwunden.

Obwohl die Oboe d'amore vor allem wegen ihrer spezifischen poetischen Eigenschaften geschätzt wurde, bestand ein praktischer Grund für das Interesse, das Bach und seine Komponistenkollegen dem Instrument entgegenbrachten, in der Tonart seiner Stimmung: A-Dur. Bach war offensichtlich in die Tonarten fis-Moll und h-Moll verliebt, in denen viele seiner Soli für Oboe d'amore stehen. Für die herkömmliche Oboe hingegen verlangte er diese Tonarten nur selten. Auf der Oboe d'amore wiederum entsprachen fis-Moll und h-Moll den fingersatztechnisch günstigen Tonarten a-Moll und d-Moll.

Literatur: Michael Finkelman und Hans-Otto Korth in MGG[2], *Sachteil* 7 (1997), Sp. 551f.; Michael Finkelman in *NGroveD II* (i. Vorb.); Koch (1980); Walther (1732, S. 304).

Oboe d'amore
von Johann Cornelius E. Sattler
(ca. 1691–1739),
Leipzig, ca. 1730,
Corpuslänge 61,6 cm,
mit originalem Mundrohr
aus Messing

(Germanisches Nationalmuseum
Nürnberg)

Bruce Haynes
(Übersetzung: Siegbert Rampe)

Fagott

Termini der Bach-Zeit: Laut Speer (1697, mit Grifftabelle), Fuhrmann (1706), Walther (1708 & 1732), Mattheson (1713), Majer (1732, mit Grifftabelle), Zedler (1733) und Eisel (1738, mit zwei Grifftabellen) *Bass-Fagott, Fagott, Fagotto, teutscher Basson, Basson, Bassono, Frantzösischer Fagott.*

Termini bei Bach: *Bassono, Fagotto* (autographe Partituren, Originalstimmen). *Fagotto* meint in einigen Kantaten aus Weimarer Zeit und früher offenbar das Chorist-Fagott, den Dulzian. In autographer Quelle bzw. Originalstimmen erscheint der Terminus *Bassono* erstmals in der Kantate BWV 208 (1712/13). *Bassono grosso* tritt nur in der letzten Fassung der »Johannes-Passion« BWV 245 von 1749 auf (vgl. *Violone grosso* in den Kantaten BWV 149, 205, 208 und 241 sowie im »Brandenburgischen Konzert 1« BWV 1046).

Kurzbeschreibung: Holzblasinstrument mit *Doppelrohrblatt*. Beim älteren Typus (Dulzian) ist die konische Röhre in einem einzigen Holzblock doppelt gebohrt; der jüngere Typus, entstanden um 1670, besteht aus einem wenigstens vierteiligen Corpus. Die ursprüngliche Zahl der acht Grifflöcher bleibt erhalten, die Anzahl der Klappen erhöht sich auf drei. Die vierte, seitlich angebrachte Kleinfingerklappe stabilisiert in der ersten Hälfte des 18. Jahrhunderts (wie bei den Oboen) die noch heute übliche Spielhaltung: rechte Hand unten – linke oben. Der bekannte Kupferstich bei Weigel (ca. 1722) zeigt den Fagottisten allerdings noch in umgekehrter Griffhaltung.

Material: Buchsbaum- und Ahornholz, Klappen und Zwingen aus Messing (teilweise versilbert).

Instrumentenmacher in Mitteldeutschland: Johann Christoph Denner (1655–1707) in Nürnberg, Andreas Eichentopf (ca. 1670–1721) in Nordhausen/Harz, Johann Gottfried Bauer(mann) (1666–1721), Johann Gottlob Bauer(mann) (1696–ca. 1736), Johann Heinrich Eichentopf (ca. 1686–1769) sowie Johann Pörschmann (ca. 1680–1757) in Leipzig. Kammerrechnungen und Inventarien der Hofkapellen in Weimar und Köthen bezeugen den Besitz von Fagotten, auch die Leipziger Hauptkirchen besaßen »Dienstinstrumente«, für das Leipziger Collegium musicum hatte der Cafétier Gottfried Zimmermann u.a. zwei Fagotte angeschafft. Namentlich bekannte Fagottisten der Weimarer bzw. Köthener Hofkapellen sind Bernhard George Ulrich bzw. Johann Christoph Torlée; in Leipzig spielte meist der jeweilige Stadtpfeifer-Geselle oder ein Student Fagott.

Notierung in der Partitur: Für über 50 Werke Bachs sind separate Fagottpartien überliefert, darüber hinaus wurde das Fagott auch in weiteren Kompositionen besetzt. Seine Stimme ist auf einem gesonderten System als Baß des Oboenchores notiert (»Brandenburgisches Konzert 1« BWV 1046, Eingangschor der Kantate BWV 110 [Umarbeitung der *Ouverture* 4 BWV 1069/1]).

Tonumfang bei Bach: maximal B'–a' (notiert im Kammerton mit Fußton auf B'. Notation ausschließlich im Baßschlüssel). BWV 1046/1046a: C–es'; BWV 1066: C–f'; BWV 1069: C–fis'.

Klangcharakteristika und spezifische Verwendung bei Bach: Die Bezeichnung *Fagotto* tritt nur in Mühlhausener und Weimarer Kantaten sowie in Werken ohne oder mit nur einer einzigen Oboe auf. Dagegen findet sich *Bassono* von 1708 an bis in Bachs letzte Lebensjahre schon früh im Verbund mit mehreren Oboen und zu besonderen Anlässen. Der funktionale und klangliche Unterschied von der reinen Continuo-Verstärkung hin zum obligaten Baß des Oboenchores war offensichtlich mit dem neuen obertonreichen und modulationsfähigen *Bassono* gegeben. Der verschmelzungsfähige Klang eines *Bassono grosso* ist mit dem Klang eines modernen Kontrafagotts nicht zu vergleichen. Die obligate Baßverwendung – ohne weiteres Continuo-Instrument –

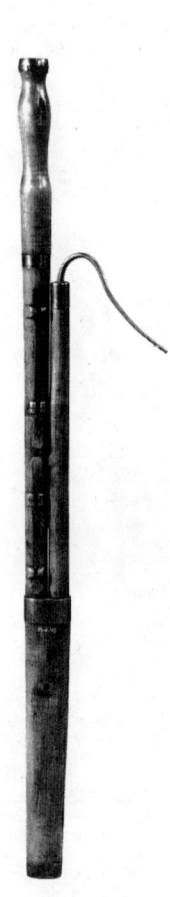

Vierteiliges Fagott von Johann Heinrich Eichentopf (ca. 1686–1769), Leipzig, ca. 1730, Corpushöhe 126,9 cm (Germanisches Nationalmuseum Nürnberg)

reicht vom Quartettsatz mit drei Oboen in der *Ouverture* 4 BWV 1069 über Trio-Abschnitte in der *Ouverture* 1 BWV 1066 bis hin zu »klassischen« Sätzen nach dem Vorbild Jean-Baptiste Lullys: dem *Trio à 2 Hautbois è Baßono* im »Brandenburgischen Konzert 1« BWV 1046 bzw. in der *Sinfonia* BWV 1046a und in der *Bourrée 2* von BWV 1066. Eine selbständige Achtelumspielung der Continuo-Stimme ist in der *Bourrée 2* von BWV 1069 zu beobachten, eine gewisse Eigenständigkeit der Fagottpartie in deren *Gavotte* (T. 7f. und 19f.). Da zu den Orchesterwerken keine originalen Fagottstimmen erhalten sind, lassen sich allenfalls Rückschlüsse aus überlieferten Stimmen zu Vokalwerken ziehen. Häufig ist zu beobachten, daß mehrere Spieler (Fagott, Violoncello und/oder Violone) aus einer einzigen Stimme zu spielen hatten. Die Veränderung klanglicher und damit auch dynamischer Register wurde durch Beischriften (beispielsweise *tutti li Bassi* oder *Bassoni solo* in der Kantate BWV 97) eindeutig geregelt.

Literatur: Günter Angerhöfer in MGG², *Sachteil* 3 (1995), Sp. 270; Brandt (1968); Geck (1994); Jansen (1979); Prinz (1981); Paul Rubardt in MGG 16 (1979), Sp. 25; William Waterhouse in *NGroveD of Musical Instruments* 1 (1984), S. 176.

Ulrich Prinz

Trompete

Termini der Bach-Zeit: Laut Speer (1697), Mattheson (1713), Walther (1732), Zedler (1745) und Altenburg (1795) *Trompet, Trompette, Trompete, Clarino, Tromba.*
Termini bei Bach: *Tromba, Clarino, Principale, Trompette* (autographe Partituren, Originalstimmen).
Kurzbeschreibung: Zur Bach-Zeit existierten wenigstens drei Bauformen: die einwindige *Langtrompete* (mit teleskopartigem Mundrohr als Zugtrompete), die zweiwindige *Kurztrompete* und die zirkulär gewundene Trompete.
Material: Messing; Hülsen, Knauf und Zierkranz zum Teil versilbert. Mundstücke, die ganz entscheidenden Einfluß auf die Klangfarbe haben, sind nur selten original erhalten, da völlig individuell und beim Spieler verbleibend.
Instrumentenmacher in Mitteldeutschland: Johann Wilhelm Haas (1649–1723), Friedrich Ehe (1669–1742) und Johann Carl Kodisch (1654–1721) in Nürnberg, Johann Heinrich Eichentopf (ca. 1686–1769), Heinrich Pfeiffer (1652–1718) und Johann Friedrich Schwabe (ca. 1717–1782) in Leipzig.
Notierung in der Partitur: Transponierende Schreibweise in C ohne Angabe der Stimmung (weder in Partitur noch Stimmen). Der Chor von drei Trompeten samt Pauken ist bei Bach in den ersten Systemen der Akkolade notiert (Ouvertüren 3 BWV 1068 und 4 BWV 1069 sind nicht in autographer Partitur erhalten). Auch die solistische Trompetenpartie im »Brandenburgischen Konzert 2« BWV 1047 wurde im obersten System plaziert. Möglicherweise spiegelt diese Art der Partituranordnung, die sich auch bei zeitgenössischen Komponisten findet, die den Stadtpfeifern und Kunstgeigern übergeordnete soziale Stellung der »Heroisch-musikalischen Trompeter- und Pauker-Kunst«. Diese war Teil der »Kunst« genannten Innung des künstlerischen Handwerks (⟶ S. 24). Die Trompeter- und Pauker-Zunft achtete streng auf Einhaltung kaiserlicher Privilegien und Mandate. Da Leipzig keine fürstliche Hofhaltung besaß, konnten sich Stadtpfeifer und Studenten auf einen besonderen Passus in den erweiterten Privilegien von 1653 berufen (Zedler 1745, Sp. 1126).
Tonumfang und -vorrat bei Bach: Trompete im Chorton C (=Kammerton D), notiert von g–e''' (3.–20. Naturton), vollchromatisch von b'–c'''. Dieser maximale Umfang bei Bach wird in den Orchesterwerken nie erreicht: BWV 1047 und 1069 erstrecken sich vom 4. bis 18. Naturton, BWV 1068 bis zum 16. Auch der chromatische Tonvorrat ist in beiden Ouvertüren (BWV 1068 und 1069) eingeschränkt; dies dürfte ein zusätzlicher Fingerzeig für die nachträgliche Besetzung mit einem Trompeten-Pauken-Chor sein. Einzig im »Brandenburgischen Konzert 2« wird die »kammertönige F-Trompete oder die französische« (Altenburg 1795) verlangt (⟶ S. 316). An die Musiker werden hohe Anforderungen gestellt, mittels *Clarinblastechnik* müssen selbst die außerhalb der Naturtonreihe liegenden Töne durch »Treiben« oder »Fallenlassen« »herausgezwungen« (Walther 1732) werden. Die *Prinzipal-Lage* erstreckt sich etwa zwischen dem 3. und 8. Naturton, die *Clarin-Lage* vom 8. Naturton an aufwärts. Bislang konnten an erhaltenen barocken Trompeten keinerlei Überblas- oder Transpositionslöcher zur Intonationskorrektur nachgewiesen werden. Diese sind hingegen vielfach Bestandteil moderner Nachbauten von Naturtrompeten.

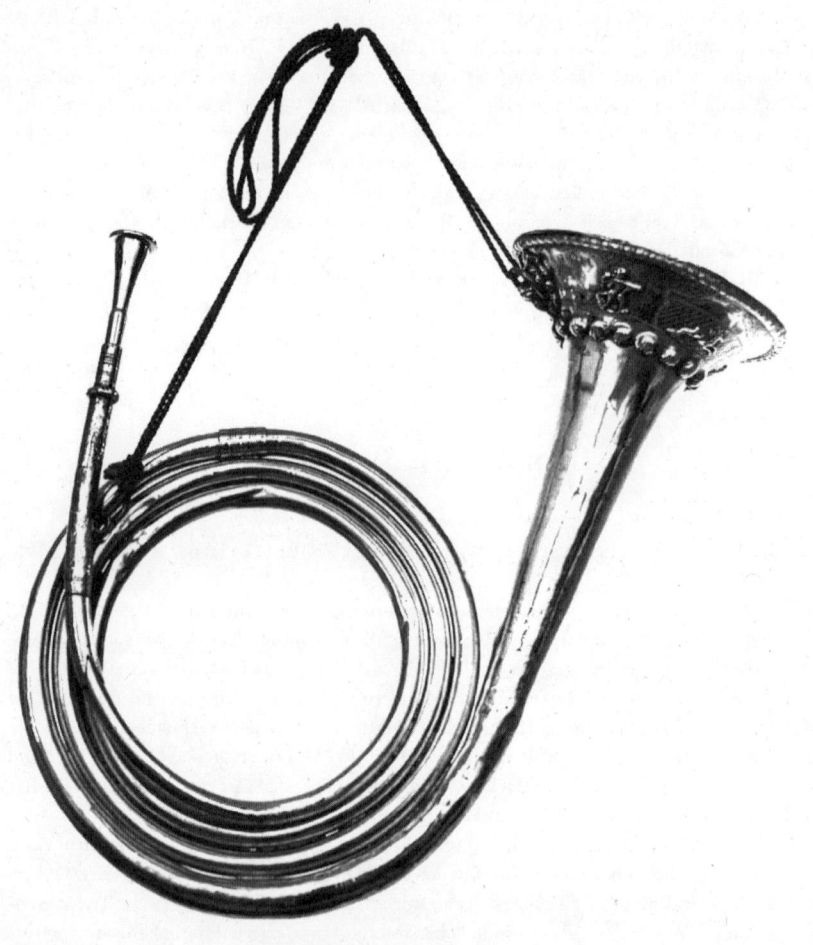

Trompete

Häufig wird die Vermutung geäußert, Bach habe die Partie des »Brandenburgischen Konzerts 2« für den 1667 in Weißenfels geborenen Johann Gottfried Reiche (gestorben 1734) geschrieben. Bachs enge Verbindungen zum Weißenfelser Hof sind bekannt, sein zweiter Schwiegervater und drei Schwäger (seit 1721) standen als Trompeter in Diensten der dortigen Herzöge. Die Widmungspartitur der sechs »Brandenburgischen Konzerte« datiert vom 24. März 1721, eine Verbindung zwischen Bach und Reiche ist jedoch für den Zeitraum bis zu diesem Datum bislang nicht belegt.

Schon um 1688 wurde Reiche Stadtpfeifer-Geselle in Leipzig, 1700 Kunstgeiger, 1706 Stadtpfeifer, 1719 deren Senior. Bach kam erst 1723 nach Leipzig und wurde von den besonderen Fähigkeiten Reiches sicherlich stark beeinflußt.

Reiche wurde mit zirkulär gewundener Trompete 1727 von Elias Gottlieb Haußmann (1695–1774) portraitiert – ein Zeichen besonderer Wertschätzung.

Zirkulär gewundene Trompete in D
von Johann Wilhelm Haas (1649–1725), Nürnberg, 1688,
Windungsdurchmesser 25,5 cm

(Trompetenmuseum der Stadt Bad Säckingen)

Anlaß der Verwendung: Zu den Hauptfesten des Kirchenjahres, bei Ratswechseln, Huldigungen und Feiern der Universität erweitert Bach sein Orchester als Zeichen geistlicher oder weltlicher Macht und Prachtentfaltung um einen Trompeten-Pauken-Chor. Häufig betrifft dies die Rahmensätze eines Werkes, gelegentlich auch Binnensätze, sofern die tonartlichen Voraussetzungen gegeben sind – etwa in den Ouvertüren 3 BWV 1068 und 4 BWV 1069.

Klangcharakteristika: Dünnwandige Instrumente ermöglichen eine weiche Klanggebung, die gut zeichnet, mit der übrigen Bläsern verschmelzen kann und selbst im »Brandenburgischen Konzert 2« *Flauto* und *Hautbois* keineswegs übertönen muß.

Literatur: Christian Ahrens in MGG², *Sachteil* 9 (1998), Sp. 879; Altenburg (1973); Boresch (1993); Heyde (1985); Hofmann (1997); Prinz (1979), S. 217; Rifkin (1997); Smithers (1987); Edward H. Tarr in *NGroveD of Musical Instruments* 3 (1984), S. 639; Tarr (³1994); Vetter (1953); Wolf (1997); Wörthmüller (1954 und 1955).

Ulrich Prinz

Pauken

Termini der Bach-Zeit: Laut Speer (1697), Fuhrmann (1706), Mattheson (1713), Walther (1732), Hiller (1767/68) und Altenburg (1795) *Heerpaucken, Paucken, Tamburi, Timpani.*
Termini bei Bach: *Tamburi, Timpali, Paucken* (autographe Partituren, Originalstimmen).

Ein Paar Pauken
Deutschland, datiert 1730, mit Gravur »F.M.A.L.«
Kesseldurchmesser hohe Pauke 55,5 cm, tiefe Pauke 62,0 cm
(Musikinstrumenten-Museum im Münchner Stadtmuseum)

Kurzbeschreibung: *Kessel* aus Kupfer, Messing oder Silber, oft mit Wappen und anderen Gravuren versehen; eiserne Beschläge; Mechanik zur Stimmung des Tierfells basiert auf einer Verbindung von eisernen Wickelstreifen und 6–8 (und mehr) Stimmschrauben; Metallgestell (eiserner *Dreifuß*); Auflage teilweise mit Leder überzogen. *Scheibenkopfschlegel* aus Holz (Pflaumen-, Birnbaum u.a.); Köpfe ornamental gedrechselt, »welche fornen in einer Rädlings Form gedrähet« (Speer 1697); Stiele durchbohrt zur Aufnahme eines Lederbandes.

Notierung und Tonumfang bei Bach: In den Partituren jeweils unter dem Trompeten- oder Hörnerchor als deren Fundamentstimme im Baßschlüssel notiert; transponierend in Quarten c-G (ohne Vorzeichen) bzw. in Quinten d-G für G-Dur. Mündlich tradierte »Manieren« (Ornamente etc.), nur in wenigen Werken sind Triller (Wirbel) tatsächlich notiert (beispielsweise in den Ouvertüren 3 BWV 1068 und 4 BWV 1069).

Klangcharakteristika: Die Tonhöhe eines mit Scheibenkopfschlegeln ausgeführten Wirbels ist wegen des hohen Geräuschanteils nicht sehr gut erkennbar. Die Schlagmanieren waren trommelartig, kleinste Notenwerte sind immer geradzahlig notiert. Pausieren wegen fehlenden Tonvorrats bei Modulationen, auch als Mittel der Steigerung eingesetzt. Primär erklingen Grundtöne auf dem Tonika- oder Dominantakkord, es kann sich aber auch um Terz oder Quinte eines anderen Akkordes handeln.

Horn

Literatur: James Blades in *NGroveD of Musical Instruments* 3 (1984), S. 586; Boresch (1993); Buchta (1996); Harald Buchta in MGG², *Sachteil* 7 (1997), Sp. 1513; Prinz (1979).

Ulrich Prinz

Horn

Termini der Bach-Zeit: Laut Walther (1708 & 1732), Mattheson (1713), Majer (1732) und Eisel (1738) *Corno da Caccia, Corno di Caccia, Corneto di Caccia, Chor de Chasse, Cor de Chasse, Wald-Horn*.
Termini bei Bach: *Corno, Corno da Caccia, Corne du Chasse* (autographe Partituren, Originalstimmen).
Kurzbeschreibung: Ein- bis vierfach zirkulär gewundenes Blechblasinstrument; konische Röhre und Stürze aus Messing; trichterförmiges Mundstück. Zur Bach-Zeit sind zwei unterschiedliche Typen zu unterscheiden: das sog. *Parforcehorn* und das *Waldhorn*. Das seit etwa der Mitte des 17. Jahrhunderts hauptsächlich als Signalinstrument zur Jagd verwendete Parforcehorn (auch *Trompe de chasse* genannt) ist ein- bis zweiwindig und eng mensuriert; sein Kreisdurchmesser von ca. 50 bis 70 cm gestattete das Tragen über der Schulter während der (berittenen) Parforcejagd. Hieraus wurde an der Wende zum 18. Jahrhundert von den Wiener Blechblasinstrumentenbauern Michael (1676–1746) und Johannes (1679–nach 1725) Leichnamschneider das kleinere Waldhorn (laut Walther 1708 & 1732 *Corno di Caccia* oder *Corne de Chasse* genannt) entwickelt, zwei- bis vierwindig sowie mit einem Kreisdurchmesser von etwa 24 bis 41 cm, einer weiteren Mensur und einem größeren Schalltrichter. Diese Instrumente dienten vorrangig der Kunstmusik, ihre Stimmungen sind durch Aufsteckbögen veränderbar; am häufigsten verlangt wurden Stimmungen in F, G, D und C.
Instrumentenmacher in Mitteldeutschland: Außer den Gebrüdern Leichnamschneider in Wien auch die im Abschnitt *Trompete* (S. 287) angeführten Werkstätten.
Notierung in der Partitur: Wie Trompete(n), bei der *Sinfonia* BWV 1046a und dem »Brandenburgischen Konzert 1« BWV 1046 transponierende Notation.
Tonumfang und -vorrat bei Bach: Bach führt das Horn nie über den 18. Naturton (notiert als d''') hinaus. Laut Abbildungen des frühen 18. Jahrhunderts wurden Hörner zunächst fanfarenartig mit emporgerichteten Trichtern gespielt; im Laufe des Jahrhunderts führte man die rechte Hand zur Stabilisierung in den Trichter ein, woraus sich die *Stopftechnik* entwickelte: Durch Verändern der Handstellung läßt sich die Tonhöhe von Naturtönen korrigieren, was eine nahezu chromatische Skala ermöglicht. Hohe Töne sind wie bei der Trompete durch *Clarinblastechnik* zu erzeugen. Bislang konnten auch an erhaltenen barocken Hörnern keinerlei Überblas- oder Transpositionslöcher zur Intonationskorrektur ermittelt werden (⟶ *Trompete*, S. 287). Es steht zu vermuten, daß bereits die Hornpartien der *Sinfonia* BWV 1046a und des »Brandenburgischen Konzerts 1« BWV 1046 unter Verwendung der Stopftechnik (zur Korrektur beispielsweise der Töne h', fis'' und a'') ausgeführt wurden (Funke 1995).
Verwendung und Sozialstatus: 1682 war der später auch mit Bach bekannte Graf Franz Anton von Sporck (1662–1738) von einer zweijährigen Kavaliersreise durch Europa nach Böhmen zurückgekehrt und führte aus Frankreich die Parforcejagd ein. Sie wurde im mitteleuropäischen Raum und vor allem im habsburgischen und sächsischen Einflußbereich bald zur bevorzugten Form der »Freizeitgestaltung« aristokratischer Kreise.

Gleichzeitig entwickelte sich eine böhmische Horntradition, indem reisende »Waldhornisten« mitteldeutsche Städte und Höfe besuchten, so 1715 und 1716 auch Weimar (Schulze 1981, S. 25) sowie 1721 und 1722 Köthen (Smend [1951], S. 153).

Schon früh ist die Festanstellung von Hornisten an mitteldeutschen Höfen und das Spiel von Horninstrumenten durch Stadtpfeifer nachweisbar: seit 1706 in Weißenfels, seit 1710 in Dresden und Wolfenbüttel, seit 1714 in Gotha, spätestens 1716 in Querfurt und 1718 in Jena, vor 1722 auch in Leipzig. Hoftrompeter griffen ebenfalls zum Horn; dieser Instrumentenwechsel geht sowohl aus Musikalien als auch aus Abbildungen von Trompetern (mit Hörnern in Griffweite) hervor (Streitwieser 1981). Als Symbol von Jagd, Wald und Natur im allgemeinen findet das *Corno da caccia* schon im Jahre 1705 Eingang in Dietrich Buxtehudes (1637–1707) Abendmusik *Templum honoris* BuxWV 135 und Reinhard Keisers (1674–1739) Oper *Octavia*.

Horn

    Offenbar unterlag das Horn ebenfalls den Privilegien und Mandaten der Trompeterzunft (S. 287): Noch 1726 wurde einem Leipziger Bürger der Prozeß gemacht wegen »Blasen auf par-Force Hörnern, denen allergndgst. Trompetermandaten zuwider« (Schering 1941, S. 152f.).

    Die Köthener Hofinventare von 1729, 1768 und 1773 enthalten gleichzeitig bis zu sechs Hornpaare (in C, Es, E, F, G und A) nebst »Krummbogen«, zwei davon (in Es und G) von Johann Heinrich Eichentopf (ca. 1686–1769) in Leipzig, eines datiert »1733«.

Klangcharakteristika: Engmensurierte Parforcehörner erzeugen einen sehr hellen, trompetenähnlich schmetternden Ton, weitmensurierte Waldhörner eine »horntypisch« dunkle, weiche Klangfarbe, die sich mit Kammermusik- und Orchesterformationen gut mischt und eine flexiblere Ton- und Dynamikgestaltung ermöglicht. Die Verbreitung der Stopftechnik gestattete weitere klangliche Differenzierungen, so daß »man glaubt, wenn ein paar Virtuosen auftreten, nicht den Ton von Blechinstrumenten sondern eine Flöte von einer Gambe begleitet zu hören« (Gerber 1792).

Literatur: Christian Ahrens in MGG², *Sachteil* 4 (1996), Sp. 361; Brüchle & Janetzky (1977); Bunge (1905); Dahlqvist (1992); Fitzpatrick (1970); Funke (1995); Hoppe (1998); Landmann (1989); MacCracken (1992); Schering (1941); Schulze (1981); Schulze (1989); Smend (1951); Smithers (1987); Streitwieser (1981).

Ruth Funke

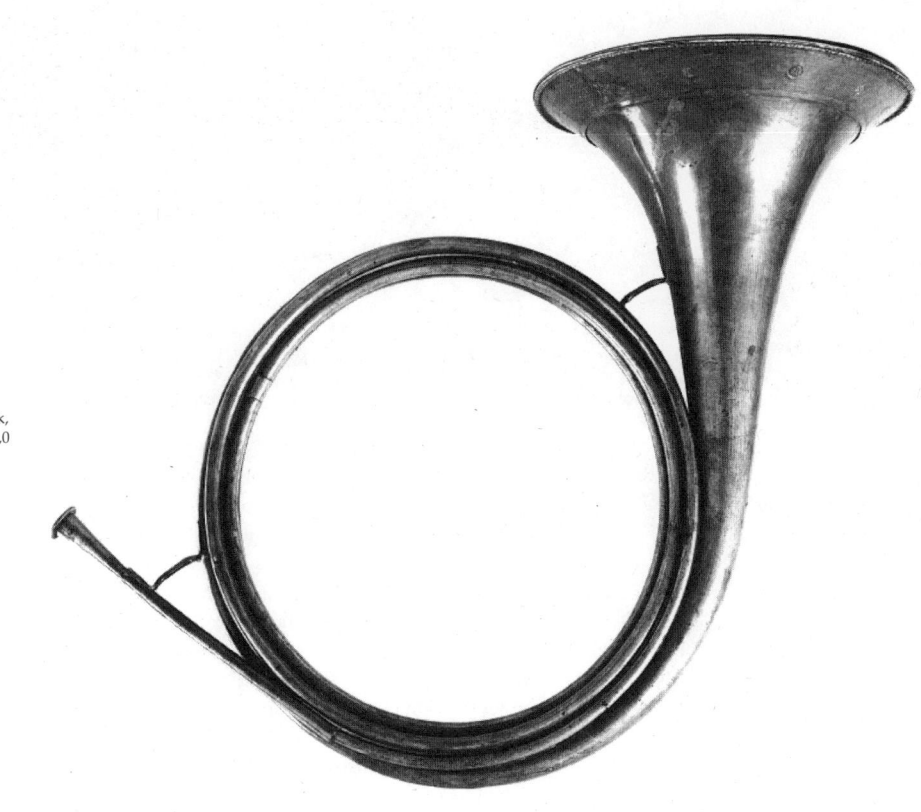

Waldhorn in D
von Friedrich Ehe
(1669–1743),
Nürnberg, ca. 1720,
mit originalem Mundstück,
Windungsdurchmesser 33,0
cm

(Germanisches
Nationalmuseum
Nürnberg)

Streichinstrumente und ihre Spielpraxis

Violine

Termini der Bach-Zeit: Laut Walther (1708 & 1732) *Violin, Violino, Violine, Violon, Discant-Geige.*
Termini bei Bach: *Violin, Violino* (autographe Partituren, Originalstimmen).
Kurzbeschreibung: Resonanzkörper mit aus dem vollen Holz gestochenen Wölbungen, über den vier Darmsaiten gespannt sind. Die Konstruktion des Corpus mit zwei *f*-förmigen Schallöchern dient hauptsächlich dazu, die Schwingungen der Saiten zu verstärken. Die Saiten werden ihrerseits durch Reibung der gespannten Pferdehaare eines Streichbogens zum Schwingen angeregt; ein hölzerner *Steg* überträgt diese auf das Corpus. Vom Corpusinneren her wird der Steg durch zwei Verstärkungen gegengestützt: 1. durch den auf der Diskantseite zwischen Boden (meist Ahorn) und Decke (Fichte, seltener Tanne) geklemmten *Stimmstock* (*Stimme*), der die Schwingungen auf den Boden weiterleitet; 2. durch den *Baßbalken*, eine baßseitig unter die Decke geleimte Holzleiste, die die Schwingungen der tiefen Frequenzen über die Decke verteilen soll.

Violine von Johann Heinrich Ruppert (ca. 1680–1748), Erfurt, 1728,
im Originalzustand (ausgenommen Besaitung, Steg und Stimme), Corpuslänge 35,5 cm; der originale Saitenhalter wurde 1796 anläßlich einer Reparatur nachgeschnitten. Obwohl das Instrument am Bedarf nicht-professioneller Spieler orientiert ist (einfacher Lack, aufgemalte »Einlagen«), lehnt es sich eher an italienische als an deutsche Vorbilder an
(Musikhistoriska Museet Stockholm)

Die Art, wie die Saiten über das Corpus geführt werden, steht in direktem Verhältnis zum Saitenmaterial, das in erster Linie für die Tonformung, aber auch für Ansprache und Lautstärke verantwortlich ist. Zur Bach-Zeit bestanden Saiten aus blankem Darm, allein die G-Saite war mit Silber- oder Kupferdraht umsponnen (offene Umwicklung).[1] Durch ihren relativ großen Durchmesser haben blanke Darmsaiten die notwendige Masse, um einen klaren, kräftigen Ton zu erzeugen; sie üben allerdings einen deutlich geringeren Druck auf das Instrument aus als ein heutiger Bezug mit einem Kern aus synthetischen Fasern oder Chromstahl. Die an der Klangformung, -übertragung und -verstärkung beteiligten Komponenten (Steghöhe, Saitenwinkel, Länge und Neigung des Halses, Durchmesser von Stimme und Baßbalken) waren zur Bach-Zeit generell kleiner dimensioniert als heute.

Das keilförmige Griffbrett war meist mit Ebenholz furniert, um teures Material und Gewicht zu sparen, der Hals in der Regel dicker als heute, da die Violine hauptsächlich mit der linken Hand in ihrer Position gehalten wurde (bei Verwendung fortgeschrittener Spieltechniken auch Stabilisierung des Instruments durch vorübergehenden Kinndruck). Die Halslänge war variabel und reichte von etwa 11,5 cm bis an modernes Maß (ca. 13 cm). Um die für den Klang entscheidende schwingende Saitenlänge bei kürzeren Hälsen auszugleichen, wurde der Steg oft unterhalb der *f*-Loch-Kerben aufgesetzt.

Violine

Stimmung/Tonumfang bei Bach: g–d'–a'–e''. Umfang maximal g–a''', in Bachs erhaltener Orchestermusik g–g''' (Concerto a-Moll BWV 1041 und »Brandenburgisches Konzert 4« BWV 1049).

Instrumente in Weimar: Nach einem wahrscheinlich 1735 erstellten Inventar standen der Hofkapelle nicht weniger als 29 Violinen zur Verfügung, zehn weitere befanden sich in den Privaträumen des regierenden Herzogs Ernst August. Gewiß war an diesem musikinteressierten Hof eine ganze Reihe wertvoller Instrumente vorhanden, denn das Inventar zählt 13 »Cremoneser« und 12 »Steiner«-Instrumente auf. Angesichts der zahlreichen Unstimmigkeiten, die Heyde (1986) im Wortlaut der überlieferten Zettelinschriften aufdeckt, muß jedoch bezweifelt werden, daß diese Angaben in jedem einzelnen Fall die tatsächliche Herkunft eines Instruments bezeichnen: Aus dem Inventar (1748) mit Instrumenten des Eisenacher Hofs, die in den Weimarer Bestand eingegliedert wurden, geht sogar zweifelsfrei hervor, daß mit den Kennzeichnungen »Eine Cremoneser« bzw. »Eine Steiner« lediglich der Bautypus des jeweiligen Instruments gemeint sein konnte; denn das Verzeichnis nennt neben »8. Cremon[es]er Violinen« ausdrücklich »4. Steiner dergl., nehmlich 2. Leipziger und 2. Tyroler« sowie »3. Cremoner von anderer Sorte oder auf Cremoner Art gemachte Violinen«. Eine in Eisenach als »Steiner« bezeichnete Violine konnte demnach sowohl in Leipzig als auch in Mittenwald (das zu Tirol gezählt wurde) gefertigt sein. Unter der Voraussetzung, daß sich auch in Weimar die Herkunftsbezeichnungen zu Markennamen verselbständigt hatten, muß davon ausgegangen werden, daß die Weimarer Hofmusik nicht ganz so hochwertig ausgestattet war, wie es das Inventar von ca. 1735 auf den ersten Blick vermittelt. Immerhin vermerkt das Verzeichnis in einem Fall, daß eine der Violinen »mit einem falschen Steiner Zettul marquieret« sei.

Instrumente in Köthen: Das Inventar von 1729 weist für die Köthener Hofkapelle lediglich sechs Violinen aus. Die beiden wertvollsten, später als Stainer-Instrumente von 1673 und 1675 (mit einem Löwenkopf anstatt einer Schnecke) bezeichnet, befanden sich in den Privatgemächern Fürst Leopolds. Der Köthener Konzertmeister Joseph Spieß hatte

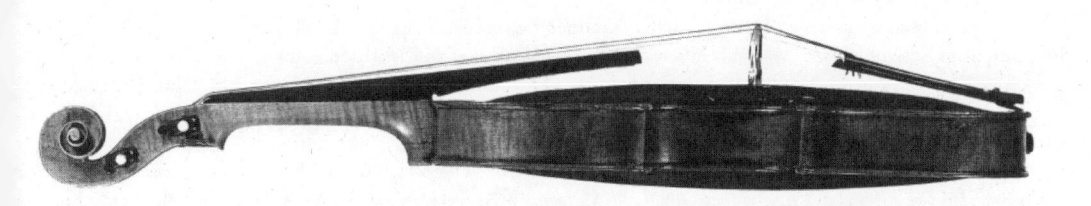

Seitenansicht einer Violine von Jacob Stainer (ca. 1617–1683), Absam (bei Innsbruck), 1679,
im Originalzustand (ausgenommen Besaitung, Steg und Stimme), Corpuslänge 35,6 cm. Halslänge und -winkel
sowie das keilförmige Griffbrett entsprechen Instrumenten der Bach-Zeit
(Privatbesitz USA)

1719 für diese beiden »Innsprucker Violinen« insgesamt 40 Taler erhalten. Zwei weitere Violinen, in die jeweils eine Es-Trompete eingearbeitet war, stammten möglicherweise aus Sachsen; ein gleichartiges Instrument befindet sich heute im Bachhaus Eisenach. Darüber hinaus enthält das Verzeichnis zwei nicht näher identifizierbare Violinen, die wie die große Mehrzahl der erst nach Bachs Weggang von Köthen angekauften Violinen wohl von den besten mitteldeutschen Meistern stammten: Adam Eylenstein (1705–1762) in Weimar, Johann Christian Hasert (1. Hälfte des 18. Jahrhunderts) in Eisenach, Johann Christian Hoffmann (1683–1750) in Leipzig, George Carl Kretschmann (1702–1783) in Markneukirchen/Sachsen, Johann Heinrich Ruppert (ca. 1680–1748) in Erfurt.

Instrumente in Leipzig: Thomas- und Nicolaikirche hatten zur Bach-Zeit sechs Violinen zur Verfügung, wobei unklar bleibt, ob die beiden Kirchen vollständig getrennte Bestände besaßen oder ob in den Inventaren jeweils dieselben Instrumente angeführt sind. 1729 ließ Bach zwei »Neue feine eingelegte und inwendig gefütterte *Violinen*« anschaffen (Dok. II, Nr. 272), die von dem mit ihm befreundeten Geigenbauer Johann Christian Hoffmann in Leipzig erbaut wurden; von ihnen ist noch heute eine Violine erhalten (Brandstempel TK 1). Eine zweite, ebenfalls 1729 datierte Violine der Thomaskirche (NK 5) gehörte ehedem zum Bestand der Nicolaikirche und ist möglicherweise mit einer jener Violinen identisch, die Carl Gotthelf Gerlach, der soeben ernannte Musikdirektor der Neukirche, am 29. April 1730 »nebst deren darzu gehörigen bogen« von Hoffmann erwarb. Sowohl die Thomas- als auch die Neukirche besaßen je ein vollständiges Streichquartett Hoffmanns; beide wurden auch von den Mitgliedern des Bachschen Collegium musicum genutzt.

Violine

Instrumente in Bachs Haushalt: Im Nachlaßverzeichnis von 1750 (Dok. II, Nr. 627) sind zwei Violinen angeführt, von denen nur die wertvollere näher bezeichnet ist: als »Stainerische Violine«. Ihrem Wert von 8 Talern nach muß sie nicht unbedingt von Stainer selbst erbaut worden sein.

Klangcharakteristika: Subtile Veränderungen im Verhältnis von Stimme und Steg haben eine große Auswirkung auf Klang und Ansprache, wobei ein starker, ausgeglichener, sog. »männlicher« Ton (Mozart 1756) von jeher das Klangideal deutscher Musiker gewesen zu sein scheint. Auch Saitenmaterial und Bogen tragen wesentlich zum Klang bei. Hochgewölbten Instrumenten, etwa der Amati-Familie (16. Jahrhundert–1740) oder von Jacob Stainer (ca. 1617–1683), wird ein grundtöniger, flötenartiger Ton, flacher gewölbten, beispielsweise von Antonio Stradivari (1644–1737), ein brillanter, trompetenartiger Ton bescheinigt. Entscheidend für Tragfähigkeit und damit Klangqualität eines Instruments bleibt jedoch die Ausarbeitung der Holzstärken von Decke und Boden. In dieser Hinsicht unterscheiden sich die genannten Geigenbauer von ihren mitteldeutschen Zeitgenossen, obwohl manche von diesen die Bauprinzipien ihrer Vorbilder erfolgreich nachzuahmen wußten. Daher sind die ohnehin subjektiven Beobachtungen zur Klangcharakteristik nur begrenzt an der Wölbung festzumachen.[2]

Ein gelungenes Beispiel für die mitteldeutsche Adaptation italienischer Vorbilder ist eine Violine von Johann Christian Hasert (Eisenach, 1746). Da sie überdies einen transparenten Lack von hoher Qualität besitzt, mag ein solches Instrument damals durchaus als »Cremoneser« Violine gegolten haben.

Die beiden in Leipzig erhaltenen Hoffmann-Violinen von 1729 – TK 1 und NK 5 (mit einem Zettel, der von dem Bach-Schüler und -Kopisten Johann Christian Weyrauch [1694–1771] geschrieben wurde) – entsprechen unterschiedlichen Modellen: NK 5 lehnt sich an Amatis und Stainers hochgewölbte, TK 1 an Stradivaris flache Form an und ist daher als ein für jene Zeit ausgesprochen modernes Instrument zu betrachten. Diese Beobachtung dürfte Bachs Klangvorstellung in einem progressiven Licht erscheinen lassen, denn es liegt nahe, daß er als Auftraggeber Einfluß auf die Arbeit seines Freundes Hoffmann nahm.

Vermutlich hatten die neuen Hoffmannschen Violinen bei großen Leipziger Aufführungen Bachs einen wesentlichen Anteil am Ensembleklang, wahrscheinlich wurden sie jedoch eher von Tuttisten gespielt. Avancierte Spieler werden vielfach eigene Instrumente besessen haben. Angesichts der Tatsache, daß Hoffmann sämtliche Hofkapellen Mitteldeutschlands mit neuen Instrumenten belieferte, sollten Klangunterschiede zwischen Orchestern in Leipzig und andernorts nicht überschätzt werden.

Als Solo- und Direktionsinstrumente empfiehlt Eisel (1738): »Die besten Violinen werden von *Antonio Stradifario* zu *Cremona* Im Staat Mayland, ingleichen von *Jacob Stainern* in *Absom prope Oenipontum* [bei Innsbruck] gemacht, und überschreien dieselben einen gantzen musicalischen Chor: Wiewohl, da sie sehr kostbar zu stehen kommen, so sind sie auch folglich nicht jedermanns Kauff, und muß man sich mittlerweile mit den Teutschen als: *Hoffmanns* in Leipzig, *Haserts* in Eisenach, und *Rupperts* Violinen in Erffurth behelffen, davon manche auch angenehm und starck genug klingen«. In den Hofkapellen Mitteldeutschlands waren hauptsächlich kostspielige Instrumente der Cremoneser Amati- und Guarneri-Familien des 17. Jahrhunderts vertreten, wie die Violinen Stainers meist nach hochgewölbtem Modell gearbeitet. Daß Eisel jedoch bereits ein Jahr nach Stradivaris Tod dessen flachgewölbte Instrumente an erster Stelle hervorhebt, beweist die bislang unbeachtet gebliebene frühe Wertschätzung einer solchen Bauweise im mitteldeutschen Raum. Eisels Urteil mag von den Verhältnissen am Dresdner Hof beeinflußt worden sein, wo bereits seit 1715 12 Stradivari-Instrumente (6 Violinen und je 3 Bratschen und Violoncelli) gespielt wurden, die der mit Bach bekannte Konzertmeister Jean-Baptiste Woulmyer (1677–1728) persönlich in Cremona abgeholt hatte. Wie Otto (1817/²1828) ausführlich darlegte, orientierten sich viele Geigenbauer im Umfeld mitteldeutscher Hofkapellen bald an italienischen Vorbildern: so die Familien Jauch (Dresden), Hasert (Eisenach und Rudolstadt) und Schonger (Erfurt) sowie A. Eylenstein (Weimar), J. H. Ruppert (Erfurt) und J. C. Hoffmann (Leipzig). Hingegen wurde der Geigenbau dort, wo der Einfluß des Dresdner »Stradivari-Orchesters« nicht zu spüren war, weiterhin vom Vorbild Stainers beherrscht, dessen Instrumente damals oft höher bezahlt wurden als jene der Amati-Familie.

Direktionsfunktion: Das Orchester der Bach-Zeit wurde bei Aufführungen von Instrumentalmusik vom Konzertmeister geleitet, der die erste Violine, die Melodiestimme des Ensembles, spielte. Erst bei größerer Besetzung (beispielsweise bei repräsentativer Vokal-Instrumental-Musik) lag die Leitung in der Hand eines Kapellmeisters, »Music-Directors« oder Kantors, der entweder mit der Notenrolle in der Hand (siehe die Kupferstiche bei Weigel [ca. 1722] und Walther [1732]) oder vom Cembalo aus dirigierte. Dieser richtete seine Aufmerksamkeit primär auf Sänger und Ensembletutti, die Verantwortung für die Orchesterleitung übernahm jedoch nach wie vor der Konzertmeister.

Streichbögen

Literatur: Boyden (^{3}1974); Glöckner (1997); Hamma (^{2}1992); Heyde (1976); Heyde (1986); Hoppe (1998); Huber (1998); Kröhner (1988); Lütgendorff (^{4}1922); Otto (^{2}1828); Prinz (1979); Prinz (1985); Watchorn (1985); Zórawska-Witkowska (1997).

Kai Köpp

Streichbögen

Termini der Bach-Zeit: Laut Walther (1708 & 1732) *Arco, Archetto, Arconcello, Bogen, Fidelbogen.*
Termini bei Bach: *arco* (autographe Partituren, Originalstimmen).
Kurzbeschreibung: Beim Spiel auf Streichinstrumenten erfüllt der Bogen die Aufgabe der Finger eines Clavierspielers oder des Atems eines Bläsers, denn er ist allein verantwortlich für die Entstehung und Formung der Töne. Analog zur Anatomie der Violine ist der Streichbogen der Bach-Zeit im Hinblick auf Länge, Gewicht und Haarmenge ebenfalls kleiner dimensioniert als der »moderne« Tourte-Bogen. Die Stange besteht aus Tropenholz (Schlangenholz, Eisenholz, Ebenholz, Fernambuk – damals auch »indianisches Holz« genannt), aber oft auch aus einheimischen Holzarten (Lärche, Weide, Pflaumenbaum, Ahorn, in Sachsen auch Buche). Durch die konkave Biegung der Stange ist die Bogenspitze weniger deutlich vom Stangenende abgesetzt als die »Beilspitze« eines »modernen« konvexen Tourte-Bogens. Solche barocken Bogenspitzen werden mit Begriffen wie *Piken-* oder *Schwanenhals*-Form beschrieben. Der Haarbezug ist am Bogenende nicht in einem beweglichen *Frosch,* sondern direkt in der Stange selbst verkeilt. Selbst bei hochwertigen Exemplaren wird der Bogen lediglich durch einen einfachen *Steckfrosch* gespannt, der am Stangenende zwischen Holz und Haare geklemmt ist.

Eine *Schraubmechanik* zur Regulierung der Spannung an einem Violinbogen des deutschen Sprachraums ist erst 1749 zweifelsfrei belegbar und war zur Bach-Zeit wahrscheinlich sehr ungewöhnlich, stellt der erhaltene Bogen doch ein aufwendiges Repräsentationsobjekt dar. Ein sehr ähnlich erscheinender Gambenbogen mit Schraubmechanik wird einem kostbar eingelegten Instrument von Martin Voigt (Hamburg, 1726) zugeordnet. Die allgemeine Verbreitung der Bogenschraube läßt sich jedoch erst in den letzten Jahrzehnten des 18. Jahrhunderts nachweisen. Dagegen ist der *Cré-*

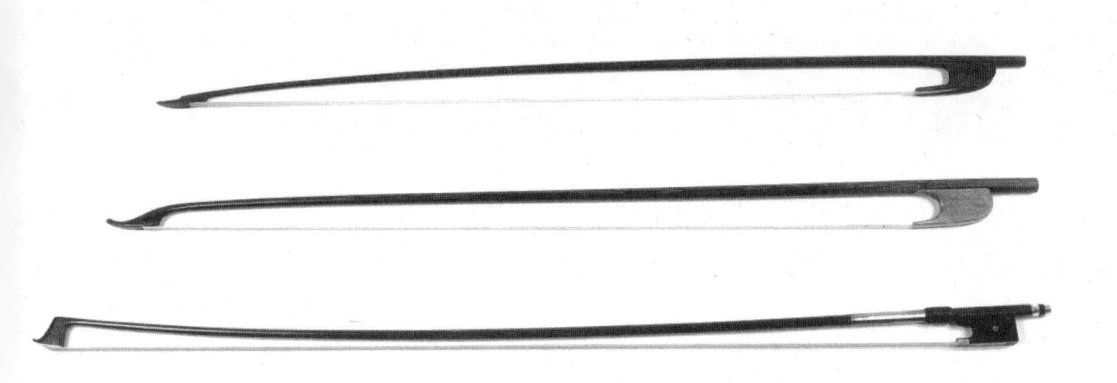

Violinbögen (von oben)
1. Als Präsent ausgearbeiteter Bogen mit Steckfrosch von Caspar Stadler, München, ca. 1714; Bogenstange und Frosch aus Schlangenholz, Länge 66,2 cm, Gewicht 45 g (Museumskopie von Hans Reiners, Berlin; Privatbesitz Kai Köpp)
2. Als Gebrauchsgegenstand gefertigter Bogen mit Steckfrosch, Süddeutschland, vor 1725; Bogenstange aus Lärchenholz, Länge 66,4 cm, Gewicht 44 g (Museumskopie von Hans Salger, Bremen, mit frei ergänztem Frosch; Privatbesitz Kai Köpp)
3. »Moderner« Bogen nach François Tourte (1747–1835) von Ludwig Bausch (1805–1871), Leipzig, Mitte des 19. Jahrhunderts; Bogenstange aus Fernambuk, Länge 72,8 cm, Gewicht 59 g (Privatbesitz Kai Köpp)

Streichbögen

maillère- oder *Zahnstangenbogen,* bei dem der Frosch mittels Drahtschlinge in die Stufen einer in das Stangenende eingelassenen Zahnleiste eingehängt wird, bis zum Jahr 1713 zurückzuverfolgen (Clark 1988).

Die gegenüber den standardisierten Tourte-Bögen meist kürzeren Streichbögen der Bach-Zeit besitzen einen recht hohen Steckfrosch, der den sogenannten »französischen Bogengriff« mit dem Daumen unter dem Frosch begünstigt. Diese Haltung war auch im deutschen Raum allgemein üblich; denn Majer (1732) verlangt, »daß der rechte Daum die Haar nechst dem Härpflein [Frosch] etwas eindrucke«. Daß dieser Bogengriff selbst nach 1750 noch nicht ganz verschwunden war, zeigt die Anweisung von Petri (1767), man solle den Bogen »nicht an Holz und Haaren« ergreifen, denn »die kurzen altväterischen Bogen taugen gar nichts«. Unter professionellen Musikern löste der längere italienische »Sonatenbogen« jedoch bereits zu Bachs Lebzeiten die kürzeren Bögen und den französischen Griff ab.

Klangcharakteristika und Spieltechniken: Obwohl der Haarbezug des Steckfroschbogens relativ schmal ist, ruft er einen auffallend klaren, fokussierten Ton hervor, liegt er doch auf einem nur kleinen Abschnitt der schwingenden Saite auf. Dank konkaver Stange läßt der Bogen einen deutlich größeren Druck auf die Saite zu als der moderne Tourte-Bogen; die anschmiegsamen Darmsaiten ermöglichen eine größere Bandbreite der Bogengeschwindigkeit. Somit ist dieser Bogen das ideale Werkzeug für »die Lebhaftigkeit der musikalischen Aussprache« (Quantz 1752), die den Streichinstrumenten-Klang der Bach-Zeit ausmacht. Auf- und Abstrich ein und desselben Tons unterscheiden sich deutlich durch die Bogenführung, wobei hinsichtlich der Artikulation überdies zwischen Tonbeginn und -verlauf differenziert wird. Die relativ dicken Darmsaiten ergeben einen Klang, der im Sinne des »vermischten Geschmacks« einen Mittelweg zwischen den »schweren, doch kurzen und scharfen, mehr abgesetzt als geschleiften« Bogenstrichen der strengen französischen und den gebundenen Strichen der italienischen Schule ermöglicht (Quantz 1752). Damit zeichnet sich der mitteldeutsche Violinstil durch deutliche Artikulation bei kürzeren und eine cantable Qualität bei längeren bzw. gehaltenen Tönen aus. Eine Besonderheit des deutschen Violinstils besteht im reichen Gebrauch von Doppelgriffen und Akkorden (vgl. die Partie des *Violino Piccolo* im dritten Satz des »Brandenburgischen Konzerts 1« BWV 1046 und die Stimme des *Violino Prencipale* im ersten Satz des »Brandenburgischen Konzerts 4« BWV 1049).

Bögen wurden damals von Geigenbauern hergestellt und als selbstverständliches Zubehör mitgeliefert. Wie Wirbel oder Stege galten sie als Verschleißteile – vor allem dann, wenn sie aus einheimischem Holz bestanden. Da Bögen kaum je an die sich verändernden Musikstile anzupassen waren, wurden sie nur dann aufbewahrt, wenn sie aufgrund von Material oder handwerklicher Arbeit als wertvoll betrachtet werden konnten. Unter der ohnehin geringen Anzahl erhaltener Bögen aus der ersten Hälfte des 18. Jahrhunderts existieren nur wenige Exemplare, die tatsächlich als professionelle Gebrauchsgegenstände zu bezeichnen sind. Der oben erwähnte Bogen mit Schraubmechanik wurde 1749 für die Kunstkammer des Wiener Hofs erworben. Sein Haarbezug, obwohl in einem beweglichen Frosch befestigt, ist ganz um die Ferse herum geführt, um den optischen Eindruck eines Steckfrosches zu gewährleisten. Mitteldeutsche Bögen der Bach-Zeit sind bislang nicht identifizierbar.

Bögen in Weimar: Laut Inventar von 1800/1809 besaß noch die Hälfte aller Bögen die alte Steckfrosch-Konstruktion.

Bögen in Köthen: Der Köthener Violinist und Gambist Christian Ferdinand Abel erhielt am 6. November 1724 ein Entgelt für drei Bögen »zum Violoncello«, die er bei dem Geigenbauer Johann Christian Hoffmann (1683–1750) in Leipzig erworben hatte.

Bögen in Leipzig: Anläßlich der Anschaffung von vier Streichinstrumenten 1729 durch Bach werden Bögen zur »Viola« und zum »VioloncCello« gesondert erwähnt, da sie aus teurem Tropenholz (»Fermanbock« [!] für den Cellobogen bzw. »Indian: Holtz« für den Violabogen) gefertigt waren (Dok. II, Nr. 272).

Sozialstatus: Der »Sonaten«-Steckfroschbogen verbreitete sich zunächst unter professionellen Musikern, die durch Reisen oder den Austausch mit Berufskollegen mit den Neuerungen italienischer Musizierpraxis vertraut wurden. Die von Walther (1732) angebotenen Diminutive für *arco* deuten auf den Gebrauch kurzer Bögen. Die verschiedenen überarbeiteten Auflagen von Mozarts Violinschule (1756) zeigen, daß der kurze Steckfroschbogen zumindest im deutschen Sprachraum auch in der zweiten Jahrhunderthälfte noch Verwendung fand. Vermutlich hielten vor allem Ripienisten noch lange an den überkommenen Modellen fest.

Literatur: Boyden ([3]1974); Clark (1988); Focht (1998); Gétreau (1998); Grünke (1996); Hopfner (1998); van Leeuwen Boomkamp & van der Meer (1971); Annette Otterstedt in MGG[2], *Sachteil* 9 (1998), Sp. 1572; Prinz (1979); Rieder (1998); Marianne Rônez in MGG[2], *Sachteil* 9 (1998), Sp. 1630; Stradner (1984); Wackernagel (1997).

Kai Köpf

Violino piccolo

Termini der Bach-Zeit: Laut Speer (1697) und Walther (1708 & 1732) *Violino piccolo, Viola Picola, Quart-Geiglein*.
Termini bei Bach: *Violino Piccolo* (Partiturautograph des »Brandenburgischen Konzerts 1« BWV 1046 [1721]).
Kurzbeschreibung: Kleine Sonderform der (——▶) Violine, die eine Terz oder Quarte höher gestimmt war als diese und aufgrund dieser Lage als Klangfarbeninstrument, etwa »bey musikalischen Nachtstücken« (Mozart 1756), eingesetzt wurde. Oft ist nur schwer zu entscheiden, ob ein erhaltenes Instrument als Kindergeige oder als Violino piccolo bezeichnet werden kann. Anhaltspunkte für die Konzeption als Violino piccolo bieten eine Corpuslänge zwischen etwa 24 und 28 cm (konventionelle Violine: zwischen etwa 34 und 37 cm) sowie lange Hals- und Griffbrettmensuren. Obwohl Walther (1708 & 1732) lediglich die Stimmung c'-g'-d"-a" nennt, erscheint die Stimmung b-f'-c"-g" bereits bei Speer (1697). Bach verwendet ausschließlich letztere, Telemann (Mattheson 1740, S. 360) bringt diese mit polnischen Geigenvirtuosen in Verbindung.
Tonumfang bei Bach: (klingend) maximal b–g'''; BWV 1046: b–es'''.
Spieltechnik und Klangcharakteristika: Der Violino piccolo wurde in hochoktavierten oder anderen Partien hoher Lage eingesetzt und transponierend notiert (in BWV 1046 Notation in D-Dur gegenüber der klingenden Grundtonart F-Dur). Diese Griffschrift (Transpositions-Scordatur) ermöglicht ein Spiel wie auf der Violine herkömmlicher Stimmung. Aus den hohen spieltechnischen Anforderungen in BWV 1046 (dritter Satz *Allegro*) wird deutlich, daß Bach das Instrument aus klanglichen Gründen besetzt und nicht etwa, um das Spiel in hohen Lagen zu erleichtern. Durch seine transponierte Stimmung ist der Klang des Violino piccolo besonders hell und durchdringend, wobei nicht etwa die höhere Spannung der Saiten, sondern der Klangcharakter entscheidend ist. In BWV 1046 wählte Bach die Terztransposition, denn die leeren Saiten des Violino piccolo (b-f'-c"-g") stimmen mit den harmonischen Hauptfunktionen der Grundtonart überein. Als »Resonanzsaiten« unterstützen sie zudem die zahlreichen Doppelgriffe im dritten Satz. Die entstehenden Grundtonresonanzen erzeugen ein strahlendes Klangbild, das mit dem charakteristischen D-Dur-Klang einer konventionellen Violine vergleichbar ist. Dadurch setzt sich der Violino piccolo deutlich von dem »gedeckteren« F-Dur-Klang der Orchestervioline ab, deren leere Saiten auf den resonanzschwachen Terzen der Haupttonart liegen und wegen ihrer hohen Lage kaum mitschwingen können.
Instrumente aus Inventaren: Aus Bachs Amtszeit in Weimar, Köthen und Leipzig sind keine »Dienstinstrumente« nachweisbar. Das Weimarer Inventar von 1735 verzeichnet jedoch gleich »Drey piccolo Violino« von 1728 und 1731 aus der Werkstatt des Weimarer Hofcellisten, Kammerdieners und Geigenbauers Adam Eylenstein (1705–1762), das Köthener Inventar von 1768 ein Instrument des Leipziger Geigenbauers Christian Gottlieb Hoffmann (1691–1735) von 1726. Auch Bachs Nachlaßverzeichnis vom Herbst 1750 (Dok. II, Nr. 627) enthält eine »Piccolo«-Violine, deren vergleichsweise geringer Wert (1 Taler und 8 Groschen) vermuten läßt, daß dieses Instrument ebenfalls einheimischer Produktion entstammte.
Verwendung: Der Violino piccolo war ein ausgesprochenes Soloinstrument, das aus dem Orchesterklang deutlich hervortrat. Dennoch ist eine Doppelfunktion auch als Kinderinstrument (für »gar kleine Knaben«: Mozart 1756) denkbar, insbesondere dann, wenn die Geige in einem Musikerhaushalt bereits vorhanden war.
Literatur: Boyden (²1974); David D. Boyden in *NGroveD* 17 (1980), S. 56; Bunge (1905); Thomas Drescher in MGG², *Sachteil* 9 (1998), Sp. 1611; Heyde (1986); Marrissen (1994), S. 32ff.; van der Meer (1979); van der Meer (1983).

Kai Köpp

Violino piccolo,
Norditalien oder Tirol,
1. Hälfte des 18. Jahrhunderts,
im unveränderten Originalzustand
(Abbildung ohne Besaitung und Steg),
Corpuslänge 29,5 cm

(Museo Correr Venedig,
ehemals *Ospedale della Pietà* Venedig)

Viola

Termini der Bach-Zeit: Laut Speer (1697), Walther (1708 & 1732) und Adlung (1758) *Viola, Viole, Violetta, Violette, Viol-Braccio, Braz, Viola da braccio, Viola da brazzo, Bratsche, Alt-Geige, Tenor-Geige.*
Termini bei Bach: *Viola* und *Viola da braccio* (autographe Partituren, Originalstimmen) sowie *Violetta* (nur in den Kantaten BWV 16, 157 und 215; ⟶ *Viola da gamba,* S. 303).
Kurzbeschreibung: Die Viola (Bratsche) entspricht in ihrer Bauweise der (⟶) Violine, ist jedoch um eine Quinte tiefer gestimmt (c-g-d'-a') und entsprechend größer dimensioniert. Anders als bei der Violine variiert die Corpuslänge sehr stark und reicht von ca. 38 bis 43 cm. Große wie kleinere Bratschen besitzen zur Bach-Zeit einen verhältnismäßig kurzen Hals, da sie als Ensemble-Instrumente keine spieltechnisch anspruchsvollen Partien (in hohen Lagen) zu realisieren hatten. Bei Verwendung von halb- oder ganz umsponnenen Saiten sind kleinere Bratschen für solistische Aufgaben (»Brandenburgische Konzerte« 3 BWV 1048 und 6 BWV 1051) einsetzbar. Da das Verhältnis von Tonhöhe und Corpusvolumen ungünstiger als etwa bei der Violine ausfällt, läßt der Violaklang deutliche Registerunterschiede mit unverwechselbarer Färbung erkennen.

Terminologisch kann in der ersten Hälfte des 18. Jahrhunderts nicht mehr zwischen Alt- und Tenorinstrumenten unterschieden werden, da Bratschen sämtlicher Größen die gleiche Stimmung aufweisen. Ihr Tonraum teilt sich allerdings in zwei Stimmlagen: Sind zwei Viola-Stimmen (bzw. Instrumente) vorhanden, wird die tiefere naturgemäß von einer größeren Bratsche übernommen. Um »auf dieser Alt-*Viola* einen *Tenor* zu streichen« (Majer 1732), wird anstelle des Altschlüssels der Tenorschlüssel notiert; er signalisiert jedoch nicht zwingend den Gebrauch einer großen Viola, sondern zeigt primär die Funktion innerhalb des musikalischen Satzes an.

Die Verkleinerungsform *Violetta* bezeichnet ebenfalls eine Bratsche mit den angegebenen Mensuren (oder eine Diskant- bzw. Altgambe; ⟶ S. 303) und wurde möglicherweise verwendet, um die »moderne« kleinere Viola von der im 17. Jahrhundert verbreiteten »echten« Tenorviola mit einer Corpuslänge von knapp 48 cm zu unterscheiden, die einen festen Platz im fünfstimmigen Streicherensemble jener Zeit einnahm.
Tonumfang bei Bach: maximal c–g" (»Brandenburgisches Konzert 6« BWV 1051).
Instrumente in Weimar: Das älteste Inventar der Musikkammer (1735) berücksichtigt nur Violinen, so daß schwer zu entscheiden ist, welche der dann 1809 angeführten Bratschen bereits während Bachs Amtszeit gespielt wurden. In Frage kommen allenfalls zwei Instrumente von Johann Heinrich Ruppert (ca. 1680–1748) – eines davon undatiert, das andere von 1713 – sowie eine Viola von Gregorius Ferdinand Wenger (vor 1680–1767), Augsburg, 1705.
Instrumente in Köthen: »Dienstinstrumente« aus Bachs Amtszeit sind unbekannt. Laut Inventar von 1729 standen der Hofkapelle je eine Viola von »Eichentopf 1726« (wohl der als Blasinstrumentenmacher bekannte Johann Heinrich Eichentopf [ca. 1686–1769] in Leipzig) und von Hans Andreas Dörfler (ca. 1690–1757), Klingenthal, 1728, zur Verfügung. Be-

Tenorviola
von Antonio Stradivari (1644–1737), Cremona, 1690,
im Originalzustand (ausgenommen Besaitung und Wirbel),
Corpuslänge 47,8 cm

(Museo del Conservatorio Luigi Cherubini, Florenz,
ehemals Medici-Hofkapelle)

merkenswert ist, daß diese Instrumente nicht von renommierten Geigenbauern stammten, sondern offenbar einfache Produkte waren; sie wurden wahrscheinlich als reine Ripieno-Instrumente betrachtet.

Instrumente in Leipzig: Von den Streichinstrumenten der Thomas- und Nicolaikirche blieben bis heute drei unsignierte Bratschen erhalten: Zwei, von denen eine 1712 von Johann Kuhnau für die Thomaskirche erworben, die andere für die Nicolaikirche angeschafft wurde, werden einem Mitglied der Prager Geigenbauer-Familie Pradter zugeschrieben (wohl Joseph Pradter, bisher nachgewiesen 1714–1736). Das dritte Instrument, dessen Kaufdatum und ehemaliger Aufbewahrungsort unklar sind, gilt als Arbeit Johann Christian Hoffmanns.

Instrumente in Bachs Haushalt: Das Nachlaßverzeichnis vom Herbst 1750 (Dok. II, Nr. 627) nennt drei nicht näher bestimmbare »*Braccie*«. Zwei von ihnen könnten ihrem relativ hohen Preis nach von dem mit Bach befreundeten Johann Christian Hoffmann gestammt haben.

Verwendung/Sozialstatus: Die Bratsche galt zur Bach-Zeit primär als Orchester- und Lehrlingsinstrument (Quantz 1752). Unter der sehr spärlichen Sololiteratur nimmt das »Brandenburgische Konzert 6« BWV 1051 eine Sonderstellung ein, da es ungewöhnlich hohe spieltechnische Anforderungen an beide Bratschenstimmen stellt.

Literatur: Bunge (1905); *300 Jahre Johann Sebastian Bach* (1985), S. 337f.; Heyde (1986); Jalovec (1959); Kröhner (1988); van der Meer (1979); Prinz (1979); Riley (1980 & 1991).

Kai Köpp

Viola d'amore

Termini der Bach-Zeit: Laut Fuhrmann (1706) und Walther (1708 & 1732) *Viola d'amore, Viole d'amour, Viol di Lamour, Liebesgeige.*
Termini bei Bach: *Viola d'amour* (autographe Partituren).
Kurzbeschreibung: Auf dem Arm gespieltes Gambeninstrument, das sich durch aufwendige, phantasievolle Ausstattung (flammenförmige Schallöcher, Rosette, geschweiftes Corpus) auszeichnet. Die Viola d'amore unterscheidet sich von einer Diskant- oder Altgambe (⟶ *Viola da gamba*) durch jene Bauelemente, die mit der Armhaltung in Verbindung stehen (gerundeter Hals, geringere Zargenhöhe). Ihr Hauptmerkmal ist ein mit verbundenen Augen dargestellter (Putto-)Kopf am Wirbelkastenende – das ikonographische Attribut des Amor, der seine Liebespfeile blind entsendet. Der am Ende des 20. Jahrhunderts allgemein bekannte Typus der Viola d'amore verfügt über sechs oder sieben Spielsaiten aus Darm sowie eine gleiche Anzahl von Resonanzsaiten aus Metall, die nicht gestrichen werden können. Dieses Modell scheint zu Bachs Lebzeiten noch sehr selten gewesen zu sein, lediglich Majer (1732) erwähnt beiläufig Instrumente mit Resonanzsaiten. Sämtliche übrigen deutschen Quellen vor 1750 beschreiben den seit dem 17. Jahrhundert gebräuchlichen und erst 1972 wiederentdeckten Typus ohne Resonanzsaiten, dessen 5–6 Spielsaiten aus Metall bestanden (Cembalosaiten). Solche Instrumente besitzen spezielle Aufhängungen für Metallsaiten (Metallhäkchen, Elfenbeinstifte etc.). Neben dieser 5–6saitigen Viola d'amore beschreibt Eisel (1738) auch ein 7saitiges Instrument (ohne Resonanzsaiten), das sich offenbar vom Darmstädter Hof aus in mitteldeutschen Kapellen etablierte. Hingegen sind aus dem nord- und mitteldeutschen

Sechssaitige Viola d'amore ohne Resonanzsaiten von Andreas Ostler (1692–nach 1770), Breslau, 1714, im Originalzustand (ausgenommen Besaitung, Steg, Stimme und Wirbel), Corpuslänge 40,2 cm. Der Saitenhalter wurde um 1800 im falschen Winkel verkürzt

(Privatbesitz Kai Köpp)

Violoncello

Raum keine Instrumente bekannt, die – wie einige Exemplare aus Salzburg, München, Augsburg und Nürnberg – bereits vor 1725 mit Resonanzsaiten ausgestattet waren.

Stimmung bei Bach: Gleichgültig ob mit oder ohne Resonanzsaiten wird das Instrument in einem einzigen Akkord gestimmt, der sich nach der Haupttonart eines Werkes richtet und in der Regel zu Beginn der Stimme angegeben ist. Für Bach, von dem kein Aufführungsmaterial für Viola d'amore existiert, kommt nach den Forschungen von Jappe (1997) anstelle der c-Moll-Stimmung ([c-]g-c'-es'-g'-c") auch die im Dresdner Repertoire häufige A-Dur-Stimmung ([e-]a-cis'-e'-a'-e") in Frage. Eisel (1738) teilt darüber hinaus für das 7saitige Instrument folgende Stimmung mit: F-B-d-g-c'-f'-b'.

Klangcharakteristika und Spieltechnik: Offensichtlich ist der Viola d'amore-Klang der Bach-Zeit, den Fuhrmann (1706) als »lieblich«, Mattheson (1713) als »argentin oder silbern / dabey überaus angenehm und lieblich« charakterisiert, mit dem Ton gestrichener Metallsaiten verbunden. Gestrichene Cembalosaiten erzeugen keinen lauten, jedoch einen ausgesprochen tragfähigen, obertonreichen Klang, der durch Resonanzen innerhalb der Dreiklangsstimmung unterstützt wird. Deshalb ist die Viola d'amore für akkordreiche Solopartien prädestiniert, die wegen wechselnder Stimmung häufig in Griffschrift (Scordatur) notiert sind. Der größte Teil des mitteldeutschen Repertoires der Bach-Zeit verzichtet jedoch auf Scordatur-Notation, die real aufgezeichneten Partien zeigen oft eine lineare Stimmführung ohne Akkordgriffe (Telemann, Graupner u.a.). Dies deutet einerseits auf eine feststehende Stimmung, andererseits auf improvisatorische Ergänzung geeigneter Akkorde durch professionelle Interpreten (von dem Dresdner Konzertmeister Johann Georg Pisendel existieren autographe Diminutionsskizzen in Viola d'amore-Partien).

Das Köthener Inventar von 1773 enthält eine »Viole d'Amour« von George Carl Kretschmann (1702–1783), Markneukirchen/Sachsen, 1739, möglicherweise ein Instrument ohne Resonanzsaiten.

Verwendung/Sozialstatus: Bach verlangt die Viola d'amore in insgesamt vier Vokalwerken, verteilt auf zwei zeitlich eng begrenzte Perioden: in der Kantate BWV 152 (30. Dezember 1714) sowie in der »Johannes-Passion« BWV 245 (7. April 1724), in der Kantate BWV 36c (ca. April/Mai 1725) und in der Kantate BWV 205 (3. August 1725). Ferner läßt sich auch die ursprüngliche Solostimme des *Concerto* A-Dur BWV 1055 mit der Viola d'amore in Verbindung bringen. Als Leipziger Viola d'amore-Spieler im Umfeld Bachs sind Carl Gotthelf Gerlach (1704–1761) – bis 1723 Thomasschüler, seit 1727 dort Jurastudent und seit 1729 Organist der Neukirche sowie zeitweilig Konzertmeister des Bachschen Collegium musicum – und Johann Gottfried Fulde (1718–1796) – in den Jahren 1743–1748 Leipziger Theologiestudent und 1746–1748 Mitglied der Konzertgesellschaft – nachgewiesen.

Während der spätere Typus mit Resonanzsaiten ein ausgesprochenes Kammermusik- und Amateurinstrument war, läßt sich die Viola d'amore mit Spielsaiten aus Metall als professionelles Soloinstrument charakterisieren, das von Konzertmeistern gespielt und im mitteldeutschen Repertoire mit durchweg anspruchsvollen Partien bedacht wurde.

Literatur: Berck ([2]1994); Danks (1976); Hellwig (1980); Jappe (1997); Kai Köpp in MGG[2], *Sachteil* 9 (1998), Sp. 1562; Köpp (1999); van der Meer (1972); Schoop (1985).

Kai Köpp

Violoncello

Termini der Bach-Zeit: Laut Walther (1708 & 1732) und Majer (1732) *Violoncello, Bassa Viola, Basset, Bassetto, Bassgen, Bassettgen, Französische Baß-Geige.*

Termini bei Bach: *Violoncello* (autographe Partituren, Originalstimmen).

Kurzbeschreibung: 8'-Baßinstrument der Violinfamilie, eine Oktave tiefer als die Viola gestimmt: C-G-d-a. Wie im Falle der Bratsche ist die Corpuslänge zur Bach-Zeit nicht festgelegt und bewegt sich zwischen etwa 71 und 82 cm. Quantz (1752) fordert, ein Cellist solle zwei Instrumente unterschiedlicher Größe besitzen: »eines zum Solo, das andere [größere] zum Ripienspielen«. Beide Größen unterschieden sich klanglich am meisten durch die Stärke ihres Saitenbezugs. Continuo-Instrumente wurden gelegentlich durch Holzstachel oder eine Unterlage erhöht, um sie im Stehen spielen zu können. Solo-Instrumente hingegen hielt man nach Gambenart zwischen den Beinen, da die häufigen Lagenwechsel einen sicheren Halt erforderten. Die Existenz von Bünden (siehe *Viola da gamba*, S. 303), von Quantz (1752) auch für das Violoncello erwähnt, betraf wohl nur Instrumente mit Baßfunktion; Bünde gestatten eine freiere Klangentwicklung der Saiten, die sich besonders in tiefen Lagen bewährt. Für die Verwendung als 8'-Orchesterinstrumente wurden auch Violoncelli mit gambenförmigem Corpus und C-Schallöchern gebaut; sie sind heute gewöhnlich als sechssaitige Gamben eingerichtet.

Um das Spiel in Tenorlage, »welches öfters in der Singmusik vorzukommen pfleget« (Quantz 1752), zu erleichtern und ein helleres Timbre zu erzielen, besaßen Violoncelli auch eine (zusätzliche) 5. Saite (Mattheson 1713), die auf e', bei größeren Instrumenten auch auf d' gestimmt war. Solche Violoncelli trugen keine besonderen Namen und sind nicht mit dem *Violoncello piccolo* zu verwechseln, das Bach in einigen Kantaten fordert.

Klangcharakteristika und Spieltechnik: Der Baßcharakter des Orchesterinstruments entstand durch dickere Saiten, die aus Sicht des späteren 18. Jahrhunderts »dumpficht, obgleich stark klangen, und die Finger, die sie begriffen, stark mitnahmen« (Petri 1767).

Der bevorzugte Bogengriff bei kleinen Violoncelli ähnelte der modernen Bogenhaltung (Obergriff), bei der die Bogenstange umfaßt wird. Parallel zum französischen Bogengriff bei Geigenbögen (⟶ *Streichbögen,* S. 295) war zur Bach-Zeit auch eine Bogenhaltung nach Gambenart (Untergriff) verbreitet. Sie hat zur Folge, daß sich das Spiel von schweren und leichten Strichen umkehrt, so daß der Aufstrich nun auf die Taktschwerpunkte zu liegen kommt. Quantz (1752) jedoch empfiehlt dem Cellisten »nicht nur beym Solospielen, sondern auch vornehmlich beim Accompagnement« die Einhaltung der violinmäßigen Abstrichregel. Die dicken Saiten des Continuo-Violoncellos sollten, so Quantz (1752), mit einem kräftigen Bogen, bezogen mit schwarzen Pferdehaaren, gestrichen werden.

Die Haltung der linken Hand und der Fingersatz auf dem Violoncello wiesen zur Bach-Zeit charakteristische Merkmale der Violintechnik auf; denn der Daumen umfaßte den Hals von unten, die Töne einer Tonleiter wurden nach Möglichkeit mit benachbarten Fingern gespielt. Nur in den unteren Lagen folgte bei einem Ganzton nach dem 2. der 4. Finger, da der 3. Finger nicht weit genug abgestreckt werden konnte. Musiker wie der Violoncellist Eisel (1738), die mit dem Gambenspiel vertraut waren, bevorzugten einen »halbchromatischen« Fingersatz, der – nicht nur in hohen Registern – häufige Lagenwechsel mit sich brachte. Wegen der kurzen, relativ dicken Hälse wurde der Gebrauch des 4. Fingers oberhalb der dritten Lage nicht empfohlen.

Instrumente in Weimar: Das Weimarer Inventar von 1735 führt ausschließlich Violinen an, so daß sich über Violoncelli zu Bachs Amtszeit lediglich Vermutungen anstellen lassen. Das Verzeichnis von 1800/1809 enthält neben einem »alten« Markneukirchner Instrument ein Violoncello von Giuseppe Giovanni Battista Guarneri (1666–1739/40), Cremona, 1706, sowie »Ein Steiner Violoncell in Form einer Viol de Gambe«. Da von Jacob Stainer (ca. 1617–1683) bis heute keine zweifelsfrei echten Violoncelli nach dem Modell der Violinfamilie bekannt sind, steht zu vermuten, daß er 8'-

Viersaitiges kleines Violoncello
von Christoph Heberlein (1690–1761),
Markneukirchen/Sachsen, 1. Hälfte des 18. Jahrhunderts,
im Originalzustand (ausgenommen Besaitung, Steg, Saitenhalter,
Wirbel und Stimme), Corpuslänge 71,5 cm

(Privatbesitz Monika Schwamberger)

Viola da gamba

Baßinstrumente durchweg mit gambenförmigen Corpora ausstattete. Solche Stainer-»Gamben« mit originalen, für 4 Saiten eingerichteten Wirbelkästen sind erhalten.

Instrumente in Köthen: Der Hofkapelle standen während Bachs Amtszeit zwei neugeschaffene Violoncelli von Johann Christian Hoffmann (1683–1750), Leipzig, 1715 und 1720, zur Verfügung, die der Konzertmeister Joseph Spieß im Inventar von 1729 als »frantzösische BassGeigen« bezeichnet. In der Musikkammer befand sich außerdem »Eine alte frantzösische BassGeige«, die aufgrund des Inventars von 1773 als Violoncello von Jacob Stainer (1650) identifiziert werden könnte.

Instrumente in Leipzig: Unter den vier Streichinstrumenten, die Bach 1729 für die Thomaskirche erwarb, befand sich auch ein »ViolonCello« (Dok. II, Nr. 272) von Johann Christian Hoffmann. Nach den bis heute erhaltenen Hoffmann-Violinen und -Violen der Thomaskirche zu schließen, könnte es sich an Modellen Antonio Stradivaris orientiert haben – möglicherweise an den drei Stradivari-Violoncelli, die seit 1715 von der Dresdner Hofkapelle gespielt wurden und zu denen Hoffmann als kursächsischer Hofgeigenbauer direkten Zugang hatte. Spätestens seit 1721 verfügte auch die Neukirche über ein Hoffmann-Violoncello, das im Collegium musicum gespielt wurde. Ein bis heute im Besitz der Thomaskirche befindliches Violoncello aus der Mitte des 18. Jahrhunderts stammt aus Mittenwald.

Instrumente in Bachs Haushalt: Bachs Nachlaßverzeichnis von 1750 (Dok. II, Nr. 627) führt zwei »Violoncello« und ein »Bassettgen« an. Wie bei den übrigen Streichinstrumenten gilt auch hier die Vermutung, daß es sich bei den beiden höher bewerteten Instrumenten – ein »Violoncello« und das »Bassettgen« – um Arbeiten von Hoffmann handelte.

Verwendung/Sozialstatus: Als Continuo-Instrument erhielt das Violoncello Gelegenheit, im Orchester solistisch hervorzutreten. Während der Konzertmeister das Orchester leitete, bestand die Aufgabe des Cellisten in erster Linie im »Accompagnement« – in der geschmackvollen Begleitung einer instrumentalen oder vokalen Solostimme. Daher wurde von ihm erwartet, aus der bezifferten Baßstimme des Clavierspielers zu spielen und die Baßlinie entsprechend der Harmonik und dem Charakter der Musik gestalten zu können (Quantz 1752).

Literatur: Bunge (1905); Thomas Drescher in MGG², *Sachteil* 9 (1998), Sp. 1686; Drüner (1987); Hellwig (1984); Heyde (1986); Hoppe (1998); Kinsky (1912); Kröhner (1998); Marx (1963); van der Meer (1979); Prinz (1979); Prinz (1985); Smith (1998); Walden (1998).

Kai Köpp

Alt-Viola da gamba
von Johann Christian Hoffmann (1683–1750), Leipzig, 1731, im Originalzustand (ausgenommen Besaitung, Steg, Stimmstock), Corpuslänge 52,0 cm

(Musikinstrumenten-Museum der Universität Leipzig)

Viola da gamba

Termini der Bach-Zeit: Laut Merck (1695), Speer (1697), Niedt (1700), Beyer (1703), Fuhrmann (1706), Walther (1708 & 1732), Mattheson (1713 & 1739), Majer (1732) und Eisel (1738) *Viol di Gamb, Viola di Gamba, Viola da Gamba, Viole de Gambe, Bein-Viole.*

Termini bei Bach: *Viola da Gamba* (Partiturautograph des »Brandenburgischen Konzerts 6« BWV 1051 [1721]).

Viola da gamba

Kurzbeschreibung: Streichinstrument mit 6 bis 7 Darmsaiten (tiefe Saiten auch mit Kupfer- oder Silberdraht umsponnen) in Terz-Quart-Stimmung. Corpus mit in der Regel flachem Boden und querlaufendem Knick im oberen Drittel, gewölbter Decke mit meist C-, gelegentlich aber auch *f*-förmigen Schallöchern und bündig abschließenden Zargen; äußerer Umriß meist birnenförmig, aber auch celloartig, insbesondere bei Soloinstrumenten. Zargen, Boden und Hals bestehen gewöhnlich aus Ahorn, die Decke aus Fichte oder Tanne. Das Griffbrett wurde vielfach mit Ebenholz furniert. Zur Übertragung der hohen Frequenzen Stimmstock zwischen Decke und Boden (⟶ *Violine*, S. 292) in Stegnähe, Baßbalken auf der Innenseite der Decke unterhalb der tiefen Saiten. Entsprechend der Violinfamilie wurden auch Gamben in verschiedenen Stimmlagen (Sopran, Alt, Tenor/Baß, Kontrabaß) gebaut, wobei jeweils unterschiedliche Stimmungen überliefert sind. Das Instrument wurde zwischen den Beinen gehalten (»da gamba«), Tenor/Baß- und Kontrabaßgamben gelegentlich auch auf dem Boden oder auf einer erhöhten Unterlage und in seltenen Fällen auf einem Holzstachel aufgestützt (Steckstachel bzw. sogar Metallstachel bei einer Baßgambe von Johann Christian Hoffmann [1683–1750], Leipzig, 1725).

Am Hals befinden sich 7 bis 8 Bünde (geknüpft aus Darmsaiten) im Halbtonabstand. Der Bogen wurde im Gegensatz zu den Instrumenten der Violinfamilie meist im Untergriff geführt, woraus sich eine entgegengesetzte Streichrichtung sowie eine präzisere Artikulationsgestaltung ergeben (⟶ *Streichbögen*, S. 295).

Instrumentenbauer in Mitteldeutschland: Erhalten sind zahlreiche Instrumente Martin Hoffmanns (1654–1719) sowie seiner Söhne Johann Christian (1683–1750) und Christian Gottlieb (1691–1735) in Leipzig und von Johann Heinrich Ruppert (ca. 1680–1748) in Erfurt. Darüber hinaus kommen grundsätzlich auch sämtliche der im Abschnitt *Violine* (S. 293f.) genannten deutschsprachigen Instrumentenbauer in Frage. Der Köthener Violinist und Gambist Christian Ferdinand Abel stand nachweislich in Geschäftsbeziehung zu J. C. Hoffmann in Leipzig (⟶ S. 293). Die Köthener und Leipziger Kapell- bzw. Kircheninventare der Bach-Zeit enthalten keinerlei Gamben, so daß angenommen werden kann, daß Gambisten eigene Instrumente spielten. Laut Nachlaßverzeichnis (Dok. II, Nr. 627) besaß Bach selbst eine »Viola da Gamba«, die ihrem relativ niedrigen Preis von 3 Talern nach vermutlich aus einheimischer Produktion stammte.

Spezifische Verwendung in BWV 1051: Traditionell werden die Partien der *due Viole da Gamba* im »Brandenburgischen Konzert 6« auf Instrumenten in Tenor/Baß-Lage (mit Stimmung auf D) interpretiert, wozu die Notation beider Stimmen im Tenorschlüssel (Partiturautograph von 1721) beigetragen haben mag. Dem geforderten Tonumfang (*Viola 1 da Gamba*: A–c″, *Viola 2 da Gamba*: B–b′) und der exponierten Verwendung leerer Saiten in der Grundtonart B-Dur nach handelt es sich offensichtlich jedoch um Altinstrumente mit Stimmung G-c-f-a-d′-g′, spielbar in der ersten oder in halber Lage. Hierfür spricht auch die musikalische Funktion beider Gambenpartien: Während Tenor/Baß-Gamben im 18. Jahrhundert meist solistisch oder als Baßinstrumente eingesetzt wurden, kam der Altgambe – wie in BWV 1051 – stets eine reine Mittelstimmen- bzw. Ripieno-Funktion zu; Sololiteratur für dieses Instrument ist unbekannt. Partien solcher Stimmlage werden von Merck (1695), Niedt (1700), Beyer (1703) und Walther (1708 & 1732) mit *Violetta* bezeichnet – eine »Mittel-Partie, sie werde gleich auf Braccien [Bratschen], oder kleinen Viole di Gamben gemacht [...] die Alt-Viola di Gamba (so Violetta heisset) [geht] vom G bis ins d″, e″« (Walther 1732).

Daß Bach die Gambenstimmen von BWV 1051 nicht mit *Violetta*, sondern mit *Viola da Gamba* bezeichnete, leuchtet ein, wenn man bedenkt, daß er den beiden solistischen Bratschen ausdrücklich Gambeninstrumente in Altlage zur Ausführung der Mittelstimmen gegenüberstellen wollte. In die gleiche Richtung weist die Verwendung des Tenorschlüssels zur Kennzeichnung der *tiefen* Violetta-Lage (⟶ *Viola*, S. 298). Er findet sich ferner in den frühen Kantaten BWV 131, 4, 12, 31, 54, 172 und 182 mit je zwei Viola-Stimmen und wird hier in der Regel für die tiefere Partie verwendet. In Kantate BWV 18 stehen Viola 1 und 2 im Alt-, Viola 3 und 4 im Tenorschlüssel. Partien für Tenor/Baß-Gambe notiert Bach hingegen traditionell im Alt- und Baßschlüssel.

Der Besetzung von Altinstrumenten der Violin- und Gambenfamilie in BWV 1051 entspricht offenbar die Gegenüberstellung von *Violoncello* (Baß-Violine) und *Violone* (wohl Kontrabaß-Gambe auf G′; ⟶ *Violone-Instrumente*). Rolf (1998) weist die Kombination von zwei Bratschen mit zwei Gamben (plus Continuo) in vier erhaltenen Vokalwerken aus dem mittel- und norddeutschen Sprachraum des späten 17. Jahrhunderts nach; zwei von ihnen sind – ihrem Tonumfang nach – ebenfalls für Altgamben in Violetta-Lage bestimmt.

Eine notengetreue Ausführung der Gambenpartien in BWV 1051 auf Instrumenten in Tenor/Baß-Lage ist möglich; dabei bleiben jedoch die tiefen Saiten unberührt, Lagenwechsel führen wiederholt über die erste Lage hinaus.

Violone-Instrumente

Wahrscheinlich wurden die Gambenpartien in BWV 1051 für Ripieno-Spieler konzipiert. Zu den ausgesprochenen Gambenvirtuosen, die Bach persönlich kennenlernte, gehören Christian Ferdinand Abel (1683–1737) in Köthen und dessen Sohn Carl Friedrich Abel (1723–1787), der sich spätestens 1743 in Leipzig aufhielt und anscheinend auch Schüler Bachs war, sowie Wolfgang Carl Rost (1716–1785) in Jena. Vermutlich kam Bach auch mit Cyriak Emmerling, »Cammer-Musicus«, Gambist und Leiter der Kapelle von Christian Ludwig von Brandenburg, sowie mit Ernst Christian Hesse (1676–1762) in Kontakt, der neben seiner Tätigkeit am Darmstädter Hof zahlreiche Reisen unternahm und 1698–1701 bei Marin Marais (1656–1728) und Antoine Forqueray (1671/72–1745) in Paris studiert hatte.
Klangcharakteristika: Der gegenüber Tenor/Baß-Gamben hellere, transparentere und weniger tragfähige Klang von Altgamben eignet sich vorzüglich als »Mittelstimmen-Ripieno« zu den solistischen Bratschen in BWV 1051.
Literatur: Besseler (1956); Flassig (1998); Heyde (1976); Heyde (1985); Kinsky (1912); König (1986); Annette Otterstedt in MGG², *Sachteil* 9 (1998), Sp. 1572; Prinz (1979), S. 72; Rolf (1998); Schulze (1981 II), S. 39.

Monika Schwamberger und Siegbert Rampe

Violone-Instrumente

Termini der Bach-Zeit: Laut Janovka (1701), Beyer (1703), Fuhrmann (1706), Walther (1708 & 1732), Roemhildt (1714/Ahrens & Dierke, S. 23), Mattheson (1713), Majer (1732), Eisel (1738), Stößel (1749), Quantz (1752) und Gottsched (1760) *Violone, Violono, Violono grosso, grosse Baß-Geige, Contraviolon, Basse de Violon.*
Termini bei Bach: *Violon, Violone, Violono, Violono grosso* (autographe Partituren, Originalstimmen). Offen bleiben muß, ob Bach mit Violone nach italienischer Tradition (Schmid 1987) auch ein Baß-Streichinstrument in der Art eines großen (Continuo-) Violoncellos in 8'-Lage (⟶ *Violoncello*, S. 300f.) meinte.
Kurzbeschreibung: Baß-Streichinstrument in 16'- oder 8'-Lage mit 4–6 Darmsaiten (tiefe Saiten auch mit Metall umsponnen), dessen Bauformen und Größen im 17. und 18. Jahrhundert (und bis in die heutige Zeit) stark variieren: Belegt sind Instrumente sowohl in Gestalt großer Gamben als auch Violoncelli sowie Mischformen mit Merkmalen beider Familien (beispielsweise C- oder *f*-Löcher, gerade oder gewölbte Böden etc.). Weder im Hinblick auf Bauweise, Besaitung und Stimmung noch auf die Terminologie lassen sich normierte Typen definieren. Insbesondere die Größe eines Instruments war offenbar von der Stimmung/Besaitung, Stimmtonhöhe, musikalischen Verwendung (Kammer-, Kirchen-, Operninstrument) und von den persönlichen Präferenzen eines Spielers abhängig; belegt sind Instrumente mit Corpora großer Gamben oder Violoncelli wie auch von deren doppelter (!) Größe. Unterscheiden lassen sich Violoni mit Stimmung auf G' von solchen auf E' oder D' oder C' als tiefsten Saiten. Erhaltenen Abbildungen zufolge wurde mit vergleichsweise kurzen, schweren Streichbögen im Unter- oder Obergriff, mit oder ohne Stachelpflock, mit oder ohne Bünde, stehend oder sitzend gespielt.
Stimmungen: Die in der mitteldeutschen Literatur und auf Abbildungen der Bach-Zeit am häufigsten repräsentierten Violoni sind 4–6saitige Instrumente mit Stimmung auf G' (G'-C-F-A-d[-g] oder G'-A'-D-G). Sie verfügten wohl über kleinere Mensuren. Entgegen der Hypothese von Dreyfus (1987, S. 136ff.) lassen sich derartigen Instrumenten unter Bachs Orchesterwerken keine Partien sicher zuweisen (⟶ *Sechs »Brandenburgische Konzerte«* in Teil IV). Konkrete Angaben über Violone-Instrumente in Bachs Orchestermusik sind ohnehin nur für die autographe Reinschrift der »Brandenburgischen Konzerte«, für die Frühfassung des 5. Konzerts BWV 1050a und für das Cembalokonzert BWV 1055 zu machen, für die durchweg separate Violone-Partien existieren. Andere Orchesterwerke präsentieren lediglich ein oder mehrere Stimmen für *Continuo.*

Die »Brandenburgischen Konzerte« Nr. 1–4 und das *Concerto* BWV 1050a rechnen mit Violone-Instrumenten, deren Partien von (notiert) C oder Cis bis f' reichen; ausgenommen ist das »Brandenburgische Konzert 6« BWV 1051 mit einem Tonumfang von B', D bis d'. Möglicherweise handelte es sich hier um einen Violone mit Stimmung auf C', dessen tiefste Saite auf B' gestimmt worden sein könnte, sollte Bach, was aus spieltechnischen Gründen wahrscheinlicher ist, nicht einen Violone auf G' vorgesehen haben.

Violone-Instrumente

Für die Stimmung auf C' finden sich in der Literatur der Bach-Zeit nur 4saitige Violoni (C'-E'-A'-D oder – eine Oktave tiefer als das Violoncello – C'-G'-D-A [Eisel 1738]). Laut Fuhrmann (1706) und Eisel (1738) wurde dieses Instrument »von den Italiänern Violone grosso genennet«; mit *Violono grosso* (⟶ *Fagott*, S. 286) bezeichnet Bach zu Beginn seiner Reinschrift der »Brandenburgischen Konzerte« die tiefste Partie des ersten Konzerts und läßt offen, ob die Violone-Stimmen der übrigen fünf Konzerte (sie heißen *Violone in Ripieno* oder *Violone*) ebenfalls auf einem Violone grosso wiederzugeben sind. 5–6-saitige Violoni mit Stimmung auf D' (Eisel 1738: D'-G'-C-E-A[-d]) werden offenbar im »Brandenburgischen Konzert 5« BWV 1050 (siehe die Korrektur im ersten Satz, T. 124) sowie in anderen Orchesterwerken Bachs (beispielsweise in der *Ouverture* 2 h-Moll BWV 1067) verlangt. Auch ist denkbar, daß ein Spieler einzelne Töne, die unter (notiert) D reichten, (hoch-)oktavierte (siehe ebenfalls Bachs Korrektur der *Violone*-Partie im ersten Satz des Partiturautographs von BWV 1050, T. 124). Dennoch dürften in den meisten von Bachs Orchesterwerken große Instrumente mit Stimmung auf C' verlangt worden sein. Fuhrmann (1706) weist ausdrücklich auf den Zusammenhang zwischen Instrumentenlage und Raumgröße hin, wenn er fordert, ein »Violone grosso« »solte billich in allen Kirchen vorhanden seyn«.

Viersaitiger Violone grosso auf C' oder D'
(ursprünglich fünfsaitig)
von Anton Posch (1677–1742),
Wien, 1739,
im Originalzustand (ausgenommen Besaitung, Steg, Stimme und fünfter Wirbel); Wirbelkasten mit Zahnradmechanik,
Corpuslänge 110,0 cm

(Kunsthistorisches Museum Wien, Sammlung alter Musikinstrumente)

Violone-Instrumente

Klangcharakteristika: Eisel (1738) und Quantz (1752) legen dar, daß – je nach Größe – Instrumente mit nur 4 Saiten aufgrund des geringeren Saitendrucks einen voluminöseren, lauteren Klang erzeugen. Wird mit Bünden gespielt, können gegriffene Töne freier schwingen. Quantz bevorzugt der besseren Ansprache und »Deutlichkeit im Spielen« halber Violoni von mittlerer Größe; »der sogenannte deutsche Violon von fünf bis sechs Seyten« sei inzwischen »mit Recht abgeschaffet worden. Sind bey einer Musik zweene Contraviolone nöthig; so kann der zweyte etwas größer, als der erste seyn: und was demselben an der Deutlichkeit abgeht, ersetzet er alsdenn an der Gravität«.
Instrumente in Weimar: Das Inventar der »Musik-Cammer« des Weimarer Hofs von 1800 erwähnt neben fünf »Violon Bogen« auch drei »Violons«, von denen ein einziger – »Ein strohfarbener Cremoneser Contraviolon« – schon vor 1717 vorhanden gewesen sein könnte.
Instrumente in Köthen: Die Instrumentenkammer des Hofs besaß einen »Contra Violon J. C. Hoffmann« aus Leipzig, dessen Entstehungsjahr in den beiden erhaltenen Verzeichnissen von 1768 und 1773 unterschiedlich angegeben wird (1719 bzw. 1714). Im Inventar von 1768 sind zum offenbar gleichen Instrument noch ein »Stimm Eisen und Handschuh« angeführt. Anscheinend waren die Saiten durch ein Metallgewinde samt Zahnradmechanismus und Stimmschlüssel zu stimmen, wofür Handschuhe bereitlagen. Diese Bemerkung deutet auf ein großes Instrument mit starker Besaitung, also mit Stimmung auf D' oder C', hin.
Instrumente in Leipzig: 1672 wurden für die Thomas- und Nicolaikirche je ein »Violone« aus der Prager Werkstatt von Leonhard Pradter (1654–ca. 1692) angeschafft; beide waren ausdrücklich »große« Instrumente (offenbar auf C' oder D') mit Stimmeisen. Diese Violoni standen nicht allein für Bachs Kirchenmusik, sondern auch für Aufführungen der Stadtpfeifer und Kunstgeiger zur Verfügung. Der Violone der Nicolaikirche ist erhalten. 1735 erhielt auch die Thomasschule einen »großen Violon«, der bei einer »Auction« – als Gebrauchtinstrument – für den relativ hohen Preis von 14 Reichstalern und 20 Groschen erworben worden war und demnach ein wertvollerer Baß gewesen sein dürfte (NBA I/1, KB, S. 68).

Spätestens seit 1721 besaß der Caféhaus-Unternehmer Gottfried Zimmermann ebenfalls »2 Violone« (unbekannter Herkunft), die für Veranstaltungen des Collegium musicum herangezogen wurden. Laut *Tabula* der Konzertgesellschaft von 1746 erklangen zwei »Grand Violon« auch zusammen (möglicherweise die genannten Instrumente, inzwischen im Besitz von Enoch Richter; ⟶ S. 51 und 53).

Schließlich könnte das von Bach und zeitweise auch von Carl Gotthelf Gerlach geleitete Collegium musicum einen großen Violone verwendet haben, der von Gerlach 1737 zum Preis von 24 Talern für die Leipziger Neukirche angeschafft wurde. Dieses Instrument stammte aus der Werkstatt von Johann Christian Hoffmann.
Verwendung/Sozialstatus: In Bachs Orchestermusik wird der Violone ausschließlich als Ripieno-Instrument eingesetzt, das sich in den »Brandenburgischen Konzerten« meist zusammen mit dem Cembalo die Continuo-Funktion teilt, gelegentlich aber auch eine vom Cembalo abweichende Stimme ausführt. Daß Tasteninstrument und Violone gewöhnlich gemeinsam Continuo spielten, während Violoncello und/oder Fagott entweder die Baßstimme verstärkten oder eine figurierte Partie übernahmen, belegen auch zahlreiche Abbildungen jener Zeit. Daß Bach bei Aufführungen seiner Orchestermusik auf den Violone je verzichtet hätte, läßt sich dokumentarisch nicht eindeutig stützen.

Welche Musiker in Bachs Weimarer, Köthener und Leipziger Orchestern Violone spielten, bleibt unklar. Vermutlich haben wir sie, so der »Entwurff einer wohlbestallten Kirchen Music« (1730), unter den »Violi[ni]sten« zu suchen (Dok. I, Nr. 22): Wohl jeder Musiker mit einer Kunstgeiger-Ausbildung war in der Lage, das eine oder andere Violone-Instrument zu spielen. Ein Cellist wird Instrumente in C'-, ein Gambist solche in D'- und G'-Stimmung bevorzugt haben. In seinen Leipziger Kirchenorchestern hatte Bach zumindest bis 1730 »Viola, Violoncello und Violon [...] allezeit (in Ermanglung tüchtigerer subjectorum [Spieler]) mit Schülern« zu besetzen (Dok. I, Nr. 22). Denkbar ist, daß auch Hofangestellte, beispielsweise Pagen, Violone spielten.
Literatur: Dreyfus (1987), S. 136–165; Glöckner (1997), S. 298f.; Heyde (1986); Hoppe (1987); Kröhner (1988); Johannes Loescher in MGG², *Sachteil* 9 (1998), Sp. 1703; Planyavsky (1984), S. 196–215; Schering (1926), S. 113f. und 292ff.; Schmid (1987); Schmid (1991).

Siegbert Rampe

Tasteninstrumente und ihre Spielpraxis

Cembalo

Termini der Bach-Zeit: Laut Walther (1708 & 1732) und Adlung (1726/1768) *Flügel, Clavicymbel, Clavecin, Cembalo, Steertstück, Clavier, Instrument.*
Termini bei Bach: *Cembalo, Clavecin, Clavezymbel* (autographe Partituren, Originalstimmen, Erstdrucke).
Kurzbeschreibung: Flügelförmiges Tasteninstrument mit ein bis drei *Manualen* (Klaviaturen), bis zu fünf *Saitenchören* und einer Springermechanik: Pro Ton und Oktavlage existiert ein Springer, ein längliches Holzstäbchen mit rechteckigem Grundriß, das auf dem hinteren Teil des Tastenhebels steht und beim Niederdrücken der Taste hoch zur Saite hin geschleudert wird. Im oberen Teil des Springers sitzt eine beweglich gelagerte Holzzunge, in der ein Plectrum befestigt ist – zur Bach-Zeit bestehend aus Federkielen von Vögeln, gelegentlich auch aus Messing, Knochen oder Leder, heute meist aus Kunststoff (Delrin). Dieses Plectrum reißt die Saite an, wenn der Springer emporgeschleudert wird. Die Manuale sind meist koppelbar, so daß sich die *Register* (Springerreihen) des Obermanuals auch vom unteren aus spielen lassen.
Abkürzungen: I – erstes (unteres) Manual / II – zweites (oberes) Manual / S – *Schiebekoppel*[1] / D – »*Dogleg*«-Koppel.[2]
Tastenumfang bei Bach: CD–c''' / CD–d''' / C–c''' / A'–d''' / G'–d''' / H'–f''' (nur »Tripelkonzert« BWV 1044).
Disposition: Nachweisbar sind Instrumente mit bis zu 5 klingenden Registern sowie Lauten- und/oder *Harfenzug* auf ein bis drei Manualen; zur Bach-Zeit unterschied man zwei verschiedene Modelle: einmanualige Cembali, die wohl primär zum Üben, Continuospiel und für Korrepetitionsaufgaben dienten sowie häufig bis zu drei klingende Register besaßen. Beispiele: I 8'8'4' oder I 8'8'. Vor allem für Soloaufgaben und für Continuospiel im großbesetzten Orchester dürften größere Instrumente herangezogen worden sein. Beispiele: I 16'8', II 8'4' / I 16'8'4', II 8' / I 16'4', II 8' / I 8'4', II 8' / I 8'4', II 8'8' (zwei Registerreihen für ein und denselben Saitenchor). Die Verwendung von Transponierverschiebungen (Verschiebung der Klaviatur[en] um einen oder mehrere Halbtöne, um in unterschiedlichen Kammertönen spielen zu können) ist im mitteldeutschen Cembalobau seit dem 16. Jahrhundert belegt und scheint noch im 18. Jahrhundert weit verbreitet gewesen zu sein.
Klangcharakteristika: Es ist zu vermuten, daß Bach ausschließlich mitteldeutsche Cembali besaß und nur ausnahmsweise auf Instrumenten anderer Provenienz spielte. Die Klangmerkmale des mitteldeutschen Cembalobaus waren wahrscheinlich wesentlich heterogener als die des niederländisch-flämischen und französischen, vergleichbar allenfalls mit den starken individuellen Zügen unterschiedlicher italienischer Werkstätten. Bei einigen erhaltenen Instrumenten fallen vor allem dunkle, theorbenartige Klangfarben auf, Berliner Cembali scheinen hingegen einen helleren Klangcharakter besessen zu haben. Bekannt sind sowohl Instrumente mit Messing- (dunklerer, runderer Klang) als auch solche mit Eisenbesaitung (hellerer, klarerer Klang). Typisch ist für alle erhaltenen mitteldeutschen Cembali eine deutlich zeichnende (»sprechende«) und auf Transparenz ausgerichtete Tonerzeugung, die die Ausführung virtuoser Passagen ebenso wie polyphoner Musik begünstigt. Charakteristisch ist außerdem eine langanhaltende Tondauer, insbesondere im Diskantbereich, die die Darstellung cantabler Sätze ruhiger Bewegung mit einer Melodieführung in hoher Lage wie in Bachs Cembalokonzerten überhaupt erst verständlich macht. Die Klangeigenschaften mitteldeutscher Cembali werden beispielsweise in den Leipziger Zeitungen der Bach-Zeit mit Attributen beschrieben, die die angestrebte Nähe zum Orchester erkennen lassen und in erstaunlicher Weise an Ideale des Klavier- und Orgelbaus im 19. Jahrhundert erinnern: Gewünscht wurden »Gravität und Force« (Stärke), »ausserordentliche Stärke des Tones«, eine »Verstärkung der Bässe« und »sehr viele Veränderungen« der Registrierung. Ein wesentlicher Anteil am gravitätischen Klangideal kommt dabei der offenbar häufigeren Verwendung des 16'-Registers und von bis zu drei 8'-Registern zu.
Instrumente in Weimar: Die Instrumentenkammer des Hofs verfügte sowohl über einheimische als auch ausländische Streichinstrumente; demnach könnten neben thüringisch-sächsischen auch Cembali anderer Herkunft gespielt worden sein. Als Instrumentenbauer kommen insbesondere der mit Bach befreundete Weimarer Hof-Clavier- und -Orgelbauer Heinrich Nicolaus Trebs (1678–1748) sowie Bachs Vetter, der Jenaer Orgel- und Claviermacher Johann Nicolaus Bach 1669–1753), in Frage; auch könnte der Hof Cembali von Ludwig Compenius (?–1671) aus Erfurt besessen haben, von dem die Orgeln der Schloßkirche stammten. Darüber hinaus verfügte die Hofkammer über ein »Lautenclavizymbal« Cembalo mit Darmsaiten) von Johann Nicolaus Bach und seit etwa 1717 über ein Gambenclavier (Tasteninstrument, dessen Saiten durch ein mechanisch angetriebenes Rad gestrichen wurden), erbaut von Johann Georg Gleichmann

Cembalo

(1685–1770) in Coburg bzw. Ilmenau. Von keinem der genannten Clavierbauer scheint ein Cembalo erhalten zu sein. Bach war in Weimar für die Wartung und Stimmung der Saitenclaviere teilweise persönlich verantwortlich.

Instrumente in Köthen: Der Hof besaß bis 1719 offenbar nur ein wohl kleineres, älteres Cembalo unbekannter Herkunft. Im März 1719 wurde ein zweimanualiges Cembalo von Michael Mietke (ca. 1670–1719), Berlin, angeschafft (vermutlich I [16'?]8'4', II 8' mit Schiebekoppel), im Juli oder September 1719 »ein reise Clavessin« von einem gewissen Becker (wohl ein Händler) ebenfalls aus Berlin. Hier könnte es sich um ein Original oder die Kopie eines dreiteiligen, zusammenklappbaren einmanualigen Reisecembalos (8'8'4') von Jean Marius (Paris) gehandelt haben, wie es auch der

Zweimanualiges Cembalo – unsigniert, Dresden oder Umgebung, ca. 1740,
höchstwahrscheinlich von Gottfried Silbermann (1683–1753), Freiberg (Sachsen), Tonumfang bis heute unverändert F'–f''', zwei 8'- und ein 4'-Register,
Originaldekoration und -gestell (furniert im Dresdner Stil um 1740), Corpuslänge (Baßwand) 260,0 cm, c'' = 35,1 und 33,5 cm

(Schloß Pillnitz, Dresden – ehemals Schloß Moritzburg, Dresden)

Berliner Hof besaß. Im Oktober 1722 erhielt die Köthener Hofkammer ein »Pedal Clavecin« von Christian Joachim (1679–1755) aus Halle/Saale, seinem Preis nach vermutlich ein Pedalinstrument *ohne* Manualteil, das primär der Ausbildung von Bachs Organistenlehrlingen diente. Hinzu kamen ein angeblich von Bach selbst zusammen mit einem ortsansässigen Tischler konzipiertes Lautenclavier sowie ein Gambenclavier, über dessen Anschaffungszeitpunkt sich keine Aussagen machen lassen (das Instrument ist erst nach 1723 nachweisbar). Im fürstlichen Jagdhaus Diebzig befand sich ein »großes Spinett in Form einer Harfe«; sein Erbauer ist unbekannt. Auch in Köthen war Bach zeitweise selbst für Wartung und Stimmung der Saitenclaviere zuständig.

Instrumente in Leipzig: Die Leipziger Thomaskirche verfügte in den Jahren 1672–1756 über ein (einmanualiges?) Cembalo von Ludwig Compenius aus Erfurt. Bach wurde für die Wartung dieses Cembalos sowie desjenigen der Nicolaikirche wiederholt persönlich honoriert. Die regelmäßige Stimmung dieser Instrumente oblag u.a. den Bach-Schülern Johann Ludwig Krebs (1713–1780) und C. P. E. Bach sowie Zacharias Hildebrandt (1688–1757). Der Leipziger Caféhausbesitzer Enoch Richter (?–1780) erwarb für seine Unternehmen wohl Ende der 1730er Jahre ein zweimanualiges Cembalo (F'–f''': I 16'8'4', II 8'[nur Baßseite]8') mit selbständigem Pedalteil (A'–d''': 16'16'8'8') und 1745 ein einmanualiges Cembalo (G'–d'''[?]: 8'8'4'). Beide Instrumente stammten von Zacharias Hildebrandt aus Leipzig bzw. Naumburg. Sie dürften auch für Aufführungen von Bachs Collegium musicum herangezogen worden sein, wobei das einmanualige Cembalo wohl primär als Generalbaßinstrument diente.

Hildebrandt war zwischen etwa 1734 und 1750 in oder bei Leipzig tätig und mit Bach eng befreundet, von dem er nachhaltig gefördert wurde. Um 1739 fertigte er für Bach nach dessen Angaben ein wohl zweimanualiges »Lautenclavicymbel«; sehr wahrscheinlich besaß Bach zudem wenigstens ein Cembalo Hildebrandts (auch Bachs Schüler Carl Gotthelf Gerlach [1704–1761] und Johann Friedrich Doles [1715–1797] hatten bei Hildebrandt mehrere Saitenclaviere, darunter Cembali, bestellt).

Als weitere Leipziger Clavierbauer der Bach-Zeit kommen die Mitglieder der Familie Donat (bis 1713) und der mit Bach befreundete »Universitäts-Orgelmacher« Johann Scheibe (1680–1748) in Frage. Enge Kontakte unterhielt Bach ferner zu der Hallenser Orgel- und Clavierbauer-Familie Contius, zu dem kursächsischen Hof- und Landorgel- bzw. -claviermacher Gottfried Silbermann (1683–1753) in Freiberg und zu dem Altenburger Orgel- und Clavierbauer Gottfried Heinrich Trost (ca. 1673–1759). Den Mitteilungen der zeitgenössischen Presse zufolge waren in Leipzig außer Cembali Hildebrandts vor allem solche Silbermanns, von Wahlfried Ficker aus Zeitz und von Christian Ernst Friederici (1709–1780) aus Gera verbreitet. Mit Ausnahme Silbermanns und Hildebrandts scheint von keinem der genannten Erbauer ein Cembalo erhalten zu sein.

Instrumente in Bachs Haushalt: Laut Nachlaßverzeichnis vom Herbst 1750 (Dok. II, Nr. 627) besaß Bach am Ende seines Lebens ein großes (und wohl neueres) »fournirt[es]« Cembalo, drei ältere (und/oder kleinere) Cembali und ein weiteres, ausdrücklich als »kleiner« bezeichnet. Hinzu kamen zwei Lautenclaviere (eines davon von Zacharias Hildebrandt) und ein kleines Spinett (wohl ein Virginal). Nähere Angaben zu Erbauer und Disposition dieser Instrumente sind derzeit nicht zu erbringen.

Erhaltene Instrumente: Von den erhaltenen Cembali lassen sich drei unterschiedliche Typen in nähere Beziehung zu Bach setzen. Das Musikinstrumenten-Museum Berlin besitzt ein seit dem späten 19. Jahrhundert als »Bach-Cembalo« berühmt gewordenes anonymes Cembalo (Inventarnummer 316), das neuerdings der Clavierbauer-Familie Harraß in Sondershausen (wohl vor 1730) zugeschrieben wird (F'–f'''': I 16'8', II 8'4'L S, ursprünglich: I 16'4', II 8'L S). Seine Geschichte ist bis mindestens 1774 zurückzuverfolgen. Das Instrument stammt aus dem Haushalt der Grafen von Voß in Buch bei Berlin und soll durch Otto Karl Friedrich von Voß (1755–1823) von Wilhelm Friedemann Bach erworben worden sein, was jüngeren Forschungen zufolge kaum zu bezweifeln ist. Wilhelm Friedemann könnte es von seinem Vater erhalten haben, als er 1733 das Elternhaus verließ.

Dem für den Köthener Hof tätigen Berliner Cembalobauer Michael Mietke werden inzwischen vier Cembali zugeschrieben. Zwei davon befinden sich in Schloß Charlottenburg, Berlin (F'G'–e''': I 8'4', II 8' S, und F'G'A'H'–d''': I 8'8'), eines im Stadtmuseum Gera (F'G'A'–d''', I und II, Disposition unklar) und ein viertes im Hälsinglandsmuseum Hudiksvall, Schweden (G'A'–c''': I 8'8'). Nur letzteres trägt eine Signatur, datiert *1710*.

Ein weiteres Cembalo stammt aller Wahrscheinlichkeit nach aus der Werkstatt Gottfried Silbermanns (siehe Abbildung). Das zweimanualige Instrument mag zugleich einen Eindruck von den Cembali bieten, die Silbermanns Schüler Zacharias Hildebrandt fertigte. Ein Instrument dieser Bauart könnte in Bachs Konzerten für ein Cembalo erklungen sein. Bislang nicht zugänglich ist ein erhaltenes, angeblich von Hildebrandt gefertigtes Cembalo.

Verwendung/Sozialstatus: Über seine Rolle als unbegleitetes Soloinstrument hinaus übernahm das Cembalo Continuoaufgaben im Rahmen von Kammermusik- und Orchesteraufführungen. Dabei war es häufig Direktionsinstrument des jeweiligen musikalischen Leiters, die Verwendung mehrerer Continuocembali ist namentlich in der Opernpraxis und bei großer Orchesterbesetzung belegt. Tonumfang und Disposition der Instrumente richteten sich hauptsächlich nach ihrer musikalischen Funktion. Seit dem zweiten Jahrzehnt des 18. Jahrhunderts übernimmt das Cembalo gelegentlich auch Solorollen (»obligates Cembalo«) innerhalb von Kammermusik und Konzerten mit Orchesterbegleitung, seit den 1730er Jahren ist der Typus des Clavierkonzerts (ohne »begleitende« Concertino-Instrumente) nachweisbar.

Wohl aufgrund hoher Herstellungskosten war die Verbreitung des Cembalos zur Bach-Zeit weitgehend auf das höfische Ambiente, adelige Musiker, großbürgerliche Haushalte, Kirchen und professionelle Tastenspieler limitiert. Der Mittelstand und angehende Musiker hingegen blieben aus Kosten- und Raumgründen auf die kleineren Clavierinstrumente Spinett und Clavichord angewiesen. Der Kaufpreis von Cembali betrug damals – und im Unterschied zu heute – generell ein Vielfaches jenes der wertvollsten Streichinstrumente.

Verwendung in Bachs Orchester: Als Generalbaßinstrument teilt sich das Cembalo in Bachs Orchesterwerken entweder die Ausführung der Continuostimme mit Baß-Melodieinstrumenten (Fagott, Violoncello, Violone) oder tritt durch eine eigenständige Baßpartie aus der Continuogruppe hervor (Beispiel: »Brandenburgisches Konzert 4« BWV 1049).

Hammerclavier

Auch seine Rolle als Soloinstrument gliedert sich in zwei Varianten: Im Zusammenspiel mit solistisch geführten Melodieinstrumenten (Concerti a-Moll BWV 1044 und D-Dur BWV 1050/1050a) fungiert es in Ritornellteilen als Continuoinstrument, während seinen solistischen Aktionen Episoden vorbehalten bleiben. Jene übertreffen dann sogar die Partien der übrigen Solisten. Im Rahmen der Konzerte für 1–4 Cembali aber emanzipiert sich das Cembalo weitestgehend von seiner Generalbaßrolle. Die Satztechnik ist primär zweistimmig, innerhalb von Ritornellen werden die Ripieno-Violine 1 und der Baß verdoppelt, Akkorde entfallen zunehmend. Wiederholt weist Bach dem Cembalo während Ritornellen sogar eine unabhängige Gegenstimme zu. Diese zweite Variante hat als Spezifikum Bachscher Clavierkonzerte zu gelten und blieb im gesamten 18. Jahrhundert vermutlich ohne Parallele.

Literatur: Ahrens (1990); Ahrens (i. Vorb.); Bunge (1905); *Das Berliner »Bach-Cembalo«* (1995); Dähnert (1961); Dürr (1978); Faulstich (1997); Friedrich (1998); Fritsch (1996); Henkel (o.J.); Heyde (1985); Hoboken (1988); Hoppe (1998); *Kielklaviere* (1991); Krickeberg (1985); Krickeberg & Rase (1987); van der Meer (1987); Rampe (1995); Rampe (1998); Rampe (1999); Rampe (i. Vorb.); Rampe & Zapf (1997/98); Schering (1926); Schmidt (1992); Schmidt (1998); Schrammek (1988); Stauffer (1995).

Siegbert Rampe

Hammerclavier

Termini der Bach-Zeit: Laut Zedler (1733) *Piano Fort,* laut Adlung/Agricola (1768) *Piano forte,* laut Gottfried Silbermann *piano & forte* (1736) bzw. *piano et forte* (1746), vielleicht auch *Instrument, Clavier, Cymbal-Clavir.*
Termini bei Bach: Laut brieflicher Mitteilung vom 9. Mai 1749 (Dok. III, Nachträge Nr. 142a) *Piano et Forte*; Musikalien mit einer entsprechenden Bezeichnung sind aus Bachs Umfeld jedoch unbekannt.
Kurzbeschreibung: Flügelförmiges 8'-Tasteninstrument mit einem *Manual* (Klaviatur), zwei Saitenchören und einer Hammermechanik (*Stoßzungenmechanik* mit *Auslösung*): Pro Ton/Taste existiert je ein Hammer, bestehend aus einem *Hammerkopf* (ein an der Anschlagsstelle beledertes Pergamentröllchen) und *Hammerstiel* aus Holz. Die Hämmer sind im *Hammerstuhl* oberhalb der Klaviatur geachst und werden durch Niederdrücken der Tasten mittels aufwendiger Übersetzung an die Saiten geschlagen. Die Erfindung der Stoßzungenmechanik erfolgte um 1700 durch den Italiener Bartolomeo Cristofori (1653–1731) und wurde wohl seit Ende der 20er Jahre durch Gottfried Silbermann in Freiberg als zunächst einzigem Instrumentenmacher im deutschen Sprachraum kopiert.
Disposition und Klangcharakteristika: Erhalten sind drei Hammerflügel Gottfried Silbermanns (Schloß Sanssouci und Neues Palais Potsdam, Germanisches Nationalmuseum Nürnberg), zwei davon mit den Daten 1746 bzw. 1749. Sie besitzen durchgehend zwei 8'-Saitenchöre und folgende Tonumfänge: F'–e''' (Nürnberg, 1749, Neues Palais), F'–d''' (Sanssouci, 1746). Die Instrumente in Nürnberg und Sanssouci sind mit Transponierverschiebungen (um 2 Stufen) ausgestattet.

Der Hammerflügel in Sanssouci ist restauriert und spielbar; sein Klang fällt außerordentlich dunkel und weich, aber sehr zart und leise aus. Ein solches Instrument läßt sich, wie schon Quantz (1752, S. 175) schreibt, ausschließlich für Kammermusik heranziehen. Die Solopartien Bachscher Clavierkonzerte wären – entgegen Vermutungen aus jüngerer Zeit – auf einem Hammerflügel dieser Art selbst bei einfacher Streicherbesetzung akustisch kaum wahrnehmbar. Daß Bach außer dem *Ricercar* a 3 aus dem *Musicalischen Opfer* BWV 1079 überhaupt je ein Werk für oder mit Fortepiano schrieb, ist nicht belegbar.
Instrumente in Bachs Haushalt: Bach lernte Silbermanns Hammerflügel bis 1731 oder 1736 kennen, lehnte dessen schwergängige Mechanik jedoch zunächst ab (Dok. III, Nr. 743). Silbermann verbesserte sein Mechanikmodell bis etwa 1745 und erhielt, wohl im folgenden Jahr, Bachs Zustimmung. Erst also von jener Zeit an waren Silbermanns Hammerflügel musikalisch unbeschränkt einsetzbar. Bach verkaufte im Mai 1749 ein (wohl sein eigenes) »Piano et Forte«, vermutlich aus der Werkstatt Silbermanns. Die mit den Bachs eng befreundete Leipziger Familie Bose veräußerte 1764 einen Hammerflügel Silbermanns (gestorben 1753), der noch von Bach selbst vermittelt worden sein könnte.
Literatur: Badura-Skoda (1991); Henkel (1981); Heyde (1985); Heyde (1988); Müller (1982); Pollens (1995); Rampe (1999); Restle (1991); Stauffer (1995); Wolff (1987).

Siegbert Rampe

STIMMTONHÖHE

Aus praktischen Gründen war das Prinzip einheitlicher Stimmtonhöhen zur Bach-Zeit allgemein akzeptiert und in ganz Europa in Gebrauch. Im Unterschied zu heutiger Praxis rechneten die Musiker damals freilich nicht mit einem einigermaßen verbindlichen Kammerton für a'. Vielmehr wurden gleichzeitig diverse unterschiedliche Stimmtonkategorien verwendet, einige davon für spezifische Zwecke, andere weitaus regelmäßiger. Ihre Bezeichnungen gingen auf musikalische Funktionen oder bestimmte Instrumente zurück (beispielsweise *Cammerton, Opernthon, Cornet-ton* [Cornet = Zink], *Chorton*).

Der höchste Stimmton lag zur Bach-Zeit im deutschen Sprachraum um eine große Terz über dem tiefsten. Die jeweilige Tonhöhe berührt nicht allein die Klangwelt seiner Musik und die Spieltechnik der Instrumentalisten, die sie ausführen. Stimmtonhöhen können ebenso als Mittel zur Datierung und vor allem aber zum Verständnis der Aufführungssituationen von Bachs Kompositionen dienen, zumal zahlreiche Kombinationsmöglichkeiten der Stimmtöne und ihre Beziehungen zueinander überliefert sind.

Anhand schriftlicher Quellen ist es vergleichsweise einfach, die Termini für die von Bach berücksichtigten Stimmtonkategorien zu identifizieren (*Cornet-ton, Chorton, Cammerton, tief-Cammerthon*). Die Unterschiede zwischen deren Tonhöhen ergeben sich aus der Notation seiner Werke (im Abstand einer großen Sekunde oder kleinen Terz zwischen den einzelnen Stimmen). Jüngere Forschungen zu originalen Stimmtönen zeitgenössischer Instrumente (Zinken, Traversflöten, Blockflöten und Orgeln) ermöglichen es sogar, exakte Frequenzwerte zu ermitteln (Haynes 1995, Bd. II, Anhang).

Das System von Tonhöhenunterschieden im Abstand von Ganztönen war für die Musiker der Renaissance und im Barock weitgehend gegenstandslos, obwohl ihre Hörgewohnheiten und -fähigkeiten überlieferten Quellen zufolge als ausgesprochen differenziert zu gelten haben. Als kleinste Tonhöheneinheit dient in schriftlichen Dokumenten jener Epochen das *Comma*, der neunte Teil eines Ganztons. Zwar erlaubten Commata eine sinnvolle Einteilung der Tonhöhen, doch wurden sie in der Praxis nur gelegentlich herangezogen. Die übliche Größenordnung, in der Musiker Stimmtonhöhen-Unterschiede zu beschreiben pflegten, stellte indessen der Halbton dar. Tatsächlich verlangten weder die Partiturnotation noch Transposition kleinere Einheiten.

Daher werden Stimmtonhöhen auch im folgenden mittels Halbtönen über und unter dem international vereinbarten Kammerton a' = 440 Hz (= A) definiert. Es handelt sich um folgende Kategorien:

- A+1 (= a' plus 1 Halbton) – *Cornet-ton,* auch *Chorton* genannt, im Bereich um a' = 464 Hz
- A–1 (= a' minus 1 Halbton) – (hoher) *Cammerton* im Bereich um a' = 413 Hz
- A–1½ (= a' minus anderthalb Halbtöne) – *Cammerton* im Bereich um a' = 403 Hz
- A–2 (= a' minus 2 Halbtöne) – (tiefer) *Cammerton* im Bereich um a' = 392 Hz

Ausgenommen A–1½ ließen sich diese Stimmtonkategorien in Schritten von 9 oder 13 Commata gegen- bzw. zueinander transponieren; sieht man einmal von Fragen der Temperatur ab, so war es selbst für Instrumente unterschiedlicher Tonhöhen möglich, zusammen zu spielen (etwa so wie die B-Klarinette mit modernen Orchesterinstrumenten).

Die Auswirkungen der Stimmtonhöhen auf die Instrumente des Orchesters

Trotz der Klangunterschiede, die verschiedene Stimmtonhöhen auf Streichinstrumenten erzeugen, war die Bereitschaft der Spieler, die Saiten ihrer Instrumente umzustimmen, in Bachs Epoche erstaunlich groß. Saiten wurden generell um bis zu einem Ganzton höher oder tiefer gestimmt. Wollte Bachs Leipziger Amtsvorgänger Johann Kuhnau seine Orgelstimmen nicht transponieren, um unbequeme Tonarten zu vermeiden, ließ er die Streichinstrumente um einen Ganzton höher stimmen und in der Tonart der Orgel, d.h. im *Chorton,* spielen. In anderen Kantaten notierte Kuhnau die Violinpartien um eine kleine Terz höher als die Orgel; somit wurden sie um eine kleine Terz tiefer als diese gestimmt (A–2) – also um einen Halbton tiefer als seinerzeit üblich (Rimbach 1966, I, S. 173 und 205ff.). Wie später deutlich werden wird, verlangte auch Bach von den Streichinstrumentalisten seines Orchesters gelegentlich, ihre Instrumente um einen Halbton von A–1 zum »tieff-Cammerthon« (A–2) zu stimmen.

Die Violinsonaten Heinrich Ignaz Franz Bibers liefern ein schönes Beispiel für die Flexibilität der Stimmung von Streichinstrumenten. Abgesehen von den zahlreichen Werken in *scordatura* verlangt Biber in zwei der *Sonatæ violin solo* (Nürnberg, 1681), daß der Geigensolist einzelne Saiten inmitten des Werkes um einen Ganzton umstimmt. Jacob Adlung (1758, S. 327) erläuterte das Zusammenspiel von Instrumenten im *Chorton* und *Cammerton* wie folgt: »Kann entweder der Organist eine Secunde tiefer spielen, oder der Direktor der Musik schreibt dessen Stimme einen Ton tiefer, die besaiteten Instrumente stimmt er alsdenn um 1 Ton tiefer um nicht alles umschreiben zu müssen«. Für die Stimmung von Streichinstrumenten zu Beginn des 18. Jahrhunderts im hohen *Cornet-ton* existieren zahlreiche Belege (Haynes 1995, S. 248). Viele der gebräuchlichen Instrumente entstanden für die damals allgemein übliche Stimmtonhöhe A+1. Johann Gottfried Walther (1732, S. 130) beispielsweise teilt mit, daß eine der Ursachen zur Verwendung des *Cammertons* darin bestand, daß Streichinstrumente ihre Stimmung auf tieferer Tonhöhe besser hielten als im *Chorton*. Er bestätigt also indirekt die Stimmung von Streichinstrumenten im Chorton. In Bachs Weimarer Periode wurden Streichinstrumente also in der Stimmtonhöhe der Orgel (A+1) gespielt. Ein Großteil dieser Instrumente stammte aus Cremona bzw. von Jacob Stainer oder wurde in solcher Bauweise gefertigt (⟶ S. 293), d.h. für eine hohe Stimmung im Bereich von A+1 (Heyde 1985, S. 79). Viele der in Leipzig gebräuchlichen Streichinstrumente wiederum waren von einheimischen Instrumentenmachern erbaut worden (⟶ S. 293f.). Die Leipziger Stimmtonhöhe lag im Bereich um A–1 oder A–2.

Das Transponieren von Streicherpartien hingegen veränderte die Klangfarben, die von leeren Saiten hervorgerufen werden. Besondere Bedeutung erlangten diese in Dreiklängen unter Verwendung leerer Saiten, etwa zu Beginn der Urfassung von *Concerto* BWV 1053 (⟶ S. 131). Transpositionen hatten grifftechnisch wesentliche Konsequenzen, indem sich die Lageneinteilung der Instrumente vollkommen änderte. In einer Gruppe von mehreren Streichinstrumenten vervielfachten sich die Folgeerscheinungen des Transponierens entsprechend der Anzahl der Mitwirkenden. Solche Konsequenzen mögen dazu beigetragen haben, daß das Umstimmen von Streichinstrumenten zur weitverbreiteten historischen Praxis wurde.

Holzblasinstrumente allerdings, vor allem Travers- und Blockflöte, erwiesen sich im Hinblick auf unterschiedliche Stimmtonhöhen als vergleichsweise unflexibel. Auf Rohrblattinstrumenten ließ sich die Tonhöhe zwar nach unten, aber nur wenig nach oben korrigieren. Um einen befriedigenden Klang und eine überzeugende Intonation zu erhalten, war eine Holzbläserpartie zu transponieren.

Das Transponieren wiederum rief auf Holzblasinstrumenten eine Anzahl von Problemen hervor, insbesondere die Fingertechnik betreffend. Tonarten mit mehr als vier Vorzeichen wurden vermieden, waren die Instrumente der Bach-Zeit doch im wesentlichen ohne Klappen konzipiert, d.h. sie besaßen nur solche, die wirklich unverzichtbar blieben. Chromatische Töne über die Skala von sechs Grifflöchern hinaus wurden mit Gabelgriffen oder Halbdeckungen erreicht. Solche komplizierten Griffe waren nicht nur spieltechnisch schwieriger, sondern erzeugten gedeckte, diffuse Klangfarben. Die Position von Gabelgriffen innerhalb einer Tonleiter verlieh jeder Tonart ihren eigenen Charakter, eine bestimmte Spieltechnik und Intonation. Insbesondere Triller und andere Ornamente wurden auf Holzblasinstrumenten häufig mit bestimmten Griffen ausgeführt. Deshalb waren Tonarten nur unter Berücksichtigung sowohl musikalischer als auch praktischer Erwägungen zu wählen.

Europäische Stimmtonhöhen der Bach-Zeit

Im 16. und 17. Jahrhundert bestand eine mehr oder weniger einheitliche Stimmtonhöhe. Zwar sind die Stimmtöne erhaltener Instrumente jener Epochen nicht völlig gleich, doch liegen sie mit bemerkenswerter Regelmäßigkeit im Bereich um A+1, der damals u.a. *Mezzo punto, Corista di Lombardia, Ton d'Écurie* und *Cornet-ton* genannt wurde. Eine wesentliche Ursache für diesen Tonhöhenstandard bestand in der Zentralisierung der Instrumentenherstellung: Die besten Holzblasinstrumente waren in Venedig, die besten Blechblasinstrumente in Nürnberg erhältlich. Sie wurden in ganz Europa gespielt (Haynes 1995, S. 36).

Der *Cornet-ton* diente häufig als Standard-Tonhöhe und war in jedem der nachweisbaren Fälle im Bereich um A+1 angesiedelt. Unter den mehr als 100 überlieferten Zinken des 16. und 17. Jahrhunderts überwiegt die Tonhöhe a' = 464–465 Hz bei weitem. 13 der erhaltenen Orgeln des deutschen Sprachraums aus der Zeit zwischen 1707 und 1786 wurden damals ausdrücklich im *Cornet-ton* erbaut. Ihre Stimmtonhöhe schwankt zwischen 458 und 467 Hz mit 463 Hz als Mittelwert für a'. Schon Michael Praetorius (1619, S. 41) beschrieb den »Cornettenthon«. Der Name *Cornet-ton* als Bezeichnung für ein und dieselbe Tonhöhe wurde bis ins 18. Jahrhundert hinein beibehalten, da Zinken ihren Stimmton nicht änderten (Haynes 1995, S. 156ff.).

Für diese Tonhöhe bevorzugte Praetorius jedoch den Namen »CammerThon«. Freilich wich Praetorius' »CammerThon« vom »Cammerton« Bachs erheblich ab, da sich viele Instrumente inzwischen grundlegend geändert hatten.

Die Stimmtöne französischer Instrumente der zweiten Hälfte des 17. Jahrhunderts im Pariser *Ton d'Opéra* (A–2) und *Ton de la Chambre du Roy* (A–1 1/2) waren wesentlich tiefer als die traditionelle deutsche Instrumentalstimmung im Bereich um A+1 (Haynes 1995, S. 104–119). Als Folge des großen Interesses für französische Kultur und für die Musik Jean-Baptiste Lullys (⟶ S. 250) wurde das neue französische Holzblasinstrumentarium seit den 1670er und 1680er Jahren in ganz Europa übernommen. Während dieser Zeit und noch bis zur Mitte des 18. Jahrhunderts glich man Tonhöhen mehr und mehr aneinander an. Die neue französische Stimmtonhöhe fand vor allem bei Holzblasinstrumenten auch außerhalb Frankreichs große Verbreitung, weshalb sie rasch den Terminus *Cammerton* als Bezeichnung für die Standard-Tonhöhe »weltlicher« Musik annahm.

Da die Kirchen im 18. Jahrhundert indes meist mit Orgeln der vorigen Jahrhunderte ausgestattet waren, ließ sich eine Änderung der Stimmtonhöhe nicht ohne weiteres realisieren. Dies betraf vor allem die enormen Kosten zur Senkung der Tonhöhe; denn für jedes Register wären tiefe Pfeifen zu ergänzen gewesen – also die größten Pfeifen mit dem höchsten Materialverbrauch, die sich zudem in vielen Orgelgehäusen und/oder Kirchenräumen gar nicht unterzubringen ließen. Seit dieser Zeit erhielt Kirchenmusik ihren eigenen Stimmton, den *Chorton*. Um jedoch das Zusammenspiel von Hörnern sowie Holzblas- und oft auch Streichinstrumenten im *Cammerton* zu ermöglichen, wurden Orgeln in einem geeigneten Intervall zum *Cammerton* gestimmt, damit die Instrumente mittels Transposition gemeinsame Aufführungen bestreiten konnten. Diese Intervalle waren die große Sekunde und kleine Terz (Haynes 1995, S. 478).

Zur Bestimmung der Originaltonhöhe einer Komposition Bachs ist es erforderlich zu klären, zu welcher Zeit und an welchem Ort das Werk entstand. Die von ihm verwendeten Orgeln waren durchweg im *Cornet-ton* (A+1) gestimmt (Dähnert [2]1983). Seine Kammermusik sowie Orchesterkompositionen wurden in dem einen oder anderen *Cammerton* jener Epoche aufgeführt (je nach Ort A–1, A–1^{1}/2 oder A–2).

Kammer- und Chorton in Weimar

Das Problem, das bei gleichzeitiger Notation im *Cornet-ton* und in den verschiedenen Kategorien des *Cammerton* entsteht, löste Bach von Ort zu Ort auf unterschiedliche Weise. Am schwierigsten war die Situation in Weimar. Zur Tonhöhe der Orgel meinte Alfred Dürr ([2]1977, S. 76), daß »die seit Spitta in der gesamten Bach-Literatur verbreitete Legende von der „sehr hohen Stimmung der Weimarer Schloßorgel" durchaus unbegründet ist«. Wie später gezeigt werden wird, ist es sehr wahrscheinlich, daß Bach in Weimar die üblichen Stimmtonhöhen jener Epoche verwendete; d.h., die Orgeln der Schloßkirche dürften nicht im sehr hohen Stimmton, sondern im üblichen *Cornet-ton* (A+1) erklungen sein. Dürr fuhr fort: »Offenbar standen die Weimarer Holzblasinstrumente, die zur Aufführung terztransponierender Kantaten verwendet wurden, im sogenannten „tiefen Kammerton". Daraus folgt aber, daß die Schloßorgel ungefähr die damals übliche Stimmung gehabt haben muß – eine Mutmaßung, die sich leider nicht mehr eindeutig nachweisen läßt«.

Die Orgel der Weimarer Schloßkapelle, in der Bach seit mindestens 1714 seine Kantaten aufführte, ist nicht mehr erhalten (siehe jedoch die Abbildung auf S. 36). Sie war im Jahre 1658 von Ludwig Compenius aus Halle/Saale erbaut worden, ihre damalige Stimmung ist als »chormäßig« überliefert (Schrammek 1988, S. 101). Ohne Quellenangabe teilte Philipp Spitta (1873) mit, das Instrument sei im »Cornet-ton« gestimmt gewesen, also A+1 (nicht: A+2). Ein Orgelpositiv, das im selben Jahr wie Compenius' Instrument von Daniel Bidermann aus Augsburg für die Weimarer Schloßkirche geschaffen und wohl auf der Empore unterhalb der Hauptorgel plaziert wurde (⟶ S. 35), war ebenfalls im »Cornet Thon« gestimmt (Schrammek 1988, S. 105). Das Positiv fand wenigstens bis zur Mitte des 18. Jahrhunderts Verwendung. Daß zwei übereinander befindliche Orgeln in unterschiedlichen Stimmtönen standen, ist unwahrscheinlich. Deshalb kann angenommen werden, daß Bachs höherer Stimmton in Weimar A+1 entsprach. Diese Aussage läßt sich durch weitere Indizien bestätigen.

Vokal- und Streicherstimmen wurden in der gleichen Tonart wie die Orgel notiert und erklangen deshalb offenbar in deren Tonhöhe. Während der ersten neun Monate seit Übernahme des Konzertmeisteramts im März 1714 verwendete Bach wiederholt eine einzige *Oboe,* um eine große Sekunde höher als die Orgel notiert. Vom 30. Dezember 1714 (Kantate BWV 152) an lauten die bisher mit *Oboe* bezeichneten Stimmen *Hautbois;* sie sind nicht mehr um eine große Sekunde, sondern ausnahmslos um eine kleine Terz höher als jene der Orgel geschrieben. Seit dieser Zeit zeichnete Bach auch die Partien anderer Instrumente, beispielsweise von *Basson* und *Flaut*[o]., um eine kleine Terz höher als diejenigen der Orgel auf. Stehen die *Basson*-Stimmen im *Cammerton,* entsprechen jene für *Fagotto* (oder ähnlich) den Tonarten der Orgel (Prinz 1981, S. 108ff.). Der *Fagotto* (wohl Dulzian) war somit in derselben Tonhöhe wie die Orgel gestimmt, der *Basson* ebenso wie die *Hautbois* um eine kleine Terz tiefer.

Mehrere Gründe sprechen dafür, daß die Tonhöhe der Schloßkirchenorgeln nicht grundlegend verändert wurde (Haynes 1995, S. 285ff.), so daß Bach seit Ende 1714 andere *Cammerton*-Instrumente im Bereich um A−2 (ca. 392–394) an Stelle von A−1 (entsprechend ca. 413–415 Hz) zur Verfügung gestanden haben dürften. Diese Relation von Holzblasinstrumenten und Orgel(n) im Verhältnis einer kleinen Terz blieb in Bachs Weimarer Kantaten seit Ende 1714 unverändert.

Kammerton in Köthen

Die Situation von Bachs Köthener Werken ist wesentlich einfacher: Sämtliche Stimmen stehen jeweils in derselben Tonart, d.h. alle Instrumente waren vermutlich in gleicher Tonhöhe gestimmt. Folgende Überlegungen führen zu der Schlußfolgerung, daß die Stimmtonhöhe der Köthener Hofkapelle mit einer der beiden Varianten des *tief-Cammerton* übereinstimmten – entweder A−1 1/2 oder A−2:

♦ Bachs Aufgabenbereich in Köthen umfaßte Kammermusik im weitesten Sinn, die weder Orgeln noch den *Cornet-ton* betraf (der calvinistische Hof in Köthen unterhielt keine Kirchenmusik).
♦ Die Tatsache, daß der Tonumfang in den Vokalpartien von Bachs weltlichen Kantaten der Köthener Zeit sich bis zu einer ungewöhnlichen Höhe erstreckt, läßt darauf schließen, daß sie für eine tiefere Stimmung als seine übrigen Vokalwerke konzipiert wurden. Der Vokalumfang der Köthener Kantate BWV 194a beispielsweise liegt ungefähr um einen Halbton höher als der durchschnittliche Ambitus von Bachs Leipziger Vokalmusik (Mendel 1955, S. 346).
♦ Als Bach Köthener Kantaten als geistliche Parodien in Leipzig wiederverwendete, ließ er sie wiederholt im *tief-Cammerthon* aufführen. Ausgehend von den Leipziger Orgeln war dies eine Tonhöhe im Bereich um A−2 (siehe unten).
♦ Die politischen und musikalischen Kontakte zwischen Köthen und Berlin waren relativ eng. Soweit bekannt, spielte die Berliner Hofkapelle im tiefen Kammerton (Haynes 1995, S. 236ff.), mehrere ihrer Mitglieder wurden in den Jahren 1713/14 von dem damaligen Prinz Leopold von Anhalt-Köthen engagiert (⟶ S. 40). Aus den Archivunterlagen des Köthener Hofs ist zu erschließen, daß insbesondere der Oboist Johann Ludwig Rose und der Fagottist Johann Christoph Torlé aus Berlin eigene Instrumente mitbrachten und in Köthen spielten (Bunge 1905, S. 38ff.; Hoppe 1998, S. 21ff.).
♦ Die für Weimar und Köthen komponierten und nach Berlin gesandten »Brandenburgischen Konzerte« dürften sämtlich für den *tief-Cammerthon* bestimmt gewesen sein, wie er offenbar an allen drei Orten vorherrschte. Diese Annahme findet eine gewisse Bestätigung durch die Trompetenpartie des zweiten Konzerts BWV 1047, die spieltechnisch bekanntlich anspruchsvoller aus-

fällt als nahezu jede andere des Repertoires für dieses Instrument. Im tiefen Kammerton erscheinen die hohen Passagen der Partie deutlich idiomatischer.

♦ Zur Ausführung einer derart hohen Stimme bestand damals im deutschen Sprachraum ein Trompetentypus, den Johann Ernst Altenburg (1795) die »kammertönige F-Trompete oder die französische« nannte (⟶ S. 287). 1698 erwähnte der Nürnberger Verleger Christoff Weigel (S. 232) dieses Instrument, das um einen Ganzton höher als »Teutsche / und so genannte Ordinari-Trompeten« stand (Dahlqvist 1993, S. 33ff.). Nürnberg war damals das Zentrum europäischer Trompetenmacher; viele der in Frankreich gespielten Trompeten stammten von hier, so daß »französische« Trompeten auch im deutschen Raum erhältlich waren. Die gewöhnliche deutsche Trompete war in D (*Cammerton* – A–1) gestimmt, die »Frantzösische« Trompete »einen Thon höher« in E (*Cammerton* – A–1). Aus Perspektive des *tief-Cammerton* stand sie also in F! Bach dürfte das zweite »Brandenburgische Konzert« für dieses Instrument konzipiert haben, indem er es als F-Trompete bezogen auf A–2 einsetzte. Eine Reihe anderer deutscher Werke jener Zeit rechnen ebenfalls mit einer F-Trompete; einige von ihnen wurden tatsächlich im *tief-Cammerthon* aufgeführt (Dahlqvist 1993, S. 33).

♦ Auch Blockflöten im *tief-Cammerton* waren damals im deutschen Raum verbreitet. Erhalten sind vier Instrumente im Bereich von A–2 mit Frequenzwerten von a' = 381–397 Hz (Mittelwert: 393 Hz). Eines davon stammt von dem Berliner Instrumentenmacher Johann Heytz und läßt sich mühelos mit dem Köthener Hof in Verbindung bringen. Allerdings ist nachweisbar, daß französische Blockflöten nach Berlin und München exportiert wurden, der Darmstädter Konzertmeister Johann Michael Böhm besaß sogar englische Blockflöten (Haynes 1995, S. 270f.). Deshalb besteht kein Anlaß, im Besitz der Köthener Musiker zwingend deutsche Instrumente zu vermuten. Zahlreiche der überlieferten Altblockflöten in f' sind im Bereich um A–1 1/2 gestimmt, 13 davon aus dem deutschen Raum, sechs von Heytz mit einem mittleren Frequenzwert von a' = 402 Hz. Diesem entsprechen auch vier erhaltene Altblockflöten von Jean-Hyacinth-Joseph Rottenburgh aus Brüssel, während 18 englische, darunter die meisten von Pierre Jaillard Bressan aus London, und 14 niederländische einen Mittelwert von a' = 403 Hz aufweisen.

Kammer- und Chorton in Leipzig

Aus den Aufführungsmaterialien der meisten Leipziger Vokalwerke Bachs geht hervor, daß Vokalstimmen, Holzbläser und Streicher im *Cammerton* erklangen. Johann Kuhnau, seit 1701 *Director musices* in Leipzig, schrieb im Jahre 1717: »Ich habe aber fast von der ersten Zeit meiner Direction der Kirchen-Music den Cornet-Ton abgeschafft, und den Kammer-Ton, der eine Secunda oder kleine Tertia, [je] nachdem es schikken will, tieffer ist, eingeführet« (Mattheson 1725, S. 235). Während also fast alle Instrumente im *Cammerton* standen, verblieben die Orgeln von Thomas- und Nicolaikirche im *Cornet-ton;* denn ihre Stimmen und jene der Blechblasinstrumente notierte Bach in tieferen Tonarten als die übrigen. D.h. Orgeln und Blechblasinstrumente standen in hoher Stimmung.

Kuhnau setzte die Orchesterinstrumente um »eine Secunda oder kleine Tertia, nachdem es schikken will, tieffer« als die Orgeln im *Cornet-ton* (A+1) ein. Demnach hatte er Holzblasinstrumente sowohl im gewöhnlichen *Cammerton* (A–1) als auch im *tief-Cammerton* (A–2) zur Verfügung. Da Tonarten, die eine ausgedehnte Verwendung leerer Saiten ermöglichen, auf Streichinstrumenten besser erklangen, mitunter aber für Holzblasinstrumente ungünstig lagen, war deren Existenz in doppelter Ausführung – jeweils einmal für A–1 und A–2 – ausgesprochen sinnvoll; denn unter solcher Voraussetzung standen für Kuhnaus Kompositionen mehr Tonarten zur Auswahl. Darauf bezog sich wahrscheinlich seine Bemerkung »nachdem es schikken will«.

Innerhalb seines ersten Leipziger Amtsjahrs bediente sich Bach des *tief-Cammerton* in den Kantaten BWV 22, 23, 63 und 194 sowie in der Erstfassung des *Magnificat* (Es-Dur) BWV 243a. Die Kantaten BWV 22 und 23 waren seine Probestücke für das Leipziger Thomaskantorat und wurden am 7. Februar 1723 gemeinsam aufgeführt, die Weimarer Kantate BWV 63 war für den 25. Dezember 1714 offenbar von vornherein im *tief-Cammerton* komponiert worden und erklang am gleichen Tag wie das *Magnificat* (25. Dezember 1723) wieder, die Kantate BWV 194 ist eine geistliche Parodie der Köthener Erstfassung BWV 194a (siehe oben). Allem Anschein nach verzichtete Bach ab seinem zweiten Leipziger Amtsjahr aus unbekannten Gründen auf die Mitwirkung von Holzblasinstrumenten im *tief-Cammerton* mit ihrem dunkleren, »introvertierten« Klang. Die letzte bekannte Aufführung mit Holzblasinstrumenten im *tief-Cammerton* datiert vom 4. Juni 1724. Seine revidierte Fassung des *Magnificat* BWV 243 transponierte Bach in der ersten Hälfte der 1730er Jahre von Es-Dur nach D-Dur – vermutlich weil keine Holzblasinstrumente im *tief-Cammerton* mehr verfügbar waren. Von der zweiten Jahreshälfte 1724 an dürften Orchester-Aufführungen im *tief-Cammerton* für Bach also nicht mehr in Frage gekommen sein.

Die von Bach verwendeten Kammertöne lassen sich wie folgt zusammenfassen:

Weimar (1708–1717)
♦ Bis zum 12. August 1714 A–1 im Bereich um 413–415 Hz
♦ Ab (30.) Dezember 1714 A–2 im Bereich um 392–394 Hz

Köthen (1717–1723)
♦ A–2 im Bereich um 392–394 Hz (oder A–1 $^{1}/_{2}$ im Bereich um 401–403 Hz)

Leipzig (1723–1750)
♦ Von Mai 1723 bis Juni 1724 A–1 im Bereich um 413–415 Hz und A–2 im Bereich um 392–394 Hz
♦ Nach Juni 1724 A–1 im Bereich um 413–415 Hz

Bruce Haynes
(Übersetzung: Siegbert Rampe)

Temperatur

Die musikalische Temperatur legt das Verhältnis der 12 Stufen einer Tonleiter zueinander fest. Laut Johann Gottfried Walther (1732, S. 597) besteht die Kunst des Temperierens darin, einen Ausgleich »der musicalischen Proportionen« zu schaffen, damit »das Gehör vergnüget wird«.

Der Gedanke, die Oktave in 12 gleiche Abschnitte zu teilen, stammt aus der Antike. In der Praxis aber waren es vor allem Lautenisten und Gambisten, denen seit dem 16. Jahrhundert durch empirisches Vorgehen eine Annäherung an die Gleichstufigkeit gelang. Mit Beginn des 18. Jahrhunderts hat sich hierfür im Sprachgebrauch die aus mathematischer Sicht mißverständliche Bezeichnung »gleichschwebende Stimmung« eingebürgert; eindeutiger ist es, von *gleichstufiger Temperatur* zu sprechen.

Tastenspieler jedoch bevorzugten lange Zeit mitteltönig geprägte Stimmungen. In *mitteltöniger Temperatur* gewinnt man mehrere reine oder annähernd reine Terzen, die klanglich als besonders intensiv empfunden werden. Ihren Namen verdankt diese Stimmung dem Umstand, daß der zwischen einer reinen Terz liegende Ton – im Gegensatz zu den ungleichmäßig angeordneten Halbtonschritten – nicht nur optisch, sondern auch mathematisch die Mitte bildet.

Innerhalb der gleichstufigen Temperatur ist die Klangqualität sämtlicher Tonarten identisch, während in der mitteltönigen Temperatur einige nahezu rein, andere brauchbar klingen. Durch die übrigen, völlig unbrauchbaren Tonarten werden die Modulationsmöglichkeiten beträchtlich eingeschränkt. Daraufhin entwickelten Ende des 17. Jahrhunderts und erst recht im Verlauf des 18. Jahrhunderts Musiker und Theoretiker eine Fülle ungleichstufiger Stimmsysteme, die aus Kompromissen zwischen mitteltöniger und gleichstufiger Temperatur entstanden und der Erweiterung der Modulationsskala bei nur geringen Klangqualitätsverlusten dienen sollten.

Lange Zeit wurde das Wort »wohltemperiert« unzutreffenderweise als Synonym für »gleichstufig« interpretiert. Tatsächlich bedeutete »wohltemperiert« seit dem 16. Jahrhundert nichts anderes als »gut bzw. wohl eingestimmt«, im 18. Jahrhundert ist zudem ein Temperatursystem gemeint, in dem sich sämtliche 24 Tonarten spielen lassen. Keineswegs auf die Gleichstufigkeit beschränkt, kann dieses Ziel auch durch ungleichstufige Stimmungen erreicht werden.

Temperatursysteme im Umkreis Bachs

Bis heute sind keinerlei konkrete Belege der von Bach verwendeten Temperatursysteme bekannt. Entsprechend seiner musikalisch-kompositorischen Entwicklung vollzog Bach vermutlich auch in bezug auf die Temperierung manche Wandlung. Im ausgehenden 17. Jahrhundert waren einerseits diverse Varianten der mitteltönigen Stimmung verbreitet; andererseits kam Bach mit den Schriften Andreas Werckmeisters spätestens bis 1703 oder 1708 in Berührung, als er Orgeln in Arnstadt und Mühlhausen nach dessen Grundsätzen begutachtete (Williams 1982). Bachs Verwandter Johann Christoph Bach in Gehren bei Arnstadt beispielsweise kopierte sich den »Kurtzen Unterricht [...] wie man ein Clavier stimmen und wohl temperiren könne« (Werckmeister 1698 II, S. 61ff.) noch nach 1715 (Kobayashi 1983, S. 168). Schon 1691 empfahl der im Instrumentenbau erfahrene Praktiker Werckmeister eine Faustregel, die viele Nachahmer finden sollte:

»wenn man sich an keinen Modum in Stimmen will binden lassen / so kan man nur alle Tertias majores [großen Terzen] in die Höhe schweben lassen / als: Wann C-G. G-d. D-A. A-e. so weit und nicht weiter herunter gelassen / daß C und e eine in die Höhe schwebende Tertiam geben / so viel das Gehör vertragen kan / so ists schon gut« (Werckmeister 1691, S. 75).

Die gleichstufige Temperatur erwähnte Werckmeister erst 1697, zog ihr jedoch ungleichstufige Systeme vor. Mit Beginn des 18. Jahrhunderts mehrten sich die Stimmen, die einen unbeschränkten Gebrauch aller Tonarten propagierten. Als einer der ersten betonte Werckmeister (1702) die Modulations- und vor allem Transpositionsmöglichkeiten der Gleichstufigkeit (u.a. beim Zusammentreffen von Chor- und Kammerton), 1707 verglich er diese Temperatur sogar mit christlichen Idealen. Dennoch empfahl er nach wie vor eine gemäßigt-ungleichstufige Stimmung.

Die absolute Gleichstufigkeit in Theorie und Praxis propagierte 1706 Johann Georg Neidhardt in Jena. Laut Überlieferung Jacob Adlungs (1768, II, S. 54) wurde im gleichen Jahr ein Wettstreit zwischen Neidhardt und Bachs Cousin Johann Nicolaus Bach ausgetragen; bei Fertigstellung der Jenaer Stadtkirchenorgel stimmte jeder von beiden probeweise ein Gedackt-Register: Neidhardt übertrug die gleichstufige Temperatur mit Hilfe eines Monochords, J. N. Bach legte seine ungleichstufige Stimmung nach dem Gehör und erhielt den Vorzug. In der Folgezeit publizierte Neidhardt neben gleichstufigen nun auch ungleichstufige Temperaturen. Seine 1724 vorgestellten Varianten sollten vor allem damals noch ungewohnte Härten der Gleichstufigkeit in traditionell »guten« Tonarten und allzu große Intonationsdifferenzen im Zusammenspiel zwischen Orgel und Blasinstrumenten vermeiden, die – der Naturtonreihe entsprechend – tendenziell rein intoniert waren. Neidhardt unterschied vier Temperaturen verschiedener Bestimmung, die er bis 1732 nochmals leicht revidierte: je eine für den Hof, für eine große Stadt, für eine kleine Stadt und für ein Dorf (Lindley 1987, S. 271). Dieser Vorgang verdeutlicht, wie sehr die Verbreitung einer Temperatur damals an die Hörgewohnheiten eines sozialen Umfelds geknüpft war und die Bevorzugung gleichstufiger oder annähernd gleichstufiger Systeme eine fortschrittliche Haltung bezeugte. Der Leipziger Thomaskantor Johann Kuhnau etwa ließ wissen, ihm gefalle »des Neidharts Project der Temperatur sehr wohl« (Mattheson 1725, S. 229), und bedauerte, noch keine Orgel in dieser Stimmung angetroffen zu haben.

Wesentlich differenzierter, aber auch widersprüchlicher erscheint die Rezeption der Neidhardtschen Grundsätze durch Johann Mattheson. In seinem Traktat von 1713 (S. 231ff.) stellte er eine Tonartencharakteristik vor, die – ausgehend von den traditionell den alten Modi (Kirchentonarten) zugewiesenen Klangeigenschaften – die wesentlichen »modernen« Dur-Moll-Tonarten jener Zeit mit bestimmten Affektzuständen (Heiterkeit, Trauer, Freude, Leid etc.) in Verbindung brachte. Damit hatte Mattheson eine Ästhetik formuliert, die sich vor allem auf die Tonhöhen- bzw. Lagenunterschiede einzelner Akkorde stützt: »Es wird hier aber hauptsächlich auff den [tieferen] Cammer- und nicht Chor-Tohn reflectiret« (S. 236). Eine solche Ästhetik ist bis zu Ernst Theodor Amadeus Hoffmann und Robert Schumann nachweisbar[1] und wirkt in Musikerkreisen noch heute fort. Angesichts der beträchtlichen Tonhöhenunterschiede zwischen den diversen Chor- und Kammertönen jener Zeit weist jedoch Matthesons Kollege Johann David Heinichen (1728, S. 85) diese Charakteristik zurück. Daß Mattheson keineswegs die ältere Mitteltönigkeit favorisierte, zeigt seine Schrift von 1720, in der er sich der Gleichstufigkeit annähert, aber weiterhin gewisse Qualitätsunterschiede zwischen den Tonarten fordert. 1731 (S. 144) schreibt er unmißverständlich: »ich für meine Person / war / und bin / völlig überzeugt / daß die gleiche Temperatur die beste ist /

habe auch nie daran gezweifelt«, obwohl diese Temperatur »der Music Zweck und höchste Angelegenheit eben nicht« sei (S. 164). In welchem Maß die Frage der Temperatur von vorherrschender Praxis und liebgewordenen Hörgewohnheiten abhängig war, geht aus folgender Erklärung hervor:

»Ich bin versichert / daß [...] man sich doch schon so sehr an die vorwährende / mangelhaffte [ungleichstufig-mitteltönige] Stimmung gewehnet hat / daß es schwerlich ohne Mislaut zugehen würde / wenn ein gleichschwebendes Clavier / Regal / oder Orgelwerck unsern Sängern und Instrumentalisten zum Fundament dienen sollte. Es würde sehr viel [Proben-] Zeit erfordern / che sie im Klange übereinkämen. Mit Kindern / die von Jugend auf dabey hergebracht würden / wäre es thunlich [praktikabel]; sie müsten aber nichts anders hören / als solche gleich-schwebende Clavier und Orgelwercke« (Mattheson 1731, S. 144).

Georg Andreas Sorge, mit Bach gut bekannt und nur einen Monat nach ihm in Lorenz Christoph Mizler von Kolofs *Societät der Musikalischen Wissenschaften* eingetreten, widmete Temperaturproblemen mehrere Schriften. 1744 geht er ausführlich auf die Schwierigkeit des Zusammenspiels von Melodieinstrumenten im Kammerton mit der im Chorton gestimmten Orgel ein, bietet eigene pragmatische Lösungen und bewertet die von Neidhardt für eine große Stadt vorgeschlagene Temperatur sehr positiv. Auch er beschäftigt sich im Hinblick auf die Bläserintonation mit wohltemperierten ungleichstufigen Stimmungen, obwohl er die Gleichstufigkeit favorisiert: »Bey heutiger musicalischer Praxi, da man aus allen Tonarten setzet und spielet, ist ohnstreitig die gleichschwebende Temperatur die beste, denn sie stellet alle 24. Ton-Arten gut und brauchbar dar« (Sorge 1746, S. 131). Entschieden lehnt er 1748 (S. 21) Gottfried Silbermanns noch weitgehend mitteltönige Art zu temperieren ab, da sie »bey heutiger Praxi nicht bestehen kann. Daß dieses alles die lautere Wahrheit sey, ruffe ich alle unpartheyische [...] Musicos, sonderlich den Weltberühmten Herrn Bach in Leipzig zu Zeugen. In denen 4. schlimmen Triadibus [Dreiklängen bzw. Tonarten der Silbermann-Temperatur] aber ist ein rauhes, wildes, oder, wie Herr Capellmeister Bach in Leipzig redet, ein barbarisches Wesen enthalten, welches einem guten Gehör unerträglich fällt« (= Dok. II, Nr. 575).

Daß um 1748 wohltemperierte Stimmungen im mitteldeutschen Raum aber noch keineswegs große Verbreitung erlangt hatten, läßt folgende Feststellung Sorges erahnen: »wenn nun mancher Instrument- [Clavier-] und Orgelstimmer nur noch so gut stimmete, wie Werckmeister vor 57. Jahren gestimmet hat, so wäre es noch gut« (1748, S. 28). Auch Lorenz Mizler von Kolof (1736–1739, III, S. 55) akzeptiert Werckmeisters Prinzipien und favorisiert deren Weiterentwicklung durch Neidhardt: »Was aber seine [Werckmeisters] Temperatur anbelanget, so ist selbige zu seiner Zeit die beste gewesen, nach der Zeit aber von Neidhardt verbessert worden«. Kurze Zeit später veröffentlichte Mizler die gleichstufigen Systeme Christoph Gottlieb Schröters (Mizler 1746–1752, III, S. 579). Schröter gelang eine der bedeutendsten Formulierungen der Gleichstufigkeit in der ersten Hälfte des 18. Jahrhunderts (Lindley 1987, S. 109). Bach selbst stand offensichtlich den Grundsätzen Neidhardts nahe, da sich der von ihm konzipierte Orgel-Neubau seines Freundes Zacharias Hildebrandt in der Naumburger Wenzelskirche (1743–1746) an Neidhardts Stimmung orientierte. Nach dem Urteil des Bach-Schülers und -Schwiegersohns sowie späteren Wenzelsorganisten Johann Christoph Altnickol konnte man auf diesem Instrument »aus allen Tönen gantz fein modulieren, ohne daß das Gehör etwas wiedriges zu hören bekomt, welches bey heutigen Gusto der Music das schönste ist« (Dähnert 1962, S. 115).

Kurz nach Bachs Tod äußert sich sein Sohn C. P. E. Bach (1753, S. 10) zur Qualität einer »guten Stimmung«: »Beyde Arten von Instrumenten [Clavichorde und Cembali] müssen gut temperirt seyn, indem man [...] den meisten Qvinten besonders so viel von ihrer größten Reinigkeit abnimmt, daß es das Gehör kaum mercket und man alle vier und zwantzig Ton-Arten gut brauchen kan«. Diese ungleichstufige Temperatur nähert sich deutlich der Gleichstufigkeit und entspricht somit ebenfalls den von Neidhardt vorgestellten Modellen. Gewiß gehörte C. P. E. Bach einer neuen Musikergeneration an, doch erscheint es fraglich, weshalb er in diesem wesentlichen Punkt und zu jener Zeit von den im Elternhaus und Unterricht erlernten Grundsätzen seines Vaters abweichen sollte. Immerhin vertraute Bach seinem zweitältesten Sohn und Zacharias Hildebrandt in den Jahren 1732–1734 die Stimmung des Thomaskirchen-Cembalos an (Schering 1926, S. 112). Im Nekrolog von 1754 formulierten C. P. E. Bach und der Bach-Schüler Johann Friedrich Agricola: »Die Clavicymbale wußte er, / in der Stimmung, so rein und richtig zu temperiren, daß alle Tonarten schön und gefällig klangen. Er wußte, von keinen Tonarten, die man, wegen unreiner Stimmung, hätte vermeiden müssen« (Dok. III, Nr. 666). Vermutlich Ende 1774 ergänzte C. P. E. Bach in einem Schreiben an Johann Nicolaus Forkel über seinen Vater: »Das reine stimmen seiner Instrumente so wohl, als des ganzen Orchestres war sein vornehmstes Augenmerk. Niemand konnte ihm seine Instrumente zu Dancke stimmen u. bekielen. Er that alles selbst« (Dok. III, Nr. 801). Auch diese Angaben sprechen für ein ungleichstufiges, jedoch der Gleichstufigkeit stark angenähertes Temperatursystem gemäß den Neidhardtschen Vorschlägen.

Die Diskussion um Bachs Temperatur

Schon etwa 15 Jahre nach Bachs Tod begann eine teilweise polemische Diskussion um die »richtige« Temperatur, die vor allem von dem mit ihm bekannten Friedrich Wilhelm Marpurg und dem Bach-Schüler Johann Philipp Kirnberger ausgetragen wurde, der einmal kurzzeitig Marpurgs Lehrer gewesen war. Marpurg hatte 1756 (S. 5) die gleichstufige sowie »die beste [der Gleichstufigkeit am meisten angenäherte] der ungleichmäßigen Stimmungen« publiziert – und zwar lediglich für diejenigen Spieler, denen das Einstimmen der gleichstufigen Temperatur zu schwierig erschien. 1764 veröffentlichte Kirnberger ein »rein theoretisches Konstrukt der Gleichstufigkeit« (Devie 1990, S. 156), 1766 und 1771 formulierte er zwei deutlich ungleichstufige Temperatursysteme (»Kirnberger I und II«), die Marpurg in scharfer Form zurückwies. Insbesondere bemängelte er an der Ungleichstufigkeit, daß für eine gute Tonart drei schlechte in Kauf genommen werden müßten, die Intonationsunterschiede zwischen Blas- und Tasteninstrumenten zu groß ausfielen und Kirnberger Bachsche Prinzipien mißachte. Bach habe ihn doch gelehrt, alle Großterzen überschwebend zu stimmen, um übermäßig scharfe Terzen zu vermeiden, die für »Hr. Capellmeister Bach, welcher nicht durch einen bösen Kalkül verdorbenes Ohr hatte«, unangenehm geklungen hätten (Marpurg 1776, S. 213). Ein anonymer Rezensent von 1769 (Johann Adam Hiller?) beklagte darüber hinaus die eingeschränkten Modulationsmöglichkeiten der Temperaturen Kirnbergers und belegte dies eindrucksvoll anhand von Beispielen in cis-Moll und As-Dur aus dem *Wohltemperirten Clavier* (Dok. III, Nr. 755). Dennoch favorisierte Kirnberger weiterhin deutliche Tonartenunterschiede zur Steigerung des musikalischen Ausdrucks; erst seine 1779 vorgeschlagene dritte Temperatur (»Kirnberger III«) stellt eine musikalisch überzeugende Weiterentwicklung des mitteltönigen Systems dar und wurde bis zum Anfang des 19. Jahrhunderts wiederholt nachgeahmt. Ein direkter Zusammenhang zwischen Bachs Stimmkunst und Kirnbergers Temperaturen läßt sich allerdings nicht belegen; hierfür nahm Kirnberger seinen Lehrer auch nie in Anspruch.

Bachs Temperatur

Wie aus dem überlieferten Dokumentenmaterial hervorgeht, stießen die Temperaturvorschläge Werckmeisters und vor allem diejenigen Neidhardts in Bachs Umfeld auf positive Resonanz. Exakt gleichstufige Stimmanweisungen scheinen erst in der zweiten Hälfte des 18. Jahrhunderts musikalische Bedeutung gewonnen zu haben. Die meisten Veröffentlichungen der ersten Jahrhunderthälfte erweisen sich in ihren praktischen Anleitungen als der Gleichstufigkeit nahekommende ungleichstufige Stimmungen, war den Autoren doch an einer optimalen Verwendung beim Ensemblespiel und einer gewissen Ungleichheit der Tonarten gelegen. Anhand der zitierten Quellen lassen sich folgende Kriterien für eine wohltemperierte Stimmung des Bach-Umkreises definieren:

♦ Alle 24 Tonarten sind gut spielbar, wenn auch leicht unterschiedlich gegeneinander abgestuft.
♦ Sämtliche großen Terzen werden (in unterschiedlichem Maß) überschwebend gestimmt.
♦ Ausgesprochene Tonartencharakteristiken durch Temperierung werden offenbar nicht angestrebt.
♦ Transpositionen, etwa vom Chor- zum Kammerton, sollten nicht durch Probleme der Temperierung erschwert werden.
♦ Beim Ensemblespiel, vor allem aber im Zusammenspiel mit Blasinstrumenten sind nennenswerte Differenzen zwischen Intonation und Temperatur zu vermeiden.
♦ Durch ein nur geringes Unterschweben der zu temperierenden Quinten C-G, G-D, D-A und A-E wird eine Kompatibilität mit den leeren Saiten der Violininstrumente erreicht.
♦ Zeitgenössische Berichte bescheinigen Bach eine enorme Kenntnis der Temperierungskunst, die nicht an ein mathematisches System gebunden war. Nur auf pragmatische Weise läßt sich beim Stimmen die Freiheit erlangen, auf individuelle musikalische Gegebenheiten reagieren zu können.

Die folgende Übersicht bietet eine Auswahl wohltemperierter Werckmeister- und Neidhardt-Stimmungen. Angegeben sind jeweils die Abweichungen von der gleichstufigen Temperatur (in Cent).

Gerald Hambitzer

	C	Cis	D	Dis	E	F	Fis	G	Gis	A	Ais	H
Werckmeister 1691	12	2	4	6	2	10	0	8	4	0	8	4
Werckmeister-Variante von Lindley (1987)	6	-2	2	2	-2	6	-4	4	0	0	4	-4
Neidhardt 1724 »für ein Dorf«	6	0	2	2	-2	4	-2	4	2	0	2	-2
Neidhardt 1724 »für eine große Stadt«	6	2	2	4	0	4	2	4	2	0	4	2

III
Aufführungspraxis

Takt und Tempo

Die Bedeutung von Takt- (𝄴, $\frac{3}{2}$ etc.) und Tempobezeichnungen (Adagio, Allegro etc.) wandelte sich in der ersten Hälfte des 18. Jahrhunderts beträchtlich: 1753 erklärte C. P. E. Bach: »Der Grad der Bewegung [der Geschwindigkeit] läßt sich so wohl nach dem Inhalte [Affekt] des Stückes überhaupt, den man durch gewisse bekannte italiänische Kunstwörter anzuzeigen pfleget, als besonders aus den geschwindesten Noten und Figuren darinnen beurtheilen« (C. P. E. Bach 1753, S. 121).

Georg Philipp Telemann hingegen bestimmte das Tempo im Vorwort zum ersten Teil seines *Harmonischen Gottes-Dienstes* (1725) auf folgende Weise: »Betreffend die Bewegung [Geschwindigkeit] des Tactes in einer jeglichen Arie, so haben diejenigen ein mittelmäßiges Gewicht, bey welchen am Anfange kein andeutendes Wort, als: Presto, allegro, [...] Adagio, largo [...] zu finden ist« (Telemann 1981, S. 132).

Im März 1708 schrieb Johann Gottfried Walther seinem neuen Schüler, dem 12jährigen Prinzen Johann Ernst von Sachsen-Weimar, in dessen Lehrbuch: »Der Tact ist eine mit der Hand, oder auch nur im Sinne [in der Vorstellung] formirte reguläre Bewegung [...] Der Tact soll von der Beweg- und Klopfung des menschlichen Hertzens seyn erfunden worden. Gleich wie nun das Hertzklopfen [...] nach dem Alter, Geschlecht, Temperament, affecten und Krankheiten des Menschen variiret; also, muß auch nach Beschaffenheit des Textes, wenn derselbe neml. lustig, traurig, ernsthaftig, u.s.f. ist, bald ein geschwinder, bald ein langsamer, bald ein gleicher [gerader], bald ein ungleicher [ungerader] Tact gebrauchet werden« (Walther 1708, S. 28f.).

C. P. E. Bach definierte die »italiänische[n] Kunstwörter« als Affektbezeichnungen, die zugleich den herrschenden Tempograd markieren. Bei Telemann und Walther jedoch entsprach die Taktart sowohl Tempo als auch Affekt (siehe Walther 1732, S. 598); zusätzliche Angaben wie Allegro und Adagio dienten der präziseren Bestimmung einzelner Abstufungen (Walther 1708, S. 40ff.). Diese Auffassung geht auf die Proportionslehre des 17. Jahrhunderts zurück, von der sowohl Telemann als auch Walther und Bach Kenntnis hatten. Walther und Bach absolvierten ihre Musiklehre sogar im gleichen musikalischen Umfeld Thüringens: Sie waren beide »Enkelschüler« des ehemaligen Organisten der Erfurter Predigerkirche, Johann Pachelbel.

Wenn im folgenden von Taktbezeichnungen die Rede ist, so bilden diese das primäre Kriterium zur Wahl des geeigneten Tempos. Die sog. Tempobezeichnungen hingegen sind Zusätze, die es ermöglichen, den jeweiligen Tempo- und Affektbereich genauer einzugrenzen.

Daß Bach in seinen letzten Lebensjahren mit der Tempodarstellung seines Sohnes durchaus vertraut war, läßt sein Handexemplar vom Erstdruck der »Goldberg-Variationen« BWV 988 (*Clavier Übung* IV, 1741) erkennen:[1] Dort trug er zu *Variatio 7* mit roter Tinte die Bezeichnung *al tempo di Giga* nach, obwohl der $\frac{6}{8}$-Takt und der durchweg punktierte Rhythmus einen der barocken Tanzlehre Kundigen nicht daran zweifeln ließen, daß es sich hier nicht um ein modernes Siciliano, sondern um eine Canarie, eine Sonderform der Gigue, handelte. Bei *Variatio 25* ergänzte Bach handschriftlich *adagio*, selbst wenn diese berühmte Moll-Variation schon vom Notenbild her einen langsamen (Konzert- oder Sonaten-) Satz imitiert. Doch man hätte sie auch als eine der damals populären Polonaisen identifizieren können, weil ihr Rhythmus den Vergleich mit einigen zeitgenössischen Polonaisen, beispielsweise von Wilhelm Friedemann Bach, geradezu herauszufordern scheint. Da aus jener Periode freilich keine Originalkompositionen Bachs für Orchester überliefert sind, bleibt das Tempoverständnis seiner Söhne hier unberücksichtigt.

Siegbert Rampe

TAKTBEZEICHNUNGEN

Die Proportionslehre des 17. Jahrhunderts geht davon aus, daß sich sämtliche Taktarten von einem einzigen Grundschlag (Walther 1708: »Battuta«) herleiten. Dieser Schlag »ist diejenige Bewegung der Hand, so durch Niederschlagen und Aufheben geschiehet« (Walther 1732, S. 80), besteht also aus einer zweiteiligen Schlagfigur (↓↑), die den beiden Phasen des Herzrhythmus entspricht (Walther 1708, S. 29, sowie 1732, S. 51 und 605; Mattheson 1739, S. 171f.): Thesis (Druck, starker Akzent) und Arsis (Entspannung, schwächerer Akzent).

Die dem menschlichen Blutkreislauf gemäße Gliederung einer musikalischen Einheit in eine stärkere und schwächere Betonung wirkt sich ganz selbstverständlich auf nahezu sämtliche Bereiche zeitgenössischer Musikpraxis aus: auf das »Niederschlagen« und »Aufheben« beim Dirigieren/Taktieren, auf »gute« und »schlechte« Taktzeiten ebenso wie auf starke und schwache Akzente, (starken) Auf- und (schwächeren) Abstrich beim Geiger, »gute« und »schlechte« Finger beim Clavierspieler, starke und schwache Artikulationssilben beim Bläser, »gestoßene« und »geschleifte« (gebundene) Artikulation, starke (*forte*) und schwache (*piano*) Dynamik. Da die zweiteilige Taktbewegung nur auf eine einzige Einheit bezogen ist, die sich hierarchisch höheren (größeren) Einheiten unterordnet, genügte es in der Regel, zwei dem Herzrhythmus analoge musikalische Zustände zu markieren: stark oder schwach, gestoßen oder gebunden, *forte* oder *piano*. Eine darüber hinausgehende Differenzierung in allen aufführungspraktischen Kategorien ergab sich zwangsläufig durch die interne Hierarchie der Takt- und Rhythmussysteme.

Ausgangspunkt der proportionalen Theorie im 17. Jahrhundert ist das »Tempus perfectum minus« C oder ₵ (Praetorius III/1619, S. 49), von Walther (1708, S. 29) »Tactus Totalis« genannt. Er besteht aus zwei Teilen: einer ♩ im »Niederschlagen« und einer ♩ im »Aufheben«. Hiervon leiten sich durch Unterteilung sämtliche Taktarten ab (Rampe 1994 II, S. 89f.):

C ♩ ♩ = C3 ♩ ♩ ♩
 ↓ ↑   ↓   (↑)

C ♩♩ ♩♩ = C⁶⁄₄ ♩♩♩ ♩♩♩   (= 2 x ³⁄₄)
 ↓   ↑   ↓   ↑

C ♪♪♪♪ ♪♪♪♪ = C¹²⁄₈ ♪♪♪♪♪♪ ♪♪♪♪♪♪   (= 2 x ⁶⁄₈ oder 4 x ³⁄₈)
 ↓   ↑   ↓   ↑

Die angeführten Relationen von Notenwerten und Schlagfiguren sind unveränderlich. Die zusammengesetzten Taktbezeichnungen C3, C⁶⁄₄ und C¹²⁄₈ definieren die mathematische Abhängigkeit des ungeraden (Walther 1708: »Tempus proportionatus«) vom geraden Takt – alle Taktarten bil-

Taktbezeichnungen zur Bestimmung des Tempos

den eine Temporelation zum Grundschlag im »Tempo ordinario« C : C3 = C:3 bedeutet für das Tempo: C ♩ = C3 ♩. Die zusammengesetzten Taktbezeichnungen C3, C$\frac{6}{4}$ und C$\frac{12}{8}$ blieben in der Praxis noch bis nach 1730 in Gebrauch und deuten offenbar auf die Tempoberechnung des Komponisten nach der alten Proportionalordnung bzw. auf Temporelationen zwischen einzelnen Sätzen unterschiedlicher Taktarten hin.[2] In Bachs Werken findet sich von den zusammengesetzten Taktbezeichnungen nur noch die Verbindung C$\frac{12}{8}$ (beispielsweise in *Jesus Christus, unser Heiland* BWV 626 aus dem *Orgel-Büchlein*). D.h. er rechnete nicht mehr mit Temporelationen im mathematischen Sinn!

Absolut gemessen fallen ungerade Taktarten im proportionalen System rascher aus als gerade. Schnelle Passagen entstehen durch Verkleinerung der Notenwerte und nicht durch Beschleunigung der Schlagbewegung. Dieses System bedurfte keiner Tempobezeichnungen, waren Tempi doch mathematisch exakt abzuleiten. Ein wesentliches Kennzeichen hierfür besteht darin, daß Michael Praetorius (III/1619, S. 49) und noch Daniel Speer (1697, S. 19) keinen Unterschied zwischen den Taktarten C oder ₵ kannten.

Im Hinblick auf eine differenziertere Affektdarstellung wurden Temporelationen schon seit der zweiten Hälfte des 17. Jahrhunderts allmählich aufgegeben, was einerseits eine Zunahme an Bewegungsgraden und die Abspaltung weiterer Taktarten wie $\frac{3}{4}$, $\frac{2}{4}$ und $\frac{3}{8}$ gestattete: »Es sind aber die vielerley Arten des Tacts und der Noten von den Musicis erfunden worden / damit sie durch die beliebte Varietät die Sinnen des Menschen nach ihrem Gefallen disponiren / und den affectum lætitiæ & tristitiæ [Affekt der Freude und Traurigkeit] desto besser rühren möchten« (Fuhrmann 1706, S. 44). Andererseits wurde es erforderlich, den genauen Affekt- und Bewegungsgrad durch Ergänzung »italiänischer Kunstwörter« (⟶ S. 336f.) zu präzisieren. Dieser Prozeß begann im deutschen Sprachraum um 1660 mit der Generation Matthias Weckmanns, Johann Rosenmüllers und Johann Adam Reinckens (Rampe 1994 II, S. 89f.), war also zur Lehrzeit Telemanns, Walthers und Bachs noch relativ jung.

Erhalten blieben die jeder Taktart zugehörigen Schlagfiguren, entweder als Handbewegungen (»Tactieren«) oder in der Vorstellung – »im Sinne« (Walther 1708, S. 28–33):

- Ein gerader Takt, ein $\frac{6}{4}$-, $\frac{6}{8}$- oder $\frac{12}{8}$-Takt erhielten eine einzige Schlagfigur (↓↑), bestehend aus zwei Teilen gleicher Länge,
- ein 3-, $\frac{3}{2}$-, $\frac{3}{4}$-, $\frac{3}{8}$- oder $\frac{9}{8}$-Takt eine Schlagfigur, bestehend entweder aus einem Niederschlag (↓) oder aus zwei Teilen (↓↑) ungleicher Länge: Der erste Teil enthält zwei Zählzeiten, der zweite eine.

Das eigentliche Tempo entstand nun nicht mehr durch die Relation der schnellsten Notenwerte zum Tempo ordinario C, sondern durch deren Verhältnis zur Schlagfigur: D.h. im $\frac{3}{8}$-Takt erhalten die Achtel mehr Gewicht (und erfordern daher ein langsameres Tempo) als im $\frac{6}{8}$-Takt. Der $\frac{9}{8}$-Takt benötigt für seine zweiteilige Schlagfigur etwas mehr Zeit als Triolen im $\frac{3}{4}$-Takt, für den ein einziger Niederschlag genügen kann.

Bemerkenswert ist, daß jetzt auch der gerade Takt eine wesentliche Differenzierung erfuhr: Noch Beyer (1703, S. 26ff.), Fuhrmann (1706, S. 44) und Walther (1708, S. 30) kennen hierfür nur eine zweiteilige Schlagfigur langsamer bis schneller Geschwindigkeit, gleichgültig ob es sich um einen C-, ₵- oder $\frac{2}{4}$-Takt handelt. Demnach wurde am Hof der Weimarer Herzöge um 1708 ein Konzertsatz im C-Takt beispielsweise aus Tomaso Albinonis Opus 2 (1700) stets in zweigeteilten Schlagfiguren und nicht in vier Vierteln geschlagen. Zwei je zweigeteilte Schlagfiguren pro

C-Takt (|↑ |↑) werden im deutschen Sprachraum zum allerersten Mal von dem Corelli-Schüler Georg Muffat erwähnt und mit italienischen Musikern in Verbindung gebracht (Muffat 1695, S. 34ff.). Erst Johann Joachim Quantz spricht von »eine[r] Art von gemäßigtem Allegro« im C-Takt, was auf zwei geteilte Schlagfiguren pro Takt hinweist (Quantz 1752, S. 264).

Dieser offensichtliche Wandel der Schlagtechnik erinnert an Bachs Concerto-Kopfsätze im C-Takt, die, ausgenommen die Concerti BWV 1044 und 1060, sämtlich auch im ₵-Takt erscheinen. Hierzu einige Beispiele (berücksichtigt werden jeweils nur die Kopfsätze):

Sinfonia BWV 1046a	Stimmenabschrift C. F. Penzels (ca. 1755)	C
»Brandenburgisches Konzert 1« BWV 1046	autographe Partitur (1721)	₵
Sinfonia zu Kantate BWV 52	autographe Partitur und Originalstimmen (1726)	C
Concerto BWV 1050a	Stimmenabschrift J. C. Altnickols (1744–1759)	C *Allegro*
Concerto BWV 1050	autographe Stimmenabschrift (ca. 1720)	₵ *Allegro*
»Brandenburgisches Konzert 5« BWV 1050	autographe Partitur (1721)	₵ *Allegro*
(*Sinfonia*) zu Kantate BWV 146	Partiturabschrift J. F. Agricolas	C
Concerto BWV 1052a	Stimmenabschrift/Bearbeitung C. P. E. Bachs (ca. 1734)	C
Concerto BWV 1052	autographe Partitur (ca. 1738)	₵
Sinfonia zu Kantate BWV 169	autographe Partitur und Originalstimmen (1726)	₵
Concerto BWV 1053	autographe Partitur (ca. 1738)	₵
Concerto BWV 1053	Partiturabschrift J. F. Agricolas	₵

Höchstwahrscheinlich beabsichtigte Bach mit der Vorzeichnung ₵, auf die zweigeteilte Schlagfigur des geraden Taktes aufmerksam zu machen. Dies war vor allem dann notwendig, wenn Notenmaterialien aus dem Haus gingen oder der Komponist nicht damit rechnen konnte, daß Musiker mit älteren Schlagpraktiken vertraut waren. Daß Bach das ₵-Symbol hier als veritables Allabreve verstand, um das Tempo zu verdoppeln (Walther 1708 und 1732), ist aus spieltechnischen Gründen definitiv auszuschließen. Wohl eher teilte er die Auffassung Fuhrmanns (1706, S. 60), Majers (1732, S. 21) und des Bach zugeschriebenen Generalbaß-Traktats von 1738 (Spitta 1880, S. 917; → S. 386), C zeige »einen langsamen«, ₵ »einen etwas geschwindern *Tact*« an, weshalb – so der Bach-Schüler Lorenz Christoph Mizler von Kolof (1739, S. 42) – »man die Noten hurtiger als wo nur ein bloses C [...] stehet, spielen solle«. Daß Bach aber beide Zeichen aus Nachlässigkeit oder Gleichgültigkeit »vertauscht« habe, bleibt für einen Musiker, der noch gelernt haben mußte, das Tempo anhand der Taktart zu bestimmen, ebenso wenig vorstellbar wie das regelmäßige Verwechseln von ♯- und ♭-Vorzeichen. Eine Bestätigung erfährt diese Deutung durch das Finale des »Tripelkonzerts« a-Moll BWV 1044, dessen Notenwerte gegenüber seiner Vorlage, der Clavierfuge a-Moll BWV 894/2, tatsächlich verdoppelt wurden. Die Bezeichnung von BWV 1044/3 lautet *Tempo di Allabreve,* die Faktur des Orchestersatzes nähert sich deutlich dem Kirchenstil an, wie es Walther (1708, S. 29, und 1732, S. 27) und andere für Allabreve-Kompositionen ausdrücklich forderten.

Wohl ebenfalls die Verdoppelung des Tempos zeigt das Zeichen 2 in den Ouvertüren 1–3 BWV 1066–1068 an (überliefert teilweise in Originalstimmen). Muffat (1695, S. 34f.), Mattheson (1713, S. 78f.), der Bach zugeschriebene Generalbaßtraktat von 1738 (Spitta 1880, S. 917) und Quantz (1752, S. 270) bringen den 2-Takt (ohne |) vor allem mit französischer Ballettmusik in Verbindung, wo er weit verbreitet war. Vermutlich suchte Bach mit der geteilten Vorzeichnung 2 die Tempoverdoppelung (insbesondere in den Mittelteilen der Ouvertüren) stilistisch adäquat und aufführungspraktisch eindeutig zu definieren. Daneben treten in den Ouvertüren 2 und 3 Tanzsätze mit 2- und ₵-Takten auf, die wohl auf geteilte Schlagfiguren ohne Tempoverdoppelung zielen.

Schlagtechnische Überlegungen liegen offenbar auch dem Finale des *Concerto* BWV 1042 zugrunde. Hier dürfte Bach sogar eine extrem präzise Lösung zur Definition des Tempos gelungen sein: Geschlagen wird in Form einer zweigeteilten Schlagfigur (↓↑), wodurch jeweils zwei ⅜-Takte eine musikalisch sinnfällige Einheit bilden. Vermutlich um die Geschwindigkeit innerhalb der schnellsten Kategorie *Allegro assai* nicht zu forcieren, notierte der Komponist die Vorzeichnung ⅜ an Stelle des zu erwartenden ⁶⁄₈-Takts:[3]

Concerto E-Dur BWV 1042, *Allegro assai*, T. 1–3 (*Violino concertino*)

Siegbert Rampe

TEMPOKRITERIEN

Im Jahre 1703 publizierte Johann Samuel Beyer die wohl einzige erhaltene Anweisung aus dem mitteldeutschen Raum jener Zeit, aus der hervorgeht, nach welchen Kriterien ein musikalischer Anfänger, vermutlich auch ein Stadtpfeifergeselle oder – wie hier – ein Sängerknabe vom Blatt zu singen bzw. zu spielen hatte (S. 50f.):

»Wie vielerley hat« man »bey einem Musicalischen Stücke ferner in acht zu nehmen? Die vornehmsten [Regeln] sind:
1. Daß er den Clavem Signatam [vorgeschriebenen Schlüssel] betrachte.
2. Ob der Cantus [das Stück] durus [in Dur] oder mollis [in Moll] sey; ob Signa Cancellata ♯♯, oder in molli über das ordentliche ♭, dergleichen mehr vorhanden.
3. Die Tact-Zeichen als: ₵ ₵.
4. Was für Proportions-Zeichen vorn anstehen ob: 3/1. 3/2 oder 3/4 &c.
5. Ob alsobald anzufangen oder etwas zu pausiren sey.
6. Soll er den Text wohl durchlesen [...]
7. Muß er die schwersten Intervalla geschwind durchsehen.
8. In was vor einem Clave [Ton, Tonhöhe] die erste Nota stehe und was sie gelte.
9. In welchen Thon das Præludium auff der Orgel / Regal oder Clavicembalo sich anfange [...]
10. Soll er den Accord eines ieden Toni wohl gelernet haben / daß er nicht den Tonum durum da er doch mollis, und den mollem da er doch Durus mache.«

Mit Quantz (1752, S. 108) könnte man hier noch ergänzen: Die »Anzeige des herrschenden Hauptaffects ist endlich das zu Anfange eines jeden Stückes befindliche Wort, als: Allegro, Allegro non tanto [...] Alle diese Wörter, wenn sie mit gutem Bedachte vorgesetzet sind, erfodern jedes einen besondern Vortrag in der Ausführung«.

Ist der Affekt anhand der Tonart sowie der wichtigsten charakteristischen Intervalle und rhythmischen Figuren (Walther 1708, S. 29) annähernd eingegrenzt, so wird das Tempo zunächst aufgrund der Taktart samt zugehöriger Schlagfigur, also durch das Taktieren, bestimmt.

Das Taktieren

Wie Walther (1708, S. 29) ausführt, war mit jeder Taktart und -bezeichnung eine in der Regel zweiteilige Schlagfigur verbunden; sie bestand – entsprechend dem heutigen Dirigieren eines Zweierschlags – aus dem »Niederschlagen der Hand« (↓), lateinisch »thesis oder depressio«, und deren »Aufheben« (↑), lateinisch »Arsis oder Elevatio«. Jede Taktart wurde vom Komponisten durch Taktieren festgelegt und vom Interpreten realisiert, gleichgültig ob nur in Gedanken oder als reale Handbewegung (Walther 1708, S. 28). Wirklich taktiert wurde bei einer Aufführung wahrscheinlich allein zur Leitung einer großbesetzten Formation. Bei kleineren Ensembles und solistischer Musik dürften sich der Anführer bzw. Solist die Schlagfiguren zur Ermittlung des Tempos vorgestellt haben.

Ein ausgeprägtes Vorstellungsvermögen für das Treffen und Halten von Taktart und Tempo gehörten seinerzeit zu den wesentlichen Eigenschaften eines Solisten und musikalischen Leiters. Über Bach selbst schreiben C. P. E. Bach und Johann Friedrich Agricola im Nekrolog (1754): »Im Dirigiren war er sehr accurat, und im Zeitmaaße, welches er gemeiniglich sehr lebhaft nahm, überaus sicher« (Dok. III, Nr. 87). Von dem Dresdner Konzertmeister Johann Georg Pisendel, dem renommiertesten deutschsprachigen Instrumentalsolisten seiner Generation, ist überliefert, daß er im Karneval 1717 in Venedig »auf Veranlassung des Königl. Churprinzen von Sachsen, genöthigt [wurde], bey einer Oper, da die Ballette noch nicht so üblich waren, als sie es nach der Zeit geworden sind, zwischen den Acten, ein Violinconcert zu spielen. Die Musici des Orchesters, welche alle Italiäner waren, möchten darüber ein wenig neidisch seyn, und hatten sich unter einander beredet, bey Gelegenheit schwerer Passagien, Pisendeln durch Eilen confus zu machen; dieser aber hielt so fest im Tacte, und stampfte so lange mit dem Fuße dazu, bis er sie gebändigt und nicht wenig beschämt hatte« (Hiller 1784, S. 189).

Dirigiert, also sichtbar taktiert, wurde mit ein oder zwei Notenrollen in Händen entweder aus einer gelegentlich *Battuta* genannten Continuo- bzw. Violin-Stimme (Schmid 1994) oder nach der Partitur (Zaslow 1994, S. 15ff.). Offenbar strebte man – wie beim heutigen Dirigieren – an, sich auf eine knappe Zeichensetzung zu beschränken. Nicht erwünscht war es, das Taktieren laut wahrnehmbar zu machen oder gar zu vehementen Impulsen zu forcieren:

»Vitium mensuræ [ein Fehler gegenüber der Taktordnung] ist [...] Wenn einige Musicanten sich angewehnet den Tact mit den Füssen starck zu stossen / welches die gantze Music verunzieret. Hiewider handeln einige Directores [musikalische Leiter] selbst / so entweder mit den Füssen den Tact allzeit stampffen; Oder mit einem in der Hand haltenden Papier bey jedem Niederschlag so starck auff das vor sich stehende Pulpet [Pult] oder Brett klopffen / daß es laut klatscht / und die Gemeine in der Kirchen jeden Tact kan schlagen hören; Welches aber ein heßlicher Soloecismus Directorius ist / denn man solte durchaus keinen Tact, als NB. nur den ersten zur Losung [als Regel] / in der Music schlagen hören / und die andern alle (wenn es nichts anders seyn kan) nur schlagen sehen. Andere Directores stossen und schlagen den Tact zwar nicht so laut / aber sie machen im Tactiren hingegen rechte Fechter-Streiche / welches aber auch phantastisch stehet / denn man solte die Hand im Mensur-Geben bescheiden / und mäßig bewegen / und nicht fechten« (Fuhrmann 1706, S. 75).

Eine offensichtlich auf eine Probensituation zwischen 1730 und 1734 bezogene Beschreibung von Bachs eigenem Taktieren findet sich in einem lateinischen Kommentar, den Johann Matthias Gesner seiner 1738 veröffentlichten Edition von Marcus Fabius Quintilians Werk *De Institutione*

Oratoria beifügte. Der mit Bach befreundete Gesner war Rektor der Leipziger Thomasschule gewesen (1730–1734) und seit 1734 Rhetorikprofessor an der Göttinger Universität. Die deutsche Übersetzung seiner Anmerkungen lautet: »Dies alles würdest Du, Fabius [Quintilian], völlig unerheblich nennen, wenn Du, aus der Unterwelt heraufbeschworen, Bach sehen könntest – um nur ihn anzuführen, denn er war vor nicht allzu langer Zeit mein Kollege an der Leipziger Thomasschule [...] wenn Du ihn sähest, sag ich, wie er bei einer Leistung, die mehrere Eurer Kitharisten und zahllose Flötenspieler nicht erreichten, nicht etwa nur eine Melodie singt [...] und seinen eigenen Part hält, sondern auf alle zugleich achtet und von 30 oder gar 40 Musizierenden [!] diesen durch ein Kopfnicken, den nächsten durch Aufstampfen mit dem Fuß, den dritten mit drohendem Finger zu Rhythmus und Takt anhält, dem einen in hoher, dem andern in tiefer, dem dritten in mittlerer Lage seinen Ton angibt: wie er ganz allein mitten im lautesten Spiel der Musiker, obwohl er selbst den schwierigsten Part hat, doch sofort merkt, wenn irgendwo etwas nicht stimmt; wie er alle zusammenhält und überall abhilft und wenn es irgendwo schwankt, die Sicherheit wiederherstellt; wie er den Takt in allen Gliedern fühlt, die Harmonien alle mit scharfem Ohre prüft, allein alle Stimmen mit der eigenen begrenzten Kehle hervorbringt. Sonst ein begeisterter Verehrer des Altertums, glaub' ich doch, daß Freund Bach allein, und wer sonst ihm vielleicht ähnlich ist, den Orpheus mehrmals und den Arion zwanzigmal übertrifft« (Dok. II, Nr. 432).

Aufführung eines kirchenmusikalischen Werkes in der Leipziger Thomaskirche unter Leitung von Bachs Vorgänger Johann Kuhnau (1660–1722); (Bildmitte im Vordergrund, mit Notenrolle in der Hand). Die realen Abstände zwischen den Musikern im Hintergrund wurden hier wohl aus optischen Gründen vergrößert.

(*Unfehlbare Engel-Freude oder Geistliches Gesangbuch.* Leipziger Gesangbuch von 1710)

Die Untergrenze des Tempos

Eine unterteilte Schlagfigur bietet in der Praxis einen relativ genauen Anhaltspunkt für die Tempowahl, da sie für die Geschwindigkeit eine Untergrenze definiert: Nur bis zu einem gewissen Tempo ist das Hin- und Herschwingen der Hand zwischen zwei Punkten als Teil einer einzigen Bewegung wahrzunehmen. Diese Grenze liegt bei etwa 40 »halben« Schlagfiguren pro Minute (↓ oder ↑ = 40). Fällt das Tempo langsamer aus, empfindet man das Hin- und Herschwingen als zwei separate Handbewegungen, die von neuem zu unterteilen wären.

Deutschsprachige Autoren der Bach-Zeit stimmen darin überein, daß sämtliche Schlagfiguren zweiteilig ausfallen. Jeder Takt erhält mindestens eine einzige Schlagfigur. Ausgenommen hiervon

Die Untergrenze des Tempos

sind lediglich rasche oder sehr rasche Tempi, in denen zwei Takte zu einer Schlagfigur zusammengefaßt werden – beispielsweise im letzten Satz des *Concerto* E-Dur BWV 1042 (*Allegro assai* 3/8; ⟶ S. 328). Das gleiche (eine Schlagfigur, verteilt auf zwei Takte) ist unter Bachs Konzertsätzen offensichtlich im ersten Satz (*Allegro* 3/8) des »Brandenburgischen Konzerts 4« G-Dur BWV 1049 bzw. des *Concerto* F-Dur BWV 1057, im letzten Satz (*Allegro* 3/8) des *Concerto* E-Dur BWV 1053 und im letzten Satz (*Presto* 3/8) des *Concerto* f-Moll BWV 1056 der Fall. Hingegen rechnen vielleicht das Finale des *Concerto* D-Dur BWV 1054 (*Allegro* 3/8) und aller Wahrscheinlichkeit nach dasjenige des *Concerto* A-Dur BWV 1055 (*Allegro ma non tanto* 3/8) mit einer geteilten Schlagfigur pro Takt.

Auch Walther kennt ausschließlich Taktarten mit maximal einer vollständigen Schlagfigur pro Takt; nur für den 12/8- und 24/16-Takt bietet er alternativ anderthalb oder zwei Schlagfiguren an (Walther 1708, S. 29–33). Sieht man von diesen Takten ab, so ergibt sich de facto, daß Walther seinem Weimarer Schüler Prinz Johann Ernst im Jahre 1708 erklärte, ein halber Takt falle nie langsamer als etwa 40 Schläge pro Minute aus. Bezogen auf den ₵- oder C-Takt bedeutet dies eine Untergrenze von 𝅗𝅥 = 40 MM (entsprechend ♩ = 80 MM). Auf mehreren Seiten erläuterte Walther dem Prinzen alle damals gebräuchlichen (und auch die bereits veralteten) Taktarten sowie die Aufteilung der Schlagfiguren.

Im Hinblick auf die in Bachs Orchesterwerken enthaltenen Taktarten ergibt sich hieraus folgende Übersicht (die »(↑)« fallen nur in langsameren Tempo-Kategorien an):

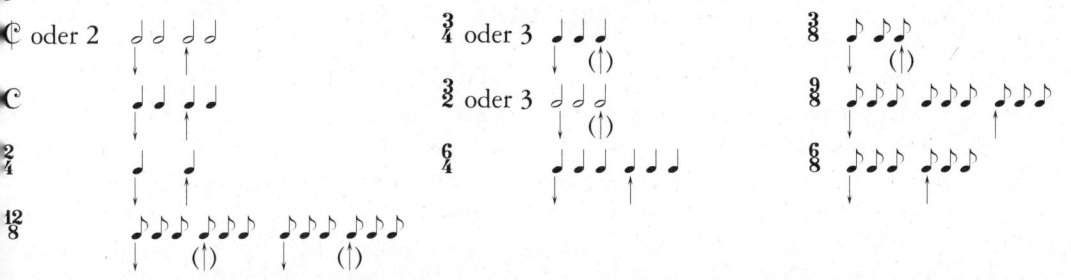

₵ oder 2   𝅗𝅥 𝅗𝅥 𝅗𝅥 𝅗𝅥   3/4 oder 3   ♩ ♩ ♩   3/8   ♪ ♪ ♪
                          ↓ ↑   ↓ (↑)   ↓ (↑)

C   ♩ ♩ ♩   3/2 oder 3   𝅗𝅥 𝅗𝅥 𝅗𝅥   9/8   ♪♪♪ ♪♪♪ ♪♪♪
            ↓ ↑   ↓ (↑)   ↓

2/4   ♩ ♩   6/4   ♩ ♩ ♩ ♩ ♩ ♩   6/8   ♪♪♪ ♪♪♪
       ↓ ↑   ↓ ↑   ↓

12/8   ♪♪♪ ♪♪♪   ♪♪♪ ♪♪♪
        ↓ (↑)   ↓ (↑)

Als Untergrenze für Bachs Konzertsätze im ₵-, C- oder 3/4-Takt steht damit ein absolutes Tempo von ♩ = 80 MM fest. Überprüft man diesen Wert in der Praxis, so erscheint er vollkommen plausibel. Nur die jeweils ausdrücklich mit *Adagio* bezeichneten Mittelsätze der *Sinfonia* BWV 1046a (bzw. des »Brandenburgischen Konzerts 1« BWV 1046) und des *Concerto* BWV 1042 im 3/4-Takt sowie des *Concerto* BWV 1050a (bzw. des »Brandenburgischen Konzerts 5« BWV 1050: *Affetuoso*) und des *Concerto* BWV 1064 im C-Takt sind nach unseren heutigen Vorstellungen in dieser Geschwindigkeit keinesfalls mehr als langsame Sätze identifizierbar. Selbst das *Andante* des *Concerto* BWV 1041 klingt in einem Tempo von ♩ = 80 MM reichlich problematisch. Diese Sätze lassen, schon im Hinblick auf ihre solistischen Violinfiguren, Tempi erwarten, die deutlich, wenn nicht gar um die Hälfte langsamer ausfallen. Hierzu gehören auch die Instrumental-*Sinfonia* (*Adagio assai*) der Kantate *Ich hatte viel Bekümmernis* BWV 21 (Weimar, 1714 oder früher) sowie die Choralbearbeitung *O Mensch bewein dein Sünde groß* BWV 622 (*Adagio assai*) aus dem *Orgel-Büchlein* (Weimar, ca. 1712). Erklären läßt sich dieses Phänomen nur dann, wenn man die Existenz außerordentlich langsamer Tempi annimmt, die von Walther (1708) nicht dargestellt wurden – offensichtlich deshalb, weil er sie (damals noch) nicht kannte.

Wie erwähnt (⟶ S. 327), spricht Georg Muffat schon 1695 (S. 34ff.) vom C-Takt italienischer Musiker, »welchen man in vier theilet«. 1701 ergänzt er im Vorwort der Erstausgabe seiner Ensemblesonaten im Corelli-Stil:

Die Obergrenze des Tempos

»In Leitung der Mensur oder des Tacts ist meistentheils denen Italiänern nachzufolgen / die unter die Wörter Adagio, Gravè, largò &c. viel langsamer als unsere / und bißweilen dermassen / daß man sie kaum erwarten kan; unter denen Allegrò, Vivacè, prestò, piu prestò, und prestissimò aber viel lustiger und geschwinder zu gehen pflegen. Dann durch scharffes Beobachten dieser opposition, oder Gegenhaltung der langsamb- und geschwindigkeit / der Stärcke / und Stille; der Völle deß grossen Chors / und der Zärtigkeit des Terzetl [Trios, Concertinos] / gleich wie die Augen durch Gegensatz deß Liechts / und deß Schattens / also wird das Gehör in ein absonderliche Verwunderung verzuckt« (Muffat 1701, S. 122).

Für Muffats Vorbild und Lehrer Arcangelo Corelli lassen sich langsame Sätze rekonstruieren, deren Tempo bei ♪ = 60 MM angesiedelt ist (Miehling 1993, S. 156ff.), Quantz (1752, S. 264) gibt für sein *Adagio assai* ♩ = 40 MM. Da die genannten langsamen Sätze Bachs auch im Hinblick auf ihre formale Anlage und melodische Ausarbeitung italienische und vor allem Corellische Einflüsse spiegeln (⟶ S. 234), ist davon auszugehen, daß Bach bei deren Komposition an italienische Tempi im Bereich von etwa ♩ = 40 MM dachte. Das bedeutet jedoch, daß für diese Sätze die Untergrenze ihrer Geschwindigkeit nicht genau definierbar ist.

Die Obergrenze des Tempos

Die obere Tempogrenze eines Satzes ergibt sich traditionell und bereits unter den Bedingungen des proportionalen Taktsystems (⟶ S. 325) aus den »schwersten Intervalla« (Beyer 1703, S. 51) bzw. »aus den geschwindesten Noten und Figuren darinnen« (C. P. E. Bach 1753, S. 121). Tatsächlich scheint die Grenze des spieltechnisch Möglichen von vielen Komponisten des 18. Jahrhunderts angesteuert worden zu sein (Miehling 1993, S. 400ff.). Für Bach läßt sich diese Praxis durch mehrere Dokumente stützen: Schon im Nekrolog von 1754 (Dok. III, Nr. 666) sprechen C. P. E. Bach und Johann Friedrich Agricola von Bachs »Zeitmaaße, welches er gemeiniglich sehr lebhaft nahm«. Jacob Adlung (1758) berichtet über einen Besuch Bachs in Erfurt (auf der Reise nach Kassel 1732?), in dessen Verlauf der Thomaskantor die beiden Cembalosuiten Louis Marchands zu Gehör brachte: Als »[ich] ihm sagte, daß ich diese Sviten hätte, so spielte er sie mir vor nach seiner Art, das ist, sehr flüchtig [schnell] und künstlich [kunstvoll]« (Dok. III, Nr. 696). Schließlich schreibt Johann Nicolaus Forkel (1802, S. 40) – wohl aufgrund von Informationen durch C. P. E. und vielleicht auch Wilhelm Friedemann Bach:

»Bey der Ausführung seiner eigenen Stücke nahm er das Tempo gewöhnlich sehr lebhaft, wußte aber außer dieser Lebhaftigkeit noch so viele Mannigfaltigkeit in seinen Vortrag zu bringen, daß jedes Stück unter seiner Hand gleichsam wie eine Rede sprach. Wenn er starke Affekten ausdrücken wollte, that er es nicht wie manche andere durch eine übertriebene Gewalt des Anschlags, sondern durch harmonische und melodische Figuren, das heißt: durch innere Kunstmittel.«

Diese Aussagen sprechen für die Wahl rascher Tempi des Komponisten, die jedoch nicht derart schnell ausgefallen sein können, daß ein Werk nicht mehr als musikalische Rede verständlich und nachvollziehbar war.

Takt und Bewegung

Den Unterschied zwischen Takt und Bewegung erklärt Mattheson (1739, S. 173) mit einem längeren Zitat aus Jean Rousseaus (1644–ca. 1700) französischem Gesangstraktat *Methode claire, certain & facile pour apprendre à chanter la Musique* (Paris, 1678):

»Was ist für ein Unterschied zwischen dem Tact und der Bewegung? Antwort: die Mensur [Takt-Geschwindigkeit] ist ein Weg; dessen Ende aber die Bewegung. Gleichwie nun ein Unterschied zu machen ist zwischen dem Weg selbst, und dem Ende dahin der Weg führt: also ist auch ein Unterschied zwischen Mensur und Mouvement [Bewegung]. Und wie die Stimme [...] sich von der Mensur muß leiten lassen, also wird [...] der Tact von der Bewegung geführet und belebet. [...]

Daher kömmt es, daß bey einerley Tact die Bewegung offt sehr verschieden ausfällt: denn bisweilen wird sie munterer, bisweilen matter, nach den verschiedenen Leidenschafften [Affekten], die man auszudrücken hat. [...]

Also ist es nicht genug zur Aufführung einer Music, daß man den Tact, nach seinen vorgeschriebenen Zeichen wol zu schlagen und zu halten wisse; sondern der Director muß gleichsam den Sinn des Verfassers [Komponisten] errathen: d[as]. i[st]. er muß die verschiedenen Regungen fühlen, welche das Stück ausgedruckt wissen will. Woraus denn folgt, daß wenige Personen recht zu dirigiren, indem es nur der Verfasser selbst, und zwar allein am besten thun kan: weil er die Absicht und Bewegung am besten inne haben muß. [...]

Hier dürffte mancher vielleicht wissen wollen: wobey [wodurch] das wahre Mouvement eines musicalischen Stückes zu erkennen sey? allein, solch Erkenntniß gehet über alle Worte, die dazu gebraucht werden könnten: es ist die höchste Vollkommenheit der Ton-Kunst, dahin nur durch starcke Erfahrung und große Gaben zu gelangen stehet.«

Daß Bach seine Orchestermusik gewöhnlich selbst aufführte und deren Noten vermutlich nur selten aus der Hand gab (beispielsweise 1721 an Christian Ludwig von Brandenburg), mag tatsächlich ein wesentlicher Grund für das Fehlen von Tempobezeichnungen oder für die Existenz von Taktangaben sein, die auf den ersten Blick gelegentlich unklar erscheinen (⟶ S. 327), konnte der Komponist seine Vorstellungen in der Regel doch im Rahmen der Zusammenarbeit mit den Ausführenden präzisieren.

Die pessimistische Einschätzung von Rousseau und Mattheson, konkrete Hinweise zum »wahre[n] Mouvement« (Bewegung) eines Werkes gingen »über alle Worte«, da sie nur der Komponist selbst geben könne, läßt sich glücklicherweise durch einige Beobachtungen anhand der Musiktheorie jener Zeit abschwächen. Solche Feststellungen gelten für sämtliche Traktate, die sich mit Generalbaß und Komposition auseinandersetzen. Voraussetzung ist, daß »die Bewegung«, wie Rousseau und Mattheson hervorheben, »bey einerley Tact« (Tempo) »sehr verschieden« ausfallen kann.

Hier einige Beispiele: Der eigentliche Grad der Bewegung eines Satzes ist meist und bei Bach immer an der harmonisch-rhythmischen Struktur erkennbar; sie läßt sich am sichersten der Baßlinie und den Mittelstimmen entnehmen. Die Verteilung von Dissonanzen und Konsonanzen, von Haupt- und Nebenharmonien sowie Akzenten war seinerzeit durch die (⟶) Generalbaßpraxis und Kompositionslehre geregelt. Rhythmische Figuren, Harmonien und sogar Dissonanzen können von Zählzeit zu Zählzeit, nach der Hälfte oder nach zwei Dritteln eines Taktes oder nach zweien oder mehreren Takten wechseln. Wechsel auf kleinem oder kleinstem Raum legen generell eine

Takt und Bewegung

langsame oder sogar sehr langsame, Wechsel nach größeren oder großen zeitlichen Abständen eine raschere oder sehr rasche Bewegung nahe.

Da die zeitgenössische Musikpraxis einschließlich der Instrumentalmusik grundsätzlich dem Vorbild der menschlichen Stimme verpflichtet war, finden sich in fast jedem Satz Phrasen oder Melodiebögen, die vom Komponisten auf einen einzigen Atem »erdacht« sind und vorgetragen werden können bzw. sollen. Johann Nicolaus Forkel meint hierzu, daß »Bach nun anfing, Melodie und Harmonie so zu vereinigen, daß selbst seine Mittelstimmen nicht bloß begleiten, sondern ebenfalls singen mußten« (1802, S. 35). Tatsächlich weitet Bach seine Melodiebildung durch Fortspinnung und fortgesetzte Steigerung oft sogar bis an die Grenze des atemtechnisch Möglichen aus. Ein Beispiel hierfür ist der Beginn des ersten Satzes aus dem »Brandenburgischen Konzert 1«:

»Brandenburgisches Konzert 1« F-Dur BWV 1046, 1. Satz, T. 1–7 (*Hautbois 1*)

Musikalisch überzeugend kann in diesem Ritornell erst nach dem ersten Achtel von T. 6, vielleicht sogar erst in T. 7 geatmet werden. Die Phrasenbildung und die meist halbtaktigen Rhythmus- bzw. Harmoniewechsel sprechen nicht allein für eine zweigeteilte Taktart, sondern – trotz fehlender Tempo- bzw. Affektbezeichnung – auch für eine rasche Bewegung, die der Komponist bei Niederschrift des Werkes vor Augen hatte.

Hingegen ergäbe sich die Gelegenheit, in Übereinstimmung mit der Melodieführung zu atmen, im *Adagio* des *Concerto* C-Dur BWV 1064 für 3 Cembali und Streicher mindestens einmal, mehrfach aber auch zweimal pro Takt. Zahlreiche Harmoniewechsel, Wechsel- und Durchgangsnoten pro Takt sowie wiederholt im Achtelabstand aufeinander folgende Dissonanzen würden den Harmonieverlauf des Satzes bei einem zweigeteilten C-Takt nicht mehr nachvollziehbar erscheinen lassen. Hier muß sich Bach einen in vier Vierteln geschlagenen Takt vorgestellt haben.

Concerto C-Dur BWV 1064, Adagio, T. 1–4 (*Violino 1 & 2, Viola, Continuo*)

Ein weiteres Kriterium für den vom Komponisten angestrebten Bewegungsgrad findet sich häufig in einer instrumentalen Begleitfigur, die auf eine mehrere Takte umfassende Einheit berechnet zu sein scheint und als »Motor« die gesamte Satzstruktur verknüpft. Im Mittelsatz des »Brandenburgischen Konzerts 6« spielt der Cellist eine nach italienischer Art diminuierte Baßstimme, deren »wesentliche« Noten vom Continuo (*Violone è Cembalo*) gestützt bzw. verdoppelt werden. Würde der Cellist einzelne Viertelnoten oder Gruppen von zweien, vieren oder sechsen – nach barocker »Abstrichregel« im Ab- und Aufstrich (»schwer – leicht«) – gestalten, ohne den Bogen über jeweils vier (T. 1–4), fünf oder sechs Takte entsprechend dem Harmonieverlauf bzw. dem Eintreten einer neuen (Zwischen-) Tonika zu spannen, wäre es den solistischen Violen nicht möglich, sich auf ihre expressive Melodik samt rhetorischer Kunstpause zu konzentrieren. Dieses Konzept ist unmißverständlich auf eine ruhig-schwingende Taktbewegung mit einer einzigen Schlagfigur, aufgeteilt zwischen der ersten und dritten Halbenote, ausgelegt:

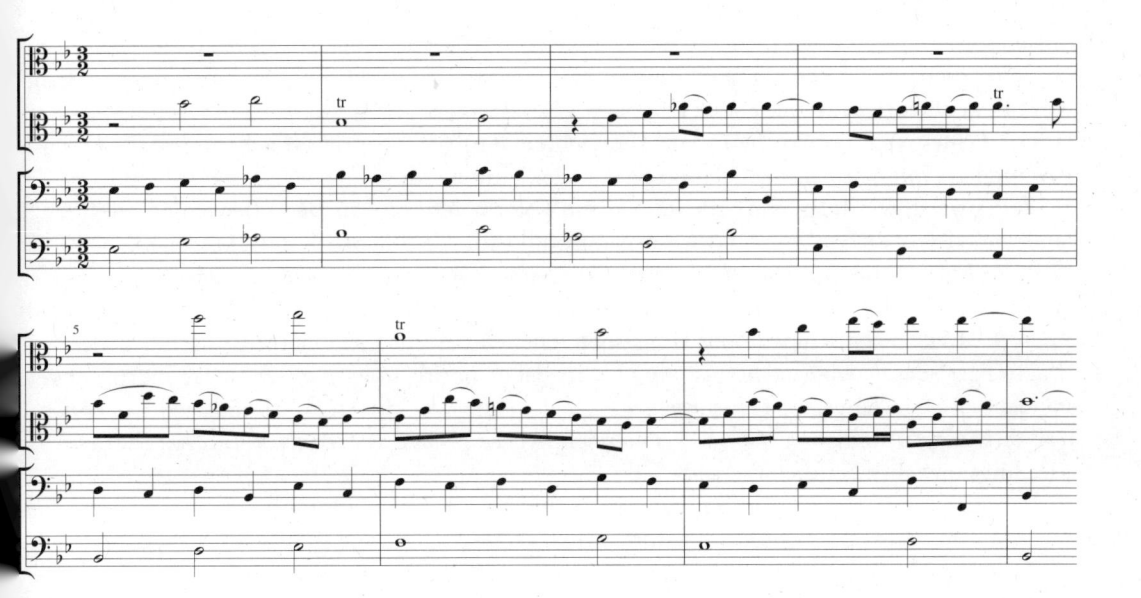

»Brandenburgisches Konzert 6« B-Dur BWV 1051, *Adagio ma non tanto*, T. 1–8

Ließe sich der Cellist jedoch nicht von der ruhigen Bewegung in Halbenoten, unterteilt in Viertel, leiten, sondern spielte vom ersten Takt an mit Vehemenz auf die Kadenz in T. 4 und die neue Tonika in T. 5 hin, müßten ihn die Violen und der Continuo zu bremsen suchen. Dagegen sprechen deren melodische Kantilenen einerseits und die Begleitakkorde andererseits. Wohl deshalb notierte Bach die Vortragsbezeichnung: *Adagio ma non tanto* – »langsam, aber nicht zu sehr«.

Siegbert Rampe

Tempobezeichnungen

Die heute sogenannten Tempobezeichnungen galten in den ersten Jahrzehnten des 18. Jahrhunderts wie die Vortragsbezeichnungen *forte, piano* oder sogar *pizzicato* als »Termini Technici Musicæ« (Beyer 1703, S. 113ff.; Fuhrmann 1706, S. 79) bzw. als »in der Music gebräuchliche Beywörter« (Mattheson 1713, S. 100f.), die nicht die Geschwindigkeit an sich, sondern Affekt und Bewegung anzeigten.

Mehrere Autoren der Bach-Zeit gliedern Tempo- und Affektbezeichnungen in zwei verschiedene Kategorien – in eine langsamere und rasche Bewegung:

»1. Adagio, Andante, A tempo, Grave, Largo, Lento, Tardo, diese wollen alle einen langsamen und gravitätischen Tact haben; aber

2. Allegro, Alla breve Presto, wollen einen geschwinden Tact haben / also daß man aus halben Tacten Vierthel; aus Vierthel Achtel / &c. machet« (Fuhrmann 1706, S. 79).

»Betreffend die Bewegung des Tactes in einer jeglichen Arie, so haben diejenigen ein mittelmäßiges Gewicht, bey welchen am Anfange kein andeutendes Wort, als: Presto, allegro, vivace &c. sehr geschwinde / geschwinde / munter &c. Adagio, largo, affetuoso &c. sehr langsam / langsam / beweglich [bewegend] &c.« (Telemann 1725/1981, S. 132).

Das Fehlen von Tempo- bzw. Affektbezeichnungen, von diversen Musikern des 17. und 18. Jahrhunderts mit den Angaben Tempo giusto oder Tempo ordinario gleichgesetzt (Miehling 1993, S. 326ff.), weist, wie Telemann andeutet, auf ein »Normaltempo« mittlerer Bewegung hin (im 17. Jahrhundert war dieses Tempo noch Ausgangspunkt für die proportionale Taktordnung; ⟶ S. 325). Walther (1708, S. 55) teilt mit, daß im »Tempo giusto [...] der Tact so nicht zu geschwind, und auch nicht zu langsam, sondern eben recht ist«. 1732 (S. 123) erklärt er das Zeichen C als einen »aus vier geschwinden oder langsamen Theilen bestehenden Tact, [je] nachdem nemlich allegro oder adagio dabey stehet; ist aber nichts dabey notirt, so wird allezeit adagio drunter verstanden, und eine langsame Mensur gegeben, welche die Welschen tempo ordinario [...] nennen«. Daß sich diese Auffassung auch auf unbezeichnete Kopfsätze von Bachs Konzerten bezieht, ist allerdings unwahrscheinlich (⟶ S. 327).

Betrachtet man die von Bach verwendeten Tempo- und Affektbezeichnungen, so ergibt sich eine für seine Musikergeneration außerordentlich große Vielfalt unterschiedlicher Angaben (siehe die Liste bei Marshall 1985), die in ihrer Komplexität allein vom Œuvre Telemanns übertroffen wird. Daraus geht ein bemerkenswertes Bemühen um Ausdrucksdifferenzierung hervor, das bei Bach schon früh einsetzte.[4] Hervorzuheben ist die spätestens mit dem »Brandenburgischen Konzert 6« BWV 1051 auftretende erweiterte Bezeichnung *Adagio ma non tanto* (»langsam, aber nicht zu sehr«), die in deutschen musiktheoretischen Werken bis hin zu Leopold Mozart (1756) erst gar nicht erwähnt wird. Dementsprechend erscheint im *Concerto* BWV 1043 auch *Largo ma non tanto*. Die ausführlichste Affekt- und Tempobezeichnung innerhalb von Bachs Orchestermusik findet sich im Mittelsatz *Adagio ma non tanto e dolce* des »Tripelkonzerts« a-Moll (Walther 1732, S. 213: »Dolce [...] heißet: lieblich, anmuthig, leise; und bedeutet, daß man einen mit solchen Worten bezeichneten periodum [...] so lieblich machen soll, als man nur kan«).

Die folgende Übersicht präsentiert die in Bachs Orchesterwerken enthaltenen Bezeichnungen einschließlich ihrer Erläuterung durch Mattheson (1713), Walther (1708 und 1732) und Gottsched (1760). Bei Mattheson und Walther fehlende Angaben sowie in ihrer Bedeutung nicht ausreichend geklärte Termini werden im Anschluß an die Liste diskutiert:

Bach	Mattheson 1713	Walther 1708	Walther (1732)	Gottsched (1760)
Adagio	»langsam«	»langsam, mit gutem Maaß und Weile«	»gemächlich, langsam«	»merklich langsam und gemächlich«
Largo	—	»weitläuffig ausführl. und bedeutet so viel als adagio«	»sehr langsam, den Tact gleichsam erweitternd, und grosse Tactzeiten oder Noten offt ungleich bemerckend [...] Bey etlichen Auctoribus bedeutet es eine etwas geschwindere Bewegung, als adagio«	—
Lentement	»gemach«	»gemachsam«	»langsam«	—
Affetuoso	»sehnlich oder nachdrücklich«	»anmuthig, liebreich, daß es das Gemüth afficiret oder beweget«	»sehnlich, nachdrücklich, herzbeweglich«	—
Andante	»ebenträchtig«	»gantz langsam, und gleichsam Fuß für Fuß fortgesetzet. Wird mehrentheils gebrauchet, wenn der Baß denen andern Stimmen ihre Melodey allein etliche Tacte vormachet«	»mit gleichen Schritten wandeln. Wird sowohl bey andern Stimmen, als auch solchen General-Bässen, die in einer ziemlichen Bewegung sind, aber den andern Stimmen das thema vormachen, angetroffen; da denn alle Noten sein gleich und überein (ebenträchtig) executirt, auch eine von der andern wohl unterschieden, und etwas geschwinder als adagio tractirt werden müssen«	»fein gleich und einträchtig gesungen oder gespielet, und die Noten [...] wohl von einander unterschieden, und etwas geschwinder, als im Adagio«
Vivace	»lebhafft«	»lebhafft, lebendig«	»lebhafft«	—
vite	—	»geschwind, behende«	»geschwind, behende«	—
Allegro	»hurtig«	»frisch, hurtig geschwinde«	»frölich, lustig, wohl belebet oder erweckt; sehr offt auch: geschwinde und flüchtig; manchmal aber auch, einen gemäßigten, obschon frölichen und belebten Tact, wie die Worte: allegro mà non presto, so zum öfftern pflegen beygesetzet zu werden, ausweisen«	»geschwinde und flüchtig in einem belebten Tone«
Allegro assai	—	—	»ziemlich geschwinde«	—
Allabreve	—	»bedeutet einen geschwinden *Tact*«	»ist, wenn eine Brevis [o] oder zweyschlägige Note ein tempo oder einen Tact ausmacht«	—
Presto	»geschwinde«	»geschwinde, schnell, jäh, plötzlich«	»geschwind«	—

Tempobezeichnungen

cantabile	—	—	»wenn eine Composition, sie sey vocaliter oder instrumentaliter gesetzt, in allen Stimmen und Partien sich wohl singen lässet, oder eine feine Melodie in solchen führet«	—
Siciliano · *Alla Siciliana*	—	—	»Die Sicilianische Canzonetten sind Giquen-Arten, deren Tact fast allezeit $\frac{12}{8}$ oder $\frac{6}{8}$ ist. Beyderley Canzonetten sind fast allezeit Rondeaux, darinnen die erste Reprise vom Anfange wiederholt und damit geschlossen wird«	—

◆ Bei Mattheson (1713), Walther (1708 und 1732) und Gottsched (1760) fehlt die Angabe *Larghetto* (BWV 1055), die erstmals von Quantz erwähnt und dem Andante praktisch gleichgesetzt wird: »Ein Andante oder Larghetto im Dreivierteiltacte, in welchem der Gesang [die Melodie] aus springenden Viertheilen bestehet, deren mehrentheils sechs auf einerley Tone oder Harmonie bleiben, begleitet wird, kann man etwas ernsthafter, und mit mehrern Manieren spielen als ein Arioso« (Quantz 1752, S. 142f.).

◆ Für *Vivace* liefern sowohl Mattheson (1713) als auch Walther (1708 und 1732) keinen konkreten Geschwindigkeitshinweis. Telemann (1725/1981, S. 132) ordnet Vivace gegenüber »Presto, allegro« als offensichtlich langsamer ein und übersetzt den Terminus mit »munter«. Bei Beyer (1703, Appendix) heißt es: »Vivace mit starcker Stimme / lustig / freudig / geschwind« (»Allegro, frisch / hurtig / geschwind«). Quantz (1752, S. 199) betrachtet Vivace als schneller denn Presto, Leopold Mozart (1756, S. 48f.) plaziert es zwischen Allegretto und Moderato, was wiederum Telemann entspricht. Wahrscheinlich war *Vivace* an keinen bestimmten Tempograd gebunden und wechselte seine Kategorie je nach Personalstil.

◆ Das Grundtempo von *Andante* scheint im 18. Jahrhundert sehr flexibel und »irgendwo zwischen Adagio und Allegro anzusiedeln« gewesen zu sein (Miehling 1993, S. 318). Entscheidender für den Andante-Charakter war offenbar eine gleichmäßige, aber artikulatorisch getrennte Ausführung der (Achtel-) Noten, wie sie auch andere Autoren beschreiben. In der 1721 von Johann Mattheson herausgegebenen zweiten Auflage von Friedrich Erhard Niedts Traktat heißt es unter »Andante«: »gehend / ordentlich / ebenträchtig / nicht lauffend noch kriechend / nicht zu langsam / nicht zu geschwinde«; Anmerkung Matthesons: »Andante hieß in der ersten Edition: gantz langsam. Ob es recht oder unrecht ist / mag der musicalische Leser entscheiden«.

◆ Robert Marshall (1985) nimmt an, daß Adagio für Bach die langsamste Bewegungskategorie darstellte, denn nur dieser Terminus erfährt gelegentlich eine Steigerung im Hinblick auf ein noch langsameres Tempo: *adagio assai, adagissisimo, molt'adagio*. Auch Muffat (1701, S. 122), Fuhrmann (1706, S. 79) und Telemann (1725/1981, S. 132) meinen mit Adagio offensichtlich eine langsamere Bewegung als Largo, während Walther (1732) Largo langsamer als Adagio einordnet, jedoch ergänzt: »Bey etlichen Auctoribus bedeutet es [Largo] eine etwas geschwindere Bewegung, als adagio erfordert«. Daß auch Bach zu diesen Komponisten gehörte, läßt sich durch weitere Indizier untermauern: a) Adagio und Largo besaßen für ihn unterschiedliche Bedeutungen, wie die Bezeichnungen *Largo ovvero Adagio* (»Largo, eigentlich jedoch Adagio«) im *Concerto* BWV 1060 und *Adagio ovvero Largo* im *Concerto* BWV 1061a demonstrieren. b) Seine Konzert-Mittelsätze der langsamsten Taktart nach offenbar italienischem Modell bezeichnete Bach mit *Adagio* (siehe S. 331f.). c) Die *Sinfonia* der Kantate BWV 156 (Soloinstrument: Oboe) wurde bei der Bearbeitung zum Mittelsatz des *Concerto* BWV 1056 (Soloinstrument: Cembalo) vom *Adagio* zum *Largo*, der Mittelsatz des *Concerto* BWV 1043 (Soloinstrumente: 2 Violinen) bei der Bearbeitung zum Mittelsatz des *Concerto* BWV 1062 (Soloinstrumente: 2 Cembali) vom *Largo ma non tanto* zum *Andante e piano*. Es ist höchst unwahrscheinlich, daß Bach im letztgenannten Fall eine Bewegungskategorie übersprungen haben sollte, was erforderlich gewesen wäre, hätte *Largo* für ihn eine langsamere Bewegung als *Adagio* bedeutet.

Wolfgang Schult

TANZCHARAKTERE

Im Hinblick auf die Geschwindigkeit machten die Theoretiker der Bach-Zeit grundsätzlich keinen Unterschied zwischen Konzertsätzen, Orchestersuiten und real getanzten Formen, beispielsweise Balletten. Eine deutliche Differenzierung galt jedoch auch hier der Bewegung individueller Tanztypen.

Der Tanz war damals Teil der Erziehung höherer Stände – für Angehörige beiderlei Geschlechts. Selbst kleine Höfe wie diejenigen in Weimar und Köthen hielten sich Tanzmeister. Nicht wenige, später renommierte Musiker begannen ihre Karriere als Tanzmeister, so der Violin- und Hackbrettvirtuose und nachmalige »Cammer-Musicus« des Dresdner Hofs Pantaleon Hebenstreit in Leipzig und Eisenach sowie Jean-Baptiste Woulmyer in Berlin, seit 1709 Konzertmeister der Dresdner Hofkapelle. Offensichtlich wurden damals sämtliche Ripienisten in höfischen oder städtischen Diensten – Hofmusiker, Stadtpfeifer und Kunstgeiger, aber auch Organisten als Continuocembalisten – regelmäßig herangezogen, die Musik zu Tanzveranstaltungen beizusteuern: zu höfischen Bällen, privaten Hochzeitsfeierlichkeiten und anderen bürgerlichen Festen. Die »Cammer Musici« (nicht aber »Hoff Musici«) am Rastatter Hof beispielsweise waren 1737 »bey Haltung Eines Baals nicht obligirt [verpflichtet], die gantze Zeit, sondern nur auf ein paar Stund, und das zwar nicht in Continuo [ununterbrochen], sondern mit abwechslung, außzuhalten« (Walter 1990, S. 122). Als Johann Joachim Quantz, seinerzeit noch Ripiengeiger am Berenburger Hof, 1716 nach Dresden kam und die Musiker der kursächsischen Hofkapelle hörte, faßte er den Entschluß:

»Ich suchte mich in den Stand zu setzen, mit der Zeit auch ein leidliches Mitglied einer so hervorragenden [Musiker-] Gesellschaft abgeben zu können. Denn ob ich gleich sonst sehr von der Kunstpfeifer-Lebensart [Stadtpfeifer *und* Kunstgeiger!] eingenommen war; so machte doch das beschwerliche Tanzspielen, welches der feinern Ausführung so hinderlich ist, daß ich mich nach einer Auflösung davon sehnete« (Schleuning 1984, S. 56).

Mit »feinern Ausführung« meinte Quantz das solistische Spiel; denn 1752 tritt er nachdrücklich dafür ein, Ripienisten mögen sich regelmäßig im Vortrag von Tänzen üben, um ihr Rhythmusgefühl zu stabilisieren und das Zusammenspiel zu präzisieren: »Um seine Instrumentisten noch mehr im guten Vortrage fest zu setzen, und gute Accompagnisten [Begleiter] mit zu erziehen, thut ein Anführer wohl, wenn er, außer noch vielen andern Arten von Musik, auch öfters Ou-

Tempo und Schlagfiguren von Tänzen

verturen, charakteristische Stücke, und Tänze, welche markiret, hebend, und entweder mit einem kurzen und leichten, oder mit einem schweren und scharfen Bogenstriche gespielet werden müssen, zur Uebung vornimmt. Er wird die Accompagnisten dadurch gewöhnen, ein jedes Stück nach seiner Eigenschaft, prächtig, feurig, lebhaft, scharf, deutlich, und egal [gleichmäßig] zu spielen. Die Erfahrung beweiset, daß diejenigen, welche unter guten Musikanten-Banden erzogen sind, und viele Zeit zum Tanze gespielet haben, bessere Ripienisten abgeben, als die, welche sich nur allein in der galanten Spielart, und in einerley Art von Musik geübet haben« (Quantz 1752, S. 182).

Das »Brandenburgische Konzert 1« BWV 1046 und die vier Ouvertüren BWV 1066–1069 enthalten eine Vielzahl von Tänzen, die damals durchweg noch getanzt wurden (Taubert 1968, S. 97ff.): *Bourée, Courante, Gavotte, Gigue, Menuet, Passepied, Rondeaux, Sarabande*. Hinzu kommen einige tanzartige Sätze, von Quantz im obigen Zitat »charakteristische Stücke« genannt, für die jedoch keine Tanzschritte festgelegt waren: *Air, Battinerie, Réjouißance, Polonoise*. Man muß nicht so weit gehen, Bachs Orchestersuiten als Balleinlagen zu deklarieren (obwohl dies – zumal im höfischen Ambiente – nicht völlig auszuschließen ist). Orchestersuiten waren damals schon eine eigenständige Instrumentalgattung, so »daß man nicht leicht mit einem andern Stücke eine musikalische Zusammenkunft eröffnet hat« (Scheibe 1745, S. 667). An gleicher Stelle spricht Johann Adolph Scheibe sogar von der »Concertouverture« als Sonderform der Orchestersuite (⟶ S. 260). Doch liegt auf der Hand, daß die Instrumentalisten der Bach-Zeit zum Tanz ein ähnliches Verhältnis haben mußten wie Wiener Orchestermusiker des 19. und 20. Jahrhunderts zum Walzer: Selbst stilisierte Tänze waren jedem Spieler in ihrer getanzten Urform bekannt und von deren charakteristischer Bewegung samt Akzentuierung abhängig.

Die folgende Übersicht präsentiert in alphabetischer Reihenfolge sämtliche Tanztypen aus Bachs Orchestermusik zusammen mit Beschreibungen und Schlagfiguren aus den Traktaten von Walther (1708 und 1732) und Mattheson (1713 und 1737) sowie den bei Quantz (1752, S. 270f.) überlieferten Pulsangaben. Auch hier werden strittige Fälle im Anschluß an die Tabelle diskutiert.

Bach	Walther 1708	1732	Mattheson 1713		1737	Quantz 1752
Bourée 2, 2 oder ₵		»lustig«	♩ ♩ ↓(↑)		»fliessend«, »glatt«, »gleitend«, »zufrieden, gefällig, unbekümmert, gelassen, nachlässig, gemächlich«	♩ = 160 MM
Courante 3/2	»mit gewißen Springen abgemeßener Tantz«, »etwas geschwind«	»kurtze und lauffende [...] Noten«, »der Rhythmus [...] ist der allerernsthaffteste«	♩ ♩ ♩ ↓ ↑		»lauffend lebhafft«, »nerveuse«	»hertzhafft [...] verlangend«, »süsse Hoffnung«, »mäßige Freude«	♩ = 80 MM (?)
Forlane 6/4	—	»zu Venedig sehr gebräuchlich«	♩♩♩♩♩ ↓ ↑		—	—
Gavotte 2, 2 oder ₵		»manchmahl hurtig, bisweilen [...] langsam tractirt«	♩ ♩ ↓(↑)		»bißweilen hurtig / bißweilen langsam«	»jauchzende Freude«, »hüpfend«, »springen[d]«	langsamer als ♩ = 80 MM

340

Tempo und Schlagfiguren von Tänzen

Tanz					
Gigue $\frac{6}{8}$	»behend«	♩. ♩.	»couliret«, »hurtig«	»hurtig«, »rund« zu spielen, »mehrentheils […] fliessend«	langsamer als ♩. = 160 MM
Menuet $\frac{3}{4}$	»$\frac{3}{4}$« wie »$\frac{3}{8}$« geschlagen	♩ ♩ ♩	»$\frac{3}{4}$« wie »$\frac{3}{8}$« geschlagen	»Affect« von »mässiger Lustigkeit«	♩ = 160 MM
Passepied $\frac{3}{4}$	»geschwind«, »kurtz und tändelnd«	♩ ♩ ♩	»eine Art geschwinder Menuette«, »kurtz und tändelnd«	»Leichtsinnigkeit«, »Unruhe und Wanckelmüthigkeit«	schneller als ♩ = 160 MM
Poloineße $\frac{3}{8}$ / Polonoise $\frac{3}{4}$	—	♪ ♪ ♪ / ♩ ♩ ♩	—	»$\frac{3}{4}$«, »Offenhertzigkeit und ein gar zu freyes Wesen«	—
Rondeaux ₵		♩ ♩	»vivace«	»Standhafftigkeit«, »festes Vertrauen«	♩ = 80 MM
Sarabande $\frac{3}{4}$	»gravitætisch langsam«	»zum Tantzen den $\frac{3}{4}$« ♩ ♩ ♩	»langsam geschlagen«	»zum Tantzen den $\frac{3}{4}$«, »gravitätisch«	♩ = 80 MM

♦ Das Tempoverhältnis zwischen *Bourée* und *Gavotte* scheint im deutschen Sprachraum jener Zeit keineswegs festgelegt gewesen zu sein: Johann Caspar Ferdinand Fischer (1696) läßt die *Bourée* schneller schlagen als die *Gavotte* (Moens-Haenen 1994, S. 132), während Matthesons Angaben (1713 und 1737) zu beiden Tanzarten weniger auf einen Tempo- als vielmehr auf einen Charakter- bzw. Bewegungsunterschied hinzudeuten scheinen. Dies dürfte im Hinblick auf die überlieferten Taktbezeichnungen 2, 2 und ₵ auch für die *Bourées* und *Gavottes* in Bachs Orchestersuiten gelten. Ja, gemäß der unterschiedlichen Taktangaben existierten für Bach offenbar mehrere Varianten unterschiedlicher Schlaggeschwindigkeit nicht nur für die *Gavotte,* sondern auch für die *Bourée.* Vermutlich sollen die *Bourées* und *Gavottes* der *Ouverture* 1 BWV 1066 mit nur einer halben Schlagfigur pro 2-Takt, die *Bourées* (₵) der *Ouverture* 2 BWV 1067 sowie die *Bourées* und *Gavottes* (je im 2-Takt) der *Ouverture* 3 BWV 1068 mit einer geteilten raschen Schlagfigur pro Takt und die *Bourées* sowie die *Gavotte* (je im ₵-Takt) der *Ouverture* 4 BWV 1069 mit einer geteilten Schlagfigur pro Takt, ebenso rasch oder langsamer, geschlagen werden.

Die von Quantz überlieferte Geschwindigkeit erscheint für Tänze ohne Achtellaufwerk berechnet und daher für Bachs Bourrées im 2-Takt zu rasch.

♦ Für die *Courante* im $\frac{3}{4}$-Takt entsprechen die von Quantz angegebenen Pulsschläge ♩ = 80 MM. Ob dieses Tempo auf Halbenoten zu übertragen ist, muß dahingestellt bleiben.

♦ Die »Forlanes de Venise« (aus Venedig) erscheinen 1703 bei Sébastien de Brossard unter dem Stichwort *Saltarello,* ausdrücklich als »danses gayes« (schnelle, fröhliche Tänze) bezeichnet. Klaus Miehling (1993, S. 310) überträgt die Pendelgeschwindigkeit für die *Forlane,* die Jean-Philippe Rameau und Jean Le Rond D'Alembert 1752 publizierten, mit ♩. = ca. 92 MM und vermutet, daß dieser Tanz im deutschen und italienischen Raum etwas schneller (♩. = ca. 100 MM) geschlagen wurde.

♦ Es ist nicht anzunehmen, daß sich die *Poloineße* aus dem »Brandenburgischen Konzert 1« BWV 1046 an einen Tanztypus anlehnt, sind aus den ersten Jahrzehnten des 18. Jahrhunderts doch weder feststehende Tanzmodelle gleichen Namens noch zugehörige Schrittmuster bekannt. Wahrscheinlich handelt es sich bei dieser *Poloineße* vielmehr um ein »charakteristisches Stück« (Quantz

1752, S. 182) im Tanzstil, dessen Titel auf die zur Markgrafschaft Schwedt gehörenden polnischen Ländereien Christian Ludwigs von Brandenburg verweist (⟶ S. 245).
♦ Die *Réjouißance* definiert Walther (1732, S. 519) als tanzartiges Instrumentalstück ohne jeden Bezug zu Tanztypen: »Rejouissance [...] heisset so viel, als Lætita gaudium (lat.) Freude, Frölichkeit: und kommt in Ouverturen vor, da einige lusstige Piéces also pflegen titulirt zu werden«.

Siegbert Rampe

AKZENTUIERUNG

Die Akzentuierung war in der Barockzeit das wichtigste Regulativ der Dynamik im Mikrobereich; d.h., sie regelte die relative Lautstärke benachbarter Töne im Rahmen einer nach anderen Kriterien festgelegten Grunddynamik (⟶ S. 355ff.). Im barocken Akzentuierungssystem waren die Töne in einer dynamischen Hierarchie angeordnet, es konnten Töne sehr unterschiedlicher dynamischer Wertigkeit unmittelbar aufeinander folgen. Die sogenannte Übergangsdynamik trat in der Theorie erst nach 1750, etwa bei Johann Joachim Quantz (1752), auf.

Es existierten drei Arten von Akzenten, die systematisch zwar erst von Jean-Jacques Rousseau dargestellt wurden, aber schon früher nachweisbar sind: der *grammatikalische Akzent*, der *pathetische Akzent* und der *logikalische Akzent* (Rousseau 1768, S. 2).

Grammatikalischer Akzent

Schon die Renaissance-Epoche kannte in Theorie und Praxis einen Unterschied zwischen sogenannten »guten« (oder: akzentuierten) und »schlechten« (unakzentuierten) Noten. Die Qualifizierung einzelner Noten richtete sich nach ihrer metrischen Position. In der Praxis hatte diese Einteilung eine Bedeutung beispielsweise für die Bogenführung der Streicher oder für den Fingersatz der Tasteninstrumentalisten. Eine dynamische Komponente wird bereits bei René Descartes sichtbar, der eine Verstärkung des jeweils ersten Tones jeder »mensura« fordert (Descartes 1650, S. 10). Daß im Kontext dieser Äußerung vom Tanzen die Rede ist, verdeutlicht die Tatsache, daß schon aus funktionalen Gründen der metrischen Akzentuierung in der Tanzmusik eine besonders große Bedeutung zukommt.

Die Unterscheidung »guter« und »schlechter« Noten mündet seit Wolfgang Caspar Printz (1696) in die Konzeption der »quantitas intrinseca notarum«. Dazu Johann Gottfried Walther: »Quantitas notarum extrinseca, & intrinseca [...] die äusserliche und innerliche Geltung der Noten; nach jener Art ist jede Note mit ihres gleichen in der execution [Ausführung] von gleicher, nach dieser [Art] aber von ungleicher Länge: da nemlich der ungerade Tact-Theil lang, und der gerade Tact-Theil kurtz ist« (Walther 1732, S. 507).

Etwas genauer ist bei Walther zu lesen: »Quantitas Extrinseca Notarum ist diejenige Länge, wenn eine Note 1, oder mehr gantze Tacte, 1/2, 1/4, 1/8 u.s.f. gilt, und im singen oder spielen eben so lange gehalten wird als an einer anderen ihres gleichen; wird auch deswegen Quantitas tactualis genennet. [...] Quantitas Intrinseca Notarum [...] ist diejenige Länge, wenn etliche dem valore [Wert] nach sonst gleich geltende Noten, gantz ungleich tractiret [behandelt] werden, also, daß eine gegen die andere ihres gleichen, bald lang, bald kurtz ist« (Walther 1708, S. 23f.).

Daß Walther hier nicht eine rhythmische Inegalität meint, sondern dynamische Implikationen, wird aus dem unmittelbar folgenden Text deutlich: »Diese Lehre von der Accent-Länge, hat so wohl vocaliter als instrumentaliter ihren sonderbahren Nutzen; denn hieraus entspringet die manirliche moderation [Differenzierung] der Stimme, oder Finger, daß man neml. eine solche Note, die der Zahl nach, lang ist, starck anschläget; hingegen eine solche Note, die der Zahl nach kurtz ist, auch etwas kürtzer und leiser exprimiret [ausdrückt]«.

Die Gleichsetzung der Begriffe »lang« mit »starck« bzw. »kurtz« mit »etwas kürtzer und leiser« mag aus heutiger Sicht zunächst Verwirrung stiften, denn sie gründet sich offenbar auf die humanistische Bildung jener Autoren: Nach den Akzentregeln mittelalterlicher und neuzeitlicher europäischer Sprachen, die auf das Verständnis der antiken altgriechischen und lateinischen Verslehre zurückgehen, waren betonte Silben immer noch »lang«, unbetonte »kurz«. Entsprechend bezeichneten Printz und Walther die dynamische Qualifizierung einzelner Noten eines Taktes. Ganz deutlich wird dies bei Walther, der angibt, die »Quantitas Intrinseca Notarum« werde auch »Quantitas accentualis genennet« (Walther 1708, S. 23).

Noten, die in ihrer rhythmisch festgelegten Zeitdauer gleich sind, können also einen unterschiedlichen inneren Gehalt aufweisen; er wird klanglich bei der Ausführung entweder dynamisch oder auch artikulatorisch (»kürtzer«) realisiert. Eine weitere Möglichkeit besteht in der Zuhilfenahme agogischer Dehnungen: Hierzu finden sich allerdings in den Quellen nur vage Andeutungen, klarere Hinweise existieren erst aus der zweiten Hälfte des 18. Jahrhunderts.[1] Dieses Mittel sollte maßvoll und nur auf starken Taktzeiten angewandt werden.

Die Qualifizierung »guter« und »schlechter« Noten betrifft in der Renaissance-Theorie lediglich Notenpaare gleich welchen Notenwertes und differenziert sich bis etwa 1750 zum System des Betonungstaktes, in welchem zunächst die guten von den schlechten Taktteilen unterschieden werden. Im ₵-Takt etwa gelten 1 und 3 als gute Taktteile, wobei die spätbarocke Theorie bisweilen noch die 1 gegenüber der 3 leicht bevorteilt sieht. Bei der weiteren Unterteilung der Taktteile ist festzuhalten, daß in der Theorie des 18. Jahrhunderts die Unterscheidung guter und schlechter Noten niemals eindeutig weitergetrieben wird als bis zu einer *einfachen* Unterteilung der Taktzeiten (d.h. beim ₵-Takt nur bis zu den Achteln). Oft wird auch pauschal die Akzentuierung der ersten Note einer Notengruppe verlangt, etwa, daß »man von vier oder drey geschwinden Noten, allemahl der ersten einen kleinen Nachdruck giebt« (Agricola 1757, S. 129).

Ein wesentliches Mittel, zusätzliche Akzente individuell vorzuschreiben bzw. normale grammatikalische Akzente zu eliminieren, steht dem Komponisten mit dem entsprechenden Einsatz von Bögen zu Gebote, da die erste Note unter einem Bogen akzentuiert werden muß, alle weiteren jedoch keinen Akzent erhalten dürfen. Diese Regel ist zwar erst spät belegt (Mozart 1756, S. 135), jedoch mit Sicherheit bereits für Bach relevant, da nicht wenige der von ihm notierten Bögen (vor allem in der Musik für Tasteninstrumente) als Artikulationsbögen keinen Sinn ergeben. Ein Hinweis auf eine entsprechende Interpretation liegt immer dann vor, wenn die durch den Bogen entstehenden Akzente die für die jeweilige Taktart geltenden Konventionen durchbrechen: vor allem lange Bögen in langsamen bzw. kurze Bögen (meist Viererbögen) in schnellen Sätzen.

Im *Allegro* des »Brandenburgischen Konzerts 3« BWV 1048 setzt Bach in T. 34 kurze Bögen, die die (großen) Taktzeiten 1 und 2 bzw. 3 und 4 (im $\frac{12}{8}$-Takt) überspannen und so eine halbtaktige Akzentuierung implizieren – eine Kombination von Artikulations- und Akzentbedeutung der Bögen.

Über den schon oben skizzierten ₵-Takt hinaus treten auch bei folgenden Taktarten Besonderheiten auf:

♦ Taktarten mit zwei Taktzeiten, insbesondere der Allabreve-Takt: Hier erhält nur die 1 einen Hauptakzent. Dies ist vor allem in den (seltenen) Fällen von Sätzen mit durchlaufenden Sechzehnteln relevant, wie sie für den ₵-Takt eigentlich untypisch sind. Dabei wird der zweite Hauptakzent aufgegeben. Beim herkömmlichen ₵-Takt mit Achteln als schnellsten durchgehenden Notenwert ändert sich dagegen bezüglich der Akzentuierung nichts Wesentliches: jede erste von acht Achteln erhält – wie im C-Takt jede erste von acht Sechzehnteln – einen Hauptakzent.

♦ Bei dreizeitigen Taktarten »ist unter dreyen gleich geltenden Noten, die erste lang, die mittlere kurtz, die dritte kann beydes seyn« (Walther 1708, S. 23). Der Bach-Schüler Johann Philipp Kirnberger sieht hingegen die Möglichkeit eines zweiten Akzentes auf der Taktzeit 2 (Kirnberger 1776, S. 131). Welche der drei Möglichkeiten in Frage kommt, entscheidet sich nach Maßgabe von Tempo sowie Häufigkeit und Plazierung von Harmoniewechseln und Dissonanzen (⟶ *Pathetischer Akzent*).

♦ Über die Tripeltakte $\frac{6}{8}$, $\frac{12}{8}$ etc. herrscht bei den Theoretikern wieder Meinungsvielfalt. Im Gegensatz zu Kirnberger, der innerhalb einer Dreiergruppe einen Nebenakzent auf der dritten Note beschreibt (1776, S. 129), sagt Johann David Heinichen: »Die Noten, von welchen jedweder Tripel sich nennet, haben ratione [bezüglich der] quantitatis intrinsecae dieses besonders, daß jederzeit die erste virtualiter lang, die andere und dritte aber beyde virtualiter kurtz seynd« (Heinichen 1728, S. 293). Es besteht sogar die Möglichkeit der Zusammenfassung mehrerer Dreiergruppen, so daß ein $\frac{12}{8}$-Takt nur noch zwei Hauptakzente hat wie der ₵-Takt, aus dem er abgeleitet ist (Speer 1697, S. 17). Bach klärt gelegentlich die Sachlage durch den Zusatz des ₵ zur $\frac{12}{8}$-Vorzeichnung, so daß nur zwei Akzente pro Takt anfallen. Ganz selten findet sich sogar das ₵- Zeichen, in welchem Falle dann nur ein Hauptakzent pro Takt zu spielen wäre. Der Unterschied gegenüber einem ₵- bzw. ₵-Takt mit Achteltriolen läge dann nur noch im etwas schwereren Vortrag mit selbständiger artikulierten Achteln.

Pathetischer Akzent

Der Gefahr einer durch mechanische Anwendung des grammatikalischen Akzentes drohenden Monotonie tritt der pathetische Akzent entgegen. Dieser strebt einerseits eine dynamische Differenzierung der ihrer Natur nach schematischen grammatikalischen Akzente an, andererseits kann er aber auch zu einer Akzentuierung musikalisch wichtiger Noten führen, die an »schlechter« Position in der Akzenthierarchie stehen. D.h., der pathetische Akzent verstärkt die grammatikalische Akzentuierung oder ist gegen diese gerichtet.

Letzteres gilt insbesondere für die Synkope, den am frühesten und häufigsten genannten Fall. Die rhythmische Funktion der Synkope bestand von jeher in der Durchbrechung metrischer Gleichförmigkeit. Als erster weist allerdings Quantz (1752, S. 253) auf die Alternative einer Ausführung mit Anschwellen des Tones zur 1 für Synkopen in längeren Notenwerten (Viertel oder längere Noten im ¢-Takt) hin. Diese Darstellung kommt auch bei Bach in Frage, wenn – wie es oft der Fall ist – eine Dissonanz synkopisch vorbereitet wird.

Beide Varianten des pathetischen Akzentes (parallel zum oder gegen den grammatikalischen Akzent) betreffen dissonante Töne bzw. Akkorde sowie Noten, die der herrschenden Tonika fremd sind, und vor allem solche, die Modulationen einleiten. Darauf deutet u.a. Johann Matthesons Angabe hin, »daß sothane Emphasis [Emphase] fast allemahl eine Erhöhung, und zwar eine empfindliche obgleich nicht große Erhöhung der Stimmen im Singen erfordere; (denn ein halber Ton kans offt am besten verrichten)« (Mattheson 1739, S. 175) . Mit dem Nachsatz »unerachtet die nachdrückliche Note nicht allemahl accentuirt seyn darff« reklamiert Mattheson jedoch das Zusammentreffen mit einem normalen (grammatikalischen) Taktakzent – ebenso wie er an anderer Stelle (1722, S. 41) eine aus dem Rahmen fallende Lage (Höhe oder Tiefe) eines Tons als Kriterium für einen pathetischen Akzent ablehnt: »die extremitas figurae [Extremlage einer Figur], welche eine / sonst kurze und durchgehende / Note zu einer anschlagenden [betonten] machen soll / ist ein Traum [...] es müssen alle accentus [Akzente] secundum tempus [gemäß ihrer Taktzeit] beurtheilet werden«. Eine natürliche Tendenz der Musiker, hohe Noten zu betonen, sieht allerdings offenbar schon Johann Gottfried Walther (1708, S. 24), wenn er den Komponisten vor der Plazierung nach oben springender Töne auf schlechte Taktzeiten warnt: »Eine der Zahl nach sonst kurtze Note, darf nicht aufwärts springen, (wohl aber aufwärts per gradum [stufenweise] gehen) sonst wird sie lang«.

Logikalischer Akzent

Bei diesem Akzent geht es um die Hervorhebung formaler Strukturen einer Komposition, indem primär die erste Note einer neuen Phrase betont wird. Da das gesamte Phänomen der Phrasierung während Bachs Lebzeiten erst allmählich ins Blickfeld der Theorie rückte, existiert zu diesem Punkt in zeitgenössischen Quellen keine Aussage. Erst Bachs »Enkelschüler« Daniel Gottlob Türk macht völlig zu Recht die »Einschränkung, daß man nur die Anfangstöne, welche auf gute Takttheile fallen, merklich zu markieren hat« (Türk 1789, S. 336).

Ludger Lohmann

ARTIKULATION

»Die Deutlichkeit aber ist das vornehmste und nöthigste bey allem Spielen, Singen, Schreiben, Reden und andern Arten, womit wir unsere Gedanken eröffnen« (Mattheson 1731, S. 219). Zur Deutlichkeit gehört neben anderen Parametern wie beispielsweise der Herausarbeitung formaler Strukturen vorrangig die akustische Klarheit, d.h. die Durchhörbarkeit der musikalischen Faktur. Dazu tragen Artikulation und Phrasierung entscheidend bei.

Artikulation bedeutet die Gestaltung einzelner Töne, während Phrasierung die Gliederung und Aufeinanderfolge musikalischer Gedanken betrifft. Wie in der Sprache Klangfülle und Deutlichkeit durch den Gebrauch von Vokalen und Konsonanten gewährleistet sind, so setzt sich in der Musik jeder Einzelton aus einem klingenden Teil und einer darauffolgenden Pause zusammen. Artikulation entsteht durch die unterschiedliche Dauer der den Ton beschließenden Artikulationspause und durch die differenzierte Schärfe bzw. Geschwindigkeit des Einschwingvorgangs für den nachfolgenden Ton. Die Phrasierung dient der Zusammenfassung und Gewichtung der Einzeltöne, wobei die Artikulation mit Dynamik, Klangfarbe und gegebenenfalls minimalen rhythmischen Veränderungen (Agogik) zusammenwirkt.

Artikulationsarten

Artikulation wird auf Blas-, Streich- und Tasteninstrumenten durch unterschiedliche Techniken erzeugt, die jedoch im Ergebnis weitestgehend übereinstimmen sollten. Dies trifft erst recht auf die unten definierten Artikulationsregeln zu, die für sämtliche Instrumente (und auch für die Singstimme) gleichermaßen gelten.

Bläserartikulation

Am unmittelbarsten mit der Sprache ist die Artikulation auf Blasinstrumenten verbunden, deren Darstellung sich in den Quellen bis weit ins 18. Jahrhundert hinein weitgehend an Artikulationssilben orientiert. Hier wird das analoge Verhältnis der Ein- und Ausschwingvorgänge besonders deutlich: Benutzt man eine harte Silbe, etwa *t* oder *k*, so erhält nicht nur der dadurch angestoßene Ton einen schärferen Akzent; die damit verbundene heftigere Unterbrechung des Luftstromes führt auch zu einem abrupten Verstummen des vorangegangenen Tons. Die Verwendung weicher Zungenbewegungen (*d, g, r,* [Zungen-] *l*) bewirkt eine Schwächung beider Ein- bzw. Ausschwingvorgänge und somit eine direktere Verbindung der Einzeltöne untereinander – bis hin zum vollständigen Legato.

Während bei Quellen des 16. Jahrhunderts noch bunte Vielfalt herrscht, auch deutlich zwischen harten und weichen Konsonanten differenziert wird, bleiben am Ausgang des 18. Jahrhunderts im wesentlichen nur noch *t* und *k* übrig. Dennoch sollte die Bläserartikulation der Klassik-Epoche nicht mit der gleichförmigen, relativ harten »modernen« Spielweise verwechselt werden, da damals auch der abgeschwächte, weichere Einsatz von *t* und *k* empfohlen wurde, was wiederum in die Nähe von *d* und *g* weist. Zur Bach-Zeit war in diesem Prozeß ein mittleres Stadium erreicht: Autoren wie Jacques-Martin Hotteterre (1707/1728) und Michel Corrette (ca. 1735) führen praktisch ausschließlich *tu* und *ru* an, wobei letzterer (S. 20) bereits die allmähliche Aufgabe auch dieser Differenzierung belegt. Im deutschen Sprachraum kam für schnelle Passagen noch *did'll* hinzu (Quantz 1752, S. 68ff.).[1] Durch die Verwendung solcher Doppelsilben entsteht die paarige Aufeinanderfolge unterschiedlich artikulierter Töne in Analogie zu Ab- und Aufstrich auf Streichinstrumenten, wobei die eine Silbe mit der Zungenspitze, die andere mit dem Zungenrücken oder gar der Zungenwurzel gebildet wird.

Die im Vergleich zu modernen Praktiken generell weicheren Artikulationssilben sind für die in der Ansprache grundsätzlich sensibleren Blasinstrumente jener Epoche notwendig. In der organischen Verbindung von Instrument und Artikulationssilben ergibt sich ein relativ weicher Einschwingvorgang, ein entsprechender Ausschwingvorgang resultiert aus der Unterbrechung des Luftstromes durch die gegen den Gaumen gedrückte Zunge bei Konsonanten wie *g* oder *l* – selbst bei Staccato-Artikulation.

Streicherartikulation

Ein ganz ähnliches Klangbild wurde von Streichinstrumentalisten erwartet. Schon die Bauart der Bögen vor François Tourte und vor allem im frühen 18. Jahrhundert (⟶ S. 295) machte sie für einen harten Ansatz wenig geeignet. Ein weicher Ansatz, von Leopold Mozart als »kleine obwohl kaum merkliche Schwäche« bezeichnet (Mozart 1756, S. 102), ist auch für Giuseppe Tartini der Normalfall: »Um aus dem Instrument einen guten Ton zu ziehen, muß man den Bogen zuerst mit Delikatesse aufstützen, und dann nachdrücken; sonst nämlich, wenn man ihn plötzlich mit Kraft aufstützt, würde man einen groben und kreischenden Ton herausziehen« (Tartini ca. 1740, S. 2).[2] Der Extremfall einer solchen Tonbildung ist die *messa di voce,* welche für lange Noten seit dem frühen 17. Jahrhundert zunehmend in Mode kam und erst im späten 18. Jahrhundert allmählich zugunsten gleichmäßig ausgehaltener Töne aufgegeben wurde.

Da mit dem sanften Beginn eines Bogenstrichs ein ebensolches Ende korrespondiert, ergibt sich schon bei einem normalen Bogenwechsel, der keine explizite Trennung der Töne intendiert, kein völlig nahtloser Übergang von einem Ton zum nächsten. Bogenwechsel im absoluten Legato wurden um 1750 von Virtuosen wie Francesco Geminiani als eine Möglichkeit der Spieltechnik postuliert. Ein herkömmliches Legato aber ist nur auf einem einzigen Bogenstrich zu erreichen. Sein Gebrauch läßt sich seit Diego Ortiz (1553) belegen. Nur ausnahmsweise sind solche Fälle im Sinne eines Legato zu interpretieren, in denen zwei Noten nacheinander im Abstrich (seltener im Aufstrich) gespielt werden müssen, um die im frühen 17. Jahrhundert etablierte Regel einzuhalten, daß jeweils die 1 eines Taktes im Abstrich auszuführen ist (»Abstrichregel«). Im allgemeinen wurde zwischen diesen beiden Ab- bzw. Aufstrichen der Bogen angehalten oder rückgeführt.

Außer im letztgenannten Fall war das Abheben des Bogens auch im Staccato eher die Ausnahme. Beim Staccato auf schnellen Noten blieb der Bogen selbst beim Bogenwechsel in Kontakt mit der Saite und wurde lediglich bei längeren Noten von dieser abgehoben (die Staccato-Viertel im Mittelteil des Einleitungssatzes der *Ouverture* h-Moll BWV 1067, T. 56ff. etc., stellen in dieser Hinsicht einen Grenzfall dar). Überhaupt kam das Staccato erst zur Bach-Zeit vermehrt in Gebrauch; noch Georg Muffat rechnet es unter der Bezeichnung »Disjunction« (getrennte Verbindung) zu den Verzierungen und erklärt dazu: »Es kan die Disjunction letztlich [...] die Dantz-Bewegung lebhaffter zuerwecken, wenigsten[s] in den Noten mittlern Valors [Wertes] oder gantzen Trippel Noten oder essentialn Theilen in denen Proportionibus zu weilen gebraucht werden, doch daß es ohne Affectation, oder Reissung der Saiten, sondern allzeit nachdrücklich moderirt und sauber geschehe« (Muffat 1698, S. 78ff.). Hingegen kann Johann Mattheson zwei Jahrzehnte später feststellen, daß das Staccato »heutiges Tages stark eingeführet ist. Ja es kommen pieces [Stücke] vor, die durch und durch also tractirt [behandelt] seyn müssen« (Mattheson 1722, S. 43).

Grundartikulation

Spieltechnische Raffinessen wie etwa der Springbogen oder *sautillé* wurden zwar vermutlich schon im 17. Jahrhundert eingesetzt, blieben aber noch zur Bach-Zeit Solisten vorbehalten und werden von Bach selbst nicht einmal in seinen Sonaten und Suiten für Violine solo (1720) verlangt (etwa durch die übliche Notation mit Punkten unter Bögen).[3] Gleiches gilt für das Spiel von mehr als vier Noten auf einen Bogenstrich bzw. auf eine Artikulationssilbe bei Bläsern, das von Ripienisten in der Regel nicht verlangt wurde. In Bachs Orchesterwerken findet sich diese Spieltechnik in solistischen Passagen vor allem in langsamem Tempo (»Brandenburgisches Konzert 1« BWV 1046, *Adagio, Hautbois 1* und *Violino Piccolo*), in schnellem Tempo dort, wo einzelne Bogenstriche spieltechnisch nicht mehr auszuführen sind wie beispielsweise im »Brandenburgischen Konzert 4« BWV 1049: *Violino Prencipale,* erster Satz T. 187ff., letzter Satz T. 95ff.; im ersten Satz erklären sich die Bögen über fünf Noten im *Violino Prencipale* und in den *Violini in Ripieno* ab T. 235 aus der Imitation *alla stretta*. Der Spezialfall des Bogenvibrato (⟶ S. 383) ist jedoch häufig dokumentiert, wenngleich selten über mehr als vier Töne auf einem einzigen Strich hinausreichend. Bach imitiert das Bogenvibrato sogar auf Blasinstrumenten, siehe etwa den ersten Satz des »Brandenburgischen Konzerts 2« BWV 1047, *Tromba* und *Hautbois* T. 50ff., wo an Zwerchfell-Stöße zu denken ist.

Bei der Interpretation der von Bach notierten Bögen anhand der Quellen ist die Kenntnis zeitgenössischer Artikulationskonventionen unerläßlich, da seine Handschrift in dieser Beziehung bisweilen flüchtig und ungenau ist. Sie neigt prinzipiell dazu, Bögen zu kurz, relativ weit über oder unter den Notenköpfen und eher zu weit rechts zu plazieren. Instruktives Material über diese Notationspraxis und ihre Deutung bieten die Arbeiten von Josef Rainerius Fuchs (1985), Georg von Dadelsen (1986) und John Butt (1990).

Grundartikulation

Der herkömmliche Bogenwechsel ermöglicht ebensowenig ein echtes Legato wie der Gebrauch einer Artikulationssilbe beim Blasinstrument. Dies mag der Grund dafür sein, daß Lehrwerke für Streicher und Bläser in jener Zeit kaum Hinweise auf eine Basisartikulation enthalten, wie sie anzuwenden ist, wenn im Notentext weder legato noch staccato vorgezeichnet ist. Anders bei den Tasteninstrumenten: Hier war die Grundartikulation offenbar ein leichtes Non legato. Dies läßt sich aus Abgrenzung der normalen, »ordentlichen« Spielart gegenüber dem Legato und Staccato schließen, wie sie 1755 Friedrich Wilhelm Marpurg vornimmt: »Sowohl dem Schleiffen [Legato] als Abstossen [Staccato] ist das ordentliche Fortgehen entgegen gesetzet, welches darinnen besteht, daß man ganz hurtig vorher, ehe man die folgende Note berühret, den Finger von der vorhergehenden Taste aufhebet. Dieses ordentliche Fortgehen wird, weil es allezeit vorausgesetzt wird, niemahls angezeiget« (Marpurg [2]1765, S. 29). Vermutlich wurden unbezeichnete Notentexte auf solche Weise ausgeführt; schon Johann David Heinichen (1728, S. 552) fordert dies ausdrücklich für alle raschen Notenwerte (»Passagien«). Allerdings sollte die Möglichkeit nicht außer acht gelassen werden, daß es ein Komponist lediglich für unnötig befand, eine abweichende Artikulation zu notieren. Auch mag der Grad der Trennung im Non legato je nach Personal- und Kompositionsstil, aber auch Charakter und Tempo eines Werkes differiert haben.

Die Erhebung des Non legato zur Grundartikulation scheint im Gegensatz zum Postulat eines »cantablen« Spiels zu stehen, wie es Bach etwa im Titel seiner zweistimmigen Inventionen aufstellt. Dieser Widerspruch löst sich jedoch, wenn man vom heutigen Verständnis von Cantabilität, das diese im wesentlichen mit Legato-Artikulation gleichsetzt, absieht und Quellen zur Gesangsmethode des 18. Jahrhunderts befragt. Der sicherlich bedeutendste Gesangstraktat der Barockzeit, 1723 von Pier Francesco Tosi publiziert, äußert sich zum Legato folgendermaßen: »Das Gebiet des Schleifens ist beym Singen sehr eingeschränkt. Es erstreckt sich nur über so wenige stufenweise auf- und absteigende Töne, daß es, wenn es nicht misfallen soll, nicht über vier derselben in seinem Bezirke haben darf« (Agricola 1757, S. 127). Der Übersetzer, Bachs Schüler Johann Friedrich Agricola, beklagt übrigens 34 Jahre nach Erscheinen von Tosis italienischer Ausgabe einen neuerdings zu reichlichen Gebrauch des Legato seitens italienischer Sänger.

Johann Nicolaus Forkel spricht im Zusammenhang mit seiner Beschreibung von Bachs Spiel auf Tasteninstrumenten vom »höchsten Grad von Deutlichkeit im Anschlag der Töne« und fährt fort: »Ich habe mich oft gewundert, daß C. Ph. Emanuel in seinem Versuch über die wahre Art das Clavier zu spielen, diesen höchsten Grad von Deutlichkeit des Anschlags nicht ausführlich beschrieben hat, da er ihn doch nicht nur selbst hatte, sondern auch gerade hierin ein Hauptunterschied liegt, wodurch sich die Bachische Art das Clavier zu spielen, von jeder andern auszeichnet« (Forkel 1802, S. 31f.). Forkel konnte sich bekanntlich auf das Zeugnis und den eigenen Eindruck vom Spiel Wilhelm Friedemann und C. P. E. Bachs stützen, so wie Ernst Ludwig Gerber seine Informationen über seinen Vater, den Bach-Schüler Heinrich Nicolaus Gerber, bezog. Gerber macht über Bachs Orgelspiel im Vergleich zu demjenigen des relativ bekannten Zeitgenossen Christoph Gottlieb Schröter eine Bemerkung, die auf Legato-Artikulation hinzuweisen scheint, wie sie im Orgelspiel gerade nicht zu einem hohen Grad der Deutlichkeit führt: »Wer aber die vortrefliche gebundene Manier kennt, mit welcher Sebastian Bach die Orgel behandelte, dem konnte Schröters Manier unmöglich gefallen, indem er seine Orgel durchaus staccato traktirte« (Dok. III, Nr. 949). Diese Aussage ist keineswegs so klar, wie sie auf den ersten Blick erscheint und wiederholt interpretiert wurde. Walther beispielsweise übersetzt die Termini »legato« und »ligatus« mit »gebunden« und meint damit sowohl Ligaturen, d.h. übergebundene Noten, als auch Legato-Artikulation, so daß »dergleichen [mit Bogen bezeichnete Noten] gezogen, und mit einem Bogen-Strich absolvirt werden sollen« (Walther 1732, S. 359). Unter gebundenem Stil wurde eine kontrapunktische Satz- bzw. Improvisationstechnik unter Einbeziehung vorbereiteter Dissonanzen (Überbindungen) verstanden, Legato-Artikulation nannte man bis weit ins 19. Jahrhundert hinein »geschleiftes« oder »gezogenes« Spiel (Lohmann [2]1990, S. 196ff.). Die von Gerber angeführte »gebundene Manier« bezeichnete offensichtlich schon deshalb kein reines Legato-Spiel, weil sie einen Gegensatz zu »durchaus staccato« bildet; »durchaus« hieß im damaligen Wortsinn »durchweg« oder »durchgehend«. Vermutlich meinte Gerber, daß Bachs Spiel vom gebundenen Stil unter Einbeziehung von Figuren in Gestalt von Ligaturen und/oder in Legato-Artikulation, in einer weitergefaßten Bedeutung höchstwahrscheinlich von Cantabilität geprägt war, während Schröter stets kurz gespielt haben soll. Hätte Bach aber ein durchgehendes Legato-Spiel gepflegt, stünde dies nicht nur im Widerspruch zu seinen Legato- und Staccato-Vorzeichnungen, zu seinen Fingersätzen im *Clavier-Büchlein vor Wilhelm Friedemann Bach* (1720), zur Interpretation von Legato-Bögen beispielsweise durch Walther (1708, S. 35) und zur zeitgenössischen Gesangs- und Violintechnik, sondern wäre auch mit den Traktaten etwa von C. P. E. Bach (1753, S. 118), Johann Samuel Petri (1767/1782, S. 334) und Daniel Gottlob Türk (1789, S. 356) sowie der Schrift Forkels (1802, S. 31f.) unvereinbar, die ja gerade aus seiner Schule hervorgegangen sind.[4]

Artikulationsregeln

Bei den Aussagen Heinichens (1728) und Marpurgs (1755) bleibt der genaue Grad des Non legato als Grundartikulation unbestimmt, Notenbeispiele von Bachs »Enkelschüler« Türk (1789, S. 356) zeigen sogar eine gewisse Flexibilität. Diese Tatsache hängt mit der Beobachtung zusammen, daß genauere Angaben nicht möglich und offenbar sogar unerwünscht waren, wird die Grundartikulation doch durch mehrere Faktoren beeinflußt. Hierzu sind den wenigen Quellen der Bach-Zeit, die sich ja überhaupt selten zu Details der Vortragspraxis äußern, nur spärliche Informationen zu entnehmen. Spieltechniken und -anweisungen wurden damals im Rahmen der Musikerlehre vermittelt; die gedruckten Traktate der zweiten Hälfte des 18. Jahrhunderts gingen offensichtlich mit dem wachsenden Kreis von Amateurmusikern einher. Gleichwohl zeigen viele ihrer Regeln nicht mehr und nicht weniger als einen musikalischen *common sense* und sind daher wenigstens teilweise auch auf frühere Zeiten zu übertragen. Grundsätzlich unterschieden wurde zwischen einem »schweren« (dicht artikulierten, nachdrücklichen) und einem »leichten« (locker artikulierten) Vortrag. Die Artikulation war von folgenden Kriterien abhängig:

♦ Raumakustik: Entscheidend für jeden musikalischen Vortrag ist die Deutlichkeit. Sie ist für das verantwortlich, was beim Hörer ankommt. Daher hat die Artikulation bei wachsendem Nachhall lockerer zu werden.

♦ Notenwerte: »Die Noten, welche weder gestossen noch geschleifft noch ausgehalten werden, unterhält man so lange als ihre Hälffte beträgt; es sey denn, daß das Wörtlein Ten[uto]. (gehalten) darüber steht, in welchem Falle man sie aushalten muß. Diese Art Noten sind gemeiniglich die Achttheile und Viertheile in gemäßigter und langsamer Zeitmasse, und müssen nicht unkräftig, sondern mit einem Feuer und gantz gelinden Stosse gespielt werden« (C. P. E. Bach 1753, S. 127). Vergleicht man diese Angaben mit Informationen anderer Autoren der zweiten Hälfte des 18. Jahrhunderts, so ist davon auszugehen, daß der für die melodische Gestaltung eines Satzes bestimmende Notenwert mittlerer Geschwindigkeit einer relativ kurzen Artikulation unterworfen war. Das schließt allerdings nicht aus, daß bei entsprechendem Charakter des Werkes oder Werkteils auch größere Cantabilität erwünscht sein konnte. Schnellere Noten – in der Regel der kleinste durchgängig vorkommende Notenwert, der oft figurative oder ornamentale Funktion erfüllt – wurden meist non legato artikuliert; eine wesentlich kürzere Artikulation bietet solchen Noten nicht genügend Zeit zur Klangentfaltung. Längere Noten, gewöhnlich solche mit harmonischer Füllfunktion, wurden ebenfalls in einem relativ dichten Non legato ausgeführt. Vor allem in Sätzen mit tänzerischem Charakter war es allerdings häufig notwendig, solche längeren Noten kurz zu artikulieren (vgl. Muffats Aussage zur »Disjunction«).

♦ Taktart: »Je größer die Takttheile oder Hauptzeiten einer Taktart sind, je schwerer muß der Vortrag seyn. So wird z.B. ein Tonstück im $\frac{3}{2}$ weit schwerer vorgetragen, als wenn es im $\frac{3}{4}$ oder wohl gar im $\frac{3}{8}$ stände« (Türk 1789, S. 360).[5] Daß sich Bach auch in diesem Punkt der Implikationen seiner Notation bewußt war, erhellen die seltenen Fälle, in denen er Stücke später in eine andere Taktart versetzte – doch nur dann, wenn auch die Notenwerte entsprechend verändert wurden. Der Wechsel von der Vorzeichnung C in ₵ ohne Änderung der Notenwerte in zahlreichen Konzertsätzen (⟶ S. 327) wirkt sich vorrangig auf die Beschleunigung des Tempos und auf eine leichtere Akzentuierung aus.

♦ Tempo- bzw. Affektvorzeichnungen: »Die Lebhaftigkeit des Allegro wird gemeiniglich in gestossenen Noten und das Zärtliche des Adagio in getragenen und geschleiften Noten vorgestellet. [...] Ich setze oben mit Fleiß gemeiniglich, weil ich wohl weiß, daß allerhand Arten von Noten bey allerhand Arten der Zeitmaaße vorkommen können« (C. P. E. Bach 1753, S. 118). Hier dient der Charakter eines Werkes als Anhaltspunkt, welcher im Vortrag außer Tempo und Dynamik vor allem die Artikulation beeinflußt. Ein Hinweis Sébastien de Brossards (1703, S. 5) zum *Andante* wurde in der Folgezeit von mehreren deutschen Autoren sinngemäß übernommen, u.a. von Walther: »da denn alle Noten fein gleich und überein (ebenträchtig) executirt [ausgeführt], auch eine von der andern wohl unterschieden [...] werden müssen« (Walther 1732, S. 35). Brossard spricht hier vom »basso continuo«, der im *Andante* gewöhnlich in Achteln geführt wird. Dies wäre der unter »Taktart« genannte Notenwert mittlerer Geschwindigkeit.

♦ Dynamik: Da die Artikulation grundsätzlich dynamische Implikationen aufweist, indem ein lang artikulierter Ton mehr Klangsubstanz besitzt als ein kurz artikulierter, war *forte*-Dynamik häufig mit dichter, *piano*-Dynamik mit lockerer Artikulation gepaart. Das Kriterium des Tempos blieb hier jedoch übergeordnet. Weil im Allegro gewöhnlich *forte*, im Adagio dagegen eher *piano* vorherrscht, hätte oft auch das Gegenteil der Fall sein können.

Innerhalb einer gegebenen Grunddynamik ließ sich die Artikulation auch für quasi-dynamische Effekte nutzen, etwa für echoähnliche Wirkungen, wenn ein Satzteil oder Motiv mit kürzerer Artikulation wiederholt wurde. Tartini verlangt zwar einerseits gleiche Artikulation für gleiche Motivik,[6] andererseits aber erwähnt er, daß ein cantables Motiv beim ersten Mal etwas getrennt und erst bei seiner Wiederholung ganz cantabel artikuliert werden kann (Tartini ca. 1740, S. 2f.).[7]

♦ Melodieführung: Ebenfalls bei Tartini findet sich die in der Folgezeit noch häufig erwähnte Regel, daß stufenweise verlaufende Linien zum Legato neigen – chromatische Stimmführung läßt er generell legato ausführen –, Melodien mit größeren Intervallschritten hingegen zum Staccato (Tartini ca. 1740, S. 2f.).[8] Sinngemäß schreibt Hotteterre für springende Noten den ausschließlichen Gebrauch der Artikulationssilbe *tu* vor, bei stufenweiser Melodik jedoch die weichere Kombination *tu-ru* (Hotteterre 1707/1728, S. 21).

Mindestens ebenso wichtig wie die Differenzierung der Grundartikulation war diejenige von Einzelnoten innerhalb kürzerer melodischer Kontexte. Hierbei spielte die Akzentuierung die entscheidende Rolle: Je nach ihrem Akzentuierungsgrad lassen sich einzelne Noten dichter oder lockerer als in Grundartikulation vortragen. Dadurch erklärt sich die gebräuchliche Bläserartikulation *tu-ru-tu-tu* (Freillon-Poncein 1700, S. 17) für Vierergruppen. Die zweite Note wird weich mit der ersten verbunden, die beiden letzten sind dann wieder deutlicher artikuliert.[9]

Die entsprechende Bezeichnung lediglich der beiden ersten Noten einer Vierergruppe durch einen Bogen findet sich allerdings in Bachs Werken selten; denn sie fällt auf Streichinstrumenten unnatürlich aus, was ein Licht auf Bachs Ausbildung als Geiger werfen dürfte. Häufig tritt hingegen die Unterteilung einer Vierergruppe in zwei Zweierbögen auf. Dennoch ist sie als Sonderfall anzusehen, weil dadurch metrisch ein kleinerer Notenwert als der gewöhnlich vier kurze Noten umfassende Taktteil in den Vordergrund rückt. Eine weitaus größere Rolle spielt in Bachs Musik die Kombination von 3 + 1 bzw. 1 + 3 Noten, wobei die drei unter dem Bogen befindlichen Töne oftmals Wechselnoten, zumindest aber einen Skalenausschnitt darstellen. In beiden Fällen, vor allem aber im zweiten, in dem die alleinstehende Note mit Abstrich gespielt wird, bleibt die Akzentuierung des ersten Tons gewährleistet.

Bei Dreiergruppen dominiert die Kombination von 2 + 1 Noten. Das C-*Andante* des Violinkonzerts BWV 1041 mit Sechzehntel-Triolen in der Solostimme zeigt eine differenzierte Abwechslung von Gruppen mit 2 +1 Noten und Dreierbögen, die maßgeblich von melodischen Erwägungen bestimmt zu sein scheint. Die Bogensetzung des $\frac{2}{4}$-Takt-Finale *Allegro* aus dem »Brandenburgischen Konzert 5« BWV 1050 umfaßt ausschließlich 2 + 1 Noten, die des gleichen Finale aus dem früheren *Concerto* BWV 1050a hingegen durchweg Dreiergruppen, was zu einem weicheren Klangbild führt. Im letzteren Fall könnte Bach – trotz gleicher Taktart und Tempobezeichnung – eine raschere Bewegung vorgeschwebt haben, die durch Änderung der Artikulation in BWV 1050 reduziert worden sein mag. In jedem Fall belegen diese Beispiele die Variabilität von Tripeltaktarten bezüglich der Akzentuierung (⟶ S. 335). Im *Menuet* des »Brandenburgischen Konzerts 1« BWV 1046 begegnet die Artikulation von 2 + 1 Noten auch über einzelnen Taktteilen (Viertel): Hier sollte ein prononcierter Unterschied zwischen Legato und Staccato offensichtlich den »hebenden« Charakter des Tanzes markieren (Quantz 1752, S. 271).

Ludger Lohmann

Phrasierung

In seinem *Kern Melodischer Wißenschafft* stellt Johann Mattheson fest: »Diese Lehre, de incisionibus [(von den Einschnitten bzw. Zäsuren in der Melodie) ...] ist die allernothwendigste in der gantzen Setz-Kunst; und wird doch so sehr hintangesetzet, daß kein Mensch bishero die geringste Regel, oder nur einigen Unterricht davon gegeben hat« (Mattheson 1737, S. 71) .

Zwar wird die Phrasierung als solche bereits von Michel de Saint-Lambert (1702) erörtert; auch Johann Gottfried Walther berührt das Thema in seinen Artikeln »Caesura« und »Periodus harmonica« (Walther 1732, S. 126 und 472). Mattheson gewährt ihm in seinen Ausführungen von 1737, die er weitgehend wörtlich in den *Vollkommenen Capellmeister* (1739) übernahm, zum ersten Mal breiteren Raum. Von deutschsprachigen Theoretikern wurde die Phrasierung jedoch erst nach Bachs Tod derart umfassend dargestellt, daß von einem regelrechten System die Rede sein kann. Auch eine weitere potentielle Quelle hierfür, bestehend in Anweisungen zum Atmen für Sänger und Bläser, wird erst nach 1750 ergiebig. Die Traktate für Blasinstrumente vor Johann Joachim Quantz (1752) fallen diesbezüglich generell zu wenig detailliert aus, um auf solche Einzelheiten des Vortrags einzugehen. Sängern wiederum genügte offenbar die Orientierung am Text, verbunden mit dem Vertrauen in die Fähigkeit des Komponisten, diesen sangbar zu vertonen. Selbst die ansonsten relativ ausführliche Gesangsschule von Pier Francesco Tosi aus dem Jahre 1723 beschränkt sich auf den Satz, man solle »dem Schüler verbieten mitten in einem Worte Athem zu holen«, verbunden mit einer Klage über den »Misbrauch aus den neuern Schulen« (Agricola 1757, S. 140).

Matthesons Ausführungen von 1737 richten sich zwar primär an den Komponisten, doch geben sie auch dem ausführenden Musiker formale Kriterien zur Phrasierung an die Hand. Auch spricht Mattheson von Vokalmusik und geht methodisch von der Analyse von Texten unter Einbeziehung rhetorischer Gesichtspunkte aus. Dennoch seien die gewonnenen Erkenntnisse ohne weiteres auf die Instrumentalmusik zu übertragen, da »alle, so wol grosse, als kleine Instrumental-Melodien ihre richtige commata, cola, puncta &c. nicht weniger, als der Gesang mit Menschen-Stimmen, haben müssen« (1737, S. 39f.). Dieses Zitat erhellt bereits den Bezug zur Rhetorik, indem Mattheson die Gliederung der (aufgezeichneten) Sprache für die Musik in Anspruch zu nehmen versucht – ungefähr nach dem Muster: Buch – Kapitel – Absatz – Satz – Satzteile – Wort – Silbe. Seine Notenbeispiele sind leider in einem Stil gehalten, dem in Bachs Orchesterwerken allenfalls die Tanzsätze nahekommen. Immerhin lassen sich durch diese Vorlagen Indizien für die Plazierung von »Punkt« und »Komma« gewinnen, die für die Phrasierung entscheidend sind.

Zu den wichtigsten Regeln Matthesons gehört, daß »wieder die ordentliche Theilung des Tacts kein Schluß gemacht werden […] soll« (1737, S. 35). »Solche Theilung fällt nun immer, entweder in den Nieder- oder Aufschlag, wenn die Mensur gerade ist. Im ungleichen Tact aber geschiehet diese Theilung niemahls anderswo als im Niederschlage allein« (S. 41). Leider erbringt der Kontext dieses Zitats nicht viel mehr Klarheit. Dennoch läßt sich hieraus und aus Matthesons Notenbeispiel schließen, daß offenbar die Position der Tonika einer Kadenz gemeint ist, die im geraden (C-) Takt auf 1 und 3, im Dreiertakt nur auf 1 plaziert werden darf. Diese Schlußfolgerung bestätigt sich durch Matthesons Bemerkung zum »punctum« (S. 92): »Und ob es gleich unter den Einschnitten der Klang-Rede der grösseste ist, so fällt doch in der Melodie das wenigste dabey zu beobachten vor: denn man hat weiter nichts zu thun, als an dem Orte, wo das punctum befindlich, eine förmliche Cadentz, eine rechte Clausul, und letzlich einen gäntzlichen Endigungs-Schluß im Haupt-Ton [Tonika] anzubringen«. Damit bleibt die Frage einer melodischen Phrasierung zunächst offen.

Selbst wenn Walther die »Caesura« als einen »kleinen Unterschied« definirt, »vermittelst welches der Progressus Notarum [die Fortschreitung der Noten] gleichsam ein wenig gehemmet wird, und geschiehet entweder mit einer etwas längern Note, oder einer kleinen Pause, welche Clausulam formalem [eine Hauptkadenz] in etwas nachahmen« (1732, S. 126), betrifft auch diese Feststellung lediglich die Verantwortung des Komponisten. Hier bietet jedoch Johann Friedrich Agricola weiteren Aufschluß: »Wo aber keine Pausen oder lange Noten sind, da muß man dieses allemal nach der anschlagenden, nicht aber nach der durchgehenden Note thun. Folglich darf man nicht nach der letzten Note des Tacts, oder eines Haupttheils desselben, wenn sie nämlich nicht länger ist als die vorhergehenden und folgenden, den Athem schöpfen; sondern man muß allemal die anschlagende [betonte Note] des folgenden Tacts mit dazu nehmen, und alsdenn erst Luft einziehen« (Agricola 1757, S. 141f.). Quantz problematisiert das Atmen nach kurzen Noten, »man mag dieselbe auch so kurz stoßen als man will, so wird sie doch durch das Athemholen lang« (Quantz 1752, S. 74). Darf also nach einer »anschlagenden« Note auf der 1 des Taktes auch im Falle kurzer Notenwerte geatmet werden, so kann sich der Spieler die Möglichkeit einer agogischen Dehnung dieser ersten Note im Takt zunutze machen.

Bachs Musik folgt diesen Kriterien meist sehr genau. Hierzu einige Beispiele:

♦ Im *Menuet* des »Brandenburgischen Konzerts 1« BWV 1046 darf der erste Oboist erst nach der letzten Note in T. 4 atmen, obwohl auf der 1 dieses Taktes eine lange Note steht; denn in der Baßstimme kann nach der 1 von T. 4 kein Einschnitt stattfinden, weil die Harmonie noch im Fluß ist. Im zweiten Beispiel aus dem dritten Satz des Konzerts findet der Einschnitt dagegen im dritten und vierten Takt nach der (guten) Taktzeit statt, worüber die Sequenzierung und Stimmenanzahl eindeutig Auskunft geben.

Dynamik

»Brandenburgisches Konzert 1« F-Dur BWV 1046, *Menuet*, T. 1–6 (*Hautbois 1* und *Baßono*)

»Brandenburgisches Konzert 1« F-Dur BWV 1046, *Allegro*, T. 29–32 (*Violino Piccolo*)

♦ Zweifelsfälle entstehen häufig bei Phrasenverschränkungen, indem der Schlußton einer Phrase auf der Tonika gleichzeitig einen neuen Themeneinsatz markiert. Im folgenden Beispiel betrifft dies die erste Sechzehntelnote:

»Brandenburgisches Konzert 5« D-Dur BWV 1050, 1. Satz *Allegro*, T. 35 (*Cembalo concertato*)

Hier liegt es allein schon aus rhythmischen Gründen auf der Hand, daß der Themeneinsatz auf H Vorrang hat. Daß wahrscheinlich generell nach diesem Muster verfahren werden sollte, ergibt sich aus der Beobachtung, daß Bach vor allem in der Leipziger Periode seine Werke in Gruppen vollständiger Takte zu proportionieren pflegte.[1]

♦ Besonders bemerkenswert sind folgende Hinweise Matthesons, die vor einer zu kurzatmigen Phrasierung warnen und dazu anleiten können, auch bei der Gliederung in kleinere formale Einheiten den größeren Zusammenhang zu wahren: »Wenn nun durch öftere Auffhaltung eine Melodie ihre fliessende Eigenschafft nothwendig verlieret, so verstehet sich von selbst, daß solche Absätze nicht zu häuffig angebracht werden müssen [(dürfen) ...] Die Ruhe-Stellen im Lauff der Melodie müssen mit dem, was darauf folgt, gewisser maassen verbunden werden« (Mattheson 1737, S. 36).

Ludger Lohmann

DYNAMIK

Dynamikbezeichnungen finden sich in manchen Orchesterkompositionen Bachs vergleichsweise differenziert und häufig, etwa in den Concerti BWV 1044 und 1047, während sie in anderen – beispielsweise im *Concerto* BWV 1055 – mit formalen Gliederungsstrukturen zusammenfallen, die den Eindruck erwecken, *forte* sei gleichbedeutend mit *tutti* gewesen, *piano* mit *solo*. Ganz offensichtlich erfüllten Bachs Dynamikangaben unterschiedliche Funktionen, deren Bedeutung nur aus dem jeweiligen musikalischen Kontext zu erschließen ist. Denn die überlieferten Traktate der späten 17. und frühen 18. Jahrhunderts bieten zur Ausdrucksgestaltung mit dynamischen Mitteln keine direkten Informationen; die späteren Schriften, beispielsweise der Traktat von Johann Joachim Quantz (1752), aber handeln nicht von der Funktion dynamischer Bezeichnungen, sondern liefern Beispiele für eine hochdifferenzierte, überwiegend punktuelle Ausführung von Dynamik.

Dynamikbezeichnungen

In seiner Studie von 1985 erstellte Robert L. Marshall eine Übersicht über die autograph überlieferten Dynamikbezeichnungen Bachs, deren Grade in offenbar folgender Reihenfolge von *forte* über *poco forte, mezzo forte, poco piano, piano, più piano* bzw. *piano piano* bis *pianissimo* reichen. Die Angaben *forte, piano, più piano* und *pianissimo* sind in Bachs Œuvre seit 1707 nachweisbar, *poco forte* seit Dezember 1714, *piano piano* seit 1715 – *poco piano* jedoch erst seit 1730/31 und *mezzo forte* seit 1736.[1]

Mit der Verwendung dieser Termini entsprach Bach nur teilweise der Praxis seiner Zeit, denn fast alle Angaben, auch *poco piano* und *mezzo forte*, finden sich bereits in den Traktaten von Martin Heinrich Fuhrmann (1706, S. 79), Johann Gottfried Walther (1708, S. 41ff., und 1732) und Johann Mattheson (1713, S. 101). Die folgende Liste spiegelt die von Fuhrmann und Walther mitgeteilten Bedeutungen und deren Unterschiede:

Bach	Fuhrmann 1706	Walther 1708	Walther 1732
forte	»starck«	»starck«, wird »gebrauchet, wenn sich die Stimmen sollen hören laßen«	»starck, hefftig, jedoch auf eine natürliche Art, ohne die Stimme oder das Instrument gar zu sehr zu zwingen«
poco forte	———	[nur Einträge für »poco« (ein wenig) und »forte«]	
mezzo forte	[nur »mezo piano«: »ein wenig sachte« und »Frequentato«: »mittelmäßig / weder zu leise noch zu starck«]	»nicht gar zu starck«	»nicht gar zu starck« (»mezzo piano«: »nicht gar zu leise«)
poco piano	———	[nur Einträge für »poco« (ein wenig) und »piano«]	
piano	»gelind«	»leiß, stille«	»leise; daß man nehmlich die Stärcke der Stimme oder des Instruments dermassen lieblich machen, oder mindern soll, daß es wie ein Echo lasse«
più piano	(= »Mezo piano«) »ein wenig sachte«	[Eintrag ohne Erklärung]	»leiser, oder wie ein zweytes Echo, so daß es als noch weit entlegener denn das piano klinge«
piano piano	———	———	»wie più piano oder pianissimo«
pianissimo	»gantz sachte«	»gantz sachte«	»gleichsam das dritte Echo, welches läßt, als wenn die Stimme oder der Instrument-Klang in die Lufft zergienge«

Walther macht bereits auf die noch heute gültigen Abkürzungen *f* (für *forte*) und *p* (für *piano*) aufmerksam. Die Buchstaben *pp* bedeuteten laut Walther (1708 und 1732) jedoch *più piano*, *ppp pianissimo*, *ff più forte* und *fff fortissimo*, so daß die damals bekannte Dynamikskala von *ppp* bis *fff* reichte, während in der zweiten Hälfte des 18. Jahrhunderts nur *pp* (*pianissimo*) und *ff* (*fortissimo*) als Extremwerte nachweisbar sind (Rampe 1995, S. 179f.). Daß die Angaben *pp* und *ppp* sowie *ff* und *fff* in der Musik der Bach-Zeit so selten aufzutreten scheinen, beruht teilweise auf der Transkriptionspraxis späterer Herausgeber, die *pianissimo* mit *pp* (an Stelle von *ppp*), *fortissimo* mit *ff* (an Stelle von *fff*) gleichsetzten. Walthers Beschreibung demonstriert eine Erweiterung der Ausdrucksmöglichkeiten in Richtung der Grenzbereiche des Dynamikspektrums, während Traktate der zweiten Jahrhunderthälfte eine Steigerung hinsichtlich der »mezze tinte« (Quantz 1752, S. 145) bzw. »Mitteltinten« (Schubart 1784/85, S. 276) *poco forte, mf, mp, poco piano* dokumentieren.

Bach verwendet die Bezeichnungen von *ppp* bis *f* in diversen Schreibweisen und Abkürzungen, schöpft also das Dynamikspektrum nur im unteren, nicht aber im oberen Bereich aus. Diese Feststellung deckt sich in bemerkenswerter Weise mit Johann Nicolaus Forkels Aussage über Bachs Clavierimprovisation: »Wenn er starke Affekten ausdrücken wollte, that er es nicht wie manche andere durch eine übertriebene Gewalt des Anschlags, sondern durch harmonische und melodische Figuren, das heißt: durch innere Kunstmittel« (Forkel 1802, S. 40). Erst jedoch seit den 1730er Jahren (Continuostimme [ca. 1730] zum Mittelsatz des *Concerto* d-Moll BWV 1043, *Missa* h-Moll BWV 232 von 1733, Wiederaufführung der »Matthäus-Passion« BWV 244 von 1736) kommen weitere mittlere Dynamikgrade hinzu, was auf einen Wandel im Hinblick auf die Ästhetik der zweiten Jahrhunderthälfte deutet.

Die einzigen Orchesterwerke Bachs, in denen neben die Bezeichnungen *f*, *p* und *pp* auch *mezzo forte* tritt, sind das in einer Abschrift Johann Christoph Altnickols (1744–1748) überlieferte *Concerto* BWV 1060 für 2 Cembali sowie das »Tripelkonzert« BWV 1044 (hier sogar mit Unterschieden zwischen *mezzo forte* und *mezzo piano*) aus dem Besitz Johann Gottfried Müthels (ca. 1750). Die Authenzität dieser Angaben ist wahrscheinlich, in Ermangelung von Autographen jedoch nicht überprüfbar.

Lucia Mense

Ausführung von Dynamik

Die dynamische Gestaltung in Bachs Instrumentalmusik gliedert sich in zwei wesentliche Kategorien:

♦ in die Ausführung von Dynamikvorzeichnungen sowie
♦ in die Ausführung unbezeichneter Dynamik.

Eine Voraussetzung für die Darstellung von Bachs Dynamikbezeichnungen besteht darin, deren Funktion zu klären, was in der Regel nur anhand des musikalischen Kontextes möglich ist. Robert L. Marshall (1985) und Winfried Hoffmann (1988) unterscheiden als Funktionsbereiche das Tutti-Solo-Prinzip, Manual- oder Registerwechsel und Kontrastdynamik, Marshall außerdem noch Affektdynamik. Zu ergänzen wären im Hinblick auf Bachs Orchesterwerk Dynamiksequenzen, Dynamik als rhetorisches Mittel und Akzentdynamik.

Tutti-Solo-Prinzip

In Bachs Konzerten sind die Tutti-Abschnitte (Ritornelle) im Ripieno gewöhnlich mit *f*, die Solo-Teile (Episoden) mit *p* markiert. Ausgenommen hiervon ist der Beginn eines Satzes oder dessen Wiedereintritt nach einer Pause: Sie blieben meist unbezeichnet und wurden wohl im *f* gespielt. Diese Regel findet sich erstmals bei Georg Muffat (1701) und dann wieder bei Georg Philipp Telemann: »Die allererst angefangende / oder nach einer Pausen, oder Suspir einfallende Note im Concerto grosso, soll ohne Zaghafftigkeit von all- und jeden starck / und behertzt exprimirt [ausgedrückt] werden / es wäre dann daß mit dem Wörtlein pianò angedeutet; welche Note wann sie vernachlässiget / oder nur Forchtsamb angebracht / die gantze Harmoni schwächen / und verduncklen wurde« (Muffat 1701, S. 121f.). Es ist »zu [be-]merken, daß der Anfang eines jeglichen Stückes immer mit zum *f*. gehöret, wo nicht das *p*. expresse [ausdrücklich] darunter gezeichnet ist« (Telemann 1725/1981, S. 132).

Wie bereits Muffat hebt auch Telemann diese Praxis hervor, was nicht erforderlich gewesen wäre, hätte er mit ihrer allgemeinen Kenntnis rechnen können. Tatsächlich bezeichnet Bach den erneuten Eintritt des Ritornells im Finale des *Concerto* a-Moll BWV 1041 nach der Fermate in T. 90 in sämtlichen autographen Ripienostimmen ebenfalls mit *f* (wogegen in der autographen Partitur der Cembalobearbeitung BWV 1058 jede Dynamik fehlt).

Tutti-Solo-Dynamik im Ripieno markiert offenbar, so Muffat, kontrastierende Klangebenen bzw. Rollenunterschiede: »Alsdan ist zu beobachten / daß neben dem fortè und pianò, unterm T. Tutti von allen starck / unterm S. solò aber still und lind gegeigt wird« (Muffat 1701, S. 116). Die Angaben *f* und *p* definieren bei Bach jedoch nicht in jedem Fall exakte Lautstärkegrade: Im Mittelsatz *Andante* des *Concerto* BWV 1041 sind die Akkorde der hohen Streicher während der Tutti-Abschnitte im autographen Stimmensatz (ca. 1730) ausdrücklich mit *f* versehen, obwohl sie in Wirklichkeit den Continuo begleiten, der das quasi-ostinate Thema vorträgt. Auch muß Tutti-Solo-Dynamik nicht unbedingt mit den Formteilen eines Satzes übereinstimmen. Im *Allegro* des *Concerto* BWV 1042 tritt das Ritornell im Ripieno zum »Orgelpunkt« der Solovioline mehrfach im *p* ein, beispielsweise in T. 32 und 50 (so auch in der Cembalobearbeitung BWV 1054). Hier handelt es sich offenbar um Effektdynamik.

Bei Werken mit nur einer konzertanten Partie fehlen dynamische Unterscheidungen nach dem Tutti-Solo-Prinzip. In der Solostimme ist – je nach Formteil – vielmehr häufig von *tutti* und *solo* die Rede. Während der Solist Tutti-Abschnitte meist zusammen mit dem Ripieno ausführte, entfaltete er in den Episoden vermutlich einen solistischeren Klang und Habitus. Dabei hatte er sich laut Telemann »ans piano nicht so sehr zu binden«, wenn er »von einem starcken Chore begleitet« wurde (Telemann 1725/1981, S. 132). Daß der Solist in den Tutti-Teilen schwieg, wie sich dies für Clavier- und Bläserkonzerte in der zweiten Hälfte des 18. Jahrhunderts gelegentlich nachweisen läßt (Schmid 1994, S. 93ff.), ist bei Bach unwahrscheinlich; denn die Solorolle verband sich zugleich mit der Direktionsfunktion – zusammen mit dem Konzertmeister, sofern es sich nicht um ein und dieselbe Person handelte. Bei mehreren konzertierenden Partien kann jede von ihnen ebenso Solo- wie Ripienoaufgaben übernehmen, so im »Brandenburgischen Konzert 5« BWV 1050, wo im Finale Cembalo, Traversflöte und Solovioline jeweils zwischen Solo- und Begleitfunktion wechseln, bezeichnet bei letzteren mit *f* und *p*.

Eine weitere Möglichkeit der Ausführung von Dynamikangaben beschreibt wiederum Telemann in der Vorrede zum ersten Band seines *Harmonischen Gottes-Dienstes* (1725). Er bietet an, die Partien in Tutti und Solo, also chorische und einfache Besetzung, aufzuteilen – eine Praxis, die im

Konzertrepertoire der zweiten Hälfte des 18. Jahrhunderts weit verbreitet war. Einfache und chorische Ausführung entsprechen *p*- und *f*-Dynamik: Der »Violino in ripieno« fängt »allemal daselbst an«, »wo ein *f.* (forte) unter der Note zu finden, und bis dahin gehet, wo ein *p.* (piano) zu sehen ist. [...] Können auch die Stücke [...] mit vielen Personen besetzt werden: so mag einer, oder es mögen etliche der besten Violinisten aus dem Originale [der gedruckten Stimme], oder aus einer Abschrift davon, zugleich, die übrigen aber die ausgezogene [abgeschriebene] Ripien-Parthie, spielen. Die gedachten etliche Violinisten aber werden das *piano* nach Beschaffenheit der Kirche, worin sie musiciren, einzurichten, und in grossen stärker, in kleinern schwächer zu spielen wissen« (Telemann 1725/1981, S. 132).

Diese Technik wendet Bach in der autographen Partiturreinschrift zum Finale des »Brandenburgischen Konzerts 5« BWV 1050 an: Die Partie der (einzigen) Ripienovioline ist dort in T. 89 und 99 mit *Solo pianissimo* bezeichnet, um die Episodenmelodie der Solovioline bzw. des Cembalos zu begleiten. Von dem *f* in T. 97 sowie in T. 107 an wird dann augenscheinlich wieder chorische Besetzung vorgesehen. Vermutlich machte Bach in seiner Orchestermusik nach mündlicher Absprache von solcher Praxis noch weitaus häufiger Gebrauch, als dies auf den ersten Blick erscheinen mag. So wechseln sich im dritten Satz des »Brandenburgischen Konzerts 1« BWV 1046 (Partiturautograph von 1721) längere Abschnitte im *f* und *p* ab, die mehrfach der Gliederung in die Formteile Ritornell und Episode widersprechen. Aus jedem *p*-Teil entwickelt sich in der ersten Ripienovioline eine konzertierende Passage, die in einen Dialog mit dem solistischen *Violino Piccolo* tritt und daher aus Gründen der Klangbalance kaum anders denn einfach besetzt werden kann. Der erste Abschnitt in reduzierter Lautstärke (T. 21ff.) ist in den Ripienostimmen der Streicher mit *pianissimo* [*ppp*!] *sempre* (in den Bläsern mit *piano* [*p*] *sempre*) markiert – eine Bezeichnung, die im gesamten Satz nicht wiederkehrt. Das Cembalokonzert BWV 1055 (autographe Partitur von ca. 1738) beispielsweise läßt sich anhand der Dynamik *p* und *f* in allen drei Sätzen in ein- und mehrfache Besetzung musikalisch schlüssig aufteilen. Im ersten und letzten Satz entwickeln sich auch hier aus *p*-Abschnitten der ersten Ripienovioline heraus Passagen, die in einen Dialog mit dem Soloinstrument treten und vermutlich solistisch konzipiert sind.

Manual- oder Registerwechsel

Dynamikangaben zur Hervorhebung von Manual- oder Registerwechseln waren in der Tastenmusik seit dem 17. Jahrhundert verbreitet. Die Vermerke *f* und *p* – zur Bezeichnung von Unter- und Obermanual – treten im *Concerto* BWV 1057 für ein Cembalo (nur autographe Originalstimme), in den Konzerten BWV 1061/1061a für 2 Cembali und BWV 1063 für 3 Cembali auf. Im Mittelsatz von BWV 1063 (Partiturabschrift Johann Friedrich Agricolas) ist mit dieser Manualverteilung sogar eine regelrechte Instrumentierung verbunden: Alle drei Cembalisten spielen im Tutti auf dem Untermanual (vom Satzbeginn an mit *f* markiert), Cembalo 2 und 3 begleiten das Solo (rechte Hand des ersten Cembalisten im *f,* linke im *p*).

Ernsthafte Interpretationsprobleme verbinden sich mit den taktweise wechselnden Dynamikangaben *p* – *mp* – *p* – *f* in der *Cembalo concertato*-Stimme zum Finale des »Tripelkonzerts« BWV 1044 (Partiturabschrift von Johann Gottfried Müthel, ca. 1750). Entweder hatte Bach hier ein dreimanualiges Cembalo oder ein Instrument mit Pedaleinrichtung zum Wechseln der Register vor Augen, wie es nach 1750 sowohl in Erfurt als auch Berlin nachweisbar ist (Rampe 1999). Registerwechsel, die vom Cembalisten per Hand vorgenommen werden, sind aus spieltechnischen Gründen ausgeschlossen. Oder aber Bach rechnete mit einem ein- oder zweimanualigen Instrument (ohne Spielhilfen) samt Registrant.

Die Technik des Manualwechsels übertrug er offensichtlich auf den Wechsel des Blockflöten-Corpus samt Schnabel bei der Echoflöte. Analog zum Tasteninstrument lauten die Bezeichnungen *f* für das lautere Flöten-Corpus und *p* für das leisere. Diese Angaben notierte Bach in die *Fiauti d'Echo*-Partien im *Andante* des »Brandenburgischen Konzerts 4« BWV 1049 (Partiturautograph von 1721). Die erste Partie adaptiert dort mit der Durchbrechung der Balkensetzung beim Wechsel des Flöten-Corpus (⟶ S. 416) ein weiteres Notationsmerkmal für Manualwechsel auf Tasteninstrumenten (Rampe und Zapf 1997/98 II, S. 19f.). Bei der Bearbeitung zum Cembalokonzert BWV 1057 ersetzte Bach die *p*-Abschnitte der Echoflöten durch das Obermanual des Tasteninstruments – vermutlich weil ihm inzwischen keine *Fiauti d'Echo* mehr zur Verfügung standen.

Kontrastdynamik

Unmittelbar aufeinanderfolgende kontrastierende Dynamik- und wohl auch Klangebenen zählen neben der Tutti-Solo-Funktion zu den in Bachs Orchesterwerk am häufigsten auftretenden Techniken der Dynamikbezeichnung. Betroffen sind hiervon zunächst notengetreue Wiederholungen. Die Dynamik wechselt zwischen *f* und *p* (*Concerto* BWV 1063, erster Satz), in Episoden auch zwischen *p* und *pp* (*piu piano*), etwa im ersten Satz des »Brandenburgischen Konzerts 2« BWV 1047 (Partiturautograph von 1721). Differenzierter fallen die halbtaktigen Wechsel im Finale des »Tripelkonzerts« BWV 1044 (T. 188ff.) aus: Hier wechseln die Soloinstrumente zwischen *p, ppp* (*pianissimo*), *mf* und *ppp,* das Ripieno zwischen *p, ppp, mp* und *ppp*. Im Partiturautograph (ca. 1738) des Cembalokonzerts BWV 1054 (erster Satz, T. 17ff. und 35ff.) weist Robert L. Marshall (1985, S. 263) in der Viola-Stimme die Dynamikfolge *p. – pp* [più piano] – *pianiß.* nach. Ein instrumentationstechnisch bemerkenswertes Beispiel für solche Kontraste findet sich in der *Polonoise* der *Ouverture* 2 BWV 1067 (überliefert als teilautographer Stimmensatz von 1738/39). Hier wird der Wechsel (*f*) – *p* – *f* in T. 2f. und 10f. nur vom Continuo nachvollzogen, was den starken Kontrast einer Ausführung im Tutti schwächt. Diese Art von Kontrastdynamik betrifft durchweg Situationen, die der von Johann Gottfried Walther (1732) dargestellten Funktion von *p, pp* und *ppp* als Echo entsprechen (⟶ S. 356).

Eine abweichende Bedeutung sukzessiver Kontrastdynamik erscheint im letzten Satz der Solopartie des E-Dur-Violinkonzerts BWV 1042 (Abschrift von Johann Friedrich Hering, bis 1760): In T. 61f. soll eine vierteilige Sequenz im Wechsel von Sequenzglied zu Sequenzglied (*f*) – *p* – *f* – *p* (– *f* Ritornell) ausgeführt werden; diese Stelle blieb in der Cembalobearbeitung BWV 1054 unbezeichnet. In BWV 1042 dient die Kontrastdynamik also nicht als Echo, sondern zur Abwechslung und Vermeidung von Analogien.

Affektdynamik

Als Affektdynamik bezeichnet Marshall (1985, S. 266) Dynamikangaben, die der Verdeutlichung eines Affektzustands dienen. Der Mittelsatz *Adagio* des »Brandenburgischen Konzerts 1« BWV 1046 (Partiturautograph von 1721) ist im Ripieno mit *piano sempre* charakterisiert, in der *Sinfonia*

BWV 1046a heißt er *Adagio, sempre piano*. Die *Poloineße* desselben »Brandenburgischen Konzerts« beginnt im *p,* der plötzliche Affektwechsel in T. 25 wurde mit *f* bezeichnet. Im ersten Satz des »Brandenburgischen Konzerts 6« BWV 1051 (Partiturautograph von 1721) erscheint der Affektwechsel ins *p* innerhalb von Episoden (T. 40, 52, 84), im Mittelsatz zu Beginn des Cellosolo (T. 54) und des Epilogs der Bratschen (T. 59). Die Angabe *p* (*Violino 1, Viola*) lautet im *Violino 2* der Bourrée *2de* aus der *Ouverture* 2 BWV 1067 *doucement*. Offensichtlich entspricht auch deren italienische »Übersetzung« *dolce* im Titel des Mittelsatzes *Adagio ma non tanto e dolce* zum »Tripelkonzert« BWV 1044 über ihren Affekt hinaus einem leisen Dynamikbereich.

Dynamiksequenzen

Wiederholt notiert Bach Folgen von Dynamikbezeichnungen oder deren Abstufungen, die eine graduelle Verbindung dynamischer Ebenen im Sinne von Crescendo oder Decrescendo wahrscheinlich machen (die beiden zuletzt genannten Angaben fehlen in Bachs Werk vollständig):

♦ Im ersten Satz (T. 87ff.) des »Brandenburgischen Konzerts 3« BWV 1048 (Partiturautograph von 1721) sinkt ein Streichertremolo, ausgehend von *f*-Dynamik, als modulierende Sequenz über dreieinhalb Takte stufenweise ab und mündet im *p*. Hier wäre nach der Harmonielehre jener Zeit ein Crescendo zu erwarten gewesen (Modulation von der Dominante D-Dur zum neapolitanischen Sextakkord von E-Dur [= Dominante der Subdominantparallele]). Da Bach den neapolitanischen Sextakkord jedoch mit *p* bezeichnet, ist entweder ein stetes Decrescendo oder ein Crescendo – subito *p* vorstellbar.

♦ Als ein Beispiel für Übergangsdynamik *p* – [Crescendo] – *f* erscheinen die Takte 50f. im ersten Satz des *Concerto* BWV 1042; dies könnte auch für die Takte 116f. gelten, sofern es sich hier nicht um eine umgekehrte sukzessive Kontrastdynamik (*p – f*) handelt.

♦ Regelrechte Crescendodynamik (*p* – [Crescendo zur Dissonanz] – *f*) präsentieren die Partien der Ripienostreicher im ersten Satz des *Concerto* BWV 1063, T. 133ff. und 202ff. Eine ähnliche Situation ergibt sich in T. 90 des ersten Satzes aus dem *Concerto* BWV 1064 (Abschrift Agricolas, ca. 1740): Hier muß das Ripieno auf dem dissonanten Akkord zu Taktbeginn mindestens poco forte-Dynamik erreicht haben, um sie zum *f* in der zweiten Takthälfte steigern zu können. Diese beiden vermutlich späten Beispiele sind ohne effektive Crescendi nicht darstellbar.

Dynamik als rhetorisches Mittel

Dynamik, deren Funktion entweder in der Bestätigung oder Infragestellung einer musikalischen Aussage besteht, findet sich im *Allegro* des *Concerto* BWV 1064 und in der *Ouverture* 2 BWV 1067. Voraussetzung hierfür ist ein rhetorisch gegliedertes harmonisches Konzept, gegebenenfalls zusammen mit entsprechender melodischer Gestaltung. In BWV 1064/3 (*Cembalo 1 solo* T. 142–149) werden dissonante Harmonien (*f*) der Ripienostreicher im *p* beantwortet (und aufgelöst). In der *Battinerie* der *Ouverture* 2 moduliert der Vordersatz der Traversflöte (T. 16ff.) von fis-Moll nach e-Moll; die Modulation gewinnt an Expression und verliert zugleich ihre affektive Bestimmtheit durch die *p*-Dynamik der Streicher und die Sekundvorhalte des Soloinstruments (vgl. auch die Takte 35ff. desselben Satzes).

Akzentdynamik

Akzentdynamik, charakteristisch für die Mitte und zweite Hälfte des 18. Jahrhunderts (*fp, fz, sf*), ist bei Bach nur selten zu beobachten. Ein frühes Beispiel liefern die letzten Takte aus dem *Adagio* der *Sinfonia* BWV 1046a (Stimmenabschrift Christian Friedrich Penzels, ähnlich auch im »Brandenburgischen Konzert 1« BWV 1046): In T. 34 wurde der Beginn der Oboenkadenz mit *f* (subito) markiert; die im Wechsel zwischen Continuo, Bläser- und Streicherchören modulierenden *p*-Akkorde münden (Affektdynamik: sempre crescendo oder subito?) in einen *f*-Schlußakkord. Im *Allegro assai* des E-Dur-Violinkonzerts BWV 1042 entsteht durch die Bogensetzung eine Akzentuierung gegen das Taktschema, begleitet von Wechseln zwischen *f – p – f* (etc.):

Concerto E-Dur BWV 1042, *Allegro assai*, T. 122f. (*Violino concertino*)

Hier handelt es sich nicht um Echodynamik (sie wäre angesichts der bogentechnisch anspruchsvollen Figuration im *Allegro assai* nicht mehr wirkungsvoll darstellbar), sondern um den Wechsel von starken und schwachen Akzenten gegen den Takt. Diese fehlen bezeichnenderweise in der Konzertbearbeitung BWV 1054, da sie auf dem Cembalo in der vorgegebenen Bewegung (dort: *Allegro*) nicht mehr deutlich zum Klingen zu bringen sind.

Ausführung unbezeichneter Dynamik

Die angeführte Übersicht belegt für Bach mindestens sieben Kategorien dynamischer Gestaltung, die nicht nur einen häufigen, sondern auch differenzierten Gebrauch dynamischer Ausdrucksmittel erkennen lassen. Abgesehen von der Akzentdynamik ist allen Kategorien gemeinsam, daß sie meist jeweils mehrere Takte umfassende Lautstärke- und Klangebenen voneinander abgrenzen; von ihnen lassen sich einige durch graduelle Dynamikänderung (Crescendo, Decrescendo) miteinander verbinden. Die von Walther (1732) mitgeteilte und von Bach angewandte Dynamikskala reicht von *ppp* bis *f* (⟶ S. 356), bietet also hinreichenden Spielraum für Ausdrucksgestaltung mittels dynamisch-klanglicher Unterschiede.

Dennoch sucht man in den deutschsprachigen Traktaten vom Ende des 17. und aus der ersten Hälfte des 18. Jahrhunderts auf den ersten Blick vergeblich nach Hinweisen auf eine Mikrodynamik innerhalb kleiner Zeiteinheiten von einem oder wenigen Takten. Johann Joachim Quantz (1752, S. 144f.), C. P. E. Bach (1753, S. 129f.) und Leopold Mozart (1756, S. 256f.) hingegen stellen ein detailliertes Konzept unterschiedlicher dynamischer Gestaltung einzelner Noten oder Zählzeiten vor, das sie übereinstimmend als das Spiel von »Licht und Schatten« bezeichnen. Handelt es sich hier also um eine Gestaltungstechnik der Musikästhetik zur Jahrhundertmitte, während sich die Musiker der Barockzeit mit reiner »Terrassendynamik« begnügten – so die etwas unglückliche, aber keineswegs völlig abwegige Terminologie Gotthold Frotschers (1963, S. 96)?

Ausführung unbezeichneter Dynamik

Quantz (1752, S. 145–151) und Mozart (1756, S. 256–263) erklären ihren Lesern seitenlang bis ins Detail, wie man die musikalische Rede, die ein Komponist verfaßte, dynamisch ausmalt. Dabei wird hervorgehoben, daß nicht der Spieler die Dynamik hinzufügt; vielmehr bestimmt er allein die Intensität des dynamischen Grades, den der Autor durch Aufbau und Gliederung seiner Harmonik und Melodie festlegte. Quantz und Mozart vertrauen darauf, daß der Spieler Gestaltungsmöglichkeiten intuitiv oder durch Nachahmung erfaßt, ohne zu wissen, wodurch diese bedingt sind. Sie weihen den Spieler also nicht in die Regeln der Kompositionstechnik – der Harmonielehre, Metrik und Periodenbildung sowie Intervall-, Konsonanz- und Dissonanzbehandlung – ein, obwohl sich ihre Beispiele zur Gestaltung streng an solche Regeln halten. Aus heutiger Sicht bedeutet dies, Quantz und Mozart bildeten reine »Praktiker« mit nur knappen theoretischen Kenntnissen aus.

Fast alle deutschsprachigen Traktate des späten 17. und der ersten Hälfte des 18. Jahrhunderts hingegen widmen sich dem Generalbaß und der Komposition und erklären genau jene Regeln, die der Gestaltung von Quantz und Mozart zugrunde liegen. Dies ist beispielsweise bei den Schriften von Andreas Werckmeister, Friedrich Erhard Niedt, Johann Mattheson, Johann Heinrich Buttstett und Johann David Heinichen der Fall.[2] Dort wird dargelegt, daß etwa Dissonanzen je nach Stärke um so mehr »anschlagend« (also stark bzw. akzentuiert) ausfallen, Konsonanzen dagegen »resolvierend« (auflösend, entspannend, schwach) sind.

Dabei wurde sehr wohl auch dynamisch gestaltet. Schon 1701 will Georg Muffat den Beginn seiner Sonaten im Concerto-Stil nach neuer italienischer (Corellischer) Art vorgetragen wissen, d.h. Dissonanzen, Synkopen und Überbindungen sollten nicht – wie allgemein üblich (»welches die Kunst erfahrne schon verstehen werden«) – im Decrescendo aufgelöst werden:

»In den anfangenden Sonaten, Fugen und eingemischten affectuosen Gravè, ist die Wälsche Manier am meister zu observiren: auch in denen Syncopationibus so wohl die Note / so die Ligatur anfangt / als die jenige / so die Dissonanz in der andern Stimme schlägt / und die gemelte Dissonanz resolvirt, (welches die Kunst erfahrne schon verstehen werden) jederzeit gleich starck / und mit Auffhebung deß Bogens [also ohne Vorhaltbindung] (auf Welsch Staccato) lieber gestossen / als daß sie durch forchtsames nachthönen geschwächet werden« (Muffat 1701, S. 124).

In seinem Traktat von 1708 erklärt Johann Gottfried Walther dem Prinzen Johann Ernst von Sachsen-Weimar noch vor Erläuterung des zeitgenössischen Taktsystems, daß die »Quantitas Intrinseca Notarum«, die Lehre von den guten und schlechten Noten innerhalb eines Taktes (⟶ S. 342), obligatorisch auf deutliche Dynamikunterschiede zielt, auf »die manirliche moderation der Stimme, oder Finger«. Das bedeutet, daß die gute Note »starck anschläget; hingegen« die schlechte Note »auch etwas kürtzer und leiser exprimiret wird« (Walther 1708, S. 23f.). Johann Mattheson (1737, S. 39ff. und 109f.) wiederum läßt keinen Zweifel daran, daß Emphasen je nach ihrer Stärke im Sinne der »Deutlichkeit« des Ausdrucks auch dynamisch unterschiedlich hervorzuheben sind; Phrasenenden werden abphrasiert.

Daß auch Bach so dachte, belegt ein Beispiel aus der *Cembalo certato*-Stimme des *Concerto* BWV 1057, die er um 1738 nach der Soloviolinpartie des »Brandenburgischen Konzerts 4« G-Dur BWV 1049 bearbeitete. In den Tutti-Teilen der Schlußfuge läßt er das Cembalo colla parte spielen. Beim Wiedereintritt des Themenritornells in T. 175 erweitert er den Akkord der rechten Hand auf der zweiten Halben von T. 176 – durch nachträgliche Ergänzung von Tönen in der autographen Partitur – zur Vierstimmigkeit und markiert durch solche Vollgriffigkeit eine dynamische Emphase,

Ausführung unbezeichneter Dynamik

die übrigens strengen Regeln entsprechend nicht auf die schwächere zweite Halbe von T. 176, sondern auf den starken Beginn von T. 177 hätte fallen müssen:

Concerto F-Dur BWV 1057, *Allegro assai*, T. 175–178 (*Cembalo certato*; Fassung der autographen Partitur, ca. 1738)

Die gleiche Situation wiederholt sich nochmals in den Takten 189ff. Solche Emphasen wußte Bach sogar dynamisch zu differenzieren: Die berühmte Schlußsteigerung mit ihrer dreimaligen Unterbrechung am Ende des gleichen Satzes führt zu drei Emphasen (jeweils vor der Pause), die ihrem Claviersatz nach dynamisch eindeutig unterschiedlich ausfallen (aus dem Orchestersatz geht dies nicht hervor): stark (T. 229), sehr stark (T. 231) und schwächer (T. 233):

Concerto F-Dur BWV 1057, *Allegro assai*, T. 228–234 (*Cembalo certato*; Fassung der autographen Stimme, ca. 1739)

Der wohl bedeutendste Unterschied zwischen den Traktaten von Quantz (1752) und Mozart (1756) einerseits sowie von Walther (1708) andererseits besteht wohl darin, daß dieser den angehenden Geigenvirtuosen Johann Ernst, nachdem er ihm einmal die musikalischen Grundlagen vermittelt hatte, nicht in die Feinheiten der Vortragskunst einführte, sondern ihm im zweiten Teil der Schrift sogleich die wichtigsten Regeln der Kompositions- und Satztechnik sowie Kontrapunktik darlegte. D.h. der 12jährige Prinz spielte erst ein knappes Jahr Violine (—→ S. 33), als er zu begreifen begann, nach welchen Prinzipien sich die Kunst differenzierter Ausführung eigentlich richtete. Dabei ging es durchaus um Nuancen, um Ausdruck und Affekt. Schon 1701 bediente sich Muffat – wie Quantz dann 1752 (S. 145) – der Anleihe bei der »Malerey«:

»gleich wie die Augen durch Gegensatz deß Liechts / und deß Schattens / also wird das Gehör in ein absonderliche Verwunderung verzuckt. Welches obschon offt von anderen gemelt worden / niemahls genug kan gesagt / und aufferlegt werden« (Muffat 1701, S. 122). 1708 heißt es bei Walther:

»Ob gleich eine Harmonie fürnehmlich aus Consonantien bestehen soll, dennoch, weil diese, wenn sie öffters und lange nach einander alleine gebrauchet werden, denen Zuhörern endl. einen Verdruß zu erwecken pflegen, wird solcher durch die darzwischen gesetzten Dissonantien gelindert, und verursachet, daß die wiederum darauf folgenden Consonantien desto liebl. und angenehmer hernachmahls klingen. Die Dissonantien seyn die Nacht, die Consonantien der Tag; das Licht würde uns nimmermehr so angenehm seyn, wenn es immer Tag und niemahls Nacht wäre. Die Dissonantien seyn der Winter, die Consonantien der Sommer. Jene sind das bittere, diese das süße. Jene das Schwartze, diese das Weiße. In Summa: Varietas delectat« (Walther 1708, S. 140).

Ausführung unbezeichneter Dynamik

»Licht und Schatten« sind also keine Erfindung des galanten Stils. Neu war bei Quantz und Mozart wahrscheinlich nur, daß jetzt vor allem die Dynamikbereiche zwischen *f* und *p* ausgelotet wurden, während Walther und seine Generationsgenossen vor allem von der Differenzierung im *f* und *p* sprechen (⟶ S. 360). Genau davon ist auch bei C. P. E. Bach die Rede, der als einziger der Autoren um 1750 und wohl nach alter Tradition die dynamischen Unterschiede zwischen Konsonanzen und Dissonanzen sowie zwischen stärkeren und schwächeren Harmonien erklärt:

»die besondere Würckung dieses Schatten und Lichts hängt von den Gedancken, von der Verbindung der Gedancken, und überhaupt von dem Componisten ab, welcher eben so wohl mit Ursache das Forte da anbringen kan, wo ein andermahl piano gewesen ist, und offt einen Gedancken sammt seinen Con- und Dissonanzen einmahl forte und das andre mahl piano bezeichnet. Deßwegen pflegt man gerne die wiederholten Gedancken, sie mögen in eben derjenigen Modulation oder in einer andern, zumahl wenn sie mit verschiednen Harmonien begleitet werden, wiederum erscheinen, durch forte und piano zu unterscheiden. Indessen kan man mercken, daß die Dissonanzen insgemein stärcker und die Consonanzen schwächer gespielt werden, weil jene die Leidenschafften [Affekte] mit Nachdruck erheben und diese solche beruhigen [folgt Notenbeispiel:]«

C. P. E. Bach (1753), Tafel VI, Figur XIV (T. 1–4 mit Harmonien in Generalbaßbezifferung; Aussetzung: S. R.)

»Ein besonderer Schwung der Gedancken, welcher einen hefftigen Affeckt erregen soll, muß starck ausgedruckt werden. Die so genannten Betrügereyen [harmonischen Ausweichungen, Verwechslungen] spielt man dahero, weil sie offt deßwegen angebracht werden, gemeiniglich forte [...]. Man kan allenfalls auch diese Regel mercken, welche nicht ohne Grund ist, daß die Töne eines Gesangs [einer Melodie], welche ausser[halb] der Leiter ihrer Ton-Art sind, gerne das forte vertragen, ohne Absicht, ob es Con- oder Dissonanzen sind, und daß gegentheils die Töne, welche in der Leiter ihrer modulirenden Ton-Art stehen, gerne piano gespielt werden, sie mögen consoniren oder dissoniren« (C. P. E. Bach 1753, S. 129ff.).

Neu im galanten Stil war sicherlich auch die Technik, einzelne Töne nicht nur dynamisch gegeneinander abzustufen, sondern regelmäßig graduell zu verbinden – durch »wachsen« und »abnehmen« (Quantz 1752, S. 144f.), also Crescendo und Decrescendo. Zumindest aber war dies beim Solospiel erwünscht. Bach jedenfalls hatte 1729 damit zu rechnen, daß sein Solooboist eine lange Anfangsnote nicht von sich aus zum Schwellen brachte. Die folgenden Takte stammen aus der Arie »*Phoebus, deine Melodei*« der Kantate *Der Streit zwischen Phoebus und Pan* BWV 201, die er 1729 höchstwahrscheinlich für sein Leipziger Collegium musicum komponierte. Die Partie der *Oboe d'Amour* ist in der autographen Partitur mit *p* – [Crescendo] – *f* bezeichnet, die auf gleiche Weise beginnende, aber die Oboe d'amore nachahmende Tenorstimme enthält keinerlei Dynamik:

Kantate BWV 201 *Der Streit zwischen Phoebus und Pan* (1729), (9.) *Aria*, T. 1–3 (*Oboe d'Amour, Continuo*)

Siegbert Rampe

IMPROVISATION

Fast niemand, der, zumal ausserhalb Frankreichs, die Musik zu erlernen sich befleißiget, begnüget sich mit Ausführung der wesentlichen Manieren [Verzierungen] allein; sondern der größte Theil empfindet bey sich eine Begierde, die ihn Veränderungen oder willkührliche Auszierungen zu machen antreibt« (Quantz 1752, S. 118).

Diese Feststellung galt offenbar in erster Linie für den solistischen Vortrag und erst recht für unbegleitete Musik, etwa für Tasteninstrumente. Solisten hatten den Anspruch – zumal innerhalb der Gattungen Konzert und Arie –, ihre Virtuosität in das beste Licht zu rücken. Hierzu gehörten ebenso instrumentale und sängerische Leistungen im technischen Sinn wie auch die Fertigkeit, Verzierungen und solistische Einlagen improvisieren zu können (Preußner 1949, S. 67).

Dagegen schränkte Martin Heinrich Fuhrmann schon 1706 (S. 77) den Gebrauch von Verzierungen in der Ensemblemusik ein:

»wenn [...] ein jeder Phantast [(innerhalb eines Ensembles) ...] nach seiner Phantasie allzeit passaggiren / variiren / coloriren und diminuiren wil / so werden sie nimmermehr einerley Noten zusammen bringen / singen und klingen / weil sie an den vorgeschriebenen Noten sich nicht binden, sondern ihre eigene höltzerne Peters-Possen daher gurgeln und fingern / womit aber keinem Verständigen gedienet«.

Auch Johann Joachim Quantz (1752) und andere Autoren wie Johann Adolph Scheibe (1740/1745) und Leopold Mozart (1756) schlossen sich Fuhrmanns Haltung an. Die Schärfe ihrer Wortwahl läßt jedoch vergessen, daß sie alle die Praxis des Verzierens auch in größeren Ensembles unter gewissen Umständen durchaus tolerierten (Spitzer und Zaslaw 1986, S. 538ff.):

- in solistischen Partien und melodiösen Oberstimmen des Ripieno, insbesondere der ersten Violine und einer einfach besetzten Holzbläserstimme; waren mehr als nur ein einziger Spieler, beispielsweise sämtliche »Herren Geiger«, dazu aufgefordert, gelegentlich Triller, Mordente, Doppelschläge usw. zu spielen, so oblag es dem Konzertmeister, solche »Manieren« (Verzierungen) in den Proben zu koordinieren (Scheibe 1740/1745, S. 714f.; Quantz 1752, S. 181);

- in Mittel- und Baßstimmen zu Beginn von Sätzen in Imitationstechnik, beispielsweise bei Fugen, wo die später einsetzenden Spieler die Ornamentierung der zuvor eingetretenen Stimme(n) zu übernehmen haben (Quantz 1752, S. 173; Petri 1782, S. 168);

♦ bei der Begleitung von Arien durch obligate Soloinstrumente; hier wurde Wert gelegt auf die Identität oder zumindest auf eine ausgewogene Verteilung der Verzierungen auf vokale und instrumentale Solostimmen (Quantz 1752, S. 173).

Quantz (1752) und in seiner Nachfolge C. P. E. Bach (1753), Daniel Gottlob Türk (1789) und Johann Georg Tromlitz (1791), sinngemäß auch Scheibe (1745), Friedrich Wilhelm Marpurg (1755) und Johann Samuel Petri (1782) unterschieden strikt zwischen »wesentlichen« und »willkührlichen Manieren«. Seit Quantz wurden die ersteren der »französischen«, die letzteren der »italienischen Spielart« zugerechnet. Ging es um die von »Ripienisten« ergänzten Verzierungen, waren offenbar stets »wesentliche Manieren« gemeint, die »willkührlichen« hingegen blieben weitgehend Solisten und Konzertmeistern vorbehalten (Spitzer und Zaslaw 1986, S. 536ff.).

Die Zunahme von Anweisungen, Beschränkungen und Verboten zur Verzierungspraxis häuften sich im Verlauf des 18. Jahrhunderts (und weit darüber hinaus) in Frankreich, England und im deutschen Sprachraum parallel zum gleichzeitigen Anwachsen der Orchesterbesetzungen. Denn bei der Verzierungspraxis in der Gruppe handelte es sich um eine Tradition, die aus der Ensemblemusik des 17. Jahrhunderts übernommen worden war und erst durch Bildung des Orchesters als normierte Großbesetzung zum Problem wurde (Spitzer und Zaslaw 1986, S. 543f.).

In dieser Situation ging Bach augenscheinlich dazu über, in den Ripienopartien ziemlich genau anzugeben, wie er sich die solistische(n) Oberstimme(n) vorstellte. Da er bei Aufführungen seiner Werke meist als Solist und/oder »Anführer« des Ensembles selbst mitwirkte, war ihm in besonderem Maß daran gelegen, die zu erzielende Wirkung nicht dem Zufall zu überlassen. Ein weiterer Grund für Bachs Angaben dürfte im Zusammentreffen verschiedener Stile bzw. »Schreibarten« des 18. Jahrhunderts bestanden haben: Bevor eine Generation später (mit Quantz und C. P. E. Bach) eine sämtliche Nationalstile erfassende Normierung hinsichtlich des Verzierungsgebrauchs einsetzte, sahen sich anspruchsvolle Ensembleleiter wie Bach und Johann Georg Pisendel gezwungen, ihrem Orchester möglichst genau bezeichnetes Notenmaterial vorzulegen oder dieses umzuarbeiten (Eller 1969, S. 59f.).

Bis heute wird häufig Scheibes Verdikt (1737/1745, S. 62) zitiert, wonach Bach, indem er alle »Manieren, alle kleinen Auszierungen, und alles, was man unter der Methode zu spielen verstehet, [...] mit eigentlichen Noten« ausdrücke, »seinen Stücken durch ein schwülstiges Wesen das Natürliche entzöge, und ihre Schönheit durch allzugrosse Kunst verdunkelte« (Dok. II, Nr. 400). Damit zielte Scheibe nicht, wie oftmals angenommen, auf Bachs Musik für Tasteninstrumente, sondern, wie aus dem Verlauf der folgenden Auseinandersetzung mit Johann Abraham Birnbaum, der Bach verteidigte, hervorgeht (Schleuning 1979, S. 90ff.), auf mangelnde Freiheiten der Interpreten von »Kirchenstücken, Ouverturen, Concerten und andern musikalischen Arbeiten« (Scheibe 1738/1745, S. 848f.).

Auf Scheibes Forderung, den »Sängern und Instrumentalisten die Freyheit [zu] lassen, ihre Geschicklichkeit zu zeigen« (1738/1745, S. 894), antwortete Birnbaum: »Allein, da die wenigsten hiervon genugsame Wissenschaften haben; [...] so ist ja wohl ein jeder Componist und also auch der Herr Hofcompositeur [Bach] befugt, durch Vorschreibung einer richtigen und seiner Absicht gemäßen Methode, die Irrenden auf den rechten Weg zu weisen, und dabey auf die Einhaltung seiner eigenen Ehre zu sorgen. Vermöge dieser Erklärung fällt die Meynung des Verfassers, daß dieses Verfahren den Stücken des Herrn Hofcompositeurs die Schönheit der Harmonie entzöge, und den Hauptgesang unannehmlich mache, von selbsten hinweg« (Scheibe 1738/1745, S. 855).

Willkürliche Veränderungen

Ein anschauliches Beispiel für Bachs Ausarbeitung einer Melodie mittels Ornamenten liefert der Mittelsatz zum Cembalokonzert BWV 1056, auf dessen Substanz bereits die *Sinfonia* zur Kantate *Ich steh mit einem Fuß im Grabe* BWV 156 in der Besetzung mit Oboe, Streichern und Continuo beruht (die *Sinfonia* wurde in den folgenden Beispielen zum besseren Vergleich nach As-Dur, der Tonart des Konzertsatzes, transponiert):

Kantate BWV 156 *Ich steh mit einem Fuß im Grabe* (1729?), Sinfonia, T. 3–7 (*Hautbois*)
Concerto f-Moll BWV 1056 (ca. 1738), Largo, T. 3–7 (*Cembalo certato*; Fassung der autographen Partitur)

Während die solistische Oboen-Stimme der *Sinfonia* aus dem Wechsel von Viertelnoten und Akkordbrechungen besteht, wird die Cembalo-Stimme von einer Steigerung der Figurationsdichte und – damit verbunden – des Ausdrucks beherrscht, analog zum allmählichen Ansteigen der Melodie. Hervorzuheben ist, daß keine der hinzugesetzten Figurationen je wiederholt wird und daß Bach in T. 5 auch einmal die Viertelnote anstelle der 16tel-Gruppen anreichert. Daß er diese Verzierung nicht für die folgenden Viertelnoten übernimmt, beruht wohl auf der Absicht, die absteigende Linie von as" zu es", die die gesamte Phrase umfaßt, deutlich herauszustellen. Die Auszierung am Ende von T. 5 wird in der Geschwindigkeit ihrer Bewegung tatsächlich nicht mehr übertroffen; vielmehr bereitet Bach die Kadenz in der Dominante (T. 6) durch eine reduzierte Figuration vor. Bemerkenswert bleibt auch, daß Bach die Umkehrung in der Aufeinanderfolge von Viertel- und 16tel-Noten zu Beginn von T. 6 nicht mit einer noch weiterreichenden Verzierung »überspielt«, sondern im Gegenteil durch das Fehlen jeglicher Zusätze noch verdeutlicht. Zu beachten ist also außer der phantasievollen Ornamentierungskunst Bachs auch seine Zurückhaltung im Ergänzen von Ornamenten, wobei er stets die Phrase als ganze im Auge zu behalten schien und Art und Dichte der Verzierung danach ausrichtete.

Kantate BWV 156 *Ich steh mit einem Fuß im Grabe* (1729?), Sinfonia, T. 15–18 (*Hautbois*)
Concerto f-Moll BWV 1056 (ca. 1738), Largo, T. 15–18 (*Cembalo certato*; Fassung der autographen Partitur)

Ab T. 15 kehrt die Phrase vom Satzbeginn wieder, wird nun aber gegenüber T. 1 noch stärker angereichert. Anders als in den Takten 3ff. ist die absteigende Linie c"–b'–as' jetzt weniger klar, was durch die gesteigerte Bedeutung der Spitzentöne f", as" und b" ausgeglichen wird. In T. 17 wird die Trillerfigur von Taktzeit 2 auf Taktzeit 4 noch beschleunigt und deutlicher profiliert. Die Zunahme an Bewegungsintensität scheint an dieser Stelle dem Grundsatz zu widersprechen, daß mit sinkender Tonlage auch die Geschwindigkeit der Verzierungen abzunehmen habe. Die Erklärung hierfür besteht offensichtlich im weiteren Fortgang des Satzes: Die komplexe Ornamentierung weist auf die Steigerung innerhalb der drei Schlußtakte voraus. Erneut ist der Grad ornamentaler Anreicherung von der formalen Funktion jeder Figuration abhängig.

Mit solchen Techniken scheint Bach unmittelbar auf die Wesenszüge von Arcangelo Corellis »Agréments« zu dessen Violinsonaten op. 5 (gedruckt 1710 in Amsterdam) zurückzugreifen (Sackmann 2000). Der deutlichste Unterschied zwischen beiden Komponisten betrifft die Notation der in raschen Noten ausgeschriebenen »Passaggi«: Während Corelli den Wert der Einzelnoten bewußt nicht ins binäre System einpaßte, um ein Moment improvisatorischer Freiheit zu wahren, werden die Takte von Bach stets metrisch korrekt ausgefüllt. Dies muß allerdings keineswegs bedeuten, daß die Notenwerte hälftig abzustufen sind und daß innerhalb einer Figuration auf jegliche Binnenagogik zu verzichten ist.

Bach schloß die Revisionsarbeiten an der autographen Kompositionspartitur (ca. 1738) seiner Cembalokonzerte niemals ab. Deshalb können die hier ausgeschriebenen Verzierungen nicht als »sakrosankt« gelten, sondern sind eher als eine Möglichkeit unter anderen zu betrachten. Spätere Abschriften, die offenbar auf weitergehenden Revisionen des Komponisten in den Originalstimmen beruhen, scheinen diesen Befund zu bestätigen. Gleiches gilt hinsichtlich geringfügiger ornamentaler Veränderungen auch für die raschen Ecksätze der Konzerte.

Rein theoretisch stünde es dem heutigen Interpreten also offen, sich für eigene Alternativverzierungen zu entscheiden. Allerdings dürfte der Qualität von Bachs Ornamentationsvorschlägen schwerlich gleichzukommen sein. Denn sie liefern einen idealen Ausgleich zwischen dem Charakter solistisch-improvisatorischer, expressiver Freiheit und größtmöglicher Integration in die jeweilige Phrase ebenso wie in den Verlauf des gesamten Satzes.

Wie das *Largo* BWV 1056/2 sind auch die Mittelsätze der Concerti BWV 1046, 1050/1050a, 1052, 1054/1042, 1057/1049 und 1064 von einer ausgeschriebenen, verzierten Oberstimme geprägt, während die Mittelsätze der Concerti BWV 1047, 1051 und 1058/1041 gegenüber den erhaltenen Fassungen durchaus eine weiterreichende Ornamentierung zulassen. Gelegentliche Auszierungen sind auch für die Mittelsätze der Konzerte BWV 1053, 1055, 1060, 1061 und 1062/1043 denkbar, die allesamt einen stilisierten Siciliano-Typus darstellen. Aus der italienischen Verzierungspraxis geht hervor, daß man selbst Tanzsätze mit zum Teil komplexer Figuration versah, etwa die Tänze in Corellis Violinsonaten op. 5,7–11 (Zaslaw 1996, S. 100ff.). Daher ist eine improvisatorische Umspielung der *Violino Piccolo*-Partie im *Menuet* aus dem »Brandenburgischen Konzert 1« BWV 1046 sowie der Tanzsätze aus den Ouvertüren BWV 1066–1069 durchaus berechtigt.

Die eingangs angeführten Voraussetzungen, unter denen Verzierungen beim Ensemblespiel zugelassen waren, enthalten keinerlei klare Hinweise darauf, wann eine Stimme als solistisch, wann als melodiös zu gelten hat. In den meisten Sätzen von Bachs Orchestermusik, die für eine solche Ornamentationspraxis in Frage kommen, ist die Begleitfunktion der Streicher jedoch so klar ersichtlich, daß es kaum einem »Ripienisten« in den Sinn gekommen sein dürfte, wesentliche, geschweige denn willkürliche »Manieren« anzubringen.

Kadenzen

Den Abschluß eines Werkes durch eine ausgreifende melodische Wendung hinauszuzögern, gehört zu den Konstanten der abendländischen Musikgeschichte. Dieses Phänomen läßt sich bis in die einstimmige liturgische Musik des Mittelalters zurückverfolgen. In der venezianischen Opernarie und – in deren Folge – in der um 1700 entstandenen Gattung des Solokonzerts kam dieser Stelle im Verlauf eines Satzes eine neue formale Bedeutung zu. Sie gründete sowohl auf der Position innerhalb einer harmonischen Schlußwendung wie auch auf der Entfaltung solistischer Improvisation. Bis zur Mitte des 18. Jahrhunderts hatte sich hieraus die Solokadenz gebildet, wie sie in Johann Joachim Quantz' Traktat von 1752 (S. 151ff.) beschrieben ist und danach beinahe einhundert Jahre lang in grundsätzlich gleicher Gestalt erhalten blieb.

Zur Bach-Zeit bestanden hingegen noch verschiedene Typen solcher Schlußverlängerungen, entweder über einem liegenbleibenden Baß oder als reine Soloeinlage. Im zweiten Satz von Arcangelo Corellis Violinsonate op. 5,3 (1700) findet sich ein frühes Beispiel einer Kadenz über einem stationären Dominantakkord. Eine ähnliche Auszierung vermag auch zwischen den beiden Harmonien einer sogenannten »phrygischen« Kadenz zu vermitteln. Andererseits sind in Giuseppe Torellis Œuvre drei Stücke (TV 65–67) von 29, 28 und 13 Takten erhalten, die regelrechte Einlage-Kompositionen darstellen: Über einem Orgelpunkt wechseln sich zwei gleichberechtigte Solostimmen im Spiel geschwinder Figuren (Skalenbewegungen, Dreiklangsbrechungen) ab, die jeweils in rascher Folge wiederholt oder versetzt werden, bevor ein weiteres Motiv in derselben Weise durchgeführt wird. Ein solcher Satzteil, von Torelli *Perfidia* genannt, konnte wohl vor Satzschluß, als Einleitung oder als Binnenstück eines Torellischen Mittelsatzes Verwendung finden (Giegling 1949, S. 27). In dem von Bach als Cembalotranskription BWV 979 bearbeiteten *Concerto* Torellis begegnet sogar ein ganzer Satz in Gestalt einer Perfidia.

Eine noch selbständigere Form solistischer Vorbereitung auf das Schlußritornell eines raschen Konzertsatzes ist unter Antonio Vivaldis Concerti vertreten. Dabei steht nach einem Ritornell in der Grundtonart beispielsweise die Bemerkung *Qui si ferma a piacimento* (»Hier kann man nach Bedarf einhalten«; Whitmore 1991, S. 44), worauf eine vom übrigen Kontext losgelöste Solofiguration folgt. Sie geht von der Grundtonart aus und kehrt in diese zurück. Das Erreichen der Zieltonart wird vom Ripieno durch eine nochmalige Wiederholung des Schlußritornells bestätigt. Wie das Beispiel von Vivaldis *Concerto* RV 208 beweist, konnte eine derartige Soloeinlage sogar in einer anderen Taktart als der sie umgebende Konzertsatz stehen. Pietro Antonio Locatelli nannte ein am Ende der raschen Sätze seiner Violinkonzerte op. 3 (1733) eingeschobenes, aber selbständiges, hochvirtuoses Solo *Capriccio*. Die spätere Solokadenz ließe sich als Mischung von Perfidia und Capriccio erklären, als baßlose solistische Einlage mittels Verlängerung der Dominante innerhalb einer harmonischen Kadenzwendung zum Schlußritornell hin.

Daß Bach zumindest Perfidia und Capriccio kannte, geht aus seiner Transkription für Orgel BWV 594 von Vivaldis *Concerto* RV 208 hervor, das wohl spätestens 1713 entstanden war[1] und in den Ecksätzen beide Arten solistischer Einlagen (Solokadenz bzw. Capriccio) enthielt. Innerhalb von Bachs Konzerten kommt allerdings kein einziger dieser Grundtypen der Schlußgestaltung in unvermischter Form vor. Sein Prinzip scheint auch in diesem Bereich vielmehr darin bestanden zu haben, gattungsbedingte solistische Entfaltung in den jeweiligen Gesamtsatz zu integrieren.

Im Mittelsatz *Andante* des »Brandenburgischen Konzerts 4« BWV 1049 wurde nicht die »phrygische« Kadenz selbst mit einer Verzierung versehen, sondern durch eine Tonleiter-Figuration vorbereitet, wobei der gesamte Schlußabschnitt dieses Satzes (von der Rückkehr nach e-Moll in T. 67 an) einen »Anhang« darstellt, wie er für die Abschlüsse langsamer Binnensätze von Sonaten im Corelli-Stil üblich war.

Die Takte 120–122 des ersten Satzes aus *Concerto* BWV 1042 (bzw. BWV 1054) stilisieren das Ende der Episode durch die Anweisung *Adagio* zu einer scheinbar improvisatorischen Schlußgeste. Um eine Solokadenz kann es sich dabei jedoch nicht handeln, da beim Erreichen der Zieltonart nicht das Tutti eintritt, sondern das Soloinstrument – im einen Fall die unbegleitete, einstimmige Violine, im anderen das Cembalo – selbst den Abschluß in gis-Moll bzw. fis-Moll vollzieht, worauf erst nach einer Viertelpause das Ripieno in der Grundtonart des Satzes einsetzt. Angesichts der Da capo-Form ist hier von einer Kadenzverlängerung zu sprechen, die an jener Stelle eintritt, an der innerhalb einer Arie der B-Teil schließt, bevor die Wiederholung von Teil A beginnt. Solche Übergänge von einem Formteil zum anderen wurden später, vor allem in Rondo-Sätzen, durch improvisatorische Einleitungen, sogenannte *Eingänge,* ergänzt. Diese Art der Überleitung scheint allerdings zur Bach-Zeit noch nicht verbreitet gewesen zu sein. Wünschte Bach sie, so notierte er eine Figuration wie im ersten Satz des *Concerto* BWV 1061a (T. 122). An vergleichbarer Stelle, in T. 22 des *Adagio* von BWV 1042 (bzw. BWV 1054), verzichtete er freilich auf jede solistische Überleitung. Derselbe Vorgang findet sich vor dem Schlußritornell im ersten Satz des *Concerto* BWV 1056 (T. 196). Analog hierzu sollte auch der Akkord zum Reprisenbeginn (T. 233) im Finale des »Brandenburgischen Konzerts 5« BWV 1050 (bzw. des *Concerto* BWV 1050a, hier T. 228) nicht durch irgendeine beliebige Figuration vorbereitet werden.

Einen merkwürdigen Fall präsentiert die in das g-Moll-Ritornell des ersten Satzes zum *Concerto* BWV 1052 (T. 109) eingeschobene Passage. Ungewöhnlich – selbst gegenüber den erwähnten Vorbildern italienischer Concerti – ist die Plazierung schon nach der Satzmitte und zudem innerhalb eines Ritornells anstatt kurz davor. Im Finale der früheren Fassung des Konzerts (siehe BWV 1052a) findet sich die einzige, nicht durch eine Fermate gekennzeichnete Aufforderung zur Improvisation, indem die Gestaltung der Akkordbrechungen in T. 264 zunächst auch für die folgende Harmonie zu gelten scheint. Darauf folgt jedoch in den Ripieno-Stimmen ein Pausentakt mit Fermate, in der Cembalopartie sogar ein Leertakt, versehen mit Fermate und der Bezeichnung *ad libitum.* Erst nach einem weiteren Takt setzt das Schlußritornell ein. Was Bach hier wirklich beabsichtigte, bleibt offen. Feststeht hingegen, daß er bei der Revision dieser Version (BWV 1052) die Figuration in den Takten 264f. verdichtete und unmittelbar ein schrittweise beschleunigendes, perfidia-artiges Solo mit einfacher Orchesterbegleitung anschloß. Die Passage von insgesamt sieben Takten mündet in eine Fermate, die sich über einen kadenzartigen *adagio*-Takt zur Wiederkehr des Ritornells auflöst. Die Cembalobearbeitung BWV 1052 tendiert erneut zur Kontrolle des Solisten und zur klanglichen Integration seiner Partie unter Mitwirkung der Streicher. Dieselbe Art solistischer Kadenzverlängerung, allerdings ohne Beteiligung des Ripieno, enthält das Finale des »Tripelkonzerts« BWV 1044 (T. 208f.), wo in der einzigen Hauptquelle tatsächlich die Beischrift *Cadenza* notiert ist.

Die komplexeste Passage als Anspielung auf die Konventionen italienischer Soloeinlagen liegt im *Solo senza stromenti* am Ende des ersten Satzes aus dem »Brandenburgischen Konzert 5« BWV 1050 mit einem Umfang von nicht weniger als 65 Takten vor, das häufig als »Kadenz« bezeichnet wird. Tatsächlich jedoch fehlen sämtliche Kriterien für eine »Cadenz« im Sinne von Quantz' Definition. Im Gegenteil: Die Vorherrschaft durchgehender Orgelpunkte und das tonartliche Gefälle rücken dieses Solo in die Nähe der Perfidia, seine Ausdehnung, der virtuose Gestus wie auch die Beschränkung auf klar voneinander abgegrenzte Motivbereiche erinnern an ein Capriccio. Was diesen Abschnitt aber gänzlich von sämtlichen italienischen Vorbildern unterscheidet, sind die motivischen Bezüge zu den übrigen Episoden des Satzes. In Wirklichkeit handelt es sich hier um den zweiten Teil der letzten Episode. Bach machte dies mit dem damals gebräuchlichen Begriff für einen solchen Formteil unmißverständlich deutlich: *Solo senza stromenti*. Deshalb spricht nichts dafür, sich bei dessen Ausführung rhapsodische Freiheiten zu erlauben, im Gegenteil verweist die Ähnlichkeit mit der Perfidia unmittelbar auf eine motorische Vorstellung (⟶ S. 177). Mit Ausnahme des zuletzt genannten Kriteriums gilt diese Einordnung auch für das lediglich 18 Takte umfassende Solo der Frühfassung BWV 1050a.

Dominik Sackmann

ORNAMENTIK

Die Ornamentik besteht im Unterschied zu den »willkürlichen Veränderungen« (⟶ *Improvisation*) aus den »wesentlichen Ornamenten«; sie hießen zur Bach-Zeit »Manieren« (Fuhrmann 1706, S. 63f.; *Clavier-Büchlein vor Wilhelm Friedemann Bach* 1720). Johann Gottfried Walther (1708, S. 36ff.) rechnete sie neben Noten, Pausen, Takt- und Artikulationsarten zu den »übrigen Characteribus«. Hierzu zählten Triller, Mordente, Doppelschläge, Vorhalte und Vibrato. »Die Manieren sind in einer guten Composition das Centrum und Mittel-Punct« (Fuhrmann 1706, S. 64).

Wesentliche Manieren

An den Beginn seines *Clavier-Büchleins vor Wilhelm Friedemann Bach* (1720) setzte Bach eine Verzierungstabelle, welche die wesentlichen Arten von Trillern, Mordenten und Doppelschlägen in Zeichen, Begriffen und Anweisungen zur Ausführung enthält (NBA V/5, S. 3). Anhand dieser Quelle allein ist Bachs Gebrauch »wesentlicher Manieren« aber kaum erschöpfend erschlossen. Denn bei dem Dokument handelt es sich vielmehr um einen »Grundwortschatz« zur Unterweisung eines zehnjährigen Knaben. Ausgenommen den *mordant* stellt diese Tabelle, *Explication unterschiedlicher Zeichen, so gewiße manieren artig zu spielen, andeuten* genannt, eine gekürzte Abschrift der *Marques des agréments et leur signification* dar, die Jean-Henri d'Anglebert seinen 1689 publizierten *Pieces de Clavecin* voranstellte. Hieraus übernahm Bach auch das Prinzip, kompliziertere Verzierungen in Einzelphänomene aufzuspalten – beispielsweise den Triller mit Nachschlag als *trillo und mordant* zu bezeichnen. Damit bildete Bachs Tabelle die Vorläuferin zu den Verzierungskapiteln in C. P. E. Bachs Traktat von 1753, und es läge nahe, die ungleich detaillierteren Erörterungen des zweitältesten Bach-Sohnes auf die Werke des Vaters zu übertragen.

Grundsätzliche Bemerkungen zu wesentlichen Manieren

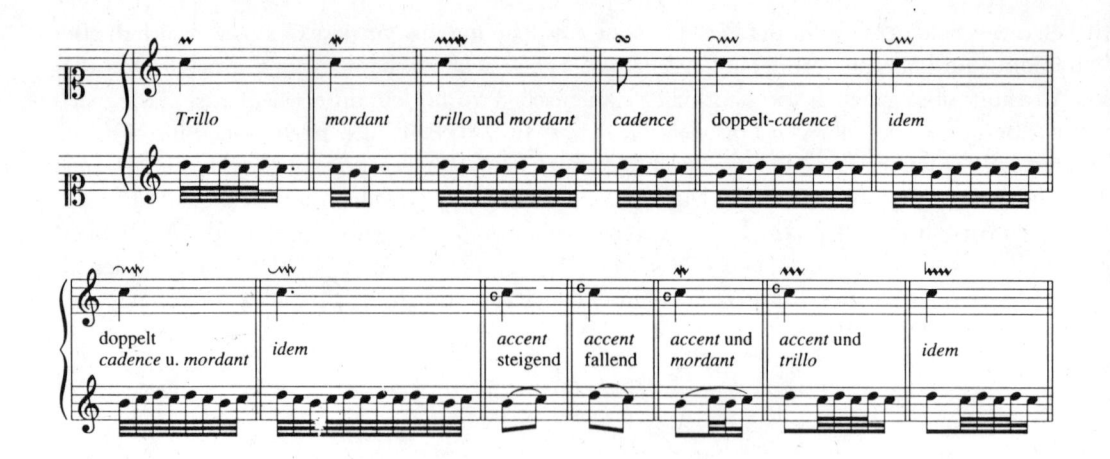

Explication unterschiedlicher Zeichen, so gewiße manieren artig zu spielen, andeuten zu Beginn des *Clavier-Büchleins vor Wilhelm Friedemann Bach. angefangen in Cöthen den 22. Januar A*[nn]*o. 1720*

Gleichwohl bleibt fraglich, ob Anweisungen aus dem Bereich der Tastenmusik auch für Ensemblewerke Gültigkeit haben. Denn Quellen hierzu fehlen aus dem deutschen Sprachraum zwischen ca. 1715 und 1752 beinahe vollständig, so daß ersatzweise die spätesten Traktate vor Beginn dieser »Lücke« heranzuziehen sind. Sie stammen von Johann Samuel Beyer (1703), Martin Heinrich Fuhrmann (1706, [2]1715) und Johann Gottfried Walther (1708).

Zuvor jedoch zwei grundlegende Bemerkungen:

♦ Aufzeichnungen von Musik enthielten im 18. Jahrhundert Informationen unterschiedlicher Priorität: Tonhöhen und rhythmische Angaben wurden genauer vermerkt als Artikulations- und Verzierungszeichen. Dies gilt insbesondere für die eilig hingeworfenen Konzeptniederschriften von Bachs Kantaten, die kurze Zeit später aufzuführen waren. Mit der Präzision einer Reinschrift nahmen Genauigkeit und Vollständigkeit jener Zusätze zu, welche direkt die Interpretation betreffen.

In der autographen Partitur der »Brandenburgischen Konzerte« notierte Bach Triller als *t* oder *tr*, teilweise ergänzt durch eine Wellenlinie, direkt über den betreffenden Noten. Das einzige allein durch eine Wellenlinie angedeutete Trillersymbol (⋀⋀) steht in der Partie des *Cembalo concertato* im ersten Satz des fünften Konzerts BWV 1050, T. 155 (die folgenden Ausführungen basieren auf den Notentexten der NBA). Dabei zeigt sich, daß Bach trotz des Reinschriftcharakters dieser Quelle auf die Darstellung der Verzierungen wenig Sorgfalt verwandte. Die wiederkehrenden Ritornell-Abschlüsse im ersten Satz des »Brandenburgischen Konzerts 2« BWV 1047 beispielsweise präsentieren Triller entweder in sämtlichen Partien (T. 8, hier im Unisono!), in keiner (T. 28, 39, 83 und 118), nur in den Stimmen von *Violino* (solo) und *Violino 1 in Ripieno* (T. 59) oder allein in der *Violino*-Stimme (T. 102). Im Schlußtakt des *Andante* aus dem *Concerto* BWV 1041 tritt ein *tr*-Zeichen sogar nur in der *Viola*-Partie auf; der Verzicht auf Triller in den Violinstimmen erschiene jedoch geradezu stilwidrig. In den Konzerten für ein oder mehrere Cembali begegnen ähnliche Inkonsequenzen – und zwar unabhängig davon, ob die Quellen von der Hand Bachs oder von Kopisten stammen. Im ersten Satz des *Concerto* C-Dur BWV 1061 beispielsweise übernehmen beide Cembali in den Takten 87–90 abwechselnd den von einem Triller geprägten Themenkopf, wobei lediglich der erste und die beiden letzten der insgesamt acht Einsätze ein Trillerzeichen aufweisen

Diese Beobachtungen gestatten die Schlußfolgerung, daß die Verwendung wesentlicher »Manieren« weitgehend den Ausführenden überlassen blieb. Diese dürften ganz selbstverständlich Triller bei Schlußwendungen ergänzt und aufgrund ihrer Vertrautheit mit Bachs Musiksprache unterschiedliche Arten von Verzierungen nach Belieben selbst hinzugefügt haben. Dennoch ist Bachs Ornamentikpraxis nur anhand seiner erhaltenen Niederschriften zu ermitteln, wobei diesen gleichwohl ein gewisses Maß an Konsistenz zuzubilligen ist. Denn anhand von Art und Ort der Ornamente lassen sich Erkenntnisse gewinnen, die über das im Musikschrifttum Erwähnte hinausgehen.

♦ Seit geraumer Zeit beschäftigt Interpreten und Wissenschaftler die Frage, ob Quint- und Oktavparallelen bei der Ausführung von Ornamentik zu vermeiden sind. Während Frederick Neumann (1995) für Stellen im Notentext, deren Ausführung beispielsweise mit einem gewöhnlichen, *auf dem Schlag beginnenden* Triller von der oberen Nebennote aus Parallelen entstehen läßt, alternative Verzierungen forderte, sprach sich Peter Schleuning (1979, S. 47ff.) dafür aus, die in den Verzierungen enthaltenen Nebennoten nicht als satzbestimmend, sondern ausschließlich als idiomatische Zusätze zum bestehenden Notentext zu betrachten. Auf diese Weise ließen sich ungezählte problematische Situationen entschärfen, die sogar in Werken auftreten, die Bach selbst zum Druck beförderte. Tatsächlich erweisen sich Neumanns Forderungen desto fragwürdiger, je mehr Stimmen – und damit zugleich mehr Personen – an einer Aufführung beteiligt sind. Für ein Ensemblemitglied, das nur seine eigene Stimme vor Augen hat, ist es weitgehend unmöglich, Parallelen rechtzeitig zu erkennen und zu umgehen. Dieser Ansicht steht freilich entgegen, daß Bach parallele Fortschreitungen gelegentlich durch Ornamente bewußt umging (Klotz 1984, S. 190).

In anderen Fällen, die Bach vermutlich nicht bemerkte, obliegt es wiederum dem Interpreten, Verstößen gegen die grundlegenden Stimmführungsregeln zu begegnen. Allerdings differenzierte Neumann (1995) diverse Grade solcher Verstöße nach Maßgabe ihrer Wirkung, worüber der Geschmack des oder der Ausführenden zu entscheiden habe. Offensichtlich zeigten sich die Autoren des 17. und 18. Jahrhunderts gegenüber sogenannten »Augen-Quinten« toleranter als gegenüber den »das Ohr [tatsächlich] beleidigenden« Parallelen (Neumann 1995, S. 436ff.). Gelegentlich führen die zusätzlich geforderten Töne in Verzierungen zu Reibungen, die allerdings in Kauf genommen wurden: In der Partie des dritten Cembalos zum *Concerto* BWV 1063 kommt in T. 272 des ersten Satzes keine andere Nebennote als c' in Frage, was gegenüber dem gleichzeitig erklingenden Ton cis'' der rechten Hand und gegenüber dem seit bereits drei Takten im ersten Cembalo erklingenden cis' nur auf dem Papier störend erscheint. In ähnlicher Weise kollidieren im Schlußtakt des zweiten Satzes von *Concerto* BWV 1065 die Töne d und dis.

Entstanden dennoch akustisch störende Fortschreitungsfehler in Situationen, in denen die Verzierung nicht mehr als idiomatische Wendungen wahrgenommen wurden, oder bei gewöhnlicher Ausführung der Ornamentik (wie sie seit Mitte des 18. Jahrhunderts zunehmend standardisiert war), so boten gerade jene Traktate aus Bachs früherer Lebenszeit (bis ca. 1715) ausreichend Alternativen für Verzierungen. Auf sie vermochte ein Ensemble in seinen Proben zurückzugreifen, ohne – so Hans Klotz (1984, S. 194) – ganz auf Ornamentik verzichten zu müssen.

Zu diesem Zweck sollen im folgenden bislang wenig beachtete Traktate zur Aufführungspraxis im Ensemble beigezogen werden, welche die Lücke zwischen den Schriften von Georg Muffat und Johann Joachim Quantz zu füllen geeignet sind.

Johann Samuel Beyer, der Autor der *Primæ lineæ musicæ,* wurde 1669 in Gotha geboren und im Jahre 1694 Kantor und Musiklehrer in Weißenfels, nur rund 20 Kilometer von Leipzig entfernt.

Die Quellen

Von August 1699 an wirkte er bis zu seinem Tod 1744 als Kantor am Dom in Freiberg (Sachsen) und möglicherweise für wenige Jahre nochmals in Weißenfels. Außer einer Sammlung mit 97 bezifferten Choralsätzen für Tasteninstrument hinterließ er fünf Passionsvertonungen und die *Geistliche musicalische Seelen-Freude*, ein Band mit 72 Kantaten durchs ganze Kirchenjahr. Der Untertitel seines im Jahre 1703 in Freiberg erschienenen Traktates lautet: *Kurtze | leichte | gründliche und richtige Anweisung | Wie die Jugend | so wohl in den öffentlichen Schulen | als auch in der Privat-Information, ein Musicalisches Vocal-Stück wohl und richtig zu singen lernen | auffs kürtzeste kan unterrichtet werden | mit unterschiedlichen Canonibus, Fugen | Soliciniis, Biciniis, Arien und einem Apendice, worinnen allerhand Lateinische | Frantzösische und Italiänische Termini Musici zu finden*. In der späteren Auflage von 1730 fielen die erwähnten Kanons, Fugen etc. fort, die aufführungspraktischen Kapitel hingegen wurden beibehalten. Beyers Nachfolger im Freiberger Kantorat war der vermutliche Bach-Schüler Johann Friedrich Doles, der 1756 Leipziger Thomaskantor wurde und um 1760 seine *Anfangsgründe zum Singen* verfaßte. Obgleich Doles' Schrift rund ein Jahrzehnt nach Bachs Tod aufgezeichnet wurde, schließt sie wohl Anweisungen aus dessen eigenem Unterricht ein.

Martin Heinrich Fuhrmann, im selben Jahr wie Beyer geboren, stammte aus Templin in der Uckermark. Er studierte bei dem Buxtehude-Schüler Friedrich Gottlieb Klingenberg in Berlin. Nach Studienaufenthalten bei Friedrich Wilhelm Zachow in Halle, dem Lehrer Georg Friedrich Händels, und bei dem Leipziger Thomaskantor Johann Schelle kehrte er 1704 nach Berlin zurück, wo er bis zu seinem Tod im Jahre 1745 als Kantor am Friedrich-Werder-Gymnasium wirkte. In seinen Schriften erweist sich Fuhrmann als belesener und vielseitig erfahrener Praktiker, der über die Musik seiner Zeitgenossen bestens im Bilde war und unter anderem auch Bach, den er persönlich gehört hatte, wiederholt namentlich erwähnte und sein Spiel lobte (Dok. II, u.a. Nr. 268 und 269). Von besonderem Interesse für die Verzierungspraxis ist Fuhrmanns Traktat *Musicalischer Trichter, dadurch ein geschickter Informator seinen Informandis die Edle Singe-Kunst nach heutiger Manier [...] einbringen kan* (Berlin, 1706). Obwohl Fuhrmann im Titel in erster Linie Sänger anspricht, ist in den einzelnen Beschreibungen in Wirklichkeit von Kirchenmusik im allgemeinen, also auch von Instrumentalisten, die Rede – vor allem in den hier erörterten Kapiteln *Von allerhand Manieren* und *Von allerhand vitiis musicis* (musikalischen Fehlern).

Von den *Præcepta der musicalischen Composition*, welche Bachs Cousin zweiten Grades Johann Gottfried Walther für seinen Schüler, den Weimarer Prinzen Johann Ernst, 1708 schrieb und diesem zum Namenstag widmete, war schon verschiedentlich die Rede. Walthers Lehrer Johann Bernhard Bach in Erfurt, ebenfalls ein Cousin zweiten Grades von Bach, arbeitete nach 1703 eng mit Telemann in Eisenach zusammen und komponierte Orchestersuiten in dessen Stil. Die Vermutung liegt nahe, daß sich der Weimarer Hoforganist und Konzertmeister Bach und der Organist der dortigen Stadtkirche Walther in grundlegenden Fragen der Aufführung von Ensemblemusik weitgehend einig waren. Die *Præcepta* datieren vom 13. März 1708 und gelangten somit unmittelbar vor Bachs Antritt seines Weimarer Amtes zu Papier.

Die Biographien aller vier Schriftsteller machen deutlich, daß deren Texte Bachs Umfeld entstammen und deshalb in engem Zusammenhang mit einem Personenkreis stehen, zu dem der Komponist selbst Kontakte unterhielt (⟶ S. 13f.).

Triller

Die geringe Beachtung, die Bach der genaueren Bezeichnung von Verzierungen schenkte, wird an jenen Stellen zum Problem, die unterschiedlich ornamentiert sind, aber von zwei Instrumenten unisono ausgeführt werden. In Bachs Konzerten und Ouvertüren finden sich Triller häufig nur in den Solostimmen, in gleichlautenden Ripienopartien jedoch nicht. Noch erstaunlicher ist der umgekehrte Fall: Gelegentlich enthält die Partie der ersten Ripienovioline ein Ornament, das in jener des Solocembalos fehlt (BWV 1054, Finale, T. 79; BWV 1060, erster Satz, T. 96). Solche Unterschiede sind auch dann zu beobachten, wenn mehrere Soloinstrumente gemeinsam auftreten: Im dritten Satz des *Concerto* BWV 1064 (T. 58) beispielsweise weisen das erste Cembalo und die Violine 1 im Gegensatz zu den im Unisono geführten Partien von Cembalo 2 und 3 ein Trillerzeichen auf. Auch an Parallelstellen im weiteren Verlauf des Satzes fehlen Trillersymbole häufig und werden nur selten durch andere Ornamente ersetzt. Im ersten Satz von *Concerto* BWV 1041 (T. 17 und 72) stehen jeweils auf dem zweiten Viertel Triller, in T. 159 findet sich jedoch ein Schleifer auf dem ersten Viertel des Taktes. Unterschiedliche Arten von Trillern scheinen vollends austauschbar gewesen zu sein. So begegnen im Unisono bzw. an Parallelstellen Triller nebeneinander als *tr* ebenso wie als ⁀⁀ und sogar als Triller mit verändertem Beginn (*Trillo* statt *Doppelt-cadence;* ⟶ S. 372). Im ersten Satz des *Concerto* BWV 1061 (T. 1) erscheinen *tr* und ⌊⁀⁀ gleichzeitig, im zweiten Satz des *Concerto* BWV 1063 (T. 67) stehen drei verschiedene Ornamentikzeichen übereinander (⌊⁀⁀, ⁀⁀ und *tr*), die letztlich jedoch alle dasselbe bedeuten. Denkbar ist allerdings, daß Bach in seinen Partituren Verzierungen (ebenso wie Artikulationssymbole) nur für Leitstimmen andeutete, um sie bei Anfertigung von Stimmensätzen auch in anderen Partien zu ergänzen. Dies legen etwa die Originalstimmen zu den Cembalokonzerten BWV 1055 und 1057 nahe (NBA VII/4, KB).

Die Kernfrage betrifft beim einfachen Triller dessen Anfangston. In Bachs Ornamentiktabelle aus dem *Clavier-Büchlein vor Wilhelm Friedemann Bach* (1720) gilt der *Trillo* (mit Zeichen ⁀⁀) als Sekundtriller, der mit der oberen Nebennote *auf* dem Schlag beginnt (⟶ S. 372). Die zahlreichen Verzierungstabellen zur Tastenmusik seit Jacques Champion de Chambonnières' *Les Pieces de Clavessin* (1670) erhoben den Triller von der oberen Nebennote aus zur Norm (Neumann 1978, S. 259). Offensichtlich setzten sich solche Triller in Mitteldeutschland erst zwischen etwa 1700 und 1720 allmählich durch, zunächst ebenfalls im Bereich der solistischen Tastenmusik. Johann Samuel Beyer (1703) und Martin Heinrich Fuhrmann (1706) jedoch, deren Bemerkungen sich auf die Ensemblemusik beziehen, kennen ausschließlich den älteren Triller von der Hauptnote aus. Bei Beyer (S. 57) heißt er *Trillo ascendens,* bei Fuhrmann (S. 64) *Trillo* (mit Zeichen *tr.*). Dagegen läßt schon Johann Gottfried Walther (1708, S. 88) den Triller mit der oberen Nebennote beginnen. Bachs Orchesterwerke, die sämtlich bis 1721 vorlagen, stehen mithin im Spannungsfeld zwischen zwei gegensätzlichen aufführungspraktischen Konventionen. Seine Konzerte und Ouvertüren dürften sowohl Nebennoten- als auch Hauptnotentriller enthalten und vom Interpreten in jedem Einzelfall eine Entscheidung verlangen. Die Tendenzen scheinen sich allerdings aus der Art und Weise der Ornamentik und ihres Kontexts einigermaßen klar abzuzeichnen.

Triller mit Beginn auf der Hauptnote finden sich, wie in der deutschen Musik des 17. Jahrhunderts, offenbar innerhalb von Skalen mit auf- und absteigenden Sekundschritten. Im zweiten Satz von *Concerto* BWV 1064 (T. 16 und 34) spielen alle drei Cembali gleichzeitig Triller, die sich in Sekundabständen gegeneinander bewegen. Diese Linien treten deutlich hervor, wenn alle drei

Triller

Instrumente Hauptnotentriller ausführen. Im dritten Satz des *Concerto* BWV 1056 (T. 124, Violine 2) wiederum mag Bach eher auf eine Verzierung verzichtet haben, als einen Haupt- und Nebennotentriller gleichzeitig zu riskieren, die sich aus unterschiedlich absteigenden Tonschritten ergeben hätten. Triller von der Hauptnote aus werden auch auf Schlußnoten mit weiblichen Endungen verlangt, beispielsweise im zweiten Satz des *Concerto* BWV 1042 (T. 30), wo der dissonante Vorhaltston am Ort seiner Auflösung wohl kaum noch einmal auszuführen ist. Selbst die in Bachs Konzertschaffen häufigen Dauertriller scheinen als Hauptnotenverzierungen konzipiert zu sein. Dies wird besonders deutlich, wenn mehrere solcher Ornamente direkt aufeinander folgen, etwa im ersten Satz des *Concerto* BWV 1044 (T. 104f., Traversflöte), im ersten Satz des *Concerto* BWV 1065 (T. 21ff. etc.) sowie im Finale dieses Werkes (T. 114–119).

Triller mit Beginn auf der oberen Nebennote beschränken sich möglicherweise auf Verzierungen nach Tonwiederholungen (häufig im dritten Satz des *Concerto* BWV 1041 ab T. 26) sowie nach fallenden Terzen (erster Satz des *Concerto* BWV 1065, ab T. 3) oder größeren Intervallen. Damit trug die Verzierung auch zur diminuierenden Ausfüllung weiter Tonschritte bei. Nach fallenden verminderten Intervallen waren ebenfalls Nebennotentriller gewünscht. Sollte derselbe Effekt an einer Parallelstelle im Anschluß an einen Sprung nach oben erzielt werden, so setzte Bach zur Verdeutlichung einen Vorschlag davor (dritter Satz des *Concerto* BWV 1043, T. 18 und 151 gegenüber T. 70).

Solche Stellen, an denen Verzierungen durch einen ausgeschriebenen Vorschlag verdeutlicht werden, beweisen, daß Bach den Triller von der oberen Nebennote nicht als selbstverständlich voraussetzte (*Concerto* BWV 1063, zweiter Satz, T. 7 und 28, wobei in T. 7 auch ein Triller mit langer Nebennote gemeint sein kann).

Besondere Erwähnung verdient die Verzierung synkopischer Schlußwendungen. Im ersten Satz des *Concerto* BWV 1043 (T. 8, 21 und 49) wird eine der Violinstimmen in Vierteln, die andere synkopisch in der Folge Achtel–Viertel–Achtel geführt. Dabei ist nur die Stimme ohne Synkopenrhythmus mit einem Triller auf dem zweiten Viertel versehen. Dieselbe Verteilung der Ornamente findet sich in der Cembalobearbeitung dieses Werkes BWV 1062 (außer in T. 8, 21 und 49 auch in T. 13 und 17).

Bei Trillerbeginn können vor der Nebennote noch zwei Noten (untere Nebennote plus Hauptnote) eintreten; dieses Ornament läßt sich zudem um je eine obere Nebennote plus Hauptnote erweitern, so daß Triller entstehen, die in Bachs Tabelle von 1720 *Doppelt-cadence* heißen (⟶ S. 172).

In Bachs Konzertkompositionen tritt bei der *Doppelt-cadence* von unten mitunter sogar eine Tonwiederholung zwischen vorangehende Note und Verzierungsbeginn (Finale des *Concerto* BWV 1056, T. 124).

Aufschlußreich sind grundsätzliche Hinweise Fuhrmanns zu jenen Stellen, an denen ein Triller auch dann verlangt wird, wenn das entsprechende Symbol im Notentext fehlt: »gemeiniglich [...] ein Trillo muß gemacht werden [...], wenn ein Punct [(eine Punktierung) ...] stehet« bzw. »wenn im Dupel- [geraden] und Tripel-Tact ein gantzer oder halber Schlag stehet / und der Baß unterdessen läufft oder springet« (1706, S. 66). Außerdem »wird ein Trillo gemacht in der Pænultima [vorletzten] und Cadentz-Note, in der Mitten oder am Ende eines Gesanges [einer Phrase]« (1706, S. 67).

Mordente

Das heute als Mordent bezeichnete Ornament konnte entweder drei oder mehr Töne umfassen. Beyer (1703, S. 58) führt den Mordent als *Trillo descendens* an (absteigender Triller, bestehend aus 13 Noten). Fuhrmann (1706, S. 66) handelt vom *Tremulo* (mit Zeichen +), beschränkt dieses jedoch auf »ein angenehmes Zittern der Stimme im Semitonio [Halbton] unter derjenigen Note, so da tremuliren soll«. Auch er beschreibt also eine mehrfache, regelmäßige Bewegung zwischen den beiden erwähnten Tönen (vgl. Neumann 1978, S. 303).

Walther (1708, S. 38) unterscheidet *Mordens oder Mordentia*: »Etliche machen einen Unterschied, und sagen das ₰ zeige eine lange Mordante (gallicè [französisch] Pincement) an; und dieses ⋀ zeige eine kurtze Mordante an«. In Walthers Notenbeispiel enthalten zwei von drei Mordenten zusätzlich eine untere Nebennote auf dem Schlag, was in Bachs Ornamentiktabelle von 1720 *accent u. mordant* genannt wird (⟶ S. 372).

Dort werden der *mordant* und seine Kombinationen mit anderen Ornamenten stets als Bewegung aus drei Noten aufgefaßt. Dennoch verwendet Bach das kurze Mordentzeichen ⋀ auch für länger anhaltende Verzierungen auf ausgehaltenen Tönen, beispielsweise im dritten Satz des *Concerto* BWV 1064 (T. 158, Cembalo 1). Im zweiten Satz des *Concerto* BWV 1054 (T. 7f.) wird der Mordent zur Fortführung der Bewegung um eine separate lange Wellenlinie ergänzt (⋀ ⁓⁓⁓).

Doppelschläge

Doppelschläge sind in Bachs Orchestermusik auf wenige Werke – durchweg Konzerte – beschränkt (BWV 1044/2, BWV 1052 und 1053, BWV 1055/1 und 3, BWV 1057).

Bach nennt den Doppelschlag in seiner Tabelle von 1720 *cadence* (⟶ S. 372). Dabei bezeichnet das ∞-Symbol stets eine viertönige Figur, die, *auf* dem Schlag beginnend, mit der oberen Nebennote einsetzt. Umgekehrte Doppelschleifen, welche einen Beginn von der unteren Nebennote nahelegen, treten bei Bach nicht auf. Auch bei späteren Autoren wie Doles oder C. P. E. Bach finden sich keine Doppelschläge, die mit der Hauptnote beginnen. Die Ähnlichkeiten der Anweisungen deutscher Traktate und Tabellen aus dem Zeitraum zwischen Bachs (1720) und Doles' (ca. 1760) Lehrbüchern lassen darauf schließen, daß es sich beim Doppelschlag um ein stark normiertes Ornament handelte, welches alternative Ausführungen verbot, wie sie in Verzierungstabellen zur französischen Claviermusik erscheinen. Deshalb bewirken selbst Doppelschläge mit vorheriger Überbindung bei der Wahl der Töne keine Abweichung gegenüber Bachs Tabelle von 1720 (siehe beispielsweise den zweiten Satz des *Concerto* BWV 1044, T. 54).

Vorschläge

Der Terminus *Vorschlag* taucht erstmals in Johann David Heinichens Traktat von 1728 auf (MGG[2], *Sachteil* 9, Sp. 1424). Bach nennt ihn *accent steigend* oder *accent fallend* (⟶ S. 372). Martin Heinrich Fuhrmann (1706, S. 64) definiert *Accento* als »Zertheilung der Note, wenn die Stimme sanfft und schnell hinauff oder herab in die Secund oder Terz steiget«, und fügt hinzu: »Der Accent wird meistens im Anfang und Ende einer Noten gebraucht«, was einem modernen Vorschlag *auf* dem

Vorschläge

Schlag gleichkommt. Aus dem beigefügten Notenbeispiel geht hervor, daß bei der Aufteilung des Notenwertes die nicht-notierte Note stets kürzer ausfällt als die vorgezeichnete, gleichgültig ob diese *vor* oder – wie am Schluß des Beispiels – *nach* dem eingefügten Ton erklingt.

M. H. Fuhrmann: *Musicalischer Trichter* (1706), S. 64: *Accento*

Walther (1708, S. 38) nennt diese Figur ebenfalls *Accent* und konkretisiert Fuhrmanns Anweisung hinsichtlich ihrer Dynamik und Artikulation, indem »die nächste entweder drüber oder drunter folgende Note dergestalt submissè [leiser] gehöret wird, daß es scheint, als wenn beyde Noten nur eine zusammen wären«. Somit klingt der vorangestellte Ton kräftiger, die folgende Note muß an diesen angebunden werden. In Bachs Orchestermusik begegnen selbst Vorschläge in der Quarte (BWV 1053/2), in der Sexte (BWV 1055/2 und 3) sowie in der absteigenden Septime (BWV 1054/3 und 1056/2).

Anders als in der Musik des späteren 18. Jahrhunderts (etwa bei Doles [ca. 1760], S. 113) kann hier grundsätzlich davon ausgegangen werden, daß die Dauer des Vorschlags seinem angegebenen Wert entspricht. So gibt es keinen Grund, in der zweiten Bourrée der Orchestersuite BWV 1069 die Hauptnote der Oboenstimmen in die nachfolgende Pause zu verschieben. Weshalb hätte Bach ein Achtel notieren und ein Viertel oder gar eine Halbe meinen sollen? Auch in der Solostimme zum zweiten Satz des *Concerto* BWV 1052 lassen sich die einfachen und doppelten Vorschläge anhand ihres angegebenen Wertes unschwer in den Verlauf der Melodie einpassen. Als Ausnahmen von dieser Regel sind wohl Vorschläge vor einer anapästischen Figur oder einer Triolengruppe (BWV 1044/1, T. 6, bzw. BWV 1055/2, T. 12) zu betrachten: Sie sollen offenbar als sehr kurze Noten gespielt werden, welche die Integrität der nachfolgenden Tongruppe kaum beeinträchtigen.

Bachs eigene Ornamentiktabelle (1720) kann hier nicht direkt in Betracht kommen, da der durch einen Halbkreis vor der betreffenden Note angedeutete *accent,* welcher durch den Wert der Hauptnote hälftig auf Vorschlag und Auflösung verteilt wird, in seinen Orchesterkompositionen nicht auftritt. Allerdings scheint eine Reduktion des Vorschlags auf die Hälfte des notierten Wertes in der Solostimme zum dritten Satz des *Concerto* BWV 1055 zu einem plausiblen Resultat zu führen. Die gleiche Verkürzung gilt wohl auch für sämtliche Stellen, an denen die Dauer eines Vorschlags mit jener der Hauptnote identisch oder sogar größer ist, was bei notengetreuer Interpretation des zusätzlichen Tons zu einer unstatthaften Erweiterung des Notenwertes führen müßte (so etwa im zweiten Satz des *Concerto* BWV 1056, T. 3 bzw. 17).

Johann Joachim Quantz (1752, S. 77) weist darauf hin, in welchem Maß sich Vorschläge von bloßen Verzierungen zu wesentlichen Ausdrucksmitteln nachbarocker Melodik gewandelt hatten: »Die Vorschläge (Ital. appoggiature, Franz. ports de voix) sind im Spielen so wohl ein Zierrath, als eine nothwendige Sache«. Der Grund hierfür besteht in ihrer klangschärfenden Funktion als Dissonanzen. Laut Quantz stammen die Vorschläge aus der »französischen Spielart«. Im Gegensatz zur französischen Musik haben Vorschläge (als zumeist dissonierende Noten) jedoch stets *auf* dem Schlag zu erklingen und nicht *vor* diesem.

Schleifer

Noch bevor Johann Gottfried Walther (1708) auf *Trillo* und *Accent* eingeht, erörtert er anscheinend kompliziertere Ornamente wie den *Schleiffer* und *Circuitus*. Das Zeichen ⋏⋎ bedeutet, »daß man aus der 3tia [Terzia = Terz] entweder auf- oder unterwarts; ([je] nachdem das Zeichen stehet) in die folgende Note einen sachten Schleiffer exprimiren [ausdrücken] soll« (S. 37). Aus Walthers Notenbeispiel ergibt sich eindeutig, daß beide Formen, die auf- wie absteigende, auf Kosten des vorangegangenen Notenwertes ausgeführt werden, daß es sich bei Schleifern also um Verzierungen *vor* dem Schlag handelt:

J. G. Walther: *Praecepta der Musicalischen Composition* (1708), S. 37: *Schleiffer* mit *Resolutio* (Auflösung)

Daß Bach ebenso wie Walther den Schleifer als Verzierung *vor* dem Schlag betrachtete, scheint T. 9 aus dem Mittelsatz des *Concerto* BWV 1053 zu belegen. Im Gegensatz zum ausgeschriebenen Terzornament zu Taktbeginn setzte er in die Mitte des Taktes ein Verzierungszeichen. Aus diesen unterschiedlichen Notationsarten läßt sich schließen, daß offenbar zwei abweichende rhythmische Ausführungen gemeint sind. Ebenso scheinen die Keile in T. 20 des ersten Satzes aus dem *Concerto* BWV 1053 eine gleiche Ausführung der vier Achtelnoten nahezulegen, weshalb der Schleifer zwischen diese einzuschieben ist – im Unterschied zur ausgeschriebenen Version *auf* dem Schlag in T. 15. Etwas problematischer erscheint der zweite Schleifer im ersten Satz des *Concerto* BWV 1052 (T. 19), vor dem die eingefügten Noten in eine Folge regelmäßiger 16tel-Werte zu integrieren sind.

Dominik Sackmann

RHYTHMISCHE VERÄNDERUNGEN

Lombardische Rhythmen

Eine umgekehrt-punktierte Notengruppe (in der Folge kurz-lang) erscheint bereits in Fuhrmanns (1706, S. 64) Notenbeispiel zur Erklärung des *Accento* (⟶ S. 378) als Konsequenz der Schreibweise eines kurzen Vorschlags *auf* dem Schlag und der hieraus resultierenden Verkürzung der folgenden Note. Die gleiche Notation begegnet bei Johann Friedrich Doles wieder, der den sogenannten »Lombardischen Geschmack« ursächlich mit der punktierten Darstellung der langen Note nach zwei kurzen Vorschlagsnoten *auf* den Schlag in Zusammenhang bringt (Doles ca. 1760, S. 129).

Die Annahme, daß Bach seinen Interpreten wenig Spielraum für rhythmische Freiheiten ließ, scheint sich hier erneut zu bestätigen. Die lombardische Punktierung war offenbar kein beliebig

Überpunktierung

einsetzbares Stilmittel; Bach notierte sie selbst, wo er die Länge der einzelnen Töne genau zu definieren wünschte. In T. 16 des *Largo* aus dem *Concerto* BWV 1056 diente der lombardische Rhythmus dazu, den ausgeschriebenen Vorschlag auf den Schlag in seiner Länge genau zu definieren, ihn damit von den übrigen Vorschlägen zu unterscheiden und an die ebenfalls ausgeschriebene Verzierung auf der Taktmitte anzugleichen:

Kantate BWV 156 *Ich steh mit einem Fuß im Grabe* (1729?), Sinfonia, T. 16 (*Hautbois*)
Concerto f-Moll BWV 1056 (ca. 1738), *Largo*, T. 16 (*Cembalo certato*)

Offenbar beschränkte sich Bachs Verwendung dieser Notationsweise auf die 1730er Jahre (Herz 1974, S. 95). Die einschlägigen Belege hierfür finden sich im *Domine Deus* der Messe h-Moll BWV 232, allerdings nur in dem Stimmensatz, den Bach im Juli 1733 dem sächsischen Kurfürsten überreichte, und in der Konzeptniederschrift der Cembalokonzerte BWV 1052–1058 aus der Zeit um 1738. Die Tatsache, daß Bach in den Takten 23f. sowie 48f. des Mittelsatzes aus dem *Concerto* BWV 1054 lombardische Rhythmen verlangt, während er in der Frühfassung dieses Werkes, dem Violinkonzert BWV 1042, noch gleichmäßige Sechzehntelnoten ausführte, hängt wahrscheinlich mit der Uminstrumentierung zusammen: Da sich in der Cembalobearbeitung die Zweierbindungen in solcher Geschwindigkeit nicht – wie auf der Violine – durch dynamische Verstärkung der jeweils ersten Note gestalten ließen, entschied sich Bach für lombardische Rhythmen und erzielte damit eine ähnlich ausdrucksvolle Wirkung.

Überpunktierung

Generell kannte die Musikpraxis der Bach-Zeit eine gewisse Freiheit bei der Ausführung rhythmischer Modelle und vor allem punktierter Figuren, sofern es deren rhythmische Einteilung innerhalb der betreffenden Taktzeit und Artikulation betraf. C. P. E. Bach etwa forderte unterschiedliche Arten der Ausführung von Punktierungen, wobei »ein flattierender Affect [...] die Ursache« sein kann, »daß man bei dem Puncte etwas weniger anhält«, und leitete daraus das Prinzip ab: »Wenn man also nur *eine* [Hervorhebung durch C. P. E. Bach] Art vom Vortrage dieser Noten zum Grundsatze leget, so verliehrt man die übrigen Arten« (1762, S. 250).

Somit mag in einem akkordischen, lauten und »prächtigen« Eröffnungssatz (Quantz 1752, S. 116) die Punktierung schärfer erscheinen als in einem kantablen Adagio. Die erhaltenen Quellen der Bach-Zeit jedoch gestatten es nicht, hier von »Doppelpunktierung« zu sprechen, also der Ausführung zweier Noten im Verhältnis von 7:1. Wie Frederick Neumann (1982, S. 151) zeigte, beruhte das »Überpunktierungs-Syndrom« bei der Aufführung barocker Musik im 20. Jahrhundert auf einseitiger Interpretation diverser Passagen in Quantz' Traktat von 1752. In Wirklichkeit scheinen diese der Tendenz entgegentreten zu wollen, eine punktierte Note nicht auszuspielen, und die nachfolgende kurze nicht deutlich genug wiederzugeben, denn sämtliche Stellen innerhalb dieser Schrift zielen darauf, »dass die Note nach dem Puncte [...] kurz gespielet werden muß« (Quantz 1752, S. 58, 116 und 250). Um die punktierte Note nicht zu kürzen, soll der Punkt weder durch eine Pause ersetzt werden, noch die kurze Note zu früh eintreten. Diese Warnung betrifft insbesondere solche Fälle, in denen auf eine punktierte mehrere sehr kurze Noten folgen, die »nicht allemahl nach ihrer Geltung, sondern am äußersten Ende der ihnen bestimmten Zeit, und in der größten Geschwindigkeit gespielet [werden]; wie solches in Ouverturen, Entreen, und Furien öfters vorkömmt« (Quantz 1752, S. 270). Eine proportionale Verlängerung der punktierten Note war offenbar nur dann nötig, wenn die punktierte Figur der Begleitung bestimmter Rhythmen diente, die auf diese Weise stärker profiliert werden konnten (Quantz, S. 58 sowie Tabelle II, Fig. 7. f–h):

J. J. Quantz: *Versuch einer Anweisung die Flöte traversiere zu spielen* (1752), *Tab. II, Fig. 7. f), g) und h)*

Die erste eindeutige Beschreibung der Doppelpunktierung findet sich jedoch nicht bei Quantz, sondern in Friedrich Wilhelm Marpurgs *Anleitung zum Clavierspielen* (1755), vielleicht von Quantz beeinflußt. Marpurg ging höchstwahrscheinlich von den ausgeschriebenen Doppel- und Mehrfachpunktierungen aus, die François Couperin als Stilmittel wiederholt in Sätze langsamerer Bewegung seiner seit 1713 erschienenen *Ordres* für Cembalo integrierte. Solche ausgeschriebenen Überpunktierungen finden sich in der Folgezeit auch in Orchestersuiten französischen Stils sowohl von Georg Philipp Telemann als auch Bach (⟶ S. 268ff.). Offensichtlich bewog dieses französische Ausdrucksmittel Bach sogar dazu, die Druckfassung seiner *Overture nach Französischer Art* h-Moll BWV 831 aus dem zweiten Teil der *Clavier Übung* im Hinblick auf die Notation punktierter Figuren gegenüber der früheren Fassung in c-Moll BWV 831a zu ca. 80 Prozent zu verschärfen (Hefling 1993, S. 98ff.). Mit Couperins Vorbild aber haben diese rhythmischen Veränderungen gemein, daß sie nicht der Ergänzung des Interpreten überlassen blieben, sondern von vornherein vom Komponisten ausgeführt wurden.

Daß Quantz an den erwähnten Stellen seines Traktats von 1752 überhaupt eine allgemein übliche Konvention »französischer Spielart« beschreibt, erscheint mehr als fraglich. Denn im Gegensatz zu den zahlreichen Erörterungen und Regeln der Ausführung von *notes inégales* fehlen Hinweise zur Über- und Doppelpunktierung aus dem 17. Jahrhundert und der Zeit vor 1750 auch in französischen Traktaten vollständig. Im Gegenteil: Diverse französische Handschriften und Editionen von Musikalien enthalten Zeugnisse für die noch heute gültige Notation der Doppelpunktierung mit zwei aufeinander folgenden Augmentationspunkten und metrisch entsprechend verkürzter Darstellung der folgenden Note. Sie hätte bei Bedarf auch im deutschen Sprachraum Anwendung finden können, zumal durch einen Komponisten, der wie Bach eine weitgehende Kontrolle des Interpreten beabsichtigte. Daher gilt für die Notationspraxis französischer Musik des 17. und 18. Jahrhunderts dasselbe, was C. P. E. Bach 1753 (S. 127f.) forderte und was sein Vater längst in die Tat umgesetzt hatte: »Es ist [...] am besten, daß man alles gehörig andeutet, widrigenfalls kan man aus dem Inhalte eines Stückes hierinnen vieles Licht bekommen«.

Dominik Sackmann

Vibrato und Glissando

Die Termini für das Vibrato lauteten im Deutschen noch bis weit ins 19. Jahrhundert hinein *Tremoletto* (Fuhrmann 1706, S. 66), *Bebung* (Fuhrmann 1706, S. 66; Quantz 1752, S. 204), *Zittern* (Mattheson 1713, S. 261), *Tremulo* (Mattheson 1739, S. 114) und *Schwebung* (Mattheson 1739, S. 114; Marpurg 1750, S. 56). Die älteste Definition des Vibratos in deutschen Quellen des 18. Jahrhunderts stammt von Martin Heinrich Fuhrmann (1706, S. 66):

»Tremoletto ist eine Bebung der Stimme / so [...] in Unisono oder in einem Clave [Ton, d.h. ohne Nebennote] geschiehet / wie auff der Geige am besten zu zeigen / wenn man den Finger auff der Seite stehen läst / und solchen doch mit Schütteln etwas beweget und den Thon schwebend macht / als:«

Bemerkenswert ist jedoch, daß diverse Traktate – darunter diejenigen von Johann Samuel Beyer (1703) und Johann Gottfried Walther (1708 und 1732) – das Vibrato als atem- bzw. fingertechnisch ausgeführte Verzierung erst gar nicht erwähnen. Walther (1732, S. 614) beispielsweise betrachtet den »Tremolo oder Tremulo [...] auf besaiteten und mit Bogen zu tractirenden Instrumenten« als ein sog. Bogenvibrato (»viele in einerley Tone vorkommende Noten, [die] mit einem zitternden Striche absolvirt werden sollen, um den Orgel-Tremulanten zu imitiren«), den »Tremoletto« als einen kurzen Triller von der Hauptnote aus.

Auf solche terminologische und aufführungspraktische Unsicherheiten bei der Unterscheidung von Vibrato einerseits und Trillern bzw. Mordenten andererseits bezieht sich Johann Matthesons Definition von 1739:

»Der Tremolo oder das Beben der Stimme ist weder der so genannte Mordant, wie ihrer viele meinen, noch irgend eine auf andre Art aus zween Klängen [Tönen] bestehende Figur [...]; sondern die allergelindeste Schwebung auf einem eintzigen festgesetzten Ton, dabey meines Erachtens das Oberzünglein des Halses [(beim Sänger) ...] durch eine gar sanfte Bewegung oder Mäßigung des Athems, das meiste thun muß, so wie auf Instrumenten [Streichinstrumenten bzw. Clavichord] die blosse Lenckung der Fingerspitzen, ohne von der Stelle zu weichen, gewisser maassen eben das ausrichtet [...] Es läßt sich also dieser Tremolo nicht eher in Noten deutlich vor Augen legen, als bis gar gewisse Zeichen des Windes [der Luft] und der Fingerspitzen erfunden worden; denn ob man gleich sagen wollte, daß auch die geringste Bewegung, sie geschehe mittelst des Windes oder der Fingerspitzen einen andern Klang hervorbringe, so [(kann) ...] dergleichen feine Klang-Eintheilung niemand beschreiben, noch messen; vielmehr mit gebräuchlichen Abzeichen [Symbolen] vorstellig machen. Man kan wol andeuten, an welchen Orten ein solches Zittern oder Schweben geschehen soll, aber wie es eigentlich damit zugehe, kan weder Feder noch Circkel zeigen: das Ohr muß es lehren« (Mattheson 1739, S. 114).

Diese unter allen deutschen Quellen der Bach-Zeit ausführlichste Angaben weisen auf eine rhythmisch freie und von Fall zu Fall unterschiedliche Ausführung des Vibrato hin (die Fuhrmann 1706 nicht andeutet). Wie und wann genau das Vibrato erfolgen soll, bleibt offen; 1713 spricht Mattheson vom Zittern bei ausgehaltenen Tönen als Ersatz für den »Trillo« (1713, S. 261). Auch

Friedrich Wilhelm Marpurg (1750, S. 56), C. P. E. Bach (1753, S. 126) und Johann Friedrich Agricola (1757, S. 121) empfehlen den Vibrato-Einsatz »besonders auf Haltung langer Noten, zumal wenn man sie erst gegen das Ende dieser Noten anbringt«.

Das Bogenvibrato betrachtet Mattheson (1739, S. 114) nur als Variante des »Tremolo« und vergleicht es wiederum mit dem Tremulant »auf den Orgeln, welcher ein Schweben im Spielen verursacht, so offt man es haben will. Auf Geigen kan dergleichen Zittern auch mit den Bögen in einem [einzigen] Strich, auf einem Ton bewerckstelliget werden«. Sein Gebrauch entspricht offenbar dem des Vibrato; d.h. es bedarf hierzu, so Mattheson, nicht unbedingt einer gesonderten Vorzeichnung. Die heute als Bogenvibrato bekannte Notation von Noten gleicher Tonhöhe unter einem einzigen Bogen wird in deutschen Quellen der Bach-Zeit nicht ausdrücklich mit dem »Tremulo« gleichgesetzt, selbst wenn diese Darstellung spieltechnisch nicht anders zu realisieren ist und allenfalls eine abweichende Dichte und Intensität bedeuten kann. Jedenfalls geht die Notation des Bogenvibrato im mitteldeutschen Raum auf eine lange Tradition zurück (Carter 1991, S. 52ff.). Bereits Samuel Scheidt (1624, Anhang) in Halle/Saale übertrug die Technik der »Imitatio Violistica« von der Violine auf Tasteninstrumente:

»Wo die Noten / wie allhier / zusammen gezogen seind / ist solches eine besondere art / gleich wie die Violisten mit dem Bogen schleiffen zu machen pflegen«. Heinrich Schütz nannte das Bogenvibrato in Partien für Streichinstrumente *tremulus,* Johann Jacob Walther *Organo tremolante* und Dietrich Buxtehude schlicht *Tremulo.*[1]

Vermutlich konzentrierte sich die Verwendung des herkömmlichen Vibratos auf solistisches Spiel. Jedoch forderte Johann Joachim Quantz bereits auch »Ripien-Violinisten« ganz selbstverständlich zu Fingervibrato auf: »Vom Gebrauche der Finger der linken Hand ist zu merken, daß die Stärke des Aufdrückens derselben, jederzeit, mit der Stärke des Bogenstrichs, in rechtem Verhalte stehen müsse. Läßt man den Ton in einer Haltung (tenuta) an der Stärke wachsen: so muß auch der Finger, zunehmend aufgedrücket werden. Um aber zu vermeiden, daß der Ton nicht höher werde; muß man den Finger gleichsam unvermerkt zurück ziehen; oder dieser Gefahr durch eine gute und nicht geschwinde Bebung abhelfen« (Quantz 1752, S. 204).

Wie oft Vibrato beim Ensemblespiel eingesetzt wurde, läßt sich nicht ermitteln. Allerdings ist erst in Quellen aus der zweiten Hälfte des 18. Jahrhunderts von häufigerem oder gar übertriebenem, weil regelmäßigem Vibratogebrauch bei solistischem Spiel ebenso wie in der Ensemblepraxis die Rede (Moens-Haenen 1988, S. 240ff. und 251f.). Daher kann angenommen werden, daß Vibrato in früheren Epochen tatsächlich als Verzierung diente und bei Bach die Häufigkeit der von ihm notierten Ornamente nicht wesentlich übertraf.

Nicht völlig geklärt ist die Bedeutung von Bachs Wellenlinien vor allem in Partien für Gesang, aber auch für Melodieinstrumente.[2] Dieses Symbol findet sich ausschließlich in Vokalwerken, im *Grave* der *Sonata* 2 a-Moll BWV 1003 für Violine solo, in der Gamben-Stimme zum ersten Satz der *Sonata* G-Dur BWV 1027 für Cembalo und Viola da gamba und in den Partien für *Flute Travers.* und *Violino principale* des Partiturautographs (1721) sowie der autographen Originalstimmen (ca. 1720) zum ersten Satz des »Brandenburgischen Konzerts 5« BWV 1050:

Glissando

»Brandenburgisches Konzert 5« D-Dur BWV 1050, *Allegro* (I), T. 95–98: Ausschnitt aus dem Partiturautograph (1721), Anordnung von oben nach unten: *Flute Travers., Violino principale, Violino in Ripieno, Viola in Ripieno*

Die Wellenlinie tritt in Bachs Kantaten vornehmlich in besonderem affektivem Zusammenhang auf und fällt oft mit Worten wie »tot«, »Noth«, »Angst«, »Trauren«, aber auch »siegen« oder »Gnaden« zusammen (Neumann 1978, S. 519). Frederick Neumann interpretiert das Zeichen als Hinweis auf die Ausführung eines Vibrato. Daß es sich hier um einen Triller handelt, ist unwahrscheinlich, weil die Wellenlinie in Bachs Partien für Gesang bzw. Melodieinstrumente – im Unterschied zu seiner Tastenmusik – als Trillersymbol nicht zu belegen ist.

Greta Moens-Haenen (1984) stellte fest, daß die Wellenlinie ausnahmslos an chromatische Fortschreitungen gebunden ist, meist über einen Halbton. Ein Vibratosymbol hatte sich keinesfalls auf solche musikalischen Situationen zu beschränken, diese lassen vielmehr an eine Modulation der Tonhöhe denken. Moens-Haenen schlägt eine Interpretation als Halbton-Glissando vor, wie es in der italienischen Gesangspraxis (»Messa di voce crescente«) seit der ersten Hälfte des 17. Jahrhunderts und noch von Johann Friedrich Agricola (1757, S. 57) gelehrt wurde, aber auch in französischen Traktaten der Bach-Zeit und sogar in der französischen Gambenliteratur begegnet (Moens-Haenen 1988, S. 245f.) – wenn auch in Gestalt anderer Symbole. Deutsche Quellen schweigen sich hierüber aus, Moens-Haenen (1988, S. 247f.) kann allerdings glaubhaft machen, daß dieselbe Wellenlinie in der Originalpartitur von Agostino Steffanis Düsseldorfer Oper *Il Tassilone* (1709) ein Vokalglissando über chromatische Vierteltonabstände hinweg bezeichnet.

Daß Bach italienische Gesangstechniken kennenlernte und diese adaptierte, ist durchaus vorstellbar. Auch leuchtet ihr Fehlen in deutschen Traktaten der Bach-Zeit ein, die doch kaum je auf den italienischen Vortragsstil Bezug nehmen. Gleichwohl kann nicht entschieden werden, ob die Wellenlinie ein (langsames) Halbton-Glissando oder ein Halbton-Glissando *plus* Vibrato verlangt (Moens-Haenen 1988, S. 249f.). Als dritte, bislang nicht diskutierte Möglichkeit käme im »Brandenburgischen Konzert 5« ein Vibrato mit weitem, bis zu einem Halbton umfassenden bzw. in den folgenden Halbton übergehenden Ausschlag in Frage. Jedenfalls zeigen das Partiturautograph von 1721 wie auch die autographen Originalstimmen (ca. 1720) ein Ende der Wellenlinie nach Erreichen des folgenden Halbtons an.

Siegbert Rampe

GENERALBASSPRAXIS

Die Generalbaßlehre der Bach-Zeit umfaßte unterschiedliche theoretische und praktische Bereiche, die zusammenhängend vermittelt wurden, während sie heute in die Fächer Harmonielehre, Tonsatz, Kontrapunkt und Generalbaßpraxis gegliedert sind. Generalbaßkenntnisse waren damals Voraussetzung bzw. Bestandteil jeder Organistenlehre oder Kantorenausbildung. Angehende Kunstgeiger und Stadtpfeifer hingegen erhielten in den ersten Jahrzehnten des 18. Jahrhunderts laut Johann Joachim Quantz (1754) weder Unterricht auf Tasteninstrumenten noch im Generalbaß (Schleuning 1984, S. 55).

Die Bach-Schüler Heinrich Nicolaus Gerber, Johann Friedrich Agricola und C. P. E. Bach berichten übereinstimmend, daß Bach erst im letzten Abschnitt der von ihm erteilten Ausbildung auf Tasteninstrumenten mit dem Generalbaß- und Kompositionsunterricht begann (Dok. III, Nr. 662, 803 und 950). In seinem Brief an Johann Nicolaus Forkel vom 13. Januar 1775 erinnert sich C. P. E. Bach:

»In der Composition gieng er [Bach] gleich an das Nützliche mit seinen Scholaren, mit Hinweglaßung aller der trockenen Arten von Contrapuncten, wie sie in Fuxen[1] u. andern stehen. Den Anfang musten seine / Schüler mit der Erlernung des reinen 4stimmigen Generalbaßes machen. Hernach gieng er mit ihnen an die Choräle; setzte erstlich selbst den Baß dazu, u. den Alt u. den Tenor musten sie selbst erfinden. Alsdenn lehrte er sie selbst Bäße machen. Besonders drang er sehr starck auf das [schriftliche] Aussetzen der Stimmen im General-Baße. Bey der Lehrart in Fugen fieng er mit ihnen die zweystimmigen an, u.s.w. Das Aussetzen des Generalbaßes u. die Anführung [Anleitung zur Aussetzung] zu den Chorälen ist ohne Streit die beste Methode zur Erlernung der Composition, quoad Harmoniam [und dadurch zur Harmonie]« (Dok. III, Nr. 803).

Auf sehr ähnliche Weise erteilte auch Johann Gottfried Walther Generalbaß- und Kompositionsunterricht (Walther 1987, S. 74). Im April 1729 besaß Walther (1987, S. 34ff.) die Generalbaßtraktate von Michael Praetorius (III, 1619), Johann Andreas Herbst (1653), Johann Crüger ([2]1654), Lorenzo Penna (1672), Andreas Werckmeister (1698, 1700 und 1702), Friedrich Erhard Niedt (1700), Jacques Boyvin (1700), Michel de Saint-Lambert (1707), Francesco Gasparini (1708) und Johann David Heinichen (1711 und 1728).[2] Heinichens Schrift von 1728 dürfte Walther durch Bach erhalten haben; dieser war Anfang 1729 sowohl an deren Vertrieb wie auch an demjenigen der ersten Lieferung von Walthers *Lexicon* beteiligt (Dok. II, Nr. 260). Ob sich Walther und Bach fremder Bücher bedienten oder nach eigenen Traktaten Generalbaß unterrichteten, ist jedoch nicht mit Gewißheit zu entscheiden.

Im Clavierbuch Anna Magdalena Bachs von 1725 blieben *Einige höchst nöthige Regeln vom General Basso di J. S. B.*, aufgezeichnet von Johann Christoph Friedrich Bach, sowie *Einige Reguln vom General Baß* in der Handschrift Anna Magdalenas erhalten (*Klavierbüchlein* 1725, S. 125ff. und XXII; Dok. I, Nr. 183). Diese äußerst knappen Anweisungen – beide aus der Zeit nach 1740 – dienen alleine dem Verständnis der Generalbaßziffern, erläutern diverse Akkorde und Stimmführungsregeln und gehen davon aus, daß Generalbässe grundsätzlich vierstimmig (einschließlich der Baßstimme) ausgesetzt werden.

Ein regelrechter Traktat liegt hingegen in den mehrteiligen *Vorschriften und Grundsätzen zum vierstimmigen spielen des General-Bass oder Accompagnement* vor, datiert 1738.[3] Wie schon Philipp Spitta

Generalbaßregeln

(1882) erkannte, handelt es sich hier großenteils um eine Abschrift von Friedrich Erhard Niedts Publikation aus dem Jahre 1700, wiederholt gekürzt, aber auch ergänzt. Einer der beiden Schreiber der Quelle ist Carl August Thieme, der von 1735 bis 1745 Alumne der Leipziger Thomasschule war. Von Thieme stammen außer dem Titelblatt zahlreiche Korrekturen innerhalb der Handschrift; der eigentliche Traktat wurde jedoch von einem noch unbekannten Schreiber (einem Mitschüler Thiemes?) aufgezeichnet (Schulze 1984, S. 125ff.). Vermutlich geht die Quelle auf ein Diktat im Unterricht der Thomasschule zurück (Spitta 1880, S. 599), dessen Niederschrift von Bach nicht korrigiert wurde, so daß verschiedentlich Satzfehler bestehen blieben. Sollte diese Deutung zutreffen, hätte Bach in seinen Unterrichtsveranstaltungen also wesentliche Passagen aus Niedts Publikation referiert und kommentiert. Immerhin war Niedt Schüler von Bachs Cousin Johann Nicolaus Bach in Jena gewesen. Für die Beziehung des handschriftlichen Traktats zu Bach sprechen eine ebenso pragmatische und knappe wie effektive Darlegung der Generalbaßregeln, der wiederholte Wechsel von ₵- und ℂ-Taktvorzeichnung innerhalb ein und derselben Baßpartie (⟶ S. 327) sowie die bis g" geführte Oberstimme der Aussetzung. Die Aussetzung soll, so die Schrift, generell vierstimmig ausfallen: drei Stimmen in der rechten Hand, der Baß in der linken.[4]

Zweifellos entstand in Bachs eigenem Generalbaßunterricht hingegen eine vollständige Generalbaßaussetzung »*a 4. Voc.* [Stimmen]« der *Sonata VI* aus Tomaso Albinonis *Trattenimenti Armonici per Camera* op. 6 für Violine und Continuo (erschienen in Amsterdam, ca. 1712). Sie wurde im Jahre 1725 von Heinrich Nicolaus Gerber angefertigt und durchweg von Bach selbst korrigiert (Dürr 1978, S. 9f.). Ernst Ludwig Gerber (1790) berichtet über die Organistenlehre seines Vaters:

»Den Beschluß machte der Generalbaß, wozu Bach die Albinonischen Violinsolos wählete; und ich muß gestehen, daß ich in der Art, wie mein Vater diese Bässe nach Bachs Manier ausführete, und besonders in dem Gesange der Stimmen untereinander, nie etwas vortreflichers gehöret habe. Dies Akkompagnement war schon an sich so schön, daß keine Hauptstimme [für Melodieinstrument oder Gesang] etwas zu dem Vergnügen, welches ich dabey empfand, hätte hinzuthun können« (Dok. III, Nr. 950).

H. N. Gerbers Aussetzung von Albinonis Opus 6,6 (wiedergegeben in Spitta 1880, Anhang) zeichnet sich im wesentlichen durch folgende Merkmale aus:

♦ In allen vier Sätzen herrscht ausnahmslos strikte Vierstimmigkeit, verteilt auf rechte (drei Stimmen) und linke Hand (Baß).

♦ Die Oberstimme der Aussetzung bewegt sich im Bereich zwischen g' und g", ohne diese Oktave je zu verlassen. Die Lage der Oberstimme ist von der Violinstimme unabhängig und allenfalls für einzelne Töne sowie aus stimmführungstechnischen oder melodischen Gründen über dieser angesiedelt.

♦ Stimmführungsregeln werden streng eingehalten; d.h. Quint- und Oktavparallelen, aber sogar Folgen von verminderter und reiner Quinte (bzw. umgekehrt) werden selbst zwischen Mittelstimmen konsequent vermieden. Generell herrscht Gegenbewegung vor, insbesondere zwischen Baß und Oberstimme der Aussetzung.

♦ Die harmonische Bewegung der rechten Hand folgt meist dem Rhythmus der Baßstimme, sofern nicht Vorhaltauflösungen oder Durchgänge zu kurzzeitiger Halbierung der Notenwerte führen. Treten in der Baßstimme 16tel-Passagen auf, begleitet die rechte Hand in Achtelnoten; der umgekehrte Fall findet sich lediglich in den *Adagio*-Sätzen. Parallel zum Rhythmus wird auch die Oberstimme der Aussetzung häufig in Terzen oder Sexten zum Baß oder zur Violinpartie geführt.

♦ Die Aussetzung zielt in allen Stimmen auf eine melodisch eigenständige, aber schlichte Stimmführung; sie bildet zusammen mit der Baßpartie einen in sich geschlossenen selbständigen Satz, wie dies Ernst Ludwig Gerber beschreibt. Entscheidend wird die Selbständigkeit durch den Rhythmus der Aussetzung beeinflußt, der ein flüssiges Bewegungstempo definiert (und damit gleichsam taktiert; ⟶ S. 329), ohne einen solistischen Habitus zu demonstrieren (etwa durch Ausführung schneller Notenwerte; sie bleiben Violine und Baß vorbehalten).

♦ Alle vier Sätze streben stets nach Cantabilität sämtlicher Stimmen der Aussetzung – selbst in den *Allegro*-Sätzen, wo Albinonis Komposition eher Motorik erwarten läßt. Erreicht wird dies durch eine ausdrucksvolle, gesangliche Stimmführung, die Beschränkung auf Achtel- oder Viertelwerte als Normalfall, den Verzicht auf Ornamentik und das häufige Überbinden von Grundtönen, insbesondere aber der Dissonanzen von Akkord zu Akkord. Wesentlichen Anteil an der Cantabilität in den *Allegro*-Sätzen hat die Ausformung kontrapunktischer Gedanken zum Verlauf sowohl der Violin- als auch Baßstimme; im Hinblick auf ihre rhythmische Struktur bleiben sie diesen jedoch stets untergeordnet. Solche kontrapunktischen »Bausteine« werden bei Wiederkehr der betreffenden Motive in Violin- und Baßstimme wiederholt (und gelegentlich variiert), so daß der Eindruck einer geschlossenen und durchdachten Konzeption entsteht.

♦ Ausdrucksnuancen erreichen Gerber und Bach nicht durch Dynamikangaben oder den Wechsel der Stimmenzahl, sondern – über die vorgegebene Bezifferung hinaus – durch Vorhaltbildung, chromatische Durchgänge und die Ergänzung dissonanter Akkorde, also durch zusätzliche Dissonanzen (siehe unten): Zu modulierenden Sextakkorden treten Quinte oder Quarte, Sekundakkorde werden zu Septnonakkorden, Grundakkorde durch Sekund-, Quart- und Sextvorhalte samt Auflösung geschärft.

♦ Im Einklang mit einigen Traktaten des 17. und 18. Jahrhunderts (beispielsweise von Speer 1687 und Heinichen 1728) steht das Mitspielen der Solostimme durch die rechte Hand zu Beginn eines imitatorischen Satzes, sofern der Baß pausiert – entsprechend dem ersten *Allegro* und zweiten *Adagio* von Gerbers Aussetzung.

Diese Bemerkungen decken sich weitgehend mit der »dritten Art« des Generalbaßspiels, die der Stuttgarter Hof-»Cammer *Musicus*« Johann Friedrich Daube in seinem Traktat von 1756 (S. 203f.) beschreibt:

»Die dritte Art entspringt:

♦ [1)] wenn man durch ein geschicktes Abwechseln der ersten Art, bisweilen Bindungen anzubringen sucht, wo sie der Componist [der Baßstimme] nicht hingesetzet, oder durch Zahlen ausgedrückt hat.

♦ 2) Bey Haltung [langen Tönen] der Oberstimme [Solostimme]: Hier kann man zuweilen einige melodieuse Gänge anbringen.

♦ 3) Man kann auch mit der Oberstimme in 3 oder 6ten fortgehen.

♦ 4) Wenn man das Thema der Oberstimme mit der rechten Hand zu imitiren trachtet, oder gar nach Gutbefinden ein Gegenthema hören läßt.

♦ 5) Da sichs auch zuträgt, daß der Baß bey einer sonst guten Oberstimme schlecht [schlicht!] gesetzet ist: Es sey, daß er imitiren könnte, dieses aber aus schlechtem [schlichtem] Nachdenken, oder aus Unwissenheit ausgelassen worden. Oder, wo der Baß in geschwinden oder langsamen Tönen einhergehen könnte, gerade das Gegentheil dastehet. In diesem Fall möchte sich der Accompagnist gar wohl der Freyheit bedienen, dieses unter währendem Accompagniren zu verbessern zu

Beschreibung von Bachs Generalbaßspiel

suchen. Doch ist hierbey auf die Person [den Solisten], der man accompagniret, zu sehen. Es gehöret zu dieser Ausübung eine große Einsicht, und gründliche Kenntniß der Composition, und ausnehmende Behutsamkeit.

[Anmerkung Daubes:] Der vortreffliche Bach besaß diese dritte Art im höchsten Grad. Durch ihn mußte die Oberstimme [Solostimme] brilliren. Er gab ihr durch sein grundgeschicktes Accompagniren das Leben, wenn sie keines hatte. Er wußte sie, entweder mit der rechten oder lincken Hand so geschickt nachzuahmen, oder ihr unversehens ein Gegenthema anzubringen, daß der Zuhörer schwören solte, es wäre mit allem Fleiß so gesetzet worden. Dabey wurde das ordentliche Accompagnement sehr wenig verkürzt [vernachlässigt]. Ueberhaupt sein Accompagniren war allezeit wie eine mit dem größten Fleiße ausgearbeitete, und der Oberstimme an die Seite gesetzte concertirende Stimme, wo zu rechter Zeit die Oberstimme brilliren mußte. Dieses Recht wurde sodann auch dem Basse ohne Nachtheil der Oberstimme überlassen. Genug! wer ihn nicht gehöret, hat sehr vieles nicht gehöret« (siehe auch Dok. III, Nr. 680).

Ob Daube selbst Bach je gehört hatte, ist fraglich und wurde bereits 1759 von dem Kantor Johann Friedrich Wilhelm Sonnenkalb bezweifelt, der von 1746 bis 1754 Alumne der Leipziger Thomasschule gewesen war (Dok. III, Nr. 703). Immerhin hätte er Bach während eines Aufenthalts in Leipzig auf der Reise 1744 nach Stuttgart hören können oder bei einem Berlin-Besuch Bachs im Jahre 1741: Daube war Anfang der 1740er Jahre Theorbist in der Hofkapelle Friedrichs II. von Preußen geworden. Dort mag er sich freilich auch durch die Bach-Schüler C. P. E. Bach, Johann Friedrich Agricola und vielleicht Christoph Nichelmann über das Generalbaßspiel von deren Lehrer informiert haben. Wichtiger jedoch als die Frage, ob Daube aus eigenem Erleben referierte, ist seine Klassifizierung der zeitgenössischen Generalbaßpraxis in drei verschiedene Arten und die Feststellung, daß Daubes »dritte Art« und seine Aussagen über Bachs Spiel mit der von diesem korrigierten Aussetzung Gerbers aus dem Jahre 1725 Punkt für Punkt übereinstimmen (Schneider 1914/15). Schließlich muß auch Sonnenkalb eingestehen: »Was der Herr Daube in dieser Note gesaget hat, ist alles die Wahrheit. Ich für meine Person habe denselben [Bach] in Leipzig sehr oft und vielmals spielen hören« (Dok. III, Nr. 703).

Allerdings dürfte Bach mit seinem Generalbaßspiel musikalisch heikles Terrain betreten haben, was aus folgender Ergänzung Daubes deutlich wird:

»Diese letztere [dritte] Art zu accompagniren hat einigermaßen eine Gleichheit, mit der sogleich anfangs [siehe unten] gemeldeten aber zu vermeidenden Manier. Diese ist zu fliehen wegen ihrer überall verlangten Nachahmung der Oberstimme, unnöthigen und beständigen Nachschlagen und Brechung der Akkorde, verdrießlichen und der Oberstimme abgestohlenen Triller, verhaßten Laufwerks, und anderer Siebensachen. Jene [dritte] Art hat deren keines. Ihre Nachahmung muß gemäßiget seyn, und bey guter Gelegenheit angebracht werden. Ihre Bindungen müssen der Oberstimme keinen Tort anthun, und nicht immer fortdauern. Ihr Laufwerk muß singend seyn, und nichts wildes an sich haben: Dieser Gesang muß aus der Melodie des Stücks entspringen, und nirgends, ausgenommen, wenn die Oberstimme mit langwährenden Noten eintritt, geschehen« (Daube 1756, S. 204f.).

Diese Angaben lassen sich ebenfalls für Gerbers Manuskript, aber auch für die zahlreichen Stellen in der *Sonata* h-Moll BWV 1030 für Cembalo und Traversflöte sowie in Cembalokonzerten Bachs in Anspruch nehmen, wo der Komponist eigenhändig oft mehrere Takte lang den Generalbaß aussetzte: Hier findet man praktisch nirgends eine Imitation der zu begleitenden Partien keinerlei Triller oder andere Ornamentik, wie sie in Heinichens Traktaten (1711 und 1728) in allen Stimmen gefordert werden. Nachschlagende Akkorde präsentiert Bach nur im *Largo e dolce* der *Sonata* BWV 1030, doch gehen sie keineswegs über jene Art von Klanggestaltung hinaus, wie sie im *Praeludium* e-Moll BWV 533/1 und im *Praeludium* D-Dur BWV 532/1 für Orgel sowie in der *Toccata* D-Dur BWV 912a für Clavier (vor 1708) auftritt – noch bevor Heinichen seine aus Italien eingeführten Generalbaßtechniken 1711 publik machte. Unter den von Bach ausgesetzten Takten ist nur ein einziges Modell für »Brechungen« enthalten, bestehend in langsamen und überaus gesanglichen Arpeggien – so im *Largo* der *Sonata* 4 c-Moll BWV 1017 für Cembalo und Violine, in der *Siciliana* der inzwischen als echt erwiesenen *Sonata* Es-Dur BWV 1031 für Cembalo und Traversflöte[5] und in der im Autograph von ca. 1738 nachträglich ergänzten Cembalobegleitung zum Tutti-Ritornell des *Siciliano* aus dem *Concerto* E-Dur BWV 1053:

Concerto E-Dur BWV 1053, *Siciliano*, T. 1f. (Cembalo certato; Fassung der autographen Partitur, ca. 1738)

Daß Bach von den zahlreichen Arpeggio- und Brechungsmodellen, wie sie vor allem von Heinichen (1728) und Mattheson (1731) gelehrt werden, in seinen anderen Werken kaum je Gebrauch machen konnte, führte Fritz Neumeyer (1996, S. 158ff.) anhand genau dieser Schriften schon 1938 exemplarisch vor. Anders als in Kompositionen italienischen Stils, mit denen Heinichen und Mattheson rechnen, fallen Bachs Rhythmus- und Harmoniewechsel meist viel zu komplex aus, um dem Generalbaß noch Raum für solistisch-konzertante Einlagen zu bieten.[6]

Daß sich Bachs Technik des Generalbaßspiels aber ganz wesentlich von den Vorstellungen jener Zeit unterschied, zeigt eine Gegenüberstellung der ersten, von Daube (1756, S. 196ff.) als allgemein verbindlich betrachteten Art[7] mit Ausführungen Johann Kuhnaus (1700, S. 11f.) und Johann Adolph Scheibes (1739/1745, S. 414ff.); sie beziehen sich jeweils auf das Generalbaßspiel auf dem Cembalo. Hier folgen die wichtigsten Punkte:

Kuhnau (1700)	Scheibe (1739)	Daube (1756: erste Art)
———	»alle Griffe, wie sie [...] durch die gewöhnlichen Ziefern bemerket sind, sind mit Annehmlichkeit [...] aus[zu]drücken«	»Es wäre gut, wenn man sich gleich Anfangs darzu gewöhnte, den Generalbaß vierstimmig zu lernen« und »sich bemühet, den musikalischen Dreyklang jederzeit hören zu laßen«
Es kommt »sehr ungeschickt heraus / wenn [...] zum Exempel / der Affectus tristitiæ [traurige Affekt] von dem Sänger soll exprimiret werden / [man] mit der rechten Hand so viel Lärm und Gepolter machet / als wenn ihm die Freude auff einmahl in die Achseln gefahren [...] Hingegen aber ist auch derjenige	»Es muß aber ein jeder [...] darauf sehen, daß er die Hauptstimmen [...] nicht durch allzuviele Veränderungen verdunkelt, und daß er ferner keinesweges mit [!] Melodie mitspielet; [...] die häufigen Einklänge, oder Octaven [zwischen rechter und linker Hand sind] wider den Sinn des Componisten«	»Man muß aber wohl Acht geben: ob der Sänger oder der Instrumentist [Solist] nicht sogleich nach dem Laufwerke, in die fortgehende Melodie einfället, damit diese Anschlagung oder Brechung [das Laufwerk in der Aussetzung] nicht zur Unzeit geschehen«. »Vollständige [vierstimmige] Akkorde sind den leeren oder

Bachs Personalstil

nicht zu loben / der so spielet / als wenn ihm etliche Pfund Bley an Fingern hingen / oder / wenn sein General-Baß so einfältig heraus kömmt / als wenn er einen *Choral* mit 4. Stimmen aus [Johann] Hermann Scheins Kirchen Cantional spielete«

Es kommt »sehr ungeschickt heraus / wenn mancher Organist in einem General-Basse seinen Sack mit Manieren auff einmahl gedencket auszuschütten / und mit allerhand fantastischen Grillen und Läuffen angestochen kömmt / da es sich öffters am wenigsten schicket [...] Wenn etwa der Sänger passagiret / so meynet er / seine Hand müsse auch nicht stille seyn / sondern mit dem Kerl in die Wette lauffen«

»der verdienet allererst den Estim [die Wertschätzung] der Leute / der sich bey der Accompagnatur einer modesten Manier und Imitation bedienet / auch dem Sänger in feiner Melodie mit einem guten Judicio [Urteil] ausweicht / und unter seiner Stimme so wohl zu moduliren weiß, als wenn man zwey Sänger unter sich concertiren / und sonst einander accurat begegnen hörete«

»Auch muß der Generalbaßspieler bey einem Solo nicht durch allzukünstliche Auszierungen der rechten Hand der Oberstimme zu nahe treten: wie man denn solches keineswegs gut heißen kann, wenn der Generalbaßist wohlgar eine neue Melodie zur Melodie der Oberstimme erfindet, und sie durchaus [durchgehend] fortführet, ob es wohl ungemein künstlich ist, und eine große Uebung und Einsicht in die Composition anzeiget«

»Und so ist es also besser, und der Natur musikalischer Stücke gemässer, wenn er [der Spieler] seinen Generalbaß ganz schlecht [schlicht], aber rein [mit angemessener Harmonie und Stimmführung], zierlich und gründlich spielet: weil dadurch die [Solo-] Melodie deutlich, und der Sänger oder Intrumentalist nicht verhindert wird, so zu singen, oder zu spielen, wie es seine Geschicklichkeit nach der Einrichtung des Stückes erfordert«

mangelhaften vorzuziehen. Es geschieht zwar auch, daß [...] die Oberstimme durch eine zärtliche, singende aber schwache Stimme, dem Accompagnisten Gelegenheit giebt, die Vollstimmigkeit in etwas abzulegen, so lange als das zärtliche Piano währet. Allein, diese Ablegung gehört vor einen Meister, der da wisse, welche Intervallen er wegzulassen habe«

»das Nachschlagen der Accorde: das vermeintliche Nachahmen der Oberstimme: die unnöthigen Triller, Mordanten, und andere eingebildete Zierrathen, [sind] verdrießlich, ja äußerst zu meiden«

»Ein reines deutliches Anschlagen der Accorde, geschwindes Absetzen [kurzes Trennen] derselben, eine nicht gar zu oftere Verrück- oder Versetzung der rechten Hand, und endlich eine genaue Achtgebung auf das Forte und Piano: Diese sind so zu reden, die wesentlichen Hauptheile des Accompagnirens; und werden von allen Verständigen geliebt und gelobt, so wie jene [zu vermeidenden Manieren] verabscheuet werden«

Demnach dürfte sich Bachs Personalstil von diesen drei Idealvorstellungen des Generalbaßspiels, die über einen Zeitraum von mehr als 50 Jahren erstaunlich ähnlich ausfallen, vor allem durch folgende Merkmale unterschieden haben:

♦ melodische und rhythmische Eigenständigkeit in Gestalt eines in sich geschlossenen vierstimmigen Generalbaßsatzes,
♦ häufige Parallelführung zwischen Oberstimme der Aussetzung und (höchster) Solostimme in Terzen oder Sexten,
♦ enorme Kantabilität in allen Stimmen, erreicht vor allem durch regelmäßiges Ergänzen von Ligaturen, während zeitgenössische Traktate meist ein erneutes Anschlagen der Akkorde fordern,
♦ Einfügung kontrapunktischer Gedanken, Mitspielen imitatorischer Einsätze während Pausen im Baß und
♦ Hinzufügen von Dissonanzen und chromatischer Durchgänge über die vorgegebene Grundharmonik bzw. Bezifferung hinaus.

Originale Generalbaßaussetzungen von Bach

Ob Bach, wie dies Daube andeutet (siehe S. 388), Solo- und Baßstimme durch die rechte Hand imitierte, läßt sich anhand der überlieferten Quellen nicht sicher beurteilen.

Seine außergewöhnliche, anspruchsvolle und zudem musikalisch diffizile Continuopraxis dürfte Bach veranlaßt haben, Generalbaßpartien wiederholt dort auszusetzen, wo sie in eine *Cembalo concertato*-Stimme integriert waren oder direkt an diese anschlossen, zumal er nach Aussage C. P. E. Bachs (⟶ S. 385) das schriftliche Aussetzen zu Studienzwecken ohnehin favorisierte. Zudem führt die Oberstimme solcher Aussetzungen nicht selten bis c''' und bewegt sich damit unmittelbar in der Lage der höchsten Solostimme, in jedem Fall aber höher, als dies zeitgenössische Traktate empfehlen.[8] Bezeichnend ist schließlich, daß man Generalbaßaussetzungen und selbst einzelne Continuoakkorde in Bachs Kantatenstimmen für obligate Orgel vergeblich sucht (Swanton 1985, S. 102ff.): Hier konnte er offenbar stets mit kompetenten Spielern rechnen, für die solche Partien wohl überhaupt erst geschaffen wurden, sofern er die Solostimme nicht selbst ausführte (⟶ S. 114).

Ein anschauliches Beispiel für eine schriftliche Generalbaßaussetzung in Bachs Orchestermusik liefert das Cembalokonzert F-Dur BWV 1057, das um 1738 als transponierte Bearbeitung des »Brandenburgischen Konzerts 4« G-Dur BWV 1049 entstand. Die Partie des *Violino Prencipale* wurde in BWV 1057 zum *Cembalo certato,* die ursprüngliche und in BWV 1049 über weite Strecken eigenständige Stimme des Cembalo-*Continuo* in die linke Hand des Cembalosolisten verlegt und erweitert. An jenen Stellen, an denen der *Violino Prencipale* pausiert, war in der Solostimme von BWV 1057 eine Generalbaßaussetzung erforderlich, die Bach ausnahmslos schriftlich festlegte – überwiegend erst im Anschluß an die erste Niederschrift der Partitur. Nur in zwei Fällen (*Andante,* T. 55–59; *Allegro assai,* T. 159–174) entwickelte er eine konzertierende Gegenstimme zu den beiden Blockflöten.

Der Beginn des ersten Satzes und der Reprise im Finale des »Brandenburgischen Konzerts 5« BWV 1050 (Fassung des Partiturautographs von 1721) ist siebenstimmig, derjenige des ersten Satzes von BWV 1057 vielstimmig ausgeführt (wobei sogar Oktavparallelen in Kauf genommen werden):

Concerto F-Dur BWV 1057, 1. Satz, T. 1–9 (*Cembalo certato*; Fassung des Partiturautographs, ca. 1738)

In T. 4 folgt ein Orgelpunkt der rechten Hand mit Triller, wobei »das ordentliche Accompagnement sehr wenig verkürzt« wird (Daube 1756, S. 204). Dieser Orgelpunkt könnte als Imitation der ersten Blockflötenstimme in den Takten 1 und 2 gelten. Die Takte 7 und 8 präsentieren einen abtaktigen Gegenrhythmus der rechten Hand, während die linke mit den Streichern zusammenfällt.

Die bewegte Baßstimme in T. 125ff. wird mit einem auftaktigen Akkordmodell versehen, dessen obere Partie zugleich in einfachen, aber ausdrucksvollen Intervallen eine Melodie und damit Gegenstimme ausführt:

Originale Generalbaßaussetzungen von Bach

Concerto F-Dur BWV 1057, 1. Satz, T. 125–136 (*Cembalo certato*; Fassung des Partiturautographs, ca. 1738)

Bemerkenswert ist hier und auch in einigen der folgenden Beispiele, daß Bach die zu Beginn des Satzes bis auf sieben Stimmen erweiterte reguläre Vierstimmigkeit nun aus grifftechnischen Gründen und zur Vermeidung der Terzverdoppelung im Sextakkord gelegentlich auf drei Stimmen reduziert. Das Bestreben, die Terz im Baß des Sextakkords nicht zu verdoppeln, entsprach keineswegs der Satzlehre jener Zeit,[9] so daß hier klangliche Gründe und der Hauptakzent auf der ersten Zählzeit im Vordergrund gestanden haben werden. Auf der unauffälligen dritten Zählzeit in den Takten 125 und 126 wird die Terz sehr wohl verstärkt.

Die Generalbaßaussetzung zur Episode der beiden Blockflöten in T. 285ff. bestätigt die bisherigen Beobachtungen. Wieder führt Bach ein rhythmisch-melodisches Begleitmodell ein:

Concerto F-Dur BWV 1057, 1. Satz, T. 285–291 (*Cembalo certato*; Fassung des Partiturautographs, ca. 1738)

Solche Begleitmodelle ähneln den Ripienopartien eines Bläser- oder Streichersatzes in zahllosen Kantaten Bachs – nicht zuletzt angesichts ihrer regelmäßigen Wiederholung im gleichen formalen Zusammenhang. Auf dem Cembalo gespielt tragen sie nicht nur zur musikalischen Geschlossenheit eines Werkes bei, sondern stabilisieren auch Tempo und Zusammenspiel des Ensembles. Ihre Rhythmen erinnern oft an die Schlagfiguren beim Taktieren und an den Bericht des ehemaligen Thomasschulrektors Johann Matthias Gesner (1738): »wie er [Bach] alle zusammenhält und überall abhilft und wenn es irgendwo schwankt, die Sicherheit wiederherstellt; wie er den Takt in allen Gliedern fühlt« (Dok. II, Nr. 432; ⟶ S. 330). Dabei besteht grundsätzlich kein Unterschied zwischen einem Satz in rascher oder ruhigerer Bewegung. Selbst im *Andante* von BWV 1057 bewirkt das gewählte Begleitmodell einen gewissen rhythmischen »Drive«. Das folgende Beispiel ist aber auch deshalb bemerkenswert, weil Bach hier ausnahmsweise einmal Triller notiert – zur Verdeutlichung der Kadenzsituation:

Concerto F-Dur BWV 1057, *Andante*, T. 35–45 (*Cembalo certato*; Fassung des Partiturautographs, ca. 1738)

Es mag sein, daß solche rhythmisch und melodisch als Kontrapunkte erscheinende Begleitmodelle von Bachs Zeitgenossen als konzertierende Partien empfunden wurden, die zu einem bestehenden Ensemblesatz hinzutraten. Zur Zeit der Transkription des vorliegenden Konzerts erwähnt Lorenz Christoph Mizler von Kolof in seiner *Musikalischen Bibliothek* (1738) Bachs ungewöhnliche Art des Generalbaßspiels:

»Wer das delicate im General-Baß und was sehr wohl accompagniren heist, recht vernehmen will, darf sich nur bemühen unsern Herrn Capellmeister Bach allhier zu hören, welcher einen ieden General-Baß zu einem Solo so accompagnirt, daß man denket, es sey ein Concert, und wäre die Melodey so er mit der rechten Hand machet, schon vorhero also gesetzet worden. Ich kan einen lebendigen Zeugen abgeben, weil ich es selbsten gehöret« (Mizler 1736–1738, S. 48 = Dok. II, Nr. 419).

Ähnlich äußert sich C. P. E. Bach wohl Ende 1774 in einem Brief an Johann Nicolaus Forkel, wobei hier von Kammermusikbesetzung und Werken fremder Komponisten die Rede ist:

»Vermöge seiner Größe in der Harmonie, hat er mehr als einmahl Trios accompagnirt, und, weil er aufgeräumt war, u. wuste, daß der Componist dieser Trios es nicht übel nehmen würde, aus dem Stegereif u. aus einer elend beziferten ihm vorgelegten Baßstimme ein vollkommenes Qvatuor daraus gemacht, worüber der Componist dieser Trios erstaunte« (Dok. III, Nr. 801).

Der Charakter einer solchen Gegenstimme hätte aber auch der Partie der rechten Hand in T. 55ff. des *Andante* aus BWV 1057 ähneln können, wo – der Partitur des »Brandenburgischen Konzerts« zufolge – eigentlich Akkorde zu erwarten wären:

Concerto F-Dur BWV 1057, *Andante*, T. 55–59 (*Cembalo certato*; Fassung des Partiturautographs, ca. 1738)

Beispiele für das Mitspielen oder gar Colla parte-Spiel durch das Cembalo in imitatorischen Werken liefern sämtliche Ritornellteile im *Allegro assai*. Diese Praxis kann jedoch nicht ohne weiteres verallgemeinert werden. In den imitatorischen Finali des »Brandenburgischen Konzerts 5« D-Dur BWV 1050 und des *Concerto* a-Moll BWV 1041 beispielsweise wäre es dem Cembalisten unmög-

Continuo-Besetzung

lich gewesen, anhand der autographen Stimmen die Einsätze der übrigen Partien mitzuspielen. Wohl deshalb trug Bach den imitatorischen Verlauf des Ripieno in den Schlußsätzen der Concerti BWV 1057, 1063 und 1064 selbst in die Solostimmen ein.

Das *Concerto* d-Moll BWV 1063 für 3 Cembali und das *Concerto* C-Dur BWV 1061a/1061 für 2 Cembali demonstrieren eine interessante Variante der Generalbaßbegleitung von Episoden rascher Sätze in Concerto-Form und von Zwischenspielen in Konzertfugen, die auch in Orchesterwerken mit Violine oder Traversflöte als Soloinstrumente Verwendung gefunden haben dürfte, aber – wie Daube (1756, S. 199) schreibt – einen »Meister« erfordert, »der da wisse, welche Intervalle er wegzulaßen habe«. Gemeint sind dreistimmige Aussetzungen, wie sie beispielsweise im ersten Satz (T. 171ff., *Cembalo 2* und *3*), *Alla Siciliana* (T. 9ff., *Cembalo 2* und *3*) und *Allegro* (T. 182ff., *Cembalo 1–3*) von BWV 1063 und in der *Fuga* von BWV 1061a/1061 vorliegen:

Concerto C-Dur BWV 1061a, *Fuga*, T. 41–44 (*Cembalo 1* und *2*; teilautographe Originalstimmen, 1732/33)

Möglicherweise geht die dreistimmige Satztechnik auf Bachs eigene Generalbaßausbildung zurück: Johann Gottfried Walther berichtet in einem Schreiben vom 3. Oktober 1729, er selbst habe sich als Organistenlehrling »bis zum Anfange des General-Basses [gebracht], welcher sofort [...] auf Pachelbelische u. Buttstettische Art, i.e. [das ist] außer den ordinairen [gewöhnlichen Grund-] Accorden, drey-stimmig continuiret [fortgesetzt] wurde« (Walther 1987, S. 66). Wahrscheinlich lernte auch Bach bei seinem Bruder Johann Christoph auf solche Weise Generalbaßspielen; dieser war – wie Walthers Lehrer Johann Heinrich Buttstett – Schüler von Johann Pachelbel in Erfurt gewesen.

Continuo-Besetzung

Der erwähnte, Bach zugeschriebene und teilweise von dem Leipziger Thomasschüler Carl August Thieme kopierte Generalbaßtraktat definiert den Terminus Generalbaß folgendermaßen:

»Wann aber gesagt wird General-Bass, so verstehet man dardurch einen solchen Bass, der auf der Orgel oder auf einen Clavier mit beyden Händen zugleich gespielet wird also das alle oder die meisten Stimmen der Music, generaliter oder zugleich gespielet werden, oder insgemein in dieser einiger zusammen klingen. Er heist auch Bassus Continuus oder nach der Italiänischen Endung

Continuo-Besetzung

Basso contin[u]o, weil er continuirlich fortspielet, da mittels die andern Stimmen dann und wann pausiren; wie wohl auch heut zu tage dieser Bass zum öfftern pausiret, sonderlich in künstlich [polyphon, imitatorisch] gesetzten Sachen« (zitiert nach Spitta 1880, S. 915).

Die originalen Stimmen-Bezeichnungen in Bachs Orchestermusik lauten meist *Continuo*, *Basso continuo* oder *Cembalo*. Die folgende Übersicht enthält sämtliche Stimmen der autographen Partituren bzw. Originalstimmensätze für Baßinstrumente bzw. Cembalo samt ihrer Anzahl und Bezeichnungen sowie Datierung.

Werk	Quelle	Datierung	Stimmen	Bezeichnung
Concerto BWV 1041	teilautogr. Originalstimmen	ca. 1730	2	*Continuo* (unbeziffert)
	autogr. Umschläge	1740–1742		*Basso Continuo* und *Continuo*
Concerto BWV 1043	teilautogr. Originalstimmen	1730/31	1	*Continuo* (unbez.)
	autogr. Umschlag	1730/31		*Violoncello e Continuo*
»Brandenburgisches Konzert 1« BWV 1046	autogr. Partitur, 1. Akkolade	1721	1 (System) 1 (System) 1 (System)	*Bassono* *Violoncello* *Continuo è Violono groβo* (unbez.)
	Kopftitel			*Violoncello, col Baβo Continuo*
»Brandenburgisches Konzert 2« BWV 1047	autogr. Partitur, 1. Akkolade	1721	1 (System) 1 (System)	*Violone ripieno* *Violoncello e Cembalo al unisono* (größtenteils unbez.)
	Kopftitel			*Violone in Ripieno col Violoncello è Baβo per il Cembalo*
»Brandenburgisches Konzert 3« BWV 1048	autogr. Partitur, 1. Akkolade	1721	1 (System) 1 (System) 1 (System) 1 (System)	*Violoncello 1* *Violoncello 2* *Violoncello 3* *Violone e Cembalo* (unbez.)
	Kopftitel			*tre Violoncelli, col Baβo per il Cembalo*
»Brandenburgisches Konzert 4« BWV 1049	autogr. Partitur, 1. Akkolade	1721	1 (System) 1 (System) 1 (System)	*Violoncello* *Violone* *Continuo* (unbez.)
	Kopftitel			*Violone in Ripieno, Violoncello è Cembalo*
»Brandenburgisches Konzert 5« BWV 1050	autogr. Stimmen	ca. 1720	1 1 1	*Violoncello* *Violono* *Cembalo concertato*
	autogr. Partitur, 1. Akkolade	1721	1 (System) 1 (System) (2 Systeme)	*Violoncello* *Violon* *Cembalo concertato*
	Kopftitel			*Violoncello, Violone è Cembalo concertato*

Continuo-Besetzung in Bachs Orchesterwerken

»Brandenburgisches Konzert 6« BWV 1051	autogr. Partitur, 1. Akkolade Kopftitel	1721	1 (System) 1 (System)	*Violoncello* *Violone è Cembalo* (unbez.) *Violoncello, Violone è Cembalo*
Concerto BWV 1052	autogr. Partitur, Kopftitel	ca. 1738	1 (System) (2 Systeme)	*Cont.* *Cembalo concertato*
Concerto BWV 1053	autogr. Partitur, Kopftitel	ca. 1738	1 (System) (2 Systeme)	*Cont.* *Cembalo certato*
Concerto BWV 1054	autogr. Partitur, Kopftitel	ca. 1738	1 (System) (2 Systeme)	*Cont.* *Cembalo certato*
Concerto BWV 1055	autogr. Partitur, Kopftitel	ca. 1738	1 (System) (2 Systeme)	*Cont.* *Cembalo certato*
	autogr. Stimme	ca. 1739	1	*Continuo* (unbez., ca. 1742 bez.)
	weitere autogr. St.	ca. 1742	1	*Violone*
Concerto BWV 1056	autogr. Partitur, Kopftitel	ca. 1738	1 (System) (2 Systeme)	*Cont.* *Cembalo certato*
Concerto BWV 1057	autogr. Partitur, Kopftitel	ca. 1738	1 (System) (2 Systeme)	*Cont.* (entsprechend BWV 1049 geteilt in *Violoncello* und *Violon*) *Cembalo certato*
Concerto BWV 1058	autogr. Partitur, Kopftitel	ca. 1738	1 (System) (2 Systeme)	*Cont.* *Cembalo obligato*
Concerto BWV 1059	autogr. Partitur-Fragment, Kopftitel	ca. 1738	1 (System) (2 Systeme)	*Cont.* *Cembalo solo*
Concerto BWV 1062	autogr. Partitur, Kopftitel	1736	1 (System) (4 Systeme)	*Violoncello* *due Clavicembali obligati*
Ouverture 1 BWV 1066	vermutlich Kopien der Originalstimmen	1724/25	1 1	*Baßono* *Cembalo* (unbez.)
Ouverture 2 BWV 1067	teilautogr. Originalstimmen autogr. Kopftitel	1738/39	1 1	*Continuo* (bez.) *Continuo* (unbez.) *Basso*
Ouverture 3 BWV 1068	teilautogr. Originalstimmen	1730/31	1	*Continuo* (unbez.)

Demnach waren die Baßinstrumente inkl. Cembalo

♦ entweder in einzelne Stimmen getrennt, so im Falle der »Brandenburgischen Konzerte« (dabei fielen *Violone* oder *Violoncello* mit dem *Continuo* bzw. *Cembalo* zusammen; die separate Stimme war wenigstens teilweise unabhängig oder gar diminuiert; in BWV 1050 erhielten *Violoncello, Violone* und *Cembalo concertato* ausnahmsweise jeweils eigene Stimmen),

♦ oder in ein oder zwei bezifferte oder unbezifferte *Continuo*-Stimmen zusammengefaßt. Vermutlich spielten aus ihnen sowohl Violoncello, Violone als auch Cembalo, denkbar wären aber noch andere Continuo-Instrumente wie Laute bzw. Theorbe und Fagott. Daß Baßstreichinstrumente gemeinsam mit dem Cembalo die Continuo-Stimme ausführten, ist schon früh belegbar: Laut Martin Heinrich Fuhrmann (1706, S. 93) soll der »Violone« oder »Violone Grosso [...] beym Musiciren [...] immer mitgestrichen werden«, laut Johann Mattheson (1713, S. 286) ist ein »Violone« samt Cembalo »und andere[n] bassirenden Instrumenten« als »wichtiges bündiges Fundament zu vollstimmigen Sachen« wünschenswert; Besetzungen mit Tasteninstrument und 16'-Violone (ohne Violoncello) lassen sich auch auf zahlreichen Abbildungen bis zur Mitte des 18. Jahrhunderts nachweisen (Planyavsky ²1984, S. 200–226 und 254ff.). Dem »Clavier« mögen, so Mattheson (1731, S. 225), »durchdringende Instrumente / als eine Viola di Spala [Kleinform des Violoncellos] oder ein Violoncello, Beistand leisten«. Mit Schreiben vom 14. September 1746 wünscht Georg Philipp Telemann für die Aufführung eigener Werke »ein Clavicimbel« und »nothwendig noch ein Violoncell, oder anderen Baß«, sollte die große Orgel nicht gespielt werden (Telemann 1972, S. 192). Jedoch erst Johann Joachim Quantz (1752, S. 184) geht von je einem »Violoncell« und »Contraviolon« plus »Clavicymbal« als regulärer Continuobesetzung aus. Demnach wäre wenigstens für kleiner besetzte Orchesterwerke Bachs auch eine Ausführung mit Cembalo und Violoncello *oder* Violone denkbar, selbst wenn sich anhand der Quellenlage hierfür keine eindeutigen Anhaltspunkte ergeben, sieht man einmal von BWV 1062 und 1066 ab.

Quantz geht davon aus, daß je ein Cellist und Violonist sowie gegebenenfalls auch »die Sänger«-Solisten (wieviele?) aus der Partitur des »Clavieristen« musizieren (Quantz 1752, S. 184), was damals von großem Interesse sein mußte, um die Ausfertigung handschriftlichen Stimmenmaterials gering halten zu können. Aus zeitgenössischen Abbildungen ergibt sich, daß zwei bis fünf Musiker aus einer einzigen Continuo-Stimme spielten: um 1710 in Leipzig unter Johann Kuhnau Violonist und Organist (⟶ Abbildung auf S. 330), in der Leipziger Konzertgesellschaft 1746 unter Carl Gotthelf Gerlach zwei Cellisten und der Cembalist (⟶ Abbildung auf S. 53) und um 1770 vermutlich unter Wolfgang Amadeus Mozart in Mailand zwei Cellisten, ein Fagottist, ein Violonespieler und der Cembalist (Rampe 1995 II, S. 65ff.). Das bedeutet, eine Continuo-Stimme aus Bachs originalen Stimmensätzen hätte ohne weiteres zwei, drei, vielleicht sogar fünf Musikern dienen können, zwei Continuo-Stimmen entsprechend mehr Personen.

Einige der angeführten Besetzungsangaben werfen allerdings Fragen auf:

♦ Für die »Brandenburgischen Konzerte« ist anzunehmen, daß die Stimmen gemäß der angegebenen Akkoladenbezeichnungen im Partiturautograph von 1721 ausgefertigt wurden, was der frühere Originalstimmensatz zu BWV 1050 bestätigt. Da freilich allein zu den Cembalokonzerten BWV 1055 und 1057 originales Stimmenmaterial vorliegt, ist nicht zu klären, ob in jedem Fall nur je eine *Cont*[inuo].-Stimme (neben dem *Cembalo certato*) entstand, aus der die Ausführenden von Violoncello und Violone spielten.

♦ Für das Cembalokonzert BWV 1055 scheint um 1739 zunächst nur eine einzige *Continuo*-Stimme geschrieben worden zu sein; sie wurde für eine Wiederaufführung um 1742 beziffert und durch eine *Violone*-Stimme ergänzt. Demnach war um 1742 ein Akkordinstrument (neben dem *Cembalo certato*) beteiligt. Auch fiel die Continuobesetzung möglicherweise derart umfangreich aus, daß überhaupt erst die Anfertigung einer separaten *Violone*-Stimme erforderlich wurde. Der Violonist dürfte keinen Platz mehr gefunden haben, um zusammen mit den Kollegen aus der *Continuo*-Stimme zu spielen.

Als Akkordinstrument für die Wiederaufführung von ca. 1742 ist nicht nur ein zweites Cembalo, sondern auch ein Lauten- oder Theorbeninstrument denkbar. Zwar läßt sich dokumentarisch nicht belegen, daß Bach innerhalb seiner Orchestermusik Lauten zur Ausführung oder Verstärkung des Continuo einsetzte. Schon die Köthener Inventare von 1768 und 1773 enthalten jedoch je eine »Laute im Futteral«, eine »kurze Octav Laute«, eine »kleine Theorbe« und eine »große Theorbe« (Bunge 1905, S. 39 und 43); auch gastierte am Köthener Hof im Sommer 1719 ein Lautenist namens Weiß aus Düsseldorf, entweder Johann Jacob Weiß oder sein Sohn Johann Sigismund, der Bruder von Silvius Leopold Weiß (Hoppe 1998, S. 40). In Leipzig hatte Bach vielfältigen Kontakt zu Lautenisten, darunter zu seinen Schülern Johann Christian Weyrauch, Johann Ludwig Krebs und Rudolph Straube sowie zu dem Thomaner Maximilian Nagel, wahrscheinlich zu Jacob Schuster (Schulze 1966 und 1983), Gottlieb Siegmund Jacobi (Siegele 1998, S. 54), Adam Falckenhagen (Dreyfus 1987, S. 171) sowie zu Silvius Leopold Weiß und Johann Kropffgans, die sich im Sommer 1739 bei Bach in Leipzig aufhielten (Dok. II, Nr. 448). Sie alle kommen als Continuospieler Bachscher Orchesteraufführungen in Frage, ohne daß das erhaltene Notenmaterial hierüber Auskunft zu geben hat.

♦ Die Teilung von *Violoncello* und *Violone* im Cembalokonzert BWV 1057 richtet sich nach der formalen Gliederung in Ritornelle und Episoden. In letzteren schweigt der Violone. Auch die nachträglich geschriebene *Violone*-Stimme des Cembalokonzerts BWV 1055 sieht für die Episodenteile Pausen vor, worin eine weitere Ursache für ihre Anfertigung bestanden haben mag. Wahrscheinlich können nach den Vorstellungen des Komponisten auch andere Konzerte (beispielsweise BWV 1041–1043, 1052–1054) gemäß diesem Prinzip »instrumentiert« werden. In eigenen Aufführungen hätte Bach die Mitwirkung des Violone durch *p*- und *f*- oder *tutti*- und *solo*-Vermerke in ein und derselben Stimme für sämtliche Continuo-Instrumente regeln können (⟶ S. 357f.).

♦ Der Kopftitel im Reinschriftautograph (1736) von BWV 1062 allerdings läßt durchaus Spielraum für eine Besetzung ohne Violone: *Concerto à due Clavicembali obligati, 2 Violini Viola e Violoncello di Bach*. Zudem hätte in solcher Ausführung die linke Hand mindestens eines der beiden Cembalisten im 16'-Register (plus 8' und eventuell 4') gespielt worden sein können, so daß ein weiteres 16'-Instrument aus klanglichen Gründen erst recht entbehrlich war. Eine derartige Registrierung legt eine Berliner Zeitungsanzeige von 1755 nahe, wo ein 16'-Cembalo von Michael Mietke (gestorben 1719) mit vier Chören präsentiert wird, darunter ein »Contre-Bass [-Register] zu einem starcken Concert zu gebrauchen« (Krickeberg 1986, S. 124). Daß Bach beim akkordischen Generalbaßspiel gelegentlich ein 16'-Register verwendete, ist durch seinen Sohn Carl Philipp Emanuel (1765) überliefert (Dok. III, Nr. 723). Schließlich befand sich im Cafégarten Enoch Richters (und wohl auch in anderen Leipziger Caféhäusern) wahrscheinlich seit Mitte der 1730er Jahre ein zweimanualiges Cembalo Zacharias Hildebrandts mit fünf Registern, darunter eines in 16'-Lage. Der Einsatz eines 16'-Registers beim Zusammenspiel mit Orchester bewirkt einen gravitätischen, ausgesprochen cantablen Gesamtklang, der sich mit der Klangfarbe von Streichinstrumenten besser mischt als eine Registrierung in 8'- oder 8'4'-Lage. Bemerkenswert ist Richters Cembalo aber auch durch seine vermutlich ungewöhnliche Disposition: Dessen Obermanual war mit einem zweiten 8'-Register für die Töne F' bis wahrscheinlich h ausgestattet, was einen sonoren Baßklang beim Pianospiel befördert sowie den Einsatz des zweiten Manuals für Generalbaßzwecke und hier vor allem für die linke Hand anbietet (⟶ S. 308f.).

♦ Auch die Existenz von nur je einer *Baßono-* und *Cembalo*-Stimme im Stimmensatz zur *Ouverture* 1 BWV 1066 muß nicht zwingend auf Quellenverluste zurückgeführt werden, zumal der von dem Bach-Kopisten und damaligen Thomasschüler Christian Gottlob Meißner um den Jahreswechsel 1724/25 geschriebene Umschlagtitel auf keinerlei weitere Stimmen verweist: *OUVERTURE â 2 Hautbois. 2 Violini Viola Fagotto. con Cembalo. di Johann Sebastian Bach.* Freilich ist die Angabe *Cembalo* nicht unbedingt mit dem Verzicht auf ein 16'-Streichinstrument gleichzusetzen (siehe dagegen Rifkin 1991, S. 9). Aus dem Umfeld der Dresdner und Darmstädter Hofkapellen, vor allem aber von Telemann sind diverse *Cembalo*-Stimmen überliefert, die sich ohne entsprechende Vorzeichnung im weiteren Verlauf mehrfach in *Cembalo* und *Violone* teilen, beispielsweise die betreffende Partie zum *Concerto* e-Moll TWV 52:e1 für Blockflöte, Traversflöte, Violine 1 und 2, Viola und *Cembalo*.[10] Damit demonstrieren diese Stimmen die bereits erwähnten Forderungen Fuhrmanns (1706) und Matthesons (1713). Das wohl prominenteste Beispiel solcher Praxis ist die Partiturreinschrift zum »Brandenburgischen Konzert 3« BWV 1048 (1721). Dort heißt es im Kopftitel *Concerto [...] è tre Violoncelli, col Baßo per Cembalo,* dagegen vor Beginn der ersten Akkolade *Violone e Cembalo.* Die konzertierende *Baßono*-Stimme spielt den *Cembalo*-Part in BWV 1066 fast durchweg mit, so daß die Ausführung ohne Violoncello sogar als spezifische Besetzungsidee verstanden werden könnte. Umgekehrt ist eine Continuo-Besetzung mit Fagott in zahlreichen Kantaten Bachs zu vermuten, selbst wenn ausdrückliche Angaben hierfür – etwa im Originalstimmensatz der *Ouverture* 3 BWV 1068 – fehlen (Brandt 1968; Prinz 1981).

♦ Enthält ein Originalstimmensatz keine bezifferte *Continuo*-Partie, muß dies nicht in jedem Fall als ein im Laufe der Zeit eingetretener Verlust gedeutet werden. Ebensogut vorstellbar ist, daß der Komponist selbst oder ein kompetenter Generalbaßspieler am Cembalo saßen und unbezifferte Bässe ausführten – oder daß direkt aus der Partitur gespielt wurde. Rein hypothetisch wäre bei Existenz von zwei (bezifferten oder unbezifferten) Continuo-Stimmen sogar die Mitwirkung von zwei Cembali möglich, wie sie Mattheson (1713, S. 263) für kirchenmusikalische Aufführungen empfiehlt und Quantz für Orchesterbesetzungen von je sechs Violinen, »drey Bratschen, vier Violoncelle, zweene Contraviolone, drey Bassons, vier Hoboen, vier Flöten« und eine Theorbe fordert (Quantz 1752, S. 185). Allerdings verwendete die Leipziger Konzertgesellschaft 1746 unter Carl Gotthelf Gerlach bei einer Orchesterbesetzung von 25 Musikern (fünf 1. und vier 2. Violinen, drei Bratschen, zwei Violoncelli, zwei Violoni, zwei Hörner, zwei Traversflöten, zwei Oboen und zwei Fagotte) nur ein einziges und zudem einmanualiges Cembalo (Disposition 8'8'4'), das vermutlich 1745 von Zacharias Hildebrandt erbaut worden war und von Bachs Schüler Johann Schneider gespielt wurde (Rampe 1998, S. 152).

Siegbert Rampe

IV

INTERPRETATION

von Siegbert Rampe und Dominik Sackmann

Dieser Buchteil widmet sich der praktischen Interpretation von Bachs Orchestermusik und baut auf den Ergebnissen der vorangegangenen Teile auf. Daneben wird die Kenntnis des Notentextes vorausgesetzt – entweder in Gestalt der NBA oder der empfohlenen Editionen.

Im folgenden werden jedoch keine Interpretationsanweisungen im Sinn einer Rezeptsammlung für den »richtigen« Vortrag gegeben. Vielmehr beschränken wir uns auf wesentliche Hinweise, die objektiven Kriterien entsprechen. Diese sind entweder der Struktur der Kompositionen oder deren Quellenlage entnommen. Zeitgenössische Lehrwerke wurden in solchen Fällen herangezogen, wo zwischen mehreren Traktaten weitgehende Übereinstimmung besteht. Subjektive Interpretationen wie genaue Tempo- und Artikulationsangaben etc. versuchten wir konsequent zu vermeiden. Sie sind persönlichen Vorstellungen und der Ästhetik der jeweiligen Epoche unterworfen und müssen dem Leser überlassen bleiben. Aus diesem Grund wurden auch spieltechnische Hinweise auf wenige, besonders anspruchsvolle Passagen sowie auf Quellen und Instrumentarium der Bach-Zeit beschränkt.

Geboten werden Informationen, die über die Angaben in den Buchteilen I–III hinausgehen oder diese vertiefen. Dies gilt im besonderen für die Ermittlung der verschiedenen Fassungen und der Datierung eines Werkes, für dessen Instrumentarium sowie für die Ausführung von Tempi, Dynamik, Artikulation, Ornamentik und des Generalbasses.

Auf die vielfachen Konsequenzen für die Interpretation, die sich aus den in Bachs Umgebung vorherrschenden Kammertönen für a' im Bereich um 392 Hz und 415 Hz sowie aus ihrer Übertragung auf die moderne Tonhöhe im Bereich um 443 Hz ergeben (⟶ S. 314ff.), kann aus Raumgründen nur am Rande eingegangen werden.

Die Reihenfolge der folgenden Besprechungen orientiert sich an den Nummern des Bach-Werke-Verzeichnisses, wobei jedoch die »Brandenburgischen Konzerte« BWV 1046–1051 und ihre Erstfassungen BWV 1046a, 1047[a] und 1050a am Anfang stehen. Hieran schließen sich das »Tripelkonzert« BWV 1044 sowie sämtliche Cembalokonzerte BWV 1052–1065 an. Diesen werden ihre nachweisbaren Erstfassungen für Violine, Oboe, Oboe d'amore und Viola d'amore oder für 2 Cembali zugeordnet, mit denen sie in der Regel die Substanz eines Werkes teilen. Schließlich folgen die Orchestersuiten BWV 1066–1069 samt ihren Erstfassungen.

Jeder Besprechung geht eine tabellarische Übersicht voraus, die über Besetzung und Satzfolge, über Primärquellen, ihre Titel und Fundorte, über die Ausgaben innerhalb der NBA und deren Kritische Berichte, über praktische Editionen samt Stimmen, darunter auch die neuen Ausgaben der Rekonstruktionen im Bärenreiter-Verlag (Rampe/Sackmann), und über die Entstehungszeit einer Komposition unterrichtet.

Allgemeine Hinweise zur Artikulation

Die Artikulation ist für die Wiedergabe von Bachs Ensemblemusik von entscheidender Bedeutung, weil sich daraus auch die Differenzierungsgrade der Lautstärke ergeben, die so fein sind, daß sie sich einer eindeutigen Bezeichnung entziehen. Notiert wurden von Bach in der Regel nur Ausnahmen oder spezielle Artikulationsvorstellungen. Der übrige, unbezeichnete Bereich umfaßte, analog zur Dynamik, eine unendliche Anzahl unterschiedlicher Abstufungen zwischen den Extremen Legato bzw. Überlegato und Staccato. Ohne solche Abstufungen entsprechend der Takthierarchie, dem Affekt und Tempo sowie der Dynamik verliert Bachs Musik einen wesentlichen Teil ihrer Lebendigkeit. Darüber hinaus meint die Bogensetzung vor allem in Streicherpartien grundsätzlich einen zusammenhängenden Vortrag »auf einen Bogen« und/oder eine Wiedergabe in dichtem Legato. In Bachs Cembalokonzerten scheint die »deutliche« Ausführung im Legato gelegentlich auch auf das Tasteninstrument übertragen worden zu sein. Die Entscheidung im Detail bleibt dabei dem Spieler überlassen.

Vergleicht man Bachs Partiturautographe und Originalstimmen mit den gebräuchlichen Neuausgaben, ergeben sich zum Teil gravierende Abweichungen. In manchen Sätzen strebte der Komponist offenbar kein konsequent gleichbleibendes Klangbild an, sondern von Stelle zu Stelle wechselnde Gewichtungen einzelner Stimmen auf der Grundlage unterschiedlicher Artikulationen (Schestakowa 1988). In der 1985 im Leipziger Verlag Breitkopf & Härtel publizierten Edition der »Brandenburgischen Konzerte« wurde versucht, solche Artikulationsangaben nicht einander anzugleichen, sondern in Anlehnung an Bachs Partiturautograph von 1721 wiederzugeben.[1] So begrüßenswert dieses Bemühen auch ist, wirft es zwangsläufig mehr Fragen auf, als es praktische Lösungen zu vermitteln vermag. Denn zum einen führen handschriftliche Ungenauigkeiten und mehrdeutige Angaben im Druckbild oft zu eindeutigen, einseitigen Aussagen. Deren Tragweite ist ohne Kenntnis der Quellen nicht zu beurteilen. Zum anderen scheinen Inkonsequenzen bezüglich der Artikulationsbezeichnung auch in der Flüchtigkeit von Bachs Notationspraxis selbst in einem überwiegend in Reinschrift gehaltenen Autograph wie dem der »Brandenburgischen Konzerte« zu gründen. Dies kann dazu führen, daß verschieden bezeichnete Parallelstellen als identisch aufzufassen sind.

Die skizzierte Problematik betrifft in unterschiedlichem Maß sämtliche Orchesterwerke und soll später am Beispiel des Violinkonzerts a-Moll BWV 1041 beleuchtet werden (⟶ S. 438). Generell gilt, daß für jede Stelle eine individuelle, überzeugende Lösung zu suchen ist. Hierfür sind Faksimile-Ausgaben der Quellen und die Kritischen Berichte der NBA, soweit sie die Violin- und Cembalokonzerte betreffen, unerläßlich.[2] Die Notentexte der vorhandenen Neuausgaben helfen dabei wenig: Die Editionsrichtlinien der NBA beispielsweise führten dazu, daß Artikulationsbezeichnungen soweit als möglich – simultan oder sukzessiv – einander angeglichen wurden.

Daß allein abweichender Bogensetzung nicht unbedingt musikalische Weisheiten zu entnehmen sind, zeigen die beiden Hauptquellen zum Finale des E-Dur-Violinkonzerts BWV 1042, eine 1760 datierte Partiturabschrift und eine etwas spätere Stimmenkopie. Sie stammen von Johann Friedrich Hering, einem Berliner Musiker aus dem Umkreis C. P. E. Bachs. In der Partitur wurden die Bögen in dem fünfmal wiederkehrenden Refrain jeweils unterschiedlich gesetzt. Dazu schreibt der Herausgeber Dietrich Kilian im Kritischen Bericht der NBA (VII/3, S. 27): »Daß diese unterschiedliche Position [der Bögen] auf bloßer Flüchtigkeit beruht und daß sich mit ihr keinerlei auf Variabilität abzielende artikulatorische Absicht verbindet, ergibt sich schon aus dem Vergleich mit Quelle B [der Stimmenabschrift], die vom selben Schreiber aus Quelle A [der Partitur] kopiert ist: In ihr sind die Bögen wiederum anders und unregelmäßig gesetzt«. Die Wahrheit liegt wohl in der Mitte: Einerseits kann Herings Praxis eine gewisse Nachlässigkeit unterstellt werden, andererseits jedoch macht seine Bogensetzung deutlich, daß eine derartige Flexibilität damals ohne weiteres akzeptiert wurde.

Für die Praxis bedeutet dies, daß der Interpret von Fall zu Fall und anhand überzeugender musikalischer Argumente selbst zu entscheiden hat, ob Bach Artikulationsvarianten beabsichtigt haben könnte oder schlicht ungenau bezeichnete. Außerdem gilt es zu berücksichtigen, daß Abschriften, die nicht aus dem unmittelbaren Umkreis des Komponisten stammen, weniger zuverlässig sein können und daher anders zu beurteilen sind. Schließlich sei darauf hingewiesen, daß auch Originalstimmen, vor allem wenn sie von Bach selbst korrigiert wurden, ein höherer Stellenwert zukommt als autographen Partituren: Diese dienten primär der Niederschrift eines Werkes, aus jenen aber wurde musiziert, weshalb Bach seine Vorstellungen bei Herstellung der Originalstimmen im Detail vielfach noch änderte und präzisierte.

Allgemeine Hinweise zur Aufstellung des Ensembles

Ein besonderes Problem bei Aufführungen von Bachs Orchestermusik bietet die räumliche Aufstellung der Instrumente. Praktische Erfahrungen zeigen, daß zeitgenössische Abbildungen gemischt besetzter Ensembles oft Anordnungen wiedergeben, die sinnvoll und gut durchdacht sind, selbst wenn dies auf den ersten Blick nicht stets so erscheint. Fast immer steht das Cembalo als zentrales Generalbaßinstrument im Mittelpunkt des Ensembles; denn die Musik des sogenannten Generalbaßzeitalters gründet in Harmonik und Bewegung ganz und gar auf der Baßstimme. Das Cembalo bildete schon aus substantiellen Gründen den Kern des Klangbilds, das von sämtlichen Instrumenten geformt wird. Zudem gewährleistet der obertonreiche Klang des Saitenclaviers die bestmögliche rhythmische und akustische Koordination der Mitwirkenden. Was im Orchester der späteren Klassik einerseits der erste Geiger und andererseits der Paukist leisteten, vereinigte im barocken Instrumentalensemble der Kapellmeister am Cembalo zusammen mit dem Violine spielenden Konzertmeister. Dadurch war die rhythmisch und artikulatorisch ohnehin weniger präzise Leitung durch einen Dirigenten überflüssig, wenn nicht gar hinderlich. Dirigiert im heutigen Sinn wurden zur Bach-Zeit nur größere Ensembles in gemischt vokal-instrumentaler Besetzung, etwa Kantaten, Oratorien und Opern. Selbst dort bestimmte letztlich jedoch der Cembalist die Qualität des Zusammenspiels aller Instrumentalstimmen.

Daher ist es nur folgerichtig, wenn dem Tasteninstrument eine hör- und sichtbare zentrale Funktion im Ensemble zukommt – gleichgültig ob das Cembalo längs oder quer zum Publikum aufgestellt wird. Dies gilt ebenso für die Cembalokonzerte wie für jene Werke, in denen das Cembalo Generalbaß spielt (siehe BWV 1044 und 1050a/1050). Folgende Varianten kommen in Frage:

♦ Das Cembalo wird längs zum Publikum aufgestellt, der Cembalist sitzt mit dem Rücken zu diesem und hat das Ensemble im Blick, das im Halbkreis um den sich verjüngenden Teil des Tasteninstruments plaziert ist. In der Regel muß der Deckel des Cembalos abgenommen werden, um den Sichtkontakt der Mitwirkenden zu gewährleisten. Die akustische Wahrnehmung aller Spie-

Allgemeine Hinweise zur Aufstellung des Ensembles

ler ist hervorragend, der Kontakt zu dem links oder rechts vom Cembalisten befindlichen Konzertmeister optimal. Allerdings strahlen die Grundtöne des Cembalos primär in Richtung des Ensembles ab, so daß der Klang des Instruments im Raum nicht immer ausreichend trägt. Noch weniger eignet sich diese Aufstellung für die Konzerte mit 2–4 Cembali. Wahrscheinlich ist es daher kein Zufall, daß für eine solche Anordnung offenbar keinerlei ikonographische Belege der Bach-Zeit existieren. Bei größerer Besetzung gruppieren sich im ersten Halbkreis die Streicher, im zweiten die Bläser, wobei beispielsweise im ersten »Brandenburgischen Konzert« BWV 1046 Oboen und Hörner auf beiden Seiten getrennt plaziert werden können und das Fagott zwischen Viola und Violoncello tritt. Entsprechendes gilt für die Ouvertüren BWV 1068 und 1069 in ihren Fassungen mit Trompeten.

♦ Eine Variante der zuerst genannten Aufstellung besteht in der Positionierung des Cembalos quer zum Auditorium. In diesem Fall kommt dem Konzertmeister – im Rücken des Cembalisten – eine entscheidende Bedeutung zu, da die Koordination zwischen den Baßinstrumenten auf der einen Seite hinter dem Cembalo und den hohen Streichern auf der anderen erschwert wird. Um die Sichtverhältnisse und die klangliche Abstrahlung der Streicher zu verbessern, können diese stehend und/oder auf einem Podest spielen; zudem läßt sich der Cembalodeckel entfernen. Die zuletzt genannte Anordnung ist durch zahlreiche Darstellungen belegt, darunter drei Kupferstiche, einer von Christian Fritzsch mit dem *Konzert beim Jubelmahl der Hamburger Bürgerkapitäne* im Jahre 1719 (Schwab 1971, S. 55), ein anderer von Antoine Jean Duclos (*Le Concert,* Paris, 1773; Beck und Roth 1965, Nr. 34) und ein weiterer von Johann Rudolf Holzhalb aus dem Züricher *Neujahrsgeschenk ab dem Musik-Saal* von 1777 mit dem Titel *Concerto a Cembalo obligato Con Stromenti* (Zaslaw 1994, S. 38).

♦ Eine dritte Möglichkeit ergibt sich, wenn das Cembalo gegenüber der ersten Variante um 180 Grad gedreht wird, so daß der Cembalist dem Publikum gegenüber sitzt. Die Streicher behalten ihre Position bei. Die Klangabstrahlung des Tasteninstruments ist nun wesentlich besser und für Solopartien sehr geeignet. Der einzige Nachteil entsteht aus dem relativ großen Abstand zwischen Cembalist und Konzertmeister, was wiederum dessen Verantwortung erhöht. Bezeichnenderweise entspricht diese Aufstellung im wesentlichen der Sitzordnung der Leipziger Konzertgesellschaft 1746–1748 unter Leitung des Konzertmeisters Carl Gotthelf Gerlach, der zeitweise auch Bachs Collegium musicum anführte (siehe die Abbildung auf S. 53). In der Konzertgesellschaft spielte der Organist der Nicolaikirche, Bachs ehemaliger Schüler Johann Schneider, auf dem nach hinten versetzten Cembalo, so daß er Gerlach stets im Blickfeld hatte. Zahlreiche weitere Darstellungen, etwa auf einer Florentiner Zeichnung aus der Mitte des 18. Jahrhunderts (Zaslaw 1994, S. 40) und auf einem Berliner Stich von Daniel N. Chodowiecki aus dem Jahre 1769 (Spitzer 1994, S. 86), bestätigen die weite Verbreitung dieser Ensembleordnung.

Besonders günstig ist diese Aufstellung für die Konzerte mit 2–4 Cembali, wobei der leitende Cembalist am besten gegen die Mitte rückt. Das Gemälde *Konzert zu Ehren des Bürgermeisters Johann Fries in Zürich* von ca. 1753 präsentiert diese Anordnung mit zwei Cembali im Vordergrund sowie Bläsern und Streichern, die auf einem Podest im Hintergrund stehen (Zaslaw 1994, Titelbild). Die beiden Cellisten sitzen rechts und links der Cembali, der Violonespieler zwischen diesen. Da der Klang von Baß-Streichinstrumenten hauptsächlich nach vorne abstrahlt, ist der Sitzplan von ca. 1753, der in ähnlicher Weise auch von der Leipziger Konzertgesellschaft 1746–1748 praktiziert wurde, zugleich der akustisch ideale.

Allgemeine Hinweise zur Schlußgestaltung der Sätze

♦ Eine historisch nicht nachweisbare Anordnung für die Konzerte mit 3 und 4 Cembali erfordert ein Podest, welches auf der dem Publikum gegenüberliegenden Seite des Raums den Halbkreis des Ensembles hufeisenförmig umschließt.[3] Auf diesem werden die Cembali seitlich und in der Mitte hinter dem Orchester aufgestellt. Die erhöhte Position gegenüber den im Sitzen spielenden Streichern ist erforderlich, um die Klangabstrahlung der Tasteninstrumente über die Ripienisten hinweg zu gewährleisten. Der Sicht- und Hörkontakt auch unter den Cembalisten erweist sich als ausgesprochen vorteilhaft, wobei die geöffneten Cembalodeckel den Klang der Soloinstrumente in geeigneter Weise fokussieren.

Eine ungünstige Aufstellung des Ensembles kann Proben und Aufführungen enorm behindern. Daher lohnt sich die Suche nach einer überzeugenden Ordnung, die je nach Raumakustik individuell zu variieren ist.

Besondere Probleme bietet die Positionierung der beiden übrigen Concertino-Spieler im »Tripelkonzert« BWV 1044 und im fünften »Brandenburgischen Konzert« BWV 1050 sowie des Traversflötisten in der Ouvertüre 2 BWV 1067. Das Zusammenspiel innerhalb der Solistengruppe fällt in der erstgenannten Variante am günstigsten aus, in der umgekehrten Aufstellung (Variante 3) ist die Koordination schwieriger; allerdings trägt der Cembaloklang besser. Die zweite Möglichkeit kommt nur dann in Frage, wenn der Cembalist keine leitende Funktion übernimmt.

Alle angeführten Überlegungen gehen von einer höchstens vierfachen Besetzung der einzelnen Ripienostimmen aus. Denn Bachs Konzerte und seine Orchestersuiten in der Fassung ohne Blechbläser entstanden ja nicht für repräsentative Freiluftaufführungen, sondern für Veranstaltungen in Räumen, die wie der Große Saal im Köthener Schloß eine Grundfläche von ungefähr 200 m^2 oder wie die ineinander übergehenden Konzertsäle des Zimmermannschen Kaffeehauses in Leipzig eine Ausdehnung von insgesamt ca. 135 m^2 besaßen.

Allgemeine Hinweise zur Schlußgestaltung der Sätze

Überdies sei auf das beständig wiederkehrende Problem der Schlußgestaltung von Bachs Konzertsätzen hingewiesen. Weder für eine Verlangsamung gegen Satzende noch für die Ausdehnung des Schlußakkords existieren hinreichende Belege aus jener Zeit. Laut Johann Gottfried Walther (1708, S. 28) steht das Zeichen ⁀ für eine »Pausa generalis«, also eine Generalpause, »welche in allen Stimmen zugleich gesetzt werden, da alsdenn alle Stimmen auff eine gewisse Zeit stillschweigen« (Fuhrmann 1706, S. 50). Dasselbe Zeichen markiert am Ende eines Stückes dessen Abschluß (»Signum quietis« – Symbol für Ruhe). Bei Johann Samuel Beyer (1703, S. 14) und Walther (1708, S. 28) ist keine Rede davon, ⁀ verlange eine Verlängerung des letzten Akkords eines Werkes. Nur Martin Heinrich Fuhrmann (1706, S. 62) läßt offen, ob ⁀ allen Mitwirkenden den Satzschluß anzeigt oder diesen zugleich ausdehnt: »Dieser halbe Circkel mit einem Punct, bald über / bald unter der Note, heist Signum quietis. und bedeutet ein kurtz Final, oder will / daß man daselbst etwa so lang soll aushalten / als wenn eine Pausa generalis da stünde«.

Bei ausgehaltenen Noten hatte Fuhrmann wohl auch Da capo-Arien im Sinn, deren Ende ja mitten im Verlauf eines Satzes eintritt, wobei der Übergang vom A- zum B-Teil lediglich durch das Symbol ⁀ bezeichnet, allerdings keineswegs eine Verlängerung erforderlich wird. Auch in Bachs Konzertsätzen BWV 1042/1 bzw. 1054/1, 1050/3, 1051/3, 1053/1 und 3 tritt ⁀ in dieser Funktion auf. Gleiches gilt übrigens, wenn Bach – wie damals üblich – das Schlußritornell nur mit Da capo-Vermerk bezeichnete, ohne es auszuschreiben. Dies ist beispielsweise am Ende von BWV 1046/3, 1049/1 und 1050/1 der Fall, wobei nicht angenommen werden muß, Bach habe an eine Verlängerung des Schlußakkords gedacht. Dagegen werden in modernen Ausgaben sowohl die Wiederholung des A-Teils einer Da capo-Form als auch des Schlußritornells einer Konzertform gewöhnlich ausgeschrieben, so daß das Zeichen ⌢ – nunmehr am Satzende – seinen Sinn verliert. Deshalb kommt der Spieler nicht umhin, die Zeichensetzung der Hauptquellen eines Werkes anhand des Kritischen Berichts zu überprüfen.

Eine »Pausa generalis«, also eine kurze Pause in allen Stimmen nach dem betreffenden Akkord, dürfte hingegen in den Konzertsätzen BWV 1041/3 bzw. 1058/3, 1042/2 bzw. 1054/2, 1046/3 und 1056/3 gemeint sein, wo das ⌢-Symbol eine formale Funktion erfüllt und den Beginn eines neuen – meist des letzten – Werkteils anzeigt.

Auf Verlängerung der Schlußakkorde scheint das Zeichen ⌢ in den Konzertsätzen BWV 1046/1 (mit vorangegangener Bekräftigung als Quasi-Ritardando), 1046/3, 1047/2, 1048/2, 1049/2, 1051/2, 1056/2, 1060/2, 1061a/2 bzw. 1061/2, 1063/2 und 1065/2 zu zielen. Dies ist wohl auch in den Konzertsätzen BWV 1044/3, 1052/1 und 1064/2 gemeint, wo das Symbol ⌢ als Ausgangspunkt für eine Kadenz oder freie Überleitung dient.

Wollte Bach überhaupt keine Verlängerung des Schlußtons, so verzichtete er auf das ⌢-Zeichen oder füllte den Schlußtakt mit Pausen nach dem letzten Akkord aus (BWV 1043/2 bzw. 1062/2, 1049/1 bzw. 1057/1, 1050/2, 1053/2, 1055/2, 1060/3, 1061a/3 bzw. 1061/3 und 1064/1). In diese Kategorie fällt offensichtlich auch der Konzertsatz BWV 1047/3 mit ⌢ auf dem Schlußakkord und anschließender Pause. Hier kommt dem Symbol die Funktion eines »Signum quietis« zu.

In den beiden *Trios* und der *Poloineße* von BWV 1046/4 stehen die ⌢-Zeichen jeweils über dem abschließenden Doppelstrich und markieren zweifellos das Satzende bzw. sollen die Aufmerksamkeit der Spieler auf den Wiedereintritt des *Menuet* lenken.

KONZERTE

Interpretationen der »Brandenburgischen Konzerte«

»Interpretation« bedeutet im modernen Wortgebrauch zweierlei: das Verständlichmachen des Gehalts eines Kunstwerkes bzw. eines Textes oder die klangliche Realisierung. In der Musik hängt beides selbstverständlich eng miteinander zusammen.

Was sich im Hinblick auf ein einzelnes Konzert reichlich spekulativ ausnimmt, könnte bei Betrachtung einer zusammengehörigen Werkgruppe durchaus an Glaubwürdigkeit gewinnen. In den letzten Jahren wurde von verschiedenen Autoren die Auffassung vertreten, daß durch die Zusammenstellung der sechs Konzerte für den Markgrafen von Schwedt, Christian Ludwig von Brandenburg, auch eine inhaltlich zusammengehörige Einheit entstand. Der Versuch, diesen Inhalt zu bestimmen, führt dazu, jedes einzelne der »Brandenburgischen Konzerte« einem spezifischen Bedeutungsfeld zuzuordnen. Die dadurch geweckten Assoziationen wirken sich beinahe zwangsläufig auf die musikalische Wiedergabe der Werke aus und finden bei Praktikern deshalb oft besondere Beachtung.

Interpretationen der »Brandenburgischen Konzerte«

1987 deutete Reinhard Goebel das Wirken des Hofkapellmeisters Bach als »Idealisierung und Verherrlichung der Herrscher« und die »Brandenburgischen Konzerte« als Vergegenwärtigung von »Herrschertugenden«: »Überprüft man die Instrumentierung, die Thematik und Motivik, die Tonartencharakteristik, die Symbolkraft der Kompositionstechniken und die auch heute noch wirksame allgemeine Bildhaftigkeit der Musik [...] auf ihre Bedeutung, so besticht die Auswahl der Topoi durch ihre Einseitigkeit: Krieg, Jagd, Affetuoses, Pastorales« (Goebel 1987, S. 16).

Unabhängig von Goebels Interpretation stellte Philip Pickett 1995 in einem Londoner Vortrag die These zur Diskussion, »bei den sechs *Concerts avec plusieurs instruments* [...] handle es sich in Wahrheit um eine Allegorie: die Darstellung eines antiken Triumphzuges«. Trotz ihrer publizistischen Wirkung wurde diese »Decodierung« aus zwei Gründen in Zweifel gezogen: »Zum einen übertrug Pickett Topoi der Herrscherallegorie von der Bildenden Kunst auf die Musik, ohne als Korrelat die Texte Bachscher Vokalwerke heranzuziehen«, »zum zweiten benutzte Pickett als ikonographisches Vorbild für seine Deutung die Renaissance-Gattung der Triumphzug-Darstellung«. Somit fehle es diesem Bezug »an historischer Nähe zu Bach« (Böhmer 1995/96, S. 15).

Karl Böhmer spann Goebels These der »Herrschertugenden« fort und ergänzte sie um die »relativ feste Ikonographie [...] deutscher Barockschlösser, die um 1720 erbaut wurden«. Demnach sollen die von Markgraf Christian Ludwig bewohnten Räumlichkeiten im Berliner Stadtschloß ein entsprechendes Bildprogramm aufgewiesen haben, das Bach bei seinem Besuch im Frühjahr 1719 zweifellos zur Kenntnis genommen hätte. Eingestandenermaßen als »keine erschöpfende Antwort auf die vielen Fragen« präsentierte Böhmer eine mythologische Deutung, die in manchen Einzelheiten durchaus bedenkenswert erscheint. Die einzelnen Konzerte stellten seiner Meinung nach Genrebilder aus dem Bereich höfischen Lebens dar, die durch eine mythologische Fundierung unterschiedlich gewichtet werden (Böhmer 1995/96).

Als Genrebilder höfischer Lebenshaltung lassen sich die *Six Concerts Avec plusieurs Instruments* wohl verstehen. Ja, es kann nicht überraschen, daß höfische Tafel- und Festmusik ihren Charakter ebenso wenig verleugnen kann wie Bachs Orgelwerke die Nähe zur Liturgie jener Zeit. Als problematisch erweisen sich jedoch auch bei Böhmer sämtliche Zuweisungen, zumal der Mittelsätze und Finali, an Stoffe und Handlungen aus der griechischen und römischen Sagenwelt. Daß die Wohnräume Christian Ludwigs im Berliner Stadtschloß über entsprechende Fresken verfügten, ist pure Spekulation, die durch die Baugeschichte des Palastes nicht belegt werden kann.[4] Auch liegen keinerlei Informationen darüber vor, daß der Markgraf oder die brandenburgische Familie zur Regierungszeit des »Soldatenkönigs« Friedrich Wilhelm I. – wie beispielsweise Fürst Leopold von Anhalt-Köthen (Hoppe 1998, S. 36f.) – eine Gemäldesammlung besaßen.

In eine andere Richtung weist die jüngst aufgestellte Hypothese von Vincent Dequevauviller (1998), der unter beträchtlichem Rechenaufwand nachzuweisen versuchte, daß die »Brandenburgischen Konzerte« von vornherein als Zyklus geplant wurden, dem ein umfassendes »Zahlengeheimnis« zugrunde liege. Dadurch erkläre sich, weshalb als einziges deutsches Wort die Bezeichnung *Marggraf* in den Titel des Partiturautographs von 1721 geriet. Dieser Begriff sei in Wirklichkeit nichts anderes als eine verbale Darlegung jener Zahlenverhältnisse, auf denen sowohl die Verteilung der Stimmen als auch die Gesamtsumme der Takte in der Konzertsammlung beruhen.

Tatsächlich jedoch war Bach des Französischen nicht mächtig, weshalb die Widmungsrede von 1721, in der der Terminus *Marggraf* nicht vorkommt, von dem Köthener Pagen-Hofmeister, einem gebürtigen Franzosen, übersetzt wurde (⟶ S. 89). Bedenkt man aber, daß die »Brandenburgischen Konzerte« über einen Zeitraum von rund zehn Jahren entstanden, was sowohl aus der

Quellenlage der Werke als auch aus ihrer kompositionstechnischen Entwicklung hervorgeht, und daß Bach das zweite Konzert BWV 1047 wahrscheinlich erst im Hinblick auf die Sammlung für den Markgrafen mit einem Ripienosatz versah, liegt auf der Hand, daß die sechs Konzerte nicht als Zyklus entstanden sein können.

So schlüssig mathematische Berechnungen, kabbalistische Bezüge und allegorische Deutungen, die seit geraumer Zeit ja nicht nur diesen Werken Bachs gewidmet werden, auf den ersten Blick auch erscheinen – solange die daraus gezogenen Schlußfolgerungen mit den historisch gesicherten Fakten nicht in Einklang zu bringen sind, ist ihr Informationswert für den kritischen Interpreten äußerst gering.

Sechs »Brandenburgische Konzerte«

Die Tatsache, daß die »Brandenburgischen Konzerte« keinen Zyklus darstellen und noch nicht einmal als geschlossene Sammlung komponiert wurden, sondern verschiedenen Stilsphären und diversen Schaffensperioden des Komponisten entstammen, kann bei ihrer Interpretation nicht unberücksichtigt bleiben. Jedenfalls besteht kein Anlaß, die 1721 für den Markgrafen Christian Ludwig zusammengestellte Partitur als abendfüllendes Monumentalwerk aufzuführen. Die folgenden Einzelbesprechungen basieren auf der Edition von Heinrich Besseler, die als eine der ersten Bände der NBA bereits 1956 erschien.

Concerto BWV 1046 · Sinfonia BWV 1046a

»Brandenburgisches Konzert 1« F-Dur BWV 1046
für 2 Hörner, 3 Oboen, Fagott, Violino piccolo, 2 Violinen, Viola und Continuo

Tempo d'allabreve ($\mathbb{C}$) · *Adagio* ($\frac{3}{4}$) · *Allegro* ($\frac{6}{8}$) · *Menuet* ($\frac{3}{4}$) · *Trio á 2 Hautbois è Baßono* ($\frac{3}{4}$) · *Menuet repetat*[ur] · *Poloineße. Tutti Violini è Viole mà piano* ($\frac{3}{8}$) · *Menuet ab initio* · *Trio à 2 Corni & 3 Hautbois in unisono* ($\frac{3}{4}$) · *Menuet sub Signo* $\oplus$ *ab initio et claudatur*

Besetzung: Corn: 1, Corn: 2, Hautb 1, Hautb 2, Hautb 3, Bassono, Violino Piccolo, Violino 1, Violino 2, Viola, Violoncello, Continuo (è Violono großo 1721 von Bach selbst nachgetragen; Continuo unbeziffert)

Autographe Partitur: *Concerto 1mo. à 2 Corni di Caccia. 3 Hautb*[ois]: *è Baßono. Violino Piccolo concertato. 2 Violini, una / Viola è Violoncello, col Baßo Continuo*, datiert Köthen, 1721. SBB, Am. B. 78 (zusammen mit den Autographen von BWV 1047–1051)

Originalstimmen: unbekannt

NBA: NBA VII/2, hrsg. von Heinrich Besseler (1956), S. 3 / KB (Besseler, 1956), S. 33 / PA (Partitur mit Stimmen/ Tp), hrsg. von Heinrich Besseler (1999) / NBA-TA I (1999), S. 183 / Rekonstruktion der Fassung von 1719/20 in Vorb. (Rampe)

Entstehungszeit: Köthen, 1719/20 (dritter Satz und das gesamte Werk vermutlich ohne *Poloineße* und Neufassung des *Trio à 2 Corni* durch Umarbeitung der *Sinfonia* BWV 1046a von vor 1713). Umwandlung zum »Brandenburgischen Konzert 1« samt *Poloineße* und neuem *Trio à 2 Corni* sowie der *Violino Piccolo*-Partie wahrscheinlich erst Anfang 1721

Die Besetzung mit 2 Waldhörnern und 3 Oboen wie auch die tonartliche und motivische Nähe zu Bachs »Jagdkantate« BWV 208 (1712/13) sprechen nicht gegen die seit langem vermutete Anspielung auf eine Parforce-Jagd. In der Tat tragen die beiden Hörner zu Beginn des ersten Satzes Jagdsignale jener Zeit vor (Hofmann 1995, S. 33). Besonderes Gewicht erhält diese Zuordnung durch die erste Fassung des Werkes, die *Sinfonia* BWV 1046a (vor 1713), die ohne weiteres als Einleitung

»Brandenburgisches Konzert 1« F-Dur BWV 1046 · Sinfonia F-Dur BWV 1046a

zu einer Aufführung der »Jagdkantate« dienen konnte. Das Horn gehörte seit ungefähr 1680 zu den obligatorischen Hilfsmitteln der Parforce-Jagd, bei der das Wild von Reitern verfolgt wird, die sich akustisch zu verständigen haben. Demnach würden sich die abwechselnd in Erscheinung tretenden Gruppen der Jäger in den drei Instrumentalchören des ersten Satzes (Hörner, Oboen/Fagott, Streicher und Continuo) spiegeln. Eine Verbindung zur Welt der Mythologie, wie sie Karl Böhmer (1995/96, S. 16) aufgrund der Fassung von 1721 vornahm, stößt allerdings auf erhebliche Widersprüche, da Diana, die Titelheldin der »Jagdkantate«, die er mit der Partie des *Violino Piccolo* assoziiert, im Mittelsatz *Adagio* kaum mit ihrem Liebhaber Endymion in einen Dialog treten kann, der in der Kantate gerade nicht vom Klang der Oboen begleitet wird! Insbesondere aber zeigt die Chronologie des »Brandenburgischen Konzerts«, daß der *Violino Piccolo* mit der »Jagdkantate« nicht in Beziehung zu bringen ist (⟶ S. 245).

Aus der Entstehungsgeschichte der *Sinfonia* BWV 1046a einerseits und des dritten Satzes *Allegro* von BWV 1046 andererseits wird deutlich, daß das Werk in mindestens drei Fassungen aufführbar ist: 1. als *Sinfonia,* deren Notentext abschriftlich erhalten blieb (siehe unten BWV 1046a), 2. als Konzert in F-Dur ohne *Violino Piccolo,* aber mit solistischer Partie einer gewöhnlichen Violine im dritten Satz BWV 1046/1 und 3. in der bekannten Version als erstes »Brandenburgisches Konzert« BWV 1046. Die zweite Fassung läßt sich nur spekulativ rekonstruieren, wobei unklar bleibt, welche Doppelgriffe genau in der Violinstimme des dritten Satzes wegzufallen haben und ob das Horn-*Trio* noch der älteren Version aus BWV 1046a entsprach oder bereits mit BWV 1046/4 übereinstimmte. Auch ist nicht völlig auszuschließen, daß schon damals die *Poloineße* hinzugekommen war. Notenmaterial zu dieser zweiten Fassung existiert nicht. Dennoch erscheint ihre Wiedergabe in freier Rekonstruktion vertretbar und hat den Vorzug, von der Beschaffung einer geeigneten Piccolovioline unabhängig zu sein.

Das erste der »Brandenburgischen Konzerte« ist das einzige, in dem Bach zweifelsfrei eine mehrfache Streicherbesetzung, zumindest aber der Violine 1, vor Augen hatte. Darauf lassen nicht allein die insgesamt sechs Bläserstimmen schließen. Vielmehr bezeichnet der Komponist im dritten Satz (T. 21) Hörner, Oboen, zweite Violine und Viola mit *piano sempre* oder *p. s.,* erste Violine und die Baßinstrumente jedoch mit *pianißimo sempre* (der *Violino Piccolo* erhielt keine Dynamikangabe).

Die Bezeichnung *Violono großo* und der Tonumfang dieser Partie zielen auf einen Kontrabaß mit tiefster Saite C' – offensichtlich ein 4saitiges 16'-Instrument, das eine Oktave tiefer als das Violoncello gestimmt war (⟶ S. 304f.). Da der notierte Ton C im Kopfsatz nicht weniger als zehnmal und im dritten Satz immerhin noch fünfmal auftritt (im *Adagio* erscheint zudem ein Cis), hätte seine Oktavierung störende Einbußen zur Folge. Ersatzweise kann die (tiefste) D'- oder E'-Saite eines 4–6saitigen Violones auf C' gestimmt werden.

Ein *Violino Piccolo* ist als Dreiviertelgeige meist ohne größere Schwierigkeiten verfügbar, allerdings erweist sich nicht jede Dreiviertelgeige als tragfähiges Soloinstrument, was insbesondere im *Adagio* und im dritten Satz von Nachteil sein könnte. Im Notfall läßt sich Abhilfe durch eine gewöhnliche Violine nach Möglichkeit von kleiner Mensur schaffen, die mit dünneren Saiten bezogen entsprechend dem *Violino Piccolo* eine kleine Terz höher gestimmt wird. Vorausgesetzt, das Instrument befindet sich in gutem Zustand und die Saiten sind dünn genug, ist mit statischen Problemen nicht zu rechnen.

Für den Notentext der NBA ergeben sich folgende Korrekturen: Obwohl Bach in der Bogensetzung des Mittelsatzes im Autograph von 1721 nicht immer konsequent ist, erscheint doch offensichtlich, daß die Tonrepetitionen im *Adagio* mit sechs Tönen unter einem Bogen in Wirklichkeit einen ersten getrennten und fünf gebundene Töne (unter einem Bogen) fordern, was zu einer klanglich abweichenden, aber musikalisch absolut schlüssigen Wiedergabe führt. Angefangen von den hohen Streichern in T. 1ff., dem Baß in T. 4 und den Oboen in T. 5ff. betrifft Bachs 1 + 5-Notation sämtliche Parallelstellen im gesamten Satz. Im *Allegro* BWV 1046/3 wurden die Dynamikbezeichnungen für T. 21 im Notentext der NBA unrichtig übertragen bzw. irrtümlich angeglichen; zur Wiedergabe gemäß dem Autograph siehe die Angaben oben. Im gleichen Satz erstreckt sich der Bogen in der *Violino Piccolo*-Partie von T. 39 eindeutig allein über die beiden letzten Noten.

In der abschließenden Tanzfolge wurde das *Menuet* in sämtlichen Quellen nur ein einziges Mal ausgeschrieben. Daher ist denkbar, seine Wiederholung durch Besetzungswechsel oder Änderung der Dynamik lebendiger zu gestalten – eine Maßnahme, die Bach in eigenen Aufführungen jederzeit anzusagen oder anzuzeigen vermochte, ohne sie schriftlich festzuhalten. Auch dürfte es der Improvisationspraxis der Zeit entsprochen haben, bei den Wiederholungen von *Menuet, Trios* und der *Poloineße* in den führenden Stimmen (Oboen, *Violino Piccolo* oder gar Hörner) willkürliche Ornamente einzufügen. Obschon nicht in jedem Fall ersichtlich ist, ob ein Punkt oder ein Strich (¹) gemeint ist, legt die Notation im Partiturautograph des zweiten *Trio* eine Differenzierung zwischen Staccato und (modernem) Portato (-) nahe; portato zu spielen sind offenbar die Viertelnoten auf der ersten Zählzeit in T. 2–4, 11, 14, 17, 21, 25, 27, 29 und 30 sowie auf der zweiten Zählzeit in T. 6 und 14 (was die Ansprache der hohen Töne im ersten Horn beträchtlich erleichtert). *Menuet* sowie *Trios* und *Poloineße* können in einem einzigen Grundschlag ausgeführt werden, wobei allein die Bewegung etwas zu reduzieren (*Trios, Poloineße*) und zu beschleunigen ist (*Menuet*). Dies setzt eine Aufeinanderfolge der Sätze gleichsam in attacca voraus, die der Alternativement-Charakter der Einlagestücke ohnehin nahelegt.

Sinfonia F-Dur BWV 1046a
für 2 Hörner, 3 Oboen, Fagott, 2 Violinen, Viola und Continuo

(Tempo d'allabreve?) (₵) · *Adagio, sempre piano* ($\frac{3}{4}$) · *Menuet* ($\frac{3}{4}$) · *Trio a 2 Hautbois et Basson* ($\frac{3}{4}$) · *Menuet repet*[atur] · *Trio pour les Cores de chasse* ($\frac{2}{4}$) · *Menuet repet*[atur]

Besetzung: *Cornu du Cacc. 1, Corn. 2, Hautb. 1., 2., 3., Violin. 1., 2., Viola, Bass*[ono]: *oblig*[ato]., *Fondam*[ento].

Autographe Partitur: unbekannt

Originalstimmen: unbekannt

Ersatzquelle: *Sinfonia di Giov. Seb. Bach;* am Ende folgt der Vermerk: *Fine. scr*[ipsit]. *Penzel m*[ense]. *April 1760,* Partiturabschrift des Bach-Schülers Christian Friedrich Penzel, April 1760. Zu den Instrumentenbezeichnungen am Beginn der ersten Akkolade siehe *Besetzung.* SBB, P 1061

NBA: NBA VII/1, hrsg. von Heinrich Besseler (1956), S. 225 / KB (Besseler, 1956), S. 34 und 153 / TP, hrsg. von Heinrich Besseler (1956); eine PA ist bisher nicht veröffentlicht / NBA-TA I (1999), S. 405

Entstehungszeit: Weimar, vor 1713

Abweichend von BWV 1046 ergeben sich für die *Sinfonia* folgende Hinweise: Der erste Satz ist mit ₵ bezeichnet, was jedoch kaum auf ein anderes Tempo als im ₵-Takt von BWV 1046/1 schließen läßt. Offenbar meinte Bach einen in zwei Einheiten unterteilten Viervierteltakt, dessen Charakter er in seinem eigenen Notenmaterial nicht zu präzisieren hatte (⟶ S. 327).

Der Mittelsatz lautet *Adagio, sempre piano* (im Autograph von BWV 1046 heißt es vor den betreffenden Ripienostimmen *piano sempre*), demnach beginnt das *Menuet* im Forte. Es ist kaum anzunehmen, daß der figurierte Teil der ersten Violin-Stimme im *Adagio* chorisch ausgeführt wurde;

Concerto F-Dur BWV 1047[a] · »Brandenburgisches Konzert 2« F-Dur BWV 1047

denn die Ornamentik entstammt zweifelsfrei solistischer Violinmusik im Stil Arcangelo Corellis. D.h. *sempre piano* dient hier auch als Anweisung für eine einfache Streicherbesetzung des Mittelsatzes (⟶ S. 357f.).

Concerto BWV 1047 · BWV 1047[a]

Concerto F-Dur BWV 1047[a]
Kammerkonzert für Trompete, Blockflöte, Oboe, Violine und Continuo

wohl Tempo d'allabreve (₵) · Andante ($\frac{3}{4}$) · allegro assai ($\frac{2}{4}$)

Besetzung: wohl Tromba, Fiauto, Hautbois, Violino und Continuo

Autographe Partitur: unbekannt

Originalstimmen: unbekannt

Weitere Quellen: Die Fassung kann anhand des Partiturautographs von 1721 (siehe unten) rekonstruiert werden (⟶ S. 94)

NBA: PA (Partitur mit Stimmen), hrsg. von Klaus Hofmann (1998)

Entstehungszeit: Köthen, 1720/21

Die von Klaus Hofmann rekonstruierte Erstfassung des »Brandenburgischen Konzerts 2« stellt ein in sich geschlossenes Quintett dar, das allerdings im Interesse des kammermusikalischen Charakters einen Trompeter mit extrem leichtem, flexiblem Ton erfordert. Nicht sicher entscheiden läßt sich, ob die Baßstimme von einem Violoncello nebst 16'-Violone (und Akkordinstrument) oder nur auf 8'-Basis auszuführen ist.

»Brandenburgisches Konzert 2« F-Dur BWV 1047
für Trompete, Blockflöte, Oboe, Violine, 2 Violinen, Viola und Continuo

Tempo d'allabreve (₵) · *Andante* ($\frac{3}{4}$) · *allegro assai* ($\frac{2}{4}$)

Besetzung: *Tromba, Fiauto, Hautbois, Violino, Violino 1 rip., Violino 2 rip., Viola rip., Violone ripieno, Violoncello e Cembalo al unisono* (fast unbeziffert)

Autographe Partitur: *Concerto 2do. à 1 Tromba 1 Fiauto. 1 Hautbois. 1 Violino, concertati, è 2 Violini 1 Viola è Violone in Ripieno / col Violoncello è Baßo per il Cembalo,* datiert Köthen, 1721. SBB, Am. B. 78 (zusammen mit den Autographen von BWV 1046 und 1048–1051)

Originalstimmen: unbekannt

Weitere Quellen: *Concerto / a / Violino Conc. / Flauto Conc. / Hautbois Conc. / Tromba Corno Conc. / Violino 1 Rip. / Violino 2 Rip. / Viola / col Continuo / di I. S. Bach,* am Ende der Vermerk *C. F. Penzel 1755 Lips,* Stimmenabschrift des Bach-Schülers Christian Friedrich Penzel, Leipzig, 1755, enthaltend 8 Stimmen. SBB, St 638. Diese Quelle geht offenbar auf die gleiche Vorlage wie die erwähnte autographe Partitur zurück (Marissen 1997, S. 79f.). Umgekehrt dürfte von Penzels Stimmen seine Partiturabschrift *Concerto / a / Flauto, Tromba, Hauth. et Viol. Conc. / di I. S. Bach,* Leipzig, ca. 1755, abhängig sein. SBB, P 1062

NBA: NBA VII/2, hrsg. von Heinrich Besseler (1956), S. 43 / KB (Besseler, 1956), S. 57 / PA (Partitur mit Stimmen/Tp), hrsg. von Heinrich Besseler (1999) / NBA-TA I (1999), S. 223

Entstehungszeit: Köthen, 1720/21

Die legendären Balanceprobleme, die das bereits von Johann Mattheson (1713, S. 265) empfohlene Zusammenspiel von Trompete und Blockflöte selbst auf historischen Instrumenten hervorrufen kann, hängen ganz wesentlich mit dem Ton und der Spieltechnik des Blechbläsers zusammen: Das

»Brandenburgisches Konzert 2« F-Dur BWV 1047

Werk ist, zumal in seiner Erstfassung als Kammerkonzert, von vornherein für eine sehr leichte (leise) Ansprache konzipiert, wobei Bach nach längeren Trompetensoli stets ausreichende Pausen einplante und den Spieler im Mittelsatz gänzlich schone. Selbst die Periodik in Einheiten von je 2 Takten und die Länge der Episoden von überwiegend 4 Takten im Kopfsatz läßt sich nicht zuletzt auf den Einsatz der Trompete als Kammermusikinstrument zurückführen (⟶ S. 230f.). Eine solche Wiedergabe wird zweifellos durch eine französische Kammertrompete in E – die übrigen Instrumente spielen im tiefen Kammerton um $a' = 392$ Hz – wesentlich begünstigt (⟶ S. 316). Unter dieser Voraussetzung und unter Verzicht auf einen permanenten Forte-Klang der Trompete ist die Kombination mit der Blockflöte ideal. Atemtechnisch zwar verständlich, aber musikalisch nicht nachvollziehbar bleibt das in heutiger Praxis weitgehend übliche eigenmächtige Weglassen von strukturell wichtigen Episoden-Begleitfiguren in der Trompeten-Stimme vor allem des ersten Satzes. Gänzlich indiskutabel erscheint dieses Vorgehen in der Kammermusikversion.

Die in den Abschriften des Bach-Schülers Christian Friedrich Penzel verzeichnete Alternativbesetzung mit Horn ist in der Fassung mit Ripieno durchaus praktikabel. Zumindest erscheinen die hohen Töne auf einem F-Horn weniger riskant, obwohl die Partie auch auf diesem Instrument spieltechnisch keineswegs einfach ausfällt. Wie bereits erwähnt (⟶ S. 94), ist es sehr wahrscheinlich, daß Penzels Abschrift auch dieses Werkes auf das Autograph der Ripienoversion zurückgeht; denn sie läßt wie die Partitur von 1721 keine signifikanten Korrekturen oder Spuren einer Frühfassung erkennen – offensichtlich weil die Komposition um 1720 als letztes von Bachs Konzerten entstand und nicht mehr revidiert wurde. Demnach dürfte Penzel in dieser Quelle einen Hinweis entweder von Bach oder seinem Sohn Wilhelm Friedemann vorgefunden haben. Möglicherweise war eine Aufführung mit Horn erforderlich geworden, weil in Leipzig die Verbindung einer Kammertrompete in E mit dem tiefen Kammerton nicht mehr hergestellt werden konnte.

Zur Ausführung der *Violone*-Stimme hatte Laurence Dreyfus (1987) ein 8'-Instrument auf G' gefordert, wofür keinerlei historische Grundlage besteht. Im Gegenteil wird die Partie in beiden Ecksätzen wiederholt bis (notiert) C, aber nicht tiefer, geführt, was wie im ersten »Brandenburgischen Konzert« auf einen viersaitigen Violone mit tiefster Saite C' hinweist (⟶ S. 410). Dadurch entstehen – beispielsweise in den Takten 24ff. des ersten Satzes – mitunter 32'-Klänge, die die »Registrierkünste« des Organisten Bach spiegeln. Hätte der Komponist einen 8'-Violone vor Augen gehabt, wäre unerklärlich, weshalb dessen G'-Saite ungenutzt blieb.

Die Bezeichnung *Andante* im Mittelsatz ist offensichtlich wörtlich gemeint. Friedrich Erhard Niedt (1721) nennt Andante »nicht lauffend noch kriechend, nicht zu langsam und nicht zu geschwinde«, Johann Gottfried Walther (1732) betrachtet *Andante* als »etwas geschwinder als adagio« und fügt eine für diesen Mittelsatz entscheidende Information hinzu: *Andante* heißt »mit gleichen Schritten wandeln. Wird sowohl bey andern Stimmen, als auch solchen General-Bässen, die in einer ziemlichen Bewegung sind, oder den andern Stimmen das thema vormachen, angetroffen; da denn alle [Baß-] Noten fein gleich und überein (ebenträchtig) executirt, auch eine von der andern wohl unterschieden [(non legato) ...] tractirt werden müssen«.

Ein Vergleich mit der autographen Partitur von 1721 erfordert im Notentext der NBA eine größere Anzahl an Korrekturen: In T. 32 des Kopfsatzes lautet die drittletzte Baßnote (*Violone, Violoncello* und *Cembalo*) e statt g, in T. 48 die drittletzte Note in *Fiauto, Hautbois* und *Violino* (nicht aber in der ersten Ripienovioline) d" statt f". Im *Andante* betreffen folgende Bögen eindeutig nur zwei Noten (statt der in der NBA bezeichneten drei), was den Vorschlagcharakter dieser Töne unterstreicht und Bachs galante Manierismen besser zum Ausdruck bringt: *Fiauto* – T. 6, 3.–4.

»Brandenburgisches Konzert 3« G-Dur BWV 1048

Note / T. 14, 3.–4. Note / T. 20, 4.–5. Note / T. 26, 3.–4. Note / T. 27, dritt- und zweitletzte Note; *Hautbois* – T. 10 und 12, 3.–4. Note / T. 14, 5.–6. Note; *Violino* – T. 12, 3.–4. Note / T. 18, 4.–5. Note / T. 24, 3.–4. Note / T. 25, 2.–3. und 5.–6. Note. Dagegen stimmt die Bogensetzung in den Takten 2, 4, 57–60 und 62–63 mit dem Autograph überein. Es lohnt sich, diese vermutlich beabsichtigten artikulatorischen Abweichungen zwischen den einzelnen Satzteilen einmal auszuprobieren.

Concerto BWV 1048

»Brandenburgisches Konzert 3« G-Dur BWV 1048
für 3 Violinen, 3 Violen, 3 Violoncelli und Continuo

Tempo d'allabreve ($\mathbb{C}$) · *Adagio* ($\mathbf{C}$) · *Allegro* ($\frac{12}{8}$)

Besetzung: *Violino 1, Violino 2, Violino 3, Viola 1, Viola 2, Viola 3, Violoncello 1, Violoncello 2, Violoncello 3, Violone e Cembalo* (unbeziffert)

Autographe Partitur: *Concerto 3$\underline{zo}$. â tre Violini, tre Viole, è tre Violoncelli, col Baßo per il Cembalo*, datiert Köthen, 1721. SBB, Am. B. 78 (zusammen mit den Autographen von BWV 1046–1047 und 1049–1051)

Originalstimmen: unbekannt

Weitere Quellen: *Concerto / a / 3 Violini / 3 Viole / 3 Violoncelli / tutti gli certati / e / Violone / di Sigr. I. S. Bach*, Stimmenabschrift des Bach-Schülers Christian Friedrich Penzel, ca. 1755, enthaltend 9 Stimmen. SBB, St 637. Diese Quelle könnte auf die gleiche Vorlage wie die erwähnte autographe Partitur zurückgehen (Marissen 1997, S. 81f.). Umgekehrt ist von Penzels Stimmen seine Partiturabschrift *Concerto / a / 3 Violin. / 3 Viol. / 3 Violon. / tutti gli certati. / et / Violone. / di I. S. Bach*, ca. 1755, abhängig. SBB, P 1063

NBA: NBA VII/2, hrsg. von Heinrich Besseler (1956), S. 73 / KB (Besseler, 1956), S. 72 / PA (Partitur mit Stimmen/Tp), hrsg. von Heinrich Besseler (1999) / NBA-TA I (1999), S. 253

Entstehungszeit: Weimar, 1714; Revision(en) bis 1721

Im Zentrum dieses Werkes stehen zweifellos die Zahlen 3 und 9, indem die je 3 Violinen, Violen und Violoncelli zu drei Chören zusammengefaßt werden. Einige Hinweise sprechen sogar dafür, daß die zusätzliche, also zehnte Stimme für *Violone e Cembalo* erst nachträglich von der dritten Violoncellopartie abgetrennt wurde (⟶ S. 95). Bemerkenswert ist zudem, daß es Bach zur Verdeutlichung der dreichörigen Anlage auf sich nahm, die drei Violoncello-Stimmen vollständig auszuschreiben, obwohl sie nur an wenigen Stellen des Kopfsatzes voneinander abweichen. Entgegen naheliegender Vermutung gelangte die Teilung der Cellopartien jedoch nicht erst bei Anfertigung der autographen Partitur von 1721 zur Ausführung (⟶ S. 95), wohl aber die Besetzung der ursprünglich anscheinend mit *Baßo per il Cembalo* bezeichneten Continuo-Stimme mit *Violone*.

Selbst wenn man darauf verzichtet, die antike Sagenwelt – etwa die neun Musen oder ihre Rivalinnen, die neun Pieriden – zu bemühen (Pickett 1995), spricht nichts für eine chorische Besetzung der einzelnen Partien. Die raschen, ausgesprochen kammermusikalischen Wechsel der Instrumente mit solistischer Funktion, die sich bisweilen als Register zusammenfinden oder sich im Dialog mit den jeweils anderen Gruppen verbinden, sollten durch genaue Abstimmung der fein abgestuften Lautstärkegrade leicht wahrgenommen werden können.

Der für Streichinstrumente ausgesprochen idiomatische erste Satz stellt spieltechnisch keinerlei Probleme, das *Allegro*-Finale indes wird durch das rasche Tempo ($\frac{12}{8}$ in vier schnellen Schlägen/Einheiten) recht anspruchsvoll. Trotz der getrennt zu spielenden 16tel-Läufe im Thema empfiehlt sich eine Ausführung mit relativ liegendem Bogen, während die jeweilige Begleitpartien die vier

Takteinheiten deutlich, aber unterschiedlich markieren. Die Soli in Violine 1 und Viola 1 (T. 15f. und 35f.) sind vergleichsweise einfach zu bewältigen, wenn nur der Beginn des Legatobogens akzentuiert wird und die 32stel-Noten völlig unbetont bleiben.

Der häufig diskutierte Versuch, die beiden Akkorde des *Adagio,* welche in der Art eines italienischen Concertos vom Anfang des 18. Jahrhunderts den Mittelsatz »ersetzen« (⟶ S. 233), durch eine Improvisation zu verbinden, entbehrt jeder kompositionsgeschichtlichen und stilistischen Grundlage. Zum einen steht das ⌢-Symbol über dem letzten Akkord und nicht über dem ersten, von dem eine Improvisationsanweisung auszugehen hätte. Zum anderen beweisen die in der Partitur von 1721 enthaltenen kadenzartigen Anhänge (BWV 1046/2 und 1049/2), daß Bach eine solche Improvisation nicht den Interpreten überließ, sondern selbst ausschrieb.

Auch in diesem Konzert wird die *Violone*-Stimme wiederholt bis C geführt; besonders signifikant ist der unvermeidliche Einsatz auf Cis in T. 113 des Kopfsatzes. Daher kann nicht bezweifelt werden, daß Bach ebenfalls einen 4saitigen 16'-Violone auf C' vor Augen hatte (siehe BWV 1046 und 1047).

Concerto BWV 1049 · BWV 1057

»Brandenburgisches Konzert 4« G-Dur BWV 1049
für Solovioline, 2 Echoflöten, 2 Violinen, Viola, Violoncello, Violone und Continuo

Allegro ($\frac{3}{8}$) · *Andante* ($\frac{3}{4}$) · *Presto* ($\mathbb{C}$)

Besetzung: *Violino Prencipale, Fiauto 1mo, Fiauto 2do, Violino 1 ripieno, Violino 2 ripieno, Viola ripieno, Violoncello, Violono, Continuo* (unbeziffert)

Autographe Partitur: *Concerto 4to. â Violino Prencipale. due Fiauti d'Echo. due Violini, una Viola è Violone in Ripieno, Violoncello è / Continuo,* datiert Köthen, 1721. SBB, Am. B. 78 (zusammen mit den Autographen von BWV 1046–1048 und 1050–1051)

Originalstimmen: unbekannt

NBA: NBA VII/2, hrsg. von Heinrich Besseler (1956), S. 99 / KB (Besseler, 1956), S. 87 / PA (Partitur mit Stimmen/ Tp), hrsg. von Heinrich Besseler (1999) / NBA-TA I (1999), S. 279

Entstehungszeit: Köthen, ca. 1720

Das auffälligste Merkmal dieses Konzerts besteht in einer virtuosen »Hauptstimme« für die Solovioline (*Violino Pre*[i]*ncipale*) und zwei nachgeordneten Blockflötenpartien, die für doppelröhrige Echoflöten bestimmt sind (Rampe und Zapf 1997/98). Versteht man die Wahl dieser Instrumente – an Stelle herkömmlicher Blockflöten – als Ersatz für die mehrröhrige Panflöte, so gewinnt Karl Böhmers (1995/96, S. 17) Deutung eine gewisse Glaubwürdigkeit. Seiner Meinung nach repräsentiert das vierte »Brandenburgische Konzert« den Streit zwischen Phoebus und Pan (siehe Bachs Kantate 201 von 1729), indem die Solovioline Phoebus Apollo, die Blockflöten Pan symbolisieren. Während die Zuordnung der Instrumente durchaus zu überzeugen vermag – Phoebus Apollo spielte der Sage nach ein Saiteninstrument, Pan die nach ihm benannte Flöte –, spricht die Besetzung mit gleich zwei *Fiauti d'Echo* allerdings entschieden gegen Böhmers Interpretation und findet auch in Bachs gleichnamiger Kantate keine Entsprechung.

Die klanglichen Möglichkeiten der *Fiauti d'Echo* kommen allein im Mittelsatz *Andante* zum Ausdruck, wo Bach die Echoflöten wie ein zweimanualiges Tasteninstrument einsetzt: Einerseits notierte er die Übergänge von *forte* zu *piano* und umgekehrt; hierfür bleibt den Flötisten beim Wechsel vom einen zum anderen Corpusteil durch Verkürzung der abschließenden Viertelnote in

»Brandenburgisches Konzert 4« G-Dur BWV 1049

der vorangehenden Figur ausreichend Zeit, zumal dieselben Töne im Forte von den Streichern verstärkt werden, also weiterklingen. Andererseits wählte Bach zur Kennzeichnung des »Flötenwechsels« einen durchbrochenen Balken, wie er in seiner Tastenmusik für Manualwechsel dient (Rampe und Zapf 1998, S. 19f.). Einen Eindruck hiervon vermitteln die folgenden Beispiele mit der ersten Flötenstimme aus dem *Andante* des »Brandenburgischen Konzerts« und aus dem Schlußsatz *Echo* der »Französischen Ouvertüre« h-Moll BWV 831 für Cembalo (1735):

»Brandenburgisches Konzert 4« G-Dur, *Andante*, T. 29–32 (*Fiauto 1mo*)

Overture nach Französischer Art h-Moll BWV 831, *Echo*, T. 29–32 (*Clavier Übung* II, 1735)

Praktische Versuche zeigen, daß ein geübter Spieler für diesen Wechsel – ebenso wie ein Cembalist oder Organist für einen Manualwechsel – ungefähr eine 16tel-Pause benötigt. Erleichtert wird die Stelle dadurch, daß die Tonfolge a"–h" oder umgekehrt keine Veränderung der Handposition erfordert; bewegt werden muß lediglich ein einziger Finger. Im Cembalokonzert BWV 1057 (siehe unten) wies Bach sämtliche Piano-Passagen von Echoflöten und Solovioline dem zweiten Manual des Tasteninstruments zu. Offensichtlich verfügte er um 1738 in Leipzig über keine Echoflöten mehr, was zugleich beweist, daß ein deutlich ausgeprägtes dynamisches Blockflötenspiel, wie es möglich und heute üblich ist, damals nicht praktiziert wurde.

Bei einer Aufführung des vierten »Brandenburgischen Konzerts« werden Echoflöten höchstwahrscheinlich nur im Mittelsatz, die Ecksätze hingegen auf konventionellen Altblockflöten in f', allenfalls auf nur einem Corpusteil der Echoflöten gespielt worden sein. Letzteres war dann möglich, wenn die beiden Corpusteile in das Verbindungsstück der Echoflöte nur eingehängt und nicht fest mit diesem verknüpft waren (⟶ S. 279). Allerdings hätten sich die Feuchtigkeitsunterschiede beim Gebrauch nur eines einzigen Corpusteils bis zum Beginn des Mittelsatzes auf die Echoeffekte nachteilig ausgewirkt. Daher ist wahrscheinlicher, daß die Spieler zwischen den Sätzen von einer herkömmlichen Blockflöte zur Echoflöte (bzw. umgekehrt) wechselten. Darauf deutet die Bezeichnung der autographen Partitur von 1721 hin: Zwar lauten die Angaben vor der ersten Akkolade des *Allegro Fiauto 1mo* und *Fiauto 2do*, der Kopftitel verlangt jedoch *due Fiauti d'Echo*. Daß letztere nur im *Andante* gefordert werden, konnte jeder Spieler den Dynamikangaben seiner Stimme entnehmen (der zweite und der dritte Satz enthalten keine Instrumentenbezeichnungen). Daß beide Corpusteile der Echoflöten aber während des gesamten Konzerts aneinander gekoppelt blieben, ist schon aufgrund des erheblichen Gesamtgewichts auszuschließen.

Historische Echoflöten sind nur in geringer Zahl erhalten (Rampe und Zapf 1997/98, S. 38), doch sollte es einem professionellen Spieler keine Schwierigkeiten bereiten, zwei Blockflöten unterschiedlicher Bohrung/Lautstärke, aber gleicher Tonhöhe zu beschaffen. Neben starren Halterungen aus Metall oder Holz wie bei überlieferten Instrumenten läßt sich eine jederzeit lösbare Verbindung der beiden Corpusteile durch eine Distanzbacke zwischen den Einzelinstrumenten herstellen; an dieser werden sie durch Lederriemen, Schnur etc. befestigt. Somit ergibt sich keine

»Brandenburgisches Konzert 4« G-Dur BWV 1049 · Concerto F-Dur BWV 1057

Notwendigkeit, für gerade einen einzigen Satz zwei Echoflöten nachbauen zu lassen. Zugleich besteht aber auch kein Grund, das *Andante* des »Brandenburgischen Konzerts 4« auf zwei einzelnen konventionellen Blockflöten auszuführen.

Für den Mittelsatz dieses Konzerts gilt ebenfalls, daß die Bezeichnung *Andante* – schon im Hinblick auf seine Achtelnoten als durchgehend schnellste Werte – rascher als Adagio oder Largo zu verstehen ist (siehe BWV 1047). Die Obergrenze des Tempos ergibt sich aus dem Instrumentenwechsel in T. 29ff. Aus der Tatsache, daß der solistische Melodiebogen innerhalb der Schlußwendung (T. 68f.) in der späteren Fassung für Cembalo von einer chromatischen Gegenstimme begleitet wird, wird deutlich, daß diese »Arkade« auch im »Brandenburgischen Konzert« nicht unbeschränkt frei im Tempo gespielt werden sollte.

Die Oktavierung in T. 202 des *Allegro* belegt, daß Bach mit einem fünf- oder sechssaitigen Violone auf D' rechnete. Angesichts der klanglich untergeordneten und rhythmisch vielfach heiklen Begleitfunktion im *Allegro* (siehe beispielsweise die Takte 235ff. und 251ff.) sowie zur Verbesserung der Transparenz im dichten kontrapunktischen Gefüge der Ritornelle des *Presto* empfiehlt sich eine nach Möglichkeit kleine, wenn nicht gar einfache Ripienobesetzung. Jedenfalls ist das vierte »Brandenburgische Konzert« neben dem sechsten und dem »Tripelkonzert« BWV 1044 im Hinblick auf seine kammermusikalische Gestaltung und das Zusammenspiel das anspruchsvollste unter Bachs Orchesterwerken.

Das ⌢-Symbol am Ende des ersten Satzes im Notentext der NBA (VII/2) markiert, wie bereits gesagt, offensichtlich allein das Da capo des Eingangsritornells, dessen Wiederholung in Bachs Partiturautograph nicht ausgeschrieben wurde. Dagegen findet sich dort über dem Doppelstrich nach Satzende ein weiteres ⌢-Zeichen. Daraus ist zu schließen, daß nach dem *Allegro* eine längere Zäsur eintreten soll, während das *Presto* unmittelbar auf das *Andante* folgt (den Blockflötisten bleiben zum Wechseln ihrer Instrumente zu Beginn des *Presto* 22 Takte Pause!).

Zur Orientierung für den Cembalisten erweist sich Bachs eigene Aussetzung in der Solopartie des *Concerto* BWV 1057 als außerordentlich hilfreich (⟶ S. 391ff.). Dies gilt vor allem auch für das Colla parte-Spiel in den Ritornellen des Finale. Bachs Aussetzung gewährt ferner Einblicke in gewisse dynamische Verläufe, beispielsweise der Takte 229, 231 und 233 des *Presto*: Dort liegt – entgegen des zu erwartenden Gefälles – der stärkste Akzent auf der Mitte der Sequenz (T. 231), der schwächste an deren Ende (T. 233), ein schönes Beispiel für eine unkonventionelle, phantasievolle musikalische Gestaltung durch den Komponisten selbst (⟶ S. 363).

Cembalokonzert F-Dur BWV 1057
für Cembalo, 2 Blockflöten, 2 Violinen, Viola und Continuo

ohne Bezeichnung ($\frac{3}{8}$) · *Andante* ($\frac{3}{4}$) · *Allegro assai* ($\mathbb{C}$)

Besetzung: siehe den Titel der autographen Partitur

Autographe Partitur: *Concerto à Cembalo certato, due Fiauti a bec, due Violini, Viola e Cont.* SBB, P 234 (zusammen mit den Autographen von BWV 1052–1056 und 1058–1059)

Originalstimmen: Erhalten sind drei Originalstimmen *Cembalo certato* (geschrieben von Bach), *Flauto I.* und *Flauto II.* (von der Hand eines unbekannten Schreibers), Leipzig, ca. 1739. SBB, St 129 (1–3)

NBA: NBA VII/4, hrsg. von Werner Breig (1999), S. 221 / KB (Breig, in Vorbereitung) / PA (Partitur mit Stimmen/Tp), hrsg. von Werner Breig (2000) / NBA-TA II (1999), S. 253

Entstehungszeit: Leipzig, ca. 1738

»Brandenburgisches Konzert 5« D-Dur BWV 1050 · Concerto D-Dur BWV 1050a

Die Hinweise zur Ausführung des vierten »Brandenburgischen Konzerts« BWV 1049 gelten auch für seine Transkription zum Cembalokonzert F-Dur. Die Besetzung mit zwei gewöhnlichen Altblockflöten schließt hier alle drei Sätze ein. Nunmehr rechnete Bach mit einem offenbar 4saitigen Violone auf C'. Dessen Partie wird zwar mit jener des Violoncellos zusammengefaßt, dennoch stellte Bach einige der ursprünglich getrennten Stimmführungen durch Einträge in roter Tinte im Autograph von ca. 1738 nachträglich wieder her (⟶ S. 148).

Die Bearbeitung der solistischen Violinpartie zur Cembalo-Stimme bedingte offensichtlich eine Reduzierung der Geschwindigkeit in den Ecksätzen: Aus *Allegro* wurde »Tempo ordinario«, aus *Presto* schließlich *Allegro assai*. Verantwortlich hierfür sind wahrscheinlich die zahlreichen Lagenwechsel und Sprünge des Cembalos im ersten und die Wechsel der Handstellung im letzten Satz (T. 106ff.). Letztere lassen sich in extrem schnellem Tempo kaum realisieren, fallen jedoch – entgegen des ersten Eindrucks – ausgesprochen leicht, wenn sich der Spieler sowohl beim Wechseln der Handstellung als auch beim Einsatz der Finger auf minimale Bewegungen, ohne Druck, im Quasi-Legato und gleichsam »über« den Tasten, beschränkt.

Die Unterschiede in der Continuo-Aussetzung zwischen den Fassungen von Partiturautograph und autographer Solostimme zeigen, daß es Bach einerseits für notwendig erachtete, die Generalbaßaussetzung innerhalb einer solchen Partie schriftlich festzuhalten, andererseits jedoch im Detail von Version zu Version zu unterschiedlichen Lösungen gelangte.

Zur spezifischen Aufstellung des Ensembles für ein Cembalokonzert und zur Ripienobesetzung siehe S. 404ff. und 424.

Concerto BWV 1050 · BWV 1050a

»Brandenburgisches Konzert 5« D-Dur BWV 1050
für Traversflöte, Solovioline, Cembalo, Violine, Viola, Violoncello und Violone

Allegro ($\mathbb{C}$) · *Affettuoso* (C) · *Allegro* ($\frac{2}{4}$)

Besetzung: *Flute Travers., Violino principale, Violino in Ripieno, Viola in Ripien., Violoncello, Violon, Cembalo concertato* (beziffert)

Autographe Partitur: *Concerto 5to. â une Traversiere, une Violino principale, une Violino è una Viola in ripieno / Violoncello, Violone è Cembalo concertato,* datiert Köthen, 1721. SBB, Am. B. 78 (zusammen mit den Autographen von BWV 1046–1049 und 1051)

Originalstimmen: *D.#. / Concerto / â Cembalo certato. / Flauto Traversiere. / Violino Obligato, / Violino in Ripieno, / Viola / Violoncello. / e / Violone. / di. J. S. Bach.* (Umschlag; Titel von der Hand Johann Christoph Friedrich Bachs, *Violoncello.* von ihm selbst nachträglich eingefügt). 7 autographe Originalstimmen, Köthen, ca. 1720, mit folgenden autographen Bezeichnungen: *Cembalo Concertato, Flute Traversiere, Violino Prencipale, Violino in Ripieno, Viola in Ripieno, Violoncello* und *Violone.* SBB, St 130

NBA: NBA VII/2, hrsg. von Heinrich Besseler (1956), S. 145 / KB (Besseler, 1956), S. 101 / PA (Partitur mit Stimmen/ Tp), hrsg. von Heinrich Besseler (1999) / NBA-TA I (1999), S. 325

Entstehungszeit: Köthen, ca. 1720 und ca. 1721

Die Tonwiederholungen im Dreiklangsmotiv zu Beginn des ersten Satzes (etc.) entsprechen dem Topos einer musikalischen Battaglia (Schlachtenmusik), der in der Streicherliteratur des 17. Jahrhunderts durch Werke u.a. von Heinrich Ignaz Franz Biber, Carlo Farina und Claudio Monteverdi, zur Bach-Zeit durch Kompositionen von Antonio Vivaldi, Georg Philipp Telemann u.a. belegt

»Brandenburgisches Konzert 5« D-Dur BWV 1050

ist (Dirksen 1992). Eine gewisse Ähnlichkeit besteht zum Beginn von Kantate BWV 176 *Es ist ein trotzig und verzagt Ding* (1725). Die »Drehfigur« und die abwärts gerichtete Tonleiter nehmen dort die Seufzerfiguren zum Text *verzagt* vorweg. Daher bietet sich auch im Konzertsatz ein deutlicher Artikulationswechsel zwischen den entsprechenden Ritornellbestandteilen einerseits und zwischen Ritornellen und cantablen Episoden andererseits an. Die Taktbezeichnung ₵ und die zusätzliche Tempoangabe *Allegro* zielen offensichtlich auf ein relativ rasches Tempo; gleiches gilt – trotz Taktart C – wohl auch für den Kopfsatz der Erstfassung BWV 1050a (⟶ S. 327). Während der Mittelsatz von BWV 1050a noch wie in anderen Konzerten die Standardbezeichnung *Adagio* trägt, dürfte die Angabe *Affettuoso* in BWV 1050 auf eine flüssigere Bewegung mit allerdings ebenfalls ausdrucksvoller Gestaltung der Solopartien hinweisen (Johann Gottfried Walther [1732, S. 11] nennt *Affetuoso* »sehnlich, nachdrücklich, hertzbeweglich«). Auch wählte Bach im Finale die Taktart $\frac{2}{4}$ mit Triolen (an Stelle von $\frac{6}{8}$), damit einzelne Achtelnoten ihr Gewicht verlieren (Marshall 1985); zugleich erfährt die Bewegung eine gewisse Beschleunigung. Ein rasches Tempo führt dazu, daß die überaus sprechenden Zweierbindungen im Finale von BWV 1050 (siehe dagegen BWV 1050a/3) mit einem Barockbogen wesentlich leichter zu spielen sind als in gemäßigterem Zeitmaß.

Die Takte 154–218 des Kopfsatzes stellen den zweiten Teil der letzten Episode dar und keine Kadenz. Folgerichtig wurden sie von Bach ausdrücklich als *Solo senza stromenti* (»Episode ohne Begleitinstrumente«) bezeichnet, offensichtlich um einer Ausführung im rhapsodischen Stil einer »freyen Fantasie« entgegenzuwirken, die weder zur Gattung des Concerto noch in jene Zeit paßt. Vielmehr handelt es sich um eine Perfidia Torellischer Prägung, die innerhalb des Satzes auch eine wichtige formale Rolle spielt und eine metrisch gebundene Wiedergabe (Walther 1732, S. 472: »einerley Tact, einerley Noten«) mit nur geringen agogischen Freiheiten erfordert (⟶ S. 177 und 370ff.).

Die ungewöhnlich tiefe Lage der Traversflöten-Stimme verlangt ein Instrument mit einem kräftigen Klang in der eingestrichenen Oktave, nach Möglichkeit eine französische oder deutsche Flöte aus dem frühen 18. Jahrhundert.

Die klangliche Präsenz des Cembalos wechselt je nach Anzahl und Lautstärke der übrigen Instrumente bzw. nach seiner Solo- und Continuo-Funktion. Ein zweimanualiges Cembalo ist nicht erforderlich. Für die Takte 147ff. des Kopfsatzes gelten die spieltechnischen Anmerkungen zum Finale des *Concerto* BWV 1057.

Die Oktavierungen in der *Violone*-Stimme des Partiturautographs von 1721 (T. 3 bzw. 222 und 124 des Kopfsatzes) gegenüber der Erstfassung BWV 1050a und dem Originalstimmensatz von BWV 1050 zeigen, daß Bach bei Aufführungen der Köthener Hofkapelle mit einem 4saitigen Violone auf C' rechnete, jedoch davon ausging, daß das Werk von den Musikern des Markgrafen Christian Ludwig auf einem 5–6saitigen Violone auf D' gespielt wurde (⟶ S. 100).

Hatte Bach in BWV 1050a nur einen einzigen *Violino in Ripieno* vorgesehen, so setzte er in den Originalstimmen von ca. 1720 und in der Partitur von 1721 eine nun offenbar verfügbare mehrfache Besetzung voraus: Im Finale teilt sich die Partie ab T. 89 in *Solo* und Tutti (*forte*). Die *piano*-Stellen bedingen jedoch keine entsprechende Teilung.

Zur Ausführung der Wellenlinien in T. 95f. des Kopfsatzes siehe S. 383f., zur Ensemble-Aufstellung und zur Besetzung des Ripieno S. 404ff. und 424.

Concerto D-Dur BWV 1050a · »Brandenburgisches Konzert 6« B-Dur BWV 1051

Concerto D-Dur BWV 1050a (Frühfassung)
für Traversflöte, Solovioline, Cembalo, Violine, Viola und Violone

Allegro (**C**) · *Adagio* (**C**) · *Allegro* ($\frac{2}{4}$)

Besetzung: *Cembalo Concertato, Flauto traverso, Violino Concertato, Violino riepieno* [!]*, Viola, Violone*

Autographe Partitur: unbekannt

Originalstimmen: unbekannt

Ersatzquelle: *CONCERTO / â / Cembalo Concertato / Traverso Concertato / Violino Concertato / Violino riepieno* [!] */ Viola e Violone / di Sigr. J: S: Bach,* Stimmenabschrift von der Hand des Bach-Schülers Johann Christoph Altnickol und zweier anonymer Schreiber, Leipzig oder Naumburg, 1744–1759, enthaltend 6 Stimmen; zur Bezeichnung siehe *Besetzung.* SBB, St 132

NBA: NBA VII/2, hrsg. von Alfred Dürr (1975), S. 249 / KB (Besseler, 1956), S. 103 (Quelle C) / Tp, hrsg. von Alfred Dürr (1975); eine PA liegt bislang nicht vor / NBA-TA I (1999), S. 377

Entstehungszeit: Köthen oder Karlsbad, 1718

Sowohl die außergewöhnliche Ripienobesetzung ohne zweite Violine und Violoncello als auch die gegenüber dem »Brandenburgischen Konzert 5« bestehenden Unterschiede in der Dynamikbezeichnung lassen keinen Zweifel daran, daß Bach den drei Solisten drei einzelne Streichinstrumentalisten gegenüberstellte. Den Kern der Besetzung bildete ein kleines, einmanualiges Cembalo (⟶ S. 97).

Die Anmerkungen zum Cembalosolo des Kopfsatzes von BWV 1050 (ab T. 154) gelten auch für die nur 18 Takte umfassende Episodenverlängerung der Frühfassung.

Abweichend vom »Brandenburgischen Konzert« enthält das Finale Dreierbindungen, die offensichtlich auf eine weichere, »flächigere« Ausführung bei ähnlichem Tempo zielen.

Concerto BWV 1051

»Brandenburgisches Konzert 6« B-Dur BWV 1051
für 2 Violen, 2 Altgamben, Violoncello und Continuo

Tempo d'allabreve (**₵**) · *Adagio ma non tanto* ($\frac{3}{2}$) · *Allegro* ($\frac{12}{8}$)

Besetzung: *Viola 1 da Braccio, Viola 2 da Braccio, Viola 1 da Gamba, Viola 2 da Gamba, Violoncello, Violone è Cembalo* (unbeziffert)

Autographe Partitur: *Concerto 6to. â due Viole da Braccio, due Viole da Gamba, Violoncello, Violone è Cembalo,* datiert Köthen, 1721. SBB, Am. B. 78 (zusammen mit den Autographen von BWV 1046–1050)

Originalstimmen: unbekannt

NBA: NBA VII/2, hrsg. von Heinrich Besseler (1956), S. 197 / KB (Besseler, 1956), S. 141 / PA (Partitur mit Stimmen/ Tp), hrsg. von Heinrich Besseler (1999) / NBA-TA I (1999), S. 377

Entstehungszeit: Köthen, ca. 1719

Dieses Konzert ist ein schönes Beispiel für die höchst unterschiedlichen Perspektiven, die Deutungen mit Blick auf musikalische Symbolik zu erschließen vermögen: Sie reichen von »humoristischer Wirkung« (Gerber 1951, S. 24) über eine »pastorale Szenenfolge mit bäuerlichem Gavotte- und Drehtanz, unterbrochen von einem Bild von Bauernmühsal und -klage« (Schleuning 1997, S. 216) bis hin zur »Darstellung eines gelehrten Gesprächs« (Böhmer 1995/96, S. 17). Was hätte wohl Bach selbst über solche Meinungsvielfalt gedacht?

»Brandenburgisches Konzert 6« B-Dur BWV 1051

Beide *Viola da Braccio*-Partien stellen für die damalige Zeit außerordentlich hohe spieltechnische und musikalische Anforderungen und rechnen mit »beweglichen«, leicht ansprechenden und gut zeichnenden Instrumenten. Daher dürfte Bach Bratschen kurzer Mensur im Bereich einer Corpuslänge um 38 cm vor Augen gehabt haben. Dementsprechend kommt ein kleines Solo-Violoncello (Corpuslänge: ca. 71–75 cm) in Frage (⟶ S. 298 und 300f.).

Aufgrund von Tonumfang, Notation im Tenorschlüssel und der häufigen Verwendung leerer Saiten in den Stimmen der *Viole da Gamba* handelt es sich bei den geforderten Instrumenten nicht um Tenor-/Baß-, sondern um Altgamben mit der Stimmung G–c–f–a–d'–g', auf denen sich die Partien in halber und erster Lage spielen lassen (⟶ S. 303). Offensichtlich besteht der Reiz der Besetzungsformation im sechsten »Brandenburgischen Konzert« darin, drei Instrumenten der Violinfamilie (*due Viole da Braccio, Violoncello*) drei solche der Gambenfamilie (*due Viole da Gamba, Violone*) gegenüberzustellen – in Alt- und Baßlage. Damit sind soziologische oder gar theologische Deutungen hinfällig, wonach den »niederrangigen« Bratschen zwei »aristokratische« Gamben zur Seite stehen, deren Status sich aus der Stellung der Tenor-/Baßgambe am Hof Louis' XIV. herleitet (Marissen 1991, S. 114). Da nicht einmal zu belegen ist, daß Leopold von Anhalt-Köthen des Gambenspiels mächtig war, erübrigt sich auch die weitverbreitete Interpretation, der Fürst habe eine der beiden Gambenpartien vorgetragen.

Nicht völlig sicher bestimmen läßt sich das Instrument der Violonepartie. Angesichts des Gegensatzes von Violin- und Gambeninstrumenten liegt ein 8'-Violone auf G' nahe. Auf diesem Instrument würden zwar der Ton B', nicht jedoch A' und G' verlangt. Da der Ton B' nur zweimal, im Schlußtakt des A-Teils im Finale, erscheint, kommt auch eine Ausführung auf einem C'-Violone in 16'-Lage in Frage, dessen tiefste Saite in Skordatur auf B' gespielt wird. Der Empfehlung von Laurence Dreyfus (1987, S. 150), den Violone – analog zu den Gamben – im Mittelsatz ebenfalls pausieren zu lassen, widersprachen mit guten Gründen Malcolm Boyd (1993, S. 95) und Ares Rolf (1997, S. 225).

Beide Ecksätze offenbaren schon angesichts ihrer Taktarten (₵ und $\frac{12}{8}$) und harmonischen Bewegung ein vergleichsweise rasches Tempo, das eine sehr leichte, rhythmisch äußerst präzise Spielart bedingt und das Werk für die Bratscher und den Cellisten zu einer der anspruchsvollsten Konzertkompositionen Bachs macht.

Die bei Bach selten anzutreffende Bezeichnung *Adagio ma non tanto* zielt offensichtlich auf eine von den Baßstimmen ausgehende ganztaktige Bewegung, die jedoch nicht so schnell ausfällt, daß den Bratschen der erforderliche Raum für ihre expressive Melodik fehlt. Entscheidend für das Gelingen einer angemessenen Bewegung ist die Partie des *Violoncello* (⟶ S. 335), der auch die Verantwortung für das Zusammenspiel in den Ecksätzen zukommt.

Für das Finale sind im Notentext der NBA (VII/2) folgende Artikulationsbezeichnungen zu korrigieren: In T. 1 (bzw. 66) und 38 (bzw. 103) sowie 52 erstreckt sich die Bogensetzung des Autographs innerhalb der zweiten Achtelgruppe der Bratschen einheitlich über 3 (statt 2) Noten, was zu einer artikulatorischen Steigerung in der ersten Phrase führt (die Bogensetzung der vierten Achtelgruppe entspricht der gedruckten Fassung). In T. 13 (bzw. 78) werden von der zweiten bis vierten Achtelgruppe ebenfalls je 3 Noten unter einem Bogen zusammengefaßt, so daß dieses Ritornell weicher erklingt. In T. 11 (bzw. 76) ist die 1. Note des *Violoncello* mit einem horizontalen Strich (-), wahrscheinlich im Sinn eines modernen Portato, bezeichnet (siehe BWV 1046), die 2. und 3. mit einem Punkt (wie gedruckt). Die dritte Achtelgruppe der *Violoncello*-Stimme in T. 16 (bzw. 81) steht wiederum vollständig unter einem Bogen.

»Tripelkonzert« a-Moll BWV 1044

Concerto BWV 1044

»Tripelkonzert« a-Moll BWV 1044
für Cembalo, Traversflöte, Solovioline, 2 Violinen, Viola, Violoncello und Violone

Allegro (C) · *Adagio ma non tanto e dolce* ($\frac{6}{8}$) · *Tempo di Allabreve* ($\mathbb{C}$)

Besetzung: *Cembalo concertato (beziffert), Traverso, Violino certate* [!], *Violino Primo, Violino Secondo, Viola, Violon e Violoncello*

Autographe Partitur: unbekannt

Originalstimmen: unbekannt

Ersatzquellen: *Concerto. del Sr Gio: Sebast: Bach,* Partiturabschrift von der Hand des Bach-Schülers Johann Friedrich Agricola, Berlin, ca. 1750, enthaltend nur die Sätze 1 und 2, jedoch fast durchgehend ohne die Partien von *Viola* und *Basso*. SBB, P 249. Unabhängig von dieser Kopie entstand eine Stimmenabschrift mit dem Titel *CONCERTO. à 7. / Cembalo Obligato. / Traverso | Violino certati. / Violino Primo. / Violino Secundo. / Viola. / et / Violon e Violoncello. / del Sigr. Joh: Sebast: Bach. / poss*[essor]*: / J G Müthel,* enthaltend 7 Stimmen: *CEMBALO CONCERTATO, Traverso, Violino certate, Violino Primo, Violino Secondo, Viola, Violon e Violoncello.* Titel und Stimmenbezeichnungen stammen von der Hand des Bach-Schülers Johann Gottfried Müthel. Die Stimmen selbst wurden um 1750 von einem unbekannten Schreiber »unter Müthels Aufsicht« (Hans-Joachim Schulze im Revisionsbericht seiner nachstehend genannten Edition) oder sogar von Müthel persönlich geschrieben (NBA VII/3, KB, S. 44). SBB, St 134

NBA: NBA VII/3, hrsg. von Dietrich Kilian (1986), S. 105 / KB (Kilian/von Dadelsen, 1989), S. 43 / PA (Partitur mit Stimmen/Tp), hrsg. von Hans-Joachim Schulze (1974) / NBA-TA I (1999), S. 585

Entstehungszeit: Weimar, ca. 1716 (erster und dritter Satz); der zweite Satz wurde später, jedoch zu einem unbekannten Zeitpunkt hinzugefügt

Das Werk ist Bachs ältestes »Cembalokonzert«. Allerdings scheint der Komponist der klanglichen Autarkie des Tasteninstruments bzw. seiner Integration in den Streichersatz damals noch nicht vertraut zu haben. Anders als im fünften »Brandenburgischen Konzert« erhalten Traversflöte und Solovioline in den Ecksätzen kaum je eine solistische Funktion, sondern treten als »Kleinripieno« auf. D.h. sie schwanken zwischen der Begleitung des Solo und der klanglichen Vermittlung zum Ripieno und bilden in den Episoden vor allem des ersten Satzes ein rhythmisches Continuum, zumal das rasche Laufwerk des Cembalisten in Einzeltönen schwer wahrnehmbar ist. Umgekehrt übernimmt das »Großripieno« in den Episoden vielfach jene Continuo-Aussetzung (Doppelgriffe etc.), die eigentlich dem Cembalo zusteht. Für die Ensembleaufstellung bedeutet dies, daß die Spieler von Traversflöte und Solovioline einerseits in der Nähe des Cembalos positioniert werden müssen, um dieses gut hören zu können; andererseits ist ihre Plazierung auf einen optimalen Kontakt zum Ripieno ausgerichtet. Die Dirigierfunktion kommt in diesem Konzert keinesfalls dem Cembalisten, sondern dem Konzertmeister (Solovioline) zu. Insbesondere der Kopfsatz stellt hohe Ansprüche an die kammermusikalischen Fähigkeiten aller Ausführenden, weshalb sich eine große Ripienobesetzung nicht empfiehlt.

Das *Allegro* ist einer der wenigen Konzertsätze Bachs, bei dem wahrscheinlich kein Anlaß besteht, den C-Takt in zwei Einheiten, also als $\mathbb{C}$-Takt, zu schlagen. Allerdings zeigen sowohl die Bezeichnung *Allegro* als auch die harmonische Bewegung, daß es sich um einen schnellen C-Takt handelt. Die Vorlage des Finales wiederum änderte Bach vom $\frac{12}{16}$-Takt in $\mathbb{C}$, indem er die Notenwerte zu einem veritablen Allabreve verdoppelte. Dementsprechend fällt das Tempo deutlich rascher aus als in der *Fuga* BWV 894/2! Damit wahrt Bach zugleich den Allabreve-Charakter der im Konzertsatz ergänzten Ritornelle, ohne den Eindruck von unkonzertanten, akademischen Kontrapunktstudien entstehen zu lassen (der sich nur allzu leicht einstellt).

»Tripelkonzert« a-Moll BWV 1044

Auch der Mittelsatz *Adagio ma non tanto e dolce* ist in halbtaktigen Einheiten aufzufassen, damit weder die Haltetöne noch die begleitenden 16tel-Figuren (*staccato* bzw. *pizzicato*) in einzelne Noten zergliedert werden. Die schnellen Figuren der dialogisierenden Oberstimmen stellen weniger ausdrucksvolle Melodien als ornamentartige Verbindungslinien von Anfangs- und Schlußtönen dar. Insbesondere der Tonumfang der Cembalopartie bis f''' spricht dafür, daß der Mittelsatz erst zu einem relativ späten Zeitpunkt in Bachs Schaffen, wohl an Stelle eines früheren Satzes, zu den Ecksätzen hinzutrat. Allerdings bleibt unerklärlich, weshalb Bach einzelne Passagen der Ecksätze im selben Arbeitsgang nicht ebenfalls für den späteren Klaviaturumfang einrichtete (siehe beispielsweise T. 208 im *Tempo di Allabreve*). Nicht völlig auszuschließen ist hingegen, daß das *Adagio ma non tanto e dolce* wie die Ecksätze für ein Instrument mit der Klaviaturgrenze d''' entstand; die linke Hand wurde dann auf einem 8'- und/oder 16'-Register, die rechte auf einem kräftig intonierten 4'-Register vorgetragen, aber eine Oktave tiefer gegriffen. Diese Praxis verlangte Bach vom Spieler der konzertanten Orgelpartie in den Kantaten BWV 146 und 188 (1726 bzw. 1728?), um die Solostimme des Violinkonzerts BWV 1052 auf der Orgel ausführbar zu machen.

Die Cembalo-Stimme des Finales enthält in den Takten 188–192 die Dynamikangaben *p, mp* und *f,* die auf einem zweimanualigen Instrument nicht ohne weiteres darstellbar sind und in Bachs Œuvre jeder Parallele entbehren. Sie wurden möglicherweise von dritter Hand notiert (die einzige Quelle des Satzes stammt aus dem Besitz von Johann Gottfried Müthel). Sollten sie aber von Bach selbst nachträglich ergänzt worden sein, wofür das Fehlen entsprechender Vorzeichnungen an anderer Stelle des Werkes und ihrer satztechnischen Realisierung sprechen, deuten sie entweder auf ein dreimanualiges Cembalo oder auf eine mechanische Vorrichtung zum Wechseln der Register eines ein- oder zweimanualigen Instruments mittels Pedale oder Kniehebel hin. Ein derartiger Mechanismus wurde 1758 von Jacob Adlung beschrieben, C. P. E. Bach kannte ihn 1762 (S. 245) allerdings erst »seit kurzem«. Angesichts der erforderlichen Präzision beim Registerwechsel ist die Unterstützung eines Registranten kaum wahrscheinlich. Gänzlich ausgeschlossen erscheint eine Ausführung auf einem Hammerclavier jener Zeit, weil die durchweg äußerst brillanten Figurationen der Solostimme auf einem solchen wirkungslos bleiben (⟶ S. 310). Die differenzierte Dynamik in den Stimmen der Melodieinstrumente kann durchaus in Bachs Weimarer Zeit entstanden (⟶ S. 355f.) oder aber später ergänzt worden sein. Die abschließende *Cadenza* (T. 209ff.) des Finale stellt eine veritable Kadenz ohne strenge Taktmetrik dar.

Um eine cembaloähnlich präzise Ausführung zu erzielen, notierte Bach zahlreiche Begleitpassagen als verkürzte Einwürfe oder sogar mit Artikulationspunkten bzw. als *pizzicato*. Diese Stellen sollten tatsächlich äußerst akkurat und »trocken« wiedergegeben werden, um das Zusammenspiel sowie das Metrum nicht zu gefährden.

Die Vorhalte im *Allegro* (T. 8, 18, 66, 146 etc.) sind gegenüber dem angegebenen Wert zu halbieren, da andernfalls das Taktmaß beeinträchtigt würde. Die Vorschläge vor den Triolengruppen (T. 8, 18, 146 etc.) sollten ebenfalls kurz und *auf* dem Schlag ausgeführt werden. Dies gilt auch für die Vorschläge zu den Triolen im Mittelsatz, während die übrigen Vorhaltbildungen entsprechend ihrer Notation erklingen. Dabei entstehen zwar parallele Stimmenverbindungen, beispielsweise in T. 17 h'–a' und c''–a', die sich auch durch Verkürzung nicht vermeiden lassen. Dies mag jedoch als ein Beleg dafür dienen, daß Verzierungen nicht den üblichen satztechnischen Regeln unterliegen, solange sie auffälliger Härten entbehren (⟶ S. 373). Doppelschläge beginnen grundsätzlich mit der oberen Nebennote sowie auf dem Schlag, selbst wenn sie angebunden sind wie etwa in T. 2, 24 etc. des Mittelsatzes. Auch Triller lassen sich als Doppelschläge ausführen.

Zur Interpretation der Cembalokonzerte und ihrer Vorlagen

Ausgangspunkt der folgenden Hinweise zu den Cembalokonzerten BWV 1052–1056 und 1058 ist die Edition von Werner Breig im Rahmen der NBA (VII/4). Das Cembalokonzert BWV 1057 wurde bereits zusammen mit seiner Vorlage, dem vierten »Brandenburgischen Konzert« BWV 1049, besprochen. Nachstehend werden auch den verbleibenden Cembalokonzerten ihre Vorlagen zugeordnet, mit denen sie ihre wesentliche Substanz teilen.

Dem Notentext der Cembalokonzerte in der NBA liegen, ausgenommen BWV 1054 und 1057, nicht Bachs Autographe, sondern spätere Abschriften seines Schülerkreises als Primärquellen zugrunde, weil diese auf verlorene Originalstimmen zurückgehen. Die Originalstimmen stellte Bach anhand des überlieferten Partiturautographs von ca. 1738 (SBB – P 234) her und nahm dabei noch umfangreiche Revisionen und Weiterbildungen vor, so daß die Abschriften der Originalstimmen in der Regel den letzten Entwicklungsstand dieser Werke präsentieren. In Fällen besonders gravierender Abweichungen wurde der Notentext der Cembalostimme aus der autographen Partitur im Anhang der NBA wiedergegeben. Auch stimmen die Lesarten des Partiturautographs weitestgehend mit der BG aus dem 19. Jahrhundert (Verlag Breitkopf und Härtel) bzw. mit ihren Nachdrucken (Verlage Dover, Kalmus und Lea Pocket Scores) überein. Ferner sind die Lesarten des Autographs dem Kritischen Bericht der NBA zu entnehmen. Die Tatsache, daß Bach selbst die als Ornamentierungen erkennbaren Passagen vor allem in der rechten Hand des Cembalisten nicht ein für alle Mal festlegte, sondern bei fortgesetzter Beschäftigung mit dieser Musik wiederholt veränderte, kann dazu führen, daß heutige Interpreten die verschiedenen Fassungen miteinander vergleichen und für jede Phrase eine spezifische Auswahl treffen. Rein theoretisch wäre es sogar denkbar, eigene Lösungen zur Melodieführung zu suchen. Sie müßten allerdings der musikalischen Logik und dem Niveau von Bachs schöpferischen Maßnahmen standhalten (⟶ S. 368).

Für eine Wiederaufführung des Cembalokonzerts BWV 1055 fertigte Bach zusätzliche Stimmen an, die auf die Mitwirkung eines Akkordinstruments für die Continuo-Aussetzung schließen lassen. Dabei kann es sich um ein Lauteninstrument oder ein weiteres Cembalo oder gar um ein akkordisch gespieltes Baßstreichinstrument gehandelt haben (⟶ S. 133f.). Grundsätzlich läßt sich diese Besetzungserweiterung auch auf andere Cembalokonzerte übertragen. Als Norm aber war sie gewiß nicht gedacht; andernfalls hätten sich Hinweise auch zu den übrigen Konzerten, vor allem in Bachs autographer Partitur, erhalten. Vielmehr dürfte das zusätzliche Stimmenmaterial zu BWV 1055 für eine besondere Gelegenheit entstanden sein, die ein größeres Ensemble wünschenswert machte. Sollte in einem Cembalokonzert tatsächlich ein zweites Cembalo mitwirken, kommt nur eine Aufstellung entsprechend einem Doppelkonzert in Frage (⟶ S. 405f.). Bei einer Anordnung »in räumlicher Distanz« (Breig 1992, S. 207) würden unweigerlich erhebliche Probleme beim Zusammenspiel eintreten.

Bachs Cembalokonzerte rechnen mit einer kleinen, wenn nicht gar einfachen Ripienobesetzung. Dies ergibt sich zum einen aus der begrenzten klanglichen Durchsetzungsfähigkeit des Cembalos bei seiner Verwendung als Melodieinstrument. Zum anderen definiert Bachs Transkriptionstechnik bei Übertragung seiner Vorlagen klare Besetzungsgrenzen: Vom *Concerto* BWV 1052 an läßt er den Cembalisten während der Ritornelle gewöhnlich die Stimme der ersten Violine im Unisono mitspielen, was klanglich nur dann überzeugt, wenn die Violinbesetzung so schwach ist, daß die Cembalopartie noch wahrgenommen werden kann. Noch gewichtiger erscheint die Feststellung, daß das Cembalo – ebenfalls von diesem Konzert an, vor allem aber in den Concerti BWV 1053 und 1055 – während der Ritornelle häufig eine selbständige Gegenstimme ausführt, die nur bei angemessener Ripienobesetzung Gehör findet. Größere Besetzungen mit 2 bis 4 Violinen und 2 Violen bieten sich allein in den Konzerten für 3 und 4 Cembali an. Dennoch sind auch diese in kleiner, kammermusikalischer Formation darstellbar.

Concerto BWV 1052 · BWV 1052a

Cembalokonzert d-Moll BWV 1052
für Cembalo, 2 Violinen, Viola und Continuo

Tempo d'allabreve (₵) · *Adagio* (3/4) · *Allegro* (3/4)

Besetzung: *Cembalo concertato, due Violini, Viola e Cont*[inuo].

Autographe Partitur: *J. J. Concerto a Cembalo concertato, due Violini, Viola e Cont.*, Leipzig, ca. 1738. SBB, P 234 (zusammen mit den Autographen von BWV 1053–1059)

Originalstimmen: unbekannt; ihre Lesarten sind jedoch durch die nachstehend genannten Abschriften von Johann Friedrich Agricola bzw. Johann Peter Kellner u.a. überliefert

Ersatzquellen: *Concerto / a / Cembalo concertato / 2 Violini / Viola e / Baßo continuo / dal Sigr Gioanni Sebastiano Bach*, Partiturabschrift von der Hand des Bach-Schülers Johann Friedrich Agricola, Leipzig oder Berlin, ca. 1741. SBB, Am. B. 62. *Concerto ex D♭. / f / Cembalo concertato, Violino 1. / Violino 2. / Viola / & / Baß continuo*, Stimmenabschrift von der Hand Johann Peter Kellners (Titel, *Cembalo certato* und *Violino 1.*) und zweier anonymer Schreiber (*Violino 1., Violino 2., Viola und Continuo*), entstanden spätestens 1750. SBB, St 125. Beide Handschriften gehen auf die verlorenen Originalstimmen zurück (NBA VII/4, KB)

NBA: NBA VII/4, hrsg. von Werner Breig (1999), S. 3 / KB (Breig, in Vorbereitung) / PA (Partitur mit Stimmen/Tp), hrsg. von Werner Breig (2000); PA (Partitur mit Stimmen/Tp), hrsg. von Hans-Joachim Schulze (1975) / NBA-TA II (1999), S. 35

Entstehungszeit: Leipzig, ca. 1738

Vom Konzert BWV 1052 lassen sich heute nicht weniger als vier verschiedene Versionen gleicher Tonart aufführen: die Rekonstruktion des verschollenen Violinkonzerts, die Bearbeitung dieser Vorlage für Cembalo durch C. P. E. Bach (BWV 1052a) und die Cembalofassung von Bach selbst (BWV 1052); Bachs Cembalokonzert ist wiederum in der Gestalt der autographen Partitur (ca. 1738) und als Abschrift der Originalstimmen (wohl 1739) überliefert. Wenig plausibel erscheint eine »Rekonstruktion« als Orgelkonzert anhand der Sätze aus den Kantaten BWV 146 und 188 (⟶ S. 127), da es sich hier nicht um Konzertfassungen handelt. Die Sinfonien BWV 146/1 und 188/1 sind jedoch durchaus als Einzelsätze wiederzugeben.

Die Taktvorzeichnung ₵ im Kopfsatz wurde zweifellos mit Bedacht gewählt; denn die Geschwindigkeit eines herkömmlichen C-Takts würde jedem Viertel ein Eigengewicht verleihen, was unweigerlich zu einer Stagnation der perfidiaähnlichen Passagen in den Takten 62ff., 116ff. und 140ff. führte. Diese Stellen erklängen dann, zumal auf dem Cembalo, nicht mehr wie virtuose Soli nach Vivaldischem Vorbild, sondern als motorische Etüden. Derselbe Grundsatz gilt auch für die Tempowahl im Finale, das ausdrücklich die Vorzeichnung *Allegro* trägt. Die zahlreichen virtuosen Diminutionen des Cembalokonzerts gegenüber seiner Vorlage für Violine und die zusätzlichen Verzierungen der Originalstimmen gegenüber der autographen Partitur belegen, daß Bach an einer äußerst brillanten Wirkung der Solostimme gelegen war. Sie stellt sich, wenn auch mit anderen Mitteln, im Violinkonzert ebenfalls ein.

Konzert d-Moll BWV 1052a für Cembalo – Bearbeitung von C. P. E. Bach

Die Tonrepetitionen des ersten Satzes (T. 62ff.) sind selbst in raschem Tempo auf einem einmanualigen Instrument gut ausführbar (zur spieltechnischen Realisation siehe die Angaben zum Cembalokonzert BWV 1057); ja, tatsächlich gelingt es Bach durch Abwechseln der Finger auf ein und denselben Tasten, die klangliche Wirkung des Wechselspiels zweier Violinsaiten auf das Tasteninstrument zu übertragen. Eine Ausführung auf zwei Manualen würde diesen Effekt belanglos erscheinen lassen. Überhaupt liegen keinerlei Hinweise auf ein Instrument mit zwei Klaviaturen vor. Allerdings ließ Bach die Partie der rechten Hand zum *Adagio* in seiner Bearbeitung als Kantatenchor BWV 146/2 von der Orgel in 4'-Registrierung spielen, so daß sich auch in der Cembalofassung eine zweimanualige Ausführung anbietet.

In den Perfidien des ersten (siehe oben) und letzten Satzes (T. 244–272) verbietet sich eine metrisch freie Ausführung (siehe das fünfte »Brandenburgische Konzert« BWV 1050). Dagegen sind die kadenzartige Überleitung in T. 109ff. des Kopfsatzes sowie das *adagio* im Finale (T. 272f.) nicht an den Takt gebunden. In T. 166ff. desselben Satzes sollte selbst bei einer Wiedergabe der gebrochenen Akkorde der Solostimme im Überlegato darauf geachtet werden, daß – analog zum Ripieno – die halben Takte noch einen Impuls erhalten. Andernfalls ist für die begleitenden Instrumente eine Orientierung schwierig. Ähnliches gilt für den Schluß der Perfidia in T. 265ff. des Finales. Offensichtlich wünschte Bach am Ende aller drei Sätze keine Verlängerung des Schlußakkords; denn die ⌢-Zeichen beziehen sich in den Quellen allein auf das nicht ausgeschriebene Da capo des Eingangsritornells. Im *Adagio* allerdings enden die Streicherpartien nach einer Viertelnote, während der Baß des Cembalos verklingt! Die Artikulation des Cembalobasses in diesem Mittelsatz erscheint auf den ersten Blick nicht völlig klar: Die Zweierbindungen, auf den Streichinstrumenten als Bogenvibrato ausgeführt, ließen sich auf dem Cembalo als Haltebögen interpretieren – eine Lösung, die sich auf Tasteninstrumenten mit besonders perkussiver Ansprache häufig als musikalisch überlegen erweist. Hingegen läßt Bachs aufwendige Notation in allen Stimmen erahnen, daß er das Bogenvibrato des Ripieno auf dem Cembalo durch eine nach Möglichkeit legato darzustellende Tonwiederholung imitiert wissen wollte. In dieselbe Richtung deutet auch C. P. E. Bachs Einrichtung des Satzes (BWV 1052a/2), in der die Baß-Streichinstrumente nur das Anfangs- und Schlußritornell gestalten; die übrigen Ostinati werden von der linken Hand des Solisten allein vorgetragen, so daß eine Wiedergabe der Tonrepetitionen unverzichtbar ist. Hat der Baß des *Adagio* schon im Hinblick auf seine ostinate Funktion stets im Metrum zu erklingen, so stehen der rechten Hand des Cembalisten gewisse Freiheiten sowohl agogischer als auch rhythmischer Art zu. Hinweise hierfür liefert ein Vergleich von Bachs autographer Partitur mit der Version der Originalstimmen, in die vor allem zahlreiche Veränderungen im Sinn des zeitgenössischen *Tempo rubato* (Hudson 1994) Eingang fanden (siehe T. 18, 34 etc.). Analog zu T. 109ff. des ersten Satzes repräsentiert auch T. 74 des *Adagio* eine metrisch freie Überleitung.

Cembalokonzert d-Moll BWV 1052a – Bearbeitung von C. P. E. Bach
für Cembalo, 2 Violinen, Viola und Baß

ohne Bezeichnung (C) · Adagio (3/4) · Allegro (3/4)

Besetzung: *Cembalo Certato, Violino 1, Violino 2, Viola, Basso*

Autographe Partitur: unbekannt

Originalstimmen: Originalstimmensatz zu C. P. E. Bachs Bearbeitung, geschrieben von dessen Hand, Leipzig, 1733/34 (*Violino 1, Violino 2, Viola, Basso*), und wohl Frankfurt an der Oder, 1734–1738 (*Cembalo Certato*). Die *Cembalo*-Stimme ersetzte eine frühere (Glöckner 1981, S. 55; Wollny 1996 I, S. 9). Ein Originaltitel ist nicht überliefert. SBB, St 350

Konzert d-Moll BWV 1052 – Rekonstruktion für Violine

NBA: NBA VII/4, hrsg. von Werner Breig (1999), S. 317 / KB (Breig, in Vorbereitung) / PA (Partitur mit Stimmen), hrsg. von Werner Breig (2000) / NBA-TA I (1999), S. 349

Entstehungszeit: Leipzig, 1733/34

C. P. E. Bachs Einrichtung von Bachs d-Moll-Violinkonzert für Cembalo stellt eine reizvolle Alternative zur späteren Cembalobearbeitung seines Vaters dar. Denn C. P. E. Bachs Version präsentiert keine derart idiomatische, vollendete Umformung wie diese, sondern vermittelt Spielern und Hörern den Eindruck eines »work in progress«. Der Bach-Sohn scheint sich im wesentlichen darauf konzentriert zu haben, die Vorlage seines Vaters zu kopieren und die Solostimme, wo immer klanglich nötig, um Akkorde zu ergänzen bzw. passagenweise zu oktavieren, um die Klaviaturgrenze d''' nicht zu überschreiten. Zugleich dürfte er die originale Continuo-Stimme der linken Hand des Solisten zugewiesen und seine neue *Basso*-Partie entsprechend vereinfacht haben. Dabei mißlangen dem jugendlichen Bearbeiter insbesondere beim Wechsel zwischen der Originallage der Solovioline und der für die rechte Hand des Cembalisten gewählten Position zahlreiche Ungeschicklichkeiten, die eine Mitwirkung des Vaters an der Einrichtung über die Anregung zu dieser hinaus ausschließen. Entgegen des ersten Augenscheins fällt C. P. E. Bachs Version spieltechnisch eher anspruchsvoller als Bachs Bearbeitung aus, weil der Solist im wesentlichen eine veritable Violinpartie vorzutragen hat, die an die Erfordernisse des Tasteninstruments wenig oder gar nicht angepaßt wurde – also schlecht liegt.

Abweichend von den Angaben zur Cembalobearbeitung BWV 1052 bedürfen zwei Abschnitte im Finale von BWV 1052a einer Erklärung: Die grifftechnisch ungünstigen Akkorde der linken Hand des Solisten in T. 138ff. zielen wohl kaum auf die Ausführung auf einem Pedalclavier (dessen Pedalklaviatur an anderen Stellen ungenutzt bleibt) als vielmehr auf eine Auflösung in Achteln, jeweils mit dem Ton D zu Taktbeginn; zugleich spielt die rechte Hand gebrochene Dreiklänge in 16teln. Die letzte Perfidia mündet in T. 265 – wahrscheinlich analog zur Violinkonzert-Vorlage – in einen kadenzartigen Abschnitt (*ad libitum*), der vom Spieler zu improvisieren ist. Als Modell für die zu ergänzende Harmonienfolge und den Abschluß der Kadenz kann Bachs eigene Lösung im Finale von BWV 1052 dienen.

Die Taktvorzeichnung C im ersten Satz entstammt vermutlich Bachs Partiturautograph des Violinkonzerts und meint – entsprechend BWV 1052 – offensichtlich ₵ (⟶ S. 327).

Violinkonzert d-Moll BWV 1052 – Rekonstruktion
für Solovioline, 2 Violinen, Viola und Continuo

wohl (Tempo d'allabreve?) (C) · Adagio ($\frac{3}{4}$) · Allegro ($\frac{3}{4}$)

Besetzung: wohl Violino [concertino], Violino 1, Violino 2, Viola, Violoncello, Violone e Cembalo

Autographe Partitur: unbekannt

Originalstimmen: unbekannt

Weitere Quellen: das Violinkonzert kann anhand der Kantatenvorspiele BWV 146/1 (1726?) und BWV 188/1 (1728?) sowie des Chors Nr. 2 aus Kantate BWV 146 (1726?), anhand der Bearbeitung C. P. E. Bachs BWV 1052a (ca. 1733/34) und anhand von Bachs Kompositionspartitur des Cembalokonzerts BWV 1052 (ca. 1738) rekonstruiert werden (Breig 1976)

NBA: NBA VII/7, hrsg. von Wilfried Fischer (1970), S. 3 / KB (Fischer, 1971), S. 36 / PA (Partitur mit Stimmen), hrsg. von Wilfried Fischer (1970); Neuausg. in Vorbereitung (Rampe) / NBA-TA I (1999), S. 677

Entstehungszeit: Weimar, 1714/15

Cembalokonzert E-Dur BWV 1053 – Rekonstruktion D-Dur für Oboe d'amore

Bachs Violinkonzert d-Moll, das verschollene Urbild des Cembalokonzerts BWV 1052, läßt sich in der von der NBA 1970 vorgelegten Rekonstruktion nur mit großen Schwierigkeiten vortragen, weil bei der Wiedergewinnung der Solopassagen wiederholt Bachs Umbildungen seiner Fassungen für Orgel (BWV 146/1 und 2, BWV 188/1) und Cembalo (BWV 1052) beibehalten wurden. Sie liegen auf der Violine ausgesprochen schlecht (den umgekehrten Fall repräsentiert C. P. E. Bachs Bearbeitung für Cembalo mit ihren anscheinend oft notengetreu übernommenen Violinpassagen, die in der Rekonstruktion der NBA jedoch unberücksichtigt blieben). Aufgrund einer erneuten Durchsicht der Quellen lieferte Werner Breig (1976) hilfreiche Lösungsvorschläge. Sie sind so zahl- und umfangreich, daß sie hier aus Raumgründen nicht angeführt werden können.

Im Hinblick auf die Anfertigung neuen Notenmaterials anhand von Breigs Korrekturvorschlägen ist darauf hinzuweisen, daß der Ripienosatz des Violinkonzerts in C. P. E. Bachs Cembalobearbeitung BWV 1052a zu suchen sein dürfte; dort findet sich in der *Basso*-Stimme und in der linken Hand des Cembalisten offensichtlich auch die ursprüngliche Continuopartie. Dagegen wurden der Ripienosatz von Bachs Kantatensätzen und der der Cembalobearbeitung BWV 1052 Revisionen unterschiedlicher Tragweite unterzogen.

Concerto BWV 1053 · BWV 1053[a]

Cembalokonzert E-Dur BWV 1053
für Cembalo, 2 Violinen, Viola und Continuo

Tempo d'allabreve? (**C**) · *Siciliano* ($\frac{12}{8}$) · *Allegro* ($\frac{3}{8}$)

Besetzung: *Cembalo certato, due Violini, Viola e Cont*[inuo].

Autographe Partitur: *Concerto a Cembalo certato, due Violini / Viola e Cont. di J. S. Bach,* Leipzig, ca. 1738. SBB, P 234 (zusammen mit den Autographen von BWV 1052 und 1054–1059)

Originalstimmen: unbekannt; ihre Lesarten sind jedoch durch die nachstehend genannte Abschrift von Johann Friedrich Agricola überliefert

Ersatzquellen: *Concerto in E dur / a / Cembalo concertato / 2 Violini / Viola e / Baßo cont: / dal Sr Giov: Sebast: Bach,* Partiturabschrift von der Hand des Bach-Schülers Johann Friedrich Agricola, Leipzig oder Berlin, ca. 1741. SBB, Am. B. 63. Zumindest die Solostimme dieser Handschrift geht auf die verlorenen Originalstimmen zurück (NBA VII/4, KB)

NBA: NBA VII/4, hrsg. von Werner Breig (1999), S. 79 / KB (Breig, in Vorbereitung) / PA (Partitur mit Stimmen/Tp), hrsg. von Werner Breig (2000); PA (Partitur mit Stimmen/Tp), hrsg. von Christoph Held (1982) / NBA-TA II (1999), S. 111

Entstehungszeit: Leipzig, ca. 1738

Für die Aufführung des *Concerto* BWV 1053 kommen zwei Fassungen in Frage – das Cembalokonzert E-Dur BWV 1053 und die Rekonstruktion seiner Vorlage D-Dur BWV 1053[a] für Oboe d'amore.

Erfahrungsgemäß stellt im Cembalokonzert E-Dur die Streicherintonation das größte Problem dar. Wohl deshalb, jedenfalls aber aus klanglichen Gründen unterlegte Bach den ursprünglich von der ersten Violine allein vorgetragenen Ritornellbeginn des ersten Satzes mit einem neukomponierten Ripienosatz von Violine 2, Viola und Continuo. Violine 1 und Baß werden außerdem durch das Cembalo verstärkt. Daher bietet das Soloinstrument – wie auch in den übrigen Cembalokonzerten – die Orientierung für die Intonation der Streicher. Gerade für die Tonart E-Dur und ihre verwandten Harmonien empfiehlt es sich, eine der vorgeschlagenen wohltemperierten Stimmungen zu verwenden, am besten eines der Systeme von Johann Georg Neidhardt (siehe S. 322). In der ersten Phase der Probenarbeit ist mindestens ein Intonationsdurchgang unerläßlich, um die grifftechnische Sicherheit der Streicher zu festigen: Das Cembalo, nach Möglichkeit in kräftiger Registrierung, wird von piano oder halblaut spielenden Streichern in reduziertem Tempo begleitet; Akkorde mit diffuser Intonation sollten sogleich ausgehört werden. Andernfalls ist das von Bach vorgesehene Colla parte-Spiel des Cembalos in den Ritornellen weitgehend unpraktikabel. Der kompakte Streichersatz selbst während der Episoden des Kopfsatzes macht eine einfache Streicherbesetzung wünschenswert.

Die Taktbezeichnung C im Autograph des ersten Satzes ist offensichtlich als ₵ zu verstehen; dies ergibt sich aus den Originalmanuskripten zur *Sinfonia* von Kantate BWV 169 (1726) und aus Johann Friedrich Agricolas Abschrift, die auf den verschollenen Originalstimmensatz des Konzerts zurückgeht (⟶ S. 327). Einen deutlichen Hinweis in diese Richtung liefert zudem Bachs autographe Partitur, in der in den beiden ersten Takten die Partie der linken Hand des Solisten mit Mordenten versehen wurde – ein ebenso unauffälliges wie unüberhörbares dirigentisches Mittel, um von Beginn an eine halbtaktige Bewegung zu etablieren! Dementsprechend wird im *Siciliano* durch die von Bach notierte Generalbaßaussetzung (⟶ S. 389) und ihre Harmoniewechsel eine halbtaktige Bewegung verstärkt. Der Satz erfordert zweifellos ein stets fließendes Grundtempo ($\frac{12}{8}$-Takt!). Das ⌢-Symbol am Ende des ersten und zweiten Satzes betrifft allein den Abschluß des Da capo und zielt keineswegs auf eine Verlängerung des Schlußakkords. Die Situation am Ende des Finales ist durch das Fehlen eines ⌢-Zeichens und die anschließende Pause ohnehin eindeutig (⟶ S. 407). Ein weiteres Indiz für die Vermutung, daß Bach das Werk als Solist und Dirigent in Personalunion aufführte, ergibt sich aus dem solistischen Beginn des letzten Satzes, der – im Sinn einer Schlagfigur – als Impuls für den Einsatz des Ripieno selbst beim Da capo dient.

Angesichts der Quellenlage steht weitestgehend fest, daß die umfangreiche und oft galante Ornamentik der Solopartie auf Bachs eigene Ergänzungen im Autograph und in den verschollenen Originalstimmen zurückgeht. Die Aufeinanderfolge von Mordent und kurzer Wellenlinie in T. 40f. des Kopfsatzes dürfte kaum als langer Mordent gelten. Vielmehr geht der Mordent in einen Dauertriller von der oberen Nebennote aus über. Für die Rahmenteile des Mittelsatzes und ihre Generalbaßaussetzung empfiehlt sich eine Ausführung auf separater Klaviatur, während die Soli wenigstens von der rechten Hand auf dem Hauptmanual gegriffen werden. Abgesehen vom *Siciliano* besteht allerdings kein Anlaß für Manualwechsel des Tasteninstruments. Ein koloristischer Effekt kann in diesem cis-Moll-Satz durch Verwendung von Dämpfern für die hohen Streicher erzielt werden, gegebenenfalls in Verbindung mit Pizzicati der Bässe.

Die im Anhang der NBA wiedergegebene autographe Version der Solopartie zum Mittelsatz gibt über Bachs ornamentale Weiterentwicklungen in den Originalstimmen (Haupttext der NBA) Auskunft und ist selbstverständlich alternativ aufführbar.

Konzert für Oboe d'amore D-Dur BWV 1053[a] – Rekonstruktion

für Oboe d'amore, 2 Violinen, Viola und Continuo

wohl Tempo d'allabreve (₵) · Siciliano ($\frac{12}{8}$) · Allegro ($\frac{3}{8}$)

Besetzung: wohl Oboe d'amore, Violino 1, Violino 2, Viola und Continuo

Autographe Partitur: unbekannt

Originalstimmen: unbekannt

Weitere Quellen: das Konzert kann anhand der Kantatenvorspiele BWV 169/1 (1726) und BWV 49/1 (1726) sowie

Violinkonzert E-Dur BWV 1042 – Cembalokonzert D-Dur BWV 1054

der Arie Nr. 5 aus Kantate BWV 169 (1726) und anhand von Bachs Kompositionspartitur des Cembalokonzerts BWV 1053 (ca. 1738) rekonstruiert werden (⟶ S. 131f.).
NBA: unveröffentlicht; Neuausg. in Vorb. (Rampe); Ersatz: PA, hrsg. von Arnold Mehl (1983)
Entstehungszeit: Köthen, 1718/19

Arnold Mehls Rekonstruktion des Werkes basiert auf den Kantatensätzen BWV 169/1 und 5 sowie 49/1, denen das Konzert für Oboe d'amore zugrunde liegt. Dabei machte er sehr plausible Vorschläge zur Herleitung der originalen Solostimme aus der überlieferten Partie für konzertierende Orgel. Allerdings entfernte Mehl im ersten Satz einige Ripienobegleitungen, die er für Ergänzungen in BWV 169/1 hält, wofür freilich Belege fehlen. Die fehlenden Passagen sind anhand der Kantatenpartitur in der Edition der NBA leicht zu ersetzen. Die von Mehl vorgeschlagene Alternativfassung des *Siciliano* mit dem Notentext von BWV 169/5, der ein Binnenritornell samt zusätzlichem episodischem Abschnitt enthält, ist mit der Form eines Bachschen Konzert-Mittelsatzes unvereinbar und kommt für eine Rekonstruktion nicht in Betracht (⟶ S. 130f.).

Abweichend von den Hinweisen zum Cembalokonzert BWV 1053 stellt sich in der Rekonstruktion für Oboe d'amore die Frage der Mitwirkung des Blasinstruments in den Ritornellen. Nur allzu häufig wird angenommen, daß eine Colla parte-Ausführung der Norm von Bachs Zeit entsprach. Diese Auffassung ist jedoch nicht haltbar. Vielmehr offenbaren originale oder zeitgenössische Stimmensätze von Oboenkonzerten u.a. Georg Philipp Telemanns, Johann Friedrich Faschs und Gottfried Heinrich Stölzels drei verschiedene Praktiken: Das Soloinstrument spielt keine oder nur wenige Ritornelle (beispielsweise am Satzende) oder – in seltenen Fällen – sämtliche Ritornelle mit. Im ersten Satz von BWV 1053[a] legte sich Bach durch die Verteilung der Ritornelle auf Ripieno und Oboe d'amore bzw. durch die Gegenstimmen von letzterer unmißverständlich fest. Im Finale jedoch wäre denkbar, das Schlußritornell wenigstens beim Da capo durch den Solisten zu verstärken – insbesondere im Fall einer größeren Ripienobesetzung.

Concerto BWV 1042 · BWV 1054

Violinkonzert E-Dur BWV 1042
für Solovioline, 2 Violinen, Viola und Continuo

Allegro ($\mathbb{C}$) · *Adagio* ($\frac{3}{4}$) · *Allegro assai* ($\frac{3}{8}$)
Besetzung: *Violino Concertato, Violino Primo, Violino Secundo, Viola, Basso* [*e Violoncello?*; siehe die zweite Ersatzquelle]
Autographe Partitur: unbekannt
Originalstimmen: unbekannt
Ersatzquellen: *Violino Concerto. di J. S. Bach:*, Partiturabschrift von Johann Friedrich Hering, Berlin, bis 1760. SBB, P 252. *Concerto: / ex E # / Violino Concertato: / Violino Primo / Violino Secundo: / Viola / Basso. / e / Violoncello. / Sig: J. S. Bach: / Hering: / 1760,* Stimmenabschrift von Johann Friedrich Hering, Berlin, 1760. SBB, St 146. Die Stimmenabschrift Herings geht auf seine Partiturabschrift zurück und ist daher ohne selbständigen Quellenwert (NBA VII/3, KB, S. 23ff.). Die Continuostimme ist in beiden Fällen beziffert
NBA: NBA VII/3, hrsg. von Dietrich Kilian (1986), S. 35 / KB (Kilian/von Dadelsen, 1989), S. 21 / PA (Partitur mit Stimmen/Tp), hrsg. von Dietrich Kilian (1988) / NBA-TA I (1999), S. 515
Entstehungszeit: Köthen, 1718

Das vorliegende Konzert ist in zwei Fassungen erhalten: als Violinkonzert E-Dur BWV 1042 und als dessen Bearbeitung D-Dur BWV 1054 für Cembalo.

Für eine Interpretation des E-Dur-Violinkonzerts erweist sich dessen unbefriedigende Quellenüberlieferung als ausgesprochen problematisch: Einzige Hauptquelle ist die posthume Partiturabschrift des Berliner Musikers Johann Friedrich Hering, die zwar nicht als unzuverlässig gilt, aber im Hinblick vor allem auf artikulatorische Details keine Gewißheit bietet. Das Problem der Artikulation wird von Dietrich Kilian im Kritischen Bericht der NBA (VII/3) ebenso eingehend wie verständlich diskutiert und kann hier aus Raumgründen nicht erörtert werden. Dem interessierten Interpreten sei deshalb nachdrücklich das Studium des Kritischen Berichts empfohlen. Da die übrigen Ausgaben des Werkes die bestehenden Artikulationsfragen ignorieren oder durch eigenmächtige Veränderungen beantworten, ist es ratsam, in jedem Fall den überzeugenden Notentext der NBA zu Rate zu ziehen.

Allerdings gelangte Hering wiederholt zu durchaus plausiblen Lösungen, die möglicherweise nicht von Bach selbst stammen. Dies betrifft etwa die Bogensetzung im Baßostinato zu Beginn des Mittelsatzes (NBA VII/3, S. 27) oder die sich von Refrain zu Refrain verändernde Artikulation im Finale (⟶ S. 403f.). Ob im letzteren Fall auf die konsequentere Gestaltung des späteren, autograph überlieferten Cembalokonzerts zurückzugreifen ist, sei dahingestellt.

Zur Lösung tonartlich bedingter Intonationsschwierigkeiten siehe die Angaben zum Cembalokonzert BWV 1053 (S. 428).

Das *Allegro* im ₵-Takt repräsentiert einen der schnellsten Kopfsätze von Bachs Konzerten und entspricht in seiner Bezeichnung jenem des fünften »Brandenburgischen Konzerts« BWV 1050. Offensichtlich ist es sogar noch rascher als dieser aufzufassen, fehlen in BWV 1042/1 doch durchgehende 32stel-Läufe. Daß die Artikulationspunkte im Themenkopf des Eingangsritornells tatsächlich auf eine kurze, trockene Ausführung zielen, demonstriert wiederum Bachs Bearbeitung für Cembalo: Dort wurde der Ripienosatz an dieser Stelle auf Achtelnoten reduziert! Es steht den Interpreten frei, die nur vom Continuo begleiteten Episodenabschnitte mit einem einzigen Baßstreichinstrument nebst Cembalo auszuführen. In den Takten 57ff. trägt die erste Ripienovioline ein nur undeutlich ausgeprägtes Cantabile-Thema im Stil Antonio Vivaldis vor (⟶ S. 212), das gegenüber der Begleitung durch die Solovioline in den Vordergrund zu treten hat. Für die »Begleitung« der Doppelgriffstelle der Solovioline (T. 95–101) empfiehlt sich eine einzige Ripienovioline, da es sich hier – kompositionstechnisch betrachtet – um einen solistischen Dialog handelt (⟶ S. 212). Der *adagio*-Abschluß des B-Teils zielt indes auf die Wirkung der unbegleiteten Solovioline und sollte keinesfalls von Generalbaßakkorden gestützt werden.

Die Dynamikangabe *sempre piano* zu Beginn des *Adagio* kann als Hinweis auf eine einfache Ripienobesetzung oder auf eine Art »sotto voce«-Ausführung dieses Satzes verstanden werden, dessen kammermusikalischer Charakter auf solche Weise verstärkt wird. Das ruhige Tempo muß so flüssig ausfallen, daß eine zusammenhängende Bewegung der dreigeteilten Schlagfigur des $\frac{3}{4}$-Taktes erkennbar ist. Unter dieser Prämisse wird verständlich, daß Bach den ersten Ton der Solostimme offensichtlich auf einen einzigen Bogenstrich gespielt wissen wollte. Das ⁀-Zeichen in T. 22 beinhaltet keine Aufforderung an den Solisten, eine Überleitung zu improvisieren (⟶ S. 407).

Durch die Taktstrichordnung im Finale wird offenkundig, daß Bach eine zusammenhängende Darstellung jeweils zweier $\frac{3}{8}$-Takte bei entsprechend beschleunigtem Tempo (*Allegro assai*) wünschte (im 19. Jahrhundert wäre diese Notation durch Phrasierungsbögen ersetzt worden). Die Obergrenze des Tempos wird durch den deutlichen Vortrag der Solofiguration in den beiden letzten Couplets (T. 113ff.) mit ihrer gegen den Takt gerichteten Bogensetzung definiert. Auch in diesem Satz gilt, daß die vom Continuo begleiteten Couplets solistisch besetzt werden können.

Cembalokonzert D-Dur BWV 1054 · Cembalokonzert A-Dur BWV 1055

Cembalokonzert D-Dur BWV 1054
für Cembalo, 2 Violinen, Viola und Continuo

Tempo d'allabreve (₵) · *Adagio e piano sempre* ($\frac{3}{4}$) · *Allegro* ($\frac{3}{8}$)
Besetzung: *Cembalo certato, due Violini, Viola e Cont*[inuo].
Autographe Partitur: *Concerto à Cembalo certato, due Violini, Viola e Cont.,* Leipzig, ca. 1738. SBB, P 234 (zusammen mit den Autographen von BWV 1052–1053 und 1055–1059)
Originalstimmen: unbekannt
Weitere Quelle: *Concerto Cembalo certato,* Abschrift der Solostimme von der Hand Johann Christoph Altnickols, Leipzig oder Naumburg, 1744–1759. SBB, P 239, adn. 3. Die Stimme geht auf die autographe Partitur zurück und ist daher ohne selbständigen Quellenwert (NBA VII/4, KB)
NBA: NBA VII/4, hrsg. von Werner Breig (1999), S. 127 / KB (Breig, in Vorbereitung) / PA (Partitur mit Stimmen/Tp), hrsg. von Werner Breig (2000); BG (Partitur mit Stimmen), hrsg. von Wilhelm Rust (1869) / NBA-TA II (1999), S. 159
Entstehungszeit: Leipzig, ca. 1738

Das Cembalokonzert D-Dur ist nur in Bachs autographer Partitur erhalten; Originalstimmen oder Kopien davon existieren nicht.

Beachtung verdient, daß Bach die Bewegung beider Ecksätze gegenüber der Violinkonzert-Vorlage BWV 1042 etwas reduzierte: Der erste Satz ist nunmehr allein mit ₵ (statt *Allegro* ₵), das Finale mit *Allegro* (statt *Allegro assai*) bezeichnet; folgerichtig fehlt hier außerdem die Zusammenfassung jeweils zweier Takte. Offenbar geschah dies mit Rücksicht auf die klangintensiven Oktavtremoli und gebrochenen Dreiklänge der Solostimme während der Ritornellabschnitte des ersten Satzes und im Hinblick auf die 16tel-Triolen- und 32stel-Figuration des Finales. Dennoch sollte berücksichtigt werden, daß der Kopfsatz in einer zweigeteilten Schlagfigur zu taktieren ist und daß im Refrain des *Allegro* jeweils vier Takte eine Phrase bilden. Besagte Tremoli und gebrochenen Dreiklänge im ersten Satz sollten nach Möglichkeit »flächig« (legato) vorgetragen werden.

Das Werk gehört, wie das folgende A-Dur-Konzert, zu den spieltechnisch einfacheren von Bachs Konzerten für ein Cembalo und liegt auf diesem Instrument ausgesprochen gut.

Concerto BWV 1055 · BWV 1055[a]

Cembalokonzert A-Dur BWV 1055
für Cembalo, 2 Violinen, Viola und Continuo

Allegro (₵) · *Larghetto* ($\frac{12}{8}$) · *Allegro ma non tanto* ($\frac{3}{8}$)
Besetzung: *Cembalo certato, due Violini, Viola e Cont*[inuo].
Autographe Partitur: *Concerto à Cembalo certato, due Violini / Viola e Cont.,* Leipzig, ca. 1738. SBB, P 234 (zusammen mit den Autographen von BWV 1052–1054 und 1056–1059)
Originalstimmen: autographer Stimmensatz ohne Originaltitel mit folgenden 4 Stimmen: *Violino 1, Violino 2, Viola* und *Continuo,* Leipzig, ca. 1739. Eine ursprünglich vorhandene Originalstimme *Cembalo certato* wurde um 1770–1780 durch einen unbekannten Kopisten (»Anonymus Forkel 14«) im Auftrag Johann Nicolaus Forkels ersetzt und liegt dem Originalstimmensatz bei. Für eine Aufführung um 1742 fertigte Bach gemeinsam mit einem anonymen Schreiber eine zusätzliche *Violone*-Stimme an und bezifferte die *Continuo*-Stimme. Biblioteka Jagiellonska Krakau, St 127 (bis 1945: SBB)
Weitere Quelle: *Concerto / a / Cembalo certato / due Violini / vna Viola / o* [!] */ Basso continuo / di Sigr Io: Seb: Bach,* Partiturabschrift und separate Continuo-Stimme von der Hand des Bach-Schülers Christian Friedrich Penzel, ca. 1755. SBB, P 1060. Die Handschrift geht auf die angeführten Originalstimmen zurück (NBA VII/4, KB)

Concerto A-Dur BWV 1055 – Rekonstruktion für Oboe d'amore und Viola d'amore

NBA: NBA VII/4, hrsg. von Werner Breig (1999), S. 161 / KB (Breig, in Vorbereitung) / PA (Partitur mit Stimmen/Tp), hrsg. von Werner Breig (2000) / NBA-TA II (1999), S. 193
Entstehungszeit: Leipzig, ca. 1738

Das A-Dur-Cembalokonzert gehört wie das vorangegangene Werk in D-Dur zu den spieltechnisch weniger anspruchsvollen Konzerten für ein Cembalo. Daneben ist seine Erstfassung rekonstruierbar, für die sich jedoch nicht mit Sicherheit entscheiden läßt, ob sie für Oboe d'amore oder eher für Viola d'amore bestimmt war (⟶ S. 141).

Der erste Satz rechnet, wie jener des fünften »Brandenburgischen Konzerts« BWV 1050 und des E-Dur-Violinkonzerts BWV 1042, mit einem sehr raschen Tempo (*Allegro* im ₵-Takt). Das Finale *Allegro ma non tanto* aber verlangt offensichtlich eine deutlich gelassenere Bewegung, während der Mittelsatz (*Larghetto* im $\frac{12}{8}$-Takt) wiederum flüssig und halbtaktig aufzufassen ist.

Bachs Bearbeitung für Cembalo liegt ausnahmsweise im größtenteils autographen Stimmensatz (Ripieno) und in einer Kopie der ursprünglichen *Cembalo certato*-Stimme vor. Diese Quelle diente als Editionsgrundlage für die NBA, während die BG nach Bachs Partiturautograph herausgegeben wurde.

Der Notentext der abschriftlichen Originalstimme für *Cembalo certato* enthält Hinweise auf Mordente und Triller innerhalb von 16tel-Ketten, wie sie für ähnliche Situationen auch auf andere Cembalokonzerte Bachs zu übertragen sind. Aus der Stellung dieser Triller innerhalb rascher Läufe geht hervor, daß Bach stets dreitönige Verzierungen, beginnend auf der Hauptnote, erwartete. Außer in anapästischen Figuren (ab T. 85) des Kopfsatzes sind Vorschläge wie notiert auszuführen. Da die Schleifer in T. 81f. im selben Satz ausnahmsweise abwärts gerichtet sind, wurden sie vom Komponisten ausgeschrieben. Einige Passagen enthalten ausgesprochen deutliche Artikulationsbezeichnungen (T. 55f., 60f. etc.) und zeigen, daß das übrige Laufwerk keineswegs im Legato vorgetragen werden sollte. Fehlende Bögen (T. 52ff. etc.) können jedoch analog zu Parallelstellen (hier T. 52) ergänzt werden. Ausgenommen hiervon sind die gebrochenen Akkorde der Ritornellbegleitung, deren Artikulation zwischen Legato und Leggiero im Sinne eines Diminuendo zu changieren vermag. Dementsprechend dürfte die Artikulation der hohen Streicher im Themenkopf des Ritornells jeweils zwischen Taktbeginn und -ende variieren.

Die differenzierten Dynamikbezeichnungen machen es möglich, die Piano-Stellen bei größerer Ripienobesetzung von einem kleinen Ensemble vortragen zu lassen. Lediglich T. 67 bis zum Beginn von T. 69 des Kopfsatzes sollten aus formalen Gründen (Ritornell) ebenfalls im Tutti erklingen. In jedem Fall aber wäre es schon im Hinblick auf Bachs kompositionstechnische Prinzipien (solistischer Dialog) wünschenswert, die Partie der ersten Violine in den Takten 26–29, 52–55 und 69–73 einfach zu besetzen. Der Schlußakkord dieses und der beiden folgenden Sätze bedarf keiner Verlängerung.

Der lyrische Charakter des Mittelsatzes – in schroffem Kontrast zum Affekt des Kopfsatzes – ergibt sich aus der langgestreckten Phrasierung des Ritornells (Violine 1!) und aus den weiträumigen Bögen der Solostimme sowie ihrer exakt notierten langen Vorhalte. Die großen Intervalle der Streicherstimmen deuten indes auf eine kürzere Artikulation in verschiedenen, differenzierten Graden hin, die in Verbindung mit den Seufzern der zweiten Violine dazu dient, Taktanfänge und -mitten klar zu akzentuieren. Der Anhang der NBA bietet die frühere Fassung der Solostimme zum *Larghetto* aus Bachs autographer Partitur. Die Unterschiede zu den Lesarten der Originalstimme betreffen weniger die eigentliche Substanz als vielmehr zahlreiche kurz zu spielende Vor-

Concerto A-Dur BWV 1055 – Rekonstruktion für Oboe d'amore und Viola d'amore

schläge und einige wesentliche Manieren, die von Bach später hinzugefügt wurden. In T. 27 werden die Vorschläge präzisiert und gleichzeitig abgewandelt, ab T. 25 sind gelegentlich melodische Diminutionen ausgeschrieben. Nur zu Beginn von T. 25 steht in Bachs Partitur ein Vorschlag cis", der in der Originalstimme nicht mehr begegnet.

Im Finale sollten – entgegen der Angabe, Vorschläge entsprechend ihrer Notation auszuführen – sämtliche Achtel-Vorschläge als 16tel wiedergegeben werden. Dies geht zunächst daraus hervor, daß der Vorschlag in T. 2f. lediglich eine Variante des Mordents von T. 1 darstellt. Mit Beginn der ersten Episode in T. 25 könnte man zwar zur Realisierung der bestehenden Notation übergehen, spätestens jedoch in T. 107 führte dies zu einer unverständlichen Melodiegestaltung und am Übergang der Takte 135/136 sogar zu einer störenden Quintparallele. Daher ist hier angesichts des flüssigen Tempos offensichtlich eine »Ausnahme von der Regel« angebracht.

Zur Ausführung der nachträglich ergänzten Baßstimme siehe S. 133f., zur Besetzung mit einem zweiten Akkordinstrument dort und auf S. 424.

Konzert für Oboe d'amore A-Dur BWV 1055[a] – Rekonstruktion
für Oboe d'amore, 2 Violinen, Viola und Continuo

wohl Allegro (₵) · Larghetto ($\frac{12}{8}$) · Allegro ma non tanto ($\frac{3}{8}$)

Besetzung: vielleicht Oboe d'amore, Violino 1, Violino 2, Viola und Continuo

Autographe Partitur: unbekannt

Originalstimmen: unbekannt

Weitere Quellen: das Konzert kann anhand von Bachs Kompositionspartitur des Cembalokonzerts BWV 1055 (ca. 1738) rekonstruiert werden (⟶ S. 135ff.)

NBA: NBA VII/7, hrsg. von Wilfried Fischer (1970), S. 33 / KB (Fischer, 1971), S. 63 / PA (Partitur mit Stimmen), hrsg. von Wilfried Fischer (1970); Neuausg. in Vorbereitung (Rampe) / NBA-TA I (1999), S. 707

Entstehungszeit: Köthen, 1718/19

Der Rekonstruktionsversuch einer Fassung für Oboe d'amore wurde von Wilfried Fischer in der NBA vorgelegt. Ohne Fischers Rekonstruktionsprinzipien gänzlich in Frage zu stellen, veröffentlichte Werner Breig (1993) in dem Magazin *Tibia* Vorschläge, die der mutmaßlichen Erstfassung von Bachs Konzert wesentlich näher kommen. Dabei wurden nicht nur Bachs eigene Korrekturen im Autograph der Bearbeitung zum Cembalokonzert in Betracht gezogen, sondern Parallelstellen, die in der Cembalofassung voneinander abweichen, wieder rückgängig gemacht, d.h. einander angeglichen. Sämtliche Vorschläge und Mordente, auch die ausgeschriebenen, faßt Breig als spätere, idiomatische Zusätze für das Tasteninstrument auf. Die erforderlichen Eingriffe in den Notentext der NBA erstrecken sich zugleich auf den Ripienosatz (⟶ S. 141f.).

Für eine Interpretation dieser Rekonstruktion sollten Werner Breigs Angaben unbedingt berücksichtigt werden. Zur Änderung der Oktavlage in der Solostimme siehe S. 137.

Konzert für Viola d'amore A-Dur BWV 1055[a] – Rekonstruktion
für Viola d'amore, 2 Violinen, Viola und Continuo

wohl Allegro (₵) · Larghetto ($\frac{12}{8}$) · Allegro ma non tanto ($\frac{3}{8}$)

Besetzung: wohl Viola d'amore, Violino 1, Violino 2, Viola und Continuo

Autographe Partitur: unbekannt

Originalstimmen: unbekannt

Concerto f-Moll BWV 1056 für Cembalo – Rekonstruktion für Violine und Oboe

Weitere Quellen: das Konzert kann anhand von Bachs Kompositionspartitur des Cembalokonzerts BWV 1055 (ca. 1738) rekonstruiert werden (⟶ S. 135ff.)
NBA: unveröffentlicht; Neuausg. in Vorb. (Rampe/Schoop/Köpp)
Entstehungszeit: Köthen, 1718/19

Die 50 Korrekturen Werner Breigs (1993) zum Notentext der von Wilfried Fischer in der NBA vorgelegten Rekonstruktion für Oboe d'amore gelten auch für die Wiederherstellung der Fassung mit Viola d'amore. Hinzu kommen die zu ergänzenden Arpeggien und Doppelgriffe des ersten Satzes in ihrer ältesten, im Autograph der Cembalotranskription erkennbaren Lesart (⟶ S. 135ff.). Dagegen werden gelegentliche Akkordgriffe vom Solisten selbst ergänzt und nicht von Bach aufgezeichnet worden sein.

Eine Solostimme für Viola d'amore läßt sich nur aufgrund einer neuerlichen Überprüfung der autographen Partitur erstellen (der Ripienosatz stimmt mit der korrigierten Version der NBA überein).

Concerto BWV 1056 · BWV 1056[a]

Cembalokonzert f-Moll BWV 1056
für Cembalo, 2 Violinen, Viola und Continuo

Allegro ($\frac{2}{4}$) · *Largo* (C) · *Presto* ($\frac{3}{8}$)
Besetzung: *Cembalo certato, due Violini, Viola e Cont*[inuo].
Autographe Partitur: *Concerto à Cembalo certato, due Violini / Viola e Cont.*, Leipzig, ca. 1738. SBB, P 234 (zusammen mit den Autographen von BWV 1052–1055 und 1057–1059)
Originalstimmen: unbekannt; ihre Lesarten sind jedoch durch die nachstehend genannte Abschrift von Johann Nicolaus Forkel überliefert
Ersatzquelle: *Concerto, / ... / Cembalo certato / da Giov: Sebast: Bach* (Titelblatt) und *Concerto ... Cembalo certato II Violini, Viola è Basso* (Kopftitel), Partiturabschrift von der Hand Johann Nicolaus Forkels, Göttingen, ca. 1770–1780. SBB, P 239. Die Handschrift geht auf die verschollenen Originalstimmen zurück, bietet das Werk jedoch in g-Moll (NBA VII/4, KB)
NBA: NBA VII/4, hrsg. von Werner Breig (1999), S. 197 / KB (Breig, in Vorbereitung) / PA (Partitur mit Stimmen/Tp), hrsg. von Werner Breig (2000); PA (Partitur mit Stimmen/Tp), hrsg. von Hans-Joachim Schulze (1977) / NBA-TA II (1999), S. 229
Entstehungszeit: Leipzig, ca. 1738

Das *Concerto* BWV 1056 geht auf den Satz eines Violinkonzerts (BWV 1056/1) und auf ein oder zwei Werke für Oboe (BWV 1056/2 und 3) zurück. Allerdings bestehen keinerlei Hinweise auf die übrigen, von Bach im Cembalokonzert ungenutzt gebliebenen Sätze solcher Violin- bzw. Oboenkonzerte. Daher ist durchaus denkbar, daß BWV 1056 auf Einzelsätzen beruht, die Bach zum Cembalokonzert zusammenstellte (⟶ S. 144). Diese Einzelsätze könnte er als Kantatenvorspiele komponiert haben: BWV 1056/1 und 3 mögen Köthener Kantaten von 1719 und 1720 eingeleitet haben, BWV 1056/2 mag sogar einer Weimarer Kantate entstammen; jedenfalls taucht der Satz um 1729 als *Sinfonia* der Kantate BWV 156 *Ich steh mit einem Fuß im Grabe* auf, wobei unklar bleibt, ob er auf eine ältere Vorlage zurückgeht. Von Georg Philipp Telemann ist bekannt, daß er einige seiner Singspiele und weltlichen Kantaten von Solokonzerten oder deren Sätzen einleiten ließ (siehe beispielsweise TWV 51:C3, 51:a2, 54:D3).

Concerto f-Moll BWV 1056 für Cembalo – Rekonstruktion für Violine

Der Notentext der NBA zum Cembalokonzert stützt sich primär auf die posthume, nach g-Moll (zurück-) transponierte Partiturabschrift Johann Nicolaus Forkels, die offensichtlich auf die Version der Originalstimmen zurückgeht. Dabei wurden allerdings mehrere fragwürdige Stellen übernommen:

♦ Die Führung der Baßstimme in T. 36 des Kopfsatzes stellt eine Umgestaltung der Takte 34f. gegenüber Bachs Partiturautograph dar, ist der ursprünglichen Lesart jedoch weit unterlegen und zudem satztechnisch problematisch. An keiner Parallelstelle (vgl. insbesondere T. 72) mit dem Kopfmotiv des Satzes wird die Lage der nachschlagenden Töne jeweils im zweiten Takt gegenüber dem ersten versetzt. Deshalb müssen in T. 36 die 2.–5. Noten der Baßstimme lauten: as–b–c–as. Als Konsequenz dieser Korrektur sind die Takte 34–36 vollständig aus Bachs autographer Partitur zu übernehmen.

♦ Ein ähnliches Problem präsentiert der scheinbar modernere Melodieverlauf des Taktes 95 in Forkels Abschrift: Durch Angleichung der Figuration in der Melodiestimme an die vorangegangenen Takte (f"–as'–b'–c"–b'–as' statt f"–c"–b'–as'–b'–c") wird zwar eine Parallelbewegung zwischen Baß und Oberstimme vermieden. Doch der übermäßige Schritt as'–h' in der Taktmitte läßt die Aufeinanderfolge von Tritonus und übermäßiger Sexte im Vergleich zur Fassung des Partiturautographs (kleine Septe – übermäßige Sexte) geradezu als »futuristisch« erscheinen. Auch hier liegt es nahe, zur ursprünglichen Version zurückzukehren.

Die Klanggestaltung der Takte 15f. des *Allegro,* in denen – einzigartig innerhalb von Bachs Konzertschaffen – die Solostimme bereits im Eingangsritornell die Führung übernimmt, deutet auf eine sehr kleine, am besten solistische Ripienobesetzung hin. Die im Unterschied zu den Streichern gänzlich ohne Dynamikbezeichnung notierte Solostimme läßt auf die Verwendung eines einmanualigen oder nur auf einem Manual gespielten Cembalos schließen. In diese Richtung weisen auch Stellen wie T. 99ff. des *Presto;* dort wird die Echowirkung nicht durch Abstufung der Lautstärke, sondern durch Wechsel des Klangbildes bewirkt.

Neben der rücktransponierten Fassung der Forkel-Abschrift gibt die NBA im Anhang auch die ältere Version des Mittelsatzes gemäß Bachs Partitur wieder. Die Unterschiede zwischen beiden Fassungen entsprechen genau denjenigen im Mittelsatz des *Concerto* BWV 1055. Anders als im Vorspiel von Kantate BWV 156 (Soloinstrument: Oboe) verzichtete Bach im *Largo* des Cembalokonzerts offenbar auf einen Pizzicato-Vortrag der Streicherbegleitung.

In den Takten 51, 95, 151 und 199 des Finales ist entsprechend T. 3 in der Baßstimme ein Achtelvorschlag zu ergänzen, nicht jedoch in T. 35 und 123, wo das Fehlen des Vorschlags eine Konsequenz der veränderten Stimmführung im vorangegangenen Takt darstellt. Gegebenenfalls kann in der ersten Violine (T. 140 und 146) der übergebundene Triller der Solostimme (T. 143 und 149) vorweggenommen werden. Dasselbe gilt für eine gleichzeitige Verzierung beider Stimmen in T. 163. Das ⌢-Symbol in T. 196 dient als Zäsur, d.h. zur Verdeutlichung des nunmehr beginnenden Schlußteils, und nicht als Aufforderung zur Improvisation (⟶ S. 406f.).

Allegro für Violine g-Moll BWV 1056[a]/1 – Rekonstruktion
für Solovioline, 2 Violinen, Viola und Continuo

wohl Allegro ($\frac{2}{4}$)
Besetzung: wohl Violino [concertino], Violino 1, Violino 2, Viola und Continuo
Autographe Partitur: unbekannt

Concerto BWV 1056 – Rekonstruktion für Oboe

Originalstimmen: unbekannt
Weitere Quellen: der Satz kann anhand von Bachs Kompositionspartitur des ersten Satzes aus dem Cembalokonzert BWV 1056 (ca. 1738) rekonstruiert werden (⟶ S. 142ff.)
NBA: NBA VII/7, hrsg. von Wilfried Fischer (1970), S. 59 / KB (Fischer, 1971), S. 81 / PA (Partitur mit Stimmen), hrsg. von Wilfried Fischer (1970); siehe Anmerkung unten / NBA-TA I (1999), S. 733
Entstehungszeit: Köthen, 1718/19

Das *Concerto* BWV 1056 wurde in der Rekonstruktion als Violinkonzert g-Moll von Wilfried Fischer in der NBA herausgegeben. Gewiß ist das Werk in dieser »Fassung« darstellbar, selbst wenn der zweite und dritte Satz anderen Vorlagen entstammen, was bereits Fischer einräumte (siehe das Cembalokonzert BWV 1056). Vielleicht aufgrund solcher Unsicherheiten setzte sich die Komposition im Musikleben allerdings nicht durch. Der erste Satz *Allegro* geht zweifellos auf ein Werk mit Solovioline zurück und sollte deshalb zum festen Repertoire Bachscher Violinwerke zählen. Will man alle drei Sätze als Violinkonzert im Sinne einer Bearbeitung aufführen, wäre es ratsam, auf die Bezeichnung »Rekonstruktion« bzw. auf eine BWV-Nummer zu verzichten.

Presto für Oboe g-Moll BWV 1056[a]/3 – Rekonstruktion
für Oboe, 2 Violinen, Viola und Continuo

wohl Presto ($\frac{3}{8}$)
Besetzung: wohl Oboe, Violino 1, Violino 2, Viola und Continuo
Autographe Partitur: unbekannt
Originalstimmen: unbekannt
Weitere Quellen: der Satz kann anhand von Bachs Kompositionspartitur des letzten Satzes aus dem Cembalokonzert BWV 1056 (ca. 1738) rekonstruiert werden (⟶ S. 142ff.)
NBA: unveröffentlicht; Neuausg. in Vorb. (Sackmann)
Entstehungszeit: Köthen, 1719/20

Für das *Presto* BWV 1056[a]/3 gilt Entsprechendes wie für das *Allegro* BWV 1056[a]/1; allerdings kommt eine Ausführung als Oboenkonzert nicht in Frage, weil der erste Satz auf diesem Instrument nicht darstellbar ist. Auch das *Largo* BWV 1056[a]/1, ursprünglich aller Wahrscheinlichkeit nach für Oboe in F-Dur bestimmt, überschreitet in B-Dur den Tonumfang der barocken Oboe. Dagegen ist eine Wiedergabe des *Presto* als Einzelsatz absolut plausibel.

Concerto BWV 1057 ⟶ BWV 1049

Concerto BWV 1041 · BWV 1058
Violinkonzert a-Moll BWV 1041
für Solovioline, 2 Violinen, Viola und Continuo

Tempo ordinario ($\frac{2}{4}$) · *Andante* (C) · *Allegro assai* ($\frac{9}{8}$)
Besetzung: *Violino Concertino, Violino 1, Violino 2, Viola, Continuo*
Autographe Partitur: unbekannt
Originalstimmen: *Concerto / a / Violino certato / due Violini / una Viola / obligati / e / Basso Continuo / di / J. S. B.* (autographer Umschlagtitel) und *Concerto. / à / Violino Concertino / due Violini / Viola / e / Continuo. / di Joh: Sebast: Bach* (autogra-

Violinkonzert a-Moll BWV 1041 · Cembalokonzert g-Moll BWV 1058

pher Titel auf der *Violino Concertino*-Stimme), Originalstimmensatz mit 6 Stimmen, geschrieben von Bach (*Violino Concertino, Violino 1* [*Allegro assai*], *Violino 2* [*Allegro assai*], *Viola, Continuo* 1 [Anfang] und *Continuo* 2 [Revision und Bezeichnungen]), von dem Bach-Schüler Johann Ludwig Krebs (*Violino 1*: erster und zweiter Satz), von C. P. E. Bach (*Continuo* 1: Fortsetzung) und zwei unbekannten Schreibern (*Violino 2*: erster und zweiter Satz, *Continuo* 2), Leipzig, ca. 1730. Beide Continuo-Stimmen sind unbeziffert. SBB, St 145

NBA: NBA VII/3, hrsg. von Dietrich Kilian (1986), S. 3 / KB (Kilian/von Dadelsen, 1989), S. 11 / PA (Partitur mit Stimmen/Tp), hrsg. von Dietrich Kilian (1988) / NBA-TA I (1999), S. 483

Entstehungszeit: Köthen, 1719/20; vermutlich Revision in Leipzig, ca. 1730

Das *Concerto* BWV 1041 existiert nur in zwei verschiedenen Fassungen: als Violinkonzert a-Moll und als spätere Bearbeitung für Cembalo g-Moll BWV 1058. Gleichwohl ist wahrscheinlich, daß die erhaltene Violinkonzertversion um 1730 durch Revision der nicht rekonstruierbaren Köthener Vorlage von 1719/20 gewonnen wurde.

Das Tempo des ersten Satzes fällt keineswegs rasch aus ($\frac{2}{4}$-Takt ohne Bezeichnung!), aufgrund des Ostinatothemas des *Andante* sollte dagegen von einer fließenden, halbtaktigen Bewegung ausgegangen werden, während das schnelle *Allegro assai* keine stürmische Bewegung meint. Vielmehr erhält jedes Achtel noch ein gewisses Eigengewicht; andernfalls hätte Bach einen $\frac{3}{4}$-Takt mit Triolen notiert (siehe das Finale des fünften »Brandenburgischen Konzerts« BWV 1050).

Im Kopfsatz deuten die Bögen über drei Töne in der Continuo-Stimme (T. 21f.) sowie über vier bzw. zweimal zwei Noten in den Ripienopartien der hohen Streicher (T. 43–48 und zwischen T. 106 und 139) offensichtlich ein Bogenvibrato an, das bewirkt, daß die leichtere Betonung auf der zweiten Takthälfte entfällt. Dagegen erhält T. 17 durch die beiden Artikulationspunkte zwei gleiche Akzente. Sie sind an den Parallelstellen in T. 72 und 159 zu ergänzen. Wird die Verzierung in T. 17 und 72 als Triller von der Hauptnote aus gespielt, so verstärkt sie die dynamische Steigerung zum Beginn des Folgetakts. Das autographe Stimmenmaterial scheint vor allem in diesem Satz sorgfältig mit Artikulation und Dynamik bezeichnet worden zu sein. Demnach sind die »Arkaden« in T. 112f. und 115f. auf einem einzigen Bogenstrich zu spielen.

Die drei ebenfalls mit Artikulationspunkten versehenen Töne der Baßstimme zu Beginn des *Andante* bilden eine Einheit, während die folgenden Noten unter einem Bogen als Impuls auf den nächsten Schlag hin wirken. Daß diese Figur halbtaktig aufzufassen ist, belegt auch die Dynamik (durch die Anzahl der Akkordstimmen) in Bachs eigenhändiger Generalbaßaussetzung zur Cembalobearbeitung BWV 1058. Zugleich liefert diese ein wichtiges Muster für die Dynamik der Ripienobegleitung und zur Gestaltung der Continuoaussetzung auch im Violinkonzert. Die abweichende Bogensetzung in den Takten 6, 20 und 36 der Solostimme von BWV 1041/2 ergibt sich einigermaßen zwingend aus den unterschiedlichen melodischen Zusammenhängen dieser äußerlich gleichen Passagen (Dadelsen 1986, S. 113). Aus der Art der Bogensetzung in Bachs reinschriftlich erhaltenen Violinpartien geht hervor, daß er strikt an der aus der Bauweise des barocken Geigenbogens resultierenden Regel festhielt, Taktanfänge und betonte Taktzeiten im Abstrich zu spielen. Ein Beispiel hierfür liefern die Takte 17–20 der Sologeige im *Andante.* Unter dieser Prämisse erscheint keine der Lösungen, wie sie die NBA für die Takte 9, 23 und 39 mitteilt, hinreichend. Der Bogen über fünf Noten am Ende von T. 23 beruht, wie ein Blick in die Quelle (siehe das Faksimile auf S. VII des Notenbandes der NBA) zeigt, offensichtlich auf einer flüchtigen Darstellung durch Bach selbst. Der letzte Bogen in T. 24 dürfte aus Platzgründen abgebrochen worden sein, was in der Praxis jedoch seine Weiterführung bis zum Taktende erfordert. Dagegen legt die horizontale Position des Bogens über der letzten Triolengruppe in den sich entsprechenden Takten 9 und 39 eine klare Unterteilung in jeweils 2 + 1 Note nahe. Ebenso scheint aufgrund von Lage und Kürze des Bogens in T. 12 die zweite Triolengruppe in 1 + 2 Noten aufzuteilen zu sein. Dieselbe Lösung kann für den offensichtlich flüchtig notierten Takt 26 übernommen werden. Aus der Abstrichregel ergibt sich, daß es" und d" zu Beginn von T. 32 getrennt ausgeführt werden – im Gegensatz zu g" und f" in T. 34, wo die Voraussetzungen andere sind. In T. 45 ließen die Raumverhältnisse der autographen Violinstimme keine analoge Dreierbindung der fünften und sechsten Triolengruppe zu. Die Akkordbrechung in T. 14 darf entsprechend T. 32 nicht als Binnenschluß verlangsamt werden.

Die triolischen Bindungen im Ritornell des Finales zum Cembalokonzert BWV 1058 offenbaren, daß dieser Satz – bei gleicher Takt- bzw. Tempobezeichnung – etwas geschwinder, in der Artikulation jedoch weicher zu spielen ist als in der Violinkonzertvorlage. In beiden Fällen könnten die differenzierten *forte-* und *piano-*Bezeichnungen auch eine Besetzungsänderung andeuten (Tutti – Solo). Um den Fluß des $\frac{9}{8}$-Takts nicht zu gefährden, sollten die Akkorde der hohen Ripienostreicher auf der Taktmitte von T. 29 an nicht stark akzentuiert, sondern leichter einfallen als die den Taktschlag bestimmende Continuo-Stimme. Die Auflösung der Akkorde in der Solostimme (T. 106–116) erfolgt analog T. 105 (weshalb sie Bach nicht auszuschreiben hatte). Zudem handelt es sich hier um eine Umspielung des Stütztons e", der auf die Zählzeiten des Taktes fällt, während die sich ändernden Harmonien dazwischen erklingen. Dieser Interpretation entspricht die Balkensetzung in T. 105, die bis T. 116 fortgeführt werden sollte (siehe den Notentext der NBA). Das ⌒-Symbol in T. 90 ist nicht als Aufforderung zur Improvisation einer Kadenz zu verstehen, sondern dient der formalen Gliederung am Übergang vom Mittelteil zur Wiederaufnahme des Satzbeginns (⟶ S. 406f.).

Cembalokonzert g-Moll BWV 1058
für Cembalo, 2 Violinen, Viola und Continuo

Tempo ordinario ($\frac{2}{4}$) · *Andante* (C) · *Allegro assai* ($\frac{9}{8}$)

Besetzung: *Cembalo certato, due Violini, Viola e Cont*[inuo].

Autographe Partitur: *J. J. Concerto à Cembalo obligato, due Violini, Viola e Cont. di Bach,* Leipzig, ca. 1738. SBB, P 234 (zusammen mit den Autographen von BWV 1052–1057 und 1059)

Originalstimmen: unbekannt

NBA: NBA VII/4, hrsg. von Werner Breig (1999), S. 283 / KB (Breig, in Vorbereitung) / PA (Partitur mit Stimmen/Tp), hrsg. von Werner Breig (2000); BG (Partitur mit Stimmen), hrsg. von Wilhelm Rust (1869) / NBA-TA II (1999), S. 315

Entstehungszeit: Leipzig, ca. 1738

Bachs Transkription des a-Moll-Violinkonzerts entstand für ein kleines einmanualiges Cembalo mit dem Tastenumfang CD–d''' (⟶ S. 119f.). Dies schließt natürlich eine zweimanualige Ausführung des *Andante* im Wechsel von Continuo- und Solofunktion nicht aus. Die Einrichtung der Solostimme hält sich eng an die Vorlage für Violine, so daß im folgenden nur zwei Hinweise anzufügen sind: T. 90 des Finales läßt nunmehr erst recht keine Zweifel daran, daß hier kein Raum für eine Kadenz besteht, wurde die Note mit ⌒-Symbol doch um einen ganzen Takt verlängert. Darauf folgt eine Pause im Baß der Solostimme. Die 16tel-Läufe im oberen System der Solostimme von T. 106–110 sind, verteilt auf beide Hände, am sichersten darzustellen. Wie die Führung der Baßstimme erkennen läßt, wurde diese Wiedergabe von Bach selbst beabsichtigt.

Concerto-Fragment BWV 1059

Fragment des Cembalokonzerts d-Moll BWV 1059
für Cembalo, Oboe, 2 Violinen, Viola und Continuo

Tempo d'allabreve (₵)

Besetzung: *Cembalo solo, una Oboe, due Violini, Viola e Cont*[inuo].

Autographe Partitur: *Concerto. a Cembalo solo. una Oboe. due Violini, Viola e Cont.*, Leipzig, ca. 1738. SBB, P 234 (zusammen mit den Autographen von BWV 1052–1058). Ausgeführt wurden nur 9 Takte

NBA: NBA VII/4, hrsg. von Werner Breig (1999), S. 313 / KB (Breig, in Vorbereitung) / NBA-TA II (1999), S. 345

Entstehungszeit: Leipzig, ca. 1738, nach einer Urfassung, Köthen, 1718

Dieses Fragment eines Cembalokonzerts wurde von Bach nach nur 9 Takten abgebrochen. Eine Rekonstruktion seiner Köthener Urfassung für ein Melodieinstrument ist nicht möglich (⟶ S. 124). Die Komposition kann nur in freier Bearbeitung auf der Grundlage von Kantate BWV 35 aufgeführt werden; die Besetzung der Solostimme bleibt hypothetisch (⟶ S. 124).

Concerto BWV 1060 · BWV 1060[a]

Konzert für 2 Cembali c-Moll BWV 1060
für 2 Cembalo, 2 Violinen, Viola und Continuo

Allegro (C) · *Largo ovvero Adagio* ($\frac{12}{8}$) · *Allegro* ($\frac{2}{4}$)

Besetzung: *Cembalo Concertato 1.*, Cembalo Concertato 2, *Violino 1., Violino 2., Viola., Continuo*

Autographe Partitur: unbekannt; ihre Lesarten sind offensichtlich jedoch durch die unten angeführte Abschrift Johann Heinrich Michels überliefert

Originalstimmen: unbekannt; ihre Lesarten sind offensichtlich jedoch durch die unten angeführten Abschriften von Johann Christoph Altnickol u.a. sowie aus dem Besitz von Otto Karl Friedrich Graf von Voß und Zippora Wulff überliefert

Ersatzquellen: *Concerto es* [!] */ C. ♭. / a. 6. / Cembalo 1 / Cembalo 2 obligati / Violino 1 / Violino 2 / Viola / con Violon / di S. J. S. Bach / JCA.*, Stimmenabschrift aus dem Besitz des Bach-Schülers Johann Christoph Altnickol, Leipzig, ca. 1744–1748, enthaltend 6 Stimmen, geschrieben von Altnickol (*Cembalo Concertato 1.*, Cembalo Concertato 2 [ohne Stimmenbezeichnung], *Violino 1*. [Satz 1 und 2, Anfang von Satz 3], *Viola* [Anfang von Satz 1] und *Continuo* [Satz 1 und 2, Anfang von Satz 3]) und einem unbekannten Schreiber (*Violino 1* [Fortsetzung], *Violino 2, Viola* [Fortsetzung], *Continuo* [Fortsetzung]). SBB, St 136. Ebenfalls auf die verschollenen Originalstimmen gehen offensichtlich eine anonyme Stimmenabschrift aus der Mitte des 18. Jahrhunderts, ehemals im Besitz des Grafen Otto Karl Friedrich von Voß in Berlin, und eine anonyme Stimmenabschrift aus der zweiten Hälfte des 18. Jahrhunderts, ehemals im Besitz von Zippora Wulff, geborene Itzig, in Berlin zurück. SBB, St 137 und St 648.

Von diesen Quellen unabhängig ist die Partiturabschrift *Concerto à due Cembali certati, due Violini, Viola e Continuo. di J. S. Bach,* geschrieben von C. P. E. Bachs Hauskopisten Johann Heinrich Michel, Hamburg, 1787. SBB, P 241

NBA: NBA VII/5, hrsg. von Karl Heller und Hans-Joachim Schulze (1985), S. 3 / KB (Heller/Schulze, 1990), S. 13 / PA BG (Partitur mit Stimmen), hrsg. von Wilhelm Rust (1874); siehe jedoch Anmerkung unten / NBA-TA II (1999), S. 419

Entstehungszeit: Leipzig, vermutlich zwischen 1730 und 1733

Das maßgebliche Notenmaterial für die Interpretation dieses Werkes bietet allein die NBA, da nur hier sowohl die Stimmenabschrift von Bachs späterem Schwiegersohn Johann Christoph Altnickol als auch die Kopie Johann Heinrich Michels berücksichtigt wurden. Erstere geht offensichtlich auf die verschollenen Originalstimmen, letztere auf Bachs Partiturautograph zurück, das ebenfalls nicht erhalten ist.

Concerto für 2 Cembali c-Moll BWV 1060 – Rekonstruktion für Oboe und Violine

Der erste Satz des Werkes gehört zu jenen Ausnahmen unter den Kopfsätzen von Bachs Konzerten, in denen keinerlei Anlaß dazu besteht, die Taktvorzeichnung C im Sinne eines ₵-Takts zu interpretieren (siehe auch das »Tripelkonzert« BWV 1044). Allerdings weist die Angabe *Allegro* darauf hin, daß es sich durchaus nicht um einen gemäßigten C-Takt handelt. Dagegen scheint die Taktbezeichnung $\frac{12}{8}$ im Mittelsatz zunächt auf eine flüssige, halbtaktige Bewegung hinzudeuten. Wie Bachs präzise Ergänzung *Largo ovvero Adagio* zeigt, sollte sie jedoch eher langsamer als Largo, also keineswegs bewegt ausfallen (⟶ S. 338).

Das Konzert ist für zwei einmanualige Cembali mit dem Tonumfang CD–d''' bestimmt (⟶ S. 165). Freilich erscheint es klanglich reizvoll, den Mittelsatz in beiden Partien auf zwei vergleichbar registrierten Manualen auszuführen.

Beachtung verdienen im ersten Satz die ausgedehnten Legato- und differenzierten Dynamikbezeichnungen. Die Bindungen in den Solostimmen von T. 4 gelten auch für T. 2, jene von T. 1 auch für T. 3 (etc.). Die Bogensetzung in T. 5 (etc.), die über die Dauer eines Viertelwerts hinausgeht, impliziert einen Akzent zu Beginn des Bogens, während die folgenden Noten unter diesem ohne jegliche Betonung gespielt werden. Dadurch entsteht eine transparente Aufeinanderfolge der imitierenden Stimmeneinsätze. Die langen Bögen in T. 4 und 6 (Violine 1), in T. 19 (Violine 1 und Viola) sowie in T. 22 (Violine 1 und 2) lassen eine deutliche Tendenz zum Legato-Vortrag erkennen und sollten keinesfalls geteilt werden. Daneben finden sich freilich in diesem und im Mittelsatz Bögen, die offensichtlich primär der Phrasierung und der Betonung allein der ersten Note als einer dichten Legato-Artikulation dienen. Dies ist im ersten Satz in T. 47 (etc.; Cembalo 1) und im *Largo ovvero Adagio* in T. 3 (etc.; Cembalo 2) der Fall. Die Artikulationspunkte bzw. -keile in T. 17 (etc.) des Finales erfüllen die gleiche Funktion wie jene im Eingangsritornell zum Kopfsatz des a-Moll-Violinkonzerts BWV 1041 (⟶ S. 438).

Die Dynamik des ersten Satzes variiert zwischen *piano, mezzoforte und forte*. Die differenzierte Bezeichnung des Schlußritornells (*mf – f*) kann auch beim Vortrag des Eingangsritornells Verwendung finden. Der Übergang zum *forte* erfolgt wohl nicht plötzlich, sondern setzt offensichtlich eine Steigerung ab T. 105 bzw. 3 voraus.

Die Takte 19, 63, 123 und 173 im Finale (Violine 1) sind als ausgeschriebene Verzierungen aufzufassen und entsprechend weich (legato) zu artikulieren. Dies gilt vermutlich auch für den Schluß des Themenkopfs in T. 2 (Violine 1) bzw. für seine kontrapunktische Fortsetzung im Baß und später in anderen Stimmen. Allerdings wurde die Legato-Artikulation mit Bögen über zwei Noten nur in T. 40 und 89ff. notiert.

Der Wechsel von *pizzicato* und *coll'arco* im Mittelsatz stammt höchstwahrscheinlich von Bach selbst.

Doppelkonzert für Oboe und Violine c-Moll BWV 1060[a] – Rekonstruktion
für Oboe, Solovioline, 2 Violinen, Viola und Continuo

wohl Allegro (C) · Largo ovvero Adagio ($\frac{12}{8}$) · Allegro ($\frac{2}{4}$)

Besetzung: wohl Oboe, Violino [concertato], Violino 1, Violino 2, Viola und Continuo

Autographe Partitur: unbekannt

Originalstimmen: unbekannt

Weitere Quellen: das Konzert kann anhand der Abschrift Johann Heinrich Michels zum Konzert für 2 Cembali BWV 1060 rekonstruiert werden (⟶ S. 161ff.)

NBA: NBA VII/7, hrsg. von Wilfried Fischer (1970), S. 75 / KB (Fischer, 1971), S. 100 / PA (Partitur mit Stimmen),

Concerto C-Dur BWV 1061a/1061 für 2 Cembali

hrsg. von Wilfried Fischer (1970); Neuausg. in Vorb. (Sackmann) / NBA-TA I (1999), S. 749
Entstehungszeit: Köthen, 1719/20

Die Erstfassung des Konzerts BWV 1060 für 2 Cembali entstand für Oboe und Violine und wurde zweifellos in c-Moll komponiert. Eine heute ebenfalls verbreitete Version für Oboe und Violine in d-Moll entbehrt hingegen jeder Authentizität (⟶ S. 162).

Die Erstfassung läßt sich anhand der Bearbeitung für 2 Cembali relativ einfach rekonstruieren, da Bach die Substanz seiner Vorlage weitgehend notengetreu übernommen zu haben scheint: Die Partie der rechten Hand von Cembalo 1 wurde ursprünglich durch die Solovioline, die von Cembalo 2 durch die Oboe ausgeführt. Allerdings dürfte Bach im Rahmen seiner Transkription auch zahlreiche Ripienopartien in Episoden und Binnenritornellen der Ecksätze in die Cembalo-Stimmen verlegt haben, um deren Lücken zu füllen, was Joshua Rifkin (1997) zu der zunächst einleuchtenden Schlußfolgerung führte, die Stimme der ersten Ripienovioline sei erst nachträglich hinzugekommen (⟶ S. 162ff.). In Wirklichkeit mag das Concertino jedoch dem Ripieno gegenübergetreten sein, so daß zumindest die Oboe häufig pausierte (⟶ S. 163). Dieser Gesichtspunkt blieb in den gängigen Rekonstruktionen, so auch in jener der NBA, unberücksichtigt und macht eine Neugestaltung des Notentextes unvermeidlich. So könnte das »Echo« in T. 2 (etc.) des Kopfsatzes nur von der Oboe allein gespielt worden sein, die Partien der hohen Ripienostreicher in T. 9–12, 27f., 37–40, 65f. und 75–86 mögen ursprünglich noch gefehlt haben. Sie werden später ergänzt worden sein, um den Klang der Cembali zu stützen. Fraglich bleibt auch, ob die Oboe die Binnenritornelle des Satzes vollständig mitgestaltete (siehe die Takte 34–36 und 71–74 der Fassung für 2 Cembali). Umgekehrt könnte die Solovioline in den Takten 13f., 16f., 22–26, 60–64 etc. pausiert haben.

Der Mittelsatz entstand zunächst wahrscheinlich als Teil einer Triosonate, mag jedoch von Anfang an in das Doppelkonzert für Oboe und Violine integriert und mit einem Ripienosatz versehen worden sein (⟶ S. 162). Gleichwohl ist anzunehmen, daß die *pizzicato*- und *coll'arco*-Angaben erst in die Transkription für 2 Cembali Eingang fanden (NBA VII/7, S. 52).

Schließlich spricht die Tatsache, daß die Oboe das Kopfthema des Finales zu Beginn der ersten Episode wiederholt, dafür, daß sie im Eingangsritornell nicht mitspielte. Als Zusätze der Cembalobearbeitung erweisen sich in diesem Satz wohl auch die Takte 33–38 und 147–152 (Viola).

Concerto BWV 1061a · BWV 1061

Konzert für 2 Cembali C-Dur BWV 1061a
Fassung ohne Ripieno

Tempo d'allabreve (𝄵) · *Adagio ovvero Largo* (6/8) · *Fuga* (𝄵)
Besetzung: *Cembalo 1, Cembalo 2*
Autographe Partitur: unbekannt; ihre Lesarten des ersten Satzes sind jedoch durch die nachstehend genannte Abschrift von Friedrich Wilhelm Rust überliefert
Originalstimmen: *Concerto. a due Cembali. / di / J. S. Bach,* autographer Kopftitel auf den beiden Originalstimmen *Cembalo 1* und *Cembalo 2,* geschrieben von Anna Magdalena Bach und Bach (Satzbezeichnungen, Ergänzungen, Revision), Leipzig, spätestens 1732/33. SBB, St 139
Ersatzquelle: *Concert, a 2 Clavessins / par / J: S: Bach,* Partiturabschrift des ersten Satzes (mit Schlußvermerk *Fine*) von Wilhelm Friedemann Bachs Schüler Friedrich Wilhelm Rust; Entstehungszeit ungewiß, vielleicht Halle/Saale, 1758–1762. SBB, P 1144

Concerto C-Dur BWV 1061a für 2 Cembali

NBA: NBA VII/5, hrsg. von Karl Heller und Hans-Joachim Schulze (1985), S. 83 / KB (Heller/Schulze, 1990), S. 75 / PA (Partitur ohne Stimmen), hrsg. von Christoph Wolff (1987) / NBA-TA II (1999), S. 499
Entstehungszeit: Weimar, 1713/14 (Ecksätze), sowie Weimar oder Köthen, 1715–1718 (Mittelsatz)

Das Konzert entstand zunächst für zwei womöglich einmanualige Cembali mit Tonumfang CD–c''' (BWV 1061a) und wurde später um einen Ripienosatz ergänzt (BWV 1061). Zwar treten in den Takten 29ff., 62ff., 88ff. und 123ff. Dynamikbezeichnungen der Solostimmen als Hinweise zur Manualverteilung auf. Tatsächlich jedoch bestehen diese Wechsel aus dem Themenkopf und seiner Umspielung, so daß der dynamische Kontrast nicht substantiell, sondern nur als Steigerung erscheint, also nachträglich durch Bach ergänzt worden sein könnte (⟶ S. 156).

Die Ecksätze mit der Taktbezeichnung ₵ erfordern ein rasches Tempo. Die Bezeichnung *Adagio ovvero Largo* des Mittelsatzes hingegen zielt auf eine zwar langsame, doch flüssige und halbtaktige Bewegung – schneller als Adagio (siehe dagegen BWV 1060/2).

Der erste Ritornellteil des Kopfsatzes (a1–3) setzt eine genaue Koordination der beiden Partien beim Wechsel ihrer Einsätze voraus. Die Passagen über einem Quasi-Orgelpunkt am Ende des Ritornells in T. 10f. (etc.) rechnen offenbar mit einer dichten Artikulation (Legato oder Überlegato oder beides im Wechsel). Die zunehmende Spannung an dieser Stelle kann in der Fassung *con ripieno* durch ein Crescendo verstärkt werden; Entsprechendes wird mittels der Bezeichnung *piano* vor und *forte* nach den Liegetönen angedeutet. Die Triller in sämtlichen thematischen Kopfmotiven sind mit der oberen Nebennote zu beginnen, da ihnen stets ein Ton auf derselben Höhe wie die Hauptnote vorausgeht. Wird der *adagio*-Abschluß durch eine Verzögerung vorbereitet, sollte die Akkordbrechung im zweiten Cembalo das Ritardando einleiten, während das erste Cembalo die Gestaltung der Kadenztakte anführt.

Der Mittelsatz kann in beiden Partien auf jeweils einem Manual mit kontrastierenden Registern gleicher Lage oder auf insgesamt vier Klaviaturen als veritables Quartett ausgeführt werden (siehe auch BWV 1060/2). Zum Schlußakkord drängt sich ein Vorhalt des zweiten Cembalos analog zu den Takten 19 und 41 auf. Das ⌢-Symbol könnte hier wie auch am Ende des ersten Satzes tatsächlich eine Verlängerung der betreffenden Note meinen.

Sowohl im Mittelsatz als auch im Finale sind in den Solostimmen die Noten mit Haltebogen über ihre annähernd gesamte Dauer hinweg auszuhalten, um den satztechnisch unabdingbaren Zusammenhang zwischen der Dissonanz und deren Vorbereitung als kontrapunktischem Vorhalt nicht zu gefährden. Der simultane Gegensatz unterschiedlich gestalteter Stimmzüge kann durch bewußte Artikulation verdeutlicht werden – etwa durch seufzerartige Zweierbindungen in T. 43 des Finales (etc.). Da die Vorhaltfunktion hier eindeutig ist, erübrigte sich die Eintragung von Bögen. Die Unterscheidung von Viertel- und Achtelnoten der Unterstimmen in den Takten 112–116 dieses Satzes dürfte mit Bedacht gewählt worden sein: Cembalo 2 liefert das klangliche Fundament, das der Klarheit halber nicht zu vielstimmigen Akkorden ergänzt wurde. Allerdings ist – je nach klanglicher Präsenz des vorhandenen Instruments – denkbar, zum Doppelgriff im Baß des zweiten Cembalos in T. 115 ein G hinzuzufügen. Eine Verlängerung des Schlußakkords wurde offensichtlich nicht angestrebt.

Concerto C-Dur BWV 1061 für 2 Cembali mit Ripieno

Konzert für 2 Cembali C-Dur BWV 1061
Fassung für 2 Cembali, 2 Violinen, Viola und Violoncello (Continuo)

Tempo d'allabreve (₵) · Adagio (⁶⁄₈) · Vivace (C)

Besetzung: *Clavicembalo Primo, Clavicembalo Secondo, Violino Primo, Violino Secondo, Viola e Basso Ripieno* (Violoncello)

Autographe Partitur: unbekannt; ihre Lesarten sind – unabhängig voneinander – vermutlich in den nachstehend angeführten fünf Abschriften überliefert

Originalstimmen: unbekannt

Ersatzquellen: *Concerto Cembalo I^(mo) Sebastian Bach*, Abschrift der Stimme des ersten Cembalos (wohl Fragment eines Stimmensatzes), angefertigt von zwei unbekannten Schreibern, Berlin (?), vermutlich nach 1765. SBB, Am. B. 553. *Concert: für 2 Clavec: / mit 2 Viol: Viola und Fondam*[ento]. */ von / J. Seb. Bach*, Titel von der Hand des Bach-Schülers Johann Philipp Kirnberger zur Partiturabschrift eines unbekannten Schreibers (»Anonymus 306«), Berlin, vor 1783. *Concerto / a due Cembali, / accompagnato / da / II Violini, Braccio / et Violoncello [...] Giov. Seb. Bach*, Titel von der Hand Johann Nicolaus Forkels (wohl um 1770–1780) zu einer Partiturabschrift eines unbekannten Schreibers, der offenbar für Forkel tätig war. Die Quelle geht sowohl auf die Fassung mit Ripieno als auch auf den obengenannten Originalstimmensatz der Version BWV 1061a zurück. SBB, P 240. *CONCERTO. / Doppiae* [!] *in C ♮. / Clavicembalo Primo / Clavicembalo Secondo / Violino Primo / Violino Secondo / Viola / e / Basso Ripieno*, Abschrift, enthaltend sechs Stimmen, von zwei unbekannten Schreibern, Berlin, bis 1823. Die Handschrift stammt aus dem Besitz von Otto Karl Friedrich Graf von Voß. SBB, St 412. *Concerto / per due / Clavicembali obligati / coll'accompagnamento di Due Violini, Viola / e / Basso. / di / Giov. Bast. Bach*, Partiturabschrift von unbekannter Hand, Wien (?), 1. Hälfte des 19. Jahrhunderts. SBB, P 537. Die fünf angeführten Quellen gehen unabhängig voneinander auf die Fassung mit Ripieno zurück (NBA VII/5, KB, S. 90)

NBA: NBA VII/5, hrsg. von Karl Heller und Hans-Joachim Schulze (1985), S. 109 / KB (Heller/Schulze, 1990), S. 75 / PA BG (Partitur mit Stimmen), hrsg. von Wilhelm Rust (1874) / NBA-TA II (1999), S. 525

Entstehungszeit: wohl Leipzig, bis 1732/33

Gegenüber der früheren Fassung für 2 Cembali (siehe BWV 1061a) offenbart die Version mit Ripieno über die Besetzung hinaus bemerkenswerte Unterschiede: Bei der Bezeichnung des Mittelsatzes entfiel der Zusatz *ovvero Largo;* offenbar erübrigte sich jetzt die Erinnerung an eine nicht allzu langsame Bewegung (was leicht erklärbar ist, wenn die obengenannten Quellen auf Bachs Kompositionspartitur zurückgehen, wo eine entsprechende Präzisierung selbstverständlich unnötig war). Im Finale deutet die Beischrift *Vivace,* die offensichtlich eine langsamere Bewegung, aber lebendigere Artikulation als *Allegro* meint, darauf hin, daß kein Grund dafür besteht, die Taktbezeichnung C als ₵ zu interpretieren.

Über die Angaben zu BWV 1061a hinaus verdienen im Ripienosatz folgende Stellen Beachtung: In T. 100f. (etc.) des Kopfsatzes handelt es sich um ein fanfarenartiges Motiv, das im Crescendo vom *piano* zum *forte* ansteigt. Durch die Bogensetzung in T. 102f. entsteht eine Akzentuierung gegen den Taktschlag; in T. 103 dürfte allerdings ein subito *forte* ohne Crescendo gemeint sein. Der *adagio*-Abschluß des Satzes wird nunmehr von der Viola zusammen mit dem ersten Cembalo angeführt. Die Bogensetzung der beiden Violinen im Finale über sieben Noten hinweg (T. 41–44) bedarf keiner Unterteilung. Der Kritische Bericht der NBA (S. 114f.) führt in den Takten 129ff. zusätzliche Orgelpunkt-Töne für die linken Hände der Cembalisten an, die in mehreren der durchweg posthumen Quellen überliefert sind. Angesichts ihrer fehlenden satztechnischen Integration stammen diese Ergänzungen freilich nicht von Bach selbst und widersprechen zudem der Konzeption seiner Weimarer Clavierfugen um 1713, dem Schlußteil – wohl aus dramaturgischen Gründen – eine nur zweistimmige Passage in tiefer Lage voranzustellen (⟶ S. 159). Bezeichnend ist, daß der zweifellos von Bach selbst ausgeführte Ripienosatz an dieser Stelle solche Überlegungen berücksichtigt!

Concerto d-Moll BWV 1043 für 2 Violinen · Concerto c-Moll BWV 1062 für 2 Cembali

Concerto BWV 1043 · BWV 1062

Doppelkonzert für 2 Violinen d-Moll BWV 1043
für 2 Soloviolinen, 2 Violinen, Viola und Continuo

Vivace (₵) · *Largo ma non tanto* ($\frac{12}{8}$) · *Allegro* ($\frac{3}{4}$)

Besetzung: *Violino 1. Concertino, Violino Concertino II, Violino Primo, Violino Secondo, Viola, Continuo*

Autographe Partitur: unbekannt

Originalstimmen: *Concerto. / à 6. / 2 Violini Concertini / 2 Violini e | / 1 Viola Ripieni / Violoncello / e / Continuo / di / Joh: Sebast: Bach* (autographer Umschlagtitel); erhalten sind drei Originalstimmen, geschrieben von Bach (*Violino 1. Concertino, Violino 2 Concertino*), C. P. E. Bach und einem anonymen Kopisten (*Continuo* [unbeziffert]), Leipzig, ca. 1730/31 (Glöckner 1981, S. 71). Biblioteka Jagiellonska Krakau, St 148 (bis 1945: SBB)

Ersatzquelle: Folgende weitere Stimmen wurden bis 1788 mit den obengenannten drei Originalstimmen vereinigt: *Violino 2 Concertino., Violino Primo, Violino Secondo, Viola,* Stimmenabschrift nach den Originalquellen, im Auftrag von C. P. E. Bach geschrieben von einem unbekannten Schreiber, Frankfurt an der Oder, 1734–1738 (Wollny 1996 I, S. 8f.). Biblioteka Jagiellonska Krakau, St 148 (bis 1945: SBB)

NBA: NBA VII/3, hrsg. von Dietrich Kilian (1986), S. 71 / KB (Kilian/von Dadelsen, 1989), S. 30 / PA (Partitur mit Stimmen/Tp), hrsg. von Dietrich Kilian (1988) / NBA-TA I (1999), S. 551 / Rekonstruktion der Triosonate BWV 1043[a] in Vorb. (Rampe)

Entstehungszeit: wohl Leipzig, ca. 1730/31, durch Bearbeitung der Triosonate d-Moll BWV 1043[a] für 2 Violinen und Continuo (Köthen, 1718/19); Revision(en) des Doppelkonzerts nach 1734

Um die formale Konzeption des Finales (⟶ S. 109) klanglich überhaupt verständlich zu machen, erscheint in diesem Konzert eine kleine, am besten einfache Ripienobesetzung notwendig. Darauf deuten wohl auch die *solo-* und *tutti-*Vermerke in den autographen Solostimmen hin, während in den Ripienopartien nur von *forte* und *piano* die Rede ist. Würden die Ripieno-Stimmen im *Allegro* chorisch besetzt, wäre es dem Hörer unmöglich, Ritornell und Episode zu unterscheiden. Offensichtlich zielte Bachs Umarbeitung der Triosonate BWV 1043[a] also trotz »klassischer Concerto grosso«-Besetzung auf ein Kammerkonzert!

Die Taktbezeichnung ₵ im Kopfsatz meint laut Beischrift *Vivace* keine allzu rasche Bewegung, aber einen sehr lebendigen Vortrag; jedenfalls ist das Tempo langsamer als Allegro (⟶ S. 338). Die Obergrenze des Tempos wird durch die Dezimsprünge der Episoden (ab T. 22) definiert, die in deutlicher Artikulation hervorzutreten haben. Schließlich sollte die Bewegung soviel Raum zur Klangentwicklung lassen, daß übergebundene Töne mit ihrer wichtigen kontrapunktischen und harmonischen Funktion (beispielsweise Violine 1, T. 9ff., 14ff.) nicht vorzeitig gekürzt werden müssen. Die zuletzt angeführte Bemerkung gilt auch für die beiden folgenden Sätze. Die Bezeichnung des Mittelsatzes lautete um 1730/31, wohl ausgehend von der Triosonaten-Vorlage, noch *Largo;* nach 1734 ergänzte Bach *ma non tanto,* hatte also einen flüssigen, halbtaktigen und keineswegs langsamen Vortrag vor Augen, worauf insbesondere auch der $\frac{12}{8}$-Takt hinweist. In der Transkription für 2 Cembali notierte er, schon mit Rücksicht auf die kürzere Tondauer der beiden Soloinstrumente, *Andante.*

Die überwiegend rhythmisch prägnanten Einwürfe des Ripieno in den Ecksätzen bedürfen einer äußerst präzisen Ausführung, wie sie wiederum nur in kleiner Besetzung gelingt. Die originale Artikulation der Kontrapunkte in T. 32f. (etc.) des Kopfsatzes zielt auf eine ebenso kurze und leichte Wiedergabe wie auf absolut gleichmäßige Akzentuierung der einzelnen Noten. Der Schlußakkord dieses Satzes erfordert keine Verlängerung durch das ⌢-Symbol. Am Ende des zweiten

Concerto c-Moll BWV 1062 für 2 Cembali

und dritten Satzes wurde die Schlußgestaltung von Bach ebenfalls mit aller Präzision angedeutet (⟶ S. 406f.).

Im *Largo ma non tanto* verdient die differenzierte Bezeichnung der Continuo-Stimme mit *poco piano* und *pianissimo* Beachtung (⟶ S. 355f.). Ab T. 17, 22 und 35 tritt wohl wieder poco piano, ab T. 21, 34 und 46 pianissimo ein. Diese Dynamikgestaltung ergibt sich zudem aus dem Ripienosatz und gilt natürlich auch für die Solopartien. Die beiden Solisten sollten, Bachs Bauplan entsprechend, auf eine nach Möglichkeit kontrastreiche klangliche und artikulatorische Unterscheidung der einzelnen Motivbausteine achten (⟶ S. 238). Auch versteht sich, daß der Kontrapunkt zum Themenmotiv, der erstmals in T. 3 eintritt, eine untergeordnete, wenn nicht gar Begleitfunktion erhält. Bei den übergebundenen Noten in T. 5f. (etc.), jeweils in erster Solo- und Ripienovioline, handelt es sich um Vorhalte, die an ihre Auflösung angebunden werden.

Die Bogensetzung in der Baßstimme des Finales dient vor allem der Akzentuierung und einem dichten, zusammenhängenden Vortrag, der jedoch nicht unbedingt legato ausfallen muß. Die ausgeschriebene Nebennote in T. 18 zeigt, daß Bach an dieser Stelle eigentlich mit einem Triller von der Hauptnote aus zu rechnen gehabt hätte! Während der Doppelgriffpassagen in den Solostimmen (T. 41ff. und 127ff.) sollte bei aller Leidenschaft die Stimmführung nicht in Vergessenheit geraten. D.h. der Hörer muß nachvollziehen können, wohin Leittöne führen bzw. wie Dissonanzen aufgelöst werden. Nach diesen Gesichtspunkten richtet sich auch die Akzentuierung.

Für Unterrichtszwecke und Aufführungen ohne Orchester ist die Rekonstruktion der Triosonaten-Vorlage (Publikation in Vorbereitung), deren Violin-Stimmen mit den Solopartien des Doppelkonzerts weitgehend identisch sind, wesentlich besser geeignet als ein Klavierauszug des heiklen Ripienosatzes. Allerdings handelt es sich bei der Triosonate nicht um einen Ersatz, sondern um eine eigenständige, vollgültige Komposition.

Konzert für 2 Cembali c-Moll BWV 1062
für 2 Cembali, 2 Violinen, Viola und Violoncello (Continuo)

(Tempo d'allabreve?) (**C**) · *Andante e piano* ($\frac{12}{8}$) · *Allegro assai* ($\frac{3}{4}$)

Besetzung: *due Clavicembali obligati, 2 Violini, Viola, Violoncello*
Autographe Partitur: *Concerto à due Clavicembali obligati. 2 Violini / Viola e Violoncello di Bach,* Leipzig, 1736. SBB, P 612 (zusammen mit dem Autograph der *Sonata* A-Dur BWV 1032 für Cembalo und Traversflöte)
Originalstimmen: unbekannt
NBA: NBA VII/5, hrsg. von Karl Heller und Hans-Joachim Schulze (1985), S. 43 / KB (Heller/Schulze, 1990), S. 60 / PA BG (Partitur mit Stimmen), hrsg. von Wilhelm Rust (1874) / NBA-TA II (1999), S. 459
Entstehungszeit: Leipzig, 1736

Das Konzert BWV 1062 stellt die vollständige Transkription des wohl nur wenige Jahre zuvor entstandenen Kammerkonzerts für 2 Violinen BWV 1043 dar, das seinerseits auf eine verschollene Köthener Triosonate (BWV 1043[a]) gleicher Tonart zurückgeht. Da die Angaben zur Besetzung von BWV 1043 auch für BWV 1062 gelten, liegt auf der Hand, daß Bach hier nur mit einem Spieler pro Ripienostimme rechnete. Ja, der autographe Kopftitel des Finales läßt sogar auf das Fehlen eines Kontrabaßinstruments schließen. Zwar zeigt der Klaviaturumfang CD–d''' der Solopartien, daß Bach nur kleine, einmanualige Cembali offensichtlich ohne 16'-Register zur Verfügung standen (⟶ S. 167). Doch entspricht eine Ausführung mit 16'-Cembali durchaus den Klangvorstellun-

Concerto d-Moll BWV 1063 für 3 Cembali — Rekonstruktion für 3 Violinen

gen jener Epoche, ebenso wie der Mittelsatz auf zweimanualigen Instrumenten jeweils auf zwei Klaviaturen, gegebenenfalls sogar mit zwei 8'-Registern in den Oberstimmen, dargestellt werden kann. Das in der Literatur des 20. Jahrhunderts weitverbreitete Verdikt über Bachs Einrichtung für 2 Cembali entspringt einer unbedachten Äußerung Albert Schweitzers (1908, S. 383): »Wie Bach es wagen durfte, die zwei singenden Violinstimmen aus dem Largo dieses Werkes dem Cembalo mit seinem abgerissenen Ton preiszugeben, möge er vor sich selber verantworten«. Tatsächlich jedoch besitzen einige der erhaltenen mitteldeutschen Cembali jener Epoche einen dunklen, weichen Ton von langer Dauer gerade im Diskant, der bei angemessener Darstellung durchaus zu einem singenden Vortrag des Mittelsatzes im *Andante* fähig ist. Daher besteht kein Anlaß, Bach zu unterstellen, er habe in diesem Fall einmal gegen sein Instrument geschrieben.

Die Taktvorzeichnung C des Kopfsatzes entspricht der üblichen Notation in Bachs Kompositionsautographen und ist aller Wahrscheinlichkeit nach als ₵ zu verstehen, worauf auch das Fehlen der Beischrift Vivace (siehe BWV 1043) hinweist. Zudem dürfte das *Andante* von BWV 1062 flüssiger ausfallen als das *Largo ma non tanto* von BWV 1043. Schließlich zeigt das *Allegro assai* des Finales (BWV 1043/3: *Allegro*), daß Bach den brillanteren Klang der Cembali in der Tat durch eine Beschleunigung der Bewegung verstärkte. Der Zusatz *e piano* in der Bezeichnung des Mittelsatzes dient offenkundig allein der Definition des Dynamikbereichs, zumal dynamische Angaben mit Ausnahme des Satzschlusses hier fehlen.

Es steht den Interpreten frei, den am Ende des Kopfsatzthemas (T. 4) nach Art einer Clavierfuge ergänzten und in T. 17 auch in die zweite Ripienovioline übernommenen Triller auf sämtliche Ripienopartien zu übertragen. Beachtung verdient, daß die Ripienobegleitung der ersten Episode (T. 22) mit *pianissimo* bezeichnet wurde. Dieser Dynamikgrad dürfte sich als Richtmaß auch auf die übrigen Episodenbegleitungen auswirken, selbst wenn Bach in seinem Kompositionsautograph später *piano* notierte.

Abweichend von den Angaben zu BWV 1043 sei darauf hingewiesen, daß die Triller in den Takten 14f. (etc.) des *Andante,* jeweils auf der zweiten (übergebundenen) Achtelnote, offensichtlich mit der Hauptnote beginnen und das Anschwellen von Dissonanzen auf Streichinstrumenten simulieren sollen (siehe auch T. 40 im Finale). Es lohnt sich, bei der Artikulation des Cantabile-Themas im *Allegro assai* (T. 112ff. etc.) Bachs Originalstimmen zur Violinkonzert-Vorlage zu Rate zu ziehen.

Concerto BWV 1063 · BWV 1063[a]

Konzert für 3 Cembali d-Moll BWV 1063
für 3 Cembali, 2 Violinen, Viola und Continuo

Tempo ordinario ($\frac{3}{8}$) · *Alla Siciliana* ($\frac{6}{8}$) · *Allegro* ($\frac{2}{4}$)

Besetzung: *3 Cembali concert*[ati]:*, 2 Violini, Viola, e Basso continuo*

Autographe Partitur: unbekannt; ihre Lesarten oder die der Originalstimmen sind jedoch durch die nachstehend genannte Partiturabschrift von Johann Friedrich Agricola überliefert

Originalstimmen: unbekannt; ihre Lesarten oder die der autographen Partitur sind jedoch durch die nachstehend genannte Partiturabschrift von Johann Friedrich Agricola überliefert

Ersatzquelle: *Concerto / a 3 Cembali concert: / 2 Violini / Viola, e / Basso continuo / dal Sr Gio: Sebast: Bach,* Partiturabschrift von der Hand des Bach-Schülers Johann Friedrich Agricola, Berlin, nach 1741, höchstwahrscheinlich jedoch nach 1750.

Concerto d-Moll BWV 1063 für 3 Cembali

SBB, Am. B. 67. Von dieser Quelle stammt auch eine Stimmenabschrift ab, die in verschiedenen Schichten, teilweise unter Mitwirkung Agricolas, entstand. SBB, St 140. Unabhängig von den Lesarten in Agricolas Partitur ist eine Partiturabschrift Gottfried Wilhelm Palschaus aus der Zeit vor 1813. Sie überliefert nur die Ecksätze und zeigt umfangreiche bearbeitende Eingriffe (NBA VII/6, S. 24). SBB, P 242

NBA: NBA VII/6, hrsg. von Rudolf Eller und Karl Heller (1975), S. 3 / KB (Eller/Heller, 1976), S. 11 / PA (Partitur mit Stimmen), hrsg. von Paul Graf von Waldersee (1885) / NBA-TA II (1999), S. 585

Entstehungszeit: Leipzig, 1735–1739, spätere Revision nicht ausgeschlossen; Mittelsatz wahrscheinlich ca. 1739

An dieser Stelle sei noch einmal an die Aufstellung der 3 Cembali erinnert (⟶ S. 405). Sie wirft, je nach räumlichen Verhältnissen, mitunter Probleme auf; deren Lösung beinhaltet freilich eine wesentliche Voraussetzung zum Gelingen jeder Aufführung. Die detaillierten *piano-* und *forte-*Bezeichnungen in den Solopartien der beiden ersten Sätze sowie die geforderten Klaviaturumfänge lassen darauf schließen, daß Bach 3 zweimanualige Cembali unterschiedlicher Größe und Klangcharakteristika zur Verfügung standen (⟶ S. 167f.). In der Tat ergibt sich bei den Konzerten für 3 oder 4 Cembali keine Veranlassung, Soloinstrumente gleicher Bauart heranzuziehen.

Ausgehend von den Taktangaben bzw. der Tempobezeichnung im Finale ist in keinem der Ecksätze von BWV 1063 ein sehr rasches Zeitmaß erforderlich. Das *Alla Siciliana* setzt jedoch eine halbtaktige Bewegung voraus.

Als problematisch erweist sich im ersten Satz weniger die Interpretation als solche als vielmehr das Zusammenspiel. Die zahlreichen Übergänge mit Pausen – so bereits am Ende des Ritornells (T. 14), in T. 70, 108, 200f., 231f. und 249f. – gelingen nur dann, wenn sich sämtliche Mitwirkende strikt an den vorgegebenen Rhythmus und an das Metrum halten. Durch die enorme Virtuosität der ersten Solopartie entfällt weitgehend die Möglichkeit, aus dieser Rolle heraus auch eine Direktionsfunktion zu übernehmen. Sie kommt vielmehr dem zweiten oder dritten Cembalo zusammen mit dem Konzertmeister zu. Besonders deutlich wird diese Praxis durch die »Continuo«-Akkorde in den Takten 163–187 im Wechsel zwischen Cembalo 2 und 3 sowie dem Ripieno. Es versteht sich von selbst, daß die Einwürfe des Ripieno klanglich an jene der begleitenden Cembali anzupassen sind, also kurz und prägnant ausfallen. Insbesondere in der ersten Solopartie empfiehlt es sich, gebrochene Akkorde (beispielsweise in T. 149ff.) im Legato- oder Überlegato-Bereich mit changierenden Artikulationswechseln in der zweiten Takthälfte bis hin zum Leggiero auszuführen, um dem Gesamtklang des Ensembles jede Stereotypie, aber auch schwerfällige Wirkung zu nehmen. Die zweistimmige 32stel-Passage in T. 239ff. erklingt mühelos, wenn der nachschlagende Ton der linken Hand unbetont und kurz vorgetragen wird. Im Ripieno sollte die lockere Abfolge von *piano-* und *forte-*Bezeichnungen nicht zu simpler Terrassendynamik führen, sondern bedarf eines vorausschauenden Zu- und Abnehmens der Lautstärke zwischen diesen Eckwerten (siehe T. 44–57, 129–142 und 202–211). Die Bogensetzung im Continuo (T. 197ff. etc.) und in den hohen Ripienostreichern (T. 225ff.) impliziert über eine abtaktige Akzentuierung hinaus ein veritables Bogenvibrato.

Im Mittelsatz ist neben der »Tanzbewegung« und der präzisen Ausführung der wesentlichen Manieren vor allem die angemessene Registrierung der von Bach eigens bezeichneten Manualverteilung ausschlaggebend. Die Unisono-Gestaltung der Solostimmen während der Ritornelle beruht nicht auf Unzulänglichkeiten der Quellenüberlieferung, sondern erweist sich offensichtlich als Element des Parodiecharakters, der diesem Satz zukommt (⟶ S. 173ff.). Dies gilt auch für die »Walzer-Begleitung« von Cembalo 2 und 3 während der »Episoden«. Klanglich überzeugend erscheint folgende, mit Bachs Angaben vereinbare Registrierung: Cembalo 1 mit der führenden

Concerto C-Dur BWV 1064 für 3 Cembali – Rekonstruktion für 3 Violinen

Solopartie läßt die Oberstimme auf dem gekoppelten Untermanual, den Baß – von Anfang an bzw. ab T. 8 und 40 – auf dem Obermanual erklingen. Cembalo 2 und 3 spielen im *forte* auf dem stärkeren, im *piano* auf dem schwächeren der beiden 8'-Register. So gesehen erweisen sich Bachs Satztechnik und Registrierangaben als außerordentlich progressive »Instrumentierung«, die sich zudem mit dem Ripieno ausgezeichnet mischt. In solcher Klangverteilung wird jede »Bearbeitung« des Satzes überflüssig. Im *adagio*-Abschluß von T. 67f. übernehmen Cembalo 2 und 3 zusammen mit Violine 2 und Viola die Führung.

Für die 32stel-Übergänge im Finale (T. 116ff. etc.) sowie für die zwischen Cembalo 2 und 3 und dem Ripieno abwechselnden »Continuo«-Akkorde (T. 125ff. etc.) gelten dieselben Hinweise wie im ersten Satz. Die Dynamikangaben im *Allegro* scheinen darauf anzuspielen, daß in den Episoden nur ein solistisches Violoncello sowie eine reduzierte, wenn nicht gar einfache Streicherbesetzung begleiten. Zur Beherrschung der zahlreichen Wechsel von Tutti und Solo ist auch hier eine rigorose Kontrolle des Metrums unvermeidlich.

2 Konzertsätze für 3 Violinen d-Moll BWV 1063[a] – Rekonstruktion
für 3 Soloviolinen, 2 oder 3 Violinen, (Viola), Violoncello und Continuo

wohl Tempo ordinario ($\overset{3}{8}$) · Allegro ($\overset{2}{4}$)
Besetzung: wohl Violino 1–3 [concertino], Violino 1, Violino 2, Violino 3 oder Viola, Violoncello, Continuo
Autographe Partitur: unbekannt
Originalstimmen: unbekannt
Weitere Quellen: die Ecksätze von BWV 1063 gehen offensichtlich auf ein verschollenes Konzert für 3 Violinen mit Ripieno zurück (→ S. 170f.), dessen ursprüngliche Solopartien sich anhand der Partiturabschrift Johann Friedrich Agricolas von BWV 1063 jedoch nur durch bearbeitende Eingriffe rekonstruieren lassen
NBA: eine Fassung für 3 Violinen ist bisher unveröffentlicht / Rekonstruktion in Vorb. (Rampe) / NBA VII/7, KB (Fischer, 1971), S. 141
Entstehungszeit: Weimar, 1714

Aus der Faktur der Transkription für 3 Cembali BWV 1063 geht, wie gesagt, hervor, daß der Ripienosatz im wesentlichen schon der Erstfassung für 3 Violinen angehörte, jedoch ein obligates Violoncello einschloß (→ S. 169). Die Interpretationshinweise zu BWV 1063 gelten auch für BWV 1063[a]. Die Gestalt des ursprünglichen Mittelsatzes bleibt unbekannt.

Concerto BWV 1064 · BWV 1064[a]
Konzert für 3 Cembali C-Dur BWV 1064
für 3 Cembali, 2 Violinen, Viola und Continuo

Tempo ordinario (**C**) · *Adagio* (**C**) · *Allegro* (**₵**)
Besetzung: *3 Cembali conc*[certati]:*, 2 Violini, Viola, Basso cont:*
Autographe Partitur: unbekannt; ihre Lesarten oder die der Originalstimmen sind jedoch durch die nachstehend genannte Partiturabschrift von Johann Friedrich Agricola überliefert
Originalstimmen: unbekannt; ihre Lesarten oder die der autographen Partitur sind jedoch durch die nachstehend genannte Partiturabschrift von Johann Friedrich Agricola überliefert
Ersatzquellen: *Concerto / a 3 Cembali conc/ / 2 Violini / Viola / Basso cont: / dal S.r Gio: Sebast: Bach,* Partiturabschrift von der Hand des Bach-Schülers Johann Friedrich Agricola, Leipzig, 1738–1741. SBB, Am. B. 68. Von dieser Quelle stammt

Concerto C-Dur BWV 1064 für 3 Cembali

auch eine Abschrift der drei Solostimmen ab, die unter Mitwirkung Agricolas frühestens 1741 in Berlin entstand. SBB, St 141. Möglicherweise unabhängig von diesen Quellen gehen vier Kopien auf die Originalhandschriften zurück, darunter folgender Stimmensatz mit 7 Stimmen: *Concerto in C ♮ major / a 3 Cembali concertati / del Sig^{re} Giov: Sebast: Bach*, geschrieben von einem unbekannten Kopisten wohl im Auftrag Johann Nicolaus Forkels, vermutlich Göttingen, um 1800. Wahrscheinlich nicht von Originalquellen, sondern von einer unabhängigen Vorlage wurden vier Abschriften des Werkes in D-Dur kopiert (NBA VII/6, KB, S. 59f.)

NBA: NBA VII/6, hrsg. von Rudolf Eller und Karl Heller (1975), S. 57 / KB (Eller/Heller, 1976), S. 42 / PA (Partitur mit Stimmen), hrsg. von Paul Graf von Waldersee (1885) / NBA-TA II (1999), S. 639

Entstehungszeit: Leipzig, wohl zwischen 1730 und 1736

Zunächst sei auch hier an die Aufstellung der 3 Cembali erinnert (⟶ S. 405). Sie wirft, je nach räumlichen Verhältnissen, mitunter Probleme auf, deren Lösung eine wesentliche Voraussetzung zum Gelingen jeder Aufführung darstellt. Das Werk ist in zwei verschiedenen Versionen aufführbar: entweder in seiner Transkription für 3 Cembali (BWV 1064) oder als Kammerkonzert für 3 Violinen (BWV 1064[a]), das der späteren Bearbeitung als Vorlage diente.

Es ist sehr wahrscheinlich, daß der Kopfsatz des Kammerkonzerts ursprünglich im ₵-Takt notiert war. Das legen die halbtaktigen harmonischen und melodischen Schwerpunkte nahe. Dagegen dürfte Bach die Bewegung in der Transkription zur besseren Klangentfaltung der nun mehrstimmigen Cembalopartien reduziert haben. Jedenfalls gehen die Synkopen des ergänzten Ripieno-Ritornells von fließenden Viertelnoten und nicht von halben Takten aus, was sich in der Taktart C spiegelt. Das Tempo im *Adagio* kann nur so langsam ausfallen, daß die beiden Hauptbestandteile des Themas im Baß (T. 1–2 und 2–4) noch zusammenhängend vorgetragen werden können. Das Finale wiederum erfordert ein sehr rasches Tempo (*Allegro* im ₵-Takt).

Bestimmend für die Gestaltung des Ritornells im Kopfsatz sind die 3 Cembali, deren Thema in Charakter und Artikulation ab T. 9 vom Ripieno aufgegriffen wird. Um den Ripieno-Synkopen im Eingangsritornell Stabilität und zugleich ein gewisses Schwingen zu vermitteln, ist eine rhythmisch absolut präzise und metrisch sichere Ausführung des Ritornellthemas der Cembali unerläßlich. Die Einwürfe in den Takten 22ff. (etc.) der ersten Violine gelingen nur dann, wenn allein die erste Note unter dem Bogen einen Akzent erhält. Die Figuren der zweiten Violine in T. 6 (etc.) laden zu Trillern mit (ausgeschriebenen) Nachschlägen ein. Kern des Episodenthemas von T. 43ff. ist ein 32stel-Ornament, das dicht und zusammenhängend vorgetragen werden sollte, ohne es zu unterteilen. Die solistischen Überleitungen in T. 107ff. bedürfen – wie jene in den Ecksätzen des *Concerto* BWV 1063 – einer sehr präzisen, metrisch genauen Wiedergabe, um das anschließende Zusammenspiel im Tutti nicht zu gefährden. Mit hoher Wahrscheinlichkeit sind die Triller in den Solostimmen von T. 92 an mit der Hauptnote zu beginnen (⟶ S. 376). Erst in den Takten 91–97 trennen sich offenbar Violoncello (16tel-Noten) und Violone (tiefe Töne als Viertelnoten), was durch eine ganze Quellengruppe belegt ist (NBA VII/6, KB, S. 70). Nicht nachweisbar, aber musikalisch plausibel erscheint eine Ausführung der Continuopartie in den Takten 43–49 allein durch das Violoncello. Die differenzierten Dynamikangaben – etwa *poco forte* in T. 37 – lassen auf eine flexible Gestaltung der Lautstärke durch das Ripieno schließen.

Im Ritornell des Mittelsatzes ist – im Unterschied zur *Alla Siciliana* BWV 1063/2 – allein die Stimme des ersten Cembalos beziffert, was den Verzicht auf eine Generalbaßaussetzung in den beiden übrigen Solopartien nahelegt. Die Episoden mit ihren figurativ reichhaltigen Oberstimmen werden von den »Ostinato«-Ritornellen am besten durch einen Wechsel der rechten Hände der Solisten auf das kräftigere Unter- und der linken Hände auf das leisere Obermanual hervorgehoben. In den Takten 5f. und 7 (etc.) trifft man auf ausgeschriebene 32stel-Ornamente, die dement-

Concerto D-Dur BWV 1064[a] – Rekonstruktion für 3 Violinen

sprechend, d.h. dicht oder sogar legato, ausgeführt werden sollten. Die Zweierbindungen in den Takten 27ff. verlangen in der Art von Seufzern eine sehr deutliche Artikulation mit Verkürzung der letzten Note unter einem Bogen. Die kadenzartigen Wendungen in T. 36, 37 und 41 sind durch die Quellen gut belegt. Zwar bleibt unverständlich, weshalb das zweite Cembalo bei diesen Überleitungen nicht berücksichtigt wurde, allerdings lassen die Quellen keinen Zweifel daran, daß Bach in T. 38 auf ornamentale Ergänzungen verzichtete.

Entscheidend ist, daß in den permutationsfugenartigen Ritornellen des Finales sämtliche vier oder fünf zugleich auftretenden Subjekte gut wahrgenommen werden können. In den perfidesken Episoden sind die jeweiligen Solisten völlig darauf angewiesen, daß die begleitenden Soloinstrumente und/oder das Ripieno das Metrum absolut stabil fortsetzen. In den Perfidien der Soloinstrumente ist zwischen einer möglichen Ausführung im Legato oder Überlegato (beispielsweise T. 70ff. und 111ff.) und einer absolut deutlichen Artikulation (T. 66ff., 102ff. und 141ff.) zu unterscheiden. Um letztere in sehr raschem Tempo noch zu gewährleisten, empfiehlt sich die von Bach überlieferte Technik des Einziehens (statt Anhebens) der Finger, die Johann Nicolaus Forkel (1802) detailliert erklärt (Rampe 1999 II, S. 736ff.). Die älteste Beschreibung stammt jedoch von Johann Joachim Quantz (1752, S. 232) und geht offenbar auf seinen Mitarbeiter, den Bach-Schüler Johann Friedrich Agricola – zugleich Schreiber der Hauptquelle des vorliegenden Konzerts –, zurück: »Man muß aber bey Ausführung der laufenden Noten, die Finger nicht so gleich wieder aufheben; sondern die Spitzen derselben vielmehr, auf dem vordersten Theil des Tasts hin, nach sich zurücke ziehen, bis sie vom Taste abgleiten. Auf diese Art werden die laufenden Passagien am deutlichsten herausgebracht. Ich berufe mich hierbey auf das Exempel eines der allergrößten Clavierspieler, der es so ausübte, und lehrte« (Dok. III, Nr. 651). Der solistische Abschluß der letzten Episode (T. 168ff.) kann selbstverständlich agogisch frei gestaltet werden. Die Teilung von *Violoncello* und *Violone* in diesem Satz wird durch sämtliche Quellen bestätigt und geht offenbar auf die Besetzung des ursprünglichen Kammerkonzerts mit obligatem Violoncello zurück.

Konzert für 3 Violinen D-Dur BWV 1064[a] – Rekonstruktion
für 3 Violinen, Violoncello und Continuo

wohl (Tempo d'allabreve?) (C) · Adagio (C) · Allegro (₵)

Besetzung: wohl Violino 1–3, Violoncello und Continuo

Autographe Partitur: unbekannt

Originalstimmen: unbekannt

Weitere Quellen: das Werk geht offensichtlich auf ein verschollenes Konzert für 3 Violinen ohne Ripieno zurück (⟶ S. 169), dessen ursprüngliche Solopartien sich anhand der Partiturabschrift Johann Friedrich Agricolas von BWV 1064 rekonstruieren lassen; die Ripienopartien im Kopfsatz von BWV 1064 kamen erst im Zug der Bearbeitung für 3 Cembali hinzu (Breig 1983, S. 83ff.)

NBA: Rekonstruktion in Vorb. (Rampe) / NBA VII/7, KB (Fischer, 1971), S. 108

Entstehungszeit: Köthen, 1718

Die Erstfassung des C-Dur-Konzerts für 3 Cembali war zweifellos in D-Dur für 3 Violinen ohne Ripieno, aber mit obligatem Violoncello konzipiert (⟶ S. 168 und 215). Demnach ist die von der NBA (VII/7) publizierte und bislang verbreitete Rekonstruktion für 3 Violinen mit dem Ripieno der Cembalobearbeitung eine rein fiktive Komposition. Die Interpretationshinweise zu BWV 1064 gelten auch für die ursprüngliche Kammermusikversion.

Concerto a-Moll BWV 1065 für 4 Cembali – Bearbeitung nach Antonio Vivaldi

Concerto BWV 1065

Konzert für 4 Cembali a-Moll BWV 1065 – Bearbeitung von Antonio Vivaldis *Concerto* h-Moll op. 3,10 (1711) für 4 Cembali, 2 Violinen, Viola und Continuo

Tempo ordinario (C) · *Largo* ($\frac{3}{4}$) · *Allegro* ($\frac{6}{8}$)

Besetzung: 4 *Cembali: concert*[ati]:*, 2 Violini, Viola, Basso cont:*

Autographe Partitur: unbekannt; ihre Lesarten sind jedoch durch die nachstehend genannten, wahrscheinlich originalen Stimmen und durch die Partiturabschrift von Johann Friedrich Agricola überliefert

Originalstimmen: drei erhaltene Solostimmen *Cembalo. 2, Cembalo. 3* und *Cembalo. 4* sind höchstwahrscheinlich Reste des verschollenen Originalstimmensatzes. Sie entstanden offenbar um 1729 in Leipzig, möglicherweise unter Beteiligung des Bach-Schülers Johann Caspar Vogler (Schulze 1978, S. 32)

Ersatzquelle: *Concerto / a 4 Cembali: concert: / 2 Violini / Viola e / Basso cont: / dal Sr Gio: Seb: Bach,* Partiturabschrift von der Hand des Bach-Schülers Johann Friedrich Agricola, Berlin, frühestens 1741, wahrscheinlich nach 1750. SBB, Am. B. 69. Von dieser Quelle stammen alle weiteren erhaltenen Abschriften ab (NBA VII/6, KB, S. 88)

NBA: NBA VII/6, hrsg. von Rudolf Eller und Karl Heller (1975), S. 57 / KB (Eller/Heller, 1976), S. 117 / PA (Partitur mit Stimmen), hrsg. von Paul Graf von Waldersee (1894) / NBA-TA II (1999), S. 699

Entstehungszeit: Leipzig, vermutlich um 1729

Zur Aufstellung der 4 Cembali kommen nur die oben diskutierten dritten und vierten Varianten in Frage (⟶ S. 405f.). Die Uraufführung des Werkes war offensichtlich für 4 Instrumente unterschiedlicher Größe und Bauart bestimmt (⟶ S. 167f.).

Der erste Satz rechnet zweifellos mit einem auf Vierteleinheiten ausgerichteten Tempo ordinario, auch der Mittelsatz *Largo* geht – schon im Hinblick auf die Punktierungen – von einem flüssigen Viertelschlag aus; die Obergrenze seines Tempos ist den gebrochenen Akkorden in 32stel-Noten zu entnehmen. Auf keinen Fall steht hier ein Bewegungswechsel zur Diskussion. Diesen strebte Bach erst in T. 37 an. Zudem kommt der verminderte Akkord mit ⌒-Zeichen der Aufforderung zu einer Kadenzimprovisation in erster Linie durch den ersten Solisten gleich. Ähnliche Taktwechsel für die solistische Einlage am Schluß eines Konzertsatzes begegnen auch im Finale (T. 180 und 283) von Antonio Vivaldis *Concerto* D-Dur RV 208 *Grosso Mogul,* das Bach für Orgel bearbeitete (BWV 594). Das Finale (*Allegro* !) von BWV 1065 rechnet mit einer beschwingten, halbtaktigen Ausführung.

Der Beginn des Kopfsatzes entspricht dem Original, dessen leere Quinte zwischen erster und zweiter Solovioline und erster Viola entsteht, und sollte keineswegs zu einem Akkord ergänzt werden (er tritt erst in T. 5 ein). Die Tonrepetitionen in den Takten 24ff. (etc.) sollten in den Soloinstrumenten ihres perkussiven Charakters wegen ohne Fingerwechsel, also nur mit einem einzigen Finger gespielt werden. Die Triller auf langen Notenwerten in den Solostimmen ab T. 20 (etc.) sind – wie im *Concerto* BWV 1064 – aller Wahrscheinlichkeit nach mit der Hauptnote zu beginnen.

Mögliche Schwierigkeiten beim Zusammenspiel der punktierten Notenwerte reduzieren sich im *Largo* erheblich, wenn sämtliche Mitwirkenden die Viertelwerte als Schlageinheit akzeptieren. Die Takte 16–36 werden nur dann als vibrierende Klangflächen ausfallen, wenn sich Cembalo 2 (Zweierbindungen), Cembalo 3 (staccato) und Cembalo 4 (non legato) an die vorgegebene Artikulation halten.

Das Tempo des Finales sollte eine deutliche Artikulation noch gewährleisten (siehe etwa die Baßstimme in den Takten 4f.). Der lange Bogen, der ab T. 89 die ganze Phrase umspannt, ist ein frühes Beispiel für einen Bogen sowohl mit Artikulations- als auch Phrasierungsfunktion, d.h. er fordert eine dem Legato angenäherte Ausführung der engen Tonschritte, um eine klangvolle Orgelpunkt-Wirkung zu verstärken. Die Spannung auf den Satzschluß hin wird dadurch besser vorbereitet als durch eine Stretta-Beschleunigung der letzten Takte. Die Darstellung der Triller über den längeren Noten von T. 114ff. entspricht jener des Kopfsatzes.

ORCHESTERSUITEN

Zur Interpretation der Orchestersuiten

Bachs Orchestersuiten gehören zu jenen Werken, die bis heute zahlreichen Mißverständnissen ausgesetzt sind. Diese beginnen mit der traditionellen Auffassung, der Eingangs- und Schlußteil des *Ouverture*-Satzes sei langsam, dessen Mittelteil schnell zu spielen. Als Folge solcher »neobarocken« Interpretationen der Ouvertüre findet sich schon im späten 18. Jahrhundert die Anweisung, »langsame« Ouvertürenteile überpunktiert auszuführen (Neumann 1982, S. 133ff.), um ihnen ein gewisses Maß an musikalischer Spannung zu verleihen.

Tatsächlich jedoch existierte die vom Interpreten vorzunehmende Überdehnung punktierter Notenwerte zur Bach-Zeit (noch) nicht (⟶ S. 267ff.). Auch lassen sich in Ouvertüren um 1720 – etwa von französischen Komponisten, von Georg Philipp Telemann oder Johann Friedrich Fasch – keine ausdrücklich langsamen Abschnitte nachweisen. Als frühes Beispiel für eine derartige Bezeichnung erscheint zunächst das *Lentement* in T. 198 der *Ouverture* von Bachs h-Moll-Suite BWV 1067 (1738/39). Doch übersetzt der Komponist diese Angabe in der *Polonoise* desselben Werkes nicht etwa mit Largo oder Grave, sondern mit *moderato,* was in Wirklichkeit einem Tempo ordinario gleichkommt. Die einleitenden Abschnitte zumindest der Ouvertüren BWV 1066/1, 1068/1 und 1069/1 wollte Bach sogar in halbtaktiger Bewegung, d.h. im ₵-Takt, vorgetragen wissen; dies ist auch in den Ouvertüren der *Partita 4* D-Dur BWV 828 (1728) sowie der *Overture nach Französischer Art* h-Moll BWV 831 (1735) und in der *Variatio 16. Ouverture* der »Goldberg-Variationen« BWV 988 (1741) für Cembalo der Fall. Wie die überaus exakte Notation der Quellen zeigt, setzt der Mittelteil in den Ouvertüren der Orchestersuiten im doppelten Tempo ein (siehe die folgenden Werkbesprechungen). Demnach besteht zwischen den drei Teilen der *Ouverture*-Sätze eine Temporelation im Verhältnis 1 = 2 = 1. Daher sind die »langsamen« Abschnitte in einem bewegten Tempo ordinario vorzutragen und lassen keinerlei Raum für (zusätzliche) Überpunktierungen!

Angesichts der Taktbezeichnungen ₵, 2 oder gar 2̸ steht außer Frage, daß sowohl die *Bourée*- als auch *Gavotte*-Sätze sehr rasche Tempi verlangen. Zwar finden sich keinerlei Hinweise auf Temporelationen zwischen den einzelnen Tanzsätzen. Doch sollte jeder Interpretation der Suiten ein Konzept zur Gliederung der Sätze in zusammenhängende Gruppen zugrunde liegen, wie es Bach selbst offenbar in seinen »Goldberg-Variationen« anstrebte (Rampe 1999 I, S. 786). Den Quellen der Orchestersuiten lassen sich hierzu keine Anhaltspunkte entnehmen, so daß eine Interpretation einer individuellen Gliederung bedarf.

Mißverständlich erscheint schließlich der Charakter der Suiten selbst, die in ihren späten Fassungen mit Bläsern oft als festliche, repräsentative Eröffnungsstücke gelten. Tatsächlich aber entstanden die Ouvertüren BWV 1066–1068 zunächst als Kammermusik mit wahrscheinlich einfacher oder zumindest kleiner Streicherbesetzung.

Ouverture 1 C-Dur BWV 1066

Als Ausgangspunkt für die folgenden Interpretationshinweise dient der Notentext der NBA (VII/1), herausgegeben 1966 von Heinrich Besseler unter Mitarbeit von Hans Grüß. Dieser Notenband ist einer der älteren der Gesamtausgabe, weshalb diverse Angaben inzwischen als revisionsbedürftig gelten müssen. Hierzu zählen insbesondere Schreibfehler in den Hauptquellen der Ouvertüren BWV 1067 und 1068, hinter denen sich die früheren Fassungen dieser Werke verbergen, die originalen Titel der Tanzsätze sowie die Taktbezeichnungen. Sie werden in den nachstehenden Ausführungen richtiggestellt und sind auch im Kritischen Bericht der NBA verzeichnet.

Ouverture BWV 1066

Ouvertüre 1 C-Dur BWV 1066
für 2 Oboen, Fagott, 2 Violinen, Viola und Continuo

Ouverture (|:C bzw. ¢:|||:2 bzw. ⅔|C bzw. ¢:|) · *Courante* (¾) · *Gavotte 1 alternativement* (2 bzw. ⅔) · *Gavotte 2* (2 bzw. ⅔) · *1re Gavotte repetatur* · *Forlane* (⁶₄) · *Menuet 1 alternativement* (³₄ oder 3) · *Menuet 2de pour les violons* (³₄ oder 3) · *Menuet 1re repetat[ur]* · *Bourrée 1 alternativement* (2 bzw. ⅔) · *Bourrée 2de pour les Hautbois et Bassons* (2 bzw. ⅔) · *1re Bourrée* · *Passepied 1 alternativement* (³₄ oder 3) · *Passepied 2* (³₄ oder 3) · *Passepied 1re repetatur*

Besetzung: *Hautbois 1, Hautbois 2, Baßono, Violino 1, Violino 2, Viola, Cembalo* (unbeziffert/Continuo)

Autographe Partitur: unbekannt

Originalstimmen: unbekannt; ihre Lesarten sind jedoch durch nachstehend genannte Quelle überliefert

Ersatzquelle: *C dur / Ouverture / da J. S. Bach* (Umschlag), *OUVERTURE / â / 2 Hautbois. / 2 Violini / Viola / Fagotto. / con / Cembalo. / di / Johann Sebastian Bach* (Titel von der Hand Christian Gottlob Meißners auf der *Baßono*-Stimme). 7 Originalstimmen (zur Bezeichnung siehe *Besetzung*), Leipzig, Winter 1724/25, geschrieben von Christian Gotthelf Gerlach und den Thomasschülern Johann Christian Köpping, »Anonymus Ip« und Christian Gottlob Meißner. SBB, St 152

Weitere Quelle: *Ouverture / a / Due Oboe è / Due Violini / Viola / Fagotto Con / Cembalo / Dell Sigr : J : S. Bach.* Partiturabschrift, Berlin, Mitte des 18. Jahrhunderts, von »Anonymus 2« der Am. B. SBB, Am. B. 551

NBA: NBA VII/1, hrsg. von Heinrich Besseler unter Mitarbeit von Hans Grüß (1966), S. 3 / KB (Besseler/Grüß, 1967), S. 20 / PA (Partitur mit Stimmen/Tp), hrsg. von Hans Grüß (1967) / NBA-TA I (1999), S. 29

Entstehungszeit: Köthen, 1719/20

Den angeführten Hauptquellen nach entstand die C-Dur-Ouvertüre als Kammermusikwerk in Septettbesetzung für 2 Oboen, 2 Violinen, Viola, Fagott und Cembalo (⟶ S. 399). Zwar schließt diese Formation eine Verstärkung der *Cembalo*-Stimme durch einen (16'-)Violone nicht aus; denkbar wäre auch ein Cembalo mit 16'-Register, das als »Contre-Bass zu einem starcken Concert« diente (⟶ S. 398f.). Eine wesentliche Konsequenz der »Kammermusikfassung« führt jedoch geradezu zwangsläufig zu ein- oder höchstens zweifacher Besetzung der Violin- und Violapartien. Dies wird indirekt durch die Bezeichnungen *Trio* und *Tutti* der Bläserstimmen in der *Ouverture* (in Anlehnung an französische Praxis) bestätigt, die in den Streicherpartien kein Äquivalent erhalten (zumindest innerhalb der dritten Episode wären die Einwürfe von Violinen und Viola in T. 59f. und 63ff. ebenfalls solistisch vorzutragen gewesen). Schließlich erklärt eine einfache Streicherbesetzung, weshalb der Jagdruf (⟶ S. 188), der als Kontrapunkt zum Trio von 2 Oboen, *Baßono* und *Cembalo* in *Gavotte 2* erklingt, sowie die Oberstimme von *Passepied 1* im Trio des zweiten *Passepied* von beiden Violinen samt Viola im Unisono vorgetragen werden. Ihre Ausführung in chorisch besetzter Streicherformation beeinträchtigt nicht allein die kompositionstechnische Idee und Instrumentierung, sondern vor allem auch den kammermusikalischen Charakter dieser Sätze. Gewiß kann nicht völlig ausgeschlossen werden, daß Bach das Werk einmal für repräsentative Anlässe in chorischer Streicherbesetzung und umfangreicher Continuogruppe erklingen ließ. In diesem Fall wäre an besagten Stellen unbedingt eine Gliederung der Streicher in Tutti und Solo herbeizuführen, ebenso wie vermutlich der Komponist selbst diese auch in der *Ouverture* BWV 1068/1 vornahm. Dennoch kann eine solche »Gelegenheitsbesetzung« nicht darüber hinwegtäuschen, daß das Werk ursprünglich für ein kleines Ensemble, bestehend offenbar aus Mitgliedern der Köthener Hofkapelle, bestimmt war. Ja man könnte sogar soweit gehen, das Fehlen einer überlieferten Version in erweiterter Besetzung, wie sie für die Orchestersuiten BWV 1068 und 1069 existiert, als Indiz dafür zu werten, daß Bach die C-Dur-Ouvertüre stets als Kammermusikwerk betrachtete.

Der erste Satz wurde in den einzelnen Stimmen der Hauptquelle, die offensichtlich auf den Originalstimmensatz zurückgeht, entweder mit ₵ oder ₵ (Teil 1 und 3) bzw. mit 2 oder 2 (Teil 2) bezeichnet. Diese Unregelmäßigkeiten leuchten ein, wenn man davon ausgeht, daß Bach die Rahmenteile der *Ouverture* in seiner Kompositionspartitur – analog zu den Kopfsätzen seiner Konzerte – im ₵-Takt notierte und diese Angabe in einigen der Stimmen durch ₵ präzisierte. D.h. die Taktbezeichnung im Notentext der NBA muß ₵ lauten, so daß das Tempo der Rahmenteile nicht wesentlich langsamer als 80 MM pro Viertel ausfallen kann (⟶ S. 327f.). Unter dieser Voraussetzung wird auch Bachs komplexe Melodiebildung mit Phrasen über vier oder mehr Takte hinweg verständlich; sie sind in langsamerem Tempo, zumal auf Blasinstrumenten, ohne Veränderung der originalen Phrasierung nicht ausführbar. Dementsprechend sollte das Tempo im Mittelteil verdoppelt werden, was Bach in seiner Partitur offensichtlich durch die Bezeichnung 2 andeutete, um Mißverständnissen vorzubeugen. Wurden die Rahmenteile der *Ouverture* in den Stimmen schließlich mit ₵ bezeichnet, war es notwendig, die Angabe 2 in 2 zu verwandeln. So gesehen, reduzieren sich Fragen zur Interpretation in diesem Satz beträchtlich. Allerdings liegt auf der Hand, daß es sich, vor allem im Hinblick auf den Mittelteil, um eine brillante, ausgesprochen virtuose Komposition handelt. Deshalb bot schon aus spieltechnischen Gründen eine Kammermusikbesetzung das geeignete Klangmittel!

Die 32stel-Tiraden in T. 4 und 10 der *Ouverture* fangen wie jene in T. 103 und 112 mit der vorangehenden längeren Note an. Mit anderen Worten: Die jeweiligen Skalenausschnitte stellen zusammenhängende Figuren dar, die »langsam« beginnen. In den ersten Kontrapunkt des Mittelteils (Violine/Oboe 1, T. 18 etc.) wurde ein Triller mit einem zuvor eintretenden, übergebundenen Doppelschlag integriert (zweite Variante der *doppelt-cadence;* ⟶ S. 372). Doppelschlag und Triller sollen also ebenfalls als eine einzige Figur erklingen. Die gleichzeitig auftretenden Punktierungen unterschiedlicher Kategorien (beispielsweise in T. 2f. und 6f.) sind als Adaptionen der Satztechnik von Werken im französischen Stil für Cembalo oder Laute zu verstehen und sollten aus stilistischen Gründen keinesfalls einander angeglichen werden (⟶ S. 267ff.). Eine Verlängerung des Schlußakkords (T. 114) ist hier und in den folgenden Tanzsätzen nicht erforderlich.

Die Bogensetzung über acht Noten hinweg zielt in der *Courante* (T. 4, 12, 19 und 25) nicht allein auf Artikulation und Spieltechnik, sondern auf die Vermeidung einer zusätzlichen Akzentuierung. Demnach fallen in die betreffenden Takte nur zwei Akzente (was durch die Führung der Unterstimmen bestätigt wird), so daß sich eine Teilung des Bogens verbietet. Auch die Zweierbögen in *Gavotte 2* und *Forlane* sind aus klanglichen Gründen und der Akzentuierung halber unbedingt ernst zu nehmen. Selbst die Bögen über vier und sechs (Violinen und Oboen) bzw. über drei Noten in *Passepied 1* und *2* dienen primär der Akzentuierung. Allerdings lassen sich die Dreierbögen in den Stimmen von *Baßono* und *Cembalo* auch als Bogenvibrati interpretieren.

Ouverture 2 h-Moll BWV 1067 – Rekonstruktion a-Moll BWV 1067[a]

Sowohl *Courante* ($\frac{3}{2}$) als auch *Forlane* ($\frac{6}{4}$) rechnen mit einem raschen Tempo, das in der *Courante* mit zwei bis drei Akzenten pro Takt etwas ruhiger, in der halbtaktig akzentuierten *Forlane* (man beachte die Baßstimme) schneller ausfällt. Für die Taktbezeichnungen in *Gavotte* und *Bourrée* gelten dieselben Angaben wie zum Mittelteil der *Ouverture;* d.h. die in den Quellen enthaltenen 2- bzw. ₵ Symbole verlangen eine sehr schnelle Bewegung im Sinne von ₵. Die ausgeschriebenen Schleifer in *Bourrée 2de* meinen zweifellos eine Ausführung vor dem Schlag (⟶ S. 379).

Ouverture BWV 1067 · BWV 1067[a]

Ouvertüre 2 h-Moll BWV 1067
für Traversflöte, 2 Violinen, Viola und Continuo

Ouverture (∥:C :∥:₵ bzw. ₵ ∥*Lentement* $\frac{3}{4}$:∥) · *Rondeaux* (C bzw. ₵) · *Sarabande* ($\frac{3}{4}$) · *Bourée 1 alternativement* (₵) · *2de* (₵) · *1re Da Capo* · *Polonoise (Lentement/moderato e staccato* $\frac{3}{4}$*)–Double* ($\frac{3}{4}$)–*Polonoise ab initio* · *Menuet* ($\frac{3}{4}$) · *Battinerie* ($\frac{2}{4}$)

Besetzung: *Traversiere:, Violino 1:, Violino 2:, Viola:, Continuo* (unbeziffert), *Continuo* (beziffert)

Autographe Partitur: unbekannt

Originalstimmen: H mol / Ouverture / a / 1 Flauto / 2 Violini / Viola / e / Baßo / di J. S. Bach. (Umschlag). 6 Originalstimmen (zur Bezeichnung siehe *Besetzung*), Leipzig, 1738/39 und 1743–1746 (*Viola:*), geschrieben von Bach (*Traversiere:* und *Viola:*) und vier unbekannten Schreibern. Sämtliche Stimmen wurden von Bach mit Satzüberschriften, Schlüsseln, Vor- und Taktzeichen sowie Stimmenbezeichnungen versehen und durchkorrigiert

Weitere Quellen: Ouverture. / á / Flaute Travers: Concert: / Violino 1. / Violino 2. / Viola / con / Baßo / di Jo. Sebaste Bach (Umschlag), Stimmensatz mit 5 Stimmen (*Flaute Travers., Violino 1mo, Violino 2do., Viola., Baßo.*), ca. 1755, geschrieben von dem Bach-Schüler Christian Friedrich Penzel. SBB, St 639. Von dieser Quelle ist folgende Partiturabschrift Penzels abhängig: *Ouverture a Flauto Concert. / 2. Violini. Viola et Baßo di J. S. Bach,* ca. 1755. SBB, P 1065

NBA: NBA VII/1, hrsg. von Heinrich Besseler unter Mitarbeit von Hans Grüß (1966), S. 27 / KB (Besseler/Grüß, 1967), S. 34 / PA (Partitur mit Stimmen/Tp), hrsg. von Hans Grüß (1987) / NBA-TA I (1999), S. 53

Entstehungszeit: Leipzig, 1738/39

Das Werk ist in zwei verschiedenen Fassungen aufführbar: entweder in der bekannten Gestalt als h-Moll-Suite BWV 1067, von Bach selbst für Traversflöte, Streicher und Continuo bearbeitet, oder als Erstfassung a-Moll BWV 1067[a] für Streicher und Continuo mit konzertierender Solovioline.

Zur Besetzung der späteren Fassung ergeben sich aus den Originalstimmen nur wenige Hinweise. Möglicherweise zielen die *piano*-Vorzeichnungen in den Episodenabschnitten des Mittelteils der *Ouverture* auf eine solistische Streicherbesetzung – analog zu den originalen *Solo*-Vermerken in der Traversflötenstimme. Das von Bach vorgesehene Soloinstrument muß über einen kräftigen Klang im tiefen Register verfügt haben (siehe das »Brandenburgische Konzert 5« BWV 1050). Ausgehend von den beiden Continuo-Stimmen des Originalstimmensatzes dürfte die Baßstimme mindestens mit je einem Violoncello und Violone nebst Cembalo ausgeführt worden sein.

Die Relation der Taktbezeichnungen in der *Ouverture* entspricht jener in der Orchestersuite BWV 1066. Nun aber beginnt der erste Teil offenbar tatsächlich im C-Takt, während der Mittelteil – in den Originalstimmen entweder mit ₵ oder ₵ bezeichnet – sogar im Allabreve-Stil mit Achteln als schnellstem Notenwert gehalten ist (⟶ S. 327). Demnach verdoppelt sich das Tempo des ersten Teils (dessen Viertel langsamer als 80 MM ausfallen). Dieselbe Relation (Halbe = Viertel) gilt für den Übergang zum Schlußteil im $\frac{3}{4}$-Takt, der, offensichtlich um Mißverständnissen vorzubeugen, *Lentement* genannt wurde. Freilich stellt Bach in der Continuo-Stimme der *Polonoise* klar, daß *Lentement* nicht Largo, sondern *moderato* bedeutet! Die Taktbezeichnungen der *Rondeaux* meinen offensichtlich einen ₵-Takt (siehe die Orchestersuite BWV 1066). Verglichen mit den *Bourrées* der Ouvertüren BWV 1066 und 1068 (2 oder 𝄵) dürften jene der h-Moll-Suite (₵-Takt) etwas ruhiger ausfallen. In keinem Satz des Werkes besteht die Notwendigkeit zur Verlängerung des Schlußakkords.

Die 32stel-Noten mit anschließendem Triller in T. 4 und 8 der *Ouverture* stellen zusammenhängende Ornamente dar und sollten ohne Unterbrechung vorgetragen werden (siehe auch die *Ouverture* BWV 1066/1). Die zahlreichen Staccato-Hinweise im Mittelteil des Satzes verlangen eine gleichmäßig akzentuierte und ebenso kurze wie leichte Wiedergabe, die letztlich dazu dient, dem Satz Transparenz und Esprit zu verleihen. Der Triller in T. 83 sollte von der Traversflöte über diesen Takt hinaus fortgesetzt und keineswegs von der ersten Violine verstärkt werden (hier handelt es sich um ein solistisches Ornament!). Die Dauer der Vorhalte und Vorschläge in diesem und in sämtlichen übrigen Sätzen erklingt offensichtlich in der von Bach notierten Weise. Ausgenommen hiervon sind die Vorschläge in der Flöten-Stimme der *Polonoise*, die angesichts der Parallelführung mit der ersten Violine auf einen 16tel-Wert zu verkürzen sind. Zu erwägen wäre, die Vorschläge und Triller von Traversflöten- und erster Violin-Stimme der *Sarabande* auch in die im Kanon folgende Continuopartie zu übernehmen und dort wenigstens von Violoncello und/oder Cembalo ausführen zu lassen. Das Tempo der *Sarabande* muß so flüssig ausfallen, daß die je sechs Takte umfassenden Phrasen in Ober- und Unterstimme noch zusammenhängend wahrgenommen werden können. Die Bezeichnung *doucement* in der Partie der zweiten Violine von Bourrée *2de* dürfte der Schreiber dieser Stimme aus der Frühfassung BWV 1067[a] übernommen haben. Sie wurde von Bach selbst mit *piano* übersetzt. Diese Vermerke lassen sich als Hinweis auf eine solistische Streicherbesetzung des gesamten Satzes verstehen. Entsprechendes gilt für das *Double* der *Polonoise*; d.h. die Ergänzung »senza Violone« durch die Herausgeber der NBA ist durchaus berechtigt.

Am Ende des *Menuet* bietet sich eine Rückführung des Continuo in die Wiederholung des zweiten Teils analog T. 8 an, beispielsweise durch die Töne H(♩·)–d(♪)–cis(♪)–H(♩). Allerdings ist die Überleitung des Continuo von der Wiederholung von T. 8 in den zweiten Teil aus Gründen der Stimmführung unverständlich. Zu erwarten wäre vielmehr eine punktierte Halbenote Fis. In zeitgenössischen Quellen wäre eine solche Interpretation durch einen Bogen über besagtem Takt angezeigt worden, der im vorliegenden Fall versehentlich fortgefallen sein mag.

Aufgrund der Bezeichnung der Originalstimmen kann angenommen werden, daß die Vorhalte in T. 8, 30 und 32 der *Battinerie* in üblicher Weise, also legato, erklingen sollen; für T. 35 gilt dies ohnehin. Allein der Vorhalt in T. 10 wird im Staccato aufgelöst, was zu einer willkommenen artikulatorischen Bereicherung führt. Anders als die differenziert bezeichneten Stimmen von Traversflöte, Violinen und Viola spielt der Continuo durchgehend *staccato,* ausgenommen die Bogenvibrati in T. 19 und 33ff.

Ouvertüre a-Moll BWV 1067[a] – Rekonstruktion
für Violino concertato, 2 Violinen in ripieno, Viola und Continuo

Satzbezeichnungen wohl entsprechend der Fassung in h-Moll
Besetzung: wohl Violino [concertato], Violino 1, Violino 2, Viola, Continuo
Autographe Partitur: unbekannt
Originalstimmen: unbekannt; die Fassung in a-Moll ist durch den Originalstimmensatz (1738/39) und die Abschriften Christian Friedrich Penzels rekonstruierbar (⟶ S. 258)
NBA: unveröffentlicht / Rekonstruktion in Vorb. (Rampe)
Entstehungszeit: Köthen, vor 1722

Ouvertüre 3 D-Dur BWV 1068 – Rekonstruktion BWV 1068[a]

Die Erstfassung der h-Moll-Suite entstand wie jene der Ouvertüre BWV 1068 für Streichorchester und Continuo. Im vorliegenden Fall trat jedoch mehrfach eine Solovioline aus der Gruppe der ersten Geige hervor. Deren Übertragung auf die Traversflöte machte eine Transposition der Originaltonart a-Moll notwendig.

Die Einrichtung der überlieferten Spätfassung bedingte offensichtlich wiederholt eine Reduktion und Vereinfachung der Solopartie; Spuren dieses Vorgangs blieben in den Quellen erhalten. Daher ist die Erstfassung nicht allein durch Rücktransposition der h-Moll-Suite zu gewinnen.

Ouverture BWV 1068 · BWV 1068[a]

Ouvertüre 3 D-Dur BWV 1068
für 3 Trompeten, Pauken, 2 Oboen, 2 Violinen, Viola und Continuo

Ouverture (|:C bzw. C:||: *viste* 2 | C:|) · *Air* (C) · *Gavotte* (C bzw. 2) · *2de* [*Gavotte*] (C bzw. 2) · [*Gavotte*] *Da Capo* · *Bourée* (2) · *Gigue* (6/8)

Besetzung: *Trombe Primo, Trombe Secondo, Trombe Terzo, Tympana, Hautbois Primo, Hautbois Secondo Violino. 1., Violino. 2., Viola, Continuo.* (unbeziffert)

Autographe Partitur: unbekannt; ihre Lesarten sind vermutlich durch die nachstehend genannte Stimmenabschrift Christian Friedrich Penzels überliefert (NBA VII/1, KB, S. 63ff.)

Originalstimmen: D.#. / *Ouverture* / *á 10 Stromenti* / *Hautbois Primo* / *Secondo* / *Violino Primo* / *Secondo* / *Trombe Primo* / *Secondo* / *Terzo* / *Tympana* / *& Alto Viola col Baßo* / *del Sign: J. S. Bach.* (Umschlag; Titel von der Hand eines unbekannten Schreibers). 3 Originalstimmen, Leipzig, 1730/31, geschrieben von Bach und seinem Schüler Johann Ludwig Krebs (*Violino. 1.* und *Continuo.*) sowie von C. P. E. Bach (*Violino. 2.*); 7 weitere Stimmen, Frankfurt/Oder, 1734–1738, von der Hand eines unbekannten Schreibers, der im Auftrag von C. P. E. Bach während dessen Studienaufenthalt in Frankfurt/Oder arbeitete und auch den Titel schrieb (zur Bezeichnung aller Stimmen siehe *Besetzung*). SBB, St 153

Weitere Quellen: *Ouverture D d.* / *à* / *Trombe I. II. III* / *Tympani.* *Hautbois 1. ed 2.* / *Violino Concertato.* / *Violino. 1.* / *Violino 2.* / *Viola.* / *Baßo.* / *del Sig Giovanni Sebaste* / *Bach.* (Umschlag). Stimmensatz mit 10 Stimmen (*Tromba 1., Tromba 2., Tromba 3., Tympani., Hautbois 1., Hautbois 2do, Violino Concertato., Violino Primo, Violino Secondo., Viola., Continuo* [unbeziffert]), ca. 1755, geschrieben von dem Bach-Schüler Christian Friedrich Penzel. SBB, St 636. Von dieser Quelle ist folgende Partiturabschrift Penzels abhängig: *Ouverture. a 11. di J. S. Bach.* (Besetzungsangaben zu Beginn der 1. Akkolade: *Tromb. 1., Tromb. 2., Tromb. 3., Tymp., Hautb. 1., Hautb. 2., Violin. Conc., Violin. 1., Violin. 2., Viola., Contin.*), ca. 1760. SBB, P 1055

NBA: NBA VII/1, hrsg. von Heinrich Besseler unter Mitarbeit von Hans Grüß (1966), S. 49 / KB (Besseler/Grüß, 1967), S. 57 / PA (Partitur mit Stimmen/Tp), hrsg. von Hans Grüß (1987) / NBA-TA I (1999), S. 75

Entstehungszeit: Leipzig, 1730/31

Wie die Orchestersuite BWV 1067 entstand auch dieses Werk zunächst in Köthen für Streichorchester und Continuo (BWV 1068[a]). Die Ergänzung um einen Bläsersatz mit Pauken samt signifikanter Änderungen der Violin-Stimmen zu der heute bekannten Spätfassung (BWV 1068) erfolgte erst 1730/31 in Leipzig. Vermutlich veranlaßte Bach die größere Besetzung der Spätfassung, die Episoden des Mittelteils der *Ouverture* von einem *Violino Concertato* ausführen zu lassen, dessen Partie in der Abschrift Christian Friedrich Penzels erhalten ist und im Anhang der NBA veröffentlicht wurde. Allerdings dürfte Penzel in seiner autographen Vorlage nur Solo-Vermerke vorgefunden haben; denn seine Parallelführung von Violine 1 und 2 während der Episoden entbehrt jeder musikalischen Glaubwürdigkeit (⟶ S. 261). Solche Solo-Vermerke scheinen durch die nun großbesetzte Partie der ersten Violine mit ihren hohen spieltechnischen Ansprüchen und das sehr schnelle Tempo im Mittelteil der *Ouverture* (2 *vite*) notwendig geworden zu sein, so daß eine chorische Ausführung ausgesprochen diffizil war. Offensichtlich plante Bach eine solistische Darstellung der beiden Episoden des Mittelteils (T. 42–58 und 71–89) in sämtlichen Streicherpartien – eine pragmatische Lösung, die bei Aufführungen der Spätfassung berücksichtigt werden sollte. Umgekehrt bedeutet dies, daß er für die Uraufführung der Köthener Erstfassung BWV 1068[a] nur mit einer kleinen, höchstens zwei- oder dreifachen Violinbesetzung rechnete. Diese Beobachtung spricht für die herausragende Qualität der Geiger in der Köthener Hofkapelle und wird durch mehrere Violinpartien in Köthener Kantaten bestätigt.

Für die Temporelationen und Tempi der drei Teile der *Ouverture* gelten dieselben Angaben wie zum ersten Satz der Orchestersuite BWV 1066. Die autographe Bezeichnung *vite* (T. 24) läßt keinen Zweifel daran, daß Bach den Mittelteil von BWV 1068/1 in sehr schnellem Tempo konzipierte, so daß die *Ouverture* für alle Beteiligten eine virtuose Herausforderung darstellt. Auch *Gavottes* und *Bourée* verlangen offensichtlich sehr rasche Tempi (siehe ebenfalls die Ouvertüre BWV 1066). Einen krassen Gegensatz hierzu bietet die *Air,* ein Satztypus, der in Georg Philipp Telemanns Orchestersuiten höchstwahrscheinlich »Plainte« (Klage[-lied]) genannt worden wäre und einen dementsprechend ausdrucksvollen Vortrag erfordert. Hiervon sollte auch die Feststellung nicht abhalten, daß die *Air* in zahllosen Realisierungen einen mitunter »kitschigen« Charakter erhielt. Aus kompositionstechnischer Perspektive handelt es sich um einen »typischen« langsamen Satz einer Triosonate Arcangelo Corellis mit expressiven ornamentierten Oberstimmen über einem stufenweise fortschreitenden Baß. Lauten solche Sätze bei Corelli meist *Adagio* oder *Grave,* so dürfte Bach ein nicht allzu langsames Tempo vorgeschwebt haben. Darauf deuten das Fehlen einer spezifischen Bezeichnung der *Air* sowie die Angabe *Andante* in vergleichbaren Sätzen (beispielsweise zum dritten Satz der *Sonata* h-Moll BWV 1014 und zum *Praeludium* 24 h-Moll BWV 869/1 aus dem *Wohltemperirten Clavier* I [1722]) hin. Zugleich wird nachvollziehbar, daß Bach mit dem Kontrast einerseits des Mittelteils der *Ouverture* und der beiden *Gavottes* in sehr raschem Tempo und andererseits der *Air* eine stilistische Nähe zum Concerto italienischer Herkunft angestrebt haben dürfte.

Sämtliche Vorschläge in dieser Orchestersuite sollten entsprechend ihrer Notation ausgeführt werden, abgesehen von den jeweils ersten Vorschlägen in den Takten 2 und 12 der *Air* und von den Vorschlägen in den Takten 13–15 und 71 der *Gigue.* Hier ist eine Verkürzung des angegebenen Wertes erforderlich. Die Bogensetzung in den Trompeten-Stimmen der Gavotte *2de* und in den Violinpartien der *Bourée* dient in erster Linie der Akzentuierung und meint nicht unbedingt einen sehr dichten Vortrag. Bemerkenswert sind die Triller in den Takten 18 und 20 der Gavotte *2de*: Im ersten Fall fängt die Verzierung als Hauptnotentriller bereits in T. 17 in »langsamem Tempo« an und erhält durch das *tr*-Zeichen ihre abschließende Steigerung; im zweiten Fall plazierte Bach den Triller (ebenfalls von der Hauptnote aus!) zur Verstärkung des Vorhalts erst nach Eintritt der betreffenden Töne, also im Sinn eines Schwellers.

Obwohl im Stimmenmaterial nicht eigens vorgesehen, liegt die Ergänzung des Continuo um ein Fagott nahe (⟶ S. 399).

Ouvertüre D-Dur BWV 1068[a] – Rekonstruktion
für 2 Violinen, Viola und Continuo

Satzbezeichnungen wohl entsprechend der Fassung BWV 1068
Besetzung: wohl Violino 1, Violino 2, Viola, Continuo
Autographe Partitur: unbekannt; ihre Lesarten gehen jedoch aus den Originalstimmen der Fassung BWV 1068 und deren Abschriften durch Christian Friedrich Penzel hervor

Ouverture 4 D-Dur BWV 1069 – Rekonstruktion BWV 1069[a]

Originalstimmen: unbekannt
Weitere Quellen: die Fassung für 2 Violinen, Viola und Continuo ist aus den Originalstimmen der Version BWV 1068 und deren Abschriften durch Christian Friedrich Penzel rekonstruierbar (siehe S. 261ff.)
NBA: unveröffentlicht / Rekonstruktion in Vorb. (Rampe)
Entstehungszeit: Köthen, 1718

Für die ursprüngliche Fassung BWV 1068[a] der dritten Orchestersuite, komponiert für ein kleines Streichorchester samt Continuo, gelten dieselben Hinweise wie für die spätere Version BWV 1068. Freilich lassen sich deren Quellen zahlreiche Änderungen des Notentextes der Vorlage entnehmen, so daß die Gestalt der Frühfassung nicht allein durch Fortfallen des Bläser- und Paukensatzes erkennbar wird.

Ouverture BWV 1069 · BWV 1069[a]

Ouvertüre 4 D-Dur BWV 1069
für 3 Trompeten, Pauken, 3 Oboen, Fagott, 2 Violinen, Viola und Continuo

Ouverture (‖:C bzw. ₵:‖: 8 ‖C bzw. ₵:‖) · *Bourée 1 alternativement* (C bzw. ₵) · *Bourée 2* (C bzw. ₵) · *Bourée 1 repetatur* · *Gavotte* (C bzw. ₵) · *Menuet 1* (3) · *Menuet 2* (3) · *Menuet 1 repetatur* · *Rejouißance* (3)

Besetzung: *Hautbois 1.mo, Hautbois 2, Oboe 3, Baßono, Violino 1mo, Violino 2.do, Viola, Continovo è Violoncello* (unbeziffert), *Violone; Tromba 1, Tromba 2, Tromba 3* und *Tamburi* frühestens im Dezember 1725 nachkomponiert

Autographe Partitur: unbekannt
Originalstimmen: unbekannt

Ersatzquelle: *OUVERTURE ex D# / à 12. / 3. Tromb. / Tampuri. / 3. Oboe. / Baßono. / 2. Violino / una Viola. / Continuo et Violono. / per / il Màestro / della Musica / Giovanni Bastieno Bach* (Umschlag). Stimmensatz-Fragment mit 8 Stimmen (*Tromba. 1., Oboi* [!] *1., Hautbois 2., Baßono, Violino 1., Violino. 2., Viola, Continuo* [unbeziffert]), Leipzig, vor 1750 (Papieruntersuchung sowie Rifkin 1997, S. 335f.), geschrieben von unbekannter Hand, ehemals im Besitz der Thomasschule Leipzig. SBB, St 445

Weitere Quellen: *Ouverture / à / 3. Trombe. / Tympani. / 3. Hautbois. / Baßon / 2. Violini / Viola / Violoncello / e / Baßo Continuo / par / Ms. Jean Sebaste Bach* (Umschlag). Stimmensatz mit 13 Stimmen (zur Bezeichnung siehe *Besetzung*), ca. 1755, geschrieben von dem Bach-Schüler Christian Friedrich Penzel. SBB, St 160. Eine Partiturabschrift Penzels befindet sich in Privatbesitz und wurde bislang nicht wissenschaftlich untersucht

NBA: NBA VII/1, hrsg. von Heinrich Besseler unter Mitarbeit von Hans Grüß (1966), S. 81 / KB (Besseler/Grüß, 1967), S. 83 / PA (Partitur mit Stimmen/Tp), hrsg. von Hans Grüß (1986) / NBA-TA I (1999), S. 107

Entstehungszeit: Leipzig, 1725 oder später

Die vierte Orchestersuite erhielt ihre heute verbreitete Gestalt erst 1725 oder in den folgenden Jahren durch Ergänzung eines Trompeten-/Paukensatzes (BWV 1069). Das Werk entstand um 1716 in Weimar zunächst als Ouvertüre (BWV 1069[a]) für je drei Oboen und Streicher nebst Baß (Fagott und Continuo). Während diese chorische Anlage eine einfache oder zumindest kleine Streicherbesetzung nahelegt – die Trennung von *Continuo e Violoncello* bzw. *Violone* im Titel der Stimmen wie auch in der *Ouverture* selbst belegt im Unterschied zu BWV 1066 die Mitwirkung eines Kontrabaßinstruments –, setzt die Erweiterung um einen Trompeten-/Paukenchor eine Verstärkung der Streicherformation voraus.

Für die Rahmenteile der *Ouverture* hatte Bach offensichtlich einen ₵-Takt vor Augen (siehe die Orchestersuite BWV 1066). Eine unmittelbare Temporelation zum Mittelteil erscheint nicht zwingend, eine musikalisch überzeugende Lösung bietet freilich eine Gleichsetzung der 16tel-Noten

Ouverture D-Dur BWV 1069[a] – Rekonstruktion

des ₵-Takts mit den Achteln des 9/8-Takts. Im Hinblick auf die Artikulation des Mittelteils ist zu fragen, ob das Themenmotiv ursprünglich mit Zweierbindungen (2 + 1 Note) erdacht und erst später vom Komponisten mit Dreierbindungen versehen wurde. Diese spekulative Lösung steht selbstverständlich allein für die Frühfassung zur Diskussion. Verglichen mit den Taktbezeichnungen in den Ouvertüren 1 und 3 dürften *Bourées* und *Gavotte,* alle drei offenbar im ₵-Takt, nicht allzu schnell ausfallen (siehe ebenfalls die Orchestersuite BWV 1066).

Sämtliche Vorschläge werden entsprechend ihrer Notation ausgeführt (zu *Bourée* 2 siehe S. 378), die Vorschläge in der *Rejouißance* sind jedoch im Hinblick auf den Charakter des Satzes zu verkürzen. Die Bogensetzung in den Trompeten-Stimmen der *Gavotte* dient offensichtlich primär der Akzentuierung (siehe auch Gavotte *2de* der Orchestersuite BWV 1068). Die Artikulationspunkte in den Takten 1 (etc.) und 5 (etc.) der *Rejouißance* verlangen eine absolut gleichmäßige Akzentuierung der betreffenden Noten.

Ouvertüre D-Dur BWV 1069[a]
für 3 Oboen, Fagott, 2 Violinen, Viola und Continuo

Satzbezeichnungen wohl entsprechend der Fassung BWV 1069, möglicherweise ohne Menuet 1 und 2

Besetzung: wohl Oboe 1–3, Bassono, Violino 1, Violino 2, Viola, Continuo

Autographe Partitur: unbekannt

Originalstimmen: unbekannt

Weitere Quellen: die Fassung ohne Trompeten und Pauken läßt sich anhand der genannten Stimmenabschriften der Fassung BWV 1069 und anhand des Eingangschors der Kantate BWV 110 (1725) rekonstruieren (Rifkin 1997)

NBA: unveröffentlicht; die Fassung BWV 1069a ist jedoch anhand der Fassung BWV 1069 aufführbar; siehe Anmerkung unten

Entstehungszeit: Weimar, ca. 1716

Die Frühfassung der vierten Orchestersuite ist anhand des Notenmaterials der NBA unter Auslassung des Trompeten-/Paukensatzes aufführbar, sofern man die satztechnisch wichtigen Änderungen einiger Töne in *Ouverture* und *Rejouißance* in den Notentext überträgt, die Bach im Zuge der Ergänzung der Blechbläser-Stimmen vornahm und Joshua Rifkin (1999) im Detail nachwies (siehe dort). Möglicherweise gehörten *Menuet 1* und *2* der ursprünglichen Version noch nicht an (⟶ S. 265).

Anmerkungen

Einleitung – ein Arbeitsgespräch

[1] *J. S. Bach · Orchestral Suites · Brandenburg Concertos*. Adolf Busch Chamber Players, Leitung: Adolf Busch (EMI Electrola 764047 2 [1936]).
[2] Walter Gieseking: »Bach-Interpretation auf dem Konzertflügel«, in: Walter Gieseking: *So wurde ich Pianist*. Wiesbaden, 1975, S. 111f.
[3] *J. S. Bach · Brandenburg Concertos BWV 1046–1051 · Triple Concerto BWV 1044*. Nova Stravaganza, Leitung: Siegbert Rampe (EMI Electrola – Virgin Veritas 5 45255 2 [1996]).
[4] Reinhard Goebel: »J. S. Bach · Die Brandenburgischen Konzerte« (2 Teile), in: *Concerto* (September 1987), S. 16, (Oktober 1987), S. 10; hier vor allem Teil 2, S. 10. Ders.: »Fragen der instrumentalen Solo- und Ensemblepraxis Bachs«, in: *Bericht Duisburg*, S. 84ff.
[5] *J. S. Bach · Brandenburgische Konzerte*. Musica Antiqua Köln, Leitung: Reinhard Goebel (Archiv Produktion 423 116–1 [1987]), Booklet.
[6] *J. S. Bach · Brandenburg Concertos*. New London Consort, Leitung: Philip Pickett (Decca – L'Oiseau-Lyre 440 675–2 [1993]), Booklet. Vgl. auch: Bernd Heyder: »Den Symbolen auf der Spur · Concerto im Gespräch mit Philip Pickett«, in: *Concerto* 106 (1995), S. 31.
[7] Karl Böhmer: »Bachs mythologisches Geheimnis · Philip Pickett, Reinhard Goebel und das verborgene Programm der Brandenburgischen Konzerte«, in: *Concerto* 109 (1995/96), S. 15.

Hinweise zum Gebrauch des Buches

[1] Eine Einspielung dieser Rekonstruktionen befindet sich in Vorbereitung.

»Concertisten«, »Ripienisten«, »Orchestre« und »Cammer-Music«

[1] Im Sommer 1730 war die zweite Kunstgeiger-Stelle gerade unbesetzt (Schering 1926, S. 150). Deshalb bleibt offen, für welches Instrument der kurz darauf berufene Johann Friedrich Caroli in Bachs Kirchenorchester vorgesehen war.
[2] Holzblasinstrument des 17. und 18. Jahrhunderts mit einfachem Rohrblatt und einem blockflöten- oder rankettähnlichen Corpus, gebaut in verschiedenen Stimmlagen. Sein außerordentlich dunkler, milder und weicher Klang ist allenfalls dem der A-Klarinette vergleichbar, die das Chalumeau schließlich verdrängte.
[3] Vgl. Hiller 1784, S. 192f., und Cramer 1784–1786, S. 347f. Johann Friedrich Reichardt (1774, S. 10) schreibt: »Hierzu gehört aber das richtige und überaus feine Gefühl, und der unermüdete Fleiß eines Pißhändels, [...] der sich die fast unglaubliche Mühe gab, [...] über alle Stimmen das Forte und Piano, seine verschiedenen Grade, und selbst jeden einzelnen Bogenstrich vorzuschreiben, so daß [...] nothwendig die allervollkommenste Ordnung und Genauigkeit herrschen mußte«. Vgl. hierzu auch Fechner (1982, S. 272f.).
[4] Vgl. Lidke 1953, S. 30, sowie Dok. II, Nr. 66 und 91.
[5] Vgl. Mattheson 1740, S. 361ff.; Lidke 1953, S. 109.
[6] In der ersten Folge seines *Harmonischen Gottes-Dienstes* (Hamburg 1725/26) legt Telemann im *Vorbericht* dar: »Können auch die Stücke, welche für die Violine sind, mit vielen Personen besetzet werden: so mag einer, oder es mögen etliche der besten Violinisten aus dem Originale [der in einem einzigen Exemplar gedruckten Stimme], oder aus einer Abschrift davon, zugleich [!], die übrigen aber die ausgezogene [auszugsweise abgeschriebene] Ripien-Parthie, spielen«; zitiert nach Telemann 1981, S. 132.

Am 3. Oktober 1729 berichtete Walther aus Weimar an seinen Brieffreund Heinrich Bokemeyer in Wolfenbüttel über seine neuerliche Nebentätigkeit als Ripienviolinist der Weimarer Hofkapelle, die jedoch durch eine »Augen-maladie« (Sehschwäche) erschwert wurde, »zumahl wenn etliche Personen an einer Stimme sich befunden, [...] indem mich bückend derselben nähern müßen, so daß es die Herrschafft [Herzog Ernst August von Sachsen-Weimar], welche immer hinten und forne sich befunden, auch zum öfftern Selbst mit musiciret, mehr als zu wol inne geworden« (Walther 1987, S. 72).

Anmerkungen

DIE HOFKAPELLE IN WEIMAR

[1] Vgl. Ranft 1988; Schiffner 1988; Mattheson 1740, S. 361.
[2] Vgl. Lidke 1953, S. 48; Walther 1732, S. 234.
[3] Vgl. Hofmann 1993; Kobayashi 1995, S. 304ff.

DIE HOFKAPELLE IN KÖTHEN

[1] Landesarchiv Oranienbaum, Abteilung Köthen, A 6 Nr. 20, fol. 18v.
[2] Ingeborg Allihn in: MGG², *Sachteil* 1 (1994), Sp. 1420f.
[3] Wiel (1897, S. 30f.). Den Hinweis auf diese Quelle verdanke ich Herrn Prof. Dr. Karl Heller (Rostock). Zu Leopolds Reisen vgl. die Köthener Hofakten im Landesarchiv Oranienbaum, Abteilung Köthen, A 2 Nr. 57: *Die Kosten der Reisen des Erbprinzen Leopold durch Holland, England und Italien* [...], vor allem S. 58–88.
[4] Christoph Schubart: Artikel »Stricker, Reinhard Augustin«, in: *MGG* 12 (1965), Sp. 1603ff. Stricker war bereits 1712 aus dem Etat der Berliner Kapelle verschwunden.
[5] Wiedergabe nach Smend (1951, S. 153) und den Kammerrechnungen des Hofs im Landesarchiv Oranienbaum, Abteilung Köthen (siehe die Abbildung auf S. 62).
[6] Die Erwähnung des »Bassisten« Johann Gottfried Riemschneider aus Halle, des »Discantisten« Preese aus Halle, des Konzertmeisters Johann Georg Lienigke aus Merseburg und des Geigers Johann Gottfried Vogler aus Leipzig für das gleiche Datum beruht auf einem Versehen Smends (1951, S. 153).
[7] Pfarrarchiv der Köthener St. Jakobskirche, Taufregister 1688–1722, S. 873.
[8] Landesarchiv Oranienbaum, Abteilung Köthen, C 17 Nr. 144.
[9] Landesarchiv Oranienbaum, Abteilung Zerbst, Kammerrechnungen 1721/22. Eine systematische Durchsicht würde noch weitere Gastspiele erbringen.
[10] Hoppe 1998, S. 11. Die Angaben basieren auf der Umrechnung ausländischer Währungen in Taler.
[11] Landesarchiv Oranienbaum, Abteilung Köthen, Kammerrechnungen der Kammerjahre 1717/18 bis 1723/24. Die Buchbindekosten sind in den kalendarischen Ablauf der Rechnungslegung eingebettet und somit verstreut. Die Einträge stehen pro Jahr unter folgenden Daten (Angaben in Talern und Groschen): 1718: 11. Dezember (1,–) / 1719: 25. März (–,13), 6. Mai (–,08), 3. Juni (–,20), 8. Juli (–,16), 11. August (–,16 »vor 8 Stückgen«), 4. September (2,12), 11. September (–,12), 16. September (–,08), 14. Oktober (4,– »vor 48 Stck. in Frantzos. Pappier zu binden«) / 1720: 15. Januar (–,10), 16. März (1,18), 23. März (1,–), 22. April (–,18), 25. Mai (1,15), 3. August (–,22), 5. August (–,09), 7. Dezember (1,–), 9. Dezember (1,–) / 1721: 2. Januar (4,–), 8. Februar (1,–), 10. Mai (1,12), 14. Juni (1,04), 6. September (1,08), 6. Oktober (1,06), 22. Dezember (–,18) / 1722: 6. Januar (–,16), 20. Juni (–,19), 27. Juli (–,12), 22. August (–,09), 19. September (–,*12*) / 1723: 30. Januar (1,12).

Wie leicht Irrtümer geschehen können, zeigt die Hochrechnung Smends, die aufgrund eines Lesefehlers auf fol. 44r in den Kammerrechnungen 1719/20 (⟶ S. 62) zustandekam und, obwohl längst richtig gestellt, in jüngerer Literatur noch immer zitiert wird.
[12] Würdig, der zugleich an der St. Agnuskirche in musikalischen Diensten stand, diese aber dann an der St. Jakobskirche begann, fiel dem Jacobskantor, Johann Jeremias Göbel, durch seine Gleichgültigkeit gegenüber dessen Probenanforderungen auf. Als Göbel Würdig rügte, präsentierte er ihm als Vorbild die Probenarbeit der Hofkapelle (Dok. II, Nr. 91). Seine Tätigkeit in der Hofkapelle hatte Würdig damals schon drei Gehaltskürzungen (1718, 1719 und 1721) eingebracht, bevor er 1722 gänzlich aus den Besoldungslisten verschwand. Vgl. Hoppe 1986, S. 18f.

DAS COLLEGIUM MUSICUM IN LEIPZIG

[1] Der naheliegende Gedanke, daß Bach solche, meist aus einem Bogen bestehende Textdrucke im Hinblick auf eine Wiederaufführung, also auf Vorrat, produzieren ließ, erscheint nicht stichhaltig, da deren Titelseiten in der Regel Anlaß und Datum der Aufführung vermerken; vgl. beispielsweise die Abbildung bei Neumann (1953), S. 241.
[2] Vgl. Glöckner 1997, S. 301f.; Beißwenger 1992, S. 302.

I
WERKE

DIE ORCHESTERWERKE IN BACHS BIOGRAPHIE

¹ *Verzeichniß derjenigen Musikalien und musikalischen Schriften aus dem Nachlasse des verstorbenen Hrn. Organisten Kittel in Erfurt* [...]. Erfurt, 1809, S. 13, Nr. 265 und 267.
² *Verzeichnis der von dem verstorbenen Doctor und Musikdirector Forkel in Göttingen nachgelassenen Bücher und Musikalien* [...]. Göttingen, 1819, S. 138, Nr. 100.

BACH UND DAS ITALIENISCHE CONCERTO

¹ Dieser Bericht geht wohl auf einen Besuch des Autors vom März 1704 in Amsterdam zurück; vgl. Schulze (1984, S. 155).
² Persönliche Mitteilung von Herrn Prof. Dr. Yoshitake Kobayashi (Yokohama, Japan) vom 9. Februar 1999.
³ Diese Datierung ergibt sich dadurch, daß die Eintragung Johann Christoph Bachs in die »Möllersche Handschrift« (Hill 1987, S. 721) zweifellos vor Johann Sebastian Bachs Niederschrift von Praeludium und Fuge g-Moll BWV 535a erfolgte. Hierfür nannte Hill (1987, S. 128) als spätesten Termin den Sommer 1707, Stauffer (1978) sogar das Jahr 1704.
⁴ Vgl. die Liste mit Fundorten der Erstausgabe von Corellis *Concerti* op. 6 (Rasch 1996, S. 119ff.).
⁵ »Bach's most important model in this respect was Antonio Vivaldi« (Breig 1997, S. 131).
⁶ »It is notable that Forkel does not claim that Bach immediately began to write his own concertos under the influence of Italian models« (Breig 1997, S. 165). Diese Formulierung entspricht ziemlich genau den Angaben Philipp Spittas (1873, S. 407): »Was nun Bach betrifft, so hat er sich die Errungenschaften der Italiäner zunächst weniger auf dem eigenen Gebiete derselben zu Nutze gemacht, als vielmehr in sein Wirkungsfeld, d.h. auf die Orgel, das Klavier und die Kirchencantate selbständig übertragen«.
⁷ »The First Brandenburg Concerto is believed to be one of Bach's earliest concertos, at least in its preliminary version, BWV 1046a. If this is so, it would show that Bach had already placed his personal seal on the ritornello concerto style even during his time in Weimar« (Breig 1997, S. 132).

BACHS KONZERTE: DIE ENTSTEHUNGSGESCHICHTE IHRER QUELLEN

¹ Der Vollständigkeit halber sei darauf hingewiesen, daß auch Penzels Abschriften von Bachs Sonaten für Cembalo und Viola da gamba BWV 1028 und 1029, beide von 1753, und der Sonate für Cembalo und Traversflöte BWV 1031 (ca. 1755) von Originalquellen abstammen dürften. Vgl. NBA VI/4, KB, S. 17ff. und 30ff., sowie Sackmann und Rampe 1997, S. 54. Zu Penzels Abschriften Bachscher Kantaten sowie Clavier- und Orgelwerke vgl. Kobayashi 1973, S. 113ff.
² Michael Heinemann: Artikel »Penzel, Christian Friedrich«, in: *Das Bach-Lexikon,* hrsg. von Michael Heinemann. Laaber, 1999, S. 419.
³ Georg von Dadelsen wies nach, daß an *Poloineße* und *Trio* 2 im Partiturautograph des »Brandenburgischen Konzerts 1« ein weiterer Schreiber beteiligt war, dessen Name bisher unbekannt ist; vgl. Georg von Dadelsen: *Beiträge zur Chronologie der Werke Johann Sebastian Bachs.* Trossingen, 1958, S. 84 (*Tübinger Bach-Studien* 4/5, hrsg. von Walter Gerstenberg).
⁴ Thurston Dart: *Die Brandenburgischen Konzerte,* Text einer B.B.C.-Sendung vom 22. Februar 1971, auszugsweise wiedergegeben im Booklet der Einspielung: *Johann Sebastian Bach · »Brandenburgische Konzerte« · Erstaufnahme der Urfassung.* Academy of St. Martin-in-the-Fields, Leitung: Neville Marriner und Thurston Dart (Philips 6700045 [o.J.]). Vgl. hierzu auch die Rezension von Alfred Dürr (»Boom in Bach«, in: *Musica* 27 [1973], S. 121).
⁵ Vgl. in der Bibliographie Hofmanns praktische Ausgabe dieser vermuteten »Frühfassung« als *Concerto da camera in F · Rekonstruktion nach dem Zweiten Brandenburgischen Konzert BWV 1047 für Trompete, Blockflöte, Oboe, Violine und B. c.*
⁶ Heinrich Besseler macht im Kritischen Bericht der NBA (VII/2, S. 90ff.) geltend, seine Quelle C, eine anonyme Abschrift um 1800 (SBB – P 259), und Bachs Autograph von 1721 gingen auf eine gemeinsame Quelle zurück. Diese Aussage stützt er im Kern auf gerade drei ähnliche Lesefehler der Kopisten im ersten Satz (T. 153, 329 und 342). Von diesen könnten zwei (T. 329 und 342) in Quelle C durchaus auf die Partitur von 1721 zurückgehen; ein dritter (T. 153) mag auf reinem Zufall beruhen oder eine versehentliche Interpretation der betreffenden Stelle im Autograph spiegeln. Daher sehen wir uns nicht in der Lage, seine Bewertung der Quelle C zu teilen.
⁷ Lange Zeit wurde die Annahme, daß Johann Christoph Friedrich Bach die Originalstimmen besaß, als Widerspruch zu der Tatsache

Anmerkungen · I Werke

betrachtet, daß auch C. P. E. Bach bei seinem Tod 1788 über einen Stimmensatz zu BWV 1050 verfügte (siehe beispielsweise Hans-Joachim Schulze in der Beilage seiner Faksimile-Edition der Originalstimmen, S. 8f.). Peter Wollny (1996 I, S. 8 und 15) konnte jedoch nachweisen, daß C. P. E. Bach ein bereits zwischen 1734 und 1738 in Frankfurt an der Oder kopierter Stimmensatz des Werkes gehörte; zudem mag er Altnickols Stimmensatz zur Fassung BWV 1050a nach dessen Tod 1759 übernommen haben.

In diesem Zusammenhang sei darauf hingewiesen, daß ein erhaltener Stimmensatz und eine nach diesem erstellte Partitur, die Heinrich Besseler beide Christian Friedrich Penzel zuschreibt (NBA VII/2, KB, S. 104f.: Quellen D und E), nicht von Penzel stammen (Kobayashi 1973, S. 126). Besseler hatte jedoch richtig erkannt, daß diese Quellen entweder direkt oder – was wahrscheinlicher ist – über eine Zwischenkopie auf die Originalstimmen zurückgehen.

[8] Vgl. Christian Ahrens (i. Vorb.).
[9] Vgl. Siegbert Rampe (i. Vorb.).
[10] Michael Marissen (1995, S. 127) wies darauf hin, daß Bach die Continuo-Stimme in den Takten 17f., 19 und 32 des Kopfsatzes noch während der Arbeiten am Autograph von 1721 veränderte.
[10a] Persönlicher Hinweis von Dr. Dr. h.c. Alfred Dürr (Göttingen).
[11] Martin Geck: »„Köthen oder Leipzig?" – Erwiderung auf Christoph Wolff«, in: *Bachs Orchesterwerke*, S. 31.
[12] In Johann Gottlob Schusters undatiertem handschriftlichem Katalog seiner Bach-Sammlung (⟶ S. 86f.) erscheint unter »A 25.« ein Manuskript mit dem Titel *Concerto in A♭ [a-Moll] per il Cemb[alo]. Conc. 2 Violini Violetta e Basso* (Kobayashi 1973, S. 116). Leider ist diese Quelle nicht erhalten, so daß offenbleibt, ob es sich um eine versehentliche Bezeichnung auf dem Titelblatt angesichts der Violinkonzert-Vorlage in a-Moll (also statt »Violino« Cemb. oder statt »G♭« A♭), um eine a-Moll-Fassung von BWV 1058, um ein unbekanntes Cembalokonzert Bachs in a-Moll oder sogar um eine ihm fälschlicherweise zugeschriebene Komposition handelt. Für die zuletzt genannte Möglichkeit spricht neben der innerhalb von Schusters Katalog ungewöhnlichen Bezeichnung *Violetta* im Titel eines Bach-Werkes die Tatsache, daß Bach selbst eine Stimmenabschrift des Konzerts a-Moll Wq 1/H 403 (BWV Anh. 189) von C. P. E. Bach besaß (Beißwenger 1992, S. 229f.). Diese Abschrift wurde von Vater und Sohn um 1746/47 (in Leipzig oder Berlin?) gemeinschaftlich angefertigt. Ihr Titel lautet: *A moll NO. 1 (1) Concerto a Cemb. conc. 2 Viol. 1 Viola e Basso da C. P. E. Bach*.
[13] Vgl. Anm. 11.
[14] Der in der Literatur kaum je verzeichnete Dresden-Besuch geht aus Bachs eigenhändigem Schreiben vom 24. Mai 1738 an Johann Friedrich Klemm hervor (Dok. I, Nr. 42).
[15] Diese drei Kantatensätze wurden unter der irreführenden Bezeichnung *Konzert d-Moll BWV 1059* von Helmut Winschermann veröffentlicht (Hamburg, 1961), rekonstruiert für die hypothetische Besetzung von *Cembalo, Oboe und Streicher*. Grundlage von Winschermanns Einrichtung des ersten Satzes ist nicht das Fragment BWV 1059, sondern das *Concerto* der Kantate BWV 35. Gotthold Frotscher (Halle und Leipzig, 1951) veröffentlichte dieselbe Satzfolge als Violinkonzert d-Moll, wobei er die Bläserverstärkung des Streicherripieno aus der Kantate beibehielt sowie Alt- und Orgelstimme (rechte Hand) der Arie in eine einzige Solopartie zusammenführte.
[16] Johann Ludwig Krebs: *Konzert h-Moll für Cembalo, Oboe und Streicher*, hrsg. von Karl Janetzky. Heidelberg, 1976. Das Werk steht nicht allein in der für ein Oboenkonzert ungewöhnlichen Tonart h-Moll, vielmehr führt der Tonumfang der Oboenstimme von d' bis e''' (der zuletzt genannte Ton wird häufig erreicht), was auf eine originale Konzeption für Traversflöte schließen läßt. Persönliche Mitteilung von Dr. Bruce Haynes (Montreal).
[17] Eine Rekonstruktion des Werkes nach Rifkins Angaben wurde von Arnold Mehl veröffentlicht (Lottstetten und Adliswil, 1983).
[18] *Johann Sebastian Bach · Sämtliche Cembalokonzerte*. Gustav Leonhardt und Herbert Tachezi, Cembalo, Leonhardt Consort und Concentus Musicus Wien (Telefunken · Das Alte Werk 6.35049–00–501 [1972]).
[19] J. S. Bach: *Konzert Es-Dur für Viola und Streicher · Rekonstruktion nach den Kantaten BWV 169 und 49 und dem Cembalokonzert E-Dur BWV 1053*, hrsg. von Wilfried Fischer. Kassel etc., 1998 (BA 5149).
[20] Edition in F-Dur, hrsg. von Hermann Töttcher und Gottfried Müller. Hamburg, 1955. Rekonstruktion in Es-Dur von Joshua Rifkin für eine Tonträger-Einspielung (Pro Arte Digital 153 [1983]).
[21] Edition für Oboe d'amore in D-Dur, hrsg. von Arnold Mehl. Lottstetten und Adliswil, 1983.
[22] Satz 1: T. 3, 4, 8, 32, 40, 41, 46, 50, 55, 74 (Violine 2 und Cembalo); Satz 2: T. 3, 6.
[23] Vorwort und Revisionsbericht von Hans-Joachim Schulzes Edition des Werkes von 1974 (⟶ *Bibliographie*).
[24] Peter Wollny (1997 I, S. 287) geht davon aus, daß Bach auch im Cembalokonzert-Fragment BWV 1059 ein Kleinripieno in Gestalt einer Oboe über den Streichersatz hinaus geplant hatte. Allerdings hätte eine einzelne Oboe (*una Oboe*) keinerlei Gelegenheit zur Ausformung eines Ripienos geboten.
[25] Vgl. beispielsweise Giles Farnabys Duett *For Two Virginals* im »Fitzwilliam Virginal Book« (Nr. LV).
[26] Johann Mattheson: *Sonata a due Cembali*, hrsg. von Beekman C. Cannon. London, 1960. Johann Mattheson: *Suite a due Cembali*, hrsg. von Beekman C. Cannon. London, 1960.
[27] Vorwort der von Christoph Wolff herausgegebenen Edition von BWV 1061a (1987).
[28] Rezension von Ulrich Siegele in: *Die Musikforschung* (1960), S. 383. Edition von Rudolf Baumgartner, Zürich [o. J.].

Anmerkungen · I Werke

Bachs Konzerte: Die Entstehungsgeschichte ihrer Musik

[1] Das *Concerto III* B-Dur aus Albinonis Opus 2 wurde 1702 von Estienne Roger in Amsterdam publiziert. Gerade dieses Werk enthält jedoch keinerlei Sätze in Ritornellform.
[2] Die Ecksätze der *Sonata* BWV 1029 zielen auf die Integration von Ritornellen in Episoden, nicht jedoch auf den Kontrast beider Formteile, und machen deshalb eine Komposition mit Ripieno in der Art von Bachs überlieferten Konzerten, wie sie wiederholt vermutet wurde, unvorstellbar. Gegen eine Konzertvorlage spricht erst recht der zweiteilige Mittelsatz ohne Ritornellanlage, der eindeutig dem Genre langsamer Sonatensätze zuzurechnen ist (⟶ S. 237). Offensichtlich jedoch geht die Gambensonate auf eine Triosonate »auf Concerten-Art« zurück.
    Die *Sinfonia* des »Oster-Oratoriums« BWV 249 (zum 1. April 1725) entstammt der Parodievorlage des Werkes, der Kantate BWV 249a *Entfliehet, verschwindet, entweichet, ihr Sorgen* zum Geburtstag des Weißenfelser Herzogs Christian am 23. Februar 1725. Der erste Satz der *Sinfonia* zeigt zwar wesentliche kompositionstechnische Merkmale von Bachs letzten Köthener Konzerten – einschließlich ausgedehnter ritornellverarbeitender Teile, einer perfekt proportionierten Periodik und Gliederung der Formteile in geradzahlige Einheiten, tonartlicher Rückungen, durchbrochener Ritornelle und von Wiederholungen früherer Formteile ab der Satzmitte. Zudem treten mehrere Soloinstrumente aus dem Orchester hervor – Trompete 1, 2 Oboen, Violine 1 und Fagott. Daß es sich hier tatsächlich um den Satz eines ursprünglichen Konzerts handelt, machen jedoch zwei Befunde äußerst unwahrscheinlich: Keines der Soloinstrumente übernimmt eine führende Rolle, was in Bachs Konzertschaffen seit BWV 1046a (ca. 1712) jeder Parallele entbehrt und bei einem Satzumfang von immerhin 231 Takten höchst merkwürdig erscheint. Darüber hinaus fehlen Begleitmotive des Ripieno, die in mehr als einer Episode wiederkehren. Somit ist anzunehmen, daß dieser Satz als Instrumentaleinleitung zur Kantate BWV 249a im Jahre 1725 neu geschaffen wurde. Der zweite Satz *Adagio* der *Sinfonia* mit seinen Rahmenritornellen und quasi-ostinaten Begleitmotiven wiederum könnte durchaus einem Weimarer Solokonzert aus der Zeit um 1715 entstammen. Gegen die Herkunft aus einer Konzertkomposition spricht allein die Wiederholung des Eingangsritornells inmitten des Satzes, was in den Mittelsätzen von Bachs Konzerten keine Entsprechung findet, für seine Kantatensätze jedoch typisch ist (⟶ S. 120f.).
[3] Die Autoren dieses Buchteils bereiten eine Darstellung der Entwicklung von Bachs Tasten- und Kammermusik in Konzert- und Da capo-Formen vor.

Bach und die »Französische Ouvertüre«

[1] Vgl. Bärbel Pelker: Artikel »Ouvertüre«, in: MGG², *Sachteil* 7 (1997), Sp. 1245f.

Bachs Orchestersuiten

[1] Die Note g der zweiten Violine im *Menuet* der h-Moll-Fassung (T. 15) dürfte ursprünglich als f' (statt f) notiert gewesen sein, was stimmführungsmäßig sogar eleganter erscheint.
[2] Joshua Rifkin kündigt seit 1996 die Publikation einer Studie mit dem Titel »The „B minor Flute Suite" Reconstructed: New Light on Bach's Ouverture BWV 1067« an, die jedoch bis zur Drucklegung dieses Buchs nicht bekannt wurde. Vgl. Martin Geck in: *Bachs Orchesterwerke*, S. 5 und 31, sowie: Rifkin 1999, S. 341.
[3] Die Kammerrechnungen des Köthener Hofs enthalten für den 22. April 1719 folgenden Eintrag: »an den Kammerdiener Gottschalk vor erkaufte Musikalien laut gnädigsten Befehl 30 Taler« (Ross 1986, S. 67). Emanuel Leberecht Gottschalck war seit 1719 Kammerdiener und Notenschreiber des Hofs; auch dürfte er als Notenwart dessen Musikalien verwaltet haben. Bach kehrte nach dem 1. März 1719, möglicherweise jedoch erst im April 1719 mit dem neuen, »zu Berlin gefertigten Clavessin« Michael Mietkes zurück (Dok. II, Nr. 95). Gottschalck könnte ihn dorthin begleiten oder Bachs Auslagen für Musikalien beglichen haben; denn am 14. März 1719 erhielt er von der Hofkasse acht Taler Fuhrlohn »vor den Berlinischen Clavecyn« (Dok. II, Nr. 95). 30 Reichstaler entsprachen fast einem Viertel der Anschaffungskosten für das zweimanualige Mietke-Cembali inkl. Dekoration und Reise bzw. Transport (130 Reichstaler). Daher dürfte die an Gottschalck geleistete Zahlung einen umfangreichen Bestand an Musikalien eingeschlossen haben. Zum Vergleich: Der dritte Teil von Bachs *Clavier Übung* umfaßte 78 Seiten und kostete 1739 3 Reichstaler. Das erste Buch von Couperins *Pieces de Clavecin* (1713) enthielt 83, das zweite (1716/17) 94 Seiten. Beide dürften, die Versandkosten eingeschlossen, eher teurer gewesen sein.
[4] Vgl. hierzu Albinonis *Sinfonia 1* (Satz I und II) und *Concerto 4* (Satz I und III) aus Opus 2 (1700) sowie folgende Concerti aus Opus 5 (1707): *1* (Satz I), *3* (Satz I), *5* (Satz I und III), *6* (Satz I), *7* (Satz 3) und *8* (Satz III).

II
INSTRUMENTE

BLASINSTRUMENTE UND IHRE SPIELPRAXIS

[1] In deutschem Privatbesitz ist eine Sopranino-Blockflöte von Grenser aus Buchsbaum mit Elfenbeineinlagen erhalten. Ihrer Signatur (gekreuzte Säbel) nach entstand sie wohl nicht vor 1753, als sich Grenser als »Hof-Musicalischer Instrumentenmacher« in Dresden etablierte.
[2] Diese und die folgenden Stimmtonhöhenangaben in Hertz beziehen sich auf den heutigen Zustand der Instrumente. Angesichts von Holzschrumpfungen und anderen Einflüssen im Laufe der Jahrhunderte ist denkbar, daß die ursprüngliche Tonhöhe um bis zu 2–5 Hz niedriger war.
[3] Kirnbauer und Krickeberg (1987, S. 49) vermuten, daß Heytz in Frankreich ausgebildet wurde.

STREICHINSTRUMENTE UND IHRE SPIELPRAXIS

[1] In Frankreich, wo der Stimmton allgemein niedriger war, wurden damals auch halbumsponnene D-Saiten verwendet, während die G-Saite ganz umsponnen war. Umsponnene G-Saiten werden im italienischen Raum erstmals nach Bachs Tod erwähnt (Segermann 1988).
[2] Erst nach der Französischen Revolution änderte sich das Bezugssystem von Beschaffenheit der Saiten und Monturteilen einer Violine dahingehend, daß sich die flacher gewölbten Instrumente etwa von Stradivari und Guarneri del Gesù als anpassungsfähiger erwiesen (Huber 1998).

TASTENINSTRUMENTE UND IHRE SPIELPRAXIS

[1] Durch Einschieben des Obermanuals können dessen Tasten (bzw. Register) vom Untermanual aus mitgespielt werden. Das Obermanual wird also an das untere gekoppelt.
[2] Eine Springerreihe des Obermanuals wird seitlich ausgeschnitten (abgestuft), so daß sie auf den hinteren Teilen der Tastenhebel sowohl des Obermanuals als auch des Untermanuals zum Stehen kommen kann. Durch Einschieben des Untermanuals läßt sich das betreffende Register auch von hier aus spielen.
[3] Eine Holzleiste, besetzt mit einzelnen Leder- oder Tuchstücken für jeweils eine Saite/Ton. Wird die Leiste seitlich verschoben, berühren Leder bzw. Tuch die Saiten in der Nähe des vorderen (Stimmstock-) Steges und erzeugen einen kurzen, trockenen Ton, der im weitesten Sinn an die Laute erinnert.

TEMPERATUR

[1] Vgl. die zahlreichen Tonartenbeschreibungen im zweiten Teil von Ernst Theodor Amadeus Hoffmanns Roman *Kreisleriana* (1815) und Robert Schumanns Beitrag in: *Neue Zeitschrift für Musik.* Leipzig, 3. Februar 1835, S. 43.

III
AUFFÜHRUNGSPRAXIS

TAKT UND TEMPO

[1] Heute in der Bibliothèque Nationale Paris, départment de la musique; vgl. Christoph Wolff: »Bachs Handexemplar der Goldberg-Variationen – eine neue Quelle«, in: *Bericht über die Wissenschaftliche Konferenz zum III. Internationalen Bach-Fest der DDR Leipzig 1975*, hrsg. von Werner Felix, Winfried Hoffmann und Armin Schneiderheinze. Leipzig, [o.J.], S. 79.

[2] Beispielsweise in Johann Caspar Ferdinand Fischers *Musicalischer Parnassus* (Augsburg, ca. 1736) mit den Partiten FWV 73–81 für Clavier. Vgl. Klaus Häfner: »Johann Caspar Ferdinand Fischer und die Rastatter Hofkapelle«, in: *J. C. F. Fischer in seiner Zeit · Tagungsbericht Rastatt 1988,* hrsg. von Ludwig Finscher. Frankfurt am Main etc., 1994, S. 137, hier vor allem S. 158 (*Quellen und Studien zur Geschichte der Mannheimer Hofkapelle* 3, hrsg. von Ludwig Finscher).

[3] Vgl. hierzu auch das *Ricercar a 6* aus dem *Musicalischen Opfer* BWV 1079.

[4] Vgl. die Angaben *adagississimo* und *allegro poco* im *Capriccio* B-Dur BWV 992 für Clavier aus der sog. »Möllerschen Handschrift«, entstanden spätestens 1707 (BWV²ª).

AKZENTUIERUNG

[1] Daniel Gottlob Türk (1789, S. 338): »Ein anderes, aber seltner und mit vieler Vorsicht anzuwendendes Mittel ist das Verweilen bey gewissen Tönen«.

ARTIKULATION

[1] Die Quellen zeigen große Unterschiede hinsichtlich der mit Konsonanten kombinierten Vokale; sie sind jedoch in der Praxis bedeutungslos, da die Wahl der Vokale lediglich mit der für den jeweiligen Spieler zur Erreichung eines guten Ansatzes optimalen Mundstellung zusammenhängt.

[2] »Per cavare dall'Istromento buona voce, bisogn'appoggiare l'arco con delicatezza prima, e poi calcarlo, altrimenti appoggiandolo subito con forza si cavarebbe voce cruda, e stridola«. Tartinis *Regole* (ca. 1740) sind in Aufzeichnungen seines Schülers Giovanni Francesco Nicolai erhalten und wurden im Faksimile 1961 von Erwin Reuben Jacobi als Anhang zum Reprint von Tartini (1771) ediert. Die deutsche Übersetzung wurde – wie auch bei den folgenden Zitaten aus dieser Quelle – vom Autor des vorliegenden Beitrags vorgenommen. In jedem Fall stammen Tartinis *Regole* aus der Zeit vor Drucklegung von Leopold Mozarts Violinschule (1756), da dieser sie dort verwendet. Bach dürfte mit Tartinis Violintechnik durch seinen Sohn Wilhelm Friedemann vertraut geworden sein, den er 1726/27 von Johann Gottlieb Graun in Merseburg auf der Violine ausbilden ließ; Graun hatte zwischen 1723 und 1725 in Prag bei Tartini selbst studiert.

[3] Für weitere Informationen hierzu vgl. David D. Boyden: *Die Geschichte des Violinspiels von den Anfängen bis 1761*. Deutsche Übersetzung von Günther Kehr. Mainz etc., 1971, sowie Marianne Rônez: Artikel »Violinspiel« in MGG², *Sachteil* 9 (1998), Sp. 1619ff.

[4] Josef Rainerius Fuchs (1985, S. 30ff.) und Alfred Dürr (1998, S. 87ff.) kritisieren diese Interpretation und setzen Gerbers »gebundene Manier« mit Legatospiel gleich – ungeachtet der damaligen Bedeutung des Terminus »durchaus« (staccato) und der Mehrfachbedeutung von »gebunden«. Sie interpretieren Gerbers Zitat also nach modernen terminologischen Maßstäben und reißen es zugleich aus dem Kontext zeitgenössischer Spieltechniken und der erwähnten Traktate, ohne diese Diskrepanz zu erklären. Hätte Bach tatsächlich in durchgehender Legato-Artikulation Orgel gespielt, hätte er auf solche Weise keineswegs den »höchsten Grad der Deutlichkeit im Anschlag der Töne« erzielen können, der sich über die Forderungen C. P. E. Bachs und Forkels hinaus ja auch aus der Faktur fast aller seiner Orgelwerke ergibt. Eine praktische Überprüfung vermag hierüber rasch Auskunft zu geben.

[5] Vgl. auch entsprechende Informationen bei Kirnberger (1776, S. 118ff.).

[6] »Nel suonare bisogna anche riflettere all'uguaglianza, cioè se si troverà un'andamento di grado, o di salti, replicato due, o più volte, onde se si comincierà Cantabile, prosseguirlo tutto Cantabile, se Suonabile, tutto Suonabile«. Vgl. auch Anm. 2.

[7] »Quando seguono due andamenti, che possino essere di natura cantabile, osservisi se il primo può essere in qualche modo suonabile, e se non altro si suoni mezzo cantabile, e mezzo suonabile, ad effetto che l'andamento, che segue possa comparire più cantabile«. Vgl. auch Anm. 2.

8 »Per distinguere quale sia Cantabile, e quale Sonabile, osservisi che quegl'andamenti, che vanno di grado, questi sono li Cantabili, e per consequenza devonsi esprimere con unione, e senza vacuo; quegl'andamenti, che vanno, di salti, questi saranno li Suonabili, e si dovranno esprimere col suo distacco. [...] Le Note ascendenti, o discendenti per Semituoni vanno sempre in una sol'arcata«. Vgl. auch Anm. 2.

9 Die in Frankreich häufige Folge *tu-ru,* bei der *ru* auf den Schlag, *tu* dagegen auf den Auftakt fällt, hängt mit der französischen Inégalité zusammen, bei der die kürzere Note schärfer angestoßen werden soll, um sie gegenüber der rhythmisch längeren klanglich aufzuwerten.

PHRASIERUNG

1 Eines der wenigen überzeugenden Beispiele für eine Proportionsanalyse unter Einbeziehung zahlensymbolischer Aspekte findet sich bei Ulrich Siegele: *Bachs theologischer Formbegriff und das Duett F-Dur.* Neuhausen-Stuttgart, 1978.

DYNAMIK

1 Vgl. Marshall 1985, S. 262f.; Glöckner 1981, S. 49f.; Kobayashi 1995, S. 306.
2 Vgl. Andreas Werckmeister (1697, 1698, 1700, 1702 und 1707), Friedrich Erhard Niedt (1710, 1717 und 1721), Johann Mattheson (1713, 1717, 1721, 1731, 1735, 1737 und 1739), Johann Heinrich Buttstett (1715) und Johann David Heinichen (1728).

IMPROVISATION

1 Giorgo Fava im Booklet der CD-Einspielung *Antonio Vivaldi · Concerti per le Solennità.* Suonatori de la Gioiosa Marca. Divox (CDX–79605, 1996), S. 4–6.

ORNAMENTIK

1 Originaler Wortlaut: »dans toute sorte de Musique étrangère ou l'on ne pointe jamais qu'il ne soit marqué« (Übersetzung durch den Autor des vorliegenden Beitrags).

VIBRATO UND GLISSANDO

1 H. Schütz: *Von Gott will ich nicht lassen* SWV 366, *Symphonia,* in: *Symphoniarum Sacrarum Secunda Pars.* Dresden, 1647. J. J. Walther: *Serenata* D-Dur für Violine und Continuo, in: *Hortus Chelicus.* Mainz, 1688, S. 124. D. Buxtehude: Autographe Partitur der Kantate *Fürwahr, er trug unsere Krankheit* BuxWV 31 (S. 13) in der Universitätsbibliothek Uppsala (Sammlung Düben); Faks., hrsg. von Bruno Grusnick. Kassel etc., 1986 (Veröffentlichung der Kirchengemeinde St. Marien zu Lübeck zum Dietrich-Buxtehude-Gedenkjahr 1987).
2 Vgl. Neumann 1978; Moens-Haenen 1984; Fuchs 1990. Der von Greta Moens-Haenen präsentierten Interpretation widersprach Josef Rainerius Fuchs mit dem Hinweis auf die Verwendung von Wellenlinien als Trillersymbole in Bachs Tastenmusik (⟶ S. 375f.), ohne zu erkennen, daß Wellenlinien in unterschiedlichen Bereichen voneinander abweichende Bedeutungen besitzen. So findet sich dieses Zeichen auch als Symbol für Wirbel in Paukenstimmen oder als Anweisung für Kopisten (Prinz 1979, S. 237ff.).

GENERALBASSPRAXIS

1 Gemeint ist die damals weitverbreitete Kompositionslehre *Gradus ad parnassum* (Wien, 1725) von Johann Joseph Fux bzw. ihre deutsche Übersetzung durch den Bach-Schüler Lorenz Christoph Mizler von Kolof: *Gradus ad Parnassum oder Anführung zur Regelmäßigen Musicalischen Composition.* Leipzig, 1742.
2 Für vollständige Nachweise dieser Titel siehe die Bibliographie des vorliegenden Buches sowie diejenige in: MGG², *Sachteil* 3 (1995), Sp. 1247–1250.
3 Vgl. Dok. II, Nr. 433; Spitta 1880, S. 913; Poulin 1994.
4 Der vollständige Titel des aus 21 Blättern bestehenden Manuskripts lautet: *Des Königlichen Hoff-Compositeurs und Capellmeisters inglei-*

Anmerkungen · III Aufführungspraxis · IV Interpretation

chen Directoris Musices wie auch Cantoris der Thomas-Schule Herrn Johann Sebastian Bach zu Leipzig Vorschriften und Grundsätze zum vierstimmigen spielen des General-Bass oder Accompagnement. für seine Scholaren in der Music. 1738.

Der Traktat umfaßt mehrere Teile: »Kurtzer Unterricht von den so genannten General Bass«, »Gründlicher Unterricht des General-Basses«, »Grund Sätze zum Enquatre Spielen« (Spiel mit vier Stimmen) und »Die gebräuchlichsten Clausulas Finales« (Formen der Schlußkadenzen). Ungeklärt ist bisher, ob Thieme Titelblatt und Korrekturen tatsächlich schon 1738 ausführte (Schulze 1984, S. 127) oder ob er eine veränderte Kopie nach Niedt (1700) nachträglich Bach zuschrieb. Die Ergänzungen weist Pamela L. Poulin im Vorwort ihrer englischen Ausgabe (1994) ohne nähere Begründung Bach zu. Thieme wurde 1752 Kantor der Leipziger Nicolaischule und 1767 Konrektor der Thomasschule (Schulze 1984, S. 126).

[5] Vgl. hierzu Peter Wollny: »Neue Bach-Funde«, in: *BJ 1997*, S. 7 (hier vor allem S. 36–49); Dominik Sackmann und Siegbert Rampe: »Bach, Berlin, Quantz und die Flötensonate Es-Dur BWV 1031«, in: *BJ 1997*, S. 51. Die inzwischen von Hans Eppstein (»Solo- und Ensemblesonaten, Suiten für solistische Melodieinstrumente«, in: *Bach-Handbuch*, hrsg. von Konrad Küster. Kassel etc., Stuttgart und Weimar, 1999, S. 873, hier vor allem S. 886f.) noch ein weiteres Mal geltend gemachten Zweifel an der Authentizität dieser Komposition beruhen offenkundig auf Unkenntnis von Wollnys Studie. Dies gilt erst recht für Ute Henselers Vermutung (Artikel »Flötenmusik«, in: *Das Bach-Lexikon*, hrsg. von Michael Heinemann. Laaber, 2000, S. 193, hier vor allem S. 194), BWV 1031 könnte Bachs Abschrift einer Sonate von Johann Joachim Quantz darstellen.

Peter Wollny hatte in seinem obengenannten Beitrag nachgewiesen, daß der Schreiber der Hauptquelle von BWV 1031 (ca. 1748) Johann Nathanael Bammler war, der in der zweiten Hälfte der 1740er Jahre offensichtlich als Bachs Privatsekretär arbeitete. Bislang kannte die Forschung Bammler nur als »Anonymus 4« oder »Hauptkopist H«. Daß Bammler das Werk aber unter den Augen des Thomaskantors und wahrscheinlich in dessen Auftrag als *Sonata di J. S. B.* bezeichnete, macht weitere Echtheitsdiskussionen hinfällig.

[6] Stammte die Kantate *Amore traditore* BWV 203 für Baß und obligates Cembalo, deren Authentizität noch immer ungesichert ist (BWV[2a]), tatsächlich von Bach selbst, lieferten ihre zahlreichen Akkordaussetzungen ein singuläres Dokument für seine Beschäftigung mit italienischen Generalbaßtechniken, wie sie vor allem von Heinichen (1711 und 1728) dargestellt werden.

[7] Daubes »zweyte Art des Accompagnirens bestehet darinn: daß man nach der Eigenschaft des Stücks accompagnire. [...] Sie wird bey Accompagnirung eines Recitativs gebraucht, und kommt sowohl im Kirchen- als Theatralstile vor« (Daube 1756, S. 202ff.). Diese Art zeichnete sich laut Daube durch zahlreiche Arpeggien unterschiedlicher Gestalt und Geschwindigkeit sowie durch vielstimmige Akkorde, aber auch durch den Wechsel der Stimmenzahl je nach Affekt und Stimmführung der Gesangsstimme(n) aus.

[8] Heinichen (1711, S. 163) beispielsweise nennt als Obergrenze »c''', selten e'''«, Telemann (1733/34, S. 1) »h' bis ins e'''« (seine Aussetzungen reichen jedoch bis f'''). Mattheson (1731, S. 349) gestattet dem Generalbaßspieler, die Oberstimme der Aussetzung aus Gründen der Stimmführung und Melodiegestaltung bis c''' zu führen, und fügt hinzu: »Ich besorge zwar / die musicalischen Gesetzgeber werden mir einen Proceß an den Hals werffen / darum / daß ich im General-Baß das dreygestrichene c brauche; aber meine Vertheidigung ist schon fertig«.

[9] Siehe beispielsweise Telemann 1733/34, S. 1, Anmerkung 3.

[10] Hessische Landes- und Hochschulbibliothek Darmstadt, ehemals Aufführungsmaterial der Darmstädter Hofkapelle unter Christoph Graupner und Johann Samuel Endler (1737–1744). Die gleiche Beobachtung gilt auch für diverse Continuostimmen mit der Bezeichnung *Cembalo*, die in den ersten Jahrzehnten des 18. Jahrhunderts zur Notenbibliothek der Stuttgarter Hofkapelle gehörten und heute in der Universitätsbibliothek Rostock aufbewahrt werden. Darunter befinden sich eine Ouverture B-Dur von Giuseppe Antonio Brescianello, Sonaten in e-Moll und B-Dur von Johann Christoph Pez (vor 1717) sowie Concerti in C-Dur und D-Dur und Ouverturen in C-Dur und B-Dur von Theodor Schwartzkopff (vor 1732). Vgl. Ortrun Landmann: »„Pour l'usage de Son Altesse Serenissime Monseigneur Le Prince Hereditaire de Wirtemberg" · Stuttgarter Musikhandschriften des 18. Jahrhunderts in der Universitätsbibliothek Rostock«, in: *Musik in Baden-Württemberg · Jahrbuch 1997 / Band 4*, hrsg. im Auftrag der Gesellschaft für Musikgeschichte in Baden-Württemberg von Georg Günther und Reiner Nägele. Stuttgart und Weimar, 1997, S. 149.

IV
Interpretation

[1] Johann Sebastian Bach: *Brandenburgische Konzerte BWV 1046–1051*, hrsg. von Werner Felix, Winfried Hoffmann und Armin Schneiderheinze. Leipzig und Wiesbaden, 1985 (*Partitur-Bibliothek* 4063–4068).

[2] Die Kritischen Berichte der Orchestersuiten (NBA VII/1, 1967) und der »Brandenburgischen Konzerte« (NBA VII/2, 1956) sind älteren Datums und im Hinblick auf Artikulationsangaben vielfach ungenau oder unzuverlässig.

[3] Die Anregung zu dieser Aufstellung stammt von Herrn Dipl.-Ing. Wolf-Dieter Neupert (Bamberg).

[4] Auskunft der Verwaltung Staatliche Schlösser und Gärten Berlin von 1995.

NACHWORT

Die Arbeiten an diesem Buch in den Jahren 1996–2000 wurden von zahlreichen Persönlichkeiten und Institutionen gefördert. Vor allem bedanken wir uns beim Bärenreiter-Verlag und seinen Lektorinnen Dr. Jutta Schmoll-Barthel und Dr. Bettina Schwemer sowie Frau Maria Bieler nicht nur für Unterstützung und Anregungen, sondern auch für ihre Geduld bei der Fertigstellung des Bandes. Wesentlich an seinem Gelingen war ferner Frau Ingeborg Robert vom Buchlektorat beteiligt, die sämtliche Texte Korrektur las.

Einen wichtigen Beitrag zur Entstehung des ersten Buchteils leisteten Dr. Franz Giegling (Basel) und die Schola Cantorum Basiliensis. Dr. Giegling stellte uns seine Spartierungen zahlloser italienischer Concerti des 17. und frühen 18. Jahrhunderts zur Verfügung, die er im Rahmen seiner 1949 erschienenen Dissertation eigenhändig angefertigt hatte.

Durchgesehen wurde der erste Buchteil von Herrn Dr. Dr. h.c. Alfred Dürr (Göttingen), von dessen langjähriger Erfahrung und umfassender Kenntnis wir in reichem Maß profitieren konnten.

Die Teile II und III des Buches wurden von Prof. Dr. Ulrich Prinz (Internationale Bachakademie Stuttgart) wissenschaftlich betreut, der auch eigene Texte beisteuerte. Ihm verdanken alle Autoren wichtige Hinweise und Ergänzungen.

Prof. Dr. Werner Breig (Erlangen) überließ uns großzügigerweise sein noch ungedrucktes Manuskript zum Kritischen Bericht des von ihm herausgegebenen NBA-Bands VII/4, das unsere Beschäftigung mit Bachs Konzerten für ein Cembalo wesentlich erleichterte.

Ferner erhielten die Autoren des Bandes von folgenden Persönlichkeiten Informationen, Anregungen und gelegentlich sogar eigene Manuskripte: Dr. Thomas Drescher (Basel), Dr. Bruce Haynes (Montreal, Kanada), Prof. Dr. Karl Heller (Rostock), Prof. Dr. Robert Hill (Freiburg i.B.), Dipl.-Historiker Günther Hoppe (Köthen), Prof. Dr. Yoshitake Kobayashi (Yokohama, Japan), Prof. Dr. h.c. Joshua Rifkin (Cambridge/Mass., USA) und Dr. Hans Schoop (Zürich). Weitere Hinweise stammen von Mitgliedern des Orchesters *Nova Stravaganza*: Margarete Adorf (Saarbrücken), Alfredo Bernardini (Amsterdam), Mechthild Blaumer (Saarbrücken), Saskia Fikentscher (Köln), Ruth Funke (Köln), Kai Köpp (Karlsruhe) und Monika Schwamberger (Neckargemünd).

Folgende Bibliotheken und Institutionen stellten Quellen und Literatur zur Verfügung: Universitätsbibliothek Basel; Staatsbibliothek zu Berlin – Preußischer Kulturbesitz, Musikabteilung mit Mendelssohn-Archiv; Sächsische Landesbibliothek Dresden; Folkwang-Hochschule Essen und Duisburg, Bibliothek; Internationale Bachakademie Stuttgart.

Das Bildmaterial wurde uns von folgenden Persönlichkeiten und Institutionen überlassen: Museo del Conservatorio Luigi Cherubini, Florenz (S. 298); Edition Peters, Frankfurt a.M. (S. 384); Herrn Guido Klemisch, Berlin (S. 278); Herrn Kai Köpp, Karlsruhe (S. 293, 295 und 299); Bach-Gedenkstätte, Historisches Museum für Mittelanhalt Schloß Köthen (S. 45); Musikinstrumenten-Museum der Universität Leipzig (Fotos von Karin Kranich, Universität Leipzig: S. 280, 283 und 302); Stadtarchiv Leipzig (S. 53); Germanisches Nationalmuseum Nürnberg, Musikinstrumenten-Abteilung (S. 281, 285, 286 und 291); Landesarchiv Oranienbaum, Sachsen-Anhalt (S. 62); Herrn Martin-Christian Schmidt, Rostock (S. 208); Frau Monika Schwamberger, Neckargemünd (S. 301); Musikhistoriska Museet Stockholm (S. 292); Museo Correr, Venedig (S. 297); Kunsthistorisches Museum Wien, Sammlung alter Musikinstrumente (S. 305). Weitere Bilddokumente stammen aus Privatbesitz, aus dem Bestand der Internationalen Bachakademie Stuttgart und dem Archiv des Bärenreiter-Verlags.

Ihnen allen sei hierfür herzlich gedankt.

Siegbert Rampe   Dominik Sackmann

BIBLIOGRAPHIE

Nachstehend folgt eine Auswahl wesentlicher Literaturwerke, die bei Entstehung des Buches Verwendung fanden. Unter diesen wird nach Möglichkeit nur neuere Sekundärliteratur angeführt.

Da Literaturhinweise in den drei Buchteilen spärlich und zudem in Kurzform (unter Nennung von Autorzunamen und Erscheinungsjahr) präsentiert werden, kann sich der Leser im folgenden detaillierte Auskünfte über die zitierten Werke und Anregungen zum Studium weiterer Schriften verschaffen. Der Übersicht halber ist nachstehende Liste in die Abschnitte *Musikalien, Quellen* und *Allgemeine Sekundärliteratur* sowie in die Sekundärliteratur der vier Buchteile gegliedert.

Außer den im Abkürzungsverzeichnis auf S. 10 genannten werden folgende Abkürzungen verwendet:

AfMw	*Archiv für Musikwissenschaft*
Bach-Handbuch	*Bach-Handbuch,* hrsg. von Konrad Küster. Kassel etc., Stuttgart und Weimar, 1999
Bach-Kantaten II	*Die Welt der Bach-Kantaten II · Johann Sebastian Bachs weltliche Kantaten,* hrsg. von Christoph Wolff mit einem Vorwort von Ton Koopman. Stuttgart und Weimar, Kassel etc., 1997
Bach-Kantaten III	*Die Welt der Bach-Kantaten III · Johann Sebastian Bachs Leipziger Kirchenkantaten,* hrsg. von Christoph Wolff mit einem Vorwort von Ton Koopman. Stuttgart und Weimar, Kassel etc., 1999
Bachs Orchesterwerke	*Bachs Orchesterwerke · Bericht über das 1. Dortmunder Bach-Symposion 1996,* hrsg. von Martin Geck in Verbindung mit Werner Breig. Witten, 1997 (*Dortmunder Bach-Forschungen* 1, hrsg. von Martin Geck)
Bach und die Stile	*Bach und die Stile · Bericht über das 2. Dortmunder Bach-Symposion 1998,* hrsg. von Martin Geck in Verbindung mit Klaus Hofmann. Dortmund, 1999 (*Dortmunder Bach-Forschungen* 2, hrsg. von Martin Geck)
Bericht Duisburg	*Johann Sebastian Bachs Spätwerk und dessen Umfeld · Perspektiven und Probleme. Bericht über das wissenschaftliche Symposium anläßlich des 61. Bachfestes der Neuen Bachgesellschaft Duisburg, 28.–30. Mai 1986,* hrsg. von Christoph Wolff. Kassel etc., 1988
Bericht Leipzig	*Bericht über die Wissenschaftliche Konferenz zum V. Internationalen Bachfest der DDR in Verbindung mit dem 60. Bachfest der Neuen Bachgesellschaft, Leipzig, 25. bis 27. März 1985,* hrsg. von Winfried Hoffmann und Armin Schneiderheinze. Leipzig, 1988
Bericht Marburg	*Bachforschung und Bachinterpretation heute · Wissenschaftler und Praktiker im Dialog · Bericht über das Bachfest-Symposium 1978 der Philipps-Universität Marburg,* hrsg. von Reinhold Brinkmann. Kassel etc., 1981
BJHM	*Basler Jahrbuch für Historische Musikpraxis*
Cambridge Companion	*The Cambridge Companion to Bach,* hrsg. von John Butt. Cambridge, 1997
Concerto	*Concerto – Das Magazin für Alte Musik*
Das Frühwerk	*Das Frühwerk Johann Sebastian Bachs · Kolloquium Rostock 1990,* hrsg. von Karl Heller und Hans-Joachim Schulze. Köln, 1995
DM	*Documenta Musicologica*
EM	*Early Music*
Fs	*Festschrift*
GSJ	*Galpin Society Journal*
JAMIS	*Journal of the American Musical Instrument Society*
JAMS	*Journal of the American Musicological Society*
Mf	*Die Musikforschung*
MQ	*The Musical Quarterly*
SAIM	*Studien zur Aufführungspraxis und Interpretation der Musik des 18. Jahrhunderts*
TMw	*Taschenbücher zur Musikwissenschaft*

Musikalien

Erstdrucke und Neueditionen

ALBINONI, Tomaso: *Sinfonie e Concerti a cinque [...] opera seconda.* Venedig, 1700; Neuausg., hrsg. von Siegbert Rampe und Dominik Sackmann (i. Vorb.)

ALBINONI, Tomaso: *Concerti a cinque opera quinta.* Venedig, 1707

ALBINONI, Tomaso: *Concerti a cinque [...] opera settima.* Amsterdam, [1715]

ALBICASTRO, Henrico: *Concerti à quattro [...] opera settima.* Amsterdam, 1704; Neuausg., hrsg. von Max Zulauf. Basel, 1955 (*Schweizerische Musikdenkmäler* 1)

BACH, Johann Bernhard: *Orchestersuite Nr. 1 g-Moll,* hrsg. von Hans Bergmann. Stuttgart, 1988

BACH, Johann Sebastian: *Kantaten zum 2. und 3. Sonntag nach Trinitatis,* hrsg. von Robert Moreen, George S. Bozarth und Paul Brainard. Kassel etc. und Leipzig, 1981 (NBA I/16; *Kritischer Bericht,* hrsg. von Robert Moreen, George S. Bozarth und Paul Brainard. 1984)

BACH, Johann Sebastian: *Festmusiken für die Fürstenhäuser von Weimar, Weißenfels und Köthen,* hrsg. von Alfred Dürr. Kassel etc. und Leipzig, 1963 (NBA I/35; *Kritischer Bericht,* hrsg. von Alfred Dürr. 1964)

BACH, Johann Sebastian: *Zweiter Teil der Klavierübung, Vierter Teil der Klavierübung, Vierzehn Kanons BWV 1087,* hrsg. von Walter Emery und Christoph Wolff. Kassel etc. und Leipzig, 1977 (NBA V/2; *Kritischer Bericht,* hrsg. von Walter Emery und Christoph Wolff. 1981)

BACH, Johann Sebastian: *Die Klavierbüchlein für Anna Magdalena Bach,* hrsg. von Georg von Dadelsen. Kassel etc. und Leipzig, 1957 (NBA V/4; *Kritischer Bericht,* hrsg. von Georg von Dadelsen. 1957)

BACH, Johann Sebastian: *Klavierbüchlein für Wilhelm Friedemann Bach,* hrsg. von Wolfgang Plath. Kassel etc. und Leipzig, 1962 (NBA V/5; *Kritischer Bericht,* hrsg. von Wolfgang Plath. 1963)

BACH, Johann Sebastian: *Die sechs Französischen Suiten · Zwei Suiten a-Moll, Es-Dur,* hrsg. von Alfred Dürr. Kassel etc. und Leipzig, 1980 (NBA V/8; *Kritischer Bericht,* hrsg. von Alfred Dürr. 1982)

BACH, Johann Sebastian: *Toccaten,* hrsg. von Peter Wollny. Kassel etc., 1999 (NBA V/9.1; *Kritischer Bericht,* hrsg. von Peter Wollny. 1999)

BACH, Johann Sebastian: *Sechs kleine Präludien · Einzeln überlieferte Klavierwerke I,* hrsg. von Uwe Wolf. Kassel etc., 1999 (NBA V/9.2)

BACH, Johann Sebastian: *Einzeln überlieferte Klavierwerke II und Kompositionen für Lauteninstrumente,* hrsg. von Hartwig Eichberg und Thomas Kohlhase. Kassel etc., 1976 (NBA V/10)

BACH, Johann Sebastian: *Bearbeitungen fremder Werke,* hrsg. von Karl Heller. Kassel etc., 1997 (NBA V/11; *Kritischer Bericht,* hrsg. von Karl Heller. 1997)

BACH, Johann Sebastian: *Drei Sonaten für Viola da gamba und Cembalo,* hrsg. von Hans Eppstein. Kassel etc. und Leipzig, 1984 (NBA VI/4; *Kritischer Bericht,* hrsg. von Hans Eppstein. 1989)

BACH, Johann Sebastian: *Vier Ouvertüren (Orchestersuiten),* hrsg. von Heinrich Besseler unter Mitarbeit von Hans Grüß. Kassel etc. und Leipzig, 1966 (NBA VII/1; *Kritischer Bericht,* hrsg. von Heinrich Besseler unter Mitarbeit von Hans Grüß. 1967)

BACH, Johann Sebastian: *Sechs Brandenburgische Konzerte,* hrsg. von Heinrich Besseler. Kassel etc. und Leipzig, 1956; Nachtrag (BWV 1050a), hrsg. von Alfred Dürr. Kassel etc. und Leipzig, 1975 (NBA VII/2; *Kritischer Bericht,* hrsg. von Heinrich Besseler. 1956; Nachtrag, hrsg. von Alfred Dürr. 1975)

BACH, Johann Sebastian: *Konzerte für Violine, für zwei Violinen, für Cembalo, Flöte und Violine,* hrsg. von Dietrich Kilian. Kassel etc. und Leipzig, 1986 (NBA VII/3; *Kritischer Bericht,* hrsg. von Dietrich Kilian und Georg von Dadelsen. 1989)

BACH, Johann Sebastian: *Konzerte für Cembalo,* hrsg. von Werner Breig. Kassel etc., 1999 (NBA VII/4; *Kritischer Bericht,* hrsg. von Werner Breig [i. Vorb.])

BACH, Johann Sebastian: *Konzerte für zwei Cembali,* hrsg. von Karl Heller und Hans-Joachim Schulze. Kassel etc. und Leipzig, 1985 (NBA VII/5; *Kritischer Bericht,* hrsg. von Karl Heller und Hans-Joachim Schulze. 1990)

BACH, Johann Sebastian: *Konzerte für drei und vier Cembali,* hrsg. von Rudolf Eller und Karl Heller. Kassel etc. und Leipzig, 1975 (NBA VII/6; *Kritischer Bericht,* hrsg. von Rudolf Eller und Karl Heller. 1976)

BACH, Johann Sebastian: *Verschollene Solokonzerte in Rekonstruktion,* hrsg. von Wilfried Fischer. Kassel etc. und Leipzig, 1970 (NBA VII/7; *Kritischer Bericht,* hrsg. von Wilfried Fischer. 1971)

BACH, Johann Sebastian: *Konzert a-Moll für Flöte, Violine, Cembalo und Streichorchester BWV 1044,* hrsg. von Hans-Joachim Schulze. Leipzig, 1974

BACH, Johann Sebastian: *Concerto da camera in F. Rekonstruktion nach dem Zweiten Brandenburgischen Konzert BWV 1047 für Trompete, Blockflöte, Oboe, Violine und Basso continuo* von Klaus Hofmann. Kassel, etc., 1998

Erstdrucke und Neueditionen · Faksimilia

BACH, Johann Sebastian: *Konzert d-Moll für Cembalo und Streichorchester BWV 1052,* hrsg. von Hans-Joachim Schulze. Leipzig, 1975
BACH, Johann Sebastian: *Konzert E-Dur für Cembalo und Streichorchester BWV 1053,* hrsg. von Christoph Held. Leipzig, 1982
BACH, Johann Sebastian: *Concerto D dur für Oboe d'amore, Streicher und Basso continuo · Rekonstruktion und Generalbaßaussetzung von Arnold Mehl* [BWV 1053]. Lottstetten/Waldshut und Adliswil/Zürich, 1983
BACH, Johann Sebastian: *Konzert f-Moll für Cembalo und Streichorchester BWV 1056,* hrsg. von Hans-Joachim Schulze. Leipzig, 1977
BACH, Johann Sebastian: *Konzert für Cembalo (Klavier), zwei f-Altblockflöten und Streichorchester* [BWV 1057], hrsg. von Adolf Hoffmann. Wolfenbüttel, 1955 (*Corona* 32, hrsg. von Adolf Hoffmann)
BACH, Johann Sebastian: *Werke für zwei Cembali · Konzert C-Dur originale Erstfassung BWV 1061a · 2 Fugen d-Moll aus der »Kunst der Fuge« BWV 1080/18,* hrsg. von Christoph Wolff. Frankfurt am Main etc., 1987
CORELLI, Arcangelo: *Sonate à tre [...] Opera prima.* Rom, 1681; Neuausg., hrsg. von Max Lütolf. Köln, 1987 (*Historisch-kritische Gesamtausgabe der musikalischen Werke* 1, hrsg. von Hans Oesch)
CORELLI, Arcangelo: *Sonate da Camera à tre [...] Opera seconda.* Rom, 1685; Neuausg., hrsg. von Jürg Stenzl. Köln, 1986 (*Historisch-kritische Gesamtausgabe der musikalischen Werke* 2, hrsg. von Hans Oesch)
CORELLI, Arcangelo: *Sonate à tre [...] Opera terza.* Rom, 1689; Neuausg., hrsg. von Max Lütolf. Köln, 1987 (*Historisch-kritische Gesamtausgabe der musikalischen Werke* 1, hrsg. von Hans Oesch)
CORELLI, Arcangelo: *Sonate à tre [...] Opera quarta.* Rom, 1694; Neuausg., hrsg. von Jürg Stenzl. Köln, 1986 (*Historisch-kritische Gesamtausgabe der musikalischen Werke* 2, hrsg. von Hans Oesch)
CORELLI, Arcangelo: *Sonate a Violino e Violone o Cembalo [...] Opera quinta.* Rom, 1700; Amsterdam, ^{3}1710; Neuausg., hrsg. von Antonio Baldassarre. Laaber [i. Vorb.] (*Historisch-kritische Gesamtausgabe der musikalischen Werke* 3, hrsg. von Hans Oesch)
CORELLI, Arcangelo: *Concerti grossi [...] Opera sesta.* Amsterdam, [1715]
COUPERIN, François: *Pieces de clavecin.* Paris, 1713; Neuausg., hrsg. von Kenneth Gilbert. Paris, ^{2}1972
COUPERIN, François: *Pieces de clavecin.* Paris, 1716/17; Neuausg., hrsg. von Kenneth Gilbert. Paris, 1969
D'ANGLEBERT, Jean-Henry: *Pieces de Clavecin.* Paris, 1689; Neuausg., hrsg. von Kenneth Gilbert. Paris, 1975
DIEUPART, Charles: *Six Suites pour clavecin.* Amsterdam, 1701; *Neuausg.,* hrsg. von Kenneth Gilbert. Monaco, 1979
KEYBOARD MUSIC FROM THE ANDREAS BACH BOOK AND THE MÖLLER MANUSCRIPT, hrsg. von Robert Hill, Vorwort von Christoph Wolff. Cambridge/Mass. und London, 1991 (*Harvard Publications in Music* 16)
TORELLI, Giuseppe: *Sinfonie a tre e concerti a quattro, opera quinta.* Bologna, 1692
TORELLI, Giuseppe: *Sinfonie a tre e concerti a quattro, opera sesta.* Augsburg, 1698
TORELLI, Giuseppe: *Concerti grossi / Con una Pastorale per il Santissimo Natale [...] opera ottava.* Bologna, 1709; Neuausg., hrsg. von Dominik Sackmann. Wien und München (i. Vorb.)
VENTURINI, Francesco: *Concerti di Camera à 4, 5, 6, 7, 8 e 9 Instrumenti [...] Opera prima Parte prima.* Amsterdam, [vor 1716]
VIVALDI, Antonio: *L'Estro armonico, Concerti [...] opera terza.* Amsterdam, [1711]
VIVALDI, Antonio: *La Stravaganza, Concerti [...] opera quarta.* Amsterdam, [1716]
VIVALDI, Antonio: *VI Concerti a cinque stromenti, tre violini, alto viola e basso continuo, opera sesta.* Amsterdam, [1719]
VIVALDI, Antonio: *Concerti a cinque stromenti, tre violini, alto viola e basso continuo [...] Uno è con oboe, opera settima.* Amsterdam, [1720]
VIVALDI, Antonio: *Il Cimento dell'armonia e dell'inventione, Concerti à 4 e 5 [...] Opera ottava.* Amsterdam, [1725]

FAKSIMILIA

BACH, Johann Sebastian: *Unser Mund sei voll Lachens · Kantate zum 1. Weihnachtstag (BWV 110). Faksimile des Autographs,* hrsg. von Hans-Joachim Schulze. Kassel etc., 1990 (*DM* 2/XIV)
BACH, Johann Sebastian: *Brandenburgische Konzerte,* hrsg. von Peter Wackernagel. Leipzig, 1947 und 1950
BACH, Johann Sebastian: *Brandenburgisches Konzert Nr. 5 D-Dur BWV 1050 · Faksimile des Originalstimmensatzes,* hrsg. von Hans-Joachim Schulze. Leipzig, 1975
BACH, Johann Sebastian: *Konzert D-Dur BWV 1054 für Cembalo und Streichorchester,* hrsg. von Hans-Joachim Schulze. Leipzig, 1972
BACH, Johann Sebastian: *Sonate A-Dur BWV 1032 für Flöte und Cembalo · Konzert c-Moll BWV 1062 für 2 Cembali und Streichorchester,* hrsg. von Hans-Joachim Schulze. Leipzig, 1979, und Kassel etc., 1980
BACH, Johann Sebastian: *Concerto à 6 BWV 1043,* hrsg. von Christoph Wolff. New York, 1992
KLAVIERBÜCHLEIN FÜR ANNA MAGDALENA BACH (1725). FAKSIMILE DES ORIGINALS, hrsg. von Georg von Dadelsen. Kassel etc., 1988
SIRET, Nicolas: *Pieces de Clavecin.* Paris, ca. 1710; Repr. Genf, 1982

ALLGEMEINE LITERATUR

QUELLEN

ADLUNG, Jacob: *Anleitung zu der musikalischen Gelahrtheit.* Erfurt, 1758; Repr., hrsg. von Hans Joachim Moser. Kassel etc., 1953 (*DM* 1/IV)

ADLUNG, Jacob: *Musica Mechanica Organoedi* (2 Bde.), hrsg. von Johann Friedrich Agricola. Berlin, 1768 (Manuskript Erfurt, 1726); Repr., hrsg. von Christhard Mahrenholz. Kassel etc., 1961 (*DM* 1/XVIII)

AGRICOLA, Johann Friedrich: *Anleitung zur Singkunst* (nach Pier Francesco Tosi, 1723). Berlin, 1757; Repr., hrsg. von Erwin Reuben Jacobi. Celle, 1966

ALTENBURG, Johann Ernst: *Versuch einer Anleitung zur heroisch-musikalischen Trompeter- und Pauker-Kunst.* Halle, 1795; Repr. Leipzig, 1972

BACH. *Briefe der Musikerfamilie,* hrsg. von Friedemann Otterbach. Frankfurt am Main, 1985

BACH, Carl Philipp Emanuel: *Versuch über die wahre Art das Clavier zu spielen.* Berlin, 1753; Repr., hrsg. von Wolfgang Horn. Kassel etc., 1994

BACH, Carl Philipp Emanuel: *Versuch über die wahre Art das Clavier zu spielen Zweyter Theil.* Berlin, 1762; Repr., hrsg. von Wolfgang Horn. Kassel etc., 1994

BACH-DOKUMENTE BAND I. *Schriftstücke von der Hand Johann Sebastian Bachs · Kritische Gesamtausgabe,* hrsg. von Werner Neumann und Hans-Joachim Schulze. Leipzig und Kassel etc., 1963 (*NBA,* Supplement)

BACH-DOKUMENTE BAND II. *Fremdschriftliche und gedruckte Dokumente zur Lebensgeschichte Johann Sebastian Bachs 1685–1750 · Kritische Gesamtausgabe,* hrsg. von Werner Neumann und Hans-Joachim Schulze. Leipzig und Kassel etc., 1969 (*NBA,* Supplement)

BACH-DOKUMENTE BAND III. *Dokumente zum Nachwirken Johann Sebastian Bachs 1750–1800,* hrsg. von Hans-Joachim Schulze. Kassel etc., 1984 (*NBA,* Supplement)

BECKMANN, Johann Christoff: *Historie des Fürstentums Anhalt* V. Zerbst, 1710

BEYER, Johann Samuel: *Primæ Lineæ Musicæ Vocalis · Das ist: Kurtze / leichte / grindliche und richtige Anweisung.* Freiberg, 1703; Repr. Leipzig, 1977

BROSSARD, Sébastien de: *Dictionaire de Musique.* Paris, 1703; Repr. Amsterdam, 1964

BUTTSTETT, Johann Heinrich: *UT, MI, SOL, RE, FA, LA, Tota Musica et Harmonia Æterna, Oder Neu-eröffnetes, altes, wahres, eintziges und ewiges Fundamentum Musices.* Erfurt, [1715]

CORRETTE, Michel: *Méthode Pour apprendre aisément à jouer de la Flûte traversière.* Paris, [ca. 1735]; Repr. Hildesheim und New York, 1975

CRAMER, Carl Friedrich: *Magazin der Musik* II. Hamburg, 1784

DAUBE, Johann Friedrich: *General-Baß in drey Accorden, gegründet in den Regeln der alt- und neuen Autoren.* Leipzig, 1756; Repr., hrsg. von Eitelfriedrich Thom. Michaelstein/Blankenburg, 1984

DESCARTES, René: *Musicae Compendium.* Utrecht, 1650; Repr. Straßburg, [o.J.]

DOLES, Johann Friedrich: *Anfangsgründe zum Singen* (Manuskript Leipzig, ca. 1760), hrsg. von Armin Schneiderheinze. Leipzig, 1989 (*Beiträge zur Bach-Forschung* 7)

EISEL, Johann Philipp: *Musicus autodidaktos.* Erfurt, 1738

FORKEL, Johann Nicolaus: *Ueber Johann Sebastian Bachs Leben, Kunst und Kunstwerke. Für patriotische Verehrer echter musikalischer Kunst.* Leipzig, 1802; Neuausg., hrsg. von Walther Vetter. Kassel etc., 1982

FREILLON-PONCEIN, Jean-Pierre: *La Veritable Maniere d'apprendre a jouer en perfection du Haut-Bois, de la Flute et du Flageolet.* Paris, 1700; Repr. Genf, 1971

FUHRMANN, Martin Heinrich: *Musicalischer Trichter.* Frankfurt an der Spree (= Berlin), 1706; Repr., hrsg. von Dominik Sackmann (i. Vorb.)

GERBER, Ernst Ludwig: *Historisch-biographisches Lexikon der Tonkünstler* (2 Bde.). Leipzig, 1790–1792; Repr., hrsg. von Othmar Wessely. Graz, 1966

GOTTSCHED, Johann Christoph (Hrsg.): *Handlexicon oder Kurzgefaßtes Wörterbuch der schönen Wissenschaften und freyen Künste.* Leipzig, 1760; Repr. Hildesheim und New York, 1970

HALLE, Johann Samuel: *Werkstätte der heutigen Künste* 3. Brandenburg und Leipzig, 1764

HEINICHEN, Johann David: *Neu erfundene Anweisung zu vollkommener Erlernung des Generalbasses.* Hamburg, 1711

HEINICHEN, Johann David: *Der General-Bass in der Composition.* Dresden, 1728; Repr. Hildesheim und New York, ^{2}1994

HILLER, Johann Adam: *Wöchentliche Nachrichten und Anmerkungen die Musik betreffend.* Leipzig, 1766–1770; Repr. Hildesheim und New York, 1970

Allgemeine Literatur · Quellen

HILLER, Johann Adam: *Lebensbeschreibungen berühmter Musikgelehrten und Tonkünstler, neuerer Zeit.* Leipzig, 1784; Repr., hrsg. von Bernd Baselt. Leipzig, 1975

HOTTETERRE, Jacques-Martin: *Principes de la Flute Traversiere.* Amsterdam, ²1728 (Erstauflage Paris, 1707); Repr. mit deutscher Übersetzung, hrsg. von Hans Joachim Hellwig. Kassel etc., ⁷1990 (*DM* 1/XXXIV); Repr. als Taschenbuch, Kassel etc., 1998

JANOVKA, Thomas Baltasar: *Clavis ad Thesaurum Magnæ Artis Musicæ.* Prag, 1701; Repr. Amsterdam, 1973

KIRNBERGER, Johann Philipp: *Construction der gleichschwebenden Temperatur.* Berlin, 1764

KIRNBERGER, Johann Philipp: *Anweisung zum Clavierstimmen.* [Berlin], 1766

KIRNBERGER, Johann Philipp: *Die Kunst des reinen Satzes in der Musik* (4 Bde.). Berlin und Königsberg, 1771 und 1776–1779; Repr. Hildesheim, 1968

KOLNEDER, Walter: *Georg Muffat zur Aufführungspraxis.* Straßburg und Baden-Baden, 1970 (*Sammlung musikwissenschaftlicher Abhandlungen* 50)

KUHNAU, Johann: *Der musicalische Quacksalber.* Dresden, 1700; Neuausg., hrsg. von Kurt Berndorf. Berlin, 1900

L'AFFILARD, Michel: *Principes tres-faciles pour bien apprendre la musique.* Paris, 1705; Repr. Genf, 1979

LOULIÉ, Etienne: *Eléments ou Principes de Musique.* Paris, 1696; Repr. Genf, 1971

MAJER, Joseph Friedrich Bernhard Caspar: *Museum musicum theoretic-practicum.* Schwäbisch-Hall, 1732; Repr. Kassel etc., 1954

MAJER, Joseph Friedrich Bernhard Caspar: *Neu-eröffneter Theoretisch- und Practischer Music-Saal.* Nürnberg, 1741; Repr., hrsg. von Eitelfriedrich Thom. Michaelstein/Blankenburg, [1990]

MARPURG, Friedrich Wilhelm: *Des Critischen Musicus an der Spree erster Band.* Berlin, 1749/50; Repr. Hildesheim und New York, 1970

MARPURG, Friedrich Wilhelm: *Historisch-Kritische Beyträge zur Aufnahme der Musik* I. Berlin, 1754/55; Repr. Hildesheim, 1970

MARPURG, Friedrich Wilhelm: *Principes du clavecin.* Berlin, 1756

MARPURG, Friedrich Wilhelm: *Anleitung zum Clavierspielen.* Berlin, ²1765 (Erstauflage 1755); Repr. Hildesheim und New York, 1970

MARPURG, Friedrich Wilhelm: *Versuch über die musikalische Temperatur, nebst einem Anhang über den Rameau- und Kirnbergerschen Grundbaß.* Breslau, 1776

MATTHESON, Johann: *Das Neu-Eröffnete Orchestre.* Hamburg, 1713; Repr. Hildesheim, Zürich und New York, 1997

MATTHESON, Johann: *Das Beschützte Orchestre.* Hamburg, 1717; Repr. Leipzig, 1981

MATTHESON, Johann: *Réflexions sur l'éclaircissement d'un problème de musique pratique.* Hamburg, 1720

MATTHESON, Johann: *Das Forschende Orchestre.* Hamburg, 1721; Repr. Hildesheim und New York, 1976

MATTHESON, Johann: *Critica musica* (2 Bde.). Hamburg, 1722 und 1725; Repr. Amsterdam, 1964

MATTHESON, Johann: *Grosse General-Baß-Schule.* Hamburg, 1731; Repr. Hildesheim, Zürich und New York, 1994

MATTHESON, Johann: *Kleine General-Bass-Schule.* Hamburg, 1735; Repr. Laaber, 1980

MATTHESON, Johann: *Kern melodischer Wißenschafft.* Hamburg, 1737; Repr. Hildesheim und New York, ²1990

MATTHESON, Johann: *Der Vollkommene Capellmeister.* Hamburg, 1739; Repr., hrsg. von Margarete Reimann. Kassel etc., ⁶1995 (*DM* 1/V)

MATTHESON, Johann: *Grundlage einer Ehren-Pforte.* Hamburg, 1740; Neuausg., hrsg. von Max Schneider. Berlin, 1910; Repr. Kassel etc. und Graz, 1969

MATTHESON, Johann: *Philologisches Tresespiel, als ein kleiner Beytrag zur kritischen Geschichte der deutschen Sprache.* Hamburg, 1752

MERCK, Daniel: *Compendium Musicæ Instrumentalis Chelicæ · Das ist: Kurtzer Begriff / Welcher Gestalten Die Instrumental-Music auf der Violin, Pratschen / Viola da Gamba und Bass, gründlich und leicht zu erlernen seye.* Augsburg, 1695

MIZLER VON KOLOF, Lorenz Christoph: *Neu eröffnete Musikalische Bibliothek* (3 Bde.). Leipzig, 1736–1739, 1740–1745 und 1746–1752; Repr. Hildesheim, 1966

MIZLER VON KOLOF, Lorenz Christoph: *Anfangs-Gründe Des General Basses Nach Mathematischer Lehr-Art abgehandelt.* Leipzig, 1739; Repr. Hildesheim und New York, 1972

MIZLER von Kolof, Lorenz Christoph: *Sammlung auserlesener moralischer Oden Zum Nutzen und Vergnügen Der Liebhaber des Claviers.* Leipzig, 1740; Repr., hrsg. von Dragan Plamenac. Leipzig, 1972

MIZLER von Kolof, Lorenz Christoph: *Zweyte Sammlung auserlesener moralischer Oden zum Nutzen und Vergnügen Der Liebhaber des Claviers.* Leipzig, 1741; Repr., hrsg. von Dragan Plamenac. Leipzig, 1972

MIZLER von Kolof, Lorenz Christoph: *Dritte Sammlung auserlesener moralischer Oden zum Nutzen und Vergnügen der Liebhaber des Claviers und des Singens.* Leipzig, 1743; Repr., hrsg. von Dragan Plamenac. Leipzig, 1972

MOZART, Leopold: *Versuch einer gründlichen Violinschule.* Augsburg, 1756; Repr., hrsg. von Greta Moens-Haenen. Kassel etc., 1995

MUFFAT, Georg: *Florilegium Primum.* Augsburg, 1695, Vorrede, in: Kolneder (1970), S. 30

MUFFAT, Georg: *Florilegium Secundum.* Passau, 1698, Vorrede, in: Kolneder (1970), S. 39

MUFFAT, Georg: *Harmoniæ Instrumentalis Gravi-Jucundæ Selectus Primus.* Passau, 1701, Vorrede, in: Kolneder (1970), S. 112

Allgemeine Literatur · Quellen

NEIDHARDT, Johann Georg: *Beste und leichteste Temperatur des Monochordi.* Jena, 1706

NIEDT, Friedrich Erhard: *Musicalische Handleitung* (2 Bde.). Hamburg, 1700 und 1706; Neuausg. mit Ergänzungsband, hrsg. von Johann Mattheson. Hamburg, 1710, 1717 und 1721; Repr. Buren, 1976

ORTIZ, Diego: *Tratado de glosas.* Rom, 1553; Repr. mit deutscher Übersetzung, hrsg. von Max Schneider. Kassel etc., 1967

PETRI, Johann Samuel: *Anleitung zur practischen Musik, vor neuangehende Sänger und Instrumentspieler.* Lauban/Schlesien, 1767

PETRI, Johann Samuel: *Anleitung zur praktischen Musik.* Leipzig, ²1782; Repr. Giebing über Prien am Chiemsee, 1969

POULIN, Pamela L.: *J. S. Bach's Precepts and Principles for Playing the Thorough-Bass or Accompanying in Four Parts Leipzig 1738 · Translation with Facsimile, Introduction and Explanatory Note. Preface by Christoph Wolff.* Oxford, 1994 (*Early Music Series* 16)

PRAETORIUS, Michael: *Syntagma Musicum · Tomus Tertius.* Wolfenbüttel, 1619; Repr., hrsg. von Wilibald Gurlitt. Kassel etc., ³1978 (*DM* 1/XV)

PREUSSNER, Eberhard: *Die musikalischen Reisen des Herrn von Uffenbach. Aus einem Reisetagebuch des Johann Friedrich A. von Uffenbach aus Frankfurt a.M. 1712–1716.* Kassel etc., 1949

PRINTZ, Wolfgang Caspar: *Musica Modulatoria Vocalis.* Schweidnitz, 1678

PRINTZ, Wolfgang Caspar: *Phrynis Mytilenaeus* (Manuskript 1679). Dresden und Leipzig, 1696

QUANTZ, Johann Joachim: *Versuch einer Anweisung die Flöte traversiere zu spielen.* Berlin, 1752; Repr., hrsg. von Horst Augsbach. Kassel etc. und München, 1992

REICHARDT, Johann Friedrich: *Briefe eines aufmerksam Reisenden die Musik betreffend* (2 Bde.). Frankfurt am Main und Leipzig, 1774 und 1776; Repr. Hildesheim und New York, 1977

ROUSSEAU, Jean-Jacques: *Dictionnaire de musique.* Paris, 1768; Repr. Hildesheim, 1969

SAINT-LAMBERT, Michel de: *Les Principes du Clavecin.* Paris, 1702; Repr. Genf, 1972

SCHEIBE, Johann Adolph: *Compendium Musices Theoretico-practicum das ist Kurzer Begriff derer nöthigsten Compositions-Regeln* (Ms. Leipzig, ca. 1730), hrsg. von Peter Benary, in: Benary (1961), Anhang (→ *Allgemeine Sekundärliteratur*)

SCHEIBE, Johann Adolph: *Critischer Musicus · Neue, vermehrte und verbesserte Auflage.* Leipzig, 1745; Repr. Hildesheim, New York und Wiesbaden, 1970

SCHEIDT, Samuel: *Tabulatura Nova* I. Hamburg, 1624; Neuausg., hrsg. von Christhard Mahrenholz. Leipzig, ⁴1979 (*Samuel Scheidt Werke* VI/1)

SCHUBART, Christian Friedrich Daniel: *Ideen zu einer Aesthetik der Tonkunst* (Manuskript Hohenasperg/Württemberg, 1784/85), hrsg. von Ludwig Schubart. Wien, 1806; Neuausg., hrsg. von Jürgen Mainka. Leipzig, 1977

SORGE, Georg Andreas: *Anweisung zur Stimmung und Temperatur sowohl der Orgelwerke, als auch anderer Instrumente, sonderlich aber des Claviers.* Hamburg, 1744

SORGE, Georg Andreas: *Vorgemach der musicalischen Composition* (3 Teile). Lobenstein, 1745–1747

SORGE, Georg Andreas: *Gespräch zwischen einem Musico theoretico und einem Studioso musices von der Praetorianischen, Printzischen, Werckmeisterischen, Neidhardtischen, Niedischen und Silbermannischen Temperatur, wie auch von neuen systemate von Herrn Cappelmeister Telemanns.* Lobenstein, 1748

SPEER, Daniel: *Grund-richtiger / kurtz / leicht und nöthiger Unterricht Der Musicalischen Kunst / Wie man füglich und in kurtzer Zeit Choral und Figural singen / Den General-Bass tractiren / und Componiren lernen soll.* Ulm, 1687; Repr., hrsg. von Isolde Ahlgrimm und Felix Burkhardt. Leipzig, 1974

SPEER, Daniel: *Grund-richtiger / Kurtz-Leicht- und Nöthiger jetzt Wol-vermehrter Unterricht der Musicalischen Kunst oder Vierfaches Musicalisches Kleeblatt.* Ulm, 1697; Repr., hrsg. von Isolde Ahlgrimm und Felix Burkhardt. Leipzig, 1974

STÖSSEL, Johann Christoph und Johann David (Hrsg.): *Kurzgefasstes Musicalisches Lexicon.* Chemnitz, 1737/²1749; Repr. Kassel etc., 1975

TARTINI, Giuseppe: *Traité des Agrements de la Musique,* hrsg. von Pierre Denis. Paris, 1771; Neuausg. mit Faks. des italienischen Manuskripts, hrsg. von Erwin Reuben Jacobi. Celle, 1961

TELEMANN, Georg Philipp: *Singe- Spiel- und General-Bass-Übungen.* Hamburg, 1733/34; Neuausg., hrsg. von Max Seiffert. Kassel etc., ²1968

TELEMANN, Georg Philipp: *Briefwechsel · Sämtliche erreichbare Briefe von und an Telemann,* hrsg. von Hans Große und Hans Rudolf Jung. Leipzig, 1972

TELEMANN, Georg Philipp: *Autobiographien 1718 · 1729 · 1740,* hrsg. von Eitelfriedrich Thom. Michaelstein/Blankenburg, 1980 (*SAIM* 3)

TELEMANN, Georg Philipp: *Singen ist das Fundament zur Music in allen Dingen · Eine Dokumentensammlung,* hrsg. von Werner Rackwitz. Wilhelmshaven, 1981 (*TMw* 80, hrsg. von Richard Schaal)

TOSI, Pier Francesco: *Opinioni dei cantori antichi e moderni o sieno Osservazioni sopra il canto figurato.* Bologna, 1723; Repr., hrsg. von Erwin Reuben Jacobi. Celle, 1966

Allgemeine Sekundärliteratur

TÜRK, Daniel Gottlob: *Klavierschule, oder Anweisung zum Klavierspielen für Lehrer und Lernende.* Leipzig und Halle/Saale, 1789; Repr., hrsg. von Siegbert Rampe. Kassel etc., 1997
UFFENBACH, Johann Friedrich Armand von (⟶ *Preußner, Eberhard*)
WALTHER, Johann Gottfried: *Praecepta der Musicalischen Composition* (Manuskript Weimar, 1708), hrsg. von Peter Benary. Leipzig, 1955 (*Jenaer Beiträge zur Musikforschung* 2, hrsg. von Heinrich Besseler)
WALTHER, Johann Gottfried: *Musicalisches Lexicon Oder Musicalische Bibliothec.* Leipzig, 1732; Repr., hrsg. von Richard Schaal. Kassel etc., ^{5}1993 (*DM* 1/III)
WALTHER, Johann Gottfried: *Briefe,* hrsg. von Klaus Beckmann und Hans-Joachim Schulze. Leipzig und Wiesbaden, 1987
WEIGEL, Christoff: *Abbildung Der Gemein-Nützlichen Haupt-Stände Von denen Regenten Und ihren So in Friedens- als Kriegs-Zeiten zugeordneten Bedienten an / biß auf alle Künstler und Handwerker.* Regensburg, 1698
WEIGEL, Johann Christoph: *Musicalisches Theatrum.* Nürnberg, [ca. 1722]; Repr., hrsg. von Alfred Berner. Kassel etc., 1961 (*DM* 1/XXII)
WERCKMEISTER, Andreas: *Orgel-Probe.* Quedlinburg, 1681
WERCKMEISTER, Andreas: *Musicalische Temperatur.* Quedlinburg, 1691
WERCKMEISTER, Andreas: *Hypomnemata Musica, Oder Musicalisches Memorial.* Quedlinburg, 1697; Repr. Hildesheim und New York, 1970
WERCKMEISTER, Andreas: *Erweiterte und verbesserte Orgel-Probe.* Quedlinburg, 1698; Repr. Hildesheim und New York, 1970
WERCKMEISTER, Andreas: *Die Nothwendigsten Anmerckungen und Regeln Wie der Bassus continuus Oder General-Baß wol könne tractiret werden.* Aschersleben, 1698; Repr., hrsg. von Eitelfriedrich Thom. Michaelstein/Blankenburg, [o. J.]
WERCKMEISTER, Andreas: *Harmonologia Musica Oder Kurtze Anleitung Zur Musicalischen Composition.* Frankfurt am Main und Leipzig, 1702; Repr. Hildesheim und New York, 1970
WERCKMEISTER, Andreas: *Musicalische Paradoxal-Discourse.* Quedlinburg, 1707; Repr. Hildesheim und New York, 1970
ZEDLER, Johann Heinrich: *Großes vollständiges Universal-Lexicon aller Wissenschafften und Künste.* Halle und Leipzig, 1733–1742; Repr. Graz, 1961–1964

SEKUNDÄRLITERATUR

AHRENS, Christian, und DIERKE, Sven: »Johann Theodor Roemhildt (1684–1756) · Werkverzeichnis«, in: *Roemhildt, Bach, Mozart · Beiträge zur Musikforschung · Jahrbuch der Bachwoche Dillenburg 1998,* hrsg. von Wolfgang Schult und Henrik Verkerk. Haiger, München und Salzburg, 1998, S. 17
BACH-BIBLIOGRAPHIE. *Nachdruck der Verzeichnisse des Schrifttums über Johann Sebastian Bach (Bach-Jahrbuch 1905–1984),* hrsg. von Christoph Wolff. Kassel, 1985
BACH-COMPENDIUM. *Analytisch-bibliographisches Repertorium der Werke Johann Sebastian Bachs · Vokalwerke Teil I–IV,* hrsg. von Hans-Joachim Schulze und Christoph Wolff. Leipzig und Dresden, 1985, 1987, 1988 und 1989
BADURA-SKODA, Eva: »Komponierte J. S. Bach „Hammerklavier-Konzerte"?«, in: *BJ 1991,* S. 159
BASSO, Alberto: »Oper und „dramma per musica"«, in: *Bach-Kantaten II,* S. 49
BEISSWENGER, Kirsten: *Johann Sebastian Bachs Notenbibliothek.* Kassel etc., 1992 (*Catalogus Musicus* XIII)
BENARY, Peter: *Die deutsche Kompositionslehre des 18. Jahrhunderts.* Leipzig, 1961 (*Jenaer Beiträge zur Musikforschung* 3, hrsg. von Heinrich Besseler)
BESSELER, Heinrich: »Markgraf Christian Ludwig von Brandenburg«, in: *BJ 1956,* S. 18
BORESCH, Hans-Werner: *Besetzung und Instrumentation · Studien zur kompositorischen Praxis Johann Sebastian Bachs.* Kassel etc., 1993 (*Bochumer Arbeiten zur Musikwissenschaft* 1, hrsg. von Werner Breig)
BOYD, Malcolm: *Bach · The Brandenburg Concertos.* Cambridge, 1993
BRANDT, Konrad: »Fragen zur Fagottbesetzung in den kirchenmusikalischen Werken Johann Sebastian Bachs«, in: *BJ 1968,* S. 65
BREIG, Werner: »Bachs Violinkonzert d-Moll. Studien zu seiner Gestalt und seiner Entstehungsgeschichte«, in: *BJ 1976,* S. 7
BREIG, Werner: »Zur Werkgeschichte von Johann Sebastian Bachs Cembalokonzert in A-Dur BWV 1055«, in: *The Harpsichord and its Repertoire. Proceedings of the International Harpsichord Symposium Utrecht 1990,* hrsg. von Pieter Dirksen. Utrecht, 1992, S. 187
BREIG, Werner: »Zur Gestalt von Johann Sebastian Bachs Konzert für Oboe d'amore A-dur«, in: *Tibia* 18 (1993), S. 431
BREIG, Werner: »Zur Werkgeschichte von Bachs Cembalokonzert BWV 1056«, in: *Bachs Orchesterwerke,* S. 265
BUNGE, Rudolf: »Johann Sebastian Bachs Kapelle zu Cöthen und deren nachgelassene Instrumente«, in: *BJ 1905,* S. 14

Allgemeine Sekundärliteratur

CASPER, S. Jost: »Zum „Bachischen Collegium Musicum"«, in: *BJ 1984,* S. 175
COBB BIERMANN, Joanna: »Johann Samuel Endlers Orchestersuiten und suitenähnliche Werke«, in: *Bachs Orchesterwerke,* S. 341
DADELSEN, Georg von: »Die Crux der Nebensache«, in: *BJ 1978,* S. 95
DADELSEN, Georg von: »Zur Geltung der Legatobögen bei Bach. Eine Studie für Artikulationsfanatiker und Editoren«, in: *Fs Arno Forchert zum 60. Geburtstag,* hrsg. von Gerhard Allroggen und Detlef Altenburg. Kassel etc., 1986, S. 114
DÄHNERT, Ulrich: *Der Orgel- und Instrumentenbauer Zacharias Hildebrandt · Sein Verhältnis zu Gottfried Silbermann und Johann Sebastian Bach.* Leipzig, 1961
DAMMANN, Rolf: *Der Musikbegriff im deutschen Barock.* Laaber, ²1984
DER SOZIALSTATUS DES BERUFSMUSIKERS VOM 17. BIS 19. JAHRHUNDERT · Gesammelte Beiträge, hrsg. von Walter Salmen. Kassel etc., 1971
300 JAHRE JOHANN SEBASTIAN BACH · Eine Ausstellung der Internationalen Bachakademie in der Staatsgalerie Stuttgart, hrsg. von Ulrich Prinz unter Mitarbeit von Konrad Küster. Tutzing, 1985
DREYFUS, Laurence: *Bach's Continuo Group · Players and Practices in his Vocal Works.* Cambridge/Mass. und London, 1987
DÜRR, Alfred: »Tastenumfang und Chronologie in Bachs Klavierwerken«, in: *Fs Georg von Dadelsen zum 60. Geburtstag,* hrsg. von Thomas Kohlhase und Volker Scherliess. Neuhausen-Stuttgart, 1978, S. 73
DÜRR, Alfred: »Heinrich Nikolaus Gerber als Schüler Bachs«, in: *BJ 1978,* S. 7
DÜRR, Alfred: *Die Kantaten von Johann Sebastian Bach* (2 Bde.). Kassel etc. und München, ³1979
DÜRR, Alfred: Besprechung von »Johann Sebastian Bach, Missa h-Moll BWV 232^I, Faksimile nach dem Originalstimmensatz der Sächsischen Landesbibliothek Dresden«, in: *BJ 1985,* S. 169
DÜRR, Alfred: *Johann Sebastian Bach · Das Wohltemperierte Klavier.* Kassel etc., 1998
EHRHARDT, Paul: *Gisela Agnes – Bach · Bilder aus Köthens Vergangenheit.* [Köthen], 1935
ELIAS, Norbert: *Die höfische Gesellschaft · Untersuchungen zur Soziologie des Königtums und der höfischen Aristokratie.* Frankfurt am Main, 1983
ELLER, Rudolf: »Über Charakter und Geschichte der Dresdner Vivaldi-Manuskripte«, in: *Vivaldiana* 1. Brüssel, 1969, S. 57 *(Publication à périodicité non déterminée du Centre International de Documentation Antonio Vivaldi)*
FAULSTICH, Bettina: *Die Musikaliensammlung der Familie von Voß. Ein Beitrag zur Berliner Musikgeschichte um 1800.* Kassel etc., 1997 *(Catalogus Musicus* XVI)
FECHNER, Manfred: »Bemerkungen zu Johann Georg Pisendel (1687–1755), insbesondere zu seiner Bedeutung als Musiksammler«, in: *Sächsische Heimatblätter* 6 (1982), S. 271
FROTSCHER, Gotthold: *Aufführungspraxis alter Musik.* Wilhelmshaven, 1963 (*TMw* 6, hrsg. von Richard Schaal)
FUCHS, Thorsten: *Studien zur Musikpflege in der Stadt Weißenfels und am Hofe der Herzöge von Sachsen-Weißenfels · Ein Beitrag zur mitteldeutschen Musikgeschichte des 17. und 18. Jahrhunderts.* Phil. Diss. Halle/Saale, 1990
FUCHS, Thorsten: »Johann Andreas Kirchhoff als Musikorganisator«, in: *Weißenfels als Ort literarischer und künstlerischer Kultur im Barockzeitalter,* hrsg. von Roswitha Jacobsen. Amsterdam und Atlanta, 1994, S. 109 *(Chloe · Beihefte zum Daphnis* 18)
FÜRSTENAU, Moritz: *Zur Geschichte der Musik und des Theaters am Hofe der Kurfürsten von Sachsen* (2 Bde.). Dresden, 1861 und 1862; Repr., hrsg. von Wolfgang Reich. Leipzig, 1979
GECK, Martin: *Johann Sebastian Bach.* Reinbek, 1993/²1995
GECK, Martin: »Köthen oder Leipzig? Zur Datierung der nur in Leipziger Quellen erhaltenen Orchesterwerke Johann Sebastian Bachs«, in: *Mf* 47 (1994), S. 17
GIEGLING, Franz: *Giuseppe Torelli · Ein Beitrag zur Entwicklungsgeschichte des italienischen Konzerts.* Kassel etc., 1949
GLÖCKNER, Andreas: »Neuerkenntnisse zu Johann Sebastian Bachs Aufführungskalender zwischen 1729 und 1735«, in: *BJ 1981,* S. 43
GLÖCKNER, Andreas: »Zur Chronologie der Weimarer Kantaten Johann Sebastian Bachs«, in: *BJ 1985,* S. 159
GLÖCKNER, Andreas: »Gründe für Johann Sebastian Bachs Weggang von Weimar«, in: *Bericht Leipzig,* S. 137
GLÖCKNER, Andreas: *Die Musikpflege an der Leipziger Neukirche zur Zeit Johann Sebastian Bachs,* hrsg. von den Nationalen Forschungs- und Gedenkstätten Johann Sebastian Bach. Leipzig, 1990 *(Beiträge zur Bach-Forschung* 8)
GLÖCKNER, Andreas: »Zur Vorgeschichte des „Bachischen" Collegium musicum«, in: *Bachs Orchesterwerke,* S. 293
HAYNES, Bruce: »Johann Sebastian Bachs Oboenkonzerte«, in: *BJ 1992,* S. 23
HENKEL, Hubert: »Musikinstrumente im Nachlaß Leipziger Bürger«, in: *Johann Sebastian Bachs historischer Ort,* hrsg. von Reinhard Szeskus. Wiesbaden und Leipzig, [o.J.], S. 56 *(Bach-Studien* 10)
HEYDE, Herbert: »Über die Streichinstrumente der Weimarer Hofkapelle im 18. Jahrhundert«, in: *Zur Weiterentwicklung des Instrumentariums im 18. Jahrhundert,* hrsg. von Eitelfriedrich Thom. Michaelstein/Blankenburg, 1986, S. 32 (*SAIM* 29)
HOFMANN, Klaus: »Zur Fassungsgeschichte des zweiten Brandenburgischen Konzerts«, in: *Bachs Orchesterwerke,* S. 185
HOPPE, Günther: »Köthener politische, ökonomische und höfische Verhältnisse als Schaffensbedingungen Bachs (Teil 1)«, in: *Cöthener Bach-Hefte 4 · Beiträge des Kolloquiums der Bach-Gedenkstätte im Historischen Museum am 18. März 1985 »Hofkapellmeisteramt – Spätbarock – Frühaufklärung«.* Köthen, 1986, S. 17

Allgemeine Sekundärliteratur

HOPPE, Günther: »Köthener Kammerrechnungen – Köthener Hofparteien. Zum Hintergrund der Hofkapellmeisterzeit Johann Sebastian Bachs«, in: *Bericht Leipzig,* S. 145

HOPPE, Günther: »Musikalisches Leben am Köthener Hof«, in: *Bach-Kantaten II,* S. 65

HOPPE, Günther: »Zu musikalisch-kulturellen Befindlichkeiten des anhalt-köthnischen Hofes zwischen 1710 und 1730«, in: *Cöthener Bach-Hefte 8. Beiträge zum Kolloquium »Kammermusik und Orgel im höfischen Umkreis – Das Pedalcembalo«.* Köthen, 1998, S. 9

JAPPE, Michael und Dorothea: *Viola d'amore Bibliographie · Das Repertoire für die historische Viola d'amore von ca. 1680 bis nach 1810.* Winterthur, 1997

JAUERNIG, Reinhold: »Johann Sebastian Bach in Weimar · Neue Forschungsergebnisse aus Weimarer Quellen«, in: *Johann Sebastian Bach in Thüringen · Quellenkundliche Studien,* hrsg. von Heinrich Besseler und Günther Kraft in Verbindung mit Hans Pischner und Reinhold Jauernig. Weimar, 1950

JAUERNIG, Reinhold: »Bachs erster Aufenthalt in Weimar«, in: *Bach in Thüringen · Gabe der Thüringer Kirche an das Thüringer Volk zum Bach-Gedenkjahr 1950.* Berlin, 1950, S. 69

JAUERNIG, Reinhold: »Johann Sebastian Bach in Weimar«, in: *Bach in Thüringen · Gabe der Thüringer Kirche an das Thüringer Volk zum Bach-Gedenkjahr 1950.* Berlin, 1950, S. 77

KLOTZ, Hans: *Die Ornamentik der Klavier- und Orgelwerke von Johann Sebastian Bach.* Kassel etc., 1984

KOBAYASHI, Yoshitake: »Der Gehrener Kantor Johann Christoph Bach (1673–1727) und seine Sammelbände mit Musik für Tasteninstrumente«, in: *Bachiana et alia musicologica · Fs Alfred Dürr zum 65. Geburtstag,* hrsg. von Wolfgang Rehm. Kassel etc., 1983, S. 168

KOBAYASHI, Yoshitake: »Zur Chronologie der Spätwerke Johann Sebastian Bachs. Kompositions- und Aufführungskalender von 1736 bis 1750«, in: *BJ 1988,* S. 7

KOBAYASHI, Yoshitake: »Zur Teilung des Bachschen Erbes«, in: *Acht kleine Präludien und Studien über BACH · Georg von Dadelsen zum 70. Geburtstag.* Wiesbaden etc., 1993, S. 67

KOBAYASHI, Yoshitake: »Quellenkundliche Überlegungen zur Chronologie der Weimarer Vokalwerke Bachs«, in: *Das Frühwerk,* S. 290

KOCH, Klaus-Peter: »Die Weißenfelser Hofoper 1682–1736 und ihre Beziehungen zu anderen Bühnen«, in: *Barockes Musiktheater im mitteldeutschen Raum im 17. und 18. Jahrhundert,* hrsg. von Friedhelm Brusniak. Köln, 1994, S. 49 (*Arolser Beiträge zur Musikforschung* 2, hrsg. von Friedhelm Brusniak)

KÖNIG, Ernst: »Die Hofkapelle des Fürsten Leopold zu Anhalt-Köthen«, in: *BJ 1954,* S. 160

KÖPP, Kai: *Die barocke Viola d'amore in Mitteldeutschland und ihre Verwendung bei Johann Sebastian Bach.* Masch. Ms. Karlsruhe, 1999

KOOPMAN, Ton: »Bachs Chor und Orchester«, in: *Bach-Kantaten III,* S. 233

KÜSTER, Konrad: *Der junge Bach.* Stuttgart, 1996

KÜSTER, Konrad: »Zur Überlieferung des Bachschen Orchesterwerks«, in: *Bachs Orchesterwerke,* S. 33

KÜSTER, Konrad: »Orchestermusik«, in: *Bach-Handbuch,* S. 897

LANDMANN, Ortrun: »The Dresden Hofkapelle during the lifetime of Johann Sebastian Bach«, in: *EM XVII* (1989), S. 17

LEISINGER, Ulrich: *Bach in Leipzig.* Leipzig, 1998

LIDKE, Wolfgang: *Das Musikleben in Weimar von 1683–1735.* Phil. Diss. Leipzig, 1953

MARISSEN, Michael: »Organological Questions and their Significance in J. S. Bach's Fourth Brandenburg Concerto«, in: *JAMIS* 17 (1991), S. 5

MARISSEN, Michael: »Beziehungen zwischen der Besetzung und dem Satzaufbau im ersten Satz des sechsten Brandenburgischen Konzerts von Johann Sebastian Bach«, in: *Beiträge zur Bach-Forschung* 9/10. Leipzig, 1991, S. 104

MARSHALL, Robert L.: »Zur Echtheit und Chronologie der Bachschen Flötensonaten: Biographische und stilistische Erwägungen«, in: *Bericht Marburg,* S. 48

MARSHALL, Robert L.: »Bach's Chorus: A reply to Joshua Rifkin«, in: *Musical Times* CXXIV (1983), S. 19

MARSHALL, Robert L.: »Bach's *Orchestre*«, in: *EM* XIII (1985), S. 176

MELAMED, Daniel R., und MARISSEN, Michael: *An Introduction to Bach Studies.* New York und Oxford, 1998

MENTZ, Georg: *Weimarische Staats- und Regentengeschichte vom Westfälischen Frieden bis zum Regierungsantritt Carl Augusts.* Jena, 1936

MOENS-HAENEN, Greta: »Die Rezeption der französischen Interpretationsweise in Deutschland zur Zeit Johann Caspar Ferdinand Fischers«, in: *J. C. F. Fischer in seiner Zeit · Tagungsbericht Rastatt 1988,* hrsg. von Ludwig Finscher. Frankfurt am Main etc., 1994, S. 123 (*Quellen und Studien zur Geschichte der Mannheimer Hofkapelle* 3, hrsg. von Ludwig Finscher)

MUSIC AND AESTHETICS IN THE EIGHTEENTH AND EARLY-NINETEENTH CENTURIES, hg. Peter G. Le Juray und J. Day. Cambridge, 1981

NESTLE, Rosemarie: »Das Bachschrifttum 1986 bis 1990«, in: *BJ 1994,* S. 75

NEUMANN, Frederick: »The French Inégales, Quantz and Bach«, in: *JAMS* 18 (1965), S. 313; Repr. in: Neumann (1982), S. 17

NEUMANN, Frederick: »External Evidence on Uneven Notes«, in: *MQ* 52 (1966), S. 448; Repr. in: Neumann (1982), S. 59

NEUMANN, Frederick: *Ornamentation in Baroque and Post-Baroque Music · With Special Emphasis on J. S. Bach.* Princeton, 1978

NEUMANN, Frederick: »The Overdotting Syndrome: Anatomy of a Delusion«, in: *MQ* 67 (1981), S. 305; Repr. in: Neumann (1982), S. 151

Allgemeine Sekundärliteratur

NEUMANN, Frederick: *Essays in Performance Practice*. Ann Arbor/Michigan, 1982
NEUMANN, Werner: *Auf den Lebenswegen Johann Sebastian Bachs*. Berlin, 1953
NEUMANN, Werner: »Das „Bachische Collegium Musicum"«, in: *BJ 1963/64*, S. 5
OMONSKY, Ute: »Werden und Wandel der Rudolstädter Hofkapelle als Bestandteil des höfischen Lebens im 17. und 18. Jahrhundert«, in: *Musik am Rudolstädter Hof · Die Entwicklung der Hofkapelle vom 17. Jahrhundert bis zum Beginn des 20. Jahrhunderts*. Rudolstadt, 1997, S. 13
PARROTT, Andrew: »Bachs Chor: ein „Kurtzer, iedoch höchstnöthiger Entwurff" zur Neubewertung«, in: *Bachwoche Ansbach · Offizieller Almanach*. Ansbach, 1997, S. 51
PETZOLDT, Martin: »„Bey einer andächtigen Musique ist allezeit Gott mit seiner Gnaden Gegenwart" · Bach und die Theologie«, in: *Bach-Handbuch*, S. 81
PLANYAVSKY, Alfred: *Geschichte des Kontrabasses · Zweite, wesentlich erweiterte Auflage unter Mitarbeit von Herbert Seifert*. Tutzing, 1984
POWELL, Ardal, und LASOCKI, David: »Bach and the flute: the players, the instruments, the music«, in: *EM* XXIII (1995), S. 9
PRINZ, Ulrich: *Studien zum Instrumentarium Johann Sebastian Bachs mit besonderer Berücksichtigung der Kantaten*. Phil. Diss. Tübingen, 1974; Druckfassung 1979
PRINZ, Ulrich: »Zur Bezeichnung „Bassono" und „Fagotto" bei Johann Sebastian Bach«, in: *BJ 1981*, S. 107
PRINZ, Ulrich: »Anmerkungen zum Instrumentarium in den Werken Johann Sebastian Bachs«, in: *300 Jahre Johann Sebastian Bach* (1985), S. 89
RAMPE, Siegbert: »Kompositionen für Saitenclavier mit obligatem Pedal unter Johann Sebastian Bachs Clavier- und Orgelwerken«, in: *Cöthener Bach-Hefte 8. Beiträge zum Kolloquium »Kammermusik und Orgel im höfischen Umkreis – Das Pedalcembalo«*. Köthen, 1998, S. 143
RAMPE, Siegbert: »Allgemeines zur Klaviermusik«, in: *Bach-Handbuch*, S. 715
RAMPE, Siegbert, und ZAPF, Michael: »Neues zu Besetzung und Instrumentarium in Joh. Seb. Bachs Brandenburgischen Konzerten Nr. 4 und 5« (2 Teile), in: *Concerto* 129 (1997/98), S. 30, und 130 (1998), S. 19
RANFT, Eva-Maria: »Zum Personalbestand der Weißenfelser Hofkapelle«, in: *Beiträge zur Bach-Forschung* 6. Leipzig, 1988, S. 5
RANFT, Eva-Maria: »Zur Weißenfelser Hofkapelle im Hinblick auf die Bach-Forschung«, in: *Weißenfels als Ort literarischer und künstlerischer Kultur im Barockzeitalter*, hrsg. von Roswitha Jacobsen. Amsterdam und Atlanta, 1994, S. 97 (*Chloe · Beihefte zum Daphnis* 18)
RIFKIN, Joshua: »Bach's Chorus: a preliminary Report«, in: *Musical Times* CXXIII (1982), S. 747
RIFKIN, Joshua: »Bach's Chorus: a response to Robert Marshall«, in: *Musical Times* CXXIV (1983), S. 161
RIFKIN, Joshua: »Bachs Chor: ein vorläufiger Bericht«, in: *BJHM* IX (1985), hrsg. von Peter Reidemeister. Winterthur, 1986, S. 141
RIFKIN, Joshua: »More (and less) on Bach's Orchestra«, in: *Performance Practice Review* 4/1 (1991), S. 5
RIFKIN, Joshua: »Some questions of performance in J. S. Bach's *Trauerode*«, in: *Bach Studies 2*, hrsg. von Daniel R. Melamed. Cambridge etc., 1995, S. 119
RIFKIN, Joshua: »Besetzung – Entstehung – Überlieferung: Bemerkungen zur Ouverture BWV 1068«, in: *BJ 1997*, S. 169
ROLF, Ares: »Der Mittelsatz des sechsten Brandenburgischen Konzerts · Gedanken zu seiner Entstehungsgeschichte«, in: *Bachs Orchesterwerke*, S. 223
ROLF, Ares: »Die Besetzung des sechsten Brandenburgischen Konzerts«, in: *BJ 1998*, S. 171
SACKMANN, Dominik: »Bachs langsame Konzertsätze unter dem Einfluß von Arcangelo Corelli: Vom Ostinatoprinzip zum Primat der expressiven Solostimme«, in: *Bach und die Stile*, S. 303
SACKMANN, Dominik: *Bach und Corelli · Studien zu Bachs Rezeption von Corellis Violinsonaten op. 5 unter besonderer Berücksichtigung der Passaggio-Orgelchoräle und der langsamen Konzertsätze*. München und Salzburg, 2000 (*Musikwissenschaftliche Schriften* 36)
SACKMANN, Dominik, und RAMPE, Siegbert: »Bach, Berlin, Quantz und die Flötensonate Es-Dur BWV 1031«, in: *BJ 1997*, S. 51
SCHERING, Arnold: *Geschichte des Instrumentalkonzerts bis auf die Gegenwart*. Leipzig, 1905; Reprint der zweiten ergänzten Ausgabe Leipzig 1927, Hildesheim und Wiesbaden, 1965
SCHERING, Arnold: *Musikgeschichte Leipzigs · Zweiter Band: von 1650 bis 1723*. Leipzig, 1926
SCHERING, Arnold: *Johann Sebastian Bachs Leipziger Kirchenmusik · Studien und Wege zu ihrer Erkenntnis*. Leipzig, 1936/²1954
SCHERING, Arnold: *Musikgeschichte Leipzigs · Dritter Band: von 1723 bis 1800*. Leipzig, 1941
SCHIFFNER, Markus: »Die Arnstädter Hofkapelle – regionales Zentrum der Musikpflege im historischen und zeitgenössischen Umfeld des jungen Bach«, in: *Beiträge zur Bach-Forschung* 6. Leipzig, 1988, S. 37
SCHLEUNING, Peter: *Geschichte der Musik in Deutschland · Das 18. Jahrhundert: Der Bürger erhebt sich*. Reinbek, 1984
SCHMID, Manfred Hermann: »Der Violone in der Instrumentalmusik des 17. Jahrhunderts«, in: *Studia Organologica · Fs John Henry van der Meer zum 65. Geburtstag*, hrsg. von Friedemann Hellwig. Tutzing, 1987, S. 407
SCHMID, Manfred Hermann: »Zur Mitwirkung des Solisten am Orchester-Tutti bei Mozarts Konzerten«, in: *BJHM* XVII (1993), hrsg. von Peter Reidemeister. Winterthur, 1994, S. 89

Allgemeine Sekundärliteratur

SCHRAMMEK, Winfried: »Orgel, Positiv, Clavicymbel und Glocken der Schloßkirche zu Weimar 1658 bis 1774«, in: *Bericht Leipzig*, S. 99

SCHULZE, Hans-Joachim: »Vier unbekannte Quittungen J. S. Bachs und ein Briefauszug Jacob von Stählins«, in: *BJ 1973*, S. 88

SCHULZE, Hans-Joachim: »Über die angemessene Besetzung einiger Konzerte Johann Sebastian Bachs«, in: *SAIM* 2/1, hrsg. von Eitelfriedrich Thom. Michaelstein/Blankenburg, 1975, S. 21

SCHULZE, Hans-Joachim: »Johann Sebastian Bachs Konzerte – Fragen der Überlieferung und Chronologie«, in: *Bach-Studien 6 · Beiträge zum Konzertschaffen Johann Sebastian Bachs*, hrsg. von Peter Ahnsehl, Karl Heller und Hans-Joachim Schulze. Leipzig, 1981, S. 9

SCHULZE, Hans-Joachim: »Über die „unvermeidlichen Lücken" in Bachs Lebensbeschreibung«, in: *Bericht Marburg*, S. 32

SCHULZE, Hans-Joachim: »„.... aus einem Capellmeister ein Cantor zu werden ..." – Fragen an Bachs Köthener Schaffensjahre«, in: *Cöthener Bach-Hefte 1*. Köthen, [1981], S. 9

SCHULZE, Hans-Joachim: *Studien zur Bach-Überlieferung im 18. Jahrhundert*. Leipzig und Dresden, 1984

SCHULZE, Hans-Joachim: »Studenten als Bachs Helfer bei der Leipziger Kirchenmusik«, in: *BJ 1984*, S. 45

SCHULZE, Hans-Joachim: *Ey! wie schmeckt der Coffee süße · Johann Sebastian Bachs Kaffee-Kantate in ihrer Zeit*. Leipzig, 1985

SCHULZE, Hans-Joachim: »Johann Sebastian Bach's orchestra: some unanswered questions«, in: *EM* XVII (1989), S. 3

SCHULZE, Hans-Joachim: *Bach stilgerecht aufführen · Wunschbild und Wirklichkeit*. Wiesbaden, 1991

SCHULZE, Hans-Joachim: »Aus der Bach-Forschung. Weiße Flecken der Aufführungspraxis«, in: *Alte Musik – Lehren, Forschen, Hören · Perspektiven der Aufführungspraxis. Symposion, Graz 1992. Bericht*, hrsg. von Johann Trummer. Regensburg, 1994, S. 37 (*Neue Beiträge zur Aufführungspraxis · Schriftenreihe des Instituts für Aufführungspraxis an der Hochschule für Musik und darstellende Kunst in Graz 1*, hrsg. von Johann Trummer)

SCHULZE, Hans-Joachim: »Adeliges und bürgerliches Mäzenatentum in Leipzig«, in: *Bach-Kantaten II*, S. 83

SCHULZE, Hans-Joachim: »Bachs Aufführungsapparat – Zusammensetzung und Organisation«, in: *Bach-Kantaten III*, S. 143

SCHWEITZER, Albert: *J. S. Bach. Vorrede von Charles Marie Widor*. Leipzig, 1908

SIEGELE, Ulrich: *Kompositionsweise und Bearbeitungstechnik in der Instrumentalmusik Johann Sebastian Bachs*. Neuhausen-Stuttgart, 1975 (*Tübinger Beiträge zur Musikwissenschaft 4*, hrsg. von Georg von Dadelsen)

SIEGELE, Ulrich: »Bachs Stellung in der Leipziger Kulturpolitik seiner Zeit« (3 Teile), in: *BJ 1983*, S. 7; *BJ 1984*, S. 7; *BJ 1986*, S. 33

SIEGELE, Ulrich: »Bachs politisches Profil oder Wo bleibt die Musik?«, in: *Bach-Handbuch*, S. 5

SMEND, Friedrich: *Bach in Köthen*. Berlin, [1951]

SMITHERS, Don L.: »Gottfried Reiches Ansehen und sein Einfluß auf die Musik Johann Sebastian Bachs«, in: *BJ 1987*, S. 113

SPITTA, Philipp: *Johann Sebastian Bach. Erster Band*. Leipzig, 1873/⁴1930

SPITTA, Philipp: *Johann Sebastian Bach. Zweiter Band*. Leipzig, 1880/⁴1930

TELEMANN UND FRANKREICH – FRANKREICH UND TELEMANN, hrsg. von Ralph-Jürgen Reipsch und Wolf Hobohm. Oschersleben, 1998

TELEMANN, Georg Philipp: *Thematisch-Systematisches Verzeichnis seiner Werke · Telemann-Werkverzeichnis (TWV) · Instrumentalwerke · Band 3*, hrsg. von Martin Ruhnke. Kassel etc., 1999 (*Georg Philipp Telemann · Musikalische Werke*, hrsg. von Martin Ruhnke und Wolf Hobohm in Verbindung mit dem Zentrum für Telemann-Pflege und -Forschung Magdeburg · Supplement)

VENOHR, Wolfgang: *Der Soldatenkönig · Revolutionär auf dem Thron*. Frankfurt am Main und Berlin, 1988

VETTER, Walther: »Die Trompeten in Bachs dritter Orchesterouvertüre«, in: *BJ 1953*, S. 97

WALTER, Rudolf: *Johann Caspar Ferdinand Fischer · Hofkapellmeister der Markgrafen von Baden*. Frankfurt am Main etc., 1990 (*Quellen und Studien zur Musikgeschichte von der Antike bis in die Gegenwart 18*, hrsg. von Michael Albrecht)

WIEL, Taddeo: *I Teatri Musicali Veneziani del Settecento*. Venedig, 1897; Repr. Leipzig, 1979

WOLF, Uwe: »Johann Sebastian Bach und der Weißenfelser Hof – Überlegungen anhand eines Quellenfundes«, in: *BJ 1997*, S. 145

WOLFF, Christoph: »Bach's Leipzig Chamber Music«, in: *EM* (Februar 1985), S. 165

WOLFF, Christoph: »Bachs weltliche Kantaten: Repertoire und Kontext«, in: *Bach-Kantaten II*, S. 13

WOLFF, Christoph: »Die Orchesterwerke J. S. Bachs: Grundsätzliche Erwägungen zu Repertoire, Überlieferung und Chronologie«, in: *Bachs Orchesterwerke*, S. 17

WOLFF, Christoph, EMERY, Walter, HELM, E. Eugene, WARBURTON, Ernest, und DERR, Ellwood S.: *Die Bach-Familie*. Aus dem Englischen von Christoph Wolff und Bettina Obrecht. Stuttgart und Weimar, 1993 (*The New Grove · Die großen Komponisten*)

ZASLAW, Neal: »When is an Orchestra not an Orchestra?«, in: *EM* XVI (1988), S. 483

ZASLAW, Neal: »The origins of the classical orchestra«, in: *BJHM* XVII (1993), hrsg. von Peter Reidemeister. Winterthur, 1994, S. 9

ZIMPEL, Herbert: »In der Köthener Stadtpfeiferakte geblättert«, in: *Cöthener Bach-Hefte 3*. Köthen, 1985, S. 65

Sekundärliteratur Teil I

AHNSEHL, Peter: »Überlegungen zur Stellung des schnellen Bachschen Konzertsatzes im kompositorischen Umfeld der deutschen Zeitgenossen«, in: *Beiträge zum Konzertschaffen Johann Sebastian Bachs,* hrsg. von Peter Ansehl, Karl Heller und Hans-Joachim Schulze. Leipzig, 1981, S. 153 (*Bach-Studien* 6)

ARBOGAST, Jochen: *Stilkritische Untersuchungen zum Klavierwerk des Thomaskantors Johann Kuhnau (1660–1722).* Regensburg, 1983 (*Kölner Beiträge zur Musikforschung* 129, hrsg. von Heinrich Hüschen)

BASELT, Bernd: »Philipp Heinrich Erlebach und seine „VI Ouvertures, begleitet mit ihren darzu schicklichen Airs, nach französischer Art und Manier" (Nürnberg 1693)«, in: *Die Entwicklung der Ouvertürensuite im 17. und 18. Jahrhundert,* hrsg. von Günther Fleischhauer u.a. Blankenburg/Harz, 1996, S. 9 (*Michaelsteiner Konferenzberichte* 49)

BEISSWENGER, Kirsten: »Zur Chronologie der Notenhandschriften Johann Gottfried Walthers«, in: *Acht kleine Präludien und Studien über BACH · Georg von Dadelsen zum 70. Geburtstag,* hrsg. vom Kollegium des Johann-Sebastian-Bach-Instituts Göttingen. Wiesbaden, 1992, S. 11

BERGER, Christian: »Ein Spiel mit Form-Modellen. J. S. Bachs Cembalokonzert E-Dur BWV 1053«, in: *Bachs Orchesterwerke,* S. 257

BESSELER, Heinrich: »Zur Chronologie der Konzerte Joh. Seb. Bachs«, in: *Fs Max Schneider zum 80. Geburtstag.* Leipzig, 1955, S. 115

BEUYS, Barbara: *Der Große Kurfürst · Der Mann, der Preußen schuf.* Reinbek, 1979

BITTER, Carl Hermann: *Johann Sebastian Bach · Zweite, umgearbeitete und vermehrte Auflage,* Bd. I–IV. Berlin, 1881

BÖTTICHER, Jörg-Andreas: »Generalbaßpraxis in der Bach-Nachfolge · Eine wenig bekannte Berliner Handschrift mit Generalbaß-Aussetzungen«, in: *BJ 1993,* S. 103

BREIG, Werner: »Bachs Cembalokonzert-Fragment in d-Moll (BWV 1059)«, in: *BJ 1979,* S. 29

BREIG, Werner: »Periodenbau in Bachs Konzerten«, in: *Beiträge zum Konzertschaffen Johann Sebastian Bachs,* hrsg. von Peter Ansehl, Karl Heller und Hans-Joachim Schulze. Leipzig, 1981, S. 27 (*Bach-Studien* 6)

BREIG, Werner: »Zur Chronologie von J. S. Bachs Konzertschaffen: Versuch eines neuen Zugangs«, in: *AfMw* 40 (1983), S. 77

BREIG, Werner: »Zum Kompositionsprozeß in Bachs Cembalokonzerten«, in: *Bericht Duisburg,* S. 32

BREIG, Werner: »Das Ostinatoprinzip in Johann Sebastian Bachs langsamen Konzertsätzen«, in: *Von Isaac bis Bach. Studien zur älteren deutschen Musikgeschichte · Fs Martin Just zum 60. Geburtstag,* hrsg. von Wolfgang Osthoff und Reinhard Wiesend. Kassel, 1991, S. 287

BREIG, Werner: »The instrumental music«, in: *Cambridge Companion,* S. 123

BREIG, Werner: »Composition as arrangement and adaption«, in: *Cambridge Companion,* S. 154

BREIG, Werner: »Bach und Marchand in Dresden. Eine überlieferungskritische Studie«, in: *BJ 1998,* S. 7

BURKE, Peter: *The Fabrication of Louis XIV.* New Haven/Connecticut, 1992

BUTLER, Gregory G.: »J. S. Bach's reception of Tomaso Albinonis mature concertos«, in: *Bach Studies* 2, hrsg. von Daniel R. Melamed. Cambridge etc., 1995, S. 20

BUTLER, Gregory G.: »Toward a More Precise Chronology for Bach's Concerto for Three Violins and Strings BWV 1064a: The Case for Formal Analysis«, in: *Bachs Orchesterwerke,* S. 235

DADELSEN, Georg von: »Bemerkungen zu Bachs Cembalokonzerten«, in: *Bericht Leipzig,* S. 237

DANCKWARDT, Marianne: *Instrumentale und vokale Kompositionsweisen bei Johann Sebastian Bach.* Tutzing, 1985 (*Münchner Veröffentlichungen zur Musikgeschichte* 39, hrsg. von Theodor Göllner)

DARBELLAY, Etienne: »Giovanni Henrico Albicastro alias Heinrich Weissenburg: Un compositeur suisse au tournant des XVIIe et XVIIIe siècles« (2 Teile), in: *Schweizerische Musikzeitung* 116 (1976), S. 1 und 448

DIRKSEN, Pieter: »The Background to Bach's Fifth Brandenburg Concerto«, in: *The Harpsichord and its Repertoire. Proceedings of the International Harpsichord Symposium Utrecht 1990,* hrsg. von Pieter Dirksen. Utrecht, 1992, S. 157

DIRKSEN, Pieter: »Wann komponierte Bach das Fünfte Brandenburgische Konzert? Eine Replik von Pieter Dirksen auf Siegbert Rampes Beitrag in Concerto Nr. 129/130«, in: *Concerto* 137 (1998), S. 15

DIRST, Matthew: »Bach's French overtures and the politics of overdotting«, in: *EM* (Februar 1997), S. 35

DREYFUS, Laurence: »The Metaphorical Soloist · Concerted Organ Parts in Bach's Cantatas«, in: *J. S. Bach as Organist · His Instruments, Music, and Performance Practice,* hrsg. von George Stauffer und Ernest May. Bloomington, 1986, S. 172

DUBOWY, Norbert: »Markgraf Georg Friedrich, Pistocchi, Torelli: Fakten und Interpretationen zu Ansbachs „Italienischer Periode"«, in: *Italienische Musiker und Musikpflege an deutschen Höfen der Barockzeit.* Köln 1995, S. 73 (*Arolser Beiträge zur Musikforschung* 3, hrsg. von Friedhelm Brusniak)

DÜRR, Alfred: »Zur Entstehungsgeschichte des 5. Brandenburgischen Konzerts«, in: *BJ 1975,* S. 63

DÜRR, Alfred: *Zur Chronologie der Leipziger Vokalwerke J. S. Bachs.* Kassel etc., ²1976

Sekundärliteratur Teil I

DÜRR, Alfred: »Zur Problematik der Bach-Kantate BWV 143 „Lobe den Herrn, meine Seele"«, in: *BJ 1977*, S. 299
DÜRR, Alfred: »Zum Eingangssatz der Kantate BWV 119«, in: *BJ 1986*, S. 117
DÜRR, Alfred: »Schriftcharakter und Werkchronologie bei Johann Sebastian Bach«, in: *Bericht Leipzig*, S. 283
DÜRR, Alfred: »Gedanken zu den späten Kantaten Bachs«, in: *Bericht Duisburg*, S. 58
ELLER, Rudolf: »Zur Frage Bach – Vivaldi«, in: *Bericht über den Internationalen Musikwissenschaftlichen Kongreß Hamburg 1956*. Kassel etc., 1957, S. 80
ELLER, Rudolf: *Das Formprinzip des Vivaldischen Konzerts*. Habilitationsschrift Leipzig, 1957
ELLER, Rudolf: »Vivaldi – Dresden – Bach«, in: *Beiträge zur Musikwissenschaft* 3 (1961), S. 31
EMANS, Reinmar: »Überlegungen zu den Konzert- und Instrumentalsätzen in Johann Sebastian Bachs Kantaten«, in: *Beiträge zur Geschichte des Konzerts · Fs Siegfried Kross zum 60. Geburtstag*, hrsg. von Reinmar Emans und Matthias Wendt. Bonn, 1990, S. 41
EPPSTEIN, Hans: »Zur Vor- und Entstehungsgeschichte von J. S. Bachs Tripelkonzert a-Moll (BWV 1044)«, in: *Jahrbuch des Staatlichen Instituts für Musikforschung Preußischer Kulturbesitz 1970*, hrsg. von Dagmar Droysen. Berlin, 1971, S. 34
FERTONANI, Cesare: *La Musica strumentale di Antonio Vivaldi*. Florenz, 1998 (*Studi di Musica veneta. Quaderni Vivaldiani* 9)
FISCHER, Wilfried: »Hat Bach ein Bratschenkonzert geschrieben? Neue Überlegungen zur Vorlage von BWV 1053, 169 und 49«, in: *Bachs Orchesterwerke*, S. 249
GECK, Martin: »Gattungstraditionen und Altersschichten in den Brandenburgischen Konzerten«, in: *Mf* 23 (1970), S. 139
GECK, Martin: »„Köthen oder Leipzig?" – Erwiderung auf Christoph Wolff«, in: *Bachs Orchesterwerke*, S. 31
GIEGLING, Franz: »Die „Perfidia" – ein wenig beachteter Baustein barocker Gestaltung«, in: *Schweizer Beiträge zur Musikwissenschaft* II (1974), S. 47
GLÖCKNER, Andreas: »Anmerkungen zu Johann Sebastian Bachs Köthener Kantatenschaffen«, in: *Cöthener Bach-Hefte 4 · Beiträge des Kolloquiums der Bach-Gedenkstätte im Historischen Museum am 18. März 1985 »Hofkapellmeisteramt – Spätbarock – Frühaufklärung«*. Köthen, 1986, S. 89
GLÖCKNER, Andreas: »Überlegungen zu Bachs Kantatenschaffen nach 1730«, in: *Bericht Duisburg*, S. 64
GLÖCKNER, Andreas: »Die Teilung des Bachschen Musikaliennachlasses und die Thomana-Stimmen«, in: *BJ 1994*, S. 41
GROSSPIETSCH, Christoph: *Graupners Ouverturen und Tafelmusiken. Studien zur Darmstädter Hofmusik und thematischer Katalog*. Mainz, 1994 (*Beiträge zur Mittelrheinischen Musikgeschichte* 32)
GRÜSS, Hans: »Über Verbindungslinien, die man zwischen Bachs Weimarer Concertobearbeitungen und einer Reihe seiner eigenen Kompositionen ziehen kann«, in: *Bachs Orchesterwerke*, S. 125
HÄFNER, Klaus: »Ein bisher nicht beachteter Nachweis zweier Konzerte J. S. Bachs«, in: *BJ 1974*, S. 123
HELLER, Karl: *Die deutsche Überlieferung der Instrumentalwerke Vivaldis*. Leipzig, 1971 (*Beiträge zur musikwissenschaftlichen Forschung in der DDR* 2)
HELLER, Karl: »Friedrich Konrad Griepenkerl. Aus unveröffentlichten Briefen des Bach-Sammlers und -Editors«, in: *BJ 1978*, S. 211
HELLER, Karl: *Antonio Vivaldi · Kalendarium zur Lebens- und Werkgeschichte*. Michaelstein/Blankenburg, 1987 (*SAIM* 33)
HELLER, Karl: »Zur Stellung des Concerto C-Dur für zwei Cembali BWV 1061 in Bachs Konzert-Œuvre«, in: *Bericht Leipzig*, S. 241
HELLER, Karl: »Die freien Allegrosätze in der frühen Tastenmusik Johann Sebastian Bachs«, in: *Beihefte zur Bach-Forschung* 9/10. Leipzig, 1990, S. 173
HELLER, Karl: »Eine Leipziger Werkfassung und deren unbekannte Vorlage · Thesen zur Urform des Konzerts BWV 1063«, in: *Bericht über den Internationalen Bach-Kongreß Leipzig 2000* [in Vorbereitung]
HILL, Robert: *The Möller Handschrift and the Andreas Bach Buch: Two keyboard anthologies from the circle of the young Johann Sebastian Bach*. Phil. Diss. Cambridge/Mass., 1987
HILL, Robert: »Johann Sebastian Bach's Toccata in G Major BWV 916/I: A Reception of Giuseppe Torelli's Ritornello Concerto Form«, in: *Das Frühwerk*, S. 162
HIRSCHMANN, Wolfgang: *Studien zum Konzertschaffen von Georg Philipp Telemann*. Kassel etc., 1986
HOFFMANN, Adolf: *Die Orchestersuiten Georg Philipp Telemanns*. Wolfenbüttel, 1969
HOFFMANN-ERBRECHT, Lothar: »Die Bedeutung der Konzertform Bachs für die Geschichte des Solokonzerts«, in: *Bericht über die Wissenschaftliche Konferenz zum III. Internationalen Bach-Fest der DDR 1975*. Leipzig, 1977, S. 281
HOFMANN, Klaus: »„Großer Herr, o starker König" · Ein Fanfarenthema bei Johann Sebastian Bach«, in: *BJ 1995*, S. 31
KAHNT, Helmut, und KNORR, Bernd: *BI-Lexikon Alte Maße, Münzen und Gewichte*. Leipzig, 1986
KELLER, Hermann: *Die Klavierwerke Bachs · Ein Beitrag zu ihrer Geschichte, Form, Deutung und Wiedergabe*. Leipzig, [1950]
KLEIN, Hans-Günther: *Der Einfluß der Vivaldischen Konzertform im Instrumentalwerk Johann Sebastian Bachs*. Straßburg und Baden-Baden, 1970 (*Sammlung musikwissenschaftlicher Abhandlungen* 54)
KOBAYASHI, Yoshitake: *Franz Hauser und seine Bach-Handschriftensammlung*. Phil. Diss. Göttingen, 1973

Sekundärliteratur Teil I

KOBAYASHI, Yoshitake: »Bemerkungen zur Spätschrift Johann Sebastian Bachs«, in: *Bericht Leipzig,* S. 457

KÖBLER, Gerhard: *Historisches Lexikon der deutschen Länder · Die deutschen Territorien und reichsunmittelbaren Geschlechter vom Mittelalter bis zur Gegenwart.* München, 1988/⁵1995

KOLNEDER, Walter: *Die Solokonzertform bei Vivaldi.* Straßburg und Baden-Baden, 1961 (*Sammlung musikwissenschaftlicher Abhandlungen* 42)

KRAUTWURST, Franz: »Der Augsburger Bach-Schüler Philipp David Kräuter. Eine Nachlese«, in: *Augsburger Jahrbuch für Musikwissenschaft 1990*, hrsg. von F. Krautwurst. Tutzing, 1990, S. 31

KREMER, Joachim: »Die Organistenstelle an St. Jakobi in Hamburg: eine „convenable station" für Johann Sebastian Bach?«, in: *BJ 1993,* S. 217

KREY, Johannes: »Zur Entstehungsgeschichte des ersten Brandenburgischen Konzerts«, in: *Fs Heinrich Besseler zum 60. Geburtstag.* Leipzig, 1962, S. 337

KRUMMACHER, Friedhelm: »Französische Ouvertüre und Choralbearbeitung: Stationen in Bachs kompositorischer Biographie«, in: *Möglichkeiten und Grenzen der musikalischen Werkanalyse. Gedenkschrift Stefan Kunze (1933–1992),* hrsg. von Joseph Willimann. Bern, 1996, S. 71 (*Schweizer Jahrbuch für Musikwissenschaft.* Neue Folge Bd. 15 [1995])

KUNZE, Stefan: »Gattungen der Fuge in Bachs Wohltemperiertem Klavier«, in: *Bach-Interpretationen,* hrsg. von Martin Geck. Göttingen, 1969, S. 74

LANDMANN, Ortrun: »„Pour l'usage de Son Altesse Serenissime Monseigneur le Prince Hereditaire de Wirtemberg" · Stuttgarter Musikhandschriften des 18. Jahrhunderts in der Universitätsbibliothek Rostock«, in: *Musik in Baden-Württemberg · Jahrbuch 1997 / Band 4,* hrsg. von Georg Günther und Reiner Nägele. Stuttgart und Weimar, 1997, S. 149

LEE, Hio-Ihm: *Die Form der Ritornelle bei Johann Sebastian Bach.* Pfaffenweiler, 1993 (*Musikwissenschaftliche Studien* 16, hrsg. von Hans Heinrich Eggebrecht)

LEHMANN, Karen: »Neues zur Vorgeschichte der Bach-Sammlung Franz Hausers. Dokumente zum Überlieferungskreis C. F. Penzel – J. G. Schuster aus dem Zeitraum 1801–1833«, in: *Beiträge zur Bach-Forschung* 6. Leipzig, 1988, S. 65

LEHMANN, Karen: »Zu einem Brief Johann Gottlieb Schusters aus Oelsnitz an den Leipziger Verlag Hoffmeister und Kühnel vom 29. Juni 1801«, in: *Bericht Leipzig,* S. 465

LEOPOLD, Silke: »Italienische Oper in Europa – Europa in der italienischen Oper«, in: *Der Einfluß der italienischen Musik in der ersten Hälfte des 18. Jahrhunderts.* Blankenburg/Harz, 1988, S. 10 (*SAIM* 34)

LESURE, François: *Bibliographie des Editions musicales publiées par Estienne Roger et Michel-Charles le Cène (Amsterdam, 1699–1743).* Paris, 1969

LIESELOTTE VON DER PFALZ · MADAME AM HOFE DES SONNENKÖNIGS, hrsg. von Sigrun Paas. Heidelberg, 1996

MARISSEN, Michael: *The Social and Religious Designs of J. S. Bach's Brandenburg Concertos.* Princeton/New Jersey, 1994

MARISSEN, Michael: »On linking Bach's F-major Sinfonia and his Hunt Cantata«, in: *The Journal of the Riemenschneider Bach Institute* XXIII/2 (1992), S. 31

MARISSEN, Michael: »Penzel Manuscripts of Bach Concertos«, in: *Bachs Orchesterwerke,* S. 77

MAST, Peter: *Die Hohenzollern in Lebensbildern.* Graz, Wien und Köln, 1988

MOHR, Wilhelm: »Hat Bach ein Oboe-d'amore-Konzert geschrieben?«, in: *Neue Zeitschrift für Musik* 133 (1972), S. 507

MÜHLFELD, Christian: »Die Herzogliche Hofkapelle in Meiningen«, in: *Neue Beiträge zur Geschichte deutschen Altertums* 23. Meiningen, 1910, S. 91

PAYNE, Ian: »Double Measures · New light on Telemann and Bach«, in: *The Musical Times* (1998), S. 44

RAMPE, Siegbert: »Das „Hintze-Manuskript" – Ein Dokument zu Biographie und Werk von Matthias Weckmann und Johann Jacob Froberger«, in: *Schütz-Jahrbuch 1997,* S. 71

RAMPE, Siegbert: »Wann komponierte Bach das Fünfte Brandenburgische Konzert? Eine Erwiderung von Siegbert Rampe auf Pieter Dirksens Replik in Concerto Nr. 137«, in: *Concerto* 137 (1998), S. 17

RAMPE, Siegbert: »Suiten und Klavierübung«, in: *Bach-Handbuch,* S. 748

RANFT, Eva-Maria: »Ein unbekannter Aufenthalt Johann Sebastian Bachs in Gotha?«, in: *BJ 1985,* S. 165

RASCH, Rudolf: »Corelli's Contract: Notes on the Publication History of the Concerti grossi ... Opera Sesta [1714]«, in: *Tijdschrift van de Koninklijke Vereniging voor Nederlandse Muziekgeschiedenis* 46 (1996), S. 83

REIPSCH, Ralph-Jürgen: »Telemann und Frankreich – Frankreich und Telemann«, in: *Telemann und Frankreich – Frankreich und Telemann,* hrsg. von Ralph-Jürgen Reipsch und Wolf Hobohm. Oschersleben, 1998, S. 7

REUTER, Rudolf: »Die Instrumentenbauer Kaiser am Düsseldorfer Hof Johann Wilhelms II.«, in: *Musicae Scientiae Collectanea · Fs Karl Gustav Fellerer zum 70. Geburtstag 1972,* hrsg. von Heinrich Hüschen. Köln, 1973, S. 484

RIFKIN, Joshua: »Ein langsamer Konzertsatz Johann Sebastian Bachs«, in: *BJ 1978,* S. 140

RIFKIN, Joshua: »Verlorene Quellen, verlorene Werke – Miszellen zu Bachs Instrumentalkomposition«, in: *Bachs Orchesterwerke,* S. 59

Sekundärliteratur Teil I

RIFKIN, Joshua: »Bach und die „Französische Art". Gedanken zu den Ouvertüren 1066–1069«. Masch. Ms., 1998
RIFKIN, Joshua: »Klangpracht und Stilauffassung · Zu den Trompeten der Ouvertüre BWV 1069«, in: *Bach und die Stile*, S. 327
ROSS, Marlies: »Quellen zur anhaltinischen Musikgeschichte (1650 bis 1750) im Staatsarchiv Magedburg-Außenstelle Oranienbaum und Hinweise zu ihrer Nutzung«, in: *Cöthener Bach-Hefte 4 · Beiträge des Kolloquiums der Bach-Gedenkstätte im Historischen Museum am 18. März 1985 · »Hofkapellmeisteramt – Spätbarock – Frühaufklärung«*. Köthen 1986, S. 63
RYOM, Peter: »La comparaison entre les version différentes d'un concerto d'Antonio Vivaldi transcrit par J. S. Bach«, in: *Dansk aarbog for Musik Forskning 1966/67*, S. 91
RYOM, Peter: *Verzeichnis der Werke Antonio Vivaldis (RV). Kleine Ausgabe*. Leipzig, ^{2}1974
SACKMANN, Dominik: »Toccata F-Dur (BWV 540) – eine analytische Studie«, in: *Bericht Leipzig*, S. 351
SCHERING, Arnold: »Beiträge zur Bachkritik«, in: *BJ 1912*, S. 127
SCHNEIDER, Herbert: »Unbekannte Handschriften der Hofkapelle in Hannover. Zum Repertoire französischer Hofkapellen in Deutschland«, in: *Aufklärungen. Studien zur deutsch-französischen Musikgeschichte im 18. Jahrhundert – Einflüsse und Wirkungen 2*, hrsg. von Wolfgang Birtel und Christoph-Hellmut Mahling. Heidelberg, 1986, S. 180
SCHNEIDER, Herbert: »The Amsterdam editions of Lully's orchestral suites«, in: *Jean-Baptiste Lully and the music of the French Baroque. Essays in Honor of James R. Anthony*, hrsg. von John Hajdu Heyer. Cambridge, 1989, S. 113
SCHOOP, Hans: *Ein Viola d'amore-Konzert von Johann Sebastian Bach*. Masch. Ms. Zürich, 1985
SCHULENBERG, David: *The Keyboard Music of J. S. Bach*. London, 1993
SCHULZE, Hans-Joachim: »J. S. Bach's Concerto-arrangements for Organ – Studies or commissioned Works?«, in: *The Organ Yearbook* 3 (1972), S. 4
SCHULZE, Hans-Joachim: »Johann Sebastian Bachs Konzertbearbeitungen nach Vivaldi und anderen – Studien- oder Auftragswerke?«, in: *Deutsches Jahrbuch der Musikwissenschaft für 1973–1977*. Leipzig, 1978, S. 80
SCHULZE, Hans-Joachim: »Ein „Dresdner Menuett" im zweiten Klavierbüchlein für Anna Magdalena Bach. Nebst Hinweisen zur Überlieferung einiger Kammermusikwerke Bachs«, in: *BJ 1979*, S. 45
SCHULZE, Hans-Joachim: »Der französische Einfluß im Instrumentalwerk J. S. Bachs«, in: *Der Einfluß der französischen Musik auf die Komponisten der ersten Hälfte des 18. Jahrhunderts*. Blankenburg/Harz 1981, S. 57 (*SAIM* 16)
SCHULZE, Hans-Joachim: »Telemann – Pisendel – Bach. Zu einem unbekannten Bach-Autograph«, in: *Die Bedeutung Georg Philipp Telemanns für die Entwicklung der europäischen Musikkultur im 18. Jahrhundert. Bericht über die Internationale Wissenschaftliche Konferenz anläßlich der Georg-Philipp-Telemann-Ehrung der DDR Magdeburg, 12.–18. März 1981 II*. Magdeburg 1983, S. 73
SOLIE, John E.: »Aria Structure and Ritornello Form in the Music of Albinoni«, in: *MQ* 63 (1977), S. 31
SPIRO, Friedrich: »Ein verlorenes Werk Johann Sebastian Bachs«, in: *Zeitschrift der Internationalen Musikgesellschaft* (1905), S. 100
STAUFFER, George Boyer: *The free organ preludes of Johann Sebastian Bach*. Phil. Diss. New York, 1978
STINSON, Russell: *The Bach manuscripts of Johann Peter Kellner and his circle*. Phil. Diss. Chicago, 1985
TAGLIAVINI, Luigi Ferdinando: »Bach's Organ Transcription of Vivaldi's „Grosso Mogul" Concerto«, in: *J. S. Bach as Organist. His Instruments, Music, and Performance Practices*, hrsg. von George B. Stauffer und Ernest May. Bloomington, 1986, S. 240
TALBOT, Michael: »The Concerto Allegro in the Early Eighteenth Century« (2 Teile), in: *Music and Letters* 52 (1971), S. 8 und 159
TALBOT, Michael: »Purpose and Peculiarities of the Brandenburg Concertos«, in: *Bach und die Stile*, S. 255
TELEMANN, Georg Philipp: »Lebenslauff / mein / Georg Philipp Telemanns; / Entworffen / in Frankfurth am Mayn / d. 10. Sept. A. 1718«, in: *Singen ist das Fundament zur Musik in allen Dingen*, S. 89 (⟶ *Quellen*)
TOVEY, Donald Francis: »Concerto in A major for Oboe d'amore with Strings and Continuo«, in: Tovey, Donald Francis: *Essays in Musical Analysis II · Symphonies (II), Variations, and Orchestral Polyphony*. London, 1935/^{12}1972, S. 196
VOIGT, Woldemar: »Ueber die Originalgestalt von J. S. Bach's Konzert für zwei Klaviere in Cmoll (Nr. 1)«, in: *Vierteljahrsschrift für Musikwissenschaft* 2 (1886), S. 482
WALDERSEE, Paul Graf von: »In Sachen des Konzertes in Cmoll für zwei Klaviere von J. S. Bach«, in: *Vierteljahrsschrift für Musikwissenschaft* 3 (1887), S. 313
WENDT, Matthias: »Solo – Obligato – Concertato: Fakten zur Terminologie der konzertierenden Instrumentalpartien bei Johann Sebastian Bach«, in: *Beiträge zur Geschichte des Konzerts · Fs Siegfried Kross zum 60. Geburtstag*, hrsg. von Reinmar Emans und Matthias Wendt. Bonn, 1990, S. 57
WEST, Ewan: »The Ouvertüren of Johann Friedrich Fasch in Historical Context«, in: *Fasch und die Musik im Europa des 18. Jahrhunderts*, hrsg. von Guido Bimberg und Rüdiger Pfeiffer. Weimar, 1995, S. 97 (*Fasch-Studien* 4)
WHITE, Chappell: *From Vivaldi to Viotti · A History of the Early Classical Violin Concerto*. Philadelphia etc., 1992
WHITE PAAS, Martha: »Nürnbergs Wirtschaft im 17. Jahrhundert«, in: *Der Franken Rom. Nürnbergs Blütezeit in der zweiten Hälfte des 17. Jahrhunderts*, hrsg. von John Roger Paas. Wiesbaden, 1995, S. 46

WILLIAMS, Peter: »A chaconne by Georg Böhm: a note on German composers and French styles«, in: *EM* (Februar 1989), S. 43
WOLFF, Christoph: »„Die betrübte und wieder getröstete Seele": Zum Dialog-Charakter der Kantate „Ich hatte viel Bekümmernis" BWV 21«, in: *BJ 1996*, S. 139
WOLFF, Christoph: »Die Orchesterwerke J. S. Bachs: Grundsätzliche Erwägungen zu Repertoire, Überlieferung und Chronologie«, in: *Bachs Orchesterwerke*, S. 17
WOLFF, Christoph: »Bachs weltliche Kantaten: Repertoire und Kontext«, in: *Bach-Kantaten II*, S. 13
WOLFF, Christoph: *Johann Sebastian Bach*. Frankfurt am Main, 2000
WOLLNY, Peter: »Wilhelm Friedemann Bach's Halle performances of cantatas by his father«, in: *Bach Studies* 2, hrsg. von Daniel R. Melamed. Cambridge, 1995, S. 202
WOLLNY, Peter: »Zur Überlieferung der Instrumentalwerke Johann Sebastian Bachs: Der Quellenbesitz Carl Philipp Emanuel Bachs«, in: *BJ 1996*, S. 13
WOLLNY, Peter: »Ein „musikalischer Veteran Berlins". Der Schreiber Anonymus 300 und seine Bedeutung für die Berliner Bach-Überlieferung«, in: *Jahrbuch des Staatlichen Instituts für Musikforschung Preußischer Kulturbesitz 1995*, hrsg. von Günther Wagner. Stuttgart und Weimar, 1996, S. 80
WOLLNY, Peter: »Überlegungen zum Tripelkonzert a-Moll BWV 1044«, in: *Bachs Orchesterwerke*, S. 283
WOLLNY, Peter: »Abschriften und Autographe, Sammler und Kopisten«, in: *Bach und die Nachwelt · Band 1: 1750–1850*, hrsg. von Michael Heinemann und Hans-Joachim Hinrichsen. Laaber, 1997, S. 27
ZASLAW, Neal: »Lully's Orchestra«, in: *Jean-Baptiste Lully. Kongreßbericht 1987*, hrsg. von Jérôme de la Gorce und Herbert Schneider. Laaber, 1990, S. 539 (*Neue Heidelberger Studien zur Musikwissenschaft* 18, hrsg. von Ludwig Finscher und Reinhold Hammerstein)
ZASLAW, Neal: »The Origins of the Classical Orchestra«, in: *BJHM XVII (1993)*, S. 9
ZEHNDER, Jean-Claude: »Giuseppe Torelli und Johann Sebastian Bach. Zu Bachs Weimarer Konzertform«, in: *BJ 1991*, S. 33
ZEHNDER, Jean-Claude: »Zu Bachs Stilentwicklung in der Mühlhäuser und Weimarer Zeit«, in: *Das Frühwerk*, S. 311
ZIETZ, Hermann: *Quellenkundliche Untersuchungen an den Bach-Handschriften P 801, P 802 und P 803 aus dem »Krebs'schen Nachlass« unter besonderer Berücksichtigung der Choralbearbeitungen des jungen J. S. Bach*. Phil. Diss. Hamburg; Druckfassung Hamburg, 1969 (*Hamburger Beiträge zur Musikwissenschaft* 1, hrsg. von Georg von Dadelsen)
ZOBELEY, Fritz: »Die Musik am Hofe des Kurfürsten Johann Wilhelm von der Pfalz«, in: *Neues Archiv für die Geschichte der Stadt Heidelberg und der Kurpfalz* 13 (1928), S. 133

SEKUNDÄRLITERATUR TEIL II

AHRENS, Christian: »„Welche Klangvielfalt in diesem Instrument [...]". Niedergang und Wiederentdeckung des Cembalos«, in: *Rabenkiel und Büffelleder · Cembali des 18. Jahrhunderts. Katalog*. Herne, 1990, S. 49
AHRENS, Christian: »Das Cembalo in Deutschland – Daten und Fakten«, in: *Das deutsche Cembalo · Bericht über das wissenschaftliche Symposium Herne 1999*, hrsg. von Christian Ahrens. München (i. Vorb.)
ALTENBURG, Detlev: *Untersuchungen zur Geschichte der Trompete im Zeitalter der Clarinblaskunst (1500–1800)*. Regensburg, 1973 (*Kölner Beiträge zur Musikforschung* 75)
BERCK, Heinz: *Viola d'amore Bibliographie*. Hofheim, ²1994
BOYDEN, David Dodge: *The History of Violin Playing from its Origins to 1761 and its Relationship to the Violin and Violin Music*. Oxford, ³1974
BRÜCHLE, Bernhard, und JANETZKY, Kurt: *Das Horn*. Bern, 1977
BUCHTA, Harald: *Pauke und Paukenspiel im Europa des 17.–19. Jahrhunderts*. Phil. Diss. Heidelberg, 1996
CLARK, Julian H.: »L'evolution de l'archet à la fin du XVIIIe siècle«, in: *Instrumentistes et Luthiers parisiens · XVIIe–XIXe siècles*, hrsg. von Florence Gétreau. Paris, 1988, S. 111
COWDERY, William Warren: *The early vocal works of Johann Sebastian Bach · Studies in style, scoring and chronology*. Phil. Diss. Cornell University, 1989
DÄHNERT, Ulrich: *Historische Orgeln in Sachsen. Ein Orgelinventar · Manuskriptfassung von Hubert Henkel*. Leipzig, ²1983
DAHLQVIST, Reine: »Corno and Corno da caccia: Horn Terminology, horn Pitches and high horn parts«, in: *BJHM XV (1991)*, hrsg. von Peter Reidemeister. Winterthur, 1992, S. 35

Sekundärliteratur Teil II

DAHLQVIST, Reine: »Pitches of German, French, and English trumpets in the 17th and 18th centuries«, in: *Historic Brass Society Journal* 5 (1993), S. 29

DANKS, Harry: *The Viola d'amore.* Halesowen, 1976

DAS BERLINER »BACH-CEMBALO«. *Ein Mythos und seine Folgen,* hrsg. vom Staatlichen Institut für Musikforschung Preußischer Kulturbesitz, Musikinstrumenten-Museum. Berlin, 1995 (mit Beiträgen von Dieter Krickeberg, Horst Rase, Konstantin Restle, Günther Wagner und Martin Elste)

DEMMLER, Fritz: *Johann George Tromlitz (1725–1805) · Ein Beitrag zur Entwicklung der Flöte und des Flötenspiels.* Phil. Diss. Berlin, 1961; Repr. Buren/Niederlande, 1985

DENTON, John William: *The use of oboes in church cantatas of Johann Sebastian Bach.* DMA Diss. Rochester, 1977

DEVIE, Dominique: *Le Tempérament Musical,* hrsg. von der Société de Musicologie du Languedoc. Béziers, 1990

DÜRR, Alfred: *Studien über die frühen Kantaten Johann Sebastian Bachs. Verbesserte und erweiterte Fassung der im Jahr 1951 erschienenen Dissertation.* Wiesbaden, 1977

DÜRR, Alfred: »Merkwürdiges in den Quellen zu Weimarer Kantaten Bachs«, in: *BJ 1987,* S. 151

FITZPATRICK, Horace: *The Horn and Hornplaying and the Austro-Bohemian tradition from 1680 to 1830.* London, 1970

FLASSIG, Fred: *Die solistische Gambenmusik in Deutschland im 18. Jahrhundert.* Göttingen, 1998

FOCHT, Josef: »Quellen zum süddeutschen Bogenbau an der Wende vom 18. zum 19. Jahrhundert«, in: *Der Streichbogen.* Michaelstein/Blankenburg, 1998, S. 37 (*Michaelsteiner Konferenzberichte* 54)

FRIEDRICH, Felix: »Orgel- oder Klavierbauer? Historische und soziologische Annotationen«, in: *Cöthener Bach-Hefte 8. Beiträge zum Kolloquium »Kammermusik und Orgel im höfischen Umkreis – Das Pedalcembalo«.* Köthen, 1998, S. 105

FRITSCH, Philipp: *Les ateliers alsacien et saxon de la dynastie des Silbermann, etude des claviers.* Phil. Diss. Straßburg, 1996

FUNKE, Ruth: *Das Horn bei Johann Sebastian Bach unter besonderer Berücksichtigung des ersten Brandenburgischen Konzertes.* Masch. Diplomarbeit Folkwang-Hochschule Essen, 1995

GÉTREAU, Florence: »Französische Bogen im 17. und 18. Jahrhundert. Dokumente und ikonographische Quellen«, in: *Der Streichbogen.* Michaelstein/Blankenburg, 1998, S. 21 (*Michaelsteiner Konferenzberichte* 54)

GRÜNKE, Klaus: »Die Entwicklung des Violinspiels und dessen Einfluß auf die Entwicklung des Bogenbaus vom 16. bis 20. Jahrhundert«, in: *5. Internationaler Musikwettbewerb · Programm des Kulturförderverein Bubenreuth e.V.* Bubenreuth, 1996, S. 20

HAMMA, Walter: *Geigenbauer der deutschen Schule des 17. bis 19. Jahrhunderts.* Tutzing, ²1992

HAYNES, Bruce: *Pitch standards in the baroque and classical periods.* Phil. Diss. Montreal, 1995

HAYNES, Bruce: *A history of performing pitch.* Oxford (i. Vorb.)

HAYNES, Bruce: *The eloquent oboe: a history of the hautboy 1640 to 1760.* Oxford (i. Vorb. II)

HELLWIG, Friedemann: »Violoncello und Viola da Gamba bei Jakob Stainer«, in: *Jakob Stainer und seine Zeit · Bericht über die Jakob-Stainer-Tagung Innsbruck 1983.* Innsbruck, 1984, S. 87 (*Innsbrucker Beiträge zur Musikwissenschaft* 10, hrsg. von Walter Salmen)

HELLWIG, Günter: *Joachim Tielke · Ein Hamburger Lauten- und Violenmacher der Barockzeit.* Frankfurt am Main, 1980

HENKEL, Hubert: »Bach und das Hammerklavier«, in: *Beiträge zur Bachforschung 2,* hrsg. von Werner Felix, Winfried Hoffmann und Armin Schneiderheinze. Leipzig, 1982, S. 56

HEYDE, Herbert: *Historische Musikinstrumente im Bachhaus Eisenach,* hrsg. vom Bachhaus Eisenach. [o.O.], 1976

HEYDE, Herbert: *Flöten.* Leipzig, 1978 (*Musikinstrumentenmuseum der Karl-Marx-Universität Leipzig · Katalog* 1)

HEYDE, Herbert: »Der Instrumentenbau in Leipzig zur Zeit Johann Sebastian Bachs«, in: *300 Jahre Johann Sebastian Bach,* S. 73 (⟶ *Allgemeine Sekundärliteratur*)

HEYDE, Herbert: *Musikinstrumentenbau 15.–19. Jahrhundert · Kunst – Handwerk – Entwurf.* Leipzig, 1986

HEYDE, Herbert: »Zum frühen Hammerklavierbau in Sachsen«, in: *Bericht über das 8. Symposium zu Fragen des Musikinstrumentenbaus · Clavichord und Cembalo.* Michaelstein/Blankenburg, 1988, S. 45 (*Beiheft 9 zu den SAIM*)

HEYDE, Herbert: »Die Werkstatt von Augustin Grenser d. Ä. und Heinrich Grenser in Dresden«, in: *Tibia* 4 (1993), S. 593

HILL, William Henry, HILL, Arthur Frederick, und HILL, Alfred Ebsworth: *Antonio Stradivari · His Life and Work.* London, 1902

HOBOHM, Wolf: »Überlegungen zu Bachs Beziehungen zu dem halleschen Orgelbauer H. A. Contius (Cuncius)«, in: *Bericht Leipzig,* S. 125

HOPFNER, Rudolf: *Streichbogen · Katalog der Sammlung alter Musikinstrumente im Kunsthistorischen Museum Wien und der Sammlungen der Gesellschaft der Musikfreunde in Wien.* Tutzing, 1998

HUBER, John: *The Development of the Modern Violin 1775–1825 · The Rise of the French School.* Frankfurt am Main, 1998 (*Stockholm Studies in Musicology* 6)

JALOVEC, Karel: *Böhmische Geigenbauer.* Prag, 1959

JANSEN, Will: *The Bassoon · Its History, Construction, Makers, Players and Music* (3 Bde.). Amsterdam, 1979

KIELKLAVIERE. CEMBALI · SPINETTE · VIRGINALE, hrsg. vom Staatlichen Institut für Musikforschung Preußischer Kulturbesitz. Berlin, 1991 (mit Beiträgen von John Henry van der Meer, Martin Elste, Günther Wagner, Horst Rase und Dagmar Droysen-Reber)

Sekundärliteratur Teil II

KINSKY, Georg: *Katalog des Musikhistorischen Museums von Wilhelm Heyer in Cöln · Zweiter Band · Zupf- und Streichinstrumente*. Köln, 1912
KIRNBAUER, Martin, und KRICKEBERG, Dieter: »Musikinstrumentenbau im Umkreis von Sophie Charlotte«, in: *Sophie Charlotte und die Musik in Lietzenburg*. Berlin, 1987, S. 29
KLEMISCH, Guido: »Zur Bauweise der Blockflöte um 1700 und Möglichkeiten des Nachbaus«, in: *SAIM · Beiheft 12*. Michaelstein/Blankenburg, 1992, S. 47
KOCH, Hans Oskar: *Sonderformen der Blasinstrumente in der deutschen Musik vom späten 17. bis zur Mitte des 18. Jahrhunderts*. Phil. Diss. Heidelberg, 1980
KÖNIG, Adolf Heinrich: *Die Viola da gamba*. Frankfurt am Main, 1986
KOLNEDER, Walter: *Aufführungspraxis bei Vivaldi*. Adliswil/Zürich, 1973
KRICKEBERG, Dieter: »Michael Mietke – ein Cembalobauer aus dem Umkreis von Johann Sebastian Bach«, in: *Cöthener Bach-Hefte 3*. Köthen, 1985, S. 47
KRICKEBERG, Dieter, und RASE, Horst: »Beiträge zur Kenntnis des mittel- und norddeutschen Cembalobaus um 1700«, in: *Studia Organologica · Fs John Henry van der Meer zum 65. Geburtstag*, hrsg. von Friedemann Hellwig. Tutzing, 1987, S. 285
KRÖHNER, Christine: »Die Streichinstrumente der Leipziger Thomaskirche aus Bachs Amtszeit – Zum Problem der Erfassung des Bestandes zwischen 1723 und 1750 und Untersuchungen der überlieferten Instrumente«, in: *Bericht Leipzig*, S. 155
LASOCKI, David: »Paisible's Echo Flute, Bononcini's Flauti Eco, and Bach's Fiauti d'Echo«, in: *GSJ* XLV (1992), S. 59
LEEUWEN BOOMKAMP, Carel van, und MEER, John Henry van der: *The Carel van Leeuwen Boomkamp Collection of Musical Instruments · Descriptive Catalogue*. Amsterdam, 1971
LINDLEY, Mark: »Stimmung und Temperatur«, in: *Hören, Messen und Rechnen in der frühen Neuzeit*. Darmstadt, 1987, S. 109 (*Geschichte der Musiktheorie 6*, hrsg. von Frieder Zaminer)
LÜTGENDORFF, Willibald Leo von: *Die Geigen- und Lautenmacher vom Mittelalter bis zur Gegenwart* (2 Bde.). Frankfurt am Main, [4]1922; Repr. Tutzing, [6]1992; Ergänzungsband von Thomas Drescher. Tutzing, 1990
MACCRACKEN, Thomas G.: »Die Verwendung der Blechblasinstrumente bei J. S. Bach · Erwiderung auf Don L. Smithers „Kritische Anmerkungen"«, in: *BJ 1992*, S. 123
MARTIN, John: *The Acoustics of the Recorder*. Celle, 1994
MARX, Klaus: *Die Entwicklung des Violoncells und seiner Spieltechnik bis J. L. Duport (1520–1820)*. Regensburg, [2]1977
MEER, John Henry van der: »Zur Frühgeschichte der Viola d'amore«, in: *Kongreßbericht der Internationalen Musikgesellschaft Kopenhagen 1972*, S. 547
MEER, John Henry van der: »Die Viola-da-Braccio-Familie im 18. Jahrhundert«, in: *Die Saiteninstrumente in der ersten Hälfte des 18. Jahrhunderts und unsere heutigen Besetzungsmöglichkeiten*, hrsg. von Eitelfriedrich Thom. Michaelstein/Blankenburg, 1979, S. 15 (*SAIM 7*)
MEER, John Henry van der: *Musikinstrumente · Von der Antike bis zur Gegenwart*. München, 1983
MEER, John Henry van der: »Ein Überblick über den deutschen Cembalobau«, in: *Fünf Jahrhunderte deutscher Musikinstrumentenbau*, hrsg. von Hermann Moeck. Celle, 1987, S. 240
MENDEL, Arthur: »On the pitches in use in Bach's time« (2 Teile), in: *MQ* 41 (1955), S. 332 und 466
MENDEL, Arthur: »Pitch in western music since 1500: a re-examination«, in: *Acta Musicologica* 50 I/II (1978), S. 1
MÜLLER, Werner: *Gottfried Silbermann · Persönlichkeit und Werk*. Frankfurt am Main, 1982
NICKEL, Ekkehart: *Der Holzblasinstrumentenbau in der Freien Reichsstadt Nürnberg*. München, 1971
OTTO, Jakob August: *Ueber den Bau der Bogen-Instrumente, und über die Arbeiten der vorzüglichsten Instrumentenmacher, zur Belehrung für Musiker. Nebst Andeutungen zur Erhaltung der Violine in gutem Zustande*. Jena, [2]1828 (Erstauflage 1817)
POLLENS, Stewart: *The Early Pianoforte*. Cambridge etc., 1995
POWELL, Ardal: »Die Eichentopf-Flöte: die älteste erhaltene vierteilige Traversflöte?«, in: *Tibia* (1995), S. 343
RAMPE, Siegbert: »Bach, Quantz und das Musicalische Opfer«, in: *Concerto* 84 (1993), S. 15
RAMPE, Siegbert: »Zur Sozialgeschichte des Claviers und Clavierspiels in Mozarts Zeit« (2 Teile), in: *Concerto* 104 (1995), S. 24, und *Concerto* 105 (1995), S. 28
RAMPE, Siegbert: »Zur Sozialgeschichte der Saitenclaviere im deutschen Sprachraum zwischen 1600 und 1750«, in: *Das deutsche Cembalo · Bericht über das wissenschaftliche Symposium Herne 1999*, hrsg. von Christian Ahrens. München (i. Vorb.)
RESTLE, Konstantin: *Bartolomeo Cristofori und die Anfänge des Hammerclaviers*. München, 1991 (*Münchener Arbeiten zur Musiktheorie und Instrumentenkunde 1*)
RIEDER, Silvia: »Als plastisches Dekor zweckentfremdete Musikinstrumente – eine Möglichkeit zur regionalen und zeitlichen Einordnung verschiedener Bogentypen?«, in: *Der Streichbogen*. Michaelstein/Blankenburg, 1998, S. 47 (*Michaelsteiner Konferenzberichte 54*)
RILEY, Maurice: *The History of the Viola* (2 Bde.). Ann Arbor/Michigan, 1980 und 1991
RIMBACH, E. L.: *The church cantatas of Johann Kuhnau*. Phil. Diss. Rochester, 1966

SCHMID, Manfred Hermann: »Baugrößen, Besaitung und Instrumentennamen bei Streichinstrumenten des 17. Jahrhunderts«, in: *Saiten und ihre Herstellung in Vergangenheit und Gegenwart,* hrsg. von Eitelfriedrich Thom. Michaelstein 1991, S. 107
SCHMIDT, Martin-Christian: »Anmerkungen über ein nachzuschaffendes zweimanualiges Cembalo nach Michael Mietke für die Köthener Bach-Gedenkstätte«, in: *Cöthener Bach-Hefte Sonderheft · Die Schloßkapelle zu Köthen und ihre Musikinstrumente.* Köthen, 1992, S. 32
SCHMIDT, Martin-Christian: »Wiederentdeckt: Cembali von Silbermann und Mietke?«, in: *Concerto* 135 (1998), S. 34
SCHMIDT, Martin-Christian: »Das Pedalcembalo – ein fast vergessenes Tasteninstrument«, in: *Cöthener Bach-Hefte 8. Beiträge zum Kolloquium »Kammermusik und Orgel im höfischen Umkreis – Das Pedalcembalo«.* Köthen, 1998, S. 83
SEGERMANN, Ephraim: »Historical Violin Stringings up to 1900« (3 Teile), in: *The Strad Magazine* (1988), S. 52, 195 und 295
SMITH, Mark M.: »Joh. Seb. Bachs Violoncello piccolo: Neue Aspekte – offene Fragen«, in: *BJ* 1998, S. 63
SMITHERS, Don L.: »Die Verwendung der Blechblasinstrumente bei J. S. Bach unter besonderer Berücksichtigung der Tromba da tirarsi. Kritische Anmerkungen zum gleichnamigen Aufsatz von Thomas G. MacCracken«, in: *BJ* 1987, S. 142
STAUFFER, George B.: »J. S. Bach's Harpsichords«, in: *Festa Musicologica. Essays in Honor of George J. Buelow,* hrsg. von Thomas J. Mathiesen und Benito V. Rivera. Stuyvesandt/New York, 1995, S. 289
STEFFEN, Kurt: *J. S. Bach und die Blockflöte.* Masch. Hausarbeit Musikakademie Kassel, 1995
STRADNER, Gerhard: »Ein neu entdeckter Violinbogen aus der Zeit um 1700«, in: *Jakob Stainer und seine Zeit · Bericht über die Jakob-Stainer-Tagung Innsbruck 1983.* Innsbruck, 1984, S. 109 (*Innsbrucker Beiträge zur Musikwissenschaft* 10, hrsg. von Walter Salmen)
STREITWIESER, Franz Xaver: *Das Jagdhorn in Böhmen und Mähren.* München, 1981 (*Schriftenreihe zur sudetendeutschen Musik* 3)
THALHEIMER, Peter: »Der Flauto Piccolo bei J. S. Bach«, in: *BJ* 1966, S. 138
WACKERNAGEL, Bettina: *Europäische Zupf- und Streichinstrumente, Hackbretter und Äolsharfen · Deutsches Museum München, Musikinstrumentensammlung · Katalog.* Frankfurt am Main, 1997
WALDEN, Valerie: *One Hundred Years of Violoncello · A History of Technique and Performance Practice · 1740–1840.* Cambridge, 1998
WATCHORN, Ian: »Baroque Renaissance«, in: *The Strad Magazine* (1985), S. 822
WATERHOUSE, William: *The New Langwill Index · A Dictionary of Musical Wind-Instrument Makers and Inventors.* London, 1993
WILLIAMS, Peter: »J. S. Bach – Orgelsachverständiger unter dem Einfluß Andreas Werckmeisters?«, in: *BJ* 1982, S. 131
WÖRTHMÜLLER, Willi: »Die Nürnberger Trompeten- und Posaunenmacher des 17. und 18. Jahrhunderts. Ein Beitrag zur Geschichte des Nürnberger Musikinstrumentenbaus« (2 Teile), in: *Mitteilungen des Vereins für Geschichte der Stadt Nürnberg* 45 und 46. Nürnberg, 1954, S. 208 (Teil 1); Nürnberg, 1955, S. 372 (1955)
WOLFF, Christoph: »Bach und das Pianoforte«, in: *Bach und die Italienische Musik · Bach e la Musica Italiana,* hrsg. von Wolfgang Osthoff und Reinhard Wiesend. Venedig, 1987, S. 197 (*Centro Tedesco di Studi Veneziani* 36)
»WUNDERHARFE« · *450 Jahre Sächsische Staatskapelle Dresden · Katalog,* hrsg. von den Staatlichen Kunstsammlungen Dresden in Zusammenarbeit mit der Sächsischen Staatsoper Dresden. Dresden, 1998
YOUNG, Phillip T.: *4900 Historical Woodwind Instruments.* London, 1993
ZÓRAWSKA-WITKOWSKA, Alina: *Muzyka na Dworze Augusta II w Warszawic.* Warschau, [1997]

SEKUNDÄRLITERATUR TEIL III

BUTT, John: *Bach Interpretation · Articulation Marks in Primary Sources of J. S. Bach.* Cambridge, 1990
CARTER, Stewart: »The string tremolo in the 17th century«, in: *EM* XIX (1991), S. 43
FUCHS, Joseph Rainerius: *Studien zu Artikulationsangaben in Orgel- und Clavierwerken von Joh. Seb. Bach.* Neuhausen-Stuttgart, 1985 (*Tübinger Beiträge zur Musikwissenschaft* 10, hrsg. von Georg von Dadelsen)
FUCHS, Joseph Rainerius: »Halbtonglissando und Imitation des Orgeltremulanten in Bachs Musik?«, in: *Mf* 43 (1990), S. 247
HEFLING, Stephen E.: *Rhythmic Alteration in Seventeenth- and Eighteenth Century Music · Notes Inégales and Overdotting.* New York, 1993
HERZ, Gerhard: »Der lombardische Rhythmus im „Domine Deus" der h-Moll-Messe J. S. Bachs«, in: *BJ* 1974, S. 90
HOFFMANN, Winfried: »Zur Dynamik bei Bach – Beobachtungen an den Brandenburgischen Konzerten«, in: *Bericht Leipzig,* S. 323
KRICKEBERG, Dieter: »Einige Nachrichten über Musikinstrumente und Instrumentenbauer aus den Berliner Intelligenzblättern der Jahre 1729 bis 1786«, in: *Fs Arno Forchert zum 60. Geburtstag 1985.* Kassel etc., 1986, S. 123
LOHMANN, Ludger: *Die Artikulation auf den Tasteninstrumenten des 16.–18. Jahrhunderts.* Regensburg, ²1990 (*Kölner Beiträge zur Musikforschung* 125, hrsg. von Heinrich Hüschen)

MARSHALL, Robert L.: »Tempo and Dynamic Indications in the Bach Sources: A Review of the Terminology«, in: *Bach · Handel · Scarlatti · Tercentenary Essays,* hrsg. von Peter Williams. Cambridge, 1985, S. 259
MARSHALL, Robert L.: »Bach's tempo ordinario: A Plaine and Easie Introduction to the System«, in: *Critica Musica · Essays in Honor of Paul Brainard,* hrsg. von John Knowles. Amsterdam, 1996, S. 249
MIEHLING, Klaus: *Das Tempo in der Musik von Barock und Vorklassik · Die Antwort der Quellen auf ein umstrittenes Thema.* Wilhelmshaven, 1993
MOENS-HAENEN, Greta: »Zur Frage der Wellenlinien in der Musik Johann Sebastian Bachs«, in: *AfMw* 41 (1984), S. 176
MOENS-HAENEN, Greta: *Das Vibrato in der Musik des Barock · Ein Handbuch zur Aufführungspraxis für Vokalisten und Instrumentalisten.* Graz, 1988
NEUMANN, Frederick: »Ornamentation and Forbidden Parallels«, in: *Festa Musicologica · Essays in Honor of George J. Buelow,* hrsg. von Thomas J. Mathiesen und Benito V. Rivera. Stuyvesandt/New York, 1995, S. 435
NEUMEYER, Fritz: »Der Generalbaß bei Händel und Corelli« (Manuskript Basel, 1938), in: *Fritz Neymeyer · Wege zur Alten Musik · Stationen und Dokumente,* hrsg. von Jürgen Böhme. St. Ingbert, 1996, S. 147 (*Schriften der Saarländischen Universitäts- und Landesbibliothek* 2, hrsg. von Bernd Hagenau)
RAMPE, Siegbert: »Johann Jacob Frobergers Clavier- und Orgelwerke: Aufführungspraxis und Interpretation« (3 Teile), in: *Musik und Kirche* 64 (1994), S. 310; 65 (1995), S. 87 und 137
SCHLEUNING, Peter: »Verzierungsforschung und Aufführungspraxis · Zum Verhältnis von Notation und Interpretation in der Musik des 18. Jahrhunderts«, in: *BJHM* III (1979), hrsg. von Peter Reidemeister. Winterthur, 1980, S. 11
SCHNEIDER, Max: »Der Generalbaß Johann Sebastian Bachs«, in: *Jahrbuch der Musikbibliothek Peters* 21/22 (1914/15), S. 27
SCHULZE, Hans-Joachim: »Wer intavolierte Johann Sebastian Bachs Lautentabulaturen?«, in: *Mf* (1966), S. 32
SCHULZE, Hans-Joachim: »„Monsieur Schuster" – ein vergessener Zeitgenosse Johann Sebastian Bachs«, in: *Bachiana et alia Musicologica · Fs Alfred Dürr zum 65. Geburtstag,* hrsg. von Wolfgang Rehm. Kassel etc., 1983, S. 243
SCHULZE, Hans-Joachim: »Cembaloimprovisation bei Bach – Versuch einer Übersicht«, in: *Zu Fragen der Improvisation in der Instrumentalmusik in der ersten Hälfte des 18. Jahrhunderts,* hrsg. von Eitelfriedrich Thom. Michaelstein/Blankenburg, 1980, S. 50 (*SAIM* 10)
SIEGELE, Ulrich: »Aus dem Leben eines wandernden Musikers«, in: *Cöthener Bach-Hefte 8 · Beiträge zum Kolloquium »Kammermusik und Orgel im höfischen Umkreis – Das Pedalcembalo« 1997.* Köthen, 1998, S. 53
SPITTA, Philipp: »Der Tractat über den Generalbaß und F. Niedts „Musikalische Handleitung"«, in: *Allgemeine Musik-Zeitung* XVII (1882), Sp. 241
SPITZER, John, und ZASLAW, Neal: »Improvised Ornamentation in Eighteenth-Century Orchestras«, in: *JAMS* 34 (1986), S. 524
SWANTON, Philip: »Der Generalbass in J. S. Bachs Kantaten mit obligater Orgel«, in: *BJHM* XIII (1985), hrsg. von Peter Reidemeister. Winterthur, 1986, S. 89
TAUBERT, Karl Heinz: *Höfische Tänze · Ihre Geschichte und Choreographie.* Mainz etc., 1968
WHITMORE, Philip: *Unpremeditated Art · The Cadenza in the Classical Keyboard Concerto.* Oxford, 1991, S. 44
ZASLAW, Neal: »Ornaments for Corelli's Violin Sonatas, op. 5«, in: *EM* 24 (1996), S. 95

SEKUNDÄRLITERATUR TEIL IV

BECK, Sydney, und ROTH, Elizabeth E.: *Music in Prints.* New York, 1965
BÖHMER, Karl: »Bachs mythologisches Geheimnis · Philip Pickett, Reinhard Goebel und das verborgene Programm der Brandenburgischen Konzerte«, in: *Concerto* 109 (1995/96), S. 15
GOEBEL, Reinhard: »J. S. Bach: Die Brandenburgischen Konzerte« (2 Teile), in: *Concerto* 8/1987, S. 16, und 9/1987, S. 10
HUDSON, Richard: *Stolen Time · The History of Tempo Rubato.* Oxford, 1994
SCHESTAKOWA, Dorothea: »Zur Problematik der Bogensetzung bei Bach – Beobachtungen bei der Edition der Brandenburgischen Konzerte«, in: *Bericht Leipzig,* S. 315
SCHLEUNING, Peter: »Bachs sechstes Brandenburgisches Konzert – eine Pastorale«, in: *Bachs Orchesterwerke,* S. 203
SCHWAB, Heinrich W.: *Konzert · Öffentliche Musikdarbietung vom 17. bis 19. Jahrhundert.* Leipzig, 1971 (*Musikgeschichte in Bildern IV,* hrsg. von Heinrich Besseler und Werner Bachmann: *Musik der Neuzeit · Lieferung 2*)
SPITZER, John: »Players and parts in the 18th-century orchestra«, in: *BJHM* XVII (1993), S. 41

REGISTER

PERSONENREGISTER

Abel, Carl Friedrich (1723–1787)   304
Abel, Christian Ferdinand (ca. 1683–1737)   41f., 99f., 105, 246, 296, 303f.
Adlung, Jacob (1699–1762)   32, 267, 298, 307, 310, 312, 319, 332, 423
Agricola, Johann Friedrich (1720–1774)   37, 60, 63, 129, 147, 155, 169f., 175, 310, 321, 329, 332, 349, 353, 383, 384f., 388, 422, 425, 428f., 447ff., 451f.
Aiblinger, Andreas (18. Jh.)   35
Alberti, Johann Christoph (18. Jh.)   44
Albicastro, Henrico (?–ca. 1713)   76f., 177, 184, 193, 233
Albinoni, Tomaso (1671–1751)   18f., 25, 32, 40, 65, 69f., 76f., 83, 91, 94, 99, 128, 163, 177–182, 184ff., 189f., 192ff., 201–207, 210, 216, 232, 234, 249, 272, 326, 387
D'Alembert, Jean le Rond (1717–1783)   341
Alt, Christoph (?–1715)   34
Alt, Philipp Samuel (1689–1765)   35
Altenburg, Johann Ernst (1734–1801)   287, 289, 316
Altnickol, Elisabeth Juliana Friederica, geb. Bach (1726–1781)   84, 86
Altnickol, Johann Christoph (1719/20–1759)   84ff., 96, 118, 132, 149f., 154, 160f., 320, 420, 432, 440
Amati (Familie, 17. Jh.)   294
D'Anglebert, Jean-Henri (1635–1691)   269, 371
Anna Amalia, Prinzessin von Preußen (1723–1787)   92
Apel (Familie; 18. Jh.)   40
Ariosti, Attilio (1666–1729?)   40
August Ludwig, Prinz von Anhalt-Köthen (18. Jh.)   44, 46
Bach, Anna Magdalena, geb. Wilcke (1701–1760)   43, 46, 80, 84, 86, 104, 153f., 157, 268f., 443
Bach, Carl Philipp Emanuel (1714–1788)   13, 17, 25, 37f., 60, 63, 83–86, 88, 103f., 106, 108, 110f., 114, 116ff., 126–129, 149, 150, 154f., 161, 165, 167, 170, 174, 261, 263f., 308, 321, 324, 329, 332, 349, 361, 364, 366, 371, 378, 380f., 383, 385, 391, 393, 398, 403, 423, 426ff., 438, 440, 445, 458
Bach, Gottfried Heinrich (1724–1761)   84, 86, 114
Bach, Johann Ambrosius (1645–1695)   102
Bach, Johann Bernhard (1676–1749)   52, 67, 83, 255, 259, 268, 374
Bach, Johann Bernhard (1700–1743)   41f.
Bach, Johann Christian (1735–1782)   84, 86, 117f.
Bach, Johann Christoph (1671–1721)   19, 69ff., 82, 102, 158, 178, 234, 252, 255, 267, 394

Bach, Johann Christoph (1642–1703)   102
Bach, Johann Christoph (1673–1727)   318
Bach, Johann Christoph Friedrich (1732–1795)   84ff., 97, 117f., 161, 418
Bach, Johann Ernst (1722–1777)   114
Bach, Johann Gottfried Bernhard (1715–1739)   279, 282
Bach, Johann Jacob (1682–1722)   281
Bach, Johann Nicolaus (1669–1753)   307, 319
Bach, Regina Johanna (1728–1733)   104
Bach, Wilhelm Friedemann (1710–1784)   25, 83–88, 103, 111, 114, 117f., 134, 149f., 154f., 161, 166f., 170, 176, 256, 309, 325, 332, 349, 413, 443
Bahn, Johann Georg (?–1716)   39
Ballard, Christophe (1641–1715)   253
Balzer, Valentin (18. Jh.)   31, 33, 35, 283
Bauer(mann), Andreas (1636–1717)   278, 281
Bauer(mann), Johann Gottfried (1666–1721)   284
Bauer(mann), Johann Gottlob (1696–ca. 1736)   281, 286
Baumgartner, Rudolf   168
Becker, Johann Ferdinand (18. Jh.)   43
Becker, Johann Heinrich (?–1715)   39, 44
Beckmann, Johann Christoff (1643–1717)   39
Bence, Paschal (?–1712)   39
Bernhardi, Christian Gerhard (18. Jh.)   35
Bernstein, Leonard (1925–1990)   12
Besseler, Heinrich (1900–1969)   89, 95, 97, 101, 178, 264f., 409, 454
Beumelburg, Johann Georg (?–1729)   35
Beyer (18. Jh.)   36
Beyer, Heinrich Christian (?–1748)   23, 279
Beyer, Johann Samuel (1669–1744)   13f., 302ff., 326, 328, 338, 372–375, 377, 382, 406
Biber, Heinrich Ignaz Franz (1644–1704)   31, 312, 418
Bidermann, Daniel (1603–1663)   314
Biedermann, Johann Christian (18. Jh.)   35
Billeben, Johann Christoph (?–1740/41)   36f.
Binduff, Heinrich Rudolf von (1698–1736)   44
Birnbaum, Johann Abraham (1702–1748)   366
Bitter, Carl Hermann (1813–1885)   156
Bleyer, Georg (1647–nach 1694)   254
Blockwitz, Johann Martin (18. Jh.)   48, 281
Blühnitz, Gottfried (?–1731)   35
Bodinus, Johann Friedrich (18. Jh.)   36, 44
Böhm, Georg (1661–1733)   14, 212, 255

Personenregister

Böhm, Johann Michael (ca. 1685–nach 1753) 48, 284f., 316
Böhmer, Karl 17, 408, 410, 415
Bononcini, Antonio Maria (1677–1726) 40
Bononcini, Giovanni (1670–1747) 40
Boresch, Hans-Werner 101
Borsch, Johann Stefan (?–1804) 154
Bose (Familie, 18. Jh.) 40
Bourgeat, Louis (17. Jh.) 71
Boyd, Malcolm 100, 421
Boyvin, Jacques (ca. 1649–1706) 385
Breig, Werner 99, 111, 121, 123f., 127f., 130f., 140f., 143ff., 162, 168f., 178, 424, 428, 434f.
Breitkopf, Bernhard Christoph (1695–1777) 52, 163f.
Brescianello, Giuseppe Antonio (ca. 1690–1758) 91
Bressan, Pierre Jaillard (1668–1734) 279, 316
Brossard, Sébastien de (1655–1730) 341, 351
Bülow, Hans von (1830–1894) 128
Buffardin, Pierre Gabriel (1690–1768) 25, 98f., 281f.
Busch, Adolf (1891–1952) 11
Butt, John 348
Buttstedt, Johann Heinrich (1666–1727) 14, 394
Buxtehude, Dietrich (1637–1707) 14, 30, 234, 290, 383
Caldara, Antonio (um 1670–1736) 40
Campra, André (1660–1744) 253
Carl Friedrich, Herzog von Sachsen-Meiningen (18. Jh.) 58
Caroli, Johann Friedrich (1695–1738) 279
Chambonnières, Jacques Champion de (1601/02–1672) 268
Chodowiecki, Daniel N. (1726–1801) 405
Christian, Herzog von Sachsen-Weißenfels (1682–1736) 187
Christian Ludwig von Brandenburg, Markgraf von Schwedt (1677–1734) 88–92, 97, 245, 304, 406, 408f., 419
Coberg, Johann Anton (1649–1709) 255
Compenius, Ludwig (ca. 1603–1671) 307f., 314
Corelli, Arcangelo (1653–1713) 18, 30, 65, 69f., 76, 79, 201, 207, 234–237, 239, 275, 327, 331f., 362, 370, 412, 459
Corrette, Michel (1709–1795) 346
Cosimo III. von Medici, Großherzog der Toskana (1639–1723) 40
Couperin, François (1668–1733) 269, 274f., 381
Crell, Johann Christian (1690–1762) 51
Cristofori, Bartolomeo (1653–1731) 310
Crone, Christian Ludwig (18. Jh.) 38, 48
Crone, Gottlieb (1706–1766) 281
Crüger, Johann (1598–1662) 385
Cunis, Johann Wilhelm (18. Jh.) 54
Dadelsen, Georg von 15, 114
Dahlhaus, Carl (1928–1989) 172
Dart, Thurston (1921–1971) 93f., 147
Daube, Johann Friedrich (ca. 1730–1797) 387–391
David, Ferdinand (1810–1873) 127, 142
Degen (18. Jh.) 36
Denner, Johann Christoph (1655–1707) 278, 286
Denner, Johann Jacob (1681–1735) 278, 280f.
Denstedt, August Gottfried (18. Jh.) 35
Dequevauviller, Vincent 408
Descartes, René (1596–1650) 342

Dieupart, Charles (1667?–1740?) 86, 252, 270
Dirksen, Pieter 97ff., 101, 144
Dirst, Matthew 267ff.
Döbernitz, Johann (?–1735) 34
Dörfler, Hans Andreas (ca. 1690–1757) 298
Doles, Johann Friedrich (1715–1797) 13, 309, 374, 378, 379
Dorothea, Kurfürstin von Brandenburg, geborene Prinzessin von Holstein-Sonderburg-Glücksburg, verwitwete Herzogin von Braunschweig-Lüneburg (1636–1689) 91
Drese, Johann Samuel (?–1716) 27, 31f., 34, 37, 57, 69, 196
Drese, Johann Wilhelm (1677–1745) 32, 34, 37, 57, 69
Dreyfus, Laurence 94, 100, 114, 304, 413, 421
Duclos, Antoine Jean (18. Jh.) 405
Dürr, Alfred 15, 30, 96f., 123, 156, 189, 271, 273, 314
Ebicht, Gottfried (ca. 1681–1736) 281
Ecke, Andreas Christoph (?–1718) 35
Effler, Johann (?–1711) 31ff.
Ehe, Friedrich (1669–1742) 287
Ehrbach, Johann Andreas (18. Jh.) 34f., 104
Eichberg, Hartwig 179
Eichenberg, Johann Wendelin (18. Jh.) 35
Eichentopf, Andreas (ca. 1670–1721) 286
Eichentopf, Johann Heinrich (ca. 1686–1769) 278f., 281, 284, 286f., 291, 298
Eisel, Johann Philipp (18. Jh.) 100, 278, 280, 286, 290, 294, 299–306
Eleonora Wilhelmine, Herzogin von Sachsen-Weimar, geb. Prinzessin von Anhalt-Köthen (1696–1726) 41, 46
Eller, Rudolf 168, 170f., 178
Ellinger (18. Jh.) 91
Emanuel Leberecht, Fürst von Anhalt-Köthen (1640–1704) 39f.
Emis (18. Jh.) 91
Emmerling, Cyriakus (18. Jh.) 90f., 306
Endler, Johann Samuel (1694–1762) 48
Eppstein, Hans 148ff., 208
Erdmann, Georg (1682–1736) 90
Erlebach, Philipp Heinrich (1657–1714) 254
Ernst August, Herzog von Sachsen-Weimar (1688–1748) 32ff., 41, 44, 58, 63, 246, 257, 293
Eschrich (18. Jh.) 36
Eylenstein, Adam (1705–1762) 293f., 297
Eylenstein, Gregor Christoph (1682–1749) 32–35, 283
Falckenhagen, Adam (1697–1761) 398
Farina, Carlo (1600?–1640?) 418
Fasch, Johann Friedrich (1688–1758) 25, 48, 56, 163, 241, 255, 268f., 430, 453
Feckler, Joseph Paris (18. Jh.) 70f.
Fichtel, Johann Martin (18. Jh.) 35
Ficker, Wahlfried (18. Jh.) 309
Fischer, Johann Caspar Ferdinand (1656–1746) 254, 341
Fischer, Johann Christoph (18. Jh.) 36
Fischer, Johann Valentin (18. Jh.) 41f.
Fischer, Wilfried 120, 123, 127, 129ff., 135, 142f., 145, 161, 168–171, 173, 226, 434f., 437
Flor, Christian (1626–1697) 255
Förster (18. Jh.) 163

Personenregister

Forkel, Johann Nicolaus (1749–1818)   16, 32, 37f., 65, 72, 86, 88, 118, 133, 145, 154, 166, 177, 207, 269, 321f., 334, 349f., 356, 385, 393, 432, 435f., 444, 450f.
Forqueray, Antoine (1671/72–1745)   304
Fredersdorf, Michael Gabriel von (1708–1758)   282
Freytag, Johann (18. Jh.)   42, 44
Freytag, Johann Heinrich (?–1720)   40, 42, 279, 281, 283
Friederica Henriette von Anhalt-Köthen, geb. von Bernburg (1702–1723)   44, 46
Friederici, Christian Ernst (1709–1780)   309
Friedrich I., König von Preußen (Friedrich III., Kurfürst von Brandenburg) (1657–1713)   40, 90f., 97
Friedrich II. (»der Große«) von Hohenzollern, König von Preußen (1712–1786)   90, 104, 282
Friedrich August I. (»der Starke«), Kurfürst von Sachsen (August II., König von Polen) (1670–1733)   47, 52, 54, 342
Friedrich August II., Kurfürst von Sachsen (August III., König von Polen) (1696–1763)   52, 269
Friedrich Ludwig, Erbprinz von Württemberg-Stuttgart (1698–1731)   105, 246f.
Friedrich Wilhelm, (»Großer«) Kurfürst von Brandenburg (1620–1688)   91
Friedrich Wilhelm I. von Hohenzollern, (»Soldaten-«) König von Preußen (1688–1740)   33, 40, 90, 92, 283, 408
Friese (18. Jh.)   281
Fritzsch, Christian (18. Jh.)   405
Froberger, Johann Jacob (1616–1667)   71
Froböse, Johann Christoph (18. Jh.)   43
Fuchs, Josef Rainerius   348
Fuhrmann, Martin Heinrich (1669–1745)   13f., 286, 289, 299f., 302, 304f., 326f., 336, 338, 355, 365, 372, 374–379, 382, 397, 406
Fulde, Johann Gottfried (1718–1796)   54, 300
Fux, Johann Joseph (1660–1741)   385
Gahn, Johann Benedikt (1674–1711)   278
Gasparini, Francesco (1668–1727)   91, 385
Geck, Martin   17, 80f., 101, 106, 108, 178, 257, 266
Geminiani, Francesco (1687–1762)   347
Gentzmer, Johann Cornelius (1685–1751)   23, 279
Gerber, Ernst Ludwig (1746–1819)   349, 386f.
Gerber, Heinrich Nicolaus (1702–1775)   48, 266, 349, 385f., 388
Gerber, Rudolf (1899–1957)   245
Gerlach, Carl Gotthelf (1704–1761)   49, 52, 54, 104f., 257f., 293, 300, 306, 309, 397, 399, 405
Gerrmann, Johann Christian (18. Jh.)   34
Gesner, Johann Matthias (1691–1761)   329f., 392
Giegling, Franz   19, 178f.
Ginacini (18. Jh.)   43, 105
de Giovannini (?–ca. 1782?)   174
Gisela Agnes, Fürstin von Anhalt-Köthen, geb. von Rath (1669–1740)   39, 46, 58
Gleditsch, Johann Caspar (?–1747)   23f., 279, 282–285
Gleichmann, Johann Georg (1685–1770)   308
Göbel, Johann Bernhard (18. Jh.)   41f.
Goebel, Reinhard   17, 408

Görner, Johann Gottlieb (1697–1778)   24, 50
Goldberg, Johann Gottlieb (1727–1756)   117
Gottschalck, Emanuel Leberecht (?–1727)   41f., 44, 63, 90, 95f.
Gottsched, Johann Christoph (1700–1766)   174, 304, 336ff.
Gottsched, Luise Adelgunde Victoria, geb. Kulmus (1713–1762)   173
de Graaf, Jan Jacob de (18. Jh.)   66
Gräfe, Johann Friedrich (1711–1787)   174
Graf(f), Johann (1684–1750)   37
Grahl, Johann Caspar (ca. 1703–1781)   281
Graun, Carl Heinrich (1703/04–1759)   174
Graun, Johann Gottlieb (1702/03–1771)   103, 105, 114
Graupner, Christoph (1683–1760)   25, 28, 47f., 105, 241, 255, 268f., 285
Grenser, August (1720–1807)   278, 280f.
Griepenkerl, Friedrich Conrad (1782–1849)   116, 166f.
de Grigny, Nicolas (1672–1703)   86
Grüß, Hans   256, 264f., 454
Grundmann, Jacob (1727–1800)   278, 280
Guarneri, Giuseppe Giovanni Battista (1666–1739/40)   301
Günther, Andreas (18. Jh.)   45, 61
Haas, Johann Wilhelm (1649–1723)   287
Hachmeister, Carl Christoph (1710–1777)   154
Händel, Georg Friedrich (1685–1759)   52, 91, 113, 116, 374
Hagen, Samuel? (18. Jh.)   91
Harborth, Wilhelm Andreas (?–1719)   39f., 42
Harrer, Gottlob (1703–1755)   87
Hartwig, Johann Gottfried (ca. 1705–1748)   281
Hasert, Johann Christian (18. Jh.)   293f.
Haupt, Johann Christoph (ca. 1718–1771)   281
Hauser, Franz (1794–1870)   256
Haußmann, Elias Gottlieb (1695–1774)   288
Haynes, Bruce   121, 123ff., 126, 130, 136f., 142ff., 163
Hebenstreit, Pantaleon (1667–1750)   38, 339
Heinichen, Johann David (1683–1729)   25, 29, 40, 48, 69, 83, 91, 140, 269, 319, 344, 348, 350, 362, 378, 385, 387
Heininger, Johann Christoph (?–1729)   35
Heise, Johann Conrad (1703–1783)   281
Heller, Karl   154–156, 166, 168, 170f., 178
Herbst, Johann Andreas (1588–1666)   385
Hering, Johann Friedrich (18. Jh.)   110, 403f., 430f.
Herrmann, Johann Andreas (18. Jh.)   282
Hesse, Ernst Christian (1676–1762)   304
Heus (17. Jh.)   253
Heytz, Johann (ca. 1672–1737)   278, 280–282, 316
Hildebrandt, Zacharias (1688–1757)   51, 256, 308f., 320f., 398f.
Hill, Robert   179
Hiller, Johann Adam (1728–1804)   289, 321
Hirschmann, Wolfgang   72
Hirschstein, Matthäus (1695–1769)   281
Hoffmann, Christian Gottlieb (1691–1735)   297, 303
Hoffmann, Ernst Theodor Amadeus (1776–1822)   319
Hoffmann, Johann Christian (1683–1750)   293f., 296, 299, 302f., 306

494

Personenregister

Hoffmann, Johann Georg (18. Jh.) 35
Hoffmann, Martin (1654–1719) 303
Hoffmann, Melchior (um 1685–1715) 47
Hoffmeister, Franz Anton (1754–1812) 86
Hoffmann, Winfried (1930–1986) 356
Hofmann, Klaus 94, 189, 231, 412
Holzhalb, Johann Rudolf (18. Jh.) 405
Hoppe, Günther 61, 90
Horn, Johann Caspar (1630?–1685?) 253
Hotteterre, Jacques-Martin (1674–1763) 346, 351
Hurlebusch, Conrad Friedrich (1696–1765) 174
Jacobi, Gottlieb Siegmund (18. Jh.) 398
Janovka, Tomás Baltazar (1669–1741) 304
Jappe, Michael 300
Jauch (Familie, 18. Jh.) 294
Joachim, Christian (1679–1755) 308
Johann Ernst V., Herzog von Sachsen-Weimar (1664–1707) 31
Johann Ernst, Prinz von Sachsen-Weimar (1696–1715) 26, 31, 33f., 57, 66ff., 70, 83, 178, 195, 249, 252, 255, 324, 331, 362f., 374
Johann Wilhelm, Kurfürst von der Pfalz (1658–1716) 66, 70
Jungk, Nicolaus (18. Jh.) 43
Kehling, Johann (18. Jh.) 44
Keiser, Reinhard (1674–1739) 290
Keller, Hermann (1885–1967) 179
Kellner, Johann Peter (1705–1772) 67, 129, 179, 267, 425
Kelterbrunnen, Johann David (18. Jh.) 46
Kenigsperger, Johann Andreas (?–1753) 284
Kenigsperger, Wolfgang (vor 1724–1752) 278
Key, Gustav Michael (?–1772) 36
Kilian, Dietrich (1928–1984) 106, 403, 431
Kirchhoff, Johann Friedrich (?–1769) 54
Kirnberger, Johann Philipp (1721–1783) 92, 155, 170, 321f., 344, 444
Kittel, Johann Christian (1732–1809) 64
Klein, Hans-Günther 178
Kleinknecht, Johannes (18. Jh.) 64
Klingenberg, Friedrich Gottlieb (?–1720) 374
Klotz, Hans (1900–1987) 373
Klügling, Friedrich August (18. Jh.) 110
Knüpfer, Sebastian (1633–1676) 47
Kobayashi, Yoshitake 15, 86, 189
Koch (18. Jh.) 36f.
Kodisch, Johann Carl (1654–1721) 287
Köpping, Johann Christian (18. Jh.) 454
Koopman, Ton 14
Kornagel, Johann Gottfried (18. Jh.) 23, 54, 279, 283
Kotowsky (18. Jh.) 91
Kräuter, Philipp David (1690–1741) 38, 66, 252, 255
Krahl(e), Johann Christoph (18. Jh.) 42
Krebs, Johann Ludwig (1713–1780) 114, 117, 174, 261–264, 308, 398, 438, 458
Kretschmann, George Carl (1702–1783) 293, 300
Krieger, Adam (1634–1666) 47
Krieger, Johann (1651–1735) 13
Krieger, Johann Philipp (1649–1725) 13, 187

Kropffgans, Johann (18. Jh.) 398
Krull, Christoph (18. Jh.) 39
Krummacher, Friedhelm 255
Kühltau (18. Jh.) 91
Kühnel, August (1645–ca. 1700) 31, 86
Küster, Konrad 32, 52, 83, 257
Kuhnau, Johann (1660–1722) 23, 47f., 179, 299, 312, 316, 319, 389f., 397
Kusser, Johann Sigismund (1660–1727) 254
Landgraf, Conrad (18. Jh.) 35
Landvoigt, Johann August (1715–1766) 54
Lange, Emanuel (18. Jh.) 39
Leavis, Ralph 128
Lebègue, Nicolas-Antoine (1631?–1702) 252
LeCène, Michel-Charles (1683/84–1743) 70
Legrenzi, Giovanni (1626–1690) 65
Leichnamschneider, Johannes (1679–nach 1725) 290
Leichnamschneider, Michael (1676–1746) 290
Leonhardt, Gustav 125, 149
Leopold I. von Habsburg, Kaiser (1640–1705) 254
Leopold, Fürst von Anhalt-Köthen (1694–1728) 26f., 39, 40ff., 44, 46, 59, 69, 89f., 92, 96, 99f., 196, 244, 281, 283, 293, 315, 408, 421
Levy, Sarah, geb. Itzig (1761–1854) 161, 165
Lichtemann, Paul Christian (18. Jh.) 39
Lienigke, Christian Bernhard (1673–1751) 41f., 99, 105
Lienigke, Johann Georg (ca. 1680–nach 1737) 43, 105, 113, 246
Locatelli, Pietro Antonio (1695–1764) 52, 83, 104f., 128, 369
Löffler, Antonius (18. Jh.) 63
Lotti, Antonio (um 1667–1740) 40
Louis XIV., König von Frankreich (1638–1715) 31, 39, 70, 250ff., 270, 421
Loulié, Etienne (ca. 1655–ca. 1707) 279
Lully, Jean-Baptiste (1632–1687) 30, 40, 91, 250, 252ff., 282, 287, 313
Majer, Joseph Friedrich Bernhard Caspar (1689–1768) 278, 280, 286, 290, 299f., 302, 304
Mancini, Francesco (1672–1737) 40
Marais, Marin (1656–1728) 252, 255, 304
Marcello, Alessandro (1684–1750) 65, 67, 69, 83
Marcello, Benedetto (1686–1739) 65, 69, 83
Marchand, Louis (ca. 1669–1732) 98–100, 104, 212, 267, 274, 332
Marcus, Martin Friedrich (18. Jh.) 40, 42, 46, 99, 105, 246
Marissen, Michael 17, 93–96, 101, 187, 201, 223, 245
Marius, Jean (18. Jh.) 308
Marpurg, Friedrich Wilhelm (1718–1795) 13, 170, 321, 348, 350, 366, 381, 383
Marshall, Robert 28
Mattheson, Johann (1681–1764) 13, 26, 29, 66, 153, 155f., 174, 253, 274, 278ff., 286f., 289f., 296, 300, 302, 304, 319, 327, 333, 336ff., 340, 345, 347, 352–355, 362, 382f., 389, 397, 399, 412
Mehl, Arnold 125f., 130f., 430
Meißner, Christian Gottlob (1707–1760) 257, 399, 454

495

Personenregister

Mendelssohn Bartholdy, Felix (1809–1847)   161, 170
Merck, Daniel (1650?–1713)   302f.
Mercke (Mörcke), Johann Heinrich (?–1757)   36f.
Meyer, Johann (?–1769)   36f.
Meyer, Johann Siegfried (18. Jh.)   39
Michel, Johann Heinrich (18. Jh.)   161, 440, 442
Miehling, Klaus   341
Mietke, Michael (ca. 1670–1719)   59, 89, 91, 97, 100, 308f., 398
Mizler von Koloff, Lorenz Christoph (1711–1778)   25, 28, 174f., 249, 282, 320, 327, 393
Moens-Haenen, Greta   384
Mohr, Wilhelm   135
de Monjou, Jean-Baptiste (18. Jh.)   43f., 89, 408
Monteverdi, Claudio (1567–1643)   418
Mozart, Leopold (1719–1787)   296, 336, 338, 347, 361–364, 365
Mozart, Wolfgang Amadé (1756–1791)   17, 103, 155, 397
Müller, Johann Jacob (18. Jh.)   40, 42, 283
Müthel, Johann Gottfried (1728–1788)   86, 117, 148–151, 356
Muffat, Georg (1653–1704)   76, 254, 327, 331f., 338, 347, 350, 357, 362f., 373, 422f.
Nacke, Johann Georg (1718–1804)   265
Nagel, Maximilian (1712–1748)   398
Neidhardt, Johann Georg (ca. 1685–1739)   319–322, 429
Neumann, Frederick (1907–1994)   14, 268, 373, 380, 384
Neumann, Werner (1905–1991)   16
Neumeyer, Fritz (1900–1983)   389
Nichelmann, Christoph (1717–1761/62)   114, 117, 170, 388
Nicol, Andreas (?–1736)   35
Niedt, Friedrich Erhard (1674–1708)   253, 302f., 338, 362, 385f., 413
Noack, Christian (ca. 1682–1724)   281
Nostiz, Gottlob von (1680–1745)   41
Oberlender, Johann Wilhelm I (1681–1763)   278, 281, 284
Oberlender, Johann Wilhelm II (1712–1779)   281
Ortiz, Diego (ca. 1510–ca. 1570)   347
Oschatz, Johann Christian (?– 1762)   54
Otto, Jakob August (19. Jh.)   294
Otto, Johann Paul (1706–1763)   281
Ottoboni, Pietro, Kardinal (1667–1740)   40
Ozanam, Jacques (18. Jh.)   253
Pachelbel, Johann (1653–1706)   14, 68f., 82, 324, 394
Paisible, James (?–1721)   279
Palschau, Johann Gottfried Wilhelm (ca. 1742–1813)   170, 175, 448
Parrott, Andrew   30
Penna, Lorenzo (1613–1693)   385
Penzel, Christian Friedrich (1737–1801)   85–88, 92–96, 133f., 256, 259f., 262, 264f., 411–414, 432, 456–460
Pepys, Samuel (1633–1703)   279f.
Pestel, Gottfried Ernst (1654–1732)   255
Petri, Johann Samuel (1738–1808)   296, 349f., 366
Pez, Johann Christoph (1664–1716)   71, 255
Pezel, Johann Christoph (1639–1694)   47
Pezold, Christian (1677–1733)   140

Pfaffe, Carl Friedrich (?– 1773)   279
Pfeiffer, Johann (1697–1761)   38
Pfeiffer, Heinrich (1652–1718)   287
Pickett, Philip   17, 408
Pirro, André (1869–1943)   98
Pisani (Pisano), Niccolo (?–nach 1738)   43, 105
Pisendel, Johann Georg (1687–1755)   25, 27, 47f., 69, 72, 103, 139f., 300, 329, 366
Pörschmann, Johann (1680–1757)   54, 278, 281, 284, 286
Pörschmann, Johann Romanus (1709–?)   54, 281
Pointel (17. Jh.)   253
Pollarolo, Carlo Francesco (ca. 1653–1723)   40
Porpora, Nicola Antonio (1686–1768)   52
Pradter (Familie, 17. Jh.)   299
Pradter, Leonhard (1654–ca. 1692)   306
Praetorius, Michael (1571?–1621)   313, 326, 385
Printz, Wolfgang Caspar (1641–1717)   342f.
Quantz, Johann Joachim (1697–1773)   13, 24f., 27, 98, 140, 201, 280ff., 300f., 304, 306, 310, 327f., 332, 338–342, 352f., 355, 361–366, 369, 378, 380f., 385, 397, 399, 451
Quintilianus, Marcus Fabius (ca. 35–96)   329
Raffael (Raffaello Santi) (1483–1520)   11
Rameau, Jean-Philippe (1683–1764)   269, 341
Reger, Max (1873–1916)   12
Reiche, Johann Gottfried (1667–1734)   23f., 54, 288
Reincken, Johann Adam (1623–1722)   255, 326
Reineccius, Georg Theodor (1660–1726)   34
Reitz, Robert (19. Jh.)   127
Rembrandt (Rembrandt Harmensz. van Rijn, 1606–1669)   11
Reßel (18. Jh.)   54
Rether, Otto Friedrich (18. Jh.)   44
La Riche, François (1662–ca. 1733)   284
Richter, Enoch (?–1780)   50f., 53, 118, 126f., 167, 308, 398
Richter, Johann Christian (1689–1744)   284
Riemer, Johann Salomon (1702–1771)   52, 54
Riemschneider, Johann Gottfried (1691–1712)   43
Rifkin, Joshua   14, 83, 106, 120, 123, 125, 142, 162ff., 197, 200, 226, 257, 261, 265, 442, 461
Rippert, Jean-Jacques (um 1700)   279
Ritter, Christian (1645?–1717?)   255
Ritter, Leberecht Gottlob (18. Jh.)   44
Rocher, Georges du (18. Jh.)   40
Roemhildt, Johann Theodor (1684–1756)   304
Roger, Estienne (1665/66–1722)   68, 70f., 252f.
Roitzsch, Ferdinand August (1805–1889)   166
Rolf, Ares   101, 303, 421
Rolle, Christian Ernst (?–1739)   44
Rose, Johann Ludwig (1675–1759)   40, 42, 44, 99f., 283, 315
Rosenmüller, Johann (ca. 1619–1684)   326
Rost, Wolfgang Carl (1716–1785)   306
Rother, Christian (18. Jh.)   23
Rottenburgh, Godefroid-Adrien-Joseph II (18. Jh.)   281
Rottenburgh, Jean-Hyacinth-Joseph (1672–1765)   316
Rousseau, Jean (1644–1700)   333
Rousseau, Jean-Jacques (1712–1778)   342
Ruhe, Ulrich Heinrich (18. Jh.)   54, 279

Personenregister

Ruppert, Johann Heinrich (ca. 1680–1748)   293f., 298, 303
Ruspoli, Francesco Maria (1673–1731)   40
Rust, Friedrich Wilhelm (1739–1796)   155, 443
Rust, Wilhelm (1822–1892)   127, 142
Saint-Lambert, Michel de (18. Jh.)   385
Sattler, Johann Cornelius E. (ca. 1691–1739)   278, 281, 284
Scarlatti, Alessandro (1660–1725)   91
Schäffer, Johann Hermann (18. Jh.)   39
Scheibe, Johann (1680–1748)   184, 309
Scheibe, Johann Adolph (1708–1776)   20, 29, 52, 174, 233, 253, 260, 266, 273, 309, 365f., 389f.
Scheidt, Samuel (1587–1654)   383
Schein, Johann Hermann (1586–1630)   253
Schell, Johann (1660–1732)   278, 281
Schelle, Johann (1648–1701)   274
Schering, Arnold (1877–1941)   75, 168, 170
Schleuning, Peter (18. Jh.)   373
Schneider, Johann (1702–1788)   54, 103, 116, 176, 399, 405
Schnitger, Arp (1648–1719)   28
Schönborn, Friedrich Karl, Graf von   70
Schönborn, Johann Philipp Franz, Graf von   70
Schonger (Familie, 18. Jh.)   294
Schoop, Hans   135f., 140f., 300
Schott, Georg Balthasar (1686–1736)   48f., 258
Schreiber, Georg (18. Jh.)   44
Schreiber, Johann Ludwig (?–1723)   42, 44
Schröter, Christoph Gottlieb (1699–1782)   320, 349
Schubert, Franz (1797–1828)   17
Schütz, Heinrich (1595–1672)   383
Schulenberg, David   179
Schulze, Hans-Joachim   16, 52, 65, 68, 72, 89, 95, 97, 99, 115f., 118, 135, 137, 149, 154ff., 165, 167, 178f.
Schumann, Arnold (17. Jh.)   39
Schumann, Robert (1810–1856)   319
Schuster, Jacob (1685?–1751)   398
Schuster, Johann Gottlob (1765–1839)   64, 86f.
Schwabe, Johann Friedrich (ca. 1717–1782)   287
Schwanenberger, Georg Heinrich Ludwig (1696–1774)   104
Schweitzer, Albert (1875–1965)   256, 447
Selle, Thomas de la (18. Jh.)   252
Seydler, Hans Leopold (18. Jh.)   43
Seydler, Wentzel Franz (18. Jh.)   43
Seyf(f)art, Salomon (?–1742)   36
Sicul (Sickel), Christoph Ernst (1681–1732)   48, 54
Siegele, Ulrich   92, 95, 120f., 123, 129ff., 135f., 142, 161ff., 168f.
Siegler, Philipp Christian (18. Jh.)   54
Silbermann, Gottfried (1683–1753)   309f., 320
Siret, Nicolas (1663–1754)   270
Smend, Friedrich (1893–1980)   61f.
Solie, John E.   189
Sonnenkalb, Johann Friedrich Wilhelm (1732–1785)   388
Sophie Charlotte, Kurfürstin von Brandenburg und Königin von Preußen, geb. Prinzessin von Braunschweig-Hannover (1668–1705)   70, 91
Sorge, Georg Andreas (1703–1778)   320

Speer, Daniel (1636–1707)   286f., 289, 297f., 302, 326, 387
Sperontes (Scholze, Johann Sigismund) (1705–1750)   50f., 174
Spieß, Joseph (?–1730)   34, 40, 42, 44, 59, 105, 246, 293, 302
Spiro, Friedrich   136
Spitta, Philipp (1841–1894)   16ff., 80f., 89, 91, 120, 129, 156, 178, 256, 314, 385
Sporck, Graf Franz Anton von (1662–1738)   290
Sprüßel, Ascanius (?–1730)   44
Stählin, Jacob von (1709–1785)   279, 282
Stainer, Jacob (ca. 1617–1683)   32f., 105, 293f., 301f., 312
Stanesby, Thomas »junior« (1692–1754)   281
Starcke, Johann Carl (18. Jh.)   36f.
Staub, Nicolas (1664–1734)   278
Steffani, Agostino (1654–1728)   40, 83, 252, 254f., 384
»Steiner« (⟶ Stainer)   293
Steiner(t), Johann Friedrich (?–1769)   36f.
Stölzel, Gottfried Heinrich (1690–1749)   25, 28, 30, 48, 54, 83, 163, 271, 430
Stößel, Johann Christoph (18. Jh.)   304
Stößel, Johann David (18. Jh.)   304
Stradivari, Antonio (1644–1737)   33, 105, 294, 302
Strattner, Georg Christoph (?–1704)   31f., 37
Straube, Karl (1873–1950)   12
Straube, Rudolph (1717–ca. 1780)   398
Stricker, Reinhard Augustin (18. Jh.)   40f.
Sumburg, Martin Wilhelm (18. Jh.)   44
Talbot, Michael   18, 147
Tartini, Giuseppe (1692–1770)   103, 105, 128, 201, 347, 351
Telemann, Georg Philipp (1681–1767)   24f., 27f., 30, 33, 38f., 47f., 54, 56, 59, 66, 71f., 83, 90f., 140, 241, 245, 254f., 259, 266–269, 271, 274, 284, 297, 324, 326, 336, 338, 357, 381, 397, 418, 430, 435, 453, 459
Theile, Johann (1646–1724)   105
Thiele, Gottfried Ephraim (?–1726)   35
Thieme, Carl August (1721–1795)   386, 394
Timaeus, Johann (?–1702)   39
Torelli, Giuseppe (1658–1709)   18f., 25, 47, 65, 68ff., 74, 76–79, 83, 94, 149, 159, 173, 177ff., 182, 193, 201, 207, 210, 234, 369, 419
Torlé, Johann Christoph (?–1762)   40, 42, 99, 286, 315
Tosi, Pier Francesco (ca. 1653–1732)   349, 352
Tourte, François (1747–1835)   296
Tovey, Donald Francis (1875–1940)   135
Trebs, Heinrich Nicolaus (1678–1748)   307
Tregian, Francis (1574–1619)   152
Tromlitz, Johann Georg (1725–1805)   366
Trost, Gottfried Heinrich (ca. 1673–1759)   309
Türk, Daniel Gottlob (1750–1813)   13, 345, 349, 366
Ulrich, Bernhard George (18. Jh.)   35, 283, 286
Unger, Anton (?–1719)   42
Valentini, Giuseppe (1680?–1759?)   91
Venturini, Francesco (1675?–1745)   91
Veracini, Francesco Maria (1690–1768)   105, 269
Vetter, Carl Friedrich (1688–?)   41ff.
Victor Amadeus II., Herzog von Savoyen, König von Sardinien (1666–1732)   40

Personenregister

Vivaldi, Antonio (1678–1741)   18f., 25, 40, 65–74, 77ff., 83, 91, 95, 98f., 101, 113, 116, 128, 136, 140, 149, 157, 161, 176ff., 187, 189, 193, 201, 210, 223, 232, 234f., 249, 369, 418, 431
Vogler, Johann Caspar (1696–1763)   116, 175f., 452
Vogler, Johann Gottfried (18. Jh.)   43, 47f., 105, 246
Voigt, Martin (18. Jh.)   295
Voigt, Woldemar (19. Jh.)   161
Voß, Otto Carl Friedrich Graf von (1755–1823)   110, 155, 161, 309, 440, 444
Wahl, David (18. Jh.)   43
Waldersee, Paul Graf von (1831–1906)   161
Walther, Johann Gottfried (1684–1748)   13f., 30, 32f., 66ff., 103, 135, 174, 181, 184, 249, 253f., 278, 280, 286f., 289f., 292, 294–300, 302ff., 307, 312, 318, 324, 326, 329, 331, 336ff., 340, 342f., 345, 352f., 355f., 359, 361ff., 371f., 374f., 377ff., 382, 394, 406, 413
Walther, Johann Jacob (ca. 1650–1717)   31, 383
Weber, Adam Ludwig (?–1737)   42, 279, 283
Wecker, Christoph Gottlob (?–1734)   279, 282
Weckmann, Matthias (ca. 1616–1674)   267, 326
Weichardt, Johann Philipp (18. Jh.)   34
Weidner, Johann Heinrich (18. Jh.)   36
Weigel, Christoff (1654–1725)   316
Weigel, Johann Christoph (1661–1726)   286, 294
Weiß, Johann Jacob (ca. 1662–1754)   43, 398
Weiß, Johann Sigismund (ca. 1690–1737)   43, 398
Weiß, Silvius Leopold (1686–1750)   43, 398
Weldig, Adam Immanuel (1667–1716)   34
Wenger, Gregorius Ferdinand (vor 1680–1767)   298
Werckmeister, Andreas (1645–1706)   318f., 322, 385
Westhoff, Johann Paul von (1656–1705)   31f., 38
Weyrauch, Johann Christian (1694–1771)   294, 398
Wich, Cyrill (18. Jh.)   153
Wild, Friedrich Gottlieb (ca. 1706–?)   279, 282
Wilderer, Johann Hugo (von) (1670–1724)   71
Wilhelm Ernst, Herzog von Sachsen-Weimar (1662–1728)   31, 34, 66
Wolff, Christoph   17f., 80f., 83, 108, 110, 156, 201, 256
Wolff, David (ca. 1705–1747)   281
Wollny, Peter   108, 148–151, 155
Woulmyer, Jean-Baptiste (Volumier; 1677–1728)   33, 40, 98, 104f., 267, 294, 339
Würdig, Johann Gottlieb (?–1728)   42f., 46, 279, 281, 283
Wulff, Zippora, geb. Itzig (18./19. Jh.)   161, 165, 440
Zachow, Friedrich Wilhelm (1663–1712)   34, 374
Zanthier, Christoph Jobst von (?–1724)   41, 90
Zedler, Johann Heinrich (1706–1751)   29, 286f., 310
Zehnder, Jean-Claude   179
Zelenka, Jan Dismas (1679–1745)   255, 269
Zick, Johann Georg (1678–1733)   278
Zimmermann, Gottfried (?–1741)   48, 50ff., 118, 120, 126, 165, 167f., 266, 286, 306, 406

WERKREGISTER

BACH, JOHANN SEBASTIAN

Kantaten und andere Vokalwerke

BWV 4 *Christ lag in Todesbanden* 184, 193, 303
BWV 12 *Weinen, Klagen, Sorgen, Zagen* 143, 190, 193, 234, 237, 272, 303
BWV 16 *Herr Gott, dich loben wir* 298
BWV 18 *Gleich wie der Regen und Schnee* 191ff., 204f., 234, 247
BWV 20 *O Ewigkeit, du Donnerwort* 270, 273
BWV 21 *Ich hatte viel Bekümmernis* 96, 143, 190f., 193, 234, 237, 271f., 331
BWV 22 *Jesus nahm zu sich die Zwölfe* 198, 317
BWV 23 *Du wahrer Gott und Davids Sohn* 198, 285, 317
BWV 31 *Der Himmel lacht! Die Erde jubilieret* 144, 191ff., 195, 203, 205, 247, 272, 303
BWV 35 *Geist und Seele wird verwirret* 112, 114, 120f., 123–126, 142, 144, 216, 218, 220f., 223, 225ff., 237, 248, 440
BWV 36c *Schwingt freudig euch empor* 220, 300
BWV 39 *Brich dem Hungrigen dein Brot* 146
BWV 42 *Am Abend aber desselbigen Sabbats* 200, 214, 217
BWV 47 *Wer sich selbst erhöhet, der soll erniedriget werden* 114
BWV 49 *Ich geh' und suche mit Verlangen* 112, 114, 123, 129–132, 429f.
BWV 52 *Falsche Welt, dir trau' ich nicht* 64, 85, 93, 327
BWV 54 *Widerstehe doch der Sünde* 191ff., 303
BWV 61 *Nun komm, der Heiden Heiland* 190f., 193, 204, 255, 267, 269–272
BWV 63 *Christen ätzet diesen Tag* 35, 190f., 193f., 203, 247, 272, 317
BWV 66 *Erfreut euch, ihr Herzen* 200
BWV 66a *Der Himmel dacht auf Anhalts Ruhm und Glück* 196f., 199ff., 210–218, 220, 272f.
BWV 70a *Wachet! betet! betet! wachet!* 57, 195, 210
BWV 71 *Gott ist mein König* 113, 184, 186, 282
BWV 75 *Die Elenden sollen essen* 198, 285
BWV 77 *Du sollt Gott, deinen Herren, lieben* 198
BWV 80a *Alles, was von Gott geboren* 195f., 210
BWV 89 *Was soll ich aus dir machen, Ephraim* 198
BWV 90 *Es reißet euch ein schrecklich Ende* 198
BWV 96 *Herr Christ, der einige Gotttessohn* 146
BWV 97 *In allen meinen Taten* 56, 270f., 273, 287
BWV 103 *Ihr werdet weinen und heulen* 146
BWV 105 *Herr, gehe nicht ins Gericht* 223
BWV 106 *Gottes Zeit ist die allerbeste Zeit* (»Actus tragicus«) 184, 193, 272
BWV 110 *Unser Mund sei voll Lachens* 256f., 265, 286
BWV 119 *Preise, Jerusalem, den Herrn* 56, 256, 269ff., 273
BWV 128 *Auf Christi Himmelfahrt allein* 114
BWV 131 *Aus der Tiefe rufe ich, Herr, zu dir* 184, 193, 303
BWV 132 *Bereitet die Wege, bereitet die Bahn* 192, 194
BWV 134 *Ein Herz, das seinen Jesum lebend weiß* 200
BWV 134a *Die Zeit, die Tag und Jahre macht* 63, 197, 200f., 210f., 215, 217, 220, 226, 228, 244, 272
BWV 136 *Erforsche mich, Gott, und erfahre mein Herz* 198
BWV 143 *Lobe den Herrn, meine Seele* 185f., 188f., 191ff., 272
BWV 146 *Wir müssen durch viel Trübsal in das Reich Gottes eingehen* 112, 114, 120, 127, 327, 423, 425–428
BWV 147a *Herz und Mund und Tat und Leben* 57, 195f., 272
BWV 149 *Man singet mit Freuden vom Sieg* 286
BWV 150 *Nach dir, Herr, verlanget mich* 184, 186, 193, 272
BWV 152 *Tritt auf die Glaubensbahn* 140, 144, 190f., 220, 272, 300, 315
BWV 155 *Mein Gott, wie lang, ach lange* 195f.
BWV 156 *Ich steh' mit einem Fuß im Grabe* 112, 125, 142, 144, 162, 339, 367, 435f.
BWV 157 *Ich lasse dich nicht, du segnest mich denn* 298
BWV 161 *Komm, du süße Todesstunde* 113, 195f.
BWV 162 *Ach! ich sehe, itzt, da ich zur Hochzeit gehe* 195
BWV 163 *Nur jedem das Seine* 192, 194
BWV 165 *O heilges Geist- und Wasserbad* 191, 194f., 207, 209, 272
BWV 169 *Gott soll allein mein Herze haben* 112, 114, 120, 129, 131f., 327, 429f.
BWV 170 *Vergnügte Ruh', beliebte Seelenlust* 114
BWV 172 *Erschallet, ihr Lieder* 114, 190f., 193, 206, 272, 303
BWV 173a *Durchlauchtster Leopold* 63, 197f., 210f., 215, 217, 228, 244
BWV 174 *Ich liebe den Höchsten von ganzem Gemüte* 85, 95
BWV 176 *Es ist ein trotzig und verzagt Ding* 419
BWV 182 *Himmelskönig, sei willkommen* 144, 190ff., 203, 303
BWV 184a (Unbekannter Titel) 63, 197, 199, 200f., 210, 212f., 217
BWV 185 *Barmherziges Herze der ewigen Liebe* 192, 194
BWV 186a *Ärgre dich, o Seele, nicht* 57, 195, 197
BWV 188 *Ich habe meine Zuversicht* 112, 127, 129, 423, 425, 427f.
BWV 193a *Ihr Häuser des Himmels, ihr scheinenden Lichter* 48
BWV 194 *Höchsterwünschtes Freudenfest* 256, 273, 317
BWV 194a (Unbekannter Titel) 197f., 210f., 214f., 217, 219f., 226, 228, 244, 272f., 315, 317
BWV 196 *Der Herr denket an uns* 185f., 193, 197, 201, 208, 272
BWV 198 *Laß Fürstin, laß noch einen Strahl* 48
BWV 199 *Mein Herze schwimmt im Blut* 186, 190, 193, 203f., 272
BWV 201 *Geschwinde, geschwinde, ihr wirbelnden Winde* (Der Streit zwischen Phoebus und Pan) 137, 364, 415
BWV 205 *Zerreißet, zersprenget, zertrümmert die Gruft* (Der zufriedengestellte Aeolus) 48, 220, 286, 300
BWV 207 *Vereinigte Zwietracht der wechselnden Saiten* 48, 120, 245
BWV 207a *Auf, schmetternde Töne der muntern Trompeten* 52
BWV 208 *Was mir behagt, ist nur die muntre Jagd* (»Jagdkantate«) 34, 117, 186–191, 193, 203, 272f., 286, 409
BWV 211 *Schweigt stille, plaudert nicht* (»Kaffee-Kantate«) 60
BWV 215 *Preise dein Glücke, gesegnetes Sachsen* 298

499

Werkregister

BWV 241 *Sanctus* D-Dur 286
BWV 232 *Messe* h-Moll 71, 117, 356
BWV 232/5 *Domine Deus* 380
BWV 234 *Missa* A-Dur 259
BWV 243 *Magnificat* D-Dur 317
BWV 243a *Magnificat* Es-Dur 113, 198, 317

BWV 244 »Matthäus-Passion« 113, 146, 199, 356
BWV 245 »Johannes-Passion« 113, 198, 220, 286, 300
BWV 249 »Oster-Oratorium« *Kommt, eilet und laufet* 64, 137, 198, 241
BWV 249a *Entfliehet, verschwindet, entweichet, ihr Sorgen* (Festmusik) 48
BWV 524 *Quodlibet · Was sind das für große Schlösser* 185

Orgelwerke

BWV 525–530 *Sonaten* 156
BWV 527 *Sonata* d-Moll 149, 238, 248
BWV 532/1 *Praeludium* D-Dur 389
BWV 533/1 *Praeludium* e-Moll 389
BWV 544/1 *Praeludium* h-Moll 199
BWV 546/1 *Praeludium* c-Moll 199
BWV 548/1 *Praeludium* e-Moll 199
BWV 552/1 *Praeludium* Es-Dur 199, 256
BWV 578 *Fuga* g-Moll 158
BWV 592 *Concerto* G-Dur (nach Johann Ernst von Sachsen-Weimar) 68
BWV 592a *Concerto* G–Dur (nach Johann Ernst von Sachsen-Weimar) 68
BWV 593 *Concerto* a-Moll (nach Antonio Vivaldi) 67, 79
BWV 594 *Concerto* C-Dur (nach Antonio Vivaldi) 67, 369, 452
BWV 595 *Concerto* C-Dur (nach Johann Ernst von Sachsen-Weimar) 68
BWV 596 *Concerto* d-Moll (nach Antonio Vivaldi) 67
BWV 622 *O Mensch, bewein dein Sünde groß* 234, 331
BWV 626 *Jesus Christus, unser Heiland* 326
BWV 669–689 / 552 / 802–805 *Dritter Theil der Clavier Übung* (1739) 115, 256
BWV 681 *Wir gläuben all an einen Gott* 268

Clavierwerke

BWV 772–801 *Inventionen und Sinfonien* 87
BWV 792 *Sinfonia* E-Dur 156
BWV 806–811 »Englische Suiten« 102, 269, 274
BWV 806–808 »Englische Suiten« 1–3 272
BWV 808–811 »Englische Suiten« 3–6 157
BWV 809–810 »Englische Suiten« 4–5 272
BWV 806 »Englische Suite 1« A-Dur 156, 272, 274
BWV 806a *Suite* A-Dur 272
BWV 807 »Englische Suite 2« a-Moll 214
BWV 808 »Englische Suite 3« g-Moll 156

BWV 812–817 »Französische Suiten« 59, 113, 269f., 274
BWV 812 »Französische Suite 1« d-Moll 269
BWV 817 »Französische Suite 6« E-Dur 156
BWV 820 *Suite* F-Dur 255
BWV 821 *Suite* B-Dur 255
BWV 822 *Suite* g-Moll 255
BWV 823 *Suite* f-Moll 255
BWV 825–830 *Partiten* (*Clavier Übung I*) 102, 104, 113, 256, 274
BWV 828 *Partita 4* D-Dur 256, 268, 270, 453
BWV 831 *Overture nach Französischer Art* h-Moll 119, 250, 256, 267–270, 381, 416, 453
BWV 831a *Ouverture* c-Moll 119, 267–270, 381
BWV 832 *Partie* A-Dur 255
BWV 833 *Praeludium e Partita del Tuono Terzo* F-Dur 255
BWV 831 und 971 *Zweyter Theil der Clavier Übung* (1735) 146, 233, 256

BWV 846–893 *Das Wohltemperierte Clavier I und II* 158, 321
BWV 846–869 *Das Wohltemperirte Clavier* I 270
BWV 850/2 *Fuga 5. â 4* D-Dur 269
BWV 869/1 *Praeludium 24* h-Moll 459
BWV 894 *Praeludium et Fuga* a-Moll 149–152, 186, 208f., 248, 327, 422
BWV 910–916 *Toccaten* 156, 158
BWV 910 *Toccata* fis-Moll 159
BWV 911 *Toccata* c-Moll 158
BWV 912 *Toccata* D-Dur 158
BWV 912a *Toccata* D-Dur 389
BWV 914 *Toccata* e-Moll 158
BWV 915 *Toccata* g-Moll 158
BWV 916 *Toccata* G-Dur 157f.
BWV 917 *Fantasia ex G^b duobus subjectis* g-Moll 152
BWV 944 *Fuga* a-Moll 159
BWV 967 *Sonata ex a c. JSB* a-Moll 18, 179, 181, 183, 185ff., 201, 203, 205

BWV 971 *Concerto nach Italiænischem Gusto* F-Dur (»Italienisches Konzert«) 18, 117, 157, 199, 232f.
BWV 972 *Concerto* D-Dur (nach Antonio Vivaldi) 68, 79
BWV 972a *Concerto* D-Dur (nach Antonio Vivaldi) 68
BWV 974 *Concerto* d-Moll (nach Alessandro Marcello) 67, 124
BWV 976 *Concerto* C-Dur (nach Antonio Vivaldi) 79
BWV 978 *Concerto* F-Dur (nach Antonio Vivaldi) 79
BWV 979 *Concerto* d-Moll (nach Giuseppe Torelli) 159, 369
BWV 984 *Concerto* C-Dur (nach Johann Ernst von Sachsen-Weimar) 68
Clavier-Büchlein. vor Wilhelm Friedemann Bach 349, 371, 375f.
Clavierbuch für Anna Magdalena Bach (1725) 385
BWV 988 *Clavier Übung IV · Aria mit dreißig Veränderungen* (»Goldberg-Variationen«) 146, 152, 256, 324
BWV 988/16 *Variatio 16* 256, 267, 270, 453
BWV 995 *Suite pour le Luth* g-Moll 269f.
BWV 998 *Praeludium, Fuga & Allegro* Es-Dur 173
BWV 1080 *Die Kunst der Fuge* 152
BWV 1080/6 *Contrapunctus 6 in Stylo Francese* 250, 268

Werkregister

Kammermusik

BWV 1001–1006 *Sei Solo. â Violino senza Basso accompagnato* 59, 63f., 103f., 128
BWV 1003 *Sonata 2* a-Moll für Violine solo 383
BWV 1007–1012 Suiten für Violoncello solo 63f.
BWV 1011 *Suite 5* c-Moll für Violoncello solo 269
BWV 1014–1019 Sonaten für Cembalo und Violine 64, 113
BWV 1014 *Sonata* h-Moll für Cembalo und Violine 459
BWV 1016 *Sonata* E-Dur für Cembalo und Violine 214
BWV 1017 *Sonata* c-Moll für Cembalo und Violine 389
BWV 1026 *Fuga* g-Moll für Violine und Continuo 103
BWV 1027 *Sonata* G-Dur für Cembalo und Viola da gamba 383
BWV 1029 *Sonata* g-Moll für Cembalo und Viola da gamba 214, 241
BWV 1030 *Sonata* h-Moll für Cembalo und Traversflöte 136, 388f.
BWV 1031 *Sonata* Es-Dur für Cembalo und Traversflöte 152, 173, 389
BWV 1032 *Sonata* A-Dur für Cembalo und Traversflöte 165
BWV 1035 *Sonata* E-Dur für Traversflöte und Continuo 282
BWV 1079 *Musicalisches Opfer* 90, 282
BWV 1079/1 *Ricercar* (à 3) 310
BWV 1079/8 *Sonata sopr'il Soggetto Reale à Traversa. Violino e Continuo* 151, 173

Konzerte, Ouvertüren und Sinfonien

BWV 1041 *Concerto* a-Moll für Violine 21, 84, 102f., 106ff., 112, 127f., 209, 217, 226f., 230, 235f., 238, 244, 247f., 293, 331, 352, 357, 368, 372, 375f., 393, 395, 398, 403, 407, 437–439, 441
BWV 1042 *Concerto* E-Dur für Violine 84, 102f., 106, 110, 112, 127f., 132, 148, 211–214, 217f., 227, 235f., 246f., 331, 357, 359ff., 368, 370, 376, 380, 398, 403, 406f., 430–433
BWV 1043 *Concerto* d-Moll für 2 Violinen 84, 102f., 106, 108ff., 162, 164f., 172, 214, 220–223, 226f., 232, 235, 238, 241, 247, 249, 336, 339, 356, 368, 376, 395, 398, 445–447
BWV 1044 *Concerto* a-Moll für Cembalo, Traversflöte, Violine (»Tripelkonzert«) 84, 86, 102, 142, 148–152, 156, 160, 162, 172, 177, 179, 208f., 232, 235, 238, 244, 247f., 260, 281, 307, 310, 327, 336, 354, 356, 358ff., 370, 376ff., 402, 404, 406, 422f., 441
BWV 1045 *Sinfonia* D-Dur (Kantatenfragment) 128
BWV 1046 *Concerto* F-Dur »Brandenburgisches Konzert 1« 85, 92f., 142, 157, 179, 224f., 227, 244f., 260, 282, 286f., 290, 296f., 304, 327, 334, 340f., 348, 352f., 358f., 361, 368, 395, 405, 407, 409–412, 415, 421
BWV 1046a *Sinfonia* F-Dur 85, 92f., 102, 183–188, 190, 201f., 205ff., 234, 237f., 245, 287, 290, 327, 331, 359, 361, 372, 402, 409–412
BWV 1047 *Concerto* F-Dur »Brandenburgisches Konzert 2« 18, 63, 85, 93f., 108, 152, 163f., 173, 209, 229–232, 235, 237ff., 244f., 272, 278ff., 282, 287f., 304, 315f., 348, 354, 359, 368, 395, 409, 412ff.
BWV 1048 *Concerto* G-Dur »Brandenburgisches Konzert 3« 82, 85, 94ff., 102, 152, 177, 205ff., 229, 235, 244, 246, 298, 304, 344, 360, 395, 399, 414f.
BWV 1049 *Concerto* G-Dur »Brandenburgisches Konzert 4« 12, 60, 96, 102, 112, 115, 146, 209, 229–232, 235, 238, 240, 244, 246, 248, 272, 278ff., 293, 296, 304, 310, 331, 348, 359f., 368f., 391, 393, 395, 407, 415–418
BWV 1050 *Concerto* D-Dur »Brandenburgisches Konzert 5« 80, 83f., 96–100, 102, 115, 121, 151f., 164, 172, 177, 209, 212, 214, 223, 232, 235f., 246, 248f., 260, 272, 281, 305, 310, 327, 331, 352, 357f., 368, 370, 372, 383f., 391, 393, 395ff., 406f., 418ff., 426, 431, 433, 438, 456
BWV 1050a *Concerto* D-Dur 84, 96–100, 150, 156, 212–218, 222, 228, 232, 235, 244, 246, 281, 304, 310, 327, 331, 352, 368, 370f., 402, 418ff.
BWV 1051 *Concerto* B-Dur »Brandenburgisches Konzert 6« 12, 17, 100ff., 177, 201, 222ff., 226f., 235, 237f., 240, 246, 335, 360, 368, 396, 406f., 420f.
BWV 1052 *Concerto* d-Moll für Cembalo 80, 102f., 106f., 111ff., 115, 118, 126–129, 160, 162f., 170, 206f., 214f., 232, 234f., 244, 247, 327f., 370, 377ff., 396, 398, 423–428
BWV 1052a *Concerto* d-Moll für Cembalo (Bearbeitung von C. P. E. Bach) 84, 117, 127ff., 327, 370, 425–428
BWV 1053 *Concerto* E-Dur für Cembalo 107, 111ff., 129–132, 137, 140f., 146, 155, 160, 162, 170, 217–224, 226ff., 236, 247f., 285, 312, 327, 331, 368, 377ff., 389, 396, 398, 406f., 425, 428–431
BWV 1054 *Concerto* D-Dur für Cembalo 84, 110f., 116, 121, 131ff., 247, 331, 357, 359, 361, 368, 370, 375, 377f., 380, 396, 398, 406f., 424, 430–432
BWV 1055 *Concerto* A-Dur für Cembalo 80, 83, 84f., 88, 111f., 126, 133–142, 145, 219ff., 222ff., 236, 244, 247f., 264, 284f., 300, 304, 331, 338, 354, 358, 368, 375, 377f., 396ff., 407, 424f., 432–435
BWV 1056 *Concerto* f-Moll für Cembalo 60, 102, 106f., 111f., 125, 132, 140, 142–146, 151f., 162, 170, 179, 223f., 226ff., 230f., 235, 237f., 244, 247f., 331, 338, 367f., 370, 376, 378, 380, 396, 407, 435–437
BWV 1057 *Concerto* F-Dur für Cembalo 60, 83, 96, 111, 116, 126, 132, 146ff., 160, 172, 246, 248, 278ff., 331, 358f., 362f., 368, 375, 377, 391–394, 396ff., 407, 415–419, 424, 426
BWV 1058 *Concerto* g-Moll für Cembalo 107, 111, 115, 118ff., 126f., 131f., 146, 151, 154, 160, 162, 165, 167f., 248, 357, 368, 396, 407, 437ff.
BWV 1059 *Concerto* d-Moll für Cembalo (Fragment) 56, 111ff., 115, 121–126, 144, 216, 220, 237, 248, 396, 440
BWV 1060 *Concerto* c-Moll für 2 Cembali 84, 102, 111, 132, 142, 144, 150, 153ff., 156f., 159–168, 171, 176, 221, 223, 225f., 228, 235, 237ff., 244, 247f., 338, 356, 368, 375, 407, 440–443
BWV 1061 *Concerto* C-Dur für 2 Cembali 84, 116, 119, 153–159, 162, 167ff., 172, 235, 249, 358, 368, 372, 375, 394, 407, 442ff.

Werkregister

BWV 1061a *Concerto* C-Dur für 2 Cembali 116, 119, 153–159, 161, 167f., 179, 202–208, 237ff., 244, 249, 338, 358, 370, 394, 407, 442ff.
BWV 1062 *Concerto* c-Moll für 2 Cembali 84, 108, 111, 115f., 119, 153f., 156f., 160f., 164–168, 249, 339, 368, 376, 396ff., 445ff.
BWV 1063 *Concerto* d-Moll für 3 Cembali 84, 102, 106, 116, 119, 126, 142, 147, 160, 166ff., 170–175, 179, 203–207, 209, 214f., 235, 238, 244, 247, 249, 358ff., 373, 375f., 394, 407, 447–450
BWV 1064 *Concerto* C-Dur für 3 Cembali 84, 102, 106, 109, 119, 132, 147, 151, 160, 166–172, 209, 214–218, 231, 236, 244, 246, 249, 331, 334, 368, 375, 377, 394, 407, 449–451
BWV 1065 *Concerto* a-Moll für 4 Cembali (nach Antonio Vivaldi) 56, 84, 115ff., 119, 159f., 162, 168, 170, 175f., 249, 373, 376, 407, 452f.

BWV 1066 *Ouverture* 1 C-Dur 49, 84, 255–258, 270–276, 286f., 327, 340f., 396–399, 453–457, 459ff.
BWV 1067 *Ouverture* 2 h-Moll 54, 84, 86, 115, 148, 256–260, 270–276, 281, 305, 327, 340f., 347, 359f., 396, 406, 453f., 456ff.
BWV 1068 *Ouverture* 3 D-Dur 84, 86, 108, 169, 256f., 260ff., 270–276, 263f., 266, 270–276, 287ff., 327, 340f., 396, 399, 405, 453ff., 457–461
BWV 1069 *Ouverture* 4 D-Dur 86, 169, 256f., 265f., 270, 272–276, 286–289, 340f., 378, 405, 453, 455, 460f.
BWV 1070 *Ouverture* g-Moll 64, 87, 256

BWV Anh. I 2 Fragment eines Eingangschors B-Dur für 4 Singstimmen, Violino concertato, Streicher und Continuo 144
BWV Anh. I 9 Kantate *Entfernet euch, ihr heitern Sterne* 54
BWV Anh. I 20 Lateinische Oden (Text und Musik verschollen) 48
BWV Anh. I 22 *Concerto del Sigr. BACH. Oboe conc. Viol. Princ. 2 Viol., Viola, Basso* B-Dur 163
BWV Anh. I 23 Continuo-Stimme zu Tomaso Albinonis *Concerto* op. 2,4 180
BWV Anh. II 155 *Concerto* A-Dur für Cembalo, Streicher und Continuo 64
BWV deest *Concerto* G-Dur für Cembalo, Streicher und Continuo 64
BWV deest *Concerto* c-Moll für Cembalo, Streicher und Continuo 64
BWV deest *Concerto, a Oboe Concert. Violino Conc. 2 Violini, Viola, Basso* 163

ALBICASTRO, HENRICO
Concerti a quattro op. 7 (1704) 76f., 184, 193, 233

ALBINONI, TOMASO
Sonate op. 1 (1694) 19, 71
Sonata d-Moll, op. 1,1 69
Sonata F-Dur, op. 1,2 69
Sinfonie e Concerti op. 2 (1700) 19, 21, 75ff., 94, 124, 149, 180, 182, 184, 186, 192ff., 201f., 205, 209, 215, 233, 272, 326
Concerto F-Dur, op. 2,2 180–182
Concerto e-Moll, op. 2,4 69
Concerto G-Dur, op. 2,8 181
Concerti a cinque op. 5 (1707) 19, 77, 94, 99, 124, 128, 138, 149, 163, 173, 183f., 186f., 192ff., 205, 209, 215, 233, 272
Concerto B-Dur, op. 5,1 77
Concerto F-Dur, op. 5,2 77, 187
Concerto D-Dur, op. 5,3 94
Concerto G-Dur, op. 5,4 128
Concerto d-Moll, op. 5,7 187
Concerto A-Dur, op. 5,10 187
Concerto g-Moll, op. 5,11 187
Concerto C-Dur, op. 5,12 187, 234
Sonata a-Moll, op. 6,6 386
Concerti a cinque op. 7 (1715) 63, 163, 188, 192f., 233
Concerti op. 9 (1722) 188

BACH, CARL PHILIPP EMANUEL
Concerto a-Moll Wq 1 / H 403 für Cembalo 117
Concerto Es-Dur Wq 2 / H 404 für Cembalo 117
Freymäurer-Lieder Wq 202N / H 764 174

BACH, JOHANN BERNHARD (1676–1749)
Ouverture g-Moll 52, 259
Ouverture G-Dur 52

BACH, WILHELM FRIEDEMANN
Concerto F-Dur für 2 Cembali Fk 10 64
Concerto D-Dur für Cembalo Fk 41 117
Concerto B-Dur für Cembalo Fk 44 117

BIBER, HEINRICH IGNAZ FRANZ
Sonatae violin solo (1681) 312

BUXTEHUDE, DIETRICH
Templum honoris BuxWV 135 (1705) 290
Ciacona c-Moll BuxWV 159 234
Ciacona e-Moll BuxWV 160 234
Passacaglia d-Moll BuxWV 161 234

CAVALLI, FRANCESCO
Serse (1660) 253

Werkregister

CHAMBONNIÈRES, JACQUES CHAMPION DE
Les Pieces de Clavessin (1670)   375

CORELLI, ARCANGELO
Sonate à tre op. 1–4   233, 239, 459
Sonate à tre op. 1 (1681)   75
Sonata G-Dur op. 1,9   75
Sonate à tre op. 3 (1689)   19
Sonata a-Moll op. 3,12   75
Sonate op. 5 (1700 / ³1710)   19, 70, 102, 124, 234
Sonate op. 5,1–6   235f.
Sonate op. 5,7–11   368
Sonata C-Dur, op. 5,3   369
Concerti grossi (1715), op. 6   70, 76
Concerto grosso D-Dur, op. 6,1   76

COUPERIN, FRANÇOIS
Pieces de Clavecin (1713)   269, 274
Pieces de Clavecin (1716/17)   269, 274
Les Bergeries. Rondeau (Sixième Ordre, 1716/17)   269

DIEUPART, CHARLES
Six Suites pour clavecin (1701)   270

FASCH, JOHANN FRIEDRICH
Concerto D-Dur für Flöte und Oboe   163
Concerto d-Moll für Oboe und Violine   163

FISCHER, JOHANN CASPAR FERDINAND
Journal de Printemps (1695)   254

GÖRNER, JOHANN GOTTLIEB
Sonata alternativa   24

GRÄFE, JOHANN FRIEDRICH
Sammlung verschiedener und auserlesener Oden (1737)   174

GRAUPNER, CHRISTOPH
Kantate *Wie wunderbar ist Gottes Güt*   285

HÄNDEL, GEORG FRIEDRICH
Il trionfo del tempo e del disinganno HWV 46a   113
Kantate *Armida abbandonata* HWV 105   52
Orgelkonzerte op. 4 HWV 289–294 (1738)   116
Concerto grosso d-Moll op. 3,6 HWV 317   115
Suite a Deux Clavesin c-Moll HWV 446   153
Chaconne with 2 Setts of Key's F-Dur HWV 485   153
Sonata for a Harpsichord with Double Keys G-Dur HWV 579   153

HOFFMANN, MELCHIOR
Kantate *Meine Seele rühmt und preist* (BWV 189)   47

HORN, JOHANN CASPAR
Parergon Musicum (1663)   253

JOHANN ERNST VON SACHSEN-WEIMAR
Sechs Violinkonzerte op. 1 (1718)   33

KEISER, REINHARD
Octavia (1705)   290

LIENIGKE, JOHANN GEORG
Concerto für Cembalo und Violine   113

LOCATELLI, PIETRO ANTONIO
Concerto f-Moll op. 1,8   52
Concerti L'Arte del Violino op. 3 (1733)   369

LULLY, JEAN-BAPTISTE
Phaeton (1683)   252

MARAIS, MARIN
Alcide (1693)   252

MARCELLO, ALESSANDRO
Concerto d-Moll für Oboe   124

MARCHAND, LOUIS
Pieces de Clavecin (1699)   212

MATTHESON, JOHANN
Suite a due Cembali g-Moll   153
Sonata a due Cembali g-Moll   153, 155, 157

MUFFAT, GEORG
Florilegium primum (1695)   254

PACHELBEL, JOHANN
Ciacona d-Moll für Orgel   234

PEZ, JOHANN CHRISTOPH
Missa a-Moll (BWV Anh. II 24)   71

PORPORA, NICOLA ANTONIO
Kantate *Dal primo foco*   52
Kantate *Eco, eco*   52

PRAETORIUS, MICHAEL
Terpsichore (1612)   253

Werkregister

SCHEIN, JOHANN HERMANN
Banchetto musicale (1617)   253

SCHUCHBAUER, FRANZ SIMON
Trio G-Dur für Traversflöte, Viola d'amore und Continuo   139

SIRET, NICOLAS
Pieces de Clavecin (ca. 1710)   270

SPERONTES (SCHOLZE, JOHANN SIGISMUND)
Singende Muse an der Pleiße (1736)   174

STEFFANI, AGOSTINO
Briseïde (1696)   254
Il Tassilone (1709)   252, 384
Sonate da camera   254

STÖLZEL, GOTTFRIED HEINRICH
Concerto F-Dur für Oboe und Violine   163
Partia g-Moll (Clavier-Büchlein. vor Wilhelm Friedemann Bach)   271

TELEMANN, GEORG PHILIPP
Concerto G-Dur TWV 51:G2 für Hautbois vel Traversiere   125, 142
Concerto e-Moll TWV 52:e1 für Blockflöte und Traversflöte   399
Concerto G-Dur TWV 52:G2 für 2 Violinen   72
Ouverture C-Dur TWV 55:C3   271
Ouverture D-Dur TWV 55:D21   274
Ouverture Es-Dur TWV 55:Es1   274
Ouverture G-Dur TWV 55:G5   271
Ouverture B-Dur TWV 55:B1   274
Six Sonates à Violin seul accompagné par le Clavessin (1715)   33
Harmonischer Gottes-Dienst (1725)   357

TORELLI, GIUSEPPE
Sinfonie a tre e concerti a quattro op. 5 TV 117–128 (1692)   233
Concerti musicali op. 6 TV 129–140 (1698)   19, 76, 193, 233
Concerto d-Moll, op. 6,10 TV 138   76
Concerto A-Dur, op. 6,12 TV 140   76
Concerti grossi op. 8 TV 153–164 (1709)   19, 75, 77, 94, 102, 124, 138, 163, 173, 179–181, 184, 193, 233
Concerti grossi op. 8,7–12 TV 159–164   150, 187
Concerto grosso a-Moll op. 8,2 TV 154   77, 233
Concerto grosso d-Moll op. 8,4 TV 156   173, 233
Concerto grosso e-Moll, op. 8,9 TV 161   233, 240
Concerto grosso A-Dur, op. 8,10 TV 162   234
Perfidiae TV 65–67   369

VIVALDI, ANTONIO
Sonate a tre op. 1 (1703/05)   78
Sonate op. 2 (1709)   78
Concerti op. 3 (L'Estro armonico, 1711)   65ff., 72f., 77ff., 163, 182, 184, 187f., 192ff., 207, 232
Concerto D-Dur op. 3,1 RV 549   78, 172, 205, 234
Concerto F-Dur op. 3,2 RV 578   79
Concerto G-Dur op. 3,3 RV 310   78f.
Concerto e-Moll op. 3,4 RV 550   78f., 172, 205, 234
Concerto A-Dur op. 3,5 RV 519   78, 193
Concerto a-Moll op. 3,6 RV 356   78f.
Concerto F-Dur op. 3,7 RV 567   78f., 172, 205
Concerto a-Moll op. 3,8 RV 522   78f., 176, 193, 212, 214, 220, 234
Concerto D-Dur op. 3,9 RV 230   79, 187, 234
Concerto h-Moll op. 3,10 RV 580   78, 116, 159, 172, 176, 205, 452
Concerto d-Moll op. 3,11 RV 565   78f., 234
Concerto E-Dur op. 3,12 RV 265   78f., 187, 234
Concerti op. 4 (La Stravaganza, 1716)   63, 75, 79, 96, 102, 163, 177, 182, 184, 188, 201, 232, 234
Concerto C-Dur op. 4,7 RV 185   75
Concerto D-Dur op. 4,11 RV 204   75, 234
Concerto G-Dur op. 4,12 RV 298   234
Concerti op. 6 (1719)   79, 184, 188
Concerti op. 7 (1720)   79, 184, 188
Concerti op. 8 (Il Cimento dell'armonia e dell'inventione, 1725)   73, 188
Concerto D-Dur RV 208 (Grosso Mogul)   71, 205, 214, 369, 452
Concerto D-Dur RV 392 für Viola d'amore   140
Concerto a-Moll RV 397 für Viola d'amore   140
Concerto d-Moll RV 541 für Violine und konzertierende Orgel 113
Concerto F-Dur RV 542 für Violine und konzertierende Orgel 113
Concerto C-Dur RV 554 für Violine, Oboe und konzertierende Orgel   113
Concerto C-Dur RV 554a für Violine, Violoncello und konzertierende Orgel   113
Concerto F-Dur RV 572 für 2 Traversflöten, 2 Oboen, Violine, Violoncello und Cembalo solo (Il Proteo o il mondo al rovescio) 113
Concerto F-Dur RV 584 für 2 Violinen, 2 konzertierende Orgeln und 2 Orchester (Fragment)   113
Concerto c-Moll RV 766 für Violine und konzertierende Orgel 113
Concerto F-Dur RV 767 für Violine und konzertierende Orgel 113
Sonata C-Dur RV 779 für Oboe, Violine und Orgel   113

WALTHER, JOHANN GOTTFRIED
Concerto G-Dur für Orgel (1741)   67

WILDERER, JOHANN HUGO (VON)
Missa g-Moll   71

DIE MITARBEITER DIESES BUCHES

Ruth Funke

Geboren 1970 in Cloppenburg, studierte Horn und Kulturmanagement an der Musikhochschule und Universität Köln sowie an der Folkwang-Hochschule Essen u.a. bei Erich Penzel und Wolfgang Wilhelmi.

Sie spielt modernes Horn sowie Naturhorn und ist Mitglied des Barockorchesters *Nova Stravaganza*, des Kabarettensembles *Die BlechHarmoniker* (Köln) und diverser Jazz-Formationen, mit denen sie zahlreiche CDs einspielte. Darüber hinaus tritt sie u.a. mit der *WDR-Big Band* und *The Amsterdam Baroque Orchestra* auf.

Gerald Hambitzer

Geboren 1957 in Bonn, studierte Schulmusik, Klavier und Cembalo an der Musikhochschule Köln. Seit 1985 Gründungsmitglied des Barockorchesters *Concerto Köln*, mit dem zusammen er Konzerte in ganz Europa, in den USA, in Kanada, Mittel- und Südamerika sowie in Nah- und Fernost gab und über 40 CDs einspielte (*Capriccio, Harmonia mundi France, Sony Vivarte, Teldec »Das Alte Werk«*), darunter Cembalokonzerte von J. S. und C. P. E. Bach sowie Durante.

Er leitet die Abteilung für Alte Musik an der Musikhochschule Köln.

Bruce Haynes

Studium der modernen Oboe und Blockflöte. Seit den 1960er Jahren widmete er sich der Barockoboe und begann, historische Originale nachzubauen. 1972 wurde er als erster Professor für dieses Instrument an das Königliche Konservatorium in Den Haag berufen, wo er viele Jahre lehrte. Er ist einer der führenden Barockoboisten seiner Generation, arbeitete jahrzehntelang u.a. mit Frans Brüggen, den Kuijken-Brüdern und Gustav Leonhardt zusammen und nahm mit diesen zahlreiche Oboenwerke und einen Großteil barocker Kammermusik auf (Teldec, RCA, Sony u.a.).

Als Musikwissenschaftler trat er vor allem durch seine Dissertation *Pitch Standards in the Baroque and Classical Periods* (1995), durch die Enzyklopädie *Music for Oboe 1650–1800* und diverse Beiträge, u.a. im *Bach-Jahrbuch,* im *MGG²* und in *The New Grove Dictionary II*, hervor. In Kürze erscheinen bei Oxford University Press die Bücher *The Eloquent Oboe: A History of the Hautboy* und *A History of Performing Pitch*.

Günther Hoppe

Geboren 1942 in Köthen, studierte Geschichte an der Universität Halle-Wittenberg. Er war Schulfunk-Redakteur sowie freiberuflicher Wissenschaftsjournalist und ist seit 1977 Direktor der Bach-Gedenkstätte und des Historischen Museums für Mittelanhalt (Schloß Köthen).

Zahlreiche Publikationen zur Bach-Forschung (u.a. im *Bach-Jahrbuch*, in *Die Welt der Bach Kantaten,* hrsg. von Christoph Wolff und Ton Koopman [1997]), zur *Fruchtbringenden Gesellschaft* (Köthen) und zur Köthener Stadtgeschichte. Herausgeber der *Cöthener Bach-Hefte,* Initiator des *Köthener Herbsts*. Ihm verdankt Schloß Köthen die Zurückgewinnung als Baudenkmal und Museum sowie die Errichtung der Bach-Gedenkstätte.

Guido Klemisch

Geboren 1947 in Schwäbisch-Gmünd, studierte in Hannover und Den Haag Blockflöte und Traversflöte bei Ferdinand Conrad, Frans Brüggen und Bruce Haynes sowie Barockoboe bei Ku Ebbinge.

1974 Eröffnung einer eigenen Werkstatt für historische Flöteninstrumente – zunächst in Zwolle/Niederlande, seit 1998 in Berlin. Zahlreiche Dokumentationen und Restaurierungen von Originalinstrumenten, diverse Publikationen über die Geschichte der Blockflöte.

Die Mitarbeiter dieses Buches

Kai Köpp

Geboren 1969, studierte Viola, Viola d'amore und Musikwissenschaft an der Musikhochschule Freiburg i.B., an der Schola Cantorum Basiliensis (Basel) sowie an den Universitäten Bonn und Freiburg i.B. als Stipendiat der *Studienstiftung des deutschen Volkes,* u.a. bei Hans Heinrich Eggebrecht und Christoph Wolff.

Er ist Mitglied der Barockorchester *Nova Stravaganza* und *Concerto Köln* und nahm mit diesen Formationen zahlreiche CDs, u.a. für *Virgin Veritas, Teldec* und *Harmonia mundi France,* auf.

Als Musikwissenschaftler Mitarbeiter u.a. der *Beethoven-Briefausgabe* (München, 1996–1998), des MGG[2] sowie der *Schriften zur Beethoven-Forschung* (München, 1999). Promotion mit einer Studie über *Johann Georg Pisendel (1687–1755) als Konzertmeister am Dresdner Hof.*

Ludger Lohmann

Geboren 1954 in Herne/Nordrhein-Westfalen, studierte Schulmusik, Kirchenmusik, Orgel, Cembalo und Musikwissenschaft in Köln, Wien und Paris, u.a. bei Wolfgang Stockmeier, Hugo Ruf, Anton Heiller und Marie-Claire Alain. Mehrfach Auszeichnungen bei nationalen und internationalen Orgelwettbewerben, 1982 Gewinner des *Grand Prix de Chartres.*

Konzerttätigkeit und Kursleiter in ganz Europa, Nord- und Südamerika, Fernost und Südafrika. Juror zahlreicher internationaler Wettbewerbe, diverse CD-Produktionen, u.a. mit Werken Bachs, Mendelssohn Bartholdys, Liszts und Regers. Seit 1983 Professor für Orgelspiel an der Musikhochschule Stuttgart.

1982 Promotion mit *Studien über Artikulationsprobleme bei den Tasteninstrumenten des 16. bis 18. Jahrhunderts* (Bosse-Verlag).

Lucia Mense

Geboren 1967, studierte Blockflöte und Traversflöte an der Musikhochschule Köln, an der Folkwang-Hochschule Essen und am Sweelinck-Konservatorium Amsterdam, u.a. bei Günther Höller, Marijke Miessen und Walter van Hauwe. Als Solistin und Mitglied verschiedener Kammermusikensembles Konzerte in Europa und Südamerika.

Ardal Powell

Studierte Englisch an der Universität Cambridge und Traversflöte am Königlichen Konservatorium Den Haag bei Barthold Kuijken. Als Teilhaber der Werkstatt *Folkers and Powell* (USA) baut er historische Flöteninstrumente.

Zahlreiche Publikationen, u.a. für *Early Music, Journal of the American Musicological Society, Tibia* und *The New Grove Dictionary II.* Außerdem veröffentlichte er eine Studie über Johann George Tromlitz (1725–1805) und übersetzte mehrere von dessen Traktaten ins Englische. Er gibt das Magazin *Traverso* heraus und bereitet gegenwärtig ein Buch über die Geschichte der Querflöte vor (Yale University Press).

Ulrich Prinz

Geboren 1937 in Esslingen, studierte Schulmusik an der Musikhochschule Stuttgart und Musikwissenschaft an der Universität Tübingen. 1974 Promotion mit *Studien zum Instrumentarium J. S. Bachs mit besonderer Berücksichtigung der Kantaten.*

1960–1967 Lehrbeauftragter an der Evangelischen Landeskirchenmusikschule Esslingen, 1967–1973 Wissenschaftlicher Assistent an der Pädagogischen Hochschule Reutlingen, seit 1975 Dozent und seit 1979 Professor an der Pädagogischen Hochschule Ludwigsburg, seit 1986 Wissenschaftlicher Leiter der *Internationalen Bachakademie Stuttgart.*

Zahlreiche musikwissenschaftliche Publikationen, u.a. im *Bach-Jahrbuch, MGG, Bach Lexikon* (Tokio 1996), in *The Bach Companion* (hrsg. von Malcolm Boyd, Oxford 1999), *Die Musikforschung, Musik und Kirche.* Herausgeber des Ausstellungskatalogs *300 Jahre J. S. Bach* (Tutzing 1985) und der *Schriftenreihe der Internationalen Bachakademie Stuttgart* (9 Bände, Bärenreiter-Verlag, 1988ff.). Gegenwärtig bereitet er ein Buch über Bachs Orchester vor (Bärenreiter).

Siegbert Rampe

Geboren 1964 in Pforzheim, studierte in Stuttgart, Amsterdam und Salzburg Cembalo, Hammerklavier, Orgel und Komposition, u.a. bei Kenneth Gilbert, Ton Koopman und Ludger Lohmann.

Die Mitarbeiter dieses Buches

Internationale Konzerttätigkeit als Solist und Kammermusiker mit Hammerklavier, Cembalo und Orgel und seit einiger Zeit vor allem als Dirigent. Seit 1988 Gründer und Leiter des Barockorchesters *Nova Stravaganza* (vormals *La Stravaganza Hamburg*), seit 1998 künstlerischer Leiter des Festivals *Köthener Herbst* in Schloß Köthen/Anhalt.

Über 35 CD-Einspielungen, die meisten davon für *EMI* und *Virgin Veritas*, u.a. Clavierwerke und Clavierkonzerte Mozarts sowie die sechs Partiten, die »Brandenburgischen Konzerte«, Cembalo-, Oboen- und Violinkonzerte und das *Musicalische Opfer* Bachs.

Diverse musikwissenschaftliche Publikationen, die überwiegend im Bärenreiter-Verlag erschienen, darunter eine neue Generation von Gesamtausgaben älterer Tastenmusik (Weckmann 1991, Froberger 1993ff., Krieger 1999), mehrere Bücher (u.a. *Mozarts Claviermusik · Klangwelt und Aufführungspraxis*, 1995) sowie Beiträge u.a. für das *Bach-Jahrbuch*, *Bach-Handbuch* (Bärenreiter-Verlag), *Schütz-Jahrbuch*, *MGG²*.

Nach verschiedenen Lehrtätigkeiten, u.a. in den USA, übernahm Rampe 1997 eine Klasse für Cembalo und Hammerklavier an der Folkwang-Hochschule Essen und 2000 an der Universität für Musik und darstellende Kunst *Mozarteum* Salzburg.

Dominik Sackmann

Geboren 1960 in Riehen bei Basel, studierte Orgel bei Susanne Linde in Zürich sowie Cembalo bei Ton Koopman, Musikwissenschaft, Kirchengeschichte und lateinische Philologie u.a. in Basel und Bern bei Wulf Arlt, Stefan Kunze und Ernst Lichtenhahn. Promotion in Zürich mit einer Studie über *Bach und Corelli* (Katzbichler-Verlag, München und Salzburg).

Er ist seit 1979 als Organist in Basel tätig, war von 1988 bis 1993 Musikredakteur beim Schweizer Rundfunk/Radio DRS und lehrt seit 1992 an der Musikhochschule Winterthur-Zürich die Fächer Musikgeschichte, Aufführungspraxis und Musikjournalismus. Seit 1994 ist er außerdem Sekretär der *Stiftung Christoph Delz* (Basel).

Publikationen zur Musikgeschichte des 18. und 20. Jahrhunderts, u.a. in *The Musical Quarterly*, *Beiträge zur Bach-Forschung*, im *Bach-Jahrbuch* und im *Schweizer Jahrbuch für Musikwissenschaft*.

Wolfgang Schult

Geboren 1942 in Hamburg, Kirchenmusikstudium in Hamburg und Bremen, u.a. bei Hans Heintze (Orgel), und Studium der Musikwissenschaft in Marburg. Von 1971 bis 1982 Kirchenmusiker in Dillenburg (Hessen), seitdem freiberuflicher Musiker, Komponist, Autor und Herausgeber. Seit 1975 künstlerischer Leiter der *Bachwoche Dillenburg* (seit 1999 *Bachwochen Dill*). Leiter des Vokalensembles *Arcani musicali* sowie des *Universitätschors Marburg*. Herausgeber des *Jahrbuchs der Bachwochen Dill* (Katzbichler-Verlag, München und Salzburg).

Monika Schwamberger

Geboren in Köln, studierte an der Musikhochschule *Mozarteum* in Salzburg sowie an den Musikhochschulen in Basel und Zürich Violoncello und setzte ihre Ausbildung auf der Viola da gamba bei Wieland Kuijken und bei Jordi Savall an der Schola Cantorum Basiliensis (Basel) fort.

Zunächst Mitglied der *Camerata Academica Salzburg* und des *Salzburger Barytontrios*, später von *Studio XVII* (Augsburg), *Trio Salterio München*, *Nova Stravaganza* und *Les amis de Philippe*, mit denen sie Konzerte in ganz Europa sowie in Nord- und Mittelamerika gab und zahlreiche CDs einspielte.

Seit 1979 lehrt sie die Fächer Violoncello und Viola da gamba an der Musikhochschule Heidelberg-Mannheim.

Michael Zapf

Studierte Philosophie, Literatur und Mathematik an der Universität München und ließ sich darauf zum Wertpapierspezialisten ausbilden. Er war Geschäftsführer und Vorstandsmitglied mehrerer Investmentbanken, bevor er diese Karriere 1993 zugunsten einer Tätigkeit als Unternehmensberater und einer Musikerausbildung abbrach.

Studium der Fächer Cembalo und Hammerklavier an der Folkwang-Hochschule Essen bei Siegbert Rampe. Publikationen u.a. in *Concerto*, *Galpin Society Journal* und *Musik und Kirche*.

SIEGBERT RAMPE

„Diese Musiker verfügen über eine ungeheuere Menge Spaß am Spielen und ihre musikalischen Resultate sind ebenso außergewöhnlich wie geschmackvoll und virtuos."
Gramophone

**J.S. BACH
Brandenburgische Konzerte
Tripelkonzert BWV 1044**
La Stravaganza Hamburg
Siegbert Rampe
CD 5 45255 2

J.S. BACH The Six Partitas
Siegbert Rampe, Cembalo
2CDs 5 45404 2

J.C.F. FISCHER Partitas
Siegbert Rampe, Cembalo
CD 5 45307 2

**J.J. FROBERGER Meditation
Lamentation for Ferdinand III
Partitas for harpsichord**
Siegbert Rampe, Cembalo
CD 5 45259 2

J.J. FROBERGER Fantasia
Siegbert Rampe, Cembalo
CD 5 45308 2

www.emimusic.de & www.virginclassics.com

Ein Handbuch zur historischen Aufführungspraxis

**Siegbert Rampe
Mozarts Claviermusik**

Klangwelt und Aufführungspraxis
Ein Handbuch
Instrumente, Interpretation, Werkbesprechungen

- Clavierinstrumente zur Zeit Mozarts
- Mozarts Interpretationsvorstellungen und deren klangliche Umsetzung
- Spieltechnik und Aufführungspraxis: Fingersatz, Gebrauch der Pedale, Artikulation, Ornamentik, Tempowahl, Improvisation von Kadenzen, Klangeffekte

Sämtliche Clavierwerke Mozarts in Einzeldarstellungen:

- Bibliographische Daten (Kompositionszeit, Handschriften und Drucke, Praktische Ausgaben)
- Entstehungsgeschichte
- Kompositionstechnik und Form
- Interpretationsempfehlungen für die Aufführung auf dem modernen Klavier oder auf historischen Instrumenten

Ein Kursbuch historischer Aufführungspraxis mit Tipps und Anregungen zur Interpretation mozartscher Klavierstücke auf modernen wie historischen Instrumenten.

✍ »Mit dem Verstand und der Erfahrung des Musikpraktikers bietet der Autor eine kaum zu erschöpfende Fülle an höchst klugen, detailgenauen Hinweisen zu sich ergebenden Aufführungsfragen aller Art an.« (Buchhändler heute)

404 Seiten mit vielen Abbildungen und Notenbeispielen; kart. · ISBN 3-7618-1180-2

Bärenreiter
http://www.baerenreiter.com

Bücher zum Bach-Jahr

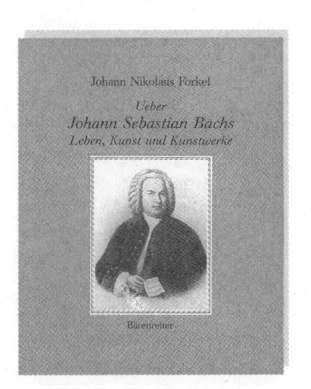

Johann Nikolaus Forkel

Ueber J. S. Bachs Leben, Kunst und Kunstwerke

Reprint der Erstausgabe Leipzig 1802
Hrsg. von Axel Fischer
151 S.; geb.
ISBN 3-7618-1472-0

Eine spannende Entdeckungsreise zur frühen Bach-Forschung, von der die Bach-Renaissance im 19. Jahrhundert ihren Ausgang nahm.

Martin Elste

Meilensteine der Bach-Interpretation 1750-2000

Eine Werkgeschichte im Wandel. Mit CD
(Metzler/Bärenreiter)
XX und 460 S. mit 87 Abb.;
Ln. ISBN 3-7618-1419-4

»Eine wahre Fundgrube für Schallplattensammler sind die zahlreichen Chronologien der Ersteinspielungen, Gesamteinspielungen u. ä.«
(Fono Forum)

Konrad Küster (Hrsg.)

Bach-Handbuch

(Bärenreiter/Metzler)
1.007 S.; geb.
ISBN 3-7618-2000-3

Das »Bach-Handbuch« ist ein ebenso kompaktes wie umfassendes Kompendium zu Bachs Gesamtwerk. In Form eines nach Gattungen geordneten Nachschlagewerkes liefert es dem Wissenschaftler, dem praktischen Musiker wie auch dem Bach-Freund allgemeinverständlich das aktuelle Wissen zu allen Schaffensbereichen Bachs.

Fragen Sie auch nach unserem Katalog »Joh. Seb. Bach«.

Bärenreiter